KB123246

한반도 화교사

한반도 화교사
근대의 초석부터 일제강점기까지의 경제사
ⓒ 이정희, 2018, Printed in Seoul, Korea

초판 1쇄 펴낸날 2018년 10월 24일
초판 2쇄 펴낸날 2023년 7월 5일
지은이   이정희
펴낸이   한성봉
편집   최창문 · 이종석 · 조연주 · 오시경 · 이동현 · 김선형 · 전유경
디자인   권선우 · 최세정
마케팅   박신용 · 오주형 · 강은혜 · 박민지 · 이예지
경영지원   국지연 · 강지선
펴낸곳   도서출판 동아시아
등록   1998년 3월 5일 제1998-000243호
주소   서울시 중구 퇴계로30길 15-8 [필동1가 26]
페이스북   www.facebook.com/dongasiabooks
전자우편   dongasiabook@naver.com
블로그   blog.naver.com/dongasiabook
인스타그램   www.instagram.com/dongasiabook
전화   02) 757-9724, 5
팩스   02) 757-9726
ISBN   978-89-6262-249-2   93910

이 저서는 2009년도 정부(교육과학기술부)의 재원으로
한국연구재단의 지원을 받아 수행된 연구임(NRF-2009-362-A00002).

만든 사람들
편집   김경아 · 박민지
본문조판   김경아
크로스교열 안상준
표지디자인 전혜진

근대의 초석부터 일제강점기까지의 경제사

한반도 화교사

이정희 지음

동아시아

일러두기

- 조선화교는 근대 조선에 거주하면서 본국의 국적을 유지하고 있는 중국인을 가리킨다. 화교 상인은 화상(華商), 화교 노동자는 화공(華工), 화교 농민은 화농(華農)으로 표기한다.

- 한국화교는 1945년 8월 이후 남한지역 거주 중국인, 북한화교는 북한지역 거주 중국인을 가리킨다. 한반도화교는 조선화교, 한국화교, 북한화교를 모두 아우르는 용어이다.

- 1945년 8월 이전의 국명, 지명, 민족명으로서 조선으로 통일하도록 한다. 다만, 대한제국(1897.10~1910.8) 시기의 조선 정부는 한국 정부로 한다.

- 조선 개항기는 1876년 개항부터 1910년 8월 일제에 의해 강점되는 시기까지를 가리킨다. 일제강점기는 1910년 8월부터 1945년 8월 해방까지의 시기를 가리킨다.

- 중국 청조의 국명은 청국(淸國)으로 통일한다. 중화민국 건국 이후의 청국 정부의 명칭은 중화민국 북경정부, 중화민국 남경국민정부로 표기하고, 중일전쟁 이후 수립된 지방정권은 중화민국 임시정부, 중화민국 유신정부, 중화민국 왕정위 남경국민정부로 표기하며, 수도를 중경(重慶)으로 이전한 장개석 국민정부는 중화민국 중경국민정부로 각각 표기한다.

- 서울의 표기는 일제강점 이전은 한성(漢城), 그 이후는 경성(京城), 해방 이후는 서울로 한다.

- 동아시아는 최근 동북아시아와 동남아시아를 합한 지역을 가리키는 용어로 정착하고 있다. 하지만 이 책에서는 근대 시기를 다루기 때문에 조선, 일본, 중국, 대만, 극동러시아 등을 포함한 지역을 동아시아로 표기한다.

- 일제강점기에 사용되어 오늘날에는 부적절한 호칭인 국명, 지명, 사건명, 조직명은 원래 ' '(작은따옴표)에 넣어 표기해야 하지만, 사료 인용 관계상 역사적 용어로서 작은따옴표를 사용하지 않은 것도 있다.

- 중국 인명, 지명의 표기는 이 책의 특성상 중국어 원음이 아닌 한자음으로 표기했으며, 한자 및 중국어 원음은 괄호에 넣어 병기할 수 있다. [예: 남경(南京, 난징)]

제 **V** 부   화 공 (華工)

그림 · 표 차례

❖

　근대 한반도화교에 대해 지금까지의 연구 수준을 비약적으로 향상시킨 역작이다. 보다 넓게 근대 동아시아화교사 영역에서 보더라도 지금까지 주로 동남아시아와 일본의 화교를 근거로 서술되어오던 것을 완전히 바꿔버렸다. 조선총독부 관방 외사과의 각국 영사관왕복철, 혹은 한국어·중국어·일본어 의 신문 기사 등을 자료로 한 서술은 놀라울 정도로 치밀하고 구체적이다. 이 책은 근대 한반도화교사 혹은 근대 동아시아화교사의 필독 문헌으로서 향후 오랫동안 읽힐 것이다.

　　　　　　　　　　　후마 스스무(夫馬進) ｜ 일본 교토대학 명예교수

❖

　저자가 지난 20년 동안 심혈을 기울여 완성한 역작이다. 한국, 중국, 일 본 등에서 수집한 대량의 1차 사료를 활용하여 화교사의 큰 공백을 메웠을 뿐 아니라 중국근대사, 동아시아사에 다양한 문제를 제기한 대작이다. 이 책이 하루빨리 번역되어 중국의 독자에게 소개되기를 바란다.

롱덩가오(龍登高) ㅣ 중국 칭화대학 교수, 중국화교역사학회 부회장

❖

동남아, 미국, 호주, 캐나다의 화교사에 관해 지난 50년간 좋은 연구서가 출판된 것을 알고 있다. 그러나 동북아화교사 관련 대저(大著)를 아직 본 적이 없었다. 이 책은 화교사학의 공백을 메운 경전(經典)과 같은 작품이다. 화교의 생태(生態) 발전 이외에도 한·중·일 경제의 공업, 무역발전의 실태 그리고 민족, 정치, 이민의 사실 및 사상 관념, 한·중·일 삼자의 관계영향을 밝혀냈다. 한반도화교사는 동남아, 미국, 호주화교사와 상당히 다른 점이 있다는 것을 알게 되었다.

장춘우(張存武) ㅣ 타이완 중앙연구원 근대사연구소 연구원

❖

화교학 분야와 근대 세계사 분야에 관심 있는 독자라면 누구나 읽어봐야 할 필독서이다. 1880년대부터 1940년대까지 한반도화교의 경제활동을 훌륭하게 분석해 급증하는 신(新)화교 문제에 많은 시사점을 제공해주는 기념비적인 저작(prize-winning monograph)이다. 풍부한 참고문헌, 그래프 그리고 표는 이 책의 가치를 더욱 높여주고 있다.

도우(L. M. Douw) ㅣ 네덜란드 암스테르담대학 명예교수

❖

직업의 관점에서 한반도화교 60년의 역사를 한·중·일의 방대한 사료

를 활용하여 분석한 초대작이다. 화교 연구의 공백상태로 남아 있는 북한화교 연구가 이 책으로 인해 더욱 활발히 이뤄질 것으로 기대된다.

송우치양(宋伍强) ㅣ 중국 광동외어외무대학 교수

❖

기자 생활을 거쳐 일본과 한국의 대학을 오가면서 연구와 교육에 매진해온 저자의 탐구 정신이 빚어낸 걸작이다. 이 책은 우리 사회를 함께 일구어온 이웃이면서도 시야에서 놓치기 쉬운 한반도화교의 존재를 방대한 문헌 자료와 체계적인 구술 조사를 바탕으로 하여 새롭게 그려내는 데 성공하였다. 한반도화교의 역사를 다각적으로 그려냈을 뿐만 아니라, 구체적이고 생동감 분석과 서술로 또 하나의 색다른 한국 근대사상(像)을 제시하였다. 이 책은 먹거리, 입을 거리 이야기가 풀어져 나오는 생생한 생활사이다. 예컨대 짜장면 없이 한국 근대의 먹거리 역사를 이야기할 수 있겠는가. 아울러 도시화에 따른 근교 채소재배 등 농업 현장과, 성당 짓기 등 근대 건축업의 현장을 복원하는 중후한 산업사의 면모도 지닌다. G2로 떠오른 중국에 대한 관심이 높아지고 있는 오늘날, 우리 안의 중국이라고 할 화교에 대한 체계적인 이해는 글로벌 세계에서 다른 이들은 갖추기 힘든 우리만의 중국관을 길러줄 것이다. 동시에 한국 근대에 아로새겨진 화교사회와의 갈등, 공생의 경험은 오늘의 다문화 사회를 헤쳐나가는 데도 중요한 시사점을 줄 것으로 기대한다.

홍종욱 ㅣ 서울대학교 인문학연구원 교수, 전 일본 도시샤대학 교수

❖

2012년 교토대학 학술출판사에서 출판한 『조선화교와 근대동아시아』를 바탕으로 최근의 연구를 반영하여 새로 낸 책이다. 화교 공부를 시작할 때 일본어 원서를 붙잡고 줄을 쳐가면서 읽던 화교사 연구의 걸작이 한국어로, 더

구나 최신 연구동향까지 업데이트되어 나와 너무나 기쁘다. 이 책은 다음 세 종류의 독자층에 커다란 도움이 되리라고 생각한다.

첫째, 당연하게도 한반도화교사를 공부하거나 화교 문제에 관심 있는 분들이다. 『한반도 화교사』는 한글뿐 아니라 어느 언어로 기술된 서적보다도 1880년대부터 1940년대 해방 전후기까지 화교 문제를 가장 종합적으로 다루고 있다. 비단과 면포 상인으로부터, 공장 경영·노동자, 농업 이민자, 이발소·양복점·음식점을 경영하던 기술자들, 그리고 일반 노동자(쿨리)의 삶 등 한반도 곳곳에서 다양한 모습으로 살았던 화교들의 생활상을 촘촘히 다루고 있다. 전직 기자인 저자의 배경을 반영이라도 하듯이, 청국의 총영사관, 국민당 정부의 외교자료, 일본 총독부 내의 보고서, 경찰보고서나 재판문서, 조선화교들이 쓴 회고록, 화교협회 회의록, 일본 오사카 신용평가회사인 상업흥신소의 자산신용록 자료, 심지어는 한국에 주재했던 선교사들의 개인 서간 등 한국어·일본어·중국어·영어 자료를 이용하고, 거기에 수많은 화교들과의 인터뷰를 통해 다양한 시각에서 한반도화교의 역사적 실체에 접근하였다. 비단 중점적으로 다루는 한반도 근대기는 물론 그것을 넘어서 현대에까지 이어지는 한국화교 문제에 대한 가장 자세하고 방대한 연구임에 틀림없다.

둘째, 화교 문제뿐 아니라 한국의 개화기 및 일제강점기 시기를 연구하는 분들께 권한다. 이 책이 다루는 1880~1940년대는 한국사 연구자들에게 가장 논쟁적인 시대 중 하나이다. 그리고 이 시대에 대한 연구는 근대화론·식민지 수탈론·근대성론 등과 같은 다양한 담론을 생산하며 풍성한 논의를 자극하기도 하지만, 거꾸로 그러한 담론에 갇혀 자기에게 유리한 사실만을 강조하기도 한다는 점을 부정할 수 없다. 그러나 이 책은 앞서 말한 다양한 자료를 분석하여, 담론에 의해 박제된 현실이 아닌 한반도를 살아갔던 다양한 인간 군상의 삶과 갈등을 생생하게, 심지어는 적나라하게 드러낸다. 이 연구에는 이윤을 좇아 일본산 면포을 사서 유통하는 화교, 화교 이발소가 너무 가격을 내리지 못하게 막아달라는 일본인 이발사들의 요구에 마땅한 근거 법령이 없다며 전전긍긍하는 총독부 경찰관, 가격경쟁력과 품질을 지키기 위해 화교 자본의 투자와 화공을 받아들이는 식민지 조선의 '민족자본가들'…. 정말이지 기존의 담론에는 사로잡히지 않고 묵묵히, 더러는 영악하게 자신의 삶을 영위해갔던 한반도의 사람들이 조금의 군더더기도 없이 자신의 삶을 드러낸다. 그래서 한국의 개화기 및 일제강점기 연구자들에게도 더할 나위 없는 자료와 사실의 보고가 될 것으로 보인다.

마지막으로, 이 책은 비단 한반도뿐 아니라 동시대 동아시아가 하나의 경제권·생활권으로 어떻게 작동했는가를 화교들의 행적을 통해 추적한 명저이다. 비록 한반도화교 문제에 집중했다고는 하나, 그들의 비즈니스와 이민 네트워크를 따라 중국 상해에서 하북, 산동, 만주, 일본의 차이나타운, 대만, 심지어는 동남아시아까지 섭렵하고 있다. 그래서 노동시장이 어떻게 국가 권력에 따라 권역화되는지, 상업과 금융은 어떻게 부단히 그 권역의 경계들을 넘나드는지, 일본 정부는 식민지와 점령지, 일본 본토에서 각각 어떤 우선순위를 가지고 화교 정책을 만들었는지 등 종종 추상적일 수도 있는 질문들에 동아시아의 격동기를 살아왔던 화교라는 역사적 행위자를 통해 아주 구체적으로 답하고 있다. 그래서 만약 제국주의, 자본, 국민국가라는 다양한 개념들이 어떻게 근대 동아시아라는 무대에서 그 실체를 드러내는지에 관심이 있는 독자라면 이만한 연구가 드물다고 감히 말할 수 있다.

이 책의 가치는 출판물의 학술적 가치를 깐깐하게 따지는 교토대학 학술출판사에서 그 일부가 출판되었으며, 일본화교화인학회의 2013년도 연구장려상을 단독으로 수상하였다는 점에서 잘 증명된다고 할 것이다.

안병일 ㅣ 미국 새기노밸리주립대학 역사학부 교수

중국인의 조선 이주와
'중국 충격(Chinese Impact)'

1. 근대 동아시아 속 조선화교

1) 개항기, '두려워해야 할 강적은 청국상인'

근대 중국인의 조선 이주[1]는 서구 열강의 동점(東漸)으로 동아시아 국제질서가 화이적(華夷的) 종속관계(조공관계, 朝貢關係)에서 근대적 국제공법관계(조약관계)로 대전환하는 가운데서 시작되었다.

---

[1] 중국인의 한반도 이주는 고대까지 거슬러 올라갈 수 있다. 楊昭全·孫玉梅(1991)의 『조선화교사(朝鮮華僑史)』는 한반도화교의 기원을 서주(西周) 시기 기자(箕子)의 조선 이주에 두면서 현대까지의 시기를 통시적으로 기술하고 있다. 또한 崔承現·金惠連(2012)은 임진왜란 시기와 명청교체기 조선에 이주한 중국인을 한반도 화인(華人)의 역사에 포함시켜 기술하고 있다. 필자는 1999년 대구에서 명조의 제2차 조선 원군 제독인 마귀(麻貴)와 제1차 조선 원군 제독 이여송(李如松)의 부관이었던 두사충(杜師忠)의 후손을 인터뷰, 그들 후손의 존재를 확인한 적이 있다. 근대 이전 중국인의 한반도 이주 및 화교 사회의 형성에 관한 검토가 필요하다. 그러나 근대 이전 중국인의 한반도 이주는 정치적인 목적의 이주가 주를 이루었으며 쇄국(鎖國)의 영향 때문에 경제활동을 전개한 흔적은 찾아보기 힘들며, 특히 사회단체를 조직하여 중국인의 정체성을 유지한 역사적 기록도 남아 있지 않다. 여기에 대해서는 앞으로 더욱 연구되어야 할 것이다.

〈그림 서-1〉 오장경을 제사 지내는 오무장공사 앞에 선 한성의 화상들

출처: 한성화교협회 제공.

청국은 1842년 아편전쟁에서 패배하여 영국과 불평등한 남경조약(南京條約, 난징조약)을 체결했다. 서구 열강은 조약을 이행하지 않으려 하는 청국에 대해 1856년 애로호 사건을 일으켜 청국에 불평등한 천진조약(天津條約, 톈진조약)과 북경조약(北京條約, 베이징조약)을 강요하여 체결시켰다. 서구 열강과 청국의 조약 체결은 청국과 일본 간의 관계, 조선과 청국 간의 사대관계, 조선과 메이지 유신(明治維新)을 성공시키고 근대화를 추진하고 있던 일본 간의 교린관계(交隣關係)에도 영향을 미쳤다.

청일 양국은 1871년 평등한 청일수호조규(淸日修好條規)를 체결했다. 일본은 1875년 운요호(雲揚號)를 한반도의 강화도 동쪽 수로에 침입시켜 무력시위를 전개하고 이듬해 2월 조선 정부에 불평등한 강화도조약을 강요해 체결함으로써 조선은 개항되었다. 조선의 종주국인 청국은 강화도조약과 1879년 유구(琉球) 병합(일본 정부가 유구 왕국을 일본의 영토에 병합한 조치)을 겪으면서 일본이 조선을 식민지화할 가능성을 우려하고 이를 방지하기 위해 1882년 5월 조미수호통상조약(朝美修好通商條約)을 맺게 했다. 그리고 약 2개월 후인 7월 구식 군

대가 폭동을 일으킨 것을 단서로 임오군란(壬午軍亂)이 발발하자, 청국은 오장경(吳長慶)이 이끄는 3,000명의 군대를 조선에 파견해 폭동을 진압하는 한편, 조선에 대한 종주권 강화를 꾀하였다.

청국이 대(對)조선 종주권 강화를 명문화한 것은 1882년 10월 양국 간에 맺어진 조청상민수륙무역장정(朝淸商民水陸貿易章程)이었다. 이 장정은 서문에서 "조선은 오랫동안 번봉(藩封)에 속했다"라는 것을 전제한 뒤, 해로무역을 인정하고, 양측 모두 상무위원(商務委員)을 각 개항장에 주재시킬 것을 담은 통상조약이었다.

이 장정의 제4조에는 "양국 상민은 피차(彼此) 이미 개항된 연안에서 무역에 종사하되 직분을 편안히 하고 법률을 잘 지킬 것이며, 조차지와 임방(賃房)과 가옥건축을 준허(準許)한다. …… 조선 상민으로서 북경에 주재하는 자를 제외하고는 의례(依例) 교역을 준허하고 또 중국 상민은 조선에 입국하여 양화진, 한성에서 좌매행상(坐賣行商)하는 것을 준허한다"[2]라고 되어 있다. 즉, 조선 개항장에서 중국인의 무역 및 거주를 정식으로 허가한 것이다.

종래의 조선과 청국 간 교역은 조공의 부수적인 교역과, 중강(中江)·회령(會寧)·경원(慶源)에서 1년에 수차례 열리는 개시교역에 한정되어, 양국 간의 인적·물적 이동은 엄격하게 제한되어 있었다. 하지만 이 장정 체결로 조공교역은 해로를 이용한 개항장 무역으로 전환되고 중국인 상민의 조선 이주가 공식적으로 인정되었다.

게다가 조청상민수륙무역장정 제1조에 "차후부터 북양대신(北洋大臣)의 서찰을 가지고 파견된 상무위원은 개항된 조선의 항구에 주재하면서 전적으로

---

2) "外報 朝淸商民水陸貿易章程", 《일본입헌정당신문(日本立憲政黨新聞)》, 1883.1.14. 이 장정의 성립과정과 성격에 관해서는 秋月望(1985)(「朝中間の三貿易章程の締結經緯」, 『朝鮮學報』 第115輯, 朝鮮學會)와 浜下武志(1994)(「朝貢と條約: 東アジア開港場をめぐる交涉の時代 1834~94」, 『周緣からの歷史』, 東京大學出版會). 그리고 이 장정이 실제로 어떻게 운용되었는지에 대해서는 酒井裕美(2005)(「甲申政變以前における朝淸商民水陸貿易章程の運用實態: 關聯諸章程と洋花津入港問題を中心に」, 『朝鮮史硏究會論文集』 第43集, 朝鮮史硏究會)의 연구가 있다.

중국의 상민을 보호하기 위한 것"으로 명시하고, 청국 상무위원에게는 영사재판권의 행사를 인정했을 뿐 아니라 피고가 조선 상민(商民), 원고가 청국 상민일 경우에도 조선의 관리와 합동으로 심리(審理)할 수 있도록 규정한,[3] 이른바 불평등조약이었다.

또 제5조에 의해 중강·회령·경원에 있던 종래의 개시교역은 책문(柵門)과 의주, 혼춘(琿春, 훈춘)과 회령 간의 자유무역이 인정됨으로써 전에 있던 육로교역의 각종 제한도 철폐되었다. 육로의 자유무역이 구체적으로 정해진 것은 1883년 4월에 양국 간에 체결된 중강[혹은 봉천(奉天, 펑톈)] 무역장정과 7월에 의정된 회령[혹은 길림(吉林, 지린)] 무역장정이었다.[4]

세 무역장정은 양국 간 종래의 조공무역과 개시무역을 해로·육로를 통한 근대적 무역으로 바꾸었는데 이는 화상(華商)에게 조선에서 무역 및 상업 활동을 본격적으로 시작할 수 있는 법적 근거를 제공했다.

한편, 조청상민수륙무역장정에 근거하여 화상의 무역 및 상업 활동의 본거지인 청국전관조계의 설치를 위한 양국의 논의가 이뤄졌다. 조선독판교섭통상사무(朝鮮督辦交涉通商事務)인 민영목(閔泳穆)과 청국의 총판조선상무(總辦朝鮮商務)인 진수당(陳樹棠, 천수탕)은 1884년 4월 2일 인천구화상지계장정(仁川口華商地界章程)을 조인했다.[5] 원산과 부산의 청국 전관조계는 인천처럼 조약이 체결되지는 않았지만 일반적으로 청국조계로 불렸으며 자연스럽게 화교의 거류지가 되었다. 두 거류지가 청국 전관조계로 정식 인정받은 것은 1910년 3월 11일 고마쓰 미도리(小松綠) 통감부 외무부장과 마정량(馬廷亮) 주한총영사(駐韓總領事) 사이에 조인된 '인천, 부산 및 원산의 청국거류지 장정'에 의해서였다.[6]

---

3) "外報 朝淸商民水陸貿易章程", 《일본입헌정당신문(日本立憲政黨新聞)》, 1883.1.11·13. 청국 주재 조선 상무위원에게는 영사재판권이 부여되지 않았다.

4) 秋月望(1985), 「朝中間の三貿易章程の締結經緯」, 『朝鮮學報』第115輯, 朝鮮學會, 130~131쪽. 중강무역장정과 회령무역장정을 조선 정부가 승인한 것은 각각 1883년 9월과 12월이었다.

5) 손정목(1982), 『한국 개항기 도시변화 과정 연구: 개항장·개시장·조계·거류지』, 일지사, 147~152쪽.

조청상민수륙무역장정 및 청국 전관조계의 설치에 따라, 청국 정부는 1883
년 한성에 상무공서(商務公署)를, 1884년 이후 인천, 부산, 원산에 각각 상무분
서(商務分署)를 설치했다. 1884년 12월 발생한 갑신정변이 실패로 끝나자 청국
정부는 조선에 대한 종주권 강화를 도모하여 1885년 10월 원세개(袁世凱, 위안
스카이)를 총판조선상무보다 격상된 조선총리교섭통상사의(朝鮮總理交涉通商事
宜)라는 직함으로 파견했다. 이에 준하여 한성상무공서는 한성총리공서(漢城總
理公署)로 바뀌었고, 1886년에는 용산분서(龍山分署)가 새롭게 설치되었다. 원
세개는 1894년 7월 청일전쟁으로 귀국하기까지 약 9년에 걸쳐 조선의 외교와
내정에 깊숙이 개입하며 화상의 상업 활동을 적극적으로 지원했다. 예를 들면,
원세개는 당시 조선 화상을 대표하는 동순태(同順泰)의 명의로 조선 정부에 차
관을 제공하는 대신 인천 - 한성 간의 선박 운항권을 획득하는 등 화상의 무역
활동을 후원했다.[7]

더 나아가 원세개는 인천과 청국의 상해(上海, 상하이), 지부(芝罘)[현재의 연태
(煙臺, 옌타이)] 시의 옛 지명)를 연결하는 기선의 정기항로를 개설하려고 힘을 쏟
았다. 1883년 11월 조선의 총리각국사무아문(總理各國事務衙門)과 청국의 상해
윤선초상총국(上海輪船招商總局)은 윤선왕래상해조선공도합약장정(輪船往來上
海朝鮮公道合約章程)을 체결했으며, 초상국의 부유호(富有號)가 같은 해 11월 운
행을 개시했다. 부유호는 초상국(招商局)의 경영난으로 1884년 1월까지 3회 운
항 후 중단하고 말았는데,[8] 원세개는 본국 정부를 설득하여 초상국 기선 광제
호(廣濟號)를 운항시켰다. 광제호는 1888년 3월 상해 - 인천(연태 경유) 간의 정
기항로 운항을 시작하여 청일전쟁 직전까지 계속했다.[9]

---

6) 일본은 일제강점 직전 각 개항장을 둘러싼 서구 열강과의 외교적 마찰을 미연에 방지할
    목적으로 청국조계문제의 해결을 시도했다. 이 장정이 조인되기까지의 경위에 대해서
    는 金義煥 編(1970)과 河村一夫(1971)을 참조 바람.
7) 김정기(1976), 「조선 정부의 청 차관 도입(1882~1894)」, 『한국사론』 제3권, 서울대학
    교 인문대학 국사학과, 486~478쪽.
8) 나애자(1998), 『한국근대해운업사연구』, 국학자료원, 49~51쪽.
9) 나애자(1998), 앞의 책, 117~119쪽.

청국 전관조계의 설치, 상무공서와 분서의 설치, 초상국 기선의 상해 - 연태 - 인천 정기항로 개설은 중국인의 조선 이주와 화교의 무역 및 상업 활동을 뒷받침하는 든든한 버팀목이었다. 이로 인해 일본인 상인보다 조선 시장 진출이 늦었던 화상은 대(對)청국무역과 조선 내 상업분야에서 급속도로 일본인 상인을 추격해 청일전쟁 직전에는 일본인 상인의 세력에 육박했다.

그러나 청일전쟁 발발 후 조선화교를 둘러싼 환경은 급변했다. 조선 정부는 1894년 7월 25일 일본 정부의 강압에 굴복하여 청국 정부와 체결했던 세 무역장정의 파기를 일방적으로 통보했다. 7월 하순까지 한성총리공서와 용산분서, 인천·원산·부산의 상무분서가 각각 폐쇄되어 관원 전원은 본국으로 귀국했다. 이로써 화교는 무조약국민(無條約國民)의 지위로 전락했다.

조선 정부는 1894년 11월 말 화교 보호를 명분으로 보호청상규칙(保護淸商規則)을 제정하고 12월 중순 공포했다. 청국이 보유하던 영사재판권 회수(回收), 중국인의 조선 이주 제한 및 거주, 이주의 등록제 실시 등을 골자로 한 사실상의 화교 규제 조치였다.[10] 이 규칙은 일본 정부가 같은 해 8월 4일 공포한 칙령 제137호[11]와 상당히 유사하다는 점에서 일본 정부의 깊은 개입이 있었던 것을 알 수 있다. 뒤이어 조선 정부는 이 규칙을 시행하면서 1895년 1월 보호청상규칙세칙 총 19개조를 제정하고 3월 말 이를 각 지방관청에 송부하여 실시하도록 했다.[12]

청국은 청일전쟁 이후 보호청상규칙을 실시했지만, 조선에서의 영향력 저하로 중국인의 조선 이주 및 경제활동은 위축될 수밖에 없었는데 이 같은 상황은 그렇게 오래가지 않았다. 보호청상규칙 공포 직후, 한성 거주 화상은 조선 관청이 자신들의 상업 활동을 엄격하게 규제하고 있다는 것을 이유로 영국총

---

10) "朝鮮擅立保護淸商規則九條", 《홍콩화자일보(香港華字日報)》, 1895.4.2(양력 4.26).
11) 칙령 제137호가 일본화교에 끼친 영향에 대해서는 岩壁義光(1984)(「日淸戰爭と居留淸
    國人問題: 明治二七年『勅令第百三十七號』と橫浜居留地」, 『法政史學』, 法政大學史學會)
    을 참조 바람.
12) 권석봉(1984), 「청일전쟁 이후의 한청관계 연구(1894~1898)」, 『청일전쟁을 전후한 한
    국과 열강』, 한국정신문화연구원, 198~199쪽.

영사에게 보호를 요청했다.[13] 청국 정부도 1895년 2월과 5월 주청국영국공사관을 통하여 화교의 보호를 정식 요청했다.

주조선영국총영사는 같은 해 9월 조선 정부의 외부(外部) 앞으로 화상에 관한 일체의 사무를 맡는다는 것을 골자로 한 조회문(照會文)을 전달했고, 외부대신은 9월 16일 그 답문에서, "…… 우리 정부는 규칙을 세워 보호해왔다. 병혁(丙革, 청일전쟁)은 이미 종결되었다. 귀 총영사가 우의를 생각하여 대신 화상을 관리·보호한다는 의(義)에 경복(敬服)하고 있다. 본 대신은 당연히 이견이 없다"[14]라고 영국총영사관의 화교 보호활동을 용인했다. 이로써 화교는 1883년 11월 조인된 조영수호통상조약(朝英修好通商條約)의 적용을 받게 되었고, 보호청상규칙은 사실상 철폐된 것이나 다름없었다.[15]

한편, 청일전쟁 발발 당시 용산상무위원으로 근무했던 당소의(唐紹儀, 탕사오이)는 1894년 8월 2일 인천에서 청국으로 귀국했지만, 원세개의 명령을 받고 화교의 실태 파악과 보호를 위해 1895년 6월 조선으로 다시 파견되었다.[16] 그는 일자리를 잃은 수백 명의 화교를 본국으로 송환했으며,[17] 화교사회의 질서를 확립하는 활동을 전개했다.[18] 그가 1896년 8월 제정한 것이 화상규조(華商規條)였다. 주요한 내용은 조선 상인에게 외상판매를 하지 말 것, 인천에 입항하는 자는 해당 방(幇)[19]에 보고하고 집조(執照, 내지여행권, 외국인에게 내어주던

---

13) "朝鮮華商要求英領事保護", 《홍콩화자일보(香港華字日報)》, 1895. 윤5.13(양력 6.5).

14) 원문. 故由我政府, 立規保護, 現兵革已息, 貴總領事克念友誼, 代爲管護華商, 義堪佩服, 本大臣, 自無異見. 朝鮮政府外部大臣이 駐朝鮮英國總領事에게 보낸 照覆文(1895.9.19); 고려대학교 아세아문제연구소 편(1974)(『구한국외교관계부속문서 제6권 외아문일기』, 고려대학교 출판사)과 권석봉(1984), 앞의 논문, 201쪽.

15) 그 후 조선인과 화교 간의 소송안건이 조영수호통상조약에 근거하여 처리되었다는 것은 이은자(2008)(「'소송'안건을 통해 본 청일전쟁 이후(1895~1899) 한중관계 연구」, 『중국근현대사연구』 38, 한국중국근현대사학회)에 의해 밝혀졌다.

16) "華使唐少川入韓", 《홍콩화자일보(香港華字日報)》, 1895.7.14(양력 9.2). 소천(少川)은 당소의의 아호이다.

17) "駐高領事唐紹儀稱賢", 《홍콩화자일보(香港華字日報)》, 1895.8.27(양력 10.15).

18) "駐朝使者唐少川整頓華民", 《홍콩화자일보(香港華字日報)》, 1895.9.1(양력 10.18).

19) '방(幇)'은 원래 '돕다'라는 뜻이다. 이것이 그 뒤 바뀌어 동료, 예를 들어 동향이나 동업,

통행 허가 증명서)[20]를 신청할 것, 조선 내지(內地)에서 상업에 종사하려는 자는 큰 상호(商號)를 통해 집조를 신청할 것 등이었다.[21] 청국 정부는 이러한 당소의의 활동을 평가하여 1895년 12월 1일 그를 주조선 총상동(駐朝鮮總商董), 다음해 11월에는 주조선 총영사로 각각 임명했다. 조선 정부는 양국이 아직 통상조약을 체결하고 있지 않다는 것을 이유로 그의 신분을 인정하지 않았지만, 화교 보호활동을 빈틈없이 수행한 그에 대한 화교사회의 신망은 매우 두터웠다.[22]

조선과 청국은 청일전쟁 후 단절되었던 국교를 재개하기 위해 1899년 2월 15일 한성에서 제1차 회의를 개최한 이래 6개월간 협의를 거듭한 끝에, 9월 11일 한청통상조약(韓淸通商條約)을 체결했다. 이 조약은 양국 모두에게 영사재판권을 부여하고 피고가 조선인 상민이고 화교가 원고인 경우에도 조선의 관리에게 심리(審理)할 권한을 부여하는 등 조청상민수륙무역장정에 비하면 훨씬 평등한 조약이었다.[23] 이 조약의 체결로 청국은 영국총영사관에 위임했던 화교 보호 및 영사재판권을 되찾을 수 있었다. 이 조약의 비준(12월 15일) 후 조선의 관민과 화상 간의 충돌로 초래된 소송 안건은 대부분 이 조약에 의거하여 재판이 이루어졌다.[24]

결사조직의 회원을 가리키는 뜻이 되었다(可兒弘明·斯波義信·遊仲勳 編(2002),『華僑·華人事典』, 弘文堂, 646쪽). 당시 조선의 주요한 동향의 방(幇)은 산동방(山東幇, 혹은 북방(北幇)), 남방(南幇), 광동방(廣東幇)이었다.

20) 조청상민수륙무역장정 제4조에 양국의 상민이 개항장 이외의 내지로 들어가 상품을 구입하기 위해서는 각국의 상무위원 및 지방관이 날인한 내지여행권을 발급받아야 했다. 그러나 화상은 내지여행권의 발급신청을 하지 않고 내지에 무단 침입해 경제활동을 전개하는 사례가 많아 문제가 되었다. 이 문제에 관해서는 이병천(1985)(「개항기 외국상인의 침입과 한국상인의 대응」, 서울대학교 박사학위논문, 127~134쪽)을 참조 바람.

21) 北洋大臣函文(1896.7.15)(中央研究院近代史研究所 編(1972),『淸季中日韓關係史料』, 中央研究院近代史研究所, 4905~4906쪽).

22) 이구용(1984), 「조선에서의 당소의의 활동과 그 역할: 청일전쟁 전후기를 중심으로」, 『동양학논총』(남사정재각박사고희기념논총), 동양학논총편찬위원회, 417~429쪽.

23) 동 조약 체결의 교섭과정, 조약문 내용에 관해서는 권석봉(1987)(「韓·淸通商條約의 체결」, 『동방학지』(西餘閔泳珪 선생 고희기념논총), 연세대학교 국학연구원)이 상세하다. 그의 연구에 의하면, 청국이 이 조약 체결에 응한 것은 조선화교 4,000명의 보호 필요성이 컸기 때문이라고 한다.

일본은 러일전쟁에서 승리한 직후 1905년 11월 17일 조선의 외교권을 박탈했다. 청국 정부는 1906년 2월 조선에 설치한 공사관을 폐지하는 대신 한성에 총영사관을 설치했다. 이 총영사관 체제는 일제강점기에도 계속되었다. 영사관은 기존의 인천, 원산, 부산에 이어 진남포(1899년), 신의주(1911년)에 개설되어 5곳으로 증가했다. 일제강점기 때는 인천과 진남포가 각각 경성 총영사관의 판사처(辦事處)로 강등되는 변동이 있기는 했지만 이 체제는 기본적으로 유지되었다.

그런데 개항기의 화교 문제에 관한 기존 연구가 청일전쟁 이전은 상대적으로 풍부한 반면, 그 이후는 빈약한 편이다. 청일전쟁 이전 화상의 상업 활동에 관한 기존 연구에는 무역통계 등을 이용한 실태분석,[25] 화상의 침략성과 이에 대한 조선인 상인의 대응에 초점을 맞춘 연구,[26] 화상의 능동적인 경영활동을 강조한 연구,[27] 화상의 사회단체에 대한 연구[28] 등이 있다. 특히 이 시기 화상의 발전 요인을 통상망 및 상업망에서 찾는 이른바 (동)아시아교역권론에 입각

24) 권석봉(1994), 「한말 재조선 청상에 관한 연구: 1900년 초의 韓·淸民兵紛爭案을 중심으로」, 『국사관논총』 제60집, 국사편찬위원회; 구범진(2006), 「『韓淸通商條約』 일부 조문의 해석을 둘러싼 한-청의 외교분쟁」, 『대구사학』, 대구사학회.
25) 이에 관해서는 다음과 같은 연구성과가 있다. 鹽川一太郎(1895)(『朝鮮通商事情』, 八尾書店); 河明生(1994)(「韓國華僑商業: 1882年より1897年迄のソウルと仁川を中心として」, 『神奈川大學大學院經濟學硏究科硏究論集』, 神奈川大學大學院經濟學硏究科; Kirk Wayne Larsen, "From suzerainty to commerce: Sino-Korean economic and business relations during the Open Port Period(1876-1910)", The degreeof Doctor of Philosophy Ph.D dissertation, Harvard University Graduate School of Arts and Science, 2000; 이헌창(2000), 「1882~1910년간 서울시장의 변동」, 『서울상업사』, 태학사; 孫科志(2002), 「甲午戰爭前朝鮮華商初探」, 『東北亞僑社網路與近代中國』, 中華民國海外華人硏究學會孫科志(2002).
26) 대표적으로 다음과 같은 연구가 있다. 이병천(1985), 「개항기 외국상인의 침입과 한국상인의 대응」, 서울대학교 박사학위논문; 이헌창(2000), 앞의 논문.
27) 이 분야의 연구성과는 다음과 같다. 浜下武志(1999), 「19世紀後半の朝鮮をめぐる華僑の金融ネットワーク」, 『近代アジアの流通ネットワーク』, 創文社; 古田和子(2000), 『上海ネットワークと近代東アジア』, 東京大學出版會.
28) 김희신(2010), 「청말(1882~1894年) 한성 화상조직과 그 위상」, 『중국근현대사연구』 46, 한국중국근현대사학회.

하여 조선 화상을 다룬 강진아(2004a · 2007a · 2007b)와 이시카와 료타(石川亮太, 2004 · 2005 · 2007)의 연구 성과는 풍부한 자료와 치밀한 논의 전개로 이전의 연구 수준을 훨씬 뛰어넘었다. 두 연구자는 서울대학교 소장의 동순태문서(同順泰文書)를 활용하여 광동방(廣東幇, 광둥방) 상호인 동순태가 인천, 한성을 거점으로 상해, 홍콩, 일본 등 동아시아 지역으로 통상망을 확장하며 상업 활동을 활발히 전개하고 있었다는 것을 밝혀내 조선 화상의 새로운 역사상을 제시했다.

　한편, 청일전쟁부터 일제강점기까지의 조선화교에 관한 연구는 최근 들어 많이 이뤄졌다. 화교 문제의 관점에서 한청통상조약을 연구한 성과,29) 조선인과 화교 간의 마찰 및 충돌 문제를 연구한 성과,30) 청국의 조선 공사관의 조직을 연구한 성과31) 등이 있으며, 청일전쟁 이후의 동순태의 무역 및 상업 활동을 분석한 연구 성과32)가 있다.

---

29) 권석봉(1987), 「韓 · 淸通商條約의 체결」, 『동방학지』(西餘閔泳珪선생고희기념논총), 연세대학교 국학연구원; 구범진(2006), 「『韓淸通商條約』 일부 조문의 해석을 둘러싼 한-청의 외교분쟁」, 『대구사학』 83, 대구사학회.

30) 권석봉(1984), 「청일전쟁 이후의 한청관계 연구(1894~1898)」, 『청일전쟁을 전후한 한국과 열강』, 한국정신문화연구원; 권석봉(1994), 「한말 재조선 청상에 관한 연구: 1900년 초의 韓 · 淸民兵紛爭案을 중심으로」, 『국사관논총』 60, 국사편찬위원회; 이은자(2008), 「'소송'안건을 통해 본 청일전쟁 이후(1895~1899) 한중관계 연구」, 『중국근현대사연구』 38, 한국중국근현대사학회; 이은자(2012), 「仁川 三里寨 中國租界 韓民 가옥 철거 안건 연구」, 『동양사학연구』 118, 동양사학회.

31) 이구용(1984), 「조선에서의 당소의의 활동과 그 역할: 청일전쟁 전후기를 중심으로」, 『동양학논총』(남사정재각박사고희기념논총), 동양학논총편찬위원회; 김희신(2011), 「근대 한중관계의 변화와 외교당안의 생성: '淸季駐韓使館保存檔'을 중심으로」, 『중국근현대사연구』 50, 한국중국근현대사학회; 김희신(2014), 「화교, 화교 네트워크와 주한사관」, 『중국사연구』 89, 중국사학회; 이은자(2011), 「淸末 駐韓 中國 公館의 조직과 그 위상: 駐韓公使 許台身과 曾廣銓 재직 시기를 중심으로」, 『중국근현대사연구』 51, 한국중국근현대사학회.

32) 강진아(2011), 『동순태호: 동아시아 화교자본과 근대 조선』, 경북대학교 출판부; 강진아(2014b), 「청일전쟁 시기 華商 同順泰號의 영업 활동: 변경에서의 愛國과 致富」, 『중국근현대사연구』 64, 한국중국근현대사학회; 강진아(2014c), 「在韓華商 同順泰號의 눈에 비친 淸日戰爭」, 『역사학보』 224, 역사학회; 石川亮太(2017), 『近代アジア市場と朝鮮: 開港 · 華商 · 帝國』, 名古屋大學出版會.

이러한 연구 성과는 청일전쟁에서 일제강점기까지 조선화교의 실태를 파악하는 데 크게 기여했다고 할 수 있다. 그러나 청국이 청일전쟁에서 일본에 패배함으로써 이전처럼 청국 정부의 후원을 받지 못한 화교의 경제활동이 위축되었을 것이라는 선입관 때문에 이 시기 조선화교의 다양한 경제활동이 분석되지는 못했다.

그러나 조선화교의 경제력은 청일전쟁 이전과 비교해도 손색이 없을 정도로 발전했다. 인천이사청(仁川理事廳) 이사관(理事官, 영사)을 지낸 시노부 준페이(信夫淳平)는 1900년 청일전쟁 이후의 화상에 대해, "인천의 그들 상고(商賈)의 세력은 거세며 또한 실로 무시할 수 없다"라며, "현재 및 장래에 걸쳐 두려워해야 할 강적은 청국상인이다"라고 말했다.[33] 즉, 대(對)청국 해상무역의 중심지인 인천의 화상 세력은 이전과 마찬가지로 일본인 상인에게 '두려워해야 할 강적'으로 여전히 존재해 있었던 것이다. 왜 이러한 상황이 벌어지고 있었는지 검토해야 할 과제이다.

또한 종래의 개항기 조선화교 관련 연구는 거의 화상에 초점이 맞춰져 있었다. 그러나 당시 화교의 인구 구성으로 볼 때 화농(華農) 및 화공(華工) 인구가화상 인구를 능가한 사실을 고려하면 화농 및 화공의 경제활동에 대해서도 주목해야 한다.

2) 일제강점기, '무시할 수 없는 세력'

일제강점기는 중국인의 조선 이주 및 화교의 경제활동에 적지 않은 영향을미쳤다. 일본 정부가 1910년 8월 29일 공포한 '한국 병합에 관한 선언'으로 조선이 모든 외국과 체결한 조약이 무효가 됨으로써 한청통상조약도 자동적으로폐지되었다. 이 조약에 포함되어 있던 영사재판권 및 영사경찰권은 자동적으로 상실되었다. 일본 정부는 같은 날 통감부령 제52호 '조약에 의해 거주의 자

---

33) 信夫淳平(1901), 『韓半島』, 16쪽.

〈표 서-1〉 조선화교 및 조선 거주 일본인, 일본화교의 인구 추이(1909~1944)

연차	화교 (A)·(명)	기타 외국인 (B)·(명)	외국인 합계 (C)·(명)	A/C (%)	일본인 (명)	일본화교 (명)
1909	9,568	859	10,427	91.8	146,147	9,858
1910	11,818	876	12,694	93.1	171,543	8,420
1911	11,837	967	12,804	92.4	210,689	8,145
1912	15,517	1,072	16,589	93.5	243,729	-
1913	16,222	1,127	17,349	93.5	271,591	11,867
1914	16,884	1,141	18,025	93.7	291,217	-
1915	15,968	1,132	17,100	93.4	303,659	12,046
1916	16,904	1,108	18,012	93.8	320,938	11,869
1917	17,967	1,143	19,110	94.0	332,456	13,755
1918	21,894	1,249	23,143	94.6	336,872	12,139
1919	18,588	1,192	19,780	94.0	346,619	12,294
1920	23,989	1,072	25,061	95.7	347,850	14,258
1921	24,695	1,247	25,942	95.2	367,618	15,056
1922	30,826	1,303	32,129	96.0	386,493	16,936
1923	33,654	1,385	35,039	96.0	403,011	12,843
1924	35,661	1,320	36,981	96.4	411,595	16,902
1925	46,196	1,264	47,460	97.3	424,740	20,222
1926	45,291	1,250	46,541	97.3	442,326	22,272
1927	50,056	1,267	51,323	97.5	454,881	23,934
1928	52,054	1,268	53,322	97.6	469,043	29,297
1929	56,672	1,474	58,146	97.5	488,478	31,827
1930a	67,794	1,315	69,109	98.1	501,867	31,890
1930b	91,783	1,364	93,147	98.5	527,050	39,440
1931	36,778	1,364	38,142	96.4	514,666	19,135
1932	37,732	1,419	39,151	96.4	523,452	18,471
1933	41,266	1,360	42,626	96.8	543,104	20,599
1934	49,334	1,305	50,639	97.4	561,384	23,968
1935	57,639	1,249	58,888	97.9	583,428	28,000
1936	63,981	1,294	65,275	98.0	608,989	29,671
1937	41,909	1,209	43,118	97.2	629,512	15,584
1938	48,533	1,282	49,815	97.4	633,320	17,043
1939	51,014	1,219	52,233	97.7	650,104	18,622
1940	63,976	728	64,704	98.9	689,790	20,284
1941	73,274	549	73,823	99.3	717,011	18,078
1942	82,661	508	83,169	99.4	752,823	19,195
1943	75,776	471	76,247	99.4	758,595	-
1944	-	-	71,573	-	712,583	

주: 1930b의 통계는 1930년 10월 실시된 국세조사의 결과임.
출처: 朝鮮總督府(1910), 『第4次 朝鮮總督府統計年報』, 162~163쪽; 朝鮮總督府(각 연도), 『朝鮮總督府統計年報』; 朝鮮總督府(1934a); 남조선과도정부 편찬(1948), 37~38쪽; 朝鮮總督府(1944a); Lynn Pan(1998), p.334; 過放(1999), 47~48쪽; 內閣統計局(1938), 198쪽.

유가 없는 외국인에 관한 건'을 공포, 화공을 비롯한 외국인 노동자는 개항장 이외의 지역에서 거주 및 노동을 하려면 지방장관에게 허가를 받아야 했다.[34]

조선총독부가 1913년 11월 22일 주조선중화민국총영사관과 체결한 「재조선 지나공화국 거류지 폐지에 관한 협정」으로 조선에 있던 인천, 부산, 원산의 청국 전관조계가 폐지되어 인천부의 행정구역에 편입되었다. 이 3개소의 거류지에서 토지를 임대하여 거주하던 화교에게는 영대차지권(永代借地權) 혹은 소유권이 부여되었다.[35] 이처럼 일제강점기에 청국 정부 및 화교가 종래 향유했던 영사재판권과 영사경찰권을 빼앗기는 등 그들의 법적 지위가 이전보다 하락된 측면이 있었다.

그러나 화교 인구는 일제강점기에 증가하는 추세였다. 〈표 서-1〉은 1909년부터 1944년까지 화교 인구를 보여준다. 1910년 1만 명, 1918년 2만 명, 1922년 3만 명, 1925년 4만 명, 1927년 5만 명, 1930년 6만 명, 1941년 7만 명, 1942년 8만 명을 넘었다. 화교 인구가 전년보다 큰 폭으로 감소한 것은 1931년과 1937년뿐이며, 그 원인은 1931년 화교배척사건 및 만주사변, 1937년 중일전쟁의 영향이다.

또한 화교 인구는 「조선총독부통계연보(朝鮮總督府統計年報)」의 통계보다 많았을 것으로 추정된다. 예를 들면 1930년 10월 시행된 국세조사(國勢調查)에서 화교 인구는 9만 1,783명으로 10만 명에 육박해 「조선총독부통계연보」의 1930년 통계인 6만 7,794명보다 35%나 많았다. 같은 해 일본화교의 인구통계도 국세조사가 연간 통계보다 24%나 많았다. 그 이유는 국세조사가 보다 철저하고 광범위하게 이뤄졌기 때문이기도 하지만, 조사 시점에 문제가 있기 때문이기도 했다. 「조선총독부통계연보」의 인구통계는 12월 말일 기준이기 때문에 보통 11월과 12월에 고향으로 귀국하는 화교를 통계에 반영하지 못하는 한계가 있었다.

---

34) 졸고(2008), 「日韓倂合'と朝鮮華僑: 地位の變容を中心に」, 『華僑華人硏究』 第5號, 일본화교화인학회(華人學會), 50~52·55~56쪽.

35) 졸고(2008), 앞의 글, 52~55쪽.

조선 거주 외국인 가운데 화교는 일관되게 인구의 9할 이상을 차지, 일제강점기 조선사회에서 외국인이라면 화교였다. 화교 이외의 외국인은 구미(歐美) 출신자로 그들의 직업은 선교사가 대부분이며 일부는 조선 주재 각국 영사관의 관원이었다.[36]

화교 인구와 통치자인 조선 거주 일본인 인구를 비교해보자. 화교 인구는 1910년 일본인 인구의 6.9%에 지나지 않았지만, 1930년에는 13.5%, 1942년에는 11.0%의 수준에 도달했다. 이처럼 화교 인구의 절대적인 수는 일본인의 10분의 1에 미치지 못했다. 하지만 화교와 일본인 인구의 구성을 본다면 쌍방의 인구 차는 또 다른 양상을 보여준다.

〈표 서-2〉가 보여주듯 화교 인구의 80%는 직업을 가진 유업자(有業者), 20%는 무업자(無業者)인 반면, 일본인은 43.4%가 유업자, 56.6%가 무업자였다. 유업자 인구만 놓고 본다면, 화교는 7만 2,950명, 일본인은 22만 8,129명으로 화교는 일본인 인구의 32% 수준이 된다. 더욱이 일본인은 조선의 통치자이기 때문에 공무·자유업 종사자인 공무원과 교사가 7만 2,552명에 달해 이들을 제외한 유업자 인구를 비교한다면, 화교 인구는 7만 2,621명, 일본인 인구는 15만 5,577명으로 약 절반 수준까지 접근한다. 바꾸어 말하자면, 제1차 및 제2차 산업부문에서 경제활동을 하는 인구는 화교가 일본인의 약 절반을 차지했던 것이다.

화교가 종사하는 직업은 상업이 전체 화교 유업자의 34%, 광공업이 31%, 농업이 17%를 각각 차지, 이 세 가지 직업이 전체의 80% 이상을 차지했다. 이 세 가지 직업에 한정해서 본다면, 화교 인구는 일본인 인구와 비교해 큰 차이가 없다. 화교 농업 종사자는 일본인 농업 종사자의 62%, 화교 상업 종사자는 일본인 상업 종사자의 42%, 화교 광공업 종사자는 일본인 광공업 종사자의 55%를 각각 차지했다(〈표 서-2〉 참조).

---

36) 화교 이외의 외국인은 1930년 10월 현재 1,364명으로, 그 가운데 미국인 738명, 영국인 216명, 러시아인 214명, 프랑스인 62명, 독일인 55명이다(朝鮮總督府(1935a), 『昭和五年朝鮮國勢調査報告 全鮮編 第二卷 記述報文』, 朝鮮總督府, 260·270쪽).

〈표 서-2〉 조선화교 및 조선 거주 일본인의 직업별 구성(1930년 10월 기준)

직업별	화교				일본인 (명)	비중 (%)
	남성(명)	여성(명)	합계(명)	비중(%)		
농 업	11,914	492	12,406	13.5	19,957	3.8
수산업	68	0	68	0.1	7,167	1.4
광 업	2,588	1	2,589	2.8	969	0.2
공 업	19,782	181	19,963	21.8	40,161	7.6
상 업	24,360	473	24,833	27.1	58,655	11.1
교통업	5,743	6	5,749	6.3	20,510	3.9
공무·자유업	316	13	329	0.3	72,552	13.8
가정부	523	66	589	0.6	3,536	0.7
기타 유업자	6,417	7	6,424	7.0	4,622	0.9
소 계	71,711	1,239	72,950	79.5	228,129	43.4
무직자	6,414	12,419	18,833	20.5	298,887	56.6
합 계	78,125	13,658	91,783	100.0	527,016	100.0

출처: 朝鮮總督府(1934a), 『昭和五年朝鮮國勢調査報告 全鮮編 第一卷 結果表』, 246~247쪽.

한편, 일본화교의 직업별 구성은 상업 종사자가 화교 유업자의 63%를 차지하여 압도적으로 높았으며, 광공업 종사자 9.4%, 교통업 종사자 6.8%, 공무자유업 6.6%, 가정부 2.1%, 농업 종사자 0.2%(39명)의 순서로 나타났다.[37] 조선화교는 일본화교에 비해서 광공업 종사자와 농업 종사자가 절대적으로나 상대적으로 더 많은 것을 알 수 있다.

또한 조선화교 인구는 1910년 이후에도 일본화교 인구를 일관되게 상회했다. 일본화교 인구는 가장 많은 1930년에도 3만 1,890명에 지나지 않았다. 중화민국 남경국민정부 교무위원회(南京國民政府 僑務委員會)가 1934년 실시한 조사에 따르면, 조선화교 인구를 상회하는 국가 및 지역은 동남아시아, 소련, 미국밖에 없었다.[38] 조선은 근대 중국인 이주가 많은 지역 중 하나였던 것이다.

---

37) 內閣統計局(1938), 『昭和五年國勢調査最終報告書』, 內閣統計局, 207쪽. 주요한 직업의 인구는 노점행상 4,688명, 이발사 및 미용사 2,767명, 요리사 2,007명, 요리점 및 음식점 점주 1,388명, 점원 1,388명, 물품판매업주 1,128명이었다.

일제강점기 화교의 사회경제활동은 개항기보다 한층 왕성했을 뿐 아니라 조선인과 일본인에게 위협을 줄 정도의 세력을 형성했다. 《동아일보》 1924년 9월 22일자 사설 "중국인의 직업침탈"을 그대로 옮겨보자.

政府의 積極的 保護를 받는 日本人은 或 우리의 職業이나 生活을 威脅하는 것이 無理가 아니라 할지는 모르나 이와 全然히 性質을 다르게 하야 政府의 保護도 받지 아니하고 其他 何等의 偶然的 條件도 없이 純全히 信用과 勤勉으로 公平한 競爭을 行하는 中國人들이 나날이 朝鮮 안에서 우리의 職業을 侵奪하고 나날이 그 活動이 旺盛하는 것을 보건대 …… 이제 中國人의 朝鮮內에서 活動하는 것을 보면 驚歎할 만한 것이 많다 첫째 어느 市街를 가서 보든지 布木商이나 料理業者는 반드시 그 大部分이 중국인이요 둘째 石工이나 建築勞動者나 土木役夫같은 것은 또한 반드시 거의 全部가 中國人이며 셋째 菜蔬業者도 都市에 接近하야 比較的 高價의 代金을 받는 곳은 거의 그 過半數가 中國人이다.

조선이 식민지가 되고 10년 이상 지난 시기에, 화교가 직물상, 요리업자, 건축토목노동자, 채소재배농민으로서 왕성한 경제활동을 전개하며, 피지배자인 조선인이 화교를 상당히 경계하고 있는 모습이 이 사설에 여실히 묘사되어 있다.

한편, 조선총독부의 촉탁으로 조선부락조사(朝鮮部落調査)를 담당했던 오다우치 미치토시(小田内通敏)는 화교의 경제활동을 조사보고서에 다음과 같이 기술했다.

최근 조선을 여행하는 사람은 경성·인천을 시작으로, 북으로 신의주·평양·진남포·원산·청진, 남으로 대구·부산 등 주요도시를 방문할 때, 지나인(支那人, 중국인)이 상인으로, 채소재배자로, 또는 노동자로 우월한 활약을 보여주고 있는 것을 누구나 목격하게 된다. 그러나 조선 내지를 여행한 사람들이 보았을

---

38) 企劃院 編纂(1939), 『華僑の硏究』, 松山房, 3~4쪽.

때, 그들의 활약은 결코 이들 주요도시에 국한된 것이 아니라 군청소재지인 소위 읍내에도 반드시 많게는 10여 호, 적게는 3, 4호의 상인이 잡화점 혹은 요리점을 경영하는 것을 알 수 있다. …… 부락을 조사하면서 다닌 길, 다다른 곳마다 이러한 것을 본 나는 경제적 조류로서 지나인의 조선 침입은 조선인에게도 내지인에게도 무시할 수 없는 세력이라는 것을 확인할 수 있다.[39]

오다우치는 다른 발표 논문의 머리말에서도, "지나인의 경제적 활동 — 상인으로, 채소재배자로, 또는 노동자로 — 을 보면 실로 경이로움을 느끼지 않을 수 없다. …… 그래서 조선의 지나인은 확실히 주목해야 할 문제일 뿐만 아니라 모든 문제가 국제화하는 오늘날에 이 지나인의 행동도 단순히 조선인들에게만 아니라, 우리나라의 전적인 문제로 연구해야 할 가치가 있다"라고 역설했다.[40] 즉, 오다우치가 화교의 왕성한 경제활동에 대해 경이로움을 느끼고, 지배자인 일본인에게 '무시할 수 없는 세력'이라고 자리매김하고 있다는 것은 그가 조선총독부에 고용된 촉탁이라는 점에서, 조선총독부의 대(對)화교관이라 해도 무방할 것이다.

일제강점기 조선에서 기독교 선교활동을 하고 있던 유디스 데밍(Edith Millard Deming)[41]이 본부에 보낸 1918년 9월 보고서 및 광동기독교대학의 춘(W.K. Chun) 부학장이 기술한 조선화교의 상황은 앞의 《동아일보》의 사설 및 오다우치의 보고서와 큰 차이가 나지 않는다.

이들 화교의 대다수는 산동성 출신이며, 그 밖에는 강소, 절강, 광동 및 호북 출

39) 朝鮮總督府·小田內通敏調査(1924b), 『朝鮮部落調査報告 第1冊』, 朝鮮總督府, 36쪽.
40) 小田內通敏(1925), 『朝鮮に於ける支那人の經濟的勢力』(東洋講座第七輯), 東洋研究會, 서문.
41) 유디스 데밍은 중국에서 태어나 자랐으며, 남편 찰스 데밍(Charles Scott Deming) 목사와 조선에 선교사로 부임, 조선화교 포교에 진력했다. 1912년에 한성중화기독교회의 설립을 시작으로, 인천, 부산 등지에 중화기독교회를 설립했다(旅韓中華基督敎聯合會(2002), 『旅韓中華基督敎創立九十周年紀念特刊』, 旅韓中華基督敎聯合會, 40~41·52쪽).

신자이다. 거주의 중심지는 인천, 경성, 부산, 진남포, 평양 및 운산이다. 이들 중 손꼽히는 상인은 대부분 광동인이며 주로 비단이나 직물류를 취급하고 있다. 또한 외국식 건물은 사실상 모두 지나인 청부업자와 노동자에 의해 만들어진다. 산동인 대부분은 상인, 청부업자, 목수 및 미장이이다. 큰 도시의 시장에 나오는 채소와 과일 재배는 대부분 지나인, 특히 산동성 출신자가 하고 있다. 더욱이 북부의 금 채굴은 숙련노동자와 기술자가 다수 종사하고 있다. 또한 압록강 연안의 제재업(製材業)에 종사하는 자도 있다. 전체적으로 본다면, 이들 화교의 살림살이는 좋고, 생활정도는 반도인(半島人)보다도 높고 일본인과 비슷하다. 실로 다른 대부분의 국가와 마찬가지로 이곳에서도 그들은 근검한 것으로서 알려져 있다.[42]

이상에서 살펴본, 《동아일보》의 사설, 오다우치 및 유디스 데밍의 화교에 관한 공통인식은 조선이 일본의 '세력권'에 완전히 편입된 뒤인데도, 화교는 상인, 농민, 노동자로서 '무시할 수 없는 세력'을 형성하면서 왕성한 경제활동을 전개하고 있었다는 점이다. 그러나 이러한 사실은 지금까지 별로 알려지지 않았을 뿐만 아니라 오늘날에도 이러한 사실 및 그 원인이 제대로 해명되지 않고 있다.

예를 들면, 박은경은 한국화교의 역사를 개관하는 가운데 일제강점기를 '종족집단의 전성기'로서 자리매김했지만, 문화인류학의 관점에서 화상, 화농, 화공을 개관하는 데 그쳐서 그 원인을 규명하는 데까지는 이르지 못했다.[43]

양소전(楊昭全)·손옥매(孫玉梅)는 남경국민정부의 「외교부공보(外交部公報)」 등 중국 측의 사료를 이용하여 화교에 관해 일부 새로운 사실(史實)을 제시하기

---

42) H. F.マックネヤ 著·近藤修吾 譯(1945), 『華僑 その地位と保護に關する研究』, 大雅堂, 37쪽. 원서의 저자와 제목은 다음과 같다. Harley Farnsworth Mac Nair, The Chinese Abroad: Their position and protection, 1924, Shanghai: The Commercial Press. 맥내어는 당시 상해의 성요한대학(聖約翰大學)에서 근세 중국사 및 국제관계, 국제법을 연구하는 학자였다.

43) 박은경(1986), 『한국화교의 종족성』, 한국연구원, 66~115쪽. 박은경은 조선총독부 및 小田內通敏(1925), 《동아일보》의 자료를 주로 이용했다.

는 했지만, 조선총독부의 화교 탄압과 그에 대한 화교의 저항을 중심으로 논의
를 전개했기 때문에 '무시할 수 없는 세력'으로 발전한 화교의 능동적인 경제활
동 및 그 원인에 관해서는 서술하지 못했다.[44] 화공에 관한 연구는 조선총독부
의 정책을 중심으로 검토한 마쓰다 도시히코(松田利彦)의 연구,[45] 중국의 언론
이 조선 화공 문제를 어떻게 소개했는지 검토한 강진아의 연구,[46] 당시 조선에
발행되고 있었던 신문기사를 이용한 호리우치 미노루(堀内稔)의 일련의 연
구[47]가 있다. 이러한 연구 성과는 조선 화공 문제의 실태를 파악하는 데 기여
했지만, 앞으로 중국 측의 당안 사료를 활용한 화공 문제의 구체적인 검토가
이뤄져야 할 것이다. 또한 화농은 앞에서 본 대로 조선 대도시의 채소 공급을
독점하는 지위를 차지하고 있었는데 이에 대한 연구가 전무한 상태이다. 일제
강점기 화교경제와 사회의 핵심적인 역할을 한 화교 직물상의 연구도 거의 이
뤄지지 않은 실정이다. 이런 가운데 일제강점기 각 지역의 화교 문제를 역사적
으로 검토한 이은상,[48] 김희신,[49] 강진아[50]의 최근의 연구는 크게 주목된다.

---

44) 楊昭全·孫玉梅(1991), 『조선화교사』, 中國華僑出版公司, 164~301쪽.

45) 松田利彦(2002), 「近代朝鮮における山東出身華僑: 植民地期における朝鮮總督府の對華
僑政策と朝鮮人の華僑への反應を中心に」, 『東アジアと「半島空間」: 山東半島と遼東半
島』, 思文閣出版; 강진아(2013), 「조선총독부의 화교 노동자 입국 관리와 중국 언론」, 『중
국근현대사연구』 59, 한국중국근현대사학회.

46) 강진아(2013), 「조선총독부의 화교 노동자 입국 관리와 중국 언론」, 『중국근현대사연구』
59, 한국중국근현대사학회.

47) 이 책 뒤의 참고문헌을 참고하길 바란다. 그는 광산, 수력발전소, 토목건축현장에 있어
서 화공의 실태를 분석한 것 이외, 화공의 쟁의, 화공의 입국제한 등의 문제에 관해서도
구체적으로 다루고 있다.

48) 이은상(2016.6), 「20세기 전반(1912~1936) 식민지 조선의 신의주화교」, 『중국근현대사
연구』 70, 중국근현대사학회; 이은상(2016.12), 「원산화교와 배화폭동(排華暴動)」, 『중
국근현대사연구』 72, 중국근현대사학회; 이은상(2017), 「중일전쟁 시기 원산화교의 동
향과 화교경제」, 『사총』 90, 고려대학교 사학회.

49) 김희신(2017), 「在朝鮮 中華商會의 설립과정과 존재양태: 1912-1931년 경성지역을 중심
으로」, 『중국근현대사연구』 73, 한국중국근현대사학회.

50) 강진아(2012), 「만주사변 전후 재한화교 문제의 양상: 朝鮮總督府 外事課와 在韓中國領
事館간 왕복문서를 중심으로」, 『동양사학연구』 120, 동양사학회; 강진아(2004b), 「중
일무역마찰의 전개와 조중관계의 변화: 1920~1930년대를 중심으로」, 『근대전환기 동

한편, 조선화교의 경제활동에서 전환점이 된 것은 1931년 7월 발생한 화교 배척사건이다. 이 사건으로 인한 화교의 피해는 「리턴보고서」에 의하면, 사망자수가 127명, 부상자가 392명, 재산손실액이 250만 원을 넘었다. 이 사건에 대해서는 이미 많은 연구가 이뤄졌지만,[51] 이 사건이 화교 직물상, 농민, 제조업자, 삼도업(三刀業, 중화요리점·양복점·이발소) 종사자, 노동자에 각각 어떤 영향을 주었는지 구체적으로 밝혀지지 않았다.

이 사건을 분수령으로 화교는 '무시할 수 없는 세력'으로부터 쇠퇴의 길을 걷게 되는데, 화교가 '무시할 수 없는 세력'이 된 원인을 규명하는 것이 중요한 것처럼, 쇠퇴의 원인 해명도 검토하지 않으면 안 된다. 화교경제의 쇠퇴에 더욱 박차를 가한 것은 중일전쟁이었다. 중일전쟁 및 조선총독부의 전시통제강화가 화교의 경제활동을 어떻게 제약했는지 검토하는 것도 중요한 연구과제이다.[52]

2. 조선화교 문제가 제기하는 메시지

이 책은 앞에서 근대 조선의 화교역사를 개관하면서 도출된 화교 인구의 증가, 화교경제의 발전 및 상당한 세력의 형성, 그리고 1930년대 이후 급격한 쇠

아시아 속의 한국』, 성균관대학교 출판부.
51) 綠川勝子(1969), 「萬寶山事件及び朝鮮內排華事件についての一考察」, 『朝鮮史硏究會論文集』 第6集, 朝鮮史硏究會; 박영석(1978), 『만보산사건 연구: 일제 대륙침략정책의 일환으로서』, 아세아문화사; 趙景達(2008), 『植民地期朝鮮の知識人と民衆』, 有志社; 손승회(2009), 「1931년 식민지 조선의 배화폭동과 화교」, 『중국근현대사연구』 41, 한국중국근현대사학회; 졸고(2012), 「1931年排華事件の近因と遠因」, 『朝鮮華僑と近代東アジア』, 京都大學學術出版會; 강진아(2012.9), 「만주사변 전후 재한화교 문제의 양상: 朝鮮總督府 外事課와 在韓中國領事館간 왕복문서를 중심으로」, 『동양사학연구』 120, 동양사학회; 이은상(2016.12), 「원산화교와 배화폭동(排華暴動)」, 『중국근현대사연구』 72, 중국근현대사학회.
52) 중일전쟁 시기 조선화교에 관한 역사적인 검토는 왕정위(汪精衛) 남경국민정부 측의 당안(档案)을 이용한 楊韻平(2007)(『汪政權與朝鮮華僑(1940~1945): 東亞秩序之一研究』, 稻鄕)과 菊池一隆(2011)(『戰爭と華僑』, 汲古書院)의 연구가 있다.

퇴의 실태 및 원인을 분석하는 것을 목적으로 한다.

분석의 범위는 시기적으로 1880~1940년대, 공간적으로는 동아시아지역으로 설정했다. 조선화교의 경제와 사회는 송출국인 중국, 수용국인 조선이라는 두 나라 사이의 이동으로 이뤄졌지만, 화교의 이주 및 경제활동은 일본 정부 및 조선총독부의 정책에 규정되는 측면이 컸다. 또한 화교의 경제활동은 조선을 축으로 중국(만주 포함)은 물론이고 일본, 극동러시아, 홍콩에 걸쳐 전개되었기 때문에 조선화교의 분석을 위해서는 동아시아라는 역사 영역 및 공간 축을 설정할 필요가 있다. 시간 축은 중국인의 조선 이주가 시작된 1880년대 초부터 조선의 해방 초기까지 약 60년이라는 장기간을 설정했다. 그 이유는 중국인의 조선 이주 및 조선에서의 경제활동의 실태와 변화를 충분히 담아내기 위해서이다.

이 책은 이러한 공간 축과 시간 축으로 이루어진 좌표축에 화교의 주요한 경제활동 분야인 직물상, 삼도업(三刀業), 제조업, 농업, 노동자를 두고 분석하고자 한다. 즉, 조선의 화상, 화농, 화공이 각각 동아시아의 공간에서 60년간 어떤 경제활동을 펼쳤는지 활동의 구조 및 변화를 분석하려 한다.

이러한 분석에서 기본적으로 제기되는 것은 화농, 화상, 화공의 경제활동에서 조선인 및 일본인과 어떤 관계에 있었는지, 송출국 중국 정부와 교향(僑鄕)과 어떤 관계하에서 이뤄졌는지, 수용국인 조선 정부 및 조선총독부는 그들에 대해 어떤 정책을 폈는지, 그에 대한 중국 정부의 대응은 어떠했는지 등에 대한 문제이다.

이 책에서 검토로 밝혀질 조선화교의 여러 새로운 사실(史實)은 동아시아근대사, 조선근대사, 화교근대사에 아래와 같은 의미와 메시지를 던져줄 것으로 기대된다.

먼저, 동아시아근대사에 던지는 의미와 메시지를 보도록 하자. 동아시아근대사를 사람의 이동이라는 관점에서 접근한다면, 세 가지 형태의 이동으로 정리할 수 있다. 제1형태에는 일본인이 일본제국의 중심에서 주변으로 이동하는 유형이다. 이 형태는 일본제국의 영역확대에 따라 일본 본토의 일본인이 '세력권'인 대만, 조선, 관동주(關東州), 만주, 화태(樺太, 사할린) 등지로 이동하는 것과, '비세력권'의 일본인이 중국, 극동러시아로 이동하는 것이 여기에 해당된다. 제2형태는 일본제국의 주변에서 중심으로 이동하는 유형이다. 이 유형에는 일본의 '세력권' 및 '비세력권'의 조선인, '대만인', 중국인이 일본으로 이동하는 것이 해당된다. 제3형태는 일본제국의 주변 간 이동이다. 이 유형에는 ① 조선인이 조선에서 만주, 중국, 극동러시아로 이동하는 것, ② '대만인'이 중국으로 이동하는 것, ③ 중국인이 대만(臺灣, 타이완), 조선으로 이동하는 것이 포함된다.

일본제국사 및 이민사 학계는 그동안 제1형태, 제2형태를 중심으로 연구가 이뤄졌고, 일본제국의 주변 간 사람의 이동에 관해서는 그다지 주목하지 않았다. 그러나 근대 동아시아의 사람의 이동은 제1형태, 제2형태, 제3형태 이동의 상호연관 속에서 연쇄적으로 일어난 측면이 크기 때문에 제3형태의 이동도 고찰할 필요가 있다.

그러한 의미에서 중국인의 조선 이주는 근대 동아시아의 이동에서 여러 의미를 함축하고 있다고 할 수 있다. 또한 중국인의 조선 이주 및 조선에서의 경제활동은 동아시아 역내의 상품, 화폐, 정보의 흐름을 촉진하는 측면이 있기 때문에 조선화교 문제는 동아시아근대사의 무역, 금융에서 새로운 역사상을 제시할 가능성이 있다.

두 번째, 조선근대사에 주는 의미와 메시지를 보도록 하자. 종래, 조선근대사, 특히 일제강점기 조선의 역사상을 검토하는 시각은 일본의 조선 통치에 대한 평가문제와 관련하여 몇 가지가 제기되어왔다. 먼저, 조선총독부의 조선통치가 조선인 및 조선인 노동력 및 자본을 어떻게 억압하여 조선인의 경제적 잉여를 수탈했는지, 그것이 조선인의 빈곤을 초래한 원인으로 분석하는 데 초점을 맞춘 식민지수탈론(植民地收奪論)이 있다. 이에 대해 조선총독부의 공업정책, 일본인 및 일본인 자본의 조선 진출로 인해 자본주의적 공업화가 달성되었으며, 그 효과는 조선인 및 조선인 자본에까지 미쳤다고 하는 식민지공업화론(植民地工業化論), 혹은 식민지근대화론(植民地近代化論)이다. 최근에는 자본주

〈그림 서-2〉 일제강점기의 역사적 영역

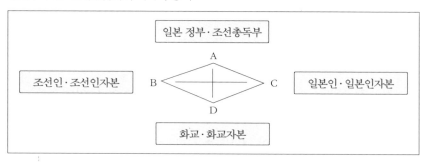

의적 '근대'를 경제적인 측면에서 긍정적으로 평가하는 식민지근대화론, 정치적 논의에 집중하는 식민지수탈론, 이 두 가지의 시각을 모두 비판하면서 사회사, 문화사의 영역에서 식민지사회를 검토하는 식민지근대(성)론(植民地近代(性)論)이 제기되었다.

이들 세 가지의 시점은 〈그림 서-2〉에서 본다면, △ABC의 역사영역만을 포함한다. 즉, 조선근대사의 일제강점기 부분은 조선총독부, 일본인 및 일본인자본, 조선인 및 조선인 자본의 세 기둥의 상호관계와 그러한 관계의 복합체로 성립되어 있다고 볼 수 있다. 그래서 세 가지의 시점은 조선화교 및 화교자본을 논의의 장에서 제쳐두고 일제강점기 조선의 역사상을 검토해왔다.

우리는 앞에서 화교의 경제활동이 조선인 및 일본인을 압박할 정도의 세력을 형성하고 있었던 것을 지적했고 이 책에서 그것을 구체적으로 분석할 것이다. 조선총독부, 조선인, 일본인을 주요 연구대상으로 삼아왔던 조선근대사 연구에서 조선화교 문제는 어떤 새로운 역사상을 제기할 수 있을 것으로 기대된다. 특히 직물상업계, 삼도업(三刀業), 양말 제조업 및 주물업, 채소재배, 노동시장의 부문은 화교의 경제활동이 활발했던 부문이었는데, 화교를 중심으로 이들 부문을 재검토할 경우 조선의 각 산업은 어떤 양상일지 궁금해진다.

세 번째는 화교근대사에 주는 의미와 메시지이다. 조선화교는 명칭 그대로 '화교'라는 또 하나의 얼굴을 가진다. 세계의 화교화인(華僑華人)을 다룬 연구성과는 질적·양적 모두 풍부하게 축적되어 있지만, 연구 성과를 지역별로 나누어본다면 동남아화교에 매우 치우쳐 있다. 이러한 원인 때문에 화교학(華僑學)은 학문으로서 보편적 지위를 획득하지 못하고 있다. 화교 연구의 권위자인 왕경우(王賡武, Wang Gungwu)는 세계의 화교 연구 상황에 대해 전반적으로 비교고찰이 빠져 있다는 것을 지적하고, 세계 각지 화교의 상호비교를 통한 일반론 획득의 필요성을 역설했다.[53]

화교학이 동남아화교 연구에 치우쳐 있는 것은 어떤 의미에서 당연하다. 제2차 세계대전 말기까지 동남아화교 인구가 세계 화교 인구의 9할을 차지하며 큰 경제적 세력을 형성하고 있었다. 중화인민공화국 수립 후 중국 본토에서 동남아시아로의 새로운 이주가 끊어져 동남아화교가 세계 화교 인구에서 차지하는 비중이 낮아졌다고 하지만 여전히 세계 화교의 7~8할을 차지하고 있다. 또한 중국의 개혁개방정책 도입 후 동남아화교의 중국 직접투자가 급속히 증가했으며, 중국의 고도경제성장과 대국화(大國化) 그리고 중국 정부의 일대일로(一帶一路) 정책 추진으로 동남아화교의 중요성은 더욱 커지고 있다.

그러나 대만 출신 동아시아 연구자인 도조언(涂照彦)은 "구미 화인연구와 비교해서 축적된 양이 두껍다고 말할 수 있는 동남아시아론에서도, 연구과제와 시각에서 본다면, 문제 파악에서 전체적인 틀이 반드시 명백한 것이 아니다. 방법론적으로 깊이 다다른 연구는 의외로 적다. 이것은 어쩌면, 동남아시아 화인론(華人論)이 한편으로 화려하게 유행하고 있는 것에 비해 사회과학으로서의 자립에 좀처럼 연결되지 않는 주요한 원인의 하나일지도 모른다"[54]라고 비평한 후, "동남아시아 화인론은 다른 지역의 화인론을 포함하여 구축(構築)하지 않으면, 동남아시아에 한정된 절대적 자기본위론(自己本位論)에 빠지기 쉽다. 또 한

---

53) Wang Gungwu(1998), "The Status of Overseas Chinese Studies", Wang Ling-Chi & Wang Gungwu(eds.), THE CHINESE DIASPORA Selected Essays Volume I, Singapore: Times Academy Press, pp.9~10.
54) 涂照彦(2003), 「華人經濟研究の課題と方法」, 『日本における華僑華人研究: 遊仲勳先生古稀記念論文集』, 風響社, 21쪽.

가지는 같은 아시아의 다른 지역 즉 동북아시아의 일본과 한국과의 비교이다. 일본과 한국은 말할 것도 없이 북동아시아에 위치하여, 동남아시아 화인연구에서 양국의 화인 문제는 일종의 '반면교사'의 소재가 된다"라고 주장했다.[55]

즉, 도조언은 동남아화교론(華僑論)이 절대적 자기본위론에 빠지지 않으려면 조선(한국) 화교 및 일본화교와 비교 고찰할 것을 강조하였다. 그의 주장은 조선(한국) 화교의 연구가 일본화교 및 동남아화교의 상대화, 나아가서는 학문으로서의 화교론 확립에 기여할 수 있다는 것을 의미한다.

이 책은 조선화교 문제가 동아시아근대사, 조선근대사, 화교근대사의 맥락에서 앞에서 말한 의미를 가지고 있다는 점을 유의하면서 논의를 진행하고자한다.

3. 활용 사료: 공문서·사문서·인터뷰

여기서는 앞에서 제기한 연구과제를 분석하기 위해 활용하는 사료를 소개하고자 한다. 활용한 사료는 크게 공문서와 사문서로 나눌 수 있다. 먼저 공문서를 보도록 하자.

조선화교와 관련하여 청국 및 중화민국 정부의 업무는 한성·경성 소재의 총리공서·공사관과 총영사관, 그리고 인천·부산·원산·진남포·신의주 소재의 상무분서·영사관 및 판사처가 각각 담당했다.

일본제국주의가 조선의 외교권을 박탈한 이후, 청국 및 중화민국의 조선 주재 (총)영사관의 화교 관련 안건의 처리는 통감부·조선총독부와의 교섭을 통해 이뤄졌다. 물론 이러한 교섭 내용은 본국의 외무부·외교부에 보고되었으며, 중요한 사항에 대해서는 지령을 내려 처리했다. 외교권 박탈 이전은 총리

---

55) 涂照彦(2003), 앞의 논문, 22쪽. 그러나 '반면교사'의 본래의 의미는 배워서는 안 되는 것으로서, 나쁜 예가 되는 일이나 인물이며, 이 상황에서는 적절한 표현이 아니라고 생각한다.

공서·공사관과 조선 정부의 외부(外部) 등을 통해 청국과 조선 간의 문제, 화교 문제 등을 처리했다. 청국 및 중화민국의 외교기관은 조선에 설치된 각종 사회단체인 중화상회(中華商會), 농회(農會), 공회(工會) 등을 통해 화교 문제를 접수하고 처리했다.

이와 같이 조선 주재 청국 및 중화민국의 외교기관이 생산한 사료는 대만 중앙연구원 근대사연구소당안관에 소장되어 있다. 「주한사관보존당안(駐韓使館保存檔案)」[56]으로 분류된 이 당안은 각 시기 조선 주재 청국 및 중화민국의 외교대표자가 당안의 발신인 혹은 수취인으로 되어 있다. 〈표 서-3〉은 청국 및 중화민국의 각 정부별 조선 주재 외교대표자 및 재임기간을 정리한 것이다. 이 사료는 조선화교의 사회경제활동을 분석할 수 있는 귀중한 1차 사료이기 때문에 이 책은 이 사료를 최대한 활용했다.

조선이 외교권을 박탈당한 후, 한성 총영사관 및 경성 총영사관과 화교 문제로 교섭한 통감부 및 조선총독부의 부서는 외사국(外事局) 및 외사과(外事課)였다. 통감부는 외교 담당 부서로 외사국을 설치했으며 외사1과, 외사과, 서무과, 번역과의 4개 과를 두었다. 조선총독부는 일제강점기 직후인 1910년 10월 총무부(總務部) 산하에 외사국을 두고, 1912년 4월에는 외사과로 바뀌었다.[57] 외사과는 1938년에 외무부(外務部), 1939년에 외사부(外事部)로 각각 승격되었다. 외사과·외무부·외사부는 조선 주재 각국 총영사관 및 영사관과 교환한 왕복문서를 「각국영사관왕복철(各國領事館往復綴)」[58]로 정리하여 보관했다. 이 사

<hr />

56) 이 사료는 청말 부분이 2004년, 민국 부분이 2006년 인터넷에 각각 공개되었다. 필자는 2007년 5월 동 당안관을 직접 방문하여 열람 및 복사를 했다. 이 사료 가운데 1882~1912년의 시기 사료에 대한 해제는 다음과 같은 연구에 의해 이뤄졌다. 김희신(2011), 「근대 한중관계의 변화와 외교당안의 생성: '淸季駐韓使館保存檔'을 중심으로」, 『중국근현대사연구』 50, 한국중국근현대사학회; 박정현 외 8인(2013), 『중국 근대 공문서에 나타난 韓中關係: '淸季駐韓使館檔案' 解題』, 한국학술정보.

57) 秦郁彦(1981), 『戰前期日本官僚制の制度·組織·人事』, 東京大學出版會, 393쪽.

58) 이 사료의 명칭은 『領事館往復綴(各國)』, 『各國領事館往復關係』, 『各國領事館往復』, 『領事館關係綴』로 시기에 따라 각각 달랐다. 이 책은 이들 문서를 통칭할 때는 『各國領事館往復綴』로 기재하고 인용할 때는 각각의 문서명을 사용하도록 한다.

〈표 서-3〉 청국 및 중화민국 각 정부별 조선 주재 외교 대표자 및 재임기간

정부별	외교대표자	직 명	재임기간
청국 정부	진수당(陳樹棠)	총판조선상무위원	1883~1885
	원세개(袁世凱)	총리교섭통상사의	1885~1894.7
	당소의(唐紹儀)	총리교섭통상사의(대리)	1894.7
	당소의(唐紹儀)	조선 총상동	1895~1896
	당소의(唐紹儀)	한성 총영사	1896~1898
	탕조현(湯肇賢)	한성 총영사(대리)	1898~1899
	서수붕(徐壽朋)	출사 한국공사	1899~1901
	허태신(許台身)	출사 한국공사	1901~1905.2
	증광전(曾廣銓)	출사 한국공사	1905.2~1906.2
	전명훈(錢明訓)	출사 한국공사(대리)	1905.9~1906.2
	마정량(馬廷亮)	한국 총영사	1906.2~1911
중화민국 북경정부	마정량(馬廷亮)	조선 총영사	1912~1913
	부사영(富士英)	조선 총영사	1913~1919
	왕홍년(王鴻年)	조선 총영사	1919~1920
	마정량(馬廷亮)	조선 총영사	1920~1922
	요은도(廖恩燾)	조선 총영사(대리)	1922~1924
	왕수선(王守善)	조선 총영사	1924~1929
중화민국 남경국민정부	장유성(張維城)	조선 총영사	1929~1931
	노춘방(盧春芳)	경성 총영사	1931~1934
	범한생(范漢生)	경성 총영사	1934~1937
중화민국 임시정부	범한생(范漢生)	경성 총영사(공사대우)	1938~1940
왕정위 남경국민정부	범한생(范漢生)	경성 총영사(공사대우)	1940~1941
	임경우(林耕宇)	경성 총영사(공사대우)	1941~1943
	마영발(馬永發)	경성 총영사	1943~1944
	풍문웅(馮文雄)	경성 총영사(대리)	1944~1945

주: 1932년 9월 이전은 중화민국 주조선 총영사관, 그 후는 중화민국 주경성 총영사관으로 개칭됨. 노춘방 총영사의 직명도 1932년 9월부터 조선 총영사에서 경성 총영사로 바뀜.

출처: 김희신(2011), 45·59쪽; 楊韻平(2007), 63~64쪽; 朝鮮總督府官房外事課(1934), 『昭和九年 領事館往復綴(各國)』; 朝鮮總督府官房外務部(1938), 『昭和十三年 領事館關係綴』; 朝鮮總督府外務課(1941), 『昭和十六年 領事館關係綴』; 駐京城總領事館(1932), 「韓國僑務案」, 『外交部檔案』(대만 국사관소장, 등록번호0670-4460).

료는 광복 후 한국 정부에 이관되어 현재는 국가기록원에 보존되어 있다. 「각 국영사관왕복철」 가운데는 중화민국 경성 총영사관과 교환한 왕복문서가 상당수 포함되어 있어 조선화교의 문제를 검토하는 데 「주한사관보존당안」과 함께 귀중한 1차 사료라 할 수 있다. 특히 「주한사관보존당안」에 빠진 화교 문제가 「각국영사관왕복철」에 소개된 것이 있어 「주한사관보존당안」을 보완할 수 있으며, 같은 사안이라도 양 사료의 접근 방법이나 내용이 다른 점도 발견되기 때문에 「주한사관보존당안」과 비교하여 검토할 수 있다.

중화민국 남경국민정부 외교부는 각국에 설치된 공관과 중요 사안에 대해 상호 교환한 공문서를 보존했는데, 이 사료는 대만 국사관(國史館)에 「외교부 당안(外交部檔案)」으로 보존되어 있다. 「외교부당안」 가운데 경성 총영사관과 화교 문제를 둘러싼 공문이 섞여 있다. 이 당안은 「주한사관보존당안」에 없는 내용도 포함되어 있다.

경성 총영사관 및 각 영사관이 남경국민정부 외교부에 보고한 공문서의 일부가 「남경국민정부 외교부공보(南京國民政府 外交部公報)」에 게재되어 있다. 이 사료는 남경(南京, 난징)에 있는 중국 제2역사당안관에 의해 영인되어 1990년 복각판으로 출판되었다. 외교부공보 가운데에도 조선화교 관련 내용이 많이 포함되어 있다. 한편, 조선총독부가 조선화교 문제를 본국 정부에 보고한 공문서의 일부가 일본 외무성 외교사료관(外交史料館)에 소장되어 있으며, 이들 사료는 아시아역사자료센터 홈페이지(www.jacar.go.jp)에 공개되어 있다.

중일전쟁 후, 일본은 일본군이 점령한 지역에 친일 괴뢰정부를 수립했다. 조선의 중경국민정부의 경성 총영사관 및 영사관은 폐쇄되었다. 그 대신 1937년 12월 중화민국 임시정부, 1940년 3월 왕정위(汪精衛) 남경국민정부의 경성 총영사관 및 영사관이 설치되었다.

조선의 경성 총영사관과 각 영사관은 중화민국 임시정부 및 남경국민정부에 조선화교 문제 관련 보고를 했으며, 지시도 받았다. 경성 총영사관 및 각 영사관이 보고한 남경국민정부의 기관은 화교 문제를 담당하는 교무위원회(僑務委員會), 외교부(外交部), 행정원(行政院)이었다. 경성 총영사관 및 각 영사관이 이들 기관에 보고한 공문서는 현재 남경의 제2역사당안관에 소장되어 있다. 중국 정부는 친일 괴뢰정권을 인정하지 않기 때문에 각 당안의 명칭은 「왕위외교부당안(汪僞外交部檔案)」, 「왕위교무위원회당안(汪僞僑務委員會檔案)」, 「왕위행정원당안(汪僞行政院檔案)」으로 되어 있다. 이들 각 당안 가운데 조선화교 문제 관련 공문서가 상당히 많이 남아 있다.

또한 왕정위 남경국민정부가 일본에 설치한 대사관이 생산한 공문서는 현재 일본 도쿄 소재의 동양문고(東洋文庫)에 소장되어 있다. 「중화민국정부(왕정위 정권) 주일대사관 당안(中華民國國民政府(汪精衛政權)駐日大使館檔案)」의 명칭으로 보존되어 있는 이 당안에 조선의 경성 총영사관 및 각 영사관이 보고한 공문서가 다수 포함되어 있다.

다음은 사문서(私文書)에 대해 보도록 하자. 조선화교의 사회단체가 생산한 문서도 활용했다. 인천화교협회가 근대 중화회관(中華會館), 중화상무총회(中華商務總會), 중화(총)상회(中華(總)商會), 화상상회(華商商會)의 시기에 생산한 문서는 근대 인천화교의 경제와 사회를 분석하는 데 귀중한 1차 사료이다. 인천화교협회소장자료는 청국조계, 중화상회의 각종 장정, 위생, 의료, 소방 관련 문서, 운영관련 문서 등을 포함하고 있다.[59] 인천시립박물관이 소장하고 있는 『화교영취소맥분상세표(領取小麥粉詳細表)』와 『인천화교세대별명부(仁川華僑世代別名簿)』는 세대별 명부를 상세히 기록한 사료이다. 이 두 사료는 인천부 거주 화교의 전수 조사이기 때문에 중일전쟁 시기 인천화교의 실태를 파악하는 데 매우 귀중한 문서이다.

대구화교협회가 화상공회(華商公會) 및 중화상회(中華商會)의 시기에 당시의 활동을 기록한 「화상공회성립건축급연관일람표(華商公會成立建築及捐款一覽表)」(1930) 및 「대구화교학교발기급성립(大邱華僑學校發起及成立)」(1943)은 필자가 발굴한 사료로 당시 대구지역 화상의 경제활동과 화교학교를 분석하는 데 실

---

59) 이 문서의 목록 및 소개와 이 문서를 활용한 연구는 다음을 참고 바람. 졸저(공저, 2015), 『근대 인천화교의 사회와 경제: 인천화교협회소장자료를 중심으로』, 학고방, 21~43쪽, 291~294쪽.

마리를 제공해줄 수 있는 귀중한 사료이다.

한국금융사박물관(韓國金融史博物館)이 소장하고 있는 1920년대와 1930년대 한일은행(韓一銀行)의 고액 대출자에 대한 이사회 결의록은 금융기관과 화상 간의 관계를 해명하는 1차 자료로서 매우 귀중하다. 『대출에 관한 취체역회결의록(貸出에 關하난 取締役會決議錄)』과 『중역회결의록(重役會決議錄)』의 2개 사료는 경성뿐 아니라 지방의 화상 및 조선인에 대한 어음할인을 통한 대출의 기록이기 때문에 조선인 상인과 화상 간의 거래 관계도 해명할 수 있는 기초 사료이다.

일본 오사카(大阪) 소재 신용평가기관인 상업흥신소(商業興信所)는 일본뿐 아니라 조선에서 어느 정도 규모가 되는 회사에 대한 신용평가를 실시하여 매년 『상공자산신용록(商工資産信用錄)』을 발행했다. 이 『상공자산신용록』의 '외국인'부의 대부분은 화상인데 조선화교의 회사가 매년 게재되어 있기 때문에 일제강점기 조선화교의 경제활동을 분석하는 기초 사료이다.

또한 근대 일본, 조선, 중국에서 발행된 일본어, 조선어, 중국어, 영어로 발행된 32종의 신문, 28종의 잡지를 활용했다. 이러한 문자 사료 이외에 일제강점기를 경험한 한국화교 11명, 북한화교 1명, 일본화교 1명, 중국 거주 중국인 3명 등을 심층 인터뷰했다. 참고문헌에 싣지는 않았지만 그 외 100여 명의 한국화교(한국, 미국, 대만, 중국 거주 한국화교 포함)를 인터뷰했다.

4. 이 책의 구성 및 내용

이 책은 총 5부로 구성되어 있다. 제I부는 화교 직물상, 제II부는 삼도업(三刀業), 제III부는 화교 제조업, 제IV부는 화농(華農), 제V부는 화공(華工)을 대상으로 각각 검토한다.

각 부의 검토 과제와 내용을 간단히 소개하면 다음과 같다. 제I부는 화교 직물상의 형성, 발전, 쇠퇴의 과정이 동아시아를 무대로 어떻게 펼쳐졌는지 추적한다. 제I부의 전반부(제1~3장)는 화교 직물상이 조선의 직물상업계에서 상당한 세력을 형성한 실태를 밝힌 후, 그것을 가능하게 한 원인이 무엇인지에 대해 국제 통상망, 조선 내 유통망, 일본인 직물상 및 조선인 직물상과의 관계 등을 중심으로 검토한다. 제I부의 후반부(제4~6장)는 화교 직물상이 1930년대에 들어 쇠퇴하게 되는데, 그 원인을 조선총독부의 화교 직물상에 대한 탄압, 1931년 화교배척사건 및 만주사변의 영향, 중일전쟁 및 조선총독부의 전시통제강화의 영향을 중심으로 보면서 논의를 진행한다.

제1장은 화교 직물상이 조선의 직물상업계 및 화교사회 및 경제에서 어떠한 위치를 차지하고 있는지 검토한 후, 화교 직물상이 산동방(山東幇, 산둥방)을 중심으로 어떻게 형성되는지, 산동성(山東省, 산둥성)과 어떠한 연계가 있는지 고찰한다.

제2장은 화교 직물상이 일본인 직물상 및 조선인 직물상을 압박하는 세력을 형성한 원인을 분석한다. 경성 및 인천 소재 화교 직물수입상이 면직물, 견직물, 마직물을 어떠한 화교 통상망을 통해 대량으로 수입하게 되는지, 수입 과정에서 일본인 직물상과 협력 및 길항(拮抗)의 관계는 없었는지, 그리고 대량 수입을 가능하게 한 조선 내 직물산업의 실태는 어떠했는지에 유의하면서 검토한다.

제3장은 화교 직물수입상이 수입한 직물은 어떠한 화교 유통망을 통해 판매되었는지 검토한다. 화교 직물수입상의 유통망은 각 부(府)에 소재한 화교 직물도매상, 각 군(郡)에 소재한 화교 직물소매상 및 행상으로 구성되어 있었는데 이들 관계가 어떠한 유기적 결합을 이루고 있는지 살펴본다. 그리고 조선인 및 일본인 직물상과의 거래는 어떻게 이뤄졌는지도 주목하여 검토한다.

제4장은 동아시아에 걸친 통상망과 조선 내 쇠사슬처럼 연결된 유통망을 토대로 조선의 직물상업계에서 상당한 세력을 형성한 화교 직물상에 대해 조선총독부는 어떠한 정책으로 대응했는지 수입을 제한하는 관세정책을 중심으로 검토한다.

제5장은 1931년 화교배척사건이 화교 직물수입상을 비롯한 화교 직물상 전

체에 어떤 타격을 주었는지 검토한다. 화교 직물수입상의 통상망, 국내 화교 직물상의 유통망이 이 사건으로 어떻게 파괴되고 약화되는지 중앙과 지방으로 나눠 살펴본다.

제6장은 화교 직물상은 화교배척사건이 진정된 후 점차 회복하지만 중일전쟁과 조선총독부의 전시통제강화로 완전히 쇠퇴하게 되는데 그 궤적을 추적한다.

제I부 보론은 조선화교의 중요한 경제활동의 하나로 객잔과 무역업을 병행한 행잔(行棧)이 어떻게 경영되고 있었는지 인천 화상 만취동(萬聚東)을 중심으로 고찰한다.

제II부는 중화요리점, 이발소, 양복점의 이른바 삼도업(三刀業)에 대해 검토한다. 세계의 화교는 이주지서 삼도업에 종사하는 인구가 많았는데 조선화교도 똑같았다. 조선화교의 삼도업의 생성 및 발전의 과정을 추적한다. 이발소와 양복점은 1930년대에 들어 쇠퇴한 반면, 중화요리점은 지속적으로 발전하는 원인이 어디에 있는지 검토한다.

제7장은 화교 중화요리점이 화교의 이주 초기인 1880년대에 이미 형성되고 1920년대는 호떡을 중심으로 중화요리가 조선사회에 대중화된 것을 밝힌다. 화교 중화요리점의 성공 원인이 중화요리의 특징, 싼 가격, 화교중화요리조합에 있다고 보고 검토한다.

제8장은 1927년과 1931년 화교배척사건 그리고 중일전쟁이 있었음에도 화교 중화요리점은 1930년대에도 발전을 거듭하는데 그 실태를 추적한다. 조선총독부의 전시통제강화로 인해 화교 중화요리점의 경영이 위축되는 실태도 분석한다.

제9장은 화교 이발소와 양복점의 생성과 전개과정을 조선인 및 일본인 업자와의 경쟁관계에 주목하여 살펴본다. 이발소와 양복점은 화교의 이주 초기에 생성되어 조선인 및 일본인이 위협을 느낄 정도로 발전하지만, 1930년대는 쇠퇴의 길에 들어선다. 그 이유를 화교 중화요리점과 비교하여 검토한다.

제III부는 일제강점기 화교 제조업의 실태를 주물업과 양말 제조업을 중심으로 검토한다. 화교의 제조업은 상업에 비해 미약한 세력을 형성했지만, 주물업과 양말 제조업 분야에서는 조선인과 일본인을 압박했다. 일제강점기 조선의 공업의 입장에서 두 제조업이 어떠한 의미를 가지는지 살펴본다.

제10장은 화교 주물업은 일제강점기에 솥, 냄비의 제조 분야에서 독점적인 지위를 구축하게 되는데 그 원인을 동향(同鄕) 네트워크와 높은 기술력에 두고 논의를 전개한다. 조선인 및 일본인 주물업과의 길항관계에 주목하면서 검토한다.

제11장은 신의주의 화교 양말 제조업이 1920년대 평양의 조선인 양말 제조업에 위협을 주는 일대 세력으로 부상한 원인이 어디에 있는지 생산, 판매의 각 측면에서 검토한다. 또한 화교 양말 제조업이 1931년 화교배척사건에 의해 회복할 수 없을 정도로 타격을 받게 되는 실태도 살펴본다.

제IV부는 화농의 채소재배 실태 파악을 통해 화농이 일제강점기 조선의 농업에 어떻게 연관되는지, 어떠한 위치를 차지하고 어떠한 역할을 하는지를 중심으로 검토한다.

제12장은 화농이 대도시 채소 공급을 독점하는 실태 및 원인을 개항기부터 1920년대까지의 시기, 경기도를 대상으로 검토한다. 화농의 채소재배의 특징, 화교 채소 판매망, 산동성과의 연관성에 주목하여 논의를 전개한다.

제13장은 화농의 채소재배활동이 1931년 화교배척사건에서 중일전쟁 발발 이전까지 시기에 위축된 원인을 분석한다. 1931년 화교배척사건의 영향, 조선총독부의 화교 이주 제한 조치, 인천부청의 화교 경영 채소시장 운영개입, 인천 화농의 농회(農會) 내분 등을 중심으로 논의를 전개한다.

제14장은 화농의 채소재배 및 판매활동이 중일전쟁 및 조선총독부의 전시통제강화로 어떻게 변화하는지 검토한다. 조선의 채소 부족 문제를 해결하기 위해 화농을 활용한 사례를 소개하고, 채소 배급제로 인해 화농의 수입이 감소한 점을 분석한다.

제V부는 화공 문제를 다룬다. 화공이 중국에서 조선으로 이주한 원인과 경위, 그들의 이주에 따른 조선인 노동자와의 관계, 화공 문제로 인한 외교 마찰 및 교섭 등을 다룬다. 또한 화공이 조선의 노동현장에서 어떤 역할을 했는지 구체적으로 검토한다.

제15장은 광양만(廣梁灣) 염전축조 공사에 1909~1911년도에 고용된 약 4,000명의 화공을 둘러싼 문제를 다룬다. 화공은 나쁜 작업조건으로 잇따라 공사현장에서 도주하는데 그 원인을 추적한다. 또한 이 문제를 둘러싼 청국과 일본 간의 외교교섭이 펼쳐지는데, 이 교섭을 통해 일제강점 직전과 일제강점 직후에 양국 교섭에 미묘한 차이가 발생한 사실을 밝힌다.

제16장은 단순 육체노동자인 쿨리[苦力, coolie: 저임금으로 고용되어 해외에서 단순, 가혹한 육체노동에 종사하는 중국인·인도인 노동재가 아닌 벽돌조적공과 미장이와 같은 숙련 기술자인 화공이 조선에서 어떤 활동을 펼치는지 살펴본다. 이들 숙련 기술 화공이 근대 조선의 종교건축의 시공활동에 큰 기여를 하게 된 원인과 화교 건축청부회사와의 관계를 일본인 건축청부회사와 비교하여 검토한다.

그리고 각 부의 마지막에는 '각 부를 마치며'를 두고, 각 부에서 논의한 내용이 조선근대사, 화교근대사, 동아시아근대사에 어떠한 의미가 있는지, 그리고 시사하는 바가 무엇인지에 대해 검토한다.

종장은 '각 부를 마치며'에서 논의한 것을 토대로 서장에서 제기한 화교의 인구증가 및 경제성쇠의 원인을 정리한 후, 근대 중국인의 조선 이주 및 화교의 경제활동이 던지는 메시지를 다시 한 번 음미하고자 한다.

제 1 부

화교 직물상

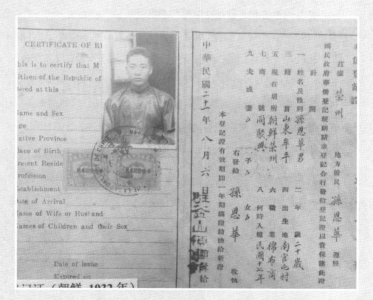

경북 영주 소재 동취복(同聚福) 직물상점 직원 손은화(孫恩華)의 화교등기
증(1932년 8월 발행)

출처: 중국 광주(廣州, 광저우) 소재 기남(暨南, 지난)대학 화교화인연구원 소장.

▶ 제I부에서는 화교 직물상의 형성, 발전, 쇠퇴의 과정이 동아시아 지역을 무대로 어떻게 펼쳐졌는지에 대해 검토한다.

／ 제I부의 전반부인 제1~3장은 화교 직물상이 조선의 직물상업계에서 조선인 및 일본인 직물상을 압박할 정도의 세력을 형성한 실태와 그것을 가능하게 한 원인에 대해 수입 통상망, 조선 내 유통망, 조선인 및 일본인 직물상과의 관계에 대해 고찰한다.

／ 제I부의 후반부인 제4~6장은 화교 직물상이 쇠퇴하는 원인과 그 실태를 검토한다. 1931년 화교배척사건, 만주사변, 중일전쟁 그리고 조선총독부의 전시통제경제의 강화가 화교 직물상에 어떤 영향을 미쳤는지 살펴본다.

／ 제I부의 보론에서는 화교 행잔(行棧)이자 무역회사인 인천의 만취동(萬聚東)을 사례로 해방 초기 화상의 무역활동을 살펴본다.

제1장

화교 직물상의 위상과 형성

1. 머리말

이 장에서는 화교 직물상이 조선의 직물상업계와 화교경제 및 화교사회에서 어떠한 위치를 차지하고 있었는지 검토한 후, 화교 직물상이 산동방(山東幇, 산동방)을 중심으로 어떻게 형성되었는지, 화교 직물상과 산동성(山東省, 산동성) 간에는 어떠한 연계가 있었는지에 대해 고찰하고자 한다.

2. 화교 직물상의 위상

1) 조선 직물업계에서 화교 직물상의 위상

먼저 일제강점기 조선화교는 어떤 상업 분야에 종사하고 있었는지 1930년 10월에 실시된 국세조사(國勢調査) 결과를 바탕으로 살펴보자.

1930년 국세조사는 상업을 '중분류'하면서 상업적 직업(商業的職業), 금융보험종사자(金融保險從事者), 접객업 종사자(接客業從事者)의 세 가지로 나누었다.

다시 중분류는 소분류로 세분했다. 상업적 직업은 물품판매업주, 점원, 행상(行商) 등 10개 소분류로 나누었으며, 접객업 종사자는 여관업주, 요리·음식점주, 요리사, 이발사 등 9개 소분류로 나누었다. 소분류는 다시 더 자세하게 '세분류'로 나누어졌다. 예를 들면, 상업적 직업의 소분류인 물품판매업주는 직물피복류판매업주(織物被服類販売業主) 등 33개 종류로 세분됐다.[1] 이렇게 국세조사는 매우 세세하게 분류되어 있을 뿐 아니라 민족별로도 분류되어 있기 때문에 조선화교의 직업을 파악하는 데 최적의 자료이다.

〈표 1-1〉은 각 부문의 상업 인구를 각 민족별로 분류한 것이다. 중분류로 볼 경우, 화교는 상업적 직업이 화교 상업 전체 종사자의 73.5%, 접객업이 전체 종사자의 26.4%, 금융보험종사자는 19명에 지나지 않았다. 화교와 마찬가지로 일본인과 조선인도 상업적 직업이 상업 종사자 전체의 60~70%를 차지했다. 즉, 상업적 직업은 어느 민족이든 주요한 상업 분야였던 것이다. 화교 상업적 직업 종사자는 조선 전체 상업적 직업 종사자 가운데 4.7%를 차지했다. 이는 9.7%를 차지한 일본인의 절반 수준이었다.

상업적 직업의 소분류를 보도록 하자. 화교 물품판매업주가 5,311명, 상점에서 일하는 점원과 조수가 1만 607명, 노점 및 행상이 1,984명이었다. 물품판매업주는 상품을 판매하는 상점주이기 때문에 그 수치는 상점 수와 바꾸어도 무관할 것이다. 따라서 화교가 경영하는 상점은 조선에 5,311개소가 있었다.

화교 물품판매업주를 세분류한 결과를 보면, 직물피복류 판매업주 2,116명, 과자·빵 판매업주 1,139명, 채소·과일 판매업주 486명이었다. 직물피복류 판매업주는 직물 및 피복류를 판매하는 직물상을 가리키기 때문에 화교 직물상점은 조선에 2,116곳이 있었음을 알 수 있다. 직물상점은 화교 상점 전체의 약 40%, 조선 내 직물상점 전체의 약 20%을 각각 차지했다. 조선인 직물상점 8,302곳보다는 약 4분의 1 수준에 머물렀지만, 일본인 직물상점 714곳보다는

---

1) 朝鮮總督府(1935a), 『昭和五年朝鮮國勢調査報告 全鮮編 第二卷 記述報文』, 朝鮮總督府, 111~113쪽.

〈표 1-1〉 조선의 상업의 각 부문별·민족별 인구(1930년 10월)

(단위: 명)

상업 분류			조선인	일본인	화교	기타	합계
1. 상업적 직업			329,916	37,601	18,264	94	385,875
	① 물품판매업주		127,398	16,103	5,311	37	148,849
		직물·피복 판매업주	8,302	714	2,116	18	11,150
		과자·빵 판매업주	9,869	1,265	1,139	1	12,274
		기타	109,227	14,124	2,056	18	125,425
	② 점원·상업 조수		69,937	16,303	10,607	20	96,867
	③ 노점·행상		113,708	1,218	1,984	29	116,939
	④ 기타		18,873	3,977	362	8	23,220
2. 금융·보험			3,818	2,866	19	1	6,704
3. 접객업			144,772	18,188	6,550	10	169,520
	① 요리·음식점 업주		46,137	2,457	1,635	3	50,232
	② 요리·음식점 호객꾼		53,599	3,005	1,550	0	58,154
	③ 요리사		7,041	859	2,349	2	10,251
	④ 이발사		6,243	1,557	534	0	8,334
	⑤ 기타		31,752	10,310	482	5	42,549
합계 (1+2+3)			478,506	58,655	24,833	105	562,099

출처: 朝鮮總督府(1934a), 『昭和五年朝鮮國勢調査報告 全鮮編 第一卷 結果表』, 朝鮮總督府, 258~263쪽을 바탕으로 작성.

약 세 배나 많았다. 화교 인구가 일본인 인구보다 적고, 다른 상업분야에서는 화교 상점 수가 일본인 상점 수보다 적은데 유독 직물상점만은 화교가 세 배 많다는 것에 주목할 필요가 있다. 직물상은 조선근대사에서 곡물상과 함께 조선 상업계의 2대 상업이었다.[2] 조선근대의 무역은 일본으로 곡물을 수출하고 일본산 및 외국산 직물을 수입하는 이른바 미면교환체제(米綿交換體制)를 축으로 이루어졌다.[3] 곡물상은 곡물의 국내유통과 대일(對日) 수출을 담당했고, 직

---

[2] 예를 들어 일제강점기 한일은행으로부터 고액 대출을 가장 많이 받은 고객은 직물상과 곡물상이었다. 정병욱(2004), 『한국 근대 금융 연구: 조선식산은행과 식민지경제』, 역사비평사, 336쪽 참조.

[3] 미곡이 조선의 수출액에서 차지하는 비중은 1901~1910년 연평균 35%, 섬유류가 조선

물상은 외국산 직물의 수입과 조선 내 유통을 담당했다. 직물은 생활필수품이기 때문에 조선 내 소비액은 주류, 수산물, 담배, 소맥분, 성냥보다 훨씬 많았다.[4] 이러한 직물업계에서 화교 상점 수가 전체의 20%를 차지하고 있었던 것이다.

그러나 화교 직물상이 조선의 직물상업계에서 어떤 위치를 차지하고 있었는지 알기 위해서는 상점 수뿐만 아니라 화교 직물상의 매상액이 조선 내 직물상 매상총액에서 어느 정도의 비중을 차지하는지 밝혀야 한다. 그것을 확인할 수 있는 직접적인 사료는 없다. 단, 영업세가 그것을 추측할 수 있는 하나의 자료가 될 수 있다. 영업세는 1914년 4월 각 부(府)에서 특별세로 설치된 이후, 1927년 3월 31일 공포된 제령(制令) 제6호 조선영업세령(朝鮮營業稅令)에 의해 국세(國稅)로 되었다. 영업세는 24개 업종별로 매상금액, 자본금액, 수입액(收入額), 예금액 등으로 과세표준을 정하고, 각각의 평가액에 따라 일정 비율의 세금이 부과되었다. 화교 직물상이 판매하는 직물류는 24개 업종 가운데 물품판매업에 포함되었다.

물품판매업은 품목마다 도매는 갑·을·병으로, 소매는 갑·을로 분류되었다. 직물류는 면사와 면포(綿布)의 경우는 도매가 을, 소매가 갑, 그 외의 직물은 도매가 병, 소매가 을이었다. 면사와 면포의 세율은 도매가 매상액의 0.04%, 소매가 매상액의 0.08%였고, 면사 및 면포 이외의 직물은 도매가 매상액의 0.06%, 소매는 매상액의 0.12%였다.[5] 조선총독부 재무국(財務局)은 영업

의 수입액에서 차지하는 비중은 같은 기간 연평균 41%였다(梶村秀樹(1968b),「李朝末期朝鮮の纖維製品の生産及び流通狀況: 1876年開國直後の綿業のデータを中心に」,『東洋文化研究紀要』第46輯, 東洋文化研究所, 216쪽; 朝鮮總督府(1916),『朝鮮輸移出入品十五年對照表』, 朝鮮總督府, 15~16·29쪽).

4) 朝鮮總督府總督官房文書課(1925),『朝鮮人の商業』, 朝鮮總督府, 337~344쪽.

5) 京畿財務研究會 編纂(1928),『所得稅·營業稅·資本利子稅·朝鮮銀行券發行稅 事務提要』, 京畿財務研究會, 55쪽; 朝鮮總督府財務局(1938),『昭和十一年度 朝鮮稅務統計書』, 朝鮮總督府, 附錄 4~5쪽. 물품판매업에 대한 영업세는 판매액이 2,000원 이상인 상점을 대상으로 부과되었다.

세의 징수결과를 민족별로 분류하여 「조선세무통계서(朝鮮稅務統計書)」를 발간했다. 하지만, 이 통계서에는 각 상품별 세액이 기재되어 있지 않아 직물의 정확한 매상액은 파악할 수 없다. 더욱이 1928~1934년분의 「조선세무통계서」가 발견되지 않아 현재로선 화교 직물상의 매상액을 추정할 수밖에 없다.

1936년분(1935년도 실적)의 각 민족별 영업세 총액 가운데 물품판매업의 영업세액이 차지하는 비중은 일본인의 경우 전체의 33.1%, 조선인은 50.7%, 화교는 74.1%를 차지했다.[6] 이 74.1%의 비중을 근거로 1929~1931년분의 화교 직물상의 영업세액을 산출해보면, 5만 5,201원, 5만 5,900원, 4만 4,948원이 나온다.[7] 각각의 금액에서 각 연도 물품판매업의 영업세 총액에서 차지하는 비중을 산출해보면 1929~1931년 연평균 약 9%가 된다. 하지만 물품판매업에는 직물상 이외 잡화상, 곡물상 등도 포함되어 있기 때문에 직물상에 한정한다면 그 비중은 한층 높아질 것이다.

1930년 10월 화교가 경영하는 물품판매상점 수는 5,311개소이고 이 가운데 직물상점은 2,116개소(전체의 39.8%), 과자·빵 판매상점은 1,139개소(전체의 21.4%), 식료품상점 828개소(전체의 15.6%), 잡화상점 790개소(전체의 14.9%), 그 외 438개소(전체의 8.3%)였다. 이들 상점 중 직물상점을 제외하면 대부분 경영규모가 작은 영세한 소매점이었다.

예를 들면, 1929년 주(駐)원산 부영사관(副領事館) 관내인 함경도와 강원도 거주 화교가 경영하는 상점 수는 432개소였다. 이 가운데 직물상점은 93개소, 직물 겸 잡화상점은 166개소였다. 직물상점과 직물 겸 잡화상점의 연간 매상액은 화교 상점 매상총액에서 각각 50.8%, 38.1%를 차지, 총 90%에 육박했다.[8] 함경도 지역의 경우를 조선 전역에 확대 적용하는 것은 신중할 필요가 있

---

6) 朝鮮總督府財務局(1937), 『昭和十年度 朝鮮稅務統計書』, 朝鮮總督府, 121~124쪽. 원자료에는 '외국인'으로 나오지만, 석유판매회사 등 일부를 제외하면 대부분 화교 상점이기 때문에 외국인을 화교로 보아도 무리가 없다고 생각된다.

7) 물품판매업의 영업세 총액은 1929년분이 62만 6,209원, 1930년분이 64만 5,154원, 1931년분이 48만 2,281원이었다(朝鮮總督府財務局(1937), 앞의 자료, 157~158쪽).

8) 駐元山副領事館 보고(1930), 「元山華僑開設商店表」, 『南京國民政府外交部公報』第3卷 第

지만, 여러 자료를 종합하여 고려해보면 다른 지역도 크게 다르지 않을 것으로 보인다. 그렇기 때문에 물품판매를 하는 화교 상점 가운데 영업세를 가장 많이 납부한 것은 직물상점인 것은 분명하다. 또한, 조선의 2대 상업 중 하나인 곡물 상은 대부분 일본인과 조선인이 장악하여 화교 곡물상은 거의 없었다. 이상과 같은 사실을 고려한다면, 1929~1931년도의 화교 직물상이 조선 직물상업계의 영업세 총액과 매상총액의 약 2~3할을 차지하고 있었던 것으로 추정된다.

한편, 경성상업회의소(京城商業會議所)는 각 부(府)에 소재한 상업회의소에 주요한 화교 직물상의 1928년분(1927년도 실적) 매상액과 영업세액을 조사할 것을 의뢰하여 정리한 자료가 있다. 그렇기 때문에 화교 직물상의 영업세 납부 상황의 일부분을 엿볼 수 있다.

경성부 소재 17개소의 화교 직물상의 매상액은 564만 4,000원, 영업세액은 3,438.6원이었다. 인천부 소재 19개소의 화교 직물상은 409만 2,000원과 2,467.4원, 군산부 소재 24개소의 화교 직물상은 205만 9,200원과 1,357.5원, 평양부 소재 14개소의 화교 직물상은 205만 7,572원과 1,258.38원, 원산부 소재 11개소의 화교 직물상은 149만 7,790원과 1,030.97원, 대구부 소재 5개소의 화교 직물상은 152만 6,000원과 915원, 신의주부 소재 27개소의 화교 직물상은 153만 9,500원과 1,228.7원, 부산부 소재 17개소의 화교 직물상은 142만 1,000원과 985.6원, 목포부 소재 20개소의 화교 직물상은 106만 4,800원과 853.34원, 청진부 소재 4개소의 화교 직물상은 87만 9,000원과 351,6원, 진남포부 2개소의 화교 직물상은 9만 원과 58.69원이었다. 11개부의 화교 직물상 점 160곳의 매상 총액은 2,187만 862원, 영업세액은 1만 3,945.78원이었다.[9] 직물상점 1개소당 매상액은 13만 6,693원, 영업세액은 87원이었다.

7號(복각판, 中國第二歷史檔案館 編(1990), 『南京國民政府外交部公報』, 江蘇古籍出版社, 111~113쪽).

9) 京城商業會議所(1929.3), "朝鮮に於ける外國人の経済力", 《조선경제잡지(朝鮮經濟雜誌)》 (1929년 3월호), 京城商業會議所, 25~37쪽. 원자료에 청진부 직물상점의 영업세액이 나 오지 않기 때문에 매상액의 0.04%로 계산했다.

<표 1-2> 조선 내 직물상점의 민족별·지역별 분포(1930년 10월)

(단위: 개소)

도별	직물상점 개수					도별	직물상점 개수				
	조선	일본	화교	기타	합계		조선	일본	화교	기타	합계
경기도	832	197	81	10	1,120	함경남도	1,227	37	220	0	1,484
경성부	269	166	18	9	462	원산부	47	12	17	0	76
인천부	69	22	19	1	111	함흥부	99	12	17	0	128
개성부	113	3	0	0	116	군지역	1,081	13	186	0	1,280
군지역	381	6	44	0	431						
충청북도	250	5	135	0	390	강원도	813	14	147	0	974
충청남도	400	32	268	0	700	황해도	665	19	118	1	803
전라북도	307	47	250	0	604	평안남도	597	42	30	1	670
군산부	34	14	32	0	80	평양부	212	31	2	1	246
군지역	273	33	218	0	524	군지역	385	11	28	0	424
전라남도	419	48	203	0	670	평안북도	979	34	104	0	1,117
목포부	46	15	27	0	88	신의주부	28	19	28	0	75
군지역	373	33	176	0	582	군지역	951	15	76	0	1,042
경상북도	550	47	217	1	815	함경북도	683	39	168	2	892
대구부	125	26	8	1	160	청진부	43	10	37	1	91
군지역	425	21	209	0	655	군지역	640	29	131	0	801
경상남도	580	153	175	3	911	합계	8,302	714	2,116	18	11,150
부산부	95	112	18	3	228	부지역	1,180	442	223	16	1,861
군지역	485	41	157	0	683	군지역	7,122	272	1,893	2	9,289

출처: 朝鮮總督府(1932~1934), 『昭和五年 朝鮮國勢調査報告 道編』(제1권~제13권), 朝鮮總督府)을 바탕으로 작성.

그러나 이 통계에 빠진 화교 상점이 다수 존재한다. 1930년 10월 실시한 국세조사 통계에서는 위의 11개부의 화교 직물상점 206개소보다 46개소가 더 많았다(<표 1-2> 참조). 또 같은 시기 경성부 화교 직물상의 매상액은 920만 원에 달해,[10] 위의 경성상업회의소 통계와 비교하면 356만 원의 차이가 발생한다. 평양부의 화교 직물상점 10개소의 1929년 매상액은 254만 원으로,[11] 위의 통

---

10) "華商閉門으로 經濟界에 打擊, 取引가 全然停止", 《동아일보》, 1931.7.8. 그 밖에는 잡화상이 500만 원, 중화요리점 및 중화요리음식점이 190만 원이었다.

계와 약 48만 원의 차이가 난다. 화교 직물상점은 〈표 1-2〉가 보여주듯이 부
(府) 지역인 도시부에 10%, 군 지역인 농촌 지역에 90%가 각각 위치했다. 농촌
지역은 소매상점이 중심으로 당시 직물 소매상점의 연간 매상액은 약 1만 원이
었기 때문에 1930년 농촌 지역 화교 직물 소매상점의 매상액은 1,893만 원으로
추정된다.[12] 도시와 농촌 지역 화교 직물상의 매상액은 1930년 약 5,000~
6,000만 원을 넘었다고 추정된다. 이 금액은 1922년 조선 내의 1,237개소의 공
설시장 및 사설시장 거래액 1억여 원의 절반 이상에 달하는 막대한 금액이었
다.[13]

이상과 같이 화교 직물상은 조선의 직물상업계에서 확실히 한 축을 이루고
있었던 것이 분명하다. 그렇다면 조선 거주 일본인과 조선인은 이러한 화교 직
물상에 대해 어떠한 반응을 보였을까?

경성상업회의소는 앞에서 살펴본 조사를 정리한 후, 직물상업계에서 "내선
인(內鮮人, 일본인과 한국인)을 압박하는 세력을 가지고 있다"[14]라고 결론지었
다. 조선에서 발행되던 잡지인 《조선급만주(朝鮮及滿洲)》의 기자는 경성부의
화교 직물상에 대해, "영업자 수는 적지만 영업액은 매우 커서 상당한 상세(商
勢)를 형성하고 있다"[15]라고 했다. 대구부에서 발행되었던 일본어 신문인 《조
선민보(朝鮮民報)》는 화교 직물상에 대해, "내지인(內地人, 일본인), 조선인 방면
의 동종업자를 압박"하고 있다며, 경성상업회의소와 같은 견해를 보였다.[16]

화교 직물상은 주로 농촌 지역에 위치하여 조선인 직물상과 경쟁관계에 있

---

11) 朝鮮總督府(1932a),『調査資料第四十三輯生活狀態調査(其四) 平壤府』, 朝鮮總督府, 325~
    326쪽. 〈표 1-2〉에 평양부의 직물상점 개수가 2개소밖에 없는 것은 직물상점을 무역상
    등에 넣어서 계산했기 때문으로 보인다.
12) 朝鮮總督府(1924a),『朝鮮に於ける支那人』, 朝鮮總督府, 58~60쪽.
13) 朝鮮總督府(1924c),『朝鮮の市場』, 朝鮮總督府, 115쪽. 조선화교의 잡화상점, 중화요리
    점 및 중화요리음식점의 매상액, 제조업의 생산액 등을 합산한 금액은 약 1억 원에 달했
    다고 추정된다.
14) 京城商業會議所(1929.3), 앞의 자료, 13쪽.
15) 本誌記者,「朝鮮に於ける支那人」,《조선급만주(朝鮮及滿洲)》, 朝鮮及滿洲社, 57쪽.
16) "支那商人の退去で內鮮商人盛り返す",《조선민보(朝鮮民報)》, 1931.12.15.

었다. 그래서 조선어 신문인 《동아일보》와 《조선일보》에도 화교 직물상의 상업 활동을 경계하는 기사가 적지 않게 등장한다. 각 기사의 표제를 게재 시기가 빠른 순으로 나열해보면 다음과 같다.

"日復日衰退되는 서흥군의 참상, 상점은 일본인과 중국인뿐",[17] "명천 상인타격, 중국인 까닭에",[18] "이천군 상권은 중국인이 점령, 유지들은 이것을 만회코저 조선인 구매단을 조직",[19] "인제읍 상권은 중국인이 점령 만회책 엄습을 우려",[20] "中國商村化 한 청산시가 근황, 全市 상권을 중국인이 장악, 조선인 상점은 겨우 1개소",[21] "중국인商村化한 영동시가의 상황".[22] 이러한 기사는 농촌 지역에서 화교 직물상의 상업 활동이 조선인 직물상을 압박하고 있었음을 여실히 말해준다.

한편, 화교 직물상은 화교경제와 화교사회에서 매우 중요한 위치를 차지하고 있었다. 조선총독부 상공과(商工課) 조사에 따르면, 1925년 조선화교의 판매액은 직물상을 비롯한 물품판매업이 전체의 8할을 차지해 화교경제의 중심이었다.[23] 또 화교의 영업세 납부상황을 보면, 경성부는 1923년 잡화상, 대구와 원산은 중화요리점, 신의주는 두유제조공장의 납세액이 각각 최고를 기록했지만, 기타의 부 지역은 직물상점이 가장 많았다.[24]

화교 직물상점의 상점주는 각 지역에서 거류민단과 상업회의소 역할을 하던 중화상회의 회장과 부회장 등 임원을 맡고 있었다. 경성중화상회는 1923년

---

17) "日復日衰退되는 서흥군의 참상, 상점은 일본인과 중국인뿐", 《동아일보》, 1925.9.9.

18) "명천상인타격, 중국인까닭에", 《동아일보》, 1926.5.26.

19) "이천군 상권은 중국인 점령 유지들은 이것을 만회코저 조선인 구매단을 조직", 《동아일보》, 1929.1.11.

20) "인제읍 상권은 중국인이 점령 만회책 엄습을 우려", 《동아일보》, 1926.4.30.

21) "中國商村化한 청산시가 근황 全市 상권을 중국인이 장악, 조선인 상점은 겨우 1개소", 《조선일보》, 1929.12.8.

22) "중국인商村化한 영동시가의 상황", 《조선일보》, 1929.12.8.

23) "중국인 생산액 연 4천여만원", 《동아일보》, 1926.1.23.

24) 朝鮮總督府(1924a), 『朝鮮に於ける支那人』, 朝鮮總督府, 52~53・74・116~117・125~126・140~141・148~149・154~155・164~165・177~178・190~191・199쪽.

말 현재 덕순복(德順福, 〈부표 5〉의 62번)의 상점주인 왕죽정(王竹亭)이 부회장을 맡았으며, 인천의 영래성(永來盛, 동 154번)의 상점주인 부유공(傅維貢)은 인천중화상회의 회장이었다. 군산중화상회의 회장과 부회장은 각각 금생동(錦生東, 동 215번)의 상점주 추배시(鄒培詩)와 동화창(東和昌, 〈부표 6〉의 5번)의 상점주인 강자운(姜子雲)이었다. 목포중화상회는 동성장(同盛長, 〈부표 5〉의 35번)의 상점주인 장봉헌(張鳳軒)과 영의화(永義和)(〈부표 5〉의 160번)의 상점주인 장한신(張翰臣)이 회장과 부회장을 맡고 있었다. 부산은 원형리(元亨利, 동 120번)의 상점주인 임적산(任積山)이, 평양은 춘성영(春盛永, 동 229번)의 상점주인 양봉파(梁鳳坡)가 중화상회의 회장을 맡았다.[25]

2) 조선화교와 일본화교의 기업 수 비교

여기에서는 조선화교 기업과 일본화교 기업의 개수와 경영규모를 비교해 검토하고자 한다. 이를 위해 일본의 신용평가기관인 상업흥신소(商業興信所)가 발행한『상공자산신용록(商工資産信用錄)』이라는 자료를 활용하려 한다.

상업흥신소는 1892년 4월 오사카 소재 4개 은행의 발기로 일본은행을 비롯한 간사이(關西)·간토(關東)지역의 유력 은행 및 회사 등의 찬동을 얻어 창립된 신용조사 전문 회사였다. 이 회사는 1941년 당시 일본의 간사이 지역과 호쿠리쿠(北陸) 지역 주요 도시에 지소 및 출장소를 설치하고, 조선의 경성, 부산, 평양에 지소를 두면서 조선 소재 회사의 자산과 부채, 영업상태, 업적 등 상거래에 관한 정보를 이 회사의 회원에게 제공했다. 상업흥신소는 일본의 간사이 지역과 호쿠리쿠, 조선, 대만, 만주, 관동주 등에 있는 상공업자의 주소, 직업, 자산, 신용상태 등을 게재한『상공자산신용록』을 매년 1회(1921년은 2회) 발행하고, 희망자에 한해 열람료를 수취하고 정보를 제공했다. 상업흥신소가 1941년

---

25) 朝鮮總督府(1924a), 앞의 자료, 51·73·116·125·139·148·153·164·176·189·198쪽. 덧붙여서 1928년 설립된 대구화상공회의 초대회장은 직물상 덕태창(德泰昌)의 점주 공점홍(孔漸鴻)이었다.

조사하여 신용록에 게재한 상공업자수는 약 8만 명에 달했다.[26]

『상공자산신용록』은 간사이 지역, 호쿠리쿠 지역과 조선 소재의 구미인 기업, 화교 경영의 기업을 '외국인'부로 별도 분류하여 각 기업의 주소, 종류, 자산, 신용상태를 실었다. 일본과 조선 소재 화교 기업을 비교 파악할 수 있는 귀중한 기초 자료이다. 『상공자산신용록』의 '외국인'부에 게재된 조선화교와 일본화교 경영의 기업 개수와 비중을 표시한 것이 〈표 1-3〉이다. 또, 『상공자산신용록』 가운데 제16회(1915년 발행), 제19회(1918년), 제21회(1921년), 제23회(1922년), 제26회(1925년), 제30회(1929년), 제33회(1932년), 제37회(1936년), 제38회(1937년), 제42회(1941년)의 조선화교 경영의 기업을 목록으로 만들어 책 뒤에 부표로 수록해두었다.

『상공자산신용록』의 '외국인'부에 조선화교 기업과 함께 일본화교 기업도 동시에 게재되어 있기 때문에 쌍방의 비교 검토가 가능하다. 다만, 이 자료의 대상지역이 일본 전국이 아닌 간사이 지역, 호쿠리쿠 지역, 규슈(九州)지역 소재 화교 기업에 한정되기 때문에 비교에는 주의가 필요하다. 그러나 당시 일본 화교 경영의 기업은 원래 간토 지역(1923년 관동대지진의 영향도 있었음[27])보다 간사이 지역에 많았고, 회사의 경영규모도 간사이가 좀 더 컸던 것을 고려한다면, 쌍방을 비교해도 큰 지장은 없을 것으로 생각된다. 도쿄흥신소(東京興信所)가 간토 지역의 일본인 및 외국인 기업의 「상공신용록(商工信用錄)」을 발행했지만, 화교 경영의 기업은 그렇게 많지 않았다.[28]

쌍방의 화교 기업 개수는 1910년대부터 1920년대 중반까지는 증가하는 추세를 보여주고 1927년은 575개소로 가장 많았다. 그 후 세계대공황, 1930년대 만주사변, 중일전쟁 등의 영향으로 양쪽 모두 전반적으로 감소하는 추세를 보

---

26) 商業興信所(1941), 『第四十二回 商工資産信用錄』, 附錄 3~4쪽.

27) 그 실태에 관해서는, 伊藤泉美(1999)(「關東大地震における橫浜華僑: その被害と避難の實態」, 『孫文と華僑』, 汲古書院, 258~272쪽)을 참조하기 바람.

28) 東京興信所(1932.11), 『商工信用錄』, 東京興信所. 1921년은 27개소, 1922년은 26개소, 1923년은 18개소, 1924년은 9개소, 1926년은 29개소, 1930년은 31개소, 1931년은 31개소, 1932년은 29개소였다.

<표 1-3> 『상공자산신용록』에 기재된 조선화교와 일본 간사이 지방 화교 기업 개수

발행횟수 (회)	발행년 (연도)	조선화교 (개소)	비중 (%)	일본화교 (개소)	비중 (%)	합계 (개소)	비중 (%)
16	1915	94	31	207	69	301	100
19	1918	181	39	285	61	466	100
21	1921.3	168	47	189	53	357	100
22	1921.12	230	56	184	44	414	100
23	1922	262	58	190	42	452	100
24	1923	222	51	212	49	434	100
25	1924	214	44	275	56	489	100
26	1925	247	47	283	53	530	100
27	1926	250	43	325	57	575	100
29	1928	198	39	311	61	509	100
30	1929	206	41	297	59	503	100
33	1932	130	48	142	52	272	100
34	1933	108	48	119	52	227	100
36	1935	87	31	190	69	277	100
37	1936	111	36	197	64	308	100
38	1937	124	41	182	59	306	100
39	1938	60	31	136	69	196	100
40	1939	70	32	150	68	220	100
42	1941	41	25	122	75	163	100
합계	-	3,003	43	3,996	57	6,999	100

출처: 商業興信所(1915-1941), 『商工資産信用錄』 제16~42회; 제16~26회는 商業興信所, 『明治大正期 商工資産信用錄』(복각판, 2009), クロスカルチャー出版)을 바탕으로 작성.

였다. 조선화교 기업 개수는 1921년, 1922년, 1923년에 간사이 화교 기업 개수를 능가했다.

이 자료에 게재된 조선화교와 간사이 화교 경영 기업의 영업 종류는 현저하게 차이가 난다. 1915년의 경우, 간사이 화교 기업은 무역회사가 163곳으로 화교 기업 총수의 약 8할을 차지할 정도로 압도적으로 많았다. 이들 무역회사가 취급하던 상품은 잡화, 직물, 해산물, 식료품, 도자기 등이었다. 무역회사 이외에 잡화점, 양복점, 행잔, 약종상(藥種商), 해운과 운송, 인쇄, 메리야스 등의 기업이었다. 이에 반해 조선화교 경영 기업은 직물상이 75곳으로 전체의 약 8할을 차지하여 압도적으로 많았고, 그 밖에는 잡화상, 건축청부업, 약종상, 은판매점(銀販賣店)이 있었다.[29] 즉, 간사이 화교 기업은 무역상이, 조선화교 기업은 직물상이 중심이었던 것이다. 『상공자산신용록』에서도 조선화교 경제의 중심이 직물상인 것을 다시 한 번 확인할 수 있다.

다음은 조선화교 기업과 간사이 화교 기업의 경영 규모를 비교해보자. 1941년 발행의 『상공자산신용록』에는 연간 취급액이 부록으로 게재되어 있다. 100만 원 이상~200만 원 미만은 G, 200만 원 이상~300만 미만은 Gd, 300만 원 이상~500만 원 미만은 Gc, 500만 원 이상~1,000만 원 미만은 Gb, 1,000만 원 이상은 Ga로 표기되어 있다. 100만 원 이상의 일본화교 및 조선화교의 기업 개수는 20개소였다. 이 가운데 조선화교 기업은 9개소로 일본화교 기업의 11개소에 거의 육박했다.

조선화교 기업 9개소는 다음과 같다. 영성흥(永盛興, 인천 소재·〈부표 10〉의 1번), 익합영(益合永(청진 소재, 동 4번), 금생동(錦生東, 군산 소재, 동 9번), 신생덕(新生德, 경성 소재, 동 15번), 동성영(同盛永, 인천 소재, 동 25번), 덕생동(德生東, 군산 소재, 동 29번), 유성덕(裕盛德, 경성 소재, 동 34번), 유풍덕(裕豊德, 군산 소재, 동 36번)이 각각 G, 동생덕(同生德, 경성 소재, 동 27번)이 Gd, 유풍덕(경성 소재, 동 39번)이 Gb에 속했다.[30]

경성의 유풍덕은 오사카의 잡화수출상인 천덕신(天德信)과 함께 일본과 조선 최대의 화교기업이었다. 또한 유풍덕의 1938년 연간 매상액은 약 1,000만 원을 넘었다.[31] 이 금액은 일본화교 경제를 대표하는 고베 화교무역상 가운데 1941년 대(對)아시아 거래액이 가장 많았던 진기공사(振記公司), 득인화호(得人

---

29) 商業興信所(1915), 『第十六回 商工資産信用錄』(복각판, 2009, クロスカルチャー出版, 10~15쪽).
30) 商業興信所(1941), 『第四十二回 商工資産信用錄』, 商業興信所, 外國人1~5쪽.
31) 朝鮮中華商會 主席 周愼九(1939.1), "在鮮支那人の感謝と希望", ≪조선급만주(朝鮮及滿洲)≫ (1939년 1월호), 朝鮮及滿洲社, 28쪽.

和號), 동남공사(東南公司)의 매상액 100만 원보다 훨씬 많았다.[32] 이러한 사실로 조선화교 직물상이 일본화교 무역상보다 경영규모가 컸다고 말할 수는 없지만, 조선화교 직물상의 경영규모가 일본화교 무역상에 비해 손색이 없었음을 알 수 있다.

3. 산동방 직물상의 형성

1) 주요한 화교 직물상

화교 직물상은 경영규모와 판매방법에 따라 세 가지로 분류할 수 있다. 첫째는 경성부, 인천부 등에서 직물을 중국과 일본에서 수입하는 직물상으로 여기서는 '직물수입상'으로 부르고자 한다. 둘째는 주로 지방의 부(府) 지역에서 화교 직물수입상으로부터 직물을 구매하여 도매 판매를 하는 직물도매상이다. 셋째는 직물소매상으로 대부분 농촌 지역에서 화교 직물수입상 및 직물도매상으로부터 직물을 구입하여 소비자에게 판매했다.

〈표 1-4〉는 1923년 현재 12개 부 소재 주요 화교 직물수입상과 직물도매상을 표시한 것이다. 화교 직물수입상은 경성, 인천, 부산, 평양 등에 큰 상점을 두고 중국, 일본 등지서 직물을 수입했다. 연간 매상액은 유풍덕(裕豊德)처럼 157만 원을 넘는 상점도 있었지만, 대체로 10~60만 원이었다.

주요한 화교 직물수입상은 경성의 유풍덕(〈부표 4〉의 223번), 덕순복(德順福, 동 56번), 광화순(廣和順, 동 134번), 서태호(瑞泰號, 동 256번), 금성동(錦成東, 동 222번), 서성태(瑞盛泰, 동 262번), 영서상(永瑞祥, 동 174번), 영래성, 인천의 덕순복(德順福), 영래성(永來盛, 동 158번), 화취공(和聚公, 동 76번), 협태창(協泰昌, 〈부표 5〉의 202번), 인화복(人和福, 〈부표 4〉의 248번), 화태호(和泰號, 동 71번), 삼합영

---

32) 籠谷直人(2000), 『アジア國際通商秩序と近代日本』, 名古屋大學出版會, 418쪽.

〈표 1-4〉 12개 부의 주요 화교 직물상(1923년 말)

(단위: 만 원)

부별	직물상 상호
경성	유풍덕(裕豊德·157), 덕순복(德順福·60), 광화순(廣和順·60), 서태호(瑞泰號·50), 금성동(錦盛東·27.9), 서성태(瑞盛泰·20), 영서상(永瑞祥·60), 영래성(永來盛·50), 지흥동(誌興東·18), 덕발상(德發祥·16), 원생성(源生盛·15), 동흥성(東興成·5), 서풍덕(瑞豊德·13.1), 덕취성(德聚成·13), 덕생항(德生恒·13)
인천	덕순복(德順福·90), 영래성(永來盛·68), 화취공(和聚公·40.5), 협태창(協泰昌·40), 인화복(人和福·36), 화태호(和泰號·30), 삼합영(三合永·22), 협흥유(協興裕·21), 취원화(聚源和·18), 인합동(仁合東·15), 동춘복(同春福·15), 지흥동(誌興東·10), 동성영(同盛永·10), 화태호(和泰號·10)
군산	유풍덕(裕豊德·65), 금생동(錦生東·20), 이성덕(利盛德·11.9), 협흥유(協興裕·6.4), 인태항(仁泰恒·5.4), 순흥의(順興義·4.2), 인태동(仁泰東·3), 문태흥(文泰興·2.3)
목포	영성인호(永盛仁號·33.6), 신성호(新盛號·30.8), 동성장(同盛長·15.8), 영의화(永義和·12.9)
대구	덕순영(德順永·30), 의성공(義成公·24.6), 복취동(福聚東·20), 경성장(慶盛長·20), 조곤생(趙崑生·18), 합성장(合盛長·15), 덕태창(德泰昌·12), 추세의(雛世義·6)
부산	서태호(瑞泰號·30), 덕취화(德聚和·30), 동순흥(東順興·7), 태동상회(泰東商會·5), 동래성기(東萊盛記·5), 이태창(怡泰昌·5), 내영흥(萊永興·2.8)
마산	동흥성(東興盛·20.3), 덕순영(德順永·18.4), 공태인(公泰仁·13.3), 원태호(源泰號·10.3), 양여호(楊汝號·3.3)
평양	겸합성(謙合盛·44), 경흥덕(慶興德·33), 태안양행(泰安洋行·18), 춘성영(春盛永·15.6), 춘성흥(春盛興·14), 덕흥호(德興號·13.4), 덕성호(德盛號·13.4)
진남포	겸합성(謙合盛·7.4), 덕태동(德泰東·4.1)
원산	삼합영(三合永·25), 덕태원(德泰源·24), 덕흥영(德興永·23), 천화덕(天和德·10.3), 성기호(成記號·9), 광영태(廣榮泰·4), 영성태(榮盛泰·3.3), 영풍태(永豊泰·3.1)·영화태(永和泰·2.5), 천화륭(天和隆·2.5)
청진	의생태(義生泰·22.9), 복취공(福聚公·20.4), 익합영(益合永·20.1), 진덕영(晉德永·15), 동생상(同生祥·3.4), 유풍영(裕豊永·2.7)
신의주	덕흥영(德興永·4.8), 화흥동(華興東·4.6), 동취성(同聚盛·3.2), 동합성(同合盛·2.9), 항흥화(恒興和·2.8), 동발장(東發長·2.4)

주: 괄호 안 숫자는 연간 매상액. 평양의 겸합성(謙合盛)은 1928년 매상액이다.
출처: 朝鮮總督府(1924a), 『朝鮮に於ける支那人』, 朝鮮總督府를 바탕으로 작성.

(三合永, 동 189번), 부산의 서태호(瑞泰號, 동 257번)와 덕취화(德聚和, 동 51번), 평양의 경흥덕(慶興德, 동 99번), 겸합성(謙合盛, 동 103번) 등이 있었다. 〈표 1-4〉에

게재된 직물상은 이와 같은 직물수입상 이외엔 직물도매상이며, 지역에 따라서는 도매와 소매를 겸영하는 도매상도 있었다. 도매상의 연간 매상액은 2~10만 원이 일반적이었다.

그런데 〈표 1-4〉의 화교 직물상은 모두 산동방(山東帮)이라는 공통점이 있다.[33] 화상에 관한 선행연구가 광동방(廣東帮, 광둥방)을 대표하는 동순태(同順泰) 연구에 집중되어 있었기 때문에, 화교경제는 광동방이 장악하고 있었다고 알려져 있지만, 그것은 사실이 아님을 알 수 있다. 화교 직물수입상과 도매상뿐 아니라 소매상도 산동방이 대부분을 차지했다. 예를 들면, 주(駐)부산 중화민국 영사관의 조사에 의하면 1930년 말 부산부를 시작으로 경상남도 지역에 69개소의 직물상점 가운데 1개소만 복건방(福建帮, 푸젠방) 상점으로서 나머지 68곳은 모두 산동방이었다.[34] 이러한 상황은 다른 지역도 마찬가지였기 때문에 화교 직물상 상점주 대부분은 산동성 출신이었다고 말할 수 있다. 1937년 인천화교 직물수입상인 덕순복, 영래성, 협태창, 협흥유, 금성동, 화태호, 화취공, 동화창, 인합동, 지흥동 등의 상점주는 모두 산동성 출신이며, 그 가운데에서도 모평현(牟平縣) 출신자가 10명 가운데 6명으로 가장 많았고, 다른 4명은 복산현(福山縣), 봉래현(蓬萊縣), 내양현(萊陽縣), 문등현(文登縣) 출신자였다.[35]

2) 개항기 산동방 직물상의 형성과 발전

산동방 직물상점이 한성과 각 개항장에 개설된 것은 1880년대 초까지 거슬

---

33) 朝鮮總督府(1924a), 앞의 자료, 51·73·116·125·139·148·153·164·176·189·198쪽; 朝鮮總督府(1913b), 『仁川港商工業調査』, 朝鮮總督府, 95~96쪽.

34) 駐釜山領事館 보고(1931), 「駐釜山領事館轄境朝鮮慶尙南道華僑戶口統計表」, 『南京國民政府外交部公報』 第3卷 第10號(복각판, 中國第二歷史檔案館 編(1990), 『南京國民政府外交部公報』, 江蘇古籍出版社, 116~117쪽).

35) 駐仁川領事가 駐朝鮮總領事에 보낸 보고(1928), [仁川鮮人暴動華商直接損失淸單], "仁川鮮人暴動華商間接損失調査表", 「仁川鮮人暴動華人被害報告書」, 『駐韓使館保存檔案』(대만중앙연구원 소장, 03-47-168-01).

러 올라간다. 1883년 한성(마포 포함)에는 산동방 상점 15개소(상인 53명)와 절강방(浙江幇, 저장방) 상점 6개소(상인 18명)가, 인천에는 산동방 상점 2개소(상인 13명)와, 광동방 상점 3개소(상인 17명), 절강방 상점 2개소(상인 18명)가 있었다.[36]

1884년 한성 소재 화교 상점은 48개소로 증가했다. 그 가운데 산동방 상점 37개소, 호북방(湖北幇, 후베이방) 상점 6개소, 절강방 상점 3개소, 강서방(江西幇, 장시방) 상점 1개소, 강남방(江南幇, 장난방) 상점 1개소가 각각 있었다. 산동방 상점 중에는 〈표 1-3〉에 등장하는 직물수입상 영래성도 있었다. 영래성에는 산동성 등주부(登州府, 덩저우부) 출신 점원 6명이 일하고 있었으며,[37] 다른 산동방 상점보다 점원수가 많고 규모도 상대적으로 컸던 것으로 보인다.

한성의 화교 상점은 1889년 6월에는 75개소로 증가했다. 그 가운데 산동방 상점이 51개소로 압도적으로 많았고, 남방(南幇) 상점 12개소[하남성(河南省, 허난성) 3개소, 강소성(江蘇省, 장쑤성) 3개소, 호북성(湖北省, 후베이성) 3개소, 절강성(浙江省, 저장성) 2개소, 강서성(江西省, 장시성) 1개소], 광동방 상점 7개소, 직예성(直隷省, 즈리성) 3개소, 어느 방인지 알 수 없는 상점이 2개소 있었다. 1884년에 1개소도 없던 광동방 상점이 1889년에는 7개소로 증가한 것이 돋보인다. 광동방 상점은 동순태,[38] 이태호(怡泰號), 이태주점(怡泰酒店), 광태향(廣泰享), 복성면포방(福星麵包房), 안창양행(安昌洋行), 이태양행(怡泰洋行)이 있었다.[39]

---

36) 北洋大臣 李鴻章이 總理衙門에 보낸 서한(1884.2.11)(中央研究院近代史研究所 編(1972), 『淸季中日韓關係史料』, 中央研究院近代史研究所, 1337~1339쪽). 그 밖에도 한성 소재 서양인 경영의 이화양행(怡和洋行)에서 광동방 상인 2명, 절강방 상인 3명이 일하고 있었다.

37) 北洋大臣 李鴻章이 總理衙門에 보낸 서한(1885.4.3)(中央研究院近代史研究所 編(1972), 앞의 자료, 1780~1786쪽).

38) 동순태는 1885년에 창업되었다(帝國興信所(1924), 『帝國信用錄』(第17版), 帝國興信所, 朝鮮15쪽).

39) 駐龍山通商事務(1889.6.15), [華商各號花名淸冊], 「華商人數淸冊: 漢城華商及西,日人姓名淸冊卷」, 『駐韓使館保存檔案』(동 01-41-040-19). 안창양행(安昌洋行)과 이태양행(怡泰洋行)은 서양인이 경영하는 상점일 수도 있지만, 광동방 상인이 각각 4명씩 일하고 있었다.

산동방 상점 가운데 〈표 1-4〉에 등장하는 직물수입상 금성동(점원 7명) 이외에 쌍성태(雙盛泰, 점원 9명), 북공순(北公順, 점원 6명) 등 개항기를 대표하는 직물수입상이 새롭게 이름을 올렸다. 산동방 상점 51개소에 고용된 점원은 206명이었다. 점원의 출신지를 각 부별로 본다면, 등주부 177명, 내주부(萊州府, 라이저우부) 22명, 제남부(濟南府, 지난부) 5명, 동창부(東昌府, 둥창부) 1명, 기주부(沂州府, 이저우부) 1명의 순이었다. 등주부 가운데서도 복산현(福山縣, 푸산현) 70명, 영해주(寧海州, 닝하이저우) 56명, 봉래현(蓬萊縣, 펑라이현) 18명, 기타 현 12명의 순이었다.[40] 산동성 가운데서도 지부(芝罘)[현재의 연태(煙臺, 옌타이)시의 옛 지명]와 그 인근 지역 출신자가 많은 것을 알 수 있다. 이러한 경향은 일제강점기에도 이어졌다.

이상과 같이, 화상의 조선 이주 초기인 1880년대에 산동방을 중심으로 남방, 광동방의 3개 방이 정립한 상황이었다. 이를 근거로 1880년대 산동방 상인은 북방(北幇), 하남성·강소성·호북성·절강성·안휘성(安徽省, 안후이성) 출신은 남방(南幇), 광동성 출신 상인은 광동방을 각각 설립하여 각 방의 화교사회를 형성했다.[41]

한편, 청일전쟁 및 러일전쟁 후, 화교 직물상에 어떠한 변화가 발생했는지 〈표 1-5〉를 참고하여 살펴보자. 인천은 원래 광동방 상점의 세력이 강했다.[42] 하지만 화교 직물상업계는 1906년경 "북방(北幇)의 사람 수가 가장 많고, 상점의 규모도 가장 크다. 상품은 견포, 면포, 마포를 주로 취급한다"[43]라고 하여

---

40) 駐龍山通商事務(1889.6.15), 앞의 당안 자료.
41) 김희신(2010), 「청말(1882~1894年) 한성 화상조직과 그 위상」, 『중국근현대사연구』 46, 한국중국근현대사학회, 65~68쪽.
42) 北洋大臣李鴻章이 總理商門에 보낸 서한(1885.4.3)(中央研究院近代史研究所 編(1972), 앞의 자료, 1796~1803쪽; 高偉濃(1988), 「中朝通商初年到朝鮮的粤商」, 『廣東史誌』 1988年第2期, 廣東省地方誌編纂委員會辦公室, 1~3쪽.
43) 원문. 北幇人數最多, 商業亦最鉅, 貨品以綢緞布疋為大宗(駐仁川領事館(1907.1.20), 「各口商務情形: 各口商務情形(一)」, 『駐韓使館保存檔案』(동 02-35-056-01). 남방은 소속 인원이 적고 직물과 양복점을 주로 경영하고 있었다.

〈표 1-5〉 개항기 주요 화교 직물상

지역 및 시기	점호 및 점원수
진남포·1904년	서성춘(瑞盛春·5명), 덕성흥(德盛興·6명), 원성장(遠盛長·7명), 경순화(慶順和·5명), 동증화(同增和·5명)　소계: 5곳·28명
인천·1906년	쌍성태(雙盛泰·11명), 서성춘(瑞盛春·13명), 영래성(永來盛·12명), 의원흥(義源興·10명), 인래성(仁來盛·10명), 공원후(公源厚·7명), 서공순(西公順·10명), 금성동(錦成東·11명), 덕증상(德增祥·8명), 덕순복(德順福·10명), 동창흥(東昌興·7명), 원생동(源生東·10명), 동순태(同順泰·6명), 유성호(裕盛號·7명), 순성항(順成恒·5명), 유성루(裕盛樓·11명), 의생성(義生盛·15명), 이태(怡泰·15명), 덕흥(德興·10명)　소계: 19곳·188명
원산·1906년	동풍태(同豊泰·6명), 홍창영(鴻昌永·6명), 홍창동(鴻昌東·6명), 덕흥륭(德興隆·7명), 공화창(公和昌·8명), 삼합영(三合永·9명), 덕태원(德泰源·8명)　소계: 7곳·50명
부산·1906년	공래(公來·7명), 홍신동(鴻犨東·9명), 영발동(永發東·9명), 덕취화(德聚和·9명), 춘화태(春和泰·11명), 영원증(永源增·6명)　소계: 6곳·51명
경성·1910년	덕흥원(德興源·8명), 원춘무(元春茂·7명), 덕순복(德順福·10명), 동화동(同和東·9명), 덕풍상(德豊祥·7명), 홍순복(洪順福·11명), 서성춘(瑞盛春·7명), 광화순(廣和順·7명), 금성동(錦成東·6명), 유태춘(裕泰春·8명), 유풍덕(裕豊德·9명), 취성호(聚成號·9명), 의순흥(義順興·4명)　소계: 13곳·102명

주:　진남포의 경우, 직물상과 잡화상을 구분하지 않고 기재했기 때문에 점원 5명 이상의 상점만 기록했음. 괄호 안은 점원 수.

출처:　駐鎭南浦領事館(1904), 「華商人數淸冊: 華商人數淸冊」, 동 02-35-005-14.
　　　仁川中華會館(1906春季), 「華商人數淸冊: 各口華商淸冊」, 동 02-35-041-03.
　　　駐釜山領事館(1906.4.20), 앞의 당안자료, 동 02-35-041-03.
　　　駐元山領事館呈(1906.12), 「各口商務情形: 各口商務情形(一)」, 동 02-35-056-01.
　　　漢城華商總會(1910.9), [宣統二年淸査戶口表], 「華商總會各件(二)」, 동 02-35-056-12.

산동방 직물상이 광동방, 남방 직물상보다 우위에 서 있어 인천의 화교 직물상 업계를 좌지우지했다는 것을 알 수 있다. 〈표 1-5〉에 게재된 18개소의 직물상은 동순태를 제외하면 모두 산동방이다. 점원이 10명 이상인 산동방 직물상도 13개소에 달했다. 경성에는 1910년 13개소의 직물상이 있었고, 점원 9명 이상인 직물상은 5개소였다.

도쿄고등상업학교(東京高等商業學校)는 1906년경 조선화교 직물상점을 조사한 후, "한국에서 가장 주의해야 할 것은 청국상인"이라고 경계심을 드러냈을 뿐만 아니라, 보고서의 한 장을 화상과 조선 거주 일본인 상인을 비교하는 데 할당해 화상의 장점을 높이 평가했다.[44] 이러한 사실은 청일전쟁 후에도 화교 직물상의 세력이 쇠퇴하지 않았다는 것을 증명한다.

〈표 1-3〉과 〈표 1-5〉를 대조해보면, 경성과 인천의 산동방 직물수입상의 다수는 일제강점 이전에 설립되었다는 것을 확인할 수 있다. 앞에서 언급한 것과 같이 영래성, 금성동, 광화순[45]은 1880년대에 설립되었고 덕순복, 유풍덕, 동화순, 광화순, 전리호(傳利號), 서성태는 청일전쟁 후부터 1904년 사이에 설립되었다.[46] 경성과 인천 이외의 개항장에도 산동방 직물상이 개설되었는데, 원산의 삼합영(三合永)은 1880년대에,[47] 부산의 덕취화(德聚和)는 1906년경에 설립되었다. 그러나 앞의 도쿄고등상업학교의 조사에서 조선의 "청상(淸商)은 진남포, 평양, 목포, 부산 등 가는 곳마다 점포를 개설했지만 현재 경인지역 이외에 세력이 큰 상점은 없는"[48] 상황이라고 지적, 화교 직물상은 각 부(府) 지역과 농촌 지역에는 일제강점기에 들어 세력을 확장한 것을 시사한다.

한편, 광동방과 남방은 청일전쟁과 러일전쟁을 거치면서 세력이 쇠퇴했다. 광동방 동순태가 1888년, 1894년, 1895년에 상해의 동태호(同泰號)로부터 수입한 주요 상품은 직물이었다. 견직물이 각 연도 동순태 수입 총액 가운데 차지하는 비중은 각각 49%, 58%, 48%였고, 면직물은 각각 38%, 12%, 28%, 마직물은 각각 4%, 4%, 13%를 차지했다.[49] 동순태가 상해에서 수입한 총액에서 직물 수입액이 차지하는 비중은 각각 91%, 74%, 89%에 달해 동순태는 청일전쟁 이전과 직후까지는 직물수입상이라 할 수 있었다.

44) 東京高等商業學校(1907),『韓國ニ於ケル本邦貨物販路取調報告』, 統監府, 19~26쪽.
45) 이 상점은 1891년에 설립되었다(帝國興信所(1924), 앞의 자료, 朝鮮 65쪽).
46) 작자 미상(1904),『韓華記錄』, 서울대학교 규장각 소장(문서번호21768). 전리호(傳利號)는 1900년, 서성태(瑞盛泰)는 1903년에 각각 설립되었다(帝國興信所(1924), 앞의 자료, 朝鮮59·96쪽).
47) 朝鮮總督府(1924a), 앞의 자료, 47쪽.
48) 東京高等商業學校(1907), 앞의 자료, 19쪽.
49) 石川亮太(2005),「朝鮮開港後における華商の對上海貿易」,『東洋史研究』第63卷 第4號, 東洋史研究會, 34~35쪽. 그 외에는 식품, 약재, 잡화 등이 있었다.

그러나 러일전쟁 이후인 1907년 동순태가 상해에서 수입한 금액은 약 3만 냥(상해규은(上海規銀))으로 1895년 14만 7,543냥보다 80%나 감소했다. 견직물 수입액도 1895년 7만 340냥에서 1907년에는 1만 2,655.582냥으로 82%나 감소했고, 수입 총액에서 차지하는 비중도 42%로 1895년에 비해 약간 떨어졌다. 면직물은 4만 1,407냥에서 257냥으로 격감했고, 마직물의 수입은 거의 사라졌다.[50] 동순태는 1907년 직물 수입 대신에 채표(彩票, 복권),[51] 잡화, 약재의 수입을 늘렸다.

동순태의 수입액이 1907년에 격감한 이유는 무엇일까. 그 원인은 직물의 수입 감소와 관계가 있다. 중국산 견직물과 마직물의 수입은 청일전쟁 이후 증가하는 추세였다. 1895년과 1907년을 비교해보면, 견직물의 수입액은 같은 시기에 각각 78%, 495%의 대폭 증가였다.[52] 또 면직물의 수입액[생금건(生金巾)과 쇄금건(晒金巾)의 합계]은 1895년과 1907년을 비교했을 때 126%나 증가했다(영국산 55%, 일본산 1,655% 증가).[53] 중국산 견직물과 마직물, 그리고 영국산 면직물은 화교 직물수입상에 의해 독점적으로 수입되었기 때문에, 화교 직물수입상이 세 가지 직물의 수입을 대폭 늘렸다는 것을 의미한다. 동순태가 세 가지 직물에 대해 수입을 줄인 것은 산동방 직물수입상이 세 가지 직물의 수입을 대폭 증가시킨 것과 관계가 있는 것으로 보인다. 바꿔 말하자면, 조선 개항장에 직물 수입을 둘러싸고 광동방의 동순태와 산동방 직물수입상이 경쟁 관계에 있었는데 일제강점 직전에는 동순태가 산동방 직물수입상에 압도된 것으로 판

---

50) 강진아(2008a), 「근대 전환기 한국화교의 대중국무역의 운영방식:『同順泰寶號記』의 분석을 중심으로」, 『동양사학연구』 105, 동양사학회, 216~218쪽,
51) 화교 직물상인 안창호(安昌號), 동순태, 의생성(義生盛)은 1900년대 청국으로부터 채표(복권)를 수입해서 조선의 채표시장에 들어와 조선에서 채표 붐을 일으켰다. 그러나 통감부가 1909년 채표구매자의 단속을 강화함에 의해 채표 영업은 중단되었다(강진아(2008b), 「한말 彩票業과 화상 동순태호」, 『중국근현대사연구』 40, 한국중국근현대사학회).
52) 梶村秀樹(1968b), 앞의 논문, 216쪽. 견직물과 마직물의 수입 중에는 일본산도 포함되어 있지만, 일본산은 조선 시장에 있어서 중국산에 압도되어 수입액이 매우 적었다.
53) 朝鮮綿絲布商聯合會(1929), 『朝鮮綿業史』, 朝鮮綿絲布商聯合會, 92~94·128~130쪽.

단된다. 동순태는 일제강점기 직물 수입에서 완전히 손을 떼지만 그 징후는 1907년경부터 이미 나타나고 있었던 셈이다.

동순태는 일제강점기 직물수입상에서 철수하여 약종상, 잡화상, 부동산업에 전념해 이전과 같이 조선을 대표하는 화상의 지위를 유지했다. 그러나 1924년 동순태 창업주인 담걸생(譚傑生)의 자식인 정곤(廷琨)과 정림(廷林)의 미곡투기 실패, 아편홍삼밀수사건 등 불상사가 연이어 터졌다. 여기에 담걸생이 1929년 사망하면서 동순태는 몰락의 길에 들어설 수밖에 없었다.[54]

이상과 같이 산동방 직물수입상은 일제강점 직전부터 직물의 수입에서 광동방 및 남방을 능가하여 확고한 지위를 구축했다. 이러한 산동방 직물수입상이 지부에 본점을 둔 산동방 직물상 및 잡화상에 의해 설립되었다는 것은 이미 밝혀졌지만,[55] 그 설립경위, 본점과 조선의 지점 사이의 관계에 대해 밝혀지지 않았기 때문에 다음 장에서는 이를 중심으로 고찰하고자 한다.

3) 산동방 상업자본의 조선 진출 경위

산동방 상인자본의 조선 진출의 경위를 보여주는 하나의 사례를 들어 논의하고자 한다. 경성지방법원 인천지청 검사분국(檢事分局) 검사인 구보타 에이(窪田穎)는 1914년 3월 25일 주조선총영사 부사영(富士英) 앞으로 경성의 잡화상과 직물도매상인 동흥륭(東興隆, 〈부표 1〉의 6번), 동화동(同和東, 동 13번), 취성호(聚成號, 동 88번)의 영업주 본적, 주소, 성명을 조사해줄 것을 의뢰하는 공문을 보냈다.[56]

54) "동순태호 은행取引정지", 《조선일보》, 1924.8.12; "愁雲에 싸인 동순태가", 《조선일보》, 1924.8.14; "동순태사건이 송치되든 昨日에는", 《조선일보》, 1924.8.19; 강진아(2004a), 「근대동아시아의 초국적 자본의 성장과 한계: 재한화교기업 동순태(1874?~ 1937)의 사례」, 『경북사학』 27, 경북사학회, 22~26쪽.

55) 駐芝罘日本領事代理能勢辰五郎報告(1890.4.21), 「芝罘ノ商業習慣及例規」, 內閣官報局 『官報鈔存通商報告』(外務省通商局 編纂(1988), 『通商彙纂』 제13권(복각판), 不二出版, 471쪽; 古田和子(2000), 『上海ネットワークと近代東アジア』, 東京大學出版會, 100~102쪽.

동흥륭은 경성부 회동(會洞) 소재 잡화상으로 1910년 당시 점원은 6명이었다(〈표 1-5〉 참조). 동화동과 취성호는 경성의 화교 직물수입상으로 1910년 점원은 모두 9명이며 같은 산동방 직물수입상인 홍순복(洪順福, 11명), 덕순복(德順福, 10명) 다음으로 점원수가 많은 경성의 주요한 화교 직물수입상 중 하나였다. 세 곳의 직물수입상이 모두 경성에 소재하고 있었음에도 경성지방법원 인천지청 검사분국의 검사의 조사 의뢰를 받은 것은 잡화와 직물 수입 관련, 인천항의 세관 통관상 어떤 문제가 발생했음을 의미한다.

주조선총영사관이 구보타 검사에게 회답한 내용에 따르면, 동흥륭의 점주는 '주동(主東) 손조오(孫條五), 주인(主人) 동길당(凍吉堂)'으로 기재되어 있다.[57] '주동'은 자본 출자인인 자본주(고동(股東), 재동(財東))를 말하며, 주인은 노동력을 제공하는 지배인을 가리킨다. 즉, 이 잡화상점은 몇 명의 출자자가 자본과 노동력을 제공하여 공동으로 사업을 경영하는 중국 전통의 합고(合股)였음을 알 수 있다. 자본주인 손조오의 원적은 '산동성 등주부 영해주 양마도(養馬島)'였다. 합고의 자본주는 통상 혈연 혹은 지연과 관련된 일가, 친척, 친구, 동향으로 한정되는 것이 일반적이기 때문에 동흥륭은 손조오의 출신지인 양마도와 어떤 관계가 있음을 엿볼 수 있다.[58] '주인'으로 기재된 동길당의 원적은 양마도와 가까운 등주부 복산현이었다.

한편, 동화동의 '주인'은 영해주 남항촌(南港村) 원적인 왕의산(王儀山), 취성호의 '주인'은 양마도 원적인 손방신(孫方臣)으로 기재되어 있다.[59] 또한 동화동은 산동성 연기(燕基, 지부)에 있는 공진화지점(公晉和支店), 공진화의 주사인(主事人)은 손몽구(孫夢九)라는 것, 취성호는 양마도 소재의 식덕당(食德堂)과 관

56) 京城地方法院仁川支廳檢事分局檢事 窪田潁가 駐朝鮮領事 富士英에게 보낸 서한(1914.3. 26),「華商調査」,『駐韓使館保存檔案』(동 03-47-021-02).
57) 駐朝鮮總領事館이 京城地方法院仁川支廳檢事分局에 보낸 서한(1914.3.31), 앞의 당안자료, 동 03-47-021-02.
58) 山內喜代美(1942),『支那商業論』, 巖松堂書店, 120쪽.
59) 駐朝鮮總領事館이 京城地方法院仁川支廳檢事分局에 보낸 서한(1914.3.31), 앞의 당안자료, 동 03-47-021-02.

계가 있으며 그 주사인은 손이산(孫嶧山)이었다.

그런데 인천세관은 같은 해 6월 27일 경성 총영사관에 '조사상 필요'를 이유로 동화동과 취성호의 자본주 주소, 성명을 조회해줄 것을 요청했다.[60] 인천세관은 동화동의 자본주는 '손신경(孫信卿),[61] 공진화, 손몽구, 손이산, 왕의산', 취성호의 자본주는 '식덕당, 손방신(孫方臣), 손이산, 동취항(同聚恆), 손신경, 의원당(義元堂), 신원당(信元堂)'으로 파악했지만 자본주가 너무 많고, 상점의 상호와 상인의 이름이 섞여 있어 자본주를 특정할 수 없었기 때문에 경성 총영사관에 다시 조회한 것으로 생각된다.[62]

경성화상총회(京城華商總會)는 경성 총영사관의 지시를 받고 조사를 한 후, 두 개의 상점에 대해 다음과 같이 보고했다. 동화동의 '동가(東家, 자본주)는 연태(지부)의 공진화이며 그 주임(主任)은 손몽구'라고 보고 했고, 취성호는 '자본주는 연태의 동취항이며, 그 주임은 손이산'이라고 보고했다.[63] 이 보고를 통해 동화동은 지부의 공진화, 취성호는 지부의 동취항에 의해 각각 설립된 직물 수입상이라는 것을 알 수 있다.

그런데 앞에서는 취성호의 자본주가 식덕당이라고 보고했지만, 이번에는 동취항을 자본주로 보고한 사실이 주목된다. 이 보고서에 동취항과 손이산은 양마도 소재의 식덕당과 관계가 있고, 양마도의 식덕당이 지부에 개설했다고 기록되어 있다. 취성호의 자본주로 이름을 올린 양마도의 의원당(義元堂)과 신원당(信元堂)도 식덕당과 함께 동취항을 설립하는 데 자본주로 참여한 것으로

---

60) 仁川稅關長이 駐朝鮮總領事에 보낸 서한(1914.6.29), 앞의 당안 자료, 동 03-47-021-02.

61) 그는 1921년 청진부 포항동에 익합영(益合永) 설립 때도 자본주로서 참가했다(京城商業會議所(1929.3), 앞의 자료, 28쪽).

62) 조선 거주 일본인은 화교 직물수입상에 대해 "비밀주의를 취하고 있기 때문에 밖에서 파악하는 것은 불가능하다. 그 때문에 대표자의 권한을 알 수 없다. 조합(저자: 합고)의 대표자인 상대방이 어디까지 책임을 지고 있는 지 알 수 없다"라고 인식하고 있었다(本誌記者(1931.11), "支那商人と銀行取引関係", 《조선급만주(朝鮮及滿洲)》(1931년 11월호), 朝鮮及滿洲社, 62쪽).

63) 京城華商總會가 駐朝鮮總領事館에 보낸 서한(1914.7.1), 앞의 당안자료, 동 03-47-021-02.

보인다.

한편 손신경과 손이산은 동화동과 취성호 두 상점에 자본을 출자했는데 둘 모두 원적이 양마도라는 공통점이 있다. 양마도는 지부 주변에 있는 섬이다. 1930년대 13개 촌(村)에 1,000호, 9,000명의 인구가 살고 있었다. 주민의 경제 활동은 반농반어였다. 그리고 비교적 유복한 주민은 정크선을 소유하여 무역이나 운수업을 영위했다.[64] 예를 들면, 지부와 양마도를 왕래하던 덕무(德茂)라는 선박은 손신정(孫信亭)이라는 자가 소유하고 있었다.[65] 이름이 손신정인 것으로 보아 손신경과 친족의 관계인지 모른다. 손이산과 손신경은 양마도에서 풍부한 상업 자본을 가진 상인이었다. 혈연과 지연으로 뭉친 손씨 일족이 양마도에 설립한 것이 식덕당, 의원당, 신원당이었고, 이 사업이 성공하자 지부에 진출하여 설립한 것이 동취항이 아닐까.

지부는 1858년 체결된 천진조약(天津條約)에 의해 1863년 개항되었으며, 개항 이후 발해만(灣)의 큰 무역항으로 번영하던 항구도시였다. 지부 개항 직후에는 외국인이 무역 및 상권을 장악하고 있었지만 점차 중국인 상인이 외국인으로부터 상권을 회복했다. 1890년경 지부에 있던 약 300개소의 도매상 가운데 외국인 상점은 10년 전 20개소에서 7개소로 감소한 반면, 기타는 모두 중국인 소유의 상점이었다. 중국인 소유 상점은 광동방, 복주방(福州幇, 푸저우방), 영파방(寧波幇, 닝보방) 상점이 전체의 20~30%, 산동방 상점이 70~80%를 각각 차지하면서 지부의 상권을 장악했다.[66] 1900년대에 들어서도 그 형세는 변하지 않았다.[67] 지부 소재 산동방 상점의 '자본은 산동 내지(內地), 즉 그들의 고

64) 航業聯合協會芝罘支部(1939), 『昭和十四年版 芝罘事情』, 航業聯合協會芝罘支部, 194쪽.
65) 航業聯合協會芝罘支部(1939), 앞의 자료, 47쪽.
66) 駐芝罘日本領事代理能勢辰五郎報告(1890.4.21), 앞의 자료, 467·469쪽. 근대 지부에 관한 연구는 많지 않다. 근대 지부의 무역에 관해서는 劉素芬 編(1990)(『煙臺貿易研究』, 華僑誌編纂委員會)과 강경락(2011)(「근대 중국과 화북경제권의 변화」, 『중국근현대사연구』 49, 한국중국근현대사학회, 49~53쪽)이 있다. 유소분(劉素芬)은 1867~1919년의 지부의 무역을 분석하였고, 이를 바탕으로 1900년대에 들어 청도항과 대련항이 본격적으로 대외무역을 개시한 것이 원인이 되어, 지부의 대외무역이 쇠퇴했다고 주장했다.

향의 유휴자금을 이용'하는 것이 일반적이었다.[68] 동취항과 공취화가 대표적인 예이다.

지부 소재 동취항이 경성에 동화동을 설립한 것은 청일전쟁 후부터 1902년 사이였다. 서울대학교 규장각 소장의 「한화기록(韓華記錄)」 중에 동화동이 1903~1904년 한성의 조선인 상인과 거래를 한 기록이 남아 있다. 이 기록에 의하면 동화동은 옥양목(玉洋木)이라는 영국산 면포를 수입하여 조선인 상인 박사선(朴士善), 박정식(朴定植), 김완순(金完淳) 등에게 판매했다.[69]

한편, 〈표 1-5〉에 게재된 직물상 가운데 지부의 산동방 상업 자본에 의해 개설되었음이 확인되는 상점이 있다. 앞에서 서술한 인천의 영래성과 쌍성태는 지부에서 잡화상을 각각 경영하고 있던 영래성(永來盛)과 쌍성태(雙盛泰)에 의해 개설되었다.[70] 유풍덕은 지부의 잡화상 겸 직물상인 유풍덕(裕豊德)에 의해 설립되었다.[71] 인천의 서공순은 지부에서 행잔, 전장(錢莊)과 해산물 도매상을 경영하고 있던 서공순(西公順)에 의해, 진남포와 인천 소재의 서성춘은 지부의 전장인 서성춘(瑞盛春)에 의해 각각 개설되었다.[72]

경성과 인천의 화교 직물수입상뿐만 아니라 지방의 직물상에도 산동방 상업자본의 진출이 확인된다. 대구부 본정(本町)의 잡화상인 증순덕(增順德)은 산동성 황현(黃縣) 출신인 서명재(徐明齋)에 의해 개설된 합고였다. 증순덕의 자본주는 지부 소재의 증태덕(增泰德), 황현의 자산가인 수등운(隨登雲)이 자본주로 참가했다. 증태덕은 황현 출신의 자본가들이 지부에 설립한 상점이었다.[73]

---

67) 東亞同文會(1908), 『支那經濟全書』, 東亞同文會編纂局, 190쪽.

68) 外務省通商局(1921), 『在芝罘日本領事館管內狀況』, 外務省通商局, 42쪽.

69) 작자 미상(1904), 앞의 자료.

70) 外務省通商局 編纂(1988), 앞의 자료, 471쪽. 영래성은 1908년경 해산물상, 쌍성태는 유방(油房)을 경영했고, 1920년경 영래성은 직물상이었다(東亞同文會(1908), 앞의 자료, 191쪽; 外務省通商局(1921), 앞의 자료, 43쪽).

71) 外務省通商局(1921), 앞의 자료, 43쪽.

72) 外務省通商局 編纂(1988), 앞의 자료, 471쪽.

73) 京城中華商會 代理主席 王公溫이 駐京城總領事에 보낸 서한(1932.10.5; 10.10), 「僑商債務糾紛案」, 『駐韓使館保存檔案』(동 03-47-218-14). 서명재는 1930년 빌린 돈을 갚지 않

또 황해도 재령군 소재의 중화의(中和義)와 덕여항(德餘恆)은 황현 출신인 왕유중(王維重), 왕극형(王克亨), 왕극태(王克泰), 왕흔당(王欣堂), 왕연형(王延亨) 등의 형제 및 친척 관계로 고향의 자본으로 개설한 상점이었다.[74]

이와 같은 검토에 따르면 조선의 산동방 직물상은 산동성 농촌 지역의 유휴 자본에 의해 지부에 설립된 잡화상, 직물상, 해산물상, 전장 등의 상업 자본에 의해 개설된 것이 많았다고 할 수 있다.

마지막으로 지부의 본점과 조선의 지점이 어떠한 관계가 있었는지 살펴보자. 앞에서 서술한 동취항과 동취항의 경성지점인 동화동의 관계를 참고할 수 있다. 이미 언급한 경성화상총회의 조사 보고에 다음과 같은 내용이 나온다.

손신경은 연태의 공진화로부터 파견되어 동화동의 영업 상태를 감사했다. 1년 중 조선에 몇 번이고 올 수는 있었지만 상주하는 것은 허가되지 않았다. 손신경은 동화동의 영업 관련 업무를 주관하는 권한은 결코 가지고 있지 않았다.[75]

즉, 동화동의 자본주인 손신경은 동화동에 상주하며 경영한 것이 아니라 연간 몇 차례 본점에서 지점에 파견되어 영업 상태를 감사하는 것에 그쳤으며, 영업 관리의 권한은 없었던 것이다. 그것과 관련해서 조선화교 직물상의 경영 조직에 관한 『조선의 지나인(朝鮮に於ける支那人)』에 소개된 것을 참고해보자.

원래 지나인(支那人)의 상점은 합자조직(合資組織)인 것이 많아 직물, 잡화상

고 황현으로 귀향하여 문제가 되었다. 쌍화영 주물공장 등에게 빌린 금액은 1931년 말 당시 이자를 포함하여 3,879.99원이었다. 채무 보증인은 직물상인 경성장(慶盛長, 〈부표 7〉의 50번)의 장인암(張仁菴)이었다. 증순덕(增順德) 이전의 상점명은 화순리(和順利)였다(〈표 3-7〉 참조).

74) 京城中華商會主席宮鶴汀이 駐朝鮮總領事에 보낸 서한(1932.2.9), 「僑商債務糾紛案」, 앞의 당안자료, 동 03-47-218-14.

75) 원문. 孫信卿乃煙台公晋和派來檢査同和東生意情形, 一年之中許來朝鮮幾次亦不能常住, 孫信卿並無主同和東事之權. 京城華商總會이 駐朝鮮總領事館에 보낸 서한(1914.7.1), 「華商調査」, 앞의 당안자료, 동 03-47-021-02.

중 주요한 것은 2, 3인 혹은 4, 5인의 합자조직이었다. 재동(財東), 즉 자본주라고 칭하는 자는 대부분 본국에 있고, 조선에 거주하는 자는 적었다. 거래 및 기타 업무의 일체는 지배인이라고 칭해지는 장궤적(掌櫃的)에게 관리경영의 임무가 맡겨졌다. 그 밑에 외궤적(外櫃的), 즉 외교거래 주임, 관장적(管眼的), 즉 회계 주임, 과계(夥計), 즉 보통 점원 등의 종업원이 있었다. 큰 상점에서는 이들의 점원 3, 40명을 고용했다. 이들 점원의 채용은 자본주가 추천할 때도 있었지만, 대부분은 지배인의 권한으로 직접 본국에서 불러들이는 것이 대부분이었다. …… 또 이들 점원의 급여는 장궤적(지배인)은 노동력 출자의 일종인 재동(자본주)이기 때문에 이익의 배당을 받았다. 별도의 급료가 지급되지는 않았지만 생활비의 보조를 의미하는 양가전(養家錢)이라고 칭하는 급여가 있었다. 과계(보통점원)의 급료는 노금(勞金)이라 칭하며 수당의 의미이며 연급(年給)으로 받는다. 그 액수는 각 상점, 각 사람의 재능, 근무연한 등에 의해 일정하지는 않지만, 20원에서 100원까지이다.[76]

이상의 검토를 통해 고려해보면, 동화동의 영업 업무 일체는 전문경영인인 장궤적(지배인)인 왕의산(산동성 영해주 남항 출신)이 관리 경영하고, 점원은 장궤적이 불러들인 자로 추정된다.

4. 맺음말

이 장에서는 먼저 화교 직물상이 일제강점기 조선의 2대 상업 중 하나였던 직물상업계에서 1930년 전후 상점 수의 약 2할, 매상액의 약 2~3할을 차지하고 있었다는 것, 매상액은 4,000~5,000만 원의 상당한 금액에 달했다는 것, 도시와 농촌 지역에서 일본인 직물상과 조선인 직물상을 압박하는 세력을 형성

---

76) 朝鮮總督府(1924a), 앞의 자료, 40~41쪽.

하고 있었다는 것을 밝혔다. 또한 화교 직물수입상의 경영 규모는 일본 간사이 화교 무역상에 비해 손색이 없었다는 것을 확인했다. 다음으로 화교 직물상 가운데 각 부(府)에 소재하는 직물수입상, 직물도매상 등의 상호를 근거로, 그들 대부분이 산동방이라는 점, 농촌 지역의 소매상도 산동방이 차지하고 있었다는 것을 밝혔다.

이러한 산동방 직물상은 한성과 개항장을 중심으로 1880년대 초반부터 형성되기 시작하여, 청일전쟁 이전에는 광동방, 남방의 직물상과 정립하고 있었지만, 일제강점 직전에는 동순태 등의 광동방 직물상이 쇠퇴하고, 산동방 직물상이 화교 직물상업업계를 장악하게 된 것을 밝혔다. 아울러, 산동방 직물수입상이 산동성 농촌 지역의 유휴자본에 의해 지부에 설립된 잠화상, 직물상, 해산물상 등의 상업 자본에 의해 합고의 형태로 개설되었던 것, 경영은 노무출자인 지배인에 의해 행해지고 있었다는 것을 밝혔다.

제2장

화교 직물수입상의 통상망

1. 머리말

이 장에서는 화교 직물상이 일본인 직물상 및 조선인 직물상을 압박하는 세력을 형성하게 된 원인에 대해 경성 및 인천 소재의 화교 직물수입상이 면직물, 견직물, 마직물 등의 직물을 어떠한 통상망(通商網)을 통하여 대량으로 수입하고 있었는지 직물 수입을 둘러싼 조선 거주 일본인 직물도매상과의 협력및 길항(拮抗) 관계, 대량의 수입을 가능하게 한 조선 내의 직물의 생산 구조 등에 유의하면서 검토하려 한다.

일제강점기 조선의 직물업은, 기본적으로 조선 내의 생산으로는 자급자족할 수 없었기 때문에 일본과 중국 등에서 대량의 직물을 수입하는 구조였다. 조선의 직물 소비 총액 가운데 면직물의 수입의존율은 1923년 75%, 마직물의수입의존율은 38%, 견직물의 수입의존율은 74%에 달해 직물 전체의 수입의존율은 68%(자급률은 32%)에 이르렀다.[1] 일본 대기업 방적자본의 조선 진출 등에 의해 조선에서의 직물 생산량이 증가한 1936년에도 조선의 면직물 소비 총

---

1) 朝鮮總督府總督官房文書課(1925), 『朝鮮人の商業』, 朝鮮總督府, 347~351쪽.

량 가운데 수입의존율은 면직물이 58%, 마직물이 37%, 견직물이 60%로 여전히 높았다.[2]

직물의 높은 수입의존율은 필연적으로 직물의 수입을 담당하는 직물수입상의 역할을 확대시켰다. 개항기 직물수입을 둘러싸고 일본인 상인과 화상 사이에 치열한 경쟁이 펼쳐진 것은 선행연구에 의해 이미 분명히 밝혀져 있다. 그러나 일제강점기 직물수입은 일본인 상인에 완전히 장악되어 있다고 간주하고 양국 상인의 경쟁 및 협력의 관계에 관해서는 별로 주목하지 않았다. 따라서 이 장은 일제강점기 일본인 상인에 비해 정치적으로 불리한 입장에 놓여 있던 화교 직물수입상이 직물의 수입을 어떻게 하고 있었는지에 대해 해명하는 것을 과제로 한다.

2. 면직물 수입의 통상망

1) 영국산 쇄금건의 수입

개항기 면직물의 수입이 개항장 소재의 일본인 직물상과 화교 직물수입상에 의해 주로 수입되고 있었던 것은 이미 밝혀져 있다. 양국의 상인이 수입하는 면직물은 전자가 일본산 면직물, 후자가 영국산 면직물로 구분되어 있었다. 청일전쟁 이전 영국산 면직물이 일본산 면직물보다 품질과 가격 면에서 우위에 서 있었고, 영국산 면직물을 수입하는 화교 직물수입상이 일본인 직물상보다 면직물의 수입량이 많았다. 그러나 청일전쟁을 전후하여 일본 방직업이 발전되면서 그러한 상황은 점차 바뀌어가고 조선 시장에서 영국산 면직물이 일본산 면직물에 의해 점차 설 자리를 잃어버리자 일본인 직물상이 조선의 면직물 수입을 독점하게 된다. 이와 같은 구도는 일제강점기에 더욱 강화되고 조선

---

2) 堀和生(1995), 『朝鮮工業化の史的分析』, 有斐閣, 67・69・72쪽.

에 수입되는 면직물은 일본인 직물상이 완전히 장악했다. 이상이 선행연구의 일반적인 견해이다.

이와 같은 견해는 잘못된 것은 아니다. 확실히 일본산 면사는 조선 시장에서 1894년, 천축포(天竺布)는 1898년 각각 영국산을 처음으로 상회하고, 그 후 영국산 면사와 천축포는 완전히 시장에서 사라졌다.[3] 일본 방직회사와 조선 거주 일본인 직물상의 입장에서 화교 직물수입상에 의해 상해에서 싼값으로 조선에 대량 수입되고 있던 영국산 면직물에 대항하는 것이 '최대의 급무(急務)'였던 생금건[4]도 일본산이 1908년이 되면 영국산을 능가하고 영국산은 제1차 세계대전의 영향도 있어 1910년대 중반 조선 시장에서 거의 자취를 감추었다 (〈표 2-1〉 참조).

그 배경에는 일본 방직회사에 의한 생금건의 품질개량 및 값싼 가격의 실현에 있었지만 일본의 방직회사 및 상사(商社)의 조선 판매망 정비도 영향을 주었다. 조선에 생금건을 수출하고 있던 금건제직회사(金巾製織會社), 오사카방적회사(大阪紡績會社), 미에방적회사(三重紡績會社)의 3사는 1906년 한성에 금건 판매 동맹인 '산에이조합(三榮組合)'을 조직하고 3개 회사의 제품을 미쓰이물산(三井物産) 출장소에 위탁 판매하고, 이 출장소는 경인지역(京仁地域)에 20명의 특약 판매인을 지정하고 판로 확대에 힘썼다.[5]

그러나 면직물 가운데 생금건에 이어 수입이 많았던 쇄금건은 천축포, 면사, 생금건과는 약간 다른 경로를 보여준다. 영국산 쇄금건의 수입액은 제1차 세

---

3) 澤村東平(1985), 『近代朝鮮の棉作綿業』, 未來社, 48~49쪽.

4) 編者未詳(1907), 『韓國各地日本綿布槪況一斑』, 4쪽. 이 보고서는 다이이치은행(第一銀行) 한국총지점 및 각 지점, 각 농공은행(農工銀行), 각 일본인상업회의소, 재정고문 각 지부 등의 보고를 정리한 것이다.

5) 編者未詳(1907), 앞의 자료, 3쪽. 다이이치은행은 특약판매인에 대해 선하외환자금(船荷外換資金)을 저리로 대부하여 금융적 지원을 했다. 다이이치은행의 1907년 총 대출액 가운데 일본인이 전체의 66.9%, 조선인이 5.9%, 외국인이 27.2%였다. 외국인은 대부분 화교 직물상이었을 것으로 생각된다(高嶋雅明(1978), 『朝鮮における植民地金融史の硏究』, 大原新生社, 177쪽).

〈표 2-1〉 조선의 생금건 및 쇄금건의 수입량과 수입액

(단위: 反)·1,000원)

연차	생금건				쇄금건			
	영국산		일본산		영국산		일본산	
	수입량	수입액	수입량	수입액	수입량	수입액	수입량	수입액
1892년	473,009	1,387	-	-	8,069	22	-	-
1895년	708,704	2,601	31,187	121	7,524	30	-	-
1900년	388,338	1,526	171,269	655	33,478	149	50	0.2
1905년	702,908	3,278	323,016	1,314	231,230	1,145	849	4
1906년	282,656	1,393	318,142	1,425	146,611	753	1,768	8
1907년	584,153	2,825	471,079	2,120	254,459	1,264	690	3
1908년	430,949	2,141	458,808	2,148	287,899	1,500	4,650	23
1909년	360,315	1,747	393,854	1,782	286,419	1,477	3,185	16
1910년	349,360	1,724	591,231	2,752	267,370	1,510	36,115	165
1911년	330,233	1,627	877,843	4,091	271,673	1,533	60,582	284
1912년	217,662	1,100	1,137,854	5,747	425,217	2,291	96,450	500
1913년	292,154	493	1,064,218	6,001	348,492	2,044	30,056	174
1914년	30,985	168	1,030,902	5,706	238,463	1,406	60,294	351
1915년	28,233	146	1,308,038	6,099	244,339	1,416	130,627	686
1916년	13,074	70	1,259,181	7,085	208,370	1,383	237,481	1,457
1917년	1,698	15	1,190,643	9,929	161,817	1,665	215,108	2,047
1918년	1,432	60	1,361,616	15,551	99,645	1,531	136,332	1,720
1919년	1,739	37	1,984,631	31,000	150,863	3,117	56,742	9,257
1920년	574	7	971,120	16,956	114,432	20,853	91,879	1,503
1921년	23,823	268	2,129,817	25,017	70,198	,341	323,806	2,990
1922년	6,760	80	1,518,456	16,204	246,622	3,271	158,388	1,928
1923년	773	9	1,494,323	15,277	220,815	2,818	233,033	2,661
1924년	855	10	1,664,968	20,227	117,838	1,845	358,025	4,694
1925년	110	2	1,612,050	21,419	80,680	1,375	353,263	4,725

출처: 朝鮮綿絲布商聯合會(1929), 『朝鮮綿業史』, 朝鮮綿絲布商聯合會, 92~94·128~130쪽을 근거로 작성.

계대전기의 일부를 제외하고 항상 1923년까지 일본산을 능가했다. 영국산 쇄금건은 32번수(番手), 42번수의 세사(細絲)를 원료로 짠 얇은 천이어서 세탁하

여 표백하지 않아도 되는 고급 면직물이었다. 일본산의 쇄금건은 14번수에서 16번수 내외의 굵은 실(太絲)로 짜서 촉감이 좋은 영국산 쇄금건을 따라잡기는 힘들었다.[6]

영국산 쇄금건의 수입은 생금건보다 더 비쌌기 때문에 수입량 및 수입액은 1892년에 8,069반(反, 옷 한 벌분의 천 크기)·2,193원에 지나지 않았지만 조선인 상류층의 생활 향상에 의한 수요 증가에 견인되어 1905년에는 23만 1,230반·114만 원으로 급증했다. 그 후에도 증가를 계속하여 1912년에는 42만 5,217반·229만 원으로 1905년에 비해 약 2배나 증가했다. 그에 비해 일본산 쇄금건은 1910년 이전까지 거의 수입되지 않았으며 조선의 쇄금건 시장은 영국산의 독무대였다.

하지만 영국산 쇄금건은 제1차 세계대전의 발발에 의한 영국산의 수입 곤란과 일본의 표백 기술의 진보와 공장 설비의 확충에 의해 영국산의 대용품으로서 일본산의 수입이 증가했다.[7] 일본산이 1916년에 처음으로 영국산을 추월했지만 전후(戰後)인 1920년과 1922년에는 영국산의 수입액이 다시 일본산 수입액을 상회했다. 그러나 1925년 3월 10일 영일협정세율(英日協定稅率)이 폐지되어 1926년 3월 29일부터 개정관세의 실시에 의한 증세의 영향으로 영국산의 수입액은 1927년 119만 원, 1928년 99만 원, 1929년 69만 원, 1930년 42만 원으로 점차 감소하여 1931년 화교배척사건 및 불경의 영향으로 8만 원으로 격감,[8] 그 후 회복하지 못했다. 그러나 화교 직물수입상은 영국산 쇄금건을 1905~1930년까지 연평균 약 171만 원을 독점 수입하고 있었다는 사실을 간과해서는 안 된다(〈표 2-1〉 참조).

---

6) 澤村東平(1985), 앞의 책, 66쪽. 여기에 더하여 일본산 쇄금건은 풀칠이 매우 많고, 완성 기술이 유치하며, 내구력이 부족하다는 지적을 받았다(朝鮮綿絲布商聯合會(1929), 『朝鮮綿業史』, 朝鮮綿絲布商聯合會, 97쪽).

7) 朝鮮綿絲布商聯合會(1929), 앞의 자료, 97쪽.

8) 朝鮮總督府(1933), 『昭和六年 朝鮮總督府統計年報』, 朝鮮總督府, 294쪽.

2) 일본산 면직물의 수입 및 조선에서의 구매

일본산 생금건 및 면사의 수입은 일본인 직물상에 의해 완전히 장악되어 있었던 것일까? 반드시 그렇지는 않았다.

개항기 영국산 면사가 1894년에 일본산에 역전당하고 점차 시장에서 사라졌을 때 화교 직물수입상은 일본산 면사의 수입을 하고 있었다.[9] 화교 직물수입상은 1897년에 일본산 면사를 포함하여 일본산 생금건의 수입에도 진출했다. 다음은 주인천 일본 영사관(駐仁川日本領事館)이 1897년 11월 본국에 보낸 보고서의 일부이다.

> 본품(저자: 금건) 무역이 거의 청상(淸商)이 독점하고 있다는 사실은 이달 들어 점점 현저해지고 있다. 청상은 계절이 오기 전 먼저 지난달 외환시장의 상황 등 이용해야 할 시기를 놓치지 않고 다액의 수입을 상해에서 시도했다. 이달 들어 점차 판매에 종사할 뿐 아니라 일본산 금건류의 수입에도 점차 힘을 쏟고 있다. 이달 당항(當港)으로 수입되는 화금건(和金巾) 가운데 9할은 오사카 가와구치(川口)의 청상의 손에 의해 당항의 청상의 손에 건네진 것이다. …… 방적사도 화금건과 같이 상권은 점차 청상의 손으로 이동하고 있다. 이달에도 본방 상인의 수입액은 전체의 3분의 2를 유지하는 데 그치고 있다. 이와 같이 본방 생산품의 수입업은 점차 외국인 상인의 손으로 넘어가는 실정이어서 무역에 있어 유감이라 하지 않을 수 없다.[10]

즉, 인천화교 직물수입상은 영국산 생금건을 상해에서 수입함과 동시에 영국산보다 값싼 일본산 금건을 오사카 가와구치 거주의 화상을 통해 수입하고

---

9) 河明生(1994), 「韓國華僑商業: 1882年より1897年迄のソウルと仁川を中心として」, 『神奈川大學大學院經濟學研究科研究論集』, 神奈川大學大學院經濟學研究科, 71쪽.

10) 駐仁川日本領事館事務代理幣原喜十郎 보고(1897.11.15), 「三十年九月中仁川商況」, 『通商彙纂』 제88호(外務省通商局, 1898.1.15 발행), 3쪽.

있었던 것이다.

그런데 이와 같은 현상은 개항기뿐 아니라 일제강점기에도 볼 수 있다. 인천항은 직물수입의 주요한 지위를 차지하고 있었다.[11] 인천항에 수입된 면직물 및 면사 가운데 화교 직물수입상에 의한 수입 비중이 어느 정도였는지, 그 가운데 화교 직물수입상이 일본에서 수입한 것은 어느 정도인지 살펴보자.

1924년 인천항에 수입된 면사는 66만 8,000근(斤)·69만 5,000원으로 그 가운데 인천 거주 상인에 의한 것이 27만 2,000근·28만 원이었다. 수입처는 오사카가 전체의 50%, 고베 15%, 간몬(關門) 15%, 중국 15%, 영국 및 미국 5%로 대일 수입이 전체의 80%를 차지했다. 해외가 아닌 경성 및 다른 조선 국내로부터의 반입량 및 반입액도 5만 근·약 5만 원에 달하여 인천항에 수입된 면사의 수입 총액은 약 23만 원이었다. 이 23만 원의 면사는 각지에 반출되었지만 일본인 상인이 반출량의 6할, 화교 직물수입상이 반출량의 4할을 차지했다.[12] 더욱이 화교 직물수입상은 면사를 중국 및 영국과 미국으로부터 20%, 조선 각지로부터 4% 각각 수입하고 있었기 때문에 나머지 16%(3만 6,800원)는 일본에서 수입했거나 인천 거주 일본인 직물상으로부터 구매한 것이 된다.

한편 1924년 인천항에 수입된 면직물은 생금건 및 생시트(sheet)가 2,822만 5,000평방야드(0.9144㎡, 882만 5,000원), 쇄금건 및 쇄(晒)시트가 731만 7,000평방야드(303만 3,000원)이었다.[13] 이 가운데 인천 거주 직물상인(일본인 직물상과 화교 직물수입상)에 의한 수입액은 생금건 및 시트가 38%, 쇄금건 및 쇄시트가 67%를 각각 차지했다. 경성 및 기타 지역에서 반입된 면직물을 합하면 인천 거주 직물상인에 의한 면직물의 수입액은 약 680만 원에 달했다. 인천 거주 직물

---

11) 예를 들면, 1924년의 생금건 및 생시트(生sheet)의 대일 수입량의 각 항구별 분포를 보면 다음과 같다. 인천항이 전체의 42.4%, 부산항 18.6%, 군산항 13.0%의 순서로 인천이 압도적으로 많았다(橋谷弘(1983), 「兩大戰間期の日本帝國主義と朝鮮經濟」, 『朝鮮史研究會論文集』第20集, 朝鮮史研究會, 46~47쪽).

12) 朝鮮總督府(1926), 『市街地の商圏』, 朝鮮總督府, 43쪽.

13) 朝鮮總督府(1926), 앞의 자료, 43쪽. 당시 조선과 중국에서는 평방야드를 일반적으로 방마(方碼)로 표기했다.

상인 취급의 생금건 및 시트를 수입처별로 보면 오사카 90%, 기타 일본 지역 3%, 조선 국내 5%, 중국 2%였다. 일본인 직물상이 생금건 및 시트의 수입의 9할(301만 8,150원), 화교 직물수입상이 1할(33만 5,350원)을 취급하고 있었기 때문에 인천의 화교 직물수입상은 중국에서 수입하는 2% 이외에 8%(26만 8,280원)는 일본에서 직접 수입한 것으로 추정된다.

하지만 인천의 화교 직물수입상은 오사카 등지서 면직물의 직접 수입을 한층 증가시킨 것이 확인된다. 1930년 7~12월에 인천의 각 은행이 일본 국내은행에 일본의 화교 직물수입상에게 지급한 수입대금은 약 399만 원에 달했지만 이 금액의 대부분은 일본산 면직물 거래에 대한 결제 금액이었다.[14] 이 금액은 하반기의 금액이기 때문에 상반기의 금액을 합하면 더욱 증가할 것이다.

한편 쇄금건 및 쇄시트의 수입액인 203만 2,110원을 수입처별로 보면 오사카 40%, 중국(영국산) 55%, 기타 지역 5%였다. 이 직물의 취급은 화교 직물수입상 6할, 일본인 상인 4할을 각각 차지하여 화교 직물수입상은 영국산의 55%를 더하여 일본 및 기타 지역에서 5%를 수입한 것이 된다.

이상의 인천 거주 일본인 수입상과 화교 직물수입상이 취급하던 생금건 및 생시트와 쇄금건 및 쇄시트는 경성 등 조선 국내에 유통되었지만 유통량의 6할은 일본인 직물상, 4할은 화교 직물수입상에 의해 취급되고, 화교 직물수입상은 취급 면직물의 12~13%를 일본인 직물상으로부터 구매하여 전송(轉送)했다.[15] 경성상업회의소의 1926년 조사에도 화교 직물수입상이 "(주: 조선에서의) 대(對)일본인 거래는 기존에 거의 없었지만 일본 국내 면포의 거래를 하기에 이르렀고 기존의 일본 거주 화상과의 거래 이외에 직접 일본인과 거래를 보기에 이르렀다"[16]라고 되어 있어, 화교 직물수입상은 일본에서 직접 수입함과 동

14) 京城商工會議所(1932.4), "滿洲事變の朝鮮に及ぼした經濟的影響", 《경제월보(經濟月報)》 (1932년 4월호), 京城商工會議所, 48쪽.
15) 朝鮮總督府(1926), 앞의 자료, 44쪽. 인천에서 면직물을 취급하는 주요한 일본인 직물상점은 고노상점(河野商店), 산우상회(三友商會), 기토상점(鬼頭商店), 이노우에상점(井上商店)이었다. 화교 직물수입상은 이들 상점에서 면직물을 구매했을 것이다(京城府(1924), 『重要商品調査 綿布の部』, 京城府, 86쪽).

시에 인천 및 경성의 일본인 직물상에게 일본산 면직물을 구매했던 것이다.

그 대표적인 화교 직물수입상은 일제강점기 조선 최대의 화교 직물상인 유풍덕이었다. 유풍덕은 앞에서 언급한 미쓰이물산 경성출장소로부터 산에이조합의 특약판매점으로 지정되었는데, 그 경위는 다음과 같다.[17] 산에이조합의 성립 후 미쓰이물산 경성출장소는 특약판매인을 모두 일본인 상인으로 지정했기 때문에 조선인 직물도매상과 화교 직물수입상은 산에이조합에 대해 "반항심을 일으키고 동(同) 제품을 배척하려는 움직임이 있었다"라고 한다.[18] 이와 같은 반항심은 조선인 직물도매상 90명으로 결성된 팽신사(彭信社)가 1906년 10월 산에이조합과 대항하기 위해 후지와사방적회사(富士瓦斯紡績會社)와 독점 판매 계약을 체결하기에 이르렀다.[19] 미쓰이물산 경성출장소는 그와 같은 반항심을 완화하기 위해 산에이조합 면직물의 판매 확대를 위해 유풍덕을 특약 판매인으로 지정했다. 1912년경 미쓰이물산 경성출장소 특약판매상으로 지정된 회사는 유풍덕과 조선 거주 일본인 직물상인 와다상점(和田商店) 및 야스모리상점(安盛商店)의 3개 상점밖에 없었다.[20] 미쓰이물산 경성출장소는 유풍덕에 약간의 담보를 제공하게 하고 필요에 따라 50~60일 뒤 지불하는 약정을 하여 산에이조합 제품을 판매하게 했다.

1918년경 유풍덕에 입사한 주신구(周愼九)는 "처음에 우리들은 상품을 대부분 영국에만 의존하고 일본으로부터는 조포(粗布)만을 소량 입하하는 데 그쳤다"라고 말하고, 점차 미쓰이물산 경성출장소로부터 일본산 면직물의 구매를

---

16) 京城商業會議所(1926.7), "朝鮮の對支經濟關係槪況", 《조선경제잡지(朝鮮經濟雜誌)》(1926년 7월호), 京城商業會議所, 8쪽.

17) 경성의 특약판매인(점)은 다카세(高瀬)합명회사 경성지점, 와다쓰네이치(和田常市), 야스모리야베(安盛彌兵衛)의 3명이었다. 그후 다카세지점은 다카세상점, 야스모리야베는 야스모리상점으로 바뀌었다. 이들 상점은 조선의 대일 면직물 수입의 주요한 도매상이었다.

18) 編者未詳(1907), 앞의 자료, 9쪽.

19) 朝鮮綿絲布商聯合會(1929), 앞의 자료, 42쪽.

20) 朝鮮總督府(1913a), 『京城商工業調查』, 朝鮮總督府, 99쪽.

늘렸다고 한다.[21] 유풍덕과 미쓰이물산 경성출장소 간의 관계는 1920년 4월 미쓰이물산이 면화부(棉花部)를 독립시켜 동양면화(東洋棉花)를 조직한 이후 유풍덕은 동양면화 출장소와 거래하는 관계로 바뀌었고, 쌍방의 관계는 중일전쟁 이후까지 계속되었다.[22] 유풍덕은 미쓰이물산 경성출장소 및 동양면화 출장소를 통해 일본산 면직물을 값싸게 안정적으로 조달함으로써 발전을 거듭하여 다카세상점(高瀨商店), 야스모리상점(安盛商店), 공익사(共益社), 미야바야시상점(宮林商店) 등의 조선 거주 일본인 직물상과 어깨를 나란히 할 정도로 성장했다.[23]

이상의 검토를 정리해보자면, 화교 직물수입상은 조선 시장에서 영국산 면직물이 일본산 면직물에 밀려남에 따라 일본산 면직물의 조달을 증가시키지 않을 수 없는 상황에서, 일본 거주 화상으로부터 수입을 증가시킨 한편 조선 거주 일본인 직물상으로부터 구매를 하여 영국산 면직물의 수입 감소를 보완하는 형태로 대응했다고 하겠다.

3. 견직물 수입의 통상망

1) 중국산 견직물의 수입

중국산 견직물은 삼시(三市, 중강·회령·경원)무역과 사행무역(使行貿易)이라는 조공무역을 통해 청국에서 수입된 주요한 교역품이었지만, 조청상민수륙무역장정 체결 후에는 자유무역으로 화교 직물수입상에 의해 주로 해로로 수입

---

21) 周愼九(1939.1), "在鮮支那人の感謝と希望", 《조선급만주(朝鮮及滿洲)》(1939년 1월호), 朝鮮及滿洲社, 28쪽. 그는 1909년부터 1917년까지 미쓰이물산경성출장소와 공동으로 고려인삼을 중국에 수출하는 업무를 담당했다. 유풍덕에 입사 후 총지배인, 경성중화상 회주석을 지냈다.
22) 周愼九(1939.1), 앞의 글, 28~29쪽.
23) 京城府(1924), 『重要商品調査 綿布の部』, 京城府, 86쪽.

되었다.

개항기 중국산 견직물의 수입액은 청일전쟁 이전은 1891년 42만 9,117원이 최고액이었지만 전후 급속히 증가하여 1901년에는 처음으로 100만 원을 돌파했다. 그 후 1902년, 1903년, 1906년을 제외한 모든 해가 100만 원을 넘었다.[24] 중국산 견직물은 개항기 화교 직물수입상에 의한 직물 수입액 가운데 면직물에 이어 많았다.

화교 직물수입상에 의한 중국산 견직물의 수입액은 일제강점기 조선 내의 수요 증가에 힘입어 더욱 증가했다. 1912년에 200만 원을 초과한 후 일부 시기에서는 감소가 보였지만 제1차 세계대전의 호경기에 지탱되어 1917년에는 200만 원대를 회복하고 1918년에는 399만 원, 1919년에는 676만 원으로 급증했다(⟨표 2-2⟩ 참조). 중국산 견직물의 수입액은 1912~1924년 사이에 연평균 324만 원에 달하여 조선의 주요한 대중 수입품의 하나였다.[25]

한편 중국산 견직물의 수입액은 조선 내의 견직물 소비 총액에서 차지하는 비율이 1912~1924년 연평균 약 41%에 달하는 높은 비중을 차지했다. 이에 대해 조선 내 생산액은 같은 기간 연평균 22%에 지나지 않아 중국산 견직물의 절반에 머물렀다. 왜 이와 같은 결과가 초래되었는지는 조선총독부의 미야코자와 마사아키(都澤正章)와 고가쿠라 기헤이(小ヶ倉喜平)가 1922년에 중국 화중지방의 견직물 제조의 조사를 실시한 결과를 통해 살펴보도록 하자. 두 사람은 조선과 중국의 견직물을 비교하고, ① "중국 측이 원료인 누에고치 가격이 3할 저렴한 이점이 있고", ② "임금은 생활필수 물자가 저렴한 중국 측이 유리하

---

24) 梶村秀樹(1968b), 「李朝末期朝鮮の纖維製品の生産及び流通狀況: 1876年開國直後の綿業のデータを中心に」, 『東洋文化研究紀要』 第46輯, 東洋文化研究所, 216쪽. 이 가운데 일본산이 일부 포함되어 있지만 소액에 지나지 않았다.

25) 1923년의 주요한 대중 수입품은 조 1,331만 원, 작잠사(柞蠶絲) 1,015만 원, 두조(豆糟) 730만 원, 석탄 696만 원, 원목 및 만재(挽材) 505만 원, 마포 503만 원, 판평(板坪) 300만 원, 천일염 232만 원, 견직물 227만 원이었다(京城商業會議所(1926.7), 앞의 글, 13~14쪽). 또한 1923년 견직물 대중수입액이 ⟨표 2-2⟩의 수입액보다 적은 것은 우편 소포를 통한 견직물 수입액이 포함되어 있지 않기 때문이다.

<표 2-2> 조선의 견직물 수입액 및 생산액

(단위: 원)

연차	수입액				조선생산액	소비 총액
	일본	중국	기타	합계		
1912년	648,000	2,003,566	2,823	2,654,389	666,137	3,320,526
1913년	779,502	1,534,435	6,318	2,320,255	733,709	3,053,964
1914년	671,432	1,612,032	8,415	2,291,879	622,893	2,914,772
1915년	866,237	1,770,385	3,223	2,639,845	582,528	3,222,373
1916년	994,719	1,866,625	2,959	2,864,303	740,973	3,605,276
1917년	1,429,346	2,222,168	2,998	3,654,512	1,053,588	4,708,100
1918년	2,307,117	3,992,511	2,438	6,302,066	2,080,135	8,382,201
1919년	5,081,994	6,763,208	14,445	11,859,647	2,844,352	14,703,999
1920년	3,921,042	5,125,667	545	9,047,254	2,018,072	11,065,326
1921년	5,430,343	4,012,138	217,399	9,659,880	2,512,446	12,172,326
1922년	5,793,647	4,132,635	12,824	9,939,106	2,502,303	12,441,409
1923년	4,307,036	3,413,996	21,259	7,742,291	2,718,764	10,461,055
1924년	5,158,097	3,607,701	6,176	8,771,974	3,193,610	11,965,584
1925년	8,030,775	6,600	863	8,038,238	3,421,588	11,459,826
1926년	7,903,090	9,296	293	7,912,679	3,378,493	11,291,172
1927년	9,266,404	26,183	345	9,292,932	3,283,289	12,576,221
1928년	13,376,359	4,199	220	13,380,778	3,511,051	16,891,829

출처: 室田武隣(1926.1), "朝鮮の麻織物及絹織物", 《조선경제잡지(朝鮮經濟雜誌)》(1926년 1월호), 京城商業會議所, 36~37쪽; 稅田谷五郎(1925.11), "內地に於ける鮮人向絹織物の生産に就て", 《조선(朝鮮)》(1925년 11월호), 朝鮮總督府庶務部, 26~28쪽; 室田武隣(1931.2), "朝鮮の機業に就て", 《조선(朝鮮)》(1931년 2월호), 朝鮮總督府庶務部, 71쪽.

며", ③"중국 측이 제직 설비가 보다 우수하며", ④"중국 측이 제조 기능(技能)이 뛰어나다"라고 분석했다. 이상의 네 가지 요인에 의해 조선산 견직물의 중국산 견직물에 대한 "경쟁은 불가능"하다고 결론지었다.26)

두 사람은 조선에 수입되고 있던 중국산 견직물27) 가운데 상대적으로 수입

---

26) 朝鮮總督府(1923), 『支那ニ於ケル麻布及絹布並其ノ原料ニ關スル調査』, 朝鮮總督府, 89~90쪽.
27) 1927년 중 수입이 많았던 중국산 견직물은 관사(官紗)가 전체의 26.8%로 가장 많았고,

이 많았던 명주(明紬), 관사(官紗), 법단(法緞) 세 상품의 조선과 중국 생산비를 비교한 결과, 조선산은 각각 6.95원, 10.2원, 32.4원인 데 비해 중국산은 각각 4.965원, 7.31원, 27.12원으로, 생산비는 조선산이 중국산보다 각각 40%, 40%, 19%나 높았다.[28] 1922년 당시 중국산 3품목에 대해 100근당 522원의 관세가 부과되어 겨우 조선산이 가격 면에서 중국산과 경쟁할 수 있었다.

더욱이 중국산과 조선산의 3품목의 견직물이 같은 가격이라 하더라도 제품의 품질에서 우위에 선 것은 중국산이었다. 중국산 견직물은 가격에 비해 내구성이 뛰어났고, 특별한 문양을 짜 넣어 광택이 있었고 품위가 있어 보였다.[29] 이처럼 조선산에 비해 가격, 품질면에서 우위에 선 중국산 견직물이 개항기 이전부터 일제강점기에 걸쳐 대량으로 수입된 것이 조선의 견직물 제조업을 정체시킨 주요한 원인이었다는 것은 선행연구에 의해 지적된 바이다.[30]

다음으로 이와 같은 중국산 견직물이 화교 직물수입상에 의해 어떠한 경로로 수입되었는지 살펴보자. 중국산 견직물의 주요한 생산지는 광동성, 절강성, 강소성, 하남성(河南省)이었다. 이 가운데 광동성과 하남성은 주(綢)와 기타 보통물의 견직물이 많았으며 절강성과 강소성은 단(緞)의 견직물을 주로 제직했다.[31] 조선 수출의 견직물은 절강성과 강소성의 제조업자에 의해 제직된 것이

부사(府紗)가 18.5%, 영주(寧綢) 13.0%, 유단자(繻緞子) 11.7%, 노방주(老紡紬) 5.7%, 견주(絹紬) 4.8%, 당항라(唐亢羅) 4.8%, 사(紗) 3.4%를 각각 차지했다(京城商業會議所 (1925.6), "朝鮮絹織物貿易の消長と支那絹布及代用品に就て", 《조선경제잡지(朝鮮經濟雜誌)》(1925년 6월호), 京城商業會議所, 5쪽).

28) 朝鮮總督府(1923), 『支那ニ於ケル麻布及絹布竝其ノ原料ニ關スル調査』, 朝鮮總督府, 90~92쪽; "奢侈稅と朝鮮の機業", 《경성일보(京城日報)》, 1924.8.22.

29) 金敬泰 編(1987), 『通商彙纂 韓國篇 ②』(복각판), 麗江出版社, 202쪽; 권태억(1989), 『한국근대면업사연구』, 일조각, 211쪽. 중국의 견직물 제조업자는 대(對)조선 수출을 위해 조선인이 좋아하는 착색 및 모양으로 가공하려는 궁리를 했다(露國大藏省 編纂·農商務省山林局 飜譯(1905), 『韓國誌』, 農商務省山林局, 166쪽).

30) 須川英德(1988), 「開港期朝鮮における絹業について」, 『朝鮮學報』 第127輯, 朝鮮學會; 須川英德(1994), 『李朝商業政策研究』, 東京大學出版會, 260~271쪽.

31) 중국산 견직물의 종류는 매우 다양했다. 중국산 견직물은 조직, 용도, 산지, 모양 등을 기준으로 구분된다. 주(綢)와 단(緞)은 견직물의 조직에 의해 구분된 것이다. 주는 직조한

많았다.[32] 두 성의 주요한 견직물 생산지는 남경(南京, 난징), 소주(蘇州, 쑤저우), 항주(杭州, 항저우), 진강(鎭江, 전장) 등으로, 이들 지역에는 소주운금공소(蘇州雲錦公所), 남경단업상회(南京緞業商會), 진강주업공소(鎭江綢業公所) 등의 견직물 동업조합이 결성되어 있었다.[33]

조선의 화교 직물수입상은 이상의 생산지에 직접 출장하여 견직물을 구매한 것은 아니었다. 남경, 소주, 항주, 진강에서 제직된 견직물은 상해의 견직물도매상에 집산되고 다시 각 지역에 운송되는 것이 일반적이었기 때문이다.[34] 조선의 화교 직물수입상은 상해의 견직물도매상과 특별한 관계를 맺어 주문거래를 행하든지 소속의 직원을 출장원으로 상해에 파견하여 수입 업무를 담당하게 했다.[35] 화교 직물수입상이 주문할 경우는 상해 도매상으로부터 바로 수송되었으며 상품 대금은 1개월 후에 지급하며 출장원이 직접 구매할 경우는 상품이 조선에 도착한 후 60일 이내에 해당 출장원을 통해 외환으로 지불되었다.[36]

화교 직물수입상이 상해에 어느 견직물도매상과 거래를 하고 있었는지는 분명하지 않다. 그렇지만 그것과 관련하여 조선총독부가 1920년과 1924년에 중국산 견직물의 관세율을 인상했을 때 반대운동에 적극적으로 참가한 단체를 주목하고 싶다. 관세율 인상에 단호히 반대한 단체는 조선으로 견직물을 수출하고 있던 생산지인 남경단업상회, 진강주업공소, 소주운금공소, 강절사주기직연합회(江浙絲綢機織聯合會) 등이었다. 이들 단체 가운데 소주운금공소는 반대운동에 가장 자주 등장하는 단체이어서 조선으로 견직물을 수출하는 데 가장 이해관계가 깊었던 것으로 보인다.[37] 상해에는 소주산의 견직물을 조

후 누인 수직물(手織物), 단은 경사 및 위사의 표면에 많이 나타나는 것으로 수자(繻子)와 같은 것을 가리킨다(朝鮮總督府(1924a), 『朝鮮に於ける支那人』, 朝鮮總督府, 39쪽).

32) 朝鮮總督府(1923), 앞의 자료, 68쪽.

33) "日本又擬增加朝鮮進口稅", 《천진대공보(天津大公報)》, 1919.12.12.

34) 朝鮮總督府(1923), 앞의 자료, 77쪽.

35) 朝鮮總督府(1923), 앞의 자료, 79쪽.

36) 朝鮮總督府(1923), 앞의 자료, 79~80쪽. 출장원에 의한 구매에 대해서는 후술한다. 견직물의 운송은 고가이면서 용적이 작기 때문에 주로 소포 우편물로서 수입되어, 큰 하물로서 수입된 금액은 적었다(朝鮮總督府(1924a), 『朝鮮に於ける支那人』, 朝鮮總督府, 38쪽).

선 등에 수출하는 도매상으로 구성된 상해운금공소(上海雲錦公所)가 있었으며 이 조합에는 영흥합(永興合), 유태풍(裕泰豊), 조재기(曹哉記), 서협기(徐協記), 유풍인정기(裕豊仁正記), 왕의풍화기(王義豊和記), 유풍인태기(裕豊仁泰記), 정태풍(正泰豊), 정유(正裕), 덕여풍(德餘豊), 진태영(震泰永), 생기(生記) 등의 도매상이 가입되어 있어, 화교 직물수입상은 이들 견직물도매상과 거래하던 것으로 추정된다.[38]

2) 일본산 견직물의 수입

〈표 2-2〉가 보여주듯이 중국산 견직물의 수입이 증가함과 동시에 일본산 견직물의 수입도 증가하고 있는 것에 주목하자. 일본산 견직물은 1917년경부터 수입액이 급증하여 1921년에 처음으로 중국산 견제품의 수입액을 상회했다. 그러나 일제강점 직후인 1912년 일본산은 조선의 견직물 소비 총액의 20%에 그쳤고 중국산이 60%, 조선산이 20%를 각각 차지하면서, 개항기를 포함하여 일본산은 조선 시장에서 중국산에 압도되어 힘을 펴지 못했던 것이다.[39] 일본산 견직물의 조선 수입품은 메이센(銘仙, 꼬지 않은 실로 거칠게 짠 비단), 지리멘(縮緬, 평직으로 짠 고급 견직물)과 같이 일본인만 입는 직물이 많고 조선인의 수요가 많은 관사(官紗) 등은 적었다. 여기에 일본산 견직물은 중국산보다 가격이 비싸고 광택이 적어 고급스럽게 보이지 않아 조선인에게는 별로 환영받지 못했다.[40]

---

37) 이 단체가 관세 증세에 반대하는 운동에 참가하여 신문에 등장한 기사를 열거하면 다음과 같다. "日本又擬增加朝鮮進口稅", 《천진대공보(天津大公報)》, 1919.12.12; "反對日本荷稅之踵起", 《상해시보(上海時報)》, 1924.8.17; "日本加稅各界之反應", 《상해시보(上海時報)》, 1924.8.23; "滬十四工團反對日本關稅", 《상해시보(上海時報)》, 1924.12.12.
38) "綢緞公所維持絲織物之苦心", 《상해시보(上海時報)》, 1914.5.25.
39) 1877~1908년 조선의 견직물 수입액 가운데 일본산 가히견(甲斐絹)의 수입액이 차지하는 비중은 연평균 6.3%였다(須川英德(1994), 앞의 책, 267쪽).
40) 朝鮮總督府(1913b), 『仁川港商工業調査』, 朝鮮總督府, 105쪽.

일본의 견직물 업계는 조선의 견직물 시장이 중국산에 독점되어 있는 것에 자극받아 개항기부터 일본산 견직물의 조선 수출을 늘리는 대책을 세웠다. 예를 들면 교토(京都) 니시진(西陳)의 직물상은 1895년경 조선에 일본산 견직물을 수출하기 위해 조선인이 선호하는 중국산 견직물을 모조하여 화려한 견직물을 제조했지만 가격에서 중국산보다 더 비쌌기 때문에 실패로 끝났다.[41] 일본의 견직물 제조업자는 1910년대에 중국산 견직물과 똑같이 직조하기 위해 중국에서 수입한 생사를 원료로 제작하거나 일본산 견직물을 상해와 대련(大連, 다롄)까지 운반하여 중국산으로 위장하고 조선에 수출했지만 이 또한 실패했다.[42]

한편 조선의 일본인 직물도매상은 1908년경 화교 직물수입상이 독점수입하고 있던 중국산 견직물의 수입에 참여하고 견직물 산지인 무호(蕪湖, 우후), 소주, 항주와 집산지인 상해에 출장원을 파견하고 이들 지역에 중국인 도매상으로부터 수입하는 데 성공을 거두었지만, "수지상으로 말하자면 좀처럼 중국인에게 당할 수 없다. 첫째, 중국인(주: 화교 직물수입상)은 경비가 싸다. 또 하나는 환율 관계로 …… 중국인은 1년이라도, 2년이라도 환전을 하지 않은 채 기다리는 방식이다. 이것이 우리(주: 조선의 일본인 직물도매상)가 가장 안 되는 부분이다"라고 말하며 실패의 원인으로 분석했다.[43]

그러나 일본의 견직물 제조업자는 조선인의 기호와 취미에 맞추기 위해 다양한 생산 개량과 신제품 개발을 시도하여 서서히 효과를 올리게 된다. 그들은 조선에서 많이 소비되던 중국산의 삼팔주(三八紬, 명주와 비슷하나 올이 고운 천), 관사(官紗), 고사(庫紗, 평직 바탕에 사직으로 무늬를 짠 견직물) 등의 대용품을 개발했을 뿐 아니라 조선인의 취향에 맞추기 위해 중국산을 그대로 모방한 당항라

---

41) 金敬泰 編(1987), 『通商彙纂 韓國篇③』(복각판), 麗江出版社, 307쪽.
42) 室田武隣(1926.1), 「朝鮮の麻織物及絹織物」, 『朝鮮經濟雜誌』(1926年 1月號), 京城商業會議所, 37~38쪽.
43) 朝鮮貿易協會·工藤三次郞 編輯(1943, 『朝鮮貿易史』, 朝鮮貿易協會, 287쪽. 인용문은 조선면사포상연합회장인 다카이 헤사부로(高井兵三郞)가 한 말이다.

(唐亢羅, 중국산 항라), 관사, 고사 등을 직조했다. 나아가 종래에 조선 수출품인 법단(法緞, 무늬가 잘고 두꺼우며 감촉이 매우 부드러운 견직물), 가히견(甲斐絹, 생명 주실로 만든 비단) 등의 생산을 확장하는 한편 조선 거주 일본인을 위한 지리멘과 몬하부타에(紋羽二重)도 조선 수출용의 견직물로 개량했다.[44] 당시 일본산 견직물의 약 5할이 수입된 경성에서는 1924년 9월부터 1925년 4월까지 일본산 견직물을 보면 알 수 있다. 즉, 일본산 수입 견직물은 단자(緞子) 및 수자(繻子)가 수입액의 57%, 하부타에 19%, 가히견이 16%, 후지견(富士絹) 4%, 여(絽)·사(紗)·왜사(倭紗)·관사가 2%, 호박(琥珀)이 2%였다.[45] 이전 일본인 수요의 하부타에, 가히견 등은 전체의 약 4할에 지나지 않았으며 기타 약 6할은 조선인 수요의 중국산 견직물의 대용품이었다.

그러나 일본산 견직물이 조선 시장에서 중국산 견직물의 수입액을 상회하고 몰아낸 데에는 조선총독부가 1920년에 실시한 일본과 조선 간의 통일관세(統一關稅)와 1924년의 사치품관세(奢侈品關稅) 시행의 영향이 컸다.[46] 특히 중국산 견직물에 대한 100%의 사치품관세 부과는 중국산을 조선 시장에서 완전히 몰아내게 되며 그 자리를 일본산이 대체했다(〈표 2-2〉 참조). 일본산 견직물의 수입액은 1924년에 516만 원에서 매년 증가하여 1928년에는 1,338만 원에 다다랐다. 사치품관세 실시 후인 1925년부터 1928년까지 일본산 견직물이 조선의 견직물 소비 총액에서 차지하는 비중은 중국산의 시장 점유율을 상회하는 74%에 달했다.

그런데 화교 직물수입상은 중국산 견직물을 독점적으로 수입하여 이 부문에서 조선의 일본인 직물상보다 우위에 서 있었던 것을 고려하면 중국산 직물 수입의 격감은 화교 직물수입상에게 심한 타격이었음에 틀림없다. 이러한 위기에 직면한 화교 직물수입상이 어떻게 대처했는지 보도록 하자. 화교 직물수

---

44) 稅田谷五郎(1925.11), "內地に於ける鮮人向絹織物の生産に就て", 《조선(朝鮮)》(1925년 11월호), 朝鮮總督府庶務部, 26~28쪽.
45) 京城商業會議所(1925.6), 앞의 기사, 7쪽.
46) 상세한 것은 제4장에서 다루기로 한다.

입상의 중국산 견직물에 대한 관세인상 반대운동은 제4장에서 다루기로 하고 여기서는 상업상의 대응을 중심으로 보고자 한다.

화교 직물수입상은 1924년 12월경 사치품관세를 회피하는 수단으로 경성에 자본금 400~500만 원으로 견직물 직조회사를 설립하려 했다.[47] 화교 직물수입상은 값싼 임금의 직공을 본국에서 데려와 중국에서 수입한 생사를 원료로 견직물을 제직, 조선 내에 판매하는 이른바 조선 현지 생산을 시도한 것이다. 화교 직물수입상은 조선총독부 당국에 회사 신설 및 중국인 직공 고용 관련 신청을 했지만 조선총독부는 화교에 의한 사치품 생산과 조선인 실업자가 많은 가운데 중국인 직공을 초청하는 것은 바람직하지 않다고 판단, 이 계획은 수포로 돌아갔다.[48]

한편 화교 직물수입상은 사치품관세 실시 후 중국산 견직물을 조선과 중국의 국경 지역을 통해 대량 밀수를 시도,[49] 조선의 일본인 및 조선인 직물상이 조선총독부 당국에 밀수의 엄중단속을 진정하는 사태가 발생했다.[50] 그래서 당국은 1927년부터 국경 지역 감시소를 증설하고,[51] 정상적으로 수입된 견직물 및 조선 내 생산된 견직물에 대해 검인(檢印)을 실시하는 등의 대책 강화로 밀수는 줄어들게 되었다.[52]

화교 직물수입상이 취할 수 있는 나머지 하나의 대응책은 면직물과 같이 일본산 견직물을 일본에서 수입하는 길밖에 없었다. 화교 직물수입상은 사치품관세 부과 이전에도 "일본의 유력한 도매상과 일본산 모조품의 직접 거래의 길을 트고" 있었기 때문에 사치품관세 실시 이후는 일본산 견직물의 수입을 한층

47) "중국 상인이 견포회사 계획", 《동아일보》, 1924.12.20.
48) "중국인 계획의 중국견포제조 불허 사치품관세 인상 본의로", 《조선일보》, 1924.12.20.
49) "밀수품 6천건 사치품관세가 격증"·"주단밀수", 《동아일보》, 1926.2.3.
50) "밀수입 견포 취체를 조선 견포상 희망", 《동아일보》, 1926.6.18.
51) "밀수 방지책으로 세관시설 충실", 《동아일보》, 1927.12.3.
52) 田中三雄(1927.12), "輸移入及鮮內産絹布の檢印實施に就て", 《조선(朝鮮)》(1927년 12월호), 朝鮮總督府庶務部, 1~4쪽. 조선 내 생산의 견직물에 대해서는 각 부·군·도(島)의 감독하에서 생산자 혹은 조합이 생산증인(生産證印), 수입품에 대해서는 조선세관이 수입증인(輸入證印)을 각각 날인했다.

확대했을 것으로 추정된다.[53)]

　이와 관련하여 화교 직물수입상인 서태호(瑞泰號)의 장부 가운데 '福井·桐生 日鮮往復(후쿠이·기류일본조선왕복)'이라는 장부를 주목할 필요가 있다.[54)] 장부 의 명칭에 나오는 후쿠이·기류는 일본의 후쿠이(福井)와 기류(桐生) 지역을 가 리킨다. 이 두 지역은 당시 일본에서 견직물의 주요한 산지였다. 일본의 견직 물 수출에 후쿠이산과 기류산이 가장 많았으며 기류 지역의 1929년 견직물의 수출 총액은 2,000만 원에 달했다.[55)] 게다가 조선에 수입되고 있던 일본산 견 직물 및 인견(人絹) 직물 "그 대부분은 호쿠리쿠(北陸)의 후쿠이 및 이시카와(石 川)와 료모(兩毛) 지방"이었다.[56)] 료모 지역은 현재의 도치키현(栃木縣) 남서부 와 군마현(郡馬縣) 남동부에 걸친 일대로 기류지역도 포함된다.

　그렇다고 한다면 '후쿠이·기류일본조선왕복'은 서태호가 후쿠이와 기류지 역의 업자 간 거래를 기록한 장부일 것이다. 서태호와 료모 지역이 어떤 거래 를 하고 있었는지에 대해서는 경성상공회의소(京城商工會議所) 조사과(調査課)

---

53) 京城商業會議所(1920.10), "在鮮支那貿易商の實力", 《조선경제잡지(朝鮮經濟雜誌)》(1920 년 10월호), 京城商業會議所, 4쪽.

54) 서태호의 장부에는 발화유수장(發貨流水帳), 현매장(現賣帳), 잡항장(雜項帳), 수화노장 (收貨老帳), 수신화장(收申貨帳), 각부왕복(各埠往復), 은행왕복(銀行往復), 본가왕복(本 街往復), 본가일선왕복(本街日鮮往復), 각부일선왕복(各埠日鮮往復), 후쿠이·기류일선 왕복(福井·桐生日鮮往復), 오사카왕복(大阪往復), 상해·오사카·연태왕복(申阪煙往復), 인천·부산왕복(仁釜往復), 차대왕복(借貸往復), 잠결왕복(暫缺往復), 은행입금통장(銀行 入金通帳), 은행감정통장(銀行勘定通帳), 은행할인입금장(銀行割引入金帳) 등이 있었다 (서태호가 주조선총영사관에 보낸 문서(1930.4.7), 「交涉營業稅」, 『駐韓使館保存檔案』 (동 03-47-191-03)).

55) 德家藤榮(1935.1), "內地に於ける主要機業地の情況と朝鮮向絹織物に就て(其の三)", 《경 제월보(經濟月報)》(1935년 1월호), 京城商工會議所, 76쪽.

56) 德家藤榮(1935.3), "內地に於ける主要機業地の情況と朝鮮向絹織物に就て(其の四)", 《경 제월보(經濟月報)》(1935년 3월호), 京城商工會議所, 68쪽. 그러나 1925년 조사에서는 기류산의 견직물의 조선 수입액은 얼마 되지 않았다("일본 견직물 산지와 조선 이입 상 황", 《동아일보》, 1925.7.14). 이 지역의 대(對)조선 견직물 수출업자 및 조합에 관해서 는 홍성찬(2009.3)(「일제하 한일 무역 네트워크 형성의 한 양상」, 『동방학지』 145, 연 세대학교 국학연구원)의 연구가 상세하다.

의 도쿠야 후지사카(德家藤榮)에 의한 기류지역 직물조사 결과를 토대로 보도록 하자. 기류산 견직물은 조선에 처음에는 단자류(緞子類)가 수입되었고, 그 가운데 법단의 수입은 1914년경부터 소량이지만 수입되었다. 호박은 1918년, 진주사(眞珠沙)는 1922년, 영초단(永綃緞)은 1925년경부터 각각 수입되기 시작했다. 1930년 상반기 조선에 수출된 기류산 견직물은 43만 7,572야드·22만 9,032원이었다.[57]

도쿠야는 화교 직물수입상과 기류의 제직업자 및 직물도매상과의 관계를 다음과 같이 기록했다.

> 기류의 대(對)조선 직물은 일반 직물은 물론이고 모양을 넣은 직물의 대다수는 대조선의 독특한 모양이다. 따라서 베 짜는 집은 미리 예상하고 베를 짜는 곳은 비교적 적고 대다수는 수요자인 도매상 또는 이곳 구매상의 주문에 따라 제직(製織)하고 있다. 그러나 대조선 직물을 전문적으로 제직하는 곳은 거의 없다. 대부분 수출용과 함께 혹은 수출물의 간격용으로 제직하고 있어 동지(同地)에서는 매우 귀중한 수요처로 되어 있다. 대조선 직물의 주요 제직업자는 대부분 제직과 동시에 구매상을 겸영하고 있다. 구매상을 겸영하지 않는 자는 구매상을 통해 거래를 하고 있다. 호쿠리쿠(北陸) 지방의 대조선 직물 거래는 거의 오사카의 대형 도매상의 손을 거쳐 매매되는 데 반해, 료모(兩毛) 지방의 직물은 거의 전부가 산지와 직거래인 점이 다르다. 대금결제는 거의 화환(貨換) 어음으로 한다. 외상거래는 수요처인 조선의 도매상 또는 상점과 특수한 관계를 맺고 있는 자 사이에 이뤄지고 있을 뿐이다.[58]

이상의 도쿠야의 조사를 참고로 생각한다면 서태호는 기류의 제직업자 및 중개상과 거래를 하고 있었고, 견직물의 문양은 서태호가 주문한 대로 제직되

---

57) 德家藤榮(1935.3), 앞의 자료, 68~69쪽. 대조선 수출액 가운데 인견직물이 포함되어 있었다. 인견직물의 수출액은 15만 9,402야드·3만 2,679원(전체의 14%)이었다.
58) 德家藤榮(1935.3), 앞의 자료, 69쪽.

는 것이 일반적이었고, 대금은 화환어음으로 지불되었을 것으로 추정된다. 기류의 주요한 대(對)조선 견직물의 취급자 및 생산자는 가키가미상점(書上商店), 합자회사 오노마타공장(合資會社小野亦工場), 에바라상공주식회사(江原商工株式會社), 마쓰오카상점(松岡商店), 제국견포주식회사(帝國絹布株式會社), 아이하라와주로상점(藍原和十郎商店), 이즈카하루타로상점(飯塚春太郎商店), 료모염색정리주식회사(兩毛整理株式會社), 이나베직물정리공장(稲邊織物整理工場) 등이 있었다. 하지만 이 가운데 서태호의 거래처가 어느 곳이었는지는 분명하지 않다.[59]

한편, 기류의 견직물 생산자와 수집상이 조직한 기류직물동업조합(桐生織物同業組合)은 1927년 6월 말과 7월 초 경성과 인천을 방문하여 화교 직물수입상과 기류산 견직물 수출입과 관련한 거래 협의를 진행했다. 이 조합의 대표단은 경성 북방회관, 인천 산동동향회관의 화상 직물수입상 그리고 조선견포상조합(朝鮮絹布商組合)을 포함시킨 4자 간에 10개조의 '매매약정서'를 체결했다. 이 약정서에는 상품의 정확한 정보, 가격과 수도(受渡)의 장소, 기일 및 대금지불 방법 등이 기재되어 있다. 또한, 4자 간에는 추가로 '각서'를 교환했는데, 화교 직물수입상은 기류 생산제품을 기류직물동업조합원으로서 동 조합장이 인정한 동업자 이외의 업자와 절대 거래해서는 안 되도록 기재되어 있었다. 게다가 기류직물동업조합원 가운데 조선 수출품 생산자와 수집상 86명으로 조선직물진흥회(朝鮮織物振興會)를 조직하고 조선직물거래규정과 기타 조선직물검사시행규격 등도 제정했다.[60] 이러한 사실은 화교 직물수입상이 기류지역에서 얼마나 많은 견직물을 수입한 것인지 잘 말해주는 것이다.

한편 경성의 서태호와 같은 화교 직물수입상뿐만 아니라 평양의 화교 직물상도 1920년대 후반 기류 및 아시카가(足利)지역의 생산자와 직접거래를 하고 있었다.[61] 이 점은 화교 직물수입상이 사치품관세 실시 이후 일본의 견직물 산

---

59) 稅田谷五郎(1925.11), 앞의 자료, 34~35쪽.
60) 홍성찬(2009.3), 「일제하 한일 무역 네트워크 형성의 한 양상」, 『동방학지』 145, 연세대학교 국학연구원, 153~159쪽.

〈그림 2-1〉 일제강점기 화교 직물수입상의 견직물수입 통상망

| 중국산 견직물: | 상해 중국인 견직물도매상 | ⇒ | 화교 직물수입상 |
| 일본산 견직물: | 기류·후쿠이·아시카가의 직조업자 및 도매상 | ⇒ | 화교 직물수입상 |

지와 거래가 광범하게 이루어지고 있었던 것을 말해준다.

이상의 검토 결과를 토대로 일제강점기 화교 직물수입상의 견직물의 통상 망을 표시하면 〈그림 2-1〉과 같다.

4. 마직물 수입의 통상망

1) 중국산 마직물의 대량 수입 및 그 원인

화교 직물수입상이 중국에서 수입한 직물 가운데 가장 오랫동안 지속된 것은 마직물이었다. 중국산 마직물은 1880년대부터 중일전쟁이 발발하는 1937년까지 약 반세기에 걸쳐 대량으로 조선에 수입되었으며 영국산 면직물과 중국산 견직물보다 오랫동안 지속되어 화교 직물수입상의 경영을 지탱해준 최대의 직물이었다.

중국산 마직물의 수입액은 1886년에 겨우 8,039원에 지나지 않았지만 1890년대부터 상승하기 시작하여 1905년에는 처음으로 100만 원을 돌파했다.[62]

---

61) 平壤商業會議所(1927), 『平壤全誌』, 平壤商業會議所, 364쪽. 사치품관세 실시 후, 화교 직물수입상이 일본에서 수입한 값싼 견직물을 중국산 상등품으로 속이고 판매하는 경우도 있었다("중국상인에 見欺치 말라를 읽고", 《동아일보》, 1926.2.15).
62) 統監府(1908a), 『第二次 統監府統計年報』, 統監府, 248쪽.

〈표 2-3〉 조선의 마직물 수입액 및 생산액

(단위: 원)

연차	수입액			조선생산액	수출액	소비 총액
	일본	중국	기타			
1912년	21,436	1,485,551	11,049	2,378,128	-	3,896,164
1913년	23,802	1,353,616	19,090	2,686,785	-	4,083,293
1914년	27,408	1,564,333	25,632	2,772,437	3,150	4,386,660
1915년	24,504	1,155,150	6,449	2,985,524	15,494	4,156,133
1916년	36,900	1,612,579	13,099	3,665,527	11,141	5,316,964
1917년	70,354	2,210,760	17,992	5,372,845	29,032	7,642,919
1918년	79,176	2,474,972	23,939	9,310,701	43,086	11,845,702
1919년	129,342	6,907,229	42,928	14,160,832	93,174	21,147,157
1920년	194,269	7,905,068	25,937	8,299,010	23,152	16,401,132
1921년	109,127	5,395,419	22,610	9,646,658	74,556	15,099,258
1922년	135,987	8,702,849	13,349	9,021,120	87,959	17,785,346
1923년	179,660	5,181,516	13,635	8,775,370	87,247	14,062,934
1924년	246,332	4,991,614	105,781	9,251,488	51,303	14,543,912
1925년	269,567	4,787,025	5,919	9,327,802	81,733	14,308,580
1926년	233,973	5,419,850	10,769	9,658,977	70,423	15,253,146
1927년	219,333	5,500,595	31,598	10,069,131	65,970	15,754,687
1928년	341,532	5,780,450	31,044	10,444,763	57,504	16,540,285

주:　기타의 수입액은 거의 대부분이 홍콩에서 수입된 것이지만, 수입물의 대부분은 중국산
　　이었다.
출처: 京城商業會議所(1929.6), "朝鮮に於ける麻布の需給槪況", 《조선경제잡지(朝鮮經濟雜誌)》
　　(1929년 6월호), 京城商業會議所, 2~8쪽; 室田武隣(1931.2), "朝鮮の機業に就て", 《조선
　　(朝鮮)》(1931년 2월호), 朝鮮總督府庶務部, 56~57쪽.

일제강점기 중국산 마직물의 수입액은 한층 증가하여 1917년에 200만 원대를
돌파하고 1919년에는 690만 원, 1922년에는 사상 최고액인 870만 원에 달했다
(〈표 2-3〉 참조). 그 후 약간 감소는 하지만 500만 원대의 수입이 1920년대 말까
지 지속되었다. 중국산 마직물의 1912~1928년 연평균 수입액은 약 426만 원에
달하였고 중국산 견직물과 영국산 면직물보다 수입액이 많았으며 산동방 직물
수입상이 중국에서 수입하는 직물 가운데 가장 많았다. 또한 중국산 마직물은

조선 내 마직물 소비 총액 가운데 1912~1928년 연평균 약 36%로 4할에 육박했다. 한편 중국산 마직물의 수출처 가운데 조선은 1913~1920년 연평균 70.9%로 홍콩 14.3%, 일본 및 대만 12.7%, 싱가포르 0.8%, 기타 지역 1.8%보다 훨씬 높아 조선은 중국산 마직물의 최대 수요처였다.[63]

중국산 마직물이 조선에 대량으로 수입된 원인은 조선 내 마직물 업계의 생산 구조와 중국산 마직물의 경쟁력에서 찾을 수 있다. 조선에서 마직물은 상복(喪服), 여름 의류로서 소비하는 곳이 많았지만 이러한 수요를 조선 내 생산으로는 감당할 수 없었다. 조선의 마직물은 마포(麻布), 저포(苧布)라는 두 종류가 있었다. 마포는 강인(強靭)하여 노동복으로 중하류 계급에서 많이 소비되었고, 저포는 강인한 데다 화려하기 때문에 주로 도시 상류층의 여름 의류로 많이 소비되었다. 그러나 마직물은 농한기 농촌 부녀자들의 가내수공업에 의존하고 있었기 때문에 대량 생산이 불가능했다. 게다가 개항기부터 중국산 마직물의 대량 수입이 조선의 마직물 업계를 압박한 것은 말할 필요도 없지만 조선의 마직물 업계는 조선총독부의 장려책의 영향으로 마직물의 생산량 및 생산액이 증가한 것을 간과해서는 안 된다.[64]

중국산 마직물이 대량 수입된 원인으로 경성상업회의소가 "조선 마포는 원료가 많이 부족한 것과 생산원가가 높고 제직 기술이 뒤떨어져 있다"라는 것을 지적했다.[65] 중국산 마직물의 원료인 대마(大麻)와 저마(苧麻)는 중국 대륙의 남부와 중부에 대량으로 생산되어 이들 지역 저마의 생산량은 세계에서 가장 많았다.[66] 이에 비해 조선은 대마의 산지가 교통이 불편한 산간 지역에 위치한

---

63) 朝鮮總督府(1923), 『支那ニ於ケル麻布及絹布並其ノ原料ニ關スル調査』, 朝鮮總督府, 21쪽.

64) 통감부 및 조선총독부는 공업전습소(工業傳習所)의 설치, 기업조합(機業組合)의 조직, 1926년에는 조선산업조합령(朝鮮産業組合令)을 공포하고 산업조합의 설립을 통해 농촌 지역의 직물제조를 장려했다(권태억(1989), 『한국근대면업사연구』, 일조각, 191~243쪽).

65) 京城商業會議所(1929.6), "朝鮮に於ける麻布の需給槪況", 《조선경제잡지(朝鮮經濟雜誌)》(1929년 6월호), 京城商業會議所, 2~8쪽.

관계로 면화·뽕나무·담배 등의 대항 작물에 비해 증산하기 어려운 실정이었
다.[67] 저마는 고온다습한 지역에서 재배가 가능하여 조선에서는 전라도에 한
정된 관계로 생산량이 대마보다도 훨씬 적었다.[68] 이러한 결과 1915년부터
1920년까지 중국산 저마의 조선 수입 가격은 연평균 100근당 34원인 데 비해
조선산 가격은 121원으로 조선산이 중국산보다 3.6배나 높았다.[69] 이 때문에
조선의 저포 산지에서는 중국산 저마를 수입하여 직조했지만 조선인 소비자는
이 제품을 좋아하지 않았다.[70]

조선산 마직물과 중국산 마직물의 조선에서의 시장가격은 1920년 1반(反)당
조선산 마포가 2.90원, 저포가 4.54원인 데 비해 마포와 저포가 섞여 있는 중국
산 마직물은 평균 3.28원으로, 중국산은 조선산 마포보다 12% 비쌌고 저포보
다는 38% 저렴했다.[71] 조선산 저포는 튼튼하고 외관이 아름다우며 내구성이
좋아 중국산 마직물보다 품질이 뛰어났다. 이 때문에 중국산보다 비싸더라도
조선의 상류층은 조선산 저포를 수요했을 뿐 아니라 〈표 2-3〉과 같이 소량이
지만 수출하고 있었다.[72] 그러나 조선산 마포는 조선산 두 필(疋)에 대해 중국
산 한 필을 바꿀 정도로 품질이 조악했기 때문에 마포는 중국산이 조선산보다
경쟁력을 보유하고 있었다.[73] 한편 견직물과 달리 대일 수입액은 1912~1928

---

66) 마포의 원료에는 대마(Hemp), 아마(Flax), 황마(Jute), 저마(China Grass) 등이 있다.
   조선은 기후적으로 대마와 저마의 생산량이 많았다(유두찬(1921.1), "조선제마사업의
   濫褸 이용책", 《개벽》(1921년 1월호), 79쪽. 중국산 저마에 관해서는 田代安定(1917)
   (『日本苧麻興業意見』, 國光印刷)을 참조 바람.

67) 권태억(1989), 앞의 책, 220쪽.

68) 京城商業會議所(1929.6), 앞의 자료, 2쪽. 전라도의 저마 생산액은 1928년 조선 생산액
   의 73%를 차지했다.

69) 都澤正章(1922.9), "支那苧麻朝鮮輸入關私見", 《조선농회보(朝鮮農會報)》(1922년 9월호),
   朝鮮農會, 37쪽.

70) "중국 원료로써 신선 저 개량 조직 이익 다대함으로 장래가 유망, 충남저포회사 신사업",
   《동아일보》, 1925.11.22. 1925년 중국 등지서 수입된 원료 마는 13만 512원에 달했다
   ("중국마포 수입 축년 감소 추세", 《동아일보》, 1926.9.4).

71) 都澤正章(1922.9), 앞의 자료, 33쪽.

72) 권태억(1989), 앞의 책, 222쪽.

년 연평균 13만 7,829원에 지나지 않아 조선의 마직물 소비 총액의 약 1%에 머물렀다. 그 원인은 수방사(手紡絲)를 원료로 한 제직이 일본의 임금상승에 의해 가격이 상승한 것, 방적사를 원료로 한 마직물을 조선인이 좋아하지 않았다는 데 있었다.[74]

이상과 같이 중국산 견직물과 달리 중국산 마직물이 오랫동안 조선에 수입된 주요한 원인은 조선 및 일본의 마직물 업계의 취약한 생산구조에 있었다고 할 수 있다.

2) 화교 직물상의 중국산 마직물 수입

여기서는 화교 직물수입상이 상해에서 중국산 마직물을 어떤 경로로 수입했는지 그 통상망을 검토하려 한다. 이 문제 해명의 단서를 제공해주는 당안(檔案)인 「조주상인하포사건(潮商夏布事)」을 예로 들어 논의를 진행하고자 한다.

경성중화총상회(京城中華總商會)는 1922년 6월 4일 주조선중화민국총영사관에 다음과 같은 내용의 공문을 송부했다.[75] 이 공문은 서태호, 덕순복(德順福) 등 중국산 마직물을 수입하는 화교 직물수입상이 경성중화총상회에 진정을 넣은 것을 동 총상회가 다시 동 총영사관에 전달한 것이다. 이를 요약하면 다음과 같다.

조선에 수입되는 중국산 마직물 가운데 사천성(四川省, 쓰촨성), 강서성(江西省), 강소성(江蘇省) 산품 마직물의 품질이 가장 뛰어나 조선인 소비자로부터 환영을 받았다. 그러나 광동성 조주(潮州, 차오저우)산 마직물은 다른 제품보다 광택도 내구력도 뒤떨어진 데다 가격은 다른 제품과 거의 비슷했기 때문에 조

---

73) 권태억(1989), 앞의 책, 205쪽; 豊永眞理(1926.1), "興業資料(1)", 《조선휘보(朝鮮彙報)》 (1926년 1월호), 朝鮮總督府, 19~20쪽.
74) 京城商業會議所(1929.6), 앞의 자료, 7쪽.
75) 경성중화총상회가 주조선총영사관에 보낸 공문(1922.6.4), 「潮商夏布事」, 『駐韓使館保存檔案』(동 03-47-108-05).

선인 소비자의 신용을 잃어버렸다. 특히 1922년에 들어 동 제품의 주문예약을 취소하여 구매하지 않게 되자 가격의 인하를 요구하는 사례가 속출, 문제가 표면화되었다. 이미 구매한 조주산 조악품(粗惡品)의 마직물에 대해서는 품질에 따라 새롭게 가격 설정을 하게 되어 해당 화교 직물수입상이 재호대표(在滬代表)에 전보를 쳐서 명세서에 근거하여 거래처의 조주상인과 교섭하도록 지시했다.76) 그러나 조주상인은 이를 수용하려 하지 않았기 때문에 서태호와 덕순복 등이 경성중화총상회를 통해 이 문제해결에 착수한 것이다.

조주상인이 조선으로 수출한 것은 광동성산의 마직물이었지만 1930년경 조선에 수입된 중국산 마직물을 각 산지별로 보면 강서성이 전체의 73%, 호남성(湖南省)과 사천성을 합하여 18%, 광동성(조주)과 강소성(소주)을 합하여 9%로 광동성산 마직물은 전체의 10% 미만이었다.77) 특히 조주산 마직물의 수입량은 1923년 인천항의 중국산 마직물 수입총량의 2%에 지나지 않았다.78) 이「조주상인하포사건(潮商夏布事)」이 조주산 마직물의 조선 수입에 영향을 미쳤다고 생각되지만, 조선에선 강서성산이 원래부터 주요한 수입품이었다.

경성 총영사관은 경성총상회로부터 서태호(〈부표 4〉의 256번)와 덕순복(〈부표 4〉의 56번) 수입상의 진정을 접수하자 상해총상회(上海總商會) 및 중화국화유지회(中國國貨維持會)에 연락을 취하고 이 문제의 해결을 요청했다. 상해총상회는 곧바로 상해의 조혜회관(潮惠會館)에 중재 해결을 요구하고 6월 15일 상해의 산동회관(山東會館)에 조방(潮帮)대표 2명과 산동방 대표 4명(왕소파(王紹坡)·조

76) 조상(潮商)은 조주상인(潮州商人)을 말하는 것으로 상해에서는 광동방에 소속되어 있었다. 외국무역 및 외국인 상관의 매판이 많았으며 상해에서는 영파방(寧波帮)에 이어 큰 상업세력을 형성하고 있었다(東亞同文會(1908), 『支那經濟全書』, 東亞同文會編纂局, 162쪽).

77) "反日援僑會邁行對日經濟絶交違者受罰", 《상해시보(上海時報)》, 1931.7.16. 강서성 가운데서도 신창현(新昌縣), 만대현(萬戴縣)이 중심 산지였다.

78) 京城商業會議所(1925.4), "朝鮮に於ける麻織物の生産と貿易槪況", 《조선경제잡지(朝鮮經濟雜誌)》(1925년 4월호), 京城商業會議所, 9쪽. 수입된 주요 제품은 사천하포(四川夏布, 전체의 29%), 천척(千尺, 16%, 강서성산), 오백척(五百尺, 14%, 강서성산), 강서하포(江西夏布)·양장(揚莊) 11% 등이었다.

빙삼(趙聘三)·이자언(李子言)·담진성(譚振聲)) 사이에 직접 협의가 이뤄졌다. 그 결과 쌍방은 화교 직물수입상이 조악한 조주산 마직물로 입은 손실액 약 11만 원을 절반씩 부담하고 향후 도착하는 조주산 마직물 가운데 조악품이 다시 발생할 경우에도 같은 방식으로 해결하기로 합의했다.[79] 이와 같은 해결의 소식은 중화국화유지회가 경성 총영사관에[80] 그리고 상해주재대표가 경성총상회에 각각 보고되었다.[81]

이「조주상인하포사건(潮商夏布事)」당안에서 주목되는 것이 재호대표(在滬代表)의 존재이다. '호'는 상해의 별칭이다. 경성의 화교 직물수입상 가운데 "상품의 발송지인 상해에 자신의 점포를 가진 곳도 있었"[82]던 것을 고려하면, 재호대표는 화교 직물수입상이 상해에 개설한 지점의 주재대표일 가능성이 매우 높다. 앞에서 언급한 산동방 대표 4명은 화교 직물수입상인 서태호, 덕순복 등의 상해지점의 지배인일 것으로 추정된다. 상해에서 조선에 마직물의 수출을 취급하던 도매상은 항승동(恒昇東), 덕유(德裕), 융화(隆和), 동화영(同和永), 화취성(和聚盛), 원태(源泰), 유여기(柳餘記) 등 7개소였기 때문에 상해지점은 이들 도매상과 거래 관계에 있었을 것이다.[83]

다시 서태호의 장부에 주목해보자. 장부 가운데 상해와 관련된 장부는 수신화장(收申貨帳), 신·판연왕복(申阪煙往復)이다. 서태호는 상해에 지점을 설치하고 있었기 때문에 수신화장은 '신(申)'이 상해의 별칭이었다는 것을 고려하면 상해지점이 구매, 수송하여 도착된 화물을 기재한 장부일 것이다. '신·판연왕복'은 상해지점과 오사카, 그리고 상해지점과 연태(지부)의 본점 혹은 거래처를

---

79) 상해총상회가 주조선총영사관에 보낸 공문(1922.6.23), 위의 당안자료, 동 03-47-108-05).

80) 中國國貨維持會가 주조선총영사관에 보낸 공문(1922.6.23), 위의 당안자료, 동 03-47-108-05).

81) 경성중화총상회가 주조선총영사관에 보낸 공문(1922.7.5), 위의 당안자료, 동 03-47-108-05).

82) 京城商業會議所(1920.10), 앞의 자료, 4쪽.

83) "反日援僑會邁行對日經濟絶交違者受罰", 《상해시보(上海時報)》, 1931.7.16.

기록한 장부일 것이다. 단, 오사카 및 지부의 거래처는 분명하지 않다.

이것이 사실이라고 한다면, 화교 직물수입상이 상해에서 직물을 조달하는 방법은 일제강점기에 들어 변화한 것을 알 수 있다. 즉, 주상해일본총영사관(駐上海日本領事館)은 1912년경 상해의 대(對)조선 수출 마직물의 조사를 실시하고, "조선병합(朝鮮倂合) 전 조선의 대(對)청국무역의 청국 방면 근거지는 지부로, 조선 수입품의 대부분은 지부에서 운송되는 관계상 이 제품의 수출도 지부가 가장 금액이 많았다"라고 파악하면서, "상해에서 지부 상인의 손을 거쳐 수출되거나 혹은 구강(九江)의 강서성 생산품의 도매상이 지부로 운송하여 지부 상인의 손을 거쳐 수출"하는 구조였다고 분석했다.[84] 후루타 가즈고(古田和子)가 주장하는 것처럼 개항기 형성되어 있던 '상해 - 지부 - 인천'의 삼각형 통상망에서 '상해 - 인천'의 직선형 통상망이 출현한 것을 의미한다.[85]

이것을 가능하게 한 것은 두 가지 요인이 있었다. 화교 직물수입상점의 점원은 개항기에 경영규모가 큰 상점도 10여 명에 지나지 않던 것이 1920년대는 30~40명으로 3~4배 증가한 것에서 경영규모가 이전보다 확대되어 상해에 지점을 설치할 정도로 발전한 것이 첫 번째 요인이다.[86] 또 하나는 1924년 6월 인천 - 상해 간 항로의 개설이다.[87] 이 항로가 설치되기 이전 상해에서 수입하는 직물은 지부 및 대련에서 환적되어 인천에 수송되었는데 화물환적의 불편함과 환적비가 발생했지만 이 항로의 개설로 그와 같은 불편함과 환적비가 사라진 것이다. 인천 - 상해 항로에 헤이안마루(平安丸, 1,580톤)가 운항한 이후는 "대부분이 상해에서 직접 수입되기에 이르러 주로 인천에 양륙(揚陸)되었다"라

---

84) 在上海帝國總領事調査(1912.9), "上海に於ける朝鮮向麻布", 《조선농회보(朝鮮農會報)》(1912년 9월호), 朝鮮農會, 25쪽.

85) 古田和子(2000), 『上海ネットワークと近代東アジア』, 東京大學出版會, 100쪽.

86) 朝鮮總督府(1924a), 『朝鮮に於ける支那人』, 朝鮮總督府, 41쪽.

87) 조선우선(朝鮮郵船)이 조선총독부 명령으로 개설한 항로이다. 인천을 기점으로 부산, 진남포, 청도(靑島), 군산, 목포에 교차 기항했다. 1928년에는 연간 18회 운항했다(京城商業會議所(1929.3), "朝鮮における外國人の經濟力", 《조선경제잡지(朝鮮經濟雜誌)》(1929년 3월호), 京城商業會議所, 22~23쪽).

고 한다.[88]

마지막으로 상해에 있던 선방공회(鮮帮公會) 조직에 대해 보도록 하자. 이 조직은 조선총독부에 의한 중국산 직물 관세율 인상 때마다 반대운동에 등장했을 뿐 아니라,[89] 1931년 화교배척사건 때는 경성중화총상회와 연락을 서로 취하면서 조선의 사정을 상해의 모든 단체에 알리는 역할을 했다.[90] 또한 선방공회는 1930년 경성중화총상회에 연락을 취해 중일관세협정(中日關稅協定)의 진척상황을 보고하고 이번은 조선에 수출하는 중국산 직물 등의 고관세를 시정할 좋은 기회라고 조언하고,[91] 자신도 상해하포공회(上海夏布公會) 및 중화국화유지회와 함께 중화민국 외교부에 견직물 등에 대한 수입관세율을 인하하도록 요구했다.[92] 이와 같은 활동으로 볼 때 선방공회는 조선화교 직물수입상이 상해에 개설한 지점의 지배인들로 조직된 사회단체일 가능성이 매우 높다.

5. 서태호·영래성·유풍덕의 통상망

여기서는 조선화교 직물수입상을 대표하는 서태호·영래성·유풍덕의 거래처를 검토하여 직물수입상의 통상망을 구체적으로 해명하고자 한다. 〈표 2-4〉와 〈표 2-5〉는 서태호(〈부표 6〉의 203번)와 영래성(〈부표 6〉의 128번)의 1929년 월별 매입액 및 매상액을 나타낸 것이다. 원래의 사료가 매입액과 매상액을 면직물, 견직물, 마직물별로 분류하지 않았기 때문에 각각의 매입액을 파악할 수 없지만, 화교 직물수입상에 관련된 직접적인 사료가 없는 가운데 두 개의 표는

---

88) 京城商業會議所(1929.6), 앞의 자료, 8쪽.

89) "日本又擬增加朝鮮進口稅", 《천진대공보(天津大公報)》, 1919.12.12.

90) "反日會決定今天起檢查日本貨", 《상해시보(上海時報)》, 1931.7.21.

91) 경성중화총상회가 주조선총영사관에 보낸 공문(1930.3.13), 「織品徵稅事宜」, 『駐韓使館保存檔案』(동 03-47-191-06).

92) 旅滬鮮帮公會·중국국화유지회집행위원회·상해하포공회가 주조선총영사관에 보낸 공문(1930.4), 위의 당안자료, 동 03-47-191-06.

<표 2-4> 서태호의 월별 매입액과 매상액(1929년)

(단위: 원)

월별	매입액					매상액
	인천통관	경성통관	경성부내	인천지점	합계	
1월	2,550	48,700	-	-	51,250	51,467
2월	6,250	64,860	-	-	71,110	64,345
3월	33,860	51,420	-	-	85,280	80,472
4월	18,527	30,210	-	-	48,737	69,951
5월	54,465	30,718	-	-	85,183	80,819
6월	1,080	35,800	-	-	36,880	23,668
7월	50,900	90,730	-	-	141,630	47,603
8월	3,191	89,420	-	-	92,611	82,591
9월	2,050	88,530	-	-	90,580	62,290
10월	1,240	45,500	-	-	46,740	60,604
11월	5,145	64,760	-	-	69,905	47,686
12월	17,380	20,200	-	-	37,580	30,074
합계	196,638	660,848	0	0	857,486	701,570

출처: 주조선 총영사관이 경성부청에 보낸 공문(1930.5.28), 「交涉營業稅」, 『駐韓使館保存檔案』(동 03-47-191-03).

귀중한 사료로 생각된다.

　서태호와 영래성 간에는 공통점과 차이점이 확인된다. 직물의 매입액을 통관별로 보면 서태호는 인천통관이 22.9%, 경성통관이 77.1%인 데 반해 영래성은 인천통관이 58.4%, 경성통관이 39.3%, 경성부내(京城府內)가 1.9%, 인천지점이 0.4%였다. 서태호는 경성통관을 통한 매입액이 전체의 약 8할에 가까운 반면 영래성은 인천통관이 약 6할로 경성통관의 약 4할을 상회하고 경성부내 및 인천지점으로부터도 조달했다. 다음으로 인천항을 통한 매입액을 금액이 많은 월별로 배열하면, 서태호는 5월 22.7%, 7월 25.9%, 3월 17.2%, 4월 9.4%였다. 영래성은 5월 22.8%, 4월 13.3%, 3월 10.8%, 7월 8.8%였다. 양 직물수입상 어느 곳도 약간의 순위의 차는 있어도 3월, 4월, 5월, 7월이 공통적으로 많았다. 이 4개월은 여름 의류인 마직물이 중국에서 봄부터 초여름에 걸쳐 수입

<표 2-5> 영래성의 월별 매입액과 매상액(1929년)

(단위: 원)

월별	매입액					매상액
	인천통관	경성통관	경성부내	인천지점	합계	
1월	18,949	18,041	306	-	37,296	43,377
2월	11,029	14,715	-	141	25,885	47,791
3월	33,624	22,579	759	-	56,962	57,715
4월	41,412	18,937	511	745	61,605	93,780
5월	71,069	1,401	1,224	-	73,694	113,846
6월	5,800	15,966	-	-	21,766	31,867
7월	27,274	26,321	-	862	54,457	53,429
8월	24,170	24,240	793	-	49,203	63,864
9월	25,046	21,863	905	-	47,814	50,065
10월	21,508	21,368	1,889	-	44,765	58,363
11월	23,240	13,360	2,420	427	39,447	51,128
12월	8,457	10,833	1,685	-	20,975	38,237
합계	311,578	209,624	10,492	2,175	533,869	703,462

주: 1928년 말 현재의 재고품 9만 5,680원 및 해약 상품 7,680원은 포함되어 있지 않다.
    인천통관은 인천지점의 명의로 매입되었다.
출처: 주조선총영사관이 경성부청에 보낸 공문(1930.5.28), 앞의 당안자료, 동 03-47-191-03.

되는 시기와 일치한다.[93]

    게다가 1928년 조선에 수입된 마직물 가운데 82%가 인천항을 통한 것이었다는 것을 고려하면 두 직물수입상은 인천항을 통해 마직물을 주로 조달하고 있었을 것이다.[94] 영래성이 서태호보다 마직물을 많이 중국에서 수입한 것을 알 수 있다. 이 점은 서태호가 면직물 및 마직물과 견직물을 모두 취급하는 '주단포목상'이었던 데에 비해 영래성은 면직물 및 마직물을 주로 취급하는 포목상이었던 것과 일치한다.[95]

---

93) 朝鮮總督府(1913b), 『仁川港商工業調査』, 朝鮮總督府, 101~102쪽.
94) 京城商業會議所(1929.6), 앞의 자료, 8~9쪽.
95) 京城商業會議所(1929.3), 앞의 자료, 31쪽. 조선에서 많이 사용된 '포목'의 의미는 견직

두 직물수입상이 경성통관을 통해 조달한 직물은 무엇이었는지에 대해 살펴보자. 두 직물수입상이 경성통관으로 조달한 금액이 많은 월별순으로 배열하면, 인천항과 달리 3월, 4월, 5월, 7월에 집중하는 것이 아니라 분산적인 형태를 보여준다. 서태호는 7월 13.7%, 8월 13.5%, 9월 13.4%, 11월 9.8%, 2월 9.8%, 3월 7.8%, 1월 7.4%, 10월 6.9%, 6월 5.4%, 4월과 6월 각각 4.6%, 12월 3.1%의 순이었다. 영래성은 7월 12.6%, 8월 11.6%, 3월 10.8%, 9월 10.4%, 10월 10.2%, 4월 9.0%, 1월 8.6%, 6월 7.6%, 2월 7.0%, 11월 6.4%, 12월 5.1%, 5월 0.7%의 순이었다. 두 직물수입상 모두 7월, 8월, 9월의 매입액이 상위를 점하고 있지만 월별 매입액의 차는 그렇게 크지 않았다.

중국산 마직물의 수입은, 경성통관이 전체의 5%에 지나지 않았기 때문에 경성통관의 수입이 있었다 하더라도 소액에 그쳐 거의 견직물과 면직물의 조달뿐이었다고 생각된다. 1928년의 경우 일본에서 수입된 면직물은 인천항이 전체의 28.4%, 부산항이 17.8%, 경성통관이 10.3%로 세 번째로 많았다.[96] 견직물과 인견의 대일 수입은 1930년 경성통관이 66%와 44%, 인천통관이 8%와 14%, 부산통관이 15%와 12%로 경성통관이 압도적으로 많았다.[97] 경성통관은 통관국 출장소(通關局出張所)가 1906년 경성에 신설되고 그다음 해 7월부터 업무가 개시되었다. 1908년에 조선철도와 일본철도가 철도 연대 수송을 시작하면서 일본의 수입품이 인천 및 부산통관을 거치지 않고 직접 경성에 도착하게 됨으로써 경성통관의 비중이 한꺼번에 높아지게 되었다.[98] 게다가 1911년 경성통관의 면직물 수입액을 월별로 볼 경우 8~12월의 수입이 상대적으로 많았다는 것도 면직물과 견직물이라는 것을 입증한다.[99]

물의 주단과 비교하여 견사(絹絲)를 사용하지 않고 제직한 면포 및 마포를 총칭하는 것이다. '포목상'은 면포와 마포를 판매하는 상인 및 상점을 가리킨다.

96) 朝鮮綿絲布商聯合會(1929), 『朝鮮綿業史』, 朝鮮綿絲布商聯合會, 175~176쪽.
97) 京城商業會議所(1931.3), "鮮人向絹布人絹布移入狀況", 《조선경제잡지(朝鮮經濟雜誌)》 (1931년 3월호), 京城商業會議所, 10~13쪽.
98) 李秀允(2000), 「日淸戰爭以前における朝鮮開港場をめぐる日中朝商人の確執」, 『日本植民地研究』 第12號, 日本植民地研究會, 379~382쪽.

이와 관련하여 앞에서 언급한 서태호의 장부 가운데 '오사카왕복(大阪往復)'이 주목된다. 이 장부는 보존되어 있지 않기 때문에 확인할 방법이 없지만 앞에서 살펴보았듯이 오사카가 조선의 면직물 및 면사의 주요한 수입처였다는 것과 서태호의 다른 장부를 근거로 고려하면 '오사카왕복' 장부는 서태호가 오사카의 직물업자로부터 일본산 면직물을 조달한 거래의 장부일 것이다. 영래성도 1929년 현재 18권의 왕복장부(往復帳簿)가 있었다는 것이 확인되지만, 그 가운데에는 오사카의 직물업자와의 거래를 기록한 장부가 있었을 것으로 추정된다.

하지만 영래성이 오사카에 어느 직물업자와 거래를 하고 있었는지를 보여주는 사료가 있다. 1925년에 『상공자산신용록』에 '大阪·西·本田3番7番館' 소재에 영래성이라는 면포잡화상이 있었다. 이 주소에는 원래 덕순화(德順和, 점주 왕박구(王搏九))라는 '여숙무역(旅宿貿易)'의 상점이 있었기 때문에 영래성은 덕순화의 점포 내에 설치된 면포잡화상인 것을 알 수 있다.[100]

덕순화 및 영래성은 오사카의 구(舊)외국인 거류지인 가와구치(川口)에 있었다. 가와구치에는 객상을 위한 숙박 시설을 겸비하여 상업 거래를 중개하는 행잔(行棧)이 많았다. 행잔은 객상과 거래처 간의 중개, 통역, 금융, 보험, 운송 등의 모든 수속을 알선하고 일정 비율의 수수료를 받았다. 행잔의 경영자는 대부분 산동방 상인을 중심으로 한 북방(北帮)이 많았고 객상은 산동성, 하북성, 봉천성(奉天省, 펑톈성)[현재 심양(沈陽, 선양)의 옛 지명] 등지서 온 화상이었다.[101]

99) 朝鮮總督府(1913a), 『京城商工業調査』, 朝鮮總督府, 95~96쪽.

100) 商業興信所(1925), 『第二十六回 商工資産信用錄(大正十四年)』(복각판, 2009), クロスカルチャー出版, 16쪽.

101) 內田直作(1949), 『일본화교社會の硏究』, 同文館, 30~31쪽. 가와구치의 화교상인에 대해서는 許淑眞(1984)(「川口華商について」, 『日本近代とアジア: 文化の交流と摩擦』, 東京大學出版會)을 참고하기 바람. 일본우선(日本郵船)은 1889년 화북 항로를 개시하고, 1899년에는 오사카상선회사가 오사카를 기점으로 대련, 북청(北淸), 한구(漢口), 천진선(天津線)의 각 항로를 개시했다. 항로의 개설로 인해 화북의 중국인은 오사카의 방적산업 발전과 관련되어 청일전쟁 후 다수 오사카로 이주했는데, 이들이 오사카에 세운 것이 북방(北帮)이다. 행잔은 1880년대 후반 오사카 혼덴초(本田町)에 형성되기 시작했다.

덕순화는 1906년 오사카 가와구치에 설립된 행잔이었다. 1927년 말 당시 덕순화에 체류하는 투숙객은 57명으로 오사카의 행잔 가운데 규모가 가장 컸다.[102] 덕순화의 점주인 왕박구는 지부 출신이었다. 따라서 오사카 가와구치의 영래성은 지부 본점 및 조선 본점이 일본산 직물을 조달하기 위해 덕순화 내에 설치된 점포일 가능성이 크다.

이를 입증하는 또 하나의 근거가 있다. '大阪·西·本田2番63番館'에 있는 유풍덕(裕豊德)이라는 작잠사(柞蠶絲)를 판매하는 점포를 소개하는 곳에 건생잔 내(乾生棧內)로 기록되어 있다.[103] 건생잔의 주소를 조사한 결과 유풍덕과 일치했다. 건생잔은 1895년 오사카 가와구치에 설립된 행잔으로 객상이 52명으로서 덕순화 다음으로 많았으며, 건생잔의 점주인 이요신(李堯臣)은 산동성 출신이었다.[104] 오사카 가와구치의 유풍덕은 지부 본점 및 조선 본점이 건생잔 내에 설치한 점포였을 것으로 추정된다.

이처럼 조선화교 직물수입상이 가와구치의 행잔을 통해 직물을 조달한 증거는 다른 곳에서도 찾아볼 수 있다. 서태호 등 경성의 화교 직물수입상은 1921년 재계 불황 때 "오사카 상인에게 신용이 있어 중국 상인의 손에는 위탁 판매품도 윤택하게 조달되는 현상"이었다.[105] 한국화교인 지건번(遲建藩)은 1939년부터 1945년 3월까지 오사카에서 유학할 때 부친 경영의 의성영(義盛永)의 점원이 오사카 가와구치에서 직물을 조달했다고 증언했다.[106]

북방은 1896년 대청북방상업회의소(大淸北帮商業會議所)를 건축하여 삼강공소(三江公所)로부터 독립했다.

102) 內田直作·鹽脇幸四郎 共編(1950), 『留日華僑經濟分析』, 河出書房, 25·144쪽. 1937년 6월 현재 점원의 인원은 38명, 객수는 50명이었다(大阪市産業部(1939), 앞의 자료, 15쪽).

103) 商業興信所(1925), 『第二十六回 商工資産信用錄(大正十四年)』(복각판, 2009), クロスカルチャー出版, 18쪽.

104) 內田直作·鹽脇幸四郎 共編(1950), 『留日華僑經濟分析』, 河出書房, 25·145쪽. 1937년 6월 현재의 점원의 인원은 35명, 객수는 45명이었다.

105) "在京 면포 화상의 활동 원인", 《조선일보》, 1921.4.18.

106) 지건번의 증언(2003년 1월 28일 서울에서 인터뷰). 지건번은 1927년 중국 열하(熱河)에서 태어났다. 그의 부친(1890~1951)은 1900년대 초 연태에서 한반도로 이주하여 직

조선화교 직물수입상이 중국, 일본의 직물 수입 통상망을 형성하고 있었다는 사실은 이상에서 살펴본 대로이지만, 중국에 판매망을 가지고 있었던 직물수입상도 있었다. 이에 대해서는 유풍덕의 지배인인 주신구(周愼九)가 《조선급만주(朝鮮及滿洲)》 1939년 1월호에 기고한 글에, "조선은 말할 필요도 없이 중국에까지 판로를 가지고 있었다"라고 한 것은 그 하나의 증거가 될 것이다.[107]

1921년도 조선의 면포 수출액은 156만 9,237원으로, 이 가운데 조선산은 직뉴(織紐) 1만 1,890원에 그치고 그 나머지는 모두 일본 및 상해에서 수입된 면포였다. 면포의 재수출액 가운데 약 9할은 대(對)중국 재수출이었다. 이 재수출은 인천 및 경성에서 직접 중국에 수출되었거나 신의주를 거쳐 중국에 수출되는 것이다.[108] 유풍덕의 본점은 지부에 있었고 본점이 가지고 있는 유통망을 활용하여 유풍덕이 조달한 일본산 직물류를 중국에 판매한 것이다. 다른 화교 직물수입상도 본점이 지부에 있는 것을 고려한다면 유풍덕과 같이 일본산의 직물을 중국에 재수출한 것으로 추정된다.

6. 맺음말

이상으로 화교 직물수입상이 일제강점기 어떠한 통상망을 가지고 직물의 수입을 하고 있었는지에 대해 검토했다.

물 행상을 하여, 재산을 축적한 후 전라도에서 의성영(義盛永) 직물잡화상을 개설했다. 지건번은 연태에 거주하다 1933년 의성영을 방문한 적이 있었다고 한다. 당시 상점의 점원은 많았고 모두 풍요로운 생활을 하고 있었다고 한다. 그는 유복한 가정에서 자랐기 때문에 1939년 오사카로 유학을 갈 수 있었다. 한국전쟁 때, 그는 자원 참전하여 한국군에 배치되어 중공군의 정부를 수집하는 활동을 했다. 그가 소지하고 있던 '화교청년한국참전동지명단(華僑青年韓國參戰同志會名單)'에 의하면, 1969년 지건번을 포함하여 총 46명이 명부에 기재되어 있었다.

107) 朝鮮中華商會 主席 周愼九(1939.1), "在鮮支那人の感謝と希望", 《조선급만주(朝鮮及滿洲)》(1939年 1月號), 朝鮮及滿洲社, 28쪽.

108) 京城府(1924), 『重要商品調査 綿布の部』, 京城府, 89쪽.

화교 직물수입상은 영국산 생금건 및 면사가 일본산에 압도된 후에도 상해에서 영국산 쇄금건을 1930년대 초까지 독점적으로 수입한 것과 일본산 생금건 및 면사를 오사카의 일본인 직물도매상 및 가와구치의 화교 행잔을 통해 수입하는 것 이외에 조선 내의 일본인 직물도매상으로부터 구매하여 조달하는 등, 개항기의 상해 일변도에서 탈피하여 조달처를 다각화하여 대응하고 있었다.

다음으로 화교 직물수입상은 1924년 사치품관세 실시 이전까지 상해에서 중국산 견직물을 독점적으로 수입해왔지만 사치품관세 실시 후 일본산 견직물의 산지인 기류, 후쿠이 지역의 제직업자 및 도매상과 거래 관계를 터 직접 일본산 견직물을 수입하여 중국산 견직물의 수입 감소를 보완하였다.

중국산 마직물은 일본산 마직물의 조선 수입이 적었다는 점, 1920년대까지 중국산 마직물에 대한 고관세가 부과되지 않았다는 점에서 화교 직물수입상에 의해 1937년까지 상해에서 독점적으로 수입되었지만 조달 방법은 개항기와 다르다는 점을 분명히 했다. 즉, 화교 직물수입상은 개항기에 비해 경영 규모가 확대되어 상해에 지점을 설치했으며, 인천 - 상해 간의 항로 개설로 개항기처럼 지부 본점을 경유한 조달 방법이 아닌 상해의 마직물도매상으로부터 마직물을 직접 조달하는 것으로 바뀌었다.

마지막으로 화교 직물수입상인 서태호, 영래성, 유풍덕을 사례로 들어 영래성 등의 수입상이 오사카 가와구치의 행잔을 통해 일본산 직물류를 조달한 것을 분명히 했다. 더욱이 유풍덕은 조달한 일본산 직물을 중국의 판매망을 활용하여 재수출했다. 즉, 조선화교 직물수입상은 경성 및 인천을 거점으로 중국의 상해, 일본의 오사카 등에 수입 통상망을 확대하면서 조달한 일본산 직물을 중국에 재수출하는 판매망도 함께 가지고 있었던 것이다.

제3장

화교 직물수입상의 조선 내 유통망

1. 머리말

제2장에서는 화교 직물수입상이 일제강점기 중국, 일본에서 어떤 통상망을 이용하여 직물을 수입했는지 살펴보았다. 이 장에서는 화교 직물수입상이 조달한 직물을 조선에 어떠한 유통망을 통해 판매했는지에 대해 검토하고자 한다.

결론을 미리 말하자면, 화교 직물수입상의 주요 거래처는 조선의 화교 직물 도매상 및 소매상이 전체 거래의 약 8할을 차지했다.[1] 쌍방의 관계는 "하나의 사슬을 형성하고 있다"라고 할 수 있을 정도로 매우 긴밀했다.[2] 쌍방의 긴밀한 관계가 화교 직물상의 견실한 경영활동을 지탱하는 주요 원인이었다고 당시에 인식되고 있었다.[3]

이 장에서는 이와 같은 화교 직물수입상의 유통망에 대해 경성부 및 인천부

---

[1] 京城商工會議所(1937.8), "北支事件に關する法令及諸調查", 《경제월보(經濟月報)》(1937년 8월호), 京城商工會議所, 24·28쪽.

[2] 本誌記者(1931.11), "支那商人と銀行去來關係", 《조선급만주(朝鮮及滿洲)》(1931年 11月號), 朝鮮及滿洲社, 62쪽.

[3] "在京 면포 화상의 활동 원인", 《조선일보》, 1921.4.18.

〈그림 3-1〉 개항기 화교 직물수입상의 조선 내 유통망

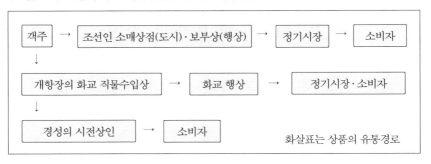

```
┌─────────────────────────────────────────────────────────────────────────┐
│  객주  →  조선인 소매상점(도시)·보부상(행상)  →  정기시장  →  소비자      │
│    ↓                                                                        │
│  개항장의 화교 직물수입상  →  화교 행상  →  정기시장·소비자             │
│    ↓                                                                        │
│  경성의 시전상인  →  소비자                      화살표는 상품의 유통경로   │
└─────────────────────────────────────────────────────────────────────────┘
```

(이후 경인지역으로 칭함)와 각 지방으로 나눠 검토함과 동시에, 화교 직물수입
상뿐 아니라 조선인 직물상과의 거래 관계도 사정에 넣고 논의를 진행하려 한
다. 또한 개항기의 화교 직물수입상의 유통망이 일제강점기에 어떻게 변화했
는지에 대해서도 유의하면서 검토하고자 한다.

　화교 직물수입상은 개항기 한성 및 개항장에서 처음에는 개항장의 조선인
객주를 통해 직물류 등을 조선인에게 판매했지만 점차 화상의 행상이 진전됨
에 따라 이러한 유통망을 이용하여 조선인에게 직접 판매하는 현상이 두드러
졌다는 것이 선행연구에 의해 밝혀져 있다.[4] 게다가 한성의 화교 직물수입상
이 시전상인(정부의 보호하에 영업하고 있던 조선인 특권상인)과 상거래하고 있었
다는 점, 화교 직물수입상의 외상을 둘러싼 쌍방의 분쟁이 존재하고 있었다는
점이 지적되었다.[5]

　선행연구 결과에 근거하여 개항기 화교 직물수입상의 조선 내 유통망을 표
시하면 〈그림 3-1〉과 같다. 이 유통망이 일제강점기에 어떻게 변화했는지를
해명하는 작업은 지금까지는 없었다.

---

4)　이병천(1985),「개항기 외국상인의 침입과 한국상인의 대응」, 서울대학교 박사학위논
　　문; 李秀允(2001),「朝鮮開國後の流通構造の變遷: 開港場客主と外國商人をめぐって」,
　　『早稻田經濟學研究』53號, 早稻田大學大學院 經濟學研究科 經濟學研究會.
5)　石川亮太(2007),「開港期漢城における朝鮮人·中國人間の商取引と紛爭:『駐韓使館檔案』
　　を通じて」,『年報 朝鮮學』第10號, 九州大學朝鮮學研究會.

2. 경성부 및 인천부의 화교 직물수입상의 유통망

1) 화교 직물수입상과 화교 직물도매상 간의 거래 관계

화교 직물수입상과 화교 상점 간의 거래 관계를 표시한 것이 〈표 3-1〉이다. 이 표는 한일은행[6]이 고액 대출을 행하는 사안에 대해 경성 본사의 이사회에 의해 승인 및 결정된 기록을 정리한 『중역회결의록(重役會決議錄)』 가운데 1928~1930년 화교 직물수입상과 화교 상점 간의 거래만을 뽑아내 정리한 것이다. 한일은행은 조선인의 민족은행으로서 주로 조선인 상인 및 자본가에 대출을 했지만 설립 당초부터 화교 직물수입상에게도 고액 대출을 했으며,[7] 1920년 말 당시 조선화교에 대한 대출액은 약 24만 원에 달해 조선 내 19개소의 은행 가운데서는 조선식산은행(朝鮮殖産銀行) 다음으로 많았다.[8]

화교 직물수입상과 화교 상점 간의 거래 관계에 대해 검토하기 전에 〈표 3-1〉을 읽는 방법에 대해 설명해두고자 한다. 일제강점기 조선에서는 상품의 판매 및 조달 시 대금으로 현금 이외에 수표가 주로 사용되었다. 수표 발행인

---

6) 한일은행은 1906년 경성의 조선인 상업 자본에 의해 설립되었다. 1926년의 자본금은 200만 원이었다. 이 은행은 1931년 호서은행과 합병하여 동일은행으로 바뀌었다. 다시 동일은행은 1943년 한성은행에 합병되었다. 한일은행에 관한 선행연구는 다음과 같다. 高承濟(1972), 『植民地金融政策の史的分析』, 御茶ノ水書房, 41~53쪽; 박현(2000), 「한말·일제하 한국인 자본가의 은행 설립과 경영: 한일은행의 사례를 중심으로」, 연세대학교 석사학위논문.

7) 박현(2000), 앞의 논문, 21~22쪽. 1909~1912년의 주요한 고액 대출처 가운데 화교 직물상은 덕순복(德順福, 13건, 11만 원, 〈부표 1〉의 32번), 취성호(聚成號, 8건, 9만 원, 동 88번), 광화순(廣和順, 6건, 7만 원, 동 51번), 홍순복(洪順福, 6건, 6만 5,000원, 동 58번), 동화동(同和東, 6건, 6만 원, 〈부표 2〉의 19번), 덕풍상(德豊祥, 5건, 4만 원), 동흥륭(東興隆, 6건, 3만 8,000원, 〈부표 1〉의 6번), 동순태(同順泰, 3건, 3만 8,000원, 동 19번)이었다.

8) 京城商業會議所(1929.3), "朝鮮における外國人の經濟力", 《조선경제잡지(朝鮮經濟雜誌)》(1929년 3월호), 京城商業會議所, 21쪽. 주요 은행의 화교에 대한 대출액은 조선식산은행 160만 원, 한일은행 24만 원, 조선은행 22만 원, 야마구치(山口)은행지점 18만 원, 다이이치(第一)은행지점 13만 원, 조선상업은행 11만 원이었다.

〈표 3-1〉 한일은행을 통한 화교 직물수입상과 화교 상점 간의 거래내역

할인승인 연월일	본·지점별	수표발행인	수표수취인	액면금액(원)
1928.11.23	경성본점	동취복(同聚福) 외 36명	영래성(永來盛)	10,560.74
11.30	상동	광흥륭(廣興隆) 외 39명	서태호(瑞泰號)	8,868.3
12.14	상동	동취복(同聚福) 외 33명	영래성(永來盛)	9,466.2
	상동	서생덕(端生德) 외 2명	유풍덕(裕豊德)	15,280.16
	상동	광흥륭(廣興隆) 외 44명	영래성(永來盛)	4,504.11
1928.12.28	상동	원흥륭(元興隆) 외 10명	유풍덕(裕豊德)	16,450.48
1928.12.31	상동	덕발상(德發祥) 외 8명	덕순복(德順福)	15,475.57
	상동	서생덕(瑞生德) 외10명	유풍덕(裕豊德)	15,578.90
1929. 1.11	상동	영래성(永來盛) 외 31명	서태호(瑞泰號)	9,917.2
1929. 1.18	상동	동취복(同聚福) 외 17명	영래성(永來盛)	10,054.37
1929. 2. 8	상동	서태호(瑞泰號) 외 5명	영래성(永來盛)	3,437.4
	상동	합취태(合聚泰) 외 68명	서태호(瑞泰號)	16,681.50
1929. 3. 8	상동	성기동(成記東) 외 65명	서태호(瑞泰號)	14,987.46
1929. 3.29	상동	성기동(成記東) 외 65명	서태호(瑞泰號)	11,641.57
1929. 5.10	상동	동순상(同順祥) 외 24명	영래성(永來盛)	6,864.3
1929. 5.31	상동	의화흥(義和興) 외 16명	서태호(瑞泰號)	7,534.77
1929.10.18	상동	원화잔(元和棧) 외	서태호(瑞泰號)	9,804.17
1929.12.31.	상동	서생덕(瑞生德) 외 7명	유풍덕(裕豊德)	4,787.0
	상동	안합호(安合號) 외 4명	유풍덕(裕豊德)	9,173.03

출처: 한일은행(1928~1929), 『重役會決議錄』 제21~23호, 한국금융사박물관소장.

은 상품을 구매하여 대금의 액면가 및 기일이 기재된 수표를 발행한 사람이다. 수표 수취인은 상품의 판매 대금을 수표로 수취하는 사람이다. 수표 수취인은 수취한 수표를 거래 은행에 제시하여 만기일 전에 현금화한다. 그 행위를 수표 할인이라 한다.

1928년 11월 17일부터 1931년 3월 30일까지 한일은행에 의해 수표할인으로 대출을 받은 화교 직물수입상 등의 화교 상점은 덕순복(〈부표 6〉의 40번), 서태호(동 203번), 동화창(동 6번), 영래성(동 128번), 유풍덕(동 176번), 광화순(동 106번), 광흥륭(廣興隆), 영원장(동 129번), 화태호(동 52번), 금성동(동 175번), 집창호(동 182번), 서풍덕(동 202번), 덕생동(동 47번), 덕취성(동 38번), 덕발상(동 29

번), 서생덕(동 205번), 복원동(동 97번), 영풍유(동 127번), 영성동(동 137번), 동취성(동 12번), 홍태동(동 115번), 동취복(동 19번), 영취복(동 133번), 성태호(동 197번), 태창호, 유원동(裕源東) 등 26개소에 달했다.[9] 이 26개소의 상점은 한일은행을 통해 서로 상품의 판매 및 구입을 하고 있었지만, 〈표 3-1〉은 이 가운데 화교 직물수입상인 덕순복, 서태호, 영래성, 유풍덕과 화교 상점 간의 거래만을 정리한 것이다.

먼저, 화교 직물수입상 간의 거래가 확인된다. 제2장에서 서태호와 영래성에 대해서 살펴보았다. 서태호는 1929년 1월 영래성에 상품을 판매하고 영래성 발행의 수표를 한일은행 본점을 통해 수표할인을 받았다. 그 1개월 후 이번에는 영래성이 서태호에게 상품을 판매하고 서태호 발행의 수표를 한일은행 본점에서 할인을 받았다. 더욱이 경성의 광흥륭은 1928년의 매상액이 84만 원에 달하는 직물수입상으로, 서태호 및 영래성의 두 수입상으로부터 상품을 조달했다.[10] 이 점은 화교 직물수입상 간에는 필요에 따라 상품 거래가 이루어지고 있었다는 것을 보여준다. 다음 〈표 3-2〉와 같이 1916년부터 1919년에도 화교 직물수입상 간의 거래가 활발히 이루어지고 있었다.

다음은 화교 직물수입상과 수입상 이외의 화교 상점과의 거래에 대해 보도록 하자. 영래성의 거래처는 동취복(同聚福), 동순상(同順祥) 그리고 유풍덕의 거래처는 서생덕(瑞生德), 원흥륭(元興隆), 안합호(〈부표 4〉의 186번), 덕순복은 덕발상(德發祥), 서태호는 합취태(合聚泰), 성기동(成記東), 원화잔(元和棧), 의화흥(義和興)이었다. 각각의 화교 직물수입상은 상이한 화교 상점과 거래 관계에 있었다는 것을 알 수 있다. 그렇다면 각 화교 직물수입상과 거래하고 있던 화교 상점은 어떠한 상점이었을까?

영래성으로부터 상품을 구매하고 있던 동취복[점주는 임길경(任吉慶)]은 경성부 종로에 있던 직물 및 잡화의 도소매점으로 1928년도 연간 매상액은 도매로

9) 이들 화교 상점이 이용한 한일은행의 본점 및 지점은 경성본점, 관수동지점, 남대문지점, 동대문지점, 군산지점, 함흥지점, 강경·논산지점, 예산지점이었다.
10) 京城商業會議所(1929.3), 앞의 자료, 31쪽.

〈표 3-2〉 한일은행을 통한 화교 직물수입상 간의 거래내역(1916~1919년)

할인승인 연월일	수표발행인	수표수취인	액면금액(원)	기타
1916.3.15	동화동(同和東)	덕순복(德順福)	5,000	-
	광화순(廣和順)	전리호(傳利號)	5,000	-
1916.5.24	취성호(聚成號)	유풍덕(裕豊德)	5,000	-
	전리호(傳利號)	서성태(瑞盛泰)	5,000	-
	풍성영(豊盛永)	금성동(錦成東)	5,000	-
	동화동(同和東)	덕순복(德順福)	5,000	-
1916.6.14	전리호(傳利號)	서성태(瑞盛泰)	5,000	-
1916.8.8	전리호(傳利號)	광화순·덕흥원	5,000	-
	풍성영(豊盛永)	금성동(錦成東)	5,000	-
	광화순(廣和順)	동화동(同和東)	3,000	-
	광화순(廣和順)	홍순복(洪順福)	2,000	-
	동화동(同和東)	취성호(聚成號)	5,000	-
1916.11.8	전리호(傳利號)	덕흥원(德興源)	3,000	신용
	전리호(傳利號)	광화순(廣和順)	4,000	신용
	광화순(廣和順)	동화동(同和東)	5,000	신용
1917.2.21	전리호(傳利號)	서성태(瑞盛泰)	5,000	-
1917.5.26	광화순(廣和順)	전리호(傳利號)	5,000	신용
1917.12.24	-	광화순(廣和順)	7,000	-
1918.2.27	전리호(傳利號)	광화순(廣和順)	5,000	-
1918.5.6	전리호(傳利號)	광화순(廣和順)	5,000	-
1918.6.27	-	전리호(傳利號)	10,559	-
1918.8.21	전리호(傳利號)	광화순(廣和順)	5,000	-
1918.11.27	전리호(傳利號)	광화순(廣和順)	5,000	-
1919.3.21	전리호(傳利號)	광화순(廣和順)	5,000	-

주: ① 화교 직물수입상에 대한 대출은 거의 대부분 무담보 신용으로 거래되었기 때문에 기
　　타의 난에 신용으로 표기되어 있지 않아도 신용에 의한 대출로 봐도 좋다.
　② 〈표 3-2〉에 등장하는 상점은 〈부표 2〉에 거의 게재되어 있기 때문에 참조 바람.
출처: 한일은행(1916~1919), 『貸出에 關하난 取締役會決議錄』, 한국금융사박물관소장.

11만 2,000원, 소매로 2만 원, 총 13만 2,000원이었다.[11] 유풍덕에서 상품을
구매하고 있던 서생덕(瑞生德, 점주는 구세엽(邱世葉))은 경성부 종로에 있던 도

소매 잡화점으로 연간 매상액은 5만 6,000원이었다. 안합호(安合號, 점주는 왕지복(王芝福))는 경성부 남대문통에 있던 도소매 식료잡화상점으로 8만 원의 매상액을 올리고 있었다. 덕순복에서 상품을 구매한 덕발상(德發祥, 점주는 손수봉(孫秀峰))은 직물 겸 잡화 도매상점으로 연간 매상액은 12만 원이었다.

한편, 서태호에서 상품을 구매하고 있던 원화잔(점주는 양홍구(梁洪九)·〈부표 6〉의 88번)은 인천 지나정(支那町)에 있던 상점으로 경성상업회의소 발행의 《조선경제잡지(朝鮮經濟雜誌)》에는 돈야(問屋)로 기재되어 있다. 상점의 매상액은 보상금액(報償金額)으로 되어 있다.[12] 이 상점은 단순한 직물 및 잡화상이 아니라는 것을 보여준다. 원화잔 이외에도 인천 지나정에는 돈야와 주선(周旋)으로 기재된 상점으로 복성잔(점주는 사축삼(史祝三)·보상금액 8,200원·〈부표 6〉의 94번), 천합잔(점주는 장신경(張信卿)·보상금액 3,000원·〈부표 6〉의 147번), 춘기잔(점주는 손축삼(孫祝三)·보상금액 4,100원·〈부표 6〉의 183번) 등이 있었다. 이들 상점의 상호에는 '잔(棧)'이 공통적으로 붙어 있다는 점, 상품의 단순한 판매가 아닌 주선, 즉 중개를 업무로 하고 있었다는 점, 보상금액(수수료)으로 영업세를 납세하고 있었다는 점을 근거로 고려한다면, 제2장에서 오사카 가와구치에 있던 것과 유사한 행잔일 가능성이 상당히 높다. 그렇다고 한다면 원화잔은 산동성 등에서 인천에 무역하러 온 객상에게 알선 업무를 행하는 행잔이다. 객상이 구매하려는 직물을 서태호에서 구매하여 건네주고 그 수수료(보상금액)를 수입으로 했을 것이다.

이상의 검토를 통해 화교 직물수입상이 한일은행을 통해 거래한 화교 상점은 경성부 및 인천부의 화교 직물도매상 및 잡화상 그리고 행잔이었다는 것이 증명되었다. 이는 바꿔 말하면, 화교 직물수입상이 경성부 및 인천부에 있는 화교 직물도매상점, 잡화도매상점, 행잔이라는 유통망을 보유하고 있었다는 것을 말해준다. 화교 직물수입상은 한일은행뿐 아니라 조선 내의 다른 은행과도 수

11) 京城商業會議所(1929.3), 앞의 자료, 31쪽.
12) 京城商業會議所(1929.3), 앞의 자료, 34쪽.

표할인을 통해 대출을 받고 있었다. 예를 들면, 조선상업은행(朝鮮商業銀行)[13]의『중역회결의록』에도 유풍덕, 덕순복, 영래성, 광화순 등의 화교 직물수입상이 수표할인을 통해 대출을 받았다는 것이 기록되어 있다.[14]

화교 직물수입상 등 화상의 1931년 9월 30일 당시 조선 내의 은행에서 대출받은 금액은 일본인 금융기관(다이이치은행(第一銀行), 주하치은행(十八銀行), 야마구치은행(山口銀行), 야스다은행(安田銀行))의 조선 각 지점[15]에서 672만 5,000원(예금액은 2,452만 3,000원), 조선의 각 금융기관에서 7,483만 5,000원(예금액은 5,483만 3,000원)으로 합계 8,156만 원(예금액은 7,935만 6,000원)이라는 거액에 달했다.[16]

이상은 화교 직물수입상과 화교 도매상이 조선 내의 각 금융 기관을 통한 수표에 의한 거래 그 자체가 상호 간의 긴밀한 관계를 보여주는 증거이다. 한일은행이 경영 규모가 크지 않은 화교 직물도매상, 잡화도매상, 행잔을 신용한 것은 화교 직물수입상이 뒤에서 버티고 있었기 때문이다. 경성에서 발행되던 《조선급만주(朝鮮及滿洲)》의 기자는 쌍방의 관계에 대해 "세상 누구나 아는 것과 같이 상호부조주의를 취하고 있다"라고 분석했다.[17] 더욱이 화교 직물수입상 간, 수입상과 도매상 간의 긴밀한 관계를 상징하는 것이 1929년 3월 경인지역의 화교 직물수입상 및 도매상 24개소(경성부 소재 14개소, 인천부 소재 10개소)가 설립한 경인주포상연합회(京仁紬布商聯合會)이다.[18] 이 연합회가 어떠한 활

---

13) 이 은행의 전신은 1899년 조선 왕실 및 조선인 상인을 중심으로 설립된 대한천일은행이다. 1911년 조선상업은행으로 명칭이 바뀌었다. 조선상업은행의 역사에 대해서는 高承濟(1972), 앞의 책, 3~18 · 161~192쪽을 참조 바람.
14) 이승렬(2007),『제국과 상인』, 역사비평사, 271~272쪽. 유풍덕은 조선상업은행의 전신인 대한천일은행과 거래한 최초의 거래자이기도 했다.
15) 근대 조선에 진출한 일본 금융기관의 진출 경위와 전개과정에 대해서는 高嶋雅明(1978)(『朝鮮における植民地金融史の硏究』, 大原新生社)를 참조 바람.
16) 본지기자(1931.11), "支那商人と銀行去來關係", 《조선급만주(朝鮮及滿洲)》(1931년 11월호), 朝鮮及滿洲社, 61쪽.
17) 본지기자(1931.11), 앞의 자료, 62쪽.
18) 朝鮮綿絲布商聯合會(1929),『朝鮮綿業史』, 朝鮮綿絲布商聯合會, 33~34쪽.

동을 했는지는 분명하지 않지만, 경인지역의 화교 직물상 및 도매상 간의 친목과 관계 강화를 도모하는 조직이었을 것으로 추정된다.

한편, 경성 소재의 화교 중개업자조합인 광신호(廣信號, 마직물 및 면직물의 전문판매)와 신흥호(信興號, 견직물의 전문판매)라고 하는 조직이 주목된다. 두 중개조합은 화교 직물수입상과 경성부의 조선인 직물소매상 간의 도매 중개조직이었다. 이 조합은 조선인 소매상을 직접 방문하여 영업을 행하고 매상액의 약 5%를 수수료로서 화교 직물수입상으로부터 수취했다.[19] 경성부 종로의 김현태상점(金顯泰商店)이 광신호 및 신흥호로부터 직물을 구매하고 있었다는 것이 확인된다.[20]

화교 직물수입상은 이상과 같이 경인지역의 화교 직물 및 잡화도매상뿐 아니라 이 지역에 인접한 경기도, 충청도, 강원도, 황해도의 화교 직물 및 잡화소매상과도 거래 관계를 트고 있었다.[21] 그 예를 보도록 하자.

영래성은 경기도 수원군 성호면 오산리 355번지 소재의 홍성영(興成永, 점주는 진경유(陳慶有))이라고 하는 직물 겸 잡화 소매상과 거래하면서 직물을 판매했다.[22] 황해도 재령군에 개설된 중화의(中和義)는 경성 소재의 화교 직물수입상인 금성동, 유풍덕, 영래성, 덕순복, 복성창(複盛昌) 그리고 인천 소재의 화교 직물수입상인 금성동, 복성잔, 영래성 등과 거래했다.[23] 재령군의 덕여항(德餘

---

19) 朝鮮總督府總督官房文書課(1925), 『朝鮮人の商業』, 朝鮮總督府, 244쪽.

20) 朝鮮總督府總督官房文書課(1925), 앞의 자료, 181~182쪽. 쌍방의 거래는 현금 및 외상으로 이뤄졌다. 외상 거래의 경우는 40일 기한의 약속어음을 발행하며 이때에는 상품대금이 약 1할 비싼 값으로 거래됐다.

21) 京城商工會議所(1937.8), 앞의 자료, 24쪽. 당시 경성의 상권은 경성에 인접한 경기도는 물론이고 충청도, 강원도, 황해도, 전라북도, 함경북도가 포함되었다(京城商工會議所(1932.9), "京城の商圈【其の一】", 《경제월보(經濟月報)》(1932년 9월호), 京城商工會議所, 1쪽).

22) 조선총독부 외사과장이 주조선총영사 盧春芳에게 보낸 공문(1931.12.3), 『昭和四・五・六・七年 各國領事館往復』, 한국국가기록원 소장.

23) 경성중화상회가 주조선총영사관에 보낸 공문(1932.2.9), 「僑商債務糾紛案」, 『駐朝鮮使館檔案』(동 03-47-218-14).

恒)은 경성 소재의 금성동, 유풍덕, 덕순복 그리고 인천의 금성동, 복성잔, 화취공, 영래성, 덕순복, 협홍유와 거래 관계에 있었다. 또한 강원도 회양군 금강구에 전성동(全盛東, 점주는 곡기모(曲紀模))은 경성부 소재의 금성동, 서풍덕(瑞豊德)24)과 거래했다.25)

즉, 경성지역 소재의 화교 직물수입상 및 잡화 도매상은 경기도, 강원도, 황해도의 각 군 지역의 화교 직물 및 잡화 소매상과 거래를 하는 유통망을 확보하고 있었다는 것을 확인할 수 있다. 화교 직물수입상은 화교 직물소매상에 대해서는 신용에 의한 외상 판매를 했다.26)

이상의 검토를 통해 화교 직물수입상은 경인지역에서 화교 직물도매상, 잡화 도매상, 행잔, 화교 중개업자 조합의 유통망, 그리고 경기도, 강원도 지역에서는 화교 직물 및 잡화 소매상의 유통망을 통해 수입 및 조선 내에서 조달한 직물을 판매하고 있었다는 것을 밝힐 수 있었다.

2) 화교 직물수입상과 조선인 직물상 간의 거래 관계

앞에서는 화교 직물수입상이 경인지역, 경기도, 황해도, 강원도에 어떤 유통망을 확보하고 있었는지 검토했지만, 여기서는 화교 직물수입상이 조선인 상점 및 일본인 상점과도 거래를 하고 있었다는 것을 밝히고자 한다.

개항기에 이어 조선인 직물상이 중국 및 일본에서 직물을 직접 수입하는 것은 거의 보기 어렵다. 그들은 수입 직물을 조선 거주 일본인 직물상과 화교 직

---

24) 서풍덕은 경성부 관수동에 위치한 식료잡화의 도소매 상점이었다. 점주는 매석천(梅石泉)이며, 1928년도의 매상액은 2만 원이었다(京城商業會議所(1929.3), 앞의 자료, 31쪽).
25) 경성중화상회가 주조선총영사관에 보낸 공문(1932.2.17), 앞의 당안자료, 동 03-47-218-14; 경성중화상회가 주조선총영사관에 보낸 공문(1932.2.29), 앞의 당안자료, 동 03-47-218-14.
26) 경성중화상회가 주조선총영사관에 보낸 공문(1932.2.9), 앞의 당안자료, 동 03-47-218-14. 신용에 의한 외상 판매는 종종 채무분규를 일으켰다. 이에 대해서는 제5장에서 검토하도록 한다.

〈표 3-3〉 한일은행을 통한 화교 직물수입상과 조선인 상인 간의 거래내역

할인승인연월일	본·지점별	수표발행인	수표수취인	액면금액(원)
1928.11.23	본점	조선용(趙善用) 외 12명	덕순복(德順福)	10,328.78
	본점	조효순(趙孝淳) 외 48명	서태호(瑞泰號)	9,726.92
1928.12. 7	본점	조효순(趙孝淳) 외 83명	덕순복(德順福)	48,944.21
1918.12.14	본점	조효순(趙孝淳) 외 63명	서태호(瑞泰號)	12,963.06
1928.12.21	본점	허택(許澤) 외 19명	서태호(瑞泰號)	10,513.74
1928.12.28	본점	조효순(趙孝淳) 외 12명	영래성(永來盛)	5,462.15
1928.12.31	본점	조효순(趙孝淳) 외 4명	영래성(永來盛)	3,419.55
1929. 1.11	본점	박구달(朴佝達) 외 14명	덕순복(德順福)	20,051.50
1929. 1.25	본점	한윤호(韓潤鎬) 외 50명	덕순복(德順福)	25,778.39
		유기현(柳箕鉉) 외 10명	영래성(永來盛)	6,725.82
1929. 3. 8	본점	허택(許澤) 외 31명	영래성(永來盛)	4,683.23
1929. 3.29	본점	김희주(金熙周) 외 89명	영래성(永來盛)	13,675.47
1929. 4.26	본점	김희주(金熙周) 외 54명	서태호(瑞泰號)	13,126.62
1929. 5. 3	본점	허택(許澤)	서태호(瑞泰號)	7,003.32
1929. 5.24	본점	김희주(金熙周)	서태호(瑞泰號)	10,322.54
1929. 5.31	본점	김태섭(金泰燮) 외 10명	서태호(瑞泰號)	2,787.77
		박승직(朴承稷) 외 47명	화태호(和泰號)	12,527.46
1929.6.7	본점	이진량(李進兩) 외 24명	영래성(永來盛)	7,152.63
1929.6.14	본점	원인수(元仁洙) 외 25명	영래성(永來盛)	6,288.69

출처: 한일은행(1928~1929), 『重役會決議錄』 제21~24호, 한국금융사박물관소장.

물수입상으로부터 상품을 구입할 수밖에 없었다.[27] 쌍방의 거래 관계를 구체적으로 검토하기 위해 다시 한일은행의 『중역회결의록』을 참고하고자 한다. 〈표 3-3〉은 한일은행을 통한 화교 직물수입상과 조선인 상인 간의 거래 내역을 나타낸 것이다.

한일은행을 통해 조선인 상인과 거래하고 있던 화교 직물수입상은 덕순덕, 서태호, 영래성, 화태호(和泰號)의 4개소로 모두 대형 수입상이었다. 이 가운데

---

27) "상해, 남경 소요로 경성 화상에 대타격", 《조선일보》, 1925.6.13. 조선인 직물상이 1925년 당시 중국에서 직접 수입한 품목은 매우 적었다.

화태호는 인천의 화교 직물수입상으로 점주는 서태호와 같은 손금보(孫金甫)로 나오기 때문에 화태호는 서태호의 인천지점일 것으로 추정된다.[28]

한편, 4개소의 화교 직물수입상으로부터 직물을 조달한 조선인 상인은 조선용, 조효순, 허택, 유기현, 박승직, 박구달, 김희주, 김태섭, 이진량, 원인수 등이었다. 각 상인에 대해 살펴보자. 조선용은 경성포목상조합(京城布木商組合)의 회원으로 1929년 같은 조합의 감사로 근무했다.[29] 조효순은 경성부 종로에 자리한 조효순상점의 점주이며, 이 상점은 조선인 직물상의 상업계에서는 널리 알려진 상점이었다. 조효순은 안국동에 지점도 설치하고 경성포목상조합의 이사로 근무했다.[30] 허택은 경성부 다옥정에 있던 광택상점의 점주로 같은 조합의 감사로 근무했다. 이 상점은 지방의 소매상에게 도매로 직물을 판매했다.[31] 유기현은 경성부 남대문통 소재 직물상점의 점주였다.[32]

화태호로부터 직물을 구매하던 박승직은 조선인 직물상을 대표하는 인물이었다. 그는 1897년 자본금 6만 원으로 경성부 종로에 박승직상점을 설립하고 1905년경에는 직물을 일본 및 중국에서 직접 수입하기 위해 니시하라 가메지(西原龜三)와 공익사(共益社)를 설립했다.[33] 그 후 공익사의 사장과 만주 공익사의 이사장을 지내고 경성포목상조합의 조합장으로 장기간 근무했다.[34] 한편,

---

28) 京城商業會議所(1929.3), 앞의 자료, 31·34쪽.

29) "포목상조합 대운동회", 《중외일보》, 1929.5.4. 이 조합은 1918년 2월 경성부의 조선인 직물상에 의해 조직되었다. 회원은 1929년 56개 상점이었으며, 조합장은 박승직이 맡았다(朝鮮綿絲布商聯合會(1929), 『朝鮮綿業史』, 朝鮮綿絲布商聯合會, 33쪽). 홍성찬(2006) (「한말 일제초 서울 鍾路商人의 일상활동: 布木商 金泰熙 家의 사례를 중심으로」, 『동방학지』 133, 연세대학교 국학연구원)은 종로를 중심으로 한 조선인 포목상의 상업 활동을 구체적으로 분석했다.

30) "종로를 중심으로 한 포목상의 폐점 속출", 《중외일보》, 1929.10.19. 이 상점은 1929년 10월 파산했다.

31) "농촌의 극도 피폐로 면포 판매 2, 3할 감", 《중외일보》, 1930.5.1.

32) "거래정지", 《동아일보》, 1929.9.22.

33) 副業世界社 編纂(1927), 『朝鮮人會社·大商店辭典』, 副業世界社, 101쪽.

34) 조기준(1971), 『한국 기업가사 연구』, 민중서관, 153~162쪽; 中村資良 編(1942), 『朝鮮銀行會社組合要錄』, 東亞經濟時報社, 383쪽. 니시하라 가메지(西原龜三)에 대해서는 山

유풍덕과 금성동은 조선상업은행을 통해 박승직, 공익사, 최인성, 백운영, 민홍식, 양재혁, 김두홍, 오홍섭 등의 조선인 상인과 거래했다.[35] 박승직 및 공익사 이외의 최인성과 백운영 등은 모두 경성의 조선인 직물도매상이라는 것이 확인된다.[36] 이상을 통해 화교 직물수입상으로부터 직물을 조달한 조선인 상인은 경성의 직물도매상이었다는 것을 알 수 있다.

다음으로 화교 직물수입상과 경성의 조선인 직물도매상 간의 거래 관계를 구체적으로 검토하기 위해 1920년 쌍방 간에 발생한 거래 분규 문제를 사례로 들고자 한다. 경성의 조선인 직물도매상점 11개소는 1920년 4월 서태호, 유풍덕, 광화순 등 5개소의 화교 직물수입상에 대해 중국산 마포(麻布)의 선물계약 가격의 인하와 결제 기간의 연장을 요청했다. 쌍방은 협의에 들어가 거래분규 문제가 시작되었다.

조선인 직물도매상 측이 이와 같은 요구를 하기까지의 경위를 설명하면 다음과 같다. 1920년 3월부터 제1차 세계대전 전후 불황이 심화되어 조선의 직물에 대한 수요의 감퇴로 직물의 판매 가격은 대폭 하락했다. 예를 들면 문제가 된 중국산 마포 한 필(四)의 가격은 11.50원에서 7.0원으로 39%나 하락했다.[37] 조선의 각 은행은 수표의 부도를 우려하여 각 직물상에 대한 대출을 삼가 조선 직물상의 경영은 전반적으로 어려운 상황에 직면했다. 그런데 조선인 직물도매상은 1920년 4월과 5월에 조달하는 중국산 마포를 화교 직물수입상과 1월과 2월 45만 원의 선물매입 계약을 체결했다.[38] 이 때문에 이 상품의 약 4할의 가격 하락에 따른 손실발생을 피할 수 없게 되자 조선인 상인이 계약 가격의 인하를 요구한 것이다. 또한 조선인 직물도매상은 화교 직물수입상과 상해의 마직물 수출상과의 결제 기간이 60~90일로 화교 직물수입상과 조선인 직

本西郎 編(1983)(『西原龜三日記』, 京都女子大學)을 참조 바람.

35) 이승렬(2007), 앞의 책, 272쪽.
36) "포목상조합 대운동회", 《중외일보》, 1929.5.4; "신청은 14일 자동차로 행렬", 《중외일보》, 1930.4.14; 朝鮮總督府(1913a), 『京城商工業調查』, 朝鮮總督府, 107쪽.
37) "폭락한 포목 시가 3, 4할이 폭락", 《동아일보》, 1920.5.20.
38) "마포거래상황", 《동아일보》, 1921.3.27.

물도매상과의 결제 기간인 30~60일보다 길다는 것을 고려하여 결제 기간의 연장을 요구한 것이다.[39)]

그러나 화교 직물수입상 측은 조선인 직물도매상 측의 요구에 응하지 않았다. 이에 대항하여 조선인 직물도매상점 11개소는 계약 해제를 결의하기에 이르러 사태는 악화 일로를 걸었다.[40)] 화교 직물수입상 측은 중국산 마포의 주요한 판매처인 조선인 도매상 측과의 관계를 악화시키는 것은 바람직하지 않다고 판단하여, 쌍방은 경성상업회의소의 중개로 5월 31일 협의에 들어갔다.[41)] 쌍방은 연일 절충을 거듭, 화교 직물수입상 측이 6월에 들어 양보한 결과, 조선인 직물수입상 측이 계약 상품의 절반 이내를 화교 직물수입상에게 인도하든지 이들 상품의 가격 하락에 따른 손실액의 절반 이내를 화교 직물수입상 측이 부담한다는 것에 합의했다. 이로써 쌍방의 거래분규 문제는 일단락되었다.[42)]

이 사례를 통해 쌍방의 거래와 관련하여 명백해진 사실은 두 가지이다. 첫째, 경성의 조선인 직물도매상은 화교 직물수입상으로부터 적지 않은 금액의 중국산 마포를 선물매입 계약으로 조달하고 있었다는 점. 둘째, 양자 간의 거래 기간은 30일부터 60일로 〈표 3-3〉과 같이 은행의 수표할인을 통해 이뤄지고 있었다는 점. 이와 같이 직물을 조달한 경성의 조선인 직물도매상은 "경성 시내는 물론 한강 상류 지방 및 경기도 관내 각지의 포목상"에 판매했다.[43)]

한편, 화교 직물수입상과 조선인 직물도매상과의 관계처럼 화상이 조선인 상인에게 상품을 판매하는 일방적인 관계뿐 아니라 그 역의 사례도 발견된다. 〈표 3-4〉가 보여주듯이 화교 직물수입상인 덕순복 및 금성동 등은 1930년과 1931년에 조선견직(주)로부터 상품을 구매했다. 조선견직(주)는 한일은행의 대주주인 민영휘 일가가 1923년에 설립한 견직물 제직회사로 주요한 생산품은

---

39) "포목상의 궁상 목하 지나상과 절충중", 《동아일보》, 1920.5.1.

40) "마포거래 정지 결의", 《동아일보》, 1920.5.10.

41) "마포 문제 진척", 《동아일보》, 1920.6.1; "마포 解合 실행", 《동아일보》, 1920.6.4.

42) "대창과 마포문제", 《동아일보》, 1920.6.18.

43) 朝鮮總督府(1913a), 『京城商工業調査』, 朝鮮總督府, 107쪽.

〈표 3-4〉 한일은행을 통한 조선인·일본인 상인과 화교 상점 간의 거래내역

할인승인 연월일	본·지점별	수표발행인	수표수취인	액면금액 (원)
1928.11.23	관수동지점	동생태(東生泰)	신덕현(申德鉉)	1,358.35
1928.11.30	관수동지점	동생태(東生泰)	신덕현(申德鉉)	606.86
1928.12.14	남대문지점	동화창(東和昌) 외 10명	양문환(梁文煥)	1,154.09
1928.12.21	본점	금성동(錦成東) 외 12명	조효순(趙孝淳)	3,140.86
1928.12.21	동대문지점	동취복(同聚福) 외 6명	구로카와(黑川代藏)	1,154.09
1929.1.18	동대문지점	서풍덕(瑞豊德) 외 9명	구로카와(黑川代藏)	2,866.53
1929.3.1	본점	동순흥(東順興) 외 12명	김희준(金熙俊)	8,549.62
1929.3.15	본점	화흥태(華興泰)	중앙상공(中央商工)	2,064.00
1929.4.5	관수동지점	광화순(廣和順) 외 12명	신덕현(申德鉉)	3,006.99
1929.4.12	본점	화태호(和泰號) 외 3명	윤상용(尹相用)	861.20
1929.4.12	본점	만창호(萬昌號) 외 5명	조효순(趙孝淳)	1,258.29
1929.5.17	본점	동화창(東和昌) 외 10명	마쓰오카상점(松岡商店)	1,667.18
1930.2.7	본점	덕순복(德順福) 외 7명	조선견직(朝鮮絹織)	1,739.05
1931.3.30	본점	금성동(錦成東) 외 2명	조선견직(朝鮮絹織)	321.80
1931.10.12	본점	금성동(錦成東)	조선견직(朝鮮絹織)	143.00

출처: 한일은행(1928~1931), 『重役會決議錄』 제21~24호, 한국금융사박물관 소장.

조선인이 좋아하는 관사(官紗), 숙소(熟素), 문수자(紋繻子) 등이었다. 덕순복 및 금성동은 중국산 견직물의 수입이 사치품관세의 부과로 수입이 곤란해지자 조선의 견직물 제조회사로부터 조선산 견포를 조달했다는 것을 엿볼 수 있다.[44] 또한 화흥태(華興泰)는 조선인 경영의 중앙상공(주)으로부터 1929년에 2,064원의 상품을 구매했다. 이 회사는 면직물 및 고무제품을 제조, 판매했기 때문에 화흥태는 중앙상공(주) 제조의 면직물 혹은 고무제품을 조달했을 것이다.[45]

한편 김희준은 1929년에 동순흥(東順興) 등의 화교 상점을 상대로 8,549.62

---

44) 박현(2000), 앞의 논문, 47쪽.
45) 中村資良 編(1942), 앞의 자료, 95~96쪽. 이 회사는 1911년 경성의 조선인자본으로 설립된 경성직뉴회사가 전신이며, 1917년 경성방적을 설립한 김성수가 인수, 1925년 회사명이 중앙상공으로 바뀌었다. 이 회사는 1944년 경성방적에 합병되었다.

원의 상품을 판매했다. 그는 경성부 종로의 직물을 도매하는 김희준 상점의 경영자였다.[46] 이 상점은 견직물과 면직물을 주로 판매했기 때문에 부산 소재의 동순흥은 이 상점에서 조선산의 직물을 조달했을 것이다.[47] 화교 직물수입상인 금성동은 앞에서 살펴본 조효순으로부터 직물류를, 동화창(東和昌)은 경성 남대문통 소재의 무역회사인 덕창양행(德昌洋行)을 경영하던 양문환으로부터 잡화류를 조달했다.[48] 이 잡화류는 조선산일 것이다. 신덕현은 경성부 종로의 자전거를 도매로 판매하는 상인이기 때문에,[49] 동생태의 자전거를 판매했을 것이다.[50] 화교 직물수입상 등의 직물상점은 1930년대에 조선 직물업의 발전에 따라 조선산의 인견 및 면포류를 조달했고 이와 같은 사례는 점차 증가했다.[51]

이상의 논의로 경성의 조선인 직물 제직회사와 조선인 직물도매상 및 잡화상은 화교 직물수입상 등 화교 상점에게 직물, 잡화 등을 한일은행 등의 수표할인을 통해 판매한 것으로 밝혀졌으며 조선인 상점과 화교 상점이 상호 협력한 측면이 분명해졌다.

그런데 한일은행을 통한 화교 상점과 일본인 상점과의 거래는 거의 찾아볼 수 없다. 동취복과 서풍덕에 상품을 판매한 구로카와 시로쿠라(黑川代藏)는 경성부 종로의 구로카와상점(합자회사)의 사장으로, 이 상점은 설탕, 밀가루의 판매상점과 과자상점으로서는 일류의 업체였다.[52] 따라서 동취복 및 서풍덕이 이 상점에서 설탕, 밀가루 등을 구매했을 것이다. 이와 같이 한일은행을 통한 쌍방의 거래가 적은 것은 쌍방의 거래가 주로 조선인의 민족은행이 아닌 일본인의 금융기관에 의해 이뤄졌기 때문일 것이다.

---

46) 副業世界社 編纂(1927), 앞의 자료, 73쪽. 이 상점은 1910년 설립되었으며, 김희준이 부친의 가업을 이어받았다.
47) 동순흥의 점주는 조수호(趙修昊)이며 견포, 면포, 마포를 판매했다(〈부표 6〉의 13번).
48) "거래정지", 《동아일보》, 1929.11.7.
49) "자전차 일백대", 《동아일보》, 1921.3.13.
50) 이 상점은 충주에 있었다(〈부표 5〉의 18번).
51) 京城商工會議所(1937.8), 앞의 자료, 24쪽.
52) 이 상회는 1929년 대정신탁(大正信託)의 파산으로 경성수표교환소의 만기 어음을 지불하지 못해 부도 처리되었다("대정신탁 파탄 각방면 파급", 《중외일보》, 1929.2.16).

3. 화교 직물수입상의 지방 유통망

앞 절에서는 화교 직물수입상의 경인지역 유통망을 해명했지만 여기서는 화교 직물수입상의 지방 유통망을 검토하고자 한다. 이미 제1장에서 지방 화교 직물상의 상업 활동이 조선인 직물상을 압박할 정도로 매우 활발하게 이루어지고 있었다는 것을 확인했다. 여기서는 지방의 화교 직물상이 화교 직물수입상과 어떠한 관계에 있었는지, 지방의 화교 직물상 간의 거래 관계는 어떠했는지, 지방의 일본인 직물상 및 조선인 직물상 간의 대립관계는 없었는지를 구체적으로 검토하고자 한다.

먼저 전라북도와 경상북도를 사례로 들고자 하는데 그 이유는 두 가지이다. 〈표 3-5〉가 보여주듯이 이 두 도(道)는 다른 도보다 화교 직물상이 상대적으로 많은 지역이었다. 화교 직물상이 200개소를 상회하는 도는 충청남도, 전라남도, 전라북도, 함경남도, 경상북도의 5개 도였다. 특히 전라북도의 화교 직물상은 도 전체의 직물상점 점포의 41%, 경상북도는 27%를 차지하여 화교 직물상점 수가 조선 내의 직물상점 총수 가운데 차지하는 비중인 19%를 훨씬 상회했다. 요컨대 이 두 도는 화교 직물상의 세력이 다른 도에 비해 상대적으로 강한 지역이었던 것이다.

또 하나의 이유로는 이 두 도의 화교 직물상의 거래에 관한 자료가 남아 있기 때문이다. 전라북도의 화교 직물상의 거래를 엿볼 수 있는 한일은행의 『중역회결의록』이 있다. 경상북도의 화교 직물상에 관해서는 대구화상공회 설립 시 화상의 기부자 명부인 「본회성립건축급연관일람표(本會成立建築及捐款一覽表)」의 편액이 대구화교협회에 소장되어 있다.[53] 이하 두 가지 자료를 근거로 지방 화교 직물상의 유통망에 대해 검토하고자 한다.

---

53) 이 자료는 목판에 대구화상공회의 설립 경위와 기부자의 성명을 붓으로 적고, 표면에 니스를 칠하여 보존된 것으로 판독이 가능하다.

〈표 3-5〉 화교 직물상점이 많은 도(道)의 각 민족별 직물상점의 개수(1930년 10월)

(단위: 개소)

도별	조선인	일본인	화교	합계
충청남도	400(57%)	32(5%)	268(38%)	700(100%)
전라북도	307(51%)	47(8%)	250(41%)	604(100%)
함경남도	1,227(83%)	37(2%)	220(15%)	1,484(100%)
경상북도	550(68%)	47(5%)	217(27%)	814(100%)
전라남도	419(63%)	48(7%)	203(30%)	670(100%)
합계	2,903(68%)	211(5%)	1,158(27%)	4,272(100%)

주: 괄호 안은 각 민족의 직물상점 총수 가운데 차지하는 비중을 나타냄.
출처: 〈표 1-2〉를 근거로 작성.

1) 전라북도 화교 직물상의 유통망

전라북도는 1899년 군산이 개항된 후 화상의 본격적인 이주가 이뤄졌다. 군산부에는 전라도 최대의 차이나타운이 형성되었다. 전라북도의 화교 인구는 1930년 10월 당시 3,297명(남자 2,950명, 여자 347명)이며, 이 가운데 군산부의 인구가 718명(남자 643명, 여자75명)으로 전체의 22%, 군 지역의 인구가 78%를 차지했다. 전라북도의 화교 가운데 직업을 가진 자의 59%는 상업, 19%는 농업, 15%는 노동자 등의 공업, 4%는 교통업에 각각 종사하고 있었다. 즉, 상업 종사자가 전체의 약 6할로 압도적으로 많았던 것이다.[54]

군산부에는 1914년 중화상무회(中華商務會)가 조직되어 1928년 말의 회원수는 부 내외를 합하여 107명에 달했다.[55] 군산부 화교경제의 중심은 다른 지역과 같이 직물상이었다. 그것은 1923년 중화상무회의 임원이 거의 직물상의 점주가 차지하고 있다는 것에서 분명히 드러난다.

---

54) 朝鮮總督府(1933a), 『昭和五年朝鮮國勢調査報告道編 第四卷 全羅北道』, 朝鮮總督府, 124~125쪽.
55) 京城商業會議所(1929.3), 앞의 자료, 27쪽.

1928년 당시 영업 중인 직물상은 24개소였고, 이 가운데 직물도매상은 6개소, 도매 겸 소매상은 3개소, 소매상은 15개소였다.[56] 직물도매상은 유풍덕(점주는 이만년(李萬年)), 협흥유(점주는 장신오(張愼五)·〈부표 6〉의 166번), 금생동(점주는 추배시(鄒培詩)·〈부표 6〉의 174번), 동화창(東和昌, 점주는 강자운(姜子雲)), 덕생동(점주는 녹덕규(鹿德奎)·〈부표 6〉의 47번), 문태흥(점주는 해천경(解天慶)·〈부표 5〉의 133번)이다. 각 도매상의 1928년도 연간 매상액은 각각 37만 5,000원, 26만 9,000원, 26만 3,900원, 24만 8,800원, 22만 6,000원, 19만 2,900원이었다.[57] 경성 및 인천의 직물수입상보다는 매상액이 적지만 상당한 금액이었다. 도매 겸 소매상의 매상액은 약 7만 원, 소매상은 1~3만 원이었다.

위의 직물상은 〈표 1-3〉과 대조해보면 경성 및 인천의 화교 직물수입상의 지점이 많았다. 군산의 동화창은 인천 지나정 소재의 동화창(〈부표 6〉의 6번)의 지점, 협흥유는 인천 지나정 소재의 협흥유(〈부표 6〉의 167번)의 지점, 유풍덕은 경성 소재의 유풍덕(〈부표 6〉의 176번)의 지점이었다. 화교 직물수입상이 군산부에 지점을 설치한 것처럼 다른 부에도 지점을 개설한 것이 확인된다. 유풍덕은 부산부에 유풍덕[58](〈부표 6〉의 177번), 서태호는 인천 지나정에 지점인 화태호(〈부표 6〉의 52번)를 개설했다는 것은 앞에서 언급했지만, 부산에 지점인 서태호(〈부표 6〉의 204번)를 개설하고 있었다.[59] 화교 직물수입상이 각 부에 지점을 설치한 것은 경인지역 및 경기도, 황해도, 강원도는 소재지에서 가깝기 때문에 중국 및 조선의 직물도매상 및 소매상에 직물을 직접 판매할 수 있었지만 군산과 부산은 서울과 인천에서 멀리 떨어져 있기 때문에 현지에 거점을 두고 판매할 필요가 있었다.

군산부의 화교 직물수입상의 지점은 영국산 면직물, 중국산 견직물 및 마직

---

56) 京城商業會議所(1929.3), 앞의 자료, 26~27쪽.

57) 京城商業會議所(1929.3), 앞의 자료, 26~27쪽.

58) 1928년도의 매상액은 20만 원, 점주는 서서빈(徐序斌)이었다(京城商業會議所(1929.3), 앞의 자료, 25쪽).

59) 1928년도의 매상액은 40만 원, 점주는 두수신(杜樹新)이었다(京城商業會議所(1929.3), 앞의 자료, 25쪽).

물이 조선 시장을 독점할 때는 본점에서 거의 모든 직물을 조달했다. 그러나 영국산 면직물 및 중국산 견직물이 일본산 면직물 및 견직물에 조선 시장에서 점차 설 자리를 잃어버리자 조달방법에 변화가 일어났다. 화교 직물수입상의 지점은 일본산 면직물 및 잡화를 군산부의 일본인 직물도매상 혹은 오사카의 화상을 통해 직접 조달하는 것으로 바뀌었다.[60] 이와 같은 조달 방법은 점차 강화되어갔다. 예를 들면, 1929년 주원산 중화민국 부영사관(駐元山中華民國副領事館) 관내인 함경도와 강원도 소재 화교 경영 직물상 및 직물 겸 잡화상 취급품의 연간 매상액 가운데 일본산이 전체의 92%를 차지한 반면, 중국산은 겨우 8%에 지나지 않았다.[61]

이상과 같이 본점과 지점의 관계가 이전보다 약화된 것처럼 보이지만 본점이 지점의 경영을 관장하고 있는 것은 변함없었다. 경성 본점의 서태호는 인천과 부산에 화태호와 서태호를 각각 지점으로 개설했지만 앞에서 언급한 서태호의 장부 가운데 각부왕복(各埠往復)과 각부일선왕복(各埠日鮮往復)이 있었다. 각부왕복은 본점과 지점 간의 거래를 기록한 장부이며 각부일선왕복은 인천 및 부산 지점과 일본의 직물도매상과의 거래를 기록한 장부로 추정된다. 서태호는 각 지점의 경영 상황을 파악하고 장부를 관리했던 것이다.

하지만 군산부의 직물도매상은 조달한 직물을 어떻게 판매했는지 국내 유통망을 검토해보자. 〈표 3-6〉은 한일은행 군산지점을 통한 군산부의 직물도매상과 화교 상점 간의 거래 내역을 정리한 것이다.

먼저, 한일은행 군산지점과 거래 관계가 깊었던 화교 직물도매상은 동화창과 덕생동 상점인 것을 알 수 있다. 양 도매상으로부터 수표할인을 통해 상품을 조달한 화교 상점은 다수였다. 동화창에게 수표할인을 통해 상품을 조달한 화교 상점 가운데 상점명이 확인되는 것은 만취화, 신화홍, 복흥덕, 의창성, 복취성, 지성동, 화취복, 쌍성복, 공화리, 의화길, 길창순, 홍순화, 복익홍, 광화

---

60) 朝鮮總督府(1924a), 『朝鮮に於ける支那人』, 朝鮮總督府, 118쪽.

61) 駐元山副領事館報告(1930), 「元山華僑開設商店表」(복각판, 中國第二歷史檔案館 編(1990), 『南京國民政府外交部公報』第3卷 第7號, 江蘇古籍出版社, 116~117쪽).

〈표 3-6〉 한일은행을 통한 화교 직물도매상과 화교 상점 간의 거래내역

할인승인 연월일	지점별	수표발행인	수표인수인	액면금액 (원)
1928.11.23	군산지점	융흥덕(隆興德) 외 14명	덕생동(德生東)	3,826.37
		원흥장(源興長) 외 4명	덕생동(德生東)	1,665.15
		만취화(萬聚和) 외 4명	동화창(東和昌)	1,402.25
		신화흥(新和興) 외 3명	동화창(東和昌)	1,482.25
		덕성영(德盛永) 외 9명	덕생동(德生東)	3,739.55
1928.11.30	군산지점	복흥덕(複興德) 외 4명	동화창(東和昌)	729.50
		원흥장(源興長) 외 12명	덕생동(德生東)	3,345.75
		의창성(義昌盛) 외 5명	동화창(東和昌)	6,049.60
		서의순(西義順) 외 8명	덕생동(德生東)	2,342.75
		신화흥(新和興) 외 19명	동화창(東和昌)	6,645.95
1928.12.31	군산지점	서의순(西義順) 외 16명	덕생동(德生東)	4,286.66
		가지타사부로(梶太三郞) 외 9명	동화창(東和昌)	9,712.32
1929.1.18	군산지점	복취성(複聚盛) 외 9명	동화창(東和昌)	4,407.35
		복화호(福和號) 외 14명	덕생동(德生東)	2,851.05
		의순영(義順榮) 외 12명	덕생동(德生東)	2,584.25
		지성동(志成東) 외 7명	동화창(東和昌)	1,766.60
		서성흥(西成興) 외 2명	덕생동(德生東)	3,071.80
		덕흥영(德興永) 외 2명	덕생동(德生東)	462.50
		쌍성동(雙盛東) 외 10명	덕생동(德生東)	2,881.83
		화취복(和聚福) 외 2명	동화창(東和昌)	3,817.62
1929.2.1	군산지점	원흥장(源興長) 외 19명	덕생동(德生東)	6,480.40
		이창호(利昌號) 외 2명	덕생동(德生東)	525.75
		협원성(協源盛) 외 14명	덕생동(德生東)	3,562.95
		쌍성복(雙盛福) 외 19명	동화창(東和昌)	5,909.39
		공화리(公和利) 외 4명	동화창(東和昌)	4,862.05
		지성동(志成東) 외 1명	덕생동(德生東)	286.80
1929.2.8	군산지점	유성동(裕盛東) 외 8명	동화창(東和昌)	3,385.20
		문태흥(文泰興) 외 1명	덕생동(德生東)	312.75
		경흥순(慶興順) 외 4명	덕생동(德生東)	2,433.30
		유풍인(裕豐仁) 외 12명	동화창(東和昌)	2,652.47
		홍순리(興順利) 외 2명	동화창(東和昌)	4,112.00
		돌취덕(同聚德) 외 5명	덕생동(德生東)	2,463.61
		화성흥(和盛興) 외 7명	동화창(東和昌)	2,533.36
1929.3.8	군산지점	의화길(義和吉) 외 2명	동화창(東和昌)	658.14

할인승인 연월일	지점별	수표발행인	수표인수인	액면금액 (원)
1929.3.15	군산지점	길창순(吉昌順) 외 7명	동화창(東和昌)	3,931.15
1929.4.19	군산지점	원흥장(源興長) 외 2명	덕생동(德生東)	4,605.29
		신성호(新盛號) 외 1명	덕생동(德生東)	1,801.75
1929.5.24	군산지점	경흥순(慶興順) 외 4명	덕생동(德生東)	3,571.97
		광화순(廣和順) 외 4명	덕생동(德生東)	2,717.45
1929.6.7	군산지점	덕취성(德聚盛)	덕생동(德生東)	212.18
		인태의(仁泰義) 외 3명	덕생동(德生東)	1,234.50
1929.6.14	군산지점	의순영(義順榮) 외 5명	덕생동(德生東)	2,681.38
		인태의(仁泰義) 외 1명	덕생동(德生東)	1,951.25
1929.10.18	군산지점	유태성(裕泰成) 외 2명	덕생동(德生東)	690.95
1929.12.31	군산지점	흥순화(興順和) 외 8명	동화창(東和昌)	5,799.39
		광화선(廣和順) 외 5명	덕생동(德生東)	1,193.73
		복익흥(福益興) 외 2명	동화창(東和昌)	899.25
1930.1.17	군산지점	광화순(廣和順) 외 12명	동화창(東和昌)	3,890.67
		광화순(廣和順) 외 12명	덕생동(德生東)	1,893.08
		덕성화(德盛和) 외 9명	동화창(東和昌)	5,026.96
		덕취화(和聚興) 외 4명	덕생동(德生東)	1,211.75
		광화순(廣和順) 외 4명	덕생동(德生東)	1,386.14
		유풍동(裕豊東) 외 2명	덕생동(德生東)	986.44
1931.3.30	군산지점	신화흥(新和興) 외 2명	박창숙(朴昌淑)	1,511.55
		금생동(錦生東) 외 1명	박창숙(朴昌淑)	1,046.84

출처: 한일은행(1928~1931), 『重役會決議錄』 제21·22호, 한국금융사박물관소장.

순, 덕성화 등 15개소였다. 한편, 덕생복에서 상품을 조달한 화교 상점은 융흥덕, 원흥장, 덕성영, 원흥장, 서의순, 복화호, 의순영, 서성흥, 덕흥영, 쌍성동, 지성동, 신성호, 경흥순, 광화순, 덕취성, 인태의, 유태성, 화취흥, 유풍동, 문태흥 등 20개소였다. 동화창과 덕생복 쌍방에서 상품을 조달한 상점은 지성동과 광화순밖에 없고 쌍방의 거래처는 정확히 구분되어 있었던 것이다.

동화창과 덕생복의 거래처는 어떤 상점이었을까? 덕생복의 거래처인 의순영(점주는 유지귀(劉志貴)·〈부표 6〉의 160번)과 문태흥(〈부표 5〉의 133번), 쌍방의 거래처인 광화순(〈부표 6〉의 107번)은 모두 군산부 소재 직물 및 잡화 도소매상 및 소매상이었다.[62] 그 밖에 군산부 및 전라북도 군 지역의 화교 직물·잡화소매상이 있었다. 1930년 10월 당시 전라북도에는 화교 직물상점이 250개소(군산부 소재 32개소, 군 지역 소재 218개소)였고, 군 지역에는 조선인 직물상점이 273개소(군산부 소재 34개소)에 육박할 정도로 많았다. 일본인 직물상점은 군산부 14개소, 군 지역 33개소밖에 없어 군 지역의 직물상점 상권은 화교와 조선인에 장악되어 있었다고 해도 과언이 아니다.[63]

한편, 군산부의 화교 직물도매상은 한일은행의 강경·논산지점을 통해 지역의 화교 직물 및 잡화상점에 상품을 판매했다. 동화창은 이 지점을 통해 1925년 6월~1929년 12월 396건·162만 5,325원의 수표할인을 받았다. 덕생동은 1926년 4월~1929년 12월 215건·57만 6,755원, 문태흥은 1925년 6월~1928년 1월 166건·87만 5,332원, 금생동 1926년 9월~1927년 12월 34건·10만 4,832원의 수표할인을 각각 받았다.[64]

4개소의 화교 직물도매상의 상품 판매처는 의화리(義和利), 복흥호(複興號), 인태항(군산 소재·점주는 왕수람(王樹嵐)·〈부표 6〉의 194번), 홍순리(興順利), 천창순(天昌順), 의창성(義昌盛), 쌍성복(雙盛福), 쌍성흥(雙誠興, 강경 소재·〈부표 2〉의 60번), 화창신(和昌信), 화기호(和記號, 강경 소재·〈부표 2〉의 49번)였다. 이들 화교 상점은 인태항을 제외하고 강경·논산지역을 중심으로 하는 충청남도의 화교 직물도·소매상이었다. 충청남도는 화교 직물상이 조선의 도 가운데 가장 많은 도로서 268개소에 달했다. 논산군 전체의 직물상점은 89개소인데 화교 직물상점 개수가 충청남도 직물상점 총수의 38%를 차지했기 때문에 논산군에 30~40개소의 화교 직물상점이 있었던 것으로 추정된다.[65]

이처럼 군산부의 화교 직물도매상이 도(道)의 경계를 넘어 강경 및 논산까지

---

62) 京城商業會議所(1929.3), 앞의 자료, 26~27쪽.

63) 〈표 1-2〉를 참조 바람.

64) 박현(2000), 앞의 논문, 84쪽.

65) 朝鮮總督府(1932d), 『昭和五年朝鮮國勢調查報告道編 第三卷 忠淸南道』, 朝鮮總督府, 84~85쪽.

진출한 것은 군산과 강경이 금강을 통해 같은 유통권인 것과 관계가 있다. 화상은 조선 후기 이래 조선 3대시장(대구, 평양, 강경)의 하나로 손꼽히는 강경에 1880년대 초부터 일본인보다 먼저 진출, 상점을 개설하든지 행상을 통해 활발한 상업 활동을 전개했다.[66] 그런데 1899년 군산의 개항으로 강경 거주 화상은 군산으로 이주하고,[67] 화교 직물도매상은 군산에서 연안 해운 및 철도를 이용하여 상품을 강경, 논산에 판매하게 되었다.[68]

군산부의 화교 직물도매상이 한일은행 군산지점 및 강경·논산지점을 통해 거래한 내역을 보는 한, 조선인 및 일본인 상점과의 거래는 매우 적었다. 동화창이 일본인 상인인 가지타 사부로(梶太三郎)에 상품을 판매한 것과, 신화흥(新和興)과 금생동(錦生東)이 군산신탄(주)(群山薪炭(株))의 조선인 박창숙에게 신탄(薪炭)을 구매한 것이 전부이다.[69] 이 사실은 화교 직물도매상이 주로 전라북도 및 충청남도의 화교 직물소매상을 대상으로 상품을 판매한 것을 말해준다.

이상의 논의를 통해 파악된 전라북도 화교 직물상의 유통망은 군산부 소재 경성 및 인천의 화교 직물수입상의 지점(혹은 직물도매상)이 정점에 자리하고, 본점 및 지점 스스로 조달한 상품을 도내 및 충청남도의 강경·논산지역에 깔려 있던 화교 직물 및 잡화상을 통해 상품을 판매하고 있는 구조를 분명히 밝힐 수 있었다.

---

66) 吉野誠(1990), 「領事館報告にみる朝鮮の內地市場: 1900年の忠淸南道」, 『朝鮮近代の經濟構造』, 日本評論社, 139~142쪽. 또한 일제강점기 강경지역의 경제개발의 실태에 대해서는 鄭然泰(2005)(「日帝の地域支配·開發と植民地的近代性: 浦口商業都市·江景地域の事例」, 『近代交流史と相互認識 II』, 慶應義塾大學出版會)를 참조 바람.

67) 朝鮮總督府(1924a), 『朝鮮に於ける支那人』, 朝鮮總督府, 114쪽.

68) 1912년 강경-이리-군산을 잇는 호남선 및 군산선이 개통되면서 종래의 금강을 이용한 수운은 쇠퇴하지 않을 수 없었다. 강경은 1914년 논산군에 편입되었다. 철도 개통이 충청남도 지역의 근대 상업에 미친 영향에 대해서는 김민영·김양규(2005)(『철도, 지역의 근대성수용과 사회경제적 변용: 군산선과 장항선』, 선인)을 참조 바람.

69) 이 회사는 1931년 9월 군산부 영정(榮町)에 설립되었다.

제I부_ 화교 직물상

2) 경상북도 화교 직물상의 유통망

① 대구부

경상북도의 대구부에 화교 행상이 출입한 것은 1890년대 초이지만, 조선 정부의 외국인에 대한 내지 거주금지의 법률로 대구에 화상이 본격적으로 정착한 것은 군산부보다 약간 늦은 1905년경이었다.[70] 대구가 정식으로 개시장이 된 것은 1907년 7월 1일이지만 그보다 약 2년 전에 화교가 대구에 정착한 것이다.[71]

화교가 1905년경 대구에 정착한 것은 1904년 경부철도의 완공으로 대구가 주요한 철도의 연선으로 경성·인천과 철도로 연결된 것이 계기였다.[72] 대구 거주 일본인 인구가 급증한 것도 이때였다.[73]

철도의 부설이 내륙에 위치하여 교통이 불편한 대구에 화상의 정착을 촉진시킨 것은 쉽게 상상할 수 있다. 대구가 조선 후기부터 조선의 3대 시장의 하나로 손꼽힐 정도로 상업도시인 것은 화상의 정착을 유인하기에 충분한 매력이 있었다.

대구부의 화교 인구는 급속한 증가를 계속하여 1930년 10월에는 792명(남성 695명·여성 97명)으로 군산부의 화교 인구를 약간 상회하였고, 이전의 개항장인 부산부 및 목포부의 화교 인구보다 많았다. 대구부를 포함한 경상북도의 화교 인구는 2,452명(남성 2,181명, 여성 271명)이었다. 경상북도 화교의 직업은 상업 종사자가 취업자의 52%(대구부는 71%)를 차지하여 가장 많았다.[74] 대구부

---

70) 화교의 대구 거주의 경위 및 경제활동에 대해서는 졸고(2005)(「20세기 전반기 대구지역 화교의 경제적 활동(1905~1955년)」, 『대구사학』 제80집, 대구사학회)를 참조 바람.

71) 木浦府(1930), 『木浦府史』, 木浦府, 41쪽.

72) 경부철도 개통 후, 화상이 부산, 대구 방면으로 진출하려는 계획을 세운 것이 확인된다 (東京高等商業學校(1907), 『韓國ニ於ケル本邦貨物販路取調報告』, 統監府, 19쪽).

73) 大邱商業會議所(1928), 『大邱』, 대구상업회의소, 4쪽. 『대구물어(大邱物語)』(1931)의 저자인 가와이 아사오(河井朝雄, 대구 조선민보사(朝鮮民報社)의 사장)가 대구에 이주한 것도 1904년이었다.

에는 화교 인구의 증가와 화교 상업의 발달에 따라 1928년에 대구화상공회(大邱華商公會)가 설립되었다.[75]

대구부 화교 직물상은 1930년 10월 당시 8개소에 지나지 않았지만 다른 부(府)와 마찬가지로 화교 직물상이 화교 상업 및 경제의 중심이었다. 대구부 소재 화교 직물상은 1923년 현재 덕순영(점주는 장옥당(張玉堂)·〈부표 5〉의 63번), 의성공(점주는 손중선(孫中選)·〈부표 5〉의 201번), 복취동(점주는 이경정(李鏡亭)·동 127번), 경성장(점주는 장인암(張仁菴)·〈부표 5〉의 105번), 화성호(점주는 조곤생(趙昆生)·동 81번), 합성장(점주는 왕우삼(王友三)·동 149번), 덕태창(점주는 공점홍(孔漸鴻)·동 46번)으로서, 연간 매상액은 각각 30만 원, 26만 6,000원, 20만 원, 18만 원, 15만 원, 12만 원으로 모두 도매상이었다.[76] 덕순영 및 경성장의 1928년 매상액은 각각 43만 원과 37만 원으로 1923년에 비해 훨씬 증가했다.[77] 또한 덕태창의 공점홍은 대구화상공회의 초대회장으로 선임되어 공회의 조직 및 회관의 설립을 주도한 인물이었다.[78]

이와 같은 직물도매상은 상호로 볼 때 경성 및 인천 화교 직물수입상의 지점은 아닌 것 같지만, 밀접한 관계에 있었다. 대구부의 직물도매상은 "주로 인천·경성의 상점을 경유하여 거래하고 있다"라고 되어 있지만, '인천·경성의 상점'이 구체적으로 어느 상점인지는 특정할 수 없다.[79] 다만, 대구화상공회의 설립 시 경상북도의 화교뿐 아니라 경성과 인천에서 기부금이 답지했다. 이 가운데 경성의 유풍덕(기부금 40원), 금성동 40원, 영래성 30원, 광화순 40원, 덕순복 40원과, 인천의 덕순복 40원, 영래성 30원, 금성동 25원이 포함되어 있었다.[80]

---

74) 朝鮮總督府(1933c), 『昭和五年朝鮮國勢調査報告道編 第六卷 慶尙北道』, 朝鮮總督府, 190~191·210~211쪽.

75) "화상공회 발회식", 《동아일보》, 1928.5.30; 大邱華商公會(1930), 『本會成立建築及捐款一覽表』, 대구화교협회소장.

76) 朝鮮總督府(1924a), 앞의 자료, 136쪽.

77) 京城商業會議所(1929.3), 앞의 자료, 26쪽.

78) 大邱華商公會(1930), 앞의 자료.

79) 朝鮮總督府(1924a), 앞의 자료, 134쪽.

80) 大邱華商公會(1930), 앞의 자료. 덕취화는 기부금과 별도로 대구화상공회 설립 시 100

이상의 화교 직물수입상이 대구부의 직물도매상이 주도하여 설립을 추진한 대구화상공회에 기부금을 낸 것은 쌍방이 거래 관계에 있다는 것을 뒷받침한다. 이와 같은 '인천·경성의 상점'은 유풍덕, 금성동, 영래성, 광화순, 덕순복이었을 가능성이 높다.

한편, 「본회성립건축급연관일람표」의 기부자 리스트에 덕취화(〈부표 1〉의 30번·〈부표 7〉의 29번)라는 상점이 200원을 기부한 점이 주목된다. 덕취화는 부산부 소재의 직물수입상으로 1923년 및 1928년의 연간 매상액은 각각 30만 원과 50만 원에 달하는 화교 직물수입상이었다.[81] 이 수입상은 1906년에 이미 영업하고 있는 것이 확인되는데 설립연대가 가장 빠른 것으로 보인다.[82] 대구부 소재의 화교 직물도매상은 덕취화에서 직물을 조달한 것으로 보인다. 한편, 복취동(〈부표 2〉의 82번)과 경성장(〈부표 2〉의 69번)은 인천에 지점을 설치하여 직접 직물을 조달하기도 했다.

다음으로 대구부 화교 직물도매상과 조선인 직물상 간의 관계에 대해 검토해보자. 1930년 10월 당시 대구부의 직물상점은 일본인 상점 26개소, 조선인 상점 125개소, 화교 상점 8개소였다.[83] 상점 수로 볼 때 화교 상점은 전체의 5%에 지나지 않았고 조선인 상점이 78%를 차지하여 압도적으로 많았다. 그러나 조선인 상점은 화교 직물도매상 혹은 일본인 직물도매상[84]에서 조달하는 직물소매상이 대부분으로 판매영역이 분리되어 있었다.[85]

그러나 판매영역을 둘러싸고 화교 직물도매상과 조선인 직물상 간에는 종

원을 화상공회에 빌려주었다.

81) 朝鮮總督府(1924a), 앞의 자료, 145쪽; 京城商業會議所(1929.3), 앞의 자료, 25쪽.

82) 駐釜山領事館(1906.4.20), 「華商人數清冊: 各口華商清冊」, 『駐朝鮮使館檔案』(동 02-35-041-03).

83) 주요한 조선인 직물상점은 김성재상점, 김윤호상점, 대화상점, 나재수상점, 이일근상점, 이한오상점, 백용구상점, 신원오상점, 지이홍상점 등이었다. 副業世界社 編纂(1927), 앞의 자료, 255~276쪽 참조.

84) 대구부의 주요한 일본인 직물도매상은 마쓰마에(松前)상점, 히로마에(弘前)상점이었다(大邱商業會議所(1928), 앞의 자료, 22·26쪽).

85) 朝鮮總督府(1924a), 앞의 자료, 136쪽.

종 대립하는 경우가 나타났다. 하나의 예를 들어보자. 조선인 직물상으로 조직된 대구포목상공조회(大邱布木商共助會)는 1922년 10월 9일 개최된 임원회에서 화교 직물도매상이 종래 도매에 전념해왔지만 소매에도 진출하려는 움직임이 보이자, 항의하는 결의를 했다.[86] 이와 같은 결의의 배경에는 조선인 직물상이 거의 소매를 하고 있었기 때문에 화교 직물도매상이 소매시장에 진출하면 조선인 직물상의 영업, 나아가서는 그 존재가 위협받는다는 사정이 있었기 때문이다. 대구포목상공조회는 결의에 근거하여 화교 직물도매상 측에 소매를 중지하지 않으면 일체의 거래를 중단한다고 압력을 가했다. 결국 화교 직물도매상 측은 소매 중지의 요구를 수용했다.[87] 군산부와 달리 대구부에 화교 직물소매상이 거의 없었던 것은 이와 같은 경위가 있었던 것이다.

이와 같은 사건은 진남포부에서도 발생했다. 『조선의 지나인』에 기재된 관련 내용을 그대로 싣는다.

당지(當地) 지나상인(支那商人) 가운데 주단포목상은 전부 도매를 한다. 지나상이 소매영업을 하게 되면 조선인의 포목상은 그들 지나상에 압도되어 폐업을 하지 않을 수 없기에 조선인포목상은 단결하여 지나상에 소매를 하지 말도록 강요했다. 진남포상업회의소 및 지나영사관의 알선으로 1921년 8월 20일부터 5년간 유효한 계약을 체결했다. 즉, 지나인의 주단상은 소매를 하지 않을 것, 도매가격은 다른 지방과 같은 가격 혹은 그 이하로 할 것, 이에 대해 조선인 포목상은 당지 이외의 지나상에게 상품을 구매하지 않을 것을 조건으로 했다. 본 조건을 위반한 자는 1건당 50원의 위약금을 부과하도록 했다. 그러나 현재 지나상인은 이번 계약을 불리하다고 하여 파기의 시기가 도래할 것을 희망하는 상태이다.[88]

이상의 검토에 의해 대구부의 화교 직물도매상은 경성, 인천, 부산의 화교

---

86) "포목공조회 임원회", 《동아일보》, 1922. 10. 24.
87) "포목공조회 임원회", 《동아일보》, 1922. 10. 24.
88) 朝鮮總督府(1924a), 앞의 자료, 168~169쪽.

직물수입상에게 직물을 조달하고, 대구부에서는 주로 조선인 직물상에 직물을 도매하고, 도매상이 소매판매에 진출하자 조선인 직물상의 맹반발을 사서 단념한 것을 확인, 같은 사건이 진남포부에서도 발생한 것을 분명히 했다.

② 군 지역

그런데 대구부의 화교 직물도매상이 부내의 조선인 직물상한테만 판매했다고는 생각하지 않는다. 1930년 10월 당시 경상북도의 군 지역에 655개소의 직물상점이 있었으며 이 가운데 조선인 직물상이 425개소, 화교 직물상이 209개소, 일본인 직물상이 21개소였다. 즉, 도내 전체 화교 직물상의 32%는 화교가 차지하고 있었던 것이다. 대구부의 화교 도매직물상과 209개소의 화교 직물상과는 어떤 관계가 있었을까?

209개소의 화교 직물상점이 어느 군에 소재하고 있었는지, 각 상호는 1930년 국세조사 결과에서는 확인할 수 없다. 그러나 「본회성립건축급연관일람표」에 약 100개소의 화교 직물상의 상호와 소재지가 게재되어 있기 때문에 이것이 그 파악에 매우 귀중한 자료가 되고 있다. 〈표 3-7〉은 바로 화교 직물상의 리스트를 정리한 것이다.

〈표 3-7〉에 게재된 화교 직물상 가운데 고령군, 청송군, 영양군, 울릉도 소재의 상점은 없었다. 그러나 1930년 10월 당시 고령군 31명, 청송군 38명, 영양군 5명, 울릉도에 8명의 화교가 거주하고 있었기 때문에 화교 직물상이 있더라도 기부를 하지 않았을 가능성이 있다. 예를 들면, 1931년 10월의 신문기사에 고령군에는 "6, 7년 이전부터 고령의 상권을 거의 장악하고 있던 7, 8개소의 중국인 상점"[89]이 있었기 때문에 고령에도 화교 직물상이 있었던 것은 틀림없고, 기부금을 내지 않아 일람표에 포함되지 않았을 것으로 추정된다. 따라서 화교 직물상은 경상북도의 거의 모든 군에 진출해 있었다고 봐도 될 것이다.

화교 직물상이 상대적으로 많았던 군은 상주군 15개소, 경주군과 영일군은

---

89) "상품 경매 후 중국인 *撤歸* 고령군민이 대활동", 《동아일보》, 1931.10.4.

〈표 3-7〉 경상북도의 주요한 화교 직물상점(1930년)

지역	인구 (명)	상호명
경상북도		
대구부	792	덕순영(德順永·200), 덕취화(德聚和·200), 공취태(公聚泰·200), 경성장(慶盛長·150), 의성공(義盛公·100), 영흥덕(永興德·100), 의취영(義聚永·60), 덕취동(福聚東·50), 영순성(永順盛·50), 영흥화(永興和·50), 쌍리동(雙利東·50), 화순리(和順利·30), 덕풍항(德豊恒·30), 유흥동(裕興東·20), 덕생호(德生號·20), 연성영(連盛永·15)
달성군	109	현풍면: 춘성복(春盛福·20)
김천군	165	김천면: 의취영(義聚永·60), 쌍리동(雙利東·50), 덕풍항(德風恆·30), 유흥동(裕興東·20)
상주군	170	상주면: 의흥영(義興永·30), 의증영(義增永·50), 유흥화(裕興和·20), 영래화(永來和·30), 명흥동(名興東·20), 천합성(天合成·20), 인경상(麟慶祥·10), 성덕창(成德昌·10), 토합성(土合盛·1), 덕순화(福順和·5) 함창면: 대증복(大增福·30), 동춘영(同春永·15), 의흥영(義興永·10), 풍성화(豊盛和·5), 동성화(東盛和·5)
문경군	75	문경면: 원생성(源生盛·25), 덕성태(德盛泰·20), 구성동(久盛東·15) 점촌: 동춘영(同春永·5)
안동군	84	안동면: 합성장(合盛長·10), 원생복(源生福·10), 화성호(和成號·5), 덕성장(德盛長·5)
봉화군	35	내성면: 부풍호(孚豊號·20), 여기호(餘記號·10), 동취복(同聚福·10)
영주군	81	영주면: 춘성태(春盛泰·20), 경의덕(慶義德·20), 영생인(永生仁·15), 유흥복(裕興福·10), 의증영(義增永·10) 풍기면: 덕풍항(德豊恆·10)
예천군	75	예천면: 장생덕(長生德·10), 덕생동(福生東·5), 인생덕(仁生德·15), 원취항(源聚恆·3), 영순동(永順東·3) 용궁면: 원생상(源生祥·30), 화성동(和盛東·20), 동생복(同生福·10)
선산군	45	선산면: 문태동(文泰東·15) 장천면: 장성영(長盛永·15)
의성군	52	의성면: 태홍동(泰興東·20), 덕순화(德順和·15), 만성창(萬盛昌·5), 쌍화흥(雙和興·3) 안계면: 신태항(新泰恆·10), 부증순(扶增順·5) 도구: 항성덕(恆盛德·10), 서창영(瑞昌永·10)
군위군	28	군위면: 서합태(瑞合泰·15)
경산군	55	경산면: 길성장(吉盛長·10) 하양면: 연성호(聯成號·15), 동취복(同聚福·15), 동취영(同聚永·15)
청도군	37	화양면: 동순창(東順昌·10), 동기호(同記號·10) 풍각면: 풍태호(豊泰號·5)
영천군	70	영천면: 동성순(同盛順·20), 태생호(泰生號·15), 동화영(同和永·15), 동순태(東順泰·10), 동화공(同和公·5), 문성동(文成東·20) 신령면: 취창영(聚昌永·10)
칠곡군	53	왜관면: 동순공(同順公·25)

성주군	41	성주면: 의덕호(義德號·15), 합화흥(合和興·10)
경주군	138	경주면: 동무성(東茂盛·20), 의성영(義成永·15), 억중호(億中號·10), 의창호(義昌號·5), 천증복(天增福·4) 아화면: 복창호(福昌號·10) 안강면: 홍제호(洪濟號·40), 복화흥(福和興·20), 유경화(裕慶和·10)
영일군	213	포항면: 공태성(公泰盛·50), 공취화(公聚和·40), 동순화(東順和·30), 취풍화(聚豊和·20), 복순상(福順祥·10), 원생동(元生東·20), 이성영(怡盛永·10) 해흥면: 문성홍(文盛興·10), 복생호(複生號·5)
영덕군	52	영덕면: 성기호(盛記號·20), 덕순태(德順泰·15), 덕취상(德聚祥·15) 영해면: 동생화(同生和·40), 원성화(源盛和·30)

경상남도

합천군	67	합천면: 원풍동(源豊東·15), 복성의(複成義·10) 초계면: 만풍영(萬豊永·10)
거창면	40	거창면: 덕성창(德盛昌·10)
소재지 불분명	-	협성화(協盛和·인덕·10), 유창흥(裕昌興·신구·15), 성생호(成生號·영고·20), 항성덕(恒盛德·도구·10), 서창영(瑞昌永·두구·10)

출처: 大邱華商公會(1930), 『本會成立建築及捐款一覽表』, 대구화교협회소장.

각각 9개소, 의성군과 예천군 각각 8개소, 영천군 7개소였다. 각 군의 화교 직물상은 군청 소재지인 곳에 주로 상점을 개설했지만, 읍내에서 벗어난 면 소재지가 있는 곳에도 화교 직물상점이 확인된다. 예를 들면, 경주군의 아화와 안강은 군청 소재지에서 벗어난 면사무소의 소재지였다. 안강에는 기부금 40원을 낸 홍제호(洪濟號)가 있었다. 청도군의 풍각, 의성군의 안계와 도구, 영주군의 풍기, 상주군의 함창은 모두 면사무소의 소재지로 이런 곳에도 화교 직물상이 있었다. 다른 도에도 이와 같은 현상을 찾아볼 수 있다. 황해도 재령군 신원면 소재의 4개소의 화교 직물소매상은 1920년을 전후하여 이 지역에 진출해 지역의 상권을 장악하고 있었다.[90] 강원도 송화군의 장양면 내금강구의 말휘리에 5개소의 화교 직물소매상이 있었으며 이 지역의 상권을 장악하고 있었다.[91] 이로 볼 때 화교 직물상은 일제강점기 조선의 행정기관 최말단인 면까지

---

[90] "중국 상인의 철거", 《동아일보》, 1931.10.16.

[91] "내금강 中人", 《동아일보》, 1931.10.26. 5개소의 화교 직물소매상은 송화군의 군청소재지에 본점이 있었다.

침투한 것을 알 수 있다.

　기부금은 해당 상점 및 개인의 경제력에 따라 할당되는 것이 보통이었다. 이를 기준으로 상대적으로 규모가 큰 직물상점을 뽑아내면 다음과 같다. 김천군의 의취영(60원·〈부표 6〉의 158번)과 쌍리동(雙利東) 50원, 상주군의 의증영(50원·〈부표 4〉의 196번), 영일군의 공태성(50원·〈부표 4〉의 145번) 등이다.

　한편, 〈표 3-7〉을 잘 살펴보면 대구부의 직물도매상과 각 군 직물상점 간에 일정한 공통점을 발견할 수 있다. 대구부 소재 도매상으로 의취영이 있지만 같은 상호의 상점이 김천군에서도 발견된다. 반드시 상호가 일치하지는 않지만 상호 가운데 의(義)와 영(永)이 공통으로 들어간 상점이 상주군의 의흥영(義興永)과 의증영(義增永), 상주군 함창면의 의흥영(義興永), 영주군의 의증영(義增永), 경주군의 의성영(義成永)이 있었다. 중국에서 같은 계열의 상호는 본점 상호의 1자 혹은 2자를 취해 이름을 붙이는 것이 일반적이라는 것을 고려한다면, 각 상점은 대구부의 의취영 계열 상점인 것으로 보인다.[92] 이것이 사실이라면 대구부의 의취영과 군 지역의 계열 상점 간에 상품 거래가 이뤄지고 있었던 것이다. 부 지역의 화교 직물상이 군 지역에 지점을 개설한 것은 일반적이었던 것으로 보인다. 예를 들면, 부산부의 직물상인 원형리(〈부표 6〉의 90번)는 경상북도 포항면에 지점을 개설하고 있었다.[93]

　같은 이유로 의성군의 덕순화(德順和), 영덕군의 덕순태(德順泰)는 대구부 소재의 화교 직물도매상인 덕순영(德順永)의 계열 직물상이 아닐까 한다. 특히, 이러한 일람표의 의성군 기부자 리스트에 덕순화 바로 옆의 덕순영 점주인 '장옥당'의 이름과 기부금 10원이 기재되어 있기 때문에 장옥당은 덕순화의 점주라는 것을 말해준다. 또한 영덕군의 덕취상(德聚祥)과 영일군의 공취화(公聚和) 및 공태성(公泰盛)은 대구부의 덕취상(德聚祥) 혹은 공취태(公聚泰)의 계열상점

---

92) 朝鮮總督府庶務部調查課, "支那に於ける商會法及商事公團處章程【一】", 《조선(朝鮮)》 (1924년 6월호), 朝鮮總督府庶務部, 154쪽.
93) 朝鮮總督府(1924a), 앞의 자료, 145쪽. 지점의 상호는 일람표에 등장하는 포항면 소재의 원생동(元生東)일 것으로 추정된다.

일 것이다. 경산의 동취복(同聚福)과 동취영(同聚永), 봉화군의 동취복(同聚福)도 대구부의 덕취상 혹은 공취태의 계열상점일 것으로 추정된다.

이와 같은 거래 관계를 직접 표시한 것은 아니지만 이를 간접적으로 입증하는 조선총독부의 조사결과가 있다. 경산군 경산면, 안동군, 칠곡군 왜관면, 영일군 포항면, 경주군 경주면에 소재하는 화교 직물상 및 잡화상은 대구에서 직물 및 잡화를 조달하고 있다는 것이 확인된다.[94] 다만, 경상북도의 군 지역 소재 화교 직물상이 모든 상품을 대구에서 도매로 구매한 것은 아니었다. 경부철도의 연선인 김천군의 화교 직물상은 면포를 경성에서 직접 조달하는 것 외에 상주군의 직물상은 직물을 부산, 인천, 오사카에서 조달했다.[95] 이것은 경상북도 군 지역의 화교 직물상이 대구의 직물도매상에 의존하면서도 해당 지역의 수요에 맞춰 조달처를 다양화하고 있었다는 것을 엿보게 한다.

그런데 군 지역 화교 직물상이 모두 부 지역의 화교 직물상 및 잡화상과 연관되어 개업된 것은 아니었다. 앞에서 언급한 지건번의 부친은 1900년대 초 지부(연태)에서 전라남도에 이주, 처음은 광주, 순천, 여수 등의 정기시장을 돌아다니면서 행상을 했으며 이를 통해 번 자금으로 전라남도의 군 지역에 의성영(義盛永)이라는 직물상점을 개설했다.[96] 즉, 행상에서 상설점포의 점주로 상승한 화교도 있었던 것이다. 일제강점기 화교 행상은 화교 직물상점이 없는 산간 벽지의 정기시장과 가옥을 방문하여 상품을 판매했다. 화교 행상의 인구는 1930년 10월 당시 경상북도에 21명, 전라북도에 25명 있었으며,[97] 전국적으로 총 738명이 활동하고 있었다.[98]

---

94) 朝鮮總督府(1926), 『市街地の商圏』, 朝鮮總督府, 202~213쪽.

95) 朝鮮總督府(1926), 앞의 자료, 201 · 210쪽.

96) 지건번의 증언(2003년 1월 28일 서울에서 인터뷰).

97) 朝鮮總督府(1933c), 『昭和五年朝鮮國勢調査報告道編 第六卷 慶尙北道』, 朝鮮總督府, 204 쪽; 朝鮮總督府(1933a), 『昭和五年朝鮮國勢調査報告道編 第四卷 全羅北道』, 朝鮮總督府, 138~139쪽.

98) 朝鮮總督府(1934a), 『昭和五年朝鮮國勢調査報告 全鮮編 第一卷 結果表』, 朝鮮總督府, 260~261쪽.

이와 같은 화교 행상은 개별적으로 상품을 판매하는 것이 아니라 화교 직물상 및 잡화상과의 연계하에 조직적으로 판매했다.[99] 일본화교의 경우, 복청방(福淸帮)의 직물 행상이 잘 알려져 있지만, 그들은 오야붕(親分) 도제제도를 두고 다른 방의 참가를 허용하지 않는 철두철미한 판매망을 구축했는데 조선의 화교 행상도 이와 비슷했다.[100] 그러나 일본의 복청방 행상은 조선과 같이 개항장의 직물수입상, 부 지역의 직물도매상, 군지역의 직물소매상과 연계되어 체계화된 화교의 상업망을 보유하지는 못했다.[101]

다시 〈표 3-7〉을 보도록 하자. 이 표에서 경상남도의 합천군, 거창군 소재 화교 직물상도 기부금을 낸 것이 주목된다. 이것은 대구부의 화교 직물도매상과 두 개 군 소재의 원풍동(源豊東), 복성의(複成義), 만풍영(萬豊永), 덕성창(德盛昌) 간에 거래가 있었다는 것을 보여주는 것이 아닐까. 조선총독부의 조사에서도 거창군의 직물 및 잡화상은 부산부뿐 아니라 대구부에서도 직물잡화를 조달한 것이 확인되기 때문이다.[102] 합천군과 거창군은 경상남도에 속하지만 지리적, 교통적으로 부산보다 대구가 보다 가까워 편리한 것이 작용했던 것이다.

4. 맺음말

이상에서 검토한 바와 같이 화교 직물수입상의 조선 내 유통망은 본점이 있는 경성부와 인천부로부터 행정기관의 최말단인 면에까지 펼쳐져 있어 그물과 같이 연결되어 있었다는 것이 확인되었다.

이 장에서 해명된 사실은 다음과 같다. 먼저 화교 직물수입상이 경인지역에서는 화교 직물도매상, 잡화도매상, 행잔, 화교 중개업자조합의 유통망, 경기

---

99) 朝鮮總督府·小田內通敏調查(1924b), 『朝鮮部落調查報告 第1册』, 朝鮮總督府, 42쪽.
100) 許淑眞(1999a), 「勅令第352號と留日福淸帮」, 『孫文と華僑』, 汲古書院, 232쪽.
101) 廖赤陽(2000), 『長崎華商と東アジア交易網の形成』, 汲古書店, 263쪽.
102) 朝鮮總督府(1926), 앞의 자료, 291쪽.

도, 강원도, 황해도 지역에서는 화교 직물 및 잡화소매상의 유통망을 통해 수입 및 조선 내에서 구매한 직물을 판매했다는 것을 분명히 했다. 또한 화교 직물수입상은 경성부에서 조선인 직물도매상에게 수표를 통해 직물을 판매하고 있었다는 점, 역으로 화교 직물수입상이 조선인 직물도매상 및 직물회사로부터 상품을 조달하고 있었다는 것을 알아냈다.

그다음으로 화교 직물수입상의 조선 지방에서의 유통망에 대해 전라북도와 경상북도를 사례로 검토했다. 전라북도에서는 군산부 소재의 경성 및 인천의 화교 직물수입상의 지점(직물도매상)이 정점에 위치하고 본점 및 지점 스스로 조달한 상품을 도내 및 충청남도의 강경·논산 지역에 펼쳐져 있던 화교 직물상 및 잡화상을 통해 상품을 판매한 구조를 밝혀냈다. 경상북도의 경우, 대구부 소재 화교 직물도매상이 경성, 인천, 부산의 화교 직물수입상으로부터 직물을 조달하여 부내에서는 주로 조선인 직물상점에 직물을 판매했다. 화교 직물도매상이 소매판매에 진출하려 하자 조선인 직물상이 맹반발, 단념하지 않을 수 없었다는 사실을 확인하고 똑같은 사건이 진남포부에서도 발생했다는 것을 설명했다.

군 지역에 대해서는 대구화상공회의 「본회성립건축급연관일람표」를 통해 어떠한 직물상이 영업하고 있었는지, 행정의 최말단인 면까지 화교 직물상이 침투하고 있었다는 점, 군 지역의 화교 직물소매상이 대구부의 화교 직물도매상과 상호 밀접한 관계하에서 영업을 전개하고 있었다는 것을 밝혀냈다.

이상의 검토 결과에 근거하여 일제강점기 화교 직물상의 조선 내 유통망을 그림으로 표시한 것이 〈그림 3-2〉이다. 〈그림 3-1〉과 〈그림 3-2〉를 비교해보면, 개항기와 일제강점기 화교 직물상의 유통망에는 차이점이 확인된다. 즉, 개항기의 유통망은 개항장의 화교 직물수입상이 경성의 시전상인 및 객주와 화교 행상의 판매망밖에 없었지만 일제강점기에는 이에 더하여 각 부의 화교 직물도매상, 각 군·면의 화교 직물소매상이 잇따라 개설되어 판매망이 보다 확충된 것을 확인할 수 있다.

요컨대, 일제강점기 조선의 화교 직물상은 중앙 및 지방에서 화교 직물수입

〈그림 3-2〉 일제강점기 화교 직물수입상의 조선 내 유통망

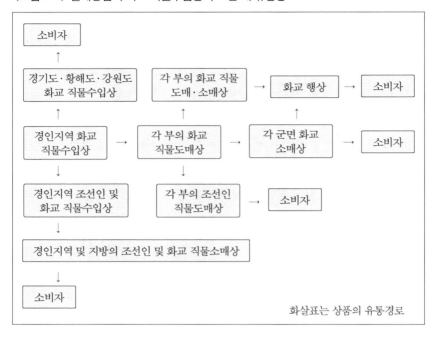

상을 정점으로 도매상을 거쳐 소매상, 행상에 이르기까지 조선 내의 유통 계층 전체에 침투한 유통망을 형성하고 있었던 것이다. 이와 같은 화교 직물상의 유통 계층은 동남아시아 화상에게 전형적으로 발견되는 현상이다.[103] 이러한 유통 계층이 일제강점기 일본인 직물상 및 조선인 직물상을 압박할 정도의 세력을 형성한 주요한 원인이었다.

103) 杉山薫(1994), 『アジア間貿易の形成と構造』, ミネルヴァ書房, 183~184쪽; 滿鐵東亞經濟調査局(1941), 『英領馬來·緬甸及濠洲に於ける華僑』, 滿鐵東亞經濟調査局, 255~257쪽.

제4장

조선총독부의 화교 직물상에 대한 대응

1. 머리말

이 장에서는 동아시아지역에 걸친 통상망과 조선 내에 쇠사슬처럼 펼쳐진 유통망을 토대로 조선의 직물상업계에서 일본인 직물상, 조선인 직물상을 압박하는 세력을 형성하고 있던 화교 직물상에 대해 조선총독부는 어떻게 대응했는지에 대해 검토하고자 한다.

결론을 미리 말하면 조선총독부의 화교 직물상에 대한 대책은 크게 두 가지로 정리할 수 있다. 첫째, 화교 직물상이 중국에서 독점적으로 수입하던 마직물, 견직물에 대해 조선 내의 생산 증가 및 품질개선을 도모하는 대책, 둘째는 두 직물에 대한 일종의 수입제한 조치인 관세율인상과 화교 직물수입상에 대해 과중한 세금을 부과하는 대책이다. 전자에 대해서는 권태억에 의해 어느 정도 밝혀져 있기 때문에 이 장에서는 후자를 중심으로 검토하고자 한다.[1]

---

1) 권태억(1989), 『한국근대면업사연구』, 일조각, 191~209쪽. 조선총독부의 직물생산진흥책으로는 시험기관의 설치, 공업교육기관의 설치, 전습지도기관의 설치, 생산장려시설의 설치 등이 있었다(室田武隣(1931.2), "朝鮮の機業に就て", 《조선(朝鮮)》(1931년 2월호), 朝鮮總督府庶務部, 54~55쪽).

2. 고관세 부과

1) 중국산 견직물

개항기 견직물에 대한 관세는 협정관세율에 의해 종가 7.5~10%가 계속 부과되었다.[2] 일본은 일제강점 시 조선 정부가 열국과 맺은 불평등조약에 근거한 협정관세제도를 철폐하고 관세자주권을 확보하려 했지만, 영국 등 조선에 이해관계를 가진 구미 열강을 배려하여 '한국 병합에 관한 선언' 가운데에 일본 제국 정부는 종래의 조약에 관계없이 금후 10년간 관세유보조치기간(1910년 8월 29일~1920년 8월 28일)을 설정함으로써 중국산 견직물에 대한 관세는 종래대로 종가 7.5~10%가 유지되었다.[3] 이 조치는 1910년대 중국산 견직물 수입이 대폭적으로 증가하는 하나의 요인이었다(〈표 2-2〉 참조).

그런데 일본이 10년간의 관세유예기간 만료를 앞두고 기존의 조선 관세율과 조선관세정률령(朝鮮關稅定率令)을 폐지하고 일본의 관세법과 관세정률법을 조선에 시행하는 이른바 통일관세제도(統一關稅制度)의 실시를 결정했다. 1919년 12월 중국산 견직물 및 마직물의 수입 관세율을 40%로 인상한다는 소문이 나돌자 중국의 마직물 및 견직물 수출 관련 단체는 그러한 움직임을 견제하기 시작했다. 중화국화유지회(中華國貨維持會)는 같은 해 12월 선방공회(鮮幇公會)와 견직물 및 마직물 수출 관련 모든 단체[남경단업상회(南京緞業商會), 진강주업공소(鎭江綢業公所), 소주운금공소(蘇州雲錦公所), 광조하포동업(廣潮夏布同業), 강서하포동업(江西夏布同業), 체인사호(體仁絲戶), 성원사호(盛源絲戶), 강절사주기직연합회(江浙絲綢機織聯合會), 호주사호(湖州絲戶)]와 협력하여 일본의 관세율 인상에 대한 반대운동을 전개했다.[4] 중화국화유지회는 중국 정부에게 견직물 및 마직물에 대한 관세율 인상으로 인해 "조선에 운반되어 판매되는 우리나라의 견

---

2)   統監府(1908b),『韓國條約類纂』, 統監府, 附錄各國關稅對照表, 6쪽.

3)   朝鮮貿易協會·工藤三次郎 編輯(1943),『朝鮮貿易史』, 朝鮮貿易協會, 151쪽.

4)   "日本又擬增加朝鮮進口稅",《천진대공보(天津大公報)》, 1919.12.12.

직물, 마직물의 각 상품은 완전히 사라지게 될 것이다. 실업(實業)은 방해받고 상업과 함께 곤란에 빠진다. 각 상점은 모두 매우 두려워하고 있다"라고 일본 정부에 엄중히 교섭하도록 요구했다.[5]

이처럼 대(對)조선 중국산 견직물 및 마직물의 수출과 관련된 중국의 모든 단체가 두 직물의 수입 관세율 인상에 민감히 반응한 이유로는 제2장에서 살펴본 것처럼 두 직물의 수출처로 조선이 차지하는 비중이 매우 높았다는 것과 조선화교 직물수입상에 의해 독점적으로 수입되어 조선 내의 화교 직물상을 통해 유통되고 있었기 때문에 화교 이해관계자가 광범위하게 존재하고 있었다는 것을 들 수 있다.

주조선중화민국총영사관은 두 직물의 관세율 인상을 저지하기 위해 움직였다. 주조선총영사는 1919년 12월에 주경성영국총영사관, 주경성미국총영사관을 방문하여 통일관세 실시에 따른 수입관세율 인상에 대해 협의했다.[6] 주조선총영사는 영국산 쇄금건은 화교 직물수입상에 의해 조선에 대량으로 수입되고 있었지만 영국과 일본 사이에는 영일협정세율(英日協定稅率)이 적용되기 때문에 통일관세 실시에 영향을 받지 않지만, 중국과 일본 사이에는 그러한 협정이 체결되어 있지 않았기 때문에,[7] 주조선중화민국총영사관은 수입관세율 인상의 움직임에 대해 "현재로서는 항의의 명분이 없다"라고 매우 우려했다.[8] 주조선중화민국총영사관은 조선총독부 외사과를 통하여 두 직물이 조선인에게 매우 호평을 받고 있다는 점, 조선인의 생계에 유익하다는 점을 강조하여 두 직물이 통일관세율의 적용 대상에 포함시키지 말 것을 요청했다. 더욱이 주일

---

5) 원문. 吾國運銷朝鮮絲織麻織各貨皆將絕跡, 實業受阻, 工商交困, 各商均深惶急("日本又擬增加朝鮮進口稅", 《천진대공보(天津大公報)》, 1919.12.12).

6) "駐韓總領事報告加稅情形", 《천진대공보(天津大公報)》, 1919.12.19.

7) 중국은 1843년 호문채추가조약(虎門寨追加條約) 이래 관세자주권을 상실, 관세율은 5%의 협정관세에 매여 있었다. 당시 일본이 관세율을 인상해도 중국 정부로서 이에 대항하여 관세상의 어떤 보복 조치도 취할 수 없는 상황이었다.

8) 원문. 無現時抗議之理由("駐韓總領事報告加稅情形", 《천진대공보(天津大公報)》, 1919.12.19).

본 중화민국공사관도 중국 정부의 지시를 받아 일본 정부와 두 직물이 관세율 인상의 대상이 되지 않도록 교섭을 하고 동 관세율 시행을 연기하는 등의 이야기가 나오고 있었다. 그러나 일본 정부 및 조선총독부는 중국산 견직물 및 마직물에 대한 관세율 인상을 예정대로 실시했다.[9]

그 결과 조선에 수입되는 중국산 견직물은 기존의 종가 7.5~10%의 수입관세율에서 견직물 100근당 최고 520원의 종량세가 부과되었다. 이것을 종가세로 환산하면 30~40%의 관세인상이 되어 이전보다 약 3~5배 높아진 것이다.[10] 그러나 중국산 견직물에 대한 대폭적인 관세율 인상의 영향은 예상한 것보다 크지 않았다. 중국산 견직물의 수입액은 1919~1920년과 1921년은 각각 24%와 41% 감소했지만 전후 불황의 영향으로 일본산도 같은 시기 23% 감소와 7% 증가에 머물렀기 때문이다(〈표 2-2〉 참조).

관세율 인상의 영향이 왜 한정적이었는지는 중국 은화(銀貨)의 평가절하의 영향을 고려하지 않을 수 없다. 일본 통화의 중국 은화에 대한 환율은 일본 통화 100원에 대해 통일관세 실시 직전인 1920년 7월 48.000냥이던 것이 1921년 3월 77.250냥으로 중국 은화는 일본 통화에 대해 60%가 평가절하되었다. 이 같은 중국 은화 평가절하는 중국산 견직물의 수입가격을 인하하는 효과를 발휘, 관세율 인상의 영향을 상당히 상쇄했다.[11]

한편 중국산 견직물의 조선 수입은 중국 은화 평가절하의 도움이 있어 크게 감소하지는 않고 대량 수입이 이어졌다. 그러나 1924년 7월 31일 공포된 일본 제국 법률 제24호에 의한 사치품관세의 시행으로 중국산 견직물의 수입은 새로운 국면을 맞이하게 된다. 사치품관세는 1923년 9월 발생한 관동대지진 후에 무역수지 적자를 막기 위해 일본 정부가 약 600개의 사치품에 대하여 일률

---

9) "朝鮮進口稅緩行增加", 《천진대공보(天津大公報)》, 1920.1.13.
10) 京城商業會議所(1920.10), "在鮮支那貿易商の實力", 《조선경제잡지(朝鮮經濟雜誌)》(1920년 10월호), 京城商業會議所, 3쪽; 朝鮮總督府庶務部(1921.8), "彙報 支那絹布輸入稅率引上の影響", 《조선(朝鮮)》(1921년 8월호), 朝鮮總督府庶務部, 150쪽.
11) 朝鮮總督府庶務部(1921.8), 앞의 자료, 151~152쪽.

적으로 종가 100%의 수입관세 부과를 결정한 것에서 시작되었다.[12] 이 사치품 관세안은 1924년 7월 19일 제49회 특별의회를 통과하여 정식으로 시행되었으며 같은 달 31일 조선에서도 시행되었다.[13] 이 사치품관세의 대상에는 중국산 견직물과 일부의 중국산 고급 마직물이 포함되어 통일관세제도 도입 시와 같은 반대운동이 상해를 중심으로 격렬하게 전개되었다. 이에 대해서는 강진아가 상해에 본부를 둔 중국국화유지회와 상해총상회(上海總商會)를 중심으로 한 관세인상 반대운동을 검토하여 밝혔기 때문에,[14] 여기서는 조선의 화교 직물수입상 및 주조선중화민국총영사관이 사치품관세의 실시에 대해 어떻게 대응했는지를 중심으로 보도록 하자.

화교 직물수입상의 이익을 대변하는 경성중화총상회(京城中華總商會) 및 인천중화총상회(仁川中華總商會)는 상해총상회 및 중화국화유지회와 협력하면서 중국 정부의 중국산 견직물 및 마직물을 사치품관세의 대상으로 포함시키는 것은 부당하다고 청원하고 그 폐지를 호소했다. 사치품관세 시행 직후 인천중화총상회는 일본 정부가 영국, 독일 등 유럽의 10개국과는 사치품관세의 실시를 3개월 유예할 것을 결정한 반면, 중국 정부가 일본 정부와 교섭하고 있는데도 어떠한 효과도 나오지 않는 것은 일본이 중국을 매우 경시하는 것이라며 상해총상회에 문제해결을 위한 협력을 요청했다.[15]

또한 상해하포공회(上海夏布公會)가 같은 해 8월 18일 개최한 견직물 및 마직물의 사치품관세에 반대하는 회의에 강서방(江西帮), 조주방(潮州帮), 산서방(山西帮), 사천방(四川帮)과 산동방에서 약 40명이 참가했다.[16] 산동방 출석자 가운데 장은삼(張殷三)이라는 인물이 포함되어 있었다. 그는 1927년 12월 인천 소재

---

12) "關稅引上の奢侈品決定す 稅率は一率に從價十割", 《중외상업신보(中外商業新報)》, 1924.7.4.

13) "國貨會抗爭日本苛稅華貨", 《상해신보(上海時報)》, 1924.7.20.

14) 강진아(2004b), 「중일무역마찰의 전개와 조중관계의 변화: 1920~1930년대를 중심으로」, 『근대전환기 동아시아속의 한국』, 성균관대학교 출판부, 156~162쪽.

15) "華商紛紛反對日本苛稅", 《상해시보(上海時報)》, 1924.8.9.

16) "夏布商反對日苛稅之會議", 《상해시보(上海時報)》, 1924.8.18.

의 화교 직물수입상인 협흥유(協興裕)의 점주로 근무하고 있었다는 것이 확인되며 당시는 협흥유의 상해지점의 지배인 혹은 수입상의 출장원으로 근무하고 있던 것으로 추정된다.[17] 그렇다면 화교 직물수입상은 상해에 지점 및 출장원을 통하여 사치품관세 반대운동에 적극적으로 관여하고 있었다는 것을 말해준다.

경성중화총상회도 사치품관세 실시를 전후하여 주조선총영사관을 통하여 이 관세의 부당성을 계속 진정했다. 이와 직접적인 관련은 없지만 주조선총영사관은 경성중화총상회의 진정을 접수하고 같은 해 7월 24일 조선총독부 관세과장을 방문하고 중국 내 경한철도(京漢鐵道)의 불통에 따라 수입 견직물의 도착이 지연될 전망이라는 소식을 전달하면서 동 상품에 대해 사치품관세를 적용하지 말 것을 요망했다.[18]

경성중화총상회는 9월에 중국 외교부 및 주일본 공사관에 사치품 관세에 관한 진정서를 보냈다. 경성중화총상회는 중국산 견직물을 사치품 관세 대상에 포함시킨 것에 대한 진정서에서 "조선에 수입되는 우리나라의 견직물은 모두 보통의 상품이며 그 가격은 매우 저렴하기" 때문에 사치품의 대상에 포함되지 않는다고 호소했다.[19] 그런데도 중국산 견직물이 사치품 대상에서 제외되지 않자 경성중화총상회는 조선총독 앞으로 견직물의 사치품 관세를 철폐하여 이전의 세율로 되돌리고 중일관세 개선과 중일 상무의 진흥을 도모하도록 청원했다.[20] 주조선총영사관도 몇 번이나 조선총독부 외사과(外事課)에 항의하는 등 사치품 관세의 대상이 된 중국산 상품에 대한 경성중화총상회의 의견서 및 청원서를 외사과에 전달했다.[21]

한편 화교 직물수입상의 상해지점의 지배인과 출장원으로 조직된 것으로

17) 주조선총영사관(1928), 「仁川鮮人暴動華人被害報告書」, 『駐韓使館保存檔案』(동 03-47-168-01); 〈부표 6〉의 167번, 〈부표 7〉의 102번, 〈부표 8〉의 87번.
18) "중국 상인 진정", 《동아일보》, 1924.7.26.
19) 원문. 我國輸入鮮境綢貨, 全係尋常物品, 價値極廉("조선화교對日苛税意見", 《상해시보(上海時報)》, 1924.9.24).
20) "滬十四公團反對日本加税", 《상해시보(上海時報)》, 1924.12.12.
21) "駐朝鮮領事覆關於日本加税函", 《상해시보(上海時報)》, 1924.12.12.

보이는 선방공회가 사치품관세 철폐운동에 적극적으로 참가하고 있는 것이 눈에 띈다. 선방공회는 사치품관세 실시에 의한 영향조사를 하고 있던 곽칙제(郭則濟) 나가사키(長崎) 영사에게 사치품관세 실시에 의한 "이러한 상태는 화상을 몰아내고 중국 제품의 수입을 완전히 거절하는 것과 똑같다"[22]라고 금번 사치품관세 실시가 화교 직물수입상을 비롯한 화교 직물상을 조선에서 몰아내려는 일본 측의 의도가 있다고 이해했다.

이와 같은 조선 및 중국에서의 사치품관세 반대운동 및 중국 정부의 외교적 노력이 있음에도 1925년 3월 21일 일본 정부 결정에 의해 홍차, 중국 신발 등 일부의 중국산 수입품의 관세가 면제되었지만, 결국 중국산 견직물은 면제의 대상에 포함되지 않았다.[23] 견직물의 사치품관세 철폐 요구는 1920년대 후반 남경국민정부가 수립된 후에도 계속되었다. 방정조(龐廷祖) 소주총상회(蘇州總商會) 주석 등은 1929년 12월 남경국민정부 행정원에 일본 정부와 교섭하여 중국산 견직물에 대한 사치품관세 철폐를 요구하고,[24] 중화국화유지회도 같은 해 12월 행정원에 같은 요청을 했지만 모두 수포로 돌아갔다.[25]

경성중화총상회는 중일관세 협정을 위한 중일 간의 회의가 개최되고 있던 1930년 2월 일본 정부에게 중국산 견직물 및 마직물에 대한 관세를 인하하도록 중국 정부를 통해 요청했다.[26] 그러나 1930년 5월 6일 조인된 중일관세협정(中日關稅協定)에는 일본 및 조선에서 수입하는 면제품, 해산물에 부과된 종래의 세율을 3년 동안, 중국에서 일본 및 조선에 수출하는 견직물 및 마직물에

---

22) 원문. 似此情形, 無異驅逐華商, 完全拒絕華貨入境("滬兩團體請抗議苛稅", 《상해시보(上海時報)》, 1924.12.9).

23) "日本實行修改善奢侈品稅", 《천진대공보(天津大公報)》, 1925.4.27; "日本修改奢侈品關稅之傳知", 《상해시보(上海時報)》, 1925.4.23.

24) 蘇州總商會가 行政院에 보낸 공문(1929.12), 「日人對華商運銷日韓綢緞苛徵重稅」, 『汪僞國民政府行政院檔案』(중국제2역사당안관소장, 등록번호2-2315).

25) 중국국화유지회가 行政院에 보낸 공문(1929.12.21), 「日人對華商運銷日韓綢緞苛徵重稅」, 앞의 당안자료, 동 2-2315.

26) 경성중화총상회가 주조선총영사관에 보낸 공문(1930.2.18), 「織品徵稅事宜」, 『駐韓使館保存檔案』(동 03-47-191-06).

부과된 종래의 세율을 3년 동안, 각각 변경하지 않는다는 내용이 포함되었다.[27] 즉, 중국산 견직물에 대한 종가 100%의 관세는 변함이 없었던 것이다. 경성중화총상회, 인천중화총상회는 1930년 8월과 9월 중국 정부에게 견직물의 관세율을 종전의 100%에서 30%로 인하하도록 수치까지 제시하면서 일본 정부와 교섭하도록 청원했지만,[28] 당시는 중일관세협정이 이미 조인된 상태였고 3년 이내에 이를 변경할 수 없었기 때문에 실현되지 못했다.

그렇다면 왜 일본 정부 및 조선총독부는 중국 측이 맹렬히 반발했음에도 중국산 견직물을 사치품관세에서 제외하지 않은 것일까? 그 배경에는 조선 시장에 중국산 견직물 대신에 일본산 견직물의 조선 수입을 한층 증가시킬 의도가 깔려 있었다. 제2장에서 검토한 바와 같이 일본의 견직물업계는 개항기부터 중국산 견직물을 조선 시장에서 몰아내기 위한 다양한 시도를 한 경위가 있다. 게다가 "사치품 관세 시행 당시 내지(內地)의 견직물 제조업자는 불황의 절정에 있었으며 특히 기류(桐生) 방면, 호쿠리쿠(北陸) 방면(가나자와, 고마쓰, 후쿠이)의 수출 직물업자는 수출 불황"의 상태에서 대(對)조선 수출 증가를 도모할 필요가 있었다.[29] 사실 일본 견직물업계는 일본 정부에게 중국산 견직물에 사치품 관세를 부과하도록 요구했다.[30] 일본 정부가 중국 측의 강력한 철폐 요구를 끝까지 받아들이지 않았던 것은 이와 같은 일본 국내 견직물업계의 정치적인 압력이 영향을 미쳤던 것이다.

중국산 견직물에 대한 사치품관세 부과는 이 상품의 대(對)조선 수입을 격감

---

27) 外交部(1930), 「專件 中日協定」(복각판, 中國第二歷史檔案館 編(1990), 『南京國民政府外交部公報』第3卷 第1號, 江蘇古籍出版社, 61~63쪽); 小島昌太郎(1942), 『支那最近大事年表』, 有斐閣, 591쪽.

28) 인천화상상회가 주조선총영사관에 보낸 공문(1930.8.18), 앞의 당안자료, 동 03-47-191-06; 경성중화총상회가 주조선총영사관에 보낸 공문(1930.8.18), 앞의 당안자료, 동 03-47-191-06.

29) 室田武隣(1926.1), "朝鮮の麻織物及絹織物", 《조선경제잡지(朝鮮經濟雜誌)》(1926년 1월호), 京城商業會議所, 37쪽.

30) 조기준(1971), 『한국 기업가사 연구』, 민중서관, 145쪽.

〈표 4-1〉 조선의 중국산 견직물 월별 수입액

(단위: 원)

월별	1924년	1925년	월별	1924년	1925년
1월	251,096	251	7월	365,727	335
2월	268,517	118	8월	374,597	-
3월	345,385	92	9월	645,659	-
4월	407,025	1,060	10월	-	-
5월	328,880	62	11월	-	-
6월	368,108	134	12월	6,537	-

출처: 京城商業會議所(1925.10), "朝鮮に於ける贅澤品の輸入狀況", 《조선경제잡지(朝鮮經濟雜誌)》(1925년 10월호), 京城商業會議所, 3쪽을 근거로 작성.

시켰다. 〈표 4-1〉은 1924년과 1925년 월별 중국산 견직물 수입액을 나타낸 것이다. 사치품관세 실시 직후인 8월과 9월 중국산 견직물 수입액이 7월보다 오히려 증가한 것은 사치품관세를 전망한 예상수입이 많았기 때문이다. 하지만 10월부터 사치품관세의 영향이 나타나기 시작하여 1925년에 들어서는 격감하고 견직물 수입액은 사치품관세 실시 이전과 이후의 차이가 확연히 나타나게 되었다.[31] 이번은 통일관세 실시 때와 달리 중국 은화 평가절하의 '천우신조(天佑神助)'도 없었다.[32]

사치품관세 실시 후 1년간(1924년 8월~1925년 7월)과 실시 이전의 1년간(1923년 8월~1924년 7월)의 사치품 수입액 변화를 보면 후자의 수입액은 486만 원, 전자의 수입액은 약 152만 원으로 62%나 격감했다. 이 가운데 견직물의 감소액은 280만 원으로 전체 감소액의 84%를 차지하여 압도적으로 많았다.[33] 이 영향으로 인해 1924년 10월 조사에서 조선에 견직물을 수출하는 산지인 소주, 진강, 항주 등지의 다수의 공장이 휴업을 하지 않을 수 없었다.[34]

---

31) 京城商業會議所(1924.12), "支那動亂の朝鮮に及ぼしたる影響", 《조선경제잡지(朝鮮經濟雜誌)》(1924년 12월號), 京城商業會議所, 13쪽.

32) 京城商業會議所(1924.12), 앞의 자료, 13쪽. 오히려 중국 은화 평가절상의 추이에 있었다.

33) 京城商業會議所(1925.10), "朝鮮に於ける贅澤品の輸入狀況", 《조선경제잡지(朝鮮經濟雜誌)》(1925년 10월호), 京城商業會議所, 1~2쪽.

이와는 반대로 일본산 견직물 수입액은 중국산 견직물 수입 감소분을 메꾸는 형태로 증가하는 추세였다. 〈표 2-2〉와 같이 1925~1928년 조선의 견직물 소비액에서 차지하는 일본산 비중은 연평균 74%에 달했다. 일본산 견직물 수입 관세율은 기존의 7.5~10%였기 때문에 100%의 관세가 부과된 중국산 견직물은 경쟁을 할 수 없었다. 한편 조선 내 견직물 생산액은 조선 내 견직물 소비액에서 차지하는 비율이 1925~1928년에 연평균 26%로, 사치품관세 실시 이전과 거의 변함없었다. 이것으로 볼 때 일본의 사치품관세 실시가 조선의 견직물 업계를 위한 조치라고 보기보다는 일본 견직물업계의 이익을 의도한 조치였다는 것을 알 수 있다.

2) 중국산 마직물

중국산 마직물에 대한 관세는 개항기에 종가 7.5%였지만,[35] 1920년 8월 통일관세 실시에 의해 "종가 15% 및 20% 그리고 100근당 2원 내지 56원의 종량세를 부과한 결과 조선에 수입되는 중국 마포의 종류에 따른 수입세율 인상 정도를 조사해보면 평균 약 2.5배"가 되었다.[36]

이 관세에 의한 중국산 마직물 수입의 영향은 1919년과 1921년 수입액을 비교할 경우 22%의 감소이며 중국산 견직물 감소율 41%보다 낮았다(〈표 2-2〉 참조). 그것은 중국산 견직물 관세율이 이전보다 약 4배 인상된 것인 데 반해 마직물 관세율은 이전보다 2.5배 인상으로 견직물의 인상율이 훨씬 높았던 것이 영향을 주었다.

그러나 같은 시기 중국산 마직물 수입액은 감소했지만 수입량은 오히려 증가한 것이 주목된다. 1919년 수입액은 1,242만 평방야드였던 것이 1921년에는 1,368만 평방야드로 10% 증가했다.[37] 이것을 가능하게 한 것은 앞에서 살펴본

---

34) 京城商業會議所(1924.12), 앞의 자료, 13쪽.
35) 統監府(1908b), 『韓國條約類纂』, 統監府, 附錄各國關稅對照表 7쪽.
36) 京城商業會議所(1920.10), 앞의 자료, 3쪽.

것처럼 대폭적인 중국 은화 평가절하에 의한 수입 단가의 인하 때문이다. 사실 중국산 마직물 수입 단가는 1919년에 1평방야드당 0.56원이던 것이 1921년에는 0.40원으로 29% 하락하였다. 화교 직물수입상은 중국산 마직물의 수입량을 유지하기 위해 상해의 중국산 마직물도매상과 교섭하여 수입 단가를 인하하여 관세율 인상에 대응한 것을 엿볼 수 있다. 그 결과 1922년 중국산 마직물의 수입액 및 수입량은 모두 역대 최고를 기록하고, 같은 해 조선의 마직물 소비 총액에서 약 5할을 차지했다.

그런데 앞에서 언급한 중국산 견직물 및 마직물에 대한 사치품관세 부과에 대해 상해의 마직물 수출업계 및 조선의 화교 직물수입상은 마직물도 똑같이 100%의 관세가 부과될 것이라고 오해하고 있었던 것 같다. 실제로 사치품관세의 대상이 된 마직물은 "100제곱미터의 중량 40킬로그램을 초과하지 않고 5제곱미터 이내의 경사(經絲), 위사(緯絲) 수 30을 넘는" 쇄마포(晒麻布)뿐이었다.[38] 이들 제품은 주로 영국, 벨기에산이었으며, 중국산 마직물 가운데에서 사치품관세의 대상이었던 것은 조선에 거의 수입되지 않는 '꽃문양 정교한 하포(夏布)'뿐이었다.[39]

그런데도 조선의 신문 가운데서는 중국산 마직물이 사치품관세의 대상이 된 것을 가정사실화하여 오보한 신문도 있었다. 조선총독부의 와다 이치로(和田一郎)가 사치품관세 실시 직후 기자단에 직접 설명하는 해프닝도 벌어졌다.[40] 사치품관세 반대운동이 격렬히 전개되던 상해에서도 중국산 마직물이 사치품 관세의 대상에 포함되어 있다고 간주해 상해하포공회는 1924년 8월 중순 "하포는 수출의 대종을 이루고 있어 본회의 입장에선 뼈를 깎는 고통과 같다"라고 표명하고,[41] 사치품관세 철폐를 요구하는 회의를 개최했다.[42] 중국산

京城商業會議所(1925.4), "朝鮮に於ける麻織物の生産と貿易槪況", 《조선경제잡지(朝鮮經濟雜誌)》(1925년 4월호), 京城商業會議所, 7~8쪽.

38) 慶北勸業課, "奢侈稅と朝鮮の機業", 《경성일보(京城日報)》, 1924.8.22.

39) "「粗夏布不列入奢侈品類日商務官解釋」", 《상해시보(上海時報)》, 1924.11.30.

40) 和田 財務局長, "중국마포관세에 대하야", 《조선일보》, 1924.8.8.

41) 원문. 況夏布爲出口大宗, 本會猶有切膚之通("反對日本苛稅之躇起夏布公會", 《상해시보

마직물의 사치품 관세에 관한 정보가 착종(錯綜)하는 가운데, 상해하포공회는 같은 해 11월 상해총상회를 통해 주상해일본총영사관에 문의함과 동시에 중화국화유지회장인 왕한강(王漢强) 및 중화공상연구회(中華工商硏究會)의 강평파(江平波)가 직접 총영사관의 상무관과 면담을 하고 중국산 마직물은 사치품 관세의 대상이 아니라는 것을 확인하고서야 항의활동은 진정되었다.[43]

일본 정부 및 조선총독부가 중국산 견직물을 사치품관세의 대상에 포함시킨 반면 마직물은 포함시키지 않은 이유는 뭘까? 우선 중국산 견직물이 조선의 상류층이 입는 의료(衣料)인 데 반해 중국산 마직물은 주로 조선 민중의 의료로서 염가인 것이 주요한 원인이었다. 조선 내 소비 총액의 약 3~4할을 차지하고 있던 중국산 마직물에 사치품 관세를 부과하면 그만큼 가격이 상승하여 조선 민중의 생계에 부담을 줘 민중의 불만이 분출할 우려가 있었다. 사실, 1920년 통일관세 실시 때 조선에선 중국산 마직물 등 중국산 생활필수품에 대한 관세 부과가 "조선인의 생활비를 증가시킨다"라고 반대하는 목소리가 많았다.[44] 또 하나는 중국산 견직물의 사치품관세 부과의 이면에는 일본 견직물업계의 정치적인 압력이 있었다는 것은 살펴본 대로이지만, 일본의 마직물 업계가 조선에 수출하는 일본산 마직물은 소량이었기 때문에, 일본 정부로서도 일본 국내의 여론을 의식할 필요가 없었던 것도 영향을 주었을 것이다.

이와 같은 여러 요인이 복합적으로 작용하여 조선총독부는 중국산 마직물의 수입에 대한 대책은 원료 마의 증산과 조선산 마직물의 생산 증가 및 품질 개선에 중점을 두었다. 조선총독부는 1926년도부터 각지에 산업조합(産業組合)을 설립하고 기술적 지원, 자금알선 등의 경제적 지원, 공동작업장 시설 지원을 했다.[45] 그러나 정책적 효과는 나타나지 않았으며 오히려 중국산 마직물의

　(上海時報)》, 1924.8.17).
42) "夏布商反對日苛稅之會議", 《상해시보(上海時報)》, 1924.8.18.
43) "粗夏布不列入奢侈品類日商務官解釋", 『상해시보(上海時報)』, 1924.11.30.
44) 김규호(1922.11), "관세개정이 조선인 산업계에 及하는 영향", 《개벽》(1922년 11월호), 10쪽.
45) 京城商業會議所(1929.6), "朝鮮に於ける麻布の需給槪況", 《조선경제잡지(朝鮮經濟雜誌)》

<표 4-2> 조선의 중국산 마직물의 수입량 및 수입액

(단위: 1,000평방야드, 1,000원)

연차	수입량(1,000평방야드)	수입액(1,000원)
1928년	13,692 (11,193)	5,780 (4,713)
1929년	12,575 (10,854)	5,458 (4,700)
1930년	13,754 (11,853)	4,169 (3,518)
1931년	10,553 (7,565)	2,353 (1,688)
1932년	3,881 (2,355)	1,204 (1,057)
1933년	2,954	1,147
1934년	4,328	1,766
1935년	3,746	1,510
1936년	4,639	1,465
1937년	3,854	1,859
1938년	-	0.626
1939년	-	0.060

주: 괄호 안은 인천항을 통해 수입된 중국산 마직물의 수입량과 수입액을 나타냄.
출처: 朝鮮殖産銀行調査部(1939.2), "朝鮮に於ける布木需給と其の資源", 《식산조사월보(殖産調査月報)》(1939년 2월호), 朝鮮殖産銀行調査部, 19쪽; 朝鮮殖産銀行調査部(1938. 12), 「昭和十三年十二月中 朝鮮對外國貿易槪算額」, 앞의 자료, 214쪽; 朝鮮殖産銀行調査部(1940.1), 「昭和十四年十二月中 朝鮮對外國貿易槪算額」, 앞의 자료, 續18쪽; 仁川府 編纂(1933), 『仁川府史』, 仁川府, 964~965쪽.

수입량 및 수입액은 증가경향에 있었다.[46](〈표 2-3〉 참조)

특히 1929년의 세계대공황의 영향으로 일본 및 조선경제가 불경기에 빠져 있던 1930년의 중국산 마직물의 수입량은 1928년과 1929년에 비교하여 각각 0.5%, 9% 증가했다(〈표 4-2〉 참조). 1930년의 수입량은 1922년의 역대 최고인 1,648만 평방야드에 이어 가장 많았다. 하지만 1930년의 중국산 마직물의 수입량은 증가한 반면, 수입액은 오히려 감소한 것에 주목하고 싶다. 통일관세

(1929년 6월호), 京城商業會議所, 6쪽. 1927년과 1928년에 설립된 마포 관계의 산업조합은 20개소에 달했다.
46) "궁상에 빠진 조선 마포 축년 증가의 중국 마포", 《조선일보》, 1927.1.13; "조선내의 마포의 소비 상황 半은 중국 마포로 充用", 《조선일보》, 1929.7.7.

실시 후의 중국 은화 평가절하에 지탱되어 화교 직물수입상 및 상해의 도매상이 중국산 마직물의 수입단가를 인하하여 대응한 것과 똑같이, 이번에도 중국 은화의 환율이 평가절하된 것을 활용하여 수입단가를 낮출 수 있었을 것이다.[47] 사실, 1928년과 1930년 중국산 마직물의 1평방야드당 수입단가는 0.42에서 0.30으로 29%나 하락했다.

한편, 1929년 세계대공황의 영향으로 조선 내 마직물에 대한 수요가 감소하는 가운데 중국산 마직물의 수입량이 증가, 조선의 마직물 업계로부터 중국산 마직물의 대량수입 방지가 검토되었다.[48] 그 가운데는 특별수입관세의 설치를 요구하는 목소리가 높아졌다.[49] 게다가 지금까지 조용했던 일본 마직물상도 불황탈출을 위해 움직이기 시작, 1931년 11월 도쿄, 오사카 및 조선의 마직물을 취급하는 유력 도매상이 조선총독부에 중국산 마직물의 수입관세율을 종래의 약 20%에서 40%로 인상하라고 강력히 요구하고 나섰다.[50]

그러나 1930년 5월 6일 정식 조인된 중일관세협정으로 중국산 마직물에 대한 관세는 1933년까지 인상하는 것이 허용되지 않았기 때문에 조선총독부로서는 관세인상을 단행할 수 없었다.[51] 그런 와중에 1931년 화교배척사건이 발생하고 그 영향으로 중국산 마직물의 수입량 및 수입액은 1930년보다 1932년의 수입량 및 수입액은 각각 72%와 71% 격감했다.[52]

그럼에도 조선총독부는 1932년 12월 조선 마직물의 생산 장려를 명분으로

---

47) 仁川府 編纂(1933), 『仁川府史』, 仁川府, 964쪽.
48) "支那麻布輸入の防遏手段を講究", 《경성일보(京城日報)》, 1931.6.23. 조선의 마직물 업계에서는 중국산 마직물 수입을 방지하기 위해서는 수입 관세율을 인상하는 것 외에 방법이 없다는 여론은 이전에도 있었다("중국 마포로 인해 조선 마포계 큰 타격 활로는 수입세 과중", 《매일신보》, 1927.1.13).
49) 仁川府 編纂(1933), 앞의 자료, 964쪽.
50) "중국 마포의 수입세 인상 청원 각지 유력 當業者가 결기", 《매일신보》, 1931.11.3.
51) "支那麻布輸入と本府の增産計劃 關稅引上當分は不可能", 《경성일보(京城日報)》, 1921.7.2.
52) 1931년 화교배척사건이 화교 직물수입상에 미친 영향에 대해서는 다음 장에서 상세히 다루기로 한다.

중국산 마직물의 관세율을 기존의 약 20%에서 2배 이상 인상할 계획을 세웠다.[53] 조선총독부 상공과의 이시이(石井) 기사는 같은 해 12월 중순 척무성(拓務省)을 방문하여 중국산 마직물의 관세 인상을 상신했다.[54] 하지만 대장성(大藏省), 척무성, 상공성(商工省)은 일본의 금 수출금지로 인한 일본통화의 폭락에 따라 중국산 마직물의 수출단가가 비교적 높아지는 이때 관세율을 인상하는 것은 조선의 소비자의 부담을 증가시킬 우려가 있다고 난색을 표명했다.[55]

이에 대해 조선총독부는 어떻게 설득했는지 분명하지 않다. 하지만, 1933년 5월 중일관세협정 만기에 맞춰 개정 관세가 시행되어 중국산 마직물에 대한 관세율이 약 40%로 인상되었다.[56] 이 관세율 인상은 1931년 화교배척사건으로 감소한 중국산 마직물 수입량의 회복에 찬물을 끼얹는 것이었다. 이 관세 실시 후 1933~1937년의 연평균 수입량과 수입액은 390만 평방야드, 155만 원에 머물렀다.[57] 그 결과 중국산 마직물이 조선 내 마직물 소비 총액에서 차지하는 비중은 1912~1928년 연평균 약 36%이던 것이 1933~1937년 연평균 17%(수입량 기준)으로 절반 이하로 감소했다. 그래서 중국의 마직물 수출 도매상은 남경 국민정부 외교부에 마직물에 대한 관세율 인하를 요청하고 외교부는 주일본 중국공사관과 교섭을 했지만, 실현되지는 못했다.[58]

한편, 중국산 마직물의 수입량 및 수입액의 감소 원인은 관세율 인상 외에도 중국산 마직물의 대용품이 1930년대에 들어 시장에 본격적으로 유통된 사실

---

53) "중국 마포방지 관세를 협정", 《동아일보》, 1932.12.22.

54) "중국 마포 관세 인상 실현?", 《조선일보》, 1932.12.21.

55) "중국 마포 관세 인상 아직도 의문", 《조선일보》, 1933.1.8.

56) "全南産 마포 관세 관계로 매매가 왕성", 《동아일보》, 1933.6.8. 관세율은 품질에 따라 달랐다. 상등품은 100근당 약 90원, 중등품은 70.30원, 하등품은 39.70원이었다(駐釜山 領事館報告(1934.10.3), 「本年朝鮮中國麻布市況及其回顧」(복각판, 中國第二歷史檔案館 編(1990), 『南京國民政府外交部公報』第7卷 第8號, 江蘇古籍出版社, 97쪽).

57) 朝鮮殖産銀行調査部(1939.2), "朝鮮に於ける布木需給と其の資源", 《식산조사월보(殖産調査月報)》(1939년 2월호), 朝鮮殖産銀行調査部, 20쪽.

58) "중국의 마포, 주단수입액 累年 격감 국민정부 有吉 中 公使를 통해 관세 감하 교섭 개시", 《동아일보》, 1934.11.1.

〈표 4-3〉 화교 직물수입상의 중국산 마직물 수입량 및 재고량(1933년)

(단위: 건(件))

상 호	소재지	수입량	재고량
덕취화(德聚和)	부산	3,700	900
유풍덕(裕豊德)	경성	1,500	200
유풍덕(裕豊德)	인천	7,000	1,500~1,600
협흥유(協興裕)	인천	4,000	미상
화취공(和聚公)	인천	3,000	미상
천화잔(天和棧)	인천	3,000	미상
금성동(錦成東)	인천	3,000	미상
합계	-	25,200	-

주: 1건은 15필 혹은 20필.

출처: 駐釜山領事館報告(1934.8.15),「本年朝鮮中國麻布市況及其回顧」(복각판, 中國第二歷史
檔案館 編(1990),『南京國民政府外交部公報』第7卷 第8號, 江蘇古籍出版社, 96~97쪽).

을 간과해서는 안 된다. 일본에서 유사 마포(면포로 가공하여 외관은 마포와 유사
한 것)와 방적 마포의 수입이 증가, 마직물의 수입량 및 수입액은 1925년에 39
만 평방야드, 23만 3,973원에서 1935년에는 239만 평방야드, 106만 2,549원으
로 각각 6.1배, 4.5배 증가했다.[59] 이에 따라 일본산 마직물이 조선 마직물의
소비 총액에서 차지하는 비중은 1925년 1.6%에서 1935년에는 10%로 증가했
다. 게다가 일본의 제국제마(帝國製麻)는 부산부에 진출하여 1934년에 마사방
적 공장의 가동을 개시하고 중국산 마사의 수입저지에 노력했다.[60]

또한 인견 직포는 가격이 저렴한 데다 광택, 감촉 등이 조선인의 기호에 적
합하여 마직물의 대용품으로서 중국산 마직물의 수입에 큰 타격을 주었다.[61]

---

59) 朝鮮殖産銀行調査部(1939.2), 앞의 자료, 20~21쪽.
60) "鮮內麻織物産出狀況", 《경성일보(京城日報)》, 1931.6.23. 제국제마는 1932년 2월 부산
부 범일정에 있는 다카세합명회사의 기업소(機業所)를 빌려 사업을 개시했다. 1933년 9
월 부산부 외서면에 공장 부지를 선정하여 1934년 3월 조업을 개시했다. 직기는 처음에
70대였던 것이 1937년에는 150대로 증가했다(帝國製麻株式會社 編(1937), 앞의 자료,
153~154쪽).
61) "마포 수요 부진으로 支那商에 대타격 인견 수요는 증가될뿐", 《매일신보》, 1935.9.26;

1925년에 처음으로 조선에 수입된 이래 인견 직포의 수입액은 매년 증가하여 1933년에는 3,845만 평방야드, 1937년에는 1억 1,372만 평방야드에 달해 조선의 직물 총수요량에서 점하는 인견 직포의 비중은 1933년의 12%에서 1937년에는 26%로 높아졌다.[62] 반면, 마직물은 조선의 직물 소비 총액에서 점하는 비중이 1923년에 약 20%를 점하던 것이 1937년에는 직물 총수요량의 6.3%로 낮아졌다.[63] 인견 직포의 조선 내 생산도 1932년 안양에 조선직물(주) 공장의 창업을 계기로 각지에 인견 직포 제조공장이 잇따라 설립되어 생산액은 급증하기 시작했다. 인견 직포의 수입액과 조선 내 생산액은 일본산 마직물의 수입액을 훨씬 상회했기 때문에 인견 직포가 중국산 마직물의 판로에 상당한 영향을 미쳤을 것이다.

이와 같은 중국산 마직물의 대용품에 대해 주(駐)부산 영사관은 "대용품이 잇따라 나오고 있다. 가령 그 품질이 마포에 미치지 못하다고 하더라도 색과 광택이 뛰어나고 판매가격이 저렴하여 일반 민중의 수요에 정확히 합치한다"라고 매우 경계했다.[64] 조선총독부가 1933년에 대장성, 척무성, 상공성의 반대를 뒤로하고 중국산 마직물에 대해 40%의 관세율 인상을 단행한 것은 이와 같은 대용품의 공급이 충분하다는 계산도 깔려 있었을 것이다.

다음은 중국산 마직물의 수입 격감이 화교 직물수입상에 어떠한 영향을 주었는지에 대해 살펴보자. 〈표 4-3〉은 1933년 화교 직물수입상에 의해 수입된 중국산 마직물의 수입량 및 재고량이다. 우선 중국산 마직물을 수입하는 화교 직물수입상의 수가 상당히 감소한 것이 확인된다. 경성의 유풍덕(〈부표 8〉의 94번), 인천의 화취공(〈부표 8〉의 38번)·협흥유(〈부표 8〉의 87번)·천합잔(〈부표 8〉

1930년대 인견직물의 수입 및 조선 생산에 관해서는 福岡正章(2002)(「1930年代朝鮮における人絹織物業の展開構造」, 『日本史研究』 480, 日本史研究會)을 참조 바람.

62) 朝鮮殖産銀行調査部(1939.2), 앞의 자료, 27~28쪽.

63) 朝鮮殖産銀行調査部(1939.2), 앞의 자료, 2쪽.

64) 원문. 替代品則層出不已, 縱質地不及麻布, 而色澤光艶售價低廉正合一般民衆之需要」(駐釜山領事館報告(1933.2.15), 「旅鮮麻布僑商之過去及將來」(복각판, 中國第二歷史檔案館 編(1990), 『南京國民政府外交部公報』 第6卷 第2號, 江蘇古籍出版社), 102쪽).

의 79번)·금성동(〈부표 8〉의 92번)·부산의 덕취화(〈부표 8〉의 27번)·유풍덕(경성 유풍덕의 지점·〈부표 8〉의 95) 정도에 지나지 않았다. 경성의 서태호, 영래성, 덕순복, 광화순, 인천의 화태호(서태호의 인천지점), 영래성, 덕순복, 삼합영(三合永), 부산의 서태호(경성 서태호의 지점) 등이 사라진 것이다. 왜 화교 직물수입상이 파산한 것인지에 대해서는 다음 장에서 상세히 검토하기로 하지만 개항기부터 독점적으로 수입된 중국산 마직물이 관세율 인상 및 인견 직포 등의 대용품과의 경쟁으로 수입이 감소되지 않을 수 없었다는 것도 원인의 하나로 지적할 수 있다.

한편, 경성 및 인천의 화교 직물수입상에 의한 중국산 마직물의 수입 부진은 수입상이 종래 인천항을 통해 중국산 마직물 수입량의 8~9할을 수입해왔지만 1931년과 1932년에는 인천항의 비중이 6~7할로 감소한 것에서 엿볼 수 있다. 앞에서 존속하고 있던 화교 직물수입상도 "휘청휘청하여 지금이라도 넘어질 것 같은 상태"였고,[65] 인천의 금성동은 경영 위기를 타개하기 위해 상해묵업협회(上海墨業協會)의 허가를 얻어 중국의 안휘성에서 9명의 직공을 데리고 와서 1935년 6월에 중국 묵을 제조하는 분야에 진출할 정도였다.[66]

여기에다 일본 정부 및 조선총독부는 1937년 3월 중국산 마직물에 대한 수입관세율을 80%로 대폭 인상했다.[67] 중일관계의 악화를 배경으로 중국산 마직물을 시장에서 완전히 몰아낼 의도를 가지고 취한 조치였다. 〈표 4-2〉와 같이 1937년의 중국산 마직물의 수입량 및 수입액이 전년에 비해 감소하지 않은 것은 수입관세율 인상을 예상하고 1~6월에 화교 직물수입상에 의해 대량으로 수입되었기 때문이다.[68] 80%의 고관세 부과와 중일전쟁의 발발로 1938년의

65) 駐釜山領事館報告(1933.2.15), 「旅鮮麻布僑商之過去及將來」(복각판, 中國第二歷史檔案館 編(1990), 『南京國民政府外交部公報』第6卷 第2號, 江蘇古籍出版社), 102쪽).
66) 여기서 말하는 묵(墨)은 우리가 일반적으로 먹는 식품인 묵을 말한다("인천 중국 상인 중국묵 제조 판매 조선 해주묵 타격?", 《조선중앙일보》, 1935.6.22).
67) 朝鮮殖産銀行調査部(1939.2), 앞의 자료, 20쪽.
68) "중국산 마포 수입 약 8할의 대증가, 관세인상 예상수입이 상반되어 1월 이후 2백만 마", 《동아일보》, 1937.6.22.

중국산 마직물의 수입액은 626원에 지나지 않았다. 중국산 마직물의 조선 수입이 완전히 단절된 것을 알 수 있다.

3) 산동산 소금 및 중국산 약재

조선총독부는 1930년대 들어 중국산 마직물만 아니라 조선에 많이 수입되고 있던 다른 중국산 수입품에 대해서도 수입제한, 조선 내 대체품의 생산 확대 등으로 대응하려 한 흔적이 확인된다. 그 대표적인 상품이 산동산 소금과 한약 재료인 중국산 약재이다. 두 가지 상품에 대한 조선총독부의 조치를 중심으로 검토하고자 한다.

먼저 산동산 소금에 대해 보자. 일제강점기 조선의 소금 생산량은 국내 소금 소비량을 늘 하회하여 외국에서 소금 수입을 해야 하는 상황이 이어졌다.[69] 1910년대까지 조선 내 소금 소비량의 7할, 1920년대에는 관염(官鹽)의 생산증가로 낮아지기는 해도 4~6할을 수입에 의존했다.[70] 〈표 4-4〉에서 표시한 것처럼 수입 소금 가운데 산동산 소금이 1910년대에는 5~8할, 1920년대는 요동반도(遼東半島)산 소금 및 청도(靑島)산 소금의 수입이 증가하여 그 비중은 낮아지지만, 3~5할을 유지하고 있었다. 또한 산동산 소금이 조선 내 소금 소비 총액에서 차지하는 비중도 1910년대는 3~6할, 1920년대에도 1~2할에 달했다.

이와 같은 산동산 소금의 주요한 산지가 인천항에서 가까운 산동성의 석도(石島)와 이도(俚島)이기 때문에 산동산 소금은 1919~1923년 연평균 56%가 인천항을 통해 수입되었다.[71] 청도산 소금과 요동반도산 소금이 주로 일본인에 의해 수입된 것에 비해 산동산 소금은 거의 중국인 소유의 정크선에 의해 수입

---

69) 개항기에도 청국산 소금이 대량으로 수입되고 있었다. 이에 대해서는 제15장에서 구체적으로 논의할 예정이다.

70) 田中正敬(1997),「植民地期朝鮮の鹽需要と民間鹽業: 1930年代までを中心に」,『朝鮮史研究會論文集』第35集, 朝鮮史研究會, 150쪽.

71) 인천항을 통한 산동산 소금의 수입액은 朝鮮總督府(1924a)(『朝鮮に於ける支那人』, 朝鮮總督府)의 93쪽을 참조 바람.

〈표 4-4〉 조선의 산동산 소금 수입량의 추이

(단위: 1,000·%)

연차	산동산 소금			연차	산동산 소금		
	수입량	A (%)	B (%)		수입량	A (%)	B (%)
1910년	83,325	89.3	62.8	1924년	98,527	39.7	23.0
1911년	125,964	88.3	66.6	1925년	101,140	39.4	25.8
1912년	123,515	67.8	52.0	1926년	139,139	48.0	27.2
1913년	104,117	69.0	43.7	1927년	97,750	35.6	18.8
1914년	93,498	75.5	45.1	1928년	94,926	35.6	16.4
1915년	136,635	71.8	49.3	1929년	101,887	44.9	16.8
1916년	175,954	72.4	50.4	1930년	108,604	53.3	21.6
1917년	130,012	58.8	37.4	1931년	108,649	38.0	17.2
1918년	156,525	55.0	39.2	1932년	21,995	7.1	3.0
1919년	241,599	60.2	45.7	1933년	45,872	14.7	6.4
1920년	86,992	54.0	26.7	1934년	88,890	31.4	15.2
1921년	99,586	53.5	28.7	1935년	118,629	41.9	14.3
1922년	80,925	40.9	23.9	1936년	77,077	33.5	12.5
1923년	114,884	39.2	26.9	1937년	56,195	28.3	7.8

주:　A는 수이입량 가운데 산동산 소금이 차지하는 비중. B는 조선의 소금 소비 총액 가운
　　데 산동산 소금이 차지하는 비중. 다만, 산동산 소금 가운데에는 청도산 소금은 포함되
　　어 있지 않음.

출처:　田中正敬(1997), 「植民地期朝鮮の鹽需要と民間鹽業: 1930年代までを中心に」, 『朝鮮史
　　研究會論文集』第35集, 朝鮮史研究會, 150·152쪽을 근거로 작성.

되었다.[72] 정크선은 소형 40톤, 대형 110톤, 소금의 적재량은 7만·9만 근~20
만 근으로 인천항 입항 시에는 주(駐)인천 영사관(판사처)가 이 선박에 증명서
를 발급하고, 인천세관은 증명서를 검사하여 통관허가를 해주었다.[73]

---

72) 朝鮮總督府(1924a), 앞의 자료, 101쪽.
73) 駐朝鮮 總領事 張維城이 朝鮮總督府 外事課長 穗積眞六郎에게 보낸 공문(1930.7.18), 朝
　　鮮總督府官房外事課, 『昭和四·五·六·七年 各國領事館往復』, 국가기록원 소장. 총영사
　　관은 증명서 발급 시 수수료를 받았으며, 이 수수료는 인천화교소학의 운영비로 사용
　　되었다. 이와 같이 소금 수입의 증명서를 발급하는 곳은 인천 이외에 진남포 영사관이
　　있었다. 이 수수료 수입은 1929년도 인천화교소학 수입의 2할을 차지할 정도로 상당
　　한 금액이었다(졸고(2010a), 「南京國民政府期の朝鮮における華僑小學校の實態:朝鮮總督

이와 같이 수입된 산동산 소금은 조선 거주 화상의 유통망에 의해 판매되었다. 중국인 정크선 선주는 인천 지나정(支那町, 현재의 선린동)에 있던 화교의 선행객잔상(船行客棧商, 행잔)에 숙박하면서 도매상에 원염의 매매를 의뢰하면 도매상은 선주와 상인 간의 알선료로 일정의 수수료를 받았다. 지나정의 원염 도매상은 원화잔(〈부표 7〉의 53번), 동화잔(同和棧), 천합잔(〈부표 7〉의 91번), 춘기잔(〈부표 7〉의 116번), 복성잔(複成棧), 복인잔(福仁棧) 등이 있었다.[74] 이들 도매상 가운데 특히 원화잔과 동화잔이 주목된다. 원화잔은 제3장에서 검토한 것과 같이 행잔이었지만 그 업무 이외에 운송업, 잡화상점, 원염의 도매상을 했다. 원화잔은 원염 도매상으로서 1928년도의 매상액은 9만 원에 달했다. 동화잔도 행잔이면서 원염의 도매상으로서 1928년도 매상액은 9만 8,000원이었다. 이 매상액으로 볼 때 원화잔과 동화잔은 산동산 소금의 도매상으로서 규모가 큰 상점이었던 것을 알 수 있다.[75] 천합잔, 춘기잔, 복성잔, 복인잔도 같은 행잔이었다. 정크선으로 수입된 산동산 소금은 1919~1923년 연평균 약 50만 원에 달하기 때문에 이와 같은 도매상 및 원염의 도매상을 통해 유통된 것으로 간주해도 좋을 것이다. 화교 도매상과 원염의 도매상은 수입된 산동산 소금의 약 2할을 인천부 소재의 제염공장에 판매하고 기타의 소금은 원염인체로 다른 지방에 운송하여 된장, 간장, 김치, 어업용 소금으로 소비되었다.[76]

그런데 조선총독부는 1930년 3월 '소금의 수입과 이입에 관한 건'(제령 제1호) 및 그에 부속된 '소금판매인규정[鹽賣捌人規程]'을 공포하여 소금의 수이입관리를 실시했다.[77] 이 제령의 실시는 1930년 4월부터 소금의 수입세 철폐로 인한 조선 내 소금산업 피해를 보호하려는 데 목적이 있었다.[78] 조선총독부는 "국민

府の『排日』敎科書取り締まりを中心に」, 『現代中國硏究』 第26號, 中國現代史硏究會, 23쪽).

74) 朝鮮總督府(1924a), 앞의 자료, 106~107쪽.

75) 京城商業會議所(1929.3), 앞의 자료, 34쪽.

76) 朝鮮總督府(1924a), 앞의 자료, 97~98쪽.

77) 京城商業會議所(1930.4), "資料 鹽の輸移入管理と賣捌人規定の制定", 《조선경제잡지(朝鮮經濟雜誌)》(1930년 4월호), 京城商業會議所, 39쪽.

의 생명을 양성하는 주요한 양식인 소금을 외국에서 수입하는 것은 바람직하지 않다"라는 인식을 하여,[79] 산동산 소금의 수입을 억제할 의도가 있었다.[80]

이 제령에는 산동산 소금의 수입 및 앞에서 말한 화교 도매상과 원염 도매상에 영향을 주는 내용이 포함되어 있다. 제1조에 "소금은 정부와 정부의 인가를 받은 자가 아니면 이를 수입 또는 이입할 수 없다. 정부의 인가를 받아 수입 또는 이입하는 소금은 정부가 이를 매수한다"라고 되어 있다. 즉, 조선총독부는 산동산 소금의 수입에 대해 허가한 수입업자에게 수입할 권리를 부여하고 수입된 소금을 조선총독부가 자체적으로 판매하게 된 것이다.[81]

이 제령에 대해 인천 및 진남포의 화교 염상은 "앞으로 화상이 허가를 받아 수입해야 하기 때문에 관청의 공무원에 조종 당할 우려가 있다"라고 우려하여,[82] 1930년 1월 주(駐)인천 영사관 및 주진남포 영사관에 산동산 소금 등 외국산 소금을 전매국의 관리에 두지 못하도록 진정하고, 이들 두 영사관은 주조선총영사관에 이를 보고했다.[83] 주조선총영사관은 외사과에 화교 염상의 우려를 전달함과 동시에 화교 염상이 안심하고 영업할 수 있도록 요청했다. 이에 대해 외사과는 이 내용을 전매국장에 조회하고,[84] "소금업자의 현재의 영업에

---

78) 朝鮮總督府(1931.8), "朝鮮に於ける鹽の需給", 《조사월보(調査月報)》(1931년 8월호), 朝鮮總督府, 22쪽; 田中正敬(1997), 「植民地期朝鮮の鹽需要と民間鹽業: 1930年代までを中心に」, 『朝鮮史研究會論文集』 第35集, 朝鮮史研究會, 156쪽. 수입 천일염에 대한 관세는 1920년 8월 100근당 10전이 부과되었다. 이 관세는 1929년 법률 제35호로 같은 해 3월 폐지될 예정이었지만, 조선 내 소금산업 보호를 위해 1년간 폐지가 연기되었다(松本盛 (1930.5), "鹽輸移入管理實施に就て", 《조선(朝鮮)》(1930년 5월호), 朝鮮總督府庶務部, 1~2쪽).

79) 水口隆三(1926.4), "靑島鹽の輸移入に就て", 《조선(朝鮮)》(1926년 4월호), 朝鮮總督府庶務部, 27쪽.

80) 松本盛(1930.5), 앞의 자료, 74쪽.

81) 松本盛(1930.5), 앞의 자료, 4~5쪽.

82) 원문. 深恐此後華商除受許可而輸鹽入鮮外, 惟有聽人操縱(駐朝鮮總領事館報告(1930), 「朝鮮管理外鹽我國宜速籌救濟方策」(복각판, 中國第二歷史檔案館 編(1990), 『南京國民政府外交部公報』 第3卷 第2號, 江蘇古籍出版社), 144쪽).

83) 駐朝鮮 總領事 張維城이 朝鮮總督府外事課長穗積眞六郎에게 보낸 공문(1930.1.15), 朝鮮總督府官房外事課, 『昭和四・五・六・七年 各國領事館往復』, 국가기록원 소장.

가능한 한 영향을 주지 않게 실시할 것"이라고 회답했다.[85]

한편, 화교 염상에게 다른 문제도 있었다. 산동산 소금 및 외국산 소금을 수입할 때 현지에서 수출세를 납부하고 있었는데 정크선에 의한 수출세는 기선에 의한 소금의 수출세보다 3배나 높았다. 기선에 의한 소금의 수입은 주로 일본인 상인에 의해 이뤄지고 있었고, 정크선으로 소금을 수입하는 화교 염상은 불리한 위치에 처해 있었다. 중국 측은 이대로 가면 화교 염상이 '자연소멸'할 것이라고 우려했다.[86]

중국 측이 우려한 대로 산동산 소금은 이 제령 실시 후 1930~1937년 연평균 7,824만 근으로 1920년대의 연평균 1만 158근보다 23%나 감소했다. 또한 1938년과 1939년의 산동산 소금의 수입은 중일전쟁의 영향으로 거의 이뤄지지 못했다. 화교 염상은 수입한 소금의 판매가 인정되지 않았다는 점, 나아가 산동산 소금의 수입 감소와 겹쳐 인천 및 진남포의 화교 염상의 경영활동은 쇠퇴하지 않을 수 없었다. 1937년 발행의 『상공자산신용록』에 원화잔(〈부표 9〉의 29번), 춘기잔(〈부표 9〉의 43번), 천합잔(〈부표 9〉의 61번), 1941년 발행의 『상공자산신용록』에는 천합잔(〈부표 10〉의 21번)밖에 등장하지 않는다. 1942년 인천에는 화교 염상의 원염조합(原鹽組合)이 존재했지만 조합원이 없어 거의 유명무실한 상태에 있었다는 사실 그 자체가 그것을 여실히 보여준다.[87]

다음에는 조선총독부의 중국산 약재의 수입에 대한 대책에 대해 보도록 하자. 일제강점기 조선에서 거래되는 약재는 약 400종으로 이 가운데 절반은 중국산으로 주로 상해, 광동 방면에서 선편으로 인천에 수입되었다.[88] 조선에서

---

84) 朝鮮總督府外事課長이 專賣局長에게보낸 공문(1930.1.21), 「朝鮮ニ於ケル外國鹽ニ關スル件」, 『昭和四・五・六・七年 各國領事館往復』(한국국가기록원 소장).

85) 朝鮮總督府外事課長이 駐朝鮮總領事에게 보낸 공문(1930.1.27), 「朝鮮ニ於ケル外國鹽ニ關スル件」, 『昭和四・五・六・七年 各國領事館往復』, 국가기록원 소장.

86) 駐朝鮮總領事館報告(1930), 「朝鮮管理外鹽我國宜速籌救濟方策」(복각판, 中國第二歷史檔案館 編(1990), 『南京國民政府外交部公報』第3卷 第2號, 江蘇古籍出版社, 144쪽).

87) 駐仁川辦事處報告(1942.7.15), [仁川辦事處轄境內僑務槪況], 「駐京城總領事館半月報告」, 『汪僑僑務委員會檔案』(中國第2歷史檔案館所藏, 소장번호 2088-373).

거래되는 약재의 금액은 약 150~160만 원으로 이 가운데 약 절반은 중국산이기 때문에 수입액은 적지 않았다.[89] 이와 같이 중국산 약재의 수입이 상당히 많은 데도 수입과정, 유통구조 등에 관한 연구는 거의 전무한 상태이며, 한약재에 관한 연구는 조선인의 약령시를 해명하는 작업이 중심이 되어 있다.[90] 여기서는 깊이 있는 논의는 하지 않기로 하고 화교 약재상을 중심으로 보도록 한다. 중국에서 한약재를 수입하는 경성의 화교 약종상은 동순태(1923년의 매상액은 34.2만 원·〈부표 5〉의 31번), 동흥성(1928년도의 매상액은 20만 원·〈부표 5〉의 10번), 집창호(동 11.6만 원·〈부표 5〉의 226번), 영풍유(동 7.8만 원·〈부표 6〉의 127번), 광영태(〈부표 5〉의 138번), 덕생항(〈부표 4〉의 65번) 등이 있었다.[91] 화교 약종상에 의해 수입된 중국산 약재는 조선인 한약방 등에 도매로 주로 판매되었다.

조선총독부는 1930년대 전반 중국산 약재의 '수입방지'와 '농촌경제장려'의 차원에서 약초재배를 장려했다.[92] 1933년 3월 각 도지사에게 약초재배를 장려하도록 지시하고 이에 따라 각지에 약초원, 약초재배조합이 잇따라 설립되었다.[93] 다만, 이와 같은 조선총독부의 약초재배장려가 화교 약종상에 어떠한

88) 京城商工會議所(1937.8), "北支事件に關する法令及諸調查", 《경제월보(經濟月報)》(1937년 8월호), 京城商工會議所, 26쪽.
89) 總督府技士川口利一(1935.1), "藥草の栽培と利用について(其ノ四)", 《경제월보(經濟月報)》(1935년 1월호), 京城商工會議所, 46쪽. 일본도 당시 중국에서 연간 약 600만 원의 중국산 약재를 수입했다.
90) 대표적인 연구로는 권병탁(1986),(『약령시연구』, 한국연구원)이 있다.
91) 朝鮮總督府(1924a), 앞의 자료, 59~60쪽.
92) 駐京城總領事館報告(1933.3.20), 「朝鮮總督府獎勵栽培漢藥藥材及將來漢藥貿易之趨勢」(복각판, 中國第二歷史檔案館 編(1990), 『南京國民政府外交部公報』 第6卷 第2號, 江蘇古籍出版社, 103쪽). 이와 같은 대책은 조선총독부에 의한 '국산품애용운동'의 일환으로 전개된 측면도 있다. 세계대공황 이후, 조선총독부는 1930년대 들어 조선인의 실업문제, 파탄에 직면한 농촌경제문제의 해결을 위해 국산품을 애용하는 운동을 적극 전개했다. 이 운동에 취지에 관해서는 朝鮮總督齋藤實(1930.9)("國産品の愛用について(其ノ五)", 《경제월보(經濟月報)》(1930년 9월호), 京城商工會議所, 1쪽)을 참조 바람.
93) 總督府技士川口利一(1935.2), "藥草の栽培と利用について(其ノ五)", 《경제월보(經濟月報)》(1935년 2월호), 京城商工會議所, 13~16쪽; "한약 재료 재배를 장려", 《동아일보》, 1933.3.15. 약초원(藥草園)이 설립된 지역은 함흥, 개성 그리고 각 도립의원이었다.

영향을 미쳤는지는 현재로서는 알 방법이 없지만, 1940년 대구 약령시에서 거래된 약재 가운데 약 18만 원의 중국산이 포함되어 있었다는 점,[94] 1942년에 경성에 9개소의 약종상이 경영활동하고 있었다는 점이 확인되고 있어 이 정책이 화교 약종상에 심대한 타격을 가했다고 볼 수는 없을 것 같다.[95]

3. 화교 직물수입상에 대한 세금 과다부과 문제

앞에서는 조선총독부의 중국산 직물에 대한 고관세 부과를 중심으로 검토했지만 여기서는 조선총독부 및 지방 당국의 화교 직물수입상에 대한 세금 과다부과를 둘러싼 문제를 검토한다.

화교 직물수입상인 서태호(〈부표 6〉의 203번), 영래성(〈부표 6〉의 128번), 화태호(〈부표 6〉의 52번), 광화순(〈부표 6〉의 106번), 금성동(〈부표 6〉의 175번)은 1930년 1월 31일까지 1930년분의 영업세 과세표준이 되는 1929년도의 매상액을 신고했다. 경성부 세무과는 각 수입상을 호별 방문하여 신고한 매상액의 확인 조사를 실시하고 그 결과 결정된 금액이 〈표 4-5〉의 매상액 ①이다. 이 매상액 ①은 1928년도의 매상액과 거의 같았다.

그런데 세무과는 의심스러운 점을 발견한 것인지 조선영업세령(朝鮮營業稅令) 제22조에 근거하여 수입상의 담당자들을 소집하고 장부의 조사를 실시했다. 그 결과 세무과에 의해 고지된 매상액이 〈표 4-5〉의 매상액 ②이다. 매상액 ②는 ①에 비해 5개소의 수입상을 합해보면 2배 이상 증가한 금액이 된다. 특히 금성동은 두 차례에 걸쳐 호출되어 1차 때는 230만 원, 2차 때는 205만 원의 고지를 통보받아 매상액 ①보다 2.6배 증액되었다. 광화순은 3차에 걸쳐 호출되어 최종적으로 124만 원의 고지를 받아 매상액 ①보다 2.8배 증가했다.[96]

---

94) 文定昌(1941), 『朝鮮の市場』, 日本評論社, 165~179쪽.

95) 駐京城 總領事館 報告(1942.7.1), [조선화교槪況], 「駐京城總領事館半月報告」, 『汪僞僑務委員會檔案』(동 2088-373).

<표 4-5> 경성부 조사 화교 직물수입상의 1929년도 매상액

(단위: 만 원)

상호명	1928년도 매상액	매상액 ①	매상액 ②	매상액 ③	결정매상액
금성동(錦成東)	64	78	230 · 205	205.0	105.7
서태호(瑞泰號)	80	72	140	136.4	97.9
영래성(永來盛)	70	69	110	109.0	66.8
화태호(和泰號)	72	59	83	83.2	59.6
광화순(廣和順)	50	45	60 · 89.6 · 124	124.8	72.2
합계	336	323	662	658.4	402.2

주: 매상액 ①은 경성부청 관리가 상점을 방문하여 조사한 금액. 매상액 ②는 경성부청이 점원을 호출하여 고지한 금액. 매상액③은 경성부의 결정액. 금성동의 매상액 ②인 230만 원과 205만 원은 제1차와 제2차 점원 호출 조사에 의한 고지 금액, 광화순의 매상액 ②인 160만 원과 89.6만 원, 124만 원은 세 차례 호출 조사에 의한 고지 금액. 광화순의 1928년도 매상액 50만 원 가운데 30만 원은 자사에 의한 판매, 20만 원은 위탁판매이다.

출처: 주조선총영사관이 경성부청에 보낸 공문(1930.4.5), 앞의 당안자료, 동 03-47-191-03; 주조선총영사관이 경성부청에 보낸 공문(1930.9.17), 앞의 당안자료, 동 03-47-191-03.

각 수입상은 경성부 세무과 조사에 대해 장부의 사실에 근거하지 않는 부당한 요구라는 반응을 보였다.[97] 경성중화총상회는 5개소 수입상의 진정을 접수한 후 직원을 세무과에 파견하여 교섭을 했지만 세무과는 좀체 양보하려 하지 않았다. 이와 같은 반대가 있음에도 세무과는 매상액 ②보다 조금 더 감액된 조정액(매상액 ③)을 각 수입상에 고지했다.

그렇다면 왜 경성부 세무과의 심사에 의한 매상액과 5개소의 수입상의 신고 매상액 사이에는 2배 이상의 차이가 발생한 것일까? 그 이유에 대해 영래성은 경성부가 상품판매장부의 금액에 근거하지 않고 거래은행에 예금해둔 1년간의 예금액을 기준으로 했기 때문이라고 분석했다.[98] 예를 들면, 1929년 말 현

---

96) 서태호와 영래성의 영업세 납세액은 1925년 476원·360원, 1926년 496원·320원, 1927년 658.8원·216원, 1928년 864원·756원, 1929년 864원·756원이었다.

97) 경성중화총상회가 주조선총영사관에 보낸 공문(1930.3.26), 「交涉營業稅」, 『駐韓使館保存檔案』(동 03-47-191-03).

98) 영래성이 주조선총영사관에 보낸 공문(1930.4.3), 앞의 당안자료, 동 03-47-191-03.

재 각 수입상의 예금액은 금성동 235만 원, 서태호 150만 원, 화태호 123만 원, 광화순 111만 원, 영래성 110만 원으로 매상액 ②에 각각 가깝다고 확인됨에 따라 세무과가 예금액을 매상액으로 간주한 것으로 볼 수 있다. 이와 같이 경성부가 재조사를 하고 예금액을 과세표준으로 한 배경에는 화교 직물수입상을 압박할 의도 외에도 조선총독부 당국이 화교 직물수입상 등 화상에 대해 성실히 과세표준을 신고하지 않고 영업세를 납세해오지 않았다는 불신이 뿌리 깊게 있었다는 점을 지적하지 않으면 안 된다.[99]

주조선총영사관은 각 수입상 및 경성중화총상회의 진정을 접수하고 경성부청에 정식으로 항의했다.[100] 동 총영사관은 5개소의 수입상에 대한 영업세 조정액이 공정성을 결여하고 있다고 주장하고, 예금액이 많은 이유를 다음과 같이 설명했다. 예기치 않는 금융 사태의 대비, 거래처의 자금사정이 어려울 때의 대비, 수표할인이 원활하지 않는 인천지점에 대한 금융지원, 오사카 등의 주문처에 대한 지불을 위한 것이라고 설명했다. 또한 과세표준을 상품판매장부가 아닌 예금액으로 하는 것은 부당하다며 시정을 요구했다.

이에 대해 경성부청은 "현재 조사 중이지만 조사에 상당한 시간을 필요로 하며 이달 말일까지는 조사를 완료할 전망"이라며 제1기의 납세기일이 5월 말까지이므로 어쨌든 기간 내에 납세할 것을 요구했다.[101] 그러나 5개소의 수입상은 "일단 조정한 세액은 변경하지 않는다는 관청의 시달"이 있었다면서, "그 세액의 조정은 상당히 잘못되어 있다"라고 다시 정밀한 조사를 요구했다.[102] 경성부청은 이에 응하지 않고 5개소의 수입상에게 납세를 독촉했다. 그러나 5개소의 수입상은 "향후 그 조정액의 감액"을 하지 않으면 "세액의 납부에 응하기 어렵다"라고 강한 자세로 나왔다.[103] 경성부청은 하는 수 없이 5개소의 수입상

---

99) "인천 중국 상인 결속 영업세 불복 申立", 《동아일보》, 1931.4.12.
100) 주조선총영사관이 경성부청에 보낸 공문(1930.4.5), 앞의 당안자료, 동 03-47-191-03.
101) 경성부청이 주조선총영사관에 보낸 공문(1930.5.13), 앞의 당안자료, 동 03-47-191-03.
102) 傅維貢·趙星舫·葛松濤·孫金甫·趙謙益이 경성부윤에 보낸 공문(1930.5.24), 앞의 당안자료, 동 03-47-191-03.
103) 傅維貢·趙星舫·葛松濤·孫金甫·趙謙益이 경성부윤에 보낸 공문(1930.5.27), 앞의 당

〈그림 4-1〉 영래성 직원의 명함

출처: 「交涉營業稅」,『駐韓使館保存檔案』(대만중앙연구원근대사연구소 소장).

의 영업세납세 표준액의 조회를 위해 각 수입상에게 조달액(월별·조달처별) 및 월별 매상액을 제출하도록 요구, 5개소의 수입상은 이에 응했다.[104] 주조선총 영사관은 이 문제의 해결을 위해 각 수입상에게 장부의 제출을 요구하고 경성 부에 재조사를 의뢰했다. 경성부청의 마쓰자키(松崎) 계장과 나카타(中田) 계원 이 동 총영사관을 아홉 차례 방문하여 장부를 조사했다.[105] 이 조사에 의해 9 월 3일 결정된 것이 〈표 4-5〉의 결정매상액이다. 매상액 ③의 합계보다 39% 감소하여 각 수입상의 주장이 일부 수용되었지만 매상액 ①의 합계보다는 25% 증가한 것으로 볼 때 이 금액만큼은 경성부청이 양보하지 않았다고 해석 할 수 있을 것이다.

안자료, 동 03-47-191-03.
104) 경성부청이 주조선총영사관에 보낸 공문(1930.5.27), 앞의 당안자료, 동 03-47-191- 03.
105) 주조선총영사관이 경성부청에 보낸 공문(1930.9.17), 앞의 당안자료, 동 03-47-191- 03.

이 사건을 계기로 인천에서도 화교 직물수입상에 대한 같은 양상의 사건이 1931년에 발생했다. 인천의 화교 직물수입상을 비롯한 약 20명의 상점주는 1930년도의 매상액이 불경기로 감소했는데도 1931년의 영업세액이 이전보다 3할 증액되었다면서 불복하고 인천부에 재조사를 요청했다.[106]

한편, 영업세 이외의 세금부과를 둘러싸고 당국과 화교 직물상 등의 화상과의 마찰이 확인된다. 경기도 여주군 주내면사무소는 1931년에 이 지역의 화교 직물상인 의성동(義盛東) 및 음식점인 방림원(芳林園)과 중화원(中和園)에 대한 호세(戶稅)[107] 부과액이 1930년에 비해 평균 125%나 증가하자 면장에게 감세를 요청했지만 받아들여지지 않았다.[108] 그래서 3개소의 점주는 경성중화총상회 및 총영사관을 통해 문제해결을 도모했다. 총영사관은 이 안건에 대해 〈표 4-6〉을 첨부하여 진정내용의 조회를 요청함과 동시에, 만약 그것이 사실이라면 불경기 때 "귀국정부가 채택하려고 하는 감세방침과 맞지 않다"라고 감세조치를 취하도록 요구했다.[109] 그런 가운데 5월 10일 면장 및 면사무소 서기, 군청 재무과 직원이 3개소의 화상을 몇 차례 방문하여 납세를 권고하고 "내년도부터 감세할 것이라고 언명했기" 때문에 납세하게 되었다.[110] 이로써 총영사관은 조선총독부가 해당 군 및 면에 시달하여 1932년의 감세를 보증할 것을 요구했다.

---

106) "인천 중국 상인 결속 영업세 불복 申立", 《동아일보》, 1931.4.12.
107) 호세는 16세기 조선에 도입된 국세로 조선총독부에 의해 1919년 지방세로 이양되었다. 지방의 군 지역에 있는 각 호를 대상으로 한 세금으로 각 호를 등급별로 나눠 차등 부과되었다.
108) 주조선 총영사관 사무대리부영사 季達이 조선총독부 외사과장 穗積眞六郞에게 보낸 공문(1931.4.30), 朝鮮總督府官房外事課, 『昭和四・五・六・七年 各國領事館往復』, 국가기록원 소장. 1931년도 경기도의 호세 부담액은 41만 4,879원이었다. 호당 3.4~3.5원이었다("20군의 호세 41만여원 경기도 관하 부담액", 《동아일보》, 1931.4.11).
109) 주조선 총영사관 사무대리부영사 季達이 조선총독부 외사과장 穗積眞六郞에게 보낸 공문(1931.4.30), 앞의 자료.
110) 주조선 총영사관 사무대리부영사 季達이 조선총독부 외사과장 穗積眞六郞에게 보낸 공문(1931.5.15), 앞의 자료.

<표 4-6> 경기도 여주군 주내면사무소의 화교 상점 3개소에 대한 호세 부과액

상호명	1930년 세액(원)	1931년 세액(원)	증가율(%)
의성동(義盛東)	4.26	19.59	360
방림원(芳林園)	10.91	19.59	80
중화원(中和園)	10.93	19.59	79
합 계	26.10	58.77	125

출처: 주조선 총영사관 사무대리부영사 季達이 조선총독부 외사과장 穗積眞六郎에게 보낸 공문(1931.4.30), 朝鮮總督府官房外事課, 『昭和四·五·六·七年 各國領事館往復』, 국가기록원 소장.

조선총독부 외사과는 내무국에 대해 이 안건에 대해 조사를 의뢰하고 결과를 보고 받은 것은 7월 17일이었다. 이 보고에 의한 호세 부과액 증가의 원인은 세 가지였다. ① 과세총액 및 납세의무자 총수는 두드러진 변화는 없지만 다액의 호세 납세의무자가 다른 지역에 전출함에 따라 전체적으로 부담 증가가 발생했다는 점, ② 3개소의 점주 가운데 2명에 대해서는 토지 등의 소득이 있다는 것을 발견하여 부담이 증가했다는 점, ③ 1931년도에 부담의 공정을 기하기 위해 과세 등급을 갱신한 결과 부담에 변화가 발생했다는 점.[111] 내무국은 두 가지 점을 근거로 면사무소의 조치는 '대체적으로 적절했다'라고 하고, 동 면사무소가 1932년의 호세 감세를 언명한 것이 사실이라고 인정했다.

내무국의 조사결과가 올바른 것인지는 분명하지 않지만 내무국이 면사무소의 조치를 '대체적으로 적절했다'라고 표현한 것 자체가 올바르지 않는 점도 있었다는 것을 인정한 것이라 할 수 있다. 당국이 경성부 및 인천부의 화교 직물 수입상에 대한 영업세 과다부과와 같이 화상에 대한 불신과 함께 일대 세력을 형성하고 있었던 화교 직물상 등에 대한 견제 및 압박이 호세 과다부과의 형태로 나타난 것으로 볼 수 있다.

---

111) 조선총독부 내무국장이 외사과장에게 보낸 공문(1931.7.17), 「課稅ニ關シ支那人ノ申出ノ件」, 앞의 자료.

4. 맺음말

이상에서 조선총독부가 직물수입상에 의해 상해에서 독점적으로 수입된 중국산 견직물 및 마직물에 대해 어떻게 고관세를 부과했으며, 영업세액을 어떻게 과다 부과했는지에 대해 살펴보았다.

조선총독부는 중국산 견직물에 대해 1920년 8월의 통일관세 도입에 따라 종래의 종가 7.5~10%에서 30~40%로 인상하고, 더욱이 1924년 7월 31일 공포된 조선총독부 법률 제24호의 사치품관세의 시행으로 100%로 인상했다. 이에 대해 상해의 중국인 견직물수출 도매상과 화교 직물수입상이 사치품관세의 도입에 대해 맹반발하여 반대운동을 전개했다. 이와 같은 반대운동이 있음에도 사치품관세의 대상에서 중국산 견직물을 제외하지 않은 것은 조선으로 견직물 수출을 확대하려고 한 일본 견직물업계의 정치적 압력이 있었다는 것을 논의했다.

한편, 조선총독부는 중국산 마직물에 대한 관세를 종래의 7.5%에서 1920년의 통일관세의 실시로 약 20%로 인상했지만 1924년의 사치품관세의 대상에는 일부 품목을 제외하고 포함시키지 않았다. 그 영향으로 중국산 마직물의 수입량 및 수입액은 1930년까지 감소하지 않고 일정 수준이 유지되었다. 그러나 1931년 화교배척사건, 조선총독부에 의해 1933년에 관세율이 40%로 인상되고 다시 1937년에 80%로 인상되어 조선 시장에서 완전히 모습을 감춰버린 것을 확인했다. 이와 같은 중국산 마직물의 수입 감소가 화교 직물상의 경영에 다대한 지장을 초래한 것을 밝혔다.

이 장에서 조선총독부는 양 직물만 아니라 중국에서 많이 수입된 다른 중국산 수입품에 대해서도 1930년대에 수입제한 및 조선 내 대용품의 생산 확대 등으로 대처한 사실을 산동산 소금과 중국산 약재를 사례로 들어 논증했다. 또한 화교 직물상에 대해서는 양 직물에 대한 고관세부과뿐 아니라 영업세 과다 청구 등을 통해 경영을 압박한 것도 살펴보았다.

1931년 화교배척사건이 화교 직물상에 미친 영향

1. 머리말

이 장에서는 1931년 화교배척사건이 화교 직물수입상을 비롯한 화교 직물
상에 어떤 영향을 주었는지를 분명히 밝히고자 한다. 1931년 화교배척사건에
관해서는 최근 다양한 연구 성과가 나왔다.[1] 여기서는 이 사건이 화교 직물상
에 어떤 경제적 영향을 주었는지를 중심으로 보도록 하자.

1927년 화교배척사건 때 화교 직물상의 직접적인 피해는 거의 없었으며 사
건의 여파로 인한 일시적인 상점 폐쇄에 그쳤다.[2] 그러나 1931년 화교배척사
건은 화교 직물상에 심대한 영향을 미쳤다. 이와 관련하여 마이클 김(Michael

---

1) 손승회(2009), 「1931년 식민지 조선의 배화폭동과 화교」, 『중국근현대사연구』 41, 한
   국중국근현대사학회; 졸고(2012), 「1931年排華事件の近因と遠因」, 『朝鮮華僑と近代東
   アジア』, 京都大學術出版會; 강진아(2012.9), 「만주사변 전후 재한화교 문제의 양상:
   朝鮮總督府 外事課와 在韓中國領事館 간 왕복문서를 중심으로」, 『동양사학연구』 120,
   동양사학회; 이은상(2016.12), 「원산화교와 배화폭동(排華暴動)」, 『중국근현대사연구』
   72, 중국근현대사학회.
2) 이에 대한 상세한 논의는 졸고(2016.6)(「1927년 조선화교배척사건의 경위와 실태: 인
   천화교배척사건을 중심으로」, 『동양사학연구』 135, 동양사학회)을 참조 바람.

KIM)은 이 사건에 의한 금융기관의 화상에 대한 대출 자금줄 조이기와 화교의 대량 귀국이 화상의 상업망을 약체화시켰다고 분석, 이 사건이 화교경제에 미친 영향의 일단을 밝혔다.[3] 그러나 화상의 상업망 존재를 분명히 하지 않은 채 신용위기가 그들의 상업망을 약화시켰다고 결론을 도출, 쌍방의 상호관계를 구체적으로 해명하지는 못했다.

제1~4장에서 해명한 화교 직물수입상의 통상망 및 유통망이 이 사건에 의해 어떻게 파괴되고 취약해졌는지에 대해 경인지역 및 경기도·황해도·강원도, 평안남도, 기타 지역으로 분류하여 구체적으로 검토한다.

2. 화교 직물수입상에 미친 영향

1) 경성부 및 인천부 지역

《조선일보》의 1931년 7월 2일자 호외에서 만보산사건(萬寶山事件)에 대해 "중국 관민 800여 명이 동원되어 조선농민과 충돌 조선농민이 다수 살상되었다"라는 기사가 게재되자,[4] 3일 새벽부터 인천에서 산발적인 화교 습격사건이 시작되었다. 습격사건은 그날 오후가 되자 인천부내, 특히 화교 집단거주지인 지나정(支那町)으로 확산, 4일에는 외리 등의 시가지까지 번졌다. 경성은 3일 밤부터 4일 아침에 걸쳐 습격사건이 잇따라 발생했다.

이와 같은 습격사건에 의한 경성 및 인천의 화교 직물수입상 등에 대한 직접 피해는 없었지만, 배화 분위기의 고조로 이들 수입상 등의 상거래는 일시 중단

---

3) Michael KIM(2010), "The Hidden Impact of the 1931 Post-Wanpaoshan Riots: Credit Risk and the Chinese Commercial Network in Colonial Korea", Seoul: Sungkyun Journal of East Asian Studies, Vol.10 No.2.
4) 이 기사는 《조선일보》의 호외가 신문사에서조차 보관하고 있지 않아 불가피하게 일본어로 번역한 다음의 자료를 참고할 수밖에 없었다. 高等法院檢事局思想部(1932.10), 『高檢 思想月報』(1932년 10월호), 高等法院檢事局, 67쪽.

되지 않을 수 없었다. 경성중화총상회는 5일 상거래 중지에 따라 조선인 상인에 대한 미수금의 회수가 잘 되지 않는다는 이유로 거래처의 금융기관의 수표, 조달처의 외상에 대한 일체의 지불을 하지 않기로 했다.[5] 화교 직물수입상은 수표할인 등을 통해 경인지역의 화교 직물도매상, 일본인 및 조선인 직물도매상과도 밀접한 관계가 있었던 만큼 이들 수입상의 지불 중지선언은 특히 거래하는 은행의 경영을 압박할 수 있었다. 경성부내의 조선은행과 이들 수입상을 비롯한 화상과의 수표할인금액은 60만 원 이상, 조선식산은행 약 30만 원, 동일은행[구(舊)한일은행]은 5~6만 원, 한성은행 2~3만 원이며, 총 100만여 원에 달했다.[6] 이 금액이 부도가 된다면 거래처의 은행뿐 아니라 각 은행의 신용위기가 다시 실물경제에 악영향을 주어 세계대공황으로 유발된 불경기를 한층 심화시킬 우려가 있었다.

그래서 경성상공회의소(京城商工會議所)는 7월 6일 오후 2시부터 긴급임원회의를 개최, 대책을 협의했다. 협의에서 나온 결론은 다음 세 가지이다. ① 화상과의 상거래문제에 대해 곧바로 조사한 후 선후대책을 강구할 것. ② 이 사건을 하루라도 빨리 진정시킬 것과 상거래의 재개를 총독부에 진정할 것. ③ 주조선총영사관 및 경성중화총상회를 위로 방문하여 거래재개의 희망을 전달할 것.[7] 실제로 경성상공회의소는 회의 종료 후 오후 4시부터 조속히 총영사관 및 총상회를 방문하여 위문했다.[8]

또한 경성도매상연맹회(京城御商聯盟會)의 미야바야시 다이지(宮林泰司) 회장이 은행과 이들 수입상 간의 중재에 나섰는데, 경성의 배화사건이 이미 진정된 것을 들어 은행의 결제를 촉구했다. 이에 경성중화총상회는 "2~3일 내에 기일이 돌아오는 수표는 결제한다. 이후는 어떻게 될지 모르기 때문에 그때 검토하

---

5) "華商側不拂申合せ不祥事件を理由に", 《경성일보(京城日報)》, 1931.7.7.

6) "各銀行で憂慮す新規貸出を手控へて注視す", 《경성일보(京城日報)》, 1931.7.8.

7) "商去來の復活要望京城商議の不祥事件善後策", 《경성일보(京城日報)》, 1931.7.8; "중국인 박해 속출로 은행거래 대타격 실업계의 영향 至重", 《매일신보》, 1931.7.8.

8) "중국 상인과의 거래 부활책 협의", 《동아일보》, 1931.7.8.

<표 5-1> 경성부 소재 은행과 화교 간의 거래액(1931년과 1932년)

월별	예금총액			대출총액		
	조선은행 경성본점(원)	은행 전체		조선은행 경성본점(원)	은행 전체	
		건수(건)	금액(원)		건수(건)	금액(원)
6월	63,716	-	40만	211,932	-	170만
7월	79,608	-		216,643	-	
8월	88,527	-		171,707	-	
9월	42,822	308	16.8만	114,724	62	99.1만
10월 말	-	290	16.8만		52	91.5만
11월 말		283	13.6만		53	98.9만
12월 말		283	15.1만		92	102.5만
1월 말		272	13.4만		80	104만
2월 말		259	10.2만		63	103.3만

출처: 本誌記者(1931.11), 앞의 자료, 62쪽; 京城商工會議所(1932.4), "滿洲事變の朝鮮に及ぼした經濟的影向", 《경제월보(經濟月報)》(1932년 4월호), 京城商工會議所, 44~45쪽.

기로 하자"는 입장을 표명했다.[9] 이와 같은 결정의 배경에는 화교 직물수입상의 수중에 있는 중국산 마직물의 판매대금 및 풍부한 자금이 있어 긴급한 수표의 결제에는 문제가 없지만, 지불기한이 많이 남아 있는 수표는 향후의 상황을 낙관할 수 없었기 때문이다.[10]

그러나 경성부내의 배화사건에 의한 직접적인 피해는 중화요리점음식점 및 호떡집 등 은행과 거래가 적은 화교 상점이 많고 이들 수입상에는 직접적인 피해가 없었기 때문에 부내의 이 사건이 진정국면에 접어들자 이들 수입상과 은행 간의 수표 결제는 순조롭게 이뤄질 수 있었다.[11]

한편, 인천의 화교 직물수입상도 배화사건에 의한 일시 상거래 중단을 하지

---

9) "華商側不拂申合せ不祥事件を理由に", 《경성일보(京城日報)》, 1931.7.7.

10) "各銀行で憂慮す新規貸出を手控へて注視す", 《경성일보(京城日報)》, 1931.7.8.

11) "華商の手形決濟順調", 《경성일보(京城日報)》, 1931.7.11; 本誌記者(1931.11), "朝鮮に於ける支那人", 《조선급만주(朝鮮及滿洲)》(1931년 11月號), 朝鮮及滿洲社, 57~58쪽. 경성 소재 중화요리음식점과 호떡집의 피해 상황에 대해서는 제II부의 제8장에서 상세히 논의함.

〈표 5-2〉 인천부 소재 은행과 화교 간의 거래액(1931년과 1932년)

월별	1930년		1931년		증감률	
	예금액 (1,000원)	대출액 (1,000원)	예금액 (1,000원)	대출액 (1,000원)	예금액 (%)	대출액 (%)
7월	278	254	258	88	-7.2	-65.4
8월	240	173	297	80	23.8	-53.8
9월	195	382	176	140	-9.7	-63.4
10월	184	518	129	95	-29.9	-81.7
11월	158	485	96	87	-39.2	-82.1
12월	158	411	105	78	-33.5	-81.0

출처: 京城商工會議所(1932.4), 앞의 자료, 47~48쪽.

않을 수 없었지만 인천지역이 7월 6일 밤 평온을 되찾자,[12] 풍부한 자금을 가진 화교 직물수입상의 수표 결제에는 문제가 없었다.[13]

이상과 같은 배화사건 직후의 화교 직물수입상의 상황은 이들 수입상과 은행 간의 거래 관계를 보더라도 확인할 수 있다. 〈표 5-1〉이 나타내듯 이 사건 발생 이전의 6월과 발생 이후인 7월을 비교할 경우 화교의 조선은행 경성지점 예금액과 대출액은 모두 증가했다.

인천의 경우, 1930년과 1931년의 7월 및 8월을 비교할 경우, 예금액은 7월에 -7.2%이던 것이 8월에는 23.8%라는 큰 폭의 증가로 전환되었다. 역으로 대출액은 1931년 7월과 8월은 전년 동월보다 각각 -65.4%와 -53.8%의 대폭감소를 보였다. 대출액을 보는 한 인천의 은행이 경성의 은행보다 화교에 대한 대출자금을 조인 것을 알 수 있다.

하지만 9월 이후 화교의 예금액과 화교에 대한 대출액의 상황은 완전히 변화한다. 조선은행 경성지점의 9월 예금액과 대출액은 8월보다 각각 51.6%와 33.2% 감소했다(〈표 5-1〉 참조). 인천화교의 9월 예금액과 대출액은 모두 전년

---

12) "支那商店も店を開く 平穩な仁川", 《경성일보(京城日報)》, 1931.7.7.
13) "각지 중국인 상거래 두절 평양이 最甚", 《조선일보》, 1931.7.7.

에 비해 9.7%와 63.4%의 감소를 보였다. 즉, 이 사건의 영향이 금융면에서 9월부터 본격적으로 나타나기 시작했다고 해석할 수 있다.

그 배경에는 8월의 청도사건(靑島事件),[14] 9월의 만주사변 발발과 같이 중일마찰이 보다 심각해진 정치적 상황이 있었다. 화교 직물수입상 등의 화상에 대한 최대의 대출 금융기관이던 조선은행도 대출은 하되 확실한 담보를 확보한다는 방침으로 전환되어 대출 조건이 엄격해졌다.[15] 그 결과 조선은행 경성지점의 화교 직물수입상 등에 대한 대출액은 6월의 21만 1,932원에서 9월에는 11만 4,724원으로 46% 감소했다.

제3장에서 화교 직물수입상이 한일은행의 수표할인을 통해 거래하고 있는 것을 밝혔지만, 배화사건 발생 후 이러한 거래에 어떠한 변화가 나타났는지를 표시한 것이 〈표 5-3〉이다. 경성의 화교 직물수입상이 자주 이용하고 있던 조선은행 경성지점은 이 사건 발생 후 이들 수입상에 대해 대출을 극력 제한하고 있다는 것이 이 표에서 확인된다. 조선은행 본점은 이들 수입상 가운데 유일하게 금성동(錦成東, 1931년 8월 상업흥신소(商業興信所)의 신용조사를 받았다. 그 결과는 〈부표 7〉의 107번)과 거래하고 있으며 거래 회수(回數)는 네 차례였다. 이 거래 내역을 보면 공자승이라는 인물과 조선견직(주)로부터 상품을 조달했다. 상품 판매는 화교 직물도매상으로 보이는 성태호(成泰號) 이외 22명에게 판매한 1건이 있을 뿐이었다. 금성동 이외에는 함흥, 원산, 예산 지역의 화교 직물도매상이었다.

이와 같은 각 은행의 화교 직물수입상에 대한 대출긴축은, 배화사건 및 만주사변으로 촉발된 것은 말할 필요가 없지만 다른 요인의 영향도 있었다. 다이이치은행(第一銀行) 지점은 신용이 있는 화교 직물수입상과 장기간에 걸쳐 거래

---

14) 8월 18일 청도에서 중국인과 거주 일본인 사이에 충돌이 발생, 쌍방에 다수의 부상자가 발생한 사건이다. '나카무라(中村) 대위사건'이 밝혀진 직후에 발생한 사건이기 때문에 일본의 반중감정은 더욱 악화되었다("靑島の我が國粹會本部支那人に襲撃さる わが家屋七十戸破壞され死傷者六十名を出す",《경성일보(京城日報)》, 1931.8.20).

15) 某消息通談(1931.11), "支那商人にも確實なのと不確實なのがある",《조선급만주(朝鮮及滿洲)》(1931年11月號), 朝鮮及滿洲社, 60쪽.

〈표 5-3〉1931년 화교배척사건 직후 한일은행을 통한 화상 관련 거래내역

할인승인 월일	본·지점별	수표발행인	수표수취인	액면금액(원)
7.6.	함흥지점	영원장(永源長)[16]	영취복(永聚福)	660
7.13	함흥지점	오명근(吳明根)	성태호(成泰號)[17]	192.95
7.27	함흥지점	진태호(鎭泰號)	영취복(永聚福)	418.40
8.17	-	-	-	-
8.24	함흥지점	영취복(永聚福)	영원장(永源長)	773.47
8.31	-	-	-	-
9.7	경성본점	삼성태(三成泰)	박규범(朴桂範)	2,400.0
9.14	원산지점	동화영(同和永) 외 1명	동양무역(東洋貿易)	194.90
9.21	경성본점	금성동(錦成東)	공자승(孔子升)	30,000
9.28	-	-	-	-
10.5	관수동지점	김재수(金在洙)	원순흥(元順興)	7,000
	예산지점	성관영(成觀永)	성천영(成天永)	135.84
10.12	경성본점	금성동(錦成東)	조선견직(朝鮮絹織)	143.0
	경성본점	성태호(成泰號) 외 22명	금성동(錦成東)	6,830.69
10.19	경성본점	금성동(錦成東)	공자승(孔子升)	7,500
11.2	관수동지점	김재수(金在洙)	원순흥(元順興)	6,900
	원산지점	동화영(同和永) 외 2명	동양무역(東洋貿易)	167.50
11.9·16·20·30	-	-	-	-
12.7	예산지점	성관영(成觀永)	성천영(成天永)	2,500
12.14·21·28·30	-	-	-	-
1932.1.4	경성본점	삼성태(三成泰)	박규범(朴桂範)	2,400
	예산지점	김준환(金俊煥)	성관영(成觀永)	425.0
	예산지점	성천영(成天永)	성관영(成觀永)	800.0
1.11·18·25,2.1·8	-	-	-	-
2.15	경성본점	금성동(錦成東)	공자승(孔子升)	7,500
	관수동지점	김재수(金在洙)	원순흥(元順興)	6,600
	예산지점	김준환(金俊煥)	성관영(成觀永)	500.0
2.22	-	-	-	-
2.29	예산지점	성천영(成天永)	성관영(成觀永)	800.0
	예산지점	김세환(金世煥)	성관영(成觀永)	1,500

출처: 한일은행, 『重役會決議錄』 제26호, 한국금융사박물관소장.

를 해왔지만 1931년 봄부터 이들 수입상에 대한 대출을 중지했다. 그 이유는 세 가지였다. ① 이들 수입상은 합고(합자회사)로 대표자의 권한을 알 수 없으며 어디까지 책임을 지는지 분명하지 않다는 점, ② 화상 사이의 상호부조 관계는 '쇠사슬'과 같으며 약한 고리가 끊어지면 전체를 악화시킬 우려가 있다는 점, ③ 작년 겨울부터 조선인 직물상의 파산자가 많아 그들에 영향을 받은 화교 직물수입상이 많다는 점이 그것이다.[18]

이 세 가지 지적은 대출 측인 은행의 입장에선 타당한 것이었다. ①은 이들 수입상이 '합고'이기 때문에 경영이 악화할 경우 거래은행은 대출액을 최종적으로 어디에서 회수해야 할지 분명하지 않다는 지적이다. 특히 각 은행은 화교 직물수입상에 대해 종래 담보를 취하지 않고 신용으로 대출해왔기 때문에 그러한 위험은 높았다고 할 수 있다. ②는 화교 직물수입상의 유통망의 약체화를 염두에 둔 지적인데 이에 대해서는 후술하도록 한다. ③은 제2장에서 검토한 이들 수입상과 거래하고 있던 조선인 직물도매상 가운데 조효순상점(이태호, 덕순복, 영래성과 거래),[19] 유기현상점(영래성과 거래)[20]이 경영 파산한 것이 확인되어 양 상점과 거래하던 서태호, 덕순복, 영래성은 미수금을 회수할 수 없게 되어 타격을 받았던 것 같다.

이상과 같이 화교 직물수입상은 각 은행의 대출 긴축에 따른 화교 직물도매상 및 소매상, 조선인 직물도매상과의 거래가 순조롭게 진행되지 않았기 때문에 다액의 재고를 앉고 중국산 마직물 및 일본산 면직물 및 견직물의 수입을 중지하는 움직임이 감지된다.

화교 직물수입상은 배화사건 발생 후 상해의 중국인 마직물도매상으로부터 수입을 삼갔기 때문에 상해 도매상의 재고는 '산과 같이 퇴적되어 있는' 상태였

---

16) 점주는 우상정(于翔亭). 〈부표 7〉의 80번을 참조 바람.

17) 점주는 왕신오(王愼五). 〈부표 7〉의 123번을 참조 바람.

18) 某消息通談(1931.11), 앞의 자료, 62쪽.

19) "종로를 중심으로 한 포목상의 폐점 속출", 《중외일보》, 1929.10.19.

20) "거래정지", 《동아일보》, 1929.9.22.

다.[21] 그 영향은 통계에도 나타난다. 인천항을 통한 상해로부터의 수입은 대부분이 마직물이었지만 1930년과 1931년의 수입액을 상하 분기별로 보면 상반기는 1931년이 137만 원으로 1930년의 125만 원을 상회했지만, 하반기에는 전자가 18만 원, 후자가 54만 원으로 3분의 1로 감소했다.[22] 또한 화교 직물수입상이 인천항을 통해 수입되어 인천항의 보세창고에 보관된 중국산 마직물은 1931년 9월 말에 4,672곤(梱, 14만 4,000원에 상당)에 달했다. 그 이유는 이들 수입상이 이 상품을 담보로 자금화 하는 것이 각 은행의 화교 직물수입상에 대한 대출경계에 의해 실현되지 않았기 때문이다. 그래서 화교 직물수입상은 본점이 소재하는 지부(芝罘)에서 자금화하는 것이 유리하다고 판단, 10월 8~22일에 3,083곤을 지부로 회송했다.[23]

한편, 화교 직물수입상은 1931년 배화사건 이전 오사카 도매상 및 가와구치(川口)의 행장, 기류(桐生) 및 후쿠이(福井) 등의 도매상으로부터 대량의 면직물과 견직물 및 인견 직포를 조달해왔지만 이 사건 이후 거래가 원활히 이뤄지지 않았다. 그러한 예로서 "계약한 상품은 해약하지 않는 한 내지(內地, 일본)에서 송출하지만 향후를 전망할 수 없는 현 상태에서 인수하지 않는 것이 있으며 세관에 보관된 양도 상당한 액수에 달했다"라고 한다.[24] 화교 직물수입상이 계약한 직물을 인수하지 않기 때문에 일본의 거래처와 문제가 발생한 것이다.[25] 즉, 화교 직물수입상의 번영을 지탱하고 있던 상해, 일본의 통상망이 제대로 작동하지 않는 상황이 표면에 떠오른 것이다.

이상의 검토에 의해 경인지역의 화교 직물수입상은 1931년 배화사건 및 만주사변의 영향으로 각 은행의 수표할인 경계로 화교 직물도매상 및 조선인 직

---

21) "反日會決定 今天起檢查日本貨", 《상해시보(上海時報)》, 1931.7.21.
22) 京城商工會議所(1932.4), "滿洲事變の朝鮮に及ぼした經濟的影響", 《경제월보(經濟月報)》(1932년 4월호), 京城商工會議所, 49쪽.
23) 京城商工會議所(1932.4), 앞의 자료, 48쪽.
24) 本誌記者(1931.11), 앞의 자료, 58쪽.
25) "조선내 중인 상황 침체 休止 파탄의 비운 旣約員의 受渡도 불능", 《조선일보》, 1931.10.14.

물도매상에 대한 직물판매가 잘 되지 않고, 상해 및 일본인 도매상으로부터의 상품 조달을 중지 혹은 주저하지 않을 수 없어 판매 및 조달 쌍방이 기능부전의 상태에 빠진 것이 분명해졌다.

2) 경기도·황해도·강원도·충청도

화교 직물수입상은 경기도, 황해도, 강원도, 충청도 지역에 화교 직물소매상의 유통망이 촘촘히 깔려 있는 것에 대해서는 제3장에서 살펴보았지만, 여기서는 배화사건 및 만주사변이 이들 지역의 화교 직물소매상에 어떤 영향을 주었으며 그것이 화교 직물수입상의 경영을 어떻게 압박했는지에 대해 검토하고자 한다.

우선, 배화사건과 만주사변은 이러한 지역의 화교 호수 및 인구를 격감시켰다. 〈표 5-4〉는 1930년 말과 1931년 말 현재의 화교 호수 및 인구를 비교한 것이다. 강원도는 호수의 55.1% 감소, 인구의 66.3% 감소, 충청북도는 호수의 52.6% 감소, 인구의 62.4% 감소로 조선 전체의 평균을 각각 상회, 상대적으로 귀국자가 많은 도(道)였다. 그 이외에도 경기도는 호수의 35.6% 감소, 인구의 47.9% 감소, 황해도는 각각 47.2%와 44.1%의 감소, 충청남도는 각각 32.2%와 43.2%의 감소를 보였다. 전반적으로 귀국자가 많았던 것이다.

이러한 지역의 귀국자 가운데에는 화교 직물소매상의 경영자가 많았다. 신문에 게재된 기사를 근거로 이들 지역의 화교 직물소매상의 귀국 실태를 보도록 하자. 우선, 경기도의 군 지역. 경기도 안성군 죽산시장에서 영업하던 화교 직물상 등은 1931년 12월에 상품을 모두 판매하고 전원 귀국 준비를 서둘렀다.[26] 영래성의 거래처인 수원군 성호면 오산리의 흥성영(興成永)의 점주인 진경유(陳慶有)도 귀국했다.[27]

---

26) "죽산 중인 귀국", 《동아일보》, 1931. 12. 10.
27) 주조선 총영사 盧春芳이 조선총독부 외사과장에게 보낸 공문(1931. 11. 14), 『昭和四·五·六·七年 各國領事館往復』, 국가기록원 소장.

〈표 5-4〉 1930년 12월과 1931년 12월 화교 호수 및 인구 비교

도별	1930년 12월		1931년 12월		감소율(%)	
	호수(호)	인구(명)	호수(호)	인구(명)	호수(호)	인구(명)
경 기 도	1,707	11,571	1,099	6,026	35.6	47.9
충 청 북 도	304	1,215	144	457	52.6	62.4
충 청 남 도	615	2,700	417	1,533	32.2	43.2
전 라 북 도	660	2,990	474	2,074	28.2	30.6
전 라 남 도	435	2,115	222	1,071	49.0	49.4
경 상 북 도	560	2,384	374	1,369	33.2	42.6
경 상 남 도	423	1,614	266	835	37.1	48.3
황 해 도	868	4,520	458	2,526	47.2	44.1
평 안 남 도	1,180	5,635	300	1,700	74.6	69.8
평 안 북 도	2,990	16,771	1,605	9,937	46.3	40.7
강 원 도	363	1,664	163	561	55.1	66.3
함 경 북 도	1,211	8,216	733	3,382	39.5	58.8
함 경 남 도	1,280	6,399	1,125	5,307	12.1	17.1
합 계	12,596	67,794	6,281	36,778	50.1	45.8

출처: 朝鮮總督府(1932·1933), 『朝鮮總督府統計年報』, 朝鮮總督府를 근거로 작성.

다음은 강원도에 대해 보도록 하자.[28] 강릉군 직물상업계에서 상권을 장악하고 있던 옥경동(玉慶東)과 화원영(和源永)은 1931년 10월 조선인 및 일본인과 거래가 잘 이뤄지지 않자 조선인 상인에게 외상 및 채권을 회수하고 상점을 매각하여 귀국을 준비했다.[29] 이천군은 화교 직물상이 상권을 장악하여 자주 신문에 보도되던 지역인데, 이천군(伊川郡)의 화교 직물상은 상대적으로 값이 싸게 상품을 판매하여 전원 본국에 귀국했다.[30] 양양군 거주 화교 직물상 공태복(公泰福)의 점원 4명과 겸예성(謙豫誠)의 점원 2명은 10월 23일에 산동성으로 귀

---

28) 일제강점기 강원도화교의 역사에 대해서는 졸고(2017.6)(「강원도 화교사회의 형성과 변화: 1900년대~1940년대를 중심으로」, 『한림일본학』 30, 한림대학교 일본학연구소)를 참조 바람.

29) "강릉 화상도 철귀를 준비", 《동아일보》, 1931.10.25.

30) "이천 중국인 전부 철퇴 귀국", 《동아일보》, 1931.10.13; "이천 時話", 《동아일보》, 1931.10.16.

국하기 위해 출발했다.[31] 송화군 장양면 금강구 말휘리의 5개소의 화교 직물 소매상은 1920년을 전후하여 이 지역에 진출하여 상권을 장악하고 있었지만 만주사변 후 이 지역 지점의 상품을 송화군의 읍내에 있는 본점으로 옮기고 점원은 귀국 준비를 서둘렀다.[32]

다음은 황해도를 보자. 재령군 신원면에 있는 4개소의 화교 직물소매상은 1920년을 전후하여 이 지역에 진출하여 지역 상권을 장악했지만, 만주사변 후 가옥과 상품을 매각하여 귀국 길에 올라, 상권 만회를 도모하고 있던 조선인 유력자가 상점의 매수에 돌입했다.[33] 해주의 최대의 중국 직물도매상은 시내 남문통에서 오랫동안 상권을 장악하고 있었지만 만주사변 이후 재고상품 전부를 최저 가격으로 도매 판매하고 귀국 준비를 서둘렀다.[34]

다음은 충청도. 충청남도 홍성군 광천면에 직물판매의 상권을 장악하고 있던 풍성화(豊盛和)는 상품을 경매한 후, 점원인 두상모(杜尙謨) 외 2명은 10월 3일 산동성을 향해 출발하고 나머지 점원 1명이 폐점 잔무 처리를 했다.[35] 대전군의 화교 거주자는 약 300명이었는데 만주사변 이후 귀국자가 잇따라 화교 직물상은 현금이 아니면 거래를 하지 않았다.[36] 충청북도 진천군의 화교 직물상은 10년 전부터 영업해왔지만 7월 화교배척사건 이후 영업상의 타격을 받은 상황에서 만주사변으로 한층 공포를 느껴 이미 본국에 귀국한 상인도 있고 상품을 새롭게 매입하지 않은 채 상품의 염가판매 및 미수금 회수를 하여 귀국 준비를 하는 상인도 있었다.[37]

이상으로 경기도, 강원도, 황해도, 충청도 지역의 화교 직물상이 폐점하여

---

31) "양양 중인 귀국", 《조선일보》, 1931.11.1.

32) "내금강 中人", 《동아일보》, 1931.10.16.

33) "중국 상인의 철거", 《동아일보》, 1931.10.16.

34) "해주 중국인 백여명 귀국", 《조선일보》, 1931.10.22; "해주 중국인 백여명 귀국", 《동아일보》, 1931.10.23.

35) "광천 중인도 돌연히 철귀", 《동아일보》, 1931.10.11.

36) "대전 중국인도 귀국자가 속출", 《동아일보》, 1931.10.18.

37) "귀국 준비로 상품 염가 매각 진천 중국인들", 《조선일보》, 1931.11.28; "진천 중국인 속속 귀국중", 《동아일보》, 1931.12.2.

<표 5-5> 황해도 재령군 소재 중화의 및 덕여항의 화교 직물수입상에 대한 채무액(1932년)

중화의(中和義)		덕여항(德餘恒)	
상호명(소재지)	채무액	상호명(소재지)	채무액
금성동(錦成東) (경성)	2,446.86	금성동(錦成東) (경성)	854.00
유풍덕(裕豊德) (경성)	597.76	유풍덕(裕豊德) (경성)	601.94
영래성(永來盛) (경성)	542.40	덕순복(德順福) (경성)	346.88
덕순복(德順福) (경성)	372.03	금성동(錦成東) (인천)	712.52
복성창(複盛昌)38) (경성)	8.24	복성잔(複成棧) (인천)	704.62
금성동(錦成東) (인천)	825.23	화취공(和聚公) (인천)	348.63
복성잔(複成棧)39) (인천)	264.09	영래성(永來盛) (인천)	255.15
영래성(永來盛) (인천)	51.84	덕순복(德順福) (인천)	161.36
-	-	협흥유(協興裕) (인천)	76.33
합계	5,108.45	합계	4,061.43

주: 중화의의 금성동에 대한 채무금액 2,446.86원 가운데에는 1,000원의 차입금이 포함되어 있음.

출처: 경성중화상회가 주조선 총영사관에 보낸 공문(1932.2.9), 「僑商債務糾紛案」, 『駐韓使館保存檔案』(동 03-47-218-14).

귀국한 실태를 보아왔다. 정확한 폐점 개수는 분명하지 않으나, 1930년 10월에 이들 도의 군 지역에는 712개소의 직물상점이 있었다(〈표 1-2〉 참조)는 것을 각 도의 호수 감소율을 근거로 계산해보면 310개소가 폐점한 것으로 추정된다. 이러한 지역에서 화교 직물상은 경인지역의 화교 직물수입상으로부터 직물을 매입해온 만큼 약 310개소의 폐점은 이들 수입상의 경영에 다대한 압박을 가했을 것이다.

사례를 하나 들어 구체적으로 검토해보자. 황해도 재령군 소재의 중화의(中和義)와 덕여항(德餘恒)은 경성 및 인천의 화교 직물수입상으로부터 직물을 매입했지만 양 직물상점의 자본주는 이들 수입상에 〈표 5-5〉와 같은 부채를 변제하지 않은 채 본국으로 귀국, 쌍방 사이에 문제가 발생했다.

---

38) 이 상점은 식료잡화점으로 점주는 진세용(陳世庸). 〈부표 6〉의 93번을 참조 바람.

39) 복성잔은 행잔일 것으로 추정된다. 점주는 사축삼(史祝三). 〈부표 6〉의 94번을 참조 바람.

채권자 측인 화교 직물수입상이 주장하는 사건의 경위는 다음과 같다.[40] 중화의와 덕여항은 산동성 황현 출신의 왕유중(王維重), 왕극정(王克亭), 왕극태(王克泰), 왕흔당(王欣堂), 왕연형(王延亨)의 형제 및 친척이 고향의 자본으로 이 지역에 개설한 직물상점이었다. 이 두 상점은 영업이 순조롭고 자금도 풍부했으며, 배화사건 시에도 폭동의 영향이 이 지역에까지 파급되지 않아 손실은 거의 없었다. 이때 왕씨 일족은 혼란한 시국을 틈타 타인의 자산을 속여 취하려고 경성 및 인천의 화교 직물수입상으로부터 상품을 대량으로 외상 구매했다고 주장했다.

만주사변 발발로 인해 화교 직물수입상은 거래처의 미수금 회수를 하지 않을 수 없었다. 직물수입상은 이 두 상점에 대해 외상 지불을 재촉했지만 답장이 없자 점원을 파견했다. 두 상점의 상황을 조사한바, 미수금을 변제할 수 있는 충분한 재고품이 있었다. 그래서 수입상은 안심하고 변제를 기다렸지만, 입금하지 않아 다시 점원을 파견했다. 파견된 점원이 도착했을 때 두 상점에 있던 재고품은 완전히 사라지고 아무것도 남아 있지 않았다. 두 상점이 재고품을 모두 싼값에 판매하고 판매대금을 청도 및 지부에 몰래 송금한 것이 조사 결과 밝혀졌다. 화교 직물수입상은 이 두 상점이 일부러 파산한 것처럼 속여 본국으로 귀국했다고 판단, 1932년 4월 13일 산동성 황현 지방법원에 두 상점의 미수금 9,163.88원의 지불을 왕씨 일가에 요구하는 소송을 청구했다.[41]

화교 직물수입상은 이 두 상점의 자본주 중 한 명인 왕유중이 다른 화교와 함께 인천부 신정(新町)에 2개소의 부동산을 소유하고 있다는 사실을 알아내고, 이들 부동산 가운데 왕유중 소유분의 3분의 1을 법률에 의거하여 법원에 가압류를 청구했다.[42] 법원은 왕유중에게 9,163.88원의 상환을 통지했다. 왕

---

40) 경성중화상회가 주조선총영사관에 보낸 공문(1932.2.9), 「僑商債務糾紛案」, 『駐韓使館保存檔案』(동 03-47-218-14).
41) 경성중화상회가 주조선총영사관에 보낸 공문(1932.6.13), 앞의 당안자료, 동 3-47-218-14.
42) 경성중화상회가 주조선 총영사관에 보낸 공문(1932.4.13), 앞의 당안자료, 동 3-47-218-14; 경성중화상회가 주조선 총영사관에 보낸 공문(1932.6.13), 앞의 당안자료, 동

유중은 채무 금액 자체에 대해서는 인정하면서도 상환의 판결에 불복하여 산동성 고등법원에 상고했다.[43] 이때 그는 조선인 상인이 갚지 않은 외상 6,000원이 있다는 것을 상소의 이유로 들었다. 당안(檔案)에는 화교 직물수입상 측이 중화의와 덕여항에 대한 상소밖에 없어 상세한 것을 알 수 없지만, 중화의와 덕여항은 조선인 직물상에게 외상을 거두어 그 돈으로 수입상 측에 외상의 변제를 하려 한 것으로 보인다.

7월 화교배척사건 후 화교 직물상 등은 자금 조달에 어려움을 겪어 거래처인 조선인 직물상에 외상을 회수하려는 움직임이 현저해지지만, 불황이 한창이던 때 외상을 갚는 조선인 상인은 적었다. 조선 내에서 이를 둘러싸고 쌍방 간에 마찰이 발생했다.[44] 외상이 잘 회수되지 않아 경영압박에 시달리던 중화의와 덕여항이, 만주사변으로 중일관계가 더욱 악화되자 재고품을 싼 가격에 방매하고 황급히 폐점하면서 본국으로 귀국한 것이다.

그러나 양 상점이 폐점하고 점주 및 자본주가 본국으로 귀국한 가운데 거래처인 조선인 직물상이 외상 약 6,000원을 갚을 전망은 거의 없었다. 화교 직물수입상 측이 이 금액을 '받을 수 없는 차입금'이라 표현했는데 말 그대로였다.[45] 한편, 산동고등법원은 왕유중의 상소에 대해 '규정(規程)에 맞지 않다'라고 하여 8월 11일 상소를 기각했다.[46] 이에 따라 왕씨 일가가 동 법원의 판결에 승복하여 실제로 9,163.88원을 변제했는지 어떤지는 분명하지 않지만, 그 가능성은 매우 낮다고 추측할 수 있다.

3-47-218-14.

43) 경성중화상회가 주조선총영사관에 보낸 공문(1932.6.13), 앞의 당안자료, 동 3-47-218-14.

44) 조선총독부 외사과장이 경무국장에게 보낸 공문(1931.12.3), 朝鮮總督府官房外事課, 『昭和四·五·六·七年 各國領事館往復』, 국가기록원소장.

45) 경성중화상회가 주조선총영사관에 보낸 공문(1932.6.13), 앞의 당안자료, 동 3-47-218-14.

46) 산동고등법원이 주조선총영사관에 보낸 공문(1932.11.3), 앞의 당안자료, 동 3-47-218-14.

이상은 화교 직물수입상이 폐점하여 귀국한 화교 직물소매상을 재판까지 끌고 간 매우 드문 사례이다. 앞에서 언급한 310여 개의 폐점한 화교 직물상점 가운데는 중화의와 덕여항과 같이 외상을 갚지 않은 채 귀국한 상점이 많아, 이것이 화교 직물수입상의 경영을 압박했음에 틀림없다. 또한 310여 개소의 거래처가 폐점한 것은 화교 직물수입상의 직물 유통망을 축소함과 동시에 이들 수입상의 판매 감소에 박차를 가했다.

3) 평안남도

평양부 및 그 인근 지역이 배화사건의 최대의 피해지라는 것은 주지하는 바이다. 중국 측의 자료에 의하면 이 지역의 배화사건에 의한 직접 피해는 조선 내 화교 사망자 수의 94%, 부상자 수의 53%, 행방불명자 수의 79%, 피해 총액의 61%으로서 압도적으로 높은 비중을 차지했다.[47] 여기서는 이 사건에 의한 화교 직물상의 물적 피해를 중심으로 검토하기 위해 평양부의 피해상황을 파악하기에 앞서 이 사건 직전 평양부 화교 상점의 상황을 살펴보도록 하자.

〈표 5-6〉에서 볼 수 있듯 화교 영업 상점은 1929년 166개소, 매상액은 365만 원에 달했다. 화교가 평양부의 영업소 총계 및 매상총액에서 차지하는 비중은 각각 6.3%와 11.0%로 일본인(26%·41%)과 조선인(67.7%, 48%)보다 낮았지만 일정 세력을 형성하고 있었다. 특히 직물상의 경우, 화교 직물상은 10개소에 지나지 않았지만 약 255만 원의 매상액으로 평양부 직물상 매상 총액의 34.5%를 차지하여, 조선인 직물상의 44.0%에 육박하고 일본인 직물상의 21.5%보다 높았다. 직물상점 1개소당 매상액은 화교가 25만 5,000원으로 일본인의 2만 6,000원, 조선인의 1만 5,000원을 훨씬 상회했다. 화교 직물상은 직물수입상 및 도매상, 일본인 및 조선인은 소매상이 중심으로 화교 직물상이

---

47) 羅家倫 主編·中國國民黨中央委員會黨史史料編纂委員會 編輯(1978), 『革命文獻』 33輯, 中央文物供應社, 672쪽.

〈표 5-6〉 평양부의 각 민족별 상업호수 및 매상액(1929년)

분류	상업호수(호)				매상액(1,000원)			
	조선	일본	중국	합계	조선	일본	중국	합계
채소·과일·김치	31	21	4	56	92.1	180.9	6.4	279.4
과자·담배·빵	143	46	55	244	351.1	300.3	104.5	755.9
식료·잡화	294	44	13	351	833.9	655.0	116.1	1605.0
가구·다다미	50	30	3	83	214.8	183.7	4.8	403.3
금속·기구·기계	107	45	2	154	1,035.0	363.0	16.4	1,414.4
가죽·잡화	274	62	19	355	1,189.0	974.3	735.8	2,899.1
직물피복·양말	215	60	10	285	3,252.5	1,584.9	2,546.8	7,384.2
청부업	7	100	4	111	62.9	1,016.8	24.3	1104
요리·음식·여관	60	52	56	168	522.9	450.9	96.8	1,070.6
기타	627	235	0	862	8,305.4	7,830.8	0.0	16,136.2
합계	1,808	695	166	2,669	15,859.6	13,540.6	3,651.9	33,052.1

출처: 朝鮮總督府(1932a), 『調査資料第四十三輯生活狀態調査(其四) 平壤府』, 朝鮮總督府, 322~329쪽을 근거로 작성.

평양의 직물상권을 장악하고 있었다.[48] 10개소의 화교 직물수입상 및 도매상은 겸합성(〈부표 6〉의 81번), 영홍덕(동 130번), 원홍덕(동 86번), 춘성영(동 185번), 춘성흥(동 184번), 덕홍호(德興號), 덕성호(동 44번), 경홍덕(동 77번), 태안양행(동 61번), 동원홍(〈부표 5〉의 22번)이었다.[49]

그렇다면 이러한 화교 직물수입상 및 도매상이 이 사건에 의해 어떤 피해를 입었는지에 대해 살펴보도록 하자. 중국의 신문기사에 따르면, 평양의 "화교 도매상인 겸합성(謙合盛), 영발(永發), 공발(公發), 홍덕(興德) 등의 상점은 문과 창이 산산조각이 났다. 우량의 값어치 있는 상품은 약탈하여 가져가 버렸다. 조악품은 찢어 가는 실로 밟아 더럽혔다. 겸합성 1호에서 찢긴 마포가 100여

---

48) "중국인 거상 재기불능 형세", 《동아일보》, 1931.10.16.
49) 朝鮮總督府(1924a), 『朝鮮に於ける支那人』, 朝鮮總督府, 155~156쪽; 京城商業會議所(1929.3), "朝鮮に於ける外國人の經濟力", 《조선경제잡지(朝鮮經濟雜誌)》(1929년 3월호), 京城商業會議所, 35~36쪽.

필에 달했다"라고 한다.[50] 화교 직물잡화상 복합성(複合盛)의 회계담당자는 "상품 가운데 면포, 마포, 견포 및 기성품 상품은 모두 약탈당했다. 안전한 금고도 부서져 모든 장부는 찢겨 버려졌다. 동 상점의 손실 총계는 10만 원을 하회하지 않았다"라고 증언했다.[51] 태안양행(泰安洋行)에서 24년간 지배인으로 근무한 양배창

〈그림 5-1〉 평양 화교배척사건 직후 평양 시내의 모습

출처: https://ja.wikipedia.org

(楊培昌)은 "양행은 7월 5일 밤 조선인이 두들겨 분쇄하여 상점은 아무것도 남지 않았다. 수십 년에 걸쳐 축적된 사재도 모두 사라졌다"라고 한탄했다.[52]

이상의 중국 신문기사 및 증언뿐 아니라 조선의 신문도 화교 직물수입상 및 도매상의 심각한 피해를 전했다. 《경성일보》 7월 5일자 기사는 "9시 50분경 이랑리(履鄕里) 중국 포목상 경흥덕(慶興德) 쪽으로 약 100명의 군중이 쇄도하여 유리창을 부쉈으며 상품을 부수고 사람들을 폭행했다. 이어 수십 명 내지

---

50) 원문. 綢緞莊如謙合盛, 永發, 公發, 興德等家, 門窓破碎, 貨物優良價値者則爲掠去, 粗下者則撕成細縷, 踐踏汚穢, 謙合盛一家被撕疵布, 夏布卽在百餘疋上(「平壤刼餘調査錄」, 『上海新聞』, 1931.7.30; 羅家倫 主編·中國國民黨中央委員會黨史料編纂委員會 編輯(1978), 앞의 자료, 690쪽.

51) 원문. 櫃中布匹綢緞及成件貨物皆被搶去, 卽保險銀櫃亦打得粉碎, 所有帳簿全被撕棄. 該號損失統計不下十餘萬元(王霖·高淑英 編(1991), 『萬寶山事件』, 吉林人民出版社, 193쪽).

52) 원문. 洋行於七月五日晚, 爲鮮人搗毁一空, 個人數十年私蓄, 亦悉蕩然(「平壤刼餘調査錄」, 『上海新聞』, 1931.7.30; 羅家倫 主編·中國國民黨中央委員會黨史料編纂委員會 編輯(1978), 앞의 자료, 687~688쪽). 태안양행은 7월 6일 밤 창고를 습격당했을 때 현금 4,000원과 시가 1,500원 상당의 다이아몬드를 도난당했다("파묻어둔 현금 간곳이 업서", 《매일신보》, 1931.7.16). 태안양행의 자본주는 이태호(怡泰號), 바스토(E. S. Barstow)(미국인), 메온크리프(R. W. Meoncriff(영국인), 바네스(T. W. Vaness)(영국인) 등 4명으로 1913년의 연간 매상액은 6만 원이었다(주진남포부영사가 주조선총영사관에 보낸 공문(1914.2.28), 「華商調査」, 『駐韓使館保存檔案』(동 03-47-021-02)).

수백 명의 군중이 부내 중국인 상점을 모두 습격했다"라고 상세히 보도했다.[53]

피해를 입은 것은 화교 직물수입상 및 도매상 이외에도 많았다. 《조선일보》의 기사에 의해 파악된 피해상점은 "홍승루(鴻昇樓), 중화루(中和樓), 식도원(食道園), 동화루(同和樓), 동승루(東昇樓), 태원루(泰源樓), 경화루(慶華樓), 화성루(華盛樓), 동화원(東華園), 영흥덕(永興德), 경흥덕(慶興德), 덕성호(德盛號), 춘성영(春盛永), 영후탕(永厚湯), 중화상회(中和商會), 태안양행(泰安洋行), 중화혁점(中華靴店), 춘성의장(春成衣裝), 창원흥덕(敞源興德), 영안호(永安號), 겸합성(謙合盛), 동흥덕(東興德), 동원홍(同源興), 덕유홍(德裕興), 동흥덕(東興德) 외 대소 상점 수십 개소"였다.[54] 즉, 앞에서 말한 겸합성, 태안양행, 경흥덕 이외에 영흥덕, 덕성호, 춘성영, 중화상회, 영안호, 동흥덕, 동원홍, 덕흥유,[55] 동흥덕도 피해를 입어 직물수입상 및 도매상과 잡화상 가운데 피해를 당하지 않은 상점은 없을 정도였다. 그 밖에 홍승루, 동승루, 동화원과 중화루, 식도원, 동화루, 태원루, 경화루, 화성루는 평양을 대표하는 중화요리점 및 음식점이었다.

주진남포 영사는 평양부의 상점 및 가옥의 재산피해액을 254만 5,888원으로 추계했지만 이 금액은 10개소의 화교 직물수입상 및 도매상의 연간 매상액에 상당하는 막대한 금액이었다.[56] 화교 직물수입상 및 도매상의 피해는 직접적인 피해에 그치는 것이 아니었다. 각 은행과의 수표 거래 등이 중지되어 거래 전반에 영향을 미쳤다. 이 사건 직후 평양부의 화교 관계의 거래는 모두 두절되어 화상의 수표는 전부 부도상태에 빠졌다.[57] 이들 수표 가운데 지불인이 평양의 화상(주로 직물수입상 및 도매상)으로 경성에서 할인된 수표가 많았지만 관련 은행에서는 수표 수취인(경성의 화교 직물수입상)에게 대금을 지불하지 않고 사태 추이를 지켜보았다.[58] 평양의 은행은 화상의 수표 결제 기간을 연장하

---

53) "支那人商店を片つ端から襲撃大商店數十數軒に及ぶ平壤の狀態", 《경성일보(京城日報)》, 1931.7.6.

54) "吶喊코 門戶를 격파 포목과 상품을 파기", 《조선일보》, 1931.7.7.

55) 점주는 정숙태(程肅泰). 〈부표 5〉의 51번을 참조 바람.

56) 羅家倫 主編·中國國民黨中央委員會黨史史料編纂委員會 編輯(1978), 앞의 자료, 672쪽.

57) "각지 중국인 상거래 두절 평양이 最甚", 《조선일보》, 1931.7.7. 석간.

는 조치를 취했지만 새로운 수표의 발행을 계속 경계했다.[59] 이에 따라 평양의 화교 직물수입상 및 도매상은 경성의 화교 직물수입상으로부터 상품을 조달할 수 없게 되었고, 판매할 상품이 없기 때문에 화교 및 조선인 직물소매상과의 거래도 중지하지 않을 수 없었다.

한편, 평양의 화교 직물수입상 및 도매상은 화교 직물소매상 및 조선인 직물소매상에 대한 미수금의 회수가 잘 되지 않았다. 이들 도매상은 평양부내뿐 아니라 평안남도를 비롯한 조선의 북부지역의 화교 직물상 및 잡화상에 상품을 판매하고 있었지만 점주가 이 사건 및 만주사변으로 귀국했기 때문에,[60] 미수금의 회수 전망이 서지 않았다.[61] 또한 거래처인 조선인 소매상도 대공황의 영향으로 영업부진에 빠진 시기와 겹쳐 외상의 변제가 순조롭게 진행되지 않았다.

위기에 처한 화교 직물수입상 및 도매상은 은행 등의 채권자에게 채무의 연부상환을 애원하면서 생존을 도모했다.[62] 조선인 채권자는 이들 도매상의 곤란에 동정하여 상환연기의 조치를 취했다.[63] 이와 같은 화교 직물수입상 및 도매상 재개점의 노력에 찬물을 끼얹은 것이 만주사변이었다. 앞으로의 전망이 더욱 불투명해지자 도매상점을 폐점하고 귀국하는 상인이 속출했다. 이 사건 후 다시 개점을 한 영흥덕(永興德)과 영성공(永盛公)은 상품 전부를 조선인에게 매도하고 귀국하였고, 다른 상점은 개점을 유보했다.[64] 7월 화교배척사건 이전 평양부에는 약 4,000명의 화교가 거주하고 있었지만 귀국이 잇따르면서 11월 19일에는 730명으로 격감, 11월 11일까지 직물수입상 및 도매상 가운데 다시 개업한 곳은 하나도 없었다.[65]

---

58) "華商の復興を銀行側で切望す 大した異狀はないがその成行を憂慮して", 《경성일보(京城日報)》, 1931.7.10.
59) "朝中人 충돌과 평양 手形 교환 猶豫 다소 연기를 難免", 《매일신보》, 1931.7.16.
60) 중국에 귀국한 평안남도의 화교 상인의 기사로, "舍人場 중국인 撤商 귀국 일중사변으로", 《조선일보》, 1931.10.11.
61) "중국인 거상 재기불능 형세", 《동아일보》, 1931.10.16.
62) "평양의 중국인들 채무이행을 회피", 《조선일보》, 1931.11.22.
63) "평양 중국인사건으로 일반 商界에 投한 一石", 《동아일보》, 1933.2.22.
64) "在壤중국인 속속 귀국 개점도 보류", 《조선일보》, 1931.10.16.

화교 직물수입상 및 도매상의 폐점과 이들 상점 점주의 귀국은 채무불이행 문제를 불러일으켰다.[66) 그 대표적인 사건이 경흥덕이었다. 경흥덕과 한성은행 평양지점은 거래 관계에 있었다.[67) 경흥덕 점주인 맹헌시(孟憲詩)는 만주사변 후 중국 안동(安東)(현재의 단동(丹東, 단둥)시의 옛 지명)에 피난하고 채무처리를 화교인 왕영전(王榮全)에게 위임했다. 맹헌시는 평양부의 소유 부동산을 2만 원에 매각하고 이 건물을 저당설정하고 있던 조선식산은행 평양지점에 부채 1만 3,000원을 지불했다. 왕영전은 나머지 7,000원을 일반 채권자에게 지불하려 했지만 한성은행 평양지점이 경흥덕의 부채인 4,200원을 강제 처분함과 동시에 경흥덕의 거래처인 오사카의 직물도매상에게 1,300원을 지불하게 하여 왕영전의 손에는 1,500원밖에 남지 않았다. 그는 일반 채권자가 이에 대해 분노할 것을 두려워하여 중국으로 피난했다. 한성은행 평양지점은 춘성영(春盛永)의 채권에 대해 일반 채권자와 협력하여 배당하지 않은 것이 발각되자,[68) 일반 채권자는 한성은행 평양지점의 행태에 분개해 항의집회를 개최했다.[69)

이 사례를 통해, 1933년까지도 경흥덕의 채권문제가 해결되지 않았으며 경흥덕의 정상적인 경영활동이 재개되지 않고 있는 것을 엿볼 수 있다. 또한 1931년 화교배척사건 이전 소재한 평양의 화교 직물수입상 및 도매상 가운데 1942년까지 존속한 상점은 한 곳도 없었다.[70) 이로 볼 때 이 사건 및 만주사변으로 인해 평양지역 화교 직물수입상 및 도매상은 완전히 몰락했다고 보아도 좋을 것이다. 이것은 평안도 화교 직물상의 중추적인 유통망이 무너져 내린 것과 같은 것이다.

---

65) "중국인 귀국 격증 포목상은 전멸", 《동아일보》, 1931.11.21.

66) "평양의 중국인들 채무이행을 회피", 《조선일보》, 1931.11.22.

67) "'孟憲詩도 분배 요망' 漢銀에서 중간 독점 漢銀 對 商界 분규 후문", 《동아일보》, 1933. 2.24. 겸합성도 이 지점과 거래 관계에 있었다.

68) "은행업자로 不敏한 處置 某 은행업자 소감", 《동아일보》, 1933.2.24.

69) "'경흥덕'채권자 商民大會 소집 漢銀支店 처사에 분개", 《중앙일보》, 1933.2.21.

70) 주진남포 판사처 보고(11942.5.15), 「駐朝鮮總領事館半月報告」, 『汪僞僑務委員會檔案』 (동 2088-373).

4) 기타 지역

여기서는 기타 지역의 화교 직물상의 동향 및 실태를 검토하고자 한다. 제3장에서 경상북도 및 전라북도의 화교 직물상의 유통망을 분명히 했지만 이를 토대로 1931년 화교배척사건 및 만주사변이 유통망에 어떤 영향을 주었는지 보도록 하자.

먼저 경상북도 대구부의 화교 직물도매상의 상황은 다음과 같았다. 대구부 소재의 화교 직물도매상에 직접적인 피해는 없었지만 간접적인 영향이 있었다. 대구부 각 은행은 화교 직물도매상을 비롯한 화상에게 대출을 삼간 결과, 1931년 9월에는 대출액이 2만 4,000원이던 것이 다음 해 1월에는 1,000원으로 격감했다.[71] 대구부 각 은행의 화교 직물도매상에 대한 대출 자금줄 조이기는 종래 수표거래에서 조선인 소매상에 상품을 도매해온 화교 직물도매상에게 거래 및 판매를 격감시켰을 것이다. 한편, 화교 직물도매상은 상품의 일부를 대구부의 일본인 직물도매상으로부터 매입해왔지만 일본인 직물도매상이 화교 직물도매상에 대해 경계를 강화하여 외상이 아닌 현금 거래로 한정하면서 상품의 매입에도 영향이 나타났다.[72]

대구부의 화교 직물도매상이 경상북도 군 지역의 화교 직물소매상과 밀접한 관계에 있다는 사실은 이미 검토한 대로이지만, 군 지역의 소매상이 어떤 상황에 있었는지 신문기사를 통해 살펴보도록 하자. 경상북도 영일군 소재의 화교 직물소매상인 동순화(東順和, 〈표 3-7〉에 등장)와 곡종원상점(曲宗源商店)이 7월 13일 심야에 조선인 5~6명의 습격을 받고 직물 약 40필이 하수구에 버려지는 피해를 입었다.[73] 영천군의 덕취상(德聚祥, 점주는 손일신(孫日新))이 군중

---

71) 京城商工會議所(1932.4), 앞의 자료, 51쪽.
72) "은행 경계로 중국 상인 곤경, 대구에 잇는 중국 상인은 폐점 귀국자 속출", 《동아일보》, 1931.10.19; "만주사변과 상계의 영향, 대구 중국인과 동해 어업자", 《동아일보》, 1931.12.4.
73) "중국인 습격", 《매일신보》, 1931.7.15.

100~200명의 습격을 받은 사건이 발생했다.[74] 만주사변 이후 본국에 귀국한 직물소매상이 다수 확인된다. 고령군의 화교 직물상 7~8개소는 9월 30일, 갑자기 상품을 경매 혹은 도매로 처분하고 귀국했다.[75] 포항,[76] 예천,[77] 선산,[78] 왜관[79]의 각지에서도 화교 직물상이 잇따라 귀국했다.

경상북도의 군 지역에는 1930년 10월에 215개소의 직물상이 있었지만 1931년 화교배척사건 및 만주사변으로 폐점된 직물상점이 어느 정도인지 알 수는 없지만 경상북도의 화교 호수가 〈표 5-4〉가 보여주듯 1930년 말보다 1931년 말에 33.2% 감소한 것을 고려하면 약 70개소가 폐점한 것으로 추정된다. 이와 같은 군 지역의 화교 직물소매상의 폐점은 긴밀한 거래 관계에 있던 대구부 소재의 화교 직물도매상에 외상의 미회수 문제를 야기함과 동시에 도매상의 유통망을 축소시켰다.

대구부 소재의 화교 직물도매상은 직물의 매입과 판매의 양쪽 모두 막혀 폐점하고 귀국하는 화상이 속출했다.[80] 예를 들면, 대구부 본정 2정목의 화교 직물도매상인 복취동(複聚東)[81]은 부산의 다카세합명회사(高瀨合名會社)에 2만 원, 기타 각 지역의 거래처에 1만 원의 부채를 지고 있었지만, 부채를 지불하지 않은 채 점주인 손소곤(孫紹崑)은 미수금을 회수하여 9월 19일 귀국했다.[82] 기타의 화교 직물도매상인 덕순영, 공취태, 경성장, 의성공, 영홍덕, 의취영도 기

---

74) 조선총독부 외사과장이 경무국장에게 보낸 공문(1931.12.3), 「朝鮮居留中國人保護ニ關スル件」, 『昭和四·五·六·七年 各國領事館往復』, 국가기록원소장.

75) "상품 경매 후 중국인 철귀 고령군민이 대활동", 《동아일보》, 1931.10.4.

76) "포항 中人 귀국", 《조선일보》, 1931.12.15.

77) "예천 중국인 속속 귀국중", 《동아일보》, 1931.12.3.

78) "선산 중국인 귀국 준비중", 《조선일보》, 1931.10.25.

79) "왜관 중국인 귀국을 준비", 《동아일보》, 1931.12.6.

80) "은행 경계로 중국 상인 곤란, 대구에 잇는 중국상인은 폐점 귀국자 속출", 《동아일보》, 1931.10.19; "만주사변과 상계의 영향, 대구 중국인과 동해 어업자", 《동아일보》, 1931.12.4.

81) 〈표 3-7〉을 참조 바람. 상호명은 이전에 복취동(福聚東)이었으며, 1922년 당시의 점주는 이경정(李鏡亭)이었다. 이 상점의 지점이 인천에 개설되어 있었다(〈부표 4〉의 124번).

82) "화상의 위험한 수단 빚진 채 高飛 遠走 만주사변과 一揷話", 《매일신보》, 1931.9.30.

사에는 등장하지 않지만 폐점 혹은 폐점의 위기에 빠졌을 것이다.

이 결과 대구부에서는 1931년 12월 일본인 직물도매상인 마쓰마에상점(松前商店)과 우치야마상점(內山商店)이 화교 직물도매상의 상권을 파고들어갔다.[83] 화교 직물소매상과 조선인 직물소매상이 경쟁관계에 있었던 경상북도의 군 지역에서는 화교 직물소매상의 폐점 및 이에 따른 유통망의 약화로 조선인 직물소매상이 상권을 장악하게 되었다.[84]

다음으로 경상남도를 살펴보자. 경상남도의 이 사건에 의한 화교의 호수와 인구의 감소율은 37.1%와 48.9%에 달해 경상북도보다 심했다(〈표 5-4〉 참조). 부산부에는 1930년 말 17개소의 화교 직물상이 있었지만 조선인에게 상점을 양도하든지 그대로 점포를 비워둔 채로 속속 본국에 귀국, 1931년 말에는 5개소로 격감했다.[85] 부산부 소재의 화교 직물수입상인 서태호(〈부표 6〉의 204번), 덕취화(〈부표 7〉의 29번) 가운데 서태호가 폐점하고 화교 직물소매상은 15개소이던 것이 4개소로 격감했다.

경상남도의 군 지역에도 폐점한 화교 직물소매상이 확인된다. 하동군 진교의 모든 화교 직물상 및 잡화상은 12월 2일 상품을 전부 경매하고 귀국했다.[86] 합천군 내의 화교 22명 가운데 7명은 10월 초순 귀국하고 나머지 15명도 귀국준비로 바쁜 상태였다.[87] 이 기사로 볼 때 대구부의 화교 직물도매상과 거래관계에 있던 합천군의 원풍동, 복성의, 만풍영도 폐점의 위기에 처했다고 생각된다. 경상남도의 군 지역에는 1930년 10월에 157개소의 화교 직물소매상이 있었지만 호수 감소율로 볼 때 1931년 말에는 58개소가 폐점한 것으로 추정된다. 그 결과 부산부의 직물소매상, 군 지역의 직물소매상권은 화교에서 조선인으로 바뀌었다.[88]

---

83) "支那商人の退去で内鮮商人盛り返す", 《조선민보(朝鮮民報)》, 1931.12.15.

84) "비약 또 비약하는 대구 조선인 상계", 《조선중앙일보》, 1935.1.8; 京城商工會議所(1932.4), 앞의 자료, 51쪽.

85) 京城商工會議所(1932.4), 앞의 자료, 54쪽.

86) "경남 진교에 조선인상점 크게 증가 중국상인 귀국후로", 《동아일보》, 1932.1.6.

87) "합천 중국인 二十여명 귀국", 《동아일보》, 1931.10.18.

다음은 전라북도를 보자. 전라북도의 군산부 소재 화교 직물상은 직접적인 피해를 입지는 않았다. 1931년 7월 4일 밤 군산부 영정(榮町) 역전통(驛田通)을 지나가던 조선인이 화교 호떡집에 기와를 던져 유리창 3장을 파손한 것이 전부로 중화상무총회(中華商務總會)의 노(盧) 회장 대리가 관헌(官憲)에 감사할 정도로 매우 평온했다.[89] 〈표 5-4〉와 같이 함경남도에 이어 인구 감소율이 낮았지만 전라북도의 화교 호수 및 인구는 1930년 말보다 1931년 말 각각 28.2%, 30.6% 감소했다.

전라북도의 화교 직물상이 귀국한 것은 신문기사에서 확인된다. 군산부내외의 화상 20명이 10월 8일 군산항의 중국 선편으로 귀국하고,[90] 전주의 화교 직물상 등 7~8명은 10월 초 본국으로 귀국하거나 인천으로 피난했다.[91] 1935년 간행된 『군산부사(群山府史)』에 군산부의 화교 직물도매상에 대해 "만주사변 이래 지나인 무역상에게 다대한 불안을 초래하여 상황(商況)이 좋지 않았다. 이런 사이에 내지인 무역상의 활약이 두드러져 점차 그들의 상권을 부식해 들어갔다. 따라서 지나 상인으로서 지반이 공고하고 자금이 풍부한 상점 외에는 휴업하고 귀국하지 않을 수 없었다"라고 소개되어 있다.[92]

전라남도의 목포부는 군산부와 함께 화교 직물상의 세력이 강한 지역이었지만 1931년 화교배척사건 및 만주사변의 영향으로 1930년 10월에 416명이던 화교 인구가 1931년 9월 20일에는 271명, 11월 20일에는 211명으로 격감했다.[93] 목포부 각 은행의 화교 직물상에 대한 대출액은 1930년 9~12월과 1931

---

88) "경남 진교에 조선인상점 크게 증가 중국상인 귀국후로", 《동아일보》, 1932.1.6; "부산 중국인 대부분 몰락 상권은 조선인에게", 《동아일보》, 1933.5.26.

89) "官憲の力に絶對に信賴 一二の小事故だけで群山は至って平穏", 《경성일보(京城日報)》, 1931.7.8.

90) "군산 중국인 二十여명 귀국", 《동아일보》, 1931.10.11.

91) "전주 中人도 속속 귀국중", 《동아일보》, 1931.10.14; "전주 거주 중국인 포목상 속속 철귀", 《매일신보》, 1931.10.17; "전주 중인 귀국", 《조선일보》, 1932.1.27.

92) 群山府廳 編纂(1935), 『群山府史』, 群山府, 204쪽.

93) 朝鮮總督府(1933b), 『昭和五年朝鮮國勢調査報告道編 第五卷 全羅南道』, 朝鮮總督府, 186~187쪽; 京城商工會議所(1932.4), 앞의 자료, 55쪽.

년 9~12월을 비교해보면 전자는 5.6만 원, 6.3만 원, 7.3만 원, 8.9만 원이던 것이 후자는 2.4만 원, 1.1만 원, 6,000원, 9,000원으로 격감했다.[94] 각 은행이 목포부의 화교 직물상에 대한 대출을 극력 삼가고 있는 것을 알 수 있다. 또한 전라남도의 군 지역의 화교 직물소매상의 귀국이 확인된다. 순천군의 직물상점 주인인 사수산(沙守山)은 1931년 10월 중순에 본국에 귀국했으며,[95] 장성군에서도 직물상이 속속 귀국했다.[96]

함경남도는 화교배척사건 및 만주사변으로 인한 화교 호수 및 인구 감소율이 12.1%와 17.1%로 가장 낮은 도였지만, 화교 직물상에 대한 영향은 적지 않았다. 함경남도 화교 직물상의 유통망의 핵심은 원산부의 화교 직물도매상이었다. 그 대표적인 상점은 성기호(1928년도의 매상액은 37만 1,040원·〈부표 6〉의 199번), 덕태원(동 35만·동 31번), 덕흥영(동 30만·동 32번), 삼합영(동 24만 9,620원·동 152번)으로 모두 규모가 컸다.[97] 그러나 이 사건의 영향으로 덕태원만 생존했으며 다른 화교 직물도매상은 모두 폐점했다.[98] 함경남도 군 지역의 직물소매상 가운데서는 안변군 신고산의 직물상점인 광화영(廣和永) 점원 5~6명이 11월 17일 채무관계로 야반도주를 했다.[99]

함경북도 청진부 소재 화교 직물도매상(익합영(〈부표 7〉의 87번)·익태영(益泰永)·진덕영(동 119번)·의생태(동 99번)는 함경북도의 화교 직물상 유통망의 핵심을 담당했지만 1931년 화교배척사건으로 점주가 귀국한 직물상도 있었다.[100]

---

94) 朝鮮總督府(1933b), 『昭和五年朝鮮國勢調査報告道編　第五卷　全羅南道』, 朝鮮總督府, 186~187쪽; 京城商工會議所(1932.4), 앞의 자료, 55쪽.
95) "중국인등 귀국 전남 순천에서", 《조선일보》, 1931.10.25.
96) "전남 장성서도 중국인 귀국", 《동아일보》, 1931.10.24.
97) 京城商業會議所(1929.3), 앞의 자료, 36쪽.
98) 駐元山副領事館報告(1934.6.22), 「本館區域內僑民之分布狀況與職業」(복각판, 中國第二歷史檔案館 編(1990), 『南京國民政府外交部公報』第7卷 第8號, 江蘇古籍出版社), 111쪽); 朝鮮總督府警務局(1937.9.14), 「支那人ノ動靜」, 『治安狀況 昭和十二年』, 朝鮮總督府警務局.
99) "新高山 중국인 야간에 도주", 《동아일보》, 1931.11.2.
100) "청진 中人 상인 千二百名 귀국", 《동아일보》, 1931.11.2. 1941년 발행의 『상공자산신용록』에 익합영(益合永)(〈부표 10〉의 4번), 의생태(義生泰)(동 7번)의 상호명이 나오기

함경북도의 군 지역의 화교 직물상의 귀국도 발견된다. 경원군 읍내에는 화교 40~50명이 직물상, 음식점, 채소재배에 종사하고 있었지만 이 사건 발생 후 속속 귀국했다.[101] 무산군 삼장면은 화교 직물상에 의해 상권이 장악되어 있던 지역인데, 이 사건 이후 상품 매매의 저조 및 은행의 대출 긴축으로 이 지역의 거상인 지화춘(志和春)은 상품을 염가로 판매하고 폐점했다.[102] 영흥군 진흥면의 직물상인 우영빈(宇永彬)과 음식점 영업자 5~6명은 12월 초순에 귀국을 했다.[103]

이상의 검토에 의해 이 사건 발생 이전 화교 직물수입상의 중요한 유통 거점이었던 대구, 부산, 군산, 목포, 평양, 원산, 청진의 화교 직물도매상은 각 은행의 이들 도매상에 대한 대출 억제로 인해 조선인 직물상과 거래가 중지되고, 동지(同地)의 직물수입상 및 도매상의 유통망을 지탱하고 있던 군 지역의 직물 소매상이 폐점하여 대량으로 귀국을 하면서 일부 도매상 외에는 거의 폐점한 것으로 드러났다.

3. 맺음말

지금까지 논의를 정리한 것이 〈그림 3-2〉이다. 제2절에서 다이이치은행(第一銀行) 지점이 화교 직물수입상에게 1931년 봄부터 대출을 중지시킨 이유 중 두 번째를 떠올려 보자. 이는 즉, "화상 사이의 상호부조 관계는 '쇠사슬' 같으며 약한 고리가 끊어지면 전체를 악화시킬 우려가 있다"라는 점이다. 이 지적은 화교 직물상의 유통망의 약화를 잘 설명해준다.

살펴본 것처럼 영세한 경영규모의 각 군·면 소재 화교 직물소매상이 1931년 화교배척사건을 계기로 잇따라 폐점하면서 유통망의 사슬 고리가 끊어져

때문에 이 상점은 화교배척사건 때 폐점하지 않은 것으로 보인다.
101) "웅기 중국인 귀국중", 《동아일보》, 1931.12.18.
102) "三長 상업계의 파산자가 속출", 《동아일보》, 1931.11.25.
103) "진흥 중국인 귀국을 준비중", 《동아일보》, 1931.12.6.

<표 5-7> 화교 직물상의 영업세 납세액별 인원 추정

(단위: 명·호)

연차	소매상 29원		소매상 30~99원	도매상 100~199원	수입상 200~499원	수입상 500~9,900원	합계	
	전체	직물상					전체	직물상
1928년	3,269	1,307	464	66	31	14	3,844	1,882
1929년	3,569	1,428	426	62	31	14	4,102	1,961
1930년	3,057	1,223	283	51	30	8	3,429	1,595
1931년	1,623	649	175	29	16	4	1,847	873
1932년	1,572	629	171	27	11	6	1,787	844
1933년	1,767	707	217	38	17	5	2,044	984
1934년	2,013	805	269	46	19	11	2,358	1,150
1935년	2,252	901	343	53	26	10	2,684	1,333
1936년	2,519	1,008	391	55	30	10	3,005	1,494

주: 원래의 자료에는 '중국인'이 아닌 '외국인'으로 기재되어 있지만 외국인 상업 종사자의
    대부분은 화교이기 때문에 '외국인'을 화교로 간주해도 큰 지장은 없음.
출처: 朝鮮總督府財務局(1937), 『昭和十年度 朝鮮稅務統計書』, 朝鮮總督府, 151~152쪽; 朝鮮
    總督府財務局(1938), 『昭和十一年度 朝鮮稅務統計書』, 朝鮮總督府, 201~202쪽.

버렸다. 먼저 약한 고리가 끊어지자 소매상의 매입처인 각 부의 화교 직물도매
상의 신용위기를 초래했고, 동시에 판매처의 감소로 도매상의 경영을 더욱 압
박하면서 폐점하는 도매상이 속출했다. 각 부의 화교 직물도매상은 주로 경성
및 인천 소재의 화교 직물수입상으로부터 상품을 매입했기 때문에 도매상의
경영위기 및 폐점은 조달처인 수입상의 경영을 압박했다.

한편, 화교 직물수입상은 경기도, 황해도, 강원도, 충청도에서는 화교 직물
소매상과 직접 거래하고 있었기 때문에 소매상의 폐점이 곧바로 화교 직물수
입상의 경영을 압박했다. 화교 직물상의 쇠사슬과 같은 유통망의 연결고리이
자 윤활유의 역할을 하던 각 은행의 수표할인이 이 사건 및 만주사변으로 인해
각 은행의 화교 직물상에 대한 대출 경계로 잘 기능하지 않게 되자 화교 직물
상 간의 협력관계를 약화시켰다.

이 결과는 수치로도 설명할 수 있다. 〈표 5-7〉은 『조선세무통계서(朝鮮稅務

統計書)』의 1928~1936년도의 영업세를 납부한 화교의 인구를 납세액별로 추정한 것이다. 화교 직물상의 1928년도 영업세 납세 데이터를 기초로 소매상, 소매 겸 도매상, 도매상, 직물수입상으로 분류하였다. 또한 직물상이 영업세 납부자의 약 4할을 점한 점, 잡화상 등 직물상 외에는 거의 소매상이라는 점을 고려하여 직물상의 인수를 추계한 것을 '소매상'의 난에 포함시켰다.

먼저, 영업세를 납부하는 화교 직물상은 1929년이 정점인 것을 확인할 수 있다. 1930년은 대공황의 영향으로 전년에 비해 19% 감소하였고 특히 소매상과 소매 겸 도매상의 감소가 현저했다. 더욱이 1931년은 1930년보다 45% 격감했지만 이는 1931년 화교배척사건 및 만주사변의 영향이다. 이해에는 소매상에서 직물수입상까지 모든 계층에 걸쳐 대폭 감소한 것을 확인할 수 있는데, 이는 1930년과는 다른 양상이다. 즉, 소매상은 전년에 비해 47%의 감소, 소매 겸 도매상은 38%의 감소, 도매상은 43%의 감소, 수입상은 47%의 감소를 보였다. 소매상의 파산 → 소매 겸 도매상의 파산 → 도매상의 파산 → 수입상의 파산이라고 하는 화교 직물상의 연쇄파산 및 폐점이 여기서도 여실히 드러난다.

한편, 1931년 화교배척사건 및 만주사변의 영향은 1932년의 영업세에 영향을 미치고 1932년의 납세 인원은 전년에 비해 3.3% 감소했다. 특히, 직물수입상은 전년보다 3개소 감소하여 17개소로 줄었다. 〈표 4-3〉을 근거로 생각하면 1931~1932년도에 경성의 서태호, 영래성, 덕순복, 광화순, 인천의 영래성, 덕순복, 부산의 서태호는 이 시기에 파산한 것으로 보인다.

그러나 화교 직물상은 〈표 5-7〉과 같이 1933년의 영업세 납부액이 회복하기 시작하여 1936년은 1933년에 비해 납세인원이 77%나 증가했다. 특히 소매상보다는 소매 겸 도매상, 도매상, 수입상의 증가가 현저했다. 또한 경성부의 화교 직물수입상은 이 사건 이전 10개소이던 것이 1936년에는 3개소로 격감했다. 하지만 3개소의 매상액은 701만에 달해, 일본인 직물도매상 40개소의 매상액 1,831만 4,409원, 조선인 직물도매상 1,001만 4,617원보다 적었지만 경성부 직물도매상의 매상총액의 2할을 점하여 여전히 상당한 세력을 유지하고 있는 것을 엿볼 수 있다.

제6장

중일전쟁 시기 화교 직물상의 몰락

1. 머리말

제5장에서는 화교 직물수입상을 정점으로 하는 화교 직물상의 유통망이 화교배척사건 및 만주사변의 영향으로 약화된 것을 분명히 확인하였다. 이 장에서는 1933년부터 다시 화교 직물상의 상점 개수가 증가로 전환되어 회복한 것과, 이러한 화교 직물상이 중일전쟁 및 조선총독부의 전시통제경제 강화에 의해 어떠한 영향을 받았는지 검토한다.

2. 중일전쟁의 영향

1) 화교 직물상의 귀국 상황

중일전쟁은 남경국민정부의 국민이던 조선화교를 '적국의 국민'이란 입장에 서게 했기 때문에 화교는 전쟁의 추이에 민감하지 않을 수 없었다. 주경성 총영사관의 범한생(范漢生) 총영사는 7월 13일 부산, 신의주, 원산, 진남포의 각

〈표 6-1〉 중일전쟁으로 인한 화교의 귀국 상황(1937년 10월 말 기준)

종별 / 도별	전전 거주자 수 (명)	귀국자 수 (명)	잔류자 수 (명)	감소율 (%)	귀국희망자 수(명)
경 기 도	12,946	9,893	3,053	76	7
충청북도	877	605	272	69	12
충청남도	1,820	1,033	787	57	53
전라북도	2,518	1,794	724	71	21
전라남도	1,401	1,066	335	76	17
경상북도	1,621	1,280	341	79	28
경상남도	1,391	1,192	199	86	-
황 해 도	4,202	2,922	1,262	70	16
평안남도	6,760	4,120	2,640	61	171
평안북도	16,985	3,527	13,458	21	343
강 원 도	983	825	158	84	13
함경남도	7,697	2,518	5,197	33	335
함경북도	8,171	1,952	6,219	24	92
총 계	67,377	32,727	34,645	49	1,108

주: 함경남도, 황해도 및 총계 난의 합계는 맞지 않지만 그대로 게재했다.
출처: 朝鮮總督府警務局(1937), 「在留支那人ノ狀況」(복각판, 『昭和十二年 第72回帝國議會說
明資料』, 不二出版, 1994, 407쪽)을 근거로 작성.

영사관과 각지의 중화상회에 "신문의 과대한 보도에 편승하여 스스로 놀라지
않도록" 훈령을 내림과 동시에 화교에 대해서는 귀국하지 말도록 지시했다.[1]
또한 범한생 총영사는 조선총독부의 총독, 경무국장 및 경기도지사를 방문하
고 화교의 보호를 요청했다. 각 영사는 7월 14일에 소재지의 도지사를 방문 혹
은 서면으로 교민의 보호를 요청했다. 그의 이러한 노력의 결과 화교는 사태의
추이를 주시하면서 귀국을 보류하고, 7월 중의 귀국자는 매우 적었다.

그러나 1937년 7월 29일 발생한 통주사건(通州事件)[2]을 계기로 전쟁 확대의

---

1) 朝鮮總督府警務局(1937), 「在留支那人ノ狀況」(복각판, 『昭和十二年 第72回帝國議會說明
資料』, 不二出版, 1994, 406쪽).
2) 통주사건은 기동방공자치정부(冀東防共自治政府) 보안대가 7월 29일 일본군 수비대와
특무기관을 공격하고, 이어 재류 일본인을 살해한 사건으로 시작되었다. 일본군은 7월

〈표 6-2〉 중일전쟁이 화교 직물상의 영업세 납세 인원에 미친 영향

연차	소매상 29원 이하		소매겸 도매 30~99원	도매상 100~ 199원	직물수입상		합계	
	전체	직물상			200~ 499원	500~ 9,900원	전체	직물상
1937년	2,519	1,008	391	55	30	10	3,005	1,494
1938년	1,241	496	224	44	22	5	1,536	791

주:　직물상의 추계 방법에 대해서는 제5장의 '맺음말'을 참조.
출처: 朝鮮總督府財務局(1939·1940), 『朝鮮稅務統計書』, 朝鮮總督府에서 작성.

소문이 확산되면서 8월 1일 이후 화교의 전면적인 귀국이 시작되었다.[3] 〈표 6-1〉과 같이 중일전쟁 발발부터 10월까지의 4개월 동안에 귀국한 화교는 3만 명을 넘어, 화교 인구는 전전의 절반으로 감소했다. 이 감소율은 화교배척사건 및 만주사변 시의 귀국자 수를 상회하여, 화교가 중일전쟁을 얼마나 심각하게 받아들이고 있었는지를 알 수 있다.

화교 감소율이 높은 도(道)를 나열하면 경상남도 86%, 강원도 84%, 경상북도 79%, 경기도 76%, 전라남도 76%, 전라북도 71%, 황해도 70%, 충청북도 69%, 평안남도 61%로 나타난다. 화교의 귀국이 조선의 남부지역에 보다 집중되어 있는 것을 파악할 수 있다.

이와 같은 화교 귀국자 가운데 화교 직물상점의 점주 및 점원이 다수 포함되어 있었다. 〈표 6-2〉는 1937년분(1936년도 실적)과 1938년분(1937년도 실적)의 영업세 납세 인원의 데이터를 비교한 것이다. 이 표에 의하면 중일전쟁으로 인해 1938년분은 1937년분에 비해 영업세납세인원이 49% 감소했다. 이 감소율에 근거하여 추계를 해보면 화교 직물상은 1936년도에 1,500개소였던 것이 중일전쟁으로 약 700개소가 폐점을 하여 800개소로 감소한 것으로 추정된다.

30일 구원부대를 파견하여 통주를 회복했다(小島昌太郎(1942), 『支那最近大事年表』, 有斐閣, 693쪽).

3) 朝鮮總督府警務局(1937), 「在留支那人ノ狀況」(복각판, 『昭和十二年 第72回帝國議會說明資料』, 不二出版, 1994, 407쪽).

화교 직물상의 감소는 소매상부터 수입상까지 모든 영역에서 나타났다. 소매상은 51%, 소매 겸 도매상은 43%, 도매상은 20%, 수입상은 50%의 감소율을 보여, 화교배척사건 및 만주사변 시의 화교 직물상의 감소 양상 및 감소율과 매우 비슷한 것이 확인된다.

왜 이와 같이 격감한 것인지, 다음에서 전쟁 직후 화교 직물수입상, 도매상, 소매상의 동향에 대해 살펴보도록 하자.

2) 화교 직물수입상 및 도매상

① 유풍덕의 마직물 수입대금 송금문제

화교배척사건 및 만주사변 후 다수의 유력한 화교 직물수입상이 폐점을 하는 가운데 유풍덕(裕豊德)만은 경영이 순조로운 편이었다. 유풍덕은 중일전쟁 직전의 연간 매상액이 약 600만 원에 달했을 뿐 아니라 부산, 군산, 평양에 지점을 설치하여 조선 내의 화교 직물상과 조선인 직물상 및 일본인 직물상만 아니라 중국에도 판매를 전개하는 등 조선을 대표하는 화교 직물수입상이었다.[4]

유풍덕은 전쟁직전 상해의 각 마직물도매상으로부터 마직물을 수입하고 이 상품대금을 지불하기 위해 조선총독부에 1937년 7월 20일에 5만 원, 9월 15일에 5만 5,000원을 신청하여 상해에 외환송금을 하려 했지만 조선총독부는 허가를 하지 않았다.[5] 조선총독부가 불허한 이유를 분명히 하기 위해서는 조선에서 시행되고 있던 외국환관리법(外國換管理法)을 검토할 필요가 있다.

조선총독부는 1933년 5월 조선총독 부령 제40호를 공포하고 외국환관리법을 시행했다. 이 부령은 외화증권투자의 형태로 자본의 도피를 방지하려는 데 주안점을 두었다. 1936년 말부터의 물가상승, 중일관계의 악화, 관세율 인상을

---

4) 京城商工會議所(1937.8), "北支事件に關する法令及諸調査", 《경제월보(經濟月報)》(1937년 8월호), 京城商工會議所, 24쪽.

5) 주경성 총영사 范漢生이 조선총독부 외무부장 松澤龍雄에게 보낸 공문(1938.1.12), 『昭和十三年 領事館關係綴』, 국가기록원소장.

전망한 수입증가 경향을 배경으로 조선총독부는 1937년 1월 12일에 상품의 수입을 규제하는 '수입화물대금의 결제 및 외국환은행의 해외 요구에 대해 지불을 제한하는 외국환관리법에 근거한 명령의 건'이라는 부령 제2호를 공포했다.[6] 부령 제2호에는 1개월에 3만 원을 초과하는 화물의 수입에 대해 조선총독의 허가를 받지 않으면 화물의 수입에 따른 결제를 허가하지 않고, 수입업자가 수입화물에 대한 화환(貨換)어음의 결제를 위해서는 수입보고서를 작성하여 총독에 제출할 의무가 있었다.[7]

유풍덕은 주경성 총영사관을 통해 "해당 화물은 완전히 세관의 증명을 받았을 뿐 아니라 총독부에 신청한 것"이라며 조선총독부 제령 제2호를 준수한 것임을 강조해, 외환송금을 허가하지 않는 것은 부당하다고 주장했다.[8] 그러나 "그 당시는 상해전쟁(上海戰爭)이 한창 격렬한 때로 은행 등도 휴업하고 있었기 때문에 외환입금이 불가능한" 상태여서 조선총독부로서도 송금을 허가할 수 없었을 것이라고 납득하는 자세를 보였다. 유풍덕이 1938년 1월 외환송금의 허가를 진정한 것은 제2차 상해사변 종료로 은행의 영업이 정상화된 점, 상해의 각 도매상으로부터 음력설을 앞두고 상품대금의 지불 독촉이 있었다는 것을 들었다.

마쓰자와(松澤) 외무부장(外務部長)은 범한생 총영사의 서한을 첨부하여 1938년 1월 17일 조선총독부 재무국장에게 유풍덕의 외환송금을 허가해주도록 요청했다.[9] 범한생 총영사는 1월 22일 재차 허가를 요청하는 서한을 보내

6) 朝鮮總督府財務局(1941), 「昭和十六年十二月 第79回帝國議會說明資料」(복각판, 『朝鮮總督府帝國議會說明資料』 제3권, 不二出版, 1994, 360~361쪽).

7) 朝鮮總督府(1937.1.12), 「朝鮮總督府令第2號 輸入貨物代金ノ決濟及外國爲替銀行ノ海外指圖ニ依ル支拂ノ制限ニ關スル外國爲替管理法ニ基ク命令ノ件」, 『朝鮮總督府官報 第2995號』, 朝鮮總督府. 이 법률은 7월 31일에 폐지될 예정이었지만 중일전쟁의 영향으로 그 후도 지속되었다.

8) 주경성 총영사 范漢生이 조선총독부 외무부장 松澤龍雄에게 보낸 공문(1938.1.12), 앞의 자료, 국가기록원소장.

9) 조선총독부 외무부장 松澤龍雄이 주경성 총영사 范漢生에게 보낸 공문(1938.1.17), 앞의 자료, 국가기록원소장.

자,[10) 마쓰자와 외무부장은 같은 날 재무부장 앞으로 허가의 필요성을 담은 다음과 같은 서한을 보냈다.

> 유풍덕호(裕豊德號)는 중화상회의 가장 중요한 지위에 있다. 과반 조선화교의
> 북지(北支) 신정권 참가운동에도 솔선하고 있을 뿐만 아니라 지도적인 임무에 임
> 하고 있다. 따라서 본 제출을 허가하지 않으면 다년간 점포를 경영하는 상점의
> 신용에 다대한 영향을 미치게 된다. 나아가 조선 내 지나인 상점의 성쇠(盛衰)와
> 관련되어 있다. 이에 반드시 허가와 배려해주시기를 요청한다.[11)

이 공문을 보면 마쓰자와 외무부장이 매우 정치적인 판단을 하고 있다는 것을 알 수 있다. 이를 이해하기 위해서는 조선화교를 둘러싼 정치적 환경의 변화를 보아야 한다. 일본군이 산동성을 비롯한 화북 5개성을 점령하고 1937년 12월 14일 북평(北平, 현재의 북경)에 중화민국 임시정부가 수립된 직후 범한생 총영사는 미나미 지로(南次郎) 총독을 방문하여 중경국민정부(重慶國民政府)를 이탈하여 임시정부에 참가할 것을 공식적으로 선언했다.[12) 범한생 총영사에 이어 12월 19일에는 장의신(張義信) 주(駐)진남포 영사, 28일에는 마영발(馬永發) 주원산 영사가 임시정부 지지를 선언했다.[13) 나아가 범한생 총영사는 12월 28일 일본인 경찰관 30명의 협력을 얻어 주경성 총영사관의 청천백일기(靑天白

---

10) 주경성 총영사 范漢生이 조선총독부 외무부장 松澤龍雄에게 보낸 공문(1938.1.22), 앞
    의 자료, 국가기록원소장.
11) 조선총독부 외무부장 松澤龍雄가 재무부장에게 보낸 공문(1938.1.22), 앞의 자료, 국가
    기록원소장.
12) 安井三吉(2005), 『帝國日本と華僑』, 靑木書店, 250~251쪽. 범한생 총영사의 임시정부
    참가는 《조선일보》의 1937년 12월 17일자 1면에 게재되었다.
13) 1938년 1월 17일 현재 주경성 총영사관 및 각 영사관의 주요 관원은 다음과 같다. 주경
    성 총영사관 총영사 범한생, 영사 계달(季達, 부재), 인천 판사처 주임 왕영진(王永晉),
    진남포 판사처 주임 왕건공(王建功), 신의주 영사 마영발(馬永發), 원산 영사 장의신(張
    義信), 부산 수습영사 원육당(袁毓棠)(주경성 총영사 范漢生이 조선총독부 외무부장 松澤
    龍雄에게 보낸 공문(1938.1.17), 앞의 자료, 국가기록원소장).

日旗)를 하강하고 임시정부의 오색기(五色旗)를 게양해, 이때부터 총영사관은 사실상 임시정부의 공관으로 바뀌었다.[14] 잔류하던 화교는 총영사관 및 조선총독부의 압력을 받아 각지의 중화상회는 잇따라 임시정부 지지를 선언했다.[15] 이러한 변화에 따라 조선총독부는 화교를 종전의 '적국의 국민'이 아니라 '우방국의 국민'으로 대우하는 것으로 방향을 전환했다.[16]

마쓰자와 외무부장의 공문에서 유풍덕의 점주는 "중화상회의 가장 중요한 지위에 있다. 과반 조선화교의 북지 신정권 참가운동에도 솔선하고 있다"라는 것을 들어 외환송금을 허가하도록 요청했지만, 사실 유풍덕의 총지배인인 주신구(周愼九)는 당시 경성중화상회의 회장으로 12월 말 각지의 중화상회에 임시정부 참가를 호소하는 성명문을 발송했다.[17] 마쓰자와 외무부장은 화교를 중경국민정부와 완전히 분리시키기 위해 유풍덕 및 주신구 회장을 도와줄 필요가 있다고 판단한 것이다.

결국, 재무부장은 이러한 요청을 받아들여 1월 27일 외무부장 앞으로 "불허가 처분을 내린 건에 한하여 그리고 상해에서 우리 화폐를 수령할 경우에 한하여" 송금을 허가할 뜻을 전달하여 이 문제는 해결되었다.[18] 덧붙여 말하면, 주

---

14) 澎運泰(1938.6), 「朝鮮於護旗奮鬪經過」, 『朝鮮出版警察月報』(1938年6月號), 朝鮮總督府 警務局文書課, 62쪽. 이 기사는 원래 한구(漢口)에서 발행되고 있던 중국어 잡지인 ≪화교동원(華僑動員)≫에 전 한성화교소학의 교원이었던 팽운태(澎運泰)가 기고한 것을 조선총독부 경무국 문서과가 번역하여 ≪조선출판경찰월보(朝鮮出版警察月報)≫에 게재된 것이다.

15) 京畿道 警察部長이 警務局長에게 보낸 공문(1937.12.29), "華僑團體ノ動靜ニ關スル件", 「思想ニ關スル情報8」, 『경성지방법원검사국문서』; 京畿道 警察部長이 警務局長·慶尙南道警察部長에게 보낸 공문(1938.1.6), "在仁川華僑團體ノ動靜ニ關スル件", 「思想ニ關スル情報8」, 『경성지방법원검사국문서』.

16) "조선재류 지나인 달리 취급키로 결정乎", ≪조선일보≫, 1938.1.7.

17) 그러나 그의 이러한 행동은 경성부 본정 경찰서가 경성중화상회 임원 3명을 호출하여 임시정부참가를 '강요'한 후, 취한 조치이기 때문에 자발적이라 볼 수는 없다(京畿道 警察部長이 警務局長에게 보낸 공문(1937.12.29), "華僑團體ノ動靜ニ關スル件", 「思想ニ關スル情報8」, 『경성지방법원검사국문서』).

18) 조선총독부 재무국장이 마쓰자와 외무부장에게 보낸 공문(1938.1.27), 앞의 자료, 국가기록원소장).

신구는 2월 3일 설립된 조선화교 중화상회의 연합체인 여선중화상회연합회(旅鮮中華商會聯合會)의 회장으로 선출되었다.[19]

그러나 유풍덕의 중국산 마직물 수입은 제4장에서 검토한 대로 조선총독부에 의해 80%로 관세율이 인상됨으로써 1938년부터의 수입은 중지하지 않을 수 없었다. 유풍덕에게 중국산 마직물 수입중지는 오랫동안 지속되어온 상해의 중국인 직물도매상과의 거래 관계에 종말을 고하는 것이기도 했다.

② 경영압박

주신구 총지배인은 전쟁 직후 유풍덕의 경영상황에 대해 다음과 같이 말했다.

> 이번 사변 발발과 함께 파산의 위기에 직면했습니다. 거래는 정지되고 외상대금은 들어오지 않고, 은행의 거래도 정지되려 했습니다. 나는 완전히 진퇴유곡(進退維谷)의 상태에 빠져 있었습니다. 나의 배후에는 수많은 중국인이 있습니다. 그들과 내가 모두 파산하기 직전이었습니다. 이때 나를 구원해준 것은 나의 점포와 30여 년간 거래해온 동양면화회사(東洋棉花會社)였습니다. 무조건으로 나의 사업을 원조하여 나를 구출해주었습니다.[20]

즉, 조선을 대표하는 화교 직물수입상인 유풍덕이 전쟁 직후 파산에 직면한 것을 보면, 다른 화교 직물상이 어떤 상태에 있었는지 쉽게 상상할 수 있다. 주신구에 의하면 전쟁 직후 유풍덕의 경영을 압박한 요인은 세 가지였다.

첫째, 각종 거래가 중지된 것이다. 유풍덕의 거래처는 화교 직물상이 6할, 조선인 직물상이 3할, 일본인 직물상이 1할이었다.[21] 주요한 거래처인 화교

---

19) 京畿道 警察部長이 警務局長에게 보낸 공문(1938.2.5), "京城中國總領事館ノ動靜其他ニ關スル件",「思想ニ關スル情報8」,『경성지방법원검사국문서』.

20) 朝鮮中華商會 主席 周愼九(1939.1), "在鮮支那人ノ感謝と希望", 《조선급만주(朝鮮及滿洲)》(1939년 1월호), 朝鮮及滿洲社, 28~29쪽.

21) 京城商工會議所(1937.8), 앞의 자료, 24쪽.

직물상이 잇따라 폐점하고 잔류의 화교 직물상도 사태를 우려하여 매입을 삼가하면서 거래가 원활히 이뤄지지 않았다.

둘째, 미수금의 회수가 잘 되지 않았다는 점이다. 거래처인 화교 직물상이 대량으로 귀국했기 때문에 회수할 수 없는 미수금이 많았고, 잔류하는 화교 직물상도 자금조달에 어려움을 겪고 있었기 때문에 외상을 갚을 능력이 없었다.

셋째, 각 은행과의 거래가 원활하지 않았다는 점이다. 전쟁 직후 각 은행은 화교 직물상과 수표에 의한 금융거래는 확실한 담보가 있어야만 가능했고, 일본인 및 조선인 직물상과의 금융거래도 엄중히 경계했다.[22] 이와 같은 각 은행의 화교 직물상에 대한 대출 긴축은 유풍덕의 거래축소에 한층 박차를 가했을 것이다.

그래서 유풍덕과 같은 상황에 직면한 직물수입상 및 도매상의 동향을 하나 소개하고자 한다. 경인지역의 직물수입상은 1937년 7월 중순 오사카의 일본인 직물도매상의 조선지점의 모임인 수인회(壽仁會)에 연명으로 일본산 면포의 선물계약 무조건 해약과 지불기한 만기도래의 상품대금에 대한 지불유예를 요구했다.[23] 중국 직물수입상 및 도매상은 각 은행이 대출을 삼가는 것을 주요한 이유로 들었다. 그러나 수인회의 가맹 회원인 조선면사포상연합회(朝鮮綿絲布商聯合會)는 조선은행과 공동으로 조사한 결과, "조선 내 금융기관이 화상에 대해 특수한 취급을 한 사실은 절대 없었다"라는 인식을 보이고 화교 직물수입상이 면포 및 견포의 가격인하에 의한 손실회피의 구실로 이러한 요구를 한 것으로 받아들여, 그러한 요구를 일축했다.[24]

또한 조선면사포상연합회와 수인회는 7월 22일 화교 직물수입상에 대한 해결책으로 다음과 같은 네 가지를 제시했다.[25] ① 기한도래의 상품, 7월 선적하

---

22) 京城商工會議所(1937.8), 앞의 자료, 24쪽.
23) "京仁 면포상측이 先約定 해소", 《동아일보》, 1937.7.21; "경인 유력 화상이 면포 해약을 요구", 《매일신보》, 1937.7.21.
24) "화상에의 거래정지는 虛傳", 《동아일보》, 1937.7.21.
25) "면사포상연합회측 해결책을 제시 二十二日 화상측에게", 《동아일보》, 1937.7.23.

는 상품은 예정대로 출하하지만, 매입 측이 선적 연기를 요청할 경우는 8월 15일까지 선적을 기다린다. ② 매입 측이 상품을 인수하지 않을 시는 수인회에 타당하다고 인정되는 가격으로 매매계약을 해약하지만, 그 차액을 징수한다. ③ 선적의 연기, 지불만기의 연장에 대해서는 매입 측에 금리, 창고보관료를 징수한다. ④ 8월 이후의 선물계약품은 기한대로 수수(授受)하도록 노력한다.

하지만 조선면사포상연합회와 수인회의 화교 직물수입상에 대한 판단 및 주장이 올바른 것이었을까? 조선면사포상연합회는 화교 직물수입상이 직물의 가격인하로 인한 손실을 회피할 수단으로 해약을 선택한 것으로 인식했지만 실제는 그렇지 않았다. 면포 가격은 7월 상순에 189원이던 것이 쌍방이 다투던 중순에는 하락했지만 186원으로 1.6% 소폭 하락하는 데 그쳤기 때문이다.[26] 화교 직물수입상이 이유로 든 각 은행의 대출 긴축에 더하여 주신구가 지적한 미수금 회수가 제대로 되지 않았다는 점, 화교 및 조선인 직물상과 거래 중지가 된 점도 영향을 주었을 것이다.

이와 관련하여 유풍덕 이외의 직물수입상은 경성의 상권인 경기도, 강원도, 황해도, 충청도의 화교 직물소매상 및 조선인 직물소매상을 주요한 거래처로 하고 있었다.[27] 이 때문에 이들 지역의 화교 직물소매상의 동향을 주목하지 않을 수 없었다.

조선총독부 경무국이 1937년 8월 황해도의 116개소의 화교 상점(직물상 및 잡화상)의 거래상황을 조사한 바에 따르면, 1개월의 매상액은 전전 9만 5,154원이던 것이 8월에는 5만 8,019원으로 39% 감소했다. 이들 상점의 1개월 수금액은 전전 2만 8,841원이던 것이 8월에는 1만 3,346원으로 54%나 감소했다.[28]

---

26) 京城商工會議所(1937.8), "京城に於ける商況と金融(七月中)", 《경제월보(經濟月報)》(1937年8月號), 京城商工會議所, 100쪽. 또한 7월 하순에 175원으로 인하되었지만 9월 상순에는 190원으로 회복했다(京城商工會議所(1937.10), "京城に於ける商況と金融(九月中)", 《경제월보(經濟月報)》(1937년 10월호), 京城商工會議所, 60쪽).

27) 京城商工會議所(1937.8), 앞의 자료, 24쪽과 제3장을 참조 바람.

28) 朝鮮總督府警務局保安課(1937.9.24), "一般支那人ノ狀況", 「治安狀況」第29報, 『경성지방법원검사국문서』.

각 상점의 미수금의 합계는 19만 5,594원, 미불 채권의 합계는 8만 9,619원으로 계산상 미수금의 수금이 잘 된다면 문제가 없었다. 그러나 조선인 채무자가 화상의 귀국을 전망하여 다양한 구실로 외상의 변제를 연기하는 가운데 각 은행의 화상에 대한 대출제한은 화교 상점의 자금난 악화에 박차를 가했다. 즉, 황해도의 각 상점은 전쟁에 의한 상품판매 부진에 더하여 미수금의 수금이 뜻대로 되지 않는 상황에서 각 은행의 대출 제한 조치로 결국 "귀국하지 않을 수 없는 실정"이 된 것이다.[29] 사실, 황해도 옹진군의 화교 직물상 및 음식점은 귀국을 위해 모든 상품을 염가로 판매한 것이 확인된다.[30] 황해도는 〈표 6-1〉과 같이 10월까지 화교의 7할이 귀국한 것을 고려한다면 화교 직물상의 감소율도 비슷했을 것이다.

이와 같은 화교 직물소매상의 상황은 황해도뿐 아니라 경기도, 강원도, 충청도도 대체로 비슷했다. 이들 도에 위치한 화교 직물소매상의 귀국상황에 대해 신문기사를 통해 확인해보자. 경기도 안성군은 화교 직물상이 많은 지역으로 전전 100여 명이 거주하고 있었지만 9월 초순까지 60여 명이 귀국했다.[31] 강원도 양평군의 화교 직물상과 음식점 6개소(28명)는 8월 19일까지 점포를 매각 처분하고 점원 등 20명이 귀국했다.[32] 이천군의 화교 직물상도 귀국했다.[33] 충청남도 천안군의 화교 8~9명은 8월 하순에 귀국하고,[34] 충청북도 괴산군의 화교 직물상은 귀국 준비를 위해 상품을 싸게 판매했다.[35] 이들 4개도의 화교 인구를 전전과 10월을 비교할 경우 강원도는 84%, 경기도는 76%, 충청북도는 69%, 충청남도는 57%가 감소하여 모두 조선 전체 평균 감소율인 49%를 훨씬 상회했다(〈표 6-1〉 참조). 즉, 이들 5개 도는 화교 직물수입상의 주요한 거래처

---

29) 朝鮮總督府警務局保安課(1937.9.24), 앞의 자료.
30) "지나 상인 철귀로 조선 상인 대타격", 《동아일보》, 1937.8.31.
31) "안성 거주 지나인 대부분 철귀", 《동아일보》, 1937.9.10.
32) "양평의 지나인 철귀에 大紛忙", 《동아일보》, 1937.8.25.
33) "지나 상인 귀국으로 조선 상인 대타격", 《동아일보》, 1937.9.7.
34) "천안 재주 支人 귀국", 《동아일보》, 1937.8.25.
35) "화상 大投賣로 포목상 타격", 《동아일보》, 1937.9.10.

가 위치한 지역으로, 이 지역에 화교의 귀국이 가장 많이 이뤄짐에 따라 화교 직물수입상의 판매, 미수금 수금의 양대 문제를 일으켜 경영이 악화되었다. 경영규모가 큰 직물수입상은 1936년도에 10개소였다가 1937년도에는 5개소로 감소한 것이 이를 여실히 보여준다(〈표 6-2〉 참조).

다른 도에서도 화교 직물상의 귀국을 발견할 수 있다. 전라북도 전주군의 화교 직물상 19개소는 귀국을 위해 8월 16일부터 재고품을 2~3할 싸게 판매했다.[36] 이리군의 화교 직물상 및 채소상 13명, 농민 50명은 8월 중순까지 귀국했다.[37] 경상남도 부산부의 화교는 전전 400명이 거주하던 것이 귀국자가 잇따르면서 9월 중순에는 100여 명만 잔류했으며, 특히 초량정(草梁町) 일대의 화교 직물상은 모두 폐점하여 귀국했다.[38] 경상북도 성주군의 화교 직물상은 귀국 준비를 위해 상품을 염가 판매했다.[39] 함경남도 원산부는 전전 화교 직물상이 20개소 있었지만 대부분 폐점하여 9월 중순 경 영업 중인 직물상은 덕태원(德泰源), 길창호(吉昌號), 동생덕(東生德)의 3개소만이 남았다. 그러나 길창호가 동업자의 귀국 폐점의 영향을 받아 매상이 현저히 증가하는 것을 본 홍홍태(鴻興泰), 홍기잔(興記棧)은 갑자기 귀국을 중지하여 5개소가 되었다.[40] 그러나 이러한 사례는 매우 드문 경우였다.

한편, 이와 같이 지방의 화교 직물상이 귀국을 위해 직물을 값싸게 판매하는 바람에 농촌 지역의 직물 소매상업계에서 경합관계에 있던 조선인 직물상은 일시적으로 판매부진에 빠져 당국에 진정을 하든지 각지의 포목상조합을 통해 대처하려 했다.

---

36) "지나 상인의 투매로 조선인 상계 대타격 전주 포목상측 대책을 강구", 《동아일보》, 1937.8.20.
37) "이리 재주의 지나인 철귀", 《동아일보》, 1937.8.20.
38) "부산 지나 상인 사변 후 전부 철귀", 《동아일보》, 1937.9.19.
39) "지나인 마포 廉買로 조선인상점 대타격 성주포목상측 당국에 진정", 《동아일보》, 1937.8.25.
40) 朝鮮總督府警務局保安課(1937.9.14), "支那人ノ動靜", 「治安狀況」 第26報, 『경성지방법원검사국문서』.

3. 전시통제강화의 영향

1) 화교 직물상의 몰락

화교 직물상은 중일전쟁으로 큰 타격을 입었지만 완전히 몰락한 것은 아니었다. 오히려 1938년부터 화교의 상점 개수는 증가로 전환되었다. 영업세를 납부하는 물품판매의 상점 개수(주로 직물상과 잡화상)는 1937년도에 1,321개소, 영업세액 3만 9,589원이었다가 1939년도에는 1,832개소, 7만 8,114원으로 각각 39%와 97% 증가했다.[41]

1941년의 『상공자산신용록』의 〈부표 10〉에 따르면 100만 원 이상의 매상액을 기록한 화교 직물상은 영성홍(인천·〈부표 10〉의 1번), 익합영(청진·동 4번), 금생동(군산·동 9번), 신생덕(경성·동 15번), 동성영(인천·동 25번), 덕생동(군산·동 29번), 동생덕(경성·동 27번), 유풍덕(군산·동 36번), 유풍덕(경성·동 39번)의 9개소였다.

여기에 영덕홍(경성·동 3번), 협홍유(경성·동 8번), 서증덕(경성·동 18번), 천합잔(인천·동 21번), 천순유(인천·동 22번), 동생태(인천·동 26번), 화취창(인천·동 41번), 익덕영(청진·동 6번), 의생태(청진·동 7번), 항창동(청진·동 12번), 인합동(청진·동 16번), 항창영(성진·동 11번), 덕성리(성진·동 28번), 유홍빈(군산·동 37번) 등은 20만 원 이상 100만 원 미만의 매상액을 기록했다.

이와 같이 화교 직물상이 어느 정도의 영업을 유지할 수 있었던 배경에는 조선총독부의 화교에 대한 정책전환과 관련이 있다. 경성중화상회는 1938년 2월 중국에 귀국한 화교 상점의 점원이 다수에 달한 결과, 현재의 각 상점은 다수의 종업원을 필요로 한다는 점을 들어 조선총독부에 귀국점원의 재입국의 허가와 재입국 시 각종 편의를 제공해주도록 범한생 총영사에 진정했다. 범한생 총영사는 조선총독부에 이러한 뜻을 전달하여 협력을 요청했다.[42]

---

41) 朝鮮總督府財務局(1941), 『昭和十四年度 朝鮮稅務統計書』, 朝鮮總督, 121~122쪽.

한편, 중국에 귀국한 화교도 재입국을 희망하는 자가 많았다. 조선총독부 경무국이 파악한 바에 따르면 1937년 12월 중순 경 "본국의 물자 결핍과 전쟁의 참변으로 도저히 편안히 생활할 수 없어 최근 다시 조선 도항을 희망하는 자가 점차 증가 경향"에 있었다.[43] 조선총독부는 1938년 4월 이러한 요청을 수용하여 "현재 조선 거주 중인 지나인의 가족, 점원 또는 사용인으로 지나사변에 의해 귀국 중인 자에 한정하여" 재입국을 허가했다.[44]

이 조치에 의해 조선에 재입국하려는 화상은 증가했다. 상업 인구는 1937년 12월 1만 3,549명이던 것이 1942년에는 2만 7,993명으로 약 2배 증가하고 1936년의 2만 9,347명에 육박할 정도로 회복했다.[45] 점주 및 점원이 돌아와 폐점중인 직물상점, 잡화상점을 다시 개점했다.

그러나 이들 상점의 영업은 조선총독부의 전시통제강화로 인해 악화의 길을 걸었다. 주(駐)인천 판사처(辦事處)는 1942년에 인천부의 화교 직물상의 영업 상태에 대해 "몇 차례 증세의 결과, 우리 쪽(중국)에서 수입하는 것은 거의 사라졌다. 오늘에 이르러 인천의 직물상은 총 9개소이다. 대부분은 일본산품의 전매(轉賣)를 했다. 우리나라의 견포, 마포는 일체 볼 수 없다"라고 본국에 보고했다.[46] 9개소의 직물상 가운데 도매상은 덕생상(점주는 곽화정(郭華亭)·〈부표 9〉의 94번), 복생동(동 왕흥서(王興西)), 영성홍(동 이선방(李仙舫)·〈부표 8〉의 71번)으로, 중일전쟁 직전까지 존속한 화취공(〈부표 9〉의 122번), 금성동(동

42) 주경성 총영사 范漢生이 조선총독부 외무부장 松澤龍雄에게 보낸 공문(1938.2.23), 「事變依引揚中支那人店員及家族再入鮮關件」, 『昭和十三年 領事館關係綴』, 국가기록원소장.

43) 朝鮮總督府警務局保安課(1937.12.24), "在留支那人ノ動向", 「治安狀況」第43報, 『경성지방법원검사국문서』.

44) 조선총독부 경무국장이 각도 경찰부장에게 보낸 공문(1938.4.7), 「事變ニ依リ引揚中ノ支那人店員及家族ノ再入鮮ニ關スル件」, 『昭和十三年 領事館關係綴』, 국가기록원소장.

45) 조선총독부(각년), 『조선총독부통계연보』. 다만, 이 인구에는 부양가족이 포함되어 있기 때문에 정확한 상업종사 인원은 아니다.

46) 원문. 以數次增稅結果, 我方輸入幾絶, 時至今日, 仁川棉布商計有九家, 多爲經手轉賣日本出品, 我國之綢緞夏布百不見一矣(駐仁川辦事處 報告(1942.7.15), [仁川辦事處轄境內僑務概況], 「駐京城總領事館半月報告」, 『汪僞僑務委員會檔案』(동 2088-373).

28번)의 직물수입상은 모두 사라졌다.[47]

화교 직물수입상이 마지막까지 독점적으로 수입하던 중국산 마직물도 관세율이 중일전쟁 직전 80%로 인상되면서 유풍덕과 같이 화취공, 금성동도 이 상품의 수입을 중지하고 중일전쟁의 영향을 받아 문을 닫을 수밖에 없었다. 그래서 인천부 소재 화교 직물상은 일본인 도매상으로부터 직물을 매입하고 이를 '전매'하는 도매상 및 소매상의 9개소밖에 남지 않았던 것이다.

1938년 2월 3일 개최된 여선중화상회연합회의 설립 총회의 장에서 참가자는 중국산 마직물의 관세율 인하를 당국에 진정할 것을 논의하고 범한생 총영사에 상의한 결과, 그는 "신정권(중화민국 임시정부)이 일본 정부로부터 정식 승인될 때까지 기다려야 한다"라고 답변했다.[48] 즉, 범한생 총영사는 임시정부가 일본 정부에 승인되지 않은 상태이기 때문에 정식으로 요청할 단계가 아니라고 연합회의 요청을 거절한 것이다.

한편, 조선총독부는 전시기(戰時期) 직물류의 공급부족에 직면하여 통제를 강화하는 조치를 잇따라 내놓았다. 처음에는 직물류에 대한 물가통제를 실시했다. 전시의 공급부족으로 직물류의 가격인상이 이어지고 특히 면사와 면포의 가격은 1937년 말부터 1938년 10월 사이에 2~10할 상승하여 일본 대중의 생활을 힘들게 만들었다. 이러한 어려움에 직면한 조선총독부는 조선산 면직물의 최고가격을 시장가격보다 2할 싸게 설정한 공정가격을 결정하여 공포했다.[49] 또한 조선총독부는 1940년 6월부터 면포의 배급제를 실시했다.[50] 이와

---

47) 주경성 총영사관이 교무위원회에 보낸 공문(1942.11.21), 「關於朝鮮僑民回國觀光團問題の來往文書」, 『汪僞僑務委員會檔案』(동 2088-406).

48) 京畿道 警察部長이 警務局長에게 보낸 공문(1938.2.5), "京城中國總領事館ノ動靜其他ニ關スル件", 「思想ニ關スル情報8」, 『경성지방법원검사국문서』.

49) "면제품의 최고가격 결정", 《동아일보》, 1938.10.30; "면제품의 가격 억제 明 1일부터 실시", 《동아일보》, 1938.11.1. 이 최고가격은 1938년 10월 30일 총독부 고시 871호로 공포되었다.

50) "면포(廣木)에 전표제 六月一日부터 실시!", 《동아일보》, 1940.5.27; 京城府總務部經濟課(1943), 『京城府ニ於ケル生活必需品配給統制ノ實情』, 京城府, 119쪽.

같은 공정가격 및 배급제의 실시는 종래의 투기적 상업이윤이 일정의 배급 수수료의 형태로 전환된 것을 의미한다. 공정가격에 의한 배급 수수료는 종래의 상업이윤보다 훨씬 낮게 책정되었기 때문에 직물상의 경영활동을 현저히 축소시켰다.

공정가격 및 배급제의 실시가 화교 직물상에 어떤 영향을 주었는지에 대해 원산시내의 화교 직물상의 예를 들어 검토해보자. 1942년 7월 원산시내에는 140개소의 직물상이 있었다.[51] 이 가운데 도매상은 4개소였지만 모두 일본인 직물상이었다. 전전 2개소였던 화교 직물도매상은 모두 귀국했다.[52] 기타의 136개소는 모두 직물소매상으로, 이 가운데 11개소가 화교 직물소매상이었다. 화교 직물소매상은 이전 원산의 화교 직물도매상으로부터 매입해왔지만 전후는 4개소의 일본인 직물도매상 혹은 경성 방면에서 일본산 직물을 매입하는 것으로 바꾸었다. 그러나 일본 국내의 물가 통제가 엄격해지자 조선에 수입되는 직물은 감소하고, 1942년 7월경의 화교 직물소매상 취급의 직물은 거의 조선산이었다.

〈표 6-3〉과 같이 화교 직물소매상의 자본액은 5,000~2만 원에 지나지 않는 영세한 상점이었다. 매상액은 덕태흥(德泰興)과 길창호(吉昌號)[53]가 약 20만 원으로 많고, 1점포당 약 15만 원이었다. 1920년대와 비교하면 소매상으로서는 매상액이 많아진 것 같지만 전시기 직물공급 부족으로 직물 가격이 인상된 것을 고려하면 그렇지 않았다. 또한 영업세액이 200~300원으로 많은 것은 1940년과 1941년에 영업세가 개정되어 세율이 대폭 인상되었기 때문이다.[54]

직물이 11개소의 화교 직물소매상에 할당된 경로 및 방법은 다음과 같다. 조

51) 주원산 부영사관 보고(1942.7.27), 「元山府棉布華商營業槪況」, 『汪僞僑務委員會檔案』 (동 2088-373).
52) 2개소 가운데 한 곳은 덕태원(德泰源)(〈부표 7〉의 21번과 〈부표 8〉의 22번)였다.
53) 〈부표 9〉의 20번.
54) 朝鮮殖産銀行調査部(1940.10), 「朝鮮に於ける税制改定に就て」, 『殖産調査月報』(1940년 10월호), 朝鮮殖産銀行調査部, 28~30쪽; 차병권(1998), 『일제하 조선의 조세정책』, 한국 조세연구원, 225쪽.

<표 6-3> 원산시내 화교 직물소매상의 영업상황(1942년)

(단위: 원)

상점명	점주	자본액	세액			매상액
			소득세	이득세	영업세	
덕태흥(德泰興)	축소안(祝紹顔)	2만	1,200	3,000	300	214,000
길창호(吉昌號)	왕보련(王宝鍊)	2만	1,200	3,000	300	214,000
동생덕(東生德)	범세삼(范世森)	1.5만	800	2,500	250	179,000
홍흥동(鴻興東)	왕세창(王世昌)	1.5만	800	2,500	250	179,000
동흥성(同興盛)	최전방(崔殿芳)	1.5만	800	-	250	179,000
복생덕(福生德)	강매전(姜梅田)	1.5만	800	-	250	179,000
겸화성(謙和盛)	왕귀중(王貴中)	0.5만	200	-	90	64,000
의성동(義盛東)	풍악인(鄭學仁)	1만	500	1,900	200	143,000
합흥동(合興東)	진상통(陳祥通)	1만	500	1,900	200	143,000
동순성(東順盛)	정의경(鄭儀敬)	1만	500	1,900	200	143,000
화성동(和盛東)	유성유(劉誠維)	0.5만	200	-	90	64,000
합계	11개소	14만	7,500	16,700	2,380	1,701,000

주: 이득세를 내지 않은 상점은 개설한 지 1년 미만이거나 자본이 과소하여 과세대상이 아
   닌 상점이다. 매상액은 영업세를 근거로 계산한 금액이다.

출처: 駐元山副領事館 報告(1942.7.27), [元山府棉布華商營業槪況], 「駐京城總領事館半月報
   告」, 『汪僞僑務委員會檔案』(동 2088-373)을 근거로 작성.

선총독부가 함경남도에 면포 배급량을 결정하여 하달하면 도청은 원산부청에
그리고 원산부청은 함경남도 면포잡화상 소매조합(咸鏡南道綿布雜貨商小賣組合)
에 각각 할당의 지시를 내렸다.[55] 이 조합은 면포 등의 배급을 위해 함경남도
가 설립한 배급통제기관이었다. 11개소의 화교 직물소매상은 이 조합에 가맹
되어 있었다. 이 조합은 조합원을 점별, 등급별로 분류하여 할당량을 결정했
다. 이에 근거하여 11개소의 화교 직물소매상은 원산부청에 신청서를 제출하
고 부청은 각 직물상점에 배급권(配給券)을 발급했다. 각 직물소매상은 배급권
을 소지하고 직물도매상점에 가서 면포 등의 직물을 구매했다. 화교 직물소매

---

55) 駐元山副領事館 報告(1942.7.27), [元山府棉布華商營業槪況], 「駐京城總領事館半月報告」,
   『汪僞僑務委員會檔案』(동 2088-373).

상은 주민에게 상품을 자유롭게 판매하는 것이 금지되어 있었다.[56] 그래서 주민이 면포를 구입하기 위해서는 반드시 정회(町會)의 애국반장(愛國班長)으로부터 배급표를 수령하고 이 배급표를 소지한 채 각 직물소매상점에 가서 상품을 구매하도록 정해져 배급표가 없는 주민에게 멋대로 판매해서는 안 되었다.

하지만 원산시내의 화교 직물소매상에 할당된 직물은 점차 감소했을 것이다. 왜냐하면 경성부의 경우, 1940년 6월부터 1941년 7월까지 조선총독부로부터 수령하는 배급량은 주민 1인당 면포 4야드 이내였지만 생산량의 감소에 따라 1941년 후반에는 1인당 2.5야드로 감소했다. 더욱이 1942년도에는 1인당 1.8야드로 감소하고 1940년 6월부터는 절반 이하로 감소했다.[57] 면포의 배급은 조선 내에서 통일적으로 실시되었기 때문에 원산부도 똑같았을 것으로 추측할 수 있다.

배급량의 감소는 당연히 화교 직물소매상의 판매량 및 매상액을 감소시켰을 것이다. 경성부의 직물소매상점(화교 직물상을 포함) 200개소의 1940년 12월부터 1941년 2월까지의 영업상황을 조사한바, 중일전쟁 이전과 비교하여 매입량은 5할, 판매량은 6할, 매상액은 1할이 감소했다.[58] 주(駐)진남포 판사처 관내의 평양부 및 진남포부의 화교 직물상의 매상액은 예년의 200~300만 원에 달하던 것이 1943년에는 40~50만 원으로 격감했다.[59]

주원산 부영사관은 원산시내의 화교 직물소매상의 영업에 대해 "그들은 복장(服裝)에 대해 특별히 강구하고 있다. 그래서 화상의 영업은 유지될 수 있을 것이라고 생각한다. 사업을 확대하려는 마음의 결핍, 눈앞의 이익만 생각하는 점, 그리고 빈약한 지식은 모두 우리 화상의 큰 결점이다"라고 평가했다.[60] 그

---

56) 京城府總務部經濟課(1943), 앞의 자료, 117쪽.
57) 京城府總務部經濟課(1943), 앞의 자료, 119쪽.
58) 松島菊壽(1941.6), "朝鮮に於ける商業者轉業問", 《조선(朝鮮)》(1941년 6월호), 朝鮮總督府庶務部, 76쪽.
59) 中華民國國民政府駐日大使館(1943), 「第二次領事會議記錄 1943年」, 『中華民國國民政府(汪精衛政權) 駐日大使館檔案』(일본東洋文庫 소장, 등록번호 2-2744-51).
60) 원문. 蓋彼等對於服裝, 特殊講究, 職此之故, 華商之營業, 尚可賴以維持, 至於缺乏事業擴大

234　제I부_ 화교 직물상

러나 이러한 평가 이전에 공정가격 및 배급제 등 전시통제강화가 화교 직물상점의 경영을 현저하게 압박한 것을 지적하지 않으면 안 된다.

직물의 생산량 및 배급량의 감소는 직물 소매상점의 과잉문제를 야기했다. 조선총독부는 일반 상인을 인력이 부족한 노동계로 전환하기 위해 1943년 10월 기업정비의 기본방침을 결정하고 1944년 6월에는 정비대상부문을 결정했다.[61] 대상에 포함된 부문은 채소과일상점, 양복점, 식료잡화점과 함께 직물소매상점도 포함되었다. 조선총독부는 1944년 11월 화교 직물소매상의 기업정비를 단행했다. 경성부의 경우, 화교 직물소매상은 1936년 5월 46개소에서,[62] 1941년 5월에는 23개소로 반감하고,[63] 1944년에는 8개소로 격감했다. 당국은 이 8개소를 다시 4개소[공취흥(公聚興)·건창호(建昌號)·신창영(慎昌永)·의생창(義昌生)]로 줄였다.[64] 조선총독부의 전시통제강화에 의해 폐점을 하지 않을 수 없었던 화교 직물소매상이 많았던 것을 엿볼 수 있다.

이와 같은 현상은 경성부뿐 아니라 조선 내 화교 직물소매상 모두에게 공통된 것이었다. 따라서 중국에 귀국하는 화교 직물상점주 및 점원이 많았다. 1944년 2월 주경성 총영사관 관할의 지역에서 귀국한 직물상점 종사자는 13명(이 가운데 직물상점주 5명)으로, 상업 종사자 가운데서는 음식점 종사자 36명 다음으로 많았으며, 채소상 9명, 약종상 9명, 잡화상 3명보다 많았다.[65]

그런데 조선을 대표하는 화교 직물수입상인 유풍덕의 행방이 묘연하다. 유풍덕은 동양면화로부터 일본산 면직물의 안정적인 공급을 바탕으로 경영을 확대해 중일전쟁 직후도 동양면화의 무조건적인 상품공급으로 1938년에는 약

之心, 與乎衹知保守目前範圍, 以及知識簡陋, 皆爲我華商之大疵(駐元山副領事館 報告
(1942.7.27), 앞의 당안자료, 동 2088-373).

61) 朝鮮總督府財務局(1994), 「昭和二十年度 帝國議會說明資料」, 『朝鮮總督府帝國議會說明資料』 제10권(복각판), 不二出版, 337~338쪽.

62) 京城府(1937), 『物品販賣業調査』(昭和11年5月1日現在), 京城府, 23쪽.

63) 京城府(1941a), 『物品販賣業調査』(昭和15年5月1日現在), 京城府, 22쪽. 그러나 도매 및 도소매상점은 1936년 4개소에서 1941년에는 9개소로 증가했다.

64) 楊韻平(2007), 『汪政權與朝鮮華僑(1940~1945): 東亞秩序之一硏究』, 稻鄕, 159쪽.

65) 中華民國國民政府駐日大使館(1943), 앞의 당안자료, 동 2-2744-39.

1,000만 원의 매상액을 기록할 정도로 완전히 회복했다.[66] 유풍덕의 영업은 1941년 4월까지 순조로웠던 것은 〈부표 10〉의 39번을 보면 명확하다.

그러나 일본 정부의 직물에 대한 전시통제강화와 조선 내의 방적업 발달에 따라 일본산 면직물의 조선 수입량은 1936년에 비해 1938년에는 41%, 1939년에는 73%, 1940년에는 76%의 감소를 보였으며,[67] 그 후는 한층 더 감소했다. 이와 같은 수입량의 감소는 필연적으로 유풍덕에 공급되는 일본산 면직물의 수입량 감소를 초래하면서, 직물수입상은 경영활동을 거의 할 수 없었을 것이다. 또한 조선 내의 직물에 대한 배급제의 실시는 유풍덕과 화교 직물상 간의 유통망을 단절시켰을 것이다.

이상의 이유로 볼 때 결국 유풍덕은 폐점했을 것으로 추정된다. 주신구는 1940년대 초 중국에 귀국한 점,[68] 조선 해방 직후 서울에 유풍덕이 존속하지 않은 점이 근거라 할 수 있다.[69] 그것이 사실이라면 1880년대부터 약 60년간 지속된 화교 직물수입상의 경영활동은 종말을 고한 것이 된다. 이것은 조선화교 직물수입상 및 직물상 전반의 몰락을 상징하는 것이기도 하다.

2) 전시통제기 인천화교 직물상의 실태

인천화상상회(仁川華商商會)는 1942년 4월 조선총독부 당국에서 배포하는 밀가루를 정확하게 배포하기 위해 화교 각 호수별, 업종별 조사를 실시, 통계로 정리했다. 업종별 조사에는 상점주와 점원의 출생연월일, 출신지, 거주지가 정확히 기재되어 있다.[70]

---

66) 朝鮮中華商會 主席 周愼九(1939.1), 앞의 자료, 28~29쪽.
67) 朝鮮殖産銀行調査部(1942.2), "朝鮮紡績業の現狀", 《식산조사월보》(1942년 2월호), 朝鮮殖産銀行調査部, 4쪽.
68) "조선 독립의 협력자 화교 周愼九 來朝", 《동아일보》, 1947.5.6.
69) 조선은행조사부(1949), 「재한화교의 경제적 세력」, 『경제연감(1949년판)』, 조선은행, II-64~66쪽.
70) 仁川華商商會(1942.4.12), 『華僑領取小麥粉詳細表』, 인천시립박물관소장.

이 가운데 '면포상'으로 기재된 화교 직물상점은 총 11개소였다. 각 상호와 상점주 및 점원을 모두 합친 인원수를 기재하면 다음과 같다. 덕생상(德生祥) 18명, 영성흥(永盛興) 18명, 동성영(同盛永) 17명, 쌍성흥(雙盛興) 16명, 지흥동(誌興東) 15명, 덕성흥(德盛興) 12명, 동생태(同生泰) 12명, 화취창(和聚昌) 11명, 유풍덕(裕豊德) 11명, 천합잔(天合棧) 10명, 천순유(天順裕) 6명이었다. 11개소 화교 직물상점의 상점주 및 직원은 총 146명이었다. 이들 인원을 연령대별로 나눠보면 10대 26명(17.8%), 20대 54명(37.0%), 30대 40명(27.4%), 40대 15명(10.3%), 50대 7명(4.8%), 60대 3명(2.1%), 70대 1명(0.6%)이었다. 20대, 30대, 10대의 순으로 많았고 이들 연령대가 전체의 8할 이상을 차지했다.

상점주의 평균 나이는 50세로 종업원보다 일반적으로 높았다. 화취창의 양익지(楊翼之)가 74세로 최고령이었으며, 천합잔의 주석구(周錫九)가 67세로 그 다음으로 많았다. 동성영의 왕동당(王棟堂)은 63세, 덕생상의 곽고영은 59세였다. 덕성흥의 상점주는 28세에 지나지 않던 곽홍동(郭鴻童)으로 나와 있지만 실제로는 곽화정(郭華亭, 58세)이 상점주로 활동하고 있었다. 점원의 구성은 경영주의 나이보다 대체로 적은 것이 일반적이었다. 영성흥의 경우, 상점주 이선방은 51세로 이를 정점으로 40대 2명, 30대 4명, 20대 5명, 10대 6명의 연령 구성으로 되어 있었다. 산동방 직물상점의 점원은 '掌櫃的'(지배인), '外櫃的'(대외거래 담당), '管帳的'(회계 담당), '夥計'(보통 점원), 학습생(學習生) 등으로 구성되어 있었기 때문에 각 점원은 각각의 업무를 맡았을 것이다. 10대는 대체로 학습생이었다.

다음으로 상점주와 점원 146명의 출신지는 산동성이 압도적으로 많았다. 하북성 1명과 만주국 1명 외에는 전원 산동성 출신이었다. 산동성 출신 인원의 출신지를 각 현별로 살펴보면, 모평현 83명(56.8%), 복산현 15명(10.3%), 영성현 10명(6.8%), 봉래현 8명(5.5%), 액현(掖縣) 7명(4.8%), 황현 7명(4.8%), 문등현 6명(4.1%) 순으로 많았고, 내양(萊陽, 2명), 해양(海陽, 2명), 위해위(威海衛, 1명), 평도현(平度縣, 1명), 초원현(招遠縣, 1명), 창읍(昌邑, 1명)은 소수였다. 모평현의 출신자가 전체의 56.8%로 압도적으로 높은 것이 특징이고, 모평현과 인접한 복산현은 10.3%로 그다음으로 많았다. 현재의 연태시에 속하는 모평현과 복산현 출신 인원을 합하면 전체의 7할에 근접했다. 그 외 지역은 영성현, 봉래현, 황현, 액현 등으로 대체로 산동성 동해안 연안지역이 대부분을 차지했다.

각 직물상점의 상점주는 모평현 출신이 4개소(화취창, 지흥동, 영성흥, 천순유)이고, 액현이 3개소(덕성흥, 동생태, 덕생상), 내양, 봉래, 황현, 영성이 각각 1개소였다. 모평현 출신이 4개소로 가장 많은 것은 사실이지만 전체 인원이 적은 액현 출신이 상대적으로 많은 것이 눈에 띈다. 지배인인 '장궤적'이 자신의 고향에서 점원을 데리고 오는 것이 일반적이다. 이 화취창의 상점주인 양익지는 모평 출신인 관계로 전체 점원 10명 가운데 9명이 모평 출신이었다. 같은 모평 출신인 이선방이 상점주로 있던 영성흥은 점원 17명 가운데 14명이 모평 출신이었다. 모평 출신인 이문진(李文珍)이 상점주로 있던 동생태는 점원 11명 가운데 10명이 모평 출신이었다. 하지만 반드시 그렇지는 않았다. 모평 출신인 왕소남이 상점주로 있던 지흥동의 경우, 점원 14명 가운데 모평 5명, 영성 5명, 초원 1, 복산 1, 문등 1, 하북 1명으로 지역이 다양하게 분포되어 있었다.

이들 경영주 가운데 곽화정과 이선방은 손경삼(孫景三, 58세, 모평), 왕홍서(王興西, 42세, 황현), 유락당(柳樂堂, 62세, 복산)과 같이 1942년 11월 하순 인천을 출발하여 조국을 관광하는 '조선화교귀국관광단' 17명의 일원으로 선발된 대표적인 인천화교 지도자였다. 곽화정은 부단장으로서 당시 인천화교소학의 이사, 교무위원회 고문, 인천화상상회 상무이사, 여선중화상회연합회 부회장으로 근무하고 있었다. 이선방은 인천화교소학의 이사와 인천화상상회 상무이사로 근무하고 있었다. '면포상'으로 표기된 왕홍서와 유락당은 인천화교소학의 이사와 인천화상상회 상무이사로 근무하고 있었다. '무역상'으로 표기된 손경삼은 교무위원회 고문, 인천화상상회 이사장, 인천화교소학 이사, 조선화상무역조합장(朝鮮華商貿易組合長)이었다.[71]

---

71) 경성 총영사관이 교무위원회에게 보낸 공문, 「關於朝鮮僑民回國觀光團問題的往來文書」, 『汪僞僑務委員會檔案』(동 2088-406).

<표 6-4> 인천화교 직물상점 상점주의 출신지 및 상점의 소재지(1942년 기준)

상점명	상점주	점원 인원	출신지	출생 연월(나이)	상점 소재지
화취창(和聚昌)	양익지(楊翼之)	10	산동 모평	1869(74)	미생정 6번지
유풍덕(裕豊德)	왕지헌(王志軒)	10	산동 봉래	1911(32)	미생정 17번지
동성영(同盛永)	왕동당(王棟堂)	16	산동 황현	1880(63)	미생정 4번지
천합잔(天合棧)	주석구(周錫九)	9	산동 영성	1876(67)	미생정 20번지
지흥동(誌興東)	왕소남(王少南)	14	산동 모평	1901(42)	화방정 20번지
덕성흥(德盛興)	곽홍동(郭鴻童)	11	산동 액현	1915(28)	중정3정목2번지
영성흥(永盛興)	이선방(李仙舫)	17	산동 모평	1892(51)	신정 62번지
천순유(天順裕)	왕전□(王傳□)	5	산동 모평	1904(39)	서경정 213번지
쌍성흥(雙盛興)	임풍년(林豊年)	15	산동 내양	1896(47)	서경정 213번지
동생태(同生泰)	이문진(李文珍)	11	산동 액현	1894(49)	서경정 212번지
덕생상(德生祥)	곽고영(郭古榮)	17	산동 액현	1884(59)	서경정 212번지

출처: 仁川華商商會(1942.4.12), 『華僑領取小麥粉詳細表』, 인천시립박물관소장.

이와 같은 인천화교 직물상점의 연간 매상액은 일본 오사카의 신용조사기관인 상업흥신소가 발행하는 제42회 『상공자산신용록』에 의하면 다음과 같다. 영성흥과 동성영은 100~200만 원으로 매상액이 가장 많았다. 그다음은 지흥동과 천합잔이 50~75만 원, 화취창이 40~50만 원, 동생태가 30~40만 원, 천순유가 20~25만 원, 덕성흥과 쌍성흥이 각각 15~20만 원이었다. 유풍덕과 덕생상은 신용록에 게재되어 있지 않기 때문에 분명하지 않다.[72] 단, 매상액은 대체로 종업원 인원과 비례하는 경향이 있기 때문에 덕생상은 대체로 100~200만 원, 유풍덕은 40~50만 원으로 추정된다.

이러한 인천화교 직물상점의 경영 상태는 중일전쟁 이전과 비교하면 어떨까? 1934년 2월 조사한 인천화교 직물상점의 연간 일본산 직물 판매액은 각각 덕생상 66만 2,700원, 협흥유 59만 826원, 영성흥 50만 117원, 동생태 48만 1,900원, 화취공 28만 225원, 금성동 25만 7,100원, 동성영 55만 6,400원, 유풍덕 18만 2,200원이었다.[73] 이 판매금액은 어디까지나 일본산 직물의 판매액에

---

72) 商業興信所(1941), 『第四十二回 商工資産信用錄』, 商業興信所, 外國10~19쪽.

한정된 것이기 때문에 중국산 마직물의 판매액을 포함하면 판매액은 더욱 증가할 것이다. 하지만 1942년의 판매액 순위와 거의 비슷한 것을 알 수 있다.

그런데 1923년 인천화교 직물상점의 연간 판매액이 덕순복 80만 원, 영래성 60만 원, 화취공 40.5만 원, 협태창 40만 원, 인화복 36만 원, 화태호 30만 원, 삼합영 22만 원, 취원화 18만 원, 협흥유 15만 원이었다.[74] 1942년과 비교하면 큰 변화가 없는 것 같은데 20년 사이 물가가 상승한 것을 고려하면 판매액은 정체 혹은 오히려 감소한 것으로 볼 수 있다. 또한 당시의 종업원은 대체로 20~30명에 달했지만, 1942년에는 대체로 10~20명으로 줄어든 것을 확인할 수 있다.

또 하나 크게 주목되는 점은 중일전쟁을 경계로 사라진 직물상점이 발견된다는 점이다. 1920년대 가장 규모가 컸던 직물상점의 하나인 영래성, 덕순복은 1931년 화교배척사건 이후 사라졌고, 중일전쟁 이전까지 건재했던 협흥유와 금성동은 1942년에는 찾아볼 수 없다. 중일전쟁을 전후하여 문을 닫은 것으로 보인다.

또한 이러한 인천화교 직물상점 11개소의 실태는 1941년 말 혹은 1942년 초의 조사에 의한 것이기 때문에 그 이후 전시통제경제가 훨씬 강화되는 만큼, 11개소 직물상점의 영업은 앞에서 살펴본 대로 훨씬 악화되었을 것이며 통폐합으로 인해 더욱 감소되었을 것이다.

한편, 해방 직후인 인천화교의 주요한 직물상점으로서 영업을 하던 곳은 쌍성홍(상점주는 임풍년(林豊年)), 천합잔(주석구), 만성호(萬盛號, 초세주(初世周)), 동성영(동 사경육(紗敬毓)), 영성홍(이선방), 협창영(協昌永, 하향구(賀香九)), 유풍덕(왕지헌(王志軒))이었다. 1942년 당시 영업하던 직물상점 가운데 쌍성홍, 천합잔, 동성영, 영성홍, 유풍덕의 5개소가 영업을 지속하고 있는 것을 확인할 수 있다. 이들 직물상점은 중국산 견직물과 면직물뿐만 아니라 화장품, 각종 잡화 등도 함께 판매했다. 반면 서울의 경우 해방 이전의 화교 직물상점 가운데 영

---

73) 仁川華商商會(1935.3), 「民國二十三年分華商販賣日本貨總數」, 『仁川華商商會華商商況報告』, 인천화교협회소장.

74) 朝鮮總督府(1924a), 『朝鮮に於ける支那人』, 朝鮮總督府, 104쪽.

업을 하고 있는 곳은 하나도 발견되지 않았다.[75]

4. 맺음말

이상에서 화교 직물수입상 등의 화교 직물상이 중일전쟁과 전시통제강화에 어떤 영향을 받았으며 그들의 통상망, 유통망, 영업이 어떻게 변화했는지를 검토해보았다.

먼저, 중일전쟁은 화교 직물소매상, 소매 겸 도매상, 도매상, 수입상의 모든 계층에서 대폭적인 감소를 초래했다. 이들 상점의 감소율과 유형은 화교배척 사건 및 만주사변의 영향과 매우 유사하다는 것을 분명히 밝힐 수 있었다. 이어 유풍덕의 중국산 마직물의 수입대금의 외환송금 문제를 들어 조선총독부가 정치적인 고려로 송금을 허가했다는 점, 그러나 중국산 마직물의 관세율 인상으로 마직물의 수입을 중지하지 않을 수 없어 오랫동안 거래해온 상해의 중국인 직물도매상과의 거래 관계 및 유통망이 거의 단절되었다는 것을 논했다. 또한 오사카의 직물도매상의 조선지점을 통해 직물을 매입하던 경인지역의 화교 직물수입상 및 도매상은 중일전쟁 발발로 인한 은행의 대출제한, 외상의 미회수, 거래처와의 거래중지로 직물선물계약의 무조건 해약을 선언, 오사카의 직물도매상의 조선지점 사이에 문제가 발생한 것을 밝혔다.

더욱이 화교 직물수입상이 직접 관할하던 상권인 경기도, 강원도, 황해도, 충청도의 화교 직물소매상이 전쟁으로 인해 폐점을 하지 않을 수 없게 되자 이것이 수입상에 외상의 미수금 문제와 유통망을 축소시켜 수입상의 경영을 압박한 것도 밝혔다.

한편, 조선총독부가 1938년 6월 이후 중국에 귀국해 있던 조선화교의 재입국을 허가했기 때문에 화교 직물상점의 수는 증가로 전환되었지만, 조선총독

---

75) 조선은행조사부(1949), 앞의 자료, II-66·71쪽.

부가 전시통제를 강화하고 직물에 대한 공정가격 및 배급제를 도입, 직물소매상의 통폐합을 실시, 폐점하는 화교 직물소매상이 많았다.

마지막으로, 경성과 함께 화교 직물상의 중심지인 인천의 화교 직물상점 11개소의 실태를 조사한 결과, 상점주 및 점원 146명은 산동성 출신이 대부분을 차지하고, 산동성 가운데서도 모평현과 복산현이 전체의 약 7할을 차지했음을 살펴보았다. 연령대는 20대, 30대, 10대의 순으로 많았고 전체의 8할 이상을 차지했다. 이들 인천화교 직물상점의 매상액은 정체 혹은 감소 그리고 점원의 수도 이전의 20~30명 수준에서 10~20명으로 감소했다. 이와 같은 화교 직물상점의 실태는 1941년 말 혹은 1942년 초에 근거한 것인 만큼 전시통제경제가 더욱 강화되는 1943년 이후는 영업 부진과 폐점을 피할 수 없었다.

화교 경영 행잔의 해방 후 무역활동

1. 머리말

　우리는 제1장과 제2장에서 인천에 행잔(行棧)이 존재했었다는 사실을 확인했다. 그러나 인천의 행잔이 구체적으로 어떻게 운영되고 어떠한 경제활동을 펼치고 있었는지에 대해서는 밝혀진 바가 없다.

　물론, 일본 오사카 가와구치에 산동성을 비롯한 북방의 화상이 경영하는 행잔이 존재하여 화상의 무역활동을 지탱하는 역할을 했다는 것은 잘 알려져 있다. 이 장에서는 조선화교의 무역업과 행잔의 대표적인 사례로 만취동을 예로 들어 소개하고자 한다.

2. 만취동의 무역 및 상업 활동

1) 만취동의 국내외 상업네트워크

　먼저, 만취동은 해방 직후 화교 무역회사 가운데 가장 규모가 컸다는 것을

〈표 I보-1〉 1948년 주요한 한국화교 무역회사의 수출입액

(단위: 1,000원)

회사명	본사소재지	경영자	수입액	수출액	합계
만취동(萬聚東)	인천	강무정(姜茂禎)	416,450	248,804	665,254
계중무역(啓中貿易)	인천	하자범(夏子範)	294,298	93,234	387,532
호혜무역(互惠貿易)	인천	-	331,658	196,954	528,612
정흥덕(正興德)	인천	왕국정(王國禎)	204,717	157,293	362,010
익창성(益昌盛)	인천		58,191	24,984	83,175
인창공사(仁昌公司)	서울	사환장(史煥章)	296,672	282,199	578,871
복륭상(福隆祥)	인천		8,692	2,929	11,621
익태동(益泰東)	인천		9,621	8,144	17,765
광태성(廣泰成)	인천	손경삼(孫景三)	35,938	6,070	42,008
화교복무(華僑服務)	인천		141,120	86,293	227,413
천덕양행(天德洋行)	인천	정가현(鄭家賢)	39,272	36,432	75,704
중한무역(中韓貿易)	인천	-	34,742	19,461	54,203
남방화교(南方華僑)	인천	-	4,919	804	5,723
합계	-	-	1,876,290	1,163,601	3,039,891

출처: 조선은행조사부(1949), 「재한화교의 경제적 세력」, 『경제연감 1949년판』, 조선은행,
II-60쪽을 근거로 필자가 작성.

지적해야 한다. 〈표 I보-1〉는 한국 정부 상공부 무역국이 1948년 1년간 무역을 많이 한 화교 무역회사 13개 회사의 수출입액을 조사하여 공표한 것이다. 만취동은 수입 4억 1,645만 원, 수출 2억 4,880만 원, 합계 6억 6,525만 원으로 13개 사 가운데 연간 무역액 1위를 차지했다. 만취동의 연간 무역액은 1948년 인천항 무역액 98억 8,295만 원의 6.7%나 차지할 정도로 당시 한국인 무역회사로 꽤 규모가 큰 건설실업(建設實業), 화신무역(和信貿易), 천일(天一), 중앙(中央)의 규모를 능가했다.[1] 만취동은 해방 초기 한국 최고의 무역회사였다고 할 수 있다. 〈표 I보-1〉에서 또 하나 주목해야 하는 것은 13개 주요 무역회사 가운데 인창공사 외에는 모두 인천에 본점을 둔 무역회사라는 점이다.

---

1) 조선은행조사부(1949), 「재한화교의 경제적 세력」, 『경제연감 1949년판』, 조선은행, IV-54~55쪽.

만취동의 경영활동을 알려주는 장부 등은 발견되지 않아 상세한 것을 알 수 없으나, 1949년부터 1951년 1·4후퇴로 만취동이 폐쇄될 때까지 이 회사에서 근무한 구비소(邱丕昭)의 증언을 토대로 살펴보도록 하자.[2]

만취동은 인천 선린동에서 가까운 신포동(新浦洞)에 본사를 두고, 서울 소공동에 지사를 두었다. 인천 본사에는 30여 명, 지사에는 10여 명, 모두 40여 명의 점원이 근무했다. 강무정(姜茂禎) 사장은 지프차를 몰고 본사와 지사를 왕래하면서 회사를 경영했다. 이 회사는 강무정, 이경문(李慶文) 등이 출자하여 만든 합고(合股)였다.[3] 만취동은 무역회사뿐 아니라 음식점, 백주(白酒)공장, 당면공장 등 다각화 경영을 하고 있었다.[4]

만취동은 일제강점기에 설립된 회사였다. 만취동의 설립 연대는 분명하지 않지만, 1928년 당시 인천부 내리(內里, 현재의 내동)에 위치한 만취동은 밀가루 및 잡화를 판매하고는 연간 매상액이 3만 원 규모인 잡화상점이었다.[5] 만취동의 점주는 왕승선(王承謝)으로 1912~1929년까지 인천농업공의회의 회장을 지낸 인물이었다. 신용조사기관인 상업흥신소의 『상공자산신용록(商工資產信用錄)』에 의하면, 만취동은 〈부표 4〉의 96번(1921년 3월 조사), 〈부표 7〉의 49번 (1932년 6월 조사), 〈부표 8〉의 48번(1935년 5월 조사), 〈부표 9〉의 110번(1937년 5월 조사), 〈부표 10〉의 33번(1940년 1월 조사)에 등장한다. 화교 직물수입상과 같은 큰 규모의 상점은 아니었지만 신용기관의 조사 대상이 될 정도의 중규모의 상점이었던 것 같다.

그런데 원인은 분명하지 않지만, 만취동은 1930년대 들어 잡화상점에서 다른 업종으로 전환했다. 화교 진위광(秦裕光)에 의하면, 만취동은 숙식시설을 갖

---

2) 구비소는 한국전쟁 휴전 이후 대구로 이주, 1970년대 대구에서 장생양조장(長生釀造場)을 설립하여 크게 성공하였고, 1990~1994년 대구화교협회장을 지냈으며, 2000년대 미국으로 이주한 후 이주지에서 타계했다.

3) 구비소의 증언(2004년 5월 20일 대구에서 인터뷰).

4) 조선은행조사부(1949), 앞의 자료, IV-71쪽.

5) 京城商業會議所(1929.3), "朝鮮に於ける外國人の經濟力", 《조선경제잡지(朝鮮經濟雜誌)》 (1929년 3월호), 34쪽.

추고 인천항으로 입항하는 중국인을 상대로 여관업 외에 환전, 기차표 예매 등 다양한 여행 서비스까지 제공하여, 중국인은 보통 2~3일씩 만취동에서 숙식을 한 후 내륙으로 들어갔다고 한다.[6] 그의 이야기를 토대로 한다면 만취동은 숙박업과 여행업을 겸하는 영업을 하고 있었던 것이다. 『상공자산신용록』에도 1937년 5월 조사 때는 업종이 기존의 '잡화'에서 '일용잡화여관'으로 바뀌었다 (〈부표 9〉의 110번).

인천화상상회가 1942년 인천의 화상 조사에서도 만취동은 '여관업'을 하고 있는 것으로 나타나 있다. 인천부 신정(新町) 35번지에 위치한 만취동은 점주 호내발(胡乃發, 1907년생, 산동성 문등현 출신) 외에 점원 9명이 일하고 있었다.[7] 그런데 〈부표 10〉의 33번에는 만취동의 대표가 왕승선으로 나와 있기 때문에 호내발은 지배인이 아닐까 추정된다.[8]

그런데 해방 초기 만취동은 이와 같이 큰 무역회사로 발전하지만, 구비소의 증언에 의하면 조금 독특한 회사였다.

　　본사 바로 옆 건물에 숙사(宿舍)가 있었다. 2~4명이 잘 수 있는 작은방이 8개,
　　10명 정도 잘 수 있는 큰방이 3개 있었다. 각 방에는 무역 업무를 볼 수 있도록 한
　　의자와 책상이 놓여 있었다. 숙사에는 홍콩의 무역회사에서 파견된 출장원, 상해
　　와 산동성의 영성(榮成, 룽청) 및 석도(石島, 스다오) 등지에서 온 객상이 체류하
　　고 있었다. 체류하는 상인은 50~60명이었다. 만취동은 그들에게 숙식을 제공했

6)　진위광, [만취동], "화교", 《중앙일보》, 1979.11.15.
7)　仁川華商商會(1942.4.12), 『華僑領取小麥粉詳細表』, 인천시립박물관소장. 점원의 출신
　　지는 모평현 2명, 영성현 6명, 문등현 1명이었다. 각 점원의 성명, 출신지 그리고 출생연
　　월은 다음과 같다. 임학서(林學恕, 1901년생, 모평현). 왕업감(王業邯, 1917년생, 영성
　　현). 왕소원(王昭垣, 1917년생, 영성현), 석신기(石宸基, 1908년생, 모평현). 전충악(錢
　　忠岳, 1918년생, 영성현). 이발문(李發文, 1918년생, 영성현). 왕문고(王文考, 1926년생,
　　영성현). 강칙문(姜則文, 1925년생, 영성현). 곽언분(郭言芬, 1925년생, 문등현).
8)　1942년 인천화상상회 조사에서 왕승선은 인천부 궁정(宮町) 231번지에 위치한 만취동
　　음식점의 점주로 나와 있다. 그는 1877년생(1942년 당시 66세)으로 부인 서(徐) 씨
　　(1897년생)와 아들 왕홍선(王憲先, 1932년생)과 같이 거주하고 있었다.

을 뿐 아니라 각종 상업 편의를 제공했다. 나는 그들의 심부름을 하거나 객실 청소를 했다. 객상들은 대부분 산동성 출신이 많았다. 만취동은 그들의 통관 업무를 도와주고 관세를 싸게 해주는 업무와 화상 잡화상 및 한국인 무역업자와의 거래를 중개하기도 했으며, 거래가 성사되면 거래액의 약 1%를 수수료로 받았다.[9]

구비소의 증언에 의하면, 만취동은 홍콩, 상해, 산동성 등지의 무역회사의 출장원 혹은 소상인에게 숙식을 제공하거나 각종 무역 및 상업의 편의를 제공하며 숙박료와 수수료를 받는 업무를 하고 있던 행잔(行棧)이었다. 산동성에는 근대 시기 많은 행잔이 있었다. 행잔은 중국 전통의 아행(牙行)이 근대에 들어 상업 환경과 제도의 변화로 인해 변형된 것으로 산동성 대외무역에서 외국인 상인과 화상 간의 중간상과 개항장과 내륙 상업을 연계하는 중간상의 역할을 했다. 행잔은 교역의 중개 역할과 위탁대리 교역업무를 담당하여, 근대 산동성의 상업 발달에 큰 기여를 한 것으로 평가받고 있다.[10]

해방 초기 인천항은 대중화권 무역이 성행하면서 홍콩에서 소주호(蘇州號), 호남호(湖南號), 남창호(南昌號), 사천호(四川號) 등의 정기선, 중국의 석도, 천진, 청도, 대련 등을 왕래하는 무역선을 타고 입국하는 원거리(遠距離) 객상이 많았다. 예를 들면, 1948년 4월 7일 인천항에 입항한 소주호의 승객 명단을 보면, 한국인 4명, 미국인 1명을 제외한 34명, 즉 전체 승객의 88%가 중국인으로 이들은 대부분 객상(客商)이었다.[11]

이들 객상은 한국의 법률과 상업정보에 밝지 않아 한국인 및 지역의 화상과 직접 거래하는 것은 쉽지 않았기 때문에 만취동과 같은 행잔에 의존하지 않을 수 없었다. 특히 원거리에서 온 객상은 화물의 수출입의 통관에 큰 어려움이

---

9) 구비소의 증언(2004년 5월 20일 대구에서 인터뷰).
10) 산동성의 행잔에 관해서는 庄維民(2012)(『中間商與中國近代交易制度的變遷: 近代行棧與 行棧制度研究』, 中華書局)의 연구가 상세하다.
11) "소주호 승객명부", 《무역신문》, 1948.4.18. 34명 가운데 32명은 남성, 2명은 여성이었다. 2명의 여성을 제외한 대부분은 무역을 목적으로 한 객상으로 추정된다. 한편, 홍콩과 인천항을 왕복하는 정기선은 대체로 상해, 복주(福州)를 경유했다.

있었는데, 만취동은 인천항 세관의 통관업자 13명 가운데 3명이 화교인 점을 활용하여 통관 업무를 원활히 처리할 수 있었다.[12]

한편, 만취동의 객상은 그 대부분이 산동성 등 황하(黃河, 황허) 이북의 북방(北帮) 출신이었다는 구비소의 증언에 주목할 필요가 있다. 만취동 경영자인 강무정은 산동성 문등(文登) 출신으로, 만취동의 객상 가운데는 문등과 이웃한 석도와 영성 출신 객상이 많았다는 것은 강무정의 출신지와 관련이 있다.[13] 객상 중에는 산동성뿐 아니라 홍콩에서 온 상인도 있었다. 구비소에 의하면, 만취동에 출장원을 파견한 홍콩의 의태행(義泰行)이라는 무역회사가 있었다고 하는데, 그 출장원도 산동성 출신이었다.[14]

이와 같은 만취동의 특징은 오사카 가와구치의 행잔을 살펴보면 분명해진다. 중국 화북과 만주 소재의 상점은 오사카 가와구치의 행잔에 출장원을 파견했다. 예를 들면, 화교 직물수입상인 영래성(永來盛)과 거래 관계에 있던 가와구치 최대의 행잔인 덕순화(德順和)에는 1939년 만주와 화북의 직물상점과 잡화상점이 파견한 출장원이 숙식하고 있었다. 출장원은 대련 28개소의 상점, 하얼빈은 18개소, 봉천 4개소, 공주령(公主領) 3개소, 신경(新京, 신징) 2개소, 혼춘(琿春, 훈춘) 1개소, 안동 1개소, 영구 1개소의 상점에서 각각 파견되었다.[15] 이

---

12) "선박의 인천 집중은 중국인 통관업자 通함이 원인", 《무역신문》, 1948.5.27; "외국시장화 방지하라 구축당한 국산품 무역계는 화상이 농락", 《조선일보》, 1948.10.3. 통관수수료는 수출입가격의 2%였다. 중국인 통관업자가 통관 화물의 처리를 거의 독점했다.

13) 오사카 가와구치 행잔 경영자의 출신지와 투숙하는 객상의 출신지가 일치하는 경우가 많았다(大阪市産業部(1939), 『事變下の川口華商』, 大阪市, 16쪽).

14) 구비소의 증언(2004년 5월 20일 대구에서 인터뷰).

15) 大阪市産業部(1939), 앞의 자료, 130~131쪽. 덕순화의 점주 왕박구(王搏九)는 연태 출신으로 어릴 때부터 다재다능하였고 판단력과 결단력이 있었다고 한다. 그의 수하에 동생인 왕수동(王樹東)과 등계교(騰繼矯), 왕기산(王岐山)을 두었다. 그는 1943년 일본인 부인과 장남을 데리고 대련으로 간 후, 국공내전 시기인 1947년경 청도에 이주하고 다시 대만의 대북으로 피난했다(일본화교 왕세종(王世鐘) 증언(2016년 7월 26일 산동성 연태에서 인터뷰). 왕세종은 왕기산의 손자이다. 왕기산은 연태 출신으로 태동양행(泰東洋行)의 점주였다. 태동양행은 1937년 6월 현재 점원 20명, 객수 20명의 행잔이었다(大阪市産業部(1939), 앞의 자료, 15쪽).

러한 상점은 덕순화의 중국 대륙 통상망이라 할 수 있다.

이로 볼 때 홍콩 의태행은 만취동의 통상망의 하나였던 것이다. 또한 산동성에서 만취동에 파견된 객상도 대부분 현지 상점의 파견원이었다. 구비소에 의하면, 해방 초기 인천에는 만취동뿐 아니라 동순동(同順東), 광태성(廣泰成), 익태동(益泰東) 등도 행잔 영업을 하고 있었다고 한다. 이들 행잔의 경영자는 모두 산동성 출신이었고, 만취동과 같이 파견원과 객상에게 숙식을 제공하면서 무역의 중개 업무를 했다.16) 하지만 만취동이 객상 50~60명인 것에 비해 동순동, 광태성, 익태동의 객상은 20~30명으로 적었다. 객상의 인원으로 행잔의 규모를 가늠하던 당시 가와구치를 기준으로 한다면, 만취동은 대잔(大棧), 3개의 행잔은 중잔(中棧)의 규모였다.17) 객상의 수가 많으면 많을수록 거래액, 즉 행잔의 무역액은 증가하는 구조이기 때문에, 만취동의 무역액이 많았던 것은 그와 직접적인 관련이 있다고 보면 된다.

한편, 만취동 인천 본사와 서울 소공동지사에 각각 홍콩에 본점을 둔 영국계 회사 태고양행(太古洋行)의 사무소를 둔 것이 주목된다.18) 인천 사무소는 만취동 본점의 일각에 사무실을 두고, 태고양행에서 파견된 사원 2~3명이 상주했다. 이 회사는 소속 정기선의 여객, 화물 및 해상보험 업무를 취급했다. 만취동에 투숙하는 객상의 화물 및 해상 보험은 모두 태고양행을 통해 이뤄졌다.19) 태고양행이 만취동 내에 사무소를 개설하여 보험 및 여객 업무를 취급한 것은 만취동이 당시 가장 큰 규모의 행잔이자 무역회사라는 사실을 고려해서였다.

---

16) 구비소의 증언(2004년 5월 20일 대구에서 인터뷰). 광태성의 점주 손경삼(孫景三)은 산동성 모평현 출신, 왕홍서(王興西)는 황현 출신이었다.

17) 구비소의 증언(2004년 5월 20일 대구에서 인터뷰); 大阪市産業部(1939), 『事變下の川口華商』, 大阪市, 17~18쪽.

18) "광고", 《무역신문》, 1948.7.5.

19) 구비소의 증언(2004년 5월 20일 대구에서 인터뷰).

2) 만취동의 대(對)홍콩 및 중국 무역

먼저, 만취동의 대홍콩 무역부터 살펴보자. 구비소에 의하면 만취동의 대홍콩 무역은 앞에서 언급했던 홍콩의 의태행을 거점으로 수출입 활동을 펼쳤다고 한다. 만취동은 1~2명의 출장원을 홍콩에 파견하여 대홍콩 무역에 종사시켰지만, 출장원만으로는 홍콩의 시장정보와 필요물자의 구매 및 판매가 여의치 않아 같은 산동성 출신 점주가 경영하는 의태행의 홍콩 내 유통망에 크게 의존했다고 한다.[20] 당시 서울 소공동의 화교 무역회사인 홍창공사(興昌公司)에서 서기로 근무하고 있던 양정파(楊靜波)는 만취동 다음으로 규모가 컸던 서울 소재의 인창공사도 홍콩에 출장원을 파견하여 수출입 활동을 펼쳤다고 증언했다.[21] 이것을 토대로 본다면, 당시 만취동을 비롯한 규모가 큰 화교 무역회사는 홍콩에 의태행과 같은 협력사를 두고 출장원을 파견하여 무역활동을 펼쳤던 것이다. 또한 역으로 홍콩의 무역회사는 만취동, 인창공사와 같은 행잔을 활용하여 활발히 무역을 했다.

만취동이 의태행과 협력관계를 맺은 것은 한국의 무역 관련 제도와 관계가 있다. 1947년 7월 중순부터 미군정청에 의해 시작된 확인신용장선수(確認信用狀先手) 제도는 한국에서 외국에 수출할 경우는 수입을 희망하는 국가의 무역업자로부터 신용장을 먼저 받은 후 수출을 하도록 했다.[22] 그래서 만취동은 홍콩의 의태행과 같은 협력사가 필요했던 것이다. 만취동은 의태행을 통해 수출 신용장을 발급받아 한국산 상품을 수출했고, 의태행은 만취동을 통해 홍콩 및 중국산 상품을 한국에 수출했다.

그렇다면 만취동이 의태행의 협조를 얻어 수입한 상품은 어떤 것이었을까?

---

20) 구비소의 증언(2004년 5월 20일 대구에서 인터뷰).
21) 왕정파의 증언(2006년 5월 27일 청주시 소재 아관원(雅觀園) 중화요리점에서 인터뷰).
22) 안호열(1948.7), 「남조선의 무역행정」, 《경제평론》(창간호), 9~10쪽. 이 제도는 홍콩과 중국에 협력 무역회사를 가지지 못한 한국의 무역업자들로부터 많은 비판을 받았다. 이 제도는 1948년 1월 31일부터 신탁선적제(信託船積制)가 시행될 때까지 계속되었다("신용장문제 시급 취소하라 무역협회서 진정", 《동아일보》, 1947.7.2).

〈표 I보-2〉 1948년 4~5월 기간 중 만취동의 대홍콩 수입품 및 수입액

(단위: 1,000원)

구분	수입품	수입액
종 이 류	신문용지, 인쇄용지, 포장지 등	26,852
화학원료	중탄산소다, 소다석회, 가성소다	10,586
생 고 무	생고무	10,260
염 료	염료	10,000
한 약 재	계피, 녹염, 기타 한방약재	-
기 타	전분, 판유리, 페니실린, 아스피린	-

주: 수입액은 수입품사정가격에 근거하여 계산했다. 수입품사정가격은 C. I. F(cost, insurance, and freight 운임 보험료 포함) 가격에 이익률을 합산한 것이다("香港시세", 《무역신문》, 1948.6.28). 단, 한약재와 일반약품의 수입량은 표시되어 있지 않아 가격을 환산할 수 없었다.

출처: 《무역신문》 1948.4.4., 4.18, 5.13, 5.17, 5.27일자.

〈표 I보-2〉는 1948년 4~5월 기간 중 홍콩에서 인천 및 부산에 입항한 6척의 무역선에 선적된 화물 가운데 하주(荷主)가 만취동으로 기재된 상품만을 뽑아 정리한 것이다.[23)]

만취동의 대홍콩 수입품은 종이류, 화학원료, 생고무, 염료, 한약재, 페니실린과 아스피린 등의 일반약품 등이었다. 종이류가 2,685만 원으로 가장 많았다. 세분해보면, 신문용지, 고(古)신문지, 인쇄지, 포장지, 백지(白紙), 포장용 한약종이 등 매우 다양했다. 신문용지와 고신문지가 1,250만 원으로 종이류 수입 총액의 47%를 차지하여 압도적으로 많았다. 이처럼 신문용지 등의 수입이 많은 것은 해방 직후의 언론 자유와 깊은 관계가 있다. 해방 이후, 언론과 사상의 자유가 보장됨으로써 각종 간행물이 창간되어 신문용지의 수요는 높았지만 국내 생산은 이를 따라가지 못했다. 국내의 종이 생산은 종이 수요량의 11% 수준에 머물러 턱없이 부족했다.[24)]

---

23) 6척의 선박명은 코스탈바카니아호, 소주호, 남창호(2회), 뿌랫에버렛호, 플라잉애로호이다.
24) 조선은행조사부(1949), 앞의 자료, I -55쪽.

만취동이 생고무를 많이 수입한 것은 당시 한국의 고무신공업과 관계가 있다. 해방 초기 해외 거주 한국인의 대량 귀국에 따른 인구증가로 고무신 수요가 증가했다. 고무신공장이 해방 직전 94개에서 1948년에는 114개로 21%가 증가한 반면, 해방 초기 생고무의 외부 수입이 단절되면서 생고무의 심각한 부족난에 직면했다.[25] 또한 만취동은 중탄산소다, 소다석회, 가성소다 그리고 섬유공장의 염색용 염료를 많이 수입했는데, 이는 해방 초기 일본으로부터 이들 공업원료의 수입이 여의치 않아 수요가 매우 높았기 때문이었다.

그러면 만취동의 대홍콩 수입품의 내역은 다른 무역회사와 비교할 때 어떤 차이가 있었을까? 1948년 1년간 홍콩에서 많이 수입된 수입품의 순위는 1위 종이류, 2위 생고무, 3위 화학원료, 4위 염료, 5위 판유리 순서로 만취동의 수입품 순위와 거의 일치했다.[26] 이처럼 만취동의 대홍콩 수입품이 다른 무역회사와 비슷한 것은 미군정청의 수입무역 정책에 있었다. 미군정청은 한국의 산업에 필요한 물자 수입에서 한국경제에 필요한 정도에 따라 최긴급물자, 긴급물자, 준긴급물자의 3등급으로 우선순위를 정했다. 만취동이 많이 수입한 종이류, 생고무, 염료는 최긴급물자로 지정되어 긴급물자 수입 이윤보다 1할을 더해 수입가격을 설정해주었고, 이 때문에 무역회사는 수입을 많이 하려 했다.[27]

다음은 만취동의 대홍콩 수출품에 대해 살펴보자. 미군정청은 1947년 8월 심각한 무역수지 적자의 방지를 위해 물물교환제를 법제화하고, 이를 제도적으로 뒷받침하기 위해 같은 해 10월 28일부터 수입 물자를 한국시장에서 판매하는 업자는 그 매도대금을 반드시 조선환금은행(朝鮮換金銀行)에 일시 예금하였다가 수출품을 구매하는 자금으로 사용토록 했다.[28] 이에 따라 만취동을 비롯한 무역회사는 수입을 하기 위해 수출을 하지 않으면 안 되었던 것이다.

---

25) 김진엽(1985), 「한국고무공업의 전개과정에 관한 연구(1945~1960)」, 서울대학교 석사학위논문, 13~14쪽.
26) 조선은행조사부(1949), 앞의 자료, IV-63~69쪽.
27) "3등급으로 가격결정 수입물자 사정에 신조치 강구", 《동아일보》, 1947.11.18; 조선은행조사부(1948), 『조선경제연감 1948년판』, I~124쪽.
28) "수입물자 매도금 환금은행에 예금하라", 《동아일보》, 1947.11.9.

1948년 5월 홍콩행 남창호(南昌號)에 적재된 수출화물 가운데 하주가 만취동으로 기재된 것만 뽑아보면 오징어, 조개 등의 수산물이 대부분이었다. 같은 배에 선적된 인창공사, 화교복무공사(華僑服務公司) 등의 화교 무역회사의 수출화물도 건명태, 오징어 등으로 수산물이 많았다.[29] 여기서 오징어 수출이 많았던 것은 당시 홍콩과 싱가포르에 밤 포장마차에서 돌로 굽는 오징어가 큰 붐을 이뤄 오징어 수요가 많았기 때문이었다.[30] 1948년 1년간 한국의 대홍콩 오징어 수출액은 27억 원에 달해 홍콩 수출액 1위를 차지했다.[31]

다음은 만취동의 중국 무역에 대해 살펴보자. 만취동은 대홍콩 무역을 인천과 홍콩을 왕래하는 정기 기선을 이용하여 수출입 활동을 펼쳤지만, 일제강점기 인천과 교역이 많았던 화북항로를 왕래하는 정기기선은 해방 후 개설되지 않았다. 만취동은 다른 방법으로 수출입 활동을 하지 않을 수 없었다. 만취동의 다음과 같은 중개무역은 만취동의 대중국 무역의 일단을 살필 수 있는 좋은 사례이다.

만취동은 중국대륙에서 국공내전이 격화되자 만주산 홍삼의 주요한 소비지인 상해, 홍콩 등지로 수송이 불가능해진 것에 착안, 대련(大連)에서 소형 선박을 이용하여 만주산 홍삼을 인천항에 수입했다. 만취동은 수입한 홍삼을 다시 홍콩에 수출하는 것을 세관으로부터 허가받아 홍콩행 뿌랫에버렛 정기선에 선적하여 재수출했다(〈표 I보-3〉 참조). 만취동 이외 광태성과 익태문(益泰文)도 같은 방법으로 홍삼을 수입하여 각각 338만 원과 132만 원을 홍콩으로 재수출했다.[32] 이렇게 재수출된 만주산 홍삼과 백삼은 8월까지 약 8,200근에 달했다.[33]

한편, 이와 같은 행잔에 의한 홍삼의 중개무역에 대해 한국인 무역회사가 만주산 홍삼의 재수출은 한국산 홍삼의 대홍콩 수출에 영향을 준다는 이유로 크

29) "남창호수출화물적재목록", 《무역신문》, 1948.5.17.
30) "私の履歴書 陳舜臣", 《일본경제신문(日本經濟新聞)》, 2004.6.22.
31) 조선은행조사부(1949년), 앞의 자료, IV-60쪽.
32) "가증한 중국인의 상략", 《무역신문》, 1948.7.14.
33) "재수출된 중국인삼 벌써 8200여근", 《무역신문》, 1948.9.1.

〈표 I보-3〉 인천의 행잔 겸 무역회사에 의한 만주산 홍삼 재수출액 및 수출 선박명

하주	가격(1,000원)	수출 선박명	수출국	세관수출 허가일
만취동(萬聚東)	4,250	뿌랫에버렛	홍콩	1948.5.10
광태성(廣泰成)	2,720	호남호	홍콩	1948.5.27
광태성(廣泰成)	660	호남호	홍콩	1948.6.19
익태문(益泰文)	1,320	호남호	홍콩	1948.6.22

출처: "가증한 중국인의 상략", 《무역신문》, 1948.7.14.

〈표 I보-4〉 대련항에서 인천항에 홍삼을 선적한 선박 및 홍삼의 수량

선박명	입항 연월일	상자수(개)	수량(근)
해홍호(海興號)	1948.5.6	3	850
득리일호(得利一號)	1948.5.17	5	275
이원호(利源號)	1948.5.29	3	76
이원호(利源號)	1948.5.29	3	160
해창일호(海昌一號)	1948.6.29	3	132

출처: "가증한 중국인의 상략", 《무역신문》, 1948.7.14.

게 반발하면서 일시 금지되기도 했다. 그러나 만취동의 이경문, 동순동의 한복명(韓鳳鳴), 인천중화상회 통역 정신(丁信)은 인천 세관을 방문하고 이번의 금지조치는 한국과 중국 간의 통상무역진흥에 악영향을 미칠 우려가 있다고 강력히 항의했다.[34] 결국 이들의 항의가 받아들여져 재수출은 재개되었다.

여기서 하나 주목되는 점은 〈표 I보-4〉에 등장하는 해홍호(海興號), 득리일호(得利一號), 이원호(利源號), 해창일호(海昌一號)와 같은 선박이다. 이들 선박은 인천과 화북을 왕래하는 교역선박으로 기범선(汽帆船)으로 추정된다. 선주

---

34) "기선 정크 船積還 불허 상투적인 화상의 진정을 물리쳐라", 《무역신문》, 1948.7.26; 한편, 정신은 구비소를 만취동에 소개하여 취직을 시켜준 사람이다. 정신은 한국전쟁 때 대만으로 이주하여 신학을 공부한 후, 1962년 대구중화기독교회의 목사로 취임, 1974년까지 근무했다. 그 후 한성중화기독교회의 목사로 근무한 후 캐나다로 이주, 2003년 타계했다. 정신은 구비소와 사돈지간이다(구비소의 증언(2004년 5월 20일 대구에서 인터뷰).

(船主)가 누구인지는 분명하지는 않지만, 만취동을 비롯한 행잔 및 무역회사 소유의 선박일 가능성이 높다. 그 이유는 인천의 화상이 해방을 전후하여 일본인으로부터 기범선과 범선을 싼값으로 구매한 사례가 많았고,[35] 실제 만취동을 비롯한 9개소의 화교 행잔 및 무역회사는 15척의 선박을 보유하고 있다는 것이 확인되기 때문이다.[36] 만취동이 기범선을 활용하여 화북과 교역을 한 것은 해방 이후 인천의 대 화북 간의 정기기선의 운항이 이뤄지지 않았기 때문이었다. 일제강점기 이 항로를 운항하던 조선화교 소유의 기선인 이통호(利通號)가 중일전쟁 말기 미군의 폭격으로 침몰했다고 한다.[37] 따라서 만취동을 비롯한 행잔의 중국 무역은 대홍콩 무역과는 달리 기범선 혹은 범선을 이용한 무역을 전개했다.

그렇다면 만취동이 이와 같은 대중 중개무역을 가능하게 한 것은 무엇일까. 구비소는 만취동은 화북에 출장원을 파견하지 않고 만취동의 행잔에 체류 중인 파견원 및 객상의 통상망을 활용하여 대중무역을 전개했다고 증언했다. 만취동은 대련서 온 파견원 소속의 상점의 중개와 협조로 만주산 홍삼을 구매하고, 구매한 홍삼을 대련항까지 운반, 선적하여 인천항까지 운송했다. 홍삼이 인천항에 도착한 후에는 만취동 본사가 세관 통관부터 재수출 허가를 비롯한 제반 업무를 담당했다.

그러나 만취동의 홍삼 중개무역은 특수한 경우에 속했다. 보통은 인천과 화북 간의 수출입 무역을 주로 담당했다. 만취동이 기범선을 이용하여 화북에서 주로 수입한 상품은 면사(綿絲)였다. 방직공장의 원료인 면사가 당시 한국에는 부족하여 수입 수요가 많았고, 수입하기만 하면 큰 이익을 남길 수 있었다.[38]

구비소의 증언은 자료로도 증명이 된다. 중국에서 수입된 면사의 수입액은

---

35) "고도서 물물교환 통탄할 밀무역 내막", 《조선일보》, 1946.10.30. 참고로 인천항을 입항, 출항한 범선과 정크선은 1946년 150척·150척, 1947년 110척·110척, 1948년 126척·118척이었다(조선은행조사부(1949), 앞의 자료, IV-58쪽).

36) "중공에 유류 제공 재인천화상의 밀수 도량", 《상업일보》, 1948.11.23.

37) 대구화교 난계선(欒繼善)의 증언(1999년 9월, 대구화교협회에서 인터뷰).

38) 구비소의 증언(1999년 9월, 대구화교협회에서 인터뷰).

1946년 39만 원, 1947년 651만 원, 1948년 2억 5,148만 원, 1949년 1~6월은 9억 3,653만 원이었다.[39] 만취동이 면사를 모두 수입했다고 할 수는 없지만, 구비소가 만취동에 근무하기 시작한 1949년 1~6월의 면사 수입액이 이처럼 많았다는 것은 그의 증언과 부합된다고 할 수 있다. 그러나 미군정기 한국의 대중 수입품은 면사와 같은 공업원료보다 식염(食鹽), 땅콩기름, 참깨, 한약재 등의 농산물이 대부분이었으므로 만취동도 이들 농산물을 주로 수입한 것으로 보인다.[40]

3) 만취동의 밀무역

앞의 절에서는 만취동의 대홍콩, 대중국 무역에 대해 세관을 통한 공식무역을 중심으로 살펴보았다. 여기서는 만취동이 세관을 통하지 않은 밀무역에 대해 검토하기로 한다. 먼저 만취동이 밀무역에 관여한 것으로 보이는 다음 기사를 보자.

> 금년 7월부터 10월에 걸쳐 仁川港 美人部隊 通譯 鄕모는 張某라는 브로커를 通하여 萬聚東에 모빌 重油 百 드럼 同順東에 모빌 重油 百十 드럼 湧勝和 同八十드럼 其他 六個有名 中國業者에게 闇價格으로 販賣하였다고 하는데 前記 各 業者들은 船舶燃料用 配給이란 名目으로 取得한 것을 口實로 靑島 秦皇島 方面에 密輸한 事實이 發覺 最近 第一管區廳에서 嚴重한 取調를 거듭하던 바 一段落진 模樣인지 不拘束으로 一件書類만이 送廳되었다 한다. 飛鳥의 威勢를 자랑하는 姜茂禎氏도 數時間의 留置를 當하였다.[41]

이 기사는 만취동을 비롯한 인천의 대표적인 화교 행잔 및 무역회사 9개소

39) 조선은행조사부(1949년), 앞의 자료, IV-66쪽.
40) 「9월분 수입명세(1)(2)」, 《상업일보》, 1948.11.23 · 11.24.
41) "중공에 유류 제공 재인천화상의 밀수 도량", 《상업일보》, 1948.11.23.

가 미군 부대에서 유출된 중유를 암시장 가격으로 구입하여 청도(靑島, 칭다오),
진황도(秦皇島, 친황다오) 등의 화북에 밀수출한 사실이 발각되어 엄중한 조사
를 받았으나 해당자는 불구속 조치를 받았다는 내용이다. 인천의 9개 화교 행
잔 및 무역회사가 중유를 밀수출한 것은 해방 초기 화북이 국공내전의 시기이
기 때문에 군수용 중유의 수요가 높아 높은 가격으로 거래되고 있었기 때문이
다. 즉, 중유를 화북에 수출하기만 하면 다대한 이익을 올릴 수 있었던 것이다.
9개 행잔 및 무역회사가 당국에 조사를 받은 것은 미군부대에서 유출된 중유의
취득 과정과 중국으로의 밀수가 문제가 되었다.

당시 한국의 중유를 비롯한 석유제품은 민간물자보급계획(民間物資補給計劃)
에 의해 미국 혹은 일본을 경유하여 수입되어 석유배급기관을 통해 민간인에
게 배급되었다.[42] 따라서 이들 행잔 및 무역회사가 배급기관을 거치지 않고 중
유를 암시장 가격으로 취득한 것은 위법에 해당하는 것이었다. 동순동 대표 한
봉명이 이들 행잔 및 무역회사가 소유한 15척의 선박 연료용으로 중유를 구입
하였다고 했지만, 취득한 중유의 양이 과도하게 많다는 점은 밀수출을 위한 취
득으로밖에 볼 수 없을 것이다.[43] 또한 미군정청 및 한국 정부는 석유제품을
수출품허가 목록에 포함시키지 않은 수출금지품으로 지정, 이를 세관을 통하
지 않고 화북에 수출한 것도 불법에 해당하는 것이라 할 수 있다.[44]

그런데 당국은 명백한 밀수출 사건인데도 만취동의 사장 강무정 등을 조사
했지만 모두 불구속 처리했다는 것에 주목할 필요가 있다. 왜 불구속 처리되었
는지 그 배경을 알 수 있게 하는 다음과 같은 사건이 있었다.

1948년 7월 산동성 거주 왕병남(王炳南)등 9명의 중국인과 한국인 1명이 휘
발유 118드럼을 석도로 밀수출하다 당국에 적발되었는데, 체포된 4명의 화교
는 군정재판에서 "一等國民이란 優越과 領事館의 庇護로 中國에 追出당했을
뿐"이었고, 반면 체포된 한국인 1명은 10만 원의 벌금형을 언도받았다.[45] 즉,

---

42) "석유 1,000드럼 단전응급용으로 배급", 《무역신문》, 1948.7.5.
43) "중공에 유류 제공 재인천화상의 밀수 도량", 《상업일보》, 1948.11.23.
44) 조선은행조사부(1948), 앞의 자료, I-121쪽.

화교를 비롯한 중국인은 미국과 같은 연합국 국민의 대우를 받아 밀수하다 법망에 걸려도 법률대로 처벌을 받지 않았다는 것이다. 밀수하다 걸린 보통의 중국인에 대한 처벌이 이러하다 보니 당시 여한중화상회연합회(旅韓中華商會聯合會)의 회장, 인천중화상회의 대표, 인천화교자치구공소(仁川華僑自治區公所)의 대표를 역임하는 등 한국화교를 대표하는, '나는 새[飛鳥]의 위세(威勢)'를 자랑하는 강무정이 처벌을 받을 리 없었다.

따라서 앞의 신문기사는 그가 수 시간의 유치장 신세를 졌다는 것 자체에 놀라워하는 논조였다. 이와 같은 사정은 통계에도 드러난다. 한국화교가 1947년 밀무역을 하다가 세관과 기타 감독당국에 의해 적발된 것은 179건으로, 같은 기간 일본인 144건, 대만인 2건, 북한인 24건보다 많았지만, 적발 후 처벌된 중국인은 62명에 지나지 않았고, 적발 건수가 중국인보다 적은 일본인은 207명으로 훨씬 많았다.[46] 또한 남조선과도정부 법령 제149호 대외무역규칙 제11조에는 밀무역을 하다 잡혀도 선의의 과실이 확인될 경우는 처벌을 받지 않도록 하는 규정이 있는데, 이는 다분히 화교를 비롯한 중국인을 의식하여 삽입된 조항으로 볼 수 있다.[47]

이처럼 해방 초기 화교를 비롯한 중국인의 밀수는 매우 활발하게 이뤄진 것 같다. 〈표 I보-5〉는 적발된 밀수출입 건수를 민족별로 분류한 것이다. 중국인은 1946년 전체의 55.4%, 1947년은 11.1%, 1948년은 21.4%를 각각 차지했다. 당시 화교 인구는 한국 전체 인구의 약 0.1%를 차지하는 데 지나지 않았기 때문에 인구 대비 밀수출입 건수는 매우 높다고 하겠다. 또한 중국인의 밀수출은

---

45) "휘발유 밀수 하다가 일등국민들 법망에", 《무역신문》, 1948.8.11. '일등국민'이란 화교가 연합국 국민으로서 크게 우대받았다는 뜻에서 사용된 말이었다. 또한 미군정청이 밀무역한 한국인을 처벌할 때 적용한 법률은 관세법 제78조, 형법 제60조, 군병법령 제120호 2항이었다.
46) "껍데기만 남은 실적 60일내 수출을 독촉", 《무역신문》, 1948.3.14.
47) Official Gazette, USAMGIK Ordinance No 149 Regulation Foreign Commerce, 25 August 1947(복각판, 한국법제사연구회 편(1971), 『미군정법령총람』, 한국법제사연구회, 373쪽).

〈표 I보-5〉 세관국에 적발된 밀수출입의 민족별 건수

(단위: 건)

민족별	밀수출			밀수입			합계		
	1946년	1947년	1948년	1946년	1947년	1948년	1946년	1947년	1948년
중국인	17	4	16	19	32	34	36 (55.4%)	36 (11.1%)	50 (21.4%)
일본인	-	11	-	1	93	10	1 (1.5%)	104 (32.1%)	10 (4.3%)
한국인	8	56	48	20	128	126	28 (43.1%)	184 (56.8%)	174 (74.3%)
합계	25	71	54	40	253	170	65 (100%)	324 (100%)	234 (100%)

출처: 조선은행조사부(1949), 앞의 자료, II-61쪽.

지리적인 관계상 공식무역과 마찬가지로 주로 인천항 및 그 주변을 통해 이뤄졌다. 1948년 1년간 인천항 세관국에 적발된 밀수출입액은 2,154만 원과 2,549만 원으로 전체 항구의 65%와 17%를 차지하여 인천항은 다른 항구에 비해 밀수가 많이 이뤄지는 항구였다.[48]

그렇다면 왜 화교를 비롯한 중국인이 밀수를 많이 했을까? 여러 원인을 지적할 수 있다. 앞에서 지적한 대로 미군정청이 화교를 연합국 국민으로 우대조치하여 화교의 도덕적 해이를 초래했을 수 있다. 지리적인 요인으로는 인천과 중국 화북 간의 근접성, 인천항이 조수간만의 차가 심하여 단속이 어렵다는 점 등을 들 수 있다. 또한 행정적인 문제로서 해안경비대의 경비 선박 부족과 시설의 미비 등으로 인한 감시활동의 문제를 지적할 수 있다.[49]

그러나 만취동과 같은 회사가 밀무역을 한 데는 한국의 부족한 수출물자로 인해 대홍콩, 대중국 무역이 늘 만성적자라는 배경이 작용했다. 〈표 I보-1〉을 보면 한국을 대표하는 화교 무역회사 13개 사의 총수입액은 18억 7,629만 원인 데 반해 총수출액은 11억 6,360만 원으로, 7억 1,269만 원의 막대한 무역적자

---

48) 조선은행조사부(1949년), 앞의 자료, II-70쪽.

49) 조선해안경비대가 정식 설치된 것은 1946년 11월 11일이었다("조선해안경비대 2주년 기념", 《한성일보》, 1947.11.13).

를 내고 있었다. 만취동만 보더라도 무역적자가 1억 6,764만 원이었다. 만취동과 같은 이들 무역회사는 무역적자분을 해소하지 않으면 수입활동을 지속할 수 없는 제도적 제약 속에서 수출을 늘려야 하지만, 홍콩과 중국에서 필요로 하는 한국의 물자는 수산물 정도밖에 없었다. 미군정청과 한국 정부는 중국에서 수요가 많은 식량, 공업원료, 석유제품 등 중요 물자를 수출을 허가하지 않아 수출이 불가능했다.

만취동을 비롯한 9개소의 행잔 및 무역회사가 수출금지품목인 중유를 밀수출한 것은 이와 같은 사정이 있었기 때문이다. 화교에 의한 밀수출 물자는 중유, 휘발유 등의 석유제품 외에 귀금속 등이 많았다.[50] 특히 귀금속의 밀수출은 운반하기 쉽고 규모에 비해 높은 가치를 지닌 것이기 때문에 주요한 밀수 대상품이었다.

예를 들면, 1949년 10월 인천 선린동 11번지 거주의 화상이 중국 선박 영흥호(永興號)로 중유 탱크에 순금 약 1관(貫)을 싣고 연태를 향해 출발하려다 체포된 사건[51]과 1950년 2월 서울 을지로에 위치한 화교 무역회사를 경영하는 천(千) 씨가 시가 4,000만 원 상당의 금과 280만 원 상당의 홍삼을 가마니에 넣어 마카오로 밀수출하려다 인천세관에 적발된 사건[52]이 잇따랐다. 이와 같은 금의 밀수출은 해방 초기 대중무역이 시작되면서 이미 횡행하고 있었는데, 주로 수입 대금의 지불을 위해 사용되었다.[53] 이것으로 볼 때 화교 행잔 및 무역회사에 의한 밀무역(密貿易)은 모두가 수출물자 부족에 기인한 것으로 판단하기는 어렵지만 근본적인 원인인 것은 분명하다.

한편, 밀수의 원인이 어디에 있든 화교를 비롯한 중국인의 밀수는 한국 정부 수립 이후 한국 내에서 큰 사회문제로 대두되었다. 그것을 상징적으로 보여주는 것은 1949년 11월 7일 이범석(李範奭) 국무총리의 기자간담회였다. 한 기자

---

50) "삼각밀무역 성행 한국이 中日의 중계역할", 《무역신문》, 1948.9.1.
51) "중국인 금밀수단 출항직전에 일망타진", 《동아일보》, 1950.2.12.
52) "금 홍삼밀수 미연에 인천세관서 적발", 《동아일보》, 1950.2.22.
53) "중국인 밀무역에 금은이 다량 유출", 《조선일보》, 1946.10.30.

가 "남한에 있는 화교들이 갖은 수단으로 밀무역을 하고 있어 민간의 원성이 높은데?"라고 질문하자, 이에 대해 이 총리는 "나라와 나라 사이의 우의란 서로 법령을 잘 준수하는 데만 있는 것이다. 간상모리배는 누구를 막론하고 철저히 단속하겠다"라고 대답했다.[54] 이어 이승만 대통령은 1949년 12월 초 화교의 밀무역에 대해 엄벌 처단할 것을 경고했다.[55]

이와 같은 비판에 직면한 주한중화민국대사관은 12월 10일과 11일 대사관에서 전국 화교 대표 160명을 소집하여 회의를 개최하고, 이 자리에서 소육린 (邵毓麟, 샤오위린) 대사는 "모든 재한화교는 한국의 법률을 지켜 한국인과 좋은 관계를 유지해야 한다. 한국의 법률을 어기는 자는 처벌을 받거나 이 나라에서 추방될 것"이라고 말했다.[56] 중화민국대사관의 이와 같은 노력이 있었음에도 한국 정부는 12월 말부터 다음 해 초까지 서울과 인천지역 화교 무역회사의 창고를 봉쇄했다.[57]

한국 정부의 창고봉쇄가 적법한 조치였는지는 논외로 하고, 이때 만취동이 보유한 2개의 창고가 봉쇄되었다고 한다.[58] 만취동은 이러한 중유 사건 이외에도 밀무역의 본거지로 의심받아 한국의 세관과 경찰의 수색을 자주 받았다[59]는 것으로 볼 때, 만취동이 활발한 밀무역 활동을 전개한 것은 분명한 것

---

54) "이범석 국무총리, 농지개혁문제에 대해 기자와 문답", 《한성일보》, 1949.11.8.

55) "재한화교 잠상에 경고, 국내 상인 협력하여 화상경제 농단을 배제 대통령 당면문제에 언급, 민족자본 확립긴급! 폭리배는 엄벌처단", 《동아일보》, 1949.12.10.

56) From American Embassy, Seoul to Secretary of State, Records of the U.S. Department of State relating to the Internal Affairs of Korea, December 19, 1949(복각판, 한국자료개발원 편(1995), 『미국무성 한국관계 문서』, 아름출판사, 313쪽). 이날 회의에서는 한중친선을 위해 네 가지의 결의를 채택했다. ① 화교는 한국의 반공전선에 동참한다. ② 태평양조약의 촉진을 위해 한국 대통령, 필리핀 대통령, 그리고 타국의 지도자에게 메시지를 보낸다. ③ 한국군의 비행기 구입을 위해 기부금을 모집한다. ④ 38선에 위치한 한국 보안군과 군병원에 위문단을 파견한다.

57) 邵毓麟(1980), 『使韓回憶錄 近代中韓關係史話』, 傳記文學出版社, 134쪽.

58) 구비소의 증언(2004년 5월 20일 대구에서 인터뷰). 만취동은 2개의 창고를 가진 것 외에 보세창고에 수출입 화물을 보관했다고 한다.

59) 진유광, [만취동], "화교", 《중앙일보》, 1979.11.15.

같다.

　만취동은 1951년 1·4후퇴 때 문을 닫고, 구비소를 비롯한 점원은 모두 부산으로 피난을 떠나 역사의 무대에서 사라졌다. 한국전쟁의 영향이라 할 수 있지만, 그에 앞서 1949년 10월 중화인민공화국의 수립으로 한국과 중국 대륙 간 사람·상품·화폐의 이동이 불가능해지면서 행잔 본래의 역할을 다할 수 없게 된 것이 근본적인 원인이라 할 수 있다.

　만취동 사장 강무정은 부산에서 일본으로 밀입국하여 일본에서 중화요리점을 경영했다고 하며, 부사장인 이경문은 부산에서 구비소와 대홍콩 무역업을 하다 대구로 이주, 대구에서 백주공장과 중화요리점을 경영했다. 이경문과 구비소는 모두 대구화교협회장을 지냈다.

3. 맺음말

　행잔은 객상과 출장원에게 여관업과 무역중개 및 위탁판매를 동시에 제공하는 회사로 산동성, 일본 오사카 가와구치의 행잔에 대해서는 선행연구에 의해 밝혀졌다. 그러나 조선화교의 행잔이 어떻게 존재했고 어떻게 운영되었는지, 그리고 어떤 역할을 담당했는지 구체적으로 밝혀진 것은 이번이 처음이다.

　먼저 행잔은 근대에 이미 인천을 중심으로 개설되어 산동성에서 운반해 온 천일염을 위탁판매하거나 객상을 위해 각종 상업 서비스를 제공했다. 만취동은 일제강점기 때부터 행잔 겸 잡화점으로 운영되다가, 해방 이후 화교의 대표적인 행잔 및 무역회사로 발전했다. 객상이 40~50명으로 큰 행잔이었을 뿐 아니라 한국 최대의 무역회사였다.

　만취동이 최대의 무역회사가 된 것은 행잔 운영으로 객상 및 출장원을 통해 홍콩, 산동, 만주에 통상망을 확보하고 있었고, 이를 통해 각종 물품의 만성적인 공급부족에 허덕이던 한국경제의 실정을 잘 파악하여 수출입 활동을 활발히 전개할 수 있었다. 만취동은 산동성 출신 화상의 합고로 설립되어 운영되었으며, 사장 강무정은 문등(文登) 출신이었다. 가와구치의 행잔의 경영자가 산동성과 하북성 출신이 대부분이었는데 그와 비슷하다고 할 수 있다.

해방 초기 인천에는 만취동뿐 아니라 동순동, 광성태, 익태동 등과 같은 행잔 겸 무역회사가 있었는데, 규모는 만취동보다 작았다. 이들 행잔은 대홍콩 무역은 정기 기선, 대중국 무역은 기범선을 이용했으며, 세관을 통한 공식무역뿐 아니라 밀무역도 활발히 전개했다. 밀무역의 배경은 해방 초기 한국의 만성적인 무역수지 적자로, 수입을 위해서는 미군정청과 한국 정부가 허가하지 않은 물자를 수출하지 않을 수 없었기 때문이었다.

제I부를 마치며 ·····································

제I부의 종합은 각 장의 맺음말을 참고하기 바라며, 여기서는 이상의 검토 결과가 동아시아근대사, 조선근대사, 그리고 화교근대사에 시사하는 바가 무 엇인지 고찰해보고자 한다.

먼저, 조선근대사의 맥락에서 의미하는 바를 살펴보자. 화교 직물상이 일제 강점기 조선의 2대 상업의 하나인 직물상업계에 상점 수의 2할, 매상총액의 2~3할을 차지, 도시 및 농촌 지역에서 조선인 직물상과 일본인 직물상을 압박 하는 세력을 형성하고 있는 것을 분명히 밝혔다. 이러한 사실은 이번에 처음으 로 해명된 것이다.

또한 화교 직물상은 경성 및 인천의 화교 직물수입상을 정점으로 각 부의 화 교 직물도매상을 거쳐 농촌 지역의 소매상 및 행상에 이르기까지 조선 내 유통 계층의 각 단계에 침투하여 쇠사슬과 같이 연계되어 연동되고 있다는 것을 밝 혀, 일제강점기 조선의 직물상업계의 유통 메커니즘을 해명하는 데 기여했다 고 생각한다. 특히 종래 조선근대사 연구에서 별로 논의되지 않았던 부 지역 및 농촌 지역의 직물 유통 메커니즘이 이번에 전라북도 및 경상북도의 사례를 통해 처음으로 밝혀졌다. 각 부의 화교 직물도매상은 경성 및 인천의 화교 직 물수입상으로부터 직물류를 매입하여 각 부와 각 군 및 각 면까지 거미집과 같이 둘러쳐진 화교 직물소매상 및 화교 행상을 통해 상품을 판매했다.

일제강점기 화교 직물상과 조선인 직물상 간의 관계는 화교 직물수입상이 수입한 직물을 조선인 직물도매상에 은행의 수표할인을 통해 직물을 판매했다는 점, 각 부의 화교 직물도매상은 각 부 및 각 군의 조선인 직물소매상에 직물을 판매한 점을 고려하면, 유통 메커니즘은 화교 직물상이 조선인 직물상보다 상위에 있었던 것이다. 그러나 1920년대 후반부터 화상이 조선인 상인보다 조선산 직물 및 잡화를 매입하는 사례도 증가, 쌍방향의 협력관계도 등장했다. 또한 군 지역에서 화교 직물소매상과 조선인 직물소매상이 상품판매를 둘러싸고 길항하는 관계에 있었으며, 화교 직물소매상에게 상권이 장악된 지역이 많았고, 조선어 신문에서는 이를 경계하는 기사가 종종 게재되었다.

선행 연구에서는 일제강점기 조선인 상인이 조선총독부의 일본인 상인 옹호정책으로 영세한 소매상으로 전락하여 쇠퇴했다는 것에 초점이 맞춰져 있었지만,[1] 이번에 연구·검토한 결과 조선인 상인은 일본인 상인뿐 아니라 화상의 소매상이 되어 있었다는 점, 농촌 지역에서는 일본인 상인이 아닌 화상과 경합하는 관계에 있었다는 것이 분명히 밝혀져, 선행연구에 새로운 문제를 제기했다고 할 수 있다.

다음은 화교근대사의 맥락에서 의미하는 바를 보도록 하자. 조선 화상에 대한 기존의 선행 연구는 개항기에 집중되어 광동방의 동순태를 중심으로 한 검토가 이뤄졌으며, 조선 화상은 광동방이 장악한 것과 같은 인상을 주어왔다. 그러나 이번 연구의 제I부에서 밝혀진 바에 따르면, 광동방의 동순태는 일제강점 직전 직물수입상으로서의 지위를 이미 상실해 있었고, 일제강점기 때는 산동방 직물수입상이 동순태를 대체, 화교의 직물수입을 장악했다. 조선 내 화교 직물상 대부분은 산동방에 속하는 직물상인 것이 밝혀진 것도 이번이 처음이다. 조선의 산동방 화교 직물상은 산동성의 농촌 지역의 유휴자본에 의해 연태

---

1) 예를 들면 다음과 같은 연구. 김태웅(2000), 「1910년대 '경성부' 유통체계의 변동과 韓商의 쇠퇴」, 『서울상업사』, 태학사; 전우용(2007), 「한말·일제초 서울의 도시 행상(1897~1919)」, 『서울학연구』 제29호, 서울학연구소.

에 설립된 잡화상, 직물상, 해산물상 등의 상업자본에 의해 합고로서 개설되었다. 즉, 일제강점기 화교 직물상은 산동방 직물상에 지나지 않았다.

이와 같은 결과는 근대동아시아 화교경제의 중심이 상업부문에 있었고 그 담당자가 복건방과 광동방이라는 점,[2] 상업 중심의 일본화교경제의 담당자도 복건방, 광동방, 삼강방[3](절강성, 강소성, 안휘성, 강서성 출신자)에게 장악되어 있었다는 점, 대만 화교는 노동자가 전체의 4분의 3을 차지하여 상인은 매우 적었고, 출신지는 복건성이 전체의 8할, 광동성이 1할로 복건성이 압도적으로 많다는 점과 달라 주목된다.[4]

한편, 만주의 중국인 상업은 산동방에 의해 좌우되었다. 우에다 다카코(上田貴子)는 봉천, 대련, 하얼빈의 직물상은 대부분이 산동방 상점이라는 것을 밝혀냈다.[5] 봉천의 중국인 직물수입상은 오사카 가와구치에 출장원을 파견하여 행잔에 숙식하면서 행잔의 알선으로 직물을 매입하든지, 행잔의 대리 매입으로 조달했다.[6] 봉천의 중국인 직물수입상과 거래 관계에 있던 가와구치의 행잔은 영래성의 거래처인 덕순화와 태동양행 등으로 태동양행도 산동방의 행잔이었다.[7] 안동의 중국인 직물수입상도 봉천과 같이 가와구치의 행잔과 거래

---

2) 1934년 동남아시아 각지의 화교 인구의 각 출신지별 통계는 다음과 같다. 프랑스령 인도차이나(佛領印度支那)의 인구는 광동인이 전체의 50%, 복건인이 20%, 조주인·객가인·해남인이 30%. 태국은 조주인이 전체의 60%, 광동인과 복건인이 각각 10%였다. 영국령 말레이시아(英領馬來)는 복건인이 전체의 34%, 광동인이 24%, 조주인·객가인·해남인이 42%였다. 네덜란드령 동인도(蘭領東印度)는 복건인이 전체의 55%, 광동인이 15%, 조주인이 10%, 객가인이 20%였다. 필리핀은 복건인이 전체의 80%, 광동인이 20%였다(芳賀雄(1941), 『東亞共榮圈と南洋華僑』, 刀江書院, 103쪽).

3) 물론 오사카 가와구치를 중심으로 산동성, 하북성, 봉천성 출신자의 북방(北幇)이 형성되어 있었지만, 일본 전체로 볼 때는 복건방, 광동방, 삼강방이 주류를 이루었다.

4) 安井三吉(2005), 『帝國日本と華僑』, 靑木書店, 95쪽.

5) 上田貴子(2006), 「東北アジアにおける華人ネットワークの生成と衰退」, 『現代中國硏究』 第18號, 中國現代史硏究會.

6) 南滿洲鐵道株式會社興業部商工課(1927c), 『南滿洲主要都市と其背後地 第二輯第一卷奉天に於ける商工業の現勢』, 南滿洲鐵道株式會社, 191쪽.

7) 內田直作(1949), 『日本華僑社會の硏究』, 同文館, 30~31쪽.

하고 있었다는 점이 확인된다.[8]

극동러시아에서는 화교 상업이 매우 발달하여 러시아인을 압도했지만, 상인의 96%는 산동방(출신지는 황현과 연태가 많음)으로 산동성에서 잡화 및 식료품을 수입하여 원주민에게 판매하는 한편, 원주민으로부터 모피, 녹용, 조선인삼 등을 구입하여 중국에 수출했다.[9] 남만주철도동아경제조사국은 1927년에 극동러시아 화교 상점에 대해 다음과 같이 소개했다.

극동러시아령 거주 지나인의 기업은 완전히 모든 주를 포괄하는 일대 둥근원이다. 이 원의 중심을 이루는 것은 1년에 10만 내지 15만의 거래를 하는 블라디보스토크의 대상점이다. 이 대상점은 연간 5,000 내지 1만 5,000의 거래를 하는 중상점을 사방에 분파(分派)하고 있으며, 이 중상점은 1,000 내지 5,000의 거래를 하는 소상인, 행상인을 분파한다.[10]

즉, 이는 조선 거주 산동방 직물상의 조선 내 유통시스템과 매우 유사한 것을 확인할 수 있다. 조선 거주 산동방 직물상의 출신지와 극동러시아 거주 화상의 출신지는 연태(煙臺), 황현(黃縣) 지역이 많았고, 쌍방 사이에는 연계가 있었던 것으로 보인다. 사실, 1890년 현재 연태 소재 산동방 상점 가운데 일본, 조선, 블라디보스토크에 지점 및 출장원을 동시에 배치한 상점은 서공순(西公順), 만순영(萬順永), 유성(裕盛), 홍순(洪順)이 있었고, 조선과 블라디보스토크에 지점 및 출장원을 동시에 배치한 상점은 광덕(廣德)이 있었다.[11]

---

8) 南滿洲鐵道株式會社興業部商工課(1927b), 『南滿洲主要都市と其背後地 第一輯第一卷安東に於ける商工業の現勢』, 南滿洲鐵道株式會社, 143~144쪽.

9) イゴリ・R・サヴェリエフ(2005), 『移民と國家: 極東ロシアにおける中國人, 朝鮮人, 日本人移民』, 御茶ノ水書房, 219~223쪽.

10) 南滿洲鐵道株式會社東亞經濟調査局(1927a), 『華僑』, 南滿洲鐵道株式會社, 14쪽.

11) 駐芝罘日本領事代理能勢辰五郎報告(1890.4.21), 「芝罘ノ商業習慣及例規」, 內閣官報局 『官報鈔存通商報告』(복각판, 外務省通商局 編纂(1988), 『通商彙纂』 제13권, 不二出版, 471; 古田和子(2000), 『上海ネットワークと近代東アジア』, 東京大學出版會, 100~102쪽.

제I부의 연구·검토 결과와 이상의 선행 연구를 참고로 한다면, 근대동아시아에서는 산동성 및 상해, 조선, 일본의 오사카 가와구치, 만주, 극동러시아에 걸친 산동방 상인의 상업네트워크가 형성되어 있었다는 것이 분명하다. 조선 거주 산동방 직물상은 이 동아시아 산동방 상업네트워크에 편입되어 상해, 일본, 조선 내에서 매입한 직물을 조선 내 및 동아시아지역에 판매하면서, 동아시아 산동방 상업네트워크의 중요한 일익을 담당한 것을 엿볼 수 있다.

한편, 제I부에서 조선화교 직물상의 체계화된 유통망 및 유통 메커니즘이 왜 약화되었는지, 왜 결국 붕괴되었는지에 대해, 조선총독부의 직물에 대한 관세율 인상, 1931년 화교배척사건 및 만주사변, 중일전쟁 및 전시통제강화가 그 원인이라는 사실을 분명히 밝혔다. 1930년대에 들어 동아시아 산동방 상업네트워크는 조선뿐 아니라 역내 전체에서 약화를 면치 못했는데, 경제력은 똑같이 쇠퇴했다.

만주 거주 산동방 상인은 1920년대 후반부터 러시아정부에 의한 수입대체 공업육성정책, 만주국 정부에 의한 무역제한 및 지역 간 교역제한, 중일전쟁 발발 이후의 경제통제강화에 의해 상업 활동의 범위가 좁아져 쇠퇴했다.[12] 극동러시아 화상은 1917년 러시아혁명에 의해 수립된 사회주의국가 소련의 수립에서 영향을 받았다. 소련 정부는 상품수입을 허가제로 하고 화상의 무역활동을 현저하게 제한했으며, 1924년에는 화상의 가옥재산을 몰수하여 종래의 계약을 일체 무효로 하는 법령을 공포했다.[13] 이와 같은 조치가 극동러시아 거주 산동방 상인의 쇠퇴를 초래한 것은 쉽게 상상할 수 있다.

오사카 가와구치의 산동방 상인의 무역은 1920년대 후반에 들어 점차 쇠퇴해갔으며, 중일전쟁 직후 현저하게 부진한 모습을 보였다. 중국 국내의 방직업 및 잡화 제조업의 발달로 인해 산동방 상인이 매입한 일본산 면포, 인견포 및 잡화의 수요처가 주로 만주로 한정된 점, 만주사변 이후 일본인 상인의 만주

---

12) 上田貴子(2006), 앞의 논문, 80~81쪽.
13) 南滿洲鐵道株式會社東亞經濟調查局(1927a), 앞의 자료, 19쪽.

진출 및 직수출이 활발해진 점으로 인해 행잔을 경영하는 산동방 상인의 무역 활동의 범위가 축소된 점이 원인이었다.[14] 〈표 1-4〉의『상공자산신용록』의 사료에서도 일본화교 회사는 1926년의 325개소를 정점으로 감소로 전환되고 만주사변 직후 더욱 감소하는 추이가 나타났다. 중일전쟁이 가와구치의 산동 방 상인의 무역활동을 더욱 위축시킨 것은 말할 필요도 없으며, 〈표 1-4〉에서 도 간접적으로 확인할 수 있다.

1920년대 후반 이후, 조선, 만주, 극동러시아, 오사카 가와구치의 산동방 상 인의 쇠퇴는 산동방 상인의 경제활동을 제한하는 각종의 정치적 요인과 조선, 만주의 산업개발 및 일본인 상인과의 경쟁 격화라고 하는 경제적 요인이 상호 작용한 결과였다. 역으로, 동아시아 산동방 상업네트워크의 축소가 조선, 만 주, 극동러시아, 오사카 가와구치의 산동방 상인의 쇠퇴에 박차를 가한 것으로 도 해석할 수 있다.

마지막으로, 동남아시아 화상도 동아시아의 산동방 상인과 같이 1930년대 각지의 식민지정부로부터 각종 경제활동의 제한을 받으면서도 강력한 경제력 을 유지한 요인은, 화교 금융기관이 동남아시아에서는 가는 곳마다 산재한 것 이 큰 것으로 보인다. 화교계의 은행에 더하여 전장(錢莊), 외환업무를 담당하 는 신국(信局), 전당포(典當鋪) 등의 사설 금융기관은 당지의 화교 상업자금의 공급을 원활히 하고,[15] 구미(歐美)계 은행에 의존하지 않고 영업을 할 수 있게 했다. 이들 화교 금융기관은 식민지정부 및 구미 은행으로부터 정치경제적 영 향을 쉽게 받지 않는 독자적인 금융 기반을 구축하고 있었다.

그러나 조선화교는 근대적 금융기관인 은행은 한 곳도 없었고, 인천에 1929 년 현재 8개소의 전장밖에 없었다.[16] 일본화교의 경우도 화교 설립의 은행이

---

14) 內田直作・鹽脇幸四郎 共編(1950),『留日華僑經濟分析』, 河出書房, 144쪽.

15) 영국령 말레이시아의 화교계 금융기관에 대해서는 滿鐵東亞經濟調查局(1941)(『英領馬 來・緬甸及濠洲に於ける華僑』, 滿鐵東亞經濟調查局), 275~305쪽을 참조 바람.

16) 8개소의 전장은 모두 상해, 대련, 연태에 본점을 둔 전장의 출장소였다. 8개소 전장의 상 호명은 증태덕(增泰德), 협흥유(協興裕), 동흥복(同興福), 만춘잔(萬春栈), 화순성(和順 盛), 의화성(義和盛), 동취공(同聚公), 천화성(天和盛)이었다(京城商業會議所(1929.3)

없었던 것을 고려하면, 조선총독부의 외국인 금융기관 설립에 대한 각종 법률적 제한 조치와 관련된 것으로 보인다. 이와 같은 화교 직물상의 취약한 금융기반은 제5장과 제6장에서 검토한 대로 불경기와 정치적 사건이 발생할 때마다 일본인 및 조선인은행에서 충분한 상업 자본을 공급받지 못해 사업축소 혹은 도산을 하지 않을 수 없는 사례가 벌어졌다. 따라서 1931년 이후 화교 직물상 쇠퇴의 또 하나의 원인으로 조선화교가 독자의 근대적인 금융기관을 갖추지 못한 것을 지적할 수 있다.

("朝鮮に於ける外國人の經濟的勢力", 《조선경제잡지(朝鮮經濟雜誌)》(1929년 3월호), 京城商業會議所, 35쪽).

제II부

삼도업
三刀業

평양의 고급 중화요리점 동승루(東昇樓)
출처: 朝鮮總督府(1932a), 사진 77쪽.

▶ '삼파도(三把刀)'라는 말은 식칼[包丁], 면도[剃刀], 가위[鋏]를 가리킨다. 해외 이주 화교 가운데 본국에서 익힌 '삼파도' 기술을 활용하여 이주지에서 중화요리점, 이발소, 양복점과 같은 이른바 삼도업(三刀業)에 종사하는 자가 많았다. 조선화교도 예외가 아니다.

▶ 제Ⅱ부에서는 조선화교의 삼도업인 중화요리점, 이발소, 양복점에 대해 고찰한다.

／ 제7장에서는 화교 중화요리점 생성 및 발전과 그 원인에 대해 고찰한다.

／ 제8장에서는 두 차례의 화교배척사건과 중일전쟁이 화교 중화요리점 경영에 미친 영향과 화교의 대응에 대해 검토한다.

／ 제9장에서는 화교 이발소와 양복점의 생성과 전개과정을 조선인 및 일본인 업자와의 경쟁 관계를 중심으로 고찰한다.

화교 중화요리점의 형성과 발전
1880~1920년대를 중심으로

1. 머리말

1930년 조선총독부의 국세조사에 의하면, 삼도업(三刀業) 종사자 수는 중화요리점 5,534명, 양복점 및 중국옷 재봉점인 성의점(成衣店) 598명, 이발사 534명으로 총 6,666명에 달했다. 당시 화교 가운데 직업을 가진 인원은 7만 2,950명이기 때문에 화교 직업인 10명 중 1명은 삼도업 관련 직종에 종사하고 있었던 것이다.[1] 그리고 삼도업 가운데 중화요리점 관련 종사자가 가장 많았으며, 화교의 주요한 경제활동의 하나였다.

중화요리점은 전국 방방곡곡에 자리하고 있는 한국에서 가장 오래된 가장 대중적인 외식산업이라 할 수 있다. 자장면, 우동, 짬뽕은 한국 중화요리를 대표하는 요리로 '국민음식'으로 정착된 지 오래이다. 인천 차이나타운과 부산 초량동의 차이나타운 가게 가운데 중화요리점이 가장 많고 중화요리를 맛보기 위해 차이나타운을 찾는 경우가 가장 많다.[2]

---

1) 朝鮮總督府(1934a), 『昭和五年朝鮮國勢調査報告　全鮮編　第一卷　結果表』, 朝鮮總督府, 258~263쪽.
2) 인천차이나타운의 중화요리점은 2000년 5개소에서 2014년 28개소로 증가했다. 최근

한국 중화요리점의 역사는 중국인의 조선 이주가 본격적으로 시작되는 1880년대에 시작되었기 때문에 130년에 이른다. 근대 시기 중화요리점은 주방장과 조수 간의 독특한 도제제도와 화교가족 중심의 영업으로, 일부 일본인과 조선인 경영의 중화요리점을 제외하고는 거의 대부분 화교가 경영하였다. 한국인 경영 및 주방장의 중화요리점이 보편화되는 것은 1970년대 이후의 일이다.[3] 따라서 1880년대부터 1960년대까지 국내 중화요리점의 역사를 검토할 때 화교 중화요리점의 존재는 매우 중요하다.

그런데도 화교의 중화요리점 및 중화요리에 관한 연구는 활발히 이뤄지지 않은 편이다. 대표적인 연구로는 화교 중화요리점의 역사를 개관한 박은경의 연구,[4] 인천의 대표적인 화교 경영 중화요리점인 공화춘(共和春)을 분석한 한동수의 연구,[5] 인천 화교 손덕준의 구술을 통해 인천 중화요리점의 창업 및 운영 방식과 한국의 계에 해당하는 청회(淸會)에 대한 송승석의 연구,[6] 서울 화교 경영의 대표적인 중화요리점인 아서원의 소송을 둘러싼 이용재의 연구[7] 등이 있다. 그리고 한국 중화요리를 대표하는 음식인 자장면을 연구한 양세욱,[8] 김만태,[9] 유중하[10]의 연구가 있다.

1~2년 사이 차이나타운이 송월동 일대로 확산되고 중화요리점이 잇따라 개업하면서 그 수는 50개소를 훨씬 넘을 것으로 추정된다(권기영·이정희 편(2015), 『인천, 대륙의 문화를 탐하다』, 학고방, 232~233쪽).

3) 박은경(1994), 「중국 음식의 역사적 의미」, 『한국문화인류학』 26, 한국문화인류학회, 101~102쪽.

4) 박은경(1986), 『한국화교의 종족성』, 한국연구원, 86~88·133~137쪽; 박은경(1994), 앞의 책.

5) 한동수(2009), 「인천 청국조계지 내 공화춘의 역사변천에 관한 연구」, 『중국학보』 제60집, 한국중국학회.

6) 송승석(2011), 「인천차이나타운의 중화 요릿집과 화교관행-인천화교 손덕준(孫德俊)의 구술(口述)을 사례로」, 『중국어문학논집』 71, 중국어문학연구회.

7) 이용재(2012), 「재벌과 국가권력에 의한 화교 희생의 한 사례 연구: 아서원(雅敍園) 소송사건」, 『중앙사론』 35집, 중앙대학교 중앙사학연구소.

8) 양세욱(2009), 『짜장면 뎐傳』, 프로네시스.

9) 김만태(2009), 「'짜장면'의 토착화 요인과 문화적 의미」, 『한국민속학』 50, 한국민속학회.

10) 유중하(2012), 『화교 문화를 읽는 눈, 짜장면』, 한겨레신문사.

이러한 선행 연구 가운데 근대 시기 화교 경영의 중화요리점에 관해 연구한 것은 한동수(2009)와 박은경(1986, 1994)의 연구밖에 없으며, 그 외의 연구는 대상 시기가 대체로 해방 이후로 설정되어 있다. 이 분야 최초의 연구 성과라 할 수 있는 박은경의 연구도 내용적으로 볼 때 해방 이후 시기에 초점이 맞춰져 근대 시기 내용은 매우 적게 다루고 있으며, 한동수의 연구는 인천의 공화춘에 한정되어 화교 중화요리점 전체의 실태를 파악하기에는 부족한 점이 많다.

이러한 문제의식하에서 이 장은 1880~1920년대의 화교 중화요리점의 형성 및 발전의 양상을 구체적으로 분석하고자 한다.

2. 화교 중화요리점의 형성

1) 중화요리 및 중화요리점의 종류

화교 중화요리점을 검토하기에 앞서 여기서는 당시 사용되던 중화요리 및 중화요리점의 명칭과 종류에 대해 검토하고자 한다.

근대 시기 중화요리를 일컫는 용어는 '중화요리', '지나요리(支那料理)', '중국요리'의 세 가지가 사용되었으며 이 식당을 각각 '중화요리점', '지나요리점', '중국요리점'이라 불렀다. 당시 조선에서 발행되던 조선어 신문인 《동아일보》, 《조선일보》, 《중외일보》, 《조선중앙일보》는 중화요리(점)와 중국요리(점)를 많이 사용한 반면, 일본어 신문인 《조선신문(朝鮮新聞)》, 《부산일보(釜山日報)》, 《국민신보(國民新報)》는 지나요리(점)의 명칭을 많이 사용했다. 그렇다고 조선어 신문이 지나요리(점), 일본어 신문이 중화요리(점) 및 중국요리(점)의 용어를 전혀 사용하지 않은 것은 아니며, 사용빈도로 볼 때 그런 경향이 강했다는 의미이다.

그런데 우리가 많이 듣고 말하는 '호떡집'이란 용어는 근대 시기에 이미 사용되고 있었다. 조선어 신문이 이 용어를 많이 사용했으며, 일본어 신문은 호떡집의 일본어로 '만주야(饅頭屋)'라는 용어를 사용했다.[11] 당시의 신문에 호떡집의 용어를 사용한 기사는 중화요리 관련 기사만큼이나 많이 등장한다. 따라서 당시의 조선사회는 중화요리(점)를 지칭할 때 앞에서 언급한 3개 용어와 호떡집을 추가한 4개 용어가 일반적으로 사용되고 있었다고 할 수 있다. 이 장에서는 용어의 혼란을 피하기 위해 '중화요리(점)'로 통일하여 표기하고자 한다.

해방 후 대만의 화교경제연감편집위원회가 펴낸『화교경제연감(華僑經濟年鑑)』은 중화요리점의 종류를 중화요리 갑(甲)류와 을(乙)류, 중국식 식당, 중국과점(中國菓店)으로 크게 네 가지로 분류했다. 갑(甲)의 중화요리점은 10개 이상의 객실을 보유하고 면적이 50평 이상이며, 중국식 고급요리 일체와 각종 주류를 갖춘 곳이었다. 을(乙)류는 갑류에 비하여 규모는 작지만 요리와 주류를 갖춘 식당이다. 중국식 식당은 대중화된 식당으로 면류와 간단한 요리를 몇 가지 갖춘 식당이다. 중국과점은 만두, 호떡, 유조(油條, 꽈배기), 두장(豆醬)을 판매하는 소규모 식당이다. 1963년 당시 화교 경영 중화요리점 2,178개소를 이러한 네 가지 종류로 구분하면, 중화요리 갑(甲)류가 전체의 1.9%, 을(乙)류가 18.0%, 중국식 식당이 57.8%, 중국과점이 22.3%를 각각 차지했다.[12]

이와 같은 분류방법은 조선총독부가 중화요리점을 구분한 것과 거의 유사하다. 조선총독부는 중화요리점의 규모와 판매하는 메뉴에 따라 '중화요리점', '중화요리 음식점', '호떡집'의 세 종류로 구분했다.[13]『화교경제연감』이 분류한 중화요리 갑류와 을류가 '중화요리점'에 해당하고, '중화요리 음식점'은 중국식 식당, '호떡집'은 중국과점에 각각 해당한다고 보면 된다. 이 장에서는 중화요리점의 종류를『화교경제연감』과 조선총독부의 분류 방식에 의거하면서도 혼란을 피하기 위해 규모가 크고 고급 중화요리 및 주류를 제공하는 중화요리점을 '고급 중화요리점', 고급 중화요리점보다 규모가 작은 중화요리점을 '중화요리 음식점', 만두와 호떡을 판매하는 중화요리점을 '호떡집'으로 각각 지칭

---

11) "所は饅頭屋の二階深夜の一齊襲擊",《부산일보(釜山日報)》, 1933.9.8.
12) 박은경(1986), 앞의 책, 134~135쪽.
13) 朝鮮總督府(1924a),『朝鮮に於ける支那人』, 朝鮮總督府, 62~63쪽.

하도록 한다.

호떡집은 가장 규모가 작은 중화요리점으로서, 종업원은 대체로 주인을 포함하여 2~3명에 지나지 않고 가족이 경영하는 경우가 많았다. 호떡집에서 판매하는 중국 빵은 매우 다양했다.[14] 당화소(糖火燒)는 밀가루 반죽에 검은 설탕을 넣은 것으로 우리가 일반적으로 말하는 호떡이다. 계란빵[鷄蛋餅]은 빵 안쪽에 계란 흰자와 팥을 넣고 겉에는 계란 노른자를 발라 구워낸 것이다. 참깨빵[芝麻餅]은 속에 팥고물을 넣고 겉에 깨를 묻힌 빵이다. 국화빵[菊花餅]은 겉에 참깨를 뿌리고 안에 두부로 만든 소를 넣었으며 주위에 칼로 꽃모양을 조형해놓았다. 그리고 구운빵[烤餅]과 강두(鋼頭)가 있다. 강두는 이스트를 넣지 않은 굉장히 딱딱한 밀가루 반죽을 화로 안에 넣어 구워낸 동그랗고 납작한 모양의 빵으로, 옆에 칼집을 내서 모양을 내며 손바닥 정도의 크기이다. 공갈빵[糖鼓子]은 화덕에서 구워내지만 당화소와 달리 먹을 때 바삭바삭 소리가 난다.[15]

호떡집은 만두를 판매하기도 했다. 호떡집이 판매하는 중국식 포자(包子)는 피가 두껍고 부풀어 오른 밀가루 음식이며, 만두는 피가 얇고 냉수를 사용한 밀가루 음식이다. 만두는 소와 피를 빚는 과정에 따라 탕면만두, 물만두, 찐만두, 군만두, 볶음만두, 냄비만두로 분류된다. 만두의 소는 육류나 해산물이 사용된다. 교자(餃子)는 한국인이 만두라 부르는 밀가루 음식으로 찐만두에 가깝다.[16]

중화요리 음식점은 간단한 중화요리 및 주류를 판매하는 중화요리점이었다. 대구부가 1930년 9월 대공황으로 인한 디플레이션에 직면하여 각 요리의 가격을 인하하는 조치를 단행했는데 그때 대표적인 중화요리로 거론된 것이 우동이었다.[17] 중화요리 음식점에서 판매하는 우동은 '호면(胡麵)',[18] 혹은 '청

---

14) 호떡은 한자의 '호병(胡餅)'에서 유래한 말이다. '병(餅)'은 원래 중앙아시아의 음식으로 중국 한대(漢代) 때 중국에 전래되어 중국 각지에 확산된 것은 한대 말기, 대중의 음식으로 정착된 것은 당대(唐代)였다(張競(2013), 『中華料理の文化史』, ちくま文庫, 84~89쪽).

15) 진유광 저,이용재 역(2012), 『중국인 디아스포라: 한국화교 이야기』, 한국학술정보(주), 125~127쪽.

16) 진유광(2012), 앞의 책, 130~131쪽.

국우동'[19])으로 불렀다. 그렇다면 당시의 우동은 어떤 음식이었을까. 일본의 우동과 구분하기 위해 '청국우동'이란 명칭을 사용한 것은 분명하다. 일본우동의 면은 중화요리의 면보다 굵은 편이며 우동에 여러 식재를 넣지 않는 것이 일반적이다. '청국우동'이 어떤 요리였는지 파악하는 데는 나가사키(長崎)짬뽕의 탄생과정이 참고가 된다. 복건성 출신의 화교 진평순(陳平順)이 1899년 나가사키에서 개업한 사해루(四海樓)가 1900년대 초 나가사키짬뽕을 개발했다. 이 음식이 처음 등장할 당시의 명칭은 '지나우동[支那饂飩]'이었다.[20] 이것으로 볼 때 '청국우동'은 나가사키짬뽕과 같은 (백)짬뽕이었거나 현재 중화요리점에서 팔고 있는 우동이었을 것으로 추정된다.

그런데 한국 중화요리의 대표음식인 자장면은 당시 신문기사에 거의 등장하지 않는다. 《동아일보》 1931년 8월 21일자에 게재된 단편소설에 "강은 3·4년 동안이나 중국으로 돌아다니면서 '짜장멘' 그릇이나 먹어보던 사람이었다"라고 기술되어 있는데, 내용으로 볼 때 주인공 강이 조선이 아닌 중국 현지에서 판매하던 자장면을 먹은 것으로 보인다.[21] 그리고 1934년에 발간된 《별건곤》 잡지 기사에 먹기 귀한 음식의 하나로 '만주국 짜장면'이 거론되는데 이것도 만주에서 판매하던 자장면이지 국내의 자장면을 가리킨 것은 아니었다.[22]

---

17) "下宿屋, 朝鮮飲食店支那料理値下斷行", 《부산일보(釜山日報)》, 1930.9.19. 우동은 20전에서 15전으로 인하하고 맥주는 60전에서 50전, 사이다는 30전에서 25전으로 각각 인하했다.
18) "폭리순찰(2) 저락을 중복하는 시세", 《동아일보》, 1931.1.22.
19) "당선 단편(삼등) 젊은 개척자(2)", 《동아일보》, 1929.1.8.
20) 陳優繼(2009), 『ちゃんぽんと長崎華僑』, 長崎新聞社, 42~43쪽.
21) 주희풍, 「뉴스기사 속 짜장면과 우동」, 『중국관행웹진』, 2017.3.1; 「震災前後」, 《동아일보》, 1931.8.21. 한국식 자장면은 원래 중국 화북의 음식인 작장면(炸醬麵)이 기원이며 작장면의 중국어발음이 '자장미엔'이기 때문에 이것이 한국에서 '자장면'으로 정착된 것으로 보인다. 요즘 북경에서 팔고 있는 '자장미엔'과 한국의 자장면은 약간 차이가 난다. 자장미엔의 춘장은 짠 반면 자장면은 단 편이다. 자장미엔의 춘장은 양이 적고 면은 냉면이며 국물이 적은 비빔국수 타입으로 한국식 자장면과 다르다. 자장미엔이 화교에 의해 한국에서 자장면으로 현지화된 것으로 볼 수 있다.
22) 김만태(2009), 앞의 논문, 165쪽.

1936년 2월 16일 《동아일보》의 사회면 기사에 "그대들을 길러내인 職工이니라. 우동 먹구 짜장면 먹구 식은 변또 먹어가며 그대들을 가르쳇느니라"라고 한 것에서, 국내 중화요리의 하나로 처음으로 자장면이란 음식이 등장한다.[23] 이것으로 볼 때 근대 시기 자장면이란 음식이 없었던 것은 아니지만 대중적인 중화요리 음식으로 정착된 것은 아니었던 것은 분명하다.

우동 외에 중화요리 음식점에서 판매한 요리는 잡채, 탕수육, 양장피 등인데 가격은 양장피 80전, 탕수육 55전, 잡채 40전, 우동 30전으로 양장피가 가장 비쌌다.[24] 당시 호떡의 가격은 종류에 따라 다르지만 1개당 약 5전으로 우동의 6분의 1 수준이었다.

고급 중화요리점은 호떡집과 음식점에 비해 규모가 훨씬 컸으며 주로 고급 중화요리와 주류를 판매했다. 중화요리점은 당시 간판과 신문 광고에 '중화고등요리(中華高等料理)'로 적어 음식점, 호떡집과 구분했으며 대체로 2층 이상의 큰 건물을 사용했다. 광동(廣東, 광둥) 화교가 경영하는 서울의 사해루(四海樓)는 1923년 개업한 중화요리점으로 200명을 수용할 수 있는 대형 연회장을 갖춘 광동요리 전문점이었다.[25] 같은 광동화교 경영의 금곡원(金谷園)도 200명 이상의 대연회장을 갖추고 가족 고객을 위한 온돌방도 겸비한 광동요리 중심의 고급 중화요리점이었다.[26] 아서원(雅敍園)과 대관원(大觀園)은 산동화교가 개업한 북경요리 중심의 고급 중화요리점이었다.[27] 이들 고급 중화요리점은

---

23) "대회여록", 《동아일보》, 1936.2.16.

24) "천내리에도 물가를 감하", 《동아일보》, 1930.12.5; "부내 지나요리점 8할 이상이 폐·휴업, 호떡 우동 탕수육 맛볼 수 없이 미각에도 비상시래", 《동아일보》, 1937.9.19.

25) "廣告 四海樓", 《조선신문(朝鮮新聞)》, 1924.5.31. 1922년의 지배인은 담정환(譚廷煥)이었다.

26) "金谷園", 《조선신문(朝鮮新聞)》, 1924.12.22. 1922년의 지배인은 주상하(周常賀)였으며, 1925년은 주세현(周世顯)이었다. 일본의 상업흥신소가 조사한 금곡원의 신용조사에 의하면 자본금은 2만~3.5만 원, 신용 정도는 보통으로 나와 있다(〈부표 5〉의 213번).

27) 아서원의 지배인은 서광빈(徐廣賓, 호는 홍주(鴻洲))이었다. 그는 산동성 복산현(福山縣, 현재의 연태 일대) 출신이었다. 복산현은 산동요리의 본고장으로 유명하며 이곳 출신의 요리사가 북경의 중화요리를 주도했다. 예를 들면, 1938년 북경시반장동업공회(北

기생을 두고 술과 요리를 파는 요정으로도 인기가 높았다.

각 중화요리점의 판매 메뉴가 이와 같이 확연히 구분된 것은 아니었다. 호떡집에서 호떡 외에 만두를 판매하는 곳도 있었고, 중화요리 음식점에서 우동과 함께 호떡이나 만두를 파는 곳도 있었다. 고급 중화요리점은 고급 중화요리만 파는 것이 아니라 우동과 같은 서민 요리도 판매했다.

각 중화요리점의 규모는 연간 판매액으로 살펴보면 확연히 구분된다. 각 중화요리점의 연간 매상액을 1928년 경성을 예로 들면 다음과 같다. 경성의 호떡집 96개소의 연간 매상 총액은 26만 7,900원으로 1개소의 평균 매상액은 2,790원이었다. 중화요리 음식점 72개소의 연간 매상 총액은 30만 1,300원으로 1개소의 평균 매상액은 4,185원이었다. 중화요리 음식점의 평균 매상액이 호떡집의 평균 매상액을 약 1,400원 상회한 것을 보면 음식점의 규모가 약간 더 컸던 것을 알 수 있다. 고급 중화요리점 26개소의 연간 매상 총액은 101만 4,380원으로 1개소의 평균 매상액은 3만 9,015원에 달하여 호떡집 및 중화요리 음식점의 약 10배 수준이었다.[28] 고급 중화요리점의 연간 평균 매상액 4만 원은 당시 화교의 상업 가운데 규모가 가장 컸던 직물상점, 잡화상점과 비교해도 손색이 없을 정도였다.

2) 개항기 화교의 중화요리점

그러면 이와 같은 화교의 중화요리점이 조선에 언제 생겼는지, 개항기 때 어

京市飯庄同業公會)의 임원 15명 가운데 복산현 출신이 11명으로 절대 다수를 차지했다. 북경오리구이의 원조로 유명한 전취덕(全聚德)은 산동성 영성현(榮成縣) 출신의 지배인이 경영하는 중화요리점이었다(孫向群(2013), 『近代旅京山東人研究』, 齊魯書社, 159~160쪽). 신용조사에 의하면, 아서원의 자본금은 1~2만 원, 신용정도는 보통이었다. 1922년 대관원의 지배인은 왕비균(王丕均)이었다. 자본금은 1~2만 원, 신용정도는 보통이었다(〈부표 6〉의 59번, 〈부표 7〉의 41번).

28) 京城商業會議所(1929.3), "朝鮮に於ける外國人の經濟力", 《조선경제잡지(朝鮮經濟雜誌)》 (1929년 3월호), 京城商業會議所, 32쪽.

던 중화요리점이 경영활동을 펼치고 있었는지 서울과 인천을 중심으로 살펴보고자 한다.

화교 경영의 중화요리점은 중국인의 조선 이주가 본격화된 1880년대 이미 영업하고 있었다는 것이 확인된다. 서울에는 1889년 6월 이태주점(怡泰酒店)과 복성면포방(福星麵包房)이라는 중화요리점이 있었다. 이태주점은 광동성(廣東省) 광주부(廣州府) 향산현(香山縣) 출신의 정무(鄭茂, 42)를 비롯한 4명(1명은 절강성 출신)의 점원이 일하고 있었는데 상호명으로 볼 때 요리점 겸 여관으로 보인다.[29] 복성면포방은 정무와 동향 출신인 정복성(鄭福星, 28)이 혼자 경영하는 식당으로 점포의 명칭으로 볼 때 호떡집이었던 것 같다.[30] 두 개의 중화요리점은 1889년 6월 영업이 확인되었기 때문에 중국인의 한성 이주가 1883년부터 본격화되는 것을 고려하면 1883년부터 1889년 사이에 개업한 것이 분명하다.

한성과 함께 중국인의 조선 이주가 가장 빨랐던 인천도 이른 시기에 중화요리점이 생긴 곳 가운데 하나였다. 인천 청국조계에 1880년대 말 광동 화상 이태(怡泰)의 스튜어트호텔이 개업했다. 스튜어트호텔은 서울의 이태주점과 같이 화상 이태에 의해 운영된 것으로 보이며 한성과 비슷한 시기에 인천에 설립된 호텔 겸 중화요리점이었다. 1906년 인천의 중화요리점은 연남루(燕南樓), 동흥루(東興樓), 합흥관(合興館), 사합관(四合館), 동해루(東海樓), 홍륭관(興隆館) 등 6개소였다.[31] 인천일본인상업회의소(仁川日本人商業會議所)가 1907년 12월 조사한 바에 따르면 인천부의 화교 경영 중화요리점은 8개소로 1906년에 비해 2개소가 증가하고 음식점 종사 인원은 남자 25명, 여자 1명이었다.[32] 1908년

---

29) 정무 이외의 종업원은 황요(黃瑤, 38세, 향산현 출신), 유만성(劉晩成, 30세, 광동성 조경부(肇慶府) 신회현(新會縣)), 장명도(張明道, 35세, 절강성 영파부(寧波府))였다.

30) 龍山通商事務 보고(1889.6.15), "華商各戶花名清冊", 「華商人數清冊…漢城華商及西, 日人 姓名清冊卷」, 『駐韓使館保存檔案』(대만중앙연구원소장, 01-41-040-19).

31) 仁川中華會館 보고(1906), "仁川本港商號戶口人數", 「華商人數清冊…各口華商清冊」, 『駐韓使館保存檔案』(동 02-35-041-03).

32) 仁川日本人商業會議所(1908), 『明治四拾年 仁川日本人商業會議所報告』, 仁川日本人商業會議所, 84쪽.

4월 말 현재 인천부의 중화요리점도 1907년 12월 말과 같은 8개소로 당시 화교 농가는 92호, 잡화상은 78개소였다.[33)

개항기 당시 서울과 인천 중화요리점의 주요 고객은 조선인이 아니라 이주한 화교였기 때문에 화교의 인구가 중화요리점에 영향을 주었을 것이다. 인천의 화교 인구는 1883년 54명에서 청국조계가 조성되는 1884년부터 급속히 증가하기 시작하여 1886년에는 205명, 1891년 563명, 1897년 1,331명으로 증가하고, 1900년은 2,886명으로 급증하지만 러일전쟁의 발발로 약간 감소하여 1908년은 2,255명으로 줄어든다. 하지만 다른 자료에 의하면 화교 인구는 1908년 4월 2,774명으로 완전히 회복한 것으로 드러났다.[34) 즉, 8개소의 화교 경영 중화요리점이 있었던 1907~1908년의 화교 인구는 거의 3,000명에 달했을 것으로 추정된다.

1900년대에 들어 한성의 화교 경영 중화요리점은 화교 인구의 증가와 함께 크게 늘어났다. 1910년 경성의 화교 인구는 2,062명이었지만, 인천의 화교 인구 2,957명에 비해 적었다.[35) 한성화상총회(漢城華商總會)가 1910년 7~9월 사이에 조사한 바에 따르면, 경성의 중화요리점은 46개소로 여기에 종사하는 화교 인원은 147명에 달했다. 중화요리점은 직물상점 및 잡화상점 126개소, 종업원 561명에 이어 가장 많은 상업 호수이자 종업원이 종사하고 있었다. 또한 같은 해 10~12월은 50개소로 2개소가 증가하고 종업원은 176명으로 29명이나 증가했다.[36) 경성의 중화요리점이 상당히 빠른 속도로 증가하고 있는 것을 알

33) 仁川開港二十五年紀念會(1908), 『仁川開港二十五年史』, 仁川開港二十五年紀念會, 42 · 84쪽.

34) 仁川開港二十五年紀念會(1908), 앞의 자료, 62쪽.

35) 朝鮮總督府(1912), 『朝鮮總督府統計年報(明治四十三年)』, 朝鮮總督府, 60쪽.

36) 駐韓淸國總領事 馬廷亮 보고(1910), "本國往來所駐地男女老幼人數之統計", 「華商總會各件(二)」, 『駐韓使館保存檔案』(동 02-35-056-12). 1884년 4월 중화회관이 설립되었지만 1885년 12월 동향 각 방(幇)으로 분열된 후 각 방 합동의 한성화상총회가 설립된 것은 1904년이었다. 이후 본국의 상법 변경에 따라 중화상무총회, 중화총상회로 변경되고 1930년부터는 중화상회로 바뀌어 해방 직후까지 사용되었다(김희신(2010), 「청말(1882-1894년) 한성 화상조직과 그 위상」, 『중국근현대사연구』46, 중국근현대사학회,

수 있다.

한성화상총회는 중화요리점 50개소를 중화요리 음식점 33개소, 호떡집 17개소로 각각 나눠 점포명과 종업원 인원을 실었다. 중화요리 음식점 33개소 가운데 종업원 인원이 가장 많은 요리점은 군영루(群英樓)로 9명이었으며, 1개소 평균 4명의 종업원을 두었다. 이것으로 볼 때 1920년대 20~30명의 종업원을 둔 고급 중화요리점은 이 시기에 아직 등장하지 않았다고 볼 수 있다. 호떡집의 종업원은 대체로 1~2명이었다. 경성의 화교 인구가 인천의 화교 인구에 비해 적은데도 중화요리점의 수가 훨씬 많았던 것은 조선인과 일본인이 화교 경영의 중화요리점을 점차 찾고 있었다는 것을 말해주며, 경성이 인천보다 소득 수준이 높았다는 방증이기도 하다. 하지만 중화요리점의 주요한 고객은 여전히 화교였다.

다음은 경성의 중화요리점 형성 초기 어느 지역에 주로 분포하고 있었는지 보도록 하자. 1910년 당시 경성의 중화요리점 33개소는 소공동에 7개소가 자리하여 가장 많았는데, 동춘루(同春樓, 종업원 7명), 동향원(同香園, 4명), 동순루(同順樓, 7명), 덕성관(德盛館, 3명), 천흥원(天興園, 4명), 성기(成記, 3명), 의화관(義和館, 4명)이 영업했다. 이궁가(二宮街, 관철동)는 4개소로 그다음으로 많았으며, 제일루(第一樓, 6명), 군영루(群英樓, 10명), 홍흥관(洪興館, 4명), 홍륭관(興隆館, 2명)이 영업했다. 석정동(石井洞)과 정동(井洞)은 각각 3개소, 수동(壽洞)·사동(寺洞)·야주현(夜珠峴) 각 2개소, 비축동(司蓄洞)·죽동(竹洞)·시동(詩洞)·태평동(太平洞)·강동(姜洞)·모교(毛橋)·황토현(黃土峴)·종교(宗橋)·종로·안현동(安峴洞)에 각각 1개소가 위치했다.

즉, 당시 중화요리 음식점은 덕수궁 대한문 근처의 소공동, 종로의 관철동 그리고 정동과 석정동에 많이 분포한 것을 알 수 있다. 호떡집 17개소는 정동 4개소, 소공동 2개소, 낙동(駱洞) 2개소, 이궁가 2개소, 죽원정(竹園町) 2개소, 신문외

56~69쪽; 김희신(2014), 「화교, 화교 네트워크와 주한사관」, 『중국사연구』 89, 중국사학회, 313~314쪽).

(新門外)·종로·명치정·석정동 각 1개소가 영업했다.[37] 호떡집은 정동, 소공동 이외에 명동 일대인 낙동(駱洞)과 명치정(明治町) 일대에도 점포를 개설했다.

3. 일제강점기 화교 중화요리점의 발전

1) 중화요리점의 증가와 규모의 확대

일제강점기에 들어 화교의 중화요리점은 양적으로나 질적으로 큰 발전을 이루었다. 조선총독부가 1930년 10월 실시한 전국의 국세조사(國勢調査)의 결과를 바탕으로 각 도별, 민족별 음식점 및 요리사의 수를 정리한 것이 〈표 7-1〉이다. 이 통계에 따르면 화교 고급 중화요리점 및 중화요리 음식점은 1,635개소, 호떡집은 1,139개소, 총 2,774개소에 달했으며 화교 요리사 수는 2,349명이었다. 서울, 인천을 포함한 경기도가 534개소로 전체의 19%를 차지하여 가장 많았고, 함경남도(14.1%), 평안남도(7.8%), 황해도(7.2%), 평안북도(6.7%), 충청남도(5.7%), 전라북도(5.7%), 전라남도(5.4%), 경상북도(5.2%), 경상남도(5.2%), 강원도(3.4%), 충청북도(3.1%)의 순이었다.

이와 같은 각 도별 화교 중화요리점의 개수를 각 도별 화교 인구와 비교해보자. 같은 시기 각 도별 화교 인구가 많은 순서는 평안북도(전체의 25.7%), 경기도(18.5%), 함경남도(12.2%), 평안남도(9.6%), 함경북도(8.7%), 황해도(6.7%), 전라북도(3.6%), 전라남도(3.0%), 충청남도(3.0%), 강원도(2.8%), 경상북도(2.7%), 경상남도(2.1%), 충청북도(1.4%)의 순으로 중화요리점이 많은 각 도의 순서와 완전히 일치하지 않는다. 특히, 평안북도는 화교 인구의 4분의 1을 차지하지만 중화요리점은 전체의 9.6%에 지나지 않았다. 이것은 화교의 중화요리점의 영

---

37) 駐韓淸國總領事館 보고(1910), [本國往來所駐地男女老幼人數之統計],「華商總會各件(二)」,『駐韓使館保存檔案』(동 02-35-056-12).

〈표 7-1〉 각 도별·민족별 음식점, 과자·빵집, 요리사의 수

도별	민족별 음식점 및 요리사 수					도별	민족별 음식점 및 요리사 수				
	조선	일본	중국	기타	합계		조선	일본	중국	기타	합계
경기도	4,061	653	299	1	5,014	함경남도	5,488	194	198		5880
	1,160	264	235	0	1,659		707	88	113		908
	1,683	246	688	1	2,618		519	90	190		799
충청북도	1,449	29	54	0	1,532	함경북도	1,754	168	322		2244
	334	28	32	0	394		243	80	68		391
	107	10	41	0	158		266	65	194		525
충청남도	1,551	86	93	0	1,730	황해도	4,577	66	100	0	4,743
	550	79	66	0	695		725	25	100		850
	317	30	93	0	440		362	23	135	0	520
전라북도	1,308	131	67	0	1,506	평안남도	3,148	146	79		3,373
	592	109	91	0	792		1,033	53	138		1,224
	505	47	136	0	688		541	48	151		740
전라남도	1,878	194	74	1	2,147	평안북도	3,635	75	134		3,844
	583	116	76	0	775		730	31	52		813
	805	59	128	1	993		398	24	310		732
경상북도	4,120	195	66	1	4,382	강원도	4,633	58	68		4,759
	1,599	116	79	0	1,794		442	29	27		498
	658	52	109	0	819		180	26	72		278
경상남도	8,535	462	81	0	9,078	합계	46,137	2,457	1,635	2	50,231
	1,171	247	62	1	1,481		9,868	1,265	1,139	1	12,273
	700	139	102	0	941		7,041	859	2,349	9	10,251

주: 3단 가운데 상단은 음식점의 개수, 중단은 호떡집(과자·빵집) 개수, 하단은 요리사의 인구의 수치임.

출처: 朝鮮總督府(1934a), 『昭和五年 朝鮮國勢調査報告 全鮮編 第一卷 結果表』과 각 도별 조사보고서를 참고하여 필자가 작성.

업이 화교 인구에 절대적으로 좌우된 것이 아니라는 것을 말해준다.

한편, 경성의 화교 고급 중화요리점 및 중화요리 음식점은 149개소, 호떡집은 147개소, 화교 요리사는 432명으로 다른 11개 부(府)를 훨씬 상회했다.[38]

---

38) 朝鮮總督府(1932), 『昭和五年 朝鮮國勢調査報告 道編 第一卷 京畿道』, 朝鮮總督府,

서울의 주요한 중화요리점의 1923년 연간 매상액은 다음과 같다. 사해루(四海樓) 7만 2,000원, 금곡원(金谷園) 6만 원, 열빈루(悅賓樓) 4만 2,000원, 대관원(大觀園) 3만 7,000원, 아서원(雅敍園) 2만 9,000원, 복해헌(福海軒) 2만 7,000원, 마화(馬華) 1만 7,000원, 제일루(第一樓) 1만 2,000원이었다.[39] 이들 중화요리점 가운데 앞에서 말한 한성화상총회가 1910년 조사한 경성 중화요리점의 목록에 올라 있는 곳은 제일루 한 곳밖에 없다. 그 외의 고급 중화요리점은 1910년 이후에 생긴 것으로 보인다.

전 한성화교협회장을 지낸 진유광(秦裕光)은 아서원의 개업을 1907년으로 추정하고 있지만 앞에서 말한 한성화상총회의 1910년 조사 자료에 올라 있지 않은 것으로 볼 때, 1910년대에 들어서 창업했거나 개업 당시는 호떡집이었던 것으로 추정된다.[40] 사해루는 1923년 개업한 것이 확실하고,[41] 그 외의 금곡원, 열빈루(지배인 왕선경(王善卿)), 대관원, 아서원, 복해헌(지배인 왕문해(王文海)), 마화 등은 1910년과 1923년 사이에 개업한 것으로 보인다. 이들 중화요리점은 대체로 해방 이후에도 존속하여 한국을 대표하는 중화요리점으로 많은 사람의 사랑을 받았다.

1920년대 화교 고급 중화요리점 및 중화요리 음식점이 서울의 어느 지역에 분포하고 있었는지 1910년과 비교해보자. 서울의 화교 고급 중화요리점 및 중화요리 음식점은 1922년 '중화요리음식조합'의 조합원 명부를 만들었다. 이 조합에 가맹된 119개소의 명부를 정리한 것이 〈표 7-2〉이다.

이 조합에 가맹된 중화요리점 119개소를 각 지역별로 나눠보면 다음과 같다. 먼저 경성 전 지역에 중화요리점이 분산되어 있는 것을 확인할 수 있는데 3

228~231쪽.

39) 朝鮮總督府(1924a), 앞의 자료, 62~63쪽.

40) 진유광(2012), 앞의 책, 154쪽. 진유광은 1916년 신의주에서 태어나 산동에서 초등학교와 중등학교를 졸업하고 1937년 경성으로 이주했다. 이주 후 영등포에서 중화요리점 홍승루(鴻陞樓)를 운영하고 한성화교협회장, 한성중화요식업조합의 회장을 지냈다. 1999년 3월 26일 83세의 나이로 타계했다.

41) "廣告 四海樓", 《조선신문(朝鮮新聞)》, 1924.5.31.

<표 7-2> 경성 중화요리음식조합 회원록(1922년)

	상호명	현재 위치	점주
1	여선루(麗仙樓)	중구 태평로 2가	초증화(初增華)
2	성순루(成順樓)	중구 태평로 2가	원대성(袁大成)
3	합성관(合盛館)	중구 태평로 2가	류합(劉合)
4	홍성원(洪成園)	중구 태평로 2가	초홍전(焦洪田)
5	이화루(怡和樓)	중구 태평로 2가	필서전(畢序田)
6	여화원(麗華園)	중구 태평로 2가	양본현(楊本賢)
7	만취루(萬聚樓)	중구 태평로 2가	의련원(依連元)
8	동덕루(同德樓)	중구 을지로 1가	정희덕(丁希德)
9	아서원(雅敍園)	중구 을지로 1가	서광빈(徐廣賓)
10	복해헌(福海軒)	중구 을지로 2가	왕문해(王文海)
11	안동루(安東樓)	중구 을지로 3가	손화분(孫華芬)
12	춘화루(春華樓)	중구 을지로 3가	왕춘전(王春田)
13	익향관(益香館)	중구 을지로 4가	가유수(賈有壽)
14	복상원(復祥園)	중구 을지로 4가	가유경(賈有庚)
15	화풍루(華豊樓)	중구 을지로 5가	여안태(呂安泰)
16	제일루본점(第一樓本店)	종로구 종로 2가	이벌정(李筏亭)
17	영흥원(永興園)	종로구 종로 2가	고찬서(高鑽緖)
18	해풍헌(海豊軒)	종로구 종로 3가	성수원(成守元)
19	경승관(慶昇館)	종로구 종로 3가	공헌진(孔憲珍)
20	중화루(中華樓)	종로구 종로 4가	왕길경(王吉慶)
21	동성원(東盛園)	종로구 종로 4가	왕여해(王汝楷)
22	금흥원(金興園)	종로구 종로 5가	진길(陳吉)
23	길순관(吉順館)	종로구 종로 5가	도동암(陶東巖)
24	쌍합원(雙合園)	종로구 종로 5가	송빈주(宋彬舟)
25	흥륭관(興隆館)	종로구 종로 6가	담일양(譚日揚)
26	송죽루(松竹樓)	종로구 관수동	유부곤(劉富甲)
27	대관원(大觀園)	종로구 관수동	왕비균(王丕均)
28	봉래관(蓬萊館)	종로구 관철동	주진당(朱鎭堂)
29	홍춘원(鴻春園)	종로구 관철동	강동승(姜東陞)
30	제일루지점(第一樓支店)	종로구 관철동	이벌정(李筏亭)
31	복순흥(福順興)	중구 충무로 2가	손복덕(孫福德)
32	부성루(阜盛樓)	중구 충무로 3가	조문경(曹文卿)
33	복순흥지점(福順興支店)	중구 충무로 3가	손복해(孫福海)

34	부흥루(富興樓)	중구 충무로 4가	담원기(譚元琪)
35	동아춘(東亞春)	중구 충무로 5가	왕자명(王子明)
36	복순상(福順祥)	중구 명동 2가	손복해(孫福海)
37	**사해루(四海樓)**	**중구 명동 2가**	**담정환(譚廷煥)**
38	금화루(金華樓)	중구 소공동	부좌재(溥佐才)
39	행방루(杏芳樓)	중구 소공동	차여량(車汝亮)
40	공화춘(共和園)	중구 소공동	장태평(張太平)
41	**금곡원(金谷園)**	**중구 소공동**	**주상하(周常賀)**
42	의화관(義和館)	중구 서소문동	양부(梁富)
43	대유원(大有園)	중구 서소문동	강돈유(江敦有)
44	의덕루(義德樓)	중구 서소문동	우신의(牛新義)
45	대방원(大芳園)	종로구 신문로	왕현의(王顯義)
46	삼흥루(三興樓)	종로구 신문로	강비연(姜斐然)
47	대세계(大世界)	종로구 신문로 2가	이자빈(李紫濱)
48	동문루(東文樓)	중구 봉래동	장복례(張福禮)
49	동화춘(東華春)	중구 만리동 1가	장배환(張培寶)
50	홍흥원(鴻興園)	중구 만리동 2가	오원빈(吳元賓)
51	부흥원(復興園)	중구 만리동 2가	왕춘전(王春田)
52	백만원(百萬園)	중구 만리동 2가	우윤해(于潤海)
53	수향관(秀香館)	중구 만리동 2가	영옥정(寧玉廷)
54	동합춘(同合春)	용산구 원효로 2가	왕란정(王蘭亭)
55	여경용(呂慶蓉)	용산구 용문동	용산각(龍山閣)
56	합흥루(合興樓)	용산구 한강로	강수성(姜樹聲)
57	화순관(和順館)	종로구 중학동	양수빈(楊樹彬)
58	태화관(泰和館)	종로구 중학동	곽광두(郭光斗)
59	조선극장식당(朝鮮劇場食堂)	종로구 인사동	진조상(陳兆祥)
60	월강춘(越江春)	종로구 인사동	손대성(孫大成)
61	원춘루(元春樓)	종로구 청진동	진영지(陳穎之)
62	원흥루(元興樓)	종로구 청진동	진경렴(陳慶廉)
63	항승원(恒昇園)	종로구 청진동	여경화(呂慶和)
64	영승관(永勝館)	종로구 와룡동	지보령(遲寶齡)
65	진흥당(震興堂)	종로구 와룡동	차여승(車汝乘)
66	동화루(同和樓)	종로구 와룡동	곽서전(郭書田)
67	동흥원(同興園)	서대문구 충정로	하보정(夏寶亭)
68	영선루(瀛仙樓)	서대문구 충정로	담정모(譚廷謨)

69	수향원(秀香園)	서대문구 충정로 2가	영옥정(寧玉廷)
70	동화관(同和館)	종로구 공평동	곽유여(郭有餘)
71	성원루(成源樓)	종로구 공평동	공옥산(孔玉山)
72	경합원(慶合園)	종로구 창신동	왕경순(王慶順)
73	동춘루(東春樓)	종로구 창신동	학대생(郝大生)
74	보생루(寶生樓)	종로구 교북동	조림목(趙林木)
75	부순관(富順館)	종로구 교북동	추옥량(鄒玉亮)
76	동창원(東昌園)	종로구 관훈동	소선창(蘇善昌)
77	중화원(中華園)	종로구 관훈동	왕종인(王宗仁)
78	원흥관(源興館)	종로구 안국동	서길옥(徐吉玉)
79	장송루(長松樓)	종로구 안국동	마진림(馬振林)
80	진강원(鎭江園)	중구 장춘동	장경택(張慶澤)
81	신방원(新芳園)	중구 장춘동	유상오(劉祥五)
82	동춘원(東春園)	중구 광희동	왕유현(王有賢)
83	동흥원(東興園)	중구 광희동 1가	유종산(劉鐘山)
84	경회루(慶會樓)	중구 남대문로 1가	왕여화(王汝和)
85	만춘루(萬春樓)	중구 남대문로 5가	고학송(高學松)
86	홍순루(洪順樓)	종로구 통의동	뇌민(雷珉)
87	동화원(東華園)	종로구 사직동	진경농(陳慶農)
88	쌍흥성(雙興成)	종로구 내자동	마도수(馬道修)
89	원승루(元陞樓)	종로구 내수동	류기전(劉基田)
90	원성춘(源盛春)	종로구 수송동	진자정(陳子靜)
91	영해루(英海樓)	종로구 견지동	윤덕금(閏德金)
92	동생원(同生園)	종로구 장사동	지매령(遲梅齡)
93	문향루(聞香樓)	종로구 당주동	소수전(蕭樹田)
94	원형흥(元亨興)	종로구 교남동	소익재(蕭益梓)
95	홍흥루(洪興樓)	중구 의주로	뇌유(雷瑜)
96	광흥원(光興園)	종로구 세종로	곽광걸(郭光傑)
97	한봉루(漢峯樓)	종로구 경운동	왕영수(王永壽)
98	원성춘(源盛春)	종로구 가회동	우세정(于世靖)
99	영합루(永合樓)	종로구 낙원동	조적사(曺積仕)
100	복해춘(福海春)	종로구 낙원동	왕문해(王文海)
101	동성루(同成樓)	종로구 효제동	모진기(牟進基)
102	**복해헌(福海軒)**	**종로구 묘동**	**왕문해(王文海)**
103	**열빈루(悅賓樓)**	종로구 돈의동	왕선경(王善卿)

104	승아원(勝亞園)	중구주 교동	난병옥(欒秉玉)
105	이생원(利生園)	종로구 연남동	전항거(戰恒擧)
106	취흥원(聚興園)	종로구 체부동	도배선(姚培善)
107	중춘루(仲春樓)	중구 묵정동	유춘단(劉春檀)
108	춘방원(春芳園)	중구 인현동 1가	가화경(賈和璟)
109	복수원(福壽園)	중구 필동 2가	필지서(畢智序)
110	쌍해루(雙海樓)	중구 예관동	모소성(牟紹成)
111	국화관(菊花館)	중구 쌍림동	유생춘(劉生春)
112	췌안거(萃安居)	중구 장교동	노수평(盧樹苹)
113	금해루(金海樓)	중구 수하동	진운생(陳雲生)
114	한강춘(漢江春)	중구 무교동	손려정(孫麗庭)
115	동화춘(東和春)	중구 다동	추희정(鄒喜亭)
116	금중원(金中園)	중구 남창동	담자주(譚子舟)
117	덕성거(德盛居)	용산구 도동	장단유(張端儒)
118	익성루(益盛樓)	중구 회현동 1가	강환(姜瓛)
119	육합춘(六合春)	성동구 하왕십리동	유개경(劉凱卿)

출처: (京城)中華料理飮食組合長 徐廣賓이 駐朝鮮 總領事 王守善에게 보낸 공문(1927.12.6), 「中華料理飮食組合」, 『駐韓使館保存檔案』(동 03-47-165-01).

개소 이상의 중화요리점이 있는 곳과 개수는 종로 10개소, 을지로 8개소, 태평로 7개소, 만리동 6개소, 충무로 5개소, 소공동 4개소, 관철동·서소문동·신문로·와룡동·청진동·충정로는 각 3개소였다. 즉, 화교 중화요리점은 종로 2가부터 6가, 을지로 1가부터 5가, 태평로 2가, 만리동, 충무로, 소공동에 상대적으로 많이 분포되어 있는 것을 확인할 수 있다. 1910년 당시 소공동, 관철동, 정동에 중화요리점이 집중해 있던 것과 달리 약 10년 후인 1922년에 이들 지역은 거의 증가하지 않은 반면 이전에 중화요리점이 없었던 을지로, 태평로, 만리동, 충무로 방면에 새롭게 요리점이 생긴 것을 확인할 수 있다.

고급 중화요리점은 을지로 1가에 아서원, 종로구 묘동에 복해헌, 소공동에 금곡원, 종로 2가에 제일루, 관수동에 대관원, 명동 2가에 사해루, 돈의동에 열빈루가 각각 위치해 있었다. 중화요리 음식점은 중구 서소문동, 종로구 신문로 방면에서 종로 방면의 조선인촌을 중심으로 많았으며, 호떡집은 태평로 2가,

종로 5~6가, 서소문동, 소공동, 의주로, 을지로 4~5가 부근에 많았다. 대표적인 중화요리 음식점은 을지로의 안동루(安東樓, 지배인 손화분(孫華芬), 연간 매상액 1만 원)와 복해헌(동 9,000원)이었다. 복해헌은 묘동에 중화요리점 본점을 두고 있었는데 을지로에 음식점 지점을 두고 있었던 것이다. 종로 2가에 본점을 둔 제일루도 관철동에 음식점 지점을 두었다. 대표적인 호떡집은 원동(苑洞, 종로구 원서동)의 하충기(賀忠記)로 매상액은 4,500원으로 최고로 높았다.[42]

한편, 인천부의 1930년 10월 현재 고급 중화요리점 및 중화요리 음식점은 21개소, 호떡집은 33개소, 요리사는 90명이었다.[43] 고급 중화요리점은 8개소로 중화루(中華樓, 본정(本町, 현 중앙동))의 연간 매상액은 3만 원, 동흥루(同興樓, 지나정(支那町))는 2만 원, 공동춘(共同春, 지나정)은 9,000원, 의생성(義生盛, 지나정)은 5,000원이었다. 그 외에 4개소 고급 중화요리점의 연간 매상액은 2,000~3,000원인데 공화춘은 아마도 여기에 포함되어 있었던 것 같다.[44] 주요한 음식점 및 호떡집인 담수옥(譚受玉)의 연간 매상액은 3,600원, 당술경(唐述經)은 2,000원, 왕수람(王樹嵐)은 1,500원이었다. 그 외에는 대체로 800~1,000원 사이였다.[45]

대구부 최고의 중화요리점은 유명화(劉明華) 경영의 고급 중화요리점으로 연간 매상액은 3만 원에 달했다. 군산은 중화루(中華樓) 8,900원, 부산은 인화루(仁和樓)와 영기호(永記號)가 각각 3,000원, 마산은 서유인(余有仁) 경영의 고급 중화요리점 8,500원, 양충신(楊忠信) 경영의 중화요리점 3,500원으로 규모가 컸다. 평양은 동화원(東華園)과 동승루(東昇樓)가 각각 6,720원, 홍승루(鴻陞樓)가 5,760원, 진남포는 덕원루(德源樓)가 6,100원, 동화루(東華樓)가 5,500원, 신의주는 왕무충(王懋忠) 경영의 고급 중화요리점이 3만 3,000원, 왕지신(王志

---

42) 朝鮮總督府(1924a), 앞의 자료, 63쪽.
43) 朝鮮總督府(1932), 앞의 자료, 248~251쪽.
44) 그러나 1926년 신문 기사에 인천청년연맹이 1926년 1월 2일 주최한 신년간친회가 공화춘에서 개최되었는데 당시 참가자가 100여 명에 달한 것을 보면 1926년의 공화춘의 규모는 꽤 컸던 것으로 보인다("靑年運動者懇親會", 《시대일보》, 1926.1.5).
45) 朝鮮總督府(1924a), 앞의 자료, 106쪽.

新) 3만 1,200원, 원산은 천화태(天和泰)가 2만 6,000원, 합흥동(合興東)이 1만 5,000원이었다.[46]

예를 들면, 화교 경영의 중화요리점은 서울을 비롯한 각 부의 도시에만 위치한 것은 아니었다. 경상북도의 군 지역인 현풍에 옥승원(玉昇園), 용궁(龍宮)에 운선원(雲仙園), 예천에 영풍원(永豊園), 영주에 문성원(文盛園)과 중화원(中華園), 의성에 회영관(會英館), 영천에 삼승관(三昇館)과 같은 중화요리 음식점 혹은 호떡집이 있었다.[47] 이것으로 볼 때 소규모의 중화요리 음식점 및 호떡집은 부 지역 이외의 농촌의 군 지역까지 확산된 것을 확인할 수 있다.

2) 화교 중화요리점 발전의 원인

화교 중화요리점이 1930년 전국 방방곡곡에 2,774개가 영업을 전개하고 상당한 매상을 올리는 등 1910년대와 1920년대에 큰 발전을 이룬 데에는 어떤 원인이 있었을까? 일본화교 경영의 중화요리점과 비교하면서 그 원인을 추적해 보자.

일본화교 경영 중화요리점은 조선화교에 비해 훨씬 적었다. 1930년 일본의 고급 중화요리점 및 중화요리 음식점은 총 1,388개로 같은 시기 조선의 2분의 1 수준에 지나지 않았다.[48] 일본 국내 화교 인구가 가장 많이 거주하던 요코하마의 중화요리점은 구(舊)외국인거류지 전체에서 1905년에 14개소, 1910년에 17개소였고, 1921년 요코하마 중화가에는 5개소밖에 없었다. 요코하마 중화가의 중화요리점은 1937년 9개소로 증가하지만 이 가운데 1개소는 일본인 경영의 중화요리점이었다.[49] 요코하마 다음으로 화교 인구가 많았던 고베도 마찬가지였다. 고베 중화가인 난킹마치(南京町)의 중화요리점은 1935년에 8개소

---

46) 朝鮮總督府(1924a), 앞의 자료.
47) 大邱華商公會(1930), 『本會成立建築及捐款一覽表』, 대구화교협회소장.
48) 內閣統計局(1938), 『昭和五年國勢調査最終報告書』, 內閣統計局, 207쪽.
49) 橫浜商科大學 編(2012), 『橫浜中華街の世界』, 學校法人橫浜商科大學, 204~205쪽.

밖에 없었다.[50] 일본의 중화요리가 대중화되는 것은 일본의 패전 이후이며 특히 1972년 중일국교정상화 이후 중화요리점이 많이 생겼다.

같은 동아시아에 위치하면서 당시 일본의 식민지였던 조선과 일본에서 화교 경영 중화요리점의 발전에 이와 같은 차이가 발생한 원인은 무엇일까? 일본의 중화요리점이 근대 시기 적었던 이유에 대해 중화요리가 일본인의 입맛에 잘 맞지 않다는 점을 지적하는 연구자가 있다. 즉, 일본인에게 중화요리가 기름기가 많고 맛이 농후하여 잘 소화할 수 없다는 것이다.[51] 이러한 지적이 완전히 틀린 것은 아니지만 그것으로는 요즘 일본인이 중화요리를 매우 좋아하는 이유를 설명할 수 없다. 중일 국교정상화 이후 일본인의 중국 및 중국인에 대한 이미지가 개선된 후 중화요리가 급속도로 일본인 사이에 확산된 것으로 볼 때, 근대 시기 일본인의 중국에 대한 부정적인 이미지가 중화요리에 대한 이미지 형성에도 영향을 미친 것이 아닐까 한다.

앞에서 개항기 때 화교의 중화요리점이 개업하고 증가한 것은 화교 인구의 증가의 영향이 크다고 지적했는데, 조선화교의 중화요리점이 1920년대 급속도로 증가하고 발전한 데도 화교 인구 증가와 화교 상업의 발전의 영향이 컸다. 화교 경영의 중화요리점의 고객으로 조선인과 일본인뿐 아니라 화교가 많았기 때문이다. 조선화교와 일본화교의 인구를 비교해보자. 1909년의 경우 조선화교는 9,568명, 일본화교는 9,858명으로 일본화교가 많았다. 그러나 1910년 이후 일본화교의 인구가 조선화교의 인구를 초과하는 해는 한 번도 없었다. 양 지역 모두 최다 화교 인구를 기록한 1930년 10월 국세조사에 따르면, 일본화교 인구는 3만 9,440명, 조선화교는 9만 1,783명이었다. 조선화교가 일본화교에 비해 2.3배나 많았던 것이다. 중일전쟁 이후는 그 차이가 더욱 벌어져 4.3배로 확대된다.[52]

조선화교가 일본화교의 인구보다 훨씬 많았던 이유는 일본 정부가 쿨리[苦

---

50) 神戶新聞社(1987), 『素顔の華僑』, 人文書院, 41쪽.
51) 横浜商科大學 編(2012), 앞의 책, 243~244쪽.
52) 서장을 참조.

刀와 같은 단순육체노동자의 입국을 근본적으로 제한한 반면, 조선총독부는 조선인의 만주 이주를 고려하여 일본처럼 화공의 입국을 철저히 제한하지 않았기 때문이다.[53] 이 때문에 일본화교의 상업 종사자는 유업자의 63%를 차지하여 압도적으로 많은 반면,[54] 조선화교는 상업 34%, 노동자 31%, 농민 17%로 노동자 및 농민의 비중이 약 50%를 차지했다.[55]

또한 근대 시기 조선 2대 상업 가운데 하나는 직물상점이었는데, 화교 직물상점은 1930년 전국에 2,116개소로 전체의 20%를 차지했으며 조선 전체 직물 판매총액의 30%를 차지할 정도로 거대한 상권을 형성하고 있었다.[56] 이러한 화교 인구의 유입 증가와 화교 상업의 융성은 화교 중화요리점의 수요자 증대로 이어졌던 것이다.[57]

그러나 인구의 절대 다수를 차지하는 조선인과 일본인의 수요가 없었다면 화교 중화요리점의 발전은 이뤄지지 않았을 것이다.[58] 박은경은 일제강점기 화교 중화요리점의 주요한 고객은 화교였으며, 당시의 중화요리는 '중국인을 위한 중국 음식'이라 했다.[59] 이러한 지적이 사실인지 검토해보자.

만두와 호떡은 "조선인의 기호에 맞고 그들의 음식으로서 비교적 값이 싸기 때문에 조선인 노동자가 이를 많이 먹는다"라고 했다.[60] 이처럼 호떡은 일반 대중에 깊숙이 침투한 때문인지 단편소설의 소재로도 등장했다. 《동아일보》 1926년 7월 2일부터 5일까지 4회 연재된 단편소설 「호떡집」의 내용은 이러하다.[61]

---

53) 이에 대해서는 제V부에서 상세히 검토한다.
54) 內閣統計局(1938), 앞의 자료, 207쪽.
55) 朝鮮總督府(1934a), 앞의 자료, 246~247쪽.
56) 이에 대해서는 제I부를 참조 바람.
57) 진유광도 중화요리점 흥성의 원인으로 화교 상업 융성을 들었다(진유광(2012), 앞의 책, 142~143쪽).
58) 1930년 10월 현재 조선의 각 민족별 인구는 조선인 2,043만 8,108명(전체의 97.1%), 일본인 52만 7,016명(2.5%), 화교 9만 1,783명(0.4%), 기타 외국인 1,398명이었다(朝鮮總督府(1934a),『昭和五年朝鮮國勢調査報告 全鮮編 第一卷 結果表』, 朝鮮總督府).
59) 박은경(1994), 앞의 논문, 97~99쪽.
60) 朝鮮總督府(1924a), 앞의 자료, 63쪽.

주인공 성욱은 농촌에서 직장을 찾아 서울에 상경했다. 서울의 곳곳을 찾아다니며 직장을 구하려 하지만 찾지 못하고 가지고 갔던 100원도 거의 탕진될 참이었다. 아내는 임신한 상태이고 자식은 굶으며 힘겨운 생활을 했다. 그때 성욱은 호떡집으로 달려가 50전으로 호떡 10개를 사서 5개는 주린 배를 채우고 5개는 부인과 자식을 위해 집으로 가지고 가는 것으로 끝난다. 이 단편소설에서 호떡(집)은 조선인 하층민이 배를 채울 수 있는 값싼 대중음식으로 그려져 있다.

호떡은 종류에 따라 다르지만 이 단편소설을 기준으로 볼 때 개당 약 5전이었던 것으로 보인다. 당시 우동 한 그릇이 20~30원이었기 때문에 매우 저렴한 것은 분명하다. 가격이 저렴하고 조선인의 입맛에 맞았기 때문에 호떡은 쉽게 조선인의 대중음식으로 정착할 수 있었다. 조선인이 호떡집을 많이 찾고 조선인 마을에 호떡집이 위치한 관계로 호떡집과 조선인 간에는 여러 불상사가 발생했다. 화교 호떡집은 조선인 강도의 표적이 되어 도난사고가 빈발했고,[62] 호떡을 먹고 돈을 내지 않는 조선인과 화교 주인 간의 다툼이 많이 발생했다.[63] 호떡은 불로 튀겨서 만드는 음식인 관계로 호떡집에 화재가 발생하는 사례도 적지 않았다.[64] 또한 1927년과 1931년 발생한 두 차례의 화교배척사건 때 가장 큰 피해를 입은 것은 호떡집이었다.[65]

다음은 고급 중화요리점의 경우를 보도록 하자. 조선인과 일본인 지식인 그리고 부유계층은 화교 경영의 중화요리점을 많이 이용했다. 특히 조선인 지식인의 모임 장소로 고급 중화요리점이 많이 이용되어 역사적인 무대가 된 요리점이 적지 않다.

61) 최호동, "호떡집(1회~4회)", 《동아일보》, 1926.7.5.~1926.7.5.
62) 예를 들면 다음의 신문기사. "호떡집에 들어가 식도로 위협하고 1원 89전을 강탈도주", 《조선중앙일보》, 1933.10.12.
63) 예를 들면 다음의 신문기사. "호떡집에서 무전 취식하고 주인을 두들겨", 《조선중앙일보》, 1934.6.2.
64) 예를 들면 다음의 신문기사. "서대문정 화재, 호떡집에서 발화", 《동아일보》, 1928.1.8.
65) 이에 대해서는 제8장에서 구체적으로 검토할 예정이다.

1925년 4월 17일 오후 1시 조선공산당 창당대회가 비밀리에 열린 곳은 아서원이었다.[66] 국문학자 김태준(金台俊, 1905~1949)이 신라의 향가를 비롯한 고가(古歌)를 모아 편찬한 『조선가요집성 고가편(古歌編)』의 출판기념회가 1934년 27일 이광수, 이승희 등의 발기로 개최된 곳도 아서원이었다.[67] 소파 방정환(1899~1931)의 저서 전집의 출판기념회가 1940년 6월 22일에 개최된 곳은 열빈루였다.[68] 여운형이 고문으로 있는 조선유도유단자 창립대회가 1935년 1월 21일 개최된 곳은 대관원이었다.[69] 금곡원에서는 1930년대 주로 활동한 서정시인 이하윤(異河潤, 1906~1974)의 번역 시집 출판기념회가 1933년 12월 15일 김억, 주요한의 발기로 개최되었다.[70] 초대 국사편찬위원장을 지낸 국사학자 이선근(1905~1983)의 『조선최근세사』의 출판기념회가 1931년 5월 5일 안재홍 등의 발기로 개최된 곳은 사해루였다.[71]

또한 조선인 독립운동가의 모임 장소로 고급 중화요리점이 적지 않게 활용되었다. 1921년 5월 29일 이재근(李載根) 등 조선인 독립운동가 5명이 독립운동 군자금 마련을 위해 모의하다 체포된 곳은 제일루였다.[72] 1919년 1월 27일 중앙 기독청년회(YMCA) 학생부 간사 박희도가 주도하여 서울 시내 전문학교 학생대표 8명의 회합을 갖고 3·1 독립운동에 참가하기로 결정한 장소는 대관원이었으며, 그해 4월 23일 임시정부 수립을 위한 13도 대표 23명이 모여 임시정부 선포문과 국민대회 취지서, 결의사항을 낭독한 곳은 서울 서린동의 중화요리점 봉춘관(奉春館)이었다.[73] 의열단 단원으로 1926년 12월 28일 서울의 동

---

66) "반도근대사상 3대사건 조선공산당 공판", 《동아일보》, 1927.9.13.
67) "김태준씨 출판축하회 27일 아서원서", 《동아일보》, 1934.3.25.
68) "고 소파 방정환씨 전집 출계 기념회 금일 열빈루", 《매일신보》, 1940.6.22.
69) "유도 유단자 창립대회 총회 21일 대관원서 개최", 《동아일보》, 1935.1.23.
70) "리하윤씨 번역 시집 출판 기념회합 15일 금곡원에서", 《동아일보》, 1933.12.14.
71) "조선근세사출판기념회5일사해루에서", 《동아일보》, 1931.5.5.
72) "임시정부의 군자금 모집 계획하던 이재근 등 십수명 체포", 《동아일보》, 1921.6.10. 이 사건을 일명 '제일루사건'이라 불렀다.
73) "3월에 찾아가는 3.1만세운동의 역사현장", 『프레시안』, 2016.2.15. 당시 대표가 참가한 전문학교는 보성전문, 연희전문, 경성전수학교(京城專修學校), 세브란스의전, 경성공

양척식주식회사에 폭탄을 투척한 독립운동가 나석주(1892~1926)가 같은 달 26
일 인천항으로 중국인으로 가장하여 입항하고 중국인 22명과 함께 식사를 한
곳은 공화춘이었으며,[74] 서울에서 여장을 푼 곳은 화교 경영의 동춘잔(同春棧)
이었다.[75]

물론 조선인 지식인과 상류계층만이 고급 중화요리점을 이용한 것은 아니
었다. 일본인 관료와 지식인, 상류층도 고급 중화요리점에서 연회를 많이 열었
다.[76] 1920년 3월 조선총독부의 일본인 광무국장(鑛務局長)의 이임 석별모임이
개최된 곳은 금곡원이었다.[77] 조선의 중화요리점이 큰 인기를 끌고 영업이 호
황을 누리자 조선인과 일본인이 중화요리점을 개설하는 현상도 나타났다.
1938년 전주부의 주요한 중화요리점 2개소인 아관루(배광식)와 태풍거(엄주동)
는 모두 조선인이 경영하고 있었다.[78] 1936년 2월 일본인 모리 사이지(森才治)
는 서울 명동에 중화요리점 '중화정(中華亭)'을 개업했다. 경남 진해의 요정 매
화월(梅花月)의 전 일본인 여주인[女將]은 진해에 중화요리점을 개업했으며,[79]
부산의 일본인 경영 유명 고급 중화요리점인 호양헌(好養軒)은 전에 서양요리
와 일본요리를 해오다 1933년부터 중화요리를 추가했다.[80] 조선인과 일본인
에게 중화요리가 인기를 끌면서 각 신문사 주최로 중화요리 강습회가 경쟁적
으로 많이 개최되었고,[81] 중국에서 오래 거주하던 정순원 씨가 1935년부터 2

전(京城工專), 경성의전(京城醫專)의 6개 학교였다.

74) 송건호(2002), 『의열단과 민족해방노선』, 한길사, 166~167쪽.
75) 나석주는 중국에서 인천항으로 입항할 때 자신의 이름을 산동성 출신의 마중덕(馬中德,
    35)으로 감추었다. 당시 공화춘은 여관과 무역업을 겸업하는 행잔인 원화잔(元和棧)과
    같은 건물을 사용했다(졸저(2015, 공저),『근대 인천화교의 사회와 경제: 인천화교협회
    소장자료를 중심으로』, 학고방, 70쪽).
76) 朝鮮總督府(1924a), 앞의 자료, 63쪽.
77) "광무국장 석별연", 《매일신보》, 1920.3.31.
78) 양미경(2015), 앞의 논문, 29~30쪽.
79) "支那料理開業", 《부산일보(釜山日報)》, 1934.10.23.
80) "好養軒の支那料理", 《부산일보(釜山日報)》, 1933.7.28.
81) "지나요리강습회 성황으로 개강", 《동아일보》, 1939.5.17; "본사 주최 대망의 지나요리
    강습", 《매일신보》, 1939.9.22.

년간 경성 YWCA 서대문회관에서 중화요리 강습회를 인기리에 개최했다.[82]

이와 같은 검토를 통해 중화요리 및 중화요리점은 박은경이 지적한 것처럼 중국인만을 위한 단계를 벗어나 조선인과 일본인에게 수용되어 대중화의 초기 단계에 접어든 것으로 판단할 수 있다. 물론 고급 중화요리가 소득 수준이 낮은 일반 대중에까지 확산되었다고 볼 수는 없지만, 적어도 가격이 저렴한 호떡집의 음식은 그러한 단계에 이미 도달했던 것이다. 앞에서 언급한 대로 중화요리 음식점과 호떡집이 화교가 거의 거주하지 않는 농촌 지역까지 확산된 것은 중화요리가 일반 서민에 광범위하게 퍼져 있었다는 것을 반증한다. 반면 일본의 화교 경영 중화요리점은 대체로 대도시 주변에 위치하고, 고급 중화요리점과 중화요리 음식점이 대부분을 차지하여 조선의 호떡집과 같은 음식을 판매하는 식당은 거의 없었다. 조선의 중화요리의 대중화가 일본에 비해 훨씬 진전되어 있었다고 볼 수 있을 것이다.

4. 화교 중화요리점의 경영 방식 및 조합

1) 중화요리점의 창업 및 경영 방식

앞에서 1910년대와 1920년대 화교의 중화요리점이 규모나 수적인 면에서 큰 발전을 이룩한 원인으로 중화요리의 대중화를 지적했다. 여기서는 중화요리점의 독특한 창업 방식과 경영 방식도 그 한 원인이라는 것을 검토하고자 한다.

화교 고급 중화요리점과 중화요리 음식점이 여러 명의 합자로 창업했다는 사실은 일반적으로 많이 지적되었지만, 그러한 사실이 사료적으로 입증되지는 못했다. 그런 점에서 중화요리점 영빈관(迎賓館) 횡령사건의 사례는 매우 큰 의미가 있다.

---

82) 박은경(1994), 앞의 논문, 99쪽.

이 횡령사건의 전말은 이러하다. 경기도 수원읍 영정(榮町, 현 영동시장 부근) 48번지에 위치한 영빈관 중화요리점이 개업한 것은 1936년이었다. 이 요리점은 화교 3명, 조선인 1명이 4,500원을 공동출자하여 개업했고, 영업도 호조를 보였다. 그런데 1937년 7월 발발한 중일전쟁으로 출자자의 하나인 화상 복흥동(福興東)이 폐점하고, 복흥동의 주주이자 영빈관의 총리(總理, 사장)인 유랑산(劉朗山)과 경리(經理, 지배인)인 왕현고(王顯誥)가 고향 산동성으로 일시 귀국했다. 유랑산은 귀국할 때 영빈관의 경영을 화교 장윤오(張倫五) 부경리(副經理, 부지배인)에게 위임했다. 유랑산은 산동성에서 장윤오에게 서면으로 영빈관의 경영 상태를 문의했지만 아무런 회답이 없자, 1939년 다시 수원으로 돌아와 영빈관에 가보았지만, 영빈관의 소유권 등기가 이미 장윤오와 조선인 주주이자 회장(동사장(董事長))인 김학배(金學培)에게 이전되어 있었다. 영빈관의 영업은 순조롭게 전개되어 1938년의 연간 매상액은 1만 원에 달했다. 유랑산은 두 사람에게 부당함을 항의했지만 받아들여지지 않자 경성중화상회(京城中華商會)에 연락을 하여 도움을 청하고, 중화상회가 다시 경성 총영사관에, 경성 총영사관이 조선총독부 외사부에 연락하여 경기도경찰부가 조사에 착수한 사건이다.[83]

우리에게 중요한 것은 중화요리점 영빈관의 창업 방식과 경영 방식에 관한 것인데, 유랑산이 영빈관 창업 당시의 계약서를 조선총독부 외사부에 제출한 것이 있어 이를 통해 파악할 수 있다. 영빈관의 주주는 4명으로 구성되어 있었다. 김학배, 복흥동은 각각 1,500원을 출자하고 화교 왕현고가 1,350원, 화교 우개성(于凱成)이 150원을 출자하여 자본 총액은 4,500원이었다. 이들 4명의 주주는 동고(東股, 일명 東家)로 정해졌다. 여기에 자본이 아닌 노동력(경영능력)을 출자하는 서고(西股, 일명 西家)에 왕현고, 장륜오, 장여영(張汝英)의 3명이 들어갔다. 동가와 서가의 참가자는 출자액과 업무 내용에 따라 동사장(회장)에

---

83) 조선총독부외사부장이 경무국장에게 보낸 공문(1940. 1. 22), 「支那料理店橫領等ニ關スル陳情ノ件」, 『昭和十五年 外務課 領事館往復綴』, 국가기록원소장.

김학배, 총리(사장)에 유랑산, 경리(지배인)에 왕현고, 부경리(부지배인)에 장륜오와 손여영(孫汝英)으로 각각 정해졌다.

다음은 이윤 분배 방식이다. 주식은 모두 14주를 발행하고, 이 가운데 2주는 이익주로 남겨두고 동가와 서가에 12주를 배분하도록 했다. 12주는 동가 6주, 서가 6주로 동등하게 배분됐다. 특히 서가 6주의 지분 비율은 왕현고 1.8주, 장륜오 1.6주, 손여영 1.4주, 재신고(財神股, 재신의 제사에 필요한 경비로 사용할 주식) 1.2주였다. 동가와 서가 조합원에 대한 급여는 김학배 회장에게는 지급하지 않았고, 영빈관의 업무를 총괄하는 유명산 사장은 매년 교통비 명목으로 60원을 지급받았다. 서가 측의 왕현고 지배인은 연간 200원, 부지배인 장윤오는 180원, 부지배인이자 주방책임자인 손여영은 170원을 각각 지급받는 것으로 정해졌다.

영빈관의 경영과 관련하여 10개조의 규약을 정했다. 제1조는 상호명을 영빈관으로 한다는 것과 제2조는 자본금을 4,500원으로 한다는 내용이다. 제3조는 요리점의 결산을 연 1회 한다는 것과, 동가 측의 주주는 결산 시의 이윤을 배당받지만 그 나머지의 이윤은 6개월 경과한 후 분배받는다는 내용이다. 제4조는 지배인과 부지배인은 결산 시 동가 측에 결산서로 보고한 후에야 결산의 효력이 발생한다는 것과, 제5조는 동가와 서가 동업자의 지출은 영업 소득과 급여에 따라 결정하며 만일 긴급을 요하는 지출이 발생할 경우는 동가 측과 협의하여 결제해야 한다는 내용이다. 제6조는 동가의 인장(印章)은 멋대로 사용할 수 없고 담보로 사용할 수도 없다는 것과, 제7조는 동가 측의 가옥 및 전화기 1대, 전화번호 168번의 권리금은 600원으로 한다는 내용이다. 제8조는 서가 측 동업자 가운데 부적절한 행위가 있을 경우는 사장이 처리한다는 것과, 제9조는 서가 측의 동업자 가운데 도중에 사직할 경우는 사장이 처리하며 사직은 연말 결산 후에 해야 한다는 내용이다. 제10조는 동가 측의 일체 사무는 지배인과 부지배인에게 모두 일임하여 처리하며 동가 측은 간섭해서는 안 된다는 내용이다.[84]

우리는 이 횡령사건을 통해 영빈관 중화요리점의 창업은 4명의 자본주로 구성된 합고(合夥, 합자)조직으로 이뤄졌다는 점, 자본가는 자금을 제공한 동가와 노동력을 제공한 서가로 구분되고 서가의 직원에게는 급여가 지급되었지만 동가 측의 회장과 사장에게는 지급되지 않았다는 점을 확인할 수 있었다. 또한 요리점 관련 일체의 사무는 지배인과 부지배인에게 일임했으며 이를 동가 측이 간섭할 수 없도록 하는 책임경영체제를 갖추고 있었다. 이러한 기본적인 골격은 중화요리점의 규모의 차이에 따라 주주의 인원과 발행 주식의 양은 차이가 있을지 모르지만 기본적인 체제는 같았다. 예를 들면, 서울 아서원의 주주는 24명, 발행 주식은 200주에 달했다.[85] 인천의 공화춘도 여러 명의 주주로 구성된 합고였으며, 1922년 1월 15일 발행된 주식(자장면박물관소장)을 보면 사장은 왕심보(王心甫), 부사장은 필명향(畢明香), 지배인은 우희광(于希光, 1886~1949)이었다.

이와 같이 여러 명의 합자에 의한 중화요리점 창업은 개인 창업보다 자본 모집이 쉽고 고급 중화요리점의 개업에 유리하다. 또한 자본 제공자가 직접 경영하는 것이 아니라 노동력을 제공하는 전문 경영인이 경영을 주도해, 사업의 성공률을 높일 수 있다. 화교 중화요리점 대부분이 합고인 관계로 화교의 창업 증가와 경영 확대로 연결되었다. 그런 반면 영빈관 횡령사건과 같이 내부에 어떤 문제가 발생할 경우 동가 사이, 서가 사이 그리고 동가와 서가 사이에 분쟁이 발생할 소지가 크다는 약점도 내포하고 있었다.

2) 화교 중화요리점조합

일제강점기는 1910년대와 1920년대 어느 업계를 불문하고 동업조합의 결성이 성행했는데 화교의 중화요리점도 예외가 아니었다. 동업조합 결성은 조합원의 친목 도모, 과당경쟁 방지, 업계의 질서 유지 및 기술발전에 그 의의가 있

---

84) 劉朗山이 周愼九 京城中華商會主席에게 보낸 서신(1939.12),「支那料理店橫領等ニ關スル陳情ノ件」,『昭和十五年 外務課 領事館往復綴』, 국가기록원소장.
85) 진유광(2012), 앞의 책, 157쪽.

기 때문에 해당 업계 발전에 도움을 준다는 것이 일반적인 평가이다.

경성 화교의 중화요리점조합은 1921년 10월 12일 '중화민국요리점조합'의 명칭으로 경기도청의 인가를 받았다. 이 조합이 처음으로 설립된 것은 1915년이었다. 1922년 이 조합에 가입된 고급 중화요리점 및 중화요리 음식점은 총 119개소로, 호떡집을 제외한 화교 중화요리점이 거의 가입한 것으로 보인다. 이 조합의 규약서는 총 43조로 구성되어 있다.[86]

이 조합의 가입 대상은 경성부내 화교 고급 중화요리점 및 중화요리 음식점 업주로 한정하고, "영업상 및 대금의 통일을 기하여 동업자의 친목을 돈독히 하고 서로 풍기, 위생을 주의하며 영업상의 편익을 증진하는 것"을 설립 목적으로 삼았다. 각 조합원은 조합 재산으로 각 5원을 출자하도록 하고 새로 가입하는 요리점은 3원, 음식점은 2원을 출자하도록 했다. 각 조합원의 매월 조합비는 요리점의 규모에 따라 1원, 60전, 40전의 3개 종류로 분류하여 징수했다. 그리고 각 가입 요리점은 손님에 대해 술 혹은 기생의 초빙을 강요하거나 부당한 요리값을 청구하지 말도록 규정하고 손님으로서 신분에 상응하지 않는 유흥을 하거나 또는 의심스러운 거동을 하는 것으로 인정될 때는 곧바로 관할 경찰서에 연락하도록 규정했다. 그리고 가맹된 요리점은 해고된 직원을 이전 중화요리 점주의 승낙 없이 종업원으로 고용하지 못하도록 했다. 이 규정은 종업원 빼내 가기 방지 차원에서 설정된 것이다.

조합의 임원은 이사장 1명, 부이사장 1명, 평의원 8명, 서기 1명으로 구성되어 있다. 각 임원은 무기명 투표를 통해 선출되고 임원의 임기는 1년이다. 이사장은 조합 관련 일체의 사무를 처리하고 관공서에 대해 조합을 대표하며, 관공서로부터 조합에 대해 통달하는 사항은 바로 이사장이 각 조합원에 전달해야 하고, 이사장은 회원이 규약을 어겼을 경우 관할 경찰서에 보고할 의무가 있다. 이것은 이사장의 권한이 상당히 강했다는 것을 알 수 있다. 조합의 정기

---

86) (京城)中華料理飲食組合長 徐廣賓이 駐朝鮮 總領事 王守善에게 보낸 공문(1927.12.6),「中華料理飲食組合」,『駐韓使館保存檔案』(동 03-47-165-01).

총회는 매년 3월과 9월의 연 2회로 하고 이때 조합에 관한 사항 및 회계의 보고를 해야 한다. 조합비의 징수는 매월 5일 조합의 수금인을 통해 방문 징수하도록 규정되어 있다.

그러나 이와 같은 규약이 잘 지켜지지 않았던지 1922년 10월 27일 조합 사무실에서 임원회의를 개최, 다음과 같은 규약이 추가된다. 조합원이 아무런 사유 없이 규약을 어겼을 경우는 위약금 30원의 벌금을 내야 하고, 조합원은 개업 내지 기념일에 3일간 음식값을 저렴하게 판매할 수 있지만 조합에 반드시 보고해야 한다는 내용이었다. 조합원이 멋대로 염가로 판매하는 행위는 그 일수에 따라 1일 50원의 벌금을 내도록 엄한 처분을 했다. 조합에 보고하지 않고 종업원을 빼내갈 경우는 위약금을 징수하도록 하고 이사장이 금액을 정하여 청구할 수 있도록 했다.

조합의 1922년 임원진은 이사장에 양본현(楊本賢), 부이사장에 손대성(孫大成), 평의원에 유부갑(劉富甲), 서광빈(徐廣賓), 곽유여(郭有餘), 소수전(蕭樹田), 마진림(馬振林), 유상오(劉祥五), 담자주(譚子舟), 모진기(牟進基)이고, 서기는 손화분(孫華芬)이었다(〈표 7-2〉 참조). 한편 1927년의 조합의 이사장은 아서원의 총지배인인 서광빈이었다.[87]

5. 맺음말

이 장에서는 화교 중화요리점의 형성과 발전에 대해 1880년대부터 1920년대까지의 시기를 중심으로 검토했다.

이 시기의 화교 중화요리점은 기존에 '중국인을 위한 중국음식'을 제공하는 단계로 규정하여 중화요리가 화교를 제외한 조선인 및 일본인 사이에 대중화

---

87) (京城)中華料理飲食組合長 徐廣賓이 駐朝鮮 總領事 王守善에게 보낸 공문(1927.12.6), 「中華料理飲食組合」, 『駐韓使館保存檔案』(동 03-47-165-01).

되지 않았다는 것이 선행 연구의 주장이었다.

그러나 앞에서와 같은 검토를 통해 그것이 사실이 아니라는 것과 화교 중화요리점이 전국적으로 확산되어 크게 발전하고 있었다는 것을 분명히 밝혀냈다. 우선, 화교 중화요리점은 조선화교의 이주 초기인 1880년대 이미 서울에 탄생했으며, 일제강점 이전의 개항기는 소규모의 중화요리 음식점과 호떡집이 '중국인을 위한 중국음식'을 제공하는 것이 주를 이루었다.

하지만 1910년대와 1920년대 조선인의 소득이 증가하면서 인구의 대다수를 차지하는 조선인과 통치자인 일본인의 중화요리에 대한 수요가 증가했다. 여기에 중화요리는 기본적으로 조선인의 입맛에 맞았을 뿐 아니라 하층민부터 상층민 모두의 수요를 만족시킬 수 있는 다양한 가격대의 음식을 갖추고 있었다. 화교 중화요리점은 경성과 인천을 비롯한 대도시뿐 아니라 화교 거주자가 거의 없는 각 군의 농촌 지역까지 진출, 중화요리점 및 중화요리 음식점이 1930년 10월 2,774개소에 달했다. 1920년대의 중화요리는 '중국인을 위한 중국 음식' 단계에서 '조선인 · 일본인과 중국인을 위한 중국 음식' 단계로 이행, 보다 대중화되었다.

또한 각 중화요리점은 대체로 몇 명의 자본가와 노동력 제공자에 의한 합자 조직으로 창업되었으며, 노동력 제공자가 전문경영인으로서 독립경영활동을 함으로써 사업의 성공 확률을 높일 수 있었다. 1920년대에 들어 경성을 비롯한 각 주요 도시에 화교 중화요리점의 동업조합이 결성되었다. 예를 들면, 경성에는 1915년 화교 고급 중화요리점 및 중화요리 음식점의 영업주로 구성된 동업조합 '중화민국요리점조합'이 결성되어 조합원의 친목 도모, 과당경쟁 방지, 업계의 질서 유지 등에 기여를 했다.

제8장

화교 중화요리점의 위기와 응전
1927~1945년의 시기를 중심으로

1. 머리말

이 장에서는 1927년부터 1945년까지 시기의 화교 중화요리점이 두 차례의 화교배척사건과 중일전쟁으로 인해 어떠한 상황에 직면했는지, 화교는 이러한 위기를 어떻게 극복했는지 검토하고자 한다.

제7장에서 1880년대부터 1920년대까지의 시기를 중심으로 화교 중화요리점의 형성과 발전의 양상에 대해 검토를 했다. 이 시기의 화교 중화요리점은 1880년대 이미 한성과 인천 지역에 세워지기 시작하고, 이때는 주로 화교를 위한 중화요리점이 중심이었지만 1920년대 들어 중화요리점은 급속히 증가하여 1930년에는 2,774개로 급증, 대도시는 물론이고 전국 각 군청 소재지까지 침투하여 중화요리가 호떡을 중심으로 대중화 시대를 맞이했다고 분석했다.

그러나 이와 같은 화교의 중화요리점은 1927년과 1931년에 발생한 두 차례의 화교배척사건, 그리고 1930년대 중일 간의 마찰로 인한 민족갈등 그리고 1937년 발발한 중일전쟁과 전시통제경제로 큰 어려움에 직면하게 된다.

이 장에서는 먼저 두 차례의 화교배척사건이 조선화교의 중화요리점에 어떤 직접적인 피해를 초래했는지 구체적으로 살펴볼 것이다. 그리고 1937년 발발한 중일전쟁으로 화교들이 중화요리점을 폐점하고 귀국하는 가운데 조선총독부에 의한 통제경제까지 맞물려, 화교배척사건과 같은 직접적인 피해는 아니더라도 중화요리점 경영에 큰 영향을 미치게 되었다. 중일전쟁 및 통제경제가 화교 중화요리점에 어떤 피해와 영향을 주었는지 밝히는 것이 이 장의 두 번째 과제이다.

2. 화교배척사건의 영향

1) 1927년 화교배척사건과 중화요리점

1927년 화교배척사건은 만주 거주 조선인에 대한 중국 관민의 박해가 국내 언론을 통해 전달되면서, 국내 민족주의 단체의 주도로 그 부당성을 알리는 집회가 개최되는데, 이 과정에서 국내 거주 화교의 주택 및 상점 등에 대한 습격이 조선의 남부지방을 중심으로 발생한 사건이다.[1] 조선총독부 경무국 조사에 의하면 발생한 화교습격사건이 702건으로, 이 가운데 5인 이상의 집단습격사건은 87건에 달했다. 화교의 물적 피해는 9,567원에 달했으며 경기도와 전라북도가 가장 큰 피해를 당했다.

조선인이 습격한 주요 대상은 화교 개인과 상점, 공장, 중화요리점 등이었다. 중화요리점은 주로 조선인 거주지에 위치해 있어 특히 습격받기 쉬운 대상이었기에 적지 않은 피해를 입었다. 화교 중화요리점의 습격 상황을 각 지역별로 살펴보자.

주조선 중화민국 총영사관이 이 사건을 각 지역별 피해상황을 조사하여 기

---

1) 졸고(2016.6), 「1927년 조선화교배척사건의 경위와 실태: 인천화교배척사건을 중심으로」, 『동양사학연구』 제135집, 동양사학회, 283~319쪽; 松田利彦(2017), 「一九二七年, 植民地朝鮮における華僑排斥事件」, 『東京大學韓國朝鮮文化研究』 16, 東京大學大學院 人文社會系研究科・文學部 朝鮮文化研究室, 1~24쪽.

록한 당안(檔案)이 있어 이를 근거로 살펴본다. 전라북도 군산부의 피해 중화요리점은 5개소였다. 가장 큰 직접 피해를 입은 중화요리점은 취선각(聚仙閣)이었다. 종업원 4명을 고용하던 취선각의 주인은 왕소원(王昭垣)으로 산동성 영성현(榮成縣) 출신이었다. 하루 16원의 매상을 올리고 있던 취선각은 11월 15일 습격을 받고 총 46.27원의 피해를 입었다. 피해 물품은 유리창, 간판, 포도주 및 일본 술, 귤 등이었다. 복승원(福昇園)은 6명의 종업원을 두고 하루 20원의 매상을 올리는 중화요리 음식점으로, 12월 10일 습격을 받고 유리 30장과 간판이 파괴되면서 8원의 피해를 입었으며, 이보다 빠른 11월 17일에도 유리 28장이 파손되는 8.4원의 피해를 입었다. 홍순루(鴻順樓)는 1.2원, 동영루(東瀛樓)는 11월 16일 유리 3장(1.2원), 동해루(東海樓)는 12월 9일 유리 3장 (1.2원)의 피해를 각각 입었다.[2] 신흥잔(新興棧)은 종업원 3명을 두고 영업하는 호떡집이었다. 주인 장보신(張甫臣, 53세)은 산동성 등주부 출신이었고 종업원 양혜군(梁惠君, 25세, 산동 내양현), 양학공(楊學公, 46세, 산동 모평현), 왕량신(王梁臣, 42세, 산동 수광현) 모두 산동성 출신이었다. 양혜군, 양학공, 왕량신은 12월 9일 오후 9~10시에 퇴근하다 습격을 받고 신체 여러 부위에 타박상을 입었고, 주인 장보신은 10일 오후 5시 머리에 중상을 입었다. 전북 삼례에서 호떡집을 경영하는 학진산(郝珍山, 56세)은 산동성 모평현(牟平縣) 대학가촌(大郝家村) 출신이었다. 그는 12월 9일 군중의 습격을 받고 타격에 의해 사망했다. 피해보고서에 따르면, 연간 수입은 600원으로 생활 정도는 중등으로 기록되어 있다. 그의 유족인 장남 학가량(郝家良, 33세)의 연간수입은 40원, 차남 학가복(郝家福, 23세)의 연간수입은 25원으로 생활이 매우 곤궁했다.[3]

또한 군산에는 화교배척사건으로 인해 중화요리점의 문을 일시적으로 닫아 영업을 하지 못해 간접 피해가 발생한 곳도 많았다. 금화각(錦和閣)은 14명의

---

2) 駐朝鮮中華民國總領事館(1927),「各地華僑被害直接損失報告單(一)」,『駐韓使館保存檔案』 (동 03-47-162-01).

3) 駐朝鮮中華民國總領事館(1927),「各地華僑被害直接損失報告單(一)」,『駐韓使館保存檔案』 (동 03-47-162-01).

종업원을 고용하여 하루 매상액 52원, 이익 26원에 달하는 고급 중화요리점이었는데, 12월 9일부터 14일까지 문을 닫아 총 33.6원의 간접 피해가 발생했다. 영빈루(英賓樓)는 산동 복산현(福山縣) 출신의 왕영재(王英才)가 주인으로 6명의 종업원을 두고 있었는데, 9일부터 13일까지 5일간 영업을 하지 못해 총 53.5원의 간접 피해를 보고했다. 홍순루(鴻順樓)는 6명의 종업원을 고용하여 하루 15원의 매상을 올리는 중화요리 음식점이었는데, 9일부터 13일까지 5일간 영업을 하지 못해 총 64.4원의 간접 피해를 입었다.[4]

군산 이외에도 전라북도를 중심으로 많은 중화요리점의 직간접적인 피해가 발생했다. 전주의 증성관(增盛館)은 12월 9일 습격을 받고 총 34.5원의 직접 피해를 입었다. 피해물품은 유리창, 술잔, 거주허가증, 배, 소주, 일본 술 등이다. 같은 전주의 태화루(泰和樓)는 총 181.2원의 직접 손실을 입었다. 유리 3장 이외에 조선인 작부 1명이 도망함으로 인해 몸값 180원의 손실이 발생한 것을 보면, 작부를 돈으로 매수한 것으로 보인다.[5] 이번 사건의 발원지인 전북 익산의 혜흥루(惠興樓)는 7명의 종업원을 두고 하루 매상 25원을 올리는 중화요리 음식점이었는데, 7일부터 12일까지 6일간 영업을 하지 못해 총 360원의 간접 피해가 발생했다. 이 금액 속에는 주인과 종업원 총 8명이 다른 지역으로 피난을 떠나면서 발생한 여비 220원이 포함되어 있다.[6] 전북 부안의 산동 복산현 출신 종우삼(鍾友三)이 경영주인 중화원(中華園)은 종업원 3명을 둔 하루 매상 20원의 중화요리 음식점으로서, 10일부터 17일까지 영업을 하지 못해 76.3원의 간접 손해가 발생했다.[7] 전북 고창의 홍성루(鴻盛樓)는 종업원 6인을 고용하면

---

4) 駐朝鮮中華民國總領事館(1927), 「各地華僑被害間接損失報告單(一)」, 『駐韓使館保存檔案』(동 03-47-162-03).

4) 駐朝鮮中華民國總領事館(1927), 「各地華僑被害間接損失報告單(一)」, 『駐韓使館保存檔案』(동 03-47-162-03).

5) 駐朝鮮中華民國總領事館(1927), 「各地華僑被害直接損失報告單(二)」, 『駐韓使館保存檔案』(동 03-47-162-02).

6) 駐朝鮮中華民國總領事館(1927), 「各地華僑被害間接損失報告單(四)」, 『駐韓使館保存檔案』(동 03-47-162-06). 당시 전라북도의 화교는 이 사건을 피해 인천으로 피신했다. 이들은 인천 지나정의 각 상점에 분산 수용되어 사건이 진정된 후 주거지로 돌아갔다.

7) 駐朝鮮中華民國總領事館(1927), 「各地華僑被害間接損失報告單(二)」, 『駐韓使館保存檔案』

서 하루 20원의 매상을 올리는 중화요리 음식점으로서, 11일부터 24일까지 영업을 하지 못해 총 100원이 넘는 간접 피해를 입었다.[8]

1927년 화교배척사건은 전라북도에서 점차 충청도로 북상하여 충청남도의 화교 중화요리점의 영업에도 큰 영향을 미쳤다. 사건은 12월 10일부터 발생하기 시작했다. 충남 서천의 의생원(義生園)은 12월 10일 습격을 받고 유리 19장(6.65원), 문짝 3개(3원), 가로등 1개(1원), 총 14.65원의 피해를 입었다.[9] 의생원은 10일부터 12일까지 영업을 하지 못해 종업원 5명의 일급을 비롯하여 총 31.4원의 간접 피해도 입었다. 같은 서천의 중화원(中華園)은 10일부터 12일까지 영업을 하지 못해 종업원 4인의 일급 포함 총 19원의 간접 손실을 입었다.[10] 충남 예산의 융성관(隆盛館)은 43.41원, 춘성관(春盛館)은 74.7원, 의성관(義盛館)은 43.43원의 간접 손실을 입었다.[11]

총영사관의 당안에 누락되었지만, 조선총독부의 조사보고서에 기록된 중화요리점의 피해도 있었다. 충남 강경 본정의 임길복(林吉福) 경영의 중화요리 음식점은 조선인 주민 10여 명의 습격을 받아 폭행을 당했으며, 중정(仲町)의 또다른 요리점도 주민 10여 명의 습격을 받아 폭행을 당했다.[12]

1927년 화교배척사건의 가장 큰 피해지역은 인천이었다. 먼저 중화요리점 관련 인적 피해를 살펴보자. 인천부 용강정 27번지에서 호떡집을 경영하는 산동 영성현 출신의 이춘정(李春亭)은 부인 유(劉) 씨와 아들 1명, 딸 1명과 같이 거주했다. 12월 15일 오후 6시 습격을 당하여 유 씨는 얼굴 찰과상과 다리 타

(동 03-47-162-04).

8) 駐朝鮮中華民國總領事館(1927), 「各地華僑被害間接損失報告單(三)」, 『駐韓使館保存檔案』(동 03-47-162-05).

9) 駐朝鮮中華民國總領事館(1927), 「各地華僑被害直接損失報告單(二)」, 『駐韓使館保存檔案』(동 03-47-162-02).

10) 駐朝鮮中華民國總領事館(1927), 「各地華僑被害間接損失報告單(二)」, 『駐韓使館保存檔案』(동 03-47-162-04).

11) 駐朝鮮中華民國總領事館(1927), 「各地華僑被害間接損失報告單(三)」, 『駐韓使館保存檔案』(동 03-47-162-05).

12) 朝鮮總督府警務局(1927.12), 『昭和二年 在留支那人排斥事件狀況』, 朝鮮總督府.

박상의 중상을 입었다. 그는 14일간 입원하여 입원비로 41원이 들었고, 약 반 년간의 요양 기간이 필요했다. 남편 이춘정은 피해를 입지 않았지만 자식 2명 은 피해를 입었다. 딸 이탁녀(李琢女, 5세)는 이마에 큰 중상을 입어 14일간 입 원하고 42원의 입원비가 들었다. 아들 이맹자(李孟子, 7세)도 이마 타박상의 경 상을 입었다. 이춘정의 주택은 군중의 습격을 받아 호떡제조 원료인 밀가루, 쌀, 설탕, 유리상자 등 17.2원의 물적 피해도 입었다.[13] 인천 내리의 중화요리 음식점인 해흥관(海興館)은 12월 15일 습격을 받았는데 고객 유옥경(劉玉慶, 40 세, 상업, 영성현)은 오후 6시 습격을 당해 어깨 타박상을 입었다.[14]

이번 습격으로 인해 직접적으로 물적 피해를 입은 중화요리점도 적지 않았 다. 화정 50번지 소재의 영빈루(瀛濱樓)는 호떡집으로 점주 왕덕신(王德新)이었 는데, 습격을 받아 탁자, 유리, 문짝 등 107.21원의 피해를 입었다. 이번 습격 으로 인해 24일까지 영업을 하지 못했다. 이 외에 습격으로 직접 피해를 입은 중화요리 음식점 혹은 호떡집과 피해금액은 춘해루(春海樓, 점주 곡경해(曲鏡海)) 222.58원, 일흥루(壹興樓, 점주 공소복(孔昭福)) 32.62원, 빈해루(濱海樓) 163.55 원, 중화루(中和樓, 점주 왕일례(王日禮))와 화미헌(華美軒)이 14.4원이었다. 그리 고 15일 습격사건의 여파로 15일부터 최장 26일까지 영업을 하지 못해 간접 손 실도 발생했다. 인천의 대표적인 고급 중화요리점인 중화루(中華樓, 점주 뇌문조 (賴文藻))는 20일까지, 동흥루(同興樓, 점주 우보윤(于輔潤))는 23일까지, 공화춘 (共和春, 점주 우희광(于希光))은 19일까지 각각 영업을 하지 못했다.[15] 총영사관 의 당안 자료에는 나오지 않지만 조선총독부 경무국 조사에 등장하는 피해 중 화요리점도 있는데, 인천부 외리의 호떡집이 15일 청소년 10여 명의 습격을 받 았으며, 본정의 군영각(群英閣)은 15일 300명의 습격을 받았다.[16]

---

13) 駐朝鮮中華民國總領事館(1928), 「仁川鮮人暴動華人被害報告書」, 『駐韓使館保存檔案』(동 03-47-168-01).

14) 駐朝鮮中華民國總領事館(1928), 「仁川鮮人暴動華人被害報告書」, 『駐韓使館保存檔案』(동 03-47-168-01).

15) 駐朝鮮中華民國總領事館(1928), 「仁川鮮人暴動華人被害報告書」, 『駐韓使館保存檔案』(동 03-47-168-01).

<표 8-1> 화교 경영의 중화요리점 개수의 연도별 추이(1914~1943년)

연도	요리점	음식점	합계	연도	요리점	음식점	합계
1914년	122	281	403	1929년	182	1,187	1,369
1915년	90	253	344	1930년	185	1,359	1,544
1916년	55	427	482	1931년	142	914	1,056
1917년	61	416	477	1932년	129	748	877
1918년	61	462	523	1933년	145	846	991
1919년	71	441	512	1934년	167	1,099	1,266
1920년	103	554	657	1935년	168	1,166	1,334
1921년	127	605	732	1936년	175	1,341	1,516
1922년	128	743	871	1937년	87	777	864
1923년	-	-	-	1938년	70	642	712
1924년	123	876	999	1939년	82	716	798
1925년	182	1,488	1,670	1940년	89	726	815
1926년	167	1,034	1,201	1941년	89	743	832
1927년	178	1,147	1,325	1942년	94	920	1,014
1928년	220	1,044	1,264	1943년	98	868	966

주: 요리점은 '고급 중화요리점', 음식점은 '중화요리 음식점'을 가리킴. 호떡집은 이 통계
       에 포함되어 있지 않음.
출처: 朝鮮總督府(각 연도), 「警察取締營業其ノ他」, 『朝鮮總督府統計年報』를 근거로 필자가
       작성.[17]

하지만 1927년 화교배척사건으로 인해 폐점한 화교 경영의 중화요리점은
많지 않았던 것 같다. <표 8-1>을 보면, 사건 직전인 1927년의 중화요리점은
1,325개소, 사건 직후인 1928년은 1,264개소로 4.6% 감소했다. 이 가운데 고
급 중화요리점은 오히려 24%나 증가했다. 1927년 화교배척사건은 피해지역이

---

16) 朝鮮總督府警務局(1927.12), 앞의 자료.
17) 이 통계는 경찰 당국의 단속 대상인 화교 경영의 고급 중화요리점과 중화요리 음식점만
    을 포함했기 때문에 실제로 영업하는 총 개수를 나타낸 것은 아니다. 소규모 영업의 호
    떡집은 이 통계에 포함되어 있지 않다. 하지만 이 통계에 포함된 요리점과 음식점은 단
    속 대상이 될 정도로 주요한 식당이기 때문에 연도별 화교 식당의 추이를 분석하는 데
    아무런 문제가 없다. 또한 원래 '외국인'으로 분류되어 있지만, 당시 요리점과 음식점을
    경영하는 외국인은 거의 화교였기 때문에 '화교'로 분류했다.

전라북도, 충청남도, 인천부가 중심인 것과 피해 정도가 심하지 않았기 때문에 이 사건으로 인해 폐점한 중화요리점은 그렇게 많지 않았던 것으로 보인다.

2) 1931년 화교배척사건과 중화요리점

1931년 7월 발생한 화교배척사건은 1927년 화교배척사건과 비교할 수 없을 정도로 화교에 큰 피해를 초래했다. 1931년 화교배척사건은 1927년 사건과 마찬가지로 만주 거주 조선인을 중국 관민이 탄압하고 몰아내는 일이 빈번히 발생하는 가운데 만보산 사건이 《조선일보》를 통해 과장 보도된 것을 계기로 전국적인 규모로 화교습격사건이 격렬하게 벌어진 사건이다.[18]

화교배척사건은 1931년 7월 3일 새벽 인천에서 시작된 후 전국 규모로 번져, 화교의 인명과 재산에 막대한 피해를 초래했다. 피해를 입은 중화요리점만 열거해도 많기 때문에, 당시 중화요리점이 밀집해 있던 경성부를 중심으로 어떠한 경위로 습격을 당하여 어떤 피해를 입었는지 조선총독부 경무국의 1931년 화교배척사건 보고서를 근거로 구체적으로 살펴보고자 한다(〈표 8-2〉 참조).

1930년 10월 조선총독부 국세조사에 의하면, 경성부의 고급 중화요리점 및 중화요리 음식점은 149개소, 호떡집은 147개소로서 전국 중화요리점 총수의 10.1%를 차지할 만큼 많았다. 만보산 사건을 과장 보도한 《조선일보》 호외 기사가 배포된 7월 3일부터 습격은 본격적으로 시작되어 7월 6일까지 약 4일간 이어졌다.

먼저 중화요리점을 목표로 한 습격 사건은 총 145건이었다. 이 가운데 하나의 중화요리점이 몇 차례에 걸쳐 습격을 당한 곳이 있기 때문에 실제 습격을 당한 중화요리점은 117개소였다. 1930년 10월 조사 때의 중화요리점의 총수가 296개소이기 때문에 피해를 당한 중화요리점은 전체의 약 4할에 달한 것이

---

18) 1931년 화교배척사건에 대한 최근 연구에는 다음과 같은 성과가 있다. 손승회(2009), 졸저(2012), 강진아(2012.9), 이은상(2016.12).

다. 이 가운데 고급 중화요리점 및 중화요리 음식점은 54개소, 호떡집은 63개
소였다. 고급 중화요리점 및 중화요리 음식점은 당시 149개소이기 때문에 피

⟨표 8-2⟩ 1931년 7월 경성부 화교 중화요리점의 각 지역별 피해 상황

종별	점명·점주	주소	피해일	피해내용
종로(鐘路, 종로구, 15)				
호떡집	양계남(揚界南)	종로 5-44	07.03.11.20	음식값 미지불 도주, 구타
호떡집	안강(安康)	종로 5-101	07.03.10.40	귀국 협박
호떡집	장화춘(張和春)	종로 2-39	07.04.01.50	투석
호떡집	모전기(牟田起)	종로 3-16	07.03.10.30	음식값 미지불 도주, 투석, 유리 1장 파손
호떡집	장지춘(張智春)	종로 2-23	07.04.01.50	투석, 유리 1장 파손
호떡집	-	종로 1-42	07.04.16.16	투석, 유리 23장 파손
호떡집	임덕주(林德主)	종로 5-60	07.04.15.30	투석, 유리 2장 파손
요리점	길순복(吉順福)	종로 5-75	07.04.16.00	투석
호떡집	풍덕빈(豊德濱)	종로 1-74	07.04.15.00	투석, 유리 파손
호떡집	곽립현(廓立玄)	종로 3정목	07.04.20.30	유리 10장 파손
요리점	전홍빈(戰鴻賓)	종로 6-124	07.05.01.00	유리 2장 파손
호떡집	이봉성(李鳳聲)	종로 5-271	07.05.01.00-02.00	유리 2장 파손
호떡집	종선윤(宗善允)	종로 4-43	07.05.05.15	투석, 유리 3장 파손
호떡집	추립언(鄒立言)	종로 3-50	07.05.11.40	투석, 유리 1장 파손
호떡집	숭오언(崇五言)	종로 3-50	07.06.21.00	문 파손
황금정(黃金町, 중구 을지로, 6)				
호떡집	-	황금정 2-98	07.04.02.50	투석, 유리 몇 장 파손
요리점	훈희완(薰希完)	황금정 4-310	07.04.02.50	투석, 유리 3장 파손
요리점	기청원(起淸園)	황금정 3-258	07.05.23.40	습격, 유리 파손
음식점	천성원(天成園)	황금정 3-357	07.05.23.50	습격, 유리·도구 파손
호떡집	상복순(常福順)	황금정 3-247	07.04.19.05	투석, 유리 2장 파손
호떡집	-	황금정 2-257	07.05.11.50	습격, 유리 14장 파손
서대문(西大門, 종로구 신문로, 5)				
요리점	귀청(貴淸)	서대문정 2-1	07.03.18.30	구타
호떡집	-	서대문 1-68	07.04.20.00	투석, 유리 1장 파손
요리점	대봉원(大鳳園)	서대문 2정목	07.04.22.40	투석

요리점	중화루(中華樓)	서대문정 1정목	07.04.14.10	투석, 유리 파손
호떡집	-	서대문 1정목	07.04.12.00	유리 3~4장 파손

봉래정(蓬萊町, 중구 봉래동·만리동, 5)

호떡집	장기환(張記煥)	봉래정 1-135	07.03.22.30	투석, 유리 10장 파손
東文樓	-	봉래정 1-40	07.03.22.30	투석
호떡집	후한손(候漢孫)	봉래정 4-228	07.03.22.40	투석, 유리 3장 파손
호떡집	난금성(蘭金成)	봉래정 2-46	07.03.22.40	투석, 유리 2장 파손
요리점	중화루(中華樓)	봉래정 1-157	07.04.01.00	투석, 유리 8장 파손

죽첨정(竹添町, 서대문구 충정로, 7)

호떡집	장중정(張仲定)	죽첨정 1-10	07.03.22.30	습격, 투석
호떡집	영길정(寧吉貞)	죽첨정 2-66	07.04.00.30	투석, 유리 3장 파손
호떡집	장립지(張立芝)	죽첨정 2-125	07.04.01.00	유리 1장 파손
호떡집	장립지(張立芝)	죽첨정 2-125	07.04.12.40	유리 파손
호떡집	인성완(仁盛完)	죽첨정 1-2	07.04.21.50	투석
요리점	왕세학(王世學)	죽첨정 1-81	07.04.14.00	투석
요리점	왕세학(王世學)	죽첨정 1-81	07.04.15.50	투석, 유리 4장 파손

낙원동(樂園洞, 종로구 낙원동, 6)

요리점	안동루(安東樓)	낙원동 175	07.04.22.00	투석, 유리 5장 파손
요리점	안동루	낙원동 175	07.05.01.10	파손
요리점	안동루	낙원동 175	07.06.00.40	투석, 폭행
安東樓	왕수산(王守珊)	낙원동 175	07.04.11.45	직원 왕수산 폭행
호떡집	진학주(陳學周)	낙원동 236	07.04.10.40	투석, 유리 3장 파손
요리점	영호루(永號樓)	낙원동	07.05.01.10	투석, 유리 파손

내자동(內資洞, 종로구 내자동, 4)

요리점	곡귀지(曲貴芝)	내자동 170	07.03.23.40	협박, 구타, 도주
호떡집	방영송(方永松)	내자동 1	07.04.01.30	투석
요리점	중화원(中和園)	내자동 321	07.05.07.30	유리 1장 파손
호떡집	-	내자동 3	07.06.15.30	유리 파손

광화문통(光化門通, 종로구 세종로, 4)

호떡집	필순성(弼順成)	광화문통 207	07.04.00.15	투석, 유리 1장 파손
호떡집	길순성(吉順成)	광화문통 207	07.04.00.15	투석, 유리 1장 파손
요리점	-	광화문통 130	07.04.21.30	투석
요리점	곽유여(廓有餘)	광화문통 136	07.04.17.30	폭행

한강통(漢江通, 용산구 한강로, 4)

요리점	진한향(陳漢鄕)	한강통 15	07.04.12.30	투석

호떡집	장립업(張立業)	한강통 7	07.05.22.00	협박
호떡집	류수훈(劉樹勳)	한강통 11-61	07.09.24.00	투석, 유리 7장 파손
요리점	덕순루(德順樓)	한강통 15	07.06.18.00	투석

수송동(壽松洞, 종로구 수송동, 4)

요리점	수송루(壽松樓)	수송동 127	07.03.22.00	투석, 유리 2장 파손
호떡집	-	수송동 67	07.04.16.10	유리 파손, 커튼·창 파손
요리점	양수빈(揚樹彬)	수송동 126	07.04.11.30	투석, 유리 1장 파손
요리점	양수빈(揚樹彬)	수송동 126	07.05.20.15	투석

돈의동(敦義洞, 종로구 돈의동, 4)

요리점	열빈루(悅賓樓)	돈의동	07.03.23.30	전화 협박
요리점	열빈루(悅賓樓)	돈의동	07.04.13.30	투석, 유리 1장 파손
요리점	열빈루(悅賓樓)	돈의동	07.04.17.00	투석, 유리 파손
요리점	열빈루(悅賓樓)	돈의동	07.05.21.30	투석

적선동(積善洞, 종로구 적선동, 3)

호떡집	남경봉(藍敬蓬)	적선동 6	07.03.02.00	음식값 미지불 도주
호떡집	남경봉(藍敬蓬)	적선동 6	07.04.16.00	투석, 유리 3장 파손
호떡집	주숭신(周崇信)	적선동 100	07.04.22.00	음식값 미지불, 시비

인사동(仁寺洞, 종로구 인사동, 4)

호떡집	진학혈(陳學穴)	인사동 40	07.04.12.20	투석, 유리 3장 파손
호떡집	진학혈(陳學穴)	인사동 40	07.04.14.40	유리 파손
요리점	빈영루(賓英樓)	인사동	07.05.01.05	입구문 파손
요리점	빈영루(寶永樓)	인사동 166	07.05.01.10	유리 파손

원남동(苑南洞, 종로구 연남동, 4)

요리점	천담거(千儋擧)	원남동 8	07.03.21.30	투석, 유리 1장 파손
요리점	진원옥(陳垣玉)	원남동 80	07.04.21.00	투석, 유리 파손
요리점	-	원남동 80	07.04.00.05	투석, 문 파손
요리점	전환거(戰桓擧)	원남동 80	07.06.00.30	투석, 유리 파손

관철동(貫鐵洞, 종로구 관철동, 3)

요리점	홍춘원(鴻春園)	관철동 189	07.04.22.00	외등 파손
요리점	홍춘루(鴻春樓)	관철동 189	07.04.00.15	협박
요리점	홍춘원(鴻春園)	관철동 189	07.05.11.10	유리 2장 파손

통의동(通義洞, 종로구 통의동, 4)

요리점	홍순루(洪順樓)	통의동 139	07.04.14.00	투석, 유리 파손
요리점	홍순루(洪順樓)	통의동 139	07.04.00.30	투석
요리점	홍순루(洪順樓)	통의동 136	07.06.22.00	투석

요리점	뢰민(雷珉)	통의동 39	07.04.13.10	협박
광희정(光熙町, 중구 광희동, 1)				
요리점	왕청덕(王淸德)	광희정 1-219	07.04.00.30	투석
인의동(仁義洞, 종로구 인의동, 2)				
호떡집	공성복(孔聖福)	인의동 101	07.03.21.30	투석, 유리 4장 파손
호떡집	공성복(孔聖福)	인의동 100	07.04.15.40	투석, 유리 2장 파손
삼판통(三坂通, 용산구 후암동, 1)				
公和園	장중립(張仲立)	삼판통 244	07.03.21.40	의자 투척, 난폭
화천정(和泉町, 중구 순화동, 1)				
호떡집	손기전(孫基錢)	화천정 195	07.03.22.00	구타
남대문통(南大門通, 중구 남대문로, 2)				
호떡집	방효문(龐孝文)	남대문통 2-101	07.03.22.30	습격, 유리 파손
요리점	-	남대문 5	07.04.22.40	투석, 유리 몇 장 파손
숭이동(崇二洞, 종로구 숭인동, 3)				
호떡집	곡귀지(曲貴芝)	숭이동 167	07.03.23.00	난입·투석, 유리 3장 파손
호떡집	곡귀지(曲貴芝)	숭이동 167	07.04.03.00	유리 2장 파손
호떡집	곡귀지(曲貴芝)	숭이동 162	07.04.00.50	유리 파손
사직동(社稷洞, 종로구 사직동, 1)				
호떡집	허계평(許啓平)	사직동 87	07.03.23.30	음식값 미지불, 구타
양남동(楊南洞, 영등포구 양남동, 2)				
요리점	하수정(夏樹楨)	양남동 116	07.03.23.55	유리 10장, 맥주 6병, 벽시계 3개 파손
요리점	하수기(夏樹旗)	양남동 116	07.04.01.15	-
무교정(武橋町, 중구 무교동, 1)				
음식점	함흥춘(咸興春)	무교정 71	07.04.01.00	구타
태평통(太平通, 중구 태평로, 1)				
호떡집	곡금의(曲金義)	태평통 1-33	07.04.01.10	습격, 유리 파손
계동(桂洞, 종로구 계동, 2)				
호떡집	여덕(呂德)	계동 82	07.04.11.30	투석, 유리 파손
호떡집	노덕(盧德)	계동 80-2	07.04.10.40	유리 1장 파손
교남동(橋南洞, 종로구 교남동, 1)				
호떡집	태복원(泰福元)	교남동 46	07.04.12.45	유리 파손
예지동(禮智洞, 종로구 예지동, 1)				
호떡집	장영현(張永賢)	예지동 25	07.04.13.50	투석, 유리 3장 파손
당주동(唐珠洞, 종로구 당주동, 1)				

호떡집	손장림(孫長林)	당주동 47	07.04.13.30	투석, 유리 4장 파손

연지동(蓮池洞, 종로구 연지동, 1)

호떡집	장영현(張永賢)	연지동 25	07.04.14.30	투석

수은동(授恩洞, 종로구 묘동, 3)

요리집	복해루(福海樓)	수은동	07.03.14.00	협박
요리집	복해헌(福海軒)	수은동	07.04.17.00	투석, 유리 1장 파손
요리집	복해헌(福海軒)	수은동	07.04.21.10	투석, 유리 2장 파손

청진동(淸進洞, 종로구 청진동, 1)

요리점	현흥루(玄興樓)	청진동 150	07.04.17.40	-

청엽정(靑葉町, 종로구 청파동, 1)

요리점	왕성원(王省遠)	청엽정 3정목	07.04.16.00	유리 8장 파손

주교정(舟橋町, 중구 주교동, 1)

요리점	금해루(金海樓)	주교정 169	07.04.16.00	투석, 유리 다수 파손

와룡동(臥龍洞, 종로구 와룡동, 1)

요리점	영승관(永勝館)	와룡동 73	07.04.16.30	투석

견지동(堅志洞, 종로구 견지동)

요리점	동해루(東海樓)	견지동 60	07.04.22.00	유리 파손
요리점	동해루(東海樓)	견지동 46	07.05.11.00	투석, 유리 파손

대화정(大和町, 중구 필동)

요리점	용산각(龍山閣)	대화정	07.04.21.15	-

원정(元町, 용산구 원효로)

호떡집	주소효(朱紹孝)	원정 4-14	07.04.21.30	유리 20장 파손

황교파출소 관내(黃橋派出所管內, 종로구 원남동)

요리점	원승루(元昇樓)	황교파출소 관내	07.04.22.10	투석, 유리 5장 파손

창성동(昌成洞, 종로구 창성동)

요리점	-	창성동 173	07.04.22.00	유리 파손
요리점	상흥루(祥興樓)	창성동 173	07.05.01.10	유리 파손, 피해액 50원

장교정(長橋町, 중구 장교동)

호떡집	우경란(于慶蘭)	장교정 41	07.04.22.30	유리진열관 파손

종교파출소앞(宗橋派出所前, 종로구 내자동)

호떡집	-	종교파출소 앞	07.04.14.00	유리 파손

관수동(觀水洞, 종로구 관수동)

호떡집	-	관수동 20	07.04.15.00	협박
호떡집	서전명(徐殿明)	관수동 70	07.04.15.20	유리 1장 파손

안국동(安國洞, 종로구 안국동)

요리점	장송루(長松樓)	안국동 154	07.04.14.30	투석, 유리 2장 파손
요리점	순흥루(順興樓)	안국동 24	07.05.21.10	투석, 유리 파손

수창동(需昌洞, 종로구 내수동)

호떡집	왕계운(王啓雲)	수창동 17	07.04.15.30	폭행, 유리 1장 파손

간동(諫洞, 종로구 사간동)

호떡집	양봉각(楊鳳閣)	간동 126	07.04.15.25	대금미지불

북미창정(北米倉町, 중구 북창동)

요리점	봉래각(蓬萊閣)	북미창정 92	07.04.14.50	투석, 유리 10장 파손

화원정(花園町, 중구 예관동)

요리점	산해루(山海樓)	화원정 87	07.04.23.30	투석, 유리 5장 파손
호떡집	왕립춘(王立春)	화원정 96	07.05.20.20	유리 4장 파손

명치정(明治町, 중구 명동)

요리점	태동루(泰東樓)	명치정 2-8	07.04.22.00	유리 파손
호떡집	이구시(李具是)	명치정 84	07.04.22.00	유리 파손
호떡집	민수길(閔樹吉)	명치정 25	07.04.22.00	유리 파손
호떡집	장명청(張名淸)	명치정 1-78	07.04.22.00	유리 파손
요리점	-	명치정 2-3	07.05.02.20	투석, 유리 2장 파손

서사헌정(西四軒町, 중구 장충동)

요리점	신방원(新芳園)	서사헌정 18	07.05.00.50	유리 12장 파손
요리점	신방루(新芳樓)	서사헌정 130	07.05.04.30	무단난입, 맥주 파손

본정(本町, 중구 충무로)

요리점	복순흥(福順興)	본정 3	07.05.02.10	투석
호떡집	-	본정4정목전차종점	07.05.05.00	습격

병목정(幷木町, 중구 쌍림동)

요리점	명덕루(明德樓)	병목정 40	07.05.04.00	유리 · 탁자 · 의자 파손
요리점	보명덕(保明德)	병목정 40	07.05.23.40	유리 1장 파손

관훈동(寬勳洞, 종로구 관훈동)

요리점	왕종인(王宗仁)	관훈동 102	07.05.21.40	투석, 유리 파손

소격동(昭格洞, 종로구 소격동)

호떡집	-	소격동 144	07.05.20.00	폭행
호떡집	덕성루(德成樓)	입정정(笠井町)	07.06.01.30	투석, 유리 10장 파손
호떡집	이경방(李景芳)	효자동(孝子洞)	07.06.10.00	투석, 유리 파손
요리점	중춘루(仲春樓)	신정(新町)	07.06.22.40	투석, 유리 2장 파손
호떡집	덕엽루(德葉樓)	미생정(彌生町)	07.06.02.30	투석, 유리 2장 파손

출처: 朝鮮總督府警務局(1931.7)을 근거로 필자가 작성.

해를 입은 곳은 전체의 36%, 호떡집은 147개소이기 때문에 전체의 43%가 된다. 호떡집의 피해가 고급 중화요리점 및 중화요리 음식점에 비해 약간 높은 것으로 드러났다.[19]

경성부 화교의 전체 피해 가운데 중화요리점의 피해가 차지하는 비중은 다음과 같다. 경성부의 전체 인적 피해는 중상자 2명, 경상자 10명이었다. 폭행 협박 사건은 50건, 방화 8건, 투석 및 기물파손이 190건, 호떡값 미지불 도주 12건, 채소약탈 1건이었다. 아래에서 살펴보겠지만 중화요리점의 피해는 대부분 투석으로 인한 유리 등의 기물파손이다. 경성부의 총 190건의 투석 및 기물 파손 피해 가운데 중화요리점의 피해 건수는 105건으로 전체의 55%를 차지했다.[20] 즉, 투석 및 기물파손 피해 가운데 전체의 절반 이상이 중화요리점이라는 점은 중화요리점의 피해가 그만큼 컸다는 것을 말해준다.

그런데 경성부의 고급 중화요리점인 사해루(四海樓), 금곡원(金谷園), 열빈루(悅賓樓), 대관원(大觀園), 아서원(雅敍園), 복해헌(福海軒), 마화(馬華), 제일루(第一樓) 가운데 수은동(현재의 종로구 묘동)의 복해헌, 돈의동(종로구 돈의동)의 열빈루가 직접적인 직접 피해를 입었을 뿐 다른 중화요리점은 피해를 입지 않았다.

피해 중화요리점의 지역별 분포를 보면, 현재의 행정 구역을 기준으로 종로구 69개소(59%), 중구 36개소(31%), 용산구 6개소(5%), 서대문구 5개소(4%), 영등포구 1개소(1%)였다. 가장 피해가 많은 지역은 종로구로 전체의 약 6할을 차지했다. 그다음은 중구로 3할, 그 외에는 용산구, 서대문구, 영등포구가 전체의 1할을 차지했다.

종로구 소재 중화요리점의 피해가 많이 발생한 원인은 무엇일까? 1922년 경성의 중화요리음식조합에 가입된 화교 중화요리점 119개소의 지역별 분포는 다음과 같다. 중구 54개소(45%), 종로구 58개소(49%), 기타 지역 7개소(6%)였다. 중화요리점의 개수에서 종로구와 중구 간에는 큰 차이가 없는 것으로 볼

---

19) 朝鮮總督府警務局(1931.7), 『昭和六年七月 鮮內ニ於ケル支那人排斥事件ノ槪況』, 朝鮮總督府.

20) 朝鮮總督府警務局(1931.7), 앞의 자료.

수 있기 때문에 종로구가 중구에 비해 피해를 당한 중화요리점이 상대적으로 많은 것으로 판단할 수 있다.

그런데 주의해야 할 것은 종로구의 피해 중화요리점의 종류이다. 종로구의 피해 중화요리점 가운데 호떡집은 40개소, 중화요리 음식점 29개소로 호떡집이 훨씬 많았다. 경성에서 피해를 입은 호떡집은 63개소이기 때문에 전체의 63%를 차지했다. 중화요리 음식점은 전체 54개소 가운데 54%를 차지했다. 참고로 1930년 10월 경성부의 호떡집은 총 147개소였다.[21] 이로 볼 때 종로구의 호떡집과 중화요리 음식점이 다른 지역에 비해 상대적으로 습격을 많이 받아 피해를 많이 입은 것으로 볼 수 있다. 종로구는 조선인의 집거지로 일본인과 화교가 상대적으로 많이 거주하는 중구에 비해 습격당하기 쉬운 위치에 있었던 것이 피해가 많은 원인이었다고 볼 수 있다. 특히 일반 조선인 서민을 상대로 하는 호떡집은 조선인 거주지에 많이 위치하여 피해를 많이 당한 것이다.

다음은 구체적으로 어떤 피해를 입었는지 살펴보자. 피해의 유형은 크게 세가지이다. 첫째는 투석으로 인한 유리 등의 기물파괴이다. 투석 및 기물파손은 전체 피해의 84%를 차지했다. 두 번째의 피해 유형은 호떡 혹은 우동을 먹고 대금을 지불하지 않은 채 도주한 것이 전체의 8%였다. 세 번째는 화교에게 빨리 귀국하라고 협박하고 폭행한 유형이 전체의 8%였다.

몇 차례에 걸쳐 습격을 당한 곳도 적지 않았다. 종로구 낙원동 175번지의 안동루(安東樓)는 황금정 3정목 313번지(중구 을지로 3가)의 안동루 본점의 지점이었다. 안동루 지점은 7월 4일 오후 10시 조선인의 투석으로 유리 5장이 파손되는 피해를 당했으며, 4일 오후 11시 45분에 직원이 폭행을 당했다. 이어 5일 오전 1시 10분에도 투석의 피해를 입었고, 6일 오전 0시 40분에도 투석과 폭행의 피해를 입었다. 모두 네 차례에 걸쳐 습격을 당했던 것이다.

상당한 규모를 자랑하던 고급 중화요리점인 열빈루(종로구 돈의동 114번지)도 네 차례 습격을 당했다. 7월 3일 오후 11시 30분 조선인으로부터 전화로 협박

---

21) 朝鮮總督府警務局(1931.7), 앞의 자료.

을 당했다. 이어 4일 오후 1시 30분 투석으로 유리 1장이 파손되었으며, 같은 날 오후 5시에도 투석으로 인한 유리 파손이 있었다. 5일 오후 9시 30분에는 투석이 있었지만 피해는 없었다. 이 외에 관철동의 홍춘원과 통의동의 홍순루, 수은동의 복해헌은 각각 세 차례의 습격을 당해 유리 파손의 피해가 발생했다.

숭이동(현 종로구 숭인동)에 위치한 곡귀지 경영의 호떡집은 세 차례 습격을 당했다. 3일 오후 11시에는 조선인 난입과 투석으로 유리 3장이 파손되었고, 4일 0시 50분에도 유리 파손, 3시에도 유리 2장 파손의 피해를 입었다. 죽첨정의 장립지 경영의 호떡집, 적선동의 람경봉 경영의 호떡집, 인사동의 진학혈 경영의 호떡집, 인의동의 공성복 경영의 호떡집은 각각 두 차례씩 습격을 받아 유리가 파손되는 피해를 입었다.

다음으로 인천부 화교 중화요리점의 피해상황을 보자. 인천의 전체 피해상황은 사망 2명, 중상 2명, 경상 3명이었다. 폭행 및 협박은 7건, 방화가 2건, 투석 및 기물파손이 15건이었다. 인천부의 중화요리점도 경성부와 마찬가지로 상당한 피해를 입었다.

7월 3일 오전 1시 10분경 조선인 5명이 인천부 용강정(龍岡町) 20번지의 고인봉(高仁峯) 경영의 중화요리점을 급습하여 폭행을 가했다. 이로 인해 병 1개와 전구 1개가 파손되었다. 이 사건이 1931년 7월 배화사건의 시작을 알리는 신호였다. 이어 3일 오전 2시 5분에는 율목리(栗木里) 14번지의 강원신(姜願呻)이 경영하는 호떡집을 수명의 조선인이 습격하여 대문을 파손했다. 3일 오전 2시 25분에는 외리 169번지의 장춘숙(張春淑)이 경영하는 중화요리점을 습격하여 유리 1장을 파손하고, 같은 시각 중정(仲町)의 오송생(吳松生)이 경영하는 중화요리점에 투석하여 유리 2장을 파손했다. 3일 오후 3시에는 화평리(花平里) 499번지의 최재신(崔齋信)이 경영하는 호떡집에 3명의 조선인이 난입하여 기물을 파괴했다. 3일 오후 4시 30분에는 내리 2번지 장유명(張有明)이 경영하는 호떡집에 13명의 조선인이 난입하여 폭행을 가했다. 3일 오후 4시 50분 외리 중화요리점 청량관(淸凉館) 앞에서 조선인 1,000여 명이 운집했지만 요리점에 별다른 피해는 없었다.[22]

이처럼 1931년 화교배척사건으로 인한 화교 중화요리점의 피해는 경성부와 인천부만 놓고 보더라도 1927년 화교배척사건을 훨씬 능가하는 것이었다. 〈표 8-1〉을 보면, 1930년의 중화요리점은 1,544개소에서 1931년에는 1,056개소로 32%가 감소했다. 고급 중화요리점과 중화요리 음식점 모두 대폭 감소했다. 1932년에는 더욱 감소하여 877개소로 1922년 수준으로 되돌아갔다.

3) 1931~1936년의 중화요리점의 추이

1931년 화교배척사건은 앞에서 본 바와 같이 큰 피해를 초래했지만, 1933년 이후 본국에 피난을 떠난 화교가 다시 되돌아와 중화요리점을 재개업하면서 점차 회복하는 양상을 보여주었다.

〈표 8-1〉이 보여주듯이 1933년 991개소, 1934년 1,266개소, 1935년 1,334개소, 1936년 1,516개소로 빠른 속도로 회복했다. 1936년의 수준은 1931년 화교배척사건 직전인 1930년 수준을 거의 회복할 정도였다. 1936년의 중화요리점 개수는 역대 최다인 1925년과 1930년에 이어 세 번째로 많았다.

이와 같은 회복 양상은 보다 상세한 조사통계에서도 확인할 수 있다. 조선총독부가 1936년 12월 말 조사한 화교의 직업별 분포에 의하면, 고급 중화요리점은 242개소, 중화요리 음식점은 1,305개소, 호떡집은 630개소였다.[23] 1930년 10월 조선국세조사의 고급 중화요리점 및 중화요리 음식점의 개수는 1,635개소, 호떡집은 1,139개소였다. 1936년의 고급 중화요리점 및 중화요리 음식점은 1930년 수준의 95%까지 회복한 것으로, 경찰 당국의 단속 대상 통계의 회복률과 거의 비슷하다. 그러나 호떡집은 회복률이 1930년 수준의 55%에 지나지 않아, 회복 속도가 고급 중화요리점 및 중화요리 음식점에 비해 느린 것을 알 수 있다.

---

22) 朝鮮總督府警務局(1931.7), 앞의 자료.
23) 朝鮮總督府警務局(1994), 「第73回 昭和12年 帝國議會說明資料」, (복각판, 『朝鮮總督府帝國議會說明資料』第1卷, 不二出版, 334~335쪽).

〈그림 8-1〉 각 민족별 요리점 및 음식점 개수의 추이

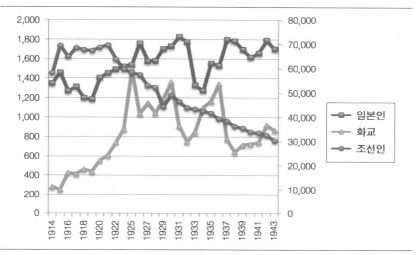

주:　조선인은 우축, 화교와 일본인은 좌축임.
출처:　朝鮮總督府, 「警察取締營業其ノ他」, 『朝鮮總督府統計年報』(각 연도)를 근거로 필자가
　　작성.

　　그런데 화교 경영 중화요리점의 개수 추이를 조선인 및 일본인 경영 요리점
및 음식점의 추이와 비교하면 어떨까. 〈그림 8-1〉은 각 민족별 요리점 및 음식
점의 개수를 시계열별로 나타낸 것이다. 먼저 조선인 경영 요리점 및 음식점의
개수는 1921년을 정점으로 지속적인 하락 추세를 보인다. 화교 중화요리점의
시계열 추이는 일본인 요리점 및 음식점과 비슷한 양상을 보이지만 다른 점도
있다. 1920년대는 전반적으로 상승 국면에서 1930년대는 하락하는 국면에 있
으나 전반적으로 완만한 변화에 머물고 있는데 이는 화교 중화요리점과 다르
다. 1929년 대공황의 영향으로 조선경제가 불경기에 접어들면서, 일본인 요리
점과 음식점의 수는 지속적으로 하락하지만 1931년 화교배척사건 때와 같은
급격한 하락은 없었다. 또한 화교 중화요리점과 같이 1933년부터 1936년까지
지속적으로 회복하는 추세도 보이지 않는다. 이러한 특징은 1931년 화교배척
사건과 같은 정치적 사건이 화교 중화요리점의 추이에 얼마나 큰 영향을 준 것
인지를 보여주는 것이다.

한편, 이 기간 경성부와 인천부의 중화요리점은 어떤 변화가 있었을까. 경성부의 중화요리점 개수는 1937년 7월 중일전쟁 직전 고급 중화요리점 16개소, 중화요리 음식점 177개소, 호떡집 211개소였다.[24] 1930년 10월 기준 고급 중화요리점 및 중화요리 음식점이 149개소, 호떡집이 147개소였기 때문에 이는 각각 44개소와 64개소 증가한 것이다. 경성부의 중화요리점은 전국 평균보다 회복 속도가 더 빨랐다. 인천부에서는 1930년 10월 고급 중화요리점 및 중화요리 음식점이 21개소, 호떡집은 33개소였다가 1935년 3월에는 고급 중화요리점 3개소, 중화요리 음식점 14개소, 호떡집은 34개소였다.[25] 고급 중화요리점 및 중화요리 음식점은 21개소에서 17개소로 감소하고 호떡집은 33개소에서 34개소로 1개소가 증가한 것이다. 즉, 인천부는 경성부와 달리 보다 전국적인 양상에 근접한 것을 알 수 있다. 이처럼 중화요리점의 회복 추이도 지역적으로 달랐던 것이다.

3. 중일전쟁 시기 중화요리점

1) 중일전쟁 직후 중화요리점의 실태

중일전쟁 발발이 화교 중화요리점에 미친 영향은 1931년 화교배척사건을 넘어서는 것이었다. 〈표 8-1〉이 보여주듯이 1937년 중화요리점의 개수는 1936년에 비해 43% 감소하여 1931년 사건을 훨씬 상회했다. 1938년은 더욱 하락하여 712개소로 1921년 수준으로 되돌아갔다. 전쟁 이전보다 절반가량 중화요리점이 폐점한 것이다. 반면, 1937년 일본인 경영 요리점 및 음식점의 개수는 1936년에 비해 11.5% 증가, 화교 중화요리점이 이 전쟁 발발의 영향을 얼

---

24) 京畿道 警察部長이 警務局長에게 보낸 공문(1938.12.19), 「事變ノ爲歸國閉店料理屋ノ再開業ニ關スル件」, 『昭和十四年 外務課 各國領事館往復關係綴』, 국가기록원소장.

25) 仁川華商商會(1935.3), 『仁川華商商會華商商況報告』, 인천화교협회소장.

마나 직접적으로 많이 받았는지 알 수 있다(〈그림 8-1〉 참조).

경성부의 경우, 고급 중화요리점이 중일전쟁 이전에는 16개소였다가 1938년 12월에는 8개소로 감소했고, 중화요리 음식점도 177개소에서 80개소로, 호떡집도 211개소에서 70개소로 감소했다.[26] 즉, 중일전쟁 직전 경성의 중화요리점은 총 404개소에서 1938년 12월에는 총 158개소로 61%의 감소를 보였는데, 특히 호떡집의 감소가 현저했다.

이와 같은 중화요리점의 격감은 경성부의 조흥세(助興稅, 기생이 받는 사례금에 대해 경성부에서 부과하던 세금)의 징수에도 영향을 미쳤다. 1936년 8월 경성부 중화요리점의 기생의 화대(花代)는 3,079.45원이던 것이 1937년 8월에는 1981.45원으로 36% 감소하고 이에 따라 조흥세도 감소했다. 같은 시기의 조선인과 일본인 요리점의 화대에는 변화가 없었다.[27]

하지만 조선총독부가 1938년 6월 이후 중국에 귀국했던 조선화교의 재입국을 허가했기 때문에 중화요리점의 점주도 조선에 다시 돌아와 당국에 재개업 신청을 하는 자가 적지 않았다. 1938년 8월 중국에서 되돌아 온 장태서(張泰瑞, 동문루(東文樓)의 점주), 왕종인(王宗仁, 중화원(中華園)의 점주), 손광주(孫光珠, 보영루(寶英樓)의 점주), 유기전(劉基田, 원승루(元陞樓)의 점주), 재홍선(載鴻先, 동승루(東陞樓)의 점주), 난수전(蘭樹田, 문향루(聞香樓)의 점주)의 6명은 곧바로 관할 경찰서에 재개업의 탄원서를 제출했다. 그러나 경찰서로부터 "폐업 및 폐쇄 기간이 6개월이 지나면 취소되어 다시 개업을 허가할 수 없다"라는 통지를 받았다.[28] 이들은 경성 중화요리음식조합의 정원간(丁元幹) 회장을 통해 경성중화상회에 탄원서를 제출하여 총영사관이 움직이기 시작했다. 범한생(范漢生) 총영사는 1938년 10월 6일 조선총독부 마쓰자와(松澤) 외무부장에게 이들의 복업 허가를 요청하는 공문을 보냈다.

마쓰자와 외무부장은 경무국장에게 이 건에 관해 조사를 요청하고, 관할 경

---

26) 京畿道警 察部長이 警務局長에게 보낸 공문(1938.12.19), 앞의 자료.
27) "긴장한 전시체제하 장안요리점은 한산", 《매일신보》, 1937.9.12.
28) 京畿道警 察部長이 警務局長에게 보낸 공문(1938.12.19), 앞의 자료.

기도경찰부는 12월 19일 경무국장 앞으로 다음과 같은 내용의 보고를 했다.

귀국 휴업하는 자에 대해서는 요리점, 음식점 영업 단속 규칙 제17조에 의해 모두 취소 처분을 내렸다. 혹은 휴업의 신청서를 제출하여 귀국한 자라 하더라도 기간(3개월) 이상 경과 후 개업하려는 자에 대해서는 이전과 같은 처분을 내렸다. …… 본년 7월 꼭 지나사변 1주년을 맞이하여 거국일치로 난국을 타개해야 하기에 가을 도내(道內)의 이들 업자의 상황을 조사했다. 그 결과 영업자가 지나치게 많아 필연적으로 풍속을 문란하게 하고 유약유타(柔弱游惰)의 풍조를 유발하여 이러해서는 국민정신총동원운동의 취지에 맞지 않으며 사회교화상의 폐해를 발생시키는 것이 많다. 따라서 시국을 고려하여 풍기정숙을 도모하고 선량한 풍속 유지의 방책으로서 당분간 이미 허가된 영업자 수의 범위 내라 하더라도 신규출원에 대해서는 허가하지 않는 뜻을 거듭 통달한다. 향후에도 상당 기간 이 방침으로 단속을 엄격히 시행하려 한다.[29]

즉, 경기도 경찰부는 6개소의 중화요리점에 대해 당국에 신청하지 않고 귀국했거나 신청을 하더라도 3개월이 경과한 중화요리점이기 때문에 규칙에 따라 영업취소 처분의 방침을 바꾸려고 하지 않았다. 그 명분의 하나로 중화요리점의 증가가 국민정신총동원운동의 취지를 거스르는 것이라는 논리를 편 것이다.

경무국장은 12월 24일 마쓰자와 외무부장 앞으로 위와 같은 경기도 경찰부의 의견을 첨부하여 "이와 같은 영업의 일반 단속상 어쩔 수 없는 일"이라고 양해를 구했다.[30] 이에 마쓰자와 외무부장은 1939년 1월 9일 범한생 총영사에게 이상과 같은 이유를 들고, 이러한 방침은 "내국인, 외국인 구별 없이 시행"하고 있다고 이해를 구했다.[31] 결국, 6명의 점주의 중화요리점 재개업은 실현되지

---

29) 京畿道警察部長이 警務局長에게 보낸 공문(1938.12.19), 앞의 자료.

30) 警務局長이 外務部長에게 보낸 공문(1938.12.24),「事變ノ爲歸國閉店料理屋ノ再開業ニ關スル件」,『昭和十四年 外務課 各國領事館往復關係綴』, 국가기록원소장.

31) 松沢龍雄 外務部長이 范漢生 주경성 총영사에게 보낸 공문(1939.1.9),「事變ノ爲歸國閉店

〈표 8-3〉 경성부내 화교의 중화요리점 영업자 수의 변화(1938년 12월 기준)

(단위: 명)

종별	전쟁 직전 요리점	현재의 요리점	취소처분받은 요리점	폐업 요리점
고급 중화요리점	16	8	6	2
중화요리 음식점	177	80	87	10
호떡집	211	70	102	39
합계	404	158	195	51

출처: 京畿道 警察部長이 警務局長에게 보낸 공문(1938.12.19), 「事變ノ爲歸國閉店料理屋ノ 再開業ニ關スル件」, 『昭和十四年 外務課 各國領事館往復關係綴』, 국가기록원소장.

못한 채 폐점을 하지 않을 수 없었다. 이로 볼 때 〈표 8-3〉에서 취소처분을 받은 195개소의 중화요리점의 재개업은 순탄하지 않았던 것으로 보인다.

2) 전시통제경제하의 중화요리점의 침체

화교의 중화요리점은 앞에서 살펴본 대로 중일전쟁 직후에 감소했지만 점차 회복하는 추세를 보여주었다. 1942년 6월 경성의 고급 중화요리점 및 중화요리 음식점은 158개소, 호떡집은 121개소로 1938년 6월에 비해 오히려 증가했다.[32] 중일전쟁 직전의 193개소, 211개소 수준으로 회복된 것은 아니지만 1938년에 비해 각각 80%, 73%라는 큰 폭의 증가를 보였다. 경기도 경찰부의 기존 방침이 바뀌었거나 새롭게 개업하는 화교 중화요리점이 증가한 것으로 추정할 수밖에 없다. 그러나 이를 입증할 단서는 아직 찾지 못했다. 그렇더라도 화교 중화요리점은 중일전쟁의 영향으로 급속한 감소를 보이다가 1942년 6월에는 상당 수준 회복한 것은 분명하다. 이와 같은 추세는 〈표 8-1〉에서도 확인할 수 있다. 중일전쟁 발발로 감소하던 중화요리점은 1939년에 증가세로 반전을 한 후 지속적으로 상승, 1942년은 1,014개소로 회복했다.

料理屋ノ再開業ニ關スル件」, 『昭和十四年 外務課 各國領事館往復關係綴』, 국가기록원소장.
32) 駐仁川辦事處 보고(1942.7.15), [仁川辦事處境內僑務概況], 「駐朝鮮總領事館半月報告」, 『汪僞僑務委員會檔案』(중국제2역사당안관소장, 2088-373).

1942년 당시 중화요리점의 영업도 순조로웠다고 한다. 주경성 중화민국 총영사관이 1942년 본국 교무위원회에 보고한 다음 내용을 보도록 하자.

중국음식은 독특한 풍미를 구비하고 있어 일본요리, 조선요리와 비교가 되지 않는다. 게다가 요리법은 중국인 독특의 기술이어서 외국인이 절대로 배울 수 있는 것이 아니다. 따라서 오늘날 중국인의 각 영업은 외국인과 경쟁에서 모두 패하여 사라졌지만 오직 중화요리는 자기의 영역을 지켜내어 외국인의 침입을 일보(一步)도 허용하지 않았다. 예를 들면, 작은 음식점인 만두집, 포자(包子)집, 호떡집 등이 영세하지만 일반 조선인으로부터 큰 환영을 받고 있으며 영업은 대단히 활발히 이뤄지고 있다. 요컨대 조선 거주 화교 경영의 각 영업 가운데 그 성적이 가장 좋고 전도유망한 것은 요리음식점이 제일이다.[33]

하지만 일본의 패전이 가까워지면서 중화요리점은 경영이 점점 악화되어 갔다. 조선총독부는 전시통제경제시기 중화요리점을 비롯한 모든 식당에 대해 각종 영업 제한 및 규제를 가했다. 조선총독부는 1940년 4월 1일부터 유흥음식세를 개정하여 세율을 기생의 화대에 대해 종래의 14%로부터 30%로, 그 외는 종래의 10%에서 15%로 각각 인상했다.[34] 더욱이 1941년 10월부터는 음식세를 종래의 15%에서 30%로, 유흥세를 종래의 30%에서 60%로 인상했다.[35] 경성부는 고급요리점이 사치스러운 요리를 팔지 못하도록 1940년 10월 30일에 사치품등제조판매제한규칙(奢侈品等製造販賣制限規則)을 고시했다.[36] 이 규칙은 요리의 최고가격을 규정했는데 점심(오전 11~오후 4시)은 일본요리

33) 駐仁川辦事處 보고(1942.7.15), [仁川辦事處境內僑務概況], 「駐朝鮮總領事館半月報告」, 『汪僞僑務委員會檔案』(중국제2역사당안관소장, 2088-373).
34) 總督府当局談(1940.6), "稅制改正に関する制令施行に就いて", 《식은조사월보(殖銀調査月報)》第25号, 朝鮮殖産銀行調査部, 62쪽.
35) "'입'의 사치를 封하라!", 《매일신보》, 1941.8.17.
36) 朝鮮及満州社(1940.11), "京城の飲食店や料理屋に価格公定", 《조선급만주(朝鮮及満州)》第396号, 74쪽.

2.5원, 조선요리 및 중화요리는 1.5원으로 하고, 저녁(오후 4~오전 0시)은 일본
요리 5원, 조선요리 및 중화요리는 3원 이내로 정했다. 여기에다 조선총독부는
국민총력운동의 일환으로 음주가무의 자제, 자동차의 승차시간제한을 실시하
면서, 고급요리점은 1941년 2월경 경영 부진에 빠진 요리점이 발생하는 상황
이었다.

여기에다 조선총독부의 식료에 대한 배급제 실시로 중화요리점의 경영은
더욱 악화되었다. 조선총독부는 중화요리점의 주요한 음식재료인 밀가루가
공급부족에 직면하자 밀가루의 수급조절을 위해 1940년 10월 1일부터 밀가루
의 배급통제를 실시했다. 조선총독부는 통제단체로 중앙에 조선소맥분통제협
회(朝鮮小麥粉統制協會), 조선소맥분이입협회(朝鮮小麥粉移入協會), 조선제분연합
회(朝鮮製粉聯合會) 등을 설립하고, 각 도에는 밀가루를 판매하는 도매업자로
구성된 도 소맥분배급협회(小麥粉配給協會)를 설립했다. 각 통제단체는 생산량
전망치, 일본으로부터의 수입량 전망치를 기준으로 각 도의 수요량을 감안하
여 조선총독부의 승인을 얻어 각 도의 할당량을 결정하고, 각 도의 판매업자단
체에 할당량을 통지했다. 각 도 판매업자단체는 도지사의 승인을 얻어 조합원
에 대한 할당량을 결정했다.[37]

이와 같은 밀가루의 배급제가 화교경영의 중화요리점에서 구체적으로 어떻
게 실시되었는지 살펴보자. 평양부의 화교 중화요리점은 1942년 11개소, 음식
점은 10개소, 호떡집 28개소였다. 밀가루의 배급제가 시행된 후 영업개선과 원
활한 배급을 위해 11개소의 중화요리점과 5개소의 음식점이 중심이 되어 요리
조합을 설립했다.[38] 이 요리조합은 평안남도 도청 산업과(産業課)가 평안남도
의 소맥분구매상조합(小麥粉購買商組合)에 통지 및 허가한 배급량을 접수하고
각 조합원에 분배했다. 그에 따라 1942년 1~3월의 3개월간 요리조합이 매월

---

37) 朝鮮殖産銀行調査部(1940.10), "小麦配給統制実施", 《식은조사월보(殖銀調査月報)》제30
　　호, 朝鮮殖産銀行調査部, 108쪽.
38) 駐鎮南浦事處 보고(1942.4.15), [平安南道僑務情形, 「駐朝鮮総領事館半月報告」, 『汪僞僑
　　務委員會檔案』(동 2088-373).

180포의 배급을 받아 조합원의 영업성적에 따라 배급을 했다. 많은 배급을 받는 요리점은 43포, 배급을 적게 받는 요리점은 7~8포였다. 설탕도 배급품으로 지정되어 처음은 이 조합에 800근이 배급되었지만 1942년 1~3월에는 400근으로 반감되었다. 식용유는 매월 127통(1통은 약 30근)이 배급되어 각 점포의 영업성적에 따라 분배되었다. 주류는 영업세액에 따라 배급되었다.[39]

각 중화요리점의 경영은 음식재료의 배급량에 좌우되기 때문에 배급량을 둘러싼 문제가 자주 발생했다. 신의주부에서는 1938년 10월 중만선음식점연합조합(中滿鮮飮食店聯合組合)이 결성되었다. 이 조합에는 음식점을 경영하는 조선인, 화교, 만주인이 조합원으로 참가했다. 설립 당시는 각 조합원에 대한 음식재료의 배급이 공평했지만, 조합장이 조선인으로 바뀌면서 배급이 조선인 조합원에 편중되면서 화교 및 만주인 조합원은 주신의주 중화민국 영사관과 주신의주 만주국 영사관에 각각 개선을 요구하는 진정을 했다.[40]

이처럼 요리조합은 전시통제기 식료배급을 실시하는 말단기관으로서 중요한 역할을 담당하고 있었는데, 그뿐만 아니라 당국의 각 중화요리점에 대한 영업허가서의 사무 처리도 담당했기 때문에 권한은 상당했다. 대구에서는 대구중화요리 음식점조합(大邱中華料理飮食店組合)이 대구중화상회의 역할을 대체할 정도로 권한이 대단했다.[41] 또한 중화요리점 경영자는 각지 중화상회의 임원으로서 다수 참가했다. 1942년 현재 조선의 주요한 중화상회 11개소의 임원 146명 가운데 직물상점은 48명(전체의 33%)인 데 반해 고급 중화요리점 경영자는 30명, 중화요리 음식점 경영자는 22명, 호떡집 경영자는 10명으로 전체의 42%를 차지했다.[42] 1920년대 각지의 중화상회의 임원은 직물상이 거의 독차

---

39) 駐鎭南浦事處 보고(1942.4.15), 앞의 당안 자료.

40) 駐新義州領事館 보고(1942), [駐新義州領事館民國三十年十二月分工作槪況], 「長崎新義州領事館四一年三月至十二月分工作報告」, 『汪僞外交部档案』(동 2061-890).

41) 서국훈의 증언(2005년 3월 서면 인터뷰). 그는 1940년대 전반 대구로 이주하여 오랜 기간 대구화교소학의 교원, 교장으로 근무했다. 1983년경 미국으로 이주하여 2017년 타계했다.

42) 조사한 대상은 평양, 원산, 부산, 목포, 군산, 대구, 광주, 통영, 정읍의 각 중화상회이다.

지했지만 1930년대에 들어 화교 직물상점이 쇠퇴하면서 중화요리점의 경영자로 상당히 바뀐 것을 확인할 수 있다.

앞에서 평양부의 사례에서도 설탕의 배급량이 반감된 것을 언급했지만, 중화요리의 주요한 식료인 밀가루도 생산량 및 수입량의 감소에 따라 배급량이 감소하지 않을 수 없었다. 원산부에는 화교 호떡집 35개소가 영업하고 있었으며 이들은 원산만두판매조합(元山饅頭販賣組合)을 조직하여 일본인이 조합장으로 일했다. 일본인 조합장은 만두의 식료 및 연료 관련 통제물자를 원산부청에서 수령하고 이를 각 점포에 분배했다. 1942년 1월 할당된 밀가루의 배급량이 큰 폭으로 감소하자 조합장은 일부 호떡집의 영업을 취소하려 했다.[43]

미국에 이주한 한국화교인 서국훈(徐國勳)은 밀가루의 배급량 감소에 대해 "그 배급량으로 단 하루의 점심식사를 만들 수 있을 뿐이었다. 그래서 각 중화요리점 및 음식점은 반나절만 영업할 수밖에 없었다"라고 했는데,[44] 배급량이 얼마나 부족했는지를 잘 말해준다. 결국 이러한 배급량 감소로 1942년 부산부에서는 호떡집을 경영하던 화교 종덕발(宗德發)이 밀가루의 배급부족으로 영업 및 생활이 날로 곤란해져 할복자살하는 사건이 발생했다.[45]

이와 같이 일본의 패전이 가까워지면서 밀가루를 비롯한 식료의 배급량이 한층 감소되자 조선총독부 당국은 중화요리점의 통폐합을 추진했다. 예를 들면, 진남포부는 1942년 중화요리점이 5개소 있었지만 1943년 12월에는 1개소로 통폐합되었다. 서울, 인천, 대구, 군산 등지서도 통폐합이 실시되어 점원의 상당수가 전업하거나 귀국했다.[46] 1944년 2월 주경성 중화민국 총영사관 관할의 지역에서 귀국한 화교 가운데 중화요리점 종사자가 가장 많았다. 일본의

---

43) 駐元山副領事館 보고(1942.3.23), [一月分工作槪況報告表], 「駐元山副領事館一九四二年一月至十二月分工作報告」, 『汪僞外交部档案』(동 2061-1158).

44) 서국훈의 증언(2005년 3월 서면 인터뷰).

45) 駐釜山領事館 보고(1942.7.13), 「駐朝鮮釜山領事館一九四二年下半年工作報告」, 『汪僞外交部档』(동 2061-1346).

46) 中華民國國民政府駐日大使館(1943), 「第二次領事會議記錄 1943年」, 『中華民國國民政府(汪精衛政權)駐日大使館檔案』(동 2-2744-51), 東洋文庫 소장.

패전 직전, 경성의 중화요리점은 175개소로 1942년의 280개소보다 105개소가 감소되었다.[47]

이와 같은 전시통제경제의 강화는 중화요리점의 개수에도 그대로 나타났다. 화교 중화요리점은 1939년부터 증가세로 반전된 이후 1942년까지 지속적으로 증가했지만 1943년은 1942년에 비해 4.7% 감소했다(〈표 8-1〉 참조). 일본인 요리점 및 음식점 개수는 1943년은 1942년에 비해 5.9% 감소했는데 화교 중화요리점의 감소율과 거의 비슷했다. 전시통제경제는 화교에게만 영향을 주는 것이 아니라 조선인과 일본인에게도 똑같이 영향을 주었기 때문일 것이다.

3) 인천화교 중화요리점의 영업 실태

여기서는 전시통제경제하에서 경성과 함께 중화요리점이 많았던 인천을 사례로 들어 조금 더 구체적으로 살펴보고자 한다.

인천 화교는 1942년 2월경 309호, 1,845명이 거주하고 있었다. 직업별 분포를 보면 채소재배농가가 160호(전체의 52%), 464명(동 25%)으로 호수는 가장 많았다. 상업은 128호(전체의 41%), 1,076명(동 58%)으로 그다음이었다. 농업과 상업을 합하면 전체 호수의 9할 이상을 차지하는 절대적인 수치였다. 상업 가운데 주요한 업종은 중화요리점이 60호로 전체 호수의 19%를 차지하고, 종사 인원(가족 포함)은 388명으로 전체의 21%를 차지했다. 중화요리점 가운데 고급 중화요리점은 4개소·130명, 중화요리 음식점은 16호·110명, 호떡집은 40호·148명이었다. 인천에서 1935년 기준 고급 중화요리점이 3개소, 중화요리 음식점이 14개소, 호떡집이 34개소였기 때문에 그때보다 1942년에는 고급 중화요리점은 1개소, 중화요리 음식점은 2개소, 호떡집은 6개소가 각각 증가했다. 경성과 달리 인천은 전쟁 직전보다 중화요리점이 오히려 증가한 것이다.[48]

---

47) 조선은행조사부(1949), 「재한화교의 경제적 세력」, 『경제연감(1949년판)』, 조선은행, II-64~65쪽.

48) 駐仁川辦事處 보고(1942.7.15), [仁川辦事處境內僑務概況], 「駐朝鮮総領事館半月報告」,

이와 같은 인천의 화교 중화요리점의 실태가 어떠했는지, 인천화상상회(仁川華商商會)가 1942년 8~9월 사이 인천화교 263세대, 1,365명의 인적사항을 조사한 기록인『인천화교세대별명부(仁川華僑世代別名簿)』를 근거로 살펴보도록 한다. 이 자료는 본문 148쪽으로 구성된 장부로서 세대번호, 직업, 상호, 성명, 성별, 출생연월일, 본적, 현주소 순으로 구분되어 있다. 이 장부에는 개인의 직업과 종사하고 있는 상호의 명칭 그리고 생년월일이 기재되어 있어 1942년 당시 인천화교의 직업별 분포, 중화요리점 및 상점의 현황, 각 개인의 중국 출신지를 파악하는 1차 자료로 그 가치가 매우 높다.[49]

당시 인천에서 가장 큰 고급 중화요리점은 중화루(中華樓)로 종업원이 25명에 달했고, 그다음은 송죽루(松竹樓)로 22명이었다. 송죽루는 미생정(彌生町) 2번지의 본점 이외에 궁정(宮町) 23번지에 지점을 개설하여 종업원 7명을 두고 영업했다. 공화춘(共和春)은 종업원이 14명으로 세 번째로 많았다. 인천 궁정 11번지에 위치한 빈해루는 종업원이 12명이며, 인천 부도정(敷島町) 31번지에 지점을 두고 지점의 종업원은 경영주를 포함하여 6명이었다.

송죽루가 자리한 곳은 미생정 2번지로 현재의 인천차이나타운 본토 주차장과 태림봉의 자리에 있었다. 이 자리에는 1935년까지만 해도 중화요리점인 동흥루(同興樓)가 있었다. 언제부터 동흥루에서 송죽루로 바뀐 것인지 분명하지 않지만 중일전쟁 시기에 들어서인 것으로 추정된다. 송죽루의 땅과 건물은 광동화상인 이태호(怡泰號) 소유로 토지 150평에 3층 건물로 65칸의 대형 건물이었다. 1935년 당시 부동산 가격은 1만 5,000원에 달했다.[50]

『汪僞僑務委員會檔案』(동 2088-373).

49) 이 자료 외에 인천화상상회가 1942년 4월 작성한 것으로 보이는『화교영취소맥분상세표(華僑領取小麥粉詳細表)』는 인천 거주 화교 각 세대에 밀가루를 배급한 내용을 기록한 장부가 있다. 배성수(2016.2)는 이 자료와『인천화교세대별명부(仁川華僑世代別名簿)』의 일부를 활용하여 1942년 인천화교 사회의 생활상을 구체적으로 분석했다. 그러나 배성수의 연구는 인천화교 사회 전체를 분석한 것인지 중화요리점만을 집중적으로 조명한 것이 아니었다.

50) 仁川華商商會(1935.3),『仁川華商商會華商商況報告』, 인천화교협회소장.

송죽루는 1942년 당시 산동성 복산현 출신의 주례기(周禮基, 1885년생)가 점주로 있었다. 종업원은 22명이었는데 이들 종업원의 출신지는 복산 4명, 모평 3명, 영성 7명, 봉래 1명, 문등 4명, 황현 1명, 경기도 1명이었다. 종업원의 나이는 50대 1명, 40대 1명, 30대 5명, 20대 14명, 10대 1명으로 20대가 전체의 64%를 차지했다. 10대 1명은 도제로 들어온 학습생일 것으로 추정된다. 송죽루 지점의 경영주는 모평현 출신의 진주(陳珠, 1898년생)였다. 종업원은 7명으로 출신지는 복산 1명, 봉래 1명, 영성 2명, 모평 1명, 문등 2명이었다. 연령별 분포는 40대 1명, 30대 2명, 20대 3명, 10대 1명이었다.[51]

중화루는 지나정(미생정)이 아닌 현재의 중화루가 위치한 본정 1정목 18번지 (현재의 중앙동)에 있었다. 중화루의 부동산은 66평의 대지에 2층 벽돌건물로 66칸으로서, 1935년 당시 부동산 가격은 3만 3,000원이었다.[52] 중화루의 점주는 뇌성구(賴盛久, 1881년생, 복산)로서 부인 이(李) 씨(1878년생, 복산)와 미생정 52번지에서 같이 거주하고 있었다. 중화루의 종업원은 25명이었다. 종업원의 출신지별 분포는 복산 12명, 봉래 2명, 영성 6명, 추서 3명, 제성 1명, 모평 1명으로 복산현 출신이 압도적으로 많았다. 점주 뇌성구와 지배인 우세지(于世祉, 복산, 1899년생)가 모두 복산 출신이어서 복산현 출신을 종업원으로 채용한 것일 것이다. 나이별 분포는 40대 4명, 30대 7명, 20대 12명, 10대 2명으로 20대가 제일 많은 것은 송죽루와 같지만, 30대가 상대적으로 많은 것이 특징이다.

공화춘은 우희광(于希光, 1877년생)이 주도하여 설립한 중화요리점이다. 공화춘은 미생정 38번지에서 영업을 하고 있었는데, 이곳은 원래 행잔인 원화잔(元和棧)의 소유로만 되어 있었고 72.5평의 대지에 2층 벽돌건축물로 48칸이 있었다. 부동산 가격은 1935년 당시 1만 2,000원이었다.[53] 1942년 당시 공화춘의 점주는 그의 아들 우홍장(于鴻章, 1917년생)이었다. 우희광은 미생정 33번지에 부인 및 딸과 같이 거주하고 있었다. 공화춘의 종업원 총수는 14명이었

51) 仁川華商商會(1942.8-9), 『仁川華僑世代別名簿』, 인천시립박물관소장.

52) 仁川華商商會(1935.3), 앞의 자료.

53) 仁川華商商會(1935.3), 앞의 자료.

다. 우희광의 출신지가 모평현 출신인 관계로 종업원의 출신지는 모평이 6명으로 가장 많았고, 복산 2명, 영성 5명, 추서 1명이었다. 연령별 분포는 60대 2명, 40대 1명, 30대 4명, 20대 6명, 10대 1명이었다.[54]

빈해루는 궁정 11번지에 자리하여 종업원은 12명이었다. 점주는 우환희(于煥熙, 1898년생, 복산)였다. 종업원의 출신지는 복산 5명, 영성 5명, 모평 1명, 봉래 1명이었다. 연령별 분포는 40대 2명, 30대 3명, 20대 6명, 10대 1명이었다. 빈해루는 부도정(敷島町) 31번지에 지점을 두고 있었다. 지점의 점주는 담지붕(譚之鵬, 1908년생, 복산), 종업원은 5명이었다. 종업원의 출신지는 복산 4명, 호북성(湖北省) 1명이었다. 종업원의 연령대별 분포는 40대 1명, 30대 1명, 20대 2명, 10대 1명이었다.

만취동(萬聚東)은 서경정(西京町, 현재의 내동) 213번지에 위치한 중화요리점으로 점주는 임수명(林樹明, 1896년생, 모평)이었다. 종업원은 11명으로 출신지는 모평 1명, 영성 6명, 문등 4명이었다. 연령별 분포는 40대 1명, 30대 3명, 20대 6명, 10대 1명이었다.

같은 서경정 198번지에 위치한 금해원(錦海園)의 점주는 임여하(林汝夏, 1909년생, 복산)였다. 종업원은 13명으로 출신지로는 복산 3명, 모평 2명, 문등 2명, 해양 2명, 제성 1명, 영성 3명이었다.

평화각(平和閣)은 경정(京町, 현재의 경동) 334번지에 위치한 중화요리점으로 점주는 주명창(周銘昌, 1911년생, 영성)이었다. 종업원은 9명으로 출신지는 점주의 출신지를 따라 영성이 8명으로 압도적으로 많았으며 문등 1명이었다. 연령별 분포는 40대 1명, 30대 3명, 20대 3명, 10대 2명이었다.

동아루(東亞樓)는 경정 114번지에 위치하고 점주는 고영서(高永緒, 1903년생, 봉래)였다. 종업원은 9명으로 봉래 2명, 영성 3명, 복산 1명, 조선인 2명, 모평 1명이었다. 화교의 중화요리점에 조선인 종업원이 등장하는 것은 매우 드문 일로 흥미롭다. 2명의 조선인의 이름은 이수종(李秀鐘, 1922년생)과 구□환(丘□

---

54) 仁川華商商會(1942.8-9), 앞의 자료.

煥, 1924년생)이었다. 화교 중화요리점에 조선인이 고용되는 것은 해방 후 특히 1970년대에 들어 본격적으로 시작되었는데, 이때부터 시작된 것은 의미가 있다고 하겠다. 연령별 분포는 30대 2명, 20대 6명, 10대 1명이었다.

마지막으로 동화루(東華樓)는 금곡정(金谷町, 현재의 금곡동) 6번지에 위치하며 점주는 필신서(畢信序, 1901년생, 문등)였다. 종업원은 7명으로 영성 5명, 문등 1명, 봉래 1명이었다. 연령대는 40대 1명, 30대 4명, 20대 1명, 10대 1명이었다.

이처럼 당시 인천의 주요한 중화요리점의 점주의 출신지는 복산현이 송죽루, 중화루, 금해원, 빈해루 및 그 지점으로 가장 많았다. 복산과 이웃한 모평현은 공화춘, 만취동, 송죽루 지점, 그리고 영성현은 평화각, 봉래현은 동아루, 문등현은 동화루였다. 복산현과 모평현이 상대적으로 많은 것을 확인할 수 있다.

다음은 호떡집에 대해 살펴보자. 이 자료에 등장하는 호떡집은 31개소이다. 먼저 각 호떡집의 지역별 분포를 보면, 용강정(龍岡町, 현재의 인현동) 5개소, 화수정(화수동) 3개소, 화정(신흥동) 3개소, 신정(신포동) 3개소, 만석정(만석동) 2개소, 경정(내동) 2개소, 금곡정(금곡동) 2개소, 유정(유동) 2개소, 창영정(창영동) 1개소, 도산정(도산동) 1개소, 학익정(학익동) 1개소, 대화정(숭의동) 1개소, 궁정(신생동) 1개소, 욱정(답동) 1개소, 빈정(사동) 1개소, 서경정(내동) 1개소, 미생정(선린동) 1개소의 순이었다. 용강정과 화수정, 화정, 신정 등에 비교적 많았지만 인천부 각 지역에 고루 분포하고 있었다.[55]

이들 호떡집은 대체로 가족 경영이 많았고 조금 규모가 있는 곳은 종업원을 2~4명 고용하여 영업을 하고 있었다. 이들 호떡집의 출신지별 분포를 보면 영성 18명, 모평 7명, 문등 2명, 복산·일조·봉래·제성 각 1명으로서 영성현 출신이 전체의 58%를 차지했다. 규모가 큰 중화요리점은 복산현과 모평현 출신이 많은 반면, 호떡집과 같은 소규모 식당은 영성현 출신이 전체의 6할을 차지했던 것이다. 이것은 산동성 내에서 복산현과 모평현이 영성현보다 경제적으

55) 仁川華商商會(1942.8-9), 앞의 자료; 배성수(2016.2), 「1940년대 초 인천지역 화교사회의 동향: 인천광역시립박물관 소장 1942년 화교자료의 분석을 중심으로」, 『인천학연구』 제24집, 인천학연구소, 100쪽.

로 상대적으로 윤택한 것을 나타내 준다. 화교 직물상점의 점주도 모평현 출신이 가장 많았다.[56]

4. 맺음말

이상의 고찰을 통해 1927년부터 1945년까지 시기의 중화요리점의 실태에 대해 다음과 같은 결론을 얻을 수 있었다.

1927년 화교배척사건 때 중화요리점은 전국적 규모가 아니라 전라북도, 충청남도, 인천부 일원을 중심으로 군중의 습격을 받아 유리와 기물이 파손되거나 일시적으로 영업을 하지 못하는 피해를 입었다. 이 사건으로 인해 일시적으로 중화요리점이 감소하기는 했지만 곧바로 회복했다. 그러나 1931년 화교배척사건은 전국적인 규모로 발생했으며 피해의 정도가 훨씬 심각했다. 경성의 경우, 중화요리점 식당 가운데 전체의 약 4할이 피해를 입었으며 투석 및 유리창과 문 등의 기물파손이 전체의 5할 이상을 차지했다.

그러나 귀국한 화교가 조선으로 점차 되돌아오고 새롭게 중화요리 음식점을 개업하는 화교도 증가, 1936년 말에는 1930년 수준까지 거의 회복했지만, 호떡집은 그리하지 못했다. 중일전쟁은 1931년 화교배척사건 때보다 더 높은 중화요리점 감소율을 초래했다. 전쟁 발발 이후 점차 중화요리점의 개수가 증가하지만 1931년 화교배척사건 때보다는 완만했으며, 1943년에는 다시 감소세로 돌아섰다.

이것은 조선총독부의 전시통제경제의 강화 및 밀가루 배급제 실시에 의한 영향이었다. 이러한 감소 추세는 조선인과 일본인 경영 요리점 및 음식점에서도 발견할 수 있는 것으로 화교 중화요리점 만에 국한된 것은 아니었다.

---

56) 예를 들면, 인천화교의 주요한 직물상점 11개소 가운데 점주가 모평현 출신인 상점은 4개소로 가장 많았다. 이 외에 액현(掖縣) 3개소, 영성현 1개소, 내양(萊陽) 1개소, 봉래(蓬萊) 1개소, 황현(黃縣) 1개소였다(仁川華商商會(1942.8-9), 앞의 자료).

제9장

화교 이발소와 양복점

1. 머리말

화교 중화요리점과 달리 화교 이발소와 양복점에 관한 연구는 전무한 실정이다. 단, 국내 학계에서 근대 조선의 이발 관련 연구가 약간 이루어졌다. 이들 연구는 이발 그 자체에 대한 연구라기보다는 단발령에 대한 조선 민중의 저항, 즉 정치적 측면을 강조한 연구와 근대화의 상징으로서 이발 및 이용을 검토한 연구가 주를 이룬다.[1] 일본화교의 이발소의 전개 상황을 분석한 일본의 진라이코(陳來幸)의 연구는 조선화교 이발소에 시사하는 바가 매우 커 이 연구에서 많이 참고했음을 밝혀둔다.[2]

---

1) 한상권(2007), 「1920년대 여성해방론: 단발론을 중심으로」, 『사학연구』 87, 한국사학회; 임윤정·전혜숙(2012), 「내한 서양인 저서에 나타난 19세기말 조선남자의 상투와 단발령에 관한 시각」, 『한복문화』 15-2. 한복문화학회; 김란(2017.8.29), 「식민지시기 이발소와 단발로 본 일상의 변화」, 『2017년도 비교역사문화연구소 트랜스내셔널 인문학 학문후속세대 학술회의 제2세션: 삶, 문화, 환경』.
2) 陳來幸(2007a), 「阪神地區における技術者層華僑ネットワーク一考: 理髪業者の定着とビジネスの展開を中心に」. 山田敬三先生古稀記念論文集刊行會 編, 『中國文化の傳統と現代: 南腔北調論集』, 東方書店.

조선화교의 양복점 관련 연구는 화교 담영성(譚永盛)이 한성화교협회의 기관지인 《한화통신(韓華通訊)》에 기고한 기사가 유일하다.[3] 김진식·한국복장기술경영협회가 1990년에 펴낸 『한국 양복 100년사』는 한국 양복점 100년의 역사를 신문기사와 종사자 인터뷰를 통해 잘 정리한 역작이라 할 수 있지만, 어디까지나 한국인 양복점이 중심으로서 화교 양복점에 관한 기술은 매우 빈약하다.[4] 정명섭은 1916년 한국인에 의해 설립되어 3대에 걸쳐 이어져 내려온 종로양복점의 역사를 추적, 양복점 역사를 해명했는데 이 역시 종로양복점이 중심이므로 화교 양복점 관련 내용은 거의 등장하지 않는다.[5]

이와 같은 문제의식하에서 이 장은 화교 이발소와 양복점이 어떤 경위로 조선에서 개설되었는지, 어떤 특성을 가지면서 조선인 및 일본인 업자와 경쟁 및 협력을 했는지 구체적으로 검토하고자 한다.

2. 화교 이발소의 형성과 전개과정

1) 화교 이발소의 생성

조선에서 서양식 이발소가 처음으로 등장하는 것은 개항 이후이지만 언제 누구에 의해 설립된 것인지는 분명하지 않다. 단, 이발소 등장의 배경에는 서양인과 일본인의 조선 이주와 단발령의 영향을 지적할 수 있다. 일본인과 서양인은 주로 개항장에서 거주했는데 이들을 위한 이발소가 필요했던 것이다. 조선인의 서양식 이발은 조선 정부의 단발령 공포 이후에 가능했다. 『고종실록』 33권 을미 11월조(條)의 15일(양력 12월 30일)에 "내부고시(內部告示)로 이번에

---

3) 譚永盛(2016.9.1), "韓華商業經營中的奇葩-洋服店", 《한화통신(韓華通訊)》171期, 漢城華僑協會.
4) 김진식·한국복장기술경영협회 편(1990), 『한국 양복 100년사』, 미리내.
5) 정명섭(2014), 『100년의 테일러: 종로양복점』, 국립민속박물관.

제9장_ 화교 이발소와 양복점   **339**

단발령을 공포함은 위생에 이롭고 일을 하는데 편하기 때문이다"라고 그 이유를 밝혔다. 고종은 이날 단발을 했다.

단발령을 공포한 김홍집 내각은 청일전쟁에 승전한 일본의 강압에 의해 수립된 친일내각이기 때문에 단발령은 일본으로부터 직접적인 영향을 받아 시행되었다. 일본은 1871년 8월 9일 태정관(太政官) 제399호로 단발령을 공포하고 메이지(明治) 천황은 1873년 3월 20일 자신이 직접 단발을 하여 모범을 보임으로써 전국으로 확산되었다.

일본은 에도(江戶) 시대에 가미유이도코(髮結床)라는 일본 전통의 이발소가 있었다. 단발령 전후 이 직업에 종사하던 일본인이 서양식 이발소로 전직하는 자가 많았다. 현재의 이발(理髮)은 1875년경에 산발(散髮), 1877년경에 전발(剪髮)에 이어 정착된 용어이다. 일본 최초의 이발소는 1869년 요코하마 외국인거류지 148번에서 개점한 고쿠라 도라요시(小倉虎吉)의 이발소로, 그의 친구 5명이 메이지 초기 이발사의 선구자이다. 고쿠라는 가미유이도코에 종사하다 중국인 고객을 따라 외국의 선박을 출입하면서 서양인 이발사의 이발 기술을 배워 이발소를 개업했다.[6] 조선에서 단발령을 공포하기 26년 전에 이미 일본에서 서양식 이발소가 탄생한 것이다. 일본은 외부의 강압이 아닌 자율적인 단발령 공포와 메이지 천황의 적극적인 장려로 조선과 같은 민중의 큰 저항 없이 진행되어 이발소는 급속히 증가했다.

그렇다면 조선의 이발소는 언제 처음으로 설립된 것일까? 단발령 공포 이후 명성황후 시해와 맞물려 의병운동이 전국적으로 격렬히 전개되었기 때문에 이발소가 일본처럼 쉽게 설립되어 확산되지는 못했을 것이다. 그러나 일본인 및 서양인의 인구가 증가하여 이들을 위해 기술을 가진 일본인에 의한 이발소가 먼저 설립되었을 확률이 높다. 1903년 대안문(大安門, 현재의 덕수궁 대한문) 앞의 우라가미상점(浦上商店)이 이발도구 판매의 광고를 하고 있는 것을 보면 당시 한성에는 이발소가 이미 상당수 개업해 있었던 것으로 추정된다.[7] 또한 1905

---

6) 陳來幸(2007a), 앞의 논문, 938~939쪽.

년 10월 조선인 이발사가 한성 종로 대광교(大廣橋) 앞에서 이발소를 개업했다는 광고가 등장하는데, 이것으로 볼 때 공개적으로 이발소 개업을 대외적으로 알릴 만큼 이발에 대한 인식이 개선 혹은 정착되고 있다는 것을 보여준다.[8]

1908년이 되면 조선인 이발소와 일본인 이발소 간의 경쟁이 발생할 정도로 이발소가 많이 생겨났다. 조선인 이발소는 서로 상의하여 이발 요금을 상등 20전, 중등 15전, 하등 10전으로 정했는데, 이에 일본인 이발소 몇 군데가 가격을 7.5전으로 인하하자 조선인 고객의 일부가 일본인 이발소로 이동하는 현상이 발생했다.[9]

화교 이발소가 언제 처음으로 설립되었는지는 분명하지 않지만, 1910년 경 성에는 이미 6개소가 영업을 하고 있었고 종사자는 28명에 달했다. 1910년 12월 소공동(小公洞)에 용승당(湧勝堂), 석정동(石井洞)에 복덕당(福德堂), 대정동(大貞洞)에 덕발당(發德堂), 정동(貞洞)에 복성당(復成堂), 낙동(駱洞)에 유학청(劉學淸), 시동(詩洞)에 장성기(張成基)가 각각 영업했다. 이처럼 화교 이발소는 이발소 명칭에 '당'을 붙이는 것이 일반적이었다. 용승당은 종사자가 13명이나 될 만큼 규모가 컸으며 어린이가 2명인 것을 보면 점주가 가족 단위로 이주한 것으로 보인다. 복덕당은 7명의 종사자, 덕발당은 4명, 복성당은 2명의 종사자가 일했다. 유학청과 장성기 이발소는 이발사를 고용하지 않고 혼자 이발하는 영세한 이발소였다. 이들 이발소가 위치하는 지역은 낙동(현재의 명동), 소공동, 정동으로 현재의 중구에 속하는 지역이었다.[10]

일본화교의 경우, 메이지정부가 1899년 8월 4일 칙령 제352호와 내무성령 제42호로 외국인의 내지잡거와 영업을 인정하는 법률을 공포했지만, 노동자의 경우 행정관청이 허가제를 채택하여 단속이 심했다. 특히 내무대신훈령 제

---

7) "대안문前浦上상점광고", 《황성신문》, 1903.3.30.
8) "본인이 경성종로대광교 남천변 수월루앞 양제옥에 이발소를", 《황성신문》, 1905.10.24.
9) "이발경쟁", 《해조신문》, 1908.5.22.
10) 駐韓淸國總領事館 보고(1910), "宣統二年淸查戶口表", 「華商總會各件(一)」, 『駐韓使館保存檔案』(동 02-35-056-11).

728호는 화교 노동자단속을 위한 것으로, 잡역에 종사하는 자는 내무대신의 허가를 받도록 엄격히 제한했다. 하지만 노동자 가운데서도 이발업자와 요리사에 한해서는 1912년 11월 16일 내무성훈(內務省訓) 제192호로 지방장관에게 취업의 인·허가권을 부여, 이들의 이주가 이전보다 훨씬 용이해져 이 직종에 종사하는 화교가 증가했다.[11]

이런 법률적 제한으로 일본화교 이주 초기의 화교 이발소는 그렇게 많지 않았다. 요코하마 다음으로 화교 인구가 많았던 고베(神戶)의 경우, 19세기 말 화교 이발소는 5개소, 이발사는 15~16명에 지나지 않았다. 그러나 1912년 단속 완화 이후 증가하기 시작하여 1914년에는 60명으로 증가하고, 1930년에는 39개소의 화교 이발소로 증가했다.[12]

이에 비해 조선화교 이발업자에 대해서는 일본과 같은 입국 제한이 없었다. 조선 정부는 청일전쟁 직후 보호청상규칙(保護淸商規則)을 공포하여 중국인의 조선 이주 및 거주를 제한하는 조치를 취했지만 이 규칙이 제대로 실시되지는 못했다. 조선 정부는 중국인 조선 이주에 대해 아무런 정책이나 제도를 실시하지 못했고, 통감부도 거의 비슷했다. 조선총독부가 설치된 이후 중국인의 거주를 개항장으로 제한하고 노동자의 입국을 제한하는 조치를 공포하지만 이 또한 단체 이주 노동자인 쿨리를 대상으로 한 것이지 개별 노동자는 적용되지 않았다.[13]

한편, 중국의 단발령은 일본, 조선보다 훨씬 늦은 1912년 1월 중화민국정부에 의해 공포되었다. 청조 때 변발을 하는 '체두적(剃頭的, 변발 전문의 이발소)'이 있었기 때문에 이들이 중국으로 이주한 서양인의 이발소를 보고 배워 서양인을 고객으로 한 이발소를 개업한 것이 중국 이발소의 기원이다. 조선화교 이발사가 '체두적'에서 활동하다 조선에 온 것인지, 조선에서 이발 기술을 배워 이발소를 개업한 것인지는 분명하지 않다.

---

11) 陳來幸(2007a), 앞의 논문, 941~942쪽.
12) 陳來幸(2007a), 앞의 논문, 944~945쪽.
13) 제15장 참조.

2) 조·중·일 이발소 간의 경쟁

1910년대에 접어들어 이발이 보다 대중화되면서 이발소가 급증한다. 경성의 이발소는 일본인 이발소가 먼저 탄생하고 조선인 이발소와 화교 이발소가 그 뒤를 이어 개업했다.

1915년 4월 경성에는 일본인 이발소가 70개소, 조선인 이발소가 140개소, 화교 이발소가 15~16개소, 총 226개의 이발소가 있었다. 조선인 이발소가 전체의 62%로 가장 많았고 일본인 이발소가 31%, 화교 이발소가 7%를 각각 차지했다.[14) 화교 이발소는 1910년 6개소에서 5년 뒤에는 15~16개소로 약 2~3배 증가했다.

이러한 화교 이발소의 급속한 증가는 기존의 조선인 및 일본인 이발소의 영업에 적지 않은 영향을 주었다. 1915년 당시 일본인 이발소의 이발요금은 상등 25~30전, 중등 20~25전이고, 조선인 이발소는 상등 20전, 중등 15전, 하등 10전으로 일본인 이발소보다 요금이 상대적으로 저렴했다. 이에 따라 일본인의 일부가 일본인 이발소에서 값이 싼 조선인 이발소로 이동하는 사람이 늘어났다. 여기에다 조선인 이발소보다 값이 싼 화교 이발소가 갑자가 증가하면서 조선인과 일본인 고객이 그쪽으로 이동하여 조선인과 일본인 이발소 모두 타격을 받았다. 이에 대해 일본인이발조합은 경찰서에 화교 이발소의 요금을 일본인 이발소의 요금과 동일하게 해달라고 요청했지만, 경찰서는 이를 받아들이지 않았다. 일본인 이발소는 할 수 없이 이발요금을 조선인 이발소의 요금에 맞게 인하했다. 이 조치에 따라 조선인 이발소에 가던 일본인 고객이 다시 일본인 이발소로 되돌아갈 것을 염려하여 조선인 남부 지역 이발소의 '남부이발조합'이 총회를 개최하여 이발요금을 인하하려 했다.[15)

결국 조선인 남부이발조합은 이발 요금을 기존의 20전, 15전, 10전에서 15

---

14) "이발료 저락", 《매일신보》, 1915.4.20.
15) "이발료 저락", 《매일신보》, 1915.4.20.

전, 10전, 8전으로 인하했다. 그러나 남부 이외의 4개 조선인 이발조합은 이러한 인하 조치에 반발했다. 조선인 북부이발조합장인 유양호(柳養浩)는 남부이발조합장인 장상기(張相基)의 면전에서 항의하는 일까지 발생했다. 이 문제를 협의하기 위해 5개소의 조선인 이발조합의 임원 총회를 개최했지만 서로 입장이 달라 합의에 이르지는 못했다.[16]

여기서 1910년대 설립되어 있던 이발조합에 대해 살펴볼 필요가 있다. 일본의 경우, 1901년 경시청령 제11호 이발영업취체규칙(理髮營業取締規則)이 제정되었는데 이 규칙에 각 경찰서 단위로 이발조합을 조직하는 내용이 포함되어 있다. 이 규칙은 전염병 예방을 위한 소독 약품의 제조법 및 취급법 등 위생의 여러 사항이 망라되어 있고, 경찰력을 배경으로 조합강제 가입과 영업거리제한 규정(100미터 규정)이 있었다.[17]

조선총독부는 일본의 이발영업취체규칙을 모델로 1911년 5월 1일 조선총독부 경무총감부령 제6호로 이발영업취체규칙을 공포하고 6월 1일부터 시행했다. 먼저 이 규칙의 제3조는 이발업자는 관할 경찰서에 본적, 주소, 성명, 생년월일, 영업종류, 점포명을 신고하여 인가를 받도록 했다. 제4조는 이발소에 고용된 이발사는 관할 경찰서에 신고하도록 했다. 제5조는 정신병, 폐결핵, 전염성 피부병이 있을 경우는 이발소에서 종사하지 못하도록 규정했다. 제6조는 이발사는 청결한 흰옷을 입을 것과, 손톱을 짧게 깎고 손님을 이발할 때마다 비누로 손을 씻을 것, 그리고 수건은 손님 1명당 하나만 사용하도록 규정했다. 제7조는 소독방법에 대한 규정을 하고, 제8조는 해당 경찰서의 임시 검사를 받도록 규정하여 경찰서의 관리 감독하에 두려 했다. 제9조는 이발조합의 설립에 관한 규정이다. 이발조합을 설립할 경우는 규약을 설정하여 사무소 소재지 관할 경찰서를 경유하여 경무총장(警務總長)에 신청서를 제출, 인가받도록 했다. 이 규칙은 각 도 경무부령(警務部令)으로 공포되어 1911년과 1912년에는 전

---

16) "분쟁중의 이발료", 《매일신보》, 1915. 4. 23.
17) 陳來幸(2007a), 앞의 논문, 939쪽.

국적으로 시행되었다.[18]

이 규칙에 따라 서울의 각 경찰서별 이발조합이 잇따라 설립되었다. 1915년에는 경성의 5부(동부, 서부, 남부, 북부, 종로)에 조선인 이발영업조합이 조직되어 있었다. 조선인 이발소는 조선인 집단 거주지인 종로 지역에 가장 많이 집중되어 있었으며, 경성 각지에 산재해 있었다. 일본인 이발소는 일본인이 많이 거주하는 소공동, 충무로, 명동 지역에 많아 이 지역에 남부이발조합을 설립했다. 화교 이발소도 자신들의 이발영업조합을 조직하여 활동하고 있었다. 즉, 3개 민족 이발소는 각각의 이발조합을 조직하고 있었던 것이다.

이처럼 각 민족이 각각의 이발조합을 조직하여 단결하고 있었기 때문에 이발요금 일원화는 쉽지 않았다. 이발 요금 문제의 근본적 해결책은 세 민족의 이발조합을 통합하는 수밖에 없었다. 1916년에 들어 화교 이발소의 영향이 더욱 표면화되면서 조선인과 화교 이발조합을 일본인 이발조합과 통합하자는 움직임이 일어났다. 조합장은 일본인이 담당하고 부조합장은 조선인이 맡아 이발요금을 동일화하자는 것이었다. 그러나 각 지역 조합의 입장차가 커 합병에 이르지는 못했다.[19]

이러한 상황은 제1차 세계대전 시기의 급속한 물가상승으로 인해 각 이발조합은 이발요금 인상 조치를 취하는 방향으로 선회했다. 1917년 10월 경성의 일본인 이발조합은 상등 30전, 중등 25전, 하등 20전으로 기존의 요금보다 각각 5전씩 인상했다.[20] 조선인 이발소와 화교 이발소도 각각 인상했다.[21] 그러나 제1차 세계대전 종결 후 발생한 경기침체로 1920년부터 다시 이발요금 인하의 바람이 불었기 때문에 수입 감소를 우려하여 인하에 반대하는 이발조합도 있었다.[22]

---

18) 朝鮮總督府警務總長明石元二郞(1911.5.1), 「朝鮮總督府警務總監府令第六號 理髮營業取締規則」, 『朝鮮總督府官報』第198號, 朝鮮總督府.

19) "이발업자 불안", 《매일신보》, 1916.7.16.

20) "이발료가 올랐다", 《매일신보》, 1917.10.17.

21) "이발요금値上", 《매일신보》, 1919.7.19; "지나이발요 5전式인상?", 《매일신보》, 1919.12.24.

한편, 1923년 경성의 화교 이발소는 1915년에 비해 6~7개소 증가한 23개소 였고, 1924년에는 다시 31개소로 증가했다. 조선인 및 일본인 이발소의 영업을 위협한 화교 이발소의 경쟁력은 싼 이발요금에만 있었던 것은 아니었다. 당시의 신문은 화교 이발소가 다소 불결하지만 이발요금이 저렴할 뿐 아니라 귀를 후벼주고 어깨 안마를 해주는 등의 서비스가 좋다는 점이 경쟁력의 원천이라고 지적했다.[23] 조선총독부의 조사에서도 화교 이발소의 특징을 일본인 이발소에 비해 "기술 설비 등이 불완전하지만 서비스가 정중하고 요금이 저렴하다"라고 지적한 것과 유사하다.[24] 이러한 특징은 조선화교 이발업자만 그런 것은 아니었다. 일본화교 이발업자는 이발소 간판에 그들의 장기인 귀 후비기 서비스가 있다는 것을 써놓을 정도였고, 안마 서비스도 제공했다.[25]

한편, 조선인 및 일본인 이발소 70개소는 1923년 화교 이발소에 의해 큰 타격을 받아 생계를 유지하기 어렵다고 경무국 위생과에 진정을 넣어 근본적인 해결책을 강구해달라고 요구했다. 이러한 진정에 대해 조선총독부는 이발시험 제도 도입으로 대처하려 했다.[26] 이발시험은 1919년 일본의 오사카에서 먼저 시행되어 전국으로 확산되었는데, 이 시험 도입의 배경에는 화교 이발업자의 세력을 약화시키기 위한 의도가 숨어 있었다.[27]

조선총독부 경무국 위생과장인 스오(周防)는 일본의 이발시험을 모델로 이발업자의 수험용 교과서를 저술하고, 이를 각 이발소의 이발사에게 공부하도록 한 후, 시험을 치른다고 공고했다. 교과서의 내용은 해부학, 위생학, 생리학,

---

22) "이발료하락乎", 《매일신보》, 1921.7.6; "이발료値上허가", 《매일신보》, 1920.1.21; "이발료減下의 반대로 조합간부총사직", 《매일신보》, 1922.11.20.

23) "경성이발업자를 울리는 중국인이발업자가 시험제도에는 대공황이다", 《동아일보》, 1923.8.27.

24) 朝鮮總督府(1924a), 『朝鮮に於ける支那人』, 朝鮮總督府, 64쪽.

25) 陳來幸(2007b), 「三江會館の設立と新たな活動」, 姜成生 主編, 『神戶三江會館簡史 1912-2007』, 財團法人三江公所, 60~61쪽.

26) "경성이발업자를 울리는 중국인이발업자가 시험제도에는 대공황이다", 《동아일보》, 1923.8.27.

27) 陳來幸(2007a), 앞의 논문, 939쪽.

소독학 등에 관한 내용이었다. 시험은 일본어로 시행되기 때문에 일본인과 조선인에게 유리한 것은 말할 필요도 없고, 화교 이발사에게 절대적으로 불리할 수밖에 없었다.[28] 1924년 1월 23일부터 시행된 이발시험에 수험한 화교 이발사는 한 명도 없었다. 모두 140명이 시험을 치렀는데 조선인이 112명, 일본인이 28명이었다.[29]

그리고 각 민족별 이발조합은 1920년대 초 하나로 통합되어,[30] 경성이발동업조합(京城理髮同業組合)에 가맹되어 있었다. 이전과 같이 조선인 및 일본인 이발소에 비해 싼 요금을 받을 수 없게 된 것이다.

인천은 경성 다음으로 화교 이발소가 많은 곳이었다. 인천부내 이발소는 1924년 35개소인데 이 가운데 조선인 12개소, 일본인 15개소, 화교 8개소로 화교 이발소는 전체의 23%를 차지했다. 인천도 조선인 및 일본인 이발소가 화교 이발소로 인해 큰 타격을 받자 이발조합은 총회를 개최하여 경찰 당국에 각 이발소의 요금을 동일하게 설정하도록 요구, 이것이 수용되어 1925년 1월 1일부터 시행되었다.[31]

3) 화교 이발소의 실태

조선총독부의 통계에 전국 이발소의 각 지역별 개수가 나오는 것은 없다. 단, 1930년 10월 국세조사에 이발사의 민족별 통계가 나오기 때문에 이를 참고할 수 있다.

이 국세조사에 의하면 전국의 이발사 및 미용사 수는 8,334명(남성 7,300, 여성 1,034명)이었다. 조선인이 6,243명(남성 6,129명, 여성 114명)으로 전체의 75%

---

28) "경성이발업자를 울리는 중국인이발업자가 시험제도에는 대공황이다", 《동아일보》, 1923.8.27.
29) "이발시험으로 중국인 패퇴?", 《동아일보》, 1924.1.25.
30) "종로관내 이발업자 합동 세 조합이 연합", 《동아일보》, 1921.8.11.
31) "이발요금획일", 《동아일보》, 1924.11.28.

<표 9-1> 화교 이발사 및 양복점의 각 도별 분포

도 별	양복점	성의점	재단공 및 재봉공	이발사
경 기 도	15(14·1)	25(16·9)	296(232·63)	273(200·55)
충 청 북 도	0	0	0	3
충 청 남 도	0	0	3	4
전 라 북 도	1	5	13	11
전 라 남 도	0	2	9	7
경 상 북 도	2	1	9	1
경 상 남 도	0	2	8	1
강 원 도	0	0	3	12
평 안 북 도	0	6	21	61
평 안 남 도	2	6	29	45
함 경 북 도	3	9	27	35
함 경 남 도	3	18	62	73
황 해 도	1	2	15	8
합 계	27	76	495	534

출처: 朝鮮總督府(각 연도), 『昭和五年 朝鮮國勢調査報告』(각도별)을 근거로 필자가 작성.

를 차지하고 일본인이 1,557명(남성 641명, 여성 916명)으로 19%, 화교가 534명 (남성 530명, 여성 4명)으로 6%를 각각 차지했다.[32] 일본인은 여성이 상대적으로 훨씬 많은 것은 이발사가 아니라 미용사가 많았던 것을 말해준다. 남성 이발사만을 놓고 보면 화교와 일본인의 차는 거의 나지 않는다.

화교 이발사 534명의 각 도별 분포를 나타낸 것이 <표 9-1>이다. 경기도가 273명으로 전체의 절반 이상을 차지하여 가장 많았다. 경기도 가운데서도 경성에 200명, 인천에 55명이 각각 거주했다. 1930년 당시 인천에는 화교 이발소 8개소가 영업하고 있었기 때문에 1개소당 약 7명의 이발사가 일하던 것이 된다. 경성은 이 기준으로 하면 29개소의 이발소가 영업하던 것으로 추정된다. 이발사가 경기도 다음으로 많은 지역은 함경남도로서 73명, 이어 평안북도가

32) 朝鮮總督府(1934a), 『昭和五年朝鮮國勢調査報告 全鮮編 第一卷 結果表』, 朝鮮總督府, 262~263쪽.

61명, 평안남도가 45명이었다.

각 도에 어떤 화교 이발소가 영업활동을 하고 있었는지 살펴보자. 1923년 경성의 화교 이발소는 31개소에 달했다. 주요한 화교 이발소와 연간 수입액은 오계서(吳桂書, 관수동(觀水洞))가 7,900원이고 이상성(李祥盛, 수은동(授恩洞)), 감정재(闞庭財, 종로), 곽옥당(郭玉堂, 남대문), 우장여(尤長餘, 남대문)는 각각 6,000원이었다. 황영금(黃永金, 봉래정(蓬萊町)), 오계서(吳桂書, 본정(本町))는 각각 5,000원, 유승선(遊承先, 관철동(貫鐵洞))이 4,800원이었으며, 호금화(胡錦花, 욱정(旭町)), 양주덕(梁桂德, 남대문통)은 각각 4,000원, 그 외에는 2,000~3,000원이었다.[33]

1910년 당시 화교 이발소 6개소는 현재의 명동과 소공동에 집중되어 있던 것이 1923년에는 현재의 종로구 지역인 종로, 관수동, 관철동, 묘동 등지의 조선인 거주지로 확산된 것을 확인할 수 있다. 종로 지역은 조선인 이발소가 많은 지역이었던 만큼 조선인 이발소가 이들 화교 이발소의 진출로 큰 타격을 입었고, 앞에서 살펴본 대로 관할 경찰서에 진정을 넣었던 것은 이러한 사정 때문이었다.

인천은 1923년 기준 화교 이발소는 8개소가 있었다. 서회옥(徐懷玉), 오옥산(吳玉山), 부흥당(復興堂), 왕홍승(王鴻昇) 이발소가 주요한 이발소였다.[34] 1927년에도 8개소의 화교 이발소가 영업을 하고 있었는데 영업지역과 점주는 다음과 같다. 보천당(寶泉堂, 지나정 41번지)의 점주는 노양준(盧良俊)으로 호북성(湖北省) 광제현(廣濟縣) 출신이었다. 홍발당(興發堂, 중정(仲町) 3정목 2번지)의 점주는 오화생(吳和生)으로 같은 광제현 출신이었다. 홍발당은 1933년경 궁정(宮町) 13번지로 이사하여 영업을 계속했고 자본금은 1,000원이었다. 의화당(義和堂, 지나정 30번지)의 점주는 왕홍승(王鴻昇)으로 산동성 문등현(文登縣) 출신이었으며, 1914년경 설립되어 자본금은 2,000원이었다. 부흥당(復興堂, 외리 231번지)

33) 朝鮮總督府(1924a), 앞의 자료, 64쪽.
34) 朝鮮總督府(1924a), 앞의 자료, 108쪽.

의 점주는 부곤륜(傅崑崙)으로 산동성 일조현(日照縣) 출신이었다. 경운당(慶雲堂, 외리 167번지)은 조고등(曹高登)이 점주로 산동성 제성현(諸城縣) 출신이었다. 길리당(吉利堂, 신정 13번지)의 점주는 정길리(丁吉利)로 산동성 일조현 출신이었다. 의발당(義發堂, 본정 3정목 1번지)은 서회의(徐懷義)가 점주로 산동성 제성현 출신이었다. 유성당(裕盛堂, 내리 212번지)은 부곤림(傅坤林)이 점주로 산동성 일조현 출신이었다.[35]

여기서 하나 흥미로운 사실은 화교 가운데서 가장 인구가 적은 호북성 출신의 이발소가 많다는 점이다. 인천의 경우 보천당과 홍발당의 점주는 모두 호북성 광제현 출신이었다. 1935년 지나정 41번지에서 영업하는 춘발당(春發堂)의 점주 유세제(遊細弟)도 호북성 출신이었다.[36] 경성의 화교 이발소 종사자는 "거의 남청인(南淸人)"이라는 사실이 밝혀져 있어 그들은 호북성 출신으로 보인다. 조선화교 가운데 호북성 출신은 극소수였다. 예를 들면, 인천화교의 1935년 인구 2,143명 가운데 호북성 출신자는 가족을 포함하여 22명뿐이었다.[37] 이들은 대부분 이발업에 종사했던 것으로 보이며, 경성에는 이발업자를 중심으로 한 호북동향회(湖北同鄕會)가 조직되어 있었다. 물론 화교 이발소 가운데 가장 많은 것은 산동성 출신의 이발소였지만, 산동성 출신 화교가 조선화교의 8할 이상을 차지하던 당시 상황을 고려하면 호북성 출신이 이발소에 상대적으로 큰 세력을 형성하고 있었던 것은 분명하다. 일본화교 이발사는 1930년경 1,200명에 달했는데 강소성의 진강(鎭江)과 양주(揚州) 출신자가 대부분을 차지하여, 조선화교는 호북성과 산동성 출신자가 대부분을 차지한 것과 대비된다.[38]

한편, 군산은 신규당(新葵堂, 낭화정(浪花町))이 연간 3,500원, 목포는 왕해당

---

35) 駐朝鮮中華民國總領事館(1928), 「仁川鮮人暴動華人被害報告書」, 『駐韓使館保存檔案』(동 03-47-168-01); 仁川華商商會(1935.3), 『仁川華商商會華商商況報告』, 인천화교협회소장.
36) 仁川華商商會(1935.3), 『仁川華商商會華商商況報告』, 인천화교협회소장.
37) 朝鮮總督府(1924a), 앞의 자료, 64쪽.
38) 陳來幸(2007a), 앞의 논문, 943~945쪽.

(王海堂, 복산정(福山町))이 2,510원의 연간 수입을 얻고 있었다. 평양은 3개소의 화교 이발소가 있었으며, 연간 수입은 1,000~1,400원이었다. 진남포는 3개소의 화교 이발소가 있었으며, 연간 수입은 순발당(順發堂)이 2,880원, 삼익관(三益館)이 350원, 홍지취(洪只聚)가 250원이었다. 신의주는 6개소의 이발소가 있었으며 연간 수입은 왕치곤(王致崑)과 조신제(趙新弟)가 각각 3,600원, 모조옥(慕兆玉)이 2,600원, 기타는 1,000원 내외였다. 원산은 2개소의 이발소가 있었으며 연간 수입은 복해당(福海堂, 본정(本町))이 2,000원, 의화당(義和堂, 영정(榮町))이 1,000원이었다. 청진은 5개소로 각 이발소는 모두 1인의 이발사를 두고 영업하는 소규모였다. 위연성(魏延成, 포항동(浦項洞))은 1,080원이며 기타의 이발소는 영업세를 부과할 수 없을 정도로 영세했다.[39]

화교 이발소가 전국 각지에서 영업을 하면서 조선인 고객과의 마찰도 자주 발생했다. 앞에서도 언급했듯이 화교 이발소는 귀를 후벼주는 서비스를 제공하고 있었다. 이발사가 귀를 후비다 실수로 고객의 귀에 상처를 내는 경우가 종종 발생했다. 인천의 쌍발당(雙發堂, 외리 174번지)에서 화교 이발사가 조선인 서상준(徐相駿)의 귀를 후비다 귓속에 상처를 내어 병원에서 치료를 받는 사건이 발생했다. 경찰서는 이발사가 귀 후비기를 하고 코털을 깎는 것을 금지하고 있었다.[40]

1927년 7월 22일 신의주의 기발당(起發堂, 진사정(眞砂町) 6정목 7번지)에서 이발하던 조선인 김효빈(金孝彬)이 화교 이발사 유대해(劉大海)가 면도를 잘 못한다 하여 이발사를 교체해달라고 하자, 이에 앙심을 품은 유대해가 면도칼로 그의 코를 베어버린 사건이 발생했다. 이 사건을 접한 조선인 군중 500여 명이 기발당으로 쇄도하여 이발도구를 부수는 등 난동을 부리고 다른 화교 이발관에서 이발하는 조선인에게 하지 말도록 강요하는 등 일대 혼란이 야기되어 결국

---

39) 朝鮮總督府(1924a), 앞의 자료, 121 · 129 · 157 · 170. 182 · 195 · 203쪽.
40) "중국이발소에서 귓속에 피를 내어", 《동아일보》, 1924.10.24. 1920년대 화교 인구의 증가로 각종 공사현장에서 조선인과 화교 간의 마찰과 충돌이 잇달아 발생하여 큰 사회 문제로 대두되고 있었다.

경찰이 출동하여 진압했다. 당시 신의주에는 화교 이발소 10여 개소가 영업하고 있어 조선인 이발소가 큰 타격을 받고 있던 터라 이것이 사태를 보다 악화시킨 측면이 있었다.[41]

1927년과 1931년 화교배척사건 때는 화교 이발소가 군중으로부터 습격당하는 사건이 발생했다. 먼저 1927년 12월 화교배척사건 때는 인천의 경운당(慶雲堂)이 군중의 습격을 받고 총 1,545.15원의 큰 물적 피해를 입었다. 피해 물품과 피해액은 다음과 같다. ① 회전의자 7개·455원. ② 물통 9개·27원. ③ 거울 9개·180원. ④ 문 1개·7원. ⑤ 소독상자 2개·23원. ⑥ 마루·80원. ⑦ 화분 1개·3.7원. ⑧ 천막·25원. ⑨ 장식탁자·50원. ⑩ 동제(銅製) 물통 1개·13원. ⑪ 난로연통·12원. ⑫ 영업용 신발 9짝·9원. ⑬ 의자 1개·50원. ⑭ 짚신 5짝·7전. ⑮ 농 1개·30원. ⑯ 소독용 항아리 3개·2.5원. ⑰ 온수통 1개·4.5원. ⑱ 바리캉 18개·45원. ⑲ 동기(銅機) 4개·10.6원. ⑳ 인두용 화로 3개·2.4원. ㉑ 솔 17개·3.75원. ㉒ 문앞 등·1개·1.5원. ㉓ 영업용 의복 18벌·18원. ㉔ 일본제 면도기 21개·12원. ㉕ 소독통 2개·3원. ㉖ 찻잔 13개·1원. ㉗ 소독판 1개·2.8원. ㉘ 신발대 1개·4원. ㉙ 소형 수건 240장·16.8원. ㉚ 벽걸이시계 2개·18원. ㉛ 금속계산대 1개·114원. ㉜ 차 3근·6.3원. ㉝ 숫돌 7개·28원. ㉞ 차 보관통 3개·1.35원. ㉟ 소독수 3병·1.95원. ㊱ 찻주전자 1개·6전. ㊲ 털솔 20개·10원. ㊳ □석(□石) 6개, 3원. ㊴ 원형 빗 17개·3.75원. ㊵ 소형전구 12개·6원. ㊶ 대형수건 20장· 20원. ㊷ 서양제 면도기 27개·94.5원. ㊸ 약물통 3개·5원. ㊹ 고무신 28짝·16.8원. ㊺ 가위 26개·46.8원. ㊻ 이발용 수건 18개·9원. ㊼ 빗 28개·16.8원, ㊽ 수건함 1개·2원.[42]

이와 같은 직접 피해 물품을 통해 당시 화교 이발소의 이발도구가 어떤 것인

41) "패악한 중국인 이발사 조선고객을 割鼻", 《동아일보》, 1927.7.24; "무지한 중국인 = 이발사의 광태", 《중외일보》, 1927.7.26. 동아일보 기사에는 신의주의 화교 이발소가 100여 개에 달한다고 하지만 여러 상황을 고려해볼 때 10여 개인 것으로 보인다.

42) 駐朝鮮中華民國總領事館(1928), 「仁川鮮人暴動華人被害報告書」, 『駐韓使館保存檔案』(동03-47-168-01).

지 알 수 있다. 경운당은 이발기인 바리캉을 18대 보유하고 일본제 면도기뿐 아니라 서양제 면도기도 갖추고 있었다. 이발용 가위와 빗 그리고 수건이 비치되어 있었으며 소독을 위한 약품, 약품통, 약품수도 있었다. 사건이 겨울에 발생한 관계로 인두용 화로, 난로 연통 등에도 피해가 발생했다. 경운당 이외의 화교 이발소는 직접적인 피해를 당하지는 않았지만 사건으로 인해 영업을 당분간 할 수 없는 간접 피해를 입었다. 부흥당(復興堂)은 12월 15일부터 1928년 1월 5일까지 20일간 휴업을 했으며, 경운당은 14일간, 길리당(吉利堂)은 5일간, 의화당(義和堂)은 4일간, 의발당(義發堂)은 7일간, 유성당(裕盛堂)은 10일간, 보천당(寶泉堂)은 4일간, 홍발당(興發堂)은 7일간 각각 휴업을 했다.[43]

1931년 7월 화교배척사건 때도 인천의 화교 이발소는 습격 피해를 당했다. 1931년 7월 3일 오전 2시 25분 외리 70번지의 이발사인 장정등(張亭登)은 취침 중 투석으로 인해 유리 3장이 손상되는 피해를 입었다. 7월 4일 오후 10시 중정3정목의 홍발당(점주 오화생)이 3,000명의 군중의 습격으로 완전히 파괴되는 피해를 입었다.[44]

경성은 7월 4일 오후 11시 30분 신정(新町) 14번지의 장(張) 씨가 경영하는 이발소가 투석으로 인해 고객이 피해를 입었다. 7월 5일 오후 10시 20분 종로 1정목 67번지의 화교 이발소가 2명의 조선인의 투석으로 피해를 입었다. 같은 날 오후 11시 40분 고시정(古市町) 14번지의 소왕용(蘇王容) 이발소가 20명의 군중에 의한 투석 피해로 유리 4장이 파손되었다. 또한 7월 6일 오전 1시 50분 황금정 4정목 310번지 조부귀(趙富貴) 경영의 이발소가 어린이 3명의 습격으로 유리 16장이 파손되는 피해를 입었다. 당시 경성에는 27개소의 화교 이발소가 있던 것으로 추정되기 때문에 전체의 15%가 피해를 입은 것이 된다.[45]

---

43) 駐朝鮮中華民國總領事館(1928), 「仁川鮮人暴動華人被害報告書」, 『駐韓使館保存檔案』(동 03-47-168-01).

44) 朝鮮總督府警務局(1931.7), 『昭和六年七月 鮮內ニ於ケル支那人排斥事件ノ概況』, 朝鮮總督府.

45) 朝鮮總督府警務局(1931.7), 앞의 자료.

1931년 화교배척사건 때 가장 큰 피해를 당한 것은 화교 경영의 중화요리점이었다. 경성의 경우, 습격을 당해 피해를 입은 중화요리점은 117개소로 전체 중화요리점의 4할에 달했다.[46] 따라서 화교 이발소가 이 사건의 주요한 피해자라고는 할 수 없다.

한편, 1930년대에 들어 이와 같은 화교배척사건의 영향과 다른 요인에 의해 화교 이발소는 정체 혹은 감소하는 추세였다. 앞에서 언급한 대로 화교 이발소도 조선인 및 일본인 이발업자가 참여하는 조합에 가입하여 동일한 가격을 받아야 했고, 이발시험에 합격해야 이발영업을 할 수 있기 때문에 언어의 장벽으로 합격자를 많이 배출할 수 없었다. 이러한 제도적 장벽으로 인해 1936년 12월 현재 화교 이발사의 수는 1930년 534명에서 106명으로 5분의 1 이상 급감했다.[47] 이발사의 감소는 필연적으로 화교 이발소의 감소로 이어졌고 특히 경성의 화교 이발소의 감소가 급격했다.

중일전쟁 이후 인천의 화교 이발소는 1935년 8개소에서 1942년에는 5개소로 3개소가 감소했다. 5개소 이발소의 종사자는 가족을 포함하여 총 52명이었다. 주요한 이발소를 살펴보면 다음과 같다. 의발당(義發堂, 본정 1번지)의 점주는 서회의(徐懷義, 1894년생)로 산동성 제성현(諸成縣) 출신이었다. 부인은 서왕(徐王) 씨로 1897년 출생으로 자식 2명과 같이 거주하고 있었다. 이발소의 직원은 2명으로 서우장(徐宇章, 1891년생)과 안무길(安茂吉, 1876년생)로 모두 산동성 일조현 출신이었다. 새로 신설된 것으로 보이는 동아이발관(東亞理髮館, 서경정 212번지)의 점주는 왕련승(王連陞, 1904년생)으로 산동성 제성현 출신이었다. 그는 부인 왕원(王苑) 씨(1911년생), 1남 3녀의 자식과 같이 거주하고 있었다. 직원은 안영림(安永林, 1906년생, 일조현), 후극상(侯克相, 1904년생, 일조현), 왕영(王榮, 1899년생, 제성현), 수덕용(隋德涌, 1900년생, 봉래현), 임문걸(林文傑, 1911년생, 길림성) 등 5명이었다.[48]

---

46) 朝鮮總督府警務局(1931.7); 제8장 참조.
47) 朝鮮總督府警務局(1994), 「第73回 昭和12年 帝國議會說明資料」(복각판, 『朝鮮總督府帝國議會說明資料』第1卷, 不二出版, 336쪽).

1920년대 경성 및 인천의 화교 이발소에 평균 7명이 종사하고 있었던 것과 비교하면 의발당 2명, 동아이발관 5명은 상당히 감소한 것으로 볼 수 있다. 화교 이발사가 중일전쟁 시기 본국으로 많이 귀국한 것으로 추정된다. 특히 호북성 출신 화교 이발업자가 거의 사라진 것을 보면 이들의 귀국이 많이 이뤄진 것으로 보인다. 경성 등 다른 지역도 인천과 상황이 비슷했다.

해방 직후 경성의 화교 이발소는 1948년 10월 현재 3개소인데 이 가운데 2개소는 해방 이전부터 지속된 것이었다. 해방 직후 인천의 화교 이발소는 1개소도 파악되고 있지 않다.[49] 해방 직전 화교 이발소는 거의 문을 닫은 것으로 볼 수 있다.

3. 화교 양복점의 형성과 전개과정

1) 화교 양복점의 탄생

조선에 양복 착용이 공식적으로 허용된 것은 1895년 11월 15일(양력 12월 30일) 공포된 내부고시로 "의관제도는 좌와 같이 고시함. …… 의복제도는 외국제를 채용하여도 무방함"이라 하여 외국의 의복 착용을 공인하면서부터이다. 이어 조선 정부는 1900년 4월 칙령 제14호와 제15호를 공포하여 문무복장규칙(文官服裝規則)과 문관대예복제(文官大禮服制)를 재가하여 서양 관복으로 바꾸었다. 이때 반포한 문관복은 영국의 궁중 예복을 모방한 일본의 대례복을 참작했다. 1906년에는 칙령 제75호를 공포하여 문무관의 대예복제를 개정하였으며, 제76호로 육군 복장을 더욱 간편하게 개정했다.[50]

---

48) 仁川華商商會(1942.8·9), 『仁川華僑世代別名簿』, 인천시립박물관소장; 배성수(2016.2), 「1940년대 초 인천지역 화교사회의 동향: 인천광역시립박물관 소장 1942년 화교자료의 분석을 중심으로」, 『인천학연구』 제24집, 인천학연구소.

49) 조선은행조사부(1949), 「재한화교의 경제적 세력」, 『경제연감 1949년판』, II-65쪽.

이러한 제도의 도입은 일본의 영향에 의해 추진된 것이기 때문에 일본의 양복 도입의 경위를 살펴볼 필요가 있다. 일본의 메이지정부는 1869년 11월 12일 태정관(太政官) 포고 제339호 '대예복 및 통상 예복을 정하고 의관을 제복으로 하는 등의 건' 가운데 "금후 예복으로 양복을 채용한다"라고 공포했다. 이에 따라 1870년과 1872년에는 각각 서양식의 해군제복과 육군제복이 제정되고, 군복 이외에도 관리의 제복이 양장으로 정해졌다. 또한 메이지천황이 1871년 양복을 권장하는 칙어를 공포하여 일반인의 양복에 대한 관심이 급속히 확산되었다.

일본의 양복점은 처음에 외국인에 의해 개설되었다. 1859년 요코하마의 외국인거류지에 미국인 엘리자베스 고드윈 브라운 부인에 의한 양복점이 최초로 등장했으며, 1869년 고베에서 영국인 스킵이 외국인거류지에서 양복점을 개업했다. 일본인 버선 직인 및 바느질 직인이 외국인 양복점에서 양복 기술을 배운 후 개항장에서 1870년대에 양복점을 잇따라 개업했다. 일본인 양복점이 증가하면서 1886년에는 도쿄도양복상공업조합(東京都洋服商工業組合)이 설립되었다. 고베 최초의 화교 양복점은 '스킵'이 상해에서 데리고 온 절강성(浙江省) 영파(寧波) 출신의 응소유(應紹有)로 그는 1874~1875년경 고베에서 개업했다.[51]

조선 최초의 양복점에 관해서는 여러 가지 설이 있다. 1884년 인천의 일본인 양복점 스에나마가 최초라는 설, 현 서울 광화문 우체국 옆에 1889년에 설립되었다는 하마다(濱田)양복점이라는 설이 있지만 두 곳 모두 자료로 입증되지 않고 있다.[52]

현재로서 신문에 최초로 등장하는 양복점은 한성 정동에서 개업한 원태양복점(源泰洋服店)이다. 《독립신문》 1897년 8월 17일자에 등장하는 이 양복점은 정동 86번지에 위치한 화교 경영 양복점이었다. 광고의 내용을 현대식 한국어

50) 김진식·한국복장기술경영협회 편(1990), 앞의 책, 66~67쪽.
51) 陳來幸(2007b), 앞의 논문, 57쪽.
52) 김진식·한국복장기술경영협회 편(1990), 앞의 책, 71쪽.

로 바꿔보면 다음과 같다. "이 회사에서 상등(上等) 양복을 싸게 만들어 파니 제 공(諸公)은 와서 옷을 맞추세요. 가을 옷과 겨울 옷을 꼭 맞게 만들어드립니다. 본점은 정동 새 예배당 앞입니다."[53]

원태양복점은 서울 정동의 정동제일교회 앞에 위치한 것으로 보인다. 정동 제일교회는 1895년 9월 착공하여 1896년에 헌당식을 거행하고 정식으로 준공 된 것은 1897년 10월이기 때문이다. 정동은 외국인이 많이 거주하는 지역으로 초창기 양복의 수요가 많은 지역이었다. 《독립신문》에 광고를 게재한 것은 이 신문을 주도하는 독립협회가 서양식 근대화를 추구하는 세력이 주도했기 때문 에 조선인 상류층의 양복 수요를 전망하고 광고를 낸 것은 아닐까 한다.

이 광고 문안으로 볼 때 이미 다른 양복점이 개업하여 영업을 하고 있다는 것을 알 수 있는데 그것은 상등 양복을 싸게 만들어 판다는 것으로, 다른 양복 점과 비교하여 말한 것이다. 즉, 염가 판매를 장점으로 선전한 것이다.

원태양복점의 경영주는 절강성 영파부(寧波府) 봉화현(奉化縣) 출신의 대익 삼(戴益三)이었다. 그는 1858년 출생하여 37세 때인 1894년 한성으로 이주했 다. 그의 출신지인 영파부 봉화현은 지리적으로 상해에서 가까이 위치, 서양의 근대문물을 빨리 접할 수 있는 곳이었다.[54] 고베에서 화교 첫 양복점을 개업한 응소유도 영파부 출신인 것을 상기하면 영파부에 주목할 필요가 있다.

중국 최초의 중국인 양복점은 1879년 소주(蘇州)에서 이래의(李來義)가 개업 한 이순창서복점(李順昌西服店)이다. 그러나 일반적으로 1896년 상해에서 강보 신(江輔臣)이 개업한 화창호(和昌號)를 중국인 최초의 양복점으로 인정하고 있 다. 그런데 이래의와 강보신 모두 절강성 영파부 출신이었다. 이처럼 조선과 일본에 영파부 출신 재단사 및 양복상이 주요한 역할을 담당한 것은 영파인은 특히 재봉에 재능이 있고 그러한 직인의 기술이 축적되어 그것을 계승하는 문 화적 전통이 있었기 때문이다. 특히 봉화강(奉化江) 양안(兩岸)의 30개 촌 출신

---

53) "광고 원태양복점", 《독립신문》, 1897.8.17.
54) 譚永盛(2016.9.1), "韓華商業經營中的奇葩-洋服店", 《한화통신(韓華通訊)》171期, 한성화 교협회.

의 양복 직인은 양복업계에서 일반적으로 홍방(紅帮)으로 불릴 정도로 근대 중국 양복 직인 및 양복상의 선구자로 통한다.[55]

중국에서 양복을 예복의 하나로 공포한 것은 1912년 중화민국 건국 직후이기 때문에 일본과 조선에 비해 늦었다. 그러나 1842년 남경조약 이후 중국의 각 항구가 강제로 개항됨에 따라 서양인의 거주자가 증가, 이들의 양복 수요를 만족시키기 위해 일본처럼 서양인에 의한 양복점이 먼저 개업되었다. 영파부 출신의 중국인이 상해의 서양인 양복점에서 일하면서 기술을 습득하여 자신의 양복점을 개설한 것은 일본인 양복점과 같았다.

조선화교의 성의점(成衣店, 중국식 의복 재봉점)의 개설은 양복점 개설보다 훨씬 빨랐다. 1889년 서울의 서대문내 성의점에 상해 출신의 당진방(唐振芳, 49세), 장아유(張阿裕, 46), 양장림(楊章林, 34)이 일하고 있었다. 성의점의 주요한 고객은 물론 화교였다. 그런데 1900년대에 들어 화교 양복점과 성의점은 1907년 5개소에서 1910년에는 11개소로 증가했다. 〈표 9-2〉는 1910년 12월 경성에서 영업하고 있던 양복점과 성의점을 나타낸 것이다.

맞춤양복 제작공정의 가장 큰 특징은 전문화이다. 재단(채촌, 가봉 포함), 상의 및 하의 재봉, 마무리, 다림질 등의 각 공정에 각 1명 이상의 숙련된 기술자가 있어야 한다. 따라서 종사자 인원이 1~2명인 덕흥호(德興號), 유화상(裕和祥), 유수정(遊壽亭), 화복산(火福山), 유귀정(劉貴亭)의 5개소는 성의점으로 추정된다. 그 외에 6개소가 양복점으로 보이는데 종사 인원이 10명인 영태호, 9명인 원태창과 상흥호, 그리고 8명인 윤대호가 규모가 큰 양복점이었다.

원태창은 앞에서 언급한 원태양복점으로 점명을 원태창으로 바꾼 것이다. 상흥호의 경영주는 장홍해(張鴻海)로 대익삼과 같은 절강성 봉화현 출신이었다. 그는 1878년에 출생하여 1895년 조선에 이주, 상흥호를 개업했다. 대익삼과 장홍해는 1913년 경성중화상무총회(京城中華商務總會)의 16명의 의원 가운데 포함된 것을 보면, 원태창과 상흥호는 규모가 큰 양복점이라는 것을 알 수

---

55) 陳來幸(2007b), 앞의 논문, 56쪽.

<표 9-2> 화교 양복점과 성의점(1910년 12월 기준)

상호명	위치	인원	가족	총계
원태창(源泰昌)	대정동(大貞洞)	9	여성 1	10
영태호(榮泰號)	정동(貞洞)	10	여성 3	13
덕태호(德泰號)	정동(貞洞)	5	여성 1, 어린이 1	7
동태호(同泰號)	정동(貞洞)	6	여성 1	7
덕흥호(德興號)	정동(貞洞)	2	여성 1	3
윤대호(允大號)	석정동(石井洞)	8	-	8
상흥호(祥興號)	석정동(石井洞)	9	여성 1, 어린이 1	11
유화상(裕和祥)	소공동(小公洞)	1	-	1
유수정(遊壽亭)	소공동(小公洞)	2	-	2
화복산(火福山)	석정동(石井洞)	1	-	1
유귀정(劉貴亭)	이궁가(二宮街)	1	-	1
총계	11개소	54	여성 8, 어린이 2	64

출처: 駐韓淸國總領事館 보고(1910), [宣統二年淸査戶口表], 「華商總會各件(一)」, 『駐韓使館保存檔案』(동 02-35-056-11).

있다.[56]

양복점에는 종사자 이외에 가족이 함께 거주했다. 원태창, 영태호, 덕태호, 동태호는 점주의 부인으로 보이는 여성이 동거하고 있었고, 덕태호와 상흥호는 어린이도 함께 거주했다. 이처럼 부인과 자식이 함께 거주하는 양복점의 점주는 혼자가 아니라 가족 단위의 이주를 한 것으로 파악된다. 그리고 화교 양복점은 현재의 정동과 소공동 일대에 집중적으로 분포되어 있었다.

한편, 인천의 화교 양복점은 1906년에 2개소가 영업을 하고 있었다. 신륜기(新倫記)는 종사자가 12명, 원태(源泰)는 12명이었다.[57] 인천의 원태는 한성의 화교 첫 양복점인 원태와 상호가 같은데 이것은 한성의 원태양복점이 인천에 개설한 지점이었다. 종사인원이 각각 12명인 것을 보면 서울의 본점과 규모가

---

56) 譚永盛(2016.9.1), 앞의 글.
57) 仁川中華會館 보고(1906), "仁川本港商號戶口人數", 「華商人數淸冊…各口華商淸冊」, 『駐韓使館保存檔案』(동 02-35-041-03).

거의 비슷한 것으로 추정된다. 원태의 인천지점장은 김동경(金同慶, 1913년 당시 53세)이라는 인물로 대익삼과 같은 절강성 출신이었다. 1917년 12월 일본의 신용평가기관인 상업흥신소(商業興信所)가 조사한 바에 의하면, 원태는 화교 양복점 가운데서는 유일하게 『상공자산신용록(商工資産信用錄)』에 게재되어 연간 매상액은 5,000원~1만 원이며 신용도가 매운 높은 편이었다.[58] 또한 신륭기의 점주인 허희영(許希榮, 47세)도 같은 절강성 출신이며, 1906~1913년 사이에 신설된 순태상(順泰祥)의 점주인 전금근(錢金根)도 같은 절강성 출신이었다. 김동경, 허희영, 전금근은 1913년 설립된 인천중화상무총회의 17명의 의원 가운데 포함되어 있었다.[59]

2) 화교 양복점의 전개 및 실태

화교 양복점은 1923년 경성에 23개소, 인천에 3개소, 진남포에 1개소 등 총 27개소가 영업하고 있었다. 경성의 경우, 1910년 6개소이던 것이 약 4배인 23개소로 증가한 것을 알 수 있다. 1930년에는 27개소의 양복점이 유지되었다(〈표 9-1〉 참조).

1923년 경성의 경성의 주요한 화교 양복점은 정동의 원태창과 남대문통의 왕남장(王南章)으로서 경성에서 가장 많은 연간 2만 원의 수입을 올렸다. 태평통의 장계삼(張桂森)은 1만 8,000원, 장곡천정(長谷川町, 현 소공동)의 상흥호는 1만 2,000원, 태평통의 영태호(榮泰號)는 1만 2,000원, 영락정(永樂町)의 동태형(同泰亨)은 1만 원이었다.[60] 1910년의 주요한 화교 양복점인 원태, 상흥호, 영태

---

58) 〈부표 10〉 참조.

59) 仁川中華商務總會(1913), 『朝鮮仁川中華商務總會民國二年選擧職員姓名年歲籍貫履歷列表』, 인천화교협회소장.

60) 朝鮮總督府(1924a), 앞의 자료, 62쪽. 이 외에 화교 채흥발(蔡興發)이 경영하는 덕태(德泰)양복점이 있었다. 1920년 당시 연간 매상액은 2,000~3,000원이었으며 신용도는 높았다. 영태(榮泰)양복점의 점주는 진명방(陳茗芳)으로 1920년 당시의 연간 매상액은 1,000원 미만의 소규모였다(〈부표 3〉 참조). 1924년 8월 당시 경성 원태(源泰)의 점주는

호 등은 영업을 계속하고 있었으며, 왕남장, 장계삼, 동태형 양복점이 새롭게 개설된 것을 확인할 수 있다. 1923년 인천의 화교 양복점은 3개소로 신륜기(新倫記, 지나정) 1만 8,000원, 원태와 순태는 7,000~8,000원이었다.[61] 1913년 당시 영업하던 3개소의 양복점이 10년 뒤에도 그대로 영업하고 있었다.

이러한 화교 양복점은 어떤 기술적 특성과 영업활동을 펼치고 있었을까. 1930년대 경성에서 양복점 기사로 활동한 최준(崔俊)은 화교 양복점에 대해 다음과 같이 증언했다.

> 서울에 중국인 양복점으로 신문로의 원태창양복점(源泰昌洋服店), 남대문 1가에서 중국인 왕보장(王甫章)이 경영하던 복장양복점(福章洋服店), 서대문에서 중국인 왕복산(王福山)이 경영하던 왕복산양복점이 대표적이었는데, 이들은 한반도에 거주하는 중국인 상대의 양복점이었으나 한인(韓人) 고객도 많이 확보하였다. 중국인 양복기술자들 가운데서도 상하이(上海) 출신들이 수준이 높았다. 이들은 봉제 솜씨가 뛰어났는데, 미싱을 쓰지 않고 손바느질로 양복을 만들었으며, 양복 조제 시 자리 잡음과 착장감을 잘 살려 기술발전에 기여한 바가 컸다.[62]

최준이 양복 기술자로 활동한 시기는 1930년대 후반부터이기 때문에 이 증언은 그 당시의 화교 양복점에 대한 진술로 보이는데, 화교 양복점의 기술과 고객 관련 내용은 시기와 상관없는 일반적인 평가일 것이다. 화교 양복점의 특징은 봉제 기술이 상당히 뛰어났다는 점, 미싱을 사용하지 않고 손바느질로 양복을 만들었다는 점이다. 이러한 특징은 당시 조선인과 일본인 양복점과 비교한 것으로 주목된다. 양복 제조 시 착용감이 뛰어났다는데 이러한 화교 양복점의 기술은 경성의 양복 기술 발전에 기여했다고 한다.

또한 그의 증언에 의하면, 화교 양복점의 주요한 고객은 화교가 가장 많았

누원임(樓元任)이었다.

61) 朝鮮總督府(1924a), 앞의 자료, 62쪽.
62) 김진식·한국복장기술경영협회 편(1990), 앞의 책, 117쪽.

고, 조선인 고객도 많았다고 한다. 그러나 그의 증언은 조선총독부의 조사와 다르다. 조선총독부 조사에 의하면 일본인 고객이 전체의 7할, 조선인 고객이 전체의 3할을 차지했다. 즉, 화교 고객은 거의 없고 일본인과 조선인이 주요한 고객이었던 것이다. 일본인 양복점도 많은 가운데 일본인이 화교 양복점을 많이 찾은 것은 가격이 그들보다 상대적으로 저렴하면서도 양복제조 기술이 괜찮았기 때문이었다.[63]

화교 양복점이 사용하는 원단은 상해에서 수입하거나 경성 현지 일본인 상점에서 조달했다. 화교 양복점은 상해에서 원단을 수입하는 것을 크게 선전했는데, 상흥호의 양복점 광고를 보면 "上海 最新式 流行洋服은 …… 上海新來 價廉品上外套地는, 祥興號 高等羅沙 直輸入 洋服商"이라고 나와 있다. 상흥호는 두꺼운 모직물인 라사를 상해에서 직수입하고, 근대 동아시아 패션의 최첨단을 달렸던 상해 유행의 양복을 만든다는 것을 전면에 내세우고 있는 것이다. 왕보장의 복장양복점의 광고도 비슷하다. "弊店은 從來로 歐美流行의 各種最新式洋服을 顧客諸氏의 注文대로 調進하옵는 바 今般業務를 一新擴張하는 同時에 上海로부터 羅沙織物을 多數直輸入하였으며…" 즉, 이전에는 구미 유행의 양복을 만들어왔지만 상해에서 새로운 원단인 라사를 대량 수입하여 새로운 스타일의 양복을 만든다고 광고하고 있다. 화교 양복업자의 출신지가 영파부라서 상해와 관계가 있기 때문에 이를 충분히 활용하려는 의도가 엿보인다.[64]

앞에서도 언급한 대로 화교 양복점 종사자는 초창기 이후에도 그 대부분이 절강성 영파부 출신이었다. 앞의 절에서 원태창의 창업주인 대익삼, 상흥호의 창업주인 장흥해도 모두 절강성 영파부 봉화현 출신이었다. 원태창의 인천지점인 원태호의 점주인 김동경, 신륜기의 점주 허희영, 순태상의 점주인 전금근도 모두 절강성 출신이었다. 1927년 당시 순태호(順泰號)의 점주인 전신인

---

63) 朝鮮總督府(1924a), 앞의 자료, 62쪽.
64) 김진식·한국복장기술경영협회 편(1990), 앞의 책, 117~119쪽.

(錢信仁)과 복태(復泰)의 점주인 장윤재(張閏財)는 모두 절강성 근현(勤縣) 출신이었다. 원태호(源泰號)의 점주인 김병법(金炳法)은 절강성 상우현(上虞縣) 출신이었다.[65]

1942년 인천의 순태 양복점의 점주인 고림여(高林如, 1876년생)는 절강성 진해현(鎭海縣) 출신이고, 직공인 범홍청(范鴻淸, 1922년생)은 같은 절강성의 영파현 출신이었다. 복창(復昌)양복점의 점주인 교책발(鄥責發, 1907년생)은 절강성 영파부 봉화현 출신이었다. 화교 양복점의 점주가 절강성 출신인 관계로 그 직원도 대체로 절강성 출신이 차지했다. 절강성 이외의 화교 양복점으로는 1942년 인천 복음양복점(福音洋服店)의 노천작(魯天爵)이 산동성 액현(掖縣) 출신인 것이 있으나 그 외에는 찾아보기 어렵다.[66] 따라서 조선화교의 양복점은 절강방(浙江幇)이 거의 독점적인 지위를 구축하고 있었다고 해도 과언이 아니다.

조선화교 가운데 절강성 출신은 호북성, 안휘성과 함께 남방(南幇)을 조직하여 활동했다. 1935년 인천화교의 양복점은 4개소인데 모두 절강성 출신의 남방이 차지했다. 당시 절강성 출신의 성인 남성 인구가 18명인데 그 모두는 양복점 종사자였다. 앞 장에서 살펴본 것과 같이 화교 이발업자는 상당수 호북성 출신이 차지한 것과 비슷하다. 인천의 남방회관(南幇會館)의 대표는 안휘성 출신으로 부동산업자인 왕성홍(王成鴻)이었다. 인천의 남방 소속 인구는 1935년 65명으로 전체의 3%에 지나지 않았지만 경제력은 만만치 않았다.[67]

경성의 경우, 남방은 화교 양복점 종사자가 주도했다. 남방의 지도자는 처음

---

65) 駐朝鮮中華民國總領事館(1928), 「仁川鮮人暴動華人被害報告書」, 『駐韓使館保存檔案』(동 03-47-168-01).

66) 仁川華商商會(1942.8-9), 앞의 자료. 특히, 영파부 근현(勤縣)의 장(張) 씨, 손(孫) 씨, 주(周) 씨, 하(何) 씨는 중국 근대 양복점의 주요한 가게로 유명했다. 장윤재(張閏財)는 바로 그러한 가게 출신의 양복업자인 것으로 보인다(陳來幸(2007b), 앞의 논문, 56~57쪽). 이러한 배경에서 현재 영파시 근주(勤州)에는 영파복장박물관(寧波服裝博物館)이 설치되어 있다.

67) 仁川華商商會(1935.3), 「華商各行牌各營業資本開設年度表」, 『仁川華商商會華僑商況報告 中華民國24年(1935年)3月』, 인천화교협회소장.

에 원태양복점의 대익삼이 담당하다 1914년 같은 동향의 누원영(樓元榮)으로 교체된 후는 상흥호 점주인 장흥해가 담당했다. 장흥해는 1878년 절강성 영파부 봉화현 출신으로 1895년 서울로 이주하여 남부(南部) 회현방(會賢坊) 석정동(石井洞)에 상흥호(祥興號)양복점을 설립했다. 그는 1913년 설립된 중화상무총회의 의원으로 당선, 경성중화총상회 부회장, 서소문정에 남방회관 설립을 주도했으며, 1923년 현재 남방회관의 대표를 맡고 있었다. 그리고 1921년 구국단사건(救國團事件) 때 독립자금과 비밀문서를 상해임시정부에 전달하는 임무를 수행하다 경찰에 체포되기도 했다. 1929년 4월 중국국민당 경성지부 수석정집행위원(正執行委員), 중화노공협회(中華勞工協會) 경성지부장으로 선출되어 활발한 정치운동을 전개했다.[68] 그런데 그의 활동은 1930년 4월 국민당지부 창립 17주년 기념식을 마지막으로 언론에 등장하지 않는다.

장흥해 이후 경성의 남방회관을 주도한 인물은 왕보장이었다. 그는 절강성 영파부 봉화현 출신으로 복음양복점을 설립하고 이를 복장양복점으로 명칭을 변경한 후 해방 직전까지 양복점을 운영했다. 그는 1942년 11월 45세의 나이로 남방회관의 대표로서 경성중화상회의 감사로 근무했으며, 한성화교학교의 이사를 맡은 경성화교 사회의 지도자 중 한 명이었다.[69] 왕보장의 복음양복점은 1936년부터 1942년까지 조선총독으로 근무하던 미나미 지로(南次郎)의 국민복을 만든 양복점이기도 했다.[70] 이 양복점은 일본의 신용평가기관인 상업흥신소(商業興信所)가 1939년 11월 조사한 바에 의하면, 연간 매상액은 7.5~10만 원에 달했으며 화교 양복점 가운데서는 유일하게『상공자산신용록(商工資産信用錄)』에 게재된 것을 보면 당시 대표적인 화교 양복점이었던 것을 알 수 있다.[71]

---

68) 譚永盛(2016.9.1), 앞의 글; 朝鮮總督府警務局長(1927.5.4),「支那國民黨京城支部設置ニ關スル件」,『思想問題ニ關スル調査書類2』朝保秘第924號; 朝鮮總督府警務局(1921.4.7),「救國團檢擧」,『朝鮮騷擾事件關係書類(3)』.

69) 駐京城 總領事館(1942),「朝鮮僑民回國觀光團問題的來往文書」,『汪僞僑務委員會檔案』(동 2088-406).

70) 김진식·한국복장기술경영협회 편(1990), 앞의 책, 117쪽.

그런데 1930년대 화교 양복점은 화교 이발소와 마찬가지로 정체 혹은 쇠퇴하는 양상을 보여주었다. 1930년 10월 현재 화교 재단공 및 재봉공은 총 296명으로 남성 232명, 여성 63명이었다(〈표 9-2〉 참조). 그러나 1936년 12월에는 그 인원이 106명으로 약 3분의 1 수준으로 격감했다.[72] 재단공 및 재봉공의 인원 감소는 화교 양복점의 감소를 의미한다.

중일전쟁 직전 조사된 화교 양복점 가운데 『상공자산신용록』에 게재된 양복점과 연간 매상액은, 경성의 복장(福章)양복점(왕보장(王甫章))과 원태(源泰, 점주 누원임(樓元任))가 1~2만 원, 인천의 원태(源泰, 점주 고림여(高林汝))가 약 1만 원, 순태호(順泰號, 점주 전신인(錢信仁))는 1~2만 원, 신창(慎昌, 점주 응사성(應士成))은 3,000~5,000원, 장윤재(張潤財) 양복점은 2,000~3,000원이었다.[73] 화교 양복점을 대표하는 이들 양복점의 매상액이 1920년대와 비교해보면 거의 변함이 없거나 오히려 감소한 것이다. 이로 볼 때 화교 양복점의 경영은 1930년대에 들어 1920년대에 비해 정체 혹은 쇠퇴했음을 알 수 있다.

한편, 경성의 양복점 업계는 1930년대 큰 발전을 하는 시기이다. 종로를 중심으로 한 북촌의 조선인 양복점과 남촌(충무로와 명동 일대)의 일본인 양복점이 서로 경쟁하면서 발전한다. 화교 양복점은 화교 이발소와 마찬가지로 1931년 화교배척사건 때 피해를 당하기도 했다. 경성 정동 33번지의 원태창(점주 누원영(樓元榮))은 조선인 10여 명의 습격을 받고 진열대의 유리가 파괴되는 피해를 입었다. 남대문통 1정목 22번지의 왕보서(王甫書) 양복점은 조선인의 습격을 받고 투석으로 유리가 파손되는 피해를 입었다.[74]

그러나 쇠퇴의 원인은 화교배척사건에 있는 것이 아니었다. 인천의 경우 이 사건의 피해가 있었지만 감소하지 않았다. 앞에서 언급한 대로 중화요리점처

---

71) 〈부표 10〉 참조.
72) 朝鮮總督府警務局(1937), [外事警察ノ狀況], 「昭和十二年 第七十三回帝國議會說明資料」 (복각판, 『朝鮮總督府 帝國議會說明資料』 제1권, 不二出版, 1994, 336쪽).
73) 〈부표 9〉 참조.
74) 朝鮮總督府警務局(1931.7), 앞의 자료.

럼 피해가 크지 않았다. 1930년대 중반 경성의 양복점은 400여 개로 늘어났다. 일본인 양복점은 거대 자본과 기술을 바탕으로 주문 양복제조뿐 아니라 기성복을 대량으로 판매하는 전략을 폈다. 조선인 양복점은 조선인 네트워크를 활용하여 판매촉진 전략을 폈다. 그러나 화교 양복점은 그러한 자본력도 조선 내 네트워크도 확립되어 있지 않았기 때문에 상대적으로 불리했던 것이다. 상흥호와 복장양복점이 앞에서 본 대로 1930년대 신문에서 광고활동을 편 것에는 이러한 위기를 탈출해보려는 의도가 숨어 있다.[75]

화교 이발소는 조선인과 일본인 이발소로부터 여러 견제와 저항을 받을 정도로 큰 세력을 형성했지만, 화교 양복점은 신문에 그런 사례가 거의 보이지 않는다. 화교 양복점이 조선인과 일본인 양복점에 크게 위협적인 존재로까지 발전하지 못했다는 것을 방증해준다.

중일전쟁 시기에 접어들면 통제경제가 강화되어 원단의 배급제가 실시되는데 이는 양복점 경영에 큰 타격을 주었다. 전시체제라 국민복 위주의 의복이 주를 이루고 고급품인 양복에 대한 원단 배급은 감소했다. 원단 배급의 감소로 양복점은 직원을 감원하지 않을 수 없었던 것이다.

1942년 인천의 화교 양복점인 순태의 직공은 범홍청(范鴻淸, 1922년생, 절강성 영파현 출신)과 공번균(孔繁鈞, 1922년생, 산동성 모평현 출신)의 2명뿐이었다. 이전에는 직공이 10여 명에 달한 것과 비교하면 상당한 감원이 이뤄진 것을 알 수 있다.[76] 해방 직후 서울과 인천에서 영업하는 화교 양복점은 하나도 확인되지 않고 있다. 해방 직전 거의 문을 닫은 것으로 추정된다.

---

75) 김진식·한국복장기술경영협회 편(1990), 앞의 책, 113~119쪽.
76) 仁川華商商會(1942.8-9), 앞의 자료.

4. 맺음말

우리는 위에서 삼도업(三刀業)의 대표적인 업종인 화교 이발소와 양복점에 대해 근대 시기를 중심으로 검토했다.

화교 이발소는 1900년대에 들어 서울과 인천을 중심으로 생겨나서 1910년 대와 1920년대에 급속히 증가했으며, 호북성 및 산동성 출신 화교가 중심이 되어 영업활동을 전개했다. 화교 이발소의 증가로 1910년대부터 조선인 이발소 및 일본인 이발소 간의 경쟁이 격화됐다. 화교 이발소는 상대적으로 저렴한 이발요금에다 귀 후비기와 안마 등의 서비스를 제공하면서 조선인 및 일본인 고객을 확보할 수 있었다. 조선총독부와 조선인 및 일본인의 이발조합은 이발 면허 시험의 실시와 화교 이발조합을 포함한 단일의 통합 이발조합을 설립, 가격을 동일하게 하는 방법으로 대처했다. 이러한 제도적 장벽과 두 차례의 화교배척사건의 피해로 1930년대 들어 화교 이발소는 점차 쇠퇴 국면에 접어들고 해방 이후에는 거의 자취를 감추었다.

화교 양복점은 전개 양상이 이발소와 비슷했다. 화교 양복점은 1897년 서울에 처음으로 설립되었으며, 1900년대에 들어 서울과 인천을 중심으로 점차 증가하다가 1930년에는 20개소가 되었다. 화교 양복점은 뛰어난 손바느질 기술과 착용감으로 일본인과 조선인의 고객을 확보했다. 화교 양복점의 경영주는 대부분 절강성 영파부 출신이 차지한 것이 특징이다. 1930년대에 들어 일본인 양복점의 자본력과 조선인 고객 네트워크를 확보한 조선인 양복점과의 경쟁에서 패배하고, 전시통제경제로 인한 양복지 배급 감소로 거의 문을 닫았다.

제II부를 마치며 ⋯⋯⋯⋯⋯⋯⋯⋯⋯⋯⋯⋯⋯⋯⋯⋯⋯⋯⋯⋯⋯⋯⋯⋯⋯⋯⋯⋯

　제II부에서 조선화교 삼도업인 중화요리점, 양복점, 이발소에 대해 각각 살펴보았다. 여기서는 화교 삼도업 종사자의 경제활동이 동아시아근대사, 조선근대사, 화교근대사에서 어떠한 의미를 가지는지 보고자 한다.

　동아시아근대사의 맥락에서 사람의 이동에 관한 연구 분야에서 삼도업을 검토한 것은 거의 찾아보기 힘들다. 직업을 가진 조선화교 10명 중 1명이 삼도업에 종사하고 있었다는 것은 결코 적은 인구가 아니다. 사람의 이동에는 이동하는 사람의 정신과 신체에 내재된 송출지의 문화와 기술도 동반된다. 삼파도인 식칼, 면도, 가위는 중국인이 일상생활 속에서 자주 사용하는 것인데 삼파도의 기술을 활용하여 이주지에서 중화요리점, 이발소, 양복점을 창업한 것이다. 삼도업에서 성공을 거둔 화교가 교향(僑鄕)에서 친인척 혹은 친구를 종업원으로 불러들이는 연쇄이주가 이루어졌다. 연쇄이주의 루트는 각 업종에 따라 달랐다. 중화요리점은 산동요리와 광동요리의 중화요리점이 많아 산동성과 광동성에서 이주한 화교가 상대적으로 많았으며, 산동인이 압도적으로 많았다. 이발소 종사자는 호북성과 산동성 출신 이주자가 상대적으로 많았다. 양복점의 경우는 절강성 영파현 출신자가 대부분을 차지했다.

　다음은 조선근대사의 맥락에서 화교 삼도업 종사자의 경제활동이 가지는 의미에 대해 살펴보자. 화교 중화요리점은 삼도업 가운데서 가장 확고한 독점적 지위를 유지했다. 조선인과 일본인은 중화요리의 기술을 배울 기회가 적었고 화교 중화요리 종사자는 자신들의 중화요리 기술을 그들에게 전수하려 하지 않았다. 이러한 특성 때문에 화교 중화요리점은 두 차례의 화교배척사건과 전시통제경제하에서도 완전히 사라지지 않고 생존, 해방 이후까지 이어져 한국화교의 주요한 생업으로 지금까지 이어지고 있다.

화교 중화요리점에 비해 화교 이발소와 양복점은 조선인 및 일본인과 비교해볼 때 양적으로 많지 않았을 뿐 아니라 기술적으로도 완전한 경쟁우위에 서있지 못했다. 중화요리점은 전국적으로 약 3,000개에 달하여 그들만의 요리조합을 결성하여 상호 발전할 수 있는 규모의 경제를 구축하고 있었지만, 이발소와 양복점은 그리하지 못했다. 이발소는 현지어에 의한 이발면허라는 제도적 장벽이 있었고, 양복점은 조선인과 일본인 고객의 네트워크가 두텁지 못했을 뿐만 아니라 조선화교 가운데 양복을 입는 자는 소수에 지나지 않았다. 이러한 이유 때문에 화교 이발소와 양복점은 해방 이후 완전히 사라져버렸다.

다음은 화교근대사 맥락에서 조선화교 삼도업을 살펴보자. 1930년대 영국령 말레이시아(英領馬來)의 이발업주는 6,538명, 양복점 및 신발제조업주는 1만 6,235명에 달했다. 중화요리점과 호텔업 업주는 7,586명이었다.[1] 조선화교의 이발소 업주와 양복점 업주의 인구에 비해 비교할 수 없을 정도로 많은 숫자이다. 그러나 중화요리점 업주는 그렇게 큰 차이가 나지 않는 것을 알 수 있다. 영국령 말레이시아를 비롯한 동남아화교 경영의 중화요리점은 그들의 출신지를 반영하여 광동요리와 복건요리가 대부분을 차지했다. 조선화교의 중화요리점은 일부 광동요리 전문점이 있기는 했지만 소수였고, 대부분 산동요리를 기원으로 하는 북경요리가 중심이었다. 같은 동아시아에 위치한 일본화교의 중화요리가 광동요리 중심인 것과도 다르다. 이것은 화교의 출신지 차이에서 오는 것이라 할 수 있다.

---

1) 企劃院 編纂(1939), 『華僑の硏究』, 松山房, 194쪽.

조선화교의 이발소와 양복점은 화교 특유의 틈새시장 공략이라는 특징이 있다. 조선의 근대화 과정에서 발생하는 이발과 양복 수요를 잘 포착, 생성 초창기에 싼 가격과 서비스로 성공을 거둔 업종이었다. 일본화교도 이발소와 양복점의 틈새시장 공략으로 성공을 거둔 것은 조선화교와 일치하지만, 조선화교의 이발소와 양복점에 비해 장기간 지속했다는 점이 다르다. 일본화교의 이발소와 양복점은 일본의 패전 이후에도 왕성한 활동을 이어갔다.

이발소와 양복점 부문에서 조선화교와 일본화교 간에 이와 같은 차이가 발생한 원인이 무엇인지는 앞으로 검토해야 할 과제이다. 또한 조선화교의 중화요리를 둘러싼 화교의 각종 문화인류학적 검토도 앞으로 이뤄져야 할 것이다.[2]

---

2) 화교의 이주와 중화요리 간의 관계, 중화요리와 화교 정체성 간의 관계, 중화요리와 화교 민간신앙의 관계에 관한 관심이 고조되고 있다(陳志明(2014), 「華人: 移住, 飮食, そしてアイデンティティ」, 『華僑華人研究』第11號, 일본화교華人學會, 7~17쪽).

제III부
화교 제조업

솥을 제조하는 평양의 화교 주물공장
출처: 朝鮮總督府(1932a), 사진 146쪽.

▶ 제Ⅲ부에서는 근대 조선의 화교 제조업의 실태를 주물업과 양말 제조
  업을 중심으로 검토하여, 화교가 조선의 공업에 어떻게 관계하고 어
  떤 역할을 담당했는지 분명히 한다.

／ 제10장에서는 화교 주물공장이 일제강점기 솥의 제조에서 독점적인
  지위를 점하고 있었는데 그 원인을 진출 경위, 동향 네트워크, 조선인
  및 일본인 주물공장과의 경쟁관계에 주목하여 논의를 한다.
／ 제11장에서는 신의주의 화교 양말 제조공장이 1920년대 평양의 조선
  인 양말 제조공장에 위협을 가할 정도로 일대 세력을 형성한 원인이
  어디에 있는지 주목하면서 생성, 발전, 쇠퇴의 궤적을 추적한다.

제10장

화교 주물업

1. 머리말

이 장에서는 화교가 주물업에 진출한 경위와 발전 과정에 대해 화교의 동향 (同鄕) 네트워크, 조선인 및 일본인 주물업과의 경쟁관계 검토를 중심으로 살펴 보고자 한다.

화교 주물업에 관한 연구는 고승제에 의해 처음으로 이루어졌다.[1] 그는 화 교의 공업을 소개하는 가운데 주물공장이 많고 생산액이 적지 않은 것에 주목 하기는 했지만 주물업만을 중심으로 한 연구는 아니었다. 또한 내용이 충분하 지 못하며 뒤에서 살펴보는 바와 같이 일부의 내용에 잘못이 확인된다. 양소 전·손옥매(楊昭全·孫玉梅)는 고승제의 연구를 근거로 경성상업회의소가 발간 한 《조선경제잡지(朝鮮經濟雜誌)》를 참고하면서 화교 주물업의 호수, 생산액 등을 소개했지만 충분한 논의가 이뤄진 것은 아니었다.[2] 이와 같은 의미에서 이 장은 화교 주물업에 관한 최초의 본격적인 연구라 할 수 있다.

---

1) 고승제(1972), 「화교 대한이민의 사회사적 분석」, 『백산학보』 제13호, 백산학회, 158~ 159쪽.
2) 楊昭全·孫玉梅(1991), 『朝鮮華僑史』, 中國華僑出版公司, 198~200쪽.

2. 화교 주물업의 탄생 과정

주물업은 용융금속(熔融金屬)을 주형에 주입해 응고시켜 만들어낸 주물을 이용하여 자동차, 공작기계 등 각 산업계의 부품, 솥 등의 일용품을 제조하는 기계산업의 기반이 되는 산업이다.

조선은 일본에 비해 훨씬 빠른 단계에서 철기문화에 들어가 삼국시대의 유적에서는 이미 현대의 것과 거의 차이가 없는 철제 솥이 출토되었다. 이로 볼때 철 주물 분야에서는 일본과 상당한 시간적인 격차가 있었다.[3]

이와 같은 조선의 주물업에 화교가 진출한 것은 일제강점기였다. 주(駐)신의주 중화민국 영사관이 1936년 중화민국 외교부에 보고한 「신의주 교상(僑商) 개황」에 복성덕(福盛德)이 1912년, 동흥공(同興公)이 1919년에 각각 설립되었다고 기록되어 있다.[4] 또한 조선총독부가 발행한 1920년 「공장」 통계에는 화교 경영의 주물공장 2개소가 화교 40명을 고용하여 주물업의 주요한 원료인 코크스 68톤을 사용, 6만 5,000원의 제품을 생산하고 있다고 소개되어 있는다.[5] 이들 공장이 복성덕과 동흥공일 가능성이 높다. 이를 근거로 복성덕이 최초의 화교 주물공장이라고 생각된다. 그렇다면 화교가 1910년대에 조선에 주물공장을 설립한 경위를 살펴보자.

화교 경영의 주물공장은 주로 솥[6]을 제조하고 있었지만 일본 및 중국은 화교의 주물업 진출 이전부터 솥을 조선에 수출하고 있었다. 대(對)조선 수출 촉진을 위해 일본인에 의해 1895년에 설립된 일한통상협회(日韓通商協會)는 동 협

---

3) 朝岡康二(1993), 『鍋·釜』, 法政大學出版部, 119쪽.
4) 駐新義州領事館 報告(1936.3.22), 「新義州僑商槪況」, 『南京國民政府外交部公報』 第9卷 第3號(복각판, 中國第二歷史檔案館 編(1990), 『南京國民政府外交部公報』, 江蘇古籍出版社, 449쪽).
5) 朝鮮總督府(1921), 『大正九年 朝鮮總督府統計年報』, 朝鮮總督府, 附錄 28~29쪽.
6) 솥은 물을 끓이거나 밥을 하고 소의 여물을 삶는 등 다양한 목적으로 사용되었으며, 조선인 가정에서 필수품이었다. 조선 솥 제조의 역사에 대해서는 朝岡康二(1993), 앞의 자료, 113~126쪽을 참조 바람.

회 기관지에 일본산 솥의 수출에 대해 다음과 같이 보고했다.

일반적으로 조선 솥이라고 하는 종래의 그들 나라에서 제작하는 것을 우리나라에서 모조하여 판매하게 되었다. …… 원래 이것은 오른쪽(위)에서 말한 모조품이지만 그 제작은 훨씬 그들 나라의 제품보다 뛰어났다. 그래서 한인(韓人) 등은 자국 제품을 버리고 우리나라 제품을 찾는 자가 많았다. 철기류 부문에서는 야마토(大和)솥과 히라(平)솥을 가지고 판로를 확장했다. 두 가지 제품은 양대 오제키(大關)로 칭해야 한다.[7]

즉, 일본의 주물공장은 청일전쟁 직후 조선 솥을 모조하여 제조한 것을 조선에 수출하고 이 제품이 조선인 사이에 좋은 평판을 얻어 수출을 많이 했다는 것이다. 조선의 솥과 냄비의 대일 수입액은 1904년 6만 1,220원, 1906년 16만 1,175원으로 급증하여 이들 상품은 주요한 대일 수입품의 하나였다.[8] 1910년대에 들어 이들 상품의 대일 수입량과 수입액은 매년 증가하여, 1912년에는 51만 6,559개(약 25만 원)가 수입되어 최고액을 기록했다. 그 이후에는 감소세로 돌아섰다. 이들 상품을 수출하는 일본의 항구는 오사카이며 수입 항구는 부산과 인천이었다.[9]

일본산뿐 아니라 중국산 솥과 냄비도 수입되었다. 대(對)중국 수입량은 1909년 5,691개에서 지속적으로 증가, 1917년에는 1만 8,350개에 달한 후 감소세로 돌아섰다. 그러나 중국산의 수입량 및 수입액은 일본산에 비해 훨씬 적었다. 수입된 솥과 냄비의 질은 제쳐두고라도 단가만 본다면 1917년까지는 중국산이 일본산보다 높았다. 그것이 중국산의 조선 수입이 일본산보다 적었던

---

7) 日韓通商協會(1896.3), 「朝鮮輸入雜貨付韓人嗜好一斑」, 『日韓通商協會報告』 第7號(1896 年3月號)(복각판, 한국학문헌연구소 편(1983), 『日韓通商協會報告』, 아세아문화사, 670쪽). 오제키는 일본 스모 용어로 요코즈나(橫網) 다음으로 순위가 높은 칭호이다.
8) 統監府(1907), 『第一次 統監府統計年報』, 統監府, 187쪽.
9) 平壤商業會議所(1927), 『平壤全誌』, 平壤商業會議所, 662쪽.

〈표 10-1〉 조선의 솥·냄비의 대일·대중 수입량 및 수입액

연차	대일 수입량 (개)	대중 수입량 (개)	대일 수입액 (원)	대중 수입액 (원)	대일 수입 단가(원)	대중 수입 단가(원)
1908년	-	-	205,024	6,036	-	-
1909년	320,269	5,671	129,604	4,498	0.40	0.79
1910년	415,155	4,155	152,893	3,088	0.37	0.75
1911년	421,602	13,816	249,323	12,161	0.59	0.88
1912년	516,559	15,490	352,948	18,680	0.68	1.21
1913년	361,915	13,738	275,196	15,506	0.76	1.13
1914년	293,835	13,053	194,315	12,395	0.66	0.95
1915년	223,863	6,411	143,704	5,736	0.64	0.89
1916년	260,644	8,090	228,280	6,817	0.88	0.84
1917년	150,097	18,350	191,323	17,182	1.27	0.94
1918년	75,619	12,034	142,038	17,343	1.88	1.44
1919년	275,848	17,619	674,158	25,996	2.44	1.48
1920년	153,693	17,030	460,303	25,031	2.99	1.47
1921년	186,010	7,829	325,992	10,714	1.75	1.37
1922년	212,696	4,637	277,565	6,398	1.30	1.38
1923년	118,280	2,325	170,540	2,798	1.44	1.20
1924년	-	-	205,564	1,342	-	-
1925년	-	-	179,471	1,533	-	-
1926년	-	-	209,038	1,471	-	-

출처: 朝鮮總督府(각 연도), 『朝鮮總督府統計年報』, 朝鮮總督府를 근거로 필자가 작성.

하나의 원인이었던 것으로 보인다.

복성덕 및 동흥공이 1910년대 설립된 배경을 보도록 하자. 먼저, 중국산 및 일본산 솥과 냄비에 대한 조선 내 왕성한 수요가 있었다는 것을 지적할 수 있다. 제1차 세계대전의 호경기와 전후 경기 활황은 일본 국내 쌀값 급등을 초래했는데 이것은 조선 쌀의 대일 수출 증가로 이어졌다. 조선인 농가의 소득증가가 외국산 솥에 대한 수요를 유발했다. 〈표 10-1〉과 같이 이 제품의 대일 및 대중 수입량은 급증함과 동시에 수입 단가 상승이 돋보였다. 동흥공이 1919년에 설립된 것은 이와 같은 조선인 농가의 솥 수요 증가와 동 상품의 가격 상승이

〈표 10-2〉 1920년대 화교 주물공장의 추이(1920~1928년)

연차	공장수(개소)	자본금(원)	직공수(명)	생산액(원)
1920년	2	7,000	40	65,000
1921년	5	14,500	114	88,000
1922년	17	52,700	317	209,689
1923년	22	75,330	397	229,950
1924년	-	-	-	-
1925년	33	151,600	707	475,232
1926년	32	193,500	693	614,414
1927년	31	177,600	689	475,440
1928년	35	216,100	793	710,495

출처: 朝鮮總督府(각 연도), 『朝鮮總督府統計年報』, 朝鮮總督府를 근거로 필자가 작성.

배경에 있었다. 솥을 제조하는 일본의 주물공장이 조선에 본격적으로 진출하는 것은 1910년대 후반이었던 것도 이를 뒷받침해준다.

한편, 1910년대에 2개소뿐이던 화교 주물공장이 1920년대에 들어 갑자기 증가한다. 직공 5명 이상을 고용하는 화교 주물공장은 1921년 5개소, 1922년 17개소, 1925년 33개소, 1928년 35개소로 증가했다(〈표 10-2〉 참조). 여기에 직공 5명 미만의 화교 주물공장을 포함시킨다면 1927년에는 44개소에 달했으며, 강원도를 제외한 모든 도에 화교 주물공장이 설립되었다.[10] 그 후 강원도 철원군에 영흥화(永興和)가 설립되면서 조선의 모든 도에 화교 주물공장이 설립되었다.

『상공자산신용록』에도 화교 주물공장이 등장한다. 1929년 발행된 『상공자산신용록』에 쌍화리(〈부표 6〉의 62번), 쌍화상(동 63번), 쌍화흥(동 64번), 쌍흥영(동 66번), 복취성(동 102번) 등 5개소가 등장한다. 1932년 발행된 『상공자산신용록』에는 동성공(〈부표 7〉의 17번), 태흥철공창(동 43번), 쌍화상(동 45번), 복취

---

10) 京城商業會議所(1928.12), "朝鮮の工業生産品", 《조선경제잡지(朝鮮經濟雜誌)》(1928년 12월호), 京城商業會議所, 25쪽. 44개소 공장의 생산량은 37만 5,441개, 생산액은 57만 1,716원이었다.

성(동 64번) 등 4개소가 등장한다. 그런데 일본경제는 '1920년 공황'을 시작으로 1920년대는 대체적으로 불황이 만성화되면서 일본 국내자본의 조선을 비롯한 대(對)식민지 투자는 정체 기조를 보였다. 일본 국내자본의 조선투자는 1920년 대에 광공업보다 상업이 견인하였으며 조선총독부의 정책은 산미증식계획(産米增殖計劃) 등 농업정책에 주안을 두어 일본 국내자본의 대조선 공업투자는 대체로 부진했다. 이와 같은 1920년대에 화교 주물공장이 조선에 확산된 원인은 무엇일까?

주요한 원인은 조선의 수입관세와 관계가 있다. 기존에 7.5%이던 수입관세율이, 1920년에 통일관세를 실시하면서 인상된 것이다.[11] 게다가 1924년 사치품에 대한 고율 관세에 의해 철기류인 솥과 냄비는 100근당 15~45원의 세금이 부과되어 대폭적인 관세율 인상이 이루어졌다.[12]

관세율 인상의 영향은 〈표 10-1〉에서 확인된다. 1919년의 대중 수입량이 1만 7,619개에서 1920년에는 1만 7,030개로 약간 감소했지만 통일관세가 본격적으로 시행된 1921년에는 7,829개로 격감했다. 그 후에는 더 큰 감소를 보였다. 이와는 반대로 화교 주물공장의 공장수와 생산량은 1921년을 경계로 급증하는 양상을 보여, 수입관세율 인상과 화교 주물공장의 설립이 상관관계에 있다는 것을 알 수 있다. 즉, 조선의 관세율 인상을 계기로 화교 주물업자가 솥 및 냄비의 대조선 수출에서 전환을 꾀해, 조선 현지에 주물공장을 설립하여 대응한 것이며, 이것이 조선 내 화교 주물공장 증가의 한 원인이 되었다. 화교의 조선 주물업 진출을 촉진한 다른 원인에 대해서는 다음에서 검토하도록 한다.

---

11) 統監府(1908b), 『韓國條約類纂』, 統監府, 附錄 9쪽; 平壤商業會議所(1927), 『平壤全誌』, 平壤商業會議所, 662쪽.
12) 京城中華總商會가 外交部·工商部·財政部에 보낸 전보(1930.2.18), 「織品徵稅事宜」, 『駐韓使館保存檔案』(동 03-47-191-06).

3. 화교 주물업의 하북방(河北幇) 네트워크

〈표 10-3〉은 1928년 현재 파악된 화교 주물공장 30개소의 현황을 나타낸 것이다. 화교 주물공장은 각각 독립적으로 존재하는 것이 아니라 상호 밀접한 관계하에서 경영되고 있었다. 주(駐)원산 중화민국 부영사관이 1942년 본국의 교무위원회에 보고한 '원산 영사관 관내 주물업 화공 개황'의 일부 내용을 발췌하도록 하자.

사변(주: 중일전쟁) 전에 조선 내 주물공장에 투자하여 경영하는 자는 송(宋) 씨와 한(韓) 씨 양대 주주가 있었으며 서로 대립적인 관계에 있었다. 사변 시 한 모(韓某) 씨가 귀국하자 그가 경영하고 있던 모든 주물공장은 송 모(宋某) 씨에 의해 매수되었다. …… 관내(주: 원산 부영사관 관내)뿐만은 아니었다. 신의주의 동흥공(同興公), 경성의 복취성(福聚盛)과 쌍화상(雙和祥), 평양의 쌍화리(雙和 利)와 쌍성동(雙盛東), 대구의 쌍화영(雙和永), 해주의 동흥유(同興裕)와 같은 공장도 모두 송 모 씨에 의해 출자 경영되고 있었다. 그래서 송 모 씨는 조선 내 주조업에서 유일한 대주주가 되었다. 송 모 씨는 하북성(河北省) 교하현(交河縣) 출신의 사람으로 처음에는 함흥의 복성동(福盛東)을 경영하고 스스로 사장을 담당했다. 그 후 점차 원산, 청진 등에 분공장을 설립하고 그 친척과 친구를 파견하여 지배인을 담당하게 했다. 이 때문에 조선 내 주물공장의 관리자와 용광로 노동자의 대부분은 하북성 교하현 출신의 사람이었다.[13]

---

13) 원문. 蓋事變之前, 在鮮內投資經營鑄造工場者, 有宋韓兩大股東, 站於對立地位, 事變時, 韓某回國, 所有由彼經營之鑄造工場, 統由宋某收買 …… 不特管內爲然, 卽如新義州之同興公, 京城之福聚盛, 雙和祥, 平壤之雙和利, 雙盛東, 大邱之雙和永, 海州之同興裕等工場, 率由宋某出資經營, 是以宋某口爲鮮內鑄造業之唯一大股東也. 按宋某爲河北省交河縣人, 初在咸興經營福盛東, 自任經理, 其後逐漸在元山淸津等地, 分設工場, 派其戚友充任經理, 是以鮮內鑄造工場之管理者, 電員工人等大部爲河北省交河縣人, 職是故也(駐元山副領事館 報告(1943. 1.20), [元山領事館管內鑄造業華工槪況],「駐京城總領事館半月報告」,『汪僞僑務委員會檔案』(동 2088-373)).

〈표 10-3〉 화교 주물공장의 현황(1928년·1930년)

도별	공장명	설립년도	공장주	종업원 수	생산량(개)	생산액(원)
경 기 도	쌍화상(雙和祥)	1922년	宋智明	46(30)	45,000(28)	40,000(28)
	쌍화홍(雙華興)	1925년	于德泉	22(28)	21,000(28)	36,000(28)
	복취성(福聚盛)	1923년	宋亮明	42(30)	20,500(28)	19,330(28)
충청북도	금성(金城鐵工所)	1925년	王文倫	15(30)	32,700(28)	49,300(28)
충청남도	복취합(福聚合)	1924년	宋亮明	27(30)	13,600(28)	34,000(28)
	제동복(齊同福)	1924년	齊同福	-	13,855(28)	24,765(28)
	복성(福盛鐵工場)	1923년	-	-	11,690(28)	17,234(28)
	상기옥(常基玉)	1922년	常基玉	-	8,000(28)	20,000(28)
	해천개(解天愷)	1924년	解天愷	-	9,314(28)	11,021(28)
전라북도	군산(群山鐵工廠)	1923년	張殿臣	38(30)	195,005(28)	28,000(28)
전라남도	동흥창(同興昶)	1924년	王仙洲	28(30)	13,050(28)	18,270(28)
	쌍화성(雙華盛)	1924년	-	-	25,000(28)	20,690(28)
경상북도	쌍화영(雙和永)	1923년	賈廣發	27(30)	11,500(28)	28,500(28)
	영흥화(永興和)	1925년	楊心齊	26(28)	15,000(28)	23,178(28)
	동성후(同盛厚)	1925년	李玉珍	28(28)	13,600(28)	15,300(28)
경상남도	쌍성공(雙盛公)	1924년	韓文元	28(30)	14,740(28)	17,765(28)
황 해 도	쌍화오(雙華奧)	1922년	干德泉	-	100,000(28)	80,000(28)
	동흥유(同興裕)	-	王汝謙	33(30)	11,500(28)	10,500(28)
평안남도	쌍화리(雙和利)	1922년	賈廣發	24(30)	13,000(28)	25,000(28)
	쌍성공(雙盛公)	1922년	韓文財	20(28)	6,500(28)	25,000(28)
	쌍성동(雙盛東)	1922년	朱莊臣	38(30)	8,500(28)	24,000(28)
	영창합(永昌合)	1925년	鮑羽臣	25(30)	17,000(28)	25,000(28)
	영성공(永盛公)	1923년	韓文生	40(30)	8,000(28)	24,000(28)
평안북도	동흥공(同興公)	1919년	韓文清	27(23)	12,000(28)	21,600(28)
	쌍리공(雙利公)	1919년	韓文清	35(26)	15,000(28)	25,000(28)
	의화사(義和司)	1922년	-	-	13,000(28)	16,000(28)
함경북도	의합영(義合永)	1927년	-	14(28)	-	2,200(28)
함경남도	복성동(福盛東)	1923년	宋萬明	32(30)	33,000(28)	76,000(28)
	동흥공(同興公)	1923년	-	-	12,000(28)	21,600(28)

주: ① 종업원수, 생산량, 생산액의 괄호안은 각 연도를 나타냄. 예를 들어 (30)은 1930년을 나타냄.
　　② 생산량은 솥, 난로, 조선식 화로, 농기구 등의 생산량을 모두 합친 것임.
출처: 慶尙北道 編纂(1930), 149~150쪽; 京城商業會議所(1927.12), "朝鮮の工産額と主要工場表", 《조선경제잡지(朝鮮經濟雜誌)》; 京城商業會議所(1929.3), "朝鮮に於ける外國人の經濟力", 《조선경제잡지(朝鮮經濟雜誌)》 第129號; 京城商業會議所(1929.12), "朝鮮の工産額と主要工場表", 《조선경제잡지(朝鮮經濟雜誌)》, 15~17쪽; 朝鮮總督府(1924a), 65·184·195쪽; 朝鮮總督府(1927), 545~547쪽; 朝鮮總督府警務局(1931), 37~38쪽; 朝鮮總督府內務局社會課(1923), 32쪽; 平安北道 編纂(1928), 137~138쪽.

이러한 주원산 부영사관의 보고에 근거하여 생각한다면, 〈표 10-3〉에 등장하는 주물공장은 송씨계열공장(宋氏系列工場), 한씨계열공장(韓氏系列工場), 그리고 기타 공장으로 구분할 수 있다. 먼저 1920년대 후반 송씨계열공장은 복취성(福聚成, 공장주는 송량명(宋亮明)), 복취합(福聚合, 동 송량명), 복성동(福盛東, 동 송만명(宋萬明)), 쌍화상(雙和祥, 동 송지명(宋智明)), 쌍화리(雙和利, 동 가광발(賈廣發), 쌍화영(雙和永, 동 가광발)이 포함된다. 이들 송씨계열공장의 상호는 '복(福)'을 공통으로 가진 공장과 '쌍화(雙和)'를 공통으로 가진 공장으로 분류된다. 또한 송씨계열공장의 공장주는 송씨가 많다. 〈표 10-3〉이 보여주는 것처럼 송량명은 복취성과 복취합의 공장주, 송지명은 쌍화상, 송만명은 복성동의 공장주였다. 공장주인 송만명, 송양명, 송지명은 이름으로 볼 때 형제 혹은 친척관계로 추정된다. 송씨 일가가 대주주 겸 공장주로서 화교 주물공장의 설립에 큰 역할을 다하고 있다는 것을 엿볼 수 있다.

한편, 송씨계열공장인 쌍화영의 공장주로 등장하는 가광발은 송만명, 송량명, 송지명의 송씨 일족이 아닌 것이 주목된다. 가광발의 자식인 가봉성(賈鳳聲)을 인터뷰하여 그들이 어떠한 관계인지를 파악할 수 있었다.[14] 가봉성의 말에 따르면 가광발은 하북성 교하현 가가장(賈家庄)에서 태어나 청말민초(清末民初) 안동(安東, 현재의 단동)의 주물공장으로 이주하고 그 후 조선으로 재이주하여 평양, 경성, 대구 등지에서 송씨계열공장의 경영에 참가했다고 한다.[15]

먼저 가광발이 대주주인 송씨와 같은 하북성 교하현 출신이라는 것에 주목

---

14) 가봉성의 증언(2003년 12월 1일 서면과 전화 인터뷰). 그는 1940년 중국 안동에서 태어나 1949년 국공내전을 피해 서울로 이주했다. 한국의 화교학교에서 초중고를 졸업하고 대만의 국립정치대학에서 유학했다. 졸업 후, 국민당계의 신문사인 《중앙일보(中央日報)》에서 기자로 활동했다. 부친이 1960년대 타계하자 대구로 돌아와 일시 쌍화영에서 근무했다. 그 후 대구화교중학의 교장을 오랜 기간 지내다가 미국으로 재이주하여, 현재 미국 캘리포니아주에서 생활하고 있다.

15) 필자는 2017년 7월 13일 가광발이 태어난 고향을 방문했다. 현재 그의 고향의 행정 주소는 박두시 사문촌진(寺門村鎭) 가점촌(賈店村)으로 전형적인 중국 농촌이었다. 가광발이 태어난 집에 거주하고 있는 그의 친척 가금해(賈金海, 1949년생)는 현재 가점촌의 서기로 일하고 있으며, 가광발이 근대 조선으로 이주한 사실을 알고 있었다.

해보자. 하북성의 동남부에 위치한 교하현은 주물업과 관계가 깊어 명대(明代)부터 점차 주물업이 발전, 청대(清代)에는 '주조(鑄造)의 고향'으로 알려진 지역이었다. 1931년 발행된 『교하현지료(交河縣志料)』에 "선철공장에 종사하는 현민(縣民)의 호수는 약 600호, 공장은 약 200개소, 직공은 4,000~5,000명을 하회하지 않았다. 하북성에서 주물업을 독점하고 있었다"라고 기록되어 있을 정도로 교하현의 주물업은 번성했다.[16] 현재 박두시 교하현 신화가(新華街)에 자리한 주물공장 하북윤발기계유한공사(河北潤發機械有限公司)의 직공 왕요휘(王耀輝, 1951년생)는 50년 이상 주물업에 종사한 기술자이다. 그는 "어릴 때 각 집에는 작은 용광로를 설치하여 주물제조를 했다. 일상생활에 필요한 솥, 농기구, 난로 등을 제조하여 판매했다. 박두 출신의 주물 기술자는 중국 각지에 진출하여 그곳에서 주물공장을 세워 큰 성공을 거뒀다"라고 말했다.[17] 그의 말처럼 교하현의 주물업자는 만주, 북경, 천진 등 중국 전국에 진출하여 주물공장을 설립하고 솥과 농기구 등을 제조했다.[18]

가광발은 청말민초 안동에 이주하여 주물공장에서 일했는데 그 공장은 쌍합리(雙合利)일 가능성이 높다. 이 공장은 1913년 5월 설립되어 1924년 5월 현재의 공장주는 송선명(宋善明)이었다.[19] 공장주인 송선명은 이름으로 볼 때 송

16) 원문. 縣民之經營生鐵廠者計600余家, 廠凡200余號, 工徒不下四, 五千人, 在河北省實執冶鐵業之牛耳(泊頭市地方誌編纂委員會 編(2000), 『泊頭市誌』, 中國對外翻譯出版公司, 176쪽). 교하현은 1983년 박두시(泊頭市)로 명칭이 변경되었지만, 주물업은 현재도 박두시의 주요한 산업이다. 2017년 7월 13일 박두시를 방문하여 조사한 결과 박두시의 주물공장은 현재 500개소에 달했다. 양마두주조창(楊碼頭鑄造廠)은 아직까지도 전통적인 방식으로 주물제조를 하고 있었고, 창주서부특금속제품유한공사(滄州瑞富特金屬製品有限公司)는 자동차부품, 가로등, 예술작품 등과 같은 고급 주물제품을 제조하여 세계에 수출하고 있다(단옥해(段玉海) 창주서부특금속제품 유한공사의 증언(2017년 7월 13일 중국 박두시에서 인터뷰).

17) 왕요휘의 증언(2017년 7월 13일 박두시 소재 주물공장인 하북윤발기계 유한공사에서 인터뷰)

18) 泊頭市地方誌編纂委員會 編(2000), 앞의 자료, 176쪽.

19) 安東商業會議所(1924), 『安東工場一覽(大正十二年末現在)』, 安東商業會議所, 17쪽. 이 공장의 종업원 수는 15명, 1923년의 생산량은 16만 근이었다.

만명, 송량명, 송지명과 형제 혹은 친척 관계일 것으로 추정된다. 쌍합리 설립 6년 후인 1919년 안동에 송량명을 공장주로 하는 복취성(福聚成)이 쌍합리의 계열 기업으로 설립되었다.[20] 복취성은 1936년 안동 최대의 주물공장으로 발전했다.[21]

쌍합리와 복취성은 1920년대 초 조선에서 잇따라 주물공장을 설립했다. 먼저 1922년에 경성에 쌍화상, 1923년에 평양에 쌍합리, 대구에 쌍화영, 경기도 고양군에 복취성을 각각 설립했다. 복취성은 1923년 조선총독부의 자료에 '安東福聚鑄造鐵工工廠支店(안동복취주조철공공장지점)'으로 기록되어 있기 때문에 복취성의 자본에 의한 설립이 분명하다.[22] 쌍합리와 복취성이 1922년과 1923년에 집중적으로 조선에 주물공장을 잇따라 설립한 것은 이미 언급한 것과 같이 통일관세의 실시와 관계가 있다.

가광발은 쌍합리가 조선에 공장을 설립할 때 파견되어 쌍화상, 쌍화리, 쌍화영의 경영을 담당했다.[23] 1969년부터 1974년까지 대구의 쌍화영에서 근무한 화교 형성문(邢盛文)은 "쌍화영은 원래 송씨는 동가(東家)이며 가광발은 서가(西家)였다"라고 증언하고 있는 것을 볼 때 가광발은 송씨계열공장의 대주주가 아닌 현재의 전문경영인과 같은 직책이었다고 생각된다.[24]

송씨계열공장은 중국 전통의 잘 아는 사이의 동료적 결합에 의한 일종의 합자회사인 합고이며, 송씨 친족이 대주주의 지위에 있었지만 가광발처럼 노무제공자로서 공장의 경영에 참가하는 사람도 있었던 것이다. 노무제공자에게

---

20) 이 공장의 종업원은 13명, 1923년의 생산량은 15만 근으로 쌍합리보다 약간 작은 규모의 공장이었다(安東商業會議所(1924), 앞의 자료, 17쪽).

21) 安東商工會議所(1937), 『安東ニ於ケル會社及工場一覽表』, 安東商工會議所, 31쪽. 이 공장의 자본금은 7,200위안(元), 종업원의 연간 인원은 6,700명, 하루 작업시간은 12시간이었다. 주요한 생산품은 솥, 난로와 선철 제품으로 연간 생산액은 1만 920위안이었다.

22) 朝鮮總督府內務局社會課(1923), 『會社及工場に於ける勞働者の調査』, 朝鮮總督府, 32쪽.

23) 朝鮮總督府警務局(1931), 『外事關係統計』, 朝鮮總督府, 37쪽.

24) 형성문의 증언(2003년 1월 26일 대구에서 인터뷰). 그는 1949년 부산에서 태어났다. 그의 부친은 교하현 출신으로 1923년 조선으로 이주, 쌍화홍, 쌍화영 등의 주물공장에서 일했다. 현재 그는 대구화교협회 총무로 일하고 있다.

는 별도의 급료 등을 정하지 않고 영업 이익 가운데 자본주와 사전에 정한 협정 비율에 따라 배분되었다.[25] 요컨대 안동의 쌍합리와 복취성은 교하현 출신의 송씨 일족이 설립한 주물공장이며 송씨 일족이 가광발을 동향에서 불러들여 일하게 하고 뛰어난 경영력을 보여준 그에게 쌍화상, 쌍화리, 쌍화영의 경영을 맡겼던 것이다.

본점인 쌍합리 및 복취성과 조선지점인 송씨계열공장과의 관계는 당시 중국의 관행에 준했는데, 즉 본점·지점은 각 점이 독립적으로 회계를 처리하고 일반 경비는 각 점의 수입으로부터 지출하지만, 이익의 분배는 총이익을 본점에서 종합한 후 본점이 감독하여 각 지점에 분배했다.[26] 조선 해방 후 안동 본점과 한국의 각 지점 간의 연락이 두절되면서 서울의 쌍화상이 송씨계열공장의 본점 역할을 했다.[27] 쌍화영과 쌍화흥이 본점에 정기적으로 이익금을 송금했다.[28] 또한, 형성문의 말에 따르면 본점이 지점의 지배인에 대한 인사권을 가지고 있었다고 한다. 즉, 안동 본점이 조선에 산재해 있던 지점을 총괄하는 역할을 담당하고, 본점과 지점은 밀접한 연계 속에서 움직였다는 것을 엿볼 수 있다.

다음은 한씨계열공장에 대해 보도록 하자. 이는 모두 공장주가 '한'이라는 성씨를 가진 주물공장으로서 동흥공(同興公, 공장주는 한문청(韓文淸)), 쌍성공(雙盛公, 동 한문원(韓文元)), 평양의 쌍성공(雙盛公, 동 한문재(韓文財)), 영성공(永盛公, 동 한문생(韓文生)) 등이 이 계열의 공장에 포함된다. 4명의 공장주는 성명으로 볼 때 형제 또는 친족 관계인 것으로 보인다.

4개소의 공장 상호는 '동공(同公)', '성공(盛公)'을 공통으로 가지고 있다. 이와 같은 이유로 황해도의 동흥유(同興裕, 공장주는 왕여겸(王汝謙)), 평양의 쌍성동

25) 京城商業會議所(1926.7), "朝鮮の對支經濟關係槪況", 《조선경제잡지(朝鮮經濟雜誌)》(1926년 7월호), 京城商業會議所, 8쪽.
26) 南滿洲鐵道株式會社興業部商工課(1927b), 『南滿洲主要都市と其背後地 第一輯第一卷安東に於ける商工業の現勢』, 南滿洲鐵道株式會社, 234쪽.
27) 조선은행조사부(1949), 「재한화교의 경제적 세력」, 『경제연감 1949년판』, 조선은행, II-74쪽.
28) 형성문의 증언(2003년 1월 26일 대구에서 인터뷰).

(雙盛東, 동 주장신(朱莊臣))도 한씨계열공장일 것으로 추정된다. 두 공장의 공장주로 등장하는 왕여겸과 주장신은 가광발과 같이 한씨 일족에게 능력을 인정받은 전문경영인으로 보인다. 한씨 일족도 송씨 일족과 같이 모두 교하현 출신이며,[29] 송씨 일족과 유사한 경위로 1919년 신의주에 동흥공을 설립하고 관세율 인상에 대응하기 위해 1920년대 조선 각지에 주물공장을 잇따라 설립했다.

송씨계열공장과 한씨계열공장 이외에 쌍화(雙華)계열공장도 발견된다. 쌍화계열공장에는 경성의 쌍화흥(雙華興, 동 우덕천(于德泉)), 해주의 쌍화오(雙華奥, 동 우덕천), 사리원의 쌍화오(雙華奥,[30] 동 왕경오(王敬五))가 포함된다. 공장의 규모는 송씨계열공장과 한씨계열공장에 비해 작았다.

한편 하나의 공장만으로 경영되는 주물공장도 있었지만 대부분은 합고였다. 예를 들면, 충청도 소재의 금성철공소(金城鐵工所)에는 화교 직물수입상인 유풍덕(裕豊德)이 주주로 참가했다.[31]

화교 주물공장에서 일하는 화교 직공(주물기술자 및 주조공)은 1930년 10월 712명에 달했는데, 이들 직공은 대부분 교하현 출신이었다.[32] 그 근거의 하나는 앞에서 언급한 주원산 중화민국 부영사관의 보고에서 주물공장의 공장주 등의 경영자가 교하현 출신이어서 직공도 교하현에서 데리고 온 동향 출신자들이 차지하고 있었다고 지적한 것을 들 수 있다. 또 다른 근거는 현재 부산에서 동창주조창(東昌鑄造廠)을 경영하는 화교 왕지성(王志成)의 다음과 같은 증언이다.

---

29) 교하현에는 한가장(韓家庄)이라는 한씨 성이 많은 집성촌이 있었다. 이 마을은 교하현 가운데서도 주물업이 가장 먼저 발전한 곳이었다(泊頭市地方誌編纂委員會 編(2000), 앞의 자료, 176쪽).

30) 朝鮮總督府(1927), 『朝鮮の物産』, 朝鮮總督府, 547쪽.

31) 忠淸北道 警察部長이 警務局長에게 보낸 공문(1938.2.28), 「在留支那人ノ歎願書提出ニ關ノスル件」, 『昭和十三年 領事館關係綴』, 국가기록원소장.

32) 朝鮮總督府(1934a), 『昭和五年朝鮮國勢調査報告 全鮮編 第一卷 結果表』, 朝鮮總督府, 250~251쪽. 이 직공 가운데 조선인 및 일본인 주물공장에서 고용된 직공도 일부 포함되어 있지만, 그 인원은 소수에 지나지 않았다.

아버지는 화교 주물공장의 공장주가 동향인 교하현에서 공두(工頭)를 불러들이면 상하관계에 의해 교하현 및 그 주변에서 10~20명 단위의 직공 및 견습공이 조선으로 이주했다고 했습니다. 아버지 왕전장(王殿章)은 1915년 교하현에서 태어나 신의주로 이주하고 그곳의 주물공장과 대전의 동무주조창(東茂鑄造廠)에서 직공으로 일했습니다. 해방 후에는 부산에서 동창주조창을 설립했습니다.[33]

이러한 두 가지 사실을 근거로 화교 주물업 분야는 하북성에서 연쇄이주(chain migration)가 이뤄졌다는 것이 확인된다. 그런데 고성제는 경성의 3개소 화교 주물공장의 직공에 대해 어떤 근거도 제시하지 않은 채 산동성 출신자로 언급했지만 이것은 명백한 오류이다.[34] 또한 1930년 조선화교를 출신성별로 보면 산동성이 전체의 82%, 요령성이 9%, 하북성이 7%로서 산동성이 압도적으로 많았다.[35] 그러나 조선화교라고 하면 산동화교로 간주되는 경향을 고려해볼 때, 화교 주물업 분야를 하북성 교하현 출신자가 장악하고 있었다는 사실은 새로운 발견이다.

4. 조선 주물업계 속의 화교 주물업

1) 경성부 화교 주물업의 현황

먼저 화교 주물공장이 1920년대까지 주로 생산한 것은 솥을 중심으로 난로,

---

33) 왕지성의 증언(2003년 1월 22일 부산의 동창주조창에서 인터뷰). 그는 부산에서 태어나 화교 초중고를 졸업하고 대만에서 유학했다. 1982년 부친이 타계한 후, 대만에서 돌아와 장남으로서 부친의 사업을 이어받아 지금까지 사장으로 활동하고 있다. 그의 부친의 고향인 교하현(현재의 박두시)을 10여 차례 방문했다. 부친의 친척 가운데 박두시에서 주물공장을 경영하는 사람도 있다.
34) 고승제(1972), 앞의 논문, 159쪽.
35) 朝鮮總督府警務局(1931), 『外事關係統計』, 朝鮮總督府, 9~10쪽.

〈표 10-4〉 솥을 제조하는 주요 일본인 및 조선인 주물공장의 현황(1928년 12월 기준)

주물공장 명칭	소재지	설립년도	생산량(개)	생산액(원)
경성주물제작소	경 기 도	1919년	솥 1,200개 · 욕조 600개	10,680
구연복솥공장	경 기 도	1919년	솥 50개 · 쟁기 2,000개	12,075
하야시주물공장	경상북도	1920년	솥 5,000개, 난로 10,000개	27,500
오카자키주물공장	경상남도	1925년	솥과 냄비 80,600개, 욕조	29,438
요시다주물공장	경상남도	1923년	솥 3만 개, 쇠냄비	53,900
구라모리주물공장	경상남도	1916년	솥 3만 개, 기계부품	14,330
동양주물공장	평안남도	1922년	솥 및 농기구	45,000
진남포제부공장	평안남도	1923년	솥 및 농기구	35,500
고마다주조소	전라남도	1924년	솥 1만 개 · 난로 2,000개	22,000
합계				250,423

출처: 京城商業會議所(1929.12), "朝鮮に於ける工場の現況", 《조선경제잡지(朝鮮經濟雜誌)》
(1929년 12월호), 京城商業會議所, 14~17쪽을 근거로 필자가 작성.

농기구 등의 생활 도구였다. 반면 철도 및 건축용 자재와 볼트 등의 산업용 부품 제조는 거의 조선 거주 일본인 주물공장에 의해 이루어지고 있었다. 경성부의 주물업 생산액 가운데 솥의 생산액이 차지하는 비중은 1932년 30%에 달하여, 기계부품의 31%에 이어 두 번째로 높았다.[36] 또한 조선 금속공업의 총생산액 가운데 솥 및 냄비 등이 차지하는 비중은 1932년 29%를 기록하였다. 이렇듯 조선의 금속공업에서 솥의 생산액은 상당한 비중을 차지하고 있었다.[37]

〈표 10-4〉는 경성상업회의소가 1927년 12월 솥을 제조하는 조선 내 주요한 일본인 및 조선인의 주물공장 9개소의 현황에 대해 정리한 것이다. 경성상업회의소는 같은 시기에 솥을 제조하는 주요한 화교 주물공장을 26개소로 밝히고 있어 화교 주물공장이 조선인 및 일본인 공장 보다 3배나 많은 것을 보여준다. 또한 일본인 및 조선인 공장은 경기도, 경상남도, 경상북도, 평안남도, 전라남도에 편중되어 있는 반면 화교 공장은 조선 각 도에 산재되어 있는 특징을

36) 京城府産業調査會(1936), 『鐵工業ニ關スル調査』, 京城府産業調査會, 12~13쪽.
37) 朝鮮總督府(1934), 『昭和七年 朝鮮總督府統計年報』, 朝鮮總督府, 226~227쪽.

볼 수 있다.

솥을 제조하는 각 주물공장의 생산액은 조선인 및 일본인 공장이 25만 423원인 데 반해 화교 공장은 70만 8,453원에 달해, 화교 공장이 조선인 및 일본인 공장보다 2.8배나 많았으며 전체 생산액의 7할 이상을 차지했다. 생산액이 1만 원 이상인 주요 솥 제조 공장을 선별한 통계이기 때문에 이 결과는 액면 그대로 수용할 수는 없지만, 솥 제조에서 화교 주물공장이 조선인 및 일본인 공장보다 우위에 서 있었다는 것은 분명하다. 조선어 신문인 《동아일보》 기사에도 "조선에서 솥을 제조하는 직업은 전부가 중국인에게 점령되어 우리들이 일상적으로 사용하는 솥은 모두 그들이 제조한 것이다"라고 언급되어 있는 것은 그것을 잘 뒷받침해준다.[38]

다음은 화교 주물공장이 왜 솥의 시장에서 높은 점유율을 차지하고 있었는지 그 원인에 대해 조선인 공장 및 일본인 공장과 비교하면서 검토해보자. 경성부산업조사회(京城府産業調査會)가 1934년의 경성부내 철공업의 생산, 판매 및 경영 상태를 조사한 『철공업에 관한 조사(『鐵工業ニ關スル調査』)』(이하 『조사서』로 약칭)에 의하면, 철공장 86개소 가운데 주물공장이 15개소였고, 주물공장은 일본인 공장이 9개소, 조선인 공장이 3개소, 화교 공장이 3개소였다. 따라서 3개 민족의 주물공장을 비교하는 데 적합하다고 생각하여 여기서는 『조사서』를 중심으로 고찰하고자 한다.[39] 『조사서』가 조사한 화교 공장 3개소는 『조사서』에는 분명히 밝히지 않고 있지만, 쌍화상(雙和祥), 복취성(福聚盛), 태흥(泰興)으로 추정된다.[40] 태흥은 이전의 쌍화흥(雙和興)에서 1930년 1월 상호가 변경된 주물공장이었다.

1개 공장당 자본액은 일본인 공장이 9,270원(고정자본 3,820원, 유동자본 5,450원), 조선인 공장이 3,500원(동 1,500원, 동 2,000원)인 데 비해 화교 공장은 9,320원(고정자본 1,660원, 유동자본 7,660원)으로 일본인 공장과 거의 같은 금액으로

---

38) "중국인 생산액 연 사천여만원 釜鼎은 전부 중국인 소산", 《동아일보》, 1926. 1. 23.
39) 京城府産業調査會(1936), 『鐵工業ニ關スル調査』, 京城府産業調査會.
40) 京城商工會議所(1943), 『京城に於ける工場調査』, 京城商工會議所, 附錄 11쪽.

조선인 공장에 비해 2.7배나 많았다. 자본금을 고정자본과 유동자본으로 나눌 경우 일본인 공장은 각각 41%와 59%, 조선인 공장은 43%와 57%로 거의 차이가 나지 않았지만 화교 공장은 18%와 82%로 유동자본의 비중이 훨씬 높았다.[41] 유동자본 비율이 높은 것은 화교 공장이 운전자금을 상대적으로 풍부하게 보유했음을 보여주는 것으로, 금융비용의 부담을 경감시키는 역할을 했다.

화교 공장의 부지 및 건물 평수는 공장 1개당 각각 283평과 183평으로, 조선인 공장의 65평과 38평 그리고 일본인 공장의 250평과 118평에 비해 넓었다.[42] 화교 공장은 건물만을 소유하는 공장이 1개소, 토지와 건물 모두 소유하지 않는 공장이 2개소로서, 일본인 공장보다도 토지와 건물을 소유하는 비중이 낮았다. 이것은 화교 공장이 상대적으로 토지와 건물을 많이 차입하고 있다는 것을 보여준다.

화교 공장 1개소당 종업원의 구성은 사무원 6명, 직공 41명(주물공 37명, 유년공 4명)으로 구성되어 있었으며 직공은 전원 화교였다.[43] 화교 공장은 '전궤(前櫃)'라고 하는 사무 부문과 '후과(後鍋)'라 하는 제조 부문으로 나뉘어 있었다. 전궤는 공장주가, 후과는 공두(工頭) 1명이 제조부문을 각각 관리했다.[44] 한편, 조선인 공장의 종업원 구성은 사무원 0.7명, 직공 14명이었으며 직공은 전원 조선인이었다. 일본인 공장의 종업원은 사무원 0.8명, 직공 36.7명이었으며, 종업원은 일본인 1.4명, 조선인 34.4명, 화교 1.5명으로 구성되어 있었다. 종업원 인원은 화교 공장이 조선인 공장보다 2배 이상 많았고 일본인 공장에 비해 약간 많았다. 15개소의 주물공장에서 일하는 종업원의 평균 작업시간은 대체적으로 여름은 오전 7시부터 오후 6시까지, 겨울은 오전 8시부터 오후 5시 혹은 6시까지로 10~11시간의 장시간 노동이었다. 연간 작업일은 평균 약

---

41) 京城府産業調査會(1936), 앞의 자료, 80쪽.
42) 京城府産業調査會(1936), 앞의 자료, 64~66쪽.
43) 京城府産業調査會(1936), 앞의 자료, 105~106쪽.
44) 駐元山副領事館 報告(1943. 1. 20), [元山領事館管內鑄造業華工槪況],「駐京城總領事館半月報告」,『汪僞僑務委員會檔案』(동 2088-373)).

<표 10-5> 경성부내 각 민족별 주물공장 생산비의 부문별 비율

(단위: %)

민족별＼종별	원료비	연료비	동력비	임금	간접비	합계
일본인	53.0	18.0	0.9	21.8	6.3	100
조선인	53.9	18.0	0.3	23.6	4.2	100
화 교	65.6	18.1	0.7	13.7	1.9	100
평 균	57.0	18.0	0.9	19.3	4.8	100

출처: 京城府産業調査會(1936), 앞의 자료, 162쪽을 근거로 필자가 작성.

290~300일이었다.[45] 화교 공장도 이와 같은 평균 노동시간과 연간 작업일에 가까웠다.

각 주물공장의 임금은 주물공의 경우 화교는 최고 1.5원, 최저 1.0원, 평균 1.11원이었다. 이에 비해 일본인은 최고 3.5원, 최저 1.25원, 평균 2.62원이었으며 조선인은 최고 2.4원, 최저 1.05원, 평균 1.34원이었다. 화교 주물공의 임금이 가장 낮았던 것이다.[46] 또한 화교 공장은 조선인 및 일본인 공장과 달리 도제제도(徒弟制度)를 도입하여 도제의 직공에게는 일급을 지급하지 않고 다만 음력 설 및 맹란분(孟蘭盆, 7월 15일경 조상의 명복을 비는 날)의 2기로 임금 상당의 급여를 줄 뿐이었다. 화교 공장의 한쪽에는 간단한 숙사를 설치하여 종업원의 기숙사로 사용했다. 이것은 종업원의 생활비를 절약하여 저임금을 유지하는 데 기여했다.

〈표 10-5〉는 각종 주물공장의 생산에 필요한 각 비용의 비중을 각 민족별로 나타낸 것이다. 화교 공장은 임금의 비중이 13.7%로 조선인 공장의 23.6%, 일본인 공장의 21.8% 보다 낮은 것은 위에서 말한 것과 같은 이유가 있었기 때문이다. 화교 공장의 간접비[47] 비중은 1.9%로 조선인 및 일본인 공장보다 낮은

---

45) 京城府産業調査會(1936), 앞의 자료, 113~114쪽.
46) 京城府産業調査會(1936), 앞의 자료, 123쪽.
47) 간접비는 제조를 하는 데 간접적으로 드는 비용 일체를 말한다. 간접비에는 건물 및 기계의 감가상각비, 수선비, 보험료, 그리고 직공 임금 이외의 공장 인건비, 이자, 지대, 임

것은 자본 가운데 유동자본의 비중이 높은 관계로 이자 등의 비용이 상대적으로 적었던 것도 한 원인이었다.

화교 공장은 원료비가 생산비의 65.6%, 연료비가 18.0%를 각각 차지하여 두 비용이 전체의 8할 이상을 차지했다. 화교 공장은 원료인 선철을 겸이포제철소(兼二浦製鐵所), 안산제철소(鞍山製鐵所), 본계호제철소(本溪湖製鐵所)의 경성특약점 및 지점을 통해 조달하였으며, 연료인 코크스는 겸이포산, 본계호산, 그리고 청도산의 동아코크스를 대량으로 구매했다.[48]

앞에서는 경성부의 화교 주물공장을 조선인 및 일본인 주물공장과 비교하면서 화교 공장의 특징을 도출할 수 있었다. 그러나 화교 공장이 주로 솥을 생산하며 이 부문에서는 거의 독점적인 지위를 점했던 반면, 일본인 공장은 기계 부품을 주로 생산하여 생산품의 영역이 확연히 구분되어 있었다. 따라서『조사서』에 솥의 제조를 둘러싼 각 민족 공장 간의 구체적인 비교를 할 수 없는 한계가 있다. 다음 절에서는 솥을 제조하는 각 민족 공장을 비교해보고자 한다.

2) 조선인·일본인·화교 주물공장의 솥 제조를 둘러싼 경쟁

경상북도에는 1928년 솥을 제조하는 주물공장이 9개 있었다. 조선인 공장이 5개소, 일본인 공장이 1개소, 화교 공장이 3개소였다.

경상북도의 화교 공장은 앞에서 언급한 경성부의 화교 주물공장보다 전반적으로 소규모였다. 화교 공장의 평균 건평은 84.7평, 자본금은 4,667원으로 경성의 화교 주물공장의 절반에 지나지 않았다(〈표 10-6〉 참조). 경상북도의 조선인 공장과 비교하면 공장 건평은 절반밖에 되지 않았고 자본금은 적었지만 종업원 수는 조선인 공장에 비해 약 3배, 연간근무 일수는 약 2배나 많았다. 화교 공장의 평균 솥 생산량은 1만 500개인 반면, 조선인 공장은 345개로 매우

대료 등이 포함된다(京城府産業調査會(1936), 앞의 자료, 158쪽).
48) 京城府産業調査會(1936), 앞의 자료, 30~31, 52~54쪽.

〈표 10-6〉 경상북도 내 솥 제조 주물공장의 현황(1928년 말 기준)

민족별 \ 종별	공장 건평 (평)	자본금 (원)	종업원 (명)	취업일 (일)	솥 생산량 (개)	솥 생산액 (원)
화교 공장						
동성후(同盛厚)	24	5,000	28	340	8,500	12,750
영흥화(永興和)	30	4,000	22	220	11,500	23,178
쌍화영(雙和永)	200	5,000	26	270	11,500	28,500
평균	84.7	4,666.7	25.3	276.7	10,500	21,476
조선인 공장						
홍호성(洪浩性)	105	4,000	10	120	320	2,880
홍문성(洪文性)	250	3,500	7	100	245	2,200
홍성기(洪性基)	200	2,500	8	120	320	2,880
배장찬(裵章燦)	180	4,500	9	140	400	3,600
김용구(金龍久)	180	3,000	8	150	440	3,960
평균	183	3,500	8.4	126	345	3,140
일본인 공장						
하야시(林)주물공장	150	25,000	8	220	5,000	7,500

주: 동성후는 솥 이외에 난로 5,100개를 생산했고(생산액 2,550원), 하야시주물공장은 난로 2만 개(생산액 2만 원)를 생산했다. 조선인 공장은 모두 주물산지로 알려진 청도군 소재 의 공장이었다.

출처: 慶尙北道 編纂(1930), 『慶尙北道統計年報(1919~1928年)』, 慶尙北道, 149~150쪽.

적었다. 종업원 1인당 생산액도 화교 공장이 조선인 공장보다 2.3배나 많았다. 화교 공장의 연간 솥 생산량은 3만 1,500개로 조선인 공장의 1,725개를 훨씬 상회했으며, 화교 공장이 경상북도의 솥을 거의 독점적으로 공급하는 위치에 있었다. 조선인 공장 가운데에서도 연간 1만 개의 솥을 생산하는 주물공장도 있었지만 그와 같은 공장은 매우 드물었다.[49]

솥의 생산량에서 화교 공장과 조선인 공장 사이에 큰 차이를 발생시킨 원인

---

49) 예를 들면, 경기도 고양군 숭인면의 이중찬(李仲燦)공장은 20평의 부지에 목조 단층 건 물에 8명의 직공을 고용했다. 직공의 임금은 하루 0.3~1원이었다. 원료인 선철은 경성 부의 일본인 및 조선인의 철물상으로부터 현금으로 구입했으며, 점포를 개설하여 솥을 직접 판매하기도 했다(小西勝治郎(1929), 『朝鮮之金屬商工錄』, 工業界社, 83쪽).

은 생산 방법에 있었다. 화교 공장의 동력은 전력을 이용한 전동인 반면 조선인 공장은 모두 수동이었다. 화교 공장의 연료는 석탄 및 코크스였지만 조선인 공장은 목탄(木炭)이었다.[50] 솥의 단가는 화교 공장의 생산품이 2.05원인 반면 조선인 공장의 단가는 9.0원에 달해 조선인 공장 제조의 솥이 화교에 비해 4.4배나 높았다. 이와 같은 사실로 볼 때, 조선인 공장은 종래 대장간의 가내 부업적인 영역을 벗어나지 못한 반면 화교 공장은 완전하지는 않지만 근대적 공장의 면모를 갖추고 있었다고 할 수 있다.

화교 주물공장이 생산한 솥은 저렴한 가격에다 품질도 갖추고 있었다.[51] 조선 거주 일본인은 조선인 공장이 제조한 솥에 대해 "제작은 조잡하며 크기가 매우 크고 솥 바닥의 두께가 두꺼워",[52] "제조 방법은 유치하기 때문에 취약하며 모양도 볼품없다"라고 평가했다.[53] 화교 주물업자도 "제조 기술은 우리 직공의 정교함에는 미치지 못하며 한인(韓人)이 제조하는 솥의 바닥은 비교적 두껍다"라며, 일본인과 거의 비슷한 평가를 내놓았다.[54] 이러한 평가로 볼 때 화교 공장 제조의 솥은 그 형태가 조선인 공장 제조의 솥보다 작고 바닥이 얇으며 튼튼했다고 생각된다. 이와 같은 제조를 가능하게 한 것은 교하현의 전통적인 솥 제조 기술에다 조선인의 기호에 맞게 기술 개량을 했기 때문이었다.[55]

더욱이 화교 주물공장의 생산품은 "그들의 동포 철물 상인에 의해 판매되고" 있었다.[56] 1930년 10월 국세조사에 의하면 조선에는 37개소의 화교 철물 상점이 있었다.[57] 37개소 화교 철물 상점의 각 도별 분포는 다음과 같다. 경기도 2

50) 慶尙北道 編纂(1930), 『慶尙北道統計年報(1919~1928年)』, 慶尙北道, 150쪽.

51) 朝鮮總督府(1924a), 『朝鮮に於ける支那人』, 朝鮮總督府, 65쪽.

52) 德永勳美(1907), 『韓國總覽』, 博文館, 827쪽.

53) 平壤商業會議所(1927), 『平壤全誌』, 平壤商業會議所, 662쪽.

54) 원문. 製造技術尙不及我工精巧, 韓人所製鍋底較厚(駐鎭南浦 副領事館事務 張義信이 駐京城 總領事館에 보낸 공문, 「平壤等地華僑情形(一)」, 『駐韓使館保存檔案』(동 03-47-228-02).

55) 京城府産業調査會(1936), 앞의 자료, 4쪽.

56) 小西勝治郎(1929), 앞의 자료, 79쪽.

57) 朝鮮總督府(1934a), 『昭和五年朝鮮國勢調査報告 全鮮編 第一卷 結果表』, 朝鮮總督府,

개소(이 가운데 경성부 2개소), 전라북도 2개소, 전라남도 9개소, 충청북도 3개소, 평안남도 3개소(이 가운데 평양부 3개소), 평안북도 5개소(이 가운데 신의주부 1개소), 함경남도 4개소(이 가운데 원산부 1개소), 함경북도 8개소, 경상북도 1개소였다. 각 도의 화교 주물공장은 이와 같은 독자적인 화교 철물 상점의 판매망을 가지고 있어 상품의 판매를 원활히 했다. 그러나 조선 내의 화교 주물공장이 모든 생산품을 화교 철물 상점에 의지하여 판매한 것은 아니었다. 충청남도, 황해도, 강원도와 같이 화교 철물 상점이 없는 지역은 조선인 및 일본인 철물 상점에 의존하지 않을 수 없었다.

요컨대 화교 주물공장은 조선인 공장보다 값이 싸고 양질의 솥을 제조하여 화교 철물 상점의 판매망을 통해 원활히 판매한 것이 조선인 공장 제조의 솥보다 경쟁우위를 차지한 원인이었던 것이다.

다음은 화교 공장과 일본인 공장 간의 비교이다. 일본인이 조선에 주물공장을 설립한 것은 앞에서 언급했듯이 1910년대 후반으로, 경성부에서는 일본인이 화교보다 솥 제조 부문에서 진출이 빨랐다. 일본인 주물업자는 1918년 혹은 1920년에 일본에서 솥이 대량으로 수입되고 있는 것에 착안하여 일본에서 우수한 직공을 데려와 솥의 제조를 시도한 결과, 생산비가 쌌기 때문에 4~5년 사이에 수입품을 점차 시장에서 밀어냈다.[58]

그러나 1922년부터는 쌍화상, 쌍화흥, 복취성 등의 화교 주물공장이 솥 제조에 착수하여, 저렴한 임금을 바탕으로 점차 일본인의 상권을 침식해갔다. 당시 조선을 대표하는 주물공장으로 알려져 있던 용산공작주식회사(龍山工作株式會社)[59]의 다가와 쓰네지로(田川常治郎) 사장은 화교 주물공장에 대해 이렇게

260~261쪽.

58) 京城府産業調査會(1936), 앞의 자료, 4쪽; 小西勝治郎(1929), 앞의 자료, 90~91쪽.

59) 이 회사는 용산에 본사 공장, 영등포에 지사 공장을 두고 직원은 534명을 고용했다. 주요한 생산품은 철도 교량 및 차량, 보안기구 등이었다. 2개 공장의 1927년 생산액은 약 100만 원에 달했다. 다가와 사장은 돗토리현(鳥取縣) 출신으로 1905년 조선에 이주했다(小西勝治郎(1929), 앞의 자료, 284~285쪽; 京城商業會議所(1929.2), "朝鮮の工業生産品", 《조선경제잡지(朝鮮經濟雜誌)》(1929년 2월호), 京城商業會議所, 18~19쪽).

말했다. "그들은 능률이 떨어지는 조선인 주물업자의 자리를 뺏고 있는 것은 아닐까? 아니, 내지인(주: 일본인)이라 하더라도 그들과의 경쟁은 매우 곤란하기 때문에 조선인용 주물은 점차 그들의 손에 맡겨져 생산액이 적은 내지인용 주물을 제조하는 지경에 빠지고 있는 것은 도대체 왜일까?"[60] 이 말에서 화교 주물업자와 경쟁해서 패배하여 솥의 제조를 화교에게 맡길 수밖에 없는 일본인 주물업자의 심경을 읽어낼 수 있다.

사실 1927년에 경성부에서 솥을 제조하는 일본인 주물공장은 경성주물제작소(京城鑄物製作所, 솥 1,200개 생산)와 무라카미주물공장(村上鑄物工場, 솥 300개 생산)의 2개소밖에 없었다. 게다가 1928년에는 무라카미주물공장이 주요한 주물공장으로 소개되지 않을 뿐 아니라 경성주물제작소의 솥 생산량은 100개로 격감했다.[61] 결국 경성부의 일본인 주물업자는 "완전히 지나인에게 압도되었기 때문에 다른 주물 제품에 대해 연구를 진행하여 광산기계, 곤로, 난로, 석유난로, 맨홀 및 농기구 등을 제작"하게 되었다.[62] 이와 같은 현상은 경성부에 한정된 것이 아니라 1920년대 화교 주물공장이 설립된 지역의 공통적인 현상이 아닐까 한다.

이러한 논의를 정리하면 다음과 같다. 조선인 주물공장이 제조하는 솥은 경쟁력이 낮았기 때문에 대일본 및 중국 수입품이 증가하여, 일본인이 조선 내에 주물공장을 잇따라 설립하여 솥을 제조했다. 그보다 조금 늦게 화교가 솥 제조에 참가하여 값싼 가격, 우량의 품질을 무기로 조선인 공장 및 일본인 공장 제조의 솥뿐 아니라 대일본 및 중국 수입품을 대체했다. 결과적으로 화교 주물공장이 솥 시장에서 독점적인 지위를 차지하게 된 것이다.

---

60) 小西勝治郎(1929), 앞의 자료, 279쪽.
61) 京城商業會議所(1929.2), 앞의 자료, 18쪽; 京城商業會議所(1929.12), 앞의 자료, 14쪽.
62) 京城府産業調査會(1936), 앞의 자료, 4쪽.

5. 화교 주물업의 위축

1) 1931년 화교배척사건의 영향

1931년 화교배척사건은 화교 주물업에도 악영향을 주었다. 이 사건으로 가장 피해가 심각했던 평양은 화교 주물공장도 피해를 입었다.[63] 평양부의 영성공(永盛公)은 용광로 등의 기계가 파괴되는 피해를 입고 결국 공장 문을 닫았다. 평양부 소재의 다른 주물공장도 피해를 입었으며 손실액은 11만 6,840원에 달했다.[64] 경상북도 소재 3개소의 주물공장 가운데 이 사건으로 인해 일부가 가동을 정지했으며, 1930년 9~12월 2,300원의 선철이 대구에 수입되다가 1931년에는 같은 시기 수입된 선철이 1,000원으로서 절반 이상으로 감소했다.[65]

이 사건으로 전국의 화교 주물공장 가운데 폐쇄된 곳이 많았다. 1927년과 1933년의 가동 중인 화교 주물공장을 비교하면, 1927년 44개소이던 것이 1933년에는 22개소로 절반으로 감소했다(〈표 10-7〉 참조). 화교 주물공장이 급감한 지역은 화교 직물상과 같이 황해도, 경상북도, 충청남도 등 남부지역이 많았다.

그러나 송씨계열공장과 한씨계열공장은 별로 감소하지 않은 것으로 드러났다. 송씨계열공장은 1933년에 북취성(경성), 복취합(천안), 쌍화상(경성), 쌍화영(대구), 쌍화리(평양) 등이 존속하고 있었다. 한씨계열공장은 조치원, 신의주, 원산의 동흥공, 부산의 동성공, 목포의 동흥복, 군산의 동흥영 등으로 기존 공장이 존속한 데다 신설된 공장도 있었다. 폐쇄된 공장은 이들 계열공장이 아니라 독립적으로 경영되던 공장이 대부분이었다. 1931년 화교배척사건은 화교

---

63) 羅家倫 主編·中國國民黨中央委員會黨史史料編纂委員會 編輯(1978), 『革命文獻』 33輯, 中央文物供應社, 690쪽.

64) 駐朝鮮總領事館調査(1931.9), 「韓民排華暴動案(三)」, 『駐韓使館保存檔案』(동 03-47-205-13).

65) 京城商工會議所(1932.4), "滿洲事變の朝鮮に及ぼした經濟的影響", 《경제월보(經濟月報)》 (1932년 4월호), 京城商工會議所, 52쪽.

<표 10-7> 1931년 화교배척사건 후 화교 주물공장의 현황(1933년)

도별	주물공장명(소재지)	도별	주물공장명(소재지)
경 기 도	쌍화상(雙和祥)(경성)	평안북도	복성(福盛)(신의주)
	복취성(福聚盛)(경성)		동흥공(同興公)(신의주)
	태흥(泰興)(경성)		신연리(新延利)(신의주)
충청남도	복취합(福聚合)(천안)	평안남도	신연득(新延得)(평양)
	동흥공(同興公)(조치원)		쌍화리(雙和利)(평양)
	협창(協昌)(강경)		쌍성동(雙盛東)(평양)
충청북도	금성(金城)(청주)		합취동(合聚東)(순천)
경상남도	동성공(同盛公)(부산)	함경남도	복성동(福盛東)(함흥)
경상북도	쌍화영(雙和永)(대구)		동흥공(同興公)(원산)
전라남도	동흥복(同興福)(목포)	함경북도	복성합(福盛合)(청진)
전라북도	동흥영(同興永)(군산)		용취동(鎔聚東)(길주)

출처: 駐鎭南浦 副領事館事務 張義信이 駐京城 總領事館에 보낸 공문(1933.6.19), 「平壤等地 華僑情形(一)」, 『駐韓使館保存檔案』(동 03-47-228-02).

주물공장을 송씨계열공장과 한씨계열공장을 중심으로 재편된 것을 알 수 있다. 송씨계열공장과 한씨계열공장은 계열 공장 간에 상호 협력하는 관계에 있었기 때문에 독립적으로 운영되던 공장보다 위기 대처 능력이 높았다고 볼 수 있다.

한편, 이 사건 후 조선인 주물업이 화교 주물업을 따라잡는(catch-up) 현상이 일어났다. 황해도 소재 조선인 주물공장 몇 개소가 화교 공장의 상권을 침식했을 뿐 아니라 솥을 염가로 판매함으로써 평안남도로 판로를 넓히려는 계획을 세웠다. 이에 대해 평양의 화교 주물공장 3개소(쌍화리·쌍성동·신연득)는 크게 경계했다.[66] 황해도 소재 2개소의 화교 주물공장이 1931년 화교배척사건으로 폐쇄된 것을 계기로 조선인 주물공장이 평안남도까지 세력을 확대하려 한 것이다.

---

66) 駐鎭南浦 副領事館事務 張義信이 駐京城 總領事館에 보낸 공문(1933.6.10), 앞의 당안, 동 03-47-228-02. 쌍화리, 쌍성동, 신연득 주물공장의 직원 인원 및 생산량은 각각 32명· 4만 2,000개, 30명·4만 개, 32명·4만 1,000개였다.

이처럼 조선인 주물공장의 견제를 받고 있던 평양의 3개소 주물공장은 1933년 6월 주(駐)진남포 중화민국 부영사관에 선철의 안정적인 확보를 위해 협력을 요청했다. 만주의 안산제철소 및 본계호제철소 생산의 선철은 솥 제조에 적합하지 않기 때문에 3개소의 화교 주물공장은 황해도의 겸이포제철소의 선철을 구입해왔다. 겸이포제철소 생산의 선철은 평양의 일본인 상인 경영의 하라다상점(原田商店)[67]이 특약점으로 독점 판매를 하고 있었기 때문에 화교 주물공장은 견제를 받지 않을 수 없었다.[68] 즉, 평양부는 화교배척사건의 최대 피해지역이기 때문에 평양부의 화교 주물공장은 현지의 일본인 및 조선인의 동향에 민감하게 반응하지 않을 수 없어 하라다상점으로부터 겸이포제철소 생산의 선철을 도입할 수 없을 우려가 있다고 판단한 것이다.

주진남포 부영사관의 보고를 받은 주(駐)경성 총영사관은 본국의 외교부에 교민 주물공장의 선철 안정 공급을 위해 중국산 선철의 수입을 타진했다.[69] 외교부는 실업부(實業部)에 선철의 가격, 조선까지의 선박 운송료 등을 조회하여 그것이 가능한지 조사했다.[70] 그러나 이러한 시도는 실현되지 않았던 것 같다. 왜냐하면 중국 하북성 당산(唐山) 방면에서 선철이 수입된 것은 중일전쟁 이후이기 때문이다.[71] 더욱이 앞에서 언급한 경성의 화교 주물공장이 1934년에 조달한 선철은 겸이포제철소, 만주의 안산제철소 및 본계호제철소 생산의 선철로 중국산은 없었다.[72] 그래서 이와 같은 평양부 소재 화교 주물공장은 겸이포제철소 생산 선철의 구입이 어렵게 되자 안산제철소 및 본계호제철소 생

---

67) 상점의 소재지는 평양부 본정(本町) 505번지였다(小西勝治郎(1929), 앞의 자료, 145쪽).
68) 駐鎭南浦 副領事館事務 張義信이 駐京城 總領事館에 보낸 공문(1933.6.10), 앞의 당안, 동 03-47-228-02; 駐鎭南浦 副領事館事務 張義信이 駐京城 總領事館에 보낸 답문(1933.6.19), 앞의 당안, 동 03-47-228-02.
69) 駐京城 總領事館이 外交部에 보낸 공문(1933.6.20), 앞의 당안, 동 03-47-228-02.
70) 外交部가 駐京城 總領事館에 보낸 훈령(1933.7.26), 앞의 당안, 동 03-47-228-02.
71) 駐元山副領事館 報告(1943.1.20), [元山領事館管內鑄造業華工槪況],「駐京城總領事館半月報告」,『汪僞僑務委員會檔案』(동 2088-373)).
72) 京城府産業調査會(1936), 앞의 자료, 304쪽. 경성부 철공장에 공급하는 각 제철소 별 비중은 겸이포제출소 생산품이 전체의 55%, 안산제철소 25%, 본계호제철소 20%였다.

산 선철의 조달로 바꾸어 대처하려 했던 것은 아닐까 한다.

화교 주물공장은 앞에서 언급한 것과 같은 도전에 직면하면서도 솥의 생산에서는 여전히 높은 시장 점유율을 유지했다. 1932년 조선 내 솥 제조에 필요한 원료인 선철은 연간 약 8,000톤이었다. 이 가운데 조선인 및 일본인 공장이 2,000톤, 화교 공장은 6,000톤을 수요했다.[73] 사용하는 선철 양에 근거하여 판단해보면, 화교 주물공장은 솥의 생산량에서 약 7할을 차지하던 것으로 추정할 수 있다. 또한 1934년 화교 주물공장의 생산액은 약 100만 원에 달해 1928년의 생산액을 상회했다.[74]

2) 중일전쟁 시기 전시통제강화의 영향

중일전쟁은 화교 주물업을 둘러싼 환경을 크게 바꾸었다. 먼저 중일전쟁의 발발로 다수의 화교 직공이 본국으로 귀국하여 공장 가동에 큰 지장을 초래했다. 예를 들면, 충청북도 청주의 금성철공소(金城鐵工所)의 직공 7명(하북성 교하현 출신 5명, 동광현(東光縣) 출신 2명)은 중일전쟁 직후 만주국의 안동으로 일시 귀국, 안동의 복승잔(福陞棧)에서 대기하고 있었다.[75]

이 철공소의 공장주 왕문륜(王文倫)은 주물공장을 정상화시키기 위해 1938년 1월 7명의 직공을 조선에 다시 데려오려고 직공 1명을 안동에 파견하여 입국에 필요한 경비를 지급하려 했지만, 이 사실이 평안북도 경찰부에 발각되어 실패로 끝난 사건이 발생했다.[76] 당시 조선총독부는 '적국의 국민'인 조선화교의 입국 및 재입국을 매우 엄격하게 제한했지만, 1938년 6월 중국에 귀국한 조

---

73) 駐鎭南浦 副領事館事務 張義信이 駐京城 總領事館에 보낸 공문(1933.6.20), 앞의 당안, 동 03-47-228-02.

74) 京城府産業調査會(1936), 앞의 자료, 4쪽.

75) 忠淸北道 警察部長이 警務局長에게 보낸 공문(1938.2.28), 「在留支那人ノ歎願書提出ニ關ノスル件」, 『昭和十三年 領事館關係綴』, 국가기록원소장.

76) 平安北道 警察部長이 警務局長에게 보낸 공문(1938.3.18), 「在留支那人ノ歎願書提出ニ關ノスル件」, 앞의 자료.

<표 10-8> 주원산 부영사관 관내 화교 주물공장의 현황(1942년)

공장명	생산품	소재지	공장주	자본금
복성동 (福盛東)	솥·농기구·광산도구 ·기계부품	함흥부 아케보노정 3정목	송만명(宋萬明) 왕연귀(王連貴, 대리)	5만 원
화흥공 (華慶公)	발동기·솥·농기구· 광산도구 및 선박용구	원산부 해안통 6정목	임탁화(林卓華)	4만 원
동흥공 (同興公)	농기구·광산도구·선 박용구·솥	원산부 본정 5정목	전병환(田炳煥)	5만 원
복성동 (福盛東)	광산용 베어링·솥	청진부 포항정	조문록(趙文祿)	5만 원
동흥공 (同興公)	농기구·광산도구·선 박용구·솥	청진부 포항정	왕연길(王延吉)	4만 원
의순동 (義順東)	농기구·솥	함경북도 웅기군	사국동(謝國棟)	2만 원
덕생리 (德生利)	농기구·솥	함경북도 길주군	주형박(朱荊璞)	4만 원
영리화 (永利和)	농기구·솥	강원도 철원군	왕문해(王文海)	2만 원

출처: 駐元山副領事館 報告(1943.1.20), [元山領事館管內鑄造業華工槪況], 「駐京城總領事館半
月報告」, 『汪僞僑務委員會檔案』(동 2088-373).

선화교 및 그 가족에 대해 입국 및 재입국을 허가했기 때문에 7명의 직공은 다
시 금성철공소로 돌아왔다고 추정된다. 하지만 이처럼 중일전쟁 발발 직후 화
교 주물공장이 간접적인 영향을 받은 것은 사실이다.

한편, 중일전쟁 발발은 화교 주물업계의 재편을 불러일으켰다. 앞에서 언급
한 대로 전쟁 직전까지 송씨계열공장과 조선의 화교 주물업계를 양분하고 있
던 한씨계열공장의 공장주들이 귀국하자 전자가 후자를 매수, 송씨계열공장이
화교 주물업계를 완전히 석권하기에 이르렀다.

<표 10-8>과 같이 주원산 부영사관 관내의 송씨계열공장은 종래 함흥 및 청
진의 복성동(福盛東), 철원 영리화(永利和)의 3개소밖에 없었다. 그러나 전쟁 직
후 송씨계열공장이 한씨계열공장의 원산 및 청진의 동흥공(同興公)을 매수했
다. 또한 화교 주물공장은 종래 솥, 농기구, 난로를 주로 생산했지만 중일전쟁

직후에는 이에 더하여 광산용 베어링, 선박기계부품, 광산용기기, 일반 기계부품 등의 생산에도 착수, 생산품을 다각화했다. 화교 주물공장이 솥 시장 독점을 배경으로 일본인 주물공장이 주로 생산하고 있던 제품의 생산에도 참여한 것을 알 수 있다.

한편, 조선총독부의 전시통제강화는 화교 주물공장의 경영에 큰 영향을 미쳤다. 일본 정부는 전쟁 수행을 위한 인적·물적 자원을 통제할 목적으로 1938년 4월 국가총동원법(國家總動員法)을 공포하고 5월 5일부터 조선에도 시행했다. 물자는 군수, 관수(官需), 수출수요, 밀수물자로 분류되어 민수보다는 군수, 관수, 수출수요 등에 우선적으로 분배되도록 통제되었다. 솥 제조의 주요한 원료인 선철은 군수용의 중요한 물자였기 때문에 국가총동원법의 조선 시행 직후에 공포된 조선총독부령 제94호에 의해 "조선총독이 지정하는 물품 또는 그 부분품은 선철로 이를 주조하는 것"이 금지되었다.[77] 조선총독부는 고시 제399호로 화교 주물공장의 주요한 생산품의 하나인 난로를 지정품목으로 정함으로써 화교 주물공장은 이 제품을 생산할 수 없게 되었다.[78] 그러나 솥은 주조 금지품목에 지정되지 않았기 때문에 화교 주물공장의 솥 제조는 계속되었다.

하지만 조선총독부령 제94호 실시 후 선철이 통제품목으로 지정되고 공정가격제 및 배급제가 도입되자 솥의 제조에도 영향이 미치게 된다.[79] 선철의 배급 절차는 다음과 같았다. 각 공장이 선철의 필요량을 관할 각 도청에 제출하면 도지사는 이를 정리하여 수요자별 할당량 및 주요 제품 내역서(內譯書)를 조선총독부 광공국장(鑛工局長)에 제출했다. 광공국장은 이를 각 주무 담당자와 협의하여 각 도별 할당량을 결정했다. 결정된 선철 할당량은 도청을 통해 각 공장에 배급되었다.[80] 선철의 배급은 1940년 초까지 매월 배급이던 것이 그

---

77) 國學資料院 編(1996), 『日帝下法令輯覽』(복각판), 國學資料院, 250쪽.
78) 國學資料院 編(1996), 앞의 자료, 250~251쪽.
79) 駐元山副領事館 報告(1943.1.20), [元山領事館管內鑄造業華工槪況], 앞의 당안. 다만, 전시통제기인 1940년 조선의 선철 생산량은 1936년에 비해 2배, 1944년에는 5.3배 증가했다(堀和生(1995), 『朝鮮工業化の史的分析』, 有斐閣, 57쪽).
80) 朝鮮總督府官房·學務·法務·警務局(1944.12), 「第86回(昭和19年12月) 帝國議會說明資

후에는 연간 4회 배급으로 바뀌었으며 배급량은 점차 감소했다. 예를 들면, 원산부의 동흥공은 월별로 배급할 때는 월 3톤을 받았지만 연간 4회 배급할 때는 3개월에 4톤으로 줄었다. 같은 원산부 소재의 화경공(華慶公)은 매월 8톤이던 것이 3개월에 10톤이 되어 양 주물공장의 배급량이 이전에 비해 5할 이상 감소한 것을 확인할 수 있다.

이와 같은 현상은 화교 주물공장에 한정된 것은 아니었다. 조선의 주물업은 1938년도에 물자통제로 인해 공장 108개소와 직공 2,517명, 246만 8,000원의 생산액 감소가 발생했다.[81] 신의주부에서는 1938년 10월경 군수(軍需) 하청의 주물공장에게 평양병기제조소(平壤兵器製造所)의 알선으로 원료 및 연료의 배급이 이뤄졌지만 화교 주물공장을 비롯한 일반 주물공장에는 전혀 배급이 이뤄지지 않았다. 화교 주물공장은 원료의 재고가 소진되면 휴업하지 않을 수 없는 상태였다.[82]

화교 주물공장은 중일전쟁 이전은 앞에서 살펴본 대로 겸이포제철소 및 안산제출소 생산의 양질의 선철을 사용했지만, 전쟁 발발 이후는 중국의 당산 방면에서 수입된 질 나쁜 선철로 바뀌었다.[83] 선철의 공정가격은 1942년 1톤당 150원이었다. 이를 원료로 제조한 솥을 판매하면 1톤당 3배의 이익을 올릴 수 있었는데 이는 전전의 2배보다 높았다.

그러나 원료배급이 감소하면서 화교 주물공장은 조업 단축 및 휴업을 하지 않을 수 없게 되었다. 공장 가동률이 현저히 저하되었다. 그 결과 화교 주물공장의 솥 생산량은 전쟁 이전 비교적 큰 규모의 공장이 연간 1만 개, 작은 공장이 7,000~8,000개를 생산했지만, 1940년대 초에는 3,000개와 1,000개로 각각 격감했다.[84] 또한 솥의 판매가격은 조선총독부에 의해 중량, 크기, 깊이에 따

料」(복각판, 『朝鮮總督府帝國議會說明資料』第10卷, 不二出版, 1994, 164쪽).

81) 김인호(2000), 『식민지 조선경제의 종말』, 신서원, 340쪽.

82) 新義州商工會議所(1938.10), "戰時經濟の强化と中小商工業の影響調査", 《신의주상공회의소월보(新義州商工會議所月報)》(1938년 10월호), 新義州商工會議所, 11쪽.

83) 駐元山副領事館 報告(1943.1.20), [元山領事館管內鑄造業華工槪況], 앞의 당안.

84) 駐元山副領事館 報告(1943.1.20), [元山領事館管內鑄造業華工槪況], 앞의 당안.

라 7개 종류로 분류되어 각 제품은 제조업자 최고판매가격, 도매 최고판매가격이 공식적으로 설정되었다. 주물업자가 마음대로 가격을 정하고 가격을 인상하는 것이 금지되었던 것이다. 화교 주물공장의 경영은 상당한 타격을 받았고 각 공장은 화교 직공을 해고하여 대처했다. 화교 주물공장의 직공 인원은 전쟁 발발 이전 큰 공장의 경우 40명에 달하던 것이 1940년대 초에는 12~15명으로 감소했다.

주경성 총영사관은 화교 주물공장이 처한 상황을 심각하게 받아들여 문제해결에 나서려 했다. 1943년 11월 도쿄(東京)에서 일본 및 조선의 각 영사관의 영사를 소집하여 개최한 회의에서 주경성 총영사관의 영사는 화교 주물업의 실태를 다음과 같이 보고했다.

화교 무역상 및 주물상(주: 주물업자) 등의 영업은 급격히 부진하여 지속할 방법이 없어 파산할 처지에 있다. 그 원인은 배급원료 물자의 과소(寡少)에 있다. 우방(友邦)의 배급제 시행을 조사해보면, 국책적(國策的)으로 실시하는 많은 것은 제품 판매의 성적을 배급의 기준으로 하고 있다. 현재 화교 주물상의 성적은 일본인 및 조선인보다 나쁜 것은 아니지만 배급은 역으로 일본인 및 조선인에 비해 적으니 참으로 유감이다. 우방 당국이 관계 기관에 판매성적에 따라 배급을 주어 영업을 유지하도록 요청하고, 이를 통해 화상을 다시 회복시킬 수 있도록 해야 한다.[85]

주경성 총영사관의 영사는 원료의 배급에서 화교 주물공장에 대한 차별을 지적하고 이를 시정한다면 화교 공장의 영업을 회복시킬 수 있다는 의견을 제

---

85) 원문. 華僑貿易商鑄物商等之業務一落千丈竟至無法支持而呈倒閉之景象, 考其原因實由於配給原料物資過小之故, 查友邦配給制度之施行雖爲ㅁ行國策類多以售貨成績爲配給標準, 目下華僑之成績較諸日鮮商人殊不落後, 而配給反較日鮮商爲少誠爲遺憾, 擬請友邦當局通令關係機關按照售貨成績以配給俾維營業, 而使華商得以復甦是否可行請公決(中華民國國民政府駐日大使館(1943), 「第二次領事會議記錄 1943年」, 『中華民國國民政府(汪精衛政權) 駐日大使館檔案』(일본東洋文庫 소장, 등록번호 2-2744-51).

시했다. 왕정위 정권 주일본 대사관 및 주경성 총영사관이 선철의 공정한 배급을 일본 정부 및 조선총독부에 요청했는지는 분명하지 않지만, 가령 요청이 수용되어 화교 주물공장에 공정한 배급이 이뤄졌다고 해도 전쟁 말기에 돌입하여 선철 부족 문제가 더욱 심각해지는 상황에서 선철의 배급량은 더욱 감소하지 않을 수 없었을 것이다.

선철의 부족으로 전시통제기에 폐쇄된 화교 주물공장은 많았다. 1943년 6월 10일 조선의 주물공장에 고용되어 있던 화교 직공은 234명으로 1930년 10월의 712명에 비해 3분의 1이 격감했다.[86] 당시 1개 공장당 약 12~15명인 것을 고려하면 16~20개소의 화교 주물공장이 존속하고 있었다고 추정된다. 화교 직공의 각 도별 분포를 보면 경기도 84명,[87] 평안북도 51명, 평안남도 31명, 함경남도 20명, 함경북도 19명, 전라남도 8명, 충청북도 6명, 충청남도 10명, 경상남도 5명이었다. 경상북도, 강원도, 황해도, 전라북도는 1명의 직공도 없었다.

〈표 10-7〉과 대조해보면, 경상북도의 쌍화영, 전라북도의 동홍영이 폐쇄된 것을 확인할 수 있다. 화교 서국훈(徐國勳)은 중일전쟁 시기 쌍화영에 대해, "중국을 침략하는 전쟁의 발발로 철강이 결핍했다. 주조의 원료를 구매할 곳이 없었다. 그래서 공장은 일시 휴업했다"라고 증언한 것에서 이 공장의 폐쇄는 거의 틀림없는 사실이다.[88] 게다가 해방 직전 화교 주물공장은 더욱 감소하여 10개소에 지나지 않았다.[89]

---

86) 朝鮮總督府(1944b), 『昭和十八年六月十日現在 朝鮮勞動技術統計調查結果報告』, 朝鮮總督府, 10쪽. 통계에는 외국인으로 나와 있지만, 외국인 직공의 대부분은 화교이기 때문에 화교로 봐도 지장은 없다. 1941년 8월 10일 현재의 주물업 종사의 화교 직공은 267명이었다(朝鮮總督府(1942), 『昭和十六年八月十日現在 第一回朝鮮勞動技術統計調查結果報告』, 朝鮮總督府, 8쪽).

87) 1941년 말 경성부에는 쌍화상, 복취성(福聚盛), 태흥(泰興)의 3개소의 주물공장이 조업하고 있었다. 직공 84명은 이 3개소의 주물공장에서 일하고 있었을 것으로 추정된다. 또한 경성부에는 솥을 제조하는 주물공장은 화교 주물공장 이외에는 1개소도 없었다. 3개소의 화교 주물공장이 경성부 및 인근 지역에 솥을 독점 공급한 것으로 보인다.

88) 因侵華戰爭的暴發, 鋼鐵缺乏, 鑄造原料無處收購而工廠隔於停頓了一段時間(서국훈의 증언(2005년 3월 서면 인터뷰).

6. 맺음말

이상에서 화교 주물업의 성립, 발전, 위축의 과정 및 그 원인을 고찰했다. 우선, 화교 주물공장은 1910년대에 설립되었는데 그 배경에는 조선 내 일본산 및 중국산의 솥에 대한 수요가 있었다는 것을 살펴보았다. 화교 주물공장은 1920년대 조선 내에서 급속히 증가한 것은 1920년 및 1924년의 솥에 대한 수입관세율 인상의 영향을 받아 많이 설립됐다는 것을 분명히 했다.

다음으로, 화교 주물공장은 대체로 송씨계열공장, 한씨계열공장이라는 2대 세력으로 나뉘어 있었다. 송씨계열공장은 안동 본사인 복취성에 의해 계열 공장이 경영되고 있었으며 본사와 지사는 긴밀한 관계하에 운영되었다. 또한 주물공장의 공장주 및 직공은 대부분 하북성 교하현 출신자라는 것, 화교 주물업에 있어 하북성 교하현에서 연쇄이주가 이뤄진 것을 확인했다.

화교 주물공장은 조선의 솥 생산에서 약 7할을 차지하면서 독점적인 지위를 점했다. 그 원인은 화교 주물공장이 저임금의 화교 직공, 중국의 '주조의 고향'으로 알려진 교하현 출신 직공의 뛰어난 기술력에 지탱되어 값싸면서도 양질의 제품을 생산한 것이 조선인 및 일본인 주물공장에 비해 경쟁력을 가진 이유임을 논의했다.

또한 화교 주물업은 1931년 화교배척사건의 영향을 받았지만, 솥 제조부문에서 여전히 높은 시장 점유율을 차지하고 있었다. 그러나 중일전쟁 시기 전시통제의 강화로 인해 원료인 선철의 배급량이 감소하면서, 조업단축 및 휴업을 거듭하다 폐쇄되는 공장이 잇따라 발생하여, 화교 주물업은 크게 위축된 것을 파악할 수 있었다.

---

89) 華僑誌編纂委員會 編(1958), 『韓國華僑誌』, 華僑誌編纂委員會, 76쪽.

제11장

화교 양말 제조업

1. 머리말

이 장에서는 신의주의 화교 양말 제조업의 실태를 평양의 조선인 양말 제조업과 비교하면서 그 생성, 발전, 쇠퇴의 궤적을 추적하고자 한다.

일제강점기 조선의 근대 공업은 거의 일본인 자본에 의해 지배되어 있었지만 양말 제조업과 고무신 제조업만은 조선인 자본이 지배적인 지위를 차지했다.[1] 특히, 양말 제조업은 조선인의 민족자본을 대표하는 존재로서 주목을 받아 일제강점기 당시부터 연구의 대상이 되었지만, 그에 대한 본격적인 연구는 가지무라 히데키(梶村秀樹)[2]와 주익종[3]에 의해 이뤄졌을 뿐이다.

가지무라는 일제강점기 조선인 자본의 상황을 해명하는 하나의 사례연구로서 평양의 양말 제조업을 들어, 양말 제조업의 생성, 발전기에 조선인 자본가

---

1) 조기준(1975),『한국의 민족기업』, 한국일보사, 188~215쪽.
2) 梶村秀樹(1967),「日帝時代(前半期)平壤メリヤス工業の展開過程: 植民地經濟體制下の朝鮮人ブルジョアジーの對應の一例」,『朝鮮史研究會論文集』第3集, 朝鮮史研究; 梶村秀樹(1968a),「日帝時代(後半期)平壤メリヤス工業の展開過程: 植民地經濟體制下の朝鮮人ブルジョアジーの對應の一例」,『朝鮮史研究會論文集』第5集, 朝鮮史研究會.
3) 주익종(1994),「일제하 평양의 메리야스 공업에 관한 연구」, 서울대학교 박사학위논문.

의 능동적인 대응을 해명함과 동시에 이와 같은 조선인 자본가의 대응은 민족해방투쟁과 거리가 먼 부르주아지로서의 계급적 특성을 가지고 있다는 점을 제시했다. 한편 주익종은 조선인 양말 제조업자의 '학습', '주체적 행위'의 능동적 대응을 보다 중시하는 입장을 취해, 다양한 자료를 구사하면서 평양의 양말 제조업의 발전 원인 및 전개를 밝혀냈다.

이 두 사람의 연구에는 1920년대 평양의 조선인 양말 제조업자에게 일대 위협적인 세력으로 등장한 신의주의 화교 양말 제조업 및 화교 직공에 관한 언급이 있다. 가지무라는 신의주의 화교 양말 제조업 및 화교 직공의 존재를 확인하고 평양의 양말 제조업을 뒤흔드는 단계까지는 이르지 못했다고 결론짓고, 이는 조선총독부의 차별정책이 작동한 결과로 받아들이려 했다.[4] 또한 1925년 4월 발생한 평양의 양말 제조업 노동쟁의에 대해서도, 평양의 양말 제조공장에 화공을 저임금으로 고용한 것이 한 원인이라고 간단히 소개하는 데 그쳤다.[5]

이에 비해 주익종은 1920년대 평양의 양말 제조업의 전개와 1925년 노동쟁의에서 신의주의 양말 제조업과 화교 직공의 역할을 한층 강조하는 입장을 취했다. 그는 평양의 1925년 노동쟁의와 평양의 양말 제조업계의 1920년대 후반의 산업합리화(産業合理化)에 대해 신의주의 화교 양말 제조업의 발전이 직접적인 계기가 되었다고 파악했다.[6] 필자는 이렇게 파악하는 것이 기본적으로 올바르다고 인식하고 있다. 다만, 그의 연구에서 신의주의 화교 양말 제조업에 관한 논의는 어디까지나 평양의 조선인 양말 제조업을 상대화하여 파악하기 위해 활용하는 데 지나지 않았으며 화교 양말 제조업 자체에 대해서는 구체적으로 검토하지 않았다.

따라서 이 장은 이상의 선행연구의 성과를 바탕으로 신의주의 화교 양말 제조업에 초점을 맞춰 화교 양말 제조업의 생성, 발전, 쇠퇴의 궤적을 추적하기로 한다.

---

4) 梶村秀樹(1967), 앞의 논문, 133쪽.
5) 梶村秀樹(1967), 앞의 논문, 135~136쪽.
6) 주익종(1994), 앞의 논문, 110~144쪽.

2. 화교 양말 제조업의 생성

화교 양말 제조공장이 조선에서 언제 설립되었는지는 명확하지 않지만 문헌상 가장 오래된 양말공장은 1920년 평안북도 운산군 북진면에 설립된 동상복(同祥福, 공장주는 장파신(張波臣))이었다.[7] 그다음은 1922년 1월 신의주부 진사정(眞砂町)에 설립된 영성동(永成東)이었다(〈표 11-1〉 참조).

동상복이 영성동에 2년 정도 빨리 창업한 것이지만 동상복은 1920년대의 『평안북도통계연보(平安北道統計年報)』의 '공장'[8] 칸에 등장하지 않는 것으로 볼 때, 창업 후 얼마 지나지 않아 가동중지를 했든 간에 종업원 5명 미만의 소규모 가내부업적인 공장이었을 것으로 보인다. 이에 비해 영성동은 『평안북도통계연보』의 '공장' 칸에 늘 등장하고 1926년의 자본금은 8,000원, 종업원은 28명에 달하는 소규모지만 본격적인 공장이었다. 영성동 다음으로 1923년 7월 인천부 용리의 양자방공장(〈부표 6〉의 137번·정식명칭은 영성동(永盛東)이었다)으로 생산량 및 생산액으로 볼 때 상대적으로 규모가 큰 공장이었다(〈표 11-1〉 참조).

화교의 양말 제조공장은 〈표 11-1〉과 같이 1920년대에 들어 잇따라 설립되었는데, 설립경위에 대해 살펴보도록 하자. 신의주에 영성동과 같은 상호의 직물상점이 있었지만 점주는 양말 제조공장의 공장주와 같은 인물인 사만경(史萬慶)인 것에 주목할 필요가 있다. 직물상점인 영성동은 신의주의 진사정에 위치하여 1923년의 연간 매상액이 1만 7,680원을 계상하는 중규모의 상점이었다.[9] 이 상점은 진사정에 건평 163평의 건물에서 영업을 하고 있었고, 상점 일각의 14평의 공간에서 양말직조기를 설치하여 조업했다.[10] 1923년 8월 설립

---

7) 駐新義州領事館報告(1936.3.22), 「新義州僑商槪況」, 『南京國民政府外交部公報』 第9卷 第3號(복각판, 中國第二歷史檔案館 編(1990), 『南京國民政府外交部公報』, 江蘇古籍出版社, 454쪽). 이 공장의 1935년 경 자본금은 4,000원, 종업원은 10명이었다.

8) '공장' 통계의 대상은 5명 이상의 종업원, 5,000원 이상의 자본금을 가진 공장이었다.

9) 朝鮮總督府(1924a), 『朝鮮に於ける支那人』, 朝鮮總督府, 181쪽.

10) 1926년의 『평안북도통계연보(平安北道統計年報)』에는 이 공장의 건평이 163평으로 나오지만, 1927년의 『평안북도통계연보(平安北道統計年報)』에는 14평으로 기재되어 있다.

〈표 11-1〉 조선의 주요한 화교 양말공장의 현황(1926년 말 기준)

공장명	공장주	창업 연월	소재지	자본금 (원)	직공 (명)	취업일 수(일)	생산량 (타)	생산액 (원)
양자방 (揚子芳)	양자방 (揚子芳)	1923.7	인천	-	-	-	12,000	31,000
왕근당 (王根堂)	왕근당 (王根堂)	1925.10	인천	-	-	-	1,600	4,480
영순상 (永順祥)	조수증 (趙壽增)	1923.8	신의주	2,000	15	320	5,400	9,180
인화흥 (仁和興)	필서혜 (畢庶惠)	1925.6	신의주	300	12	300	2,430	4,130
진태익 (晉泰益)	이준목 (李峻目)	1925.6	신의주	1,200	12	320	4,350	7,395
영성동 (永成東)	사만경 (史万慶)	1922.1	신의주	8,000	28	310	8,250	13,200
협승동 (協勝東)	왕보가 (王寶家)	1924.9	신의주	3,000	29	310	7,800	13,260
동화영 (同和永)	이안도 (李安道)	1924.7	신의주	3,000	29	320	18,000	32,400
중흥 (中興)	양요중 (楊耀中)	1924.6	신의주	2,000	20	330	5,800	9,760
진흥항 (晉興恒)	이병렴 (李秉廉)	1926.4	신의주	1,000	12	320	4,662	7,925
옥기 (玉記)	주광정 (周廣珽)	1925.3	신의주	300	15	220	2,824	4,800
진흥춘 (晉興春)	임수성 (林樹聲)	1926.3	신의주	500	10	220	3,234	5,497
영합장 (永合長)	곽학배 (郭學盃)	1926.3	신의주	500	10	220	3,251	5,526
옥원무 (玉源茂)	이윤삼 (李潤三)	1926.3	신의주	1,000	12	320	5,040	8,560
항흥화 (恒興和)	유월루 (柳月樓)	1926.3	신의주	2,000	13	220	4,050	7,260
평균		-		1,908	16.7	287	5,913	10,958

출처: 京城商業會議所(1927.11), "朝鮮に於けるメリヤス製品の需給狀況", 《조선경제잡지(朝鮮經濟雜誌)》(1927년 11월호), 京城商業會議所, 19~20쪽; 平安北道 編纂(1928), 『昭和元年 平安北道統計年報』, 平安北道, 129~132쪽.

공장의 건평이 자료에 따라 다른 것은 직물상점인 영순동과 양말 제조공장인 영성동을 구분했는지의 여부에 원인이 있는 것으로 보인다. 또한 영성동 공장은 그 후 공장 확장을 위해 매지정(梅枝町)으로 이전했다(西浦半助(1930), 『新義州案內』, 國境文化協會, 85쪽).

된 영순상(永順祥)도 진사정 직물상점의 영순상에 의해 설립되어 직물상점주와 공장주는 모두 조수증(趙壽增)이었다. 영순상 양말 제조공장도 영순상상점의 건물 120평 가운데 13평의 부지에 양말직조기를 설치하여 창업했다. 신의주 상반정(常盤町) 7정목에 위치한 항흥화(恒興和)도 1923년의 매상액 2만 8,800원의 직물상점으로서 이 상점에 1924년 3월부터 12평의 부지에 양말직조기를 설치하여 공장을 조업했다. 즉, 영성동, 영순상, 항흥화 등 신의주의 화교 양말 제조공장은 직물상점의 상업자본에 의해 설립되어 모두 직물상점의 일각에 양말직조기를 설치하여 가내공업으로서 시작된 것이 확인되었다.[11] 이를 통해 화교의 상업자본이 산업자본화한 하나의 사례를 찾아볼 수 있다.

한편, 화교의 직물상점이 1920년대 전반 조선의 양말 제조업에 진출한 배경에는 평양의 조선인 자본의 양말 제조공장이 같은 시기 공장 수 및 생산량에서 증가한 원인과 관계가 있다. 평양의 조선인 양말 제조공장은 1906년에 처음으로 설립되었지만 당시는 양말에 대한 수요가 많지 않았기 때문에 양말 제조공장은 1918년까지 8개소에 그쳤다. 하지만 1910년대 후반 조선에 서양식 생활양식이 보급되고 양복과 양화의 착용이 유행, 먼저 사회의 상류층에서 양말에 대한 수요가 나타나기 시작하여 1920년대 초에는 일반 민중 사이에서 고무화 착용이 증가함에 따라 양말에 대한 수요는 사회 전반으로 확산되었다.

그러나 조선의 양말 자급률은 1918~1920년 연평균 약 50%에 머물러 일본, 중국의 수입에 크게 의존하는 실정이었다.[12] 이처럼 양말에 대한 수요증가와 조선의 낮은 양말자급률을 배경으로 1920년대 초부터는 조선인의 양말 제조업 진출이 현저해졌다. 평양의 조선인 양말 제조공장은 1921년에 종업원 5명 이상의 공장만 9개소가 있어 1920년에 비해 2개소가 증가했고, 직조기는 185대에서 343대로 한꺼번에 85%나 증가했다.[13] 이처럼 양말 제조공장의 창업 열기가 불기 시작했고, 본격적으로 발전한 것은 선행연구에 의해 이미 해명되

---

11) 西浦半助(1930), 앞의 책, 84쪽.
12) 주익종(1994), 앞의 논문, 56쪽.
13) 梶村秀樹(1967), 앞의 논문, 119쪽.

었다.[14]

이와 같은 사정을 고려한다면, 화교의 양말 제조공장도 조선의 양말 수요의 증가에 힘입어 잇따라 설립된 것으로 파악해도 타당할 것이다. 특히 신의주의 양말 제조공장을 설립한 화교 직물상점은 양말의 수요를 가장 민감하게 파악할 수 있는 입장이었고, 이러한 수요를 전망하여 상점의 한 모퉁이에 양말 제조공장을 설립한 것으로 추측된다.

화교가 양말 제조업에 진출한 또 하나의 배경은 양말 제조업 고유의 특성과도 관계가 있다. 양말 제조업은 시장진출의 장벽이 별로 높지 않은 방직공업의 하나였다. 1920년대 초 조선인의 양말 제조업자가 일본에서 도입한 수동 직조기는 종류에 따라 다르지만 1대당 평균 25~40원이었다.[15] 영성동 등의 화교 양말공장은 설립 당초의 면적으로 볼 때 수동직조기 10대 이하로 시작한 것으로 보인다. 10대를 도입할 경우 직조기 설치의 비용은 250~400원으로 추정되며, 이 정도의 투자액은 1~2만 원의 매상을 올리던 화교 직물상점으로서 조달할 수 없는 금액은 아니었다.

또한 양말 제조업은 방직공업의 모든 분야 가운데 특히 노동집약도가 높아 일본인 자본과 경합하지 않는 틈새사업(niche business)인 점도 화교의 양말 제조업 진출을 촉진했다. 일본인 자본은 주로 고정자본 투하의 규모가 큰 공업부문에 투자가 상대적으로 많았고 양말 제조업 진출은 일제강점기를 통해 줄곧 부진했기 때문에 화교가 이러한 틈새를 잘 발견했다고 해석할 수 있다. 나아가 1920년대 전반은 조선인의 양말 제조업의 형성기에 해당되어 화교의 양말 제조업자에게도 발전의 기회가 부여되어 있었다.

하지만 〈표 11-1〉과 같이 화교의 양말 제조공장은 신의주라는 특정지역에 집중되어 있는데, 그 이유를 검토해보자.[16] 그것은 먼저 신의주의 대안(對岸)

---

14) 평양향토사편찬위원회 편저(1957), 『평양지』, 국립출판사, 264쪽; 梶村秀樹(1967), 앞의 논문, 130쪽; 주익종(1994), 앞의 논문, 81~82쪽.
15) 平壤商工會議所(1943), 『平壤のメリヤス工業と平南の農村機業』, 平壤商業會議所, 13쪽.
16) "신의주 양말계 中人이 都차지", 《동아일보》, 1925.5.27.

인 중국의 안동이 원래 양말 제조업이 발전한 지역이라는 점과 관계가 있다. 안동과 신의주는 모두 러일전쟁 전후에 일본군의 진주와 철도건설을 계기로 발전하기 시작했고, 1911년 11월 압록강철교가 준공되자 조선과 만주의 철도가 연결되어 한층 발전했다.[17] 두 도시 사이에는 사람의 이동이 자유롭게 이뤄진 것도 영향을 끼쳐 두 도시의 경제관계는 매우 긴밀했다.[18] 안동의 중국인 자본이 신의주에 진출한 것도 발견된다. 예를 들면, 제10장에서 살펴본 대로 안동 복취성(福聚盛)은 1910년대 신의주에 진출하여 신의주를 거점으로 점차 남하하면서, 조선 각지에 솥 주물공장을 잇따라 설립했다.[19] 안동의 삼합성(三合盛)은 신의주에 종업원 42명의 두유두박(豆油豆粕) 제조공장인 의순상(義順祥)을 설립했다.[20]

안동은 양말 제조업이 발달한 지역이었다. 중국의 양말 제조업은 조선과 같이 중국인 자본이 지배적인 지위를 점하여 중국인의 '민족자본'을 대표하는 제조업으로 자리 잡았다. 양말이 1879년 중국에 처음으로 수입된 이래 중국은 오랫동안 양말을 수입에 의존했지만 제1차 세계대전을 계기로 유럽에서 수입이 두절되자 중국인의 양말 제조업은 본격적인 발전을 맞이했다. 양말 제조업이 발전한 지역은 강소성, 광동성, 절강성 등 화중·화남이 중심이었지만 동북의 요령성(遼寧省, 뒤에 봉천성(奉天省))도 주요한 산지의 하나였다.[21]

요령성에 포함된 안동에는 제1차 세계대전기 동원륭(東源隆), 옥원무(玉源

---

17) 佐藤正二郎(1917), 『安東縣及新義州』, 圖書普及會, 20쪽.

18) 1928년 안동항의 무역을 국가 및 지역별로 보면, 일본 47%, 조선 41%, 중국의 각 항구 12%였다(安東商工會議所(1929), 『安東商工案內』, 安東商工會議所, 25~26쪽).

19) 제10장 3절을 참조 바람.

20) 南滿洲鐵道株式會社興業部商工課(1927b), 『南滿洲主要都市と其背後地 第一輯第一卷安東に於ける商工業の現勢』, 南滿洲鐵道株式會社, 237쪽; 朝鮮總督府(1924a), 『朝鮮に於ける支那人』, 朝鮮總督府, 179쪽; 안동 본점의 삼합성은 잡화 및 유방(油坊)을 취급하는 상점으로 점주는 조옥당(趙玉堂)이었다.

21) 平野義太郎 編(1940), 『方顯廷 支那の民族産業』(東亞研究叢書第三卷), 岩波書店, 521~523쪽. 1919년 양말생산액은 강소성 233만 달러, 절강성 152만 달러, 요령성 100만 달러였다.

茂), 진흥항(晉興恒), 덕성제(德成齊)가 설립된 것을 시작으로 1920~1922년에 동의순말장(同義順襪莊, 1920년), 인국호(仁國號, 1921년), 동흥항(同興恒, 1921년), 익흥덕말창(謚興德襪廠, 1921년), 복성원(福成遠, 1922년) 등의 중국인 자본의 양말 제조공장이 잇따라 설립되어 번성했다.[22] 또한 요령성에는 1920년대 메리야스의 수동직조기를 제조하는 공장도 출현했다.[23]

하지만 안동의 옥원무와 진흥항은 〈표 11-1〉에 등장하는 신의주의 옥원무와 진흥항과 상호가 일치할 뿐 아니라 공장주의 이름도 일치하기 때문에, 안동의 옥원무와 진흥항이 1920년대 중반 신의주에 진출하여 설립한 공장이라는 것을 알 수 있다.[24] 안동의 진흥항과 옥원무는 1924년 5월 현재 종업원을 각각 39명과 40명을 두고, 생산량 각각 1만 1,000타(打, 1타는 12켤레)와 1만 2,000타를 올리면서 안동의 주요한 양말 제조공장의 지위를 점하고 있었다. 진흥항과 옥원무는 안동에 양말 제조공장을 설립하여 성공을 거둔 후 양말의 수요가 왕성한 조선에 진출한 것이다.

이상의 논의를 정리하면, 화교 양말 제조공장은 1920년대 전반 신의주를 중심으로 잇따라 설립되었는데 그 배경에는 양말의 수요 증가, 노동집약적인 소규모투자로 설립 가능한 특성과 틈새사업이라는 점, 그리고 양말 제조업이 발달한 안동의 영향 등이 있었다.

---

22) 安東商業會議所(1924), 『安東工場一覽(大正十二年末現在)』, 安東商業會議所, 13쪽; 安東商工會議所(1937), 『安東ニ於ケル會社及工場一覽表』, 安東商工會議所, 25~26쪽. 이상에서 살펴본 양말 제조공장은 1936년경까지 활발히 생산 활동을 전개하고 있었다는 것이 확인된다.

23) 滿洲國實業部臨時産業調查局(1937), 『メリヤス製品幷にメリヤス工業に關する調查書』, 滿洲國實業部, 2쪽.

24) 宋伍强(2010b), 「朝鮮半島北部地域の華僑社會に關する社會經濟的分析」, 兵庫縣立大學 經濟學研究科 博士學位論文, 59~60쪽; 安東商業會議所(1924), 앞의 자료, 13쪽.

3. 조선인과 화교 양말 제조업자의 경쟁

1) 1925년 평양양말쟁의와 화교 직공

신의주의 화교 양말 제조업은 1920년대 발전의 도상에 있었다. 1923년까지 영성동, 영순상의 2개소밖에 없던 화교 양말 제조공장은 1924년에 중흥(中興), 동화영(同和永), 협승동(協勝東)이 잇따라 설립되었다. 동화영과 협승동은 공장의 건평이 90평과 92평에 달해 영성동과 영순상의 공장면적보다 훨씬 넓었다. 또한 동화영의 생산량은 1926년 1만 8,000타에 달해 화교 양말 제조공장 가운데 가장 많았으며(〈표 11-1〉 참조), 직조기 25대를 설치하여 이전의 가내공업의 영역을 탈피하고 있었다.[25]

신의주를 중심으로 한 평안북도의 화교 양말 제조공장의 1924년과 1927년의 생산량 및 생산액을 비교할 경우 생산량은 같은 기간 중 226%라는 대폭의 증가를 보였으며, 같은 시기 평양을 중심으로 한 평안남도의 조선인 양말 제조공장의 생산량 증가율인 170%를 상회했다. 평양을 비롯한 평안남도의 양말 제조업은 조선 양말생산량 및 생산액에서 점하는 비율은 1928년에 각각 56%, 53%를 차지, 조선인의 양말 제조업의 일대 거점이 되었다. 신의주의 화교 양말 제조업의 발전에 따라 평안북도의 화교 양말 제조공장의 생산량과 평안남도의 조선인 양말 제조공장의 생산량의 차는 점차 축소되어 1927년에는 화교 공장의 생산량이 조선인 공장 생산량의 22%에 달했다(〈표 11-2〉 참조).

평양의 조선인 양말 제조업이 신의주의 화교 양말 제조업을 경쟁상대로 경계하여 대책을 수립하기 시작한 것은 1920년대 중반이었다. 이를 상징하는 사건이 1925년 4월 발생한 평양의 양말 제조공장의 조선인 직공에 의한 노동쟁의(이하, '1925년 평양양말쟁의'로 칭함)였다.

이 쟁의는 평양의 조선인 양말 제조업자가 신의주의 화교 양말 제조업의 출

---

25) "신의주 양말계 中人이 都차지", 《동아일보》, 1925.5.27.

〈표 11-2〉 평안북도와 평안남도의 화교와 조선인 양말공장의 비교

(단위: 개소, 타, 원)

연차	1924년	1925년	1926년	1927년	1928년	1929년
평안북도의 화교 양말공장						
공장수	-	13	13	14	11	13
생산량	40,800	82,370	75,087	132,984	129,663	-
생산액	100,000	195,570	127,229	229,817	216,497	275,000
평안남도의 화교 양말공장						
공장수	12	18	16	-	-	-
생산량	222,550	628,960	565,5000	600,000	780,700	938,850
생산액	488,000	1,454,372	1,137,000	1,230,000	1,313,220	1,589,000
조선 전체의 양말공장						
공장수	-	461	1,500	1,508	1,542	-
생산량	-	2,042,955	1,093,408	1,158,611	1,407,033	1,544,599
생산액	-	2,788,562	2,412,233	2,267,153	2,479,888	2,682,102

출처: 1924년의 통계는 "시세 업는 평양 양말", 《조선일보》, 1925.7.30; 1925년의 통계는 京城商業會議所(1927.1), "朝鮮に於ける工産品", 《조선경제잡지(朝鮮經濟雜誌)》, 4쪽; 1926년의 통계는 京城商業會議所(1927.12), "朝鮮の工産額と主要工場表", 《조선경제잡지(朝鮮經濟雜誌)》, 4~5쪽; 1927년의 통계는 京城商業會議所(1928.12), "朝鮮の工業生産品", 《조선경제잡지(朝鮮經濟雜誌)》, 25쪽; 1928년의 통계는 京城商業會議所(1930.2), "朝鮮の工業生産品", 《조선경제잡지(朝鮮經濟雜誌)》, 4~5쪽; 1929년의 통계는 주익종(1994), 앞의 논문, 56·61·116쪽; 1929년 신의주의 생산액은 西浦半助(1930), 59쪽; 1929년 평양의 통계는 朝鮮總督府(1932a), 296쪽.

현에 대응하기 위해 직공의 임금을 인하한 것과, 일부의 공장이 화교 직공을 고용한 것이 원인이었다.[26] 주익종과 가지무라는 이 쟁의의 원인에 대해 주로 직공의 임금 인하를 들고, 조선인 공장에 고용된 화교 직공 문제에 관한 검토는 별로 하지 않았다. 그래서 여기서는 이 쟁의와 화교 직공 사이의 관계를 중심으로 검토하고자 한다.

1925년 4월 8일 오후 8시 평양 양말직공조합이 성당에서 1,000명이 참가한 총회를 개최하고 평양 양말생산조합에 대해 다섯 가지의 요구사항을 결의했

---

26) 梶村秀樹(1967), 앞의 논문, 135~136쪽; 주익종(1994), 앞의 논문, 119~125쪽.

다. 양자 간에 문제가 된 쟁점은 다음과 같다. ① 종업원 협약에 관한 건: 생산조합이 지난 3월 1일 종업원과 체결한 협약을 이행할 것. ② 위약한 공장에 관한 건: 종업원 협약 체결 당시의 생산조합 대표의 대원상회(大元商會) 공장에 책임을 묻는 동시에 적극적으로 대응할 것. ③ 화교 직공 고용에 관한 건: 공신상회(共信商會)는 솔선하여 화교 직공을 채용했기 때문에 화교 직공을 해고하지 않을 때는 이 공장을 박멸할 것. ④ 임금문제에 관한 건: 대원상회를 비롯한 기타의 공장은 양말이 잘 판매되지 않는 것을 이유로 임금을 인하했는데 이것은 구실에 지나지 않은 것으로 진상을 분명히 밝힐 것. ⑤ 외직에 관한 건: 내직(주: 공장 내에서 일하는 것) 직공보다 외직(주: 공장주로부터 원료를 조달받아 자택 등지서 작업하는 것) 직공의 임금이 상대적으로 낮고 외직 직공의 임금을 내직 직공의 수준으로 인상할 것.[27]

이상의 다섯 가지 요구사항은 생산조합의 임금인하에 대한 직공조합의 반대와 화교 직공의 고용에 대한 반대로 정리될 수 있지만, 특히 직공조합은 화교 직공의 고용에 대해 매우 경계했다. 평양 양말직공조합의 상무위원인 최윤옥(崔允鈺)의 다음과 같은 발언을 보도록 하자.

> 아직 양말 1타당 30원 이상의 순이익이 있다. 신의주의 중국인 제조업자 생산의 양말 이입 운운하는 것은 아직 소규모에 그치고 있어 도저히 평양양말과 비교의 대상이 되지 않는다. 중국인 직공을 이미 사용한 공장도 있고 장래 사용하려고 안동현(安東縣) 방면에 주선중인 상황이며, 수일 후 다수의 중국인 직공이 침입할 것이다. 일반 고용주들이 자기의 이익을 더욱 구하여 중국인을 사용하려는 것이다. 현재 조선인 직공들에게 임금을 다시 인하하려는 것도 중국인 직공 사용을 전제로 한다. …… 어쨌든 중국인 직공의 침입은 우리 직공들에게 일대 위협이며 목숨 걸고 극력 방지할 결심이다.[28]

---

27) "襪工대회의 결의", 《조선일보》, 1925.4.10.
28) "평양 襪工 재동요", 《동아일보》, 1925.4.8.

또한 직공조합은 화교 직공의 해고를 요구하는 이유에 대해 "중국인들이 임금을 너무 싸게 받아 들어왔기 때문에 이 영향이 일반 직공에 미쳐 또는 그들에 의해 조선인 직공 10명이 직업을 빼앗겼기 때문에 빼앗긴 직업을 되돌리려는 것이다"라고 주장했다.29)

직공조합은 이와 같은 이유로 화교 직공을 채용한 공신상회를 표적으로 설정하여 곧바로 행동에 들어갔다. 대표자 5명은 4월 9일 정오 공신상회를 방문하고 화교 직공의 해고를 요구했다. 공신상회는 직공조합의 요구에 응하여 화교 직공을 해고하려 하지 않았고, 화교는 여비가 없기 때문에 곧바로 귀국할 수 없다고 둘러대며 요구를 들어주려 하지 않았다. 그래서 1,000명의 직공은 공장을 둘러싸고 항의 행동에 들어가 험악한 분위기가 되었다.30)

한편, 직공조합의 교섭위원 5명[최윤옥·최인수(崔仁洙)·윤관수(尹寬洙)·김영삼(金永三)·안용수(安龍洙)]은 4월 9일 오후 평양부 하수구리(下水口里)에 위치하여 휴업 중이던 대원공장으로 몰려가 임금인하에 대해 항의했다. 이때 수백 명이 밖에서 시위를 했는데, 오후 5시 평양경찰서는 최윤옥 교섭위원(당시 조선일보 평양지국 기자) 등 5명의 교섭위원을 검속했다.31) 이것을 계기로 10일 삼공(三共), 평신(平信), 공화(共和), 삼성(三成)의 4개 공장의 직공 400명이 동맹파업을 단행하면서 오후에는 경찰서로 몰려가 어제 구속된 교섭위원의 석방을 요구했다. 50명의 직공조합원이 화교 직공을 사용하는 공신상회에 몰려가자 화교 직공은 전원 피난하고 경찰의 기마대가 출동하는 등 사태가 점점 악화되었다.32)

그렇다면 직공조합이 공격의 표적이 된 공신상회가 왜 화교 직공을 고용했는지 그 경위에 대해 살펴보자. 이 공장은 원래 평양의 기업가인 이진순(李鎭淳)이 설립했고, 이 쟁의가 발생하기 직전인 1925년 3월 경흥공창(慶興工廠)으로 공장명을 바꿨다. 그 경위를 기록한 다음의 신문기사를 보도록 하자.

---

29) "위원 5명을 검속", 《동아일보》, 1925.4.11.
30) "襪工대회의 결의」, 《조선일보》, 1925.4.10.
31) "위원 5명을 검속", 《동아일보》, 1925.4.11.
32) "쌍방 교섭 결렬 사백 직공 파업", 《조선일보》, 1925.4.11.

중국인 직공이 최초 평양에서 일한 것은 평양부 장별리(將別里)에 있는 대동양말소(大同洋襪所)의 전 직공인 유상운(劉祥運)이라는 자가 양말 제조를 청부하여 개인의 이익을 구하여 안동현으로부터 중국인 직공 10명을 초빙하여 사용한 것이 시작이다. 그 후 대동양말의 공장주인 이창현(李昌鉉) 씨가 중국인 사용에 대한 평판이 좋지 않다는 이유로 유상운의 청부제를 철폐했기 때문에 중국인은 실직하고 곤궁한 상태에 빠졌다."[33]

평양을 대표하는 조선인 양말 제조공장의 공신상회는 바로 그때 자금난으로 어려움을 겪고 있어, 화상인 경흥덕(慶興德)으로부터 자금지원을 받는 것을 조건으로 실직한 화교 직공 10명을 고용하면서 공장명을 경흥공창으로 바꾼 것이다.[34] 또한 1928년 4월 평양부 순영리(巡營里)에 경흥공창과 다른 새로운 '경흥덕공창'(〈부표 6〉의 77)이 설립되었는데 이 공장도 경흥덕이 자본에 참가한 공장이었다.[35]

이와 같은 사실은 주목할 가치가 있다. 그 이유는 평양의 양말 제조업은 조선인의 민족자본을 대표하는 것으로 파악되어왔지만 평양을 대표하는 조선인 양말 제조공장인 공신상회에 화상의 자본이 투하되어 있었다는 사실은 이번에 처음으로 밝혀졌기 때문이다.

화상인 경흥덕은 평양의 화교자본을 대표하는 존재였다. 평양부의 이향리(履鄕里)에 위치한 경흥덕(〈부표 5〉의 102번)은 서양잡화상 및 무역상으로서 1923년의 연간 매상액은 화교 상점 가운데 최고인 33만 9,500원, 20명의 종업

---

33) "평양 襪工 재동요", 《동아일보》, 1925.4.8. 노동쟁의 당시는 공신상회와 경흥공창의 두 공장 명칭을 사용했다.

34) 德家藤榮 編輯(1927), 『家庭工業調査』, 京城商業會議所, 46쪽. 공장주인 이진순(李鎭淳)은 1910년 평양에 양말 제조업을 개시한 평양 양말 제조업계의 선구적인 인물이었다. 이 공장은 1920년까지 평양의 양말공장 가운데 가장 생산량이 많았다.

35) 京城商業會議所(1929.12), "朝鮮の工業生産品", 《조선경제잡지(朝鮮經濟雜誌)》(1929년 12월호), 京城商業會議所, 10쪽. 경흥공창과 경흥덕공창(慶興德工廠)의 1928년 생산량 및 생산액은 각각 1만 타·1만 5,000원, 1만 500타·1만 3,360원이었다.

원을 고용하고 있었다. 경영주인 맹헌시(孟憲詩)는 제5장 2절에서도 거론한 자이며 1923년의 가옥세와 호별세 납세 부문에서 평양의 화교 가운데 최고의 납세자였다.[36] 또한 1928년도의 연간 매상액은 27만 원, 162원의 영업세를 납부하고 있었다.[37] 경흥덕이 공신상회로부터 자본제공의 요청을 받은 것은 이와 같이 경흥덕이 평양의 화교자본을 대표하는 화상이었다는 것이 배경에 있었던 것이다.

그런데 직공조합이 10명의 화교 직공의 해고에 그렇게 예민하게 반응한 것은 납득하기 어려울 것이다. 그 배경에는 일제강점기 화공 문제가 있었다. 화공은 1921년부터 급증했다. 1921년에 인천항을 통해 입국한 중국인은 1920년에 1만 2,170명이었다가 매년 증가하여 1924년에는 2만 9,220명으로 140%나 증가했다.[38] 1925년 평양양말쟁의 직전인 4월 4일자 《조선일보》에는 3월 중의 인천 입항 화공이 5,000명에 달했다고 우려하는 기사가 게재되었다.[39] 값싼 임금의 화공의 증가는 조선인 노동자의 경계감을 강화시켜 양자의 충돌이 잇따라 발생했다.

예를 들면, 1923년 3월 대전의 마루요시운수조(丸吉運輸組)는 인부로 고용된 조선인 40명을 해고하는 대신 임금이 싼 화공 20명을 고용했을 뿐 아니라 고용 중인 조선인 노동자에 대해서는 임금을 인하했다. 그 때문에 이 운송회사의 조선인 노동자는 대전노동회(大田勞動會)에 가맹하여 대항했다.[40] 또한 1923년 9월 강원도 철원군 북면 회산리의 일본인 수리조합의 조선인 노동자 15명은 함께 노동하던 화공이 자신들보다 싼 임금을 받으면서도 성실하게 일하여 조선

---

36) 朝鮮總督府(1924a), 앞의 자료, 154~156쪽.

37) 京城商業會議所(1929.3), "朝鮮に於ける外國人の経済力", 《조선경제잡지(朝鮮經濟雜誌)》 (1929년 3월호), 京城商業會議所, 36쪽.

38) "격증되는 중국 노동자 금년에도 이만여명 入來", 《동아일보》, 1925.11.1.

39) "중국 노동자", 《조선일보》, 1925.4.3.

40) "조선인을 해고하고 중국인을 사용", 《동아일보》, 1923.4.3. 충청남도경찰부 보안과장인 오자와 노보루(小澤昇)가 고용주에 대하여 앞으로 화공을 절대로 고용하지 말도록 주의하고 나서야 쟁의는 일단락되었다("대전의 노동문제", 《동아일보》, 1923.5.3).

인 노동자를 몰아내는 데 불만을 품고 조선인 노동자 80명이 화공 1명을 살해한 사건이 발생했다.[41]

또한 4월 3일자 《조선일보》에는 화공 문제에 대해 "전국의 노동단체는 현실 문제로서 중요한 것이며, 적극소극 양면 대책을 강구해야 한다. 따라서 중국인을 배척하라고 하는 민족감정이 아닌 생존권의 자위책"[42]으로 조선의 노동계가 적극 대응하도록 호소했다.

이와 같은 화공 문제는 평양의 현실적인 문제이기도 했다. 1923년의 평양 화교 공장은 주물공장 4개소, 소면공장 1개소, 목재공장 1개소였지만 6개소에서 노동하는 화공은 109명이었다. 또한 일본인과 조선인 경영의 공장에서 노동하는 화공은 그보다 많은 296명에 달했다. 화공 193명을 고용하고 있던 평양해운연료창(平壤海運燃料廠)은 화공의 고용을 늘리려 했지만 조선인 노동자 보호를 위해 화공 고용을 자제했다.[43] 평양의 노동계뿐 아니라 평양부내의 채소 수요는 대부분 화농이 공급했으며, 제5장에서 거론한 것과 같이 직물상, 무역상을 중심으로 하는 화교의 상업은 상당한 경제적 세력을 형성하고 있었다. 이러한 배경에 따라 조선 및 평양의 화공 문제에 직면한 조선인 직공조합은 10명의 화공에 대해 엄격히 대응하게 되었다.[44]

하지만 공신상회는 직공조합의 요구에 응하여 10명의 화교 직공을 해고한 흔적은 찾아볼 수 없다. 생산조합과 직공조합 쌍방은 4월 25일에 마쓰이(松井) 평양부윤의 중개로 타협이 성립됐다. 타협안은 ① 임금은 이전보다 1타당 8전 인상하여 160침(針)의 경우 63전으로 한다. ② 직공의 해고는 가능한 한 하지 않는다. ③ 중국인 직공 고용문제는 고용주 측에 맡기고 직공으로 사용하지 않는다. ④ 직공임금 가운데 1타당 2전을 의무적으로 저축하게 하고 비상시에 사용하게 할 것으로 되어 있었다.[45] 즉, 화교 직공 고용문제에 대해 고용주 측에

---

41) "일자리 뺏는 중국인을 타살한 조선노동자", 《동아일보》, 1924.3.11.
42) "중국 노동자", 《조선일보》, 1925.4.3.
43) 朝鮮總督府(1924a), 앞의 자료, 158~160쪽.
44) "중국인 송금액", 《동아일보》, 1924.3.26.

맡겨 사용하지 못하도록 권고하는 정도에 그쳤던 것이다.

이 타협안의 ③을 통해 공신상회가 고용하고 있던 화교 직공 10명은 4월 25일까지 해고되지 않았다. 직공조합이 강력히 해고를 요구했음에도 실현되지 않은 원인은 어디에 있었던 것일까? 평양경찰서장은 화교 직공 문제에 대해 "공장주와 직공 사이의 문제뿐 아니라 중국인 배척문제가 되어 있기 때문에 검사도 이 사건에 관해 조사하고 있다. 이미 진남포에 있는 중국영사로부터 교섭의 제의가 들어와 있기 때문에 더욱 신중히 고려하여 잘 해결하려 한다"라고 하는 자세를 보였다.[46] 이 기사로 볼 때 주진남포 영사가 화교 직공의 배척문제를 중시하여 당국에 화교 직공을 해고하지 않도록 요구한 것으로 추정된다. 그에 대해 당국은 중일 양국 간의 외교문제로 비화되지 않도록 공신상회에 화교 직공을 해고하지 않도록 요청한 것으로 보인다.

이것은 1925년 평양양말쟁의의 이듬해인 1926년 공신상회에 30명의 화교 직공이 더해져 총 40명의 화교 직공이 일하고 있는 것에서 엿볼 수 있다. 다만, 공신상회는 화교 직공과 조선인직공의 마찰을 방지하기 위해 화교 직공에게는 값싼 임금을 지급하면서 숙사를 제공하여 공장 내 작업을 시킨 반면, 조선인 직공에게는 자택에서 작업을 하게 했다.[47] 그러나 평양의 양말 제조공장 가운데 공신상회 이외에 화교 직공을 고용한 공장은 확인되지 않는다. 이것은 1925년 평양양말쟁의에서 확인한 것과 같이 조선인 직공의 반발을 두려워했기 때문일 것이다. 그럼에도 공신상회가 화교 직공을 고용한 것은 공신상회가 경흥덕으로부터 자본을 제공받았기 때문이었다.

2) 신의주의 화교 양말 제조업의 경쟁력

여기서는 신의주의 화교 양말 제조업이 1920년대 발전하여 평양의 조선인

---

45) "평양 襪工 분규 昨日 원만 해결", 《조선일보》, 1925.4.26.
46) "쌍방 교섭 결렬 400 직공 파업", 《조선일보》, 1925.4.11.
47) 德家藤榮 編輯(1927), 앞의 자료, 46~47쪽.

양말 제조업에 위협을 줄 정도로 성장한 원인이 어디에 있었는지 검토하려 한다. 먼저,《조선일보》1925년 7월 30일자의 다음 기사를 보도록 하자.

> 최근 평양의 양말이 잘 팔리지 않아 30개소의 양말공장의 대부분은 휴업하게 되었다 한다. 그 원인은 여러 가지일 테지만 신의주, 인천, 공주 등에 설치된 공장은 임금이 싼 중국인 직공을 사용하기 때문에 양말가격의 차가 생겨 평양의 양말제품이 품질은 제쳐두고라도 가격이 비싸 잘 팔리지 않는 것이 하나의 원인이다.[48]

한편, 평양상업회의소(平壤商業會議所)는 위기에 직면한 평양 양말 제조업의 실태 파악을 위해 신의주의 화교 양말 제조업에 대해 조사를 실시, "지금 신의주의 이 산업을 보건대 공장수는 14개소, 기계대수 226대, 1924년 중의 생산량은 약 4만 800타로 아직 평양에 훨씬 미치지 못하지만, 생산비가 적게 든다는 것은 놀라울 정도이다. 따라서 장래 가격의 점에서 타(他)를 압도하여 평양업계의 일대 강적이 될 것"이라고 보고했다.[49] 즉, 평양의 조선인 양말 제조업은 1920년대 초 일본인 경영의 양말 제조업을 시장에서 몰아내자마자 신의주의 화교 공장이 1920년대 중반에 '일대 강적'으로 나타나 격렬한 경쟁에 직면한 것이다.

신문기사와 평양상업회의소의 보고를 토대로 본다면, 신의주의 화교 양말 제조공장이 평양의 조선인 양말 제조업 시장을 잠식한 주요한 원인은 화교 직공의 싼 임금에 있었다. 주익종(1994년, 117~118쪽)과 가지무라(1967년, 133쪽)도 똑같은 견해를 제시했지만 화교 공장의 생산시스템까지 포함하여 검토한 것은 아니었다.

신의주의 화교 양말 제조공장의 생산시스템에 관한 직접적인 자료가 없기 때문에 평양의 경흥공창이 1926년경 화교 직공이 40명을 고용하여 신의주의

---

48) "시세 없는 평양 양말",《조선일보》, 1925.7.30.
49) 平壤商業會議所(1927),『平壤全誌』, 平壤商業會議所, 682쪽.

화교 양말조제공장과 같은 임금과 생산시스템을 채용하고 있는 것을 참고로 검토하고자 한다.

공장 내 지나 직공 40명은 연간 고용으로 한다. 기간은 연령에 따라 2년 내지 3년, 전 기간에 급여하는 금액은 15원 내지 60원으로 하고 숙사와 식사는 고용주가 부담한다. 기간 중 직공의 수준에 이르면 월급 15원을 지급한다. 지금 한 명의 지나 직공의 임금을 계산하면 월급 15원, 식비 6원, 합계 21원, 하루 수입은 70전이 된다. 한 명당 하루 2타를 생산한다면 1타당의 임금은 35전이 되며, 한 명당 하루 생산량이 2타 반이라면 임금은 28전이 된다.[50]

가지무라는 신의주의 양말 제조공장의 화교 직공에 대해 2개년 40원, 3개년 50원이라는 특수한 고용형태의 극단적인 저임금에 처해 있었다고 했지만,[51] 이상의 경흥공창의 화교 직공과 매우 유사한 것을 알 수 있다. 신의주의 화교 직공의 저임금에 의해 신의주의 양말 제조공장의 1타당 임금은 28.5전이었지만 평양의 양말 제조공장은 60전으로 평양이 신의주보다 약 2배 높았다.[52]

직공의 구성에서도 화교와 조선인 공장 사이에는 차이점이 있었다. 1927년에 조선 내 화교 양말 제조공장 16개소에서 일하는 직공 424명을 민족별로 분류하면 화교 332명(전체의 78%), 조선인이 92명(전체의 22%)으로 조선인 직공이 전체의 2할 이상 차지하고 있었다. 조선인 직공의 내역은 여성 직공 87명(성년공 69명, 15세 미만 18명), 남성 직공은 성년공 5명이었다.[53] 화교 여공 10명을

---

50) 德家藤榮 編輯(1927), 앞의 자료, 46~47쪽. 양말공장의 종업원은 판매 담당의 직원, 현장감독, 학도(學徒), 여공으로 구성되어 있었다.

51) 梶村秀樹(1967), 앞의 논문, 133쪽.

52) 平壤商業會議所(1927), 앞의 자료, 682쪽.

53) 朝鮮總督府(1929), 『昭和二年 朝鮮總督府統計年報』, 朝鮮總督府, 186~187쪽. 예를 들면, 신의주 영생동의 직공 구성은 화교 남성 직공 25명, 조선인 여성 직공 10명이었다. 옥원무(玉源茂)는 화교 남성 직공 58명, 조선인 여성 직공 15명이었다(朝鮮總督府警務局(1931), 『外事關係統計』, 朝鮮總督府, 38쪽).

포함하면 전체 직공 가운데 여공이 24%를 차지하여 조선인 공장의 여공 비중인 13%보다 약 2배 높았다. 신의주의 화교 양말 제조공장은 공장 부근에 13~20세의 여공을 고용하여 실 뽑기, 정리, 마무리 작업을 담당시켰으며 임금은 일급으로 지급했다. 신의주의 화교 양말 제조공장이 여공을 직공 총인원의 4분의 1이나 충당한 것은 생산비 삭감을 위해 값싼 임금의 여공을 임시공으로 고용했기 때문이다. 화교 공장이 조선인 공장에 비해 더욱 철저히 비용 삭감에 노력한 것을 알 수 있다.

신의주의 화교 양말 제조공장의 연간 작업일은 〈표 11-1〉과 같이 평균 287일이었지만 평양의 조선인 양말 제조공장의 연간 작업일 평균인 250일[54]보다 15%나 작업일수가 많았다. 또한 신의주의 양말 제조공장의 하루 노동시간은 오전 4시 30분부터 오후 7시 30분까지 15시간의 장시간 노동[55]으로 조선인 공장보다 길었다.[56]

이상과 같이 신의주의 화교 양말 제조업은 평양의 양말 제조업에 비해 직공의 값싼 임금에 더하여 저임금 여공의 다수 고용, 장시간의 취업일수, 장시간 노동에 지탱되어 신의주의 화교 양말 제조업에 평양의 조선인 양말 제조업보다 높은 가격 경쟁력을 가지게 한 것으로 보인다.

임금은 양말의 원가 구성에서 높은 비중을 차지했다. 1925~1926년에 평양의 조선인 양말공장이 생산하는 140침의 양말 도매원가 2.20원의 비용 구성을 보면 다음과 같다. 원료 면사 1.40원(전체의 63.6%), 임금 0.45원(동 20.5%), 염색비 0.15원(동 6.8%), 순이익 0.2원(동 9.1%)으로,[57] 원료면사가 최대의 원가

---

54) 平壤商業會議所(1927), 앞의 자료, 681쪽.
55) 平壤商業會議所(1927), 앞의 자료, 682쪽. 안동의 양말 제조 소형 공장의 여름철 작업시간은 오전 4시부터 오후 8시까지, 겨울철 작업시간은 오전 6시부터 오후 10시까지였다(滿洲國實業部臨時産業調査局(1937), 앞의 자료, 25쪽).
56) 양말공장 가운데 최다 작업시간은 15시간 30분이었다. 평안남도의 공장 가운데 약 6할의 공장은 직공 하루 작업시간이 12시간 이상이었다(朝鮮總督府學務局社會課(1933), 『工場及鑛山に於ける勞動狀況調査』, 朝鮮總督府, 37~38, 193쪽).
57) 德家藤榮 編輯(1927), 앞의 자료, 45~46쪽.

의 구성요인이었던 것이다. 이것은 조선인과 화교 공장 두 곳 다 일본산을 사용하기 때문에 큰 차이가 없어, 원가 구성의 약 2할을 차지하는 임금이 양말제품의 가격결정에 가장 중요한 요인이라 할 수 있다. 1925년 평양의 조선인 양말 제조공장이 생산한 최하품 1타와 신의주의 화교 양말공장이 생산한 최상품 1타의 가격은 2.30원으로 같았다.[58] 이것을 가능하게 한 것은 신의주의 화교 공장이 이상과 같이 저생산비의 생산시스템을 구축하고 있었기 때문이다.

그러나 신의주의 화교 양말 제조업의 발전에 가격경쟁력만이 작동한 것은 아니었다. 평양의 대형 양말 제조공장인 삼공양말 제조소(三共洋襪製造所)에 관한 《평양마이니치신문(平壤每日新聞)》의 다음 기사에 주목해보자.[59]

1923년, 24년경 지나인(支那人) 제품의 압박을 받아 약 3년간은 판로가 두절되었기 때문에 동 공장에서는 상권을 회복하기 위해 지나 제품과 혹사한 세말(細襪) 기계를 100여 대 증가시켜 오로지 남쪽지방에서 좋아하는 세말을 제조하여 이 지역을 중심으로 지나인과 경쟁했다.[60]

이 기사에서 화교 양말 제조공장은 세말 직기를 설치하여 세말을 제조하여 조선인 공장에 타격을 준 것을 알 수 있다. 세말은 160침 이상, 면사의 번수도 42번을 사용하여 직조되기 때문에 상등품, 특상등품으로 취급받았다. 1923년, 1924년에 평양의 조선인 공장은 120침·32번수, 100침·16번수의 중등품과 하등품을 주로 생산했지만 신의주의 화교 양말 제조업자는 후발주자로서 평양의

---

58) "양말 직공 재동요", 《동아일보》, 1925.4.8.
59) 삼공양말 제조소의 창업자는 손창윤(孫昌潤)이었다. 그는 1891년 평안남도의 용강군의 빈농에서 태어나 1910년대 평양에서 이 양말공장을 설립했다. 그 후 발전을 거듭하여 평양을 대표하는 조선인 양말 제조업자가 되었다. 1941년 이 공장 이외에 2개의 양말공장, 직기 제조의 기계공장, 수건공장을 보유한 당시 '동양의 양말 왕'으로 불리었다[손창윤(1941.7), "평양상공계의 父 동양일의 양말왕 손창윤씨 일대기", 《삼천리》(1941년 7월호)].
60) "支那産品としのぎを削る", 《평양마이니치신문(平壤每日新聞)》, 1928.6.7.

양말 제조업에 대항하기 위해 160침 정도의 양말 직기를 도입, 시장에 진입한 것이다. 이러한 시도가 시장에서 성공을 거둔 것은 위에서 검토한 대로 소비자가 상등품 양말을 값싼 가격으로 구입할 수 있었기 때문이다. 세말의 제조는 직조기 1대당 하루 생산량이 3~4타이며, 중등품 및 하등품이 하루 5~6타인 것에 비해 생산성이 떨어졌다. 1타당 임금은 침수가 높으면 높을수록 세말이면 세말일수록 높아졌다.[61] 신의주의 화교 양말 제조공장은 싼 임금을 배경으로 세말의 직조에 진출했던 것이다.

이 밖에 신의주의 양말제품은 조선인 제조의 양말의 품질보다 뒤떨어지지는 않았던 것 같다. 주신의주 중화민국 영사관이 1930년 1월 본국 외교부에 보고한 '신의주화교의 공상(工商)의 사업 및 경제상황 인수(人數)의 증감'에 "생산품은 조선 각도에 운송되어 판매되었다. 제품은 견실하고 가격이 저렴하여 매우 한인의 환영을 받았다"[62]라고 한 것에서 신의주의 화교 양말 제조공장의 제품은 싼 가격에다 튼튼하여 오래 신을 수 있는 품질도 갖추고 있었던 것이다.[63] 신의주의 화교 양말 제조업은 평양의 조선인 양말 제조업을 학습하면서도 그보다 값이 싸고 질긴 양말을 생산하는 데 도전했던 것이다.

3) 신의주의 화교 양말 제조업의 판매망

신의주의 화교 양말 제조업자가 생산한 양말제품을 조선에서 어떻게 판매하고 있었는지는 생산만큼이나 매우 중요한 문제이다. 이에 대해서는 주익종이

---

61) 平壤商工會議所(1943), 『平壤のメリヤス工業と平南の農村機業』, 平壤商業會議所, 16~17쪽.
62) 원문. 出品銷運於朝鮮各道, 物質堅紉, 價格低廉, 極受韓人歡迎(駐新義州領事館報告(1929. 12),「新義州華僑之工商事業及經濟狀況人數之增減」,『南京國民政府外交部公報』第2卷第8號(복각판, 中國第二歷史檔案館 編(1990),『南京國民政府外交部公報』, 江蘇古籍出版社, 72~73쪽).
63) 주익종(1994), 87~88쪽. 1925~1930년 연평균 약 41만 원의 고급 양말제품이 주로 일본에서 수입되었다.

신문기사를 근거로 평양의 화상의 손을 통해 조선 내에 판매했다고 간단히 언급하고 있지만,[64] 신의주의 화교 양말 제조업자가 평양의 어느 화상과 거래를 했으며 어떠한 네트워크를 형성하고 있었는지까지 깊이 검토는 하지 않았다.

신의주의 양말 제조업자와 거래하고 있던 평양의 화상은 양말제품 등의 직물을 취급하는 화교 직물수입상 및 도매상이었다. 이에 대해서는 제5장 2절에서 분명히 밝혔다. 주요한 상호는 경흥덕(점주는 맹헌시), 태안양행(泰安洋行, 동양배창(楊培昌)), 춘성영(春盛永, 동 양봉파(梁鳳波)), 춘성홍(春盛興, 동 유율헌(劉聿軒), 덕성호(德盛號, 동 왕정원(王鼎元)), 겸합성(謙合盛, 동 왕옥(王鈺))이었다. 화교 직물수입상 및 도매상은 신의주의 화교 공장 제조의 양말뿐 아니라 지역의 조선인 소규모 양말 제조공장의 생산품을 조선 내에 판매했다.[65] 1931년 화교배척사건 이후 화교 직물상 및 무역상이 대량으로 본국에 귀국했기 때문에 평양의 조선인 양말 제조공장의 판매에도 상당한 영향을 미칠 정도로 쌍방의 관계는 매우 밀접했다.[66]

평양의 조선인 양말 제조공장 가운데 비교적 큰 규모의 공장은 판매원을 각지에 출장시켜 직접 소매업자에게 판매했다.[67] 〈표 11-3〉은 평양의 보선사(普善社) 조선인 양말 제조공장이 각지의 화교 직물상점 및 잡화상점과 거래한 내역을 정리한 것이다.[68] 보선사는 평양의 신양리(新陽里)에 위치한 양말 제조공장으로 1924년 7월 설립되어 1926년 및 1927년의 생산량과 생산액은 각각 3만 타와 6만 원으로 비교적 규모가 큰 공장이었다.[69] 보선사와 거래하는 8개소의

---

64) "평양 양말계 景況 일제 전환", 《동아일보》, 1932.3.11; 주익종(1994), 154~155쪽.

65) "'중국상인에 見欺치 말라'를 읽고", 《동아일보》, 1926.2.15.

66) "평양 신년 좌담회", 《동아일보》, 1932.1.4.

67) 京城商業會議所(1927.11), "朝鮮に於けるメリヤス製品の需給狀況", 《조선경제잡지(朝鮮經濟雜誌)》(1927년 11월호), 京城商業會議所, 19쪽.

68) 이 회사는 거래처인 화교 직물상 및 잡화상과 연락이 되지 않아 주조선 중화민국 총영사관 앞으로 8개 상점의 거래처의 책임자 성명, 현주소, 원적(原籍), 신용에 대해 조회를 요청했다.

69) 京城商業會議所(1929.2), "朝鮮の工場", 《조선경제잡지(朝鮮經濟雜誌)》(1929년 2월호), 京城商業會議所, 12쪽; 京城商業會議所(1929.3), "朝鮮に於ける外國人の經濟力", 《조선

화교 직물상 겸 잡화상은 지방의 소규모 상점이었던 것 같다. 〈표 3-7〉에 등장하는 경상북도 영양군 구룡포의 이성영(怡盛永)은 대구 화상공회 설립 시 10원을 기부한 잡화상점이었다.[70] 당시 대구의 화교 도매직물상이 200원을 기부한 것을 고려하면 이성영이 소규모 상점이라는 것을 알 수 있다. 이성영 이외의 7개소의 화교 상점도 이성영과 같은 규모인 것으로 추정된다. 즉, 평양의 조선인 대형 양말 제조공장은 지방의 화교 직물상 및 잡화상과 직접 거래하는 판매망을 가지고 있었던 것이다.

그러나 평양의 경흥덕, 태안양행, 춘성영 등의 직물수입상 및 도매상이 지방의 화교 및 조선인 상점과 거래한 자료는 입수하지 못했지만, 평양의 화교 직물수입상 및 도매상이 신의주의 화교 양말 제조공장 생산의 양말제품을 지방 상인에게 공급하고 있었다는 것은 확인된다.[71] 또한 경흥덕은 강경, 선천에 지점을 설치했다.[72] 제2장과 제3장에서 화교 직물상은 경성과 인천의 직물수입상을 정점으로 조선 내 각지에 화교 직물상의 판매망이 펼쳐져 있다는 것을 밝혔는데, 평양의 직물수입상 및 도매상이 이러한 네트워크를 활용하여 신의주의 화교 공장이 생산한 양말과 평양의 조선인 공장이 생산한 양말을 조선 내에 판매한 것은 쉽게 상상할 수 있다.

〈표 11-3〉에 등장하는 화교 직물상 및 잡화상은 평양의 화교 직물수입상 및 도매상의 유통망에 포섭되어 있었을 것이다. 제3장에서 화교 직물상이 조선 각지에 둘러친 유통망이 화교 직물상의 발전을 지탱하고 있다는 것을 분명히 했지만, 그와 똑같이 신의주의 화교 양말 제조업은 그러한 유통망을 통해 판매를 원활히 할 수 있었고, 그것에 지탱되어 1920년대 평양의 조선인 양말 제조업을 위협하는 세력으로 발전했다고 해석할 수 있을 것이다.

그러나 신의주의 화교 양말 제조공장은 평양의 화교 직물수입상 및 도매상에

경제잡지(朝鮮經濟雜誌)》(1929년 3월호), 京城商業會議所, 37쪽.
70) 大邱華商公會(1930), 『本會成立建築及捐款一覽表』, 대구화교협회소장.
71) "평양 양말계 경황 일제 전환", 《동아일보》, 1932.3.11.
72) 〈부표 2〉의 66번, 〈부표 3〉의 60번을 참조.

〈표 11-3〉 평양 보선사 양말공장과 화교 잡화상점 간의 거래 내역

상점명	소재지	금액	거래내역
해흥영(海興永)	경북 봉화군 읍내	63.80	1927.5~7월 2회분의 양말대금, 거래 수차례
복성태(福成泰)	충남 공주군 읍내	17.45	1927.11.14일의 양말대금, 거래 1회
동증순(同增順)	충남 공주군 읍내	24.10	1927.11.14일의 양말대금, 거래 수차례
복성합(復成合)	충남 공주권 읍내	34.20	1927.11.14일의 양말대금, 거래 1회
천순복(天順福)	충남 공주군 읍내	27.30	1927.11.16일 발송의 양말대금, 거래 1회
이성영(怡盛永)	경북 구룡포	47.90	1927.11.19일의 양말대금, 거래 1회
혜성동(憓盛東)	전북 부안읍	70.60	1927.11.19일, 12.8일의 양말대금, 거래 2회
복성호(復盛號)	전북 부안읍	70.60	-
합계	8개소	355.95	-

출처: 平壤府新陽里普宣社洋襪織造廠이 駐朝鮮總領事館에 보낸 서한(1928.3.2), 「取締華工曁限制華人野菜栽培者人數」, 『駐韓使館保存檔案』(동 03-47-168-03).

게 모두 판매를 의존한 것은 아니었다. 1924년의 신의주 양말 생산량은 4만 800타였지만 다른 지역에 판매된 양말제품은 전체의 44%에 해당하는 1만 8,000타밖에 되지 않았다.[73] 전체의 5할 이상은 신의주 일원에서 판매된 것이다.

신의주 부근에서 판매한 것은 주로 신의주의 화교 직물상을 통해 이뤄졌다. 1928년 신의주 화교 직물상 가운데 양말을 판매하는 상점은 항흥화(恒興和), 영성동(永盛東), 영순상(永順祥)의 3개소라는 것이 확인되지만, 3개소의 직물상은 모두 직접 양말 제조공장을 겸영하고 자사에서 제조한 양말을 근린 지역의 잡화상에 도매로 판매하고 혹은 소비자에게 직접 판매했다. 영성동은 양말의 판매증가로 매상액은 1923년 1만 7,680원에서 1928년에는 13만 원으로 급증했다.[74]

이상의 검토를 정리하여 신의주의 화교 양말 제조업의 판매망을 표시하면 〈그림 11-1〉과 같이 된다.

---

73) 朝鮮總督府(1926), 『市街地の商圈』, 朝鮮總督府, 333쪽.
74) 朝鮮總督府(1924a), 앞의 자료, 181쪽; 京城商業會議所(1929.3), 앞의 자료, 37쪽.

<그림 11-1> 신의주의 화교 양말 제조업 판매망

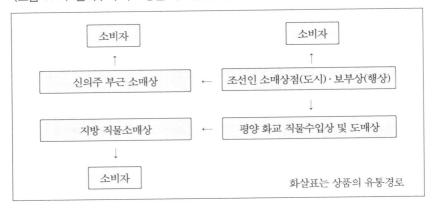

4. 신의주의 화교 양말 제조업의 쇠퇴

1) 평양의 조선인 양말 제조업의 대응

평양의 조선인 양말 제조업자는 신의주의 화교 양말 제조업의 발전을 조선인 직공의 임금인하와 화교 직공 고용으로 대응하려 했지만, 앞에서 검토한 대로 잘 되지 않았다. 그래서 평양의 조선인 양말 제조업자는 직공의 임금인하와 함께 다른 방법을 강구하지 않으면 안 되었다.

평양의 조선인 양말제조업자는 기존의 수동식 양말직조기에서 자동식 양말직조기로 전환, 노동생산성의 향상과 고품질 양말 제품의 생산을 도모하려 했다. 자동식 양말직조기는 1926년까지 평신양말제조소(平信洋襪製造所)에 5~6대밖에 설치되어 있지 않았지만 1927년에는 평양, 동성(東星), 대동, 평림(平林), 대성(大星), 평안(平安)양말제조소 등에 자동식 양말직조기 62대가 설치되었다.[75] 평양의 조선인 양말 제조업자는 자동식 양말직조기를 이용하여 주로

---

75) 平壤商工會議所(1943), 앞의 자료, 21~22쪽.

〈표 11-4〉 평안북도 화교 양말공장과 평안남도 조선인 양말공장의 비교

연차	생산량(%)		생산액(%)		1타당 가격(원)	
	평안북도	평안남도	평안북도	평안남도	평안북도	평안남도
1925	4.0	30.8	7.0	52.2	2.37	2.31
1926	6.9	51.7	5.3	47.1	1.69	2.01
1927	11.5	51.8	10.1	54.3	1.73	2.05
1928	9.2	55.5	8.7	53.0	1.67	1.68
1929	-	60.8	10.3	59.2	-	1.74

주: 생산량과 생산액의 비중은 조선 전체의 생산량과 생산액에서 차지하는 비율.
출처: 〈표 11-2〉를 근거로 작성.

160번수 이상의 세말을 직조했지만 이것은 싼 임금을 이용한 신의주의 화교 양말 제조업자의 세말에 대항하기 위한 조치였다.

더욱이 평양의 조선인 양말 제조업은 1926년의 불경기와 신의주의 화교 양말 제조업자와의 경쟁 때문에 직공조합의 반발이 있었음에도 직공의 임금인하를 단행했다. 1925년의 평양노동쟁의 시 1타당 63전으로 합의된 임금은 1926년 여름에 42~52전으로 1년 전에 비해 17~33% 인하되었다.[76] 1930년에 신의주의 양말 제조공장의 화교 임금이 최고 60전, 최저 20전이었기 때문에 신의주와 평양의 양말 제조공장 사이의 임금 차이는 이전의 2분의 1로부터 거의 같은 수준으로 축소되었다.[77] 또한 평양의 조선인 양말 제조업자는 생산비 삭감의 일환으로 직공에게 직조기 및 원료를 교부하고 각자의 자택에서 작업을 시키는 이른바 외직(外職)이 유행했다.[78]

이와 같은 평양의 조선인 양말 제조업자의 대응 결과, 1타당 양말제품의 가격은 1926년 신의주가 1.69원, 평양이 2.01원이던 것이 1928년에는 각각 1.67원과 1.68원이 되어 거의 같은 수준이 되었다(〈표 11-4〉 참조). 신의주의 화교 양말 제조업이 조선 내 양말 제조업의 생산량과 생산액에서 차지하는 비중은

---

76) 주익종(1994), 앞의 논문, 135쪽.
77) 西浦半助(1930), 앞의 자료, 102쪽.
78) 平壤商工會議所(1943), 앞의 자료, 23쪽.

1927년 11.5%와 10.1%이던 것이 1928년에는 9.2%와 8.7%로 하락하여 상승 추세에 브레이크가 걸렸다. 이것을 보는 한 평양의 조선인 양말 제조업자의 대응이 성공을 거두었다고 할 수 있다. 삼공양말제조사의 창업자인 손창윤의 1931년 발언은 그것을 잘 뒷받침해준다.

> 현재 평양 양말의 경쟁의 대상이 되는 것은 신의주의 중국인 양말이 있지만 전체 소비량의 5분의 1에도 미치지 못할 뿐 아니라 품질이나 어떤 분야에서도 평양 양말이 조금도 손색이 없기 때문에 걱정할 필요가 없다. …… 최근의 양말 품질을 보더라도 자동식 기계를 거의 사용하는 관계상 품질도 좋고 생산량도 증가하여 지금은 어느 지역에서 어떤 양말이 유입되어도 평양 양말과 대항할 수 없다고 생각한다.[79]

한편, 신의주의 화교 양말 제조업자는 이와 같은 평양의 조선인 양말 제조업의 시도에 대해 어떻게 대응한 것일까? 먼저 신의주의 화교 양말 제조업자가 자동식 직조기를 도입하여 대항한 흔적은 찾아볼 수 없다. 조선인의 양말제조업자가 설치한 일본제 직조기의 가격은 1대당 약 450원의 고가로 수동식 직조기보다 약 10배나 비쌌다. 평양보다 규모가 작은 공장이 많았던 신의주의 화교 양말 제조업의 입장에서 자동식 직조기를 도입하는 것은 쉽지 않았다. 또한 자동식 직조기는 얼룩이 적고 생산효율이 수동식 직조기에 비해 2~3배 높다는 장점이 있다. 그러나 수동식 직조기는 역으로 자동식 직조기보다 저렴하다는 점, 부속품 및 수리비의 비용이 들지 않는다는 점, 전기료가 필요하지 않는다는 점 등의 장점이 있기 때문에, 평양의 조선인 양말 제조업자조차도 1926~1930년에 자동식 직조기로 교체하지 못했다고 한다.[80] 양말 제조업이 발달한 만주에서도 자동식 직조기를 설치한 공장은 1934년에도 전체 공장의 약 6%에

---

79) "평양 양말의 위세 외래품 완전 구축 삼공양말 주주 손창윤씨 談", 《조선일보》, 1931. 1. 2.

80) 주익종(1994), 앞의 논문, 130~132쪽.

지나지 않았다.[81]

이와 같은 모든 사실을 고려해보면, 신의주의 화교 양말 제조업자가 자동식 직조기를 도입했다고 보기는 어려울 것 같다. 신의주의 화교 양말 제조업자는 저비용의 생산시스템을 견지하면서 수동식 직조기를 늘려 규모의 경제를 달성하려 한 것으로 보인다. 신의주의 화교 양말 제조공장의 직조기는 1925년에 225대에서 1929년에는 500대로 2배 이상 증가했다.[82] 이 기간 중 공장수의 변동은 없기 때문에 1개 공장당 직조기의 대수는 2배로 증가한 것이 된다. 신의주의 양말 제조업이 1929년에 조선 내 생산액에서 차지하는 비중이 10.3%로 회복하지만 이것은 수동식 직조기의 도입증가에 따른 것으로 판단된다.

2) 1931년 화교배척사건의 영향

신의주의 화교 양말 제조업의 쇠퇴를 결정지은 것은 1931년 화교배척사건이었다. 먼저 이 사건이 신의주의 화교 양말 제조업에 어떤 영향을 주었는지 보도록 하자. 신의주 화교배척사건은 7월 7일 오후 10시 조선인 군중 500~600명이 신의주 시내의 진사정 거리를 습격한 것에서 시작되었다.[83] 진사정에는 화교 양말 제조공장인 영순상, 인화흥, 중흥, 영성동이 있었지만 평안북도 당국의 엄격한 경계태세로 이들 공장의 피해는 발생하지 않았다. 신의주의 직물 상점도 사전에 상황을 파악하여 문을 닫았기 때문에 창문이 깨지는 정도로 끝났으며, 상품의 손실은 없었다. 또한 화교의 인적 피해는 14명의 부상자를 내는 데 그쳤다.

그러나 신의주 거주 화교는 사태의 동향을 우려하여 주신의주 영사관 및 중

---

81) 滿洲國實業部臨時産業調査局(1937), 앞의 자료, 39쪽.
82) 駐新義州領事館 報告(1929.12), 앞의 당안자료, 72~73쪽.
83) "駐日公使 汪榮寶呈 外交部報告 民國二十年八月六日", 《천진대공보(天津大公報)》, 1931. 8.27. 그러나 조선어 신문에서는 7월 6일 폭동이 개시되었다고 보도되었다("신의주도 소동 중국시가 습격", 《동아일보》, 1931.7.8).

화상회에 피난한 화교는 1,200명, 안동에 피난한 화교는 약 3,500명에 달했다. 이 사건으로 화교 양말 제조공장은 직접적인 피해를 입지 않았지만, 화교가 대량으로 안동으로 귀국했기 때문에 각 공장이 조업을 정지하지 않을 수 없었다.[84] 그러나 다른 도시에 비해 신의주화교 피해의 정도는 그렇게 심각하지 않아, 9일에는 신의주 시내가 평온을 되찾았으며 10일 아침부터 안동에 피난해 있던 화교가 신의주로 돌아오기 시작했다. 되돌아온 인원은 10일 정오까지 3,000명에 달했으며 신의주의 화교 상점의 3할이 개점했다.[85] 신의주의 화교 양말 제조공장도 직공이 되돌아와 공장의 재가동 준비를 했다.

하지만 신의주의 화교 양말 제조업의 생산품을 판매하던 평양의 직물수입상 및 도매상이 이 사건으로 큰 타격을 입었다. 이에 대해서는 제5장 제2절에서 검토한 대로이지만 경홍덕은 7월 5일 오후 9시 50분 약 1,000명의 폭도가 들이닥쳐 상품을 파괴했다.[86] 경홍덕 이외에 신의주의 화교 양말 제조공장의 양말제품을 판매한 것으로 보이는 겸합성, 춘성영, 덕성호 등은 "모든 것이 형체도 없이 사라진 폐허" 상태가 되었다.[87]

평양의 화교 직물수입상 및 도매상의 몰락은 신의주의 화교 양말 제조업에 큰 영향을 미치게 된다. 신의주의 화교 양말 제조업은 평양의 화교 직물수입상 및 도매상을 통해 양말을 판매했기 때문에 거래처의 파산은 미수금 문제를 초래하여 이들 업자의 경영을 압박했다. 더욱이 평양의 거래처의 파산은 신의주 화교 양말 제조업의 판매망의 기능을 약화시켜 판매가 위축되지 않을 수 없었

---

84) "新義州からも續々安東へ避難", 《경성일보(京城日報)》, 1931.7.8. 경성의 화교 양말공장은 1930년 말 2개소로 1931년 중 1개소가 폐쇄되었다. 그러나 그 원인이 1931년 화교배척사건과 관계 있는 것인지는 분명하지 않다(京城商工會議所(1932.4), "滿洲事變の朝鮮に及ぼした經濟的影響", 《경제월보(經濟月報)》(1932년 4월호), 京城商工會議所, 46쪽).

85) "新義州も全く平靜 避難者も續々歸還 店鋪を開くもあり", 《조선신문(朝鮮新聞)》, 1931. 7.11.

86) "支那人商店を片つ端から襲擊, 大商店十數軒に及ぶ", 《경성일보(京城日報)》호외, 1931. 7.6.

87) 楊昭全·孫玉梅(1991), 『조선화교사』, 中國華僑出版公司, 248쪽.

다. 신의주의 공장 주변 지역 판매는 가능했지만 그것도 화교 직물소매상의 대량 귀국으로 잘 되지 않았다.

그래서 신의주의 화교 양말 제조업은 이 위기를 대(對)만주 수출로 돌파하려고 했다.[88] 그러나 평양의 조선인 양말 제조업이 1930년대 전반에 만주로 양말수출을 추진했지만 만주국의 높은 관세율, 만주국의 양말 제조업과의 경쟁으로 실패한 것과 같이 신의주의 화교 양말 제조업의 시도도 성공을 거두지 못했다.[89]

결국 신의주의 화교 양말 제조업은 이 위기를 극복하지 못하고 다수의 공장이 파산했다. 신의주의 화교 양말 제조공장은 1929년 13개소에서 1934년에는 4개소로 감소하고, 생산액은 1929년 27만 5,000원에서 약 10만 원으로 급감했다.[90] 화교 양말 제조공장 가운데 최대이던 영성동과 항흥화는 모두 파산했다. 다만, 영순상은 양말 제조업에서 철수하여 본업인 직물상점의 경영에 집중하면서, 1935년에 신의주 최대의 화교 직물상점으로 건재했다.[91]

또한 중일전쟁 직후 화교의 양말 제조공장으로는 인화흥(仁和興)과 진흥춘(晉興春)밖에 남지 않았다.[92] 이 2개소의 양말 제조공장은 원래 화교 공장 가운데 가장 규모가 작은 공장으로 생산량 및 생산액 모두 적었던 공장이었다(〈표 11-1〉 참조). 그런데 1940년에는 진흥춘이 사라지고 인화흥만이 존속, 20년에 걸친 신의주의 화교 양말 제조업의 명맥을 유지했다.[93]

한편, 평양의 조선인 양말 제조공장은 1934년에 33개소, 1940년에는 69개소로 증가, 조선 내의 양말 생산량 및 생산액에서 차지하는 평양의 비중은 1920

88) "평양 양말계 景況 일제 전환", 《동아일보》, 1932.3.11.
89) 주익종(1994), 앞의 논문, 168~169쪽.
90) 飯野正太郎(1938), 『昭和十三年版 新義州商工案內』, 新義州商工會議所, 79쪽.
91) 駐新義州領事館報告(1936.3.22), 앞의 당안, 446~454쪽.
92) 飯野正太郎(1938), 앞의 자료, 94쪽.
93) 飯野正太郎(1940), 『昭和十五年版 新義州商工案內』, 新義州商工會議所, 70~71쪽. 이 공장은 1941년 8월 10일 현재 남성 직공 7명, 여성 직공 3명을 고용하고 있었다(朝鮮總督府(1942), 『昭和十六年八月十日現在 第一回朝鮮勞動技術統計調査結果報告』, 朝鮮總督府, 132쪽).

년대 후반의 5할에서 1934년에는 7할로 높아졌다.[94]

5. 맺음말

이상과 같이 화교 양말 제조업의 궤적을 신의주의 화교 양말 제조업을 중심으로 검토했다. 이상의 검토를 통해 분명히 밝혀진 것을 정리하면 다음과 같다.

신의주의 화교 양말 제조업은 신의주의 화교 직물상의 상업자본 및 안동의 양말 제조공장의 산업자본에 의해 1920년대 조선 내의 양말에 대한 수요증가에 힘입어 생성되었다. 화교 양말 제조업은 평양의 조선인 양말 제조업보다 직공의 싼 임금, 여공의 다수 고용 및 장시간 노동 등으로 인한 생산비 절감으로 비교적 값싼 제품의 생산을 하여 평양의 화교 직물수입상 및 도매상의 유통망을 통해 조선 각지에 판매하여 평양의 조선인 양말 제조업을 위협할 정도까지 발전했다.

1925년 4월 발생한 평양양말쟁의는 신의주의 화교 양말 제조업의 발전이 계기가 되어 발생한 것은 이미 밝혀져 있었지만 경흥공창(구(舊)공신상회)에 고용되어 있던 10명의 화교 직공이 이 쟁의를 촉발한 하나의 원인이라는 점, 이 쟁의를 장기화시킨 주요한 원인이라는 것은 이번에 새롭게 밝혀졌다.

또한 경흥공창 및 경흥덕공창에는 평양의 화상인 경흥덕의 자본이 투하된 것이 확인되어 조선인의 민족자본을 대표하는 평양의 조선인 양말 제조업에 화교 자본이 투하된 사실은 기존의 평양 조선인 양말 제조업 연구에 새로운 사실을 제공해준 것이다.

또한 평양의 화교 직물수입상 및 도매상은 평양의 조선인 양말 제조공장 생산의 양말제품을 조선 각지에 판매하여 조선인 산업자본과 화교 상업자본은 협력관계에 있었다. 이러한 해명에 의해 신의주의 화교 양말 제조업과 평양의

---

94) 주익종(1994), 앞의 논문, 64쪽.

조선인 양말 제조업 간의 경쟁관계와 다른 양상을 보여주었다.

신의주의 화교 양말 제조업은 1920년대 후반에 평양의 조선인 양말 제조업의 자동식 양말직조기의 도입, 직공의 임금 인하 등의 조치로 조선 내 양말생산량 및 생산액의 점유률이 하락했지만, 신의주의 화교 양말 제조업의 쇠퇴를 결정지은 것은 1931년 화교배척사건이었다. 신의주의 화교 양말 제조공장의 생산품을 판매하던 평양의 화교 직물수입상 및 도매상이 이 사건으로 괴멸적인 피해를 입어 파산하면서 판로가 막혀버린 것이다. 이 영향을 받아 신의주의 화교 양말 제조공장은 잇따라 문을 닫았으며 1935년에는 2개소, 1940년에는 1개소만 남아 거의 몰락했다.

제III부를 마치며 ···

여기서는 조선화교의 제조업이 동아시아근대사, 조선근대사, 화교근대사의 문맥에서 의미하는 바와 시사하는 바가 무엇인지 검토하고자 한다. 조선화교의 양말 제조업과 주물업은 모두 중국 국내에서 민족산업으로서 발달한 후, 조선에 이식된 제조업이라는 공통점을 가진다. 중국의 양말 제조업은 강소성, 절강성, 광동성 등의 화남에서 발흥하여 점차 화북으로 확산되었다. 제1차 세계 대전 시기 및 그 직후 신의주 대안의 요령성의 안동에 잇따라 양말공장이 설립되었다. 이 가운데 상대적으로 경영규모가 큰 옥원무, 진흥항 등이 조선의 양말수요를 전망하고 신의주에 진출한 것과, 신의주 화교 직물상이 양말 제조업에 진출한 것이 화교 양말 제조업의 시작이었다.

한편, 화교 주물업은 중국 국내의 주요한 주물 산지인 하북성 교하현을 기원으로 한다. 교하현 출신의 주물 기술자는 중국 각지에 이주하여 주물공장을 설립했지만, 그 하나의 장소가 안동이었다. 안동의 복취성 등은 조선의 솥 수요가 많은 것에 착안, 처음에는 신의주에 진출한 후 뒤이어 경성, 평양, 대구 등 조선 각지에 지점을 늘렸다.

신의주 화교 양말 제조업 및 주물업은 안동의 본사에서 파견된 지배인에 의해 경영되었고, 쌍방은 밀접한 관계에 있었다. 주물공장의 경우, 지배인 및 주물 기술자 및 직공은 대부분 교하현 혹은 그 부근 출신자인 것이 확인되어, 연쇄이주가 이뤄진 것을 알 수 있다.

다음으로 조선근대사의 문맥에서 시사하는 바가 무엇인지 보도록 하자. 조선화교 제조업이 조선의 제조업 전체에서 차지하는 비중은 그렇게 높지 않았다. 예를 들면, 화교자본의 공장은 1928년 전체 공장수의 1.6%, 자본금의 0.1%, 종업원 수의 1.5%, 생산액의 0.4%에 지나지 않았다. 이에 비해 일본인자본(관공서 포함)과 조선인자본이 1928년 공장수, 자본금, 생산액에서 각각 전체의 46.8%·92.6%·76.0%, 51.5%·4.6%·22.9%를 차지했다.[1]

다만, 양말 제조업과 주물업 부문에서는 전자가 1920년대에 조선인의 양말 제조업에 위협을 가할 정도의 세력, 후자가 솥의 생산에서 독점적인 지위를 차지하고 있었던 것을 분명히 밝혔다. 평양의 경흥공창 및 경흥덕공창에는 평양 화상 경흥덕의 자본이 투하되어 있는 것을 확인, 조선인의 민족자본을 대표하는 평양의 조선인 양말 제조업에 화교자본이 관계하고 있다는 것을 제시했다.

다음은 화교근대사의 문맥에서 시사하는 바를 보도록 하자. 일제강점기 화교의 제조업이 상업에 비해 미발달한 것은 분명하다. 이것은 동남아화교가 고무가공업, 주석 정련업, 야자유제조업, 담배제조업, 정미업, 성냥제조업, 양조업 등의 부문에서 큰 세력을 형성하고 있는 것과 비교하면 금방 알 수 있다.[2]

1930년 동남아화교의 공업부문에 대한 투자액은 약 2억 8,800만 원에 달했다고 추정되는데, 이는 결코 적은 액수가 아니었다.[3] 각국의 각 제조업에서 화교자본의 비중은 각 제조업에 따라 정도의 차는 있지만 대체적으로 원주민보다 훨씬 높았고, 서양인에 비해 낮았다.

조선화교 제조업의 종류 및 규모는 이와 같은 동남아화교의 제조업에 비교할 수 없을 정도이지만, 동남아화교에게 별로 찾아볼 수 없는 주물업과 양말 제조업이 발전한 것은 조선화교의 큰 특징이라 할 수 있다.

1) 朝鮮總督府(1930), 『朝鮮總督府統計年報』, 朝鮮總督府, 202~203쪽.
2) 福田省三(1939), 『華僑經濟論』, 巖松堂書店, 104~107쪽.
3) 福田省三(1939), 앞의 자료, 100~101쪽.

한편, 일본화교의 제조공장은 거의 없었다. 주요한 원인은 제조업에 종사하는 화공이 1899년 공포의 칙령 제352호 및 내무성령 제42호, 내무대신훈령 제728호에 의해 종전의 거류지 및 잡거지 이외 거주 및 업무가 금지된 것이 크게 작용했다. 또한 일본 국내에서는 화상의 제조업으로의 진출이 금지되었다. 예를 들면, 성냥제조는 일본의 제조업자에게 융자를 해주고 매입한 성냥을 홍콩, 중국에 수출했을 뿐이었고, 중국에 진출하여 공장을 설립하여 생산했다.[4]

조선 정부 및 조선총독부는 화교의 제조업 진출을 제한하는 조치를 취하지 않았으며, 공장에 종사하는 화공의 거주 및 업무를 허가제로 했지만 금지하지는 않았다. 이와 같은 정책적 차이가 일본화교의 제조업보다 조선화교의 제조업을 발전시킨 주요한 원인으로 작용한 것으로 볼 수 있다.

한편, 조선화교의 양말 제조업과 주물업은 노동집약도가 높고 초기자본이 많이 들지 않기 때문에 일본인자본과 경합하지 않는 틈새 비즈니스라는 공통점을 가진다. 세계 각지에 이산한 화교의 경제활동에 공통적인 특징의 하나가 틈새 비즈니스라고 하지만,[5] 조선화교의 양말 제조업과 주물업도 그와 같은 특성을 공유한다고 할 수 있다.

화교근대사는 종래 '조선화교 = 산동화교'라는 등식으로 파악해왔다. 제I부의 화교 직물상은 바로 '조선화교 = 산동화교'의 전형을 보여주는 것이었지만, 주물업은 하북성 출신의 화교가 대부분을 차지, 하북방(河北幇) 네트워크가 형성되어 있었다. 따라서 '조선화교 = 산동화교'의 등식이 반드시 성립하지 않는다는 문제를 제기하고 싶다.

4) 神戸華僑華人研究會 編(2004), 『神戸と華僑: この150年の歩み』, 神戸新聞綜合, 38쪽.
5) 陳來幸(2007a), 「阪神地區における技術者層華僑ネットワーク一考: 理髪業者の定着とビジネスの展開を中心に」, 山田敬三先生古稀記念論文集刊行會編, 『南腔北調論集』, 937쪽.

제IV부

화 농
華 農

평양 선교리의 화교 채소 농가와 채소밭
출처: 朝鮮總督府(1932a), 사진 147쪽.

▶ 제IV부에서는 화농(華農)에 의한 채소재배 실태의 파악을 통해, 화농이 근대 조선의 농업에 어떻게 관계하고 어떤 위치를 차지했는지, 어떤 역할을 했는지를 검토한다.

／ 제12장에서는 화농이 근대 조선의 대도시 채소 공급을 독점하고 있던 실태 및 그 원인에 대해 화농의 채소재배 및 판매망, 산동성과의 관계를 중심으로 고찰한다.

／ 제13장에서는 1931년 화교배척사건에서 중일전쟁이 발발하기 직전까지의 시기에 화농의 채소재배 활동이 위축되는 실태 및 원인을 분석한다.

／ 제14장에서는 화농의 채소재배 및 판매활동이 중일전쟁으로 인해 어떤 영향을 받았는지, 전시통제강화에 의해 어떤 변화를 겪는지 검토한다.

화농 채소재배의 형성과 발전

1. 머리말

이 장에서는 1880년대부터 1920년대까지의 시기에 경기도를 중심으로 화교 농민(화농)의 채소재배 형성 및 발전의 원인, 그리고 채소재배 및 판매의 실태에 대해 고찰한다.

먼저 화농이 조선의 채소재배 및 생산에서 어떠한 위치를 차지하고 있었는 지 검토한 후, 조선의 대도시 채소 공급에서 높은 비중을 차지한 화농이 조선에서 채소재배를 시작한 경위, 화농이 산동성에서 조선에 이주한 배경에 대해 고찰한다. 이어 화농이 조선의 채소재배에서 상당한 세력을 형성하게 된 원인에 대해 화농의 채소재배의 특징 및 판매망에 대해 검토한다.

2. 화농의 채소 생산 상황

화농의 호수 및 인구는 1931년 화교배척사건 및 만주사변이 발발한 1931년, 그리고 중일전쟁이 발발한 1937년을 제외하고 증가하는 추세였다. 일제강점

〈표 12-1〉 화농의 호수·인구 및 지역별 분포

(단위: 호·명)

도별		1908년	1910년	1915년	1920년	1925년	1930년	1935년	1943년
경 기 도		50	206	160	226	352	472	267	188
충 청 북 도		-	4	4	12	26	47	29	11
충 청 남 도		-	20	32	52	75	105	54	22
전 라 북 도		10	20	42	58	81	174	97	44
전 라 남 도		-	8	13	10	26	58	30	29
경 상 북 도		-	2	14	35	73	134	48	15
경 상 남 도		1	3	7	6	22	24	14	2
황 해 도		9	9	58	115	222	351	264	349
평 안 남 도		44	43	129	185	319	452	305	759
평 안 북 도		32	42	57	87	396	642	663	1384
강 원 도		-	5	9	6	21	68	44	20
함 경 남 도		-	12	65	92	208	354	352	635
함 경 북 도		-	-	25	82	222	450	470	980
화교	농가호수	146	374	615	966	2,043	3,331	2,637	4,438
	농민인구	524	1,427	1,769	3,645	7,120	13,489	11,707	23,119
	총 인 구	9,978	11,818	15,968	23,989	46,196	67,794	57,639	75,776
일본인	농가호수	806	2,132	9,573	10,210	9,470	10,505	8,419	5,977
	농민인구	2,613	6,892	35,453	40,868	39,533	45,903	37,321	28,933

출처: 一記者(1909.12), "朝鮮問答", 《조선(朝鮮)》(1909년 12월호), 朝鮮雜誌社, 98쪽; 朝鮮總
督府(각 년도), 『朝鮮總督府統計年報』; 남조선과도정부 편찬(1948), 『조선통계연감
1943년판』, 남조선과도정부, 16~25쪽·42쪽.

직전인 1908년에 146호·524명이던 것이 1910년에 374호·1,427명, 1930년에
3,331호·1만 3,489명, 1943년에 4,438호·2만3,119명에 달했다. 특히 1943년
의 화농 호수 및 인구는 일제강점기에서 최다였으며, 같은 해 일본인 농민의
호수 및 인구 5,977호·2만 8,933명에 육박하는 것이었다(〈표 12-1〉 참조). 화교
농가의 호수가 조선화교의 호수에서 차지하는 비중은 1910년 12.1%, 1930년
19.9%, 1935년 20.3%, 1943년 30.5%를 차지, 농업은 조선화교의 주요한 경제
활동의 하나인 것을 알 수 있다.

　그러나 화농이 조선의 전체 농민 가운데 차지하는 비중은 화농의 인구가 가

장 많은 1943년에도 전체 호수의 0.14%에 지나지 않아(일본인 농민은 0.2%),[1] 조선인 농민이 압도적으로 많았다. 그러나 화농의 호수는 조선의 농민 총호수에 비해 얼마 되지 않지만 호수의 대부분이 채소재배를 하고 있다는 데 주목할 필요가 있다.

1930년 국세조사에 의하면, 화농 3,457호의 내역은 미작 종사 농가는 자작, 소작, 자작 겸 소작을 합하여 97명(호)에 지나지 않았고, '기타의 자작업주' 229명(호), '기타의 소작업주' 3,102명(호), '기타의 자작 겸 소작업주' 12명(호)의 총합계인 3,343명(호)는 대부분 채소를 재배했다.[2] 이것은 화농 호수의 96.7%가 채소재배를 하고 있다는 것이 되며 화농이 주로 채소재배에 종사하고 있는 것을 알 수 있다.

한편 조선인과 일본인 농가가 미작을 하는 비중은 각각 전체의 70%와 74%이며, 대부분이 채소재배에 종사하는 화농과 재배하는 농산물이 달랐다. 국세조사에서 조선인과 일본인 농가가 미작 이외에 어떤 작물을 재배했는지에 대해서는 데이터를 얻을 수 없지만 미작 이외의 작물을 재배하는 일본인 농가는 1,139명(호)에 지나지 않아, 만약 일본인 농가가 모두 채소를 재배한다고 가정해도 채소를 재배하는 화농은 일본인 농가의 3배 이상에 달했다.[3]

다음으로 화농의 재배면적에 대해 검토하려 하지만, 조선총독부의 채소재배면적의 통계는 민족별로 구분되어 있지 않기 때문에 현재로서는 단편적인 데이터를 단서로 추계할 수밖에 없다. 경기도의 경우, 1923년의 경성부 및 인천부를 제외한 지역의 화농 243호의 재배면적은 58만 7,900평(호당 평균 2,419평)이다.[4] 경성부의 화농은 1920년경 호당 약 1정보(3,000평)를 경작했다.[5]

1) 남조선과도정부 편찬(1948), 『조선통계연감 1943년판』, 남조선과도정부, 42쪽.
2) 朝鮮總督府(1934a), 『昭和五年朝鮮國勢調査報告 全鮮編 第一卷 結果表』, 朝鮮總督府, 248~249쪽. 일제강점기 외국인에게는 토지소유권이 부여되었다. 화교 소유의 토지는 1920년 밭 26만 2,094평, 논 2만 9,562평, 부지 8만 3,072.1평이었다(京城商業會議所 (1921.8), "調査資料 在鮮外國人土地所有", 《조선경제잡지(朝鮮經濟雜誌)》(1921년 8월호), 京城商業會議所, 21~24쪽).
3) 朝鮮總督府(1934a), 앞의 자료, 248~249쪽.

1910년 진남포부의 화농 54호의 채소재배면적은 5만 2,500평으로 호당 972평에 지나지 않았다.[6] 신의주부에서 1930년 화농의 재배면적은 대규모 농가는 5,000~6,000평, 소규모 농가는 2,000~3,000평이었다.[7] 원산부는 1934년에 전체 채소재배면적이 1,100~4,000평이었다.[8] 이와 같이 화농의 재배면적은 지역 및 시기에 따라 불규칙하게 분포하지만, 소작료(차지료)의 관계로 대체로 도시는 좁고, 농촌은 넓은 경향이 있어 일정하지는 않지만 약 3,000평 정도로 추정된다.

화농의 재배면적이 호당 1정보(町步)라고 한다면, 〈표 12-1〉의 호수에 1정보를 곱하면 조선 내 재배면적을 구할 수 있다. 1910년에는 374정보, 1915년에 615정보, 1920년 966정보, 1925년 2,403정보, 1930년 3,331정보, 1935년 2,637정보, 1943년 4,438정보가 된다. 조선 내의 채소재배면적이 1930년에 15만 정보, 1935년에 17만 정보[9]이기 때문에 화농의 채소재배면적이 전체에서 차지하는 비중은 1930년 2.2%, 1935년 1.6%가 된다. 절대적인 비중은 그렇게 크지는 않지만 화농이 농가 총호수의 약 0.1%에 지나지 않았다는 사실을 고려하면 결코 낮은 비중은 아니다. 또한 후술하는 것처럼 화농은 채소밭 1개소에 한 해당 수차례 채소를 재배하기 때문에 재배면적만으로 화농의 채소 생산 현황을 파악하기 곤란하다.

---

4) "중국인의 소채업", 《동아일보》, 1924.11.14.

5) 京城府(1934), 『京城府史』 第3卷, 京城府, 517쪽.

6) 鎭南浦新報社 編(1910), 『鎭南浦案内記』, 鎭南浦新報社, 108쪽.

7) 駐新義州領事館 報告(1931), 「駐在地華僑之農工商學各業及散在各地之僑民戶口」, 『南京國民政府外交部公報』 第4卷 第1號(복각판, 中國第二歷史檔案館 編(1990), 『南京國民政府外交部公報』, 江蘇古籍出版社, 53쪽).

8) 駐元山副領事館 報告(1935.3.9), 「元山僑務之槪要」, 『南京國民政府外交部公報』 第8卷 第3號(복각판, 中國第二歷史檔案館 編(1990), 『南京國民政府外交部公報』, 江蘇古籍出版社, 73쪽).

9) 小早川九郎 編(1960), 『朝鮮農業發達史 資料篇』(再刊擔當近藤釰一), 友邦協會, 104쪽. 채소재배면적은 1930년까지 무, 배추의 경작면적만이 공표되었지만, 기타의 채소는 1931년 통계부터 포함되었다. 1930년의 경작면적 가운데 기타의 채소경작면적은 1931년과 같은 4만 7,000정보로 계산했다.

화농의 채소 생산액에 대해서도 재배면적과 같이 공식적인 통계가 없기 때문에 단편적인 데이터를 단서로 추정할 수밖에 없다. 1910년의 화농의 연간생산액은 1반보(反步, 300평)당 40.5~100원으로 추정되어,[10] 1920년 경성부 화농의 채소 생산액은 300평당 평균 60~70원이었다.[11]

1910년 진남포부의 화농 채소 생산액은 300평당 152원으로 매우 높았다.[12] 1930년 부천과 인천지역(부인지역)의 화농 250호의 연간생산액은 18~21만 원이며, 호당 720~840원이었다.[13] 조선총독부 상공과 조사에 의하면, 1925년의 화농 988호의 연간생산액은 75만 5,475원으로 300평당 76.5원이었다.[14] 화농의 채소 생산액은 재배면적과 같이 지역과 시기에 따라 불규칙하게 분포하지만 대체로 300평당 70~80원으로 보는 것이 타당할 것이다.

그렇다면 화농은 평균재배면적을 1정보로 추정하기 때문에 〈표 12-1〉의 농가호수에 700~800원을 곱하면 화농의 연간생산액이 도출된다. 1910년에는 26만 1,800~29만 4,200원, 1915년 43만 500~49만 2,000원, 1920년 67만 6,200~77만 2,800원, 1925년 143만 100~163만 4,400원, 1930년 233만 1,700~266만 4,800원, 1935년 184만 5,900~210만 9,600원이 된다. 이와 같은 화농의 채소 생산액이 조선의 채소 생산액에서 차지하는 비중은 각각 1915년에 1.4~1.7%, 1920년 1.7~2.0%, 1925년 3.7~4.2%, 1930년 4.8~5.5%, 1935년 3.2~3.7%가 된다.[15]

화농의 채소 생산액이 1930년 조선 채소 생산액의 4.8~5.5%에 달한 것은 높

---

10) 山口豊正(1911), 『朝鮮之硏究』, 巖松堂書店, 156쪽.

11) 京城府(1934), 앞의 자료, 715쪽.

12) 鎭南浦新報社 編(1910), 앞의 자료, 108쪽.

13) 駐仁川 辦事處暫代主任 張義信이 駐朝鮮 總領事에게 보낸 공문(1932.4.5), 「仁川公設市場之菜類販賣權」, 『駐韓使館保存檔案』(동 03-47-218-02).

14) "중국인 생산액 연 4천여만원", 《동아일보》, 1926.1.23.

15) 조선의 채소 생산액 통계는 小早川九郎 編(1960, 114쪽)의 경우, 1930년까지는 배추, 무 등의 세 종류의 채소 통계이고, 1929~1933년의 물가하락을 반영하지 않았기 때문에, 주요한 채소 13종의 생산액을 1934~1936년의 연평균 가격으로 환산한 박섭(2001년, 76쪽)(「농업성장」, 『한국경제성장사』, 서울대학교 출판부)의 실질가격 추계 자료를 활용했다.

은 수준이다. 게다가 조선의 채소 생산액은 시장에서 판매된 금액이 아닌 생산 총액이다. 화농은 조선인 농가와 같이 자가소비를 위한 채소재배가 아닌 오로 지 시장판매를 위한 상업용 채소재배라는 것을 고려한다면 시장에서 판매된 채소 판매총액에서 차지하는 비중은 생산총액의 비중보다 훨씬 높았을 것이 다. 화농은 주로 대도시의 교외에서 채소재배를 하는 관계로 대도시의 채소 공 급에서 차지하는 화농의 비중을 보여주는 자료가 여기저기서 보이기 때문에 이를 참조하고자 한다.

화교농가는 1924년 "경성시내의 채소는 3할 이내",[16] 인천부는 같은 시기 "채소 수요의 7할"[17]을 공급했다. 조선총독부의 조사에 의하면, 평양부는 "부 내의 채소 수요의 대부분", 진남포부는 "채소의 재배도 거의 독점", 원산부는 "채소 수요의 약 8할", 청진부는 "부 주민 채소 수요의 약 8할"이 화교농가의 공 급이었다.[18]

대도시 이외 지방의 주요도시에서도 화농의 채소재배는 활발히 이뤄졌다. 1929년 함경북도 회령군의 화농 57호가 "3,200여 호 1만 5,560여 호 인구의 식 료로 공급되는 채소는 …… 전부"를 공급하고 있었다.[19] 평안북도 선천군의 화농 12호는 1927년 읍내 1만 5,000명의 주민에게 화교 행상 40명이 채소를 독 점공급 했다.[20] 1930년 평안북도 강계군의 화농 18호의 판매액은 11만 8,700 원에 달하여 지역의 채소 공급을 독점하는 지위에 있었다.[21] 전라남도의 광주 군의 화농은 1926년에 5호밖에 되지 않았지만 1931년 50호로 증가하여 시내 채소 수요의 전부가 그들에 의해 독점되고 있었다.[22] 즉, 화농은 대도시 및 지

---

16) "중국인 소채 매황", 《조선일보》, 1924.8.10.

17) 朝鮮總督府·小田內通敏調査(1924b), 『朝鮮部落調査報告 第1冊』, 朝鮮總督府, 50쪽.

18) 朝鮮總督府(1924a), 『朝鮮に於ける支那人』, 朝鮮總督府, 161·172·196·203쪽.

19) "회령 화교 농민 채소 독점", 《조선일보》, 1929.8.23. 57호의 생산액은 약 4만 원이었다. 또한 1935년 화교농가 45호의 생산액은 약 7만 원으로 증가했다("중국인에 독점된 회령 의 소채재배", 《조선일보》, 1936.5.26).

20) "선천 읍내에서 중국물 불매동맹", 《조선일보》, 1927.6.16.

21) "중국인 소채 수입 물경 11만원 조선 사람이 이만치 뺏겨 강화 一郡에 이런 수자", 《조선 일보》, 1930.11.3.

방의 주요도시의 채소 공급에서 높은 비중을 차지했던 것이다.

이와 같은 화농의 채소재배 및 생산에 대해 조선인 및 조선 거주 일본인은 어떻게 받아들이고 있었는지 보도록 하자. 1920~1931년에 발행된 조선어 신문인 《조선일보》, 《동아일보》, 《매일신보》 그리고 일본어 신문인 《경성일보 (京城日報)》에 게재된 화농의 채소재배 및 판매 관련 기사를 시기가 빠른 순으로 표제를 열거하면 다음과 같다. "인천 야채 생산 토산은 대개 중국인의 손으로"23)(1924.4.20), "농업도 중국인에"24)(1924.9.19), "푸성귀도 중국인"25)(1924. 9.21), "소채 경작의 중국인 조선내에 1만 명 조선인은 被逐상태"26)(1924.9.21), "중국인의 소채업 제일 타격은 조선 사람뿐"27)(1924.11.14), "인천의 소채와 지나인의 세력 독점의 지위를 점하였다"28)(1924.11.15), "부천군내의 중국인 소채업 연산액 7만원 조선인은 모두 타격"29)(1924.11.26), "일본인 조선인 공동 전선, 지나인의 야채시장에 대항"30)(1930.3.7), "조선내 야채재배를 지나인에게 빼앗기다 조선농회 빈번히 기관지에 통론"31)(1930.8.9), "국인 소채 수입 물경 11만원 조선 사람이 이만치 뺏겨 강화 一郡에 이런 수자"32)(1930.11.3), "중국인 농민 2,600, 5년 전보다 3.5배"33)(1931.3.8).

기사 표제에서 알 수 있듯이 조선인 사회는 화농의 채소 생산에 대해 강한

---

22) "광주 부근의 중화농 격증", 《매일신보》, 1931.9.1.
23) "인천 야채 생산 토산은 대개 중국인의 손으로", 《동아일보》, 1924.4.20.
24) "농업도 중국인에", 《동아일보》, 1924.9.19.
25) "푸성귀도 중국인", 《동아일보》, 1924.9.21.
26) "소채 경작의 중국인 조선내에 1만 명 조선인은 被逐상태", 《조선일보》, 1924.9.21.
27) "중국인의 소채업 제일 타격은 조선 사람뿐", 《동아일보》, 1924.11.14.
28) "인천의 소채와 지나인의 세력 독점의 지위를 점하였다", 《매일신보》, 1924.11.15.
29) "부천군내의 중국인 소채업 연산액 7만원 조선인은 모두 타격", 《조선일보》, 1924.11.26.
30) "內鮮人の共同戰線 支那人の野菜屋に對抗", 《경성일보(京城日報)》, 1930.3.7.
31) "鮮內蔬菜栽培を支那人に奪はる 朝鮮農會頻りに機關雜誌で痛論", 《경성일보(京城日報)》, 1930.8.9.
32) "중국인 소채 수입 물경 11만원 조선 사람이 이만치 뺏겨 강화 一郡에 이런 수자", 《동아일보》, 1930.11.3.
33) "중국인 농민 2,600, 5년 전 3배반", 《조선일보》, 1931.3.8.

경계심을 품고 있었을 뿐 아니라 화농에 수입을 빼앗기고 있다는 인식도 가지고 있었다. 《동아일보》는 1924년 9월 22일자 '중국인의 직업침탈'이라는 표제의 사설에서 화상과 화공에 이어 화농의 왕성한 채소재배활동을 소개한 후, "아무리 우리가 핑계를 잘 한다 해도 책임을 전가할 수는 없을 것이다. 오늘 중국인이 우리들의 직업을 침탈하는 무기는 강력도 아니며 우연도 아니다. 오로지 신용과 근면이며 …… 우리의 결점을 지적하여 널리 동포의 반성"을 촉구했다.[34] 또한 조선농회(朝鮮農會) 기관지인 《조선농회보(朝鮮農會報)》의 1930년 8월호 권두언에 조선인 농가가 불경기로 궁핍한 것을 뒤로 하고 화농이 급속한 인구증가와 막대한 이익을 얻고 있는 것을 지적하고, "지나인 야채업자를 구축(驅逐)해야 한다"라고 과격한 표현을 사용하면서 조선인 농민의 분투를 촉구했다.[35] 한편, 조선총독부 촉탁인 오다우치(小田內)도 조선부락조사의 보고서에 화농의 채소재배에 대해 소개하면서 그들의 세력을 매우 경계했다.[36]

즉, 화농은 도시의 채소 공급에서 높은 비중을 차지, 이것이 조선인 및 일본인에게 화농에 대한 경계감을 가지게 했던 것이다. 다음은 화농이 조선의 채소 생산에서 큰 세력을 형성하게 된 원인에 대해 역사적으로 추적하고자 한다.

3. 화농 채소재배의 형성 과정

1) 개항기 화농의 채소재배

화농 채소재배의 형성 과정을 구체적으로 검토하기 위해 경기도를 사례로 들고자 한다. 그 이유는 두 가지이다. 첫째, 경기도의 화농 호수는 조선 내 화

---

34) "사설 중국인의 직업 침탈", 《동아일보》, 1924.9.22.
35) 朝鮮農會(1930.8), "卷頭言 支那人蔬菜業者を驅逐すべし", 《조선농회보(朝鮮農會報)》 (1930년 8월호), 朝鮮農會, 1쪽.
36) 朝鮮總督府(1924b), 36쪽.

450 제IV부_ 화농(華農)

농에서 차지하는 비중이 1910년 55%, 1915년 26%, 1920년 23%, 1925년 17%, 1930년 18%였다. 1920년대 초까지는 가장 많았다가 점차 평안북도 등 북부지역에 역전되었지만 화농의 채소재배가 왕성하게 이뤄진 도(道)의 지위는 유지했다(〈표 12-1〉 참조).

둘째, 경기도는 조선의 채소 생산액에서 항상 수위를 유지하고 조선 채소 생산의 중심지였기 때문이다. 예를 들면, 1935년 채소 생산액은 989만 4,804원으로 전체 도의 17.6%를 차지하여 수위를 기록했다.[37] 또한 경기도는 채소의 큰 소비지인 경성부와 인천부를 포함하여 채소를 재배하기에 좋은 지리적 위치에 있었다. 위와 같은 두 가지 요인으로 인해 경기도는 화농의 채소재배에 대해 검토하기에 가장 적절한 지역이라 할 수 있다.

화농이 경기도에 이주하기 시작한 것은 1887년경으로 매우 빨랐다. 조선총독부의 조사 자료는 화농의 최초 이주 경위를 다음과 같이 소개했다.

인천 개항 이래 내지인 및 지나인이 증가함에 따라 채소의 수요가 적지 않은 것에 착목, 1887년경 산동인으로 정크선의 선원이 종자를 지부(芝罘)에서 수입하여 부천군 다주면의 조선인과 함께 채소재배에 종사한 것이 지나인 농민 이주자의 효시이다. 당시 농업에 종사하는 자는 왕(王) 씨 및 강(姜) 씨의 2개 성이었다.[38]

즉, 산동성 출신의 왕 씨와 강 씨 성의 화교 2명이 1887년경 인천항의 개항에 따라 일본인 및 중국인의 이주가 증가, 채소에 대한 수요가 많아진 것에 착목, 지부(현재의 연태)에서 가지고 온 종자로 채소를 재배한 것이 시작이라는 것이다. 1887년은 경기도뿐 아니라 근대 조선화농의 채소재배가 시작된 해이다.

---

37) 朝鮮總督府(1937), 『昭和拾年 農業統計表』, 朝鮮總督府, 1~2쪽.
38) 朝鮮總督府(1924a), 앞의 자료, 109쪽. 2명이 채소를 재배한 지역은 인천부 우각리(牛角里) 일대였다("인천과 중국인 세력", 《동아일보》, 1924.4.17; "중국인의 소채업", 《동아일보》, 1924.11.14; "야채 소비 5만 근 인천서만 17만원", 《동아일보》, 1924.4.20).

이것은 일본인 농민의 조선 이주가 "대체로 1894년, 1895년의 일청전쟁경"[39]인 것에 비해 7~8년 빨랐던 것이다.

또한 왕 씨와 강 씨가 인천부에 채소재배를 시작하기 1년 전인 1886년, 인천의 일본조계, 청국조계, 각국조계에 거주하는 화교는 205명이고 일본인은 706명이었으며,[40] 이들 두 사람은 채소를 상식(常食)하는 약 1,000명의 수요에 착목하여 재배를 시작한 것이다. 인천의 각 조계에 거주하는 외국인 인구는 1893년에 3,215명(이 가운데 화교 711명, 일본인 2,054명)으로 증가하고 채소에 대한 수요는 한층 증가하여, 화농은 1892년 약 5호(22명),[41] 더욱이 청일전쟁 직전에는 15호로 증가했다.[42]

화농이 이주 초기 어떠한 채소를 재배하고 판매활동을 전개했는지에 대해서는 주인천 일본 영사관이 1894년 8월 본국에 보낸 보고서에 상세히 소개되어 있다.

3, 4년 이래 청국 산동인의 이주자가 점차 증가하는데 이들은 활발히 채소류인 가지, 호박, 파, 옥수수 등을 재배했다. 그들의 근면함과 염가 판매는 도저히 본방인(주: 일본인)이 경쟁할 수 없을 정도이다. 근년 본방인은 단무지, 채소절임 등을 제조할 목적으로 채소를 재배한다. 채소 등의 판매는 청국인에게 맡기고 신경쓰지 않는다고 한다. 또한 청국 농부는 경작 이외의 시간을 내어 헌옷과 때 묻은 얼굴로 각자 대바구니에 얼마 안 되는 채소를 넣고 조선인처럼 우리 거류민의 대문에서 구매할 것을 권한다. 그들이 영업에 열심인 것은 실로 경이로울 따름이다. 그들은 채소를 판매하고 얻은 수입을 모아 매년 겨울 귀국 시 적어도 30~40원

39) 小早川九郎 編(1944), 『朝鮮農業發達史 發達篇』, 朝鮮農會, 586~587쪽.
40) 仁川日本人商業會議所(1908), 『明治四拾年 仁川日本人商業會議所報告』, 仁川日本人商業會議所, 71~72쪽.
41) 仁川府 編纂(1933), 『仁川府史』, 仁川府, 1526쪽. 농민 이외는 노동자 371명, 상인 100명, 관리 27명이었다.
42) 朝鮮總督府(1924a), 앞의 자료, 109쪽; "야채 소비 5만 근 인천서만 17만원", 《동아일보》, 1924.4.20).

의 돈을 휴대한다고 한다. 그러나 본방 농민은 4~5년간의 기간에 본항(주: 인천

항)에 있지만 아직 10여 원을 품속에 가진 자가 있다는 말을 들어보지 못했다."[43]

이 보고를 통해 화농은 가지, 호박, 파, 옥수수 등의 채소를 근면히 재배하고

일본인 거류민의 집집마다 방문하여 염가로 판매해, 재배와 판매의 뛰어남이

일본인 농민이 도저히 경쟁할 수 없을 정도였다는 것을 알 수 있다. 주인천 일

본 영사관의 보고와 같이 개항기 채소재배 및 판매에서 화농과 일본인 농민을

비교하여 일본인 농민의 분발을 촉구하는 목소리가 적지 않았다.

일본인 농민은 "채소를 스스로 경작하는 수고로움을 싫어하여 때때로 조선

인이 재배하는 채소를 매입하여 이것을 시장에 가지고 가서 중개료를 취하는

데 만족"[44]하는 한편, 조선인 및 화농을 고용하여 채소를 재배하기 때문에 염

가의 채소를 공급할 수 없다고 지적하는 목소리도 있었다.[45] 이 때문에 통감부

농상공부 농림과는 1906년 인천에 이주하려는 일본 현지의 일본인 농민에 대

해 "미리 인내력이 강하고 근면한 지나인과 경쟁하는 것을 염두에 둬야 한다"

라고 경고했다.[46]

한편, 일본인 및 화교의 증가에 따른 채소 수요의 증가를 조선인 농민은 어

떻게 대응했을까? 조선인 농민은 개항기에 "채소재배업을 특수한 생산부문으

로 일반적으로 생각하는 경향이 컸다"라는 것,[47] 자가용의 채소재배가 주를 이

루고, 상업용의 채소재배는 경성, 개성 등의 일부 지역에 한정되어 있었다.[48]

또한 "조선 채소는 종류가 많지 않고 배추, 무, 미나리 외에는 내지인의 입맛에

맞는 채소가 적어 특히 기록해둘 것이 없었다"[49]라고 한다. 그래서 조선인 농

43) 金敬泰 編(1987), 『通商彙纂①』(복각판), 麗江出版社, 644~645쪽.

44) 山口豊正(1911), 『朝鮮之硏究』, 巖松堂書店, 157쪽.

45) 鎭南浦新報社 編(1910), 앞의 자료, 109쪽.

46) 統監府農商工務部農林課(1907), 『韓國ニ於ケル農業ノ經營』, 統監府, 68쪽.

47) 小早川九郎 編(1944), 앞의 자료, 12쪽.

48) 小早川九郎 編(1944), 앞의 자료, 347쪽.

49) 山口豊正(1911), 앞의 자료, 155쪽.

민은 일본인이 좋아하는 파, 양파, 가지, 감자, 고구마 등의 채소 수요를 만족시키지 못하는 실정이었다.[50]

그 결과 개항기 일본인 인구가 급증함에 따라 조선 내 생산은 조선 거주 일본인의 채소 수요를 만족시키지 못하고 일본, 중국 등에서 채소를 대량으로 수입했다. 1908~1910년의 3개년 평균 양파의 수입액은 1만 7,066원(이 가운데 1만 6,330원은 일본에서 수입), 고구마는 2만 232원(동 1만 7,868원), 감자는 9,639원(동 7,145원), 세 가지 채소 이외의 기타 채소는 12만 2,961원(동 11만 3,019원), 합계 16만 9,898원(동 1만 3,019원)에 달해, 채소 수입액 가운데 91%는 일본에서 수입한 것이었다.[51]

화농은 조선 거주 일본인이 소비하는 채소의 공급 부족에 착목하여, 일본인이 좋아하는 신선한 채소를 염가로 판매했다. 이것이 개항기 화농의 채소재배 성공의 배경이었다. 화농의 채소재배에 대해 조선어 신문인 《독립신문》은 "채소재배를 하는 데도 …… 대한(大韓)의 사람보다 현명하고 성실하여 확실하다"[52]라고 논하는 등 화농을 경계하는 목소리는 개항기 때 이미 등장하고 있었다.

한편, 인천의 화농의 존재를 더 높인 것은 청일전쟁이었다. 전쟁에 직면한 화농은 "고구마, 무, 기타의 채소 종묘가 비록 작아도 이를 파내어 매각하여 귀국의 길을 떠났고",[53] 그 결과 "채소는 모두 약 2배 등귀했다, …… 가을 이후가 되면 한층 부족이 심해질 것"이라는 상황을 초래했다.[54]

---

50) 統監府農商工務部農林課(1907), 앞의 자료, 68쪽.

51) 朝鮮農會(1911.7), "調査資料 朝鮮輸移出入農産品價格三年對照", 《조선농회보(朝鮮農會報)》(1911년 7월호), 朝鮮農會.

52) "위급한 일", 《독립신문》, 1898.7.18.

53) 在仁川二等領事能勢辰五郎이 在京城特命全權公使大鳥圭介에게 보낸 공문, 「全羅民擾報告宮闕內騷擾ノ件」, 『駐韓日本公使館記錄 一』(복각판, 국사편찬위원회 편(1988)).

54) 金敬泰 編(1987), 앞의 자료, 650쪽. 그러나 화농 전원이 귀국한 것은 아니었다. 다음의 기사가 그것을 입증한다. "인천 체류의 지나인은 이제 14~15명에 지나지 않는다. 이들은 빈곤자로 농업에 종사하거나 타인에 고용되어 노동하는 자이다. 우리 거류민은 오히려 그들을 불쌍히 여겨 그들이 가지고 오는 농산물을 좋은 가격으로 구매해준다."("仁川

그러나 1895년 4월 시모노세키조약이 체결된 후 다시 인천에 되돌아온 화농에 더해 새롭게 이주한 농민도 증가하면서, 1906년 화농은 156호(540명)에 달하여 상업호수 91호(549명)를 상회하게 되어, 개항기 인천의 화농은 화교 경제활동의 주요한 일각을 형성하기에 이르렀다.[55]

인천에서 시작된 화농의 채소재배는 이웃한 한성 부근으로 확산되었다. 용산에서 채소재배를 하던 화농 유의태(劉義泰)는 1899년 1월 19일 밤 그의 농가에 침입한 10여 명에게 은양(銀洋) 25원을 도둑맞았다는 기사가 있는 것으로 볼 때,[56] 한성 부근에서도 1899년 이전에 이미 화농의 채소재배가 이뤄지고 있다는 것을 알 수 있다. 화농의 경작지는 용산보다 한성 부근의 동대문 밖의 연희면, 서대문 밖의 공덕리로 확산되어 오이, 시금치, 상추, 무 등을 재배했다.[57] 1908년 한성부의 화농은 13호(50명)이며,[58] 화농은 1910년 지역의 채소 수요의 5%를 공급하고, 일본인 농민은 3%를 약간 상회하는 데 그쳤다.[59]

화농의 채소재배는 인천, 한성에서 점차 각지 개항장의 조계 주변으로 확산되어, 특히 평양[60]·진남포[61]·군산[62]에서 활발히 이뤄졌다.

在留の支那人", 《오사카마이니치신문(大阪每日新聞)》, 1894.9.3)

55) 仁川中會會館(1906年春季), 「華商人數淸冊: 各口華商淸冊」, 『駐韓使館保存檔案』(동 02-35-041-03). 일본인의 통계에 의하면, 1908년 4월 말 화농은 92호, 183명이었다. 이 통계에는 인천부만 포함되어 있을 가능성이 높다(仁川開港二十五年紀念會(1908), 『仁川開港二十五年史』, 仁川開港二十五年紀念會, 43쪽).

56) 고려대학교 아세아문제연구소 편(1974), 『구한국외교관계부속문서 제6권 외아문일기』, 고려대학교 출판사, 640~641쪽.

57) 京城府(1934), 앞의 자료, 516~517쪽.

58) 一記者(1909.12), "朝鮮問答", 《조선(朝鮮)》(1909년 12월호), 朝鮮雜誌社, 98쪽.

59) 山口豊正(1911), 앞의 자료, 156쪽.

60) 평양의 화농은 1909년 주로 배추를 재배하여 양호한 성과를 올리고 있었다. 무, 파, 감자의 경작면적은 그다지 넓지 않았다(恩田鐵彌(1909.8), 「平壤に於ける果樹及蔬菜栽培法」, 『朝鮮』(1909년 8월호), 朝鮮雜誌社, 75~76쪽).

61) 진남포의 화교농가는 1908년 60호, 191명에 달했다(富田儀作(1908.7), "鎭南浦附近の農業經營一斑", 《한국중앙농회보(韓國中央農會報)》(1908년 7월호), 한국중앙농회, 17쪽).

62) 山口豊正(1911), 앞의 자료, 156쪽.

<그림 12-1> 경기도 거주 화농의 각 부 및 각 군별 분포(1927년)

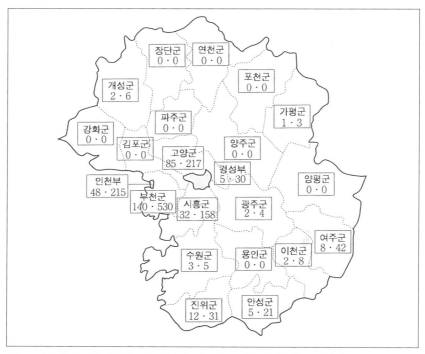

주:　박스 안 숫자는 왼쪽은 화농의 호수, 오른쪽은 화농의 인구수를 나타냄.
출처: 京畿道(1929), 『農事統計 昭和二年度』, 京畿道, 13~14쪽을 근거로 작성.

2) 화농과 산동성 간의 관계

1927년 12월 말 현재 경기도 화농 345호의 지역별 분포를 나타낸 것이 〈그림 12-1〉이다. 부천군 140호, 고양군 85호, 인천부 48호, 시흥군 32호, 진위군 12호, 여주군 8호, 경성부 5호, 안성군 5호, 수원군 3호, 광주군·개성군·이천군 각 2호, 가평군 1호였다. 경기도의 화농 분포는 채소의 대소비지인 경성부와 인천부를 축으로 형성되어 경성부 및 그 주변의 고양군, 시흥군의 122호, 인천부 및 그 주변의 부천군에 188호가 위치, 전자의 '경성권'과 후자의 '인천권'에 경기도 화농의 9할이 집중되어 있었다.

'인천권'인 부천군에 경기도 화농의 4할이 집중되어 있는 것에 주목해보자. 부천군에 화농의 이주가 시작된 것은 1907년경이었다.[63) 인천부내에서 채소 재배를 하던 화농의 경작지가 시가지가 됨에 따라 이웃한 부천군에 이주한 것이 계기였다. 부천군의 화농 호수 및 인구는 1924년 7월 98호·324명[64)이던 것이 1927년 12월 말에는 140호·530명, 1930년 10월에는 1,189명[65)(남성 946명·여성 243명·약 340호)으로 급증했다. 부천군 가운데서도 인천부와 인접한 다주면에 화농이 집중되어 있었다. 1930년 10월 현재 다주면의 민족별 인구 구성을 보면, 조선인 8,057명(전체의 85.3%), 일본인 352명(동 3.5%)인 데 비해 화교는 1,035명[66)(동 11%), 면민의 1할이 화농을 중심으로 한 화교였다.

화농 농경업주로 구성된 인천중화농업회(仁川中華農業會)[67)의 회원 228명 (1930년)의 거주지별 분포를 보면, 회원의 77%에 해당하는 176명의 화농이 다 주면에서 채소재배를 하고 있었다.[68) 이들 거주지를 리(里) 단위로 분류하면 용정리 60명(전체의 26.3%), 장의리 38명(동 16.7%), 도화리 33명(동 14.5%), 사충리 23명(10.1%), 학익리 9명(동 3.9%), 신화수리 8명(동 3.5%), 금곡리 5명(동 2.2%)의 순이었다. 다주면 가운데서도 용정리, 장의리, 도화리, 사충리에 화농이 집중되어 있는 것을 알 수 있다.

인천중화농업회의 회원 228명의 중국의 출신성은 전원 산동성이었다. 출신

63) "부천군내의 중국인 소채업", 《조선일보》, 1924.11.26; "중국인의 소채업자", 《동아일보》, 1924.11.17.

64) "부천군내의 중국인 소채업", 《조선일보》, 1924.11.26; "농업도 중국인에", 《동아일보》, 1924.9.19.

65) 朝鮮總督府(1932b), 『昭和五年朝鮮國勢調査報告道編 第一卷 京畿道』, 朝鮮總督府, 62~63쪽. 다만, 이 인원은 부천군의 화교 총인구인데 화농의 호수가 화교 총호수의 약 8할을 차지했다(一特派員(1924.6), "이름좋은 부천군", 《개벽》(1924년 6월호), 125쪽).

66) 朝鮮總督府(1932b), 앞의 자료, 62~63쪽.

67) 이 조직은 1912년에 조직되었다. 이 조직에 대해서는 뒤에서 설명한다.

68) 中華勞工協會仁川支部(1930), 「中華農會會員冊」, 『駐韓使館保存檔案』(동 03-47-191-68). 부천군 외에는 인천부의 만석정(萬石町) 15명, 송판정(松坂町) 7명, 화정(花町) 6명, 신정(新町) 4명, 채소시장 4명, 화방정(花房町) 2명, 율목리(栗木里) 2명, 내리(內里) 1명, 부평(富平) 1명, 산근정(山根町) 1명이었다.

지를 현(縣)별로 분류하면, 영성(榮成, 룽청) 63명(전체의 27.6%), 모평(牟平, 무핑) 60명(동 26.3%), 제성(諸城, 주청) 38명(동 16.7%), 문등(文登, 원덩) 27명(동 11.8%), 내양(萊陽, 라이양) 9명(동 3.9%), 일조(日照, 르자오) 8명(동 3.5%), 비성(肥城, 페이청) 7명(동 3.1%), 즉묵(卽墨, 즈무) 7명(동 3.1%), 수광(壽光, 서우광)과 서하(棲霞, 치샤) 각 2명, 황현(黃縣, 황셴) 1명, 복산(福山, 푸산) 1명, 불명 2명이었다.[69] 부인지역 화농 출신지는 산동성 가운데서도 인천에 가까운 동해안 연안지구인 영성, 모평, 문등, 내양이 다수를 차지하고 청도(靑島)와 이웃한 제성, 일조, 비성이 그다음으로 많았고, 산동반도의 중앙 및 북부지역은 거의 없었다. 1930년경 충청남도 대전의 화농 200여 명의 출신지도 문등, 황현, 모평, 내양으로 부인지역과 별로 다르지 않았다.[70] 이로 볼 때 조선에 이주한 화농은 산동성의 동해안 연안지구 출신자가 상대적으로 많았다. 인천부 및 부천군 화농 연령은 10대 1명(전체의 0.5%), 20대 37명(동 16.2%), 30대 105명(동 46.1%), 40대 58명(동 25.4%), 50대 22명(동 9.6%), 60대 5명(동 2.2%)이었다.[71] 한창 일할 나이인 20~40대가 중심으로 50대도 적지 않았다.

다음으로 부인지역 화농의 이력을 보도록 하자. 인천중화농업회의 회원 가운데 이주 이전의 이력이 파악되는 것은 이 단체의 간부 10명이다. 장충(張忠, 65세)은 1898년 조선에 이주하여 다주면 용정리에서 채소재배를 했다. 그는 제성현 흑석장(黑石庄) 출신으로 어릴 때부터 가정의 농사에 종사하다 30대 초에 조선에 이주했다. 장류산(張毓山, 38세), 강급(姜級, 37세), 유효전(劉孝全, 38세), 강소학(姜小學, 30세), 왕문서(王文緒, 50세), 손세홍(孫世鴻, 31세)은 모두 장충과 같이 어릴 때부터 가정의 농업에 종사하다 조선에 이주한 농민이었다. 인천부 송판정(松坂町) 거주의 강환성(姜煥成, 32세)과 같이 1916년 지부 소재의 중국인

69) 中華勞工協會仁川支部(1930),「中華農會會員冊」,『駐韓使館保存檔案』(동 03-47-191-68).

70) 駐仁川領事館報告(1930),「管內各巨埠華僑狀況」,『南京國民政府外交部公報』第3卷 第2號(복각판, 中國第二歷史檔案館 編(1990),『南京國民政府外交部公報』, 江蘇古籍出版社, 149~150쪽).

71) 中華勞工協會仁川支部(1930),「中華農會會員冊」,『駐韓使館保存檔案』(동 03-47-191-68).

상점인 인대호(仁大號)에서 4년간 상업에 종사한 후 1920년 인천에 이주하여 채소재배를 한 경력의 농민도 있지만, 대체적으로는 출신지에서 농업에 종사한 경우가 많았다. 간부 10명의 이주 시기는 1890년대 1명, 1910년대 3명, 1920년대 6명이며 학력은 무학 5명, 사숙을 2~3년간 다닌 자는 5명이었다.[72]

한편, 인천중화농업회의 회원이 부인지역에 이주하여 채소재배를 한 요인에 대해서는 회원록에 기록되어 있지 않기 때문에 별도의 자료를 이용하여 검토하고자 한다. 산동대학 화교화인연구소장인 조중진(晁中辰)이 1980년대 북한에서 고향인 일조현으로 귀국한 39명(남성 29명, 여성 10명)의 북한화교를 대상으로 인터뷰 조사한 결과, 일조현 출신의 27명이 조선에 이주한 이유로 17명(전체의 63%)이 '생계유지를 위해', 7명(동 26%)이 '이주처의 친척과 친구를 의지하여', 2명(동 7%)이 '가정불화', 1명(동 4%)이 '체포를 피해'였다.[73] 이주 전의 직업은 빈농 19명(전체의 70%), 농부 3명(동 11%), 중농 1명, 목수 1명, 사진사 1명, 이발사 1명, 소상인 1명으로 빈농 출신이 대부분이었다. 즉, 고향의 경제적 원인이 조선 이주의 주요한 푸시(push) 요인이었음을 알 수 있다.

하지만 부인지역 화농 가운데 일조현 출신은 전체의 3.5%에 지나지 않아 대부분이 산동성의 동해안 연안지구 출신이라는 것에 주목할 필요가 있다. 아라다케 다쓰로(荒武達朗)와 야마우치 마사오(山内雅生)는 이 지구가 1910~1920년대 경제적 발전과 호황이 계속되어 산동성의 다른 지구보다도 상대적으로 풍족했으며, 이 지구 출신의 만주 이주는 반드시 경제적 요인에 의한 것은 아니라고 주장했다. 아라다케[74]와 야마우치[75]는 종래의 연구에서 산동인의 만주 이주의 배경으로 영세한 토지경영, 자가 농지만으로 생활할 수 없는 경제적 요

---

72) 中華勞工協會仁川支部(1930), 앞의 당안.

73) Chao Zhongchen, "Report of Field On the Returned Overseas Chinese of South Korea in Rizhao City, Shandong Province", Elizabeth Sinn ed., The last half Century of Chinese Overseas, Hongkong: Hongkong University Press, 1998, p.468.

74) 荒武達朗(2008), 『近代滿洲の開發と移住』, 汲古書院.

75) 山内雅生(2006), 「民國初期の山東省からの東北移民」, 『日本の青島占領と山東の社會經濟: 1914~22年』, 東洋文庫.

인이 강조된 점을 재고하려 했다. 두 학자의 지적은 이 지구 중국인 농민의 조선 이주에도 들어맞는 것으로 일조현과 같이 경제적 빈곤이 조선 이주의 주요한 요인이 아니라는 것을 시사한다.

이와 관련, 군산 거주 여건방(呂建芳, 1946년생)의 증언은 이 지구 화농의 조선 이주의 요인을 파악하는 단서가 되기 때문에 증언의 개요를 밝혀두고자 한다.[76] 그의 부친(1909년생)과 백부(1899년생)는 산동성 내양현 출신이었다. 백부는 1920년 군산에 이주 동향 출신의 유 씨 농가의 농부로서 일했다. 백부는 임금을 모아 저축하여 채소재배를 하는 농경업주가 되었다. 그는 1926년 부친을 고향에서 데리고 왔다. 그는 "중국에서 가난해서 이주한 것이 아니라 …… 그 당시 한국에 와서 농사를 하면 상당한 돈을 벌었다"라는 말을 들었다고 한다. 또한 "그 당시는 한국에 오면 돈벌이가 좋아 조선에 있던 총각들, 중국에서는 최고의 신랑감이었다"라고 말했다. 그의 큰아버지의 고향에서 1킬로미터 떨어진 곳에 유 씨의 고향이 있었다. 유 씨는 원래 충청북도 영동에서 직물상점을 경영했지만 "연말에 계산을 해보면 직물상점을 경영하여 버는 수입보다 농업으로 버는 수입 쪽이 좋았다. 그래서 그분이 직물상점을 그만두고 (군산으로) 가서 농사를 지었다"라고 했다. 그의 부친은 23세 때 고향에 돌아가 결혼을 하고 1941년 백부로부터 독립하여 1964년 타계하기 직전까지 농경업주로 채소재배를 했다고 한다.

먼저 여 씨가 "중국에서 가난해서 이주한 것이 아니라 …… 그 당시 한국에 와서 농사를 하면 상당한 돈을 벌었다"라는 증언에 주목할 필요가 있다. 즉, 산동성의 푸시 요인보다 조선에서 채소재배를 하면 보다 높은 수익을 얻을 수 있다는 전망, 조선의 풀(Pull) 요인이 보다 강했다는 것을 시사한다. 조선의 채소재배가 높은 수익을 올릴 수 있다는 사실은 다른 사료에서도 입증된다. 일본인 농사시험장 기사인 온다 데쓰미(恩田鐵彌)는 일제강점 직전 조선 주요 도시의 채소 및 과수재배의 상황을 조사한 결과 채소의 수요보다 공급이 적은 것과 교

---

76) 구선희 외(2007), 『한국화교의 생활과 정체성』, 국사편찬위원회, 318~324쪽.

통 불편에 의한 운반비를 필요로 하기 때문에, 일본보다도 "한국의 채소는 품질 여하를 떠나 모두 가격이 높았다"[77]라고 분석해 일본인의 조선에서의 채소재배를 장려했다. 이것은 화농에게 들어맞는 이야기로, 산동인에게 조선은 채소재배로 고수익을 창출하는 '좋은 기회의 땅'이었던 것이다.

한편, 여건방의 백부 및 부친의 조선 이주와 채소재배의 경위를 보면 동향의 유 씨가 먼저 조선에 이주하여 채소재배로 성공을 거둔 후 동향에서 그의 백부를 농부로서 불러들이고, 백부는 임금을 저축하여 번 돈으로 채소재배의 농경업주가 된 후, 이번에는 동향에서 그의 부친을 농부로 불러들였다. 즉, 앞에서 살펴본 대로 일조현 출신의 조선 이주의 26%가 먼저 이주한 친척과 친구를 의지하여 이주한 것처럼 산동인 화농의 조선 이주에는 연쇄이주(chain migration)가 확인된다.

또 하나의 이주 배경으로 조선과 산동성 농민 간에 임금의 격차가 있었다는 점을 간과해서는 안 된다. 일조현에서 가까운 청도 부근 농민 하루의 임금은 1920년대 초에 0.25원[78]인 데 비해, 조선화교의 1일 평균 임금은 1922년 7월 광공업 1.13원, 토목건축업 1.59원, 농업 0.7원이었다.[79] 농민만을 비교하면 조선이 산동성보다 2.8배나 높았기 때문에 농민으로서 조선 이주할 충분한 인센티브가 있었던 것이다.

하지만 농민으로서 조선에 이주하여 농경업주가 되는 사례가 많았지만 처음부터 농경업주로 이주하는 화농도 있었다. 이 경우 부인지역의 농경업주로서 채소재배를 하려면 초기비용으로서 소작료는 평당 6~10전과 종자 구입비가 필요했다.[80] 가령 1정보를 경작한다고 하면 소작료는 90~150원이 필요하

---

y

77) 恩田鐵彌(1909), 『韓國ニ於ル果樹蔬菜栽培調査』, 農事試驗場, 50쪽. 한편, 1910년 초 경성 거주 일본인은 조선인의 채소밭을 잇따라 주택지로 구입, 채소밭의 면적이 감소한 것이 경성 채소 공급부족의 한 요인이었다(朝鮮研究會 編(1915), 『最近京城案内記』, 朝鮮研究會, 77~78쪽).

78) 篠原英太郎(1922.12), "山東省の農業觀", 《조선농회보(朝鮮農會報)》(1922년 12월호), 朝鮮農會, 3쪽.

79) 朝鮮總督府内務局社會課(1923), 『會社及工場に於ける勞動者の調査』, 朝鮮總督府, 17쪽.

제12장_ 화농 채소재배의 형성과 발전　461

고, 종자와 농구 등을 구입하는 비용까지 포함시키면 적어도 200~300원의 자금이 필요했다. 부인지역의 화교농경업주는 이 초기비용을 "향토에서 가지고 온 돈으로 종자 비용으로 하고 비료는 무상 혹은 염가로 조달하고, 그 가운데는 자신의 경지를 빌릴 때의 보증인 또는 지주인 지나인으로부터 일시 융통하는 경우도 있다. 또한 지나인의 식료 잡화상으로부터 생산품으로 갚는다는 약속으로 융통하여" 조달했다고 한다.[81]

그런데 조선 이주의 화농이 거의 산동성 출신이라는 것은 채소재배에 적지 않은 의미를 가진다. 온다 데쓰미는 그들이 "고국에 있으면서 채소재배의 경험이 있기 때문에 재배의 기술이 매우 숙련되어 있다"라고 지적했다.[82] 산동성은 위도상, 지질상, 기후상 채소 생산의 최적지로서 오랜 역사를 가지고 있는 지역으로서 근대 파, 부추, 시금치, 마늘, 고추, 연근, 미나리, 토란 등의 생산액이 중국의 성 가운데 수위를 차지했다.[83] 산동성산의 채소는 지부를 통해 만주로 대량 이출되었으며 조선에도 적지 않은 채소가 수출되었다.[84]

산동성의 채소 유명 산지는 황하 하류의 연안지역이 성내(省內) 제일의 산지였으며 또한 하천의 유역 및 반도 내의 여러 하천 유역에도 다수의 산지가 있었다. 황현, 문등현, 모평현은 채소의 명산지로서 알려져 있지만 앞에서 검토한 대로 부인지역의 화농은 이들 지역의 출신자가 많았다.[85] 또한 근대 극동러시아의 도시에 채소를 독점적으로 공급한 것도 도시 근교에서 채소를 재배하

80) 朝鮮總督府・小田內通敏調査(1924b), 앞의 자료, 49쪽.

81) 小田內通敏(1925), 『朝鮮に於ける支那人の經濟的勢力』(東洋講座第七輯), 東洋研究會, 34쪽. 화농 가운데 소작지의 조선인 및 일본인 지주로부터 초기비용을 빌리는 자도 있었다("중국인 야채 경영자는 평양 근교에 200호", 《매일신보》, 1931.7.20).

82) 恩田鐵彌(1909), 『韓國ニ於ル果樹蔬菜栽培調査』, 農事試驗場, 50쪽.

83) 華北事情案内所 編(1939), 『山東省事情』(北支事情解說パンフレット(第三輯)), 華北事情案內所, 30~31쪽.

84) 興中公司大連事務所(1938), 『芝罘狀況及大連中央卸賣市場槪說(草稿)』, 興中公司大連事務所, 12쪽.

85) 南滿洲鐵道株式會社天津事務所調査課(1937), 『山東河北兩省に於ける蔬菜事情』(北支經濟資料第36輯), 南滿洲鐵道株式會社天津事務所, 13~16쪽.

던 화농이었으며, 그들은 대부분 산동성 출신자였다.[86] 즉, 화농이 산동성 출신이라는 것이 화농의 활발한 채소재배와 밀접한 관계가 있다는 것을 시사하는데, 이에 대해서는 다음에서 검토하기로 한다.

4. 화농 채소재배의 특징과 판매

1) 채소재배의 특징

화농의 채소재배가 어떻게 이뤄졌는지를 구체적으로 검토하기 위해 앞에서 살펴본 부천군을 사례로 들고자 한다.

조선총독부 촉탁의 오다우치가 1923년 부천군의 화교 채소재배에 대해 조사한 결과가 〈표 12-2〉이다. 조사한 지역은 문학면, 남동면, 다주면의 3개 면으로 조사호수는 188호, 경지총면적은 148정보(44만 4,000평), 호당 평균 경지면적은 0.79정보(2,370평)였다. 각 면의 호당 경지면적은 다주면 0.55정보(1,650평), 문학면 0.87정보(2,610평), 남동면 3정보(9,000평)로서 남동면이 가장 넓었고 다주면, 문학면이 그다음이었다. 같은 군에서도 평균 면적이 다른 것은 토지의 소작료(차지료)와 관계가 있을 것이다.

1924년 다주면의 4개 리(里)와 문학면의 2개 리에 거주하는 화농 98호의 채소재배 경작면적은 28만 2,592평, 차지료는 1만 1,932원으로서, 평당 평균 차지료는 4전이었다.[87] 남동면의 차지료는 분명하지 않지만 인천부와 인접한 다주면과 문학면에 비해 인천부에서 멀리 떨어져 있기 때문에 2개 면보다 상대적으로 차지료가 낮았을 것으로 추정된다. 남동면의 5호의 평균 경작면적이 3정보로 매우 넓은 이유로는 이와 같은 원인이 작용했을 것이다. 또한 앞의 98호

---

86) イゴリ・R・サヴェリエフ(2005), 『移民と國家: 極東ロシアにおける中國人, 朝鮮人, 日本人移民』, 御茶ノ水書房, 218~219쪽.

87) "중국인의 소채업자", 《동아일보》, 1924.11.17.

<표 12-2> 부천군 거주 화농의 채소재배 상황(1923년)

각 면별	조사호수 (호)	경지면적 (정보)	호당 평균면적 (정보)	가족 1인당 면적 (정보)
문학면	100	87	0.87	0.22
남동면	5	15	3.1	0.37
다주면	83	46	0.55	0.11
합계	188	148	0.79	-

출처: 朝鮮總督府·小田內通敏調査(1924b), 『朝鮮部落調査報告 第1冊』, 朝鮮總督府, 46쪽.
주: 남동면의 호당 평균 면적은 원자료에는 3.1로 기재되어 있지만 3.0의 오기로 보임.

의 화농은 324명의 농민을 고용, 이 지역 화농은 평균 농경업주 1명을 포함하여 4.3명이 채소재배에 종사했다.[88]

부천군 화농의 채소재배의 특징에 대해서는 스가이 시로(酉水孜郞)가 1930년대 중반 다주면 용정리의 화농을 시찰하고 쓴 논문에 잘 정리되어 있기 때문에 그것을 중심으로 검토하고자 한다.

첫 번째 특징은 "그들은 실로 근면하여 노동을 아끼지 않고 밭을 보살피는 점, 그리고 경지를 매우 가지런하게 정돈한다는 점"이다.[89] 스가이는 호우 뒤 갠 아침에 용정리를 방문했을 때 조선인 농민이 밭에서 일하는 것은 거의 볼 수 없는 데 비해 화농은 벌써 여기저기서 일하는 모습을 발견하고 놀랐다고 말했다. 오다우치도 화농의 근면성에 대해 "경지에 대한 그들의 노동의 끈기는 도저히 일본인과 조선인이 상상조차 할 수 없을 정도로서, 가족 전원은 일출과 함께 기상하여 일몰 때까지 야외작업에 종사한다"라고 경탄했다.[90] 농업 기사인 온다 데쓰미도 화농의 근면함을 "전심전력 업무에 열중하고 늘 시기를 놓치지 않는다"라고 칭찬을 아끼지 않았다.[91]

---

88) "중국인의 소채업자", 《동아일보》, 1924.11.17.
89) 酉水孜郞(1936), 「朝鮮の農村に於ける土地利用」. 『地理學評論』 第12號, 日本地理學會, 24쪽.
90) 小田內通敏(1925), 『朝鮮に於ける支那人の經濟的勢力』(東洋講座第七輯), 東洋硏究會, 33쪽.
91) 恩田鐵彌(1909), 『韓國ニ於ル果樹蔬菜栽培調査』, 農事試驗場, 49쪽.

두 번째 특징은 퇴비 등의 유기비료를 풍부히 사용한다는 점이다. 채소재배는 노동력과 비료의 결합으로 이뤄져 양질의 잎을 대량으로 얻는 것이 양질의 채소를 생산하는 관건이다. 또한 1932년 평양에서 2,800평의 배추를 재배하는 조선인 농가의 비용구성을 보면 비료대금이 비용 총액의 70.8%, 소작료가 12.4%, 인부 임금이 11.7%, 종자대금이 5.1%를 각각 차지했다.[92] 즉, 채소재배는 비료대금을 얼마나 절약하는지가 저렴한 가격의 채소 생산에 빼놓을 수 없는 요인이었다. 스가이는 "산동인 농업자는 매일 온돌의 재를 부근의 집에서 모았으며, 한편에서는 인분과 오줌을 (변소에서) 퍼내 이들을 잘 혼합하여 퇴비의 제조에 여념이 없다. 그리고 이렇게 얻은 퇴비를 봄이 되어 녹을 때를 기다려 밭에 넣는다"라고 했다.[93] 화농은 채소밭 부근에 큰 퇴비구덩이를 설치하는 것이 보통이며,[94] 경지 옆에 가옥을 세워 그 일각에 양돈을 하여 생긴 돼지 똥을 비료로 사용했다.[95] 관청의 분뇨를 값싼 가격으로 구입하여 부족한 비료를 조달하기도 했다. 부인지역은 화농의 채소조합인 인천농업공의회가 인천부청 등 관청의 분뇨를 청부하여 조합원 각 화농에게 분뇨를 할당했다.[96] 각 농가는 독자적으로 "인천 부근에 부내 주민의 분뇨를 유상 혹은 무상으로 수령하거나 또는 농작물을 각 가정에 판매하러 방문할 때 달라고 약속받는 것이 많았다"라고 한다.[97]

세 번째 특징은 집약적인 채소재배를 한다는 점이다. 스가이는 "지나인의

92) 齋藤茂(1932.2), "平壤附近に於ける直隷白菜栽培狀況", 《조선농회보(朝鮮農會報)》(1932년 2월호), 朝鮮農會, 73쪽.
93) 酉水孜郎(1936), 앞의 논문, 25쪽.
94) 朝鮮總督府·小田內通敏調査(1924b), 앞의 자료, 48쪽. 이것이 문제가 된 적이 있었다. 신의주부 미륵정(彌勒町)의 주민 40명은 1935년 6월 초 신의주부 위생과에 화농이 채소 재배를 위해 만들어둔 인분 구덩이에서 악취가 발산된다며 단속하도록 진정했다("중국인 야채田에 인분 사용 금지 진정", 《조선일보》, 1935.6.7).
95) 小田內通敏(1925), 앞의 자료, 36쪽.
96) 仁川中華農業公議會董事 王承謙이 駐朝鮮 總領事에 보낸 공문(1930.6.25), 「仁川農會糾紛案」, 『駐韓使館保存檔案(동 03-47-192-03); 小田內通敏(1925), 앞의 자료, 33쪽.
97) 朝鮮總督府·小田內通敏調査(1924b), 앞의 자료, 48쪽.

밭에는 오이, 가지, 파, 양배추, 토마토, 호박, 동아(冬瓜), 수박 등의 채소류가 매우 많다. 간작과 혼작은 내지의 밭보다도 극단적"으로 심하다고 했다.[98] 오다우치도 "경작을 구분하여 각종의 배열을 만들고 봄 채소에서 여름 채소, 그리고 가을, 겨울 채소로 윤작을 한다. 이러한 윤작을 하면 밭 하나를 연중 몇 번이나 사용하기 때문에 결국 넓은 면적을 경작하는 것과 같은 결과를 낸다"라고 높게 평가했다.[99] 온다 데쓰미는 "경지의 이용을 매우 교묘하게 하는 것"이라 표현했다.[100] 《동아일보》는 "일본인은 비교적 광대한 면적에 고구마를 재배하고 조선인은 종래대로 무, 배추 이외 몇 가지의 채소를 재배할 뿐인데. 중국인은 집약적으로 좁은 면적을 이용하여 다양한 채소를 재배한다"라고 칭찬했다.[101]

스가이가 이상과 같이 지적한 화농의 채소재배의 두 가지 특징에 더해 화농의 채소재배기술과 우량의 중국산 종자의 사용도 고려해야 할 것이다.

먼저 화농의 기술적인 면을 보자. 화농은 기후상 건조의 정도가 조선보다 심한 산동성에서 왔기 때문에 상대적으로 조선의 기후에 적응하기 쉬웠다. 예를 들면, 산동성의 중국인 농민은 반드시 채소밭 일각에 작은 수원(水源)을 만들어 언제든지 관개를 할 수 있도록 설비를 갖추었다.[102] 또한 화농은 때로는 온실을 만들어 겨울에도 채소를 재배했다.[103] 화농의 온실은 비닐하우스가 아니라 창호지에 솥에 넣어 끓인 들께 기름을 붓으로 뿌려 말린 종이하우스이지만,[104]

98) 西水孜郎(1936), 앞의 논문, 26쪽.
99) 朝鮮總督府・小田內通敏調査(1924b), 앞의 자료, 47쪽. 봄 채소는 시금치, 파, 미나리, 야름 채소는 가지, 호박, 오이, 토마토, 여름 무, 파, 감자, 고구마였다. 가을 및 겨울 채소로는 무, 배추, 무청(蕪菁), 당근, 우엉, 양파, 마, 토란을 재배했다.
100) 恩田鐵彌(1909), 앞의 자료, 49쪽.
101) "중국인의 소채업", 《동아일보》, 1924.11.14.
102) 野木傳三(1914.3), "朝鮮の蔬菜栽培に就いて(下)", 《조선농회보(朝鮮農會報)》(1914년 3월호), 朝鮮農會, 17쪽.
103) 朝鮮總督府(1924a), 『朝鮮に於ける支那人』, 朝鮮總督府, 109쪽.
104) 양춘상의 증언(2010년 5월 4일 대구의 자택에서 인터뷰); 구선희 외(2007), 앞의 자료, 378~379쪽.

조선인 농민에게 이러한 채소의 온실재배가 보급되지 않은 시기인 만큼 당시로서는 혁신적인 재배법이었다. 온다 데쓰미는 이와 같은 화농에 대해 "채소재배의 기술이 교묘하다"라고 칭찬했다. 인천농업공외회 회원인 우본해(于本海)는 "교농(僑農)의 재배기술은 매우 뛰어나 일본인과 조선인이 미치지 못하는 능력이다"라고 자신들의 기술을 높게 평가했다.[105]

　다음은 화농이 파종한 우량의 중국산 채소 종자이다. 산동성은 근대 풍부한 채소품종 및 종자를 보유하여 현재도 채소품종 자원이 1만여 종에 달할 정도로 세계 3대 채소 생산기지의 하나이다.[106] 평양공립농업학교 교원인 사이토 시게루(齋藤茂)는 1930년대 중반 평양 부근에서 재배하는 중국산 채소품종을 조사한 결과, "이 지방에서는 지나산 채소의 품종이 혹은 지나 원산 종자가 내지 재래종 내지 내지산 종자에 비해 널리 재배되고 있다는 사실을 발견했다. 이 지방의 채소 재배자는 지나인이 매우 많은 관계상 지나산의 채소가 매우 많다. 특히 어느 품종은 일본종을 능가하는 경제적인 품종이 되어 오로지 지나종 계통의 채소가 독점하고 있는 감이 있다"라고 말했다.[107] 경성의 조선주보사(朝鮮週報社)는 1932년 5월 사내에 농사개량부(農事改良部)를 설치하여 각종의 우량종자를 실제로 판매하여 보급하는 계획을 세웠는데 주경성 중화민국 총영사관에 중국의 우량 배추종자와 무 종자의 소개를 의뢰했다. 이에 경성 총영사관은 산동성 평도현산의 포두련(包頭蓮), 황현산의 황현돈(黃縣敦), 모평현산의 주채(主菜), 무의 종자로는 평두현산의 고두청(皷頭靑) 등을 추천했는데, 모두 산동성산 종자였다.[108]

---

105) 원문. 以僑農播種之技甚精, 遠非日鮮人所能(駐仁川 辦事處暫代主任 張義信이 駐朝鮮 總領事에 보낸 공문(1932.4.5), 「仁川公設市場之菜類販賣權」, 『駐韓使館保存檔案』(동 03-47-218-02).

106) 김병률(2004), 『중국 산동성의 채소류생산, 유통, 수출 현황과 전망』, 푸른산, 15쪽.

107) 齋藤茂(1935.3), "平壤地方に栽培される支那産蔬菜に就いて", 《조선농회보(朝鮮農會報)》(1935년 3월호), 朝鮮農會, 20쪽.

108) 朝鮮週報社가 駐朝鮮 총영사관에 보낸 서한(1932.5.26), 「請査示中國優良菜種名稱及産地」, 『駐韓使館保存檔案』(동 03-47-218-17).

또한 경성부의 중앙도매시장에 1939년도 입하된 채소의 월별 입하량을 중국산 종자로 재배된 배추와 조선산 종자로 재배된 배추의 월별 입하량의 순번을 매겨보면 다음과 같다. 4월은 각각 17번째와 36번째, 5월은 22번째와 44번째, 6월은 78번째와 52번째, 11월은 4번째와 5번째, 12월은 3번째와 4번째, 1월은 2번째와 14번째, 2월은 2번째와 18번째, 3월은 9번째와 31번째였다.[109] 동계와 춘계 배추의 경우, 중국산 종자로 재배된 배추가 조선산 종자로 재배된 배추의 출하량을 크게 상회했다.

조선에서 재배된 배추의 주요한 종자는 개성 배추종자, 중국 직예(直隷)종자, 중국 지부(芝罘)종자였다.[110] 개성 배추종자는 조선 전통의 종자로서 조선인 농민이 전국에서 재배한 종자였다. 온다 데쓰미는 이 품종에 대해 "품질은 양호하다. 우리가 재배하는 채소류보다 상위에 있다"라고 높게 평가했으며,[111] 다른 일본인도 "품질 우량하여 유명한 지나 배추도 일보를 양보할 정도"라고 칭찬했다.[112] 그러나 수원농림학교(水原農林學校)가 1908년 청국에서 배추의 종자를 주문하여 재배한 결과, "결구(結球)가 좋고 동시에 재배한 개성배추의 결구에 비해 질이 치밀하고 견고하여 양자 간에는 우열의 차가 큼을 보았다"라고 조선을 대표하는 개성배추보다 뛰어나다는 보고를 했다.[113] 또한 직예 배추종자는 조선의 기후와 토질에 적합하여 재배가 용이한 점, 한 포기의 중량이 무거워 수확량이 많은 점, 품질이 우량하여 김치담기용 배추로서 1910년대 중반부터 개성 배추 대신 직예 배추를 재배하기 시작, 1920년대 중반 개

---

109) 京城府(1941b), 『昭和十四年度 第一回京城府中央卸賣市場年報』, 京城府, 109~112쪽.

110) 李智鉉(1930.8), "農業技術 蔬菜栽培法", 《농민(農民)》(1930년 8월호), 朝鮮農民社, 15쪽.

111) 恩田鐵彌(1909), 앞의 자료, 20쪽.

112) 山口豊正(1911), 앞의 자료, 155쪽.

113) 指宿武吉(1909.7), "淸國に於ける蔬果評論 (其二)", 《한국중앙농회보(韓國中央農會報)》(1909년 7월호), 韓國中央農會, 30쪽. 이부스키(指宿)는 중국에는 우량의 채소종자가 존재하고 있는데도 서양의 종자에 심취해 있는 일본의 자세를 비판하고, 우량의 중국산 종자를 적극적으로 도입할 것을 촉구했다(指宿武吉(1909.3), "淸國に於ける蔬果評論 其一)", 《한국중앙농회보(韓國中央農會報)》(1909년 3월호), 韓國中央農會, 39~40쪽).

성 배추종자를 완전히 몰아냈다.[114)]

조선에서 재배되고 있던 중국산 종자는 배추 이외에도 많았다. 무의 종자로는 지나적장이십일나복(支那赤長二十日蘿蔔, 별명은 지나희나복(支那姬蘿蔔)), 지나청기나복(支那靑肌蘿蔔, 별명은 지나청나복(支那靑蘿蔔)), 시금치는 월동재배가 가능한 중국산 종자, 파는 명수총(明水葱), 개평총(蓋平葱), 호박과 오이는 조생종의 중국산 종자, 가지는 조생종을 제외하고는 중국산 종자가 인기가 높았다.[115)] 중국산 무 품종은 조선 재래종보다 내용물이 매우 치밀하고 단단하며 맛이 떨어져 절임 식품에 맞지 않지만 간단하면서도 쉽게 저장할 수 있는 특성을 가지고 있다.[116)] 이와 같은 이유로 조선은 중국에서 적지 않은 채소 종자를 수입했다. 일본에서 매년 약 30~40만 원의 종자가 수입되어 가장 많았지만 중국에서 11만 원을 수입하여 그다음으로 많았다.[117)] 이 수입액에는 화농이 산동성에서 휴대하여 들여오는 종자는 포함되어 있지 않기 때문에 실제의 수입액은 11만 원을 훨씬 넘었을 것으로 추정된다.

이상과 같은 화농 채소재배의 다섯 가지 특징과 화농의 검소한 생활[118)]은 가격이 비교적 저렴하고[119)] 품질이 우수한[120)] 채소를 생산하여 조선인 및 조선 거주 일본인 농민의 채소재배보다 비교우위에 설 수 있었던 것이다.

---

114) 齋藤茂(1932.2), 앞의 기사, 66~67쪽.

115) 齋藤茂(1935.3), 앞의 기사, 21~25쪽.

116) 小濱喜太郎(1939.6), "朝鮮大根の改良について", 《조선농회보(朝鮮農會報)》(1939년 6월호), 朝鮮農會, 38쪽.

117) "야채종자 부족 증산계획에 지장 不少", 《동아일보》, 1938.8.9.

118) 화농은 허름한 옷과 간단한 식사에 만족하고 일체 교제를 하지 않기 때문에 조선인 농민 및 일본인 농민보다 상대적으로 생활비가 적게 들었다(恩田鐵彌(1909), 앞의 자료, 49쪽).

119) 駐仁川 辦事處暫代主任 張義信이 駐朝鮮 總領事에 보낸 공문(1932.4.5), 「仁川公設市場之菜類販賣權」, 『駐韓使館保存檔案』(동 03-47-218-02).

120) 駐新義州領事館 報告(1931), 「駐在地華僑之農工商各業及散在各地之僑民戶口」, 『南京國民政府外交部公報』 第4卷 第1號(복각판, 中國第二歷史檔案館 編(1990), 『南京國民政府外交部公報』, 江蘇古籍出版社, 53쪽).

2) 판매네트워크

채소의 판매는 재배 못지않게 중요하다. 아무리 우량한 채소를 생산하더라도 판매가 잘 되지 않으면 채소의 '생산-판매'의 호순환은 작동되지 않기 때문이다. 자가소비가 아닌 오로지 상업용 채소재배를 하는 화농에게 생산한 채소의 안정적인 판매망의 확보는 조선인 농가보다 한층 요구되었다.

부인지역의 화농이 재배한 채소가 어떻게 판매되었는지를 보도록 하자. 이 지역의 화농이 재배하는 채소의 8할은 인천부 내리(內里)와 신정(新町)의 채소시장을 통해 판매되었다.[121] 인천부 신정의 채소시장은 1924년 현재 부지 220평에 목조아연지붕의 건물로 화교 채소상이 건물 내에 판매대를 설치하여 채소를 도매 및 소매로 판매했다.[122] 조선인 및 일본인 농민도 재배한 채소를 이 시장의 화교 채소상에 위탁하여 판매하는 등 화교 채소상이 이 지역의 채소 판매를 독점했다.

화교 채소상이 이 채소시장에서 독점적으로 채소 판매를 하게 된 경위는 다음과 같다. 이 시장이 생기기 전, 인천에는 채소시장이 없고 매일 아침 일본인과 화교가 노상에서 채소를 내어놓고 소매로 판매하든지 조선인이 모여 채소를 소매 판매하는 이른바 노점밖에 없었다.[123] 화농이 채소를 판매할 일정한 장소가 없어 불편한 것에 착목하면서 인천부 신정의 화교 진덕흥(陳德興) 소유의 건물에서 채소를 판매한 것이 신정 채소시장의 시작이었다.[124]

1912년 부인지역에 화농의 인천농업공의회(仁川農業公議會)가 생기자 이 단체가 이 건물을 채소시장 건물로서 관리했다. 1923년 채소시장에 출점하는 화농은 성수기에 70호, 동계에 약 20호에 달했다.[125] 인천농업공의회는 1923년

---

121) "인천 야채 상황 토산은 대개 중국인의 손으로", 《동아일보》, 1924.4.20.

122) 朝鮮總督府(1924c), 『朝鮮の市場』, 朝鮮總督府, 299~301쪽.

123) 恩田鐵彌(1909), 앞의 자료, 4쪽.

124) 駐淸津 領事館 張義信이 駐朝鮮 總領事館에 보낸 공문(1930.7.3), 「仁川農會糾紛案」, 『駐韓使館保存檔案』(동 03-47-192-03).

125) "인천 야채 상황 토산은 대개 중국인의 손으로", 《동아일보》, 1924.4.20.

경 징수한 회비에서 신정 채소시장에 월 50원, 내리의 채소시장에 25원을 각각 건물 소유주에게 지불했다.[126] 또한 공의회는 1912년 약 130호의 화농으로 시작되었지만 1929년에는 약 200호로 증가, 공의회의 간부는 이사 1명, 평의원 9명, 각 지역별로 조장(組長)을 두고 각 화농을 관리했다.[127] 회원의 회비는 1912년 월 0.6원, 1913년 0.8원, 1914년부터 1원, 1926년부터 1.2원, 1929년 1월부터 10월까지 1원이었다.[128]

이 채소시장을 통한 부인지역의 화농 생산의 채소 판매상황은 인천상업회의소(仁川商業會議所)의 조사에 의하면 1923년 1년간 신정과 내리의 채소시장에서 판매된 채소는 5만 1,439원이었다.[129] 판매된 채소는 무 8,160원, 고구마 5,760원, 배추 5,500원, 파 5,000원, 가지 4,500원, 참외 및 호박 4,400원, 오이 3,750원, 미즈나(水菜) 3,900원, 양배추 2,500원, 우엉 1,650원, 토란 1,050원, 진국(眞菊) 1,000원, 시금치 720원이었다. 이 판매액 가운데 일본인 및 조선인 농가가 화교 채소상을 통해 위탁 판매된 금액은 2,500원(전체의 4%)에 지나지 않았고, 96%가 화농 생산의 채소였다.

또한 신정시장에서 판매된 채소는 무, 배추뿐 아니라 일본인이 좋아하는 파, 가지, 호박, 오이, 우엉 등의 채소도 많았다는 것에 주의를 요한다. 당시 조선 내 자급자족이 가능한 채소는 배추, 미나리, 참외, 백과(白瓜), 마늘, 강낭콩, 자소(紫蘇), 쑥갓나물, 고추의 아홉 종류에 지나지 않았으며,[130] 화농이 재배하는 채소는 조선에서 공급부족의 채소가 많았던 것이다.

---

126) 朝鮮總督府(1924a), 앞의 자료, 110쪽.

127) 仁川中華農業公議會董事 王承詡이 駐朝鮮 總領事에 보낸 공문(1930.6.25), 앞의 당안, 동 03-47-192-03.

128) 仁川中華農會執行委員會가 駐朝鮮 總領事에 보낸 공문(1931.10.2), 「仁川農會改造及賑捐」, 『駐韓使館保存檔案』(동 03-47-205-01).

129) "인천 야채 상황 토산은 대개 중국인의 손으로", 《동아일보》, 1924.4.20; 朝鮮總督府(1924a), 앞의 자료, 110~112쪽. 이 매상액은 대량 거래의 구입액을 대략적으로 계산한 것이다. 도매와 소매를 합계한 금액은 이 금액을 상회하는 6만 2,790원에 달했다.

130) 小林林藏(1936.8), "京城人の嗜好から見た蔬菜と果實", 《조선농회보(朝鮮農會報)》(1936년 8월호), 朝鮮農會, 50쪽.

〈그림 12-2〉 화교 행상이 채소를 판매하는 모습

출처: 朝鮮總督府(1932a), 사진 126쪽.

그런데 인천 및 그 부근에 거주하는 화농이 생산하는 채소의 금액은 8~10만 원에 달했지만 신정시장에서 판매되는 것 외에는 경성, 부산, 대구, 평양 방면에 2만 5,000~3만 원, 일본 2~3만 원, 선박용 7,000원, 합계 5만 2,000~6만 7,000원이 다른 지역으로 이출되었다.[131] 즉, 인천 및 그 부근 거주 화농이 재배한 채소는 조선 내 및 일본까지 이출 혹은 수출된 것이다.

인천농업공의회와 같은 조직은 원산부에도 있었다. 주원산 부영사관은 원산부의 화농 생산의 채소가 일본인 상인에 의해 판매가 조종당하는 상황을 개선하고 화농의 이익을 보호하기 위해 원산부윤과 협의하여 경정공설시장(京町公設市場)에 100여 평의 구획을 설정, 오로지 화농 생산의 채소를 판매할 수 있도록 요청, 고토(後藤) 부윤으로부터 허가를 받아냈다.[132] 주원산 부영사관과 국민당 원산지부는 이 판매소의 운영을 위해 1933년 9월 원산화교야채판매사

---

131) 朝鮮總督府(1924a), 앞의 자료, 112~113쪽.

132) 駐元山副領事館報告(1935.3.9),「元山僑務之槪要」,『南京國民政府外交部公報』第8卷 第3號(복각판, 中國第二歷史檔案館 編(1990),『南京國民政府外交部公報』, 江蘇古籍出版社, 76~77쪽).

(元山華僑野菜販賣社)를 설립했다. 이 판매사는 1935년 초 화농 86호와 직원 11명으로 구성되었다. 연간 회비는 인천농업공의회와 같이 일률적으로 받지 않고 5등급으로 나눠 징수했다.

진남포부의 경우, 화교 농경업주 4명이 상설시장의 일부를 빌려 채소를 판매한 외에, 조선의 재래시장에 판매하는 농경업주는 하루 평균 70명에 달할 정도로 많았다.[133] 경성부의 경우 부내와 고양군, 시흥군의 화교 농경업주는 욱정(旭町)의 경성식량품시장(京城食糧品市場) 및 남대문시장에 채소를 반입하여, 1923년경 성수기에는 매일 약 50명, 비성수기에는 약 20명이 연간 5만여 원의 채소를 판매했다.[134]

그러나 화농의 채소 판매는 조선 전체로서는 상설시장을 통한 판매보다도 화교 행상에 의한 판매가 보다 일반적으로 "조선 내 채소행상 중 단연 우세를 점하여 거의 독점 상태"에 있었다.[135] 행상에는 화농이 재배한 채소를 직접 행상하는 경우와 화교 전문 행상이 화농 등으로부터 채소를 매입하여 행상하는 두 가지 형태가 있었다. 또한 후자의 행상은 개인적으로 판매하는 소규모의 행상과 "자기의 점포를 가지고 소액 출자자 또는 점원으로서 소매에 종사하는" 행상이 있었다.[136]

자기의 점포를 가진 화교 채소과일판매업주는 조선 내에 1930년 486명(호)가 있었으며 조선인 6,216호에는 훨씬 미치지 못하지만 일본인 246호를 상회했다.[137] 경성부에는 화교채소과일판매업주가 64호(경성부 전체의 8.8%), 일본인 26호(동 3.6%), 조선인 641호,[138] 인천부에는 화교 38호(인천부 전체의 36%),

133) 朝鮮總督府(1924a), 앞의 자료, 172쪽.
134) 朝鮮總督府(1924a), 앞의 자료, 68~69쪽.
135) 文定昌(1941), 『朝鮮の市場』, 日本評論社, 114쪽.
136) 京城商業會議所(1926.7), "調査 朝鮮の對支經濟關係槪況", 《조선경제잡지(朝鮮經濟雜誌)》(1926년 7월호), 京城商業會議所, 8쪽.
137) 朝鮮總督府(1934a), 앞의 자료, 258~259쪽.
138) 朝鮮總督府(1932b), 『昭和五年朝鮮國勢調査報告道編 第一卷 京畿道』, 朝鮮總督府, 228~229쪽.

일본인 7호, 조선인 61호였다.[139]

이들 채소 판매업주의 종업원으로 혹은 개인적으로 행상을 하는 화교는 조선 내에 1930년 1,984명에 달해, 조선인 행상보다 적지만 일본인 246명을 훨씬 상회했다. 경기도의 화교 행상은 674명으로 조선 내 화교 행상의 34%를 차지하여 가장 많았고, 이 가운데 경성부가 597명(조선인 1,126명, 일본인 4명), 인천부가 76명(조선인 1,408명, 일본인 16명)이었는데, 특히 경성부에 화교 채소행상이 집중되어 있었다. 경성부의 화교 채소행상은 일본인 및 조선인 상류층을 상대로 채소를 바구니에 넣고 호별 방문을 하여 판매했다.

조선인 수필가인 최이권(崔以權)은 당시 경성의 화교 채소행상에 대해 다음과 같이 서술했다.

> 비가 오거나 바람이 불거나 하루같이 쉬지 않고 부지런하고 충성되게 매일 아침 우리 집을 찾아오는 中國人 야채商이 있다. …… 날마다 무거운 채소 광주리를 메고 와서 한 푼 두 푼 바꾸어 가는 줄만 안다. 그러나 그 밖에도 나는 그에게서 본 바가 있다. 비지땀을 흘려가면서도 손가락이 얼어 터지면서도 하루도 빼지 않고 열심과 부지런함으로 다니며 돈벌이에 재미 붙인 표정을 동전 한 푼이라도 제 힘으로 얻는다. 그것을 貴해하고 아끼는 樣을 그리고 저 하는 일에 힘을 다하여 만족해하면서 조금도 싫증을 내지 않고 도리어 커다란 희망에 웃고 사는 듯한 얼굴을.[140]

이와 같은 화교 채소행상의 증가는 경성 공설시장의 채소 판매액을 감소시킬 정도로 큰 세력을 형성해,[141] 1930년대 초 화교 채소상의 매상액은 20여만 원에 달했다. 이 금액은 경성부내 채소 소비 총액의 약 1할을 차지했다.[142]

---

139) 朝鮮總督府(1932b), 앞의 자료, 248~249쪽.
140) 최이권(1932.7), "중국야채상인", 《동광》(1932년 7월호), 동광사, 67~68쪽.
141) "시장 매상고 격감 중국인 판매인 증가로", 《조선일보》, 1928.12.19.
142) 京城商業會議所(1926.7), 앞의 자료, 8쪽.

요컨대 화농 재배의 채소는 주로 화교 채소 판매망을 통해 원활히 판매되어 화농의 채소 생산을 촉진시키는 역할을 하고 있었다고 말할 수 있다.

5. 맺음말

이 장에서는 화농의 채소재배 실태에 대해 1880년대부터 1920년까지의 시기를 대상으로 경기도를 중심으로 고찰했다. 고찰한 내용을 간단히 정리해보자.

먼저 화농의 채소재배면적, 채소 생산액의 추계를 한 후, 화농은 대도시 및 지방의 중요도시의 채소 공급에서 높은 비중을 차지하고 있다는 점, 그것에 대해 조선인 사회와 조선 거주 일본인은 경계하고 있었다는 것을 밝혔다.

이어 화농이 채소재배에서 상당한 세력을 형성하게 된 원인이 어디에 있는지에 대해 검토했다. 먼저 화교 채소재배의 생성과정 및 화농의 조선 이주 배경에 대해 분석했다. 그 결과, 화농의 채소재배는 일본인 농민보다 빠른 1887년경 인천 부근에서 시작되어 조선 거주 일본인 등 외국인의 인구증가에 따른 채소 수요의 증가와 조선인 농민의 채소 공급 부족이라는 조건하에서 화농의 채소재배가 조선에 확산되었다는 점, 화농은 산동성의 동해안지구 출신자가 많고 연령은 20~40대가 상대적으로 많았다는 점, 이주의 이유는 산동성의 경제적 빈곤이라는 푸시 요인보다도 조선에서 채소재배를 하면 고수익을 올릴 수 있다는 전망, 즉 조선의 풀 요인이 강했다는 것을 지적했다.

그다음은 화농 생산의 채소가 조선 및 조선 거주 일본인 농민이 생산하는 채소보다도 값이 싸고 품질이 우수한 원인에 대해 분석했다. 화농의 채소재배의 특징은 근면함, 풍부한 자연비료의 사용, 집약적인 채소재배, 뛰어난 채소재배 기술, 우량의 중국산 종자의 사용 등에 있다는 것을 해명했다. 또한 화농 생산의 채소는 화교 채소판매 네트워크에 지탱되어 원활히 판매된 것이 화농의 채소재배를 촉진시켰다는 것을 지적했다.

화농 채소재배의 위축

1. 머리말

제12장에서는 화농이 대도시와 지방 주요도시 수요 채소의 공급에서 큰 비중을 차지하고 있는 실태 및 원인에 대해 고찰한바, 이 장에서는 1931년부터 중일전쟁 발발까지의 시기에 화농의 채소재배가 위축된 실태 및 원인에 대해 분석한다.

1920년대 조선 채소 생산액의 연평균 금액(1934~1936년 평균)은 4,112만 원에서 1930~1936년에는 연평균 5,381만 원으로 31% 증가했다.[1] 같은 기간 조선의 농작물 총생산액의 증가율이 20%라는 것을 고려한다면 다른 농작물보다 채소의 생산액 증가율이 높았다는 것을 알 수 있다. 그러나 화농의 채소 생산액은 1930년대 화농의 채소 경작면적이 화농의 감소로 인해 1930년 3,331정보에서 1935년 2,637정보로 약 2할 감소한 것에서(〈표 12-1〉 참조), 채소의 생산액도 그에 상응하여 약 2할 감소한 것으로 추정된다. 그래서 1930년대 화농의 채소재배는 1920년대보다 위축되었다고 보는 것이 타당할 것이다.

---

1) 박섭(2001),「농업성장」,『한국경제성장사』, 서울대학교 출판부, 76쪽.

이 장은 화농의 채소재배가 왜 1930년대에 위축되었는지에 대해 조선총독부 및 지방 당국의 화농에 대한 정책, 1931년 화교배척사건의 영향, 화농 조직내부의 분규, 조선인 농민의 대응을 중심으로 검토한다.

2. 조선총독부의 대응

1) 화농에 대한 단속 강화

조선총독부는 원래 화농의 조선 거주 및 노동을 법률적으로 제한했다. 1910년 8월 29일 공포한 통감부령 제52호에 외국인 노동자에 대해 "지방장관의 허가를 받지 않으면 종전의 거류지 이외에 거주하거나 업무를 할 수 없다"라고 규정하고, 이를 "위반한 자는 100원 이하의 벌금에 처한다"라고 규정했다.[2] 이어 1910년 10월 1일 공포된 조선총독부 제17호의 '1910년 통감부령 제52호 제1항 노동자에 대한 건'에서 노동자를 농업, 어업, 광업, 토목, 건축, 제조, 운반, 인력거, 하역노동, 기타 잡업에 관한 노동에 종사하는 자로 규정하고,[3] 화농은 노동자로 분류되어 통감부령 제52호에 의해 지방장관의 허가를 받지 않으면 구(舊)거류지 이외 지역(내지)에서의 거주 및 채소재배는 인정되지 않았다. 이러한 허가는 1911년 3월 14일 정무총감이 각 해당 지방장관에 하달한 통첩 제30호 '청국인 노동자 내지 거주 허가에 관한 건'에 의해 관할 경찰서가 실시하게 되었다.[4]

그러나 조선총독부는 1920년대 전반까지 중국인 농민과 노동자의 입국을 자유롭게 인정하고 구거류지 이외 지역 화농의 거주 및 채소재배에 대해서는 엄격하게 단속한 기록은 보이지 않는다. 그 이유는 조선총독부가 "조선인의 만

---

2) 한국학문헌연구소 편(1990), 『朝鮮總督府官報』(복각판), 아세아문화사, 26쪽.
3) 安井三吉(2005), 『帝國日本と華僑』, 青木書店, 148쪽.
4) 한국학문헌연구소 편(1990), 앞의 자료, 613쪽.

주 이주 관계로 매우 엄격하게 지나인의 도래를 제한하면 오히려 재만 조선인 압박 등의 보복문제를 야기할 우려가 있다"라고 판단했기 때문이었다.[5]

하지만 1920년대 후반 화농을 비롯한 화공이 급증하여 조선사회에 각종의 사회문제를 야기하자,[6] 조선총독부는 화공에 대해 이전의 사실상의 방임정책에서 "적극적으로 입국의 제한을 단행하면 국제적 분쟁을 일으키기 때문에 단순히 소극적으로 단속을 힘써 실시하는 방침이 훌륭한 계책이다"[7]라고 하여, 통감부령 제52호의 적용을 엄격히 하는 방향으로 전환했다. 그 결과, 화농의 거주 및 노동의 허가를 둘러싸고 당국과 화농 간에 마찰이 잇따라 발생했다. 다음에서 그 대표적인 사례를 들어보도록 한다.

첫째, 충청남도 강경의 사례이다. 강경에는 1928년 화농 농경업주 10호, 농부 등을 포함한 농민 약 60명이 거주했다. 강경경찰서는 1928년 6월 1일 갑자기 화농 농경업주에게 호당 2명의 농부의 체류를 허가하고 그 이외의 인원은 모두 퇴거하도록 명령을 내렸다. 강경중화상회(江景中華商會)는 이 사실을 경성중화총상회를 통해 주조선 총영사관에 진정했다.[8] 이 안건에 관한 조선총독부 총무과장의 문의에 대해 경무국장은 "올봄 이래 갑자기 지나인의 무허가 노동자가 다수 쇄도해 그 인원은 44명에 달했다. 이에 허가기한이 만료된 자를 더하면 총 48명에 달해 빨리 절차를 밟아 주기를 간절히 타일렀다"라고 한다. 이러한 요청에 응하여 거주 및 노동의 허가 기간이 만료된 화교 농부 19명과 화농 농경업주 4명은 신청을 했는데, 강경경찰서는 "사정이 참으로 어쩔 수 없

---

5) 朝鮮總督府警務局(1933), 『最近に於ける朝鮮治安狀況-昭和八年-』(복각판), 巖南堂書店, 1978, 188~189쪽.

6) 그러한 사례에 대해서는 다음의 논문을 참조 바람. 松田利彦(2002), 「近代朝鮮における 山東出身華僑: 植民地期における朝鮮總督府の對華僑政策と朝鮮人の華僑への反應を中心に」, 『東アジアと「半島空間」: 山東半島と遼東半島』, 思文閣出版, 89~93쪽.

7) 朝鮮總督府外事課(1933), 「中國人勞動者使用制限ニ關スル說明」, 『昭和八年 第65回帝國議會說明資料』(복각판, 『朝鮮總督府帝國議會說明資料』 제1권, 不二出版, 1994, 9쪽).

8) 駐朝鮮 領事館이 朝鮮總督府 總務課에 보낸 공문(1928.6.2), 『昭和三年 領事館往復』, 국가기록원소장.

는 것으로 인정하여 전원 허가한 상황"이라고 답했다.[9]

또한 경무국장은 강경의 화농을 단속한 다른 이유로서, "지나인 재배의 채소를 구입하는 자는 충남 관하의 내지인이 대부분이며 강경은 조선인 이외 내지인 300여 호의 작은 도읍에 지나지 않는다. …… 재배업자 1명당 내지인 호수는 단지 10여 호이다. …… 지나인 동업자의 생활에 곤란을 발생시킬 뿐 아니라 지나인 간의 반목을 초래하는 것을 우려"한 것을 들었다.[10] 경무국장은 화농을 배려하여 취한 조치로 해석했지만 그보다는 강경의 채소 공급을 독점하고 있던 화농에 대한 경계가 배경에 있었던 것으로 보인다.

둘째, 경기도 수원군의 사례이다. 수원군 일형면(日荊面) 영화리(迎華里) 거주 화농 농경업주인 강문환(姜文煥, 35세, 산동성 모평현 출신)은 7년간 매년 약 900평의 경지에서 채소재배를 했다. 그는 화교 농부 6명을 고용하고 1931년 봄에는 1명을 더 고용했다. 1930년 겨울 고향에 귀국할 때 수원경찰서는 거주허가증을 반납하고 이듬해 봄 재입국할 때 다시 영수하도록 지시했다. 그러나 그가 본국에서 돌아온 3월 수원경찰서에 허가를 신청하자, 동 경찰서는 거주허가증을 발급하지 않았을 뿐 아니라 그에게 허가증이 없으면 거주 및 채소재배를 인정할 수 없다고 전달했다.[11]

셋째, 강원도 철원군의 사례이다. 1931년 철원군 거주의 화농 약 60명 가운

---

9) 警務局長이 總務課長에게 보낸 공문(1928.6.22), 「江景在留支那人野菜栽培業者人數制限ニ關スル件」, 『昭和三年 領事館往復』, 국가기록원소장. 똑같은 내용을 담은 공문을 총무과장이 1928년 6월 29일자로 주조선 총영사인 왕수선(王守善)에게 보냈다(총무과장이 주조선 총영사 왕수선에게 보낸 공문(1928.6.29), 「江景在留支那人野菜栽培業者人數制限ニ關スル件」, 앞의 자료).

10) 警務局長이 總務課長에게 보낸 공문(1928.6.22), 「江景在留支那人野菜栽培業者人數制限ニ關スル件」, 앞의 자료.

11) 駐朝鮮總領事館副領事季達이 朝鮮總督府官房外事課長穗積眞六郎에 보낸 공문(1931.6.13), 『昭和四·五·六·七年 各國領事館往復』, 국가기록원소장. 이 사료는 강문환이 주조선 총영사관에 보낸 탄원서를 외사과가 번역한 것이다. 강문환은 이 탄원서를 5월 18일자로 작성했다. 총영사관이 이 탄원서를 외사과에 첨부하여 선처를 부탁하는 공문을 보낸 것은 1931년 6월 13일이었다.

데 거주허가를 받지 않은 농민이 철원경찰서에 허가증을 신청했지만 허가가 나지 않았다.[12] 게다가 이미 거주허가를 받은 화농이 기간 만료 때문에 갱신을 신청했지만 허가증이 발급되지 않았다. 해당 화농은 당지의 경찰로부터 고문, 구타, 구금을 당하거나 쫓겨났다. 경기도의 "개성 방면에도 완전히 같은 압박, 퇴거의 불행에 처한 자 이외 구류, 벌금 등의 형벌을 받은 자는 기능공 우봉각(牛鳳閣) 이하 14명에 달했다"[13]라고 한다.

넷째, 구(舊)거류지인 인천부에도 당국은 화교에 대해 단속을 강화했다. 인천경찰서는 1928년 11월 20일 산동성 등주부 영성현 출신의 주말공(周末恭, 18세)에 대해 거주 불허가의 조치를 취했는데도 그가 11월 25일까지 인천부 화정(花町)에 거주하고 있는 것이 발각되자 20원의 벌금을 부과했다.[14] 이어 1928년 12월 21일 경기도지사 및 인천경찰서가 인천부 지나정 이외 지역에 거주하는 화교 100명에 대해 거주 불허가의 처분을 내렸다.[15] 1931년 6월 구거류지의 "인천 방면에서조차 압박, 퇴거를 하지 않을 수 없는 자를 제외한 구류, 벌금 등의 처벌을 받은 자는 필준영(畢俊榮) 이하 18명에 달했다"[16]고 한다.

이상과 같이 조선총독부 및 지방 당국은 1920년대 후반부터 1930년대 초에 걸쳐 화농의 거주 및 노동허가에 대해 통감부령 제52호를 엄격히 적용하여 허가하지 않거나 제52호를 위반한 자에 대해서는 벌금형, 구류 등의 처분을 한 사례가 잇따라 발생했다. 그 배경에는 화농을 비롯한 화공의 증가로 인한 사회 문제가 있었지만, 제12장에서 검토한 대로 대도시의 채소 공급에서 화농의 역

12) 駐朝鮮 總領事館 副領事 季達이 朝鮮總督府 官房外事課長 穗積眞六郎에게 보낸 공문 (1931.6.13), 앞의 자료.
13) 駐朝鮮 總領事館副領事 季達이 朝鮮總督府 官房外事課長 穗積眞六郎에게 보낸 공문 (1931.6.13), 앞의 자료.
14) "억지 거주에 벌금", 《동아일보》, 1928.12.16.
15) "인천 재류 중국인 백여명에게 거주 불허", 《조선일보》, 1928.12.23; "苦力 거주 제한으로 중국영사관 항의", 《동아일보》, 1928.12.24.
16) 駐朝鮮 總領事館副領事 季達이 朝鮮總督府 官房外事課長 穗積眞六郎에게 보낸 공문 (1931.6.13), 앞의 자료.

할이 매우 큰 것에 대한 경계심이 작용한 것으로 보인다. 예를 들면, 조선농회 발행의 《조선농회보》는 1930년 8월호 권두언에 "지나인 채소업자를 구축해야 한다"라는 제목의 사설을 게재하여, 화농 채소재배의 실태를 소개하면서 화농을 몰아내기 위한 조선인 농민의 분발을 촉구했다.[17]

그러나 조선총독부의 화농에 대한 단속강화는 경성부에 인접한 경기도·충청남도·강원도 등 3개도에 한정되어, 다른 도에서는 주조선 총영사관에 같은 사례가 보고된 것이 없기 때문에 전국적으로 실시된 것은 아닌 것으로 보인다. 〈표 12-1〉을 보면, 1920년대 후반 단속강화가 없는데도 1930년 화농의 호수 및 인구는 1925년에 비해 각각 63%, 89%의 증가를 보였기 때문이다. 화농의 호수 및 인구가 감소로 전환된 것은 후술하는 1931년 화교배척사건의 영향이며, 이것은 조선총독부의 화농에 대한 단속강화의 효과가 한정적이었다는 것을 시사한다.

조선총독부가 만주 거주 조선인 및 조선인의 만주 이주를 고려하여 자제해 온 중국인에 대해 '적극적으로 입국의 제한'을 실시한 것은 만주국 성립 후인 1934년 9월부터였다. 조선총독부는 입국하는 모든 중국인에 대해 제시금 100원 이상을 소지하지 않은 자, 취직처가 확실하지 않는 자에 대해 입국을 금지했다.[18] 1937년 2월 산동성에서 조선에 이주한 진유광(秦裕光)은 제시금 100원에 대해 "호떡 1개가 2전, 밀가루 1포대가 50전하는 때 100원은 큰돈이었다"라고 말해,[19] 화농으로서 100원을 지참하고 조선에 이주하는 것은 큰 부담이었을 것으로 짐작할 수 있다. 주부산 영사관도 이 제시금제도가 화농을 비롯한 화공의 조선 이주를 크게 제약한다고 지적하는 등,[20] 이는 화농의 조선 이주를 제한하

---

17) 朝鮮農會(1930.8), "卷頭言 支那人蔬菜業者を驅逐すべし", 《조선농회보(朝鮮農會報)》 (1930년 8월호), 朝鮮農會, 1쪽.

18) "중국 苦力 입국 단속 9월부터는 실시", 《동아일보》, 1934.8.21.

19) 진유광(1979.11.15), "만취동", 《중앙일보》, 1979.11.15.

20) 駐釜山領事館報告(1936.1), 「旅鮮華工人數及其工銀槪況及人數逐見減少之原因」, 『南京國民政府外交部公報』 第9卷 第1號(복각판, 中國第二歷史檔案館 編(1990), 『南京國民政府外交部公報』, 江蘇古籍出版社, 442~443쪽).

는 제도였음에 틀림없다.

2) 인천부청의 신정 채소시장 운영 개입

여기서는 지방 당국이 화농 및 채소상에 대해 어떻게 대처했는지 인천부 신
정의 채소시장을 사례로 들어 살펴보자.

인천농업공의회가 부인지역(富仁地域)의 화농 생산 채소를 독점적으로 판매
하던 인천부 신정(新町)의 채소시장에 대해 인천부청은 정책적인 개입을 강화
했다. 인천부청은 부인지역의 화농과 채소시장이 1920년대 전반 번성하는 것
에 자극받아, 채소시장이 공식적인 시장이 아니기 때문에 감독 및 단속에 문제
가 있다고 판단했다.[21] 그래서 1924년 12월 채소시장을 공설시장으로 만들기
위해 개인 소유 채소시장의 건물을 구매하는 교섭에 들어갔다.[22] 결국, 이 채
소시장의 건물은 1925년 인천부의 소유로 귀속되어 인천부청은 1926년 이 채
소시장을 채소와 생선의 공설일용품시장(公設日用品市場)으로 하는 방침을 정
했다. 이에 대해 인천농업공의회는 채소시장을 공설시장화하면 기존의 권익
을 빼앗기기 쉽다고 격렬하게 반발했다. 주(駐)인천 영사관은 관원을 부청에
파견하여 교섭한 결과, 채소시장의 행정권 행사를 인천부청에 이양하는 대신,
신정 채소시장의 20구획 판매자판을 화교에 부여하는 것에 합의했다.[23] 이에
따라 신정 채소시장은 1927년 3월부터 인천부의 공설시장이 되었다.[24] 즉, 인

---

21) 朝鮮總督府(1924c), 『朝鮮の市場』, 朝鮮總督府, 301쪽.

22) "인천부의 공설시장", 《동아일보》, 1924.12.3. 공설시장은 일반 서민이 물가폭등으로
발생하는 생활고를 완화하기 위해 부영(府營) 및 면영(面營)으로 설치된 시장이다. 조선
총독부의 시장규칙에 의하면, 공설시장은 제2호 시장에 속하며, 1932년 말 조선에 18개
소가 있었으며, 연간 매매 거래액은 923만 원이었다(朝鮮總督府(1933f), 『朝鮮の産業』,
朝鮮總督府, 98쪽).

23) 駐仁川 辦事處暫代主任 張義信이 駐朝鮮 總領事에 보낸 공문(1932.4.5), 「仁川公設市場
之菜類販賣權」, 『駐韓使館保存檔案』(동 03-47-218-02).

24) "仁川野菜市場の起源", 《조선마이니치신문(朝鮮每日新聞)》, 1929.12.7.

천농업공의회는 신정 채소시장을 공설시장화하는 것을 받아들이는 대신 인천부청으로부터 판매 독점권을 보장받은 것이다.

1927년 7월 1일 공포된 공설일용품시장사용조례(公設日用品市場使用條例)에 의하면 이 공설시장 가운데 제2시장인 채소시장의 사용료는 1구획당 1개월 6.5원 이내, 생선시장은 5.5원 이내로 정해,[25] 화교 채소상의 납부액은 약 6원이 되었다.[26] 또한 인천부청은 공설 채소시장의 판매허가증을 인천농업공의회를 통해 발급받아 사실상 공의회에 의해 위탁 운영되었다.[27] 그래서 신정 채소시장은 공설시장이 되었음에도 부인지역의 조선인 및 일본인 농민은 생산한 채소를 이 시장의 화교 채소상에 판매하지 않을 수 없었다.

하지만 인천부의 일본인 및 조선인은 1932년 1월 화교에 의한 채소의 독점 생산과 판매를 재검토, 조선인 및 일본인에게도 공설 채소시장에 문호를 개방하여 기회 균등을 도모하도록 인천부청에 건의했다.[28] 이와 같은 움직임의 배경에는 1931년 화교배척사건 및 만주사변에 의한 채소 가격의 급등이 있었다. 두 사건으로 부인지역의 화농 농경업주 240호 가운데 3분의 2가 귀국하자 그들이 인천지역 채소 수요의 상당부분을 공급해온 만큼 일시적인 공급부족으로 채소 가격이 급등, 부민의 불만이 높았다.[29]

또한 채소재배를 하는 일본인 및 조선인 농민은 이 공설시장의 화교 채소상에 도매로 판매해왔지만 화교 채소상이 결속하여 자신들의 채소를 싸게 매입하여 비싸게 소매로 판매하고 있다고 인식, 이 시장의 판매권을 장악하고 있는

25) 駐仁川 辦事處暫代主任 張義信이 駐朝鮮總領事에 보낸 공문(1932.7.12), 「仁川公設市場之菜類販賣權」, 『駐韓使館保存檔案』(동 03-47-218-02).
26) 駐仁川 辦事處暫代主任 張義信이 駐朝鮮總領事에 보낸 공문(1932.4.5), 「仁川公設市場之菜類販賣權」, 『駐韓使館保存檔案』(동 03-47-218-02).
27) 仁川中華農業公議會 會員代表 于本海가 駐朝鮮 總領事에 보낸 공문(1932.7.4), 「仁川農會糾紛案」, 『駐韓使館保存檔案』(동 03-47-192-03).
28) "소채의 생산과 독점 판매 불가", 《조선일보》, 1932.1.16.
29) "仁川に今度は野菜合戦　支那人野菜賣の橫暴を鳴して起つ富仁の内鮮人組合をつくり小賣權の獲得運動", 《경성일보(京城日報)》, 1932.3.20.

화교에 대해 뿌리 깊은 불만을 품고 있었다. 또 하나는 일본인과 조선인의 공설시장 판매를 연구해온 요시키 사노스케(吉木佐助)가 "지금 상해사건(上海事件) 등으로 지나인 절반 이상이 줄어들어 좋은 기회라 생각된다"[30]라고 말한 것처럼 화농의 상당수가 귀국한 틈을 이용하려는 의도가 엿보인다.

일본인을 중심으로 한 그룹은 공설 채소시장의 소매 판매권을 획득하기 위해 1932년 3월 부인소채조합(富仁蔬菜組合)을 설립했다. 이 조합의 간부는 "부당국이 국비로 완비된 소매시장을 설립하면서 자국민에게 판매권을 인정하지 않고 외국인에게 독점권을 부여하는 것은 우리나라의 치욕이기 때문에 이번에 들고 일어나기에 이르렀다"[31]라며, 이 간부는 1932년 3월 18일 인천부윤을 방문하여 진정서를 제출했다.

이와 같은 진정서를 접수한 인천부청은 제2공설시장에서 화교 채소상이 독점적으로 판매하는 것을 시정하려는 계획을 세웠지만, 주인천 판사처 및 화농의 반발을 우려하여 비밀리에 추진했다. 인천부청은 진정서를 접수한 후 인천부협의회(仁川府協議會)에서 논의를 진행, 이 시장에 대한 새로운 운영방침은 4월에 정해졌다. 즉, 일본인 경영의 조선물산회사(朝鮮物産會社, 인천부청 인정의 특권회사)에 이 시장의 운영을 위탁할 것, 이 시장을 기존의 72평에서 183평으로 확장하여 기존의 20구획에서 30구획으로 판매자판을 증가시켜 화교에 15구획, 일본인과 조선인 합해 15구획의 판매자판을 허가하는 것이 골자였다. 또한 부인지역 농민생산의 채소는 공설시장의 판매원에게 직접 매매하는 것을 금지하고 조선물산회사를 통해 판매하도록 했다.[32] 화농 및 화교 채소상은 판매자판이 기존의 20구획에서 15구획으로 감소하는 점과 조선물산회사에 운영권을 빼앗긴다는 점에서 기존의 권리가 명박하게 침해된다며 반발하고 나섰다.

---

30) "各別に販賣所是非共必要吉木氏の話", 《경성일보(京城日報)》, 1932.3.20.
31) "仁川に今度は野菜合戰　支那人野菜賣の橫暴を鳴して起つ富仁の內鮮人組合をつくり小賣權の獲得運動", 《경성일보(京城日報)》, 1932.3.20.
32) 駐仁川 辦事處暫代主任 張義信이 駐朝鮮總領事에 보낸 공문(1932.4.5), 「仁川公設市場之菜類販賣權」, 『駐韓使館保存檔案』(동 03-47-218-02).

주인천 판사처 주임인 장의신(張義信)은 화농의 기득권 보호를 위해 인천부
윤을 방문하여 협의를 진행했다. 장의신 주임은 인천부청의 계획에 대해 "우리
국민의 기득권을 침해한다"라며 항의했지만, 인천부윤은 "부협의회 및 부민 대
중의 뜻"이라고 거절했다.[33] 결국 이 시장의 운영은 1932년 7월 대략 위와 같
은 계획대로 결정되었다. 그러나 이 시장의 판매원은 화교 15명, 일본인과 조
선인을 합해 16명이 되어 일본인과 조선인이 화교보다 1명 더 많았다.[34] 또한
이 시장의 판매인조합(販賣人組合)이 1932년 8월 조직되었지만 5명의 임원 가
운데 일본인 2명이 조합장과 간사, 조선인 1명이 간사, 화교 판매원인 우본해
(于本海)는 부조합장, 우수악(于壽岳)은 간사로 선출되었다.[35] 판매인조합에서
도 화교가 수적으로 열세에 처한 것이다.

하지만 인천부청이 정책적으로 조선인 및 일본인 채소상을 지원했음에도
화교 채소상 15명의 판매실적은 조선인 및 일본인 채소상 16명의 실적을 훨씬
상회했다. 1932년 7월 1일부터 1주간, 이 시장의 채소 판매액 가운데 화교 채
소상이 전체의 7할, 조선인 및 일본인 채소상이 3할을 차지, 인천부청은 의도
한 결과가 나오지 않자 매우 실망했다.[36] 《매일신보》 기사는 그 원인으로, ①
화교 채소상은 상품이 풍부하다는 점, ② 소비자 가운데 화농 생산의 채소가
값이 싸다는 선입관이 있다는 점, ③ 화교 채소상은 상술이 뛰어나 자금이 윤
택하다는 점 등 세 가지를 들었다.[37]

33) 駐仁川 辦事處暫代主任 張義信이 駐朝鮮總領事에 보낸 공문(1932.7.7), 「仁川公設市場之
菜類販賣權」, 『駐韓使館保存檔案』(동 03-47-218-02). 이 내용은 이 공문에 첨부된 '與仁
川府尹交涉談話摘要'에 기재되어 있다.
34) 駐仁川 辦事處暫代主任 張義信이 駐朝鮮總領事에 보낸 회답 공문(1932.7.12), 「仁川公設
市場之菜類販賣權」, 『駐韓使館保存檔案』(동 03-47-218-02). 1932년 7월 1일자 신문에는
화교 15명, 일본인 8명, 조선인 7명(총 15명)으로 나와 있다("仁川府の野菜市場支那人の
獨占を改む", 《조선신문(朝鮮新聞)》, 1932.7.1). 그런데 일본인과 조선인이 갑자기 총
16명으로 바뀐 이유는 분명하지 않다.
35) 駐仁川 辦事處暫代主任 張義信이 駐朝鮮總領事에 보낸 회답 공문(1932.8.27), 「仁川公設
市場之菜類販賣權」, 『駐韓使館保存檔案』(동 03-47-218-02).
36) "중국인 야채상을 이기기 힘들다", 《매일신보》, 1932.7.9.

요컨대, 화농 및 채소상은 공설 채소시장의 운영권이 일본인 경영의 조선물산회사에 이양되었을 뿐 아니라 판매자판도 이전의 20구획에서 15구획으로 줄어들었지만, 이 시장에서의 화농 및 채소상의 독점적인 판매의 지위는 무너졌다고 해도 화교 채소상의 판매는 여전히 높은 비중을 유지하고 있었던 것이다.

3. 1931년 화교배척사건의 영향

화농의 채소재배 및 판매에 결정적인 타격을 준 것은 1931년 화교배척사건이었지만 이 사건은 이미 1927년에도 발생했다. 만주 거주 조선인에 대한 중국인 및 중국 관헌의 압박이 강해지는 가운데 조선의 각 신문이 조선인 압박의 기사를 보도하자 조선인에 의한 화교배척사건이 각지에서 발생했다. 특히 1927년 12월 7일 전라북도 이리에서 조선인이 화상에 대해 폐점 및 퇴거를 압박하면서 주택 및 점포에 투석한 것을 시작으로 화교에 대한 습격사건은 경기도 등지로 확대되었다. 조선총독부 경무국의 조사에 의하면, 12월 7일부터 25일까지 조선 내 발생한 화교배척사건은 총 702건으로 이 가운데 집단폭행을 동반한 사건은 87건, 인적 피해는 사망 2명, 중상 11명, 경상 54명, 물적 피해는 약 1만 원에 달했다. 이 가운데 경기도의 화교배척사건은 255건(조선 내의 36%), 집단폭행을 동반한 사건은 13건(동 15%), 인적 피해는 중상 1명, 경상 25명이었다.[38] 화교의 물적 피해는 인천지역이 3,665원으로 조선 내의 37%를 차지하여 피해가 많은 지역으로 꼽혔다.[39]

경기도의 화교 피해자 가운데 농민은 적지 않았다. 예를 들면, 조선인 5명이

---

37) "중국인 야채상을 이기기 힘들다", 《매일신보》, 1932.7.9.
38) 朝鮮總督府警務局(1927.12), 『昭和二年在留支那人排斥事件狀況』, 朝鮮總督府, 2쪽.
39) 이 사건으로 검거된 조선인은 184명, 즉결 인원 61명, 사건 송치 28명, 훈계방면 58명이었다(京畿道警察部(1928.5), 『治安槪況』, 京畿道警察部(복각판, 朴慶植 編(1989)), 『朝鮮問題資料叢書第十一卷 日本植民地下の朝鮮思想狀況』, アジア問題研究所, 115쪽).

〈표 13-1〉 1927년 화교배척사건에 의한 부인지역 거주 화농의 피해상황

피해자	거주지	피해액
인적 피해		
장학보(張學普)	인천부 상인천역앞	입원비 30원·휴양기간손실 230.4원
담성의(譚成義)	인천부 화정(花町)	의약비 5. □ 원
필서공(畢序公)	부천군 송현리(松峴里)	의약비 9.9원
물적 피해		
여지모(呂之謀)	인천부 북화수리(北花水里)	36.40원
이균능(李均能)	부천군 다주면 용정리(龍亭里)	98.45원
송광태(宋光泰)	동 사충리(士忠里)	57.80원
곡덕은(曲德恩)	동 향인리(向仁里)	25.55원
궁주오(宮住奧)	동 향인리(向仁里)	32.24원
장륙관(張毓寬)	동 사충리(士忠里)	157.59원
임기명(林基明)	동 장의리(長義里)	20.40원
왕주헌(王住憲)	동 용정리(龍亭里)	21.20원
왕덕화(王德和)	동 용정리(龍亭里)	13.05원
왕의후(王義厚)	부천군 남동면(南洞面) 의수리(義壽里)	41.95원

출처: 駐仁川 領事가 駐朝鮮 總領事에 보낸 공문(1928), 「仁川鮮人暴動華人被害報告書」, 『駐韓使館保存檔案』(동 03-47-168-01).

1927년 12월 13일 고양군 아현리에 화농 가옥을 습격하여 퇴거를 강요한 사건, 15일에 조선인 주민 10명이 부천군 다주면 사충리의 화농 유동강(兪東江)을 습격하여 폭행한 사건, 같은 15일 조선인 주민 5명이 다주면 용정리에서 화농인 곡기(曲棋)를 습격하고 그가 집으로 도망하자 주택을 방화한 사건이 있었다.[40]

주인천 영사관 및 인천중화총상회의 피해조사에 의하면, 앞에서 언급한 경무국 조사에 나오지 않는 부인지역 화농 및 그들의 가옥 피해도 확인된다. 〈표 13-1〉과 같이 부인지역 화농인 장학보(張學普), 담성의(譚成義), 필서공(畢序公)은 폭행을 당해 입원했다. 화농 농경업주가 집중되어 있는 부천군 다주면 및 남동면, 인천부내의 10호의 화농 및 그들의 채소밭이 습격을 받아 채소종자,

---

40) 朝鮮總督府警務局(1927.12), 앞의 자료, 6~7쪽.

식량, 농기구 등이 도난당해 504.63원의 물적 피해를 입었다.

그러나 부인지역의 화교배척사건은 화농 농경업주 및 화농 대부분 본국에 일시 귀국한 시기에 발생해 화교 직물상 및 잡화상과 같이 큰 피해는 입지 않았다. 또한 조선총독부 당국이 "즉시 응원 경찰관을 급파하여 충분히 철저한 경계를 펼쳤기 때문에 수일 이내에 평상대로 회복되었다"라는 영향도 있었던 것으로 보인다.[41]

하지만 1931년 화교배척사건은 1927년 사건과 비교가 되지 않을 정도로 화농 및 채소상에 막대한 타격을 주었다. 경기도의 화농 및 채소행상의 피해를 정리한 것이 〈표 13-2〉이다.

〈표 13-2〉와 같이 경기도에서만 화농 1명이 피살되었고, 습격을 받아 중경상을 입은 화농 및 채소상이 약 20명, 화농 주택 방화가 5건 발생했다. 또한 조선총독부가 파악하지 못한 화농의 피해도 여기저기 확인된다. 7월 3일 오전 9시 30분경 율목리 거주 지진덕(芝進德)이 인천부 산근정(山根町)에서, 신정의 채소상 강 모(姜某)에 고용되어 있던 초작차(初作借)가 화정(花町)에서 폭도 10여 명에게 구타를 당했다. 5일 오전에는 고양군 용강면(龍江面) 동막상리(東幕上里)의 화농 주택이 절반 불탄 사건도 있었다.[42] 즉, 당국이 파악하지 못한 화농의 피해도 있어 실제 피해상황은 〈표 13-2〉보다 더 많았을 것이다.

경기도의 화교 농민 피해액은 분명하지 않다. 다만, 주조선 총영사관의 조사에 의하면 경성부의 화교 농민의 직접 손실액은 9만 3,446원, 간접 손실액은 3만 8,848.2원, 인천지역은 농민을 비롯한 모든 화교의 손실액은 약 9만 원으로 추정되었다.[43]

부인지역의 화농은 1931년 화교배척사건으로 피해를 입은 데다 설상가상으로 만주사변의 발발로 다수가 본국으로 귀국했다. 그 결과 부인지역의 화농 호

41) 京畿道警察部(1928.5), 앞의 자료, 112쪽.
42) 본지기자(1931.7), 앞의 기사, 65쪽.
43) 駐朝鮮總領事館(1931.9), 「韓民排華暴動案(三)」, 『駐朝鮮使館檔案』(동 03-47-205-13).
   경성부 화농의 손실액 가운데는 화공의 손실액이 일부 포함되어 있음.

<표 13-2> 1931년 화교배척사건으로 인한 경기도 거주 화농의 피해상황

	월·일·시	피해자	피해장소	피해상황
경성지역	7.3, 02.00	농민 2명	고양군 신당리	채소 리어카를 끌고 경성으로 가던 중 조선인 2명에게 구타당함
	7.3, 18.30	농민 2명	경성부 서대문정 아현리	채소밭에서 작업 중 40~50명의 조선인으로부터 폭행 당함
	7.3, 22.00	채소상 3명	고양군 용강면동 막하리	아현리에서 조선인 7명으로부터 구타를 당함
	7.3	손진경(孫進慶)	경성부 서대문정 아현리	농가의 대문, 유리 파손
	7.4, 00.00	채소행상 2명	경성부외 양진역 앞	채소 리어카로 가던 중 놀림당함
	7.4, 00.30	고승만(高承萬)	고양군 한지면 신수철리	농가 방화[44]
	7.4, 01.45	한군숙(韓君淑)	고양군 연희면 노고산리	농가 방화[45]
	7.4, 08.00	하정매(夏庭梅)	경성부의 공덕리	채소행상 중 구타당함
	7.4, 13.50	채소밭	고양군 용강면 구화장터 밑	조선인 100명이 채소밭을 침해
	7.4, 15.00	소원리(昭元利)	고양군 한지면 신당리	채소밭 채소를 도둑맞음
	7.4, 16.30	류영태(劉永泰) 외 2명	시흥군 동면 상도리	조선인 5명으로부터 폭행당함
	7.4, 17.00	채소밭, 주택	경성부 서대문정 아현리	채소 도둑맞음, 주택가구 파손
	7.4, 17.15	허심인(許心仁)	고양군 숭인면 신마리	조선인 15명에게 언어폭력 당함
	7.4, 18.00	서수춘(徐壽春)	고양군 숭인면 신설리	조선인 2명에게 구타당함
	7.4, 22.30	장충요(孫忠耀)	고양군 연희면 신촌리	조선인 10명이 채소를 파손
	7.4, 23.20	군청인(軍淸仁)	고양군 용강면 동막하리	농가 방화당함
	7.5, 03.00	왕승노(王承怒)	고양군 숭인면 안길리	지붕 파괴, 채소 도둑맞음
	7.5, 14.30	한증가(韓增家)	고양군 연희면 합정리	주택유리 파손
	7.5, 14.30	농민 16명	영등포 서림리	경성 피신 중 투석 피해
	7.5, 21.30	정동림(鄭東林)	경성부 혜화동	조선인 10명에게 투석 피해
	7.6, 23.30	주금석(朱金錫)	고양군 숭인면 신설리	농가 방화당함
	7.7, 01.15	왕운당(王雲堂) 외 1호	고양군 연희면 합정리	농가 방화당함
인천지역	7.3, 08.00	왕모(王某)	부천군 다주면 장이리	조선인 20명 변전소 부근에서 습격[46]
	7.3, 08.00	왕모(王某)	부평군 다주면 시바타농장	조선인으로부터 폭행당함
	7.5, 02.00	연규산(連奎山)	부평군 다주면 도화리	300명이 피신 중 폭행당함, 피난 중인 연규산은 피살, 2명 중상
기타지역	7.3, 23.00	채소행상 유석린(劉錫麟)	수원군 수원읍 신풍리	투석 피해
	7.4, 19.00	강례(姜禮)	수원군 영화리	고구마·호박 대금 미지불 도주
	7.5, 02.00	농민주택	개성부 원정	투석 피해

출처: 朝鮮總督府(1931.7)을 근거로 필자가 작성.

수는 이 사건 발발 이전 230~240호이던 것이 11월 초순에는 140~150호로 감소했다.[47] 1930년 12월 말 경기도의 화농 호수 및 인구는 472호·2,248명이던 것이 1931년 12월에는 206호·694명[48]으로 1930년에 비해 각각 56.4%와 69.1% 대폭 감소했다. 이와 같은 감소율은 동시기 조선 전체 화농의 호수 및 인구감소율인 31.6%와 39.8%[49]를 대폭 상회, 경기도의 화농이 다른 지역보다 상대적으로 피해가 심했던 것을 엿볼 수 있다.

경기도의 화농은 1932년 12월 귀국한 화농 일부가 되돌아왔기 때문에 267호로 증가하지만, 증가율은 1934년 9월부터 시행된 제시금제도로 1934년에는 274호, 1935년에는 267호[50]로 정체하는 경향을 보였다. 그 후 1945년에 이르기까지 1930년의 수준을 회복하지는 못했다. 한편, 1931년 화교배척사건에 의한 평양의 화농의 손실액은 주진남포 부영사관이 22만 8,114원으로 추정했기 때문에 부인지역보다 훨씬 심각했다.[51]

4. 인천농업공의회의 분규

인천농업공의회는 앞에서 살펴본 대로 부인지역 화농의 채소재배 및 판매에서 중추적인 역할을 담당하는 조직이었지만, 1929년부터 내부 분규에 휩싸였다.

---

44) 이 사건은 신문에도 기사화되었다("中農家에 衝火!", 《매일신보》, 호외1931.7.5).
45) 이 사건은 신문에도 기사화되었다("방화범송국", 《매일신보》, 1931.7.17).
46) 本誌記者(1931.7), "朝鮮暴動事件の眞相", 《조선공론(朝鮮公論)》(1931년 7월호), 朝鮮公論社, 65쪽.
47) 駐仁川辦事處主任曾鼎鈞이 주조선 총영사에게 보낸 공문(1931.10.28), 「仁川農會改造及賑捐」, 『駐朝鮮使館檔案』(동 03-47-205-01).
48) 京畿道(1940), 『農事統計 昭和十三年度』, 京畿道, 14쪽.
49) 朝鮮總督府(1937), 『昭和拾年 農業統計表』, 朝鮮總督府, 7~8쪽.
50) 京畿道(1940), 앞의 자료, 14쪽.
51) 駐朝鮮總領事館(1931.9), 앞의 당안자료, 동 03-47-205-13.

인천농업공의회의 분규는 공의회의 왕승선(王承謌) 회장이 1929년 11월 전체 회의를 개최한 자리에서 갑자가 사무정지를 선언한 것에서 시작되었다. 공의회의 일부 회원은 1929년 한 차례의 회계 청산도 하지 않은 채 직무를 정지한 것에 대해 의문을 품었다.[52] 중화노공협회(中華勞工協會) 인천지부장인 왕효법(王效法)은 1930년 4월 공의회를 방문, 공의회가 회원 농가의 비료로 쓸 분뇨를 인천부청에서 청부하여 각 농가로부터 비용을 거둬왔음에도 수지보고를 하지 않은 것을 문제시하자, 왕승선 회장은 369.18원의 잔금이 있다는 것을 인정했다.[53] 이것을 시작으로 공의회의 회계에 관한 불신이 깊어져 공의회 장부의 사정(査定)을 요구하는 회원의 목소리가 높아졌다.

손세홍(孫世鴻)을 대표로 하는 몇 명의 회원(이하, 왕 회장과 대립한 회원을 '반대파'로 부르기로 한다)은 1930년 6월 14일 왕 회장과 왕행보(王行寶) 부회장을 방문, 공의회의 장부 사정과 잔액의 징수를 요구했지만 왕 회장이 명확한 회답을 하지 않았다. 같은 달 17일 인천중화총상회의 중개로 쌍방이 총상회 사무실에서 1912~1929년의 장부를 사정했다.[54] 사정 후, 반대파는 지출의 상당액이 사무의 용도가 아닌 지출이며, 근거가 명확하지 않은 입금이 있다는 점, 수입과 지출의 전후가 맞지 않다는 점, 공의회가 각 상점처럼 중화총상회에 회비를 납부했다는 점, 지출 가운데 왕 회장이 상점주로 있는 만취동(萬聚東)[55]에 한 것

---

52) 仁川中華農會執行委員會常務委員劉心傳이 주조선 총영사에게 보낸 공문(1931.10.2), 앞의 당안, 동 03-47-205-01.

53) 仁川農業公議會 회장 왕승선이 주조선 총영사에게 보낸 공문(1930.6.25), 「仁川農會糾紛案」(동 03-47-192-03).

54) 中華勞工協會總部가 주조선 총영사에게 보낸 공문(1930.6.22), 앞의 당안, 동 03-47-192-03. 출석자는 왕 회장, 손세홍, 인천중화총상회의 부소우(傅紹禹) 회장, 임원인 손경삼(孫景三), 중화노공협회 인천지부장인 왕효법 등이었다.

55) 만취동은 당시 잡화상점으로 밀가루와 잡화를 소매로 판매했다. 1928년도의 매상액은 3만 원이었다(京城商業會議所(1929.3), "朝鮮に於ける外國人の經濟力", 《조선경제잡지(朝鮮經濟雜誌)》(1929년 3월호), 경성상업회의소, 34쪽). 만취동의 경영 상황은 권말의 〈부표 5〉의 99번, 〈부표 6〉의 74번, 〈부표 7〉의 49번, 〈부표 8〉의 48번, 〈부표 9〉의 110번, 〈부표 10〉의 33번을 참조 바람.

이 많다는 점 등을 지적했다.[56] 손세홍은 같은 달 18일 인천중화총상회를 방문, 잔금과 공의회 전화기를 자신에게 넘겨 회원에게 분배할 것을 요구했지만, 총상회는 이 안건과 관계가 없다는 이유로 거절했다.[57]

반대파가 왕 회장 및 공의회에 대해 불신감을 품게 된 배경에는 왕 회장의 불투명한 공의회 운영이 있었다. 왕 회장은 공의회의 설립 시부터 18년간에 걸쳐 회장을 맡았으며 한 번도 회장에서 내려온 적이 없었다. 왕 회장뿐 아니라 왕행보 부회장, 우본해 등 20명의 평의원이나 무보수 직원도 한 번도 바뀐 적이 없었다.[58] 왕 회장은 이상과 같은 반대파의 주장에 대해 회원의 회비를 절약하는 견지에서 회계전문 직원을 두지 않았으며, 각 평의원이 순번으로 관리했지만 각 평의원이 농민 출신인 관계로 회계에 잘못이 있었다고 해명했다.[59] 그러나 반대파는 이를 수용하지 않으려 했다.

반대파는 1930년 6월 19일 장유성(張維城) 주조선 총영사를 방문하여 사정을 설명한 후, 공의회 소유의 367.17원의 잔금과 전화기 등 사무기기의 청산을 하도록 요구했다. 장 총영사는 직접 인천을 방문하여 조사를 하고 공의회의 장부를 가지고 검열했지만 진상을 밝힐 수는 없었다.[60]

한편, 반대파인 손세홍은 중화노공협회 인천지부에 손을 써서 인천지부[61]가

56) 中華勞工協會總部가 주조선 총영사에게 보낸 공문(1930.6.22), 앞의 당안, 동 03-47-192-03; 仁川中華農會執行委員會 常務委員 劉心傳이 주조선 총영사에 보낸 공문(1931. 10.2), 앞의 당안, 동 03-47-205-01.

57) 中華勞工協會總部가 주조선 총영사에게 보낸 공문(1930.6.22), 앞의 당안, 동 03-47-192-03.

58) 仁川中華農會執行委員會 常務委員 劉心傳이 주조선 총영사에게 보낸 공문(1931.10.2), 앞의 당안, 동 03-47-205-01.

59) 仁川農業公議會 會長 왕승선이 주조선 총영사에게 보낸 공문(1930.6.25), 앞의 당안, 동 03-47-192-03.

60) 仁川中華農會執行委員會 常務委員 劉心傳이 주조선 총영사에게 보낸 공문(1931.10.2), 앞의 당안, 동 03-47-205-01.

61) 손세홍은 인천지부의 회원이기도 했다. 인천지부는 5월 25일 인천부 지나정 소재의 인천화교소학에서 발회식을 가졌다("인천 중국인 노공협회 설립", 《중외일보》, 1930. 5.28).

경성부의 중화노공협회 총부에 연락을 취하도록 했다. 총부는 주조선 총영사관에 이 문제의 해결을 촉구했다.[62] 왕 회장파는 문제해결을 위해 잔금과 전화기에 대해 회원수로 나눠 할당할 것을 반대파에 제안했지만 받아들여지지 않았다.[63] 공의회의 분규가 수습될 전망이 보이지 않자 국민당 인천분부가 반대파 대표인 강소학(姜所學)의 진정을 접수, 총영사관에 장부의 공평한 사정을 하여 처리하도록 요청했다.[64] 총영사관은 국민당 인천분부의 진정에 근거하여 바로 부영사를 인천에 파견하여 문제해결을 도모했지만 결론은 나지 않았다.[65]

쌍방의 문제해결을 가로막은 또 다른 요인의 하나는 왕 회장파와 반대파 사이의 대립에다 인천중화총상회와 중화노공협회 인천지부가 대립하는 구도가 있었기 때문이다. 중화상회는 원래 각 상인 간 친목을 깊게 하고 상호이익을 도모하는 조직으로 조선에 증가하던 화공의 보호 및 사회복리의 촉진에는 손을 쓸 여유가 없었다. 이것이 1929년 중화노공협회 설립의 배경이었다.[66] 이 조직은 경성에 총부를 두고, 1929년 중 청진, 평양, 원산, 함흥, 인천 등에 지부 및 분부가 설치되었다. 반대파 및 중화노공협회 인천지부는 인천중화총상회가 자본가 세력이라는 점, 공의회가 총상회에 회비를 납부하고 있다는 것을 이유로 인천중화총상회가 왕 회장파를 비호하고 있다고 의심했는데, 실제로도 그러했다.[67]

---

62) 中華勞工協會 總部가 주조선 총영사에게 보낸 공문(1930.6.22), 앞의 당안, 동 03-47-192-03.

63) 仁川農業公議會 회장 왕승선이 주조선 총영사에게 보낸 공문(1930.6.25), 앞의 당안, 동 03-47- 192-03.

64) 國民黨朝鮮支部 仁川第八區分部가 주조선 총영사에게 보낸 공문(1930.6.30), 앞의 당안, 동 03-47-192-03. 국민당 경성지부가 설립된 것은 1927년 4월이다. 국민당 중앙은 1929년 국민당 경성지부를 주조선직속지부(駐朝鮮直屬支部)로 승격시켰다. 조선에는 경성 이외에 인천, 조치원, 광주, 공주, 함흥, 평양, 원산, 청진, 대구에 분부, 전주 및 수원에 통신처(通訊處)가 각각 설치되었다(졸고(2010b), 「近代朝鮮華僑の社會組織に關する研究」, 『京都創成大學紀要』第10卷 第1號, 京都創成大學成美學會, 97~103쪽).

65) 中華勞工協會總部가 주조선 총영사에게 보낸 공문(1930.7.6), 앞의 당안, 동 03-47-192-03.

66) 中華民國僑鮮勞工協會 發起人이 주조선 총영사에게 보낸 공문(1929.3.18), 「中華僑鮮勞工協會成立呈請備案」, 『駐韓使館保存檔案』(동 03-47-179-01).

장유성 총영사는 7월 14일 총영사관에 관계자를 소집했다.[68] 이 회의에는 경성 중화노공협회의 장홍해(張鴻海) 회장, 그리고 중화노공협회 인천지부에서 2명, 인천중화총상회 4명, 왕 회장파 6명, 반대파 5명이 참가, 조정에 들어갔다. 반대파는 다음과 같은 세 가지를 제안했다. ① 왕 회장 및 20명의 평의원은 피선거권을 포기해야 한다. ② 왕 회장은 인천화교소학에 2,000원을 기부해야 한다. ③ 잔액 및 전화기의 물품은 신임 회장이 선출된 후 그가 관리하도록 한다. 이러한 세 가지 제안에 대해 왕 회장파도 수용, 문제가 해결되는 것처럼 보였다.[69]

반대파는 7월 16일 손세홍, 강소학 등 8명의 발기로 새로운 조직인 인천중화농(업)회(仁川中華農(業)會)의 회의를 개최하고 조직의 규칙에 대해 토의한 후, 장유성 총영사 앞으로 중화농업회중조초안(中華農業會重組草案)을 첨부한 공문을 발송했다.[70] 7월 22일 총영사관에서 파견된 2명의 부영사의 감독하에 회장 및 직원선거가 실시되었다. 선거 결과 유심전(劉心傳)이 회장, 강소학이 부회장, 손세홍 등 6명이 선출되었는데 이들은 모두 반대파에 소속된 인물이었다.[71] 왕 회장파는 이를 문제 삼아 바로 7월 25일 공의회의 회장 및 직원의 선거와 잔금 및 전화기의 물품처리에 관한 회의를 개최한다는 공문을 장유성 총영사에게 발송했다.[72] 25일의 회의에는 일본인 아키타(秋田) 등을 초청, 인천부 내리 채소시장에서 기존의 농업공의회를 개조하여 명칭을 중화농산조합(中

---

67) 仁川中華農會執行委員會常務委員劉心傳이 주조선 총영사에게 보낸 공문(1931.10.2), 앞의 당안, 동 03-47-205-01.

68) 駐朝鮮總領事(1930.7.11), 앞의 당안, 동 03-47-192-03.

69) 農會會員代表 姜所學(1930.7.15), 앞의 당안, 동 03-47-192-03; 仁川中華農會執行委員會常務委員劉心傳이 주조선 총영사에게 보낸 공문(1931.10.2), 앞의 당안, 동 03-47-205-01. 장홍해는 국민당 주조선 직속지부 상무위원이기도 했다.

70) 仁川中華農業會臨時主席姜所學이 주조선 총영사에게 보낸 공문(1930.7.10), 앞의 당안, 동 03-47-192-03.

71) 仁川中華農會執行委員會常務委員劉心傳이 주조선 총영사에게 보낸 공문(1931.10.2), 앞의 당안, 동 03-47-205-01.

72) 仁川農業公議會가 주조선 총영사에게 보낸 공문(1930.7.24), 앞의 당안, 동 03-47-205-01.

華農産組合)으로 바꾸었다.73) 중화농회는 이에 대항하여 8월 2일 중화노공협회 인천지부에 159명 회원이 출석한 임원 선거를 실시하여 상무위원 3명, 집행위원 5명, 감찰위원 2명을 선출했다.74) 이처럼 인천농업공의회가 중화농회와 중화농산조합으로 양분되어 분규는 367.17원의 잔액과 전화기의 청산문제, 그리고 양 조직 간의 정통성을 둘러싼 다툼이 발생하여 보다 복잡한 양상을 띠었다.

중화농회는 정통성을 확보하기 위해 조직의 규약을 제정하고 회장의 전횡을 방지함과 동시에 국민당 중앙(國民黨中央)의 인민단체조직법안(人民團體組織法案)에 근거하여 위원제(委員制)를 도입했다. 또한 부인지역의 화농 230호 가운데 약 7할의 농가가 농회에 참가하고 있다는 점을 선전했다.75) 그러나 주조선 총영사관은 중화농회에 대해 대국적으로 양보하도록 압박하고 양 단체가 하나로 통합하여 선거를 실시할 것을 요구했다. 이러한 요구는 실현되지 않았다. 이 안건은 국민당 주조선 직속지부(駐朝鮮直屬支部)가 담당하게 되었다.76) 경성의 국민당 주조선 직속지부는 11월 초순 집행위원회의를 개최하여 집행위원 왕공온(王公溫)을 중화농회의 조직지도원으로 파견할 것을 결정했다.77) 11

---

73) 國民黨朝鮮支部仁川第六分部執行委員會가 주조선 총영사에게 보낸 공문(1930.7.25), 앞의 당안, 동 03-47-192-03.
74) 仁川中華農業會가 주조선 총영사에게 보낸 공문(1930.8.4), 앞의 당안, 동 03-47-192-03.
75) 국민당 중앙의 인민단체조직법안(人民團體組織法案)으로 국민당주조선직속지부의 심사 및 허가가 필요했다. 이 법안은 1929년 6월 제3회 국민당 중앙집행위원회 제2차 상무회의에서 통과된 것이다. 인민단체는 허가 신청을 하고 당부(黨部)가 인민단체를 심사하여 합법하다고 인정할 때는 허가서를 발행했다(東亞研究所第三調查委員會(1941), 『華僑關係法規集(飜譯)』, 東亞研究所, 502~511쪽).
76) 仁川中華農會執行委員會常務委員劉心傳이 주조선 총영사에게 보낸 공문(1931.10.2), 앞의 당안, 동 03-47-205-01.
77) 國民黨駐朝鮮直屬支部執行委員會가 주조선 총영사에게 보낸 공문(1930.11.10), 앞의 당안, 동 03-47-192-03. 왕공온은 1906년경 조선에 이주하여 1920년 복음건축창(福音建築廠)을 설립, 경성부 소재의 다수의 기독교 관련 교회당 건축시공에 참가했다. 그는 한성중화기독교회(漢城中華基督教會)의 장로로서 많은 기부를 하는 등 큰 기여를 했다. 그는 1930년대 경성중화상회의 주석, 국민당주조선직속지부 상무위원으로서 활동한, 조선화교 사회의 대표적인 지도자 중 한 명이었다("외국인인사의 조선생활관 화상총회 왕공온 담", 《동아일보》, 1936.1.1; 旅韓中華基督教聯合會(2002), 『旅韓中華基督教創立九十周年

월 16일 파견된 왕공온 지도원은 현지를 조사하고 선거를 실시하도록 힘썼지만 중화농회는 수용하려 하지 않았다.[78]

중화농회는 총영사관을 통한 문제해결에 한계가 있다고 판단, 12월 인천경찰서에 왕 회장을 공금횡령죄로 고소하여 그는 인천경찰서에 유치되어 취조를 받는 처지가 됐다.[79] 왕 회장을 지지해온 인천중화총상회의 부소우 회장과 주인천 판사처의 장문학(張文鶴) 주임은 몇 차례에 걸쳐 경찰서를 방문, 그의 석방을 요청하여 풀려났다. 중화농회는 이와 같은 주인천 판사처의 조치에 불만을 품고 농회 회원이 판사처에 쇄도하여 항의하는 사건이 발생했다.[80]

이 문제는 본국 외교부에도 보고되었다. 외교부는 1931년 4월 장유성 총영사에게 이 안건에 관해 조사하도록 명령했다. 장유성 총영사는 8월 15일 양(楊)부영사를 인천에 파견, 잔액 및 전화기 등의 물품을 중화농회에 양도하기로 약속했지만, 10월 초까지 실현되지 못했다.[81] 그래서 중화농회의 주축 회원은 10월 3일 중화농회의 새로운 규약을 제정하고 10일에는 중화농회의 준비 위원회를 조직, 간사장에 손세홍, 부간사장에 유심전을 추대했다.[82]

한편, 중화농산조합의 회원은 총영사관이 보관 중인 잔액 및 전화기 등의 물

紀念特刊』, 旅韓中華基督教聯合會, 58쪽; 이혜원(2018), 「화교 개신교인 건축청부업자의 한국근대 미선계 건축시공 활동: 서울지역의 해리 장과 왕공온을 중심으로」, 한국기독교역사학회 제367회 학술발표회 발표논문). 복음건축공창의 경영 상태에 대해서는 〈부표 6〉의 51번, 〈부표 7〉의 59번, 〈부표 8〉의 56번, 〈부표 9〉의 102번을 참조 바람.

78) 仁川中華農會執行委員會常務委員劉心傳이 주조선 총영사에게 보낸 공문(1931.10.2), 앞의 당안, 동 03-47-205-01.

79) "왕씨 인치 수 만원 횡령", 《동아일보》, 1930.12.10; 仁川中華農會執行委員會常務委員劉心傳이 주조선 총영사에게 보낸 공문(1931.10.2), 앞의 당안, 동 03-47-205-01.

80) "인천 중국인 소요 회비 횡령 문제로 인천 판사처에 쇄도", 《매일신보》, 1930.12.31.

81) 仁川中華農會執行委員會常務委員劉心傳이 주조선 총영사에게 보낸 공문(1931.10.2), 앞의 당안, 동 03-47-205-01.

82) 駐仁川辦事處主任曾鼎鈞이 주조선 총영사에게 보낸 공문(1931.10.14), 앞의 당안, 동 03-47-205-01. 주인천 영사관은 1930년 4월 주청진 영사관 신설로 인해 본국 정부의 명령으로 폐쇄되었다("인천 中領館은 출장소로 될 듯", 《중외일보》, 1930.4.26). 그러나 인천 거주 화교의 반대운동에 의해 10월 주조선 총영사관의 인천 판사처가 설치되었다.

품을 중화농회에 양도하는 것에 반대하면서 잔액 및 전화기를 중국의 수해 피해민에 대한 의연금으로 사용할 것을 결정, 주인천 판사처의 증정균(曾鼎均) 주임에게 그 뜻을 전달했다.[83] 증 주임은 새로운 중화농회의 설립 움직임에 대해 1931년 화교배척사건 및 만주사변으로 귀국한 농민이 많은 "이때에 농회를 조직할 필요는 없다"라는 점과, 손세홍 등의 준비위원이 무지하다는 점, 소수가 농회 명의를 이용하여 잔액과 전화기를 뺏으려 한다고 노춘방(盧春芳) 총영사에게 진언했다.[84] 총영사관은 11월 5일 국민당 주조선 직속지부에 공문을 송부하여 중화농회의 승인에 대해 조회한바, 농회가 지역 화농의 과반수의 동의를 얻지 못하고 있다는 점이나 만주사변 등의 시국 관계 등을 이유로 농회 공인이 연기되고 있다는 것을 파악했다.[85] 즉, 중화농회의 신청이 기각된 것이다.

부인지역에 공인된 농회조직이 탄생한 것은 1934년 7월이며 1929년 11월부터 약 5년간 농회조직이 기능하지 않고 있었던 것이다.[86] 또한 인천농업공의회의 전화기는 1932년 1월 21일 주인천 판사처의 장의신 주임이 대리인으로 조선인에게 200원(수수료 10원, 수취금액은 190원)에 매도했다.[87] 그러나 주인천 판사처가 이 금액을 중국의 수해 피해민의 의연금으로 처분했는지는 분명하지 않다.

이상과 같이 농회 조직이 부인지역에서 5년간에 걸쳐 기능하지 못한 것은 이 지역 화농의 채소재배 및 판매에 영향을 주었음을 알아보았다. 그 대표적인

---

83) 駐仁川辦事處主任曾鼎鈞이 주조선 총영사에게 보낸 공문(1931.10.21), 앞의 당안, 동 03-47-205-01.

84) 원문. 此時實無組織農會之必要(駐仁川辦事處主任曾鼎鈞이 주조선 총영사에게 보낸 공문 (1931.10.28), 앞의 당안, 동 03-47-205-01).

85) 國民黨駐朝鮮直屬支部執行委員會가 주조선 총영사관에게 보낸 공문(1930.11), 앞의 당안, 동 03-47-205-01

86) "중국인 농회 조직 인천 中人 발기로", 《조선일보》, 1934.7.10. 이 단체의 임원은 간사장에 우본해, 부간사장에 필중도(畢重道), 간사에 왕문서(王文緖) 외 3명이 있었다. 우본해는 이전 중화농산조합의 소속이며, 왕문서는 인천중화농회 소속이었다.

87) 駐仁川 辦事處暫代主任 張義信이 주조선 총영사에게 보낸 공문(1932.1.21), 「農業雜件」, 『駐韓使館保存檔案』(동 03-47-218-19).

사례가 앞에서 살펴본 인천부청의 신정 채소시장 운영 개입이다. 이 사례가 발생한 것은 1932년으로 농회 조직이 기능하지 않은 시기와 겹친다. 주인천 판사처도 공의회의 분규가 화교의 독점적인 판매를 뺏으려 하는 일본인의 시도에 틈새를 제공했다고 인식하고 있었다.[88]

5. 조선인 농민의 대응

여기서는 화농 채소재배의 위축 원인을 조선인 농민의 채소재배의 활성화에 구하고 양자의 관련성을 검토한다.

선행연구에 의하면, 1930년대 조선인 농가의 채소 생산 증가는 공업화, 도시화의 진전에 의한 도시부 소득의 증가로 채소 수요가 증가한 것이 주요한 원인이라고 지적했다.[89] 그것이 주요한 원인이라는 것은 맞지만 다른 요인도 작용했다.

다음 사례를 들어보자. 경기도 시흥군 잠실리는 조선인 농민의 채소재배지로서 1930년대 초 채소촌[野菜村]으로 유명해져 신문 및 잡지에 자주 등장했다. 이 지역은 경성부와 지리적으로 인접한 데다 양질의 토지로 채소재배가 적합해 부인지역과 함께 화농의 주요한 채소배재 지역이었다.

조선인 농민이 잠실리에 채소재배를 시작한 것은 "지금부터 약 10년 전(주: 1922년경)에 일본인과 중국인들이 잠실리에 인접한 반포리에 와서 채소를 재배하고 매년 많은 수익을 올리고 있다는 것을 보고 자각하여 한 사람 두 사람씩 점차 채소를 재배하게 되었다"라고 한다.[90] 즉, 잠실리의 조선인 농민의 상업적 채소재배는 화농 및 일본인 농민의 채소재배 성공에 자극받아 시작한 것을

---

88) 駐仁川 辦事處暫代主任 張義信이 주조선 총영사에게 보낸 공문(1932.4.5),「仁川公設市場之菜類販賣權」,『駐韓使館保存檔案』(동 03-47-218-02).

89) 朴ソプ(1995),『1930年代朝鮮における農業と農村社會』, 未來社, 제1장을 참조.

90) 류광렬(1932.7), "경성 교외의 농촌 시흥 蔬菜村 방문기", 《실생활》(1932년 7월호), 18쪽.

알 수 있다.

한편, 시흥군 이외의 경성 부근에도 1920년대 후반부터 채소재배의 조선인 농가가 급증했지만,[91] 그 배경은 대공황에 의한 농업불황과 관련이 있다. 1929년 9월 현미 1석(石)에 12.79원 하던 것이 1930년 12월에는 반값으로 떨어지고, 1931년 1월에는 12.79원까지 하락했다. 1929년의 미가 수준을 회복한 것은 1935년이 되어서였다.[92] 조선의 농업은 극단적인 미곡 편중구조로 미가의 급락은 농민생활을 극도로 악화시켰다. 조선인 농가는 미가하락의 손실을 채소 등의 재배로 농가소득을 보충하지 않을 수 없었는데,[93] 이것이 조선인 농가의 채소재배를 증가시킨 한 원인이었다.

다음은 조선인 농가의 증가가 화농에 어떤 영향을 주었는지 보도록 하자. 앞에서 살펴본 잠실리와 반포리 조선인 농민의 채소재배 호수는 매년 증가하여 1932년에는 168호, 경작면적 48만 900평에 달했다.[94] 채소 생산액은 1927년 3만 2,716원, 1928년 4만 7,501원, 1929년 5만 355원, 1930년 5만 7,440원, 1931년 7만 8,726원(16만 8,873관)으로 증가했다. 재배 채소는 이전의 배추 중심에서 파, 가지, 오이, 마늘, 수박, 고추, 고구마, 감자 등으로 다양해졌고, 판매처는 경성부 본정(本町)의 일본인 식료품점을 중심으로 일부는 화교 채소행상에게 판매되었다. 이 지역의 조선인 농민의 채소재배 활성화는 화농의 채소재배에 자극받아 기술을 배워 따라잡기 위한 것이 배경에 있었다. 해방 초기 조선은행조사부는 화교의 "소채재배의 기술력 방면에서 한국 사계(斯界)에 기여한 바 적지 않았다"[95]라는 평가는 위와 같은 사실 때문이었다.

이처럼 잠실리 조선인 농민의 채소재배가 확대되자 그곳에서 채소재배를

---

91) "경성 부근 교외 야채상의 수지 상태", 《매일신보》, 1929.5.25.

92) 이헌창(1999), 『한국경제통사』, 법문사, 320쪽.

93) "農家の自力打開 '野菜組合の出現", 《오사카마이니치신문(大阪每日新聞)》(조선판), 1932. 7.20.

94) "소채 재배 전문으로 생활 윤택", 《중앙일보》, 1932.3.30.

95) 조선은행조사부(1949), 「재한화교의 경제적 세력」, 『경제연감(1949년판)』, 조선은행, II-63쪽.

하던 화교 및 일본인 농민은 1920년대 후반 밀려나기 시작했다.[96] 이와 같은 사례는 다른 지역에서도 확인된다. 경상남도 통영에서는 화농이 지역 주민의 채소 공급을 독점해왔지만 1933년 이후 조선인 농민의 채소재배가 왕성하게 이뤄지자 화농은 그러한 세력에 압도당해 구축되었다.[97] 화농의 채소재배가 활발했던 대전에서는 1930년대 초 조선인 농민 11명이 채소조합을 조직하는 한편, 주로 온상재배를 실시, 1933년의 연간 수익이 2만 원에 달했다.[98]

잠실리와 반포리의 조선인 채소재배 농민은 조직화와 채소재배기술의 향상에 힘을 쏟았다. 이 지역의 조선인 농민 70명은 1933년 12월 신동야채흥산조합(新東野菜興産組合)을 설립, 채소재배의 지도통제, 종자와 비료의 공동구입, 공동판매를 담당했다.[99] 조선인 농민이 부인지역의 인천농업공의회와 같은 조직을 설립한 것이다. 시흥군의 조선인 농민은 채소의 온상재배에 힘을 쏟아 1936년도에는 신동면, 과천면, 동이면, 서이면 등 4개 면에 750호의 농가가 5,737평의 온상재배를 했다.[100] 750호 가운데 화농은 1호도 없었다. 조선인 농가는 고추, 가지, 토마토 등을 온상재배하여 연간 생산액이 1933년도 12만 8,600원에서 1936년도에는 16만 721원으로 약 25%나 증가했다. 이로 볼 때 조선인 농가가 화농이 장기로 하는 온상재배의 기술을 습득한 것으로 볼 수 있다.

한편, 각 도 및 각 군 수준에서 농가의 채소재배를 지원하는 정책이 실시되었다. 시흥군청 및 농회는 조선인 농민의 채소재배를 장려하기 위해 고양군 농회와 함께 1931년 7월 1일과 2일 이틀에 걸쳐 경성의 미쓰코시백화점(三越百貨店)에서 채소품평회를 개최, 일반 농민에게 채소재배를 장려하는 행사를 열었다.[101] 시흥군청은 조선인 및 일본인 농가의 채소재배를 장려하기 위해 1932

---

96) 류광렬(1932.7), 앞의 기사, 19쪽.

97) 류광렬, "지나인 야채업자도 경쟁 못하고 철거",《매일신보》, 1934.8.27.

98) "대전의 소채 촉성재배 연산 2만원 돌파",《매일신보》, 1934.12.4.

99) "신동야채조합 신동에서 창립",《동아일보》, 1933.12.26.

100) "溫床栽培大當たり特異の中國人代って始興郡農家に凱歌",《경성일보(京城日報)》, 1937. 3.3.

101) "시흥군 농회 야채품평회",《매일신보》, 1931.7.2.

년 3월에 강남소채생산판매조합(江南蔬菜生產販賣組合)을 조직했다.[102] 경기도 당국은 전문학교를 졸업한 농업 기사를 시흥군에 파견하고 농민의 채소재배 지도를 하도록 했다. 이 사업을 보다 확대하여 각 부락별로 기수를 파견, 채소 재배의 순회 지도를 했다.[103] 또한 도 당국은 채소 기술자의 양성을 위해 소채 지도교(蔬菜指導校)를 설치했다.[104]

화농의 채소재배가 활발히 이뤄지고 있던 평안남도에서도 도청 및 평양부 청이 조선인 및 일본인 농가의 채소재배를 지원하는 정책을 실시했다. 도청은 평양부 채소 수요의 상당 부분을 화농이 공급하고 있는 것에 대한 대책으로서 1926년 평양부 인접의 대동군에 채소재배조합을 설립, 조선인 농민에게 경영 을 맡겨 지도원 1명을 배치함과 동시에, 이 조합의 종자비용을 지방비로 보조 했다.[105] 평양부청은 1928년 조선인 농민 5명으로 구성된 평양소채조합(平壤 蔬菜組合)을 조직하게 하여 보조했다.[106]

그러나 당국의 기대와 달리 평양지역의 화농은 점점 증가하여, 조선인 및 일 본인 농가는 화농에 점차 압도당하고, 1930년에는 "지금 적당한 대책을 강구하 지 않으면 머지않아 일본인, 조선인 채소 농사는 전멸"할 우려가 있다는 위기 감이 생겨났다.[107] 평양부청은 1930년 일본인 및 조선인 농민 20명으로 구성 된 평양소채조합을 다시 조직, 화농보다 품질 좋은 채소를 값싸게 공급하기 위 해 종묘의 공동육성, 생산도구의 공동구입 및 생산품의 공동판매, 강습회 개 최, 기타 채소재배의 개량 및 판매상 필요로 하는 시설설치 등의 사업을 전개 하게 되었다.[108] 또한 이 조합은 같은 해 4월 5일부터 수정공설시장(壽町公設市

102) "大京城을 배경으로 소채재배에 주력 전문기사를 각면마다 배치", 《매일신보》, 1932.12.14.
103) "부락별 기수 파견으로 야채재배 적극 장려 二, 三十戶한정, 집단적으로 경기도서", 《매 일신보》, 1937.2.13.
104) "일석이조의 대책으로 소채지도교 창설", 《매일신보》, 1931.10.7.
105) "평양 부근의 소채재배 장려", 《조선일보》, 1926.5.6.
106) "평양부의 소채 장려 1년간의 소비고 二三十만원", 《중외일보》, 1928.8.12.
107) "內鮮人の共同戰線 支那人の野菜屋に對抗", 《경성일보(京城日報)》, 1930.3.7.
108) "內鮮人の共同戰線 支那人の野菜屋に對抗", 《경성일보(京城日報)》, 1930.3.7.

場) 가까이에 공동판매소를 개설하고 이 조합 생산의 채소를 판매하기 시작했다.[109] 이상과 같이 평안남도 당국이 실시한 조선인 및 일본인 농민에 대한 채소재배의 지원책은 화농의 채소 공급 독점을 막으려는 의도가 작용했다.

이상과 같이 중일전쟁 이전 지방 당국의 채소재배 지원책이 존재한 것은 이번에 처음으로 밝혀졌다.[110] 조선총독부는 1930년대 농업불황 대책의 일환으로 농가소득을 높이기 위해 밭작물개량증식계획(1931년), 면화증산계획(1933년), 면양증식계획(緬羊增殖計劃, 1934년)을 잇따라 실시했다. 그러나 채소증산의 경우는 조선총독부가 이러한 계획을 입안하여 실시한 것이 아니라 지방 당국 수준에서 지원한 것으로 볼 수 있다.

하지만 화농의 채소재배 위축에는 지역 간 격차가 존재했다. 조선의 남부지역의 화농의 호수는 1930년 1,014호이던 것이 1936년에는 558호로 45%나 감소한 데 비해, 북부지역의 화농 호수는 1930년 2,317호에서 1931년 화교배척사건 후 계속 증가해 1936년에는 2,300호로 1930년의 수준을 거의 회복했다.[111] 1936년 화농이 많은 도(道)는 평안북도 797호, 함경북도 469호, 함경남도 348호, 평안남도 328호, 황해도 315호 등 모두 북부지역에 위치했고, 경기도는 315호에 지나지 않았다.

평안북도의 1927년과 1935년 부(府)·군별 화농 호수를 비교하면, 귀성군과 희천군을 제외하고 신의주부는 6호에서 43호, 의주군 104호에서 133호, 용천군 50호에서 62호, 강계군 14호에서 55호, 자성군 42호에서 86호, 후창군 15호에서 59호, 운산군 29호에서 32호로 각각 증가했다.[112] 이로 볼 때 평안북도에

---

109) "壽町の公設市場に生産品の共同販賣所 內鮮人が一致した蔬菜組合", 《서선일보(西鮮日報)》, 1930.4.5. 또한 대동군청은 조선인 농민의 채소재배를 장려하기 위해 1934년도에 2,000원의 예산을 편성, 대동군 농회를 통해 조선인 농민에게 생강, 토란, 옥수수 등을 재배하게 했다("1년간 평양에 이입된 蔬菜價가 5만원", 《매일신보》, 1934.3.17).
110) 박섭은 도(道) 수준에서 채소재배에 대한 지원책이 논의된 적은 있었다고 지적했다(朴ソプ(1995), 앞의 책, 54쪽).
111) 朝鮮總督府(1938), 『昭和11년 朝鮮總督府統計年報』, 朝鮮總督府, 72쪽.
112) 平安北道 編纂(1929), 『昭和二년 平安北道統計年報』, 平安北道, 80쪽; 平安北道 編纂

서 대도시인 신의주뿐 아니라 농촌 지역인 각 군에도 화농의 호수가 1920년대보다 1930년대에 증가한 것이 확인된다. 특히 신의주부는 부내 43호와 인접한 의주군의 133호를 합하여 약 170호의 화농이 집중되어 채소재배를 했으며, 농가의 아동이 증가하자 1935년 8월에는 신의주화농소학(新義州華農小學)이 설립되었다.[113]

평양부 및 그 부근의 화농은 1931년 화교배척사건 이전 약 200호이던 것이 귀국으로 20호로 격감했지만,[114] 본국으로 귀국했던 화농이 점차 되돌아오면서 평안남도의 1936년 화농 호수는 1930년에 비해 약 7할까지 회복했다.[115] 평양공립농업학교 교원인 사이토 시게루는 1935년에, "이 지방의 채소재배자는 지나인이 매우 많은 관계상 지나산 채소가 매우 많다"라고 화농의 채소재배가 여전히 활발히 이뤄지고 있음을 지적했다.[116] 또한 지역신문인 《서선일보 (西鮮日報)》는 1934년 12월 25일자 기사에서, 평양지역의 채소 "재배는 거의 근교에 거주하는 지나인에 의해 이뤄지고 있다"라고 지적하고, "인접 대동군 조선인 농민은 지리적 위치가 매우 유리한데도 채소재배는 그다지 활발하지 못하다"라고 조선인 농민의 채소재배가 활발하지 않다는 견해를 피력했다.[117]

화농의 채소재배가 이처럼 조선의 남북 지역 간에 격차가 발생한 원인은 무엇일까? 이에 대해서는 더 깊이 검토할 필요가 있지만 지금까지의 논의에 근거하여 살펴본다면, 경기도를 비롯한 남부지역은 조선인 농민의 채소재배가 확대하여 화농의 채소재배를 몰아내고 있는 사례가 발견되는 반면, 북부지역은 이와 같은 사례가 발견되지 않는 다는 점에 주목할 필요가 있다. 이와 같은 조

    (1937), 『昭和十年 平安北道統計年報』, 平安北道, 78쪽.
113) 中華民國 汪精衛政權 駐日大使館(1943), 「僑務檔案(僑務敎育) 1943年」, 『中華民國國民政府(汪精衛政權) 駐日大使館檔案』(일본 東洋文庫 소장, 등록번호 2-2744-36).
114) "중국인 야채 경영자는 평양 근교에 2백호", 《매일신보》, 1931.7.20.
115) 朝鮮總督府(1938), 『昭和十一年 朝鮮總督府統計年報』, 朝鮮總督府, 72~73쪽.
116) 平壤公立農業學校敎諭齋藤茂(1935.3), "平壤地方に栽培される支那産蔬菜に就いて", 《조선농회보(朝鮮農會報)》(1935년 3월호), 朝鮮農會, 20쪽.
117) "平壤府民の野菜を全部供給する計劃", 《서선일보(西鮮日報)》, 1934.12.25.

선인 농민 채소재배의 정도가 화농 채소재배의 남북지역 간 격차를 발생시킨 하나의 원인은 아닐까 한다.

한편, 조선총독부가 1930년대 북부지역을 중심으로 추진한 공업화정책과 각종 공공사업으로 남부지역의 조선인이 북부지역으로 대량 이주하면서, 북부지역의 인구가 1930년대 남부지역에 비해 상대적으로 높은 증가율을 보였다.[118] 이와 같은 인구증가와 북부지역의 소득증가가 채소에 대한 수요를 증가시키고 이것이 북부지역의 화농 호수의 회복을 촉진한 원인의 하나가 아닐까 한다.

6. 맺음말

이 장에서는 1930년대 조선 화농의 채소재배 위축 원인에 대해 조선총독부 및 지방 당국의 화농에 대한 대응, 1931년 화교배척사건, 인천농업공의회의 분규, 조선인 농민의 채소재배 확대 등 네 가지를 중심으로 고찰했다.

먼저 조선총독부가 통감부령 제52호를 엄격히 적용, 화농의 거주 및 노동을 제한한 사례를 들었다. 그러나 화농 및 주조선 총영사관의 강한 반발로 효과가 크지 않았다는 것을 소개했다. 조선총독부가 중국인을 대상으로 1934년 9월 도입한 100원의 제시금제도는 중국인의 조선 이주를 제한하는 효과가 있었다는 것을 밝혔다. 이어 인천부청이 인천부 신정 소재의 농업공의회 경영 채소시장을 1927년에 공설시장화하고 1932년에는 이 시장 화교 채소상의 독점적인 판매권을 빼앗고, 그것이 부인지역 채소 생산 및 판매에 적지 않은 영향을 미친 것을 분명히 했다.

그다음은 화농 채소재배 및 판매에 결정적인 타격을 가한 것이 1931년 화교

---

118) 朝鮮總督府學務局社會課(1936.3), "南朝鮮過剩人口の北移策", 《경제월보(調査月報)》 (1936년 3월호), 朝鮮總督府, 1~8쪽; 臨時國勢調査課鈴木虎次郎, "朝鮮常住人口の動き (昭和十年度國勢調査)", 《조사월보(調査月報)》(1937년 5월호), 朝鮮總督府.

배척사건이라는 것을 검토했다. 이 사건으로 화농은 직접적인 피해를 입었고, 그 직후에는 만주사변이 발생하면서 본국에 귀국하는 화교가 대량으로 발생했다. 특히 화농의 채소재배가 활발하던 경기도의 귀국자 및 피해가 상대적으로 심각했다는 것을 해명했다.

이어 부인지역 화농의 채소조합인 농업공의회 내부에 분규가 발생한 것을 들어 그 실태 및 원인에 대해 검토함과 동시에 분규가 이 지역 화농의 채소 생산 및 판매를 약화시키는 하나의 요인이라는 것을 밝혀냈다.

마지막으로 조선인 농민의 채소재배의 확대가 화농의 채소재배를 위축시킨 하나의 원인이라는 점을 제시했다. 이와 같은 현상은 경기도를 비롯한 남부지역에 현저하고, 북부지역은 거의 찾아볼 수 없었다는 점을 소개했다. 또한 화농 호수가 1931년 화교배척사건 이후 남부지역에서 매우 완만한 증가를 한 것에 비해 북부지역은 1930년대 중반 1930년 수준을 거의 회복한 것을 제시했다. 그 원인은 조선인 농가의 채소재배의 정도, 북부지역 인구증가 및 소득증가에 있었다.

제14장 ···

중일전쟁 시기 화농의 채소재배 및 판매의 변화

1. 머리말

이 장에서는 중일전쟁 시기 화농의 채소재배 및 판매가 중일전쟁에 의해 어떤 영향을 받았는지, 전시통제강화에 의해 어떻게 변화되는지 검토하고자 한다.

이 과제를 해명하기 위해 먼저 중일전쟁에 의한 화농의 귀국상황, 그것이 조선의 채소 공급에 미친 영향을 고찰한 후, 조선총독부의 채소증산계획 및 그 일환으로서 화농을 어떻게 활용했는지에 대해 검토한다. 마지막으로 화농의 호수가 1940년대 초 급증한 원인, 중일전쟁 이전과 비교하여 채소재배 및 판매가 어떻게 변화되었는지에 대해 조선의 북부지역을 중심으로 검토한다.

2. 중일전쟁의 영향

중일전쟁은 1931년 화교배척사건 및 만주사변과 같이 화농의 대량 귀국을 초래했다. 화농의 호수는 1936년 12월 2,858호에서 1937년 12월에는 2,098호

〈표 14-1〉 중일전쟁 시기 화농 호수의 추이

(단위: 호)

도별 \ 연도	1936년	1937년	1940년	1943년
경 기 도	315	75	144	188
충청북도	28	5	6	11
충청남도	44	16	21	22
전라북도	85	37	38	44
전라남도	31	20	18	29
경상북도	43	13	11	15
경상남도	12	2	0	2
황 해 도	315	122	186	349
평안남도	328	180	336	759
평안북도	797	845	1,047	1,384
강 원 도	43	10	18	20
함경남도	348	265	359	635
함경북도	469	508	679	980
합계	2,858	2,098	2,863	4,438

출처; 朝鮮總督府(1938·1939·1942), 『朝鮮總督府統計年報』, 朝鮮總督府; 남조선과도정부 편찬(1948), 『조선통계연감 1943년판』, 남조선과도정부, 16~25쪽.

로 27% 감소했다(〈표 14-1〉 참조). 각 도별로 보면, 경기도가 같은 시기 315호에서 75호로 75% 감소하여 감소율이 가장 높았으며, 그다음은 황해도 61%, 평안남도 45%, 함경남도 24%의 순이었다. 그러나 평안북도와 함경북도는 감소하지 않았다. 경기도의 화농은 1931년 화교배척사건 이후 서서히 회복하는 추세였지만, 중일전쟁으로 다시 감소세로 반전되어 감소폭은 동 사건 때의 감소율 56.4%보다 더 높았다.[1]

경기도의 화농 귀국상황을 구체적으로 보도록 하자. 인천중화농회의 회원은 전쟁 발발 당초평정을 유지했지만, 조선 화상이 공동으로 소유한 이통호(利通號)가 일본군에 억류되면서 전쟁이 장기화될 조짐을 보이자 동요하기 시작

---

1) 京畿道(1940), 『農事統計 昭和十三年度』, 京畿道, 14쪽.

했다. 중화농회의 우본해(于本海) 회장이 귀국하자 불안은 한층 더하여 1937년 9월 중순에는 전전 부인지역(부천과 인천지역) 약 700명의 화농 가운데 500명이 귀국, 잔류 농민은 209명(59호)에 지나지 않았다.[2]

경성부의 경우, 1936년 12월 말 65호의 화농이 562반보(反步, 16만 8,600평)의 채소를 경작하고 있었지만, 중일전쟁 직후에는 화농 수가 6호로, 재배면적이 45반보(1만 3,500평)로 격감했다.[3] 경성부내에서도 영등포 방면 이외의 서부방면, 용산방면, 동부방면의 화농은 모두 귀국했다. 더욱이 경성부의 중앙물산(中央物産)에 출입하면서 채소 판매에 종사하던 약 300명의 화교 채소행상은 전쟁으로 인한 불안이 생긴 데다 일본인 소비자가 화교 행상에게서 채소를 구매하지 않으면서 약 절반이 귀국했다.[4]

그런데 이상과 같은 화농 및 행상의 대량 귀국은 도시부를 중심으로 채소 부족 및 가격 급등을 초래했다. 경성부의 경우, 화농이 공급하는 채소는 수요채소에서 차지하는 비중이 그렇게 높지 않았기 때문에 현저한 영향은 없었지만,[5] 김장철을 맞이하여 화농 귀국에 의한 배추 공급 감소가 배추의 가격에 얼마나 영향을 줄지 모두 주목했다.[6]

인천부는 화농의 귀국으로 심각한 영향을 받은 지역의 하나였다. 부인지역의 화농의 채소재배 및 판매는 1931년~중일전쟁 이전 시기에 배화사건, 인천부청의 채소시장 개입, 인천농업공의회의 내분 등으로 위축되지 않을 수 없었다 하더라도 인천부 수요채소의 공급에서 여전히 높은 비중을 차지하고 있었

---

2) 朝鮮總督府警務局保安課(1937.9.24),「一般支那人ノ狀況」,『治安狀況』第29報.
3) 稲垣辰男(1937.12), "蔬菜栽培奬勵に就て",《조선농회보(朝鮮農會報)》(1937년 12월호), 조선농회, 26~27쪽.
4) 京城商工會議所(1937.8), "北支事變に關する法令及諸調査",《경제월보(經濟月報)》(1937년 8월호), 京城商工會議所, 26쪽.
5) 경성부의 1936년 채소소비량은 도내 생산량이 소비총량의 14%, 원격지 반입량 34%, 경성부 근교 6개 군 반입량 52%를 각각 차지했다(稲垣辰男(1937.12), 앞의 자료, 26쪽).
6) 京城商工會議所(1937.9), "日支事變の影響調査",《경제월보(經濟月報)》(1937년 9월호), 京城商工會議所, 24쪽.

다는 사실은 제13장에서 확인한 바이다.

부인지역의 화농이 귀국할 때 채소밭을 조선인 채소상에게 염가로 매도했기 때문에 인천부의 가을 채소 공급에 문제가 발생하지 않을 전망이었다. 그러나 조선인 채소상이 폭리를 취할 목적으로 채소 판매를 하지 않으면서 채소가격이 폭등했다.[7] 인천경찰서는 조선인 채소상에 대한 단속을 강화하고 인천부가 일본에서 채소 수입을 늘리는 방침을 추진했지만 김장철을 맞이한 소비자의 불안을 불식하기에는 역부족이었다. 채소 부족의 대혼란이 계속되었다.[8] 화농이 대량 귀국하면서 1938년 봄에는 채소 생산량이 감소했고, 이에 따라 채소가격이 4월 초 2배로 폭등해 채소가 육류보다 비싸지는 이상한 양상이 전개되어 부민(府民)의 가계에 다대한 지장을 초래했다.[9] 1938년 6월 신정(新町) 공설 채소시장의 채소 소매가격은 조선의 대도시 가운데 가장 높았다.[10] 이와 같은 현상은 부인지역 화농의 채소 생산이 얼마만큼 높은 비중을 차지하고 있었는지를 분명히 보여주는 것이다.

부인지역과 함께 화농의 채소재배가 활발했던 평양부에서도 화농이 대량으로 귀국, 인천부와 같은 결과를 초래했다. 평양부 및 인근의 화농 200호(농민 약 600명)은 8월 말 절반으로 감소했다.[11] 조선인 채소상이 채소 판매를 자제한 영향으로 부내의 채소가격은 이전보다 3~5할 폭등했다.[12] 평양 부민은 화농이 재배하여 명성을 얻고 있던 '평양배추'가 화농의 귀국으로 사라질 위기에 처해 있다고 우려할 정도였다.[13] 진남포부도 부인지역 및 평양부와 같은 사태가 발생, 부의 경찰 당국은 폭리를 취하려는 행상을 폭리취체령(暴利取締令)으로

---

7) "인천 야채생산자 撤歸로 금년 '김장'은 대공황?", 《동아일보》, 1937.8.26.
8) "야채류 기근 未免? 인천부의 완화책도", 《동아일보》, 1937.9.16.
9) "주방경제에 이상 야채류 10할이 등귀 인천은 물가고에 비명", 《동아일보》, 1938.4.2.
10) "全鮮一の野菜高 仁川台所脅威 大根1本が10錢", 《서선일보(西鮮日報)》, 1938.6.2.
11) "평양 지나인 撤歸로 채소 수급 문제", 《동아일보》, 1937.8.31.
12) "지나인의 귀환으로 야채 기근의 참상", 《조선일보》, 1937.8.28; "蔬菜饑饉解消 平壤府民漸く安堵", 《경성일보(京城日報)》, 1937.9.8.
13) "支那人農家引き揚げで平壤白菜姿消す", 《조선신문(朝鮮新聞)》, 1937.9.5.

처벌한다고 위협하면서 채소가격 폭등을 진정시키는 데 필사적으로 임했다.[14]

황해도의 겸이포에서도 화농 및 화교 채소상의 갑작스러운 귀국으로 채소 부족이 심각해졌다.[15] 충청북도의 조치원[16]과 신의주부에서도 채소가격이 전전보다 대폭 인상되어 당국은 대책마련에 힘을 쏟았다.[17]

이처럼 중일전쟁은 화농의 대량 귀국을 초래, 화농의 채소 공급이 많았던 대도시를 중심으로 채소가격이 급등하여 주민의 생활에 큰 영향을 미친 것이다.

3. 조선총독부의 대응

1) 채소증산계획

앞에서는 화농의 대량 귀국이 대도시를 중심으로 채소가격의 급등을 초래시켜 주민의 생활을 곤란하게 한 것을 검토했지만, 이에 대해 조선총독부 농림국은 '국욕(國辱)의 중대 문제'로 인식했다.[18] 그래서 조선총독부는 화농에 의지하지 않고 "우리들의 소채는 우리들의 손으로"라는 채소 자급자족의 달성을 긴급 정책과제로 정했다.[19]

조선총독부가 채소의 자급자족 달성을 정책과제로 정한 것은 화농에 대한 채소 의존에서 탈피하려 한 것일 뿐 아니라 "조선은 병참기지(兵站基地)로서 대량의 소채를 군에 공급할 수 있는 적합한 땅"[20]이라며 조선을 일본군의 전쟁

---

14) "지나 농민 撤歸로 남포 야채 기근 야채 시가는 漸高 형세", 《동아일보》, 1937.8.29.

15) "지나 농민 撤歸로 남포 야채 기근", 《동아일보》, 1937.8.28.

16) "연기군 농회 알선으로 소채조합 설립", 《동아일보》, 1938.3.9.

17) "폭리 야채상 철퇴", 《동아일보》, 1937.9.22.

18) "야채 기근 時代來! 가정생활에 영향", 《동아일보》, 1937.9.3.

19) 稻垣辰男(1937.12), 앞의 자료, 28쪽.

20) 武內晴浩(1938.10), "朝鮮に於ける蔬菜增産計劃に就て", 《조선농회보(朝鮮農會報)》(1938년 10월호), 조선농회, 36쪽; 朴ソプ(1995), 『1930年代朝鮮における農業と農村社會』, 未來社, 54쪽.

수행을 위한 채소 공급기지로서 자리매김한 것도 배경에 있었다. 그러나 조선은 1930년대에도 수요 채소의 상당한 금액을 일본에서 수입했다. 수입액은 1930년 181만 원, 1936년 527만 원,[21] 1937년에는 화농의 귀국 영향으로 708만 원으로 급증했다.[22]

조선총독부는 앞에서 살펴본 목표 및 채소 자급자족의 달성을 위해 채소증산계획을 추진했다. 먼저, 조선총독부 농림국(農林局)은 전쟁 직후 화농이 귀국하고 나서 남겨진 소작지를 해당 화농이 되돌아와도 소작권을 해당 농민에게 부여하지 않고 조선인 농민에게 소작권을 부여하는 방침을 결정해 9월 1일 각 도청에 지령했다.[23] 각 도청은 이 지시에 따라 각 부윤 및 각 군수 앞으로 "중화민국인 소작농으로 소작권을 포기한 자 및 소작계약 해제의 원인이 있는 자에 대해 재빨리 이를 해제하는 등의 방법으로 힘써 일본인, 조선인 농업인에게 그러한 토지를 자작 또는 소작하도록 한다"라고 통지했다.[24] 1934년 조선농지령(朝鮮農地令)에 의해 소작지가 3년마다 갱신하게 되었는데, 1937년은 마침 그 만기가 도래하는 해였다. 이 조치로 인해 귀국 화교 소작농이 계약갱신을 할 수 없게 되자 소작권을 박탈당할 위기에 처했다. 한편, 평안남도 농무과(農務課) 소작계(小作係)는 지주와 소작인이 수확의 절반을 각각 차지하는 조선의 소작관행하에서 소작인의 생활이 곤란했기 때문에 지주를 설득하여 소작 관행을 고치고 조선인 농민의 채소재배를 장려했다.[25]

이와 동시에 조선총독부 농림국은 각 도에 채소재배장려방침(野菜栽培奬勵方針)의 지시를 하달했다.[26] 이 지시에 따라 평안북도, 강원도, 함경남도 이외 10

---

21) 小早川九郎 編(1960), 『朝鮮農業發達史 資料篇』(再刊擔當近藤釼一), 友邦協會, 114쪽. 1936년의 경우 조선 채소소비액의 약 8%는 일본 수입에 의존했다.

22) "조선 소채산額 의외로 빈약", 《동아일보》, 1938.2.26.

23) "지나인 대량 귀국과 소채 기근의 대책 지나인 소작 토지를 전부 조선 농민에", 《조선일보》, 1937.9.3; "支那人の引揚で野菜額が朝鮮人に栽培奬勵 全鮮に通牒を發す", 《조선신문(朝鮮新聞)》, 1937.9.3; 稻垣辰男(1937.12), 앞의 자료, 28쪽.

24) "蔬菜を作れ! 支那人の小作權抛棄", 《조선신문(朝鮮新聞)》, 1937.9.18.

25) "支人の引揚に伴ふ平壤府の野菜饑饉", 《평양마이니치신문(平壤每日新聞)》, 1937.9.9.

26) "야채재배는 조선인의 손으로", 《조선일보》, 1937.9.3.

개도는 1938년도 채소증산계획을 세웠다. 이 계획에 대해 경기도를 중심으로 구체적으로 보도록 하자. 경기도를 예로 든 이유는 앞에서 살펴본 대로 화농 귀국자가 상대적으로 많았다는 점, 채소의 약 3할을 일본 등 다른 지역에 의존하고 있어 채소증산이 긴급히 필요한 지역이라는 점,[27) 경기도청은 1938년도 채소증산의 예산으로 2만 2,091원을 계상하여 10개 도 가운데 가장 많았다는 점에 있다.[28)

경기도청은 채소증산계획으로서 5,177원의 인건비를 계상하여 채소재배 지도를 위해 고양군, 시흥군, 부천군 등 3개 군에 기술원 3명을 배치함과 동시에 1937년에 이어 특수농가지도를 위한 촉탁 1명을 배치했다.[29) 소채조합장려비 (蔬菜組合奬勵費) 명목의 예산 6,804원은 고양군, 시흥군, 부천군, 인천부, 경성부에 30명을 단위로 하나의 채소조합을 설립, 12개소가 만들어졌다.[30) 각 조합은 원예모범밭을 설치하고 병충해 구제와 관수(灌水) 설비, 공동출하의 나무상자 및 온실재료 등의 보조를 받았다. 채소조합이 설치된 지역은 화농 채소재배가 활발했던 지역과 겹쳐 도 당국의 정책이 화농 귀국의 틈을 이용하여 화농 채소재배의 지위를 빼앗으려 한 의도를 엿볼 수 있다.

또한 경기도청은 중국에서 대량으로 수입하던 고추[31)의 재배 보조를 위해 농회를 통해 도내 40개소에 집단재배를 하도록 했는데, 1개소의 면적은 약 1정보로 정하고 3.5원의 비료비를 보조했다. 경기도청은 채소가공 저장탱크를 3개소에 설치하고 1개소당 1,000원의 보조금을 지원하는 한편, 채소조합의 사

---

27) "경성부 소채공급난 一年 소비 347만여원 수입만 113만원", 《매일신보》, 1938.3.18.
28) 武內晴浩(1938.10), 앞의 자료, 43~46쪽. 이하 이 자료를 근거로 논의를 전개함.
29) 그 구체적인 대책을 마련하기 위한 기술원 회의가 1938년 9월 14일 개최되었다("장려비로 만여 원 계상 경기 소채 적극 재배 14일 관계 기술원 회의 개최 구체적 대책을 협의", 《매일신보》, 1938.9.15).
30) "소채조합 12개소 경성, 고양, 시흥, 인천 등지 신설 집단적으로 번초재배", 《매일신보》, 1938.3.18.
31) 고추 수입액은 1925년 113만 5,732근·11만 2,952원, 1930년 358만 6,327근·44만 6,424원, 1935년 360만 3,412근·47만 7,264원이었지만, 그 대부분은 산동성에서 수입된 것이었다(朝鮮總督府(1937), 『昭和拾年 農業統計表』, 朝鮮總督府, 95쪽).

업자금으로 5,280원을 계상하고 농기구 구입비, 반(半)촉성재배를 위한 나무상
자비를 대부했다. 또한 우량 채소를 한곳에 모아 비교연구를 하는 품평회 개최
를 위해 300원의 예산을 책정했다.

　조선총독부 및 경기도청의 채소증산 방침하에서 각 부청 및 각 군청도 채소
증산의 계획을 세워 실천에 옮겼다. 경성부청은 채소증산을 위한 장려시설로
서 채소조합을 설립하고 조합에 종자구입대금 및 병충해구제 예방비를 보조했
다. 또한 경성부청 주최로 강습회 및 품평회를 개최, 원예작물의 재배에 관한
기술 향상과 품질의 개선을 도모했다. 경성부내의 종암, 왕십리, 한강, 용강의
4개소에 채소지도학교를 설치하고 전임 기술원을 통해 집중적으로 지도했다.
그와 동시에 채소지도학교에 보조금을 지급했다.32) 인천부청 권업계(勸業係)
는 1937년 12월 주안정과 앵정(櫻町) 2개소에 채소조합을 설립했다.33) 또한
1938년에는 부내 각 부락에 채소조합을 1개씩 설치하도록 지도하여 퇴비 저장
을 장려했다.34) 개성부청은 1938년 11월 조선의 배추종자를 대표하는 개성배
추종자의 명성을 되살리기 위해 조선인의 채소조합을 조직하게 하여 우량종자
의 채취 및 재배 방법의 개선을 도모했다.35)

　경기도뿐 아니라 다른 도에서도 경기도청과 같은 채소증산계획을 추진했
다. 화농의 귀국이 많았던 평안남도 도청은 3,572원의 추가 예산을 마련, 기술
원 2명을 배치하고 채소저장시설의 보조, 채소 적지 부락 8개소를 선정하여 집
중지도를 실시했다. 또한 각 부락에 관개용 우물 시설 설치의 보조금을 지급했
다.36) 또한 평안남도청은 조선총독부에 보조금을 신청하여 온상설비 2개소의
설치, 운반 및 하역장 설비 정비, 그리고 병충해 구제 예방 보조비로 사용하려
했다.37)

---

32) 稲垣辰男(1937.12), 앞의 자료, 28쪽; "야채학교 출현!",《동아일보》, 1937.10.13.
33) "인천야채조합 조직",《동아일보》, 1937.12.19.
34) "인천부내 각 부락의 소채조합을 조직 퇴비 저장도 장려",《매일신보》, 1938.9.21.
35) "소채조합을 조직코 품질향상을 기도",《동아일보》, 1938.12.3.
36) 武內晴浩(1938.10), 앞의 자료, 47~48쪽.
37) 武內晴浩(1938.10), 앞의 자료, 51~52쪽.

<표 14-2> 중일전쟁 시기 조선 내 채소경작의 면적·생산량·생산액 추이

조사 연도	경작면적(정보)	생산량(관)	반보당 생산량(관)	생산액(원)
1931년	147,479.1	335,188,008	227	38,193,684
1938년	179,398.5	408,716,216	228	71,550,121
1939년	185,808.1	300,626,555	162	80,602,217
1940년	183,455.6	371,520,559	203	109,992,424
1941년	182,468.2	178,949,809	208	112,058,497
1942년	189,812.3	346,085,461	182	115,255,803

출처: 朝鮮總督府農商局(1943), 「昭和18年12月 第84回 帝國議會說明資料」(복각판, 『朝鮮總督府帝國議會說明資料』 제8권, 不二出版, 1994, 74쪽).

그렇다면 조선총독부 및 각 도 채소증산계획은 기대한 것과 같은 효과가 발생했을까? 〈표 14-2〉를 보도록 하자. 조선의 채소 생산량은 1938년 4억 871만 관이던 것이 1939년에는 한발 등의 악천후로 인해 3억 관으로 급감 한 후, 조금씩 회복해갔지만, 1938년의 수준을 회복하지는 못했다. 생산성을 나타내는 반보(反步)당 생산량은 1938년 228관에서 1939년 162관, 1940년 203관, 1941년 208관, 1942년 182관으로 하락하는 경향을 보였다. 즉, 조선총독부의 채소증산계획이 효과를 보지 못한 것을 알 수 있다. 그 이유의 하나는 적은 예산에 있었다. 각 도청의 채소증산 예산액은 1938년도에 3만 709원인데 이 금액은 각 도청 권업비(勸業費)의 0.2%에 지나지 않았다. 이 예산으로 채소증산을 실현하기는 턱없이 부족했다.[38] 이 외에 전시통제기 전쟁 수행을 위해 노동력이 대량으로 징용되자 채소재배를 하는 조선인 및 일본인 농민이 감소한 것과 화학비료 등 영농자재의 결핍이 채소 생산 증가를 저해하는 주요한 요인으로 작용했다.

이상과 같은 채소 생산량 감소로 인해 채소의 소매가격은 상승하는 추세를 보였다. 경성부의 경우, 1933년 연평균 소매물가를 100으로 하면 1937년 말은 124, 1938년 말은 147, 1939년 말은 181, 1940년 말은 214, 1941년 말은 186,

---

38) 武內晴浩(1938.10), 앞의 자료, 43쪽; 朴ソブ(1995), 앞의 책, 54쪽.

1942년 말은 229로 중일전쟁 시기 채소가격이 급등했다.[39] 채소가격의 상승률은 주식인 곡류(1942년의 경우 185)보다도 높았다.

조선 채소 생산량의 감소는 필연적으로 대일 채소수입의 증가를 가져왔다. 1937년 708만 원이던 수입액은 1938년에 788만 원, 1939년에 악천후 등의 영향으로 1,252만 원으로 급증했다.[40] 1939년도 경성부 중앙도매시장에 입하된 채소 및 과일 가운데 조선 내 입하량은 전체의 46.2%(경기도는 전체의 34.2%)에 지나지 않았고, 대일 수입량이 47.9%(혼슈 24.3%, 규슈 11.9%, 시코쿠 11.7%), 대만 수입량 5.5%, 기타 외국 수입량 0.4%로 일본 및 대만이 이 시장 총입하량의 절반 이상을 차지했다.[41]

이상의 검토에 의해 조선총독부의 채소증산계획은 채소 생산량의 증가를 초래한 것이 아니라 오히려 채소 생산량의 감소 및 채소가격의 급등을 발생시켜, 결국 정책이 성공을 거주지 못한 것으로 판단할 수 있다.

2) 화농의 활용

중일전쟁 직후 조선총독부는 화농의 귀국을 기회로 조선인 및 일본인 농민의 채소증산을 도모했지만 실패로 끝났다. 이러한 증산 실패가 화농의 채소재배에 어떤 영향을 주었는지 검토해보자.

조선총독부는 앞에서 검토한 대로 전쟁 직후 치안상의 이유로 일단 귀국한

---

39) 朝鮮殖産銀行調査部(1943.2), "調査・資料 都市に於ける浮動購買力の研究-京城府に於ける浮動購買力の研究", 《식산조사월보(殖産調査月報)》(1943년 2월호), 朝鮮殖産銀行, 12쪽.

40) 朝鮮總督府(1940), 『朝鮮貿易月表 昭和十四年十二月』, 朝鮮總督府, 116쪽. 1939년의 대일 채소수입액의 내역은 생채(生菜)가 645만 6,193원, 건채(乾菜)가 437만 984원, 저장채소식품 169만 5,325원이었다.

41) 京城府(1941b), 『昭和十四年度 第一回京城府中央卸賣市場年報』, 京城府, 69쪽. 일본뿐 아니라 대만에서도 채소가 대량으로 수입되고 있었던 것은 일본제국 내의 채소 유통과 관련하여 주목된다. 이와 관련된 기사로는 "야채 23만곤 대만에서 대량 입하", 《매일신보》, 1940.1.19.

화교에 대해 재입국을 엄격하게 제한하고 농민을 비롯한 중국인의 입국 및 재입국을 사실상 금지했지만, 일본군이 화교의 고향인 산동성 및 하북성을 점령하자, 1938년 6월부터 귀국 중인 화상 및 그 가족에 대해 재입국을 허가했다. 그러나 화농 등 노동자는 대상에 포함되지 않았다.

하지만 〈표 14-1〉을 보면, 화농 호수는 1937년 12월 말 2,098호에서 1940년 2,863호로 36.5% 증가했다. 더욱이 1943년 12월 말에는 4,438호로 1937년 12월보다 111%나 증가했을 뿐 아니라 화농 호수가 최고였던 1930년의 3,331호보다 33% 증가, 일제강점기 최고의 화농 호수를 기록했다. 이 결과를 놓고 보면 조선총독부의 화농에 대한 입국 및 재입국 정책이 바뀐 것으로 판단할 수 있다.

이를 입증할 조선총독부의 관련 사료는 발견되지 않았지만, 주(駐)경성 총영사관은 "최근에 이르러 일본 전국이 노동력 부족이 심하기 때문에 화공, 화농의 수요도 증가했다. 이로 인해 최근 1, 2년 사이에 화공의 조선 입국은 다시 증가 추세를 보이고 있다"라며 조선 내 화농에 대한 수요가 화농의 증가를 유발했다고 지적했다.[42] 앞의 검토를 고려한다면 이러한 지적은 조선총독부가 의욕적으로 실시한 채소증산계획이 좌절되자 총독부가 채소재배에 뛰어난 화농을 활용하려 한 것으로 보인다. 조선총독부는 1941년 "지방도시의 대부분은 교외 생산의 채소로 자급할 수 있는 실정이지만 대도시는 동계 채소가 부족하여 매년 약 1,500만 관의 채소를 이입하는 상황이다. 이와 같은 공급부족은 겨울 한랭 때문에 채소의 생산을 전혀 할 수 없는" 것이 원인이라며, 겨울 채소재배의 필요성을 역설했다.[43] 바로 겨울 채소재배는 화농의 장기 분야였다.

조선총독부가 화농을 활용한 사례는 부산부에서 확인된다. 부산부 소비의

---

42) 원문. 至最近因日本全國甚感勞動力之缺乏, 華工華農之需要亦隨之增加, 故近一兩年, 華工之入鮮, 復現增加趨勢(駐京城 總領事館 보고(1942.7.1), [조선화교槪況], 「駐京城總領事館半月報告」, 『汪僞僑務委員會檔案』(동 2088-373).

43) 朝鮮總督府(1941), 「昭和16年11月 第77回 帝國議會說明資料」(복각판, 『朝鮮總督府帝國議會說明資料』 제2권, 不二出版, 1994, 188쪽).

〈표 14-3〉 조선 주요도시의 채소 소비 상황(1940년)

부별	인구 (명)	소요총수량 (a) · (관)	지역생산량 (b) · (관)	인접지공급량 (c) · (관)	도외반입수량 (d) · (관)	도외반입률 (d/a) · (%)
경성	935,464	20,580,208	2,605,214	13,850,816	4,124,178	20.0
대구	178,923	3,936,306	876,185	2,047,064	1,013,057	25.7
부산	249,734	5,494,148	464,709	3,463,706	1,565,733	28.5
평양	285,965	6,291,230	587,178	4,413,878	1,290,174	20.5
함흥	75,320	1,657,040	70,100	838,107	748,833	45.2
청진	197,918	4,354,196	861,980	△1,498,086	4,990,302	114.6
합계	1,923,324	42,313,128	5,465,366	23,115,485	13,732,277	32.5

주: 청진부의 △는 인접지에서 공급된 수량보다 공급하는 수량이 많은 것을 나타냄.
출처; 朝鮮總督府農商局(1941),「昭和16年11月 第77回 帝國議會說明資料」(복각판,『朝鮮總督府帝國議會說明資料』제2권, 不二出版, 1994, 188쪽).

채소는 지역 생산량 및 인근 채소 공급량보다 일본 및 다른 도에 의존하는 비율이 상대적으로 높았다. 중일전쟁 이전인 1931년경 부산부의 채소소비액 30만 원 가운데 약 5할은 일본에서 수입했다.[44] 1940년 부산부의 연간 채소소비량의 28.5%를 일본 및 다른 도에서 수입했다. 이 외부 의존율은 1931년보다 하락한 것이며, 경성부 20%, 평양부 20.5%, 대구부 25.7%보다 높았다(〈표 14-3〉 참조).

그런데 일본 국내에서 전쟁의 영향으로 인해 채소 생산량이 감소하고 채소의 배급제가 실시되면서 대일 채소수입은 이전에 비해 줄어들지 않을 수 없었다. 특히 감자, 양파, 오이 등의 채소 수입은 조선총독부와 일본 국내 채소배급기관인 제국농회 간에 협의를 거쳐 조선 할당량이 결정되었기 때문에 이전보다 수입량이 감소하지 않을 수 없었다.[45] 또한 조선총독부는 1940년 12월 각 도지사 앞으로 '생선 식료품의 출하 통제에 관한 건'을 공포하여 채소 출하를 통제한 결과,[46] 부산부는 조선의 다른 도에서도 채소를 이입하는 것이 이전보

---

44) "부산부 소채 소비의 5할은 이입 보충",《매일신보》, 1932.2.13.
45) "내지산 소채류의 조선 할당을 결정",《매일신보》, 1941.5.1.
46) 朝鮮總督府(1941),「昭和16年11月 第77回 帝國議會說明資料」(복각판,『朝鮮總督府帝國

다 곤란해졌다. 즉, 부산부의 입장에서 채소의 자급자족은 최긴급과제의 하나였던 것이다.

하타다(畑田) 부산경찰서장은 1942년 부내의 채소증산에 화농을 활용하는 계획을 세웠다.[47] 그러나 부산부 및 그 부근의 화농은 1923년에 32명[48], 1934년 12월 9명[49]에 지나지 않은 원래부터 화농이 적은 지역이었다. 중일전쟁 직후 부산부의 화농은 모두 귀국, 부산부에는 1942년 1호의 농가도 남아 있지 않았다. 하타다 서장은 이전 신의주에 근무할 때 현지의 화농이 채소재배에 뛰어난 것을 알고 있었기 때문에 주부산 영사관을 통해 화농 몇 명의 파견을 요청했다. 주부산 영사관의 알선으로 왕진화(王振華) 등 화농은 1942년 6월 부산에 도착, 채소재배를 시작했다. 그러나 부산은 신의주보다 채소의 성장이 10여 일 느린 데다 많은 해충으로 인해 화농의 채소재배 시도는 실패로 끝났다. 그들은 다시 채소재배에 도전했지만 또다시 실패했다. 화농이 신의주로 되돌아가려 하자, 하타다 서장은 그들에게 농약의 제공과 생계 보조를 약속하면서 머물게 했다.[50]

이어 1942년 10월 왕균지(王均智) 등의 화농이 부산부 사하면에 채소재배를 시도했지만 또다시 실패했다. 그들은 채소재배를 계속할 수 없다고 판단, 주부산 영사관과 상의하여 신의주로 되돌아가려 했지만 이번에도 하타다 서장의 만류로 머물게 되었다. 하타다 서장은 이번에는 영정(榮町) 거주 우다 세이치로(宇田精一郎)에게 그들을 고용하여 1인당 매월 생활비로 50원을 지급할 것과, 채소를 판매하여 얻는 이익의 절반을 화농에게 지급할 것을 제안, 화농이 이를

議會說明資料』제2권, 不二出版, 1994, 188쪽).

47) 駐釜山領事館 보고(1942.8), 「釜山領事館 1942年4月至12月分工作報告」, 『汪僞外交部檔案』(동 2061-1160).

48) 朝鮮總督府(1924a), 『朝鮮に於ける支那人』, 朝鮮總督府, 146쪽.

49) 駐釜山領事館 보고(1934.12.28), 「1934年末季僑民人數與職業之調査」, 『南京國民政府外交部公報』제8권 제1호(복각판, 中國第二歷史檔案館 編(1990), 『南京國民政府外交部公報』, 江蘇古籍出版社, 219쪽).

50) 駐釜山領事館 보고(1942.8), 앞의 당안, 동 2061-1160.

수용하여 채소재배 시도는 계속되었다.[51]

신의주에서 파견된 화농의 채소재배는 성공을 거두지 못한 때문인지 1943년에는 부산경찰서의 아라이(荒井) 경부(警部)가 직접 신의주로 가서 부산에 채소농원을 경영할 화농의 모집을 했다. 주신의주 영사관 및 신의주 중화농회[52]와 협의한 결과, 농회의 장붕길(莊鵬吉) 회장, 손충신(孫忠信) 부회장, 소채생산업조합(蔬菜生産業組合) 왕채(王彩) 부조합장은 아라이 경부와 함께 부산의 채소농원의 후보지를 시찰하고 부산이 채소재배에 적합한지 조사했다.[53]

이상과 같이 부산경찰서가 신의주 화농을 활용하여 채소증산을 도모한 것이 얼마만큼 성과를 올렸는지는 분명하지 않지만, 이 사례를 통해 부산부가 채소증산을 위해 화농을 필사적으로 활용하려 한 것은 명백하다. 조선의 대도시는 채소자급률이 정도의 차이는 있지만 기본적으로 채소가 부족한 상황에 직면해 있었다. 부산부와 같이 행정당국이 화농을 활용하여 채소증산을 도모한 것은 다른 부에서도 있었을 것이다.

물론, 조선총독부가 화농에만 의존하여 채소증산을 도모한 것은 아니었다. 조선총독부 농림국은 1941년 8월 조선에서 수요가 많은 무, 배추, 가지, 마늘 등의 채소재배를 4개년 계획으로 5.4억 관으로 증산하는 목표를 세웠다.[54] 이에 국민총력운동지도위원회(國民總力運動指導委員會)는 1941년 8월 각 가정의 공터에 채소를 재배하도록 각지의 연맹에 통첩, 전 주민의 운동으로 추진했다.[55] 그러나 조선총독부의 채소증산계획은 목표를 달성하지 못했으며 조선

51) 駐釜山領事館 보고(1942.8), 앞의 당안, 동 2061-1160.

52) 1942년 7월 신의주중화농회의 회원은 118명이었다. 농회의 경비는 경작면적에 따라 결정되었다(駐新義州領事館 보고(1942.8), 「1942年度日本方面華僑槪況月報表」, 『汪僞僑務委員會檔案』(동 2088-372)).

53) 駐新義州領事館 보고(1943.4), 「駐新義州領事館 1942年1月至4月分工作報告」, 『汪僞外交部檔案』(동 2061-1162).

54) "소채증산계획 수립 4개년간 5억4천만관을 목표로 농림국 예산을 作案中", 《매일신보》, 1941.8.8; "소채재배 4년 계획", 《매일신보》, 1941.8.10.

55) "소채재배 4년 계획", 《매일신보》, 1941.8.10.

의 채소 부족은 점점 심각해졌다. 채소 부족 문제가 심각해지면 심각해질수록 조선총독부 및 각 지방 당국은 화농을 활용하여 채소증산을 도모하려 했을 것이다. 이러한 상황은 1940년 이후 화농 호수 및 화농 인구가 급증한 하나의 요인이었다고 생각된다.

4. 화농의 채소재배 및 판매 실태

1) 채소재배

중일전쟁 시기 화농의 증가는 1931년~중일전쟁 발발 이전에 발견된 지역적 격차가 다시 나타났다. 남부지역과 북부지역에서 1937년과 1943년의 화농 호수를 비교할 경우 두 지역 모두 증가했지만, 남부지역의 호수 증가율은 86%인 데 반해 북부지역의 호수 증가율은 114%였다. 화농의 이주가 북부지역에 상대적으로 많았던 것이다(〈표 14-1〉 참조). 화농의 호수는 1943년 남부지역에 331호(전체의 7.5%)인 것에 비해 북부지역은 4,107호(동 92.5%)로 북부지역이 압도적으로 많았으며 중일전쟁 이전보다 북부지역 집중도가 한층 높아졌다.

왜 이와 같은 현상이 빚어진 것인지 화농 채소재배의 실태파악을 근거로 검토해보자. 남부지역의 대표적인 화농의 채소재배지인 부인지역(부천과 인천부)은 1942년 화농 호수가 120호(농민 약 500명)로 중일전쟁 이전의 수준을 회복하지 못했다. 또한 화농의 재배면적은 자본이 조금 많은 농가는 약 1,000평, 적은 농가는 수백 평에 지나지 않았다.[56] 1920년대 부인지역 화교농가의 경작면적은 그보다 훨씬 넓었기 때문에 경작면적은 이전보다 감소한 것으로 볼 수 있다. 이와 같은 이유로 먼저 생각할 수 있는 것은 차지료(소작료)이다. 농촌 지역

---

56) 駐仁川辦事處 報告(1942.7.15), [仁川辦事處轄境內僑務概況], 「駐京城總領事館半月報告」, 『汪僞僑務委員會檔案』(동 2088-373).

의 연간 차지료는 평당 10~20전이지만, 부인지역 등의 도시지역은 50~60전으로 도시부가 훨씬 높았다.[57] 또한 앞에서 검토한 것과 같이 중일전쟁 발발 직후 화농이 본국에 귀국, 자연스럽게 소작권을 빼앗긴 경우가 많았던 것도 작용했을 것이다. 한편, 부인지역에는 인천중화농회(仁川中華農會)가 그대로 존속하여 간사장 1명(곡육송(曲毓松)), 부간사장 1명, 간사 5명으로 구성되어 있었다.[58] 농회의 회원은 산동성 문등현(文登縣) 및 영성현(榮成縣) 출신이 많았는데 이것은 중일전쟁 이전과 비슷했다.

다음은 북부지역 화농의 채소재배에 대해 전시기 화농의 호수증가율이 가장 높은 평안남도를 중심으로 보도록 하자. 개항기 때부터 화농의 채소재배가 활발했던 진남포부는 1942년 화농 53호가 호당 평균 2,000~3,000평을 경작했다. 부인지역의 화농보다 경작면적이 넓다는 것이 확인됨과 동시에 진남포부의 1920년대 경작면적과 거의 변함없음을 알 수 있다. 화농의 소작료는 평당 10전으로 부인지역보다 저렴했다. 화농 농경업주는 1942년 진남포중화상회에 소속되어 매월 회비를 내고 있었지만 액수는 잡화상과 중화요리점보다 낮았다. 화농이 화상보다 소득이 낮았다는 것을 알 수 있다.[59]

평양부 및 그 주변 화농의 호수는 전전의 수준을 완전히 회복했다. 평양부는 1942년 27호, 선교리(船橋里) 70호, 대동군 153호, 총 250호에 달했다. 선교리 화농은 약 18만 평의 채소를 재배했는데, 대농(大農)은 6,000평, 소농(小農)은 1,000평, 호당 평균 2,517평을 경작했다. 이 지역에는 채소조합이 조직되어 있었다. 화농은 이 조직을 통해 분뇨를 구입했다.[60] 대동군의 화농은 대농 5,000평, 소농 1,000평의 채소를 재배, 소작료는 평당 10전으로 선교리보다 쌌으며,

57) 駐京城 總領事館 보고(1942.7.1), [조선화교槪況], 「駐京城總領事館半月報告」, 『汪僞僑務委員會檔案』(동 2088-373).
58) 駐仁川辦事處 報告(1942.7.15), 앞의 당안, 동 2088-373. 농회의 연간 수입은 2,000원이었다.
59) 駐鎭南浦辦事處 報告(1942.5.15), [鎭南浦辦事處轄境平安南道僑務情形], 「駐京城總領事館半月報告」, 『汪僞僑務委員會檔案』(동 2088-373).
60) 駐鎭南浦辦事處 報告(1942.5.15), 앞의 당안, 동 2088-373.

진남포와 같은 수준이었다. 대동군에도 화농 농경업주로 구성된 채소조합이 조직되어 있었다.[61]

　황해도의 황주군의 화농 호수는 분명하지 않지만 대농은 9,000평, 소농은 1,000~2,000평의 채소를 재배했다. 평당 차지료는 토지에 따라 7전, 10전, 14전으로 일정하지 않았다. 화농은 비료를 채소조합을 통해 구입했다.[62] 주원산 부영사관 관할지역인 함경남도, 함경북도, 강원도의 화농은 소작료로 평당 연 15원을 지불했다. 재배 채소는 배추와 무가 중심으로 종자는 중국에서 가져온 것이며, 산동산이었다.[63]

　다음은 차지료(소작료)에 대해 보도록 하자. 중일전쟁 이전 시기와 비교하여 차지료의 결정에 변화가 발생했다. 조선총독부는 1939년 12월 소작료통제령 (小作料統制令)을 공포하고 1939년 9월 18일을 기준으로 소작료의 인상과 이전보다 소작인에게 불리하게 소작 조건이 개정되는 것을 원칙적으로 금지했다.[64] 화농은 종래 지주와 계약하여 차지료를 지불해왔지만 지주가 마음대로 차지료를 인상하는 것이 금지되었기 때문에 소작료통제령은 보기에는 화농에 유리한 것처럼 보인다. 그러나 불리한 입장에 서게 된 지주는 소작의 만기가 도래되자 소작지를 다시 빌려주지 않거나 만기가 도래하지 않았는데도 소작지를 팔아버리는 자가 나타나 지주와 화농 사이에 마찰이 발생했다.[65] 화농의 입장이 보다 난처해진 것이다. 지방 당국 및 소작위원회가 이에 대해 어떻게 대처했는지는 분명하지 않지만, 조선총독부가 식량 및 채소증산을 위해 이 통제령을 실시한 이상 행정적으로 개입하여 문제해결을 도모했을 것으로 추정된다.

61) 駐鎭南浦辦事處 報告(1942.5.15), 앞의 당안, 동 2088-373.
62) 駐鎭南浦辦事處 報告(1942.7.27), [黃海道黃州郡僑務情形], 「駐京城總領事館半月報告」, 『汪僞僑務委員會檔案』(동 2088-373).
63) 駐元山副領事館 보고(1942.4), 「元山華僑槪況」, 『南京國民政府外交部公報』 제41권(복각판, 中國第二歷史檔案館 編(1990), 『南京國民政府外交部公報』, 江蘇古籍出版社, 19쪽).
64) 朝鮮總督府(1940), 『朝鮮法令輯覽』, 朝鮮總督府, 292~293쪽; "소작료 통제령 逐성립 9·18비율로 정지", 《동아일보》, 1939.11.18.
65) 駐京城 總領事館 보고(1942.7.1), 앞의 당안, 동 2088-373.

한편, 조선의 북부지역 화농 출신지는 남부지역과 다른 것 같다. 화농의 채소재배가 활발했던 원산부의 원산화교소학에는 1943년경 166명의 학생이 재학하고 있었다. 이 가운데 학부형을 산동성 출신으로 하는 학생은 146명으로 전체의 88%를 차지했다. 산동성 출신의 학생을 각 현별로 분류하면 일조현(日照縣)이 66명으로 전체의 45%로 가장 많았고, 문등현(文登縣)이 19명으로 그다음을 차지했다.[66] 194년 원산중화상회의 임원 26명 가운데 화상은 22명으로 가장 많았으며,[67] 화상의 출신 현은 복산현(福山縣), 문등현, 모평현(牟平縣) 등 산동성 동해안 연안에 위치한 지역이 대부분을 차지했다.

일조현은 앞에서 언급한 대로 산동성 가운데 빈곤한 지역으로, 경제적인 이유로 인해 조선에 이주한 자가 많았고 그 대부분은 조선의 이주지에서 채소재배에 종사했다.[68] 또한 일조현 출신자의 이주지는 조선의 북부지역에 집중되었다. 예를 들면 북한화교 A 씨의 증언은 이를 잘 입증해준다.[69] A 씨는 그의 외조부가 중일전쟁 시기 고향인 일조현에서 진남포를 거쳐 청진부로 이주하여 정착하면서 그때부터 채소재배를 했다. 그의 조부도 일조현 출신으로 1930년대 중반 청진부로 이주하여, 처음에는 일본인에 고용되어 토목건축 일을 한 후 채소재배 일로 바꾸었다. 또한 1931년 화교배척사건의 피해자를 출신지별로 보면, 일조현 출신자가 86명으로 산동성 다른 현의 피해자 수를 훨씬 상회했다. 피해자의 거주지는 거의 평양부를 중심으로 한 북부지역에 집중되어 있었다.[70] 이상의 여러 사정을 고려하면 원산화교소학의 일조현 출신 재학생 66명

66) 菊池一隆(2005), 「戰時期朝鮮における華僑學校教育の實態と特質: 神戸中華同文學校との比較檢討」, 王柯 編, 『阪神華僑の國際ネットワークに關する硏究』(平成14年度~平成16年度科學硏究費補助金(基礎硏究(A)(1)) 硏究成果報告書), 137쪽.

67) 駐元山副領事館 報告(1942.1.17), 「元山中華商會請求備案」, 『汪僞僑務委員會檔案』(동2088-373).

68) Chao Zhongchen, "Report of Field On the Returned Overseas Chinese of South Korea in Rizhao City, Shandong Province", Elizabeth Sinn ed., The last half Century of Chinese Overseas, Hongkong: Hongkong University Press, 1998, pp. 466~469.

69) A 씨 증언(2010년 12월 13일 및 2011년 1월 23일 인터뷰).

70) 山東省日照縣(1932.1.8), [旅韓難民死傷及財産損失調査表], 「損失調查(一)」, 『駐韓使館

의 학부형은 거의가 화농이었을 것으로 추정된다.

그것이 사실이라면 남부지역에는 상대적으로 풍요로운 문등현, 영성현 등의 산동성 동해안 연안지역 출신의 화농이 많은 반면, 북부지역은 일조현 출신 화농이 다수를 차지한 것으로 보인다. 일조현 출신 화농이 남부지역이 아닌 북부지역에 이주가 집중된 것은 차지료가 남부지역에 비해 저렴하여 채소재배를 시작하기에 부담이 적었다는 점, 제12장에서 밝힌 것처럼 일조현 출신의 이주에는 연쇄이주(chain migration)가 확인된다는 점에서 중일전쟁 시기에도 그와 같은 연쇄이주가 이뤄졌을 것으로 추정되기 때문이다.

중일전쟁 시기 화농의 채소 생산량을 농가 호수 및 재배면적을 기준으로 판단해보자. 부인지역 등 남부지역의 재배면적이 감소한 반면, 화농의 9할 이상이 위치한 북부지역의 호당 재배면적은 전전과 거의 변함없기 때문에 전전보다 호수가 증가한 분만큼 조선 전체의 화농 채소 생산량은 전전보다 증가한 것으로 보인다. 단, 전시통제 및 영농자재의 결핍 등이 화농의 채소 생산 제약요인으로 작용했기 때문에 증가율은 화농 호수 증가율을 밑돌았을 것으로 추정된다.

2) 채소 판매

여기서는 화농이 생산한 채소의 판매가 전시통제강화의 실시로 어떻게 변화했는지 검토하려 한다. 조선총독부는 1939년 9월 18일 각종 물가를 동결하는 이른바 9·18 정지령(停止令)을 공포했는데, 채소는 가격의 변동이 심하고 지방과 시기에 따라 현격한 차이가 나기 때문에 대상에서 제외됐다.[71] 그러나 채소 부족이 심각해지자 1940년 11월 15일 채소를 근량(斤量) 본위의 공정가격제(公定價格制)를 시행했다.[72]

保存檔案』(동 03-47-222-15).
71) "야채果物생선 등에 공정가격 逐실시", 《동아일보》, 1940.3.10.
72) "소채 공정가격 실시(15일부) 시장에 검찰의 형안 배급기구 정비가 긴급", 《매일신보》,

이 공정가격제의 도입은 화농 채소 판매에 직접적인 영향을 미치게 된다. 평양부 선교리의 화농은 종래대로 생산한 채소를 평양부의 수정공설시장(壽町公設市場)에 운반하여 판매했지만 이제는 관청이 정한 공정가격으로 판매해야 했다.[73] 채소를 공정가격보다 높게 판매할 경우, 가격등통제령(價格等統制令) 위반으로 처벌받았다. 화농 가운데 이 법규를 위반한 자가 많았기 때문에 화농채소조합은 대책을 마련했다.[74] 예를 들면, 1942년 5월 설립된 진남포중화소채도매및판매조합(鎭南浦中華蔬菜批發及販賣組合)은 규칙 제5조에 조합원이 부정하게 채소를 판매할 경우는 조합에서 제명되며 2년간 조합에 재가입하지 못하도록 했다.[75] 채소의 판매가격은 공정가격에 따라야 했고 멋대로 높게 판매해서는 안 되었던 것이다.

공정가격제가 도입되었음에도 채소 부족이 점점 심각해지자, 조선총독부는 1943년 9월 30일 조선총독부령 302호 조선청과물배급통제규칙(朝鮮靑果物配給統制規則)을 공포하여 채소배급제를 실시했다.[76] 채소는 1943년 11월 20일부터 각 호의 인원에 따라 배급되기 시작했다.[77] 채소배급제의 실시에 맞춰 농민

1940.11.6.

73) 駐鎭南浦辦事處 報告(1942.5.15), 앞의 당안, 동 2088-373.

74) 예를 들면, 1940년 유죄 판결을 언도받은 외국인(대부분은 화교) 가운데 경제법령 위반은 156명으로 조선아편취체위반(朝鮮阿片取締違反) 124명, 아편연(阿片煙) 관련 죄 31명을 상회하여 가장 많았다. 1939년의 경제법령 위반자는 57명이었다. 경제법령 위반 외국인 가운데 가격등통제령 위반자는 전체의 약 6할을 차지하여 가장 많았다(朝鮮總督府法務局(1941), 「昭和16年12月 第79回帝國議會資料」(복각판, 『朝鮮總督府帝國議會說明資料』 제4권, 不二出版, 1994, 19·21쪽; 朝鮮總督府 官房·學務·法務·警務局(1944)), 「昭和19年4月 第86回帝國議會資料」(복각판, 『朝鮮總督府帝國議會說明資料』 제10권, 不二出版, 1994, 84쪽)).

75) 駐鎭南浦辦事處 報告(1942.8.22), [鎭南浦中華蔬菜批發及販賣組合規章], 「駐京城總領事館半月報告」, 『汪僞僑務委員會檔案』(동 2088-373).

76) "소채, 과실, 어개류 조선에서도 배급 통제", 《매일신보》, 1943.10.1. 그 전에 경성부에서 1942년 10월부터 조선인의 김장에 불가결한 고추의 임시 배급통제를 시행, 고추 이외의 채소에 대해서는 소채임시배급통제(蔬菜臨時配給統制)를 실시했다(京城府總務部經濟課(1943), 『京城府ニ於ケル生活必需品配給統制ノ實情』, 京城府, 179~181쪽·187~193쪽).

에 대한 강제공출도 시작되었다. 1943년부터 황해도 해주에 거주한 화교 양춘상(楊春祥)은 "조선인 및 일본인 농민이 가령 1,000 포기의 배추를 재배하여 700포기를 공출해야 한다면, 화농은 750포기를 공출당해 250포기밖에 채소조합을 통해 판매할 수 없었다"라고 말했다.[78] 또한 그는 당시 채소배급제에 대해 다음과 같이 말했다.

> 정회총대(町會總代)가 애국반(愛國班)별로 채소를 할당하고 조장을 통해 애국
> 반장에 교부했다. 내가 소속된 애국반에는 화교와 조선인밖에 없었다. 양파는 조
> 선에서 별로 생산되지 않았기 때문에 규슈(九州)에서 운반되어 온 것이 배급됐다.

화농의 채소는 주로 화교 채소행상에 의해 판매되는 것이 일반적이었지만, 전시통제강화는 이러한 판매방법에 변화를 주었다. 중일전쟁 시기 중국영사관의 관원조차 영사관 소재지 이외 지역을 여행하거나 출장할 때는 반드시 당국에 여행허가를 신청해야 했다.[79] 따라서 일반 화교의 이동이 얼마나 엄격히 제한되었는지는 상상할 수 있다. 진남포부의 화교 채소행상은 보안상의 이유로 진남포중화소채도매및판매조합 발급의 증명서에 관할 경찰서 경제계(經濟係)의 인장이 찍힌 것을 휴대하여 행상해야 했다.[80] 그러나 중일전쟁 말기에 접어들자 조선 거주 화교의 첩보사건이 잇따라 발생하여 1941년에 6명, 1942년 26명, 1943년 43명, 1944년 1~9월에 61명이 각각 검거되어 조선총독부의 화교에 대한 단속은 더욱 강화되었다.[81] 이로 인해 화교 행상에 의한 채소 판

---

77) "소채, 과실, 어개류의 통제운용방침 발표", 《매일신보》, 1943.10.12; "소채 생산지 출하를 통제 食口대로 每戶 배급", 《매일신보》, 1943.10.28.

78) 양춘상 증언(2010년 5월 4일 대구의 자택에서 인터뷰). 조선산 미곡의 경우는 1940~1944년의 총생산량 가운데 43~64%가 공출되었다(이헌창(1999), 『한국경제통사』, 법문사, 325쪽).

79) 中華民國國民政府駐日大使館(1943), 「第二次領事會議記錄 1943年」, 『中華民國國民政府(汪精衛政權) 駐日大使館檔案』(일본東洋文庫 소장, 등록번호 2-2744-51). 조선 거주 중국영사관의 관원에게는 일본 외무성 발급의 신분증명표가 지급되었다.

80) 駐鎭南浦辨事處 報告(1942.8.22), 앞의 당안, 동 2088-373.

매는 거의 불가능했을 것으로 보인다. 그것은 주경성 총영사관 관할 내 실업 (失業)하여 본국에 귀국한 화교 채소상이 1944년 2월부터 10월까지 68명에 이른 것에서 엿볼 수 있다.[82]

전쟁 말기에 접어들면서 채소시장 및 채소행상을 통한 채소 판매는 사라졌다. 평안남도 평원군 순안면의 5일장이 없어지고 채소 부족이 심각해지자, 일본인은 화교의 채소밭(당시 일본인은 '지나인 농장'이라 불렀음)을 찾아 재배한 채소를 직접 구입했다.[83]

전시통제 시기 화농의 소득 및 생활은 전반적으로 전전보다 악화되었다. 채소의 공정가격제로 일정의 수입은 보장되었지만 모든 경비의 증가로 수입은 감소할 수밖에 없었다. 채소재배의 생산비 가운데 높은 비중을 차지한 비료의 가격 상승이 심했다. 선교리의 경우, 마차(馬車) 1대당 분뇨 가격은 이전 1.5원에서 1942년에는 4.0원으로 2.7배 상승했다. 게다가 마부(馬夫)에 수고비로서 50전을 지불해야 했다. 화농 농경업주가 고용하는 농부의 임금은 1920년대보다 5~6배 상승했다.[84] 차지료(소작료)는 소작료통제령에 의해 인상이 금지되었지만 비료대금의 상승, 임금인상 등의 경비 증가, 그리고 가격인상 금지로 인해 화농의 이익은 감소하지 않을 수 없었다. 여기에 채소의 강제공출은 화농의 판매 가능한 채소의 양을 감소시켜, 화농의 수입은 더욱 감소했다.

---

81) 朝鮮總督府 官房·學務·法務·警務局(1944), 「昭和19年4月 第86回帝國議會資料」(복각판, 『朝鮮總督府帝國議會說明資料』 제10권, 不二出版, 80쪽). 화교의 첩보활동과 항일운동은 예상보다 훨씬 광범위하게 전개되었다. 이에 대해서는 다음의 연구를 참조 바람. 菊池一隆(2011), 『戰爭と華僑』, 汲古書院; 졸고(2017.6), 「중일전쟁 시기 조선화교의 항일활동」, 『동양사학연구』 139, 동양사학회.

82) 中華民國國民政府駐日大使館(1943), 「第二次領事會議記錄 1943年」, 『中華民國國民政府 (汪精衛政權) 駐日大使館檔案』(일본東洋文庫 소장, 등록번호 2-2744-51).

83) 林洋武(2008), 『戰中戰後, 少年の記憶: 北朝鮮の難民だった頃』, コロニー協會印刷所, 74~75쪽.

84) 駐鎭南浦辦事處 報告(1942.5.15), 앞의 당안, 동 2088-373.

5. 맺음말

이상으로, 화농의 채소재배 및 판매가 중일전쟁 시기 어떠한 영향을 받았으며 전시통제강화로 인해 어떤 변화가 발생했는지를 고찰했다.

먼저, 중일전쟁이 화농의 대량 귀국을 초래하고 화농의 채소 공급이 많은 대도시를 중심으로 채소가격이 급등하면서 주민의 생활에 큰 지장을 초래했다. 조선총독부는 이를 심각하게 받아들여 화농에 의존하지 않는 채소의 자급자족 달성과 조선을 일본군 전쟁수행을 위한 채소 공급기지로 자리매김하여 채소증산계획을 추진했다.

그러나 조선총독부의 채소증산계획은 채소 생산의 증가를 유발하지 못했을 뿐 아니라 오히려 채소 생산량의 감소 및 채소가격의 급등을 초래, 총독부의 정책은 실패한 것이나 다름없었다. 이 정책의 실패에 의한 채소 부족과 대일 채소수입의 감소는 조선총독부에 화농을 활용하는 정책으로 전환하게 했다. 이에 대해서는 부산부의 사례를 들어 분명히 했다. 이 사례를 통해 채소 부족에 따른 조선총독부의 화농 활용이라는 요인이 1940년대 초 중국인의 조선 이주를 급증하게 하고 이것이 일제강점기 최대의 화농 인구를 초래한 원인으로 작용했음을 보았다.

북부지역 채소재배의 재배면적은 전전과 다름없었고, 각지에 화농의 채소 조합이 조직되었다. 화농은 이 조직을 통해 분뇨와 같은 유기비료를 조달했다. 마지막으로 화농이 생산한 채소 판매는 채소의 공정가격제 및 배급제의 실시와 강제공출, 조선총독부의 채소행상에 대한 이동의 제한 등으로 전전에 비해 수입이 줄어들지 않을 수 없었다.

여기서는 이상의 검토 결과가 동아시아근대사, 조선근대사, 화교근대사의 맥락에서 어떤 의미를 가지며 어떤 시사를 주는지에 대해 검토하고자 한다.

우선, 동아시아 역내 산동성 출신 농민의 조선 이주가 가져다 준 사람, 상품, 화폐, 정보의 흐름을 정리하면 다음과 같다. 중국인 농민의 조선 이주는 산동성의 경제적 결핍이라는 푸시(Push) 요인과 조선 거주 일본인 등의 채소 수요 및 조선 채소의 공급부족이라는 풀(Pull) 요인, 그리고 연쇄이주로 인해 이뤄진 것이다. 중국인 농민의 이주에 동반하여 산동산의 채소 종자가 조선에 유입되고, 채소재배의 정보(기술)도 조선에 유입되었다. 화농이 생산한 채소는 조선 각지뿐 아니라 일본에까지 수출되었다. 화농이 채소재배 및 판매에서 벌어들인 수입은 산동성으로 유입되었다. 이와 같이 중국인 농민의 조선 이주 및 조선에서의 채소재배는 동아시아지역의 사람, 상품, 화폐, 정보의 흐름을 촉진하는 역할을 했다고 할 수 있다.

다음은 조선근대사의 맥락에서 시사하는 바를 살펴보자. 첫째, 일제강점기 조선의 농업문제에 관한 종래의 연구는 미곡 및 미작을 둘러싼 문제가 중심이었다.[1] 그러나 제III부의 검토를 통해 채소 및 채소재배도 주요한 농업문제의 하나였다는 것을 분명히 제기할 수 있었다. 일제강점기는 늘 채소가 부족하여 일본, 대만, 중국에서 대량으로 수입하는 상태에 있었다. 조선총독부는 동일의 통화권하에서 채소수입은 무역수지를 악화시키지 않았기 때문에 이를 심각하게 받아들이지 않은 때문인지 중일전쟁 이전까지는 채소증산계획을 적극적으로 시행한 흔적은 많이 찾아볼 수 없다.

조선총독부는 중일전쟁 직후 채소의 자급자족 및 조선을 전쟁수행을 위한 채소 공급기지로 자리매김하게 됨에 따라 채소증산계획을 추진했지만 기대한 만큼 채소 생산은 증가하지 않았다. 즉, 채소증산계획은 실패로 끝나 채소의 강제공출 및 배급제를 실시하기에 이른 것이다.

둘째, 화농은 도시지역이 수요하는 채소의 공급에서 높은 비중을 차지했으며, 조선의 채소 부족 해소에 기여했다. 또한 조선인 농민에게 상업적 채소재배를 하도록 자극을 주었을 뿐 아니라 조선인 농민의 채소재배 기술의 발전에 공헌했다.

다음은 화교근대사의 맥락에서 시사하는 바를 보도록 하자. 동남아화교의 농업활동은 매우 활발히 이뤄졌다. 영국령 말레이시아(英領馬來)에서는 화교가 파인애플, 타피오카의 재배를 독점했다. 네덜란드령 동인도(蘭領東印度)에서는 화교가 사탕, 커피, 담배, 차 등을 재배하였다. 프랑스령 인도차이나(佛領印度支那)에서는 후추, 태국에서는 고무, 사탕을 재배했다.[2] 또한 조선의 화농과 같

---

1) 그 이유는 다음과 같다. 조선의 농업생산 총액에서 미곡이 차지하는 비중은 1910~1935년에 약 5~6할을 차지하여 다른 작물의 비중을 훨씬 상회했다. 또한 조선 농가가 미곡 대일 수출에서 획득한 수입은 일본산의 직물 등 공산물의 소비에 사용되었다. 이른바 일본과 조선 사이의 무역에서 미면교환체제(米綿交換體制)의 근간을 이루고 있었던 것이다. 농업이 산업의 중심이었던 일제강점기 때 미작은 조선총독부, 지주, 농민 사이의 중층적인 관계하에서 이뤄져 다양한 정치경제적인 문제를 내포하고 있었다. 미작이 주로 소작인에 의해 재배되었기 때문에 지주와 소작인 간에는 소작률(小作率)을 둘러싼 대립이 항시 존재했다. 그래서 소작쟁의 및 농민운동이 일어나거나 더 나아가 조선인의 민족해방운동으로 고조된 것도 종종 있었다.

2) 芳賀雄(1941), 『東亞共榮圈と南洋華僑』, 刀江書院, 126~127쪽. 각지의 화농 인구는 상대적으로 많았다. 영국령 말레이시아는 화교 총수의 39%, 프랑스령 인도차이나는 16%, 태국은 10%, 네덜란드령 동인도는 21%가 각각 농민이었다(福田省三(1939), 『華僑經濟論』, 巖松堂書店, 88쪽).

이 프랑스령 인도차이나, 태국, 영국령 말레이시아의 도시지역과 도시 근교에서는 화농에 의해 채소 및 과일 재배가 활발히 이뤄졌다.[3] 동남아시아 채소재배의 화농은 광동성 출신이 상대적으로 많은 반면, 조선에서는 산동성 출신이 대부분을 차지한 것이 다르다.

한편 사베리에프의 연구에 의하면, 근대 극동러시아 도시지역과 도시 근교에는 "청국인은 채소를 재배하고 있었다. …… 하바롭스크시, 블라디보스토크시 등에서는 판매를 거의 독점했다"라고 지적했다.[4] 이 지역의 화농은 대부분 산동성 출신으로 조선 화농의 출신지와 같았다. 산동성, 하북성 등에서 만주에 이주한 중국인 농민은 이주 전과 같이 채소, 대두, 수수, 조, 옥수수, 밀 등의 밭작물을 재배, 조선인 농민의 미작경작과 달랐다. 즉, 동아시아에 이주한 산동성 출신 농민은 이주지에서 주로 채소재배를 한 특성이 있다.

일본화교는 1899년 공포의 칙령 제352호 및 내무성령 제42호, 내무대신훈령 제728호에 의해, 종전의 거류지 및 잡거지 이외 지역에서의 거주 및 업무가 금지되었기 때문에 농업활동이 불가능했다. 이 때문에 1930년 국세조사에 의하면 39명밖에 없었는데,[5] 이들도 농사를 한 사람이라기보다는 일본인 농가에서 농사를 도와주는 노동자일 것으로 추정된다. 이에 비해 일본 거주 조선인에게는 그와 같은 법적 제한이 없었기 때문에 1939년 현재 전국의 조선인 자작농, 소작농, 농부는 약 1만 명에 달했다.[6] 일본에서 화농이 형성되지 않은 것은 조선화교와 일본화교의 주요한 차이점의 하나이다.

---

3) 企劃院 編纂(1939),『華僑の研究』, 松山房, 154쪽; 滿鐵東亞經濟調查局(1941),『英領馬來・緬甸及濠洲に於ける華僑』, 滿鐵東亞經濟調查局, 169~170쪽; 芳賀雄(1941), 앞의 자료, 150~154쪽.

4) イゴリ・R・サヴェリエフ(2005),『移民と國家: 極東ロシアにおける中國人, 朝鮮人, 日本人移民』, 御茶ノ水書房, 219쪽.

5) 內閣統計局(1938),『昭和五年國勢調查最終報告書』, 內閣統計局, 207쪽.

6) 安岡健一(2010),「戰前期日本農村における朝鮮人農民と戰後の變容」,『農業史研究』第44號, 日本農業史學會, 61쪽. 야스오카 겐이치의 연구는 일본농업사연구에서 민족적 마이너리티인 조선인 농민의 관점에서 일본제국의 농촌을 분석한 최초의 연구성과로 주목된다.

제 V 부

화공
華 工

평양 대동강 강변에서 작업하는 화공 석공들
출처: 朝鮮總督府(1932a), 사진 146쪽.

▶ 제V부에서는 화공 문제를 검토한다.

／ 제15장에서는 광량만염전 축조공사에 동원된 화공 문제를 예로 들어
중국인 노동자의 조선 이주 경위, 조선인 노동자와의 관계, 통감부 및
조선총독부와 청국 및 중화민국의 경성 총영사관의 대응방식에 대해
검토한다.

／ 제16장에서는 화공 가운데 벽돌 조적공, 미장이를 비롯한 숙련노동자
와 화교 건축청부회사가 조선의 근대 종교건축시공에 어떻게 관여하
고 어떤 건축물을 시공했는지 구체적으로 살펴본다.

광량만염전 축조공사의 화공 문제

1. 머리말

이 장에서는 개항기 화공의 이주, 작업, 송환, 조선인 노동자와의 관계 등에 대해 광량만(廣粱灣)염전 축조공사에 동원된 화공 문제를 들어 분명히 밝히고 자 한다.

화공, 특히 쿨리[苦力]의 본격적인 해외 이주는 아편전쟁이 발발하고 수년 뒤 부터 시작되었다. 이주지는 동남아시아, 남북아메리카, 하와이, 호주, 남아프리 카공화국 등으로 이들 지역 및 국가에서 쿨리 학대 등의 문제가 대두되었다.[1]

그러나 근대 조선 화공에 관해서는 화공의 인구와 조선사회에 대한 영향을 고려하면 기존의 연구는 매우 적을 뿐 아니라 대상 시기도 일제강점기 이후에 한정되어 있다.[2]

---

1) 화공 문제에 대한 연구성과에는 다음과 같은 것이 있다. 可兒弘明(1979), 『近代中國の苦 力と「猪花」』, 岩波書店; 昊風斌(1988), 『契約華工史』, 江西人民出版社; 顔淸湟(1990), 『出 國華工與淸朝官員: 晩淸時期中國對海外華人的保護(1851~1911年)』, 中國友誼出版公司; 斯波義信(1995), 『華僑』, 岩波新書, 118~160쪽.
2) 조선 화공 문제와 관련된 연구성과는 다음과 같다. 松田利彦(2002), 「近代朝鮮における 山東出身華僑: 植民地期における朝鮮總督府の對華僑政策と朝鮮人の華僑への反應を中

〈표 15-1〉 개항기 화교의 직업별 인구 분포

(단위: 명·%)

연차	농수산 (a)	광공업 (b)	잡업 (c)	노동자 (b+c)	비중 (b+c/d)	상업	공무 자유업	합계 (d)
1906년	641	611	883	1,494	40.8	1,468	58	3.661
1907년	525	58	2,071	2,129	38.2	2,866	60	5,580
1908년	770	142	3,900	4,042	40.5	5,063	95	9,970
1909년	1,839	604	2,442	3,046	31.8	4,578	105	9,568
1910년	1,573	515	4,276	4,276	40.5	5,387	67	11,818

주: 인구에는 종사자 및 가족도 포함되어 있음.
출처: 統監府(각 연도), 『統監府統計年報』; 朝鮮總督府(1912), 『朝鮮總督府統計年報(明治43
      年)』, 153~155쪽을 근거로 필자가 작성.

   개항기 화공의 인구는 적지 않았다. 〈표 15-1〉과 같이 광산, 제조업, 잡업 등
에 종사하는 노동자는 1906~1910년 사이에 연평균 약 3,100명에 이르러 매년
화교 인구의 3~4할을 차지해, 상업 종사자에 이어 두 번째로 많았다. 농업 종
사자를 노동자로 포함시키면 상업 종사자를 상회했다.
   다른 자료에서도 화공이 적지 않은 것이 확인된다. 1892년 인천 청국조계에
거주하는 화교 521명 가운데 노동자는 371명으로 가장 많았으며, 상인 100명,
관리 27명, 농민 22명의 순이었다.[3] 미국인 경영의 운산금광에는 1902년 7월
화공 268명이 일하고 있었다.[4] 1903년 10월에는 133명으로 감소했지만,[5]
1908년 7월에는 700명으로 증가했다.[6] 러시아가 1903년 4월 군항으로 만들기

───────
   心に」, 『東アジアと「半島空間」: 山東半島と遼東半島』, 思文閣出版; 堀内稔(2000), 堀内
      稔(2002), 堀内稔(2003), 堀内稔(2005), 堀内稔(2006), 堀内稔(2007), 堀内稔(2008), 堀内
      稔(2011). 강진아(2013), 「조선총독부의 화교 노동자 입국 관리와 중국 언론」, 『중국근
      현대사연구』 59, 한국중국근현대사학회; 김태웅(2016), 『이주노동자, 그들은 우리에게
      어떻게 다가왔나: 일제 강점기 중국인 노동자와 한국인』, 아카넷.
3) 仁川府 編纂(1933), 『仁川府史』, 仁川府, 1526쪽.
4) "잡보", 《황성신문》, 1902.7.14.
5) "잡보", 《황성신문》, 1903.10.13.
6) "無賴支那人捕縛", 《오사카마이니치신문(大阪每日新聞)》, 1908.8.2.

위해 점령한 평안북도 용암포 개발공사에는 화공 600~700명이 일했다.[7] 함경 북도 나남의 벽돌공장에는 700명의 화공이 일하고 있었고, 조선인 노동자 800 명과 충돌하면서 사망 3명, 부상자 60여 명이 발생, 일본군의 발포에 의해 겨우 진압되는 큰 사건이 발생했다.[8] 이상과 같이 개항기 화공은 이미 조선에서 적 지 않게 일하고 있었으며 조선인 노동자와 충돌하는 사건도 발생하고 있었던 것이다.

그래서 이 장에서는 개항기 화공 문제를 구체적으로 검토하기 위해 광량만 염전 축조공사에 동원된 화공(쿨리) 문제를 예로 들기로 한다. 그 이유는 크게 두 가지이다. 첫째, 후술하는 것과 같이 이 공사에 고용된 화공은 확인된 인원 만 1909년도 808명, 1910년도 약 3,000명 이상에 달해 개항기의 단일사업으로 이 정도의 화공이 동원된 사례는 달리 찾아볼 수 없기 때문이다. 둘째, 이 공사 의 화공 가운데 처우 문제 등으로 다수의 도주자가 발생, 이들의 처리를 둘러 싸고 통감부와 청국의 주한 총영사관 사이에 격렬한 외교교섭이 전개되었는데 이를 통해 쌍방의 화공에 대한 인식과 정책을 엿볼 수 있기 때문이다.

2. 광량만염전 축조공사의 실시 경위

여기서는 광량만염전 축조공사의 화공 문제를 검토하기 이전에 한국 정부 탁지부[9]가 평안남도 광량만에 염전 설치 계획을 세운 배경과 경위에 대해 선 행연구에 근거하여 살펴보도록 하자.[10]

---

7) 枕流生(1903.11), "龍岩浦の實況", 《한반도(韓半島)》(1903년 11월호)(복각판, 단국대학 교 부설 동양학연구소, 2006, 149쪽).

8) "淸韓人夫衝突", 《오사카마이니치신문(大阪每日新聞)》, 1909.7.6.

9) 통감부가 한국의 염전정책을 추진하는 실질적인 기관인 것은 틀림없지만, 이 공사는 대 한제국 정부의 탁지부 명의로 이뤄졌다. 따라서 이 장에서는 통감부, 탁지부를 내용에 맞게 분별하여 사용한다.

10) 이영학(1991), 「개항기 제염업에 대한 연구: 자본제적 경영을 중심으로」, 『한국문화』

광량만에 염전을 축조하려는 주요한 목적은 외국산 소금의 대량 수입과 관련이 있었다. 조선에 외국산 소금이 본격적으로 세관을 통해 수입된 것은 1876년의 개항 이후이다. 이때부터 1890년대까지 일본산 소금이 주로 수입되었지만, 러일전쟁 직전인 1903년부터 청국산 소금의 수입이 급증하여 일본산 소금의 수입을 처음으로 초과했다.[11] 또한 대만산 소금이 1905년부터 수입되기 시작,[12] 조선의 소금 수입액은 1901~1905년 연평균 약 13만 6,441원에서 1906~1910년 연평균 35만 7,670원으로 2.6배 증가했다.[13] 1908년에는 외국산 소금의 국내 식염 소비에서 차지하는 비중이 약 30%를 차지,[14] 그 가운데서도 청국산 소금은 외국산 소금 수입액의 73%이라는 압도적인 비중을 점했다.[15] 또한 청국산 소금은 산동성에서 정크선으로 세관을 통과하지 않은 채 수입되는 밀수도 많았기 때문에,[16] 조선에 유통되던 외국산 소금의 대부분은 청국산 소금이라 해도 과언이 아니었다.

청국산 소금이 대량 수입된 원인은 값싼 가격에 있었다. 청국산 소금은 조선 전통의 소금과 일본산 소금에 비해 품질이 열등하고 색깔이 검고 결정체는 커서 사용에 불편했다. 그러나 청국산 소금의 시장가격은 100근당 평균 1,399원

제12집, 서울대학교 규장각 한국학연구원; 田中正敬(1996), 「統監府の鹽業政策につい
て」, 『一橋論叢』 第115卷 第2號, 日本評論社; 유승훈(2004), 「20세기 초 인천지역의 소
금 생산: 소금 생산: 천일염을 중심으로」, 『인천학연구』 제3호, 인천학연구원.

11) 京城理事廳(1906.8), "京釜沿線に於ける鹽の需給狀況", 《通商彙纂》.

12) 일본인 6명은 1904년 9월 부산에 한국대만염판매합자회사(韓國臺鹽販賣合資會社)를 설
립했다. 이 회사는 대만총독부 전매국으로부터 조선에서의 독점판매특허를 획득하고
대만산 소금을 수입했다(更月誌(1905.5), "韓國に於ける臺灣鹽の現象及將來", 《조선지
실업(朝鮮之實業)》1905년 5월호 복각판, 단국대학교 부설 동양학연구소, 2003, 57쪽).

13) 朝鮮總督府(1916), 『朝鮮輸移出入品十五年對照表』, 朝鮮總督府, 33쪽. 특히 1906년부터
수입량과 수입액이 모두 급증하는 경향을 보였다.

14) 이영학(1991), 앞의 논문, 563쪽; 一記者(1909.12), "韓國の製鹽", 《조선(朝鮮)》(1909년
12월호), 朝鮮雜誌社, 48쪽.

15) 度支部(1910), 『韓國財政施設綱要』, 統監府, 215쪽.

16) 度支部(1907), 『淸國關東州直隷省山東省鹽業視察復命書』, 度支部, 52쪽; 木浦領事館
(1905.6), "木浦の鹽業", 《朝鮮之實業》(1905년 6월호)(복각판, 단국대학교 부설 동양학
연구소, 2003, 124쪽).

(소매가격)으로 조선산 소금의 2,522원보다 50%나 저렴하여 가격경쟁력을 가지고 있었다.[17]

이와 같은 조선산 소금과 청국산 소금의 시장가격에 큰 차이가 난 원인은 제염(製鹽) 방법에 있었다. 조선산 소금은 땔나무, 석탄을 연료로 하는 전오염전법(煎熬鹽田法)으로 제염되었다. 이 제염법은 삼림난벌로 연료비가 비교적 비싼 조선에서는 염가의 약 절반을 연료비가 차지하고 있어 소금의 가격을 낮추기 어려운 구조였다.[18] 이에 비해 청국산 소금은 천일염전법으로 제염되어 연료비가 전오염전법에 비해 훨씬 적게 들기 때문에 값싼 천일염을 조선에 수출할 수 있었던 것이다.[19]

통감부는 조선에서 천일염전을 축조한다면 청국산 소금의 수입방지에 기여할 것이라고 판단하고 계획을 추진하게 된다.[20] 탁지부 임시재원조사국(臨時財源調査局)은 염업의 개선과 재원확보를 위해 조선 내 염업조사를 실시,[21] 1907년 9월 관영 제염시험장으로서 인천부 주안에 1정보(町步)의 천일염전을, 경상남도 동래부의 용호에 2.37정보의 전오염전을 준공했다.[22] 2개소 염전을 시험한 결과, 주안염전은 "채취량, 품질, 색의 윤택이 모두 청국, 대만 등의 천일제염과 견주어도 결코 손색이 없는 좋은 성적을 거둔" 반면, 용호염전은 "생산비 절약이 곤란하여 도저히 천일염에 대항하기 곤란함을 확인했기" 때문에

---

17) 度支部(1910), 앞의 자료, 216쪽.
18) 谷垣嘉市(1906.2), "木浦附近の鹽業", 《조선지실업(朝鮮之實業)》(1906년 2월호)(복각판, 단국대학교 부설 동양학연구소, 2003, 222쪽).
19) 度支部(1907a), 앞의 자료, 49쪽. 예를 들면, 산동성의 손가전염전(孫家碹鹽田, 약 400정보의 면적)에도 이전부터 전오염전법을 채용하여 제염해왔지만 연료비로 인한 수지악화로 인해 천일염전을 축조했다고 한다.
20) 이유는 그뿐만이 아니었다. 통감부는 조선의 통치비용의 재원 확보와 장래의 소금 전매제 이행도 고려했다(田中正敬(1996), 「統監府の鹽業政策について」, 『一橋論叢』第115卷 第2號, 日本評論社, 484쪽; 이영호(1996), 「통감부시기 조세증가 정책의 실현과정과 그 성격」, 『한국문화』제18호, 서울대학교 규장각 한국학연구원, 367~371쪽).
21) 그들의 조사 보고서가 바로 度支部(1907)(『淸國關東州直隸省山東省鹽業視察復命書』, 度支部)이다.
22) 度支部(1910), 『韓國財政施設綱要』, 統監府, 217쪽.

〈그림 15-1〉 완공된 후의 광량만염전

출처: 仲摩照久 編(1930), 278쪽.

천일염전 축조 계획을 추진하게 되었다.[23]

탁지부는 1907년 10월 4일부터 약 1개월에 걸쳐 한국 정부 재정고문인 야마다 주지로(山田重次郞), 통감부 서기관인 아카쿠라 요시사부로(赤倉吉三郞)를 청국의 관동주, 직예성(直隷省, 현재의 하북성(河北省)), 산동성에 파견하여 두 지역의 주요한 염전 조사를 하도록 했다. 그 두 사람은 시찰 후에 작성한 보고서의 결론에서, "이번 시찰한 청국 각지의 염업은 천일염전식으로 규모가 광대하기 때문에 생산비는 실로 조금밖에 들지 않는다. 한국의 염업은 금후 급속히 천일제염식으로 바꿔야 하는 것은 논의할 필요조차 없다"라며, "천일제 염전축조에 가장 적합한 장소를 선정할 것"을 제언했다.[24]

통감부가 주안 천일염전의 시험 결과와 청국 천일염전 시찰보고를 근거로 평안남도 삼화부(三和府)의 광량만에 천일염전을 축조하는 것을 내외에 공포한

---

23) 朝鮮總督府專賣局(1936), 『朝鮮專賣史』, 朝鮮總督府, 297쪽.
24) 度支部(1907), 앞의 자료, 54쪽.

것은 1908년 3월이었다.[25] 탁지부는 1907년 10월 초 농상공부(農商工部)에 광량만에 천일염전을 축조한다는 사실을 통지하고 '국유미간지이용법(國有未墾地利用法)'에 근거하여 축조 예정지를 타인에게 대여하지 않도록 협력을 구했다.[26] 이때 광량만은 천일염전의 축조 후보지로 선정되었던 것이다.

1909년 1월 관영사업으로 확정된 광량만 천일염전의 축조계획은, 1909년부터 3개년간의 계속사업으로 광량만에 1,000정보(300만 평)의 천일염전을 축조하여 조선 식염소비량의 약 3분의 1에 달하는 연간 1억 2,000만 근의 식염을 생산하는 거대한 프로젝트였다. 소요 예산은 116만 4,287원[1909년도 한국 정부 세입 예산(차입금 제외)의 약 8%에 상당]의 거액이었다.[27]

그런데 통감부는 왜 광량만에 거대한 천일염전을 축조하게 되었을까? 통감부가 광량만을 선정한 주요한 이유는 "지나염(支那鹽) 수입의 중심인 진남포에 가깝고, 지세(地勢) 또한 제조에 편리한 곳"이기 때문이었다.[28] 1908년 1~8월 기준 청국산 소금의 수입량은 진남포, 용암포, 하일리포(何日里浦), 북하동(北下洞), 신의주 등 평안도 및 황해도의 항구를 통한 수입이 수입 총액의 약 7할을 점했다. 그 가운데서도 진남포항이 수입 총액의 25.9%를 차지해 가장 많았다.[29] 평안도와 황해도의 주민이 소비하는 소금 총액의 70~80%는 청국산 소금이었다.[30] 따라서 청국산 소금의 대량 수입으로 조선산 소금은 "점차 판로를 침식당해 그 가운데서도 평안도 및 황해도가 가장 현저하여 매일 염전이 황

---

25) "남포제염", 《황성신문》, 1908.3.4.

26) "물허대여", 《황성신문》, 1907.10.5.

27) 度支部(1910), 앞의 자료, 16·220~221쪽. 광량만 천일염전의 계획 면적은 주안천일염전의 9만 6189평보다 약 30배 넓었다. 축조 예산의 연도별 배분은 1909년도에 22만 9,587원, 1910년도에 50만 5,047원, 1911년도에 42만 5,366원이었다(內閣法制局官報課 (1909.3.18), 「豫算」, 『官報』 4328호; "鎮南浦だより", 《오사카마이니치신문(大阪每日新聞)》, 1909.5.19).

28) 一記者(1909.12), 앞의 기사, 48쪽.

29) 臨時財源調査局(1908.10), "鹽輸入累計表", 《재무휘보(財務彙報)》(1908년 10월호), 탁지부, 115~119쪽.

30) 이영학(1991), 앞의 논문, 563쪽.

<표 15-2> 광량만염전의 축조 계획 및 진척 상황(1910년 8월 기준)

구별	면적(평)			공사착공 연월	공사준공예정 연월
	염전	저수지 및 제방	합계		
1구	163,309	69,691	233,000	1910.6	1910.10
2구	880,496	136,604	1,017,100	미착수	-
3구	634,971	77,729	712,700	미착수	-
4구	386,394	43,891	430,285	1910.4	1910.12
5구	171,431	59,967	231,398	1909.5	1910.7
6구	549,944	108,807	658,751	1910.4	1910.12
7구	120,142	61,811	181,953	1909.11	1910.8
합계	2,906,687	558,500	3,465,187	-	-

출처: 度支部(1910), 『韓國財政施設綱要』, 統監府, 221~222쪽.

폐해지는 것을 본다"라고 했다.[31] 이를 통해 통감부는 청국산 소금의 대량수입으로 황폐해진 평안도 및 황해도의 염업 발전 및 보호를 도모하기 위해 광량만을 선택한 것을 알 수 있다.

또한 광량만은 천일염전의 축조에 지질, 자연환경, 기후가 적합했다. 탁지부가 1907년 광량만에 관원(官員)을 파견하여 조사한 결과, "광량만의 면적은 약 4,600정보로 (이 가운데) 갯벌은 약 3,000정보이다. 만내(灣內)는 해수의 비중이 2도를 내려가지 않고 만의 입구가 좁은 갯벌의 땅은 점토질이다. 광대한 갯벌을 이용하여 적당한 설비를 갖추면 훌륭한 새로운 염전개발지가 될 것을 의심하지 않는다"라고 했다.[32] 즉, 천일염전의 개발지로서 광량만은 천혜의 지질적·자연적 환경을 구비하고 있다는 것이다. 광량만이 위치한 평안남도 서부지방은 조선에서 가장 강우량이 적은 지역의 하나로 여름에는 매우 건조하여 천일제염에 최적의 땅이었다.[33]

이와 같은 경위에서 탁지부는 먼저 1909년도에 광량만 재산리(齋山里) 부근

---

31) 度支部(1910), 앞의 자료, 214쪽.

32) 度支部(1907), 앞의 자료, 2쪽.

33) 仲摩照久 編(1930), 『日本地理風俗大係』 第17卷, 新光社, 279쪽.

제5구와 제7구에 약 40만 평의 염전을 축조하는 계획을 추진하게 된다(〈표 15-2〉 참조). 탁지부 임시재원조사국은 1909년 4월 공사 예정지의 실측 및 설계를 실시하고 5월에는 관원을 해당 지역에 파견하여 염전 축조의 사무를 취급하게 함으로써 실질적으로 공사를 개시했다.[34]

3. 1909년도 화공 문제

1) 화공의 모집

탁지부는 공사 현장에 임시재원조사국 광량만출장소[35]를 설치하여 노동자의 작업 지도 및 감독을 했지만, 노동자의 모집은 직접 담당하지 않고 경성 소재의 토목회사인 니시야마구미(西山組)에 청부했다. 그 이유는 화공을 둘러싼 문제에서 책임을 회피하려는 의도가 있었는데 이에 대해서는 후술한다.

니시야마구미는 광량만염전 축조공사의 노동자에 대하여 "당국자는 왠지 일본인과 한국인을 사용하지 않고 화공을 사용하려 한다. …… 광량만염전 축조비 가운데 대부분을 차지하는 것은 인부의 임금으로 …… 당국자가 화공을 사용하게 된 것은 달리 이유가 있는 것이 아니며 임금이 저렴하기 때문"이라고 했다.[36] 니시야마구미가 화공에 지급하려던 임금은 1일 31전이었다. 이 임금

---

34) 鎭南浦新報社 編(1910), 『鎭南浦案内記』, 鎭南浦新報社, 45~46쪽.

35) 이 사무소의 직원은 아카쿠라 요시사부로(赤倉吉三郎) 서기관, 니미야 쓰네하치(二宮常八) 기사, 주사(主事) 4명(일본인 2명, 조선인 2명), 기수 5명(일본인 4명, 조선인 1명), 촉탁 1명(일본인), 고용 3명(일본인 3명), 공부(工夫) 11명, 총 26명이었다. 이 외에 임시 주재순사 2명(일본인 1명, 조선인 1명)이 있었다("鹽田職員", 《진남포신보(鎭南浦新報)》, 1909.6.9). 《진남포신보》의 기사는 전광희(錢廣禧) 진남포 영사대리가 마정량(馬廷良) 주한 청국 총영사에게 보낸 공문에 첨부된 것이다(錢廣禧鎭南浦領事代理가 馬廷良 주한 청국 총영사에게 보낸 공문(1909.4.27(양력 6.14)), 「廣梁灣鹽場各案」, 『駐韓使館保存檔案』, 동 02-35-062-23). 이하 錢廣禧鎭南浦領事代理는 錢領事代理로 약칭함.

36) "廣梁灣鹽田事業", 《오사카마이니치신문(大阪每日新聞)》, 1909.7.7.

은 1909년 4월 중의 진남포 조선인 인부의 임금 55전과 일본인 인부의 임금 70전보다 훨씬 쌌다.[37] 진남포 이사청(理事廳)[38]의 이사관은 값싼 화공의 임금에 대해 "곧 관내 삼화부 광량만에서 개시되는 염전공사에 1,500명의 화공을 동원하게 된다. 그들의 임금이 매우 저렴하여 금후 해당 공사에 사역하는 노동자에 대해 크게 주의를 요한다"라고 경계할 정도였다.[39]

그러나 니시야마구미가 화공을 모집하려 한 것에는 다른 요인도 작용했다. 니시야마구미 관계자인 우에스기(植杉)는 6월 1일 주진남포 영사관을 방문한 때 전광희(錢廣禧) 영사대리로부터 "화공은 일본인 및 조선인 노동자와 같이 일하는가?"라는 질문에 대해, "이러한 염전 축조의 일은 타국의 노동자가 할 수 없기" 때문에 고용하지 않는다고 대답했다. 화공이 가지고 있는 천일염전 축조 기술을 중시한 것임을 알 수 있다.[40] 우에스기 본인은 이전 대만에서 천일염전의 축조공사에 화공을 고용하여 공사를 해본 경험이 있었다.[41]

니시야마구미는 5월 26일 대련(大連)에서 후쿠다 시즈오(福田鎭夫)의 대리로서 아리카와 만요시(有川萬吉, 계약시 갑)를 파견, 대련 거주 일본인 미야모토 사다히코(宮本定彦)의 소개로 만난 중국인 '초공두(招工頭, 노동자를 모집하는 총책임

---

37) 度支部(1909.6), "第七款勞銀", 《재무휘보(財務彙報)》제16호부록(《隆熙3年 韓國經濟月報》 제4호), 度支部, 58쪽.

38) 러일전쟁 후 일본제국주의는 조선의 외교권을 박탈한 후, 1906년 기존의 영사관을 이사청(理事廳)으로 개편했다. 조선 내 10개소의 이사청 가운데 진남포 이사청은 진남포 및 황해도 북부 일대의 지역을 관할했다. 이사청에는 이사관, 부이사관 등을 두었다. 각지의 이사청은 일제강점 때까지 외국의 각 영사관과 외국인을 둘러싼 모든 문제에 대해 외교교섭을 담당했다.

39) 진남포 이사관이 통감부에 보낸 공문(1909.5.17), 「外國官民ノ帝國政府及人民ニ對スル感情其他類似事項」, 『統監府文書』8권(복각판), 국사편찬위원회, 2000, 384쪽.

40) 원문. 此等鹽池建築事他國工人無能製作者(錢 영사대리가 馬 총영사에게 보낸 공문(1909.5.4(양력 6.21)), 앞의 당안, 동 02-35-062-23). 화공을 염전 축조의 경험이 있기 때문에 모집했다고 하는 것은 "鎭南浦より 廣梁灣人夫", 《오사카마이니치신문(大阪每日新聞)》, 1909.6.14.에도 나온다.

41) 錢 영사대리가 馬 총영사에게 보낸 공문(1909.5.4(양력 6.21)), 앞의 당안, 동 02-35-062-23.

자)'인 장소향(張少鄕, 계약시 을) 간에 15개조의 화공 공급에 관한 계약서를 체결하여, 장소향을 통해 화공 모집을 하게 되었다.[42]

이 계약서는 후술하는 것과 같이 화공의 도주사건 등의 주요한 원인이 되기 때문에 상세히 검토할 필요가 있다. 먼저 계약서의 제3조에 "을은 명치 42년 (1909년) 5월 ○일부터 동년 11월 15일까지 매일 화공 750명을 공급한다. 단, 이 인원의 반수 이상은 천일염전 축조공사에 경험 있는 자이어야 한다"라고 명시되어 있었다. 제5조에는 화공은 6월 7일까지 현장에 도착해야 하며, 제7조에는 도착이 지체될 경우 "그에 상당하는 배상의 책임"을 진다는 문구가 들어가 있었다. 화공의 임금은 "1인당 31전"으로 작업시간은 "보통노동시간"으로 애매하게 정해져 있었다. 또한 임금 지불은 "갑은 인부의 임금을 매월 2회, 관(官)에서 내려온 금액이 있을 때마다 갑을 입회하에 이를 수령함과 동시에 을에게 지불한다"라고 되어 있었다.

계약서의 제6조에는 "갑으로부터 수송비 및 임금 전대금(前代金)으로 을에게 대여한 금액은 취업한 후 3개월간 6회에 걸쳐 작업 임금 가운데서 공제하여 계산하도록 한다. 단, 대여금은 1개월 3%의 비율로 이자가 붙는다"라고 정해져 있었다. 따라서 니시야마구미는 대공두 측 및 화공에게 수송비 및 임금 전대 대여금을 주고 1개월에 3%의 이자로 빌려주게 되었다.

또한 작업장에선 "관리의 지휘감독을 받는다"(제8조)로 되어 있어 관리와 화공 사이에 문제가 발생할 소지가 있었다. 마지막으로 계약서에는 식사, 작업 중 질병 및 사망한 화공 및 작업 도중 귀국을 희망하는 화공에 대한 관련 내용은 일체 포함되어 있지 않았다. 이와 같이 계약서는 전반적으로 중국인 노동자에게 매우 불리한 내용으로 되어 있었던 것이다.

이 계약서의 내용에 대해 화공의 송출지인 지부(芝罘)의 지방관은 노동자의 임금이 매우 낮다고 단언했다.[43] 1일 31전의 임금 수준은 같은 시기 만주 이주

---

42) 錢 영사대리가 馬 총영사에게 보낸 공문(1909.4.20(양력 6.7)), 앞의 당안, 동 02-35-062-23; 馬 총영사가 錢 영사대리에게 보낸 공문(1909.4.27(양력 6.14)), 앞의 당안, 동 02-35-062-23. 이 당안에는 중문과 일문의 계약서가 들어 있다.

산동 노동자의 임금이 18개 지역에서 식비 포함 임금이 평균 17전, 7개 지역이 식비 포함되지 않는 경우 26전이었기 때문에,[44] 식비가 포함되지 않은 광량만 화공의 임금이 약간 많았다. 하지만 광량만 노동현장에서 하루 3끼의 식사비에 따라서는 수취하는 임금은 만주보다 적을 가능성도 있었다. 전광희 영사 대리는 화공이 도착함과 동시에 이 계약서를 입수하여 마정량(馬廷亮) 주한국 총영사에게 "이 계약서는 상호 이익을 향유하는 것이 아니라 아리카와(有川) 씨 측이 훨씬 유리하다. …… 장래 분규의 발생을 면하기 어렵다"라고 보고했다.[45] 걱정한 대로 전광희 영사대리의 우려는 현실이 되어버렸다.

2) 화공의 도주 원인

초공두의 장소향이 모집한 화공 488명은 대련을 경유해 나가타마루(永田丸)로 6월 2일 오후 6시 진남포항에 도착했다.[46] 화공은 대련 경유로 왔지만 출신지는 대부분 산동성이었다.[47] 이들은 그날 밤 진남포항에서 북서방향으로 약

---

43) 山東省登萊靑膠兵備道徐가 馬 총영사에게 보낸 공문(1909.4.21(양력 6.8)), 앞의 당안, 동 02-35-062-23.

44) 荒武達朗(2008), 『近代滿洲의 開發と移住』, 汲古書院, 195~197쪽. 이 문헌의 〈표 4-3〉 가운데 식대 포함과 식대 미포함의 지역만을 선택하여 평균임금을 산출했다.

45) 원문. 其合同無甚互相享有利益之處, 不過爲有川氏一面之約束 …… 將來難免不滋事端(錢영사대리가 馬 총영사에게 보낸 공문(1909.4.20(양력 6.7)), 앞의 당안, 동 02-35-062-23).

46) 錢 영사대리가 馬 총영사에게 보낸 공문(1909.4.20(양력 6.7)), 앞의 당안, 동 02-35-062-23; 山東省登萊靑膠兵備道徐가 馬 총영사에게 보낸 공문(1909.4.21(양력 6.8)), 앞의 당안, 동 02-35-062-23.

47) 錢 영사대리가 馬 총영사에게 보낸 공문(1909.5.12(양력 6.29)), 앞의 당안, 동 02-35-062-23. 화공의 출신지는 산동성이 대부분이었다. 예를 들면 다음의 기사. "(당시 경성의) 석공, 목수, 기타의 인부는 산동인이 많다. 이들은 매년 3, 4월 도래하여 12월 상순경 모두 귀국한다. 지부에는 이민회사와 같은 일종의 업자가 있어 이들 직공 및 인부를 모집하고 주선한다. 여행허가증의 작성, 영사관 신청 업무에 이르기까지 약간의 수수료로 처리해준다. 매년 산동인의 지부를 경유하여 이주하는 자는 약 20만 명에 달한다고 한다. 그 대부분은 만주로 가고, 일부는 블라디보스토크와 한국에 온다"(滿韓萍士(1909. 1), "京城に於ける淸國人의 社會的狀態", 《조선(朝鮮)》(1909년 1월호), 朝鮮雜誌社, 61~

16킬로미터 떨어진 공사현장으로 이동하여 다음 날 오전 10시가 되어서야 도 착했다. 그러나 "도착 당일부터 20~30명이 단체로 속속들이 도주해, 6월 5일 현재 취업 인원은 겨우 210명에 지나지 않는" 상태였다.[48] 6월 10일 진남포항 에 도착한 제2착의 화공 320명 가운데 100명도 6월 12일까지 잇따라 도주했 다. 이 사건은 공사현장의 일본인 감독자가 화공의 도주를 제지하는 과정에서 화공 10명이 구타를 당해 부상당하는 불상사가 발생했을 뿐 아니라 도주 화공 이 주진남포 영사관에 가서 보호를 요청해 문제가 표면화되었다.[49]

화공은 왜 도착한 지 얼마 되지 않아 공사현장에서 도주한 것일까? 그 원인 에 대해 도주한 화공 78명의 연명으로 주진남포 영사관에 제출한 6월 18일자 의 탄원서[50]를 근거로 보도록 하자.

제1의 원인은 초공두 측의 불성실함이었다. 공두(工頭)는 출발 전 승선과 동 시에 금전(전대금으로 보임)을 지불한다고 약속했는데도 화공 대부분은 금전을 받지 못했다는 것이다. 제1착의 화공은 1전도 받지 못했고, 제2착의 화공은 금 전이 지불되지 않은 것을 이유로 승선을 거부했기 때문에 공두는 화공 1인당 20~30전을 지불했다. 이로 인해 제1착의 화공은 선상에서 음식도 받지 못했 고, 제2착의 화공은 받은 금전으로 호떡을 사서 먹었다. 이것으로 볼 때 초공두 측은 계약서의 제6조에 기재된 전대금(前貸金)에 대해 화공에게 확실히 전달하 지 않은 것을 알 수 있다. 또한 탄원서에 의하면, 초공두 측은 화공을 모집할 때 철도공사의 작업을 한다는 것, 임금과 식대를 합하여 1일 50전을 지급한다고 속였다는 것이다.

제2의 원인은 화공을 받아들인 기관인 탁지부 임시재원조사국 광량만출장

62쪽).

48) 韓國駐箚憲兵司令部 鎭南浦憲兵分遣所長이 통감부에 보낸 공문(1909.6.7), 「平安南道廣 梁灣入夫ノ件」, 『統監府文書』 6권(복각판), 국사편찬위원회, 2000, 204쪽.

49) 錢 영사대리가 馬 총영사에게 보낸 공문(1909.4.27(양력 6.14)), 앞의 당안, 동 02-35- 062-23.

50) 이 탄원서의 말미에 화공 78명의 성명과 각자의 지장이 찍혀 있다(錢 영사대리가 馬 총 영사에게 보낸 공문(1909.5.12(양력 6.29)), 앞의 당안. 동 02-35-062-23.

소 및 니시야마구미의 불성실한 관리였다. 제1착의 화공이 공사현장에 도착했을 때 식기와 젓가락도 주어지지 않아 손으로 밥을 먹었다. 식사는 하루 3회였지만 식사량이 충분하지 못해 배불리 먹지 못하는 경우가 다반사였다.[51] 화공의 숙사는 대나무로 가설하여 짚을 깔아 침대만 만들어둔 곳으로 비바람조차 막을 수 없었다.

제3의 원인은 공사의 어려움과 일본인 감독의 엄격함이었다. 숙소는 공사현장에서 3.5~4킬로미터 떨어져 있었으며 공사는 모래밭에 충적된 토사 가운데서 두 다리를 넣은 채 진행하기 때문에 거동이 매우 불편했다. 철도공사에 종사한다는 말을 듣고 온 화공에게 이러한 종류의 일은 매우 힘들었을 것이다. 공사현장은 일본인 20명이 감독했는데 이들은 화공이 공사현장에서 벗어나는 것을 허락하지 않았고 이를 위반한 화공은 구타를 당했다. 공사감독은 각 화공에게 일을 시작하기 전 목패(木牌)를 주고 작업성과가 나쁘면 작업 종료 후 감독이 이 목패를 회수했다. 목패가 없으면 그만큼의 임금이 지급되지 않았다.

도주 화공은 이상의 세 가지 원인을 들어 탄원서의 마지막 부분에, "이 때문에 죽는 것보다 도주를 선택했다. 또다시 광량만으로 돌아가고 싶지 않다. 제발 우리들을 중국으로 보내줘 귀국할 수 있도록 후원자가 되어 주기를 바란다"라고 애원했던 것이다.[52]

이와 같이 화공의 도주 원인은 주진남포 영사관이 6월 12일과 17일 2회에 걸쳐 영사관 경찰을 공사현장에 파견하여 조사한 결과와 거의 일치한다. 그러나 6월 18일 황장련(黃長連) 순사의 보고[53]에는 탄원서에 없는 새로운 정보가 다수 포함되어 있어 여기서 소개하고자 한다.

6월 17일 현재 공사현장에는 갑, 을, 병, 정으로 불리는 4개 동(棟)의 화공 숙

51) 錢 영사대리가 馬 총영사에게 보낸 공문(1909.5.4(양력 6.21)), 앞의 당안, 동 02-35-062-23.
52) 원문. 故此逃跑寧死亦不願再回廣梁灣求設法送我們回中國求作主(錢 영사대리가 馬 총영사에게 보낸 공문(1909.5.12(양력 6.29)), 앞의 당안. 동 02-35-062-23.
53) 錢 영사대리가 馬 총영사에게 보낸 공문(1909.5.4(양력 6.21)), 앞의 당안, 동 02-35-062-23. 이 보고서는 이 공문에 첨부된 것이다.

소가 있었다. 갑의 숙소는 대공두 1명, 소공두(小工頭) 6명, 회계 1명, 잔류 화공 130명, 을의 숙소에는 대공두 2명, 소공두 4명, 잔류 화공 78명, 병의 숙소에는 대공두 2명, 소공두 2명, 잔류 화공 50명이 있었다. 6월 17일 기준 잔류 화공의 인원은 293명으로서 515명이 도주한 것이 된다. 이 정도로 화공의 인원이 감소한 가운데 실제로 노동하지 않는 대공두, 소공두가 22명에 달했다. 이들의 존재는 후술하듯이 화공의 불만의 원인이었다.

또한 황장련 순사는 화공이 도주한 원인으로 임금을 지급받아야 할 시기가 왔어도 받지 못한 점, 공두 1명이 화공의 도주를 저지하다 화공이 부상당한 점, 일본인 공사감독이 소공두를 구타한 점, 6월 16일 공사현장에 조선인 노동자 약 20명이 추가된 점 등의 사실을 보고했다. 황 순사는 니시야마구미의 공사감독인인 사토 도타로(佐藤東太郎)와 면담한바, 그는 화공의 임금은 아직 도착하지 않아 탁지부에 연락한다는 것과 숙소를 개선한다고 회답했다고 한다.[54]

한편, 일본 측은 화공 도주의 원인에 대해 어떻게 파악하고 있었는지 보도록 하자. 일본인 발행의 지방지인 ≪진남포신보(鎭南浦新報)≫는 제1착 화공의 도주 원인으로 일곱 가지를 들었다. 이는 ① 초공두인 장소향이 진남포에 오지 않았다는 점, ② 수용 숙소가 매우 조잡하여 비와 이슬조차 피할 수 없어 화공이 참을 수 없었다는 점, ③ 음식이 조악하다는 점, ④ 대련 출항 시 일본에 간다고 생각하고 있던 화공이 많았다는 점, ⑤ 화공은 계약상의 노동의 내용을 알고 있지 않았다는 점, ⑥ 몇 번을 일하고 얼마의 임금을 받는지 몰라 불안히 생각하고 있었다는 점, ⑦ 아편을 자유롭게 흡연할 수 없다는 점이었다.[55] ⑦ 이 외에는 탄원서와 황장련 순사의 보고와 거의 일치한다. 통감부도 "임금이 낮고 대우가 지극히 미약하다는 이유로" 화공이 도주했다고 파악했다.[56]

---

54) 錢 영사대리가 馬 총영사에게 보낸 공문(1909.5.4(양력 6.21)), 앞의 당안, 동 02-35-062-23. 이 공사현장에는 니시야마구미(西山組)로부터 7명의 공사감독자가 파견되어 있었다.

55) "苦力逃亡原因", ≪진남포신보(鎭南浦新報)≫, 1909.6.9. 이 기사는, 錢 영사대리가 馬 총영사에게 보낸 공문(1909.4.27(양력 6.14), 앞의 당안)에 첨부된 것이다.

56) 臨時統監府總務長官取扱石塚英藏이 馬 총영사에게 보낸 공문(1909.5.8(양력 6.25)), 앞

이로 볼 때 통감부와 청국의 주한 총영사관은 도주 원인에 관해 견해가 거의 일치했던 것으로 보이는데, 쌍방에게 잔류 화공의 처우개선과 도주 화공의 처리를 둘러싸고 인식의 차이가 있어 쌍방 사이에는 격렬한 협상이 전개되었다.

4. 화공을 둘러싼 청일 간의 외교교섭

쌍방의 외교교섭을 구체적으로 검토하기 이전에 쌍방의 교섭의 기본 구조에 대해 살펴보도록 하자.

주진남포 영사관은 광량만염전 축조공사 현장에서 가장 가까이 위치한 관계로, 쌍방의 교섭은 이 영사관의 문제제기로부터 시작되는 것이 일반적이었다. 진남포 영사관이 공사현장의 화공 문제에 대해 청국의 주한 총영사관에 공문을 상신하면, 총영사관은 이에 근거하여 조선 거주 외국인 관계 업무를 담당하는 통감부의 외사국(外事局, 혹은 외무부(外務部)) 및 경성 이사청에 조회하여 사실 확인과 문제해결을 촉구했다. 조회를 접수한 통감부는 광량만 공사현장을 담당하는 한국 정부 탁지부에 조회하면서 총영사관과 교섭을 진행했다. 또 하나의 교섭 루트는 진남포 영사관이 총영사관의 지시를 받아 진남포 이사청과 교섭하는 경우도 있었다(〈그림 15-2〉 참조).

그렇다면 청일 간의 외교교섭이 어떻게 전개되었는지 살펴보도록 하자. 전광희 영사대리는 문제해결을 위해 일본 측에 항의하는 '초안 10개조'를 준비하고 6월 16일 마정량 총영사에게 송부했다.[57] 이 초안 10개조의 내용은 다음과 같다. ① 조선 각 도의 노동자 임금(식대 포함)은 50전이며 31전의 임금은 매우 낮다. 또한 이번 공사는 상당히 힘든 작업인 것을 고려하여 임금을 인상할 것. ② 운송비를 화공이 부담해서는 안 되고 각 작업장이 지불할 것. ③ '계약서'가

의 당안, 동 02-35-062-23.

57) 錢 영사대리가 馬 총영사에게 보낸 공문(1909.5.1(양력 6.18)), 앞의 당안, 동 02-35-062-23.

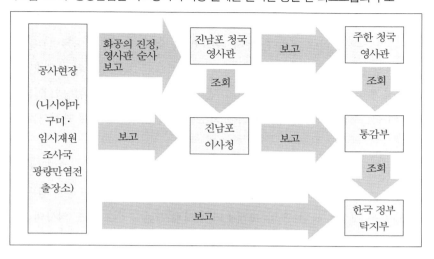

〈그림 15-2〉 광량만염전 축조공사의 화공 문제를 둘러싼 청일 간 외교교섭의 구도

운데 위와 같이 화공을 곤궁하게 하거나 불안하게 하는 것이 있다면 곧바로 폐지할 것. ④ '계약서'를 새롭게 작성하여 각 항(項)을 구체적으로 협의하여 계약을 체결할 것. ⑤ 화공의 작업시간은 매일 작업을 몇 시간으로 하는지 '계약서' 가운데 기재하는 것이 일반적이라는 것. ⑥ 화공이 병에 걸리거나 부상을 당하거나 사망할 경우에 대해 어떻게 처리, 구제할 것인지 '계약서' 내에 명기할 것. ⑦ 공사현장에는 현재 가옥이 없어 화공은 비바람을 피할 수 없는 어려움을 겪고 있으니 해당 작업장의 주임은 가옥의 건축공사를 신속히 진행할 것. ⑧ 매년 겨울철 결빙기에는 작업을 할 수 없기 때문에 '계약서'에 화공을 본국에 운송하여 귀국시키는 내용을 포함시킬 것. ⑨ 화공이 법률 위반한 것이 있으면 현장의 관원은 해당 화공을 진남포 영사관에 인도해 청국의 법률에 근거하여 처벌할 것이며 작업장 감독이 멋대로 화공에게 고문을 가해서는 안 된다는 것. ⑩ 본관(本官)은 수시로 순사를 공사현장에 파견하여 화공을 보호할 수가 있으며 해당 작업장은 순사의 배치를 허용해야 한다는 것.

이상과 같이 초안 10개조의 ①~⑧은 화공의 처우개선과 또다시 도주 화공이 발생하지 않도록 '계약서' 내용의 근본적인 재고를 도모한 내용으로, ⑨와 ⑩의 요구는 주진남포 영사관이 공사현장의 노동자 보호를 위해 적극적으로 개입할 의도가 있음을 드러낸 것이다. 특히, ⑨와 ⑩의 요구 배경에는 1899년 9월 체결된 한청통상조약(韓淸通商條約)의 제5관 조선화교에 대한 청국의 영사재판권 및 그에 부속하는 영사관 순사(경찰)의 권한[58]을 이용하여 공사현장의 일본인 감독에 의한 화공 박해를 방지하려는 의도를 엿볼 수 있다. 이에 관해서는 후술한다.

마정량 총영사는 전광희 영사대리의 초안 10개조를 검토하고 타당하다고 판단하면서도 초안 10개조를 제의할 경우 일본 측이 아마도 수용하기 힘든 요구를 해 올 것으로 판단, 초안 10개조의 제의를 잠깐 늦추도록 전 영사대리에게 지시했다.[59]

한편, 전광희 영사대리는 6월 17일 및 18일 양일간 78명의 화공이 새롭게 도주하여 각처에서 거지생활을 하고 있는 것을 알게 되자, 6월 18일 오전 9시 아키모토 도요노신(秋本豊之進) 진남포 이사관 및 니시야마구미의 아리카와 만요시(有川萬吉)와 화공 문제에 대해 협의를 했다. 이때 전광희 영사대리는 주로 두 가지의 문제해결을 촉구했다. 즉, 진남포로 도주해 온 수십 명의 화공을 적당한 장소에 안치하고, 운송비를 화공이 부담하지 않도록 요구했다. 이에 대해 아리카와는 "노동자는 이미 도주하여 일을 하려 하지 않는다. 그들의 뜻대로 마음대로 스스로 귀국하는 수밖에 없다"라고 전 영사대리의 요구에 응하려 하지 않았다.[60] 전 영사대리는 임금이 지급되지 않았기 때문에 화공이 도주한 것을 들어 자력으로 귀국할 수 없다고 반론했다. 그래서 아리카와는 당분간 각 도주 화공에게 호떡 2개를 줄 것을 약속했다. 그러나 진남포 이사청의 관원이

---

58) 원문. 中國民人在韓國者如有犯法之事中國領事館按照中國律例審辦(統監府(1908b), 『韓國條約類纂』, 統監府, 413쪽).

59) 錢 영사대리가 馬 총영사에게 보낸 공문(1909.5.1(양력 6.18)), 앞의 당안, 동 02-35-062-23.

60) 원문. 工人旣逃出不願作工, 只好隨其意便自行回國(錢 영사대리가 馬 총영사에게 보낸 공문(1909.5.4(양력 6.21)), 앞의 당안, 동 02-35-062-23.

호떡을 구입하여 각 화공에게 지급하려 할 때 아리카와가 갑자기 나타나 호떡을 뺏어가지고 돌아갔기 때문에 전 영사대리는 맹반발했다.[61]

마정량 총영사도 문제해결을 위해 움직이기 시작했다. 그는 6월 19일 이시쓰카(石塚) 총무장관에게 공문을 송부하여 도주의 원인 및 화공 학대 사실을 제시한 후, 니시야마구미가 청국의 법률을 지키지 않은 채 '비밀리에' 대련에서 화공을 모집한 것을 문제 삼아 탁지부 및 대련의 지방관에 연락을 취해 현지에서 멋대로 화공을 모집하여 운송하지 말도록 요구했다.[62] 그와 동시에 마정량 총영사는 화북(華北)의 지방관에게 전보를 쳐서 니시야마구미의 화공 모집을 금지하도록 요청하고 협력을 얻어냈다.[63] 또한 그는 6월 23일 진남포에 도주해 온 78명의 화공에게 임금을 지급하고 귀국시키도록 이시쓰카 총무장관에 강력히 요구했다.[64] 전광희 영사대리도 같은 날 아키모토 이사관에게 진남포에 도주해 온 화공 94명(인원이 증가함)을 안심시켜 휴양시킬 방안을 강구하도록 요청, 급히 회답을 요구했다.[65]

통감부는 마 총영사 및 전 영사대리의 공문에 대해 출장소, 아키모토 이사관, 니시야마구미와 공동으로 대책을 협의하고, 이시쓰카 총무장관은 6월 25일 다음과 같이 회답했다.

현재 노동하는 자는 겨우 160명으로 감소했다. 이 노동자에 대한 조치는 일체 청부인에게 맡기도록 할 것이다. 탁지부는 직접 이 건에 간섭할 입장이 아니다. 따라서 그 책임은 본방인(일본인) 청부자와 계약한 귀국인 초공두에 있는 것은

61) 錢 영사대리가 馬 총영사에게 보낸 공문(1909.5.4(양력 6.21)), 앞의 당안, 동 02-35-062-23.
62) 馬 총영사가 錢 영사대리에게 보낸 공문(1909.5.2(양력 6.19)), 앞의 당안, 동 02-35-062-23.
63) 沈承俊이 馬 총영사에게 보낸 공문(1909.5.8(양력 6.25)), 앞의 당안, 동 02-35-062-23.
64) 馬 총영사가 石塚總務長官에 보낸 공문(1909.5.6(양력 6.23)), 앞의 당안, 동 02-35-062-23.
65) 錢 영사대리가 秋本理事官에 보낸 공문(1909.5.6(양력 6.23)), 앞의 당안, 동 02-35-062-23.

당연한 것이다. 탁지부는 업무 관계 나아가 사업의 진척에 영향이 있다는 것을 인정하여 청부자와 교섭한 후 노동자의 임금 지불을 성과급 지불로 바꾸려 한다. 가옥 및 음식물에 대해 다소의 개선이 이뤄졌기 때문에 현재 잔류 중인 160여 명은 이미 만족하여 매일 노동하고 있다.[66]

즉 이시쓰카 총무장관은, 공사현장의 화공 문제는 청부인인 니시야마구미와 니시야마구미가 계약을 체결한 초공두의 장소향에 있으며 탁지부는 책임이 없다고 말하고, 화공의 도주에 의한 사업 진척의 영향을 인정하여 임금을 성과급으로 바꾸고 가옥 및 음식물의 개선을 이미 했다고 회답한 것이다. 또한 이시쓰카 총무장관은 도주 화공 78명의 조치에 대해, "이 또한 청부계약자인 귀국인 초공두의 책임에 속한다. 응급구제의 방법은 오히려 귀국 영사대리가 이들 화공에게 권유하여 이미 처우상 여러 개선을 한 광량만염전 공사장에 복귀하여 다른 잔류화공과 같이 업무에 복귀하도록 하는 것이 훌륭한 계책이다. 이를 양해해주기를 바란다"라고 회답하여,[67] 사실상 마 총영사의 요구를 거절했다. 다만 대련지방의 노동자 모집에 대해서는 "요구에 응하여 본 건이 결착될 때까지 중지하도록" 조치했다고 회답, 이 안건만은 수용했다.

이와 같은 청일 간의 외교교섭은 일본의 신문에도 게재되었다. 이시쓰카 총무장관이 마 총영사에게 회답한 다음 날인 6월 26일자 《오사카아사히신문(大阪朝日新聞)》은 당시의 상태를 다음과 같이 보도했다.

광량만염전 공사에 종사하는 화공이 공사 청부인인 일본인의 처우 등에 대해 불만이 있어 화공 300명이 도주하여, 70명은 청국영사관에서 보호를 하고 있다. 이에 관해 경성 청국 총영사는 통감부에게 엄중한 항의를 하여 현재 교섭 중이다.[68]

---

66) 石塚總務長官이 馬 총영사에게 보낸 공문(1909.5.8(양력 6.25)), 앞의 당안, 동 02-35-062-23.
67) 石塚總務長官이 馬 총영사에게 보낸 공문(1909.5.8(양력 6.25)), 앞의 당안, 동 02-35-062-23.

이시쓰카 총무장관은 잔류 화공이 "만족하여 매일 업무에 종사"한다고 했지만 사실 그렇지는 않았다. 6월 24일 밤 광량만에 파견된 필(畢) 순사는 화공이 파업한다는 이유로 일본인이 땔감과 쌀을 지급하지 않아 폭동이 일어날 우려가 있다고 보고했다. 전광희 영사대리는 영사관 순사장(巡査長)인 황서정(黃書亭) 및 진남포화상공회 서기인 정극선(鄭克選)을 파견, 사태를 진정시킨 사건이 있었다. 또한 주진남포 영사관은 도주 화공 98명에 대해 진남포화상공회를 통해 일시적으로 숙소와 금전을 제공했다.[69]

마정량 총영사는 화공 파업의 소식을 접하고 공사현장의 상황이 이시쓰카 총무장관의 회답과 일치하지 않다고 판단, 전 영사대리에게 공사현장의 화공 현황을 보고하도록 지시했다.[70] 이 지시에 따라 전 영사대리는 필 순사를 파견하여 다시 공사현장을 조사시켰다. 그의 보고는 다음과 같은 것이었다.

공사현장에서 노동하는 화공의 인원은 188명으로 적지 않았으며, 당시까지 숙소가 개선되지 않아 우천 시 앉아서 잠을 잘 수가 없어 화공은 불안에 떨었다고 한다. 여기에다 니시야마구미가 임금지급일을 지키지 않아 화공이 불만을 가지고 작업을 거부하는 사태가 종종 벌어지고 있었다. 화공의 임금은 성과급 지불로 변경되어 1일 35전으로 되었지만, 대공두 및 미야모토 사다히코(宮本定彦, 계약자의 한 사람) 등 10명이 작업을 하지 않은 채 1일 1.2~1.5원을 수령하여 실제로 화공이 수령하는 임금은 28전 아니면 31전에 지나지 않아, 그들에 대한 화공의 불만은 뿌리 깊었다. 이상과 같이 필 순사는 "각 안건은 여전히 이전과 상황이 바뀐 것이 없다"라며, 이시쓰카 총무장관의 "다소의 개량이 이뤄졌다"라고 하는 회답은 한 측면에 지나지 않았다고 보고했다.[71]

---

68) "支那苦力小給", 《오사카아사히신문(大阪朝日新聞)》, 1909.6.26. 다른 신문에도 같은 내용의 기사가 게재되었다. 예를 들면, "支那人夫と度支部", 《오사카마이니치신문(大阪每日新聞)》, 1909.6.26.과 "鹽田人夫逃走事件", 《모지신문(門司新聞)》, 1909.6.27.이 있다.

69) 錢 영사대리가 馬 총영사에게 보낸 공문(1909.5.12(양력 6.29)), 앞의 당안, 동 02-35-062-23.

70) 馬 총영사가 錢 영사대리에게 보낸 공문(1909.5.13(양력 6.30)), 앞의 당안, 동 02-35-062-23.

한편, 진남포에 도주해 온 화공 98명은 공사현장으로 되돌아가려 하지 않았기 때문에 그들의 처리를 두고 마 총영사 및 전 영사대리는 초조해했다. 그 배경에는 도주 화공의 보호를 위한 경비부담의 문제가 있었다. 주진남포 영사관은 도주 화공을 영사관 경찰의 방에 숙박시키면서 진남포화상공회의 협력을 얻어 그들에게 식사를 제공하고 있었지만, 시간이 흐름에 따라 도주 화공의 인원이 늘어나, 식비 등의 비용 부담이 증가하자 하루 빨리 해결하지 않으면 안되었다.[72] 이런 가운데 6월 29일 평안남도 순안군의 아사노 순안채금소(淺野順安採金所)에서 일본인 야마다 니사부로(山田仁三郎)가 화교 조 모(趙某)를 대동하고 와서 도주 화공 70명을 채금소의 광석 운반부로 고용하고 싶다는 뜻을 전달하고, 황서정 순사장과 계약서를 체결해, 70명은 채금소로 이동했다.[73]

전 영사대리는 필 순사의 보고를 근거로 통감부에 문제해결을 촉구하기 위해 '선후판법 6개조'를 작성하여 마 총영사에게 상신했다.[74] 그 내용은 다음과 같다. ① 임금은 1인당 약 50전으로 개선되었지만 임금 지불이 일급제가 아닌 반월급제이기 때문에 화공의 불안을 불식시키지 못하고 있다는 것. ② 화공의 운임을 임금에서 공제하는 것을 내용으로 하는 '계약서'의 제6조를 폐지할 것. ③ 임금은 화공에게 직접 지급할 것. ④ 쌀 및 땔감의 지급도 임금의 지급방법

---

71) 원문. 各節仍與前日情形相同(錢 영사대리가 馬 총영사에게 보낸 공문(1909.5.18(양력 7.5)), 앞의 당안, 동 02-35-062-23.

72) 錢 영사대리가 馬 총영사에게 보낸 공문(1909.5.12(양력 6.29)), 앞의 당안, 동 02-35-062-23; 錢 영사대리가 馬 총영사에게 보낸 공문(1909.5.18(양력 7.5)), 앞의 당안, 동 02-35-062-23.

73) 錢 영사대리가 馬 총영사에게 보낸 공문(1909.5.18(양력 7.5)), 앞의 당안, 동 02-35-062-23. 이 공문을 보낸 날짜는 양력 7월 3일이었다. 이 계약서에 의하면, 임금은 1일 35~40전, 식비는 1일 15전으로 정해졌다. 이 채금소는 아사노 소이치로(淺野總一郎)가 한국 정부로부터 1908년 인가를 받은 사금광산으로 3개 면(面)에 걸친 약 140만 평의 거대한 광산이었다(淺野犀涯 編(1913), 『朝鮮鑛業誌』, 京城日報社, 52쪽). 7월 11일 현재 70명의 화공이 이 금광에서 일하고 있었던 것이 확인된다(錢 영사대리가 馬 총영사에게 보낸 공문(1909.5.26(양력 7.13)), 앞의 당안, 동 02-35-062-23.

74) 錢 영사대리가 馬 총영사에게 보낸 공문(1909.5.18(양력 7.5)), 앞의 당안, 동 02-35-062-23. 이 공문의 발송일은 양력 7월 2일 밤이었다.

과 같이할 것과 공두의 식비는 화공의 임금에서 공제되지만 이를 시정할 것. ⑤ 대공두, 소공두, 회계 등 일하지 않는 자를 곧바로 운송하여 귀국시킬 것. ⑥ 이전의 노동 및 소비의 각 비용을 금후(今後)의 임금에서 절대 차인하지 않는다고 선언할 것. 초안 10개조가 계약서의 시정 및 화공의 보호를 중점에 두었다고 한다면 선후판법 6개조는 도주 화공이 앞으로 더는 나오지 않도록 공사현장에서 벌어지고 있는 현안문제 해결에 중점을 두었다고 할 수 있다.

그렇다면 마 총영사와 전 영사대리는 일본 측과 문제해결을 위해 어떻게 교섭했는지에 대해 보도록 하자. 전 영사대리는 마 총영사에게 통감부와 협의할 때, 앞으로 도주 화공의 인원이 증가할 경우 해당 화공을 진남포 이사청에 인도하지 않을 수 없다는 점, 여비 4원이 있으면 송환할 수 있다는 점, 도주 화공의 식비 등 제비용에 대해 '보호배상'을 청구할 것 등을 상신했다.75) 마 총영사는 6월 27일 전 영사대리로부터 화공 파업의 보고를 받은 직후 관원을 통해 이시쓰카 총무장관의 회답과 합치하지 않는다며 통감부에 항의하고 문제해결을 위해 탁지부와 협의하도록 요청했다.76)

이와 같은 마 총영사의 항의에 의해 통감부는 탁지부와 협의를 거쳐 청국 측의 요구를 수용하는 방향으로 선회했다. 통감부는 7월 2일 주한 총영사관에, 진남포 이사청은 다음 날인 3일에, 탁지부가 공사현장의 화공을 직접 고용할 것, 도주 화공 1인당 4원의 여비를 지급하여 송환할 것, 도주 화공의 '보호배상'으로 1일 15원을 지급할 뜻을 전달했다.77) 이 세 가지 점에 대해 구체적으로 협의하기 위해 7월 4일과 6일 주진남포 영사관에서 진남포 이사청 경부장(警部長), 광량만염전주임 겸 임시재원조사국 주사(主事)인 오사다 요시히코(長田義彦), 동 조사국의 기사인 니미야 쓰네하치(二宮常八), 그리고 니시야마구미의 니

<hr />

75) 錢 영사대리가 馬 총영사에게 보낸 공문(1909.5.12(양력 6.29)), 앞의 당안, 동 02-35-062-23.

76) 馬 총영사가 錢 영사대리에게 보낸 공문(1909.5.13(양력 6.30)), 앞의 당안, 동 02-35-062-23.

77) 馬 총영사가 錢 영사대리에게 보낸 공문(1909.5.17(양력 7.4)), 앞의 당안; 錢 영사대리가 馬 총영사에게 보낸 공문(1909.5.18(양력 7.5)), 앞의 당안, 동 02-35-062-23.

시야마 요시나리(西山義成) 등이 참가한 회의가 개최되었다.[78] 이 회의에서 합의된 내용 및 합의내용이 어떻게 처리되었는지 보도록 하자.

먼저, 공사현장의 잔류 화공에 대한 처우문제는 탁지부가 직접 고용하여 청부 작업을 하는 것으로 결정되었다. 즉, 이전의 니시야마구미와 초공두 간에 체결된 '계약서'는 무효가 된 것이다. 또한 임금의 지불 횟수를 늘렸다. 쌀의 비용도 각 화공에게 지급되는 임금에서 차인하지 않고 식당에서 쌀 등을 자유롭게 구입할 수 있도록 했다. 또한 전 영사대리는 경부장과 상의하여 니시야마 요시나리에게 각 화공의 임금계정을 정산시키려 했다. 그러나 니시야마는 각 화공의 임금에서 종전의 배 삯, 쌀, 그리고 공두에 지불한 비용을 차인하면 마이너스가 되고, 여기에 각 화공이 니시야마구미에 평균 4~8원의 빌린 돈이 있기 때문에 수용하려 하지 않았다.

그러나 전 영사대리가 재삼 반박하여 상의한 결과, 니시야마는 남아 있던 쌀, 호떡, 그리고 잔여의 10여 원을 각 화공에게 분배하는 것에 합의하여, 임금계정의 정산문제도 해결되었다. 전 영사대리는 공사현장을 방문하고 직접 조사, 40명의 화공이 잔류를 희망한다는 것을 파악하고 75명의 화공은 귀국을 희망했기 때문에 진남포로 이동시켰다.

다음은 도주 화공의 송환문제이다. 니시야마구미는 진남포에 있는 114명의 화공에게 배편의 티켓과 식사를 준비하여 해당 화공을 7월 6일 오후 4시발 대련행 스미다마루(隅田丸)에 승선시켰다.[79] 아사노순안채금소에서 일하고 있던 70명의 화공과 7월 4일 오전 광량만에서 도주해 온 약 60명의 화공은 진남포 영사관이 니시야마구미로부터 60원을 받아 송환, 귀국시키게 되었다. 이 비용 지출은 7월 16일이 만기였기 때문에 이 기한이 지나면 진남포 이사청을 통해 니시야마구미에 반환해야 했다. 마지막으로 진남포 영사관은 니시야마구미로

---

78) 錢 영사대리가 馬 총영사에게 보낸 공문(1909.5.26(양력 7.13)), 앞의 당안, 동 02-35-062-23.

79) 화공 114명의 송환에 대해서는 "支那苦力問題", 《오사카아사히신문(大阪朝日新聞)》, 1909.7.8.에도 게재되었다.

부터 '보호배상'비인 200원을 진남포화상공회에 수취하게 하고 이 '배상'의 안건도 타협이 성립되었다.

또한 전 영사대리는 6월 29일 밤 차(車) 순사를 공사현장에 파견하여 40명의 화공의 상황을 조사한바, 화공의 임금은 1인당 60~70전이고 공사감독에 의한 학대 등의 폐해가 없다는 점, 숙소도 수리되어 있다는 점이 확인되어 광량만염전 축조공사의 화공 문제는 완전히 해결되었다.

그러나 이 문제해결의 결과를 두고 통감부와 총영사관 사이에는 약간 인식의 차이가 발견된다. 이시쓰카 총무장관은 문제해결 후 마 총영사에게 공문을 송부했다. 공문의 일부를 발췌해보도록 하자.

> 특별히 구조 송환하도록 결정하여 본월 6일 여비, 식료 등을 지급하여 송환을 끝냈다. …… 귀 서한 가운데 보호배상비라고 하는 것이 있는데 이쪽에서 여비 등을 지출하면 결코 보호배상의 성질에 있지 않고 완전히 귀국 노동자의 곤궁함을 살펴 특히, 구휼의 취지로 처리한 것이다.[80]

즉, 이시쓰카 총무장관은 이번의 화공의 송환은 어디까지나 '구휼의 취지'에 의한 선의이며, '보호배상'비에 해당하지 않는다고 주장한 것이다.

이시쓰카 총무장관이 이처럼 주장한 이유는 '배상'이라는 말에는 타인의 권리를 침해한 자가 발생한 손해에 대해 보장하는 의미가 있어 '보호배상'비를 인정할 경우는 화공의 모집, 학대, 도주 등에 대해 한국 정부 및 통감부가 법률적 책임을 인정하게 되기 때문이다. 요컨대, 통감부는 이 공사의 화공과 관련된 제문제는 '계약서' 체결의 당사자인 니시야마구미와 초공두 측의 책임이라는 입장을 바꾸지 않은 것이다.

그렇다면 왜 화공의 처우개선과 도주 화공의 송환에 소극적인 통감부가 갑

---

80) 石塚總務長官이 馬 총영사에게 보낸 공문(1909.6.4(양력 7.20)), 앞의 당안, 동 02-35-062-23.

자기 입장을 바꿔 주한 총영사관의 요구를 거의 수용한 것일까. 그 이유는 먼저 니시야마구미의 화공 모집의 비합법성을 거론할 수 있다.

아편전쟁 후 미국 서부, 하와이, 중남미, 호주, 동남아시아의 경제개발, 제국주의에 의한 중국의 반식민지화에 의해 화공이 대량으로 해외에 이주하는 가운데 화공에 대한 학대문제가 빈발, 청국 정부는 대응에 부심했다. 청국 총리아문(總理衙門)은 1866년 영국, 프랑스와의 교섭 끝에 중국인을 해외에 데리고 나가 노동시킬 때 지방관의 허가를 거치지 않으면 노동자의 출국을 인정하지 않는 '영국과 프랑스인에 의한 중국인의 고용을 규정하는 협약'을 정했다.[81] 광량만염전 축조공사의 화공 문제가 발생한 1909년, 청국 정부 및 지방관청에는 '보공국(保工局)'이 설치되어 화공의 보호활동을 펼치고 있었다. 또한 청국의 동남(東南) 각성은 해외에 가는 노동자가 많기 때문에 모집하는 국가의 관원과 타당한 규약을 체결하고 나서야 노동자의 해외 도항(渡航)을 허가했다.[82]

주한 총영사관이 이번의 화공 문제를 둘러싸고 통감부에 "이번 니시야마 요시나리의 대표인인 아리카와 만요시가 대련에 가서 비밀리에 화공을 한국에 모집해 왔다"라고 항의한 것은 이상과 같은 수준을 밟지 않은 비합법성을 지적한 것이었다.[83] 이에 대해 통감부는 화공 모집은 니시야마구미와 초공두의 계약으로 이뤄졌기 때문에 화공 문제를 둘러싸고 모든 책임을 쌍방에게 전가했지만, 그것은 약간 문제가 있었다.

왜냐하면 니시야마구미의 우에스기(植杉)가 6월 1일 진남포 영사관을 방문

81) 이 협약의 제2조에 지방관의 허가를 받지 않은 채 중국인을 출국시킬 경우, 법률에 의해 엄벌에 처한다는 것이 명기되어 있다. 이 협약은 비준되지 않았기 때문에 청국 정부가 이를 대체하는 '국제이주규칙안(國際移住規則案)'을 제안했지만, 이것도 비준을 받지 못했다. 그러나 청국 정부는 1867년 이 규칙을 공포했다(イゴリ・R・サヴェリエフ(2005), 『移民と國家: 極東ロシアにおける中國人, 朝鮮人, 日本人移民』, 御茶ノ水書房, 33~34쪽).

82) 貔子窩地方長官同長齡이 馬 총영사에게 보낸 공문(1910.2.16(양력 3.26)), 앞의 당안, 동 02-35-062-23.

83) 馬 총영사가 石塚總務長官에 보낸 공문(1909.5.2(양력 6.19)), 앞의 당안, 동 02-35-062-23.

했을 때 전 영사대리로부터 화공의 모집자인 주사(主事)와 책임자에 대해 질문 받았을 때, "이것은 본래 한국 탁지부 관원을 단장으로 귀국에 파견하여 화공을 모집한 자는 아리카와 씨이다"[84]라고 회답한 것에서 알 수 있듯이 탁지부가 직간접적으로 화공 모집에 관여하고 있었고 이 사실을 청국 측은 파악하고 있었기 때문이다. 그리고 이 공사현장의 감독 가운데는 탁지부 소속의 관원이 포함되어 있기 때문에 탁지부가 화공 학대 등의 책임을 회피하기 어려웠다. 주한 총영사관이 이 문제를 통감부에 교섭 카드로 꺼내 통감부에 양보하도록 교섭하여, 결국 통감부가 총영사관의 요구를 수용한 것이다.

통감부가 화공 문제를 둘러싸고 총영사관의 요구를 수용한 두 번째 원인은 이 문제에 대한 엄중한 여론에 있었다. 진남포 지역에는 공사 개시 이전 한국 정부가 자국민을 고용하지 않고 화공을 고용하는 것에 대해 비난의 목소리가 높았다.[85] 진남포 지역의 지식인은 도주 화공 문제에 대해 "한국 정부는 국민에 의료와 식료를 부여하여 폭도소탕의 한 방편으로 활발히 토목사업을 일으켜 한국 노동자를 종사시켰지만 이번에 한해 화공을 사용한 것은 정책상으로 볼 때 매우 모순적인 조치이다"라고 비판했다.[86] 한편, 광량만염전 축조공사의 화공 문제는 한성의 화교사회에도 알려져 한성 거주 화상이 본국에 귀국하려 한다는 소문이 퍼져 그들과 거래하는 조선인 및 일본인 상인 사이에 혼란을 초래한 사실이 있었다. 통감부는 이 사건을 상당히 주시하고 있었다.[87] 통감부의 입장에서 도주 화공의 처리가 장기화되면 될수록 이와 같은 여론은 점점

---

84) 원문. 此事本爲韓國度支部官員主長派往貴國招工者爲有川氏(錢 영사대리가 馬 총영사에게 보낸 공문(1909.5.4(양력 6.21)), 앞의 당안, 동 02-35-062-23).

85) "鎭南浦より 廣梁灣人夫", 《오사카아사히신문(大阪朝日新聞)》, 1909.6.14.

86) "廣梁灣鹽田事業", 《오사카마이니치신문(大阪每日新聞)》, 1909.7.7. '폭도소탕(暴徒掃蕩)'은 1908년 봄부터 조선 각지에서 발생한 의병 진압을 가리킨다. 통감부는 의병을 무력으로 진압함과 동시에 각종 공사를 벌여 조선인을 고용하는 융화책도 취한 것이어서 주목된다.

87) 韓國駐箚憲兵司令部가 통감부에 보낸 공문(1909.7.1), 「淸國商人等本國引揚ノ流說ニ就テ」, 『統監府文書』 6권(복각판), 국사편찬위원회, 2000, 230쪽.

악화되고 그것이 조선 통치에 지장을 초래할 것으로 판단, 화공 문제의 조기해결을 도모한 것으로 볼 수 있다.

하지만 이상과 같은 화공을 둘러싼 문제는 광량만염전 축조공사의 진척에도 지장을 초래했다. 탁지부 및 니시아마구미는 당초 1,500명의 화공을 모집할 예정이었지만, 주한 총영사관의 모집중지의 요구에 직면하면서 그 절반을 약간 상회하는 808명밖에 공사에 고용할 수 없었을 뿐 아니라 808명 가운데 최종적으로 공사현장에 잔류한 화공은 40명밖에 없었다. 이와 같은 사정으로 제5구와 동시에 공사개시 예정이던 제7구는 〈표 15-2〉와 같이 1909년 10월까지 착공할 수 없는 상황에 있었다.

5. 1910년도 화공 문제

1) 화공고용취급각서(苦力雇入取扱覺書)

탁지부는 1909년도에 이어 1910년도에 제4구의 약 39만 평과 제6구의 약 55만 평의 염전 축조공사를 실시했다. 축조 계획면적은 1909년도보다 3배 이상 넓고 예산은 전년도에 비해 약 2배 많았다. 이 때문에 탁지부는 1909년도보다 많은 2,500명의 화공을 고용할 것을 결정, 탁지부 임시재원조사국 광량만출장소장인 아카구라 요시사부로(赤倉吉三郎)는 1910년 2월 26일 토목회사 시키구미(志岐組) 대표인 시키 신타로(志岐信太郎)와 청부계약을 체결하고 이번은 시키구미가 화공을 모집하게 되었다.

탁지부 및 통감부는 1909년도의 화공 문제를 감안하여 화공 모집에 상당히 신중한 자세로 임했다. 먼저 미우라 미고로(三浦彌五郎) 경성이사청 이사관이 마정량 총영사에게 보낸 다음의 공문을 보도록 하자.

본년 3월 15일경부터 기공하여 동 10월 중순까지 준공해야 하므로 사정에 따라서는 단시일에 다대한 노동력을 필요로 할 뿐 아니라 염전 축조공사에 대해서는 한국 인부는 일반적으로 경험이 없다. 따라서 공사의 인원을 보완함과 동시에 축조방법을 가르칠 수 있도록 해당 공사에 경험이 있는 화공 약 2,500명을 천진(天津), 지부(芝罘) 및 비자와(貔子窩) 등지에서 모집한다. 해당 지역에서 단체로 인솔하여 진남포에 상륙시킨다. …… 화공의 모집, 사역, 임금의 지불 및 위생 등에 관해서는 별지 각서에 근거하여 확실히 실행해야 하므로 그 뜻을 청원한다. 귀관도 사정을 잘 파악한 후 화공 모집 각지의 해당 지방관에게 응분의 비호와 원조를 부여할 수 있도록 이것저것 고려하여 잘 처리해주기를 바란다.[88]

즉, 이 공문은 통감부가 1909년도 화공 문제로 청국 측으로부터 비합법적인 모집으로 책임을 추궁당한 점, 화공이 도주하여 공사가 지연된 경험을 교훈으로 미리 주한 총영사관에 2,500명의 화공 모집 계획을 알리고 협력을 요청한 것이다. 공문 가운데 언급되어 있는 '별지각서'는 화공고용취급계획(苦力雇入取扱覺書, 이하 '각서'로 약칭함)[89]을 말하며 이 '각서'는 시키구미 대표인 시키 신타로의 대리인인 가와시마 사쿠조(川島朔造)가 화공의 모집, 작업, 임금 지불, 위생 등에 대해 작성한 것이다.

이 '각서'는 1909년도에 문제 된 '계약서'와 비교하여 상당히 개선되었다. 그 첫째는 작업시간 및 임금의 개선이다. 하루 노동시간은 '계약서'에 정확히 명기되어 있지 않았지만, '각서'에는 10시간으로 정해져 있었다. 임금은 '계약서'에선 31전이던 것이 '30전 이상'으로 하고, 야간작업의 경우는 일당의 5할 할증한다고 정해졌다. 또한 화공과의 협정으로 1개 소구(小區)를 화공에 청부작업시킬 경우의 임금은 성과급 지불로 했다. 임금의 지불방법은 각 화공이 선정한 공두에게 지급하고 임금의 지급 기일은 작업 다음 날 또는 며칠별로 정했다.

---

88) 三浦理事官이 馬 총영사에게 보낸 공문(1910.1.24(양력 3.5)), 앞의 당안, 동 02-35-062-23.
89) 이 '각서'는 미우라 이사관이 마 총영사에게 보낸 공문에 첨부된 것이다(三浦理事官이 馬 총영사에게 보낸 공문(1910.1.24(양력 3.5)), 앞의 당안, 동 02-35-062-23).

둘째는 작업환경의 개선이다. '각서'에는 공사용 기구의 대여, 식기 및 취사도구의 공급, 가옥의 공급이 명기되었다. 특히 가옥은 방한설비, 배수시설, 취사장, 위생시설을 정비하는 것이 명기되었으며 촉탁 의사를 고용하여 병에 걸린 화공의 치료를 하는 것도 포함되었다.

셋째, 1909년도에 문제가 된 여비에 대해서는 시키구미가 모두 부담하는 것으로 명기되었다. 작업 기간(3월 10일부터 10월 15일까지)를 지나 불필요해진 화공, 질병 및 해고된 화공은 속히 송환하는 내용도 포함되어 있었다.

넷째, 이전의 '계약서'에 없었던 화공의 보호 조항이 추가되었다. 즉, "치안 및 기타 보호를 위해 2명 이상의 지나(支那) 순사 파견을 청원한다"라는 내용에서 도주 화공 등의 문제를 미연에 방지하려는 통감부 및 시키구미의 강한 의지를 읽을 수 있다. 또한 미우라 이사관은 공문에 시키구미와 화공 모집자 간의 '인부공급계약서'를 위해 작성한 모범안(模範案)을 첨부해 왔다. 이 계약서의 내용은 '각서'가 표준이 되어 있지만, 여기에 화공 모집자가 화공을 고용할 때 염전축조공사라는 점, 작업방법, 임금, 숙사, 보호방법 등을 정중히 설명하여 화공을 불안에 떨게 하지 않는 내용이 포함되어 있었다.[90]

'각서' 및 '인부공급계약서'는 전체적으로 볼 때 통감부 및 탁지부가 1909년도와 같은 화공 문제가 재발하지 않도록 1909년도에 일시 실현된 탁지부에 의한 화공의 직접 고용 내용은 포함되어 있지 않았지만 청국 측이 1909년도 화공 문제 발생 시 제의한 초안 10개조와 선후판법 6개조가 거의 반영되었다고 해도 될 것이다.

마정량 총영사는 이 규정이 모두 타당하다고 만족을 표시하고 이 규정을 화공 모집지인 천진, 지부, 비자와[현재의 영구(營口, 잉커우)시의 옛 지명]의 각 지방관인 도원(道員)에게 공문 및 규정을 송부했다. 화공을 모집하는 자(시키구미)에게 총영사관과 각 도원이 서로 증서를 발급하여 각 지방의 보공국에 이 증서를

90) 三浦理事官이 馬 총영사에게 보낸 공문(1910.1.24(양력 3.5)), 앞의 당안, 동 02-35-062-23.

수취하여 보관하도록 지시했다. 또한 각 지방관에 의해 모집된 화공의 진남포 도착 일시, 선편의 이름을 먼저 전보로 보고하도록 했다.[91] 다만 초공두가 해당 지역에서 모집할 때는 각지의 보공국에 진언하여 화공 모집에 대해 담당자와 면담하도록 조건을 달았다.[92]

그러나 '각서'의 내용이 '계약서'보다 훨씬 개선되었다고는 하더라도 1909년 도와 같은 화공 문제가 재발하지 않을 보장이 없기 때문에 장국위(張國威) 진남포 영사는 화공을 보호할 방법을 강구하기 위해 움직였다. 장 영사는 3월 8일 아카쿠라 서기관(임시재원조사국광량만출장소장)과 면담할 때 이번의 화공 모집은 모두 시키구미에 청부한 것이라며 탁지부에게 책임이 있는 것이 아니라고 강조하여 불안해했다. 또한 장 영사는 모집되어 오는 화공은 '바보스러운' 산동 출신자가 많기 때문에 문제발생을 피할 수 없을 것을 걱정해, '각서'에 근거하여 영사관 순사 3~4명을 파견하고 주재시켜 화공의 보호에 만전을 기하려 했다. 이 건에 대해서는 아카쿠라 서기관과 주재 순사의 경비에 대해 협의, 공두 (工頭)가 수령하는 인건비 총액의 3%를 경비로 충당한다는 합의를 했다.[93] 이 경비는 진남포 영사관 혹은 진남포화상공회로부터 명세표를 시키구미 대리인에게 인도하고 대리인이 이 경비를 영사관에 지불하도록 했다. 그리고 영사관 순사의 제복은 시키구미가 구입하도록 했다.[94]

천진, 지부, 비자와 등의 지방관은 '각서'와 화공 모집자 관련 마정량 총영사에게 문의가 쇄도했다. 비자와의 지방관은 최근 동남 각성에서 노동자를 유괴하여 해외에 데려가는 것이 굉장히 많기 때문에 관원을 파견하여 화공을 모집

---

91) 馬 총영사가 張 진남포 영사에게 보낸 공문(1910.1.27(양력 3.8)), 앞의 당안, 동 02-35-062-23.

92) 馬 총영사가 張 진남포 영사에게 보낸 공문(1910.2.2(양력 3.12)), 앞의 당안, 동 02-35-062-23.

93) 張 진남포 영사가 馬 총영사에게 보낸 공문(1910.2.2(양력 3.12)), 앞의 당안, 동 02-35-062-23.

94) 馬 총영사가 張 진남포 영사에게 보낸 공문(1910.2.2(양력 3.12)), 앞의 당안, 동 02-35-062-23.

하는 국가의 관원과 규약을 체결하고 나서 모집을 허가하고 있다는 것을 들면서, 이번의 '각서'는 청국의 관원과 일본의 관원이 체결한 것이 아니라는 이유로 '각서'의 효력에 의문을 제기했다.[95] 지부 담당의 지방관은 시키구미 대리인인 가와시마 사쿠조가 소지하고 있는 증서가 3개소(천진, 지부, 비자와)의 모든 지역에서 사용할 수 있는지, 모집하는 자가 대리인의 대리인지, 총영사관이 발급한 증서의 양식 및 매수에 대해 문의했다.[96]

어쨌든 시키구미의 화공 모집은 총영사관의 협력하에서 1909년도에 비해 순조롭게 진행되어 4월 2일 나가타마루(永田丸)로 제1착의 화공 765명이 진남포항에 도착, 3일 광량만에 도착했다.[97]

2) 화공의 도주 원인 및 외교교섭

마정량 총영사가 타당한 규약으로 간주한 '각서'와 총영사관의 협력하에서 모집되어 온 화공이었지만 제1착 가운데 도주자가 발생했다. 제1착 765명 가운데 약 400명이, 도착한 후 얼마 지나지 않은 4월 5일 밤 10시에 도주한 사건이 발생했다. 공두인 주현장(朱顯章)의 보고에 따르면, 시키구미가 화공에 대해 학대한 것은 없고 다만 도착하는 날 쌀밥이 부족했다는 점, 여기에 차가운 진흙탕에 발을 넣어 지면의 얼음을 녹이는 어려운 작업을 진행했다는 점이 있었다. 도주 화공 가운데는 평양의 평안선 철도 건설공사 현장에서 일하는 화공도 있었다고 하지만 사실인지는 정확하지 않다.

장국위 진남포 영사는 영사관 순사를 파견하여 주의 깊게 경비하고, 공두를 통해 화공을 안심시키도록 지시함과 동시에 시키구미와 작업환경의 개선에 대

---

95) 貔子窩地方官同長齡이 馬 총영사에게 보낸 공문(1910.2.16(양력 3.26)), 앞의 당안, 동 02-35-062- 23.

96) 余則達芝罘地方官이 馬 총영사에게 보낸 공문(1910.2.27(양력 4.6)), 앞의 당안, 동 02-35-062-23.

97) 張 진남포 영사가 馬 총영사에게 보낸 공문(1910.3.3(양력 4.12)), 앞의 당안, 동 02-35-062- 23.

해 협의하도록 명령했다.[98] 또한 4월 하순 잔류 화공 가운데 질병 혹은 사망하는 자가 발생했다. 장 영사는 5월 1일 필(畢) 영사관 순사장을 파견하여 질병을 앓고 있는 화공은 33명이며 이미 4명의 화공이 사망했다는 점, 4명의 시체는 시키구미에 의해 장례가 치러졌으며 병자는 일본인 의사의 치료를 받고 있다는 것을 파악했다. 시키구미의 대응에 대해서는 장 영사가 대체로 '각서'에 근거하여 처리되고 있다며 만족을 표시하여 쌍방 사이에 문제가 발생하지는 않았다.[99]

1909년도와 달리 이어 제2진의 화공 1,015명이 4월 12일과 14일 천진에서 기선이 아닌 범선을 이용하여 도착했다. 그리고 봉천(奉天)에서 제3착 373명이 도착했다. 제2착의 화공에게도 문제가 발생했다. 시키구미는 제2착의 화공이 작업을 잘 못한다는 이유로 하나의 소구(小區)를 청부하게 하여 성과에 의한 임금을 지불하려고 했지만 화공은 이를 수용하지 않았다. '각서'에는 "화공과의 협정에 의해"라는 문언이 있어 시키구미가 무리하게 청부시킬 수는 없었다. 광량만의 주재순사가 조정에 들어가 작업을 계속하게 되었지만 5일 후 화공은 청부 작업이 힘들다는 이유로 작업을 중지, 시키구미와 충돌하게 되었다. 화공은 시키구미에 임금을 청구했지만, 시키구미는 천진에서 모집할 시 화공에게 미리 빌려준 금액이 대양(大洋) 2,500위안(약 3,500원 상당)으로 해당 화공의 잔액 임금은 약 1,000원에 지나지 않아, 그 차액이 크기 때문에 지불하려 하지 않았다. 화공이 이에 불만을 품고 문제를 일으킬 소지가 보이자 장 영사는 주재 순사에게 무력으로 탄압할 것과 동시에 화공에게 무분별한 행동을 하지 말 것을 지시했다.[100]

---

98) 張 진남포 영사가 馬 총영사에게 보낸 공문(1910.3.3(양력 4.12)), 앞의 당안, 동 02-35-062-23. 기타의 공문에는 762명의 화공이 지부에서 도착했다고 한다(張 진남포 영사가 馬 총영사에게 보낸 공문(1910.4.4(양력 5.12)), 앞의 당안, 동 02-35-062-23).

99) 張 진남포 영사가 馬 총영사에게 보낸 공문(1910.4.4(양력 5.12)), 앞의 당안, 동 02-35-062-23.

100) 張 진남포 영사가 馬 총영사에게 보낸 공문(1910.4.4(양력 5.12)), 앞의 당안, 동 02-35-062-23.

이 문제해결을 둘러싸고 진남포 영사관과 시키구미 사이에 교섭이 벌어졌다. 장 영사는 5월 9일 시키구미 대표자인 이케다 기쿠마쓰(池田菊松), 제2착의 화공 모집자인 가와케무 지쿠마(川烟竹馬) 등과 회동했다. 그리고 광량만 주재 차(車) 순사가 진남포 영사관에 데리고 온 6명의 공두에게 사정을 청취했다. 공두의 말에 의하면, 공사는 어렵고 작업은 매우 힘들었기 때문에 임금을 청구하여 천진으로 송환해줄 것을 요구했지만, 시키구미는 미리 빌려준 대금을 이유로 송환해주려 하지 않았다고 한다. 이러한 사실은 진남포 영사관이 파악하고 있던 것과 거의 일치했다. 진남포 영사관은 시키구미에게 화공은 2,500위안(元)을 갚을 능력이 없다는 점, '각서' 제7조에 "질병, 해고 등의 경우는… 속히 본국으로 송환"한다고 명기되어 있는 것을 들어 시키구미에 전대금의 취소와 송환을 요구했다.

그러나 시키구미는 응하려 하지 않았다. 1909년도 영사대리로 근무하던 전광희 서기는 시키구미와 재삼 협의한 결과, 쌍방은 시키구미가 제7조대로 해당 화공의 송환 여비를 부담할 것, 해당 화공 임금 약 1,000원은 송환비용 및 전대금의 변제에 사용하는 것에 합의했다. 이 합의에 의해 시키구미는 각 화공에게 40전을 여비로 지급하고(약 900명의 화공에 지급하면 총 약 360원이 됨), 작업 중지 날로부터 승선하는 날까지 쌀의 공급을 책임지는 등 시키구미가 양보한 형태로 결착되었다.[101]

화공 901명은 5월 12일 시키구미가 준비한 나가타마루(永田丸)에 승선하여 귀국 길에 올라 이 문제는 완전히 해결되었다.[102] 이 문제는 조선어 신문인 《대한매일신보》에 다음과 같이 보도되었다.

---

101) 張 진남포 영사가 馬 총영사에게 보낸 공문(1910.4.4(양력 5.12)), 앞의 당안, 동 02-35-062-23.

102) 張 진남포 영사가 馬 총영사에게 보낸 공문(1910.4.8(양력 5.16)), 앞의 당안, 동 02-35-062-23. 11일 밤 진남포항에 입항한 나가타마루에는 광량만염전 축조공사에 고용된 화공 348명이 승선해 있었다("勞動者到着", 《대한매일신보》, 1910.5.17).

광량만염전 공장에서 작업하던 청국노동자 100명은 임금 인상 때문에 동맹 파공한 후 854명은 12일 해로로 귀국하고 나머지는 진남포로 가서 농업을 경영하든지 육로로 귀국한다고 한다.[103]

이 기사의 내용에서 화공의 동맹파업의 원인을 화공의 임금인상 요구에 둔 점, 송환 화공의 인원을 854명으로 한 점은 앞의 진남포 영사관이 파악한 사실과 다르다. 그러나 광량만염전 축조공사의 화공이 동맹파업을 한 것, 12일 해로로 귀국 길에 올랐다는 것은 일치한다.

이상과 같이, 1909년도 화공 문제와 달리 이번은 통감부와 주한 총영사관이라고 하는 중앙 수준에까지 가지 않고 진남포의 지방 수준에서 진남포 영사관과 시키구미 사이에 신속하면서도 원활하게 해결된 것은 1909년도의 '계약서'보다도 개선된 '각서'가 있었고, 공사현장의 주재 영사관 순사가 화공과 시키구미 사이에 중개 역할을 잘 담당해냈기 때문으로 지적할 수 있을 것이다.[104]

하지만 시키구미 대표자인 이케다 기쿠마쓰는 7월 10일 진남포 영사관을 방문하여 대련, 천진, 비자와로부터 모집해 온 화공이 계속해서 도주, 남은 인원이 여손정(余孫井) 공두가 이끄는 화공 800명밖에 없다고 설명하면서, 그들은 자원하여 광량만에 온 화공으로 시키구미가 청국에 가서 모집한 화공이 아니기 때문에 '각서'와는 무관하다고 주장했다. 사실, 지부로부터 모집해 온 잔류 화공 360명은 5월 중순 임금문제 등을 둘러싸고 시키구미와 대립, 대부분 귀국했다.[105]

---

103) "淸工夫罷工詳報", 《황성신문》, 1910.5.17. 기타 신문에는 화공 900명이 동맹파업을 하고, 이 가운데 850명이 지부로 향해 출발했다고 보도되었다("淸國勞動者", 《대한매일신보》, 1910.5.17).

104) 주진남포 영사관은 진남포 이사청과 이 공사의 화공 문제로 교섭을 하고 있었다. 화공인 유란정(劉蘭亭)과 마쓰자키구미(松崎組, 시키구미의 하청)의 야지마 히사쿠라(矢島久藏)가 임금 계산 문제로 충돌, 진남포 영사관은 7월 중순 연일 이사청과 교섭을 해왔다(張 진남포 영사가 馬 총영사에게 보낸 공문(1910.6.7(양력 7.13)). 앞의 당안).

105) 張 진남포 영사가 馬 총영사에게 보낸 공문(1910.4.8(양력 5.16)), 앞의 당안.

진남포 영사관은 시키구미가 '각서'를 폐기하고 공사현장에서 영사관 순사가 간섭하는 것을 피하려는 의도를 간파했다. 걱정한 대로 시키구미는 8월 1일 아침 진남포 영사관에 전화연락을 취하고 9월 3일까지 광량만주재 영사관 순사의 철수를 요구했다. 또한 시키구미는 앞으로 청국에 가서 화공을 모집하지 않는다는 의사를 표시, '각서'의 파기를 완곡히 선언했다. 이에 대해 진남포 영사관은 영사관 순사의 파견과 주재는 '각서'에 기재된 것이며, 공사현장에 아직 화공 약 1,000명이 있다는 점, 화공 문제의 처리는 '각서'에 근거해야 한다는 것을 이유로 시키구미에게 몇 번이나 요구를 철회할 것을 요구했다. 그러나 그것이 수용되지 않자 마 총영사는 경성이사청에 조회하여 시키 신타로에게 '각서'를 준수할 것을 요구했다.[106]

그렇다면 왜 시키구미가 8월 1일이라는 시키에 주재 영사관 순사의 철수를 요구한 것일까? 직접적인 원인은 통감부가 시키구미에게 명령한 것에 있을 것이다. 7월 하순이 되면 '한국 병합'의 시기가 거의 결정되고 조선과 열국 간에 체결된 조약에 대해서도 일본 "정부 부내에 다소의 논의도 있었지만 이것은 합병과 함께 모두 소멸하는 것으로 해석하는 것이 정해"진 상태였다.[107] 일본 정부의 이러한 방침에 근거하여 통감부가 시키구미에게 광량만 주재 영사관 순사를 철수하도록 명령한 것일 것이다.

이것이 결정적인 원인일 것이지만 기타 공사현장의 사정도 작용했던 것 같다. 화공과 조선인 노동자 간의 충돌 사건이 바로 그 배경에 있었다. 6월 2일 밤 공사현장에서 화공 300명과 조선인 노동자 700명이 서로 돌을 던지는 등 격렬하게 충돌하여 쌍방 간에 다수의 부상자가 발생하는 사건이 있었다. 이 충돌은 4일 오전 3시가 되어서야 겨우 진정이 되었다. 그 원인은 평상시 작업 중에 발생한 쌍방 간의 갈등에 있었다.[108] 특히, 이 충돌 과정에서 공사현장 주재의

---

106) 張 진남포 영사가 馬 총영사에게 보낸 공문(1910.6.29(양력 8.4)), 앞의 당안.

107) "內外の形勢", 《오사카마이니치신문(大阪每日新聞)》, 1910.8.1.

108) "한청역부충돌", 《대한매일신보》, 1910.6.5; "청한인투쟁", 《황성신문》, 1910.6.5. 이 사실로 볼 때 조선인 노동자도 이 공사에 다수 고용되어 있었다는 것을 알 수 있다. 화공

차(車) 순사가 화공을 지휘한 것이 문제가 되었다. 차 순사는 귀관 조치되었을 뿐 아니라 적극 가담한 화공 19명은 해고당했다.[109] 이 사건으로 주재 영사관 순사가 곧바로 철수된 것은 아니었지만 통감부 및 시키구미가 주재 영사관 순사의 파견에 대해 재고하는 계기가 된 것은 분명하다.

주한 총영사관은 광량만 주재 영사관 순사의 철수 요청에 어떻게 대응했는지 분명하지 않지만, 어떻게 대응하든 관계없이 일본 정부는 8월 29일 '한국 병합에 관한 선언'을 공포하여 구미 열강 및 청국이 한국 정부와 체결한 모든 조약이 무효가 되었기 때문에 그 영향을 받지 않을 수 없었다. 마 총영사는 이 선언을 수용하여 진남포 영사관을 비롯한 각 영사관 순사의 철수를 지시,[110] 공사현장의 주재 영사관 순사도 9월 3일까지는 철수했을 것이다.

1910년도의 공사도 화공 문제로 제4구와 제6구의 작업 진척도는 모두 8월 현재 40%에 머물렀다.[111] 1911년까지 1,000정보의 천일염전을 축조한다는 계획은 예정보다 늦은 1914년 3월에야 겨우 달성되었다.[112] 이렇게 지체된 주요한 원인은 이상과 같은 화공 문제가 있었던 것이다.

이 연이어 도주 및 귀국, 시키구미의 입장에서 노동자의 보충을 하지 않을 수 없었다. 또한 통감부가 이 공사에 화공을 고용, 악화된 지역의 여론을 고려한 것도 조선인 노동자 고용을 한 배경이었다.

109) "광량만粉擾鮮分", 《황성신문》, 1910.6.14. 그러나 이 사실은 「廣梁灣鹽場各案」의 당안에는 나오지 않는다.

110) 馬 총영사(1910.8.9(양력 9.12))(복각판, 中央研究院近代史研究所 編(1972), 『淸季中日韓關係史料』, 中央研究院近代史研究所, 7121쪽).

111) 度支部(1910), 『韓國財政施設綱要』, 統監府, 222쪽. 청국의 영사관 순사의 철수 시기는 기타 구미제국에 비해 늦었다. 그 이유는 "청국에 한해 언어, 풍속, 기타와 상이한 점이 있어 종래의 순사를 우리 경찰의 통역원으로 채용하는 것이 오히려 도움이 된다는 논의가 양국의 관헌 사이에 교섭이 타결되어 1~2일 중 실행하게 될 것이다"라는 것에 찾아볼 수 있다("領事警察撤退", 《오사카마이니치신문(大阪每日新聞)》, 1910.9.6).

112) 朝鮮總督府專賣局(1936), 『朝鮮專賣史』, 朝鮮總督府, 302쪽. 축조된 염전의 면적은 934정보였다.

6. 일제강점 직후의 화공 문제

여기서는 '한국 병합에 관한 선언'으로 청국의 영사재판권 및 영사관 순사가 철폐된 후, 광량만염전 축조공사의 화공 문제가 어떻게 처리되었는지에 대해 검토하려 한다.

조선총독부의 아카시 모토지로(明石元二郎) 경무총장(警務總長)은 1911년 1월 20일자로 마정량 총영사에게 다음과 같은 공문을 송부했다.

> 58명의 귀국인은 …… 공두(工頭)의 도주로 인해 임금을 수취하지 못해 곤란에 빠진 끝에 동지(同地) 주재 귀국 영사의 보호를 청원하였지만 목적을 달성하지 못해 결국 진남포경찰서에 간청하게 되었다. 동 경찰서는 유지에게 부탁하여 일정의 갹출(醵出)금을 거두었다. 이를 귀국 영사를 거쳐 전게(前揭) 귀국민 1명에 대해 1원씩 귀국 여비로 교부했다. …… 지난해 12월 30일 출발하여 도보로 귀국 길에 올라 동 경찰서 경찰관은 보호를 위해 동행했다. 본월 7일 평안북도 선천에 도착했을 때 전게 교부금을 전부 소비해버렸다. 가장 빨리 돌아갈 여정의 비용이 부족한 데다 엄동이라 …… 결국 동지(同地)에서 기차를 타고 신의주로 수송하고 …… 이러한 사정으로 경찰에게 기차비 등 기타 비용이 들었다. …… 그 비용은 현재 조사 중이며 …… 비용에 대해 귀 총영사의 배려로 상당부분 변상되기를 희망한다. …… 또한 이 비용을 통지할 터이니 부디 회답해주기를 바란다.[113]

이 공문은 광량만염전 축조공사에 고용된 화공이 공두의 도주로 인해 임금을 수취하지 못해 귀국할 수 없는 딱한 사정에 직면해 진남포 영사관에 보호를 요청하고, 진남포경찰서가 지역의 유지를 상대로 모금을 했다. 진남포경찰서

---

113) 朝鮮總督府警務總長明石元二郎이 馬 총영사에게 보낸 공문(1910.12.20(양력1911.1.20)), 앞의 당안.

는 모금한 돈으로 화공 1인당 1원의 여비를 지급하여, 경찰관의 보호하에 도보로 송환하는 도중 각 화공의 여비가 소진되고 추운 날씨 때문에 화공 58명을 기차로 수송하여 기차비 및 기타 비용이 발생, 아카시 경무총장이 비용의 지불을 마 총영사에게 의뢰한 내용이다.

아카시 경무총장은 3월 14일자 고마쓰 미도리(小松綠) 외사국장 앞으로 보낸 공문에서 해당 비용이 104.99원이라는 것을 밝히고 주한 총영사관과 교섭하여 변상받을 것을 요청했다. 비용의 내역은 기차비 61.8원, 여비 21원, 식비 18.85원, 썰매 구입비 4.6원이었다.[114] 이어 고마쓰 외사국장은 3월 28일 마 총영사에게 104.99원의 변상을 공식적으로 청구, 화공 송원의 변상을 둘러싼 쌍방의 외교교섭이 본격적으로 시작되었다.[115]

마정량 총영사는 5월 15일자 공문에서 변상에 대해 납득하기 어려운 것이 있다며 즉답을 피했다.[116] 게다가 마 총영사는 5월 27일자 아카시 경무총장 앞으로 보낸 공문에서 경찰관의 화공 보호 및 송환에 대해 감사를 표시하면서도 송환비용에 대해 지방 수준에서 몇몇 문제가 있으니 각 해당 지방관과 영사가 상의하여 해결하는 것이 바람직하다는 뜻을 전달했다.[117] 그래서 화공 58명의 송환비를 제공한 평안북도 경찰부장인 미즈마 하루아키(水間春明)는 장국위 진남포 영사에 보낸 6월 3일자 공문에서 104.99원의 변상을 정식 청구했다.[118]

이에 대해 장 영사는 6월 10일자 공문에서 송환비용의 변상에 응하지 않았다. 그 이유 및 본건에 관한 청국 측의 인식은 다음과 같았다. 시키구미 및 미야사카 요하치로(宮阪與八郎, 시키구미의 하청)가 고용한 화공은 연말에 공사가 정지되어 138명이 본국으로 귀국하려 했지만, 시키구미 및 미야사카가 임금의

114) 明石 경무총장이 小松外事局長에게 보낸 공문(1911.3.14), 「淸國苦力送還費ニ關スル件」, 앞의 당안.
115) 小松外事局長이 馬 총영사에게 보낸 공문(1911.3.1(양력 3.30)), 앞의 당안.
116) 馬 총영사가 小松外事課長에게 보낸 공문(1911.4.17(양력 5.15)), 앞의 당안.
117) 馬 총영사가 明石警務總長에게 보낸 공문(1911.4.25(양력 5.27)), 앞의 당안.
118) 平安北道警察部長水間春明이 張영사에게 보낸 공문(1911.6.3), 「勞動者送還費ニ關スル件」, 앞의 당안.

지급을 자꾸 지체하여 실현되지 못했다. 쌍방이 대립하고 있을 때 진남포 영사관이 진남포부청과 몇 번이나 교섭하여 장 영사와 시키구미 대표자인 이케다(池田), 야스다(安田) 진남포경찰서장과 협의한 결과, 미야사카 외 2명이 화공의 임금으로 88.036원, 시키구미가 61.964원을 각각 지급, 합계 150원으로 화공 138명의 송환비용으로 충당했다. 당시 송환 인원이 많은 대신 돈이 적은 관계로 기차 송환이 어려워 도보로 송환하게 된 것인데, 화공 1인당 1원을 지급하여 100명이 12월 30일 귀국 길에 올랐다.[119]

이 내용과 앞에서 검토한 아카시 경무총장의 공문 내용은 약간 다른 점이 있다. 첫째, 아카시 총무부장은 화공이 귀국할 수 없는 이유에 대해 "공두가 도주했기 때문에 임금을 수취"할 수 없었다고 했지만, 장 영사는 시키구미 및 미야사카가 임금을 지급하지 않았기 때문이라고 주장한 점이다. 쌍방의 주장을 서로 대조해보면 공두가 시키구미로부터 수취한 화공의 임금을 가지고 도망갔고, 시키구미는 임금을 모두 지불했다고 주장하는 반면, 화공은 임금을 수취하지 못해 임금지급을 요구, 쌍방이 서로 대립한 것이다.

둘째, 쌍방이 거론한 화공의 인원에 차이가 난다. 아카시 경무총장은 58명의 화공을 송환했다고 한 반면, 장 영사는 100명이 진남포를 출발했다고 말해 쌍방 간에 인원 차이가 상당하다. 고마쓰 총무부장관의 공문에 의하면, 진남포 출발 시 화공의 인원은 원래 98명이었으며 "출발 후 얼마 되지 않아 5명이 도주하고 또 강서(江西)에 도달했을 때 24명, 평양에서 11명, 총 40명이 도주했기" 때문이었다.[120]

셋째, 송환하는 화공에게 지급한 1원의 출처도 다르다. 아카시 경무국장은 진남포경찰서가 "유지에게 부탁하여 일정의 갹출금(醵出金)을 거두었다"라고

---

119) 張 영사가 水間警察部長에게 보낸 공문(1911.5.14(양력 6.10)), 앞의 당안. 138명 가운데 100명밖에 출발하지 않은 원인은 분명하지 않다. 나머지 화공은 진남포 지역에 잔류하여 노동에 종사한 것으로 추정된다.

120) 臨時朝鮮總督府總務部長官事務取扱小松綠이 馬 총영사에게 보낸 공문(1911.6.8(양력 8.2)), 「淸國苦力送還費ノ件」, 앞의 당안.

한 반면, 장 영사는 시키구미와 미야사카 이외 2명으로부터 수취한 미불임금 이라고 주장한 것이다. 어느 쪽 주장이 바른 것인지 자료의 제약으로 분명하지 않지만, 각 화공에 대한 1원의 지급에 대해 조선총독부는 화공에 대한 인도적 배려의 차원에서, 주한 총영사관은 미불임금의 수취의 의미에서 각각 이해하려 한 것은 틀림없다. 이상의 검토를 토대로 말해본다면, 138명의 화공은 1910년도의 '각서'의 적용을 받지 않는 노동자로 시키구미와 공두 사이의 계약서에는 여비, 송환 등의 내용이 포함되어 있지 않았을 것이다.

장 영사는 위와 같은 사정으로 "그 송환 책임은 본래 노동자를 모집해 온 시키구미 및 미야사카 등의 모든 사람에게 있다"라고 하고 송환비용에 대해 변상하기 어렵다는 뜻을 평안북도 경찰부장에게 전했다.[121] 다만 송환비용의 변상을 거절한 다른 배경으로 장 영사가 104.99원이라는 송환비용은 큰 금액이기 때문에 영사관에서 조달할 수 없다고 말하는 것처럼 재정적인 문제도 있었다.[122]

조선총독부는 이와 같은 주한 총영사관 및 진남포 영사관의 태도에 불만을 표출했다. 고마쓰 총무부장관가 마 총영사에게 보낸 다음 공문을 보도록 하자.

노동자 구제 방법에 관해서는 이미 당시 관계 피차 관헌 협의한 상태에서 결정, 실행된 것으로 지금에 이르러 청구에 응할 수 없다는 회답을 접했다. …… 지금 경무부장의 조회에 응하는 것을 거절한 이유를 발견할 수 없다.[123]

고마쓰 총무부장관의 강경한 태도에 마정량 총영사는 7월 18일자 회답 공문에서, 송환비용을 지불하기 어렵다는 내용은 일체 없고, 진남포를 출발한 화공

---

121) 張 영사가 水間警察部長에게 보낸 공문(1911.5.14(양력 6.10)), 앞의 당안. 張 영사는 7월 2일자 馬 총영사에게 보낸 공문에 이와 같은 내용의 보고를 했다(張 영사가 馬 총영사에게 보낸 공문(1911.6.9(양력 7.4)), 앞의 당안).
122) 張 영사가 馬 총영사에게 보낸 공문(1911.6.9(양력 7.4)), 앞의 당안.
123) 小松 총무부장관이 馬 총영사에게 보낸 공문(1911.6.2(양력 6.27)), 앞의 당안.

은 100명인데 왜 58명밖에 귀국하지 못했는지에 대해 조회했을 뿐이었다.[124] 고마쓰 총무부장관이 8월 2일 송환 도중 화공이 잇따라 도주했기 때문이라는 회답은 앞에서 본 대로이다. 그때 마 총영사는 송환비용의 지불은 어쩔 수 없다고 판단했던 것 같으며, 본국의 외무부에 그 뜻을 전하고 외무부로부터 이를 허가하는 공문이 도착한 것은 9월 11일이었다.[125] 그 이틀 후 마 총영사는 고마쓰 총무부장관에게 본국 정부가 송환비용의 지불을 허가한 사실을 전달하고 공문으로 104.99원의 다이이치은행(第一銀行) 어음 1장을 동봉하여 이 문제는 해결되었다.[126]

하지만 이번 화공 문제의 처리를 둘러싼 청일 간의 외교교섭에서 1909년도 및 1910년도 화공 문제와 다른 점이 확인된다. 1909년도의 도주 화공의 송환 문제로 통감부 및 탁지부가 니시야마구미에 지시하여 '계약서'에 없는 여비를 지급하고 해로로 수송을 했지만, 이번은 여비의 지급은 있었지만 도보에 의한 송환이었다. 또한 도보 송환의 과정에서 발생한 모든 경비를 청국 측은 처음에 거절했지만, 결국 양보하지 않을 수 없어 수용한 것은 1909년도 및 1901년도 외교교섭에서는 볼 수 없었던 청국 측의 교섭태도이다.

왜 이와 같은 태도 변화가 있었는지는 '한국 병합'과 관계가 있다. '한국 병합' 직후 청국은 자국민 보호의 핵심이었던 영사재판권과 영사경찰권을 철폐해야 했고, 광량만염전 축조공사 현장에 영사관 순사를 파견하고 주재할 수 없게 되자 이전과 같은 보호활동을 지속할 수 없었다. 이에 따라 청국 측은 화공 문제의 외교교섭에서 교섭력이 저하되지 않을 수 없었을 것이다.

마지막으로 청일 간의 외교교섭의 구조가 '한국 병합' 이후 약간의 변화가 생긴 것을 보도록 하자. 진남포 영사관은 '한국 병합' 이전 진남포 이사청이 교섭의 상대였지만 그 이후는 진남포 부청 및 진남포 경찰서 등의 지방 당국으로

124) 馬 총영사가 小松 총무부장관에게 보낸 공문(1911.6.23(양력 7.18)), 앞의 당안.
125) 陳懋鼎·施筆基·曾述棻·顔慧慶이 馬 총영사에게 보낸 공문(1911.7.19(양력 9.11)), 앞의 당안.
126) 馬 총영사가 小松 총무부장관에게 보낸 공문(1911.7.24(양력 9.16)), 앞의 당안.

바뀌었다. 이는 각지의 이사청이 '한국 병합' 후 철폐되었기 때문이다. 주한 총영사관은 '한국 병합' 이전 통감부의 경성 이사청, 외사국 등이 교섭 상대였지만 그 이후에는 조선총독부의 총무부 및 외사국으로 바뀌었다. 일제강점기 화교를 둘러싼 중일 간의 외교교섭은 기본적으로 1911년도의 청일 간의 외교교섭의 구조를 그대로 답습하여 이뤄졌다.

7. 일제강점기 화공 문제

여기서는 광량만염전 축조공사에 고용된 화공 문제를 정리한 후, 이를 토대로 일제강점기 화공 문제에 대해 개관하기로 한다.

먼저 한국 정부 탁지부 및 통감부가 광량만에 천일염전을 축조하게 된 것은 청국산의 안가의 천일염의 대량수입에 의해 조선의 제염업이 타격을 받았기 때문에 청국산 소금의 수입방지의 필요성이 있었다는 점과, 광량만이 천일염에 적합한 지질적·자연환경적·기후적 조건을 갖추고 있었다는 것이 배경에 있었다.

광령만 천일염전 축조공사에 모집된 1909년도 808명, 1910년도 3,000명 이상의 화공이 산동성을 비롯한 화북에서 온 것은 임금이 싸다는 점과 염전축조의 기술을 가진 것이 고려되었기 때문이었다. 그러나 이 공사에 참가한 화공은 잇따라 도주하여 이 문제 해결을 둘러싼 청일 간에 외교교섭이 전개되었는데 그 양태는 1909년도, 1910년도, 1911년도에 각각 달랐다.

1909년도의 화공 문제는 니시야구미와 초공두 사이에 체결된 '계약서'가 화공에게 일방적으로 불리한 내용이었다는 점, 초공두 측이 '계약서'의 내용을 화공에게 충분히 설명하지 않고 속였다는 점, 곤란한 작업환경과 공사현장 감독의 학대 등이 복합적인 요인으로 발생했다. 주한 총영사관 및 진남포 영사관은 이 문제해결을 위해 도주 화공의 송환, 작업환경의 개선에 중점을 두고 통감부 및 진남포 이사청과 외교교섭을 전개했지만, 통감부가 이 화공 문제의 책임은

'계약서'의 당사자인 니시야마구미와 대공두 측에 있다고 주장, 주한 총영사관의 요구를 거절했다. 총영사관은 니시야마구미가 비밀리에 화공을 모집해 온 비합법성, 탁지부가 직간접적으로 모집에 관여한 것을 거론하며 양보를 얻어냈다.

1910년도의 화공 문제는 통감부가 1909년도와 같은 문제를 일으키지 않기 위해 주한 총영사관에 1909년도의 '계약서'를 개선한 화공 모집의 '각서'를 송부하여 총영사관에 협력을 요청했다. '각서'에는 공사현장에 영사관 순사의 파견 및 주재를 인정하는 문언이 있어 총영사관은 '각서'의 내용에 만족을 표명하고 시키구미에 화공 모집의 증서를 발행하는 한편, 화공 모집지인 지방관에게 공문을 송부하여 시키구미의 화공 모집에 협력하도록 요청했다.

1910년도에도 곤란한 작업환경을 견뎌낼 수 없는 화공이 잇따라 도주하여 시키구미와 마찰이 발생했지만, '각서' 및 주재 영사관 순사의 역할에 의해 진남포 영사관과 시키구미 간의 교섭으로 해결되었다. 그러나 시키구미가 1910년도 화공 문제 해결에서 중요한 역할을 담당한 주재 영사관 순사는 9월 3일까지 철수하도록 요구하면서, 청국 측은 이에 저항했으나 '한국 병합'에 의한 청국의 영사재판권과 그에 부속하는 영사경찰권이 철폐되었기 때문에 결국 이를 수용하지 않을 수 없었다.

'한국 병합' 직후 이 공사의 화공 문제는 청국의 영사재판권 및 영사경찰권의 철폐가 청일 간의 외교교섭에 어떠한 영향을 주었는지 좋은 사례이다. 1911년에 화공의 송환 비용 문제를 둘러싸고 청일 간에 교섭이 전개되었지만, 1909년 및 1910년의 경우 여비의 지급과 기선에 의한 송환이 이뤄진 반면 1911년에는 육로를 이용한 송환, 송환 도중 발생한 비용을 총영사관이 부담하는 것으로 결착된 것은 치외법권의 철폐에 의한 청국 측의 교섭력 저하를 여실히 보여주는 것이다.

광량만염전 축조공사의 화공 문제는 일제강점기 화공 문제에 시사하는 바가 많다. 화공이 광량만염전 축조공사에 모집된 것은 무엇보다 조선인 노동자보다 임금이 싼 데 있었는데 이 점은 일제강점기 '경제개발'에 따른 화공의 수요중가를 초래한 주요한 원인이었다. 그 이외 화공 공급지가 조선에서 가깝다는 점, 조선의 '산업화' 및 '도시화'에 따른 노동자의 수요 증가, 화공에 대한 조선인 노동자의 낮은 능률 및 일본인 노동자의 고임금에 원인이 있었다.[127]

일제강점기 화공의 인구는 개항기에 비해 급증했다. 1930년 10월 현재 조선의 토목건축노동자의 인구는 8만 4,984명이었는데 이 가운데 조선인은 5만 8,720명(전체의 69.1%), 일본인이 1만 4,975명(동 17.6%), 화교가 1만 1,285명(동 13.3%)으로 화공이 토목건축노동자의 10% 이상을 차지했던 것이다. 특히 단순 육체노동자로 기술을 그다지 필요로 하지 않는 석공과 토공만을 놓고 보면 7,759명에 달해 조선인 2만 3,953명보다 적지만 일본인 1,940명을 훨씬 상회했으며, 조선 전체의 석공 및 토공의 23%를 차지할 정도였다.[128]

또한 광량만염전 축조공사의 화공 송출지는 주로 산동성이었는데, 이는 일제강점기에도 비슷했다.[129] 따라서 근대 조선 화공은 산동성 출신이 중심이었다고 할 수 있다. 광량만염전 축조공사의 화공은 1910년도에 조선노동자와 격렬히 충돌하여 부상자가 다수 발생한 사건이 있었는데, 일제강점기에도 화공의 증가로 이와 같은 충돌사건이 자주 발생했다.

1909년의 화공 문제는 초공두 측의 횡포가 주요한 원인이었는데, 일제강점기에도 가끔 공두의 횡포에 의한 사건이 발생했다. 예를 들면, 경기도 시흥군에 있는 조선총독부 전매국 군자염전의 공두인 송옥산(宋玉山)은 1924년 8~9월분의 화공 임금 약 600원을 가지고 도주했고, 화공은 공두의 사무소로 달려가 임금을 청구했지만 지불받지 못하자, 사무소의 회계담당 직원을 폭행한 사건이 있었다.[130] 함경북도 웅기군에서는 1927년 7월 공두인 심구전(沈久全)이 고용주로부터 수취한 화공의 임금을 횡령하여 도주한 사건이 있었다.[131]

---

127) 小田内通敏(1925), 『朝鮮に於ける支那人の經濟的勢力』(東洋講座第七輯), 東洋研究會, 56쪽.
128) 朝鮮總督府(1934a), 『昭和五年朝鮮國勢調査報告 全鮮編 第一卷 結果表』, 朝鮮總督府, 258~259쪽.
129) 朝鮮總督府警務局保安課(1934), 《고등경찰보(高等警察報)》제3호, 朝鮮總督府, 56쪽.
130) "중국 인부 폭행 시흥군에서", 《동아일보》, 1924.10.10.

이와 같은 화공의 보호 및 구제를 위해 조선화교 사회에서는 1929년에 중화노공협회(中華勞工協會)를 설립했다.[132] 이 협회의 규칙을 통해 어떠한 활동을 했는지 보도록 하자. 규칙은 총 6장 37항목으로 구성되어 있다. 제1장의 총칙에는 이 협회의 목적이 화공 간의 연락, 생활 향상, 그리고 고용주와 화공 간 분쟁의 미연방지 및 해결로 정해져 있었다. 총사무소는 경성에 두고 조선 각도에 사무분소를 설치하도록 되어 있었다. 회원은 화공 및 화공과 관계 있는 화교로 하지만 필요한 경우 일본인의 가입도 인정했다. 이것은 화공을 고용하는 사업주가 대부분 일본인인 것을 고려하여, 화공의 보호 및 구제 문제를 원활히 진행할 의도가 있었던 것으로 보인다. 제2장에서는 회원을 보통회원과 특별회원으로 분류하고 화공 및 화공과 관계 있는 화교가 보통회원이 되며 회비는 매월 30전으로 정했다.[133]

제3장에는 직원구성과 직무가 정해져 있었다. 직원은 회장 1명, 간사장 1명, 간사 3명으로 구성되어 간사 3명은 회장 및 간사장을 보좌하고 각 주관의 섭외, 서무, 서류정리, 회계 등의 사무를 담당했다. 평의원 10명은 회장을 도와 일체의 회무 및 회원 간의 분쟁을 심의하는 역할을, 화공 관리원은 회장과 간사장의 명령을 받아 화공을 모집하고 모집된 화공에게 일을 소개하는 역할을 담당했다.

또한 회원의 화공에 대해서는 각종 편의 및 구제조치가 포함되어 있었다. 협회는 회원인 화공 대신에 관할의 경찰서에 노동자 거주 신청을 해주고, 업무 중 부상을 당할 경우는 회원 대신에 고용주와 일체의 교섭을 했다. 그 이외 의료비 및 식비 등을 부담함과 동시에 상당의 위문금을 지급하도록 되어 있었다. 회원의 화공이 질병으로 노동을 할 수 없을 경우는 치료비와 관련 비용을 모두 부담하며 귀국 시에는 상당의 여비를 지급하도록 되어 있었다. 한편, 회원의 화공이

---

131) "苦力수령이 임금횡령 도주 웅기署 대활동", 《중외일보》, 1927.7.16.

132) 中華民國僑鮮勞工協會發起人이 주조선 총영사에게 보낸 공문(1929.3.18), 「中華民國僑鮮勞工協會成立呈請備案」, 『駐韓使館保存檔案』(동 03-47-179-01).

133) 中華民國勞工協會가 주조선 총영사에게 보낸 공문(1929), 「中華僑鮮勞工協會成立呈請備案」, 앞의 당안, 동 03-47-179-01.

공사계약 기간 중 이유 없이 도주하든지 다른 곳에 이동할 경우는 회원 자격을 취소했다. 이상의 사항 이외에 규칙의 제4장에는 회의 관계(정기총회, 임시총회, 직원회), 제5장에는 회계 관계, 제6장에는 부칙이 각각 정해져 있었다.[134]

이 규칙에 따라 중화노공협회의 총사무소가 1929년 경성에 설립된 것을 시작으로 사무분소(지부 및 분부)가 1929년 및 1930년에 청진,[135] 평양,[136] 원산,[137] 인천,[138] 함흥[139]에 잇따라 설치되었다.

다음은 화공의 이주에 대한 조선총독부의 대응에 대해 보도록 하자. 앞에서 살펴본 대로 개항기에 이미 화공 문제가 사회문제로 대두되고 있었다. 이에 따라 '한국 병합'을 전후한 시기의 여론은 "일본인, 조선인과 경쟁하는 화공은 6,436명으로 증가하여 헤아리기 어려울 정도"가 되었다며, "모국(일본)에서 이주하는 노동자는 물론 조선(인) 노동자에게 적지 않은 영향을 초래하게 된다. 그렇기 때문에 적당한 대책을 세워야 한다"라며 화공 대책을 촉구했다.[140]

일본 정부 및 통감부가 고심 끝에 공포한 것이 통감부령 제52호였다. 이 부령은 "조약에 의해 거주의 자유가 없는 외국인으로 노동에 종사하는 자는 특히 지방장관의 허가를 받지 않으면 종전의 거류지 이외에서 거주 또는 업무를 행할 수가 없다. 전항(前項)의 노동 종류는 조선총독이 이를 정하며 제1항의 규정에 위반한 자는 100원 이하의 벌금에 처한다"라는 내용으로 되어 있다.[141] 지

---

134) 中華民國勞工協會가 주조선 총영사에게 보낸 공문(1929), 「中華僑鮮勞工協會成立呈請備案」, 앞의 당안, 동 03-47-179-01.
135) 朝鮮總督府警務局(1931), 『外事關係統計』, 朝鮮總督府, 31쪽.
136) "중화노공협회 평양지부 설립", 《중외일보》, 1929.10.24.
137) 朝鮮總督府警務局(1931), 앞의 자료, 31쪽.
138) "인천 중국인 노공협회 설립", 《중외일보》, 1930.5.28.
139) 朝鮮總督府警務局(1931), 앞의 자료, 31쪽.
140) "府令と勞動者", 《오사카아사히신문(大阪朝日新聞)》, 1910.9.14.
141) 한국학문헌연구소 편(1990), 『朝鮮總督府官報1』(복각판), 아세아문화사, 26쪽. 이 부령은 일본 정부가 1899년 조약개정 후 내지잡거를 허용함에 따라 단순 육체노동자가 대량으로 유입하는 것을 미연에 방지하기 위해 1899년 8월 4일부터 실시한 칙령 제352호의 내용과 매우 유사하다. 제352호의 제1조는 "외국인은 조약 혹은 관행에 의해 거주의 자유를 가지지 못한 자라 하더라도 종전의 거류지 및 잡거지 이외 거주, 이전, 영업, 기

방장관(도지사)의 허가가 없으면 외국인 노동자의 대부분을 차지하던 화공의 거주 및 취업은 금지된 것이다.

또한 1910년 10월 1일 공포의 조선총독부령 제17호에는 제52호의 '노동에 종사하는 자'를 농업, 어업, 광업, 토목, 건축, 제조, 운반, 인력거, 항만노동 기타 잡역에 종사하는 자로 규정,[142] 화농뿐 아니라 어민, 광부와 함께 토목건축 노동자, 공장노동자 등도 그 대상에 포함되었다.

그러나 조선총독부가 화공 가운데 신경을 곤두세우고 있었던 것은 '단체'로 이주하는 쿨리였다. 마정량 총영사가 아리요시 다다이치(有吉忠一) 총무장관 앞으로 통감부령 제52호에 관해 문의한바, 아리요시 총무장관은 1911년 2월 28일 "본령 제정의 목적이 주로 귀국인 노동자 가운데 장래 단체를 이루고 내지(內地)에 도래하는 자 또는 생업에 종사하는 자에 대한 단속의 시행에 있다. 이미 조선 내지에 있거나 만약 금후 오려고 하는 개별 노동자는 중점을 두지 않고 있다"라고 회답했다.[143] 즉, 아리요시 총무장관이 말하는 '단체를 이루고' 오는 노동자는 바로 쿨리이며, 이러한 쿨리를 가장 경계하고 있었던 것이다.

공포 후 보름 후인 1911년 3월 14일 정무총감(政務總監)은 각 지방장관 앞으로 '청국인 노동자 내지거주허가에 관한 건'(관통첩 제30호)을 하달하여, 화공의 거주 및 노동 허가의 신청은 "금후 모두 소관 경찰관서 또는 기타 사무를 취급

타의 행위를 할 수 있다. 다만, 노동자는 특히 행정관청의 허가를 받지 않으면 종전의 거류지 및 잡거지 이외에 거주 또는 기타의 업무를 할 수 없다"라고 되어 있다. 제2조는 "앞의 조 제1항에 위반한 자는 100원 이하의 벌금에 처한다"라고 되어 있다. 이와 같은 이유로 통감부령 제52호는 칙령 제352호를 참고로 작성한 것으로 추정한다. 칙령 제352호의 성립과정에 대해서는 許淑眞(1990a)(「日本における勞動移民禁止法の成立: 勅令第352號をめぐって」, 『東アジアの法と社會: 布目潮渢博士古稀記念論集』, 汲古書院)을 참조 바람.

142) 安井三吉(2005), 『帝國日本と華僑』, 靑木書店, 148쪽. 1930년 10월 현재 각 직종별 화공 인구는 농민 1만 1,502명, 토목건축노동자 1만 1,285명, 공장노동자 8,678명, 운수교통 5,742명, 광부 2,589명, 어부 68명이었다(朝鮮總督府(1934a), 앞의 자료, 248~263쪽).

143) 朝鮮總督府總務長官有吉忠一이 馬 총영사에게 보낸 공문(1911.1.30(양력 2.28)), 「領事裁判權合倂後有關巡警防疫勞動關係」, 『駐韓使館保存檔案』(동 02-35-067-04).

하는 관서"를 통해 교부하도록 함으로써 각지의 경찰서가 화공의 관리를 담당하게 되었다.[144]

한편, 화공의 조선 이주는 1920년대에 급증했다. 조선 이주의 풀(Pull) 요인은 조선총독부의 '경제개발'에 따른 노동력 수요의 증가, 푸시(Push) 요인은 산동성 및 하북성의 천재(天災) 및 군벌 내전에 의한 경제적 곤궁에 있었다.[145] 1920년대는 동남아시아의 화공 인구도 대폭 증가하는 점을 고려하면 푸시 요인이 풀 요인보다 강했던 것 같다.[146] 조선에서는 화공의 급증으로 조선인 노동계의 반발, 조선인과 화공 간의 빈번한 충돌로 화공의 입국제한을 요구하는 여론이 강했지만, 조선총독부는 입국제한조치를 단행하지는 않았다. 그 이유는 조선총독부가 "조선인의 만주 이주의 관계로 그다지 엄격하게 지나인의 도래를 제한하는 것은 오히려 만주 거주 조선인 압박 등의 보복 문제를 야기할 우려가 있다"라고 판단했기 때문이다.[147]

조선총독부는 조선인 노동계의 여론을 배려하여 화공의 고용을 제한하는 조치를 취했다. 1911년 5월 내훈(內訓) 갑 제9호 '관영사업에 청국인 고용 금지의 건'을 공포하고 관영사업에 화공을 고용할 때마다 조선총독의 허가를 받도록 하고, 1922년 8월 이후는 도지사의 허가를 받도록 했다. 민영사업의 경우는 1924년 7월에 이르러 민영 사업주가 화공을 모집하기 전에 미리 경찰서의 승

---

144) 한국학문헌연구소 편(1990), 『朝鮮總督府官報3』(복각판), 아세아문화사, 613쪽.

145) 예를 들면, 1920년대 산동성과 하북성은 1922년을 제외한 모든 해에 수해, 한발, 병충해 등의 자연재해를 입었다(이옥련(2008), 『인천화교사회의 형성과 전개』, 인천문화재단, 175쪽).

146) 일본에서는 1921년경부터 화공이 급증, 일본 정부는 1924년 화교 단순육체노동자의 단속을 보다 강화, 사실상 입국을 허가하지 않았다. 1920년대 화공의 입국 규제에 대해서는 許淑眞(1990b)(「勞動移民禁止法の施行をめぐって: 大正13年の事例を中心に」, 『社會學雜誌』, 神戸大學社會學研究會)과 山脇啓造(1994)(『近代日本と外國人勞動者: 1890年代後半と1920年代前半における中國人・朝鮮人勞動者問題』, 明石書店)의 2장이 상세하다. 특히, 야마와키 게조(山脇啓造)의 연구는 화공의 입국규제를 조선인 노동자와 관련지어 분석한 것이 특징이다.

147) 朝鮮總督府警務局(1978), 『最近に於ける朝鮮治安狀況-昭和八年-』(복각판), 巖南堂書店, 189쪽.

인을 받도록 했다. 이러한 조치가 있었음에도 화공이 급증하는 사태가 발생하자, 조선총독부는 1930년 12월 각 도에 통첩하여 관영사업 및 관청 보조사업에 화공을 고용할 때 노동자 총수 및 연인원의 10분의 1 이내로 하고, 민영사업은 대체로 5분의 1 이내를 표준으로 하도록 화공 고용제한을 강화했다.[148]

이러한 조치가 시행되었음에도 화공의 인구는 증가할 뿐 아니라 1931년 화교배척사건 직후에 일시 감소로 전환했지만 또다시 서서히 회복했다. 그래서 조선총독부는 1934년 9월부터 화공을 비롯한 중국인의 입국에 대해 100원 이상의 제시금(提示金)을 소지하지 않은 자, 취직처가 확실하지 않은 자의 입국을 제한했다. 이 입국제한조치에 대해 경성 총영사관 및 경성중화상회는 조선총독부에 몇 번이나 폐지를 요구했다. 다나카 다케오(田中武雄) 외사과장은 입국제한제도를 설치한 이유에 대해, "최근 일본 내지에서 실업 문제와 관련하여 내지와 조선이 연관되어 노동자 수급의 조정을 도모해야 하는 결과 어쩔 수 없이 귀국 노동자의 입국에 대해 일본 내지에 입국하는 것과 같은 제한을 도입하게 되었다"라고 회답했다.[149] 즉 조선총독부의 이 조치는, 화공이 증가하면서 생긴 조선인 실업자가 일본으로 건너가지 못하도록 하여 일본 국내의 실업률 증가를 막기 위해 실시했다는 것이다.

사실, 조선총독부는 1927년의 '노동의 수급조절 방책에 관한 조사'에서 "조선인 노동자의 …… 내지 도항자 및 만주 이주자는 매년 5, 6만 명이라는 많은 수에 달했음에도 조선 내의 토목공업에는 노동자가 부족하다고 호소하고, 기업가는 화공을 고용하게 되는 기현상이 벌어지고 있다. …… 화공의 침입을 방지"하는 것이 급선무라고 판단했다.[150] 또한 일본 국내의 실업문제가 1929년

---

148) 朝鮮總督府警務局保安課(1934), 앞의 자료, 63쪽.

149) 外事課長田中武雄이 盧春芳 주경성 총영사에게 보낸 공문(1934.9.27), 「中國人勞動者取締ニ關スル件」, 『昭和九年 領事館往復綴(各國)』, 한국국가기록원소장. 입국제한 문제에 관해서는 堀內稔(2005)(「植民地朝鮮における中國人勞動者(その4): 1934年における中國人勞動者の入國制限問題」, 『むくげ通信』 209, むくげの會, 1~8쪽)에서 상세히 논의하고 있음.

150) 朝鮮總督府・臺灣總督府・樺太廳及南洋廳調査(1927), 『人口問題ニ關スル方策ノ參考案』,

부터 심각해지자 일본 정부가 1929년 7월 내각 직속의 자문기관으로 설치한 사회정책심의회(社會政策審議會)는 일본 국내의 실업자 구제에 관한 심의를 하고 일본에 도항하는 조선인 노동자의 인원을 조정하는 방책의 하나로 "화공의 조선 입국에 관한 단속을 힘써 행할 것"을 결의했다.[151]

그러나 조선총독부는 앞에서 본 대로 만주 거주 조선인 및 조선인의 만주 이주에 악영향을 줄 것을 두려워하여 곧바로 "입국에 관한 단속을 힘써 행하는 것"을 삼갔지만, 만주국이 수립되면서 이와 같은 우려가 사라졌다고 판단, 시행에 옮긴 것이 1934년 9월부터의 입국제한 조치였던 것이다. 일본 정부는 1934년 10월 30일 조선의 농촌진흥운동 강화, 구제사업의 실시, 만주 및 조선 북부지역 이주 촉진을 골자로 한 조선인의 내지 도항을 줄이기 위한 '조선인이주대책의 건'을 각의 결정했지만, 중국인에 대한 입국제한은 그에 앞서 실시된 것이었다.

그러나 이 입국제한조치의 효과는 한정적이었다. 화공의 인구는 1933년 3만 7,732명이던 것이 1934년에는 4만 9,334명, 1935년에는 5만 7,639명, 1936년에는 6만 3,981명으로 증가, 1936년 화공 수는 1930년의 93%까지 회복했다. 이것은 조선의 북부지역의 '경제개발'로 인해 화공에 대한 왕성한 수요, 즉 풀요인에 의해 초래된 것이었다.[152]

조선총독부는 중일전쟁 직후 치안문제로 화공의 입국을 금지했지만, 북부지역의 경제개발 및 각종 공사로 인한 노동자 수요, 조선인 노동자의 부족 등으로 인해[153] 1938년에는 국책상 중요한 공사에 한하여 화공의 사용 및 입국

4쪽.

151) 西成田豊·森武磨 編(1988), 『社會政策審議會資料集』第2卷(복각판), 柏書房, 47쪽.

152) 堀內稔(2011), 「植民地期朝鮮における中國人勞動者(その9): 北朝鮮開拓と中國人勞動者」, 『むくげ通信』247, むくげの會, 1~7쪽.

153) 각 업계의 화공의 필요를 요망하는 관련기사는 다음과 같다. "노동자 太不足으로 고력 수백명 이주", 《동아일보》, 1938.1.12; "지나인 노동자 수입을 진정 광업협회에서", 《동아일보》, 1938.1.4; "지나인 노동자 수입 요망 燃熱 토목협회도 진정", 《동아일보》, 1938.2.9.

을 허가했다.154) 다만, 조선화교 사회가 줄곧 철폐를 요구해온 1934년의 제시금 제도는 중일전쟁 시기에도 해제되지 않았다. 그런데도 화공의 인구는 급속히 증가했다.

예를 들면 함경남도 및 함경북도의 경우, 청진무산선, 길주혜산선, 단천풍산선, 평양원산선의 각종 토목공사, 장진강발전소 및 일본질소비료흥남공장의 설립공사 등으로 많은 수의 화공이 필요했다. 일본인 청부업자가 화공을 모집하고 그들의 거주 및 취업 허가의 수속을 대행하여 화공의 조선 이주는 용이했다. 주원산 부영사관이 1941년 12월 조사한 함경남도 및 함경북도 화공은 2,880명이던 것이 그 6개월 후에는 3,464명으로 20% 증가했다. 1942년의 화교 인구가 조선근대 최고를 기록한 것을 고려하면 중일전쟁 시기의 화공 인구도 전전(戰前)보다 증가한 것으로 보인다. 또한 중일전쟁 시기에도 공두의 착취와 질병으로 혼자 귀국할 수 없는 화공도 있었는데 이 경우에는 주원산 부영사관이 금전을 내어 화공을 본국에 송환한 적이 있었다.155)

154) 松田利彦(2002), 「近代朝鮮における山東出身華僑: 植民地期における朝鮮總督府の對華僑政策と朝鮮人の華僑への反應を中心に」, 『東アジアと「半島空間」: 山東半島と遼東半島』, 思文閣出版, 334쪽.

155) 駐元山 副領事館 보고(1942.9.23), [元山副領事館管內苦力華工狀況], 「駐京城總領事館半月報告」, 『汪僞僑務委員會檔案』(동 2088-373).

제16장

화교의 성당건축시공 활동(1880~1930년대)

서울과 대구를 중심으로

1. 머리말

여기서는 화교 건축청부업자 및 숙련 직공이 조선의 성당건축시공에 어떻게 관여하였으며 어떤 역할을 했는지 구체적으로 밝히는 것을 목적으로 한다.

근대 시기 가톨릭 성당건축에 대해서는 선행 연구가 적지 않다. 이들 연구 성과를 크게 두 가지로 분류한다면 건축학적인 시각에서 접근한 연구와 역사학적인 시각에서 접근한 연구로 나눌 수 있다.

성당건축의 건축학적인 접근은 해당 건축이 어떤 건축적 양식과 특징을 가지고 있으며 어떤 건축적 공간구조 변천을 했는지를 중심으로 검토가 이뤄졌다. 이에 대한 연구 성과는 상당히 풍부한 편이며 성당건축물에 대한 각종 조사보고서도 많이 발행되어 있다.

그러나 성당건축을 역사학적으로 접근한 연구 성과는 상대적으로 매우 빈약한 편이다. 조선 가톨릭의 역사에 대한 연구 성과는 많지만 성당건축의 역사를 체계적으로 분석한 것은 그렇게 많지 않다. 그런 점에서 김정신의 연구 성과는 상당한 의미와 가치를 가지며 그는 이 분야 연구의 개척자라 할 수 있을 것이다. 그는 한국 가톨릭 성당건축의 역사를 5기로 구분하여 분석했다. 제1기는 조선에 가톨릭 복음이 전파된 후 조불수호통상조약이 체결되는 1785년부터 1886년까지의 시기이다. 제2기는 개화기의 성당건축(1886~1910년), 제3기는 일제 강점기의 성당건축(1910~1945년), 제4기는 해방과 격동기의 성당건축(1945~1962년), 제5기는 현대의 성당건축(1962~1992년)이다.[1]

그는 각 시기별로 대표적인 성당건축과 참가한 설계자를 소개하며 성당이 건축되는 과정을 검토했다. 성당건축의 설계자는 대부분 조선(한국)에 파견된 외국인 신부이고, 제2기와 제3기의 대표적인 설계자는 코스트, 프와넬, 시잘레, 베르모렐, 로베르 신부이며, 제4기와 제5기는 알빈 신부라고 분석했다.[2]

그런데 하나의 성당건축이 완성되려면 훌륭한 설계도면만 있어서는 안 되고, 설계도면에 근거하여 건축 재료를 활용해 공사할 수 있는 건축청부회사와 직공이 필요하다. 성당건축의 설계자인 신부에 대한 연구는 있지만 건축청부업자와 직공에 대한 연구는 거의 없는 실정이다. 이런 가운데 근대 시기 건축된 각 성당의 기념지와 각종 문헌에 화교 벽돌조적공과 건축청부업자에 의해 시공되었다는 언급이 빠지지 않고 등장한다. 그러나 그들이 성당건축의 시공에 어떠한 역할을 담당했는지 구체적으로 연구된 것은 없다.

화교청부업자 및 직공에 관한 연구가 전무한 것은 아니다. 정창원은 개신교 관련 건축물 및 교회의 화교청부업자로 모문서(慕文序), 해리 장(Harry Chang), 왕공온(王公溫)의 3명을 소개했다.[3] 모문서는 서울 승동교회(1913)와 평양 숭실전문학교(1928)를 시공했고, 해리 장은 경성 YMCA회관(1908)과 새문안교회(1910)를, 왕공온은 대한기독교서회(大韓基督敎書會)와 이화여대 본관 및 각종 건축물(1933~1936년)을 각각 시공했다. 이들 화교 건축청부업자는 주로 개신교 관련 교회 및 학교 건축을 주로 담당한 반면, 성당 및 가톨릭 건축의 시공에는

---

1) 김정신(1994), 『한국 가톨릭 성당 건축사』, 교회사연구소.
2) 알빈(Alwin Schmid, 1904~1978) 신부는 1958년부터 1978년까지 20년 동안 122개의 성당(경당, 공소 포함)을 비롯하여 185개에 달하는 가톨릭 건물을 설계했다. 그의 설계 활동에 대해서는 김정신(2007)(『건축가 알빈 신부』, 분도출판사)을 참조 바람.
3) 鄭昶源(2004), 「韓國ミッション建築の歷史的硏究」, 東京大學大學院 工學系硏究科 建築學專攻 博士學位論文, 208~214쪽.

거의 참가하지 않았다. 해리 장과 왕공온은 독실한 개신교 신자였다.[4]

한편, 제15장에서 살펴본 대로 화공에 대한 선행연구는 주로 비숙련노동자, 이른바 쿨리[苦力]에 집중되었다. 이들 쿨리는 철도, 도로, 광산, 수리공사, 염전 공사 등 각종 공사현장에 싼 임금으로 동원되어 장시간 노동을 했다. 쿨리는 상대적으로 싼 임금과 높은 노동효율로 조선인 노동자를 노동시장에서 점차 몰아내면서 1920년대와 1930년대 쿨리와 조선인 노동자 간에 각종 마찰과 충돌이 발생했다. 그러나 화공 가운데에는 숙련노동자도 적지 않았는데 이에 대한 연구가 그동안 거의 없었다.

이 장은 이러한 문제의식하에서 1880년대부터 1930년대에 조선에 건축된 성당 및 가톨릭 관련 건축물의 시공에 참가한 화교 건축청부업자 및 숙련 직공을 중심으로 검토하여 그들이 이들 건축시공에 어떤 역할을 했는지 검토하는 것을 목적으로 한다.

2. 화교 건축청부업자 및 직공의 성당건축 참가

1) 화교 건축청부업자 및 직공 시공의 성당건축 목록

화교 건축청부업자와 직공이 시공에 참가하여 건축된 가톨릭 관련 건축물을 정리한 것이 〈표 16-1〉이다. 이 표의 작성은 기존의 연구 성과뿐 아니라 1차 자료라 할 수 있는 『뮈텔 주교 일기 1-8』,[5] 『드망즈 주교 일기 1911-1937』,[6]

---

4) 두 명의 건축시공 활동에 대해서는 이혜원(2018)(「화교 개신교인 건축청부업자의 한국 근대 미선계 건축시공 활동: 서울지역의 해리 장과 왕공온을 중심으로」, 한국기독교역사학회 제367회 학술발표회 발표논문)을 참조 바람.
5) 뮈텔 저·한국교회사연구소 역(1986-2008), 『뮈텔 주교 일기 1-8』, 한국교회사연구소. 뮈텔(Gustave Charles Marie Mutel, 閔德孝, 1854~1933)은 파리 외방전교회(外邦傳敎 會)로부터 파견되어 1880년 조선에 입국했다. 그는 1890년 제8대 조선대목구장으로 임명된 후 1933년 1월 14일 사망하기 직전까지 42년간 거의 매일 일기를 썼다. 그의 일기

『안세화주교 공문집: 대구대교구 초대교구장(1911-1938)』,[7] 『대구의 사도: 김보록(로베르) 신부 서한집 1-2』[8]를 근거로 작성했다. 그러나 이 표는 화교 건축 청부업자와 직공이 참가한 것이 확인된 것만 넣었기 때문에 실제로 참가한 건축물은 훨씬 더 많을 것으로 추정된다.

조선에 가톨릭 관련 건축물이 자유롭게 건축되기 시작한 것은 1880년대 후반부터이다. 1886년 조선과 프랑스 사이에 수호통상조약이 체결되어 프랑스인에 의한 토지 구입 및 교회 건축이 인가된 것이 큰 계기였다. 당시 성당건축은 한옥식의 성당과 서양의 벽돌조적의 성당으로 크게 나눌 수 있다. 19세기

는 프랑스어로 기록되어 오랫동안 국내에 소개되지 못하다가, 한국교회사연구소에 의해 번역되어 1986년부터 2008년까지 총 8권이 출판되었다. 그는 조선어에 능숙했을 뿐 아니라 중국어에도 정통하였으며, 특히 한문을 자유자재로 쓰고 읽을 수 있는 학식 풍부한 학자였다. 조선의 가톨릭 역사의 연구자이자 뮈텔 주교를 1928년과 1931년 직접 방문한 적이 있는 일본인 야마구치 마사유키(山口正之)는 그의 일기의 역사적 의의에 대해 다음과 같이 기록했다. "주교는 매일 극명하게 일기를 썼다. 매년 1권씩 제본된 것은 서가에 비치되었는데 이를 본 적이 있다. 이 일기는 주교 한 명의 신변 기록에 그치지 않는다. 한말부터조선병합 - 일본통치로 이어지는 파란만장의 정교사(政敎史)가 기록된 조선근대 사료라 할 수 있다"(山口正之(1985), 『朝鮮キリスト敎の文化史の研究: 朝鮮西敎史』, 御茶の水書房, 295쪽). 뮈텔 주교의 일기에는 명동성당, 약현성당 등 가톨릭 관련 건축물에 관한 내용이 많이 등장하여 건축사 사료로서의 가치도 매우 높다.

6) 드망즈 주교 저·한국교회사연구소 역주(1987), 『드망즈 주교 일기 1911-1937』, 한국교회사연구소. 드망즈(Florian Demage, 安世華, 1875~1938)는 파리 외방전교회로부터 파견되어 1898년 조선에 입국, 1900년 용산신학교 교수를 지냈고 1906년에는 《경향신문》 사장, 1911년에는 대구대목구장에 취임하여 1938년에 대구에서 사망했다. 그의 일기는 대구대목구장 임명 소식을 받은 1911년 4월 23일부터 시작되어 1937년 12월 6일까지이다. 그의 일기는 경상도와 전라도를 관할하는 대구대목구의 역사뿐 아니라 가톨릭 관련 건축물의 역사를 해명하는 데 중요한 사료적 가치가 있다.

7) 이종홍 역(2003), 『안세화주교 공문집: 대구대교구 초대교구장(1911-1938)』, 영남교회사연구소.

8) 영남교회사연구소 편역(1995), 『대구의 사도: 김보록(로베르) 신부 서한집 1-2』, 영남교회사연구소. 로베르(Achille Paul Robert, 金保祿, 1853~1922)는 파리 외방전교회로부터 파견되어 1876년 조선에 입국했다. 1886년부터 경상도 지방과 그 인근 지방을 담당했으며 대구 계산성당의 주교로서 오랫동안 근무했다. 서울의 뮈텔 주교에 보낸 서한 가운데는 계산성당 건축과 관련된 내용이 많이 포함되어 있다.

<표 16-1> 화교 청부업자 및 화교 직공이 시공에 참가한 성당 및 가톨릭 관련 건축물 목록

소재지 및 건축명	시공 연도	현존 여부	설계자	시공자
서울 용산신학교	1891~1892·1911(증축)	현존	코스트	왕베드로
서울 약현성당	1891~1892	현존	코스트	진베드로
서울 명동성당	1892~1898	현존	코스트·프와넬	진베드로
인천 수녀원	1893~1894	소실	코스트	화교직공 참가
인천 답동성당	1894~1897·1937	현존	코스트·시잘레	화교직공 참가
서울 용산신학교 성당	1899~1902	현존(원효로성당)	-	화교직공 참가
서울 샬트르 성 바오로 수녀원	1897~1900	멸실	-	진베드로
대구 계산성당	1901~1903·1908	현존	로베르	진베드로·강의관
전주 전동성당	1908~1914	현존	프와넬	강의관
대구 아담스관	1908	현존	-	화교직공 참가
횡성 풍수원성당	1909~1910	현존	시잘레	진베드로
서울 성 베네딕도 수도원 본관	1911	멸실	-	화교직공 참가
대구대목구 주교관	1912~1913	소실	-	강의관
원주 원동성당	1913	소실	-	진베드로
대구 성 유스티노 신학교 성당	1914~1915·1919	현존	프와넬	강의관
대구 샬트르 성 바오로 수녀원 코미넷관	1914~1915	현존	로베르	강의관
대구대목구 명도회관	1914	소실	-	강의관
원주 용소막성당	1915	현존	시잘레	진베드로
익산 나바위성당	1916	현존	베르모렐	화교직공 참가
대구 성모당	1918	현존	로베르	강의관
칠곡 가실성당	1920~1924	현존	투르네	강의관·모문금
아산 공세리성당	1920~1922	현존	드비즈	화교직공 참가
대구 샬트르 성 바오로 수녀원 성당	1927	현존	-	강의관·모문금
칠곡 왜관성당	1928	현존	투르네	화교직공 참가
당진 합동성당	1928~1929	현존	페랑	화교직공 참가
대구화교협회	1929	현존	-	강의관·모문금
경산 하양성당	1930~1931	현존	-	강의관·모문금
김천 황금성당	1934	현존	-	모문금
광주 북동성당	1937~1938	현존	가요셉	가요셉
대구 샬트르 성 바오로 수녀원 수련소	1937~?	-	-	모문금

출처: 뮈텔 저(1986-2008); 김보록(로베르) 신부 저(1995); 드망즈 주교 저(1987); 한국 샬트르 성 바오로 수도회 85년사 편찬위원회(1973); 공세리본당 100년사 편찬위원회 편(1998); 이원희(2001); 베네딕도회 왜관수도원(2009); 가실성당 100년사 편찬위원회 편(2011).

말은 한옥식 성당이 많이 건축되다가 20세기 들어서는 벽돌조적의 성당이 증가하는 추세를 보였다.

벽돌조적의 가톨릭 관련 건축물은 1888~1889년에 건축된 명동 수녀원과 성영회(고아원) 건물이 처음이며, 그다음은 1889~1890년의 명동 주교관 건물이다. 두 건축물은 모두 파리 외방전교회(外邦傳敎會) 소속의 코스트(Eugene Jean George Coste, 高宜善, 1842~1896년)에 의해 설계되었다. 그는 조선 최초의 서양식 성당인 한성의 약현성당과 명동성당의 설계를 담당했다. 그가 1896년 장티푸스로 선종하면서 같은 파리 외방전교회 소속의 프와넬(Poisnel) 신부와 시잘레(Chizallet) 신부가 벽돌조적의 성당건축을 설계했다. 같은 벽돌조적의 용산신학교와 용산신학교 성당은 1891~1892년과 1899~1902년에 각각 건축되었다.[9]

서울 이외의 지역에선 인천 답동성당이 1897년 건축된 것을 시작으로 대구의 계산성당이 1903년, 횡성 풍수원성당이 1910년, 원주 원동성당이 1913년, 전주 전동성당이 1914년, 원주 용소막성당이 1915년, 익산 나바위성당이 1916년에 각각 건축되었다.

특히 1911년 4월 조선대목구 관할하에 있던 경상도와 전라도가 조선대목구에서 분리되어 대구대목구가 신설되면서 대목구에 걸맞은 성당, 수녀원, 신학교, 주교관 등의 건축물이 잇따라 신축되었다. 〈표 16-1〉을 보면 1910년대 계산성당 증축공사를 비롯하여 각종 건축물이 잇따라 건축되는 것을 알 수 있다.

1920년대에 들어 농촌 지역이면서 교통이 발달한 곳에 벽돌조적의 성당이 건축되었다. 1922년 아산 공세리성당,[10] 1924년 칠곡 가실성당,[11] 1928년 왜관성당, 1929년 당진 합덕성당, 1931년 경산 하양성당, 1934년 김천 황금성당

9) 김정신(1994), 앞의 책, 41~42쪽.
10) 공세리본당 100년사 편찬위원회 편(1998), 『공세리본당 100년사』, 천주교대전교구공세리교회.
11) 가실성당 100년사 편찬위원회 편(2011), 『가실(낙산)성당 100년사(1895-1995)』, 분도출판사.

이 각각 건축되었다. 인천 답동성당은 1937년 기존의 준고딕양식에서 현재의 로마네스크 양식으로 증·개축되었다.

조선의 가톨릭 선교는 파리 외방전교회가 1831년 처음으로 시작한 이래 주도적인 역할을 담당했다.[12] 그러나 독일 오틸리엔 성(聖) 베네딕도회가 1909년 서울 백동(현재의 혜화동)에 수도원을 세우고, 1920년 함경도와 중국 동북의 간도지역에 원산대목구를 관할하게 되자, 원산지역에 1930년까지 덕원 성 베네딕도 수도원, 신학교, 병원 등을 건축했다.[13] 미국에 본부를 둔 메리놀 외방전교회(Catholic Foreign Mission Society of America)는 1922년 평안남도와 평안북도 지역을 담당하여 1923년부터 선교활동을 시작했다.[14] 1916년 아일랜드에서 창설된 성(聖) 콜롬반 외방선교회(Missionary Society of St. Columban)는 1933년 맥폴린 신부가 목포에 본부를 두고 전라도와 제주도 서쪽의 선교를 담당하기 시작했고 1938년부터 강원도의 전교를 담당했다.[15] 따라서 성 베네딕도회는 함경도, 메리놀 외방전교회는 평안도, 성 콜롬반 외방선교회는 전라도와 강원도 일부를 담당하였기 때문에 이들 지역의 가톨릭 건축은 그들에 의해 추진되었다. 성 베네딕도회와 메리놀 외방전교회가 담당한 대목구는 북한지

---

12) 파리외방전교회의 조선 선교 활동은 그들이 직접 기록한 다음의 자료를 참조 바람. 파리 외방전교회 저·김승욱 옮김(2015), 『조선 천주교 그 기원과 발전』, 살림. 이 책은 원래 1924년 홍콩에서 출판되었다.

13) 파리외방전교회 저·김승욱 옮김(2015), 앞의 책, 197~198쪽. 성 베네딕도회의 선교 활동에 대해서는 성 베네딕도회 왜관수도원(2009)(『눈먼 이들에게 빛을 Lumen Caecis: 성 베네딕도회 오딜리아 연합회 한국진출 100주년 기념 화보집 1909-2009』, 분도출판사)을 참조 바람.

14) 파리 외방전교회 저·김승욱 옮김(2015), 앞의 책, 203~204쪽. 메리놀회의 조선 선교 활동에 관한 기존 연구 정리는 최선혜(2016.12)(「한국 천주교회의 미국 천주교 외방선교회(메리놀회)와의 교류와 그 의의: 1911-1923」, 『교회사연구』 49, 한국교회사연구소, 99~100쪽)에 잘 정리되어 있다.

15) 오언 맥폴린(Owen McPolin)이 정식으로 교구의 책임자로 임명된 것은 1934년 10월이었다. 그는 순천(1933년), 나주(1934년), 광주 북동(1934년), 장성(1937년)에 각각 성당을 건축했다(강길선·임영배(1988), 「한국 성당 건축의 공간 변천에 관한 연구: 광주대교구를 중심으로」, 『대한건축학회 학술발표논문집』 8-2, 한국건축학회, 250~251쪽).

역이기 때문에 성당 등의 건축물 현존 여부는 분명하지 않다.

2) 화교 건축청부업자 및 직공의 경쟁력

이처럼 화교 청부업자와 기술자가 종교건축의 시공 분야에서 큰 활약을 한 원인은 어디에 있었을까. 첫 번째 원인은 당시 조선의 건축물 가운데 벽돌건축물은 거의 전무한 상태로 벽돌의 제조와 벽돌조적의 기술을 보유한 직공이 거의 없었다는 것이다. 이것이 내적인 원인이다. 둘째로는, 벽돌 제조와 조적의 기술을 가진 일본인 청부업자와 직공이 있었는데도 화교 청부업자와 기술자가 그들보다 더 많이 채용 및 동원된 데는 그들만의 상대적인 경쟁력을 가지고 있었기 때문이다.

화교청부업자 해리 장이 1907~1908년 시공에 참가한 경성YMCA회관 건물 공사의 주임감독인 가네코 세타로(金子政太郎)는 그 원인에 대해 당시 경성에서 발행되던 건축전문잡지인 《건축세계(建築世界)》에 두 차례에 걸쳐 기고했다.[16] 그의 분석을 중심으로 화교 청부업자 및 직공의 우위성이 어디에 있었는지 살펴보고자 한다.

그는 1908년 1월 경성에 도착한 후 이 공사를 감독하면서 화교 건축청부업자 및 직공의 작업을 유심히 관찰하고, 특히 일본인 건축청부업자 및 직공과 비교했다. 경성YMCA회관은 당시 조선 기독교의 본부와 같은 상징성을 가진 단체로 이 단체의 건축 상량식에는 고종이 직접 참가하여 하사금을 낼 정도로 이는 세인의 주목을 받는 공사였다. 건축의 규모는 약 220평, 구조는 3층 벽돌조적 건축물로서 공사비는 약 2만 원으로 당시 조선 최대의 대공사였다.[17]

그는 글의 서두에서 "공사에서 일하는 모든 청인(淸人) 직공의 작업 태도가

---

16) 金子政太郎(1908.9), "韓國に於ける工事上の淸人(上)", 《건축세계(建築世界)》제2권제9호, 12~15쪽; 金子政太郎(1908.10), "韓國に於ける工事上の淸人(下)", 《건축세계(建築世界)》제2권제10호, 21~24쪽.

17) 金子政太郎(1908.9), 앞의 글, 13쪽.

우리 청부자의 행위와 모든 면에서 전연 다르며 피차의 사업을 대조하면 매우 흥미로울 뿐 아니라 우리 업자가 고려해야 할 필요가 있다"라고 제언했다.[18] 그는 화교 건축청부업자와 기술자의 장점을 다음과 같이 들었다.

첫째, 화교 건축청부업주와 직공 간의 관계이다. 그는 일본인 청부업자와 직공 사이는 "늘 공사상의 싸움보다는 오히려 음식, 금전, 혹은 도박(일부분을 가리킴) 등의 지저분하고 더러운 싸움이 벌어진다. 또한 청부업주는 이름뿐으로, 속되게 말해 돈만 밝히는 악당이며 하나의 공사를 할 때마다 어떤 간교한 술책을 꾸며내 교섭 타협을 유일한 직업으로 담합금(談合金)을 억지로 짓궂게 청하여 세상을 살아가는 사람이다. 또한 '돈이 있으면 오야붕고붕(親分子分, 상하관계)'이라는 더러운 의미를 자기 마음대로 하는 흉한(兇漢)이라고 해야 할 악당의 발호가 있다. 끊임없이 사업의 진척을 방해하고 있으며 최근 그들에게 준엄한 단속을 하고 있지만 그들은 교묘하게 감추고 간교한 만행을 계속하고 있다"라고 혹평했다. 이에 비해 화교 청부업주는 "이 사업의 진척을 방해하여 공사계의 발달을 저해하는 추잡한 작폐의 소리를 들어본 적이 없고 청부업주와 그 부하 직공은 마치 주종의 관계로 공사는 가족적으로 경영되어 매우 평화로우며 충실하게 업무를 수행하는 것은 실로 일대 미점(美點)이다"라고 감탄했다.[19]

그는 이러한 장점이 발휘되는 이유를 다음과 같이 설명했다. "모든 것이 조직적이며 우리 직인 간의 악폐인 속된 말로 노가다(土方)의 '이주'라는 것을 원래부터 꿈꾼 적도 없고, 어떤 직공을 만나더라도 금전 이해에 구애받지 않고 공사 준공 때까지 열심히 일한다. 즉, 청부업주는 직공과 평화로운 관계를 이루고 있다는 것을 말해준다. 원래 청인(淸人) 청부업자와 직공 간의 관계는 이러하다. 청부업주가 사용하는 목수, 석공, 벽돌공 등의 모든 직공은 청부업주와 평소 1~2년 일정의 기간을 정하여 고용계약을 맺은 후 공사를 개시한다.

---

18) 金子政太郞(1908.9), 앞의 글, 13쪽.
19) 金子政太郞(1908.9), 앞의 글, 14쪽.

그래서 공사 감독자가 청부업주에 대해 지시를 내리면 곧바로 청부업주는 직공의 십장에게 공사의 방법을 전달하고, 십장은 곧바로 직공 등에게 작업을 지시한다. 이와 같은 순서로 열심히 헌신적으로 작업한다. 이 조직은 어디까지나 전제적(專制的)이며 이른바 청국식(淸國式)이라 평해야 한다"라고 했다.[20] 즉, 화교 청부업주와 직공 간의 일사불란한 주종관계를 높게 평가한 것이다.

둘째, 화교 청부업주와 직공의 작업 태도가 매우 성실하고 충실하다는 점이다. 가네코 주임감독은 "그들 청부업자는 상부(공사감독)에 잘 복종하고 하부(직공)를 사랑하여 화목하며 단란하게 지내며, 하나의 작업을 하는 데에서도 서로 돕고 자신의 업무를 끝냈다고 해서 동료를 되돌아보지 않는 것은 없다. 일단 공사에 착수하기만 하면 완전히 자신의 일로 생각하고 모든 힘을 쏟아 힘써 일한다"라고 지적하고, 이러한 충실함은 "우리 청부업자에 고용된 직인에게서는 볼 수 없다"라고 아쉬워했다.[21]

셋째, 공사 감독자의 지시와 뜻에 따라 작업한다는 점이다. 그는 "감독자의 눈을 피해 공사를 기만하는 일은 추호도 없다. 또한 어떤 작업에 구애받지 않고 일단 약속한 것은 구두 지시라 하더라도 결코 위약하는 것은 없고 만사에 주도면밀하다. 따라서 외국인이 맡긴 공사는 대개 그들의 손에 의해 이뤄지고 우리 동업자가 청부하는 것은 거의 없다. 그들은 외국인의 뜻에 따라 깊은 신뢰를 받고 있는 것이 확실하다"라고 평가했다.[22]

넷째, 화교 직공과 일본인 직공의 작업 태도의 차이점이다. 그는 "그들은 사업상 온순한 직공인 데 비해 우리나라의 직공은 거칠고 잡스러우며 활발(活潑)한 직공이라고 평하지 않으면 안 된다. 우리나라의 직인의 작업 태도가 생동감은 있지만 늘 살벌한 야만적인 풍습을 띠는 반면, 온순하고 평화로운 청국 직공은 사업에 충실하면서 만사가 느리고 둔하다. 그들의 마무리 작업을 보면 우리나라 직공의 뛰어난 솜씨에는 미치지 못한다. 그들은 (이런) 오점을 고치려

---

20) 金子政太郎(1908.9), 앞의 글, 14~15쪽.
21) 金子政太郎(1908.10), 앞의 글, 21쪽.
22) 金子政太郎(1908.10), 앞의 글, 21~22쪽.

하지 않는다. 나는 그들에게 몇 번이나 작업의 순서를 설명하여 어떤 일을 시켰는데 성질의 측면에서도 부족한 점이 있다. 또한 도구와 작업상 개량 개선해야 할 충분한 여지가 있는 것을 알았다"라고 지적하고, "일 솜씨는 우리 직인에 비해 '둔하다'"라고 평가했다.[23]

다섯째, 화교 직공의 임금이 상대적으로 저렴하고 검소한 생활을 한다는 점이다. 그는 "경성 일본인의 임금은 목수 1.50원 내외, 석공 1.80원으로 결코 적지 않은 수준이다. 청국 직공의 임금은 어떠한가 하면 그들은 연간 고용이기 때문에 임금지불은 추석과 설로 나눠 두 차례 지급하는 것으로 정해져 있다. 이를 일당으로 환산하면 겨우 50전 내외이다. 이와 같이 피차의 임금은 큰 차이가 있었음에도 그들은 저축을 유감없이 한다"라고 지적했다.[24]

여섯째, 화교 청부업자와 직공은 매우 경제적이라는 점이다. 그는 화교 직공의 임금이 일본인 직공의 3분의 1 수준이라는 것을 감안할 때, 일본인 청부업자에게 1만 원의 공사가 화교 청부업자에게 7,000~8,000원밖에 들지 않는다고 말했다. 또한 공사 완료의 준공은 기일보다 빨리 공사를 마치는 것이 일반적이다. 그는 이러한 것을 들어 그들을 "공사계의 경제적 직인으로 칭찬할 가치가 있다"라고 높이 평가했다.[25]

그는 이와 같이 일본인 직공에 비해 솜씨는 떨어져도 임금의 저렴함, 성질의 온순함, 지시한 작업 명령의 복종, 약속의 이행 등에서 훨씬 일본인 직공을 압도하기 때문에 서양인에게 두터운 신용을 얻어 서양인 공사의 대부분은 그들이 장악하고 있다고 지적하고, "그들은 우리 일본인 직공의 가장 경계해야 할 강적이다"라고 결론지었다.[26]

그리고 가네코 세타로는 자신이 관찰한 화교 직공의 기술적인 측면에 대해서도 다음과 같이 지적했다. ① 화교 직공의 세심한 기술 부분은 아직 불충분

---

23) 金子政太郎(1908.10), 앞의 글, 22쪽.
24) 金子政太郎(1908.10), 앞의 글, 22쪽.
25) 金子政太郎(1908.10), 앞의 글, 22~23쪽.
26) 金子政太郎(1908.10), 앞의 글, 23쪽.

하지만 개선 발전의 전망은 밝다. ② 일본인은 일반적으로 화교 직공을 경시하지만 특정 기술은 일본인 직공을 앞선다. ③ 화교 벽돌 직공의 뛰어난 조적 기술은 칭찬할 가치가 있다. ④ 화교 석공은 화강석의 어떠한 조각도 잘 해낸다. ⑤ 화교 목공은 일본인 목공에 비해 훨씬 못하지만 개량 발전의 전망은 충분하다. ⑥ 화교 직공 감독을 엄중히 하여 잘 지도한다면 보다 작업을 충실히 하고 경제적으로도 얻을 것이 많다. ⑦ 일본 직공은 공사상 속이는 것이 많다. 특히 배합물 혼합 시 한시라도 감독을 느슨하게 할 수 없는 데 반해 화교 직공은 처음에 배합 및 방법을 설명하면 콘크리트, 모르타르 등의 주요 재료를 속이지 않고 성실히 작업을 수행한다.[27]

이와 같은 평가를 한 것은 일본인 건축기술자만은 아니었다. 미국 남장로회의 스와인하트(Swinehart) 선교사는 광주와 순천지역의 개신교 관련 건축물을 거의 모두 설계한 인물이었다. 그는 15년간 화교 건축청부업자와 같이 공사를 한 경험을 토대로 그들의 장점을 세 가지 들었다. 첫째는 직공의 선택과 재료의 사용에서부터 완성까지 전반적으로 균형이 잘 잡혀 있고 실행력이 있다는 점, 둘째는 건축 자재를 스스로 지킬 수 있기 때문에 도난을 방지할 수 있다는 점, 셋째는 미국의 일반적인 착실한 건축청부업자의 활동과 비교적 유사하다는 점이었다.[28]

이처럼 일본인과 서양인 건축전문가는 화교 건축청부업자 및 직공의 기술과 작업태도에 대해 상당히 신뢰하고 있었다는 점이 가톨릭 건축뿐 아니라 개신교 건축물에 화교 청부업자 및 직공이 참가한 원인이라는 것을 알 수 있다.

그렇다면 가네코 세타로와 스와인하트가 칭찬을 아끼지 않은 화교 건축청부업자 및 직공은 어느 정도 있었을까? 1930년 10월 조선총독부가 실시한 국세조사(國勢調査)에 의하면 화교 '토목건축업주, 청부업주'는 46명이었다. '토목건축기술자, 직원, 감독'도 같은 46명이었다. 그리고 일반 직공인 목수는 2,791

---

27) 金子政太郎(1908.10), 앞의 글, 23~24쪽.
28) Swinehart(1926.10), Contracting in the Orient, "The Korea Mission Field"(1926년 10월호). 鄭昞源(2004), 앞의 논문, 208쪽에서 재인용.

<표 16-2> 화교 건축청부업주 및 직공의 각 도별 분포

도별	청부업주	벽돌조적공	목수	석공
경 기 도	19	42	859	517
경성·인천·기타	13·5·1	27·9·6	660·59·140	453·40·24
충청북도	2	0	23	3
충청남도	1	2	22	11
경상북도	2	0	59	12
경상남도	0	0	49	30
전라북도	1	3	76	27
전라남도	0	3	69	115
평안북도	4	3	428	224
신 의 주	1·3	1·2	60·368	0·224
평안남도	3	50	398	121
함경북도	3	0	194	30
함경남도	7	12	401	75
황 해 도	2	4	167	91
강 원 도	2	0	46	23
합 계	46	119	2,791	1,279

출처: 朝鮮總督府, 《昭和五年 朝鮮國勢調查報告 結果表》의 각 도별 통계를 근거로 필자가 작성.

명, 미장이는 366명, 벽돌조적직공은 119명, 석공은 1,279명, 토공 6,480명, 기타 158명이었다. 화교 토목건축 종사자는 총 1만 1,285명에 달하여 조선 전체 토목건축 종사자의 13.2%를 차지했다. 조선인은 전체의 69.1%, 일본인은 17.6%를 차지했다. 당시 화교 인구는 9만 1,783명으로 조선 전체 인구의 0.4%에 지나지 않았던 것을 고려한다면 그들이 얼마나 노동시장에서 큰 세력을 형성하고 있었는지 알 수 있다.

그런데 화교 토목건축 노동자 가운데 숙련 기술자라 할 수 있는 목수, 미장이, 벽돌조적직공은 화교 토목건축 노동자의 약 3할을 차지했다. 하나 흥미로운 점은 벽돌조적공은 화교 119명, 조선인 114명, 일본인 86명으로 화교가 가장 많았다는 점이다.[29] 화교 벽돌조적공은 성당과 같은 종교건축시공에서 주로 활동했다.

이러한 화교 건축청부업주 및 직공의 각 도별 분포를 나타낸 것이 〈표 16-2〉이다. 경기도에 전체의 4할에 해당하는 19개소로 가장 많았고, 이 가운데서 경성에 13개소, 인천에 5개소로 두 도시에 집중되어 있었다. 벽돌조적공은 경기도에 전체의 35%인 42명이 있었으며 이 중 경성에 27명, 인천에 9명이었다. 목수는 전체의 31%, 석공은 전체의 40%가 경기도에 각각 분포되어 있었다. 이처럼 경기도에 속하는 경성과 인천에 화교 건축청부업주 및 직공이 전체의 약 4할이 집중되어 있었던 것은 이 지역이 식민 도시의 수도로서 종교건축뿐 아니라 학교, 병원 등의 건축의 수요가 많았기 때문이었다. 경기도에 이어 화교 건축청부업자가 많은 지역은 함경남도 7개소, 평안북도 4개소, 평안남도 및 함경북도 각 3개소 순이었다. 함경남도는 원산부, 평안남도는 평양부가 위치한 곳으로 이 지역은 성 베네딕도회와 메리놀회의 대목구가 위치한 곳이기 때문에 종교 건축의 수요가 많았던 곳과 일치한다.

주요한 화교 건축청부회사는 경성의 경우 제1차 세계대전 이전에는 동성호(東成號), 쌍흥호(雙興號), 장발륭(長發隆), 광승호(廣昇號) 등 4개 회사가 종교건축, 학교, 병원 등의 건축을 거의 독점했다.[30] 일본의 신용평가기관인 상업흥신소가 1915년에 조사한 바에 따르면, 장발륭(長發隆, 영업주 유은생(劉銀生), 영흥호(榮興號, 영업주 사도소(司徒紹)), 광승호(廣昇號, 영업주 임희정(林喜亭))의 연간 매상액은 1~2만 원, 쌍흥호(雙興號, 영업주 모문서(慕文序))는 3,000~5,000원, 서곤생(徐坤生)은 1,000원 미만이었다.[31] 동성호(東盛號)는 1917년 조사에서 경영주는 장시영(張時英)으로 연간 매상액은 10~15만 원으로 최고의 규모를 자랑했다.[32]

제1차 세계대전 후 불경기로 청부회사가 문을 닫는 곳이 많았다. 1923년 현

---

29) 朝鮮總督府(1934a), 『昭和五年朝鮮國勢調查報告 全鮮編 第一卷 結果表』, 朝鮮總督府. 일본인 건축청부업주는 2,997명, 조선인은 1,040명으로 수적으로는 화교 건축청부업주를 훨씬 능가했다.

30) 朝鮮總督府(1924a), 『朝鮮に於ける支那人』, 60~61쪽.

31) 〈부표 1〉 참조.

32) 〈부표 2〉 참조.

재 경성의 주요한 화교 건축청부회사는 복음건축창(福音建築廠, 왕공온(王公溫), 연간 매상액 10만 원), 쌍흥호(雙興號, 3만 원), 사도소(司徒紹, 1만 원), 강조인(江兆仁, 8,000원)이었다.[33] 진남포부에는 덕춘성(德春盛)이 조선인 기와주택 건축을 주로 청부 시공하고 있었으며 연간 매상액은 9,150원이었다.[34] 대구에는 강의관(姜義寬) 경영의 건축청부회사는 연간 매상액이 7,000원이었다.[35] 상업흥신소의 『상공자산신용록(商工資産信用錄)』에 의하면, 1920년대 후반과 1930년대의 주요한 화교건축청부회사는 복음건축창, 쌍흥화기(雙興和記, 영업주 모문한(慕文翰)), 영흥호(榮興號, 사도소(司徒紹))의 3개로 압축되었으며 이전보다 청부금액도 많지 않았다.[36]

3. 화교 건축청부업자의 시공 활동

1) 왕베드로와 진베드로

뮈텔 주교의 1891년 6월 16일자 일기에 "우리가 용산의 (신학교) 건축을 위해 고용했던 중국인 신자 왕베드로가 사망하다"라고 적었다.[37] 용산신학교는 1891년 5월 정초식을 갖고 1892년 6월에 완공된 건축물이다. 왕(王)베드로는 이 신학교 건축시공으로 고용된 직공으로 정초식을 가진 지 얼마 지나지 않아 사망한 것을 알 수 있다. 이 건축물은 코스트 신부가 설계한 것이기 때문에 1888년부터 1889년 사이에 건축된 명동수녀원 및 고아원의 시공도 왕베드로가 맡았을 가능성이 높다.

---

33) 朝鮮總督府(1924a), 앞의 자료, 60~61쪽.
34) 朝鮮總督府(1924a), 앞의 자료, 170쪽.
35) 朝鮮總督府(1924a), 앞의 자료, 136쪽.
36) 〈부표 6〉, 〈부표 7〉, 〈부표 8〉, 〈부표 9〉 참조.
37) 뮈텔 저·한국교회사연구소 역주(2009), 『뮈텔 주교 일기1 1890-1895』, 한국교회사연구소, 42쪽.

〈그림 16-1〉 1930년의 명동성당

출처: 仲摩照久(1930), 362쪽.

한국 종교건축의 금자탑은 명동성당이라고 할 수 있다. 이 성당은 코스트 신부의 설계로 정초식이 거행되는 1892년 5월 8일부터 축성식이 거행되는 1898년 5월 29일까지 약 6년에 걸친 대공사였다. 서울의 약현성당의 공사가 1891년 10월 21일부터 1892년 11월 6일까지 약 1년에 그친 것과 비교된다. 그 후 약현성당은 소형 성당건축, 명동성당은 대형 성당건축의 모델이 되기 때문에 규모 면에서 명동성당은 독보적인 지위를 차지한다.

이 명동성당의 건축에 관해서는 뮈텔 주교의 일기에 등장하는 공사 관련 내용을 정리한 연구가 있지만, 화교를 중심으로 파악한 것은 아니었다.[38] 따라서 화교 직공이 명동성당 건축에 어떻게 참가하고 있었는지 이 일기를 토대로 구체적으로 살펴보고자 한다.

이 명동성당의 건축공사에 화교 직공이 동원되었는데 이들의 감독자로 고용된 사람이 진(陳)베드로였다. 진베드로에 대한 정보는 매우 제한적이며, 뮈텔 주교 일기에 약간 등장할 뿐이다. 진베드로의 이름이 뮈텔 주교 일기에 처음으로 등장하는 것은 1894년 8월 6일자이다. 그는 청일전쟁 발발 직후 벽돌조적공 감독으로 일한 후 심한 고열을 앓아 전쟁으로 인해 중국으로 돌아가는 것을 연기시켜달라고 뮈텔 주교에게 요청하는데, 뮈텔 주교는 그의 요청을 수용했다.[39]

1896년 10월 6일자 일기에 진베드로가 벽돌직공 감독으로서 인천 답동성당

---

38) 임정의(1998), 『명동성당 100년』, 코리언북스.
39) 뮈텔 저·한국교회사연구소 역주(2009), 앞의 책1, 314쪽. 책1의 의미는 『뮈텔 주교 일기 1』의 의미이다.

의 공사에 명동성당 벽돌직공을 보내달라는 요청을 받고는, 조선인 감독이 모든 업무와 화교 직공의 임금 지불을 조종하고 있다는 이유로 그것을 거절했다는 내용이 나온다.[40] 그리고 1900년 7월 14일자 일기에 따르면 진베드로는 의화단의 난 때 자신의 가족이 지부에서 난을 피해 한성으로 피신 오자 명동성당 정원 뒤쪽 건물을 임시 거처로 쓸 수 있도록 뮈텔 주교에게 요청하고 주교는 이를 수용했다.[41] 이러한 일기의 내용으로 볼 때 진베드로와 그의 가족은 모두 가톨릭 신자이며 산동성 지부 출신인 것을 알 수 있다. 또한 뮈텔 주교가 그의 요청을 두 번이나 수용한 것을 보면 그가 진베드로를 매우 신임했다는 것을 추측할 수 있다.

진베드로와 화교 벽돌직공이 명동성당의 공사에 어떤 형태로 참가하고 있었는지 뮈텔 주교의 일기를 근거로 살펴보자. 명동성당의 공사가 시작되기 전 먼저 부지의 측량이 1892년 3월 31일에 실시되고,[42] 5월 8일 정초식이 거행되어 공사가 본격적으로 개시되었다.[43] 이때부터 화교 벽돌조적공이 동원되었다. 5월 24일 공사장 지하에 다듬어진 돌을 놓기 시작했다. 이 작업에는 조선인 석공도 참가했는데 그들은 화교 벽돌조적공이 돌을 놓는 것을 매우 못마땅하게 생각했지만, 뮈텔 주교는 그들이 일을 아주 잘한다고 칭찬했다.[44] 화교 벽돌조적공은 성영회(고아원) 건물에 머무르며 작업을 했다. 6월까지는 성당의 지하 및 지반 기초공사가 끝났다.

1892년 7월 27일부터 벽돌 쌓기가 시작되었으며 화교 벽돌조적공이 담당했다.[45] 성당의 벽은 붉은 벽돌을 쌓고 그 사이사이 버팀벽을 회색 벽돌로 쌓아 좋은 효과를 내려 했다.[46] 화교 벽돌조적공이 사용하는 벽돌은 성당 근처 벽돌

40) 뮈텔 저·한국교회사연구소 역주(2008), 『뮈텔 주교 일기2 1896-1900』, 한국교회사연구소, 103쪽.
41) 뮈텔 저·한국교회사연구소 역주(2008), 앞의 책2, 467쪽.
42) 뮈텔 저·한국교회사연구소 역주(2009), 앞의 책1, 76쪽.
43) 뮈텔 저·한국교회사연구소 역주(2009), 앞의 책1, 86쪽.
44) 뮈텔 저·한국교회사연구소 역주(2009), 앞의 책1, 95쪽.
45) 뮈텔 저·한국교회사연구소 역주(2009), 앞의 책1, 113쪽.

공장에서 직접 구워낸 것으로 이 벽돌 제조도 화교 벽돌제조공이 담당했다. 당시 성당 시공에 참가한 화교 직공은 벽돌제조직공 4명, 벽돌조적공 22명, 총 26명이었다.[47]

그러나 이들 벽돌 직공은 조선에 정주하지 않는 계절노동자였다. 그들은 대체로 11월 말경 짐을 싸서 중국의 고향으로 돌아갔으며, 이듬해 4월경 봄이 되면 다시 돌아와서 작업했다. 즉, 4~11월의 약 8개월간 공사를 하고 번 돈을 가지고 고향으로 돌아가 4개월을 고향에서 생활하고 다시 돌아오는 형태였다. 따라서 명동성당의 공사는 이 5개월의 기간에 정상적으로 이뤄질 수 없었다. 그것은 뮈텔 주교의 일기에 명동성당의 공사가 재개되었다는 내용이 자주 등장하는데 대부분 4월 달의 일기에 등장하는 이유가 바로 여기에 있다.[48]

명동성당 근처에 위치한 청국의 한성상무공서(漢城商務公署, 현재의 중국대사관 자리)도 이 공사에 상당한 관심을 가지고 있었다. 1892년 8월 31일 공서 및 용산상무분서(龍山商務分署)의 직원인 당소의(唐紹儀), 주(周), 양(梁) 등이 명동성당 공사를 둘러보았으며,[49] 1898년 5월 29일 성당 축성식에는 청국의 총영사로 파견된 당소의도 참관했다.[50] 뮈텔 주교는 한성상무공서와 상당히 친밀한 관계를 유지했다. 1892년 7월 21일 청국의 국경일 때 한성상무공서를 방문하고 원세개와 당소의의 환대를 받았다.[51] 뮈텔 주교는 음력 설이 되면 한성상무공서를 방문하거나, 방문하지 않을 때에는 카드를 보냈다. 이러한 우호적인 관계로 뮈텔 주교가 도움을 받는 경우도 있었다. 예를 들면, 1892년 12월 9일

---

46) 뮈텔 저 · 한국교회사연구소 역주(2009), 앞의 책1, 113~114쪽.
47) 뮈텔 저 · 한국교회사연구소 역주(2008), 앞의 책2, 315쪽.
48) 예를 들면, 1892.11.21., 1893.4.8., 1894.3.26.의 일기.
49) 뮈텔 저 · 한국교회사연구소 역주(2009), 앞의 책1, 120쪽. 당시 당소의는 용산상무분서의 분판(分辦, 영사)으로 근무하고 있었다. 그는 1889년 8월부터 1894년 6월까지 4년 10개월 동안 용산상무분서의 분판(영사에 해당)으로 일했으며 청일전쟁 때 일시 귀국한 후 전후, 다시 총영사로 조선에 돌아왔다. 당시 청국의 상무공서의 조직과 외교관에 대해서는 이은자(2008)의 연구를 참조 바람.
50) 뮈텔 저 · 한국교회사연구소 역주(2008), 앞의 책2, 283쪽.
51) 뮈텔 저 · 한국교회사연구소 역주(2009), 앞의 책1, 112쪽.

조선 정부 서리독판 이용직(李容稙)이 명동성당의 공사를 방해하려는 음모를 원세개가 간파하고 이를 뮈텔 주교에게 미리 알려준 일이 있었다.[52] 당소의는 공사장에서 화재가 발생했을 때 물 펌프를 제공해주었다. 뮈텔 주교는 특히] 와 매우 친밀한 관계였다. 뮈텔 주교는 그에 대해 조선을 잘 알고 조선말을 매우 잘하며, 조선 정부 인사와 잘 지내고 영어를 매우 잘하지만, 사물을 이해하는 태도나 방식이 여전히 매우 중국적이라고 지적했다.[53]

한편, 진베드로는 명동성당 완공 후 서울의 샬트르 성 바오로 수녀원의 건축을 담당했다. 1897년 8월에 시작된 이 공사는 1900년 9월 8일 완공되었는데 자재나 직공은 명동성당 건축에 참가자가 그대로 맡았다. 한국 샬트르 성 바오로 수도회의 85주년지에 "이 집을 지을 때 명동 대성당을 짓던 청국 사람인 베드로라는 성실한 교우에게 맡겼다"라고 기록되어 있는 것을 보면, 그가 이 수녀원의 핵심적인 시공업자라는 것을 알 수 있다.[54]

진베드로는 샬트르 성 바오로 수녀원이 완공된 후, 1901~1903년에 건축된 대구 계산성당의 시공에 참가했다. 로베르(김보록) 신부의 1902년 5월 8일 서신에, "프와넬(Poisnel) 신부님으로부터는 아무런 소식이 없습니다. 그런데 베드로는 그분이 필요하다고 주장합니다"라는 내용이 나온다.[55] 이 편지로 볼 때, 시공상의 문제로 '베드로'라는 인물이 계산성당의 설계자인 프와넬 신부의 도움이 필요하다는 것인데, 이는 시공책임자의 자리에 있는 자가 할 수 있는 말이다. 명동성당의 공사가 끝난 이후이기 때문에 '베드로'는 진베드로일 가능성이 매우 높다.

계산성당은 1899년 원래 한옥형 성당으로 건축되었지만 지진으로 인한 화재로 소실되었다. 로베르 신부는 소실된 성당 대신에 명동성당과 같은 벽돌 건축

---

52) 뮈텔 저·한국교회사연구소 역주(2008), 앞의 책1, 137쪽.
53) 뮈텔 저·한국교회사연구소 역주(2008), 앞의 책2, 304쪽.
54) 한국 샬트르 성 바오로 수도회 85년사 편찬위원회 편(1973), 『바오로 뜰안의 哀歡 85年』, 가톨릭출판사, 211~212쪽.
55) 영남교회사연구소 편역(1995), 『대구의 사도: 김보록(로베르)신부 서한집2』, 대건인쇄출판사, 131쪽.

물을 세우기 위해 프와넬 신부에게 설계를 부탁했고, 정식으로 공사를 착수한 것은 1901년 3월 16일이었다.[56] 5일도 채 지나지 않아 성당의 정지 작업을 끝내고 벽돌 제조소 건설, 물을 끓이기 위한 나무 베기 작업, 석재를 나르는 작업을 했다. 그러나 벽돌 제조공이 없었기 때문에 로베르 신부는 5월 13일 프와넬 신부에게 연락하여 화교 기술자를 보내달라고 요청했다.[57] 곧 벽돌제조공이 도착하여 작업을 개시했다. 그러나 처음에 흙이 너무 질어 벽돌을 구워내는 데 실패하고 목재가 부족하여 나뭇가지를 사용해야 했다.[58] 곧 벽돌조적공이 도착하여 성당건축이 시작되었는데 이때 동원된 화교 직공은 28명이었다.[59] 5월 말에 석공 14명과 목수 3명, 요리사 2명 등 19명이 도착하고 6월에는 벽돌제조업자 9명이 도착했다. 7월 20일부터 9월 15일까지 구운 벽돌은 17만 장에 달했다.[60] 9월 초 석재공사가 마무리되어 9월 18일부터 벽돌조적 공사가 시작했다.

그 후 공사는 프와넬 신부의 도움으로 순조롭게 진척되어 6월까지 성당의 골조를 세우기 시작하고 종탑과 성가대석도 반 정도 세웠다.[61] 벽돌 쌓기는 9월 20일부터 11월 말까지 창문의 절반 높이까지 벽돌을 쌓았으며 10월 13일까지는 성당 천장에 벽토를 바르는 공사를 마쳤다. 명동성당의 공사 때와 같이 화교 직공은 11월 25일 성당 공사를 마치고 중국으로 돌아갔다.[62]

계산성당의 시공감독으로 참가한 진베드로는 1909~1910년에 건축된 횡성의 풍수원성당에 참가한 것이 확인된다.[63] 비슷한 시기 강원도의 원주 원동성당(1913년)과 용소막성당(1915년)도 그의 시공에 의한 건축일 것으로 추정된다.

---

56) 영남교회사연구소 편역(1995), 앞의 책2, 105쪽.
57) 영남교회사연구소 편역(1995), 앞의 책2, 108쪽.
58) 영남교회사연구소 편역(1995), 앞의 책2, 109쪽.
59) 영남교회사연구소 편역(1995), 앞의 책2, 116쪽.
60) 대구대교구사편찬위원회 편(1986), 『大邱本堂百年史 1886-1986』, 계산본당창립100주년기념행사위원회, 216쪽.
61) 영남교회사연구소 편역(1995), 앞의 책2, 135쪽.
62) 대구대교구사편찬위원회 편(1986), 앞의 책, 216쪽.
63) 이원희(2001), 「원주·횡성지역의 천주교 전래와 정착연구」, 『강원문화사연구』 6, 강원향토문화연구회, 172~173쪽.

4. 강의관과 모문금의 대구대목구 성당건축시공

1) 강의관과 모문금의 이력

화교 건축청부업자 강의관(姜義寬)과 모문금(慕文錦)이 대구대목구의 각종 가톨릭 건축에 참가한 것은 몇몇 연구에 의해 언급된 바 있다.[64] 그러나 강의관과 모문금이 어떤 인물이며 그들이 건축청부업자로 건축시공에 참가한 것이 사실인지는 자료에 의해 분명히 밝혀지지 않았다. 먼저 강의관과 모문금이 어떤 인물인지 구체적으로 살펴보자.

강의관이 조선총독부의 공식기록에 등장하는 것은 『소화 3년 각국영사관왕복(昭和三年 各國領事館往復)』의 문서에 나오는 '재류민국인 강은귀 대구중학교 입학원에 관한 건(在留民國人姜銀貴大邱中學校入學願ニ關スル件)'이다.[65] 그 내용은 다음과 같다. 중화민국 주경성 총영사 왕수선(王修善)은 1927년 2월 22일자로 조선총독부 외사과장(外事課長) 앞으로, 강의관의 자제로서 대구보통학교를 졸업한 강은귀(姜銀貴)를 대구중학교에 입학할 수 있도록 요청하는 공문을 보냈다. 경성중화총상회(京城中華總商會)가 주경성 총영사관으로 강은귀가 입학할 수 있도록 부탁했기 때문에 강의관이 경성중화총상회에 직접 연락한 것으로 보인다.

주경성 총영사관은 강은귀의 이력을 첨부했다. 강은귀는 나이가 15세이며, 원적은 '중화민국산동성황현성동구두우가촌(中華民國山東省黃縣城東殿頭于家村)'으로 적혀 있어 그의 부친 강의관의 중국 거주 주소일 것이다. 산동성 황현은 발해만에 면한 지역으로 중국 동북지역에 이민을 많이 송출하는 지역의 하나

---

64) 대구직할시·영남대학교 문화연구소(1999), 『대구지역 건축물 조사 보고서』, 대구직할시, 31~35쪽; 졸고(2005), 「20세기 전반기 대구지역 화교의 경제적 활동(1905-1955년)」, 『대구사학』 제80집, 대구사학회, 20~25쪽.
65) 中華民國 駐京城 總領事 王修善이 朝鮮總督府 外事課長에게 보낸 공문(1927.2.22), 「在留民國人姜銀貴大邱中學校入學願ニ關スル件」, 『昭和三年 各國領事館往復』, 국가기록원소장.

로서, 이 지역 출신 화상이 동북지역에서 큰 상업세력을 형성하고 있었다.

강의관은 대구부 남산정(南山町) 190번지에 위치한 건축청부회사 쌍흥호(雙興號)의 총책임자였다. 앞에서 살펴보았지만 이 회사의 연간과세표준액(연간수입액)은 7,000원에 달했다. 당시 조선화교의 건축청부회사 가운데서는 5번째의 규모를 자랑했다.[66]

강의관은 대구화상공회(大邱華商公會) 설립에 적극 참가했다. 1921년 대구화상동향회(大邱華商同鄕會)가 설립된 후 화교의 인구 증가와 상업의 번창으로 1927년 대구화상공회를 설립하는 데 그는 공점홍(孔漸鴻), 장련방(張蓮舫), 양심재(楊心齋)와 함께 주도적인 역할을 했다. 또한 대구화상공회의 공소 건축에도 적극 나섰는데, 쌍흥호는 이에 250원의 기부금을 낸 최고의 기부자였고, 강의관은 개인적으로 100원의 기부를 했다. 그는 대구화상공회의 초대 의원으로 피선되어 대구화교 사회 발전에 기여했다.[67]

다음은 모문금에 대해 살펴보자. 1941년 대구화교소학의 설립 때 중화민국 부산 영사관에 보낸 그가 보낸 자신의 이력은 이러하다. 1895년 10월 28일 산동성 황현 동마원(東麻院) 모가촌(慕家村)에서 태어났다. 강의관과 같은 산동성 황현 출신인 것이다. 1904년 모가촌의 사숙(私塾)에 입학하고 1912년 12월 12일 사숙을 휴학한다. 1913년 3월 15일 경성으로 이주하여 정동에 있던 쌍흥호 건축청부회사의 서기로 취직했다. 이 쌍흥호가 강의관이 대구서 개업한 쌍흥호와 관계가 있을 것으로 보인다. 그는 쌍흥호에서 실력을 인정받아 1915년 4월 1일부터 설계사로 승진했다. 약 2년간 설계사로 일한 후 1917년 3월 31일 이유는 분명하지 않지만 쌍흥호를 떠나 대구시 남산정 190번지에 소재한 쌍흥호의 지배인으로 1920년 4월 1일 취직했다. 당시 강의관은 쌍흥호의 총지배인이었다.[68] 강의관이 동향의 후배이자 경성의 쌍흥호에서 일한 경력이 있는 모

---

66) 朝鮮總督府(1924a), 앞의 자료, 60~61 · 136쪽.

67) 大邱華商公會(1930), 『本會成立及關聯一覽表』, 대구화교협회소장.

68) 中華民國 駐釜山 領事館이 中華民國 南京國民政府 外交部에 보낸 공문(1943.2), 「大邱中華商會轉慕文錦創設僑校請求補助」, 『汪僞僑務委員會檔案』(동 2088-569).

문금을 데려온 것으로 보인다. 따라서 1920년 4월 1일 이후 강의관과 모문금은 함께 건축시공을 담당하게 된다.

강의관은 1931년 화교배척사건 때 고향으로 돌아갔다. 그 이후 쌍홍호는 모문금이 총지배인이 되어 경영을 책임졌다. 모문금은 강의관 귀국 이후 대구화교 사회의 중추적인 인물이 된다. 1933년 12월 14일 대구화상공회에서 바뀐 대구중화상회의 부주석에 피선(被選)되고, 1936년 7월 17일에는 주석에 피선되어 대구화교 사회의 명실상부한 지도자가 되었다. 1937년 6월 21일에는 지역 최대의 중화요리점인 군방각(群芳閣)의 경영자로서 대구중화요리 음식점조합장에 피선되었다. 중일전쟁 이후 그는 대구중화상회의 주석으로서 지역 화교의 염원인 화교소학의 설립에 발 벗고 나서 1941년 8월 21일 경상북도지사로부터 인가를 받아냈다.[69]

화교소학교는 1943년 2월 중화상회의 한 방을 빌려 개교했는데, 모문금은 발기인 위원장으로서 200원을 기부했을 뿐 아니라 그가 경영하는 군방각 이름으로 200원, 쌍홍호 이름으로 100원을 기부하여 전체 모금총액 6,350원의 약 8%를 차지할 정도로 많이 냈다.[70] 그는 지역뿐 아니라 조선화교 사회의 지도자 중 한 명이었다. 1939년 3월 3일 전국의 중화상회의 연합체인 여선중화상회연합회(旅鮮中華商會聯合會)의 간사로 피선되었으며, 1942년 3월 20일 여선화교대표대회(旅鮮華僑代表大會)에 초빙되어 경성의 화교중학교 준비위원으로 피선되었다.[71]

그는 해방 직후에도 대구중화상회의 회장을 맡아 구(舊)화상공회 건물에서 자신이 시공한 서병국(徐炳國) 주택으로 1949년 이전을 주도했다. 또한 화교 학생 수의 증가로 기존의 교사로 수용이 불가능하자 새로운 교사를 건축하였으며, 그때 그는 쌍홍호 이름으로 52만 원, 고급 중화요리점인 군방각(群芳閣)의 이름으로 39만 원으로 총 91만 원을 기부했다. 당시 그는 대구화교소학의 교장

---

69) 中華民國 駐釜山 領事館이 中華民國 南京國民政府 外交部에 보낸 공문(1943.2), 앞의 당안.
70) 大邱華僑學校發起人(1943.2.21), 『大邱華僑學校發起及成立』, 대구화교협회소장.
71) 中華民國 駐釜山 領事館이 中華民國 南京國民政府 外交部에 보낸 공문(1943.2), 앞의 당안.

이었다.[72] 그는 쌍흥호와 군방각의 총지배인으로 일했으며, 1967년 현재의 대구중화기독교회 건축시공을 마지막으로 1968년경 대만으로 이주했다.

2) 쌍흥호 시공의 가톨릭 건축

이러한 이력의 강의관과 모문금이 소속되어 있던 쌍흥호 건축청부회사가 대구지역의 어떠한 가톨릭 건축물을 시공했는지 검토해보자.

드망즈 신부는 1911년 6월 대구대목구의 대목구장으로 부임한 후 대목구에 어울리게 각종 가톨릭 관련 건축을 시공했다. 대목구에 필요한 시설은 주교좌 본당, 주교관, 신학교, 수녀원 등이었다. 드망즈 주교는 1910년대와 1920년대 이들 건축의 공사를 대대적으로 실시, 이른바 대구대목구의 '건축의 시기'라 할 정도였다. 앞에서 언급했듯이 건축의 설계는 신부가 담당했지만 시공은 주로 쌍흥호가 담당했다.

모문금의 대구 이주는 1920년으로 정확히 밝혀졌지만 강의관은 경우는 분명하지 않다. 그러나 드망즈 주교의 1914년 12월 18일자 일기에 "그저께 신학교 성당의 제대와 제기단(祭器壇)이 설치되었다. 비용은 전부 합쳐서 200원이 못 들었고, 돌은 중국인 시공자인 강방지거가 기증했다"라고 기록되어 있다.[73] '강방지거(姜方濟角)'는 강프란치스코의 한자 세례명이며, 강프란치스코는 강의관의 세례명이다. 이로 볼 때 강의관은 1914년 12월 이미 대구에 이주하여 성 유스티노 신학교 성당의 시공자로 활동하고 있었다는 것을 말해준다. 또한 계산성당(1901~1903년)의 시공을 진베드로가 담당한 것으로 볼 때 그는 1904~1914년 사이에 대구에 이주한 것으로 추정된다. 특히 그는 대구대목구가 개설되어 건축 수요가 증가할 것이라는 전망을 하고 드망즈 대목구장이 취

---

72) 大邱華僑學新築講堂校舍建立發起人(1950.4.4), 『大邱華僑學新築講堂校舍建立』, 대구화교협회소장.

73) 드망즈 주교 저·한국교회사연구소 역주(1987), 『드망즈 주교 일기 1911-1937』, 한국교회사연구소, 128쪽.

임하는 1911년경 이주했을 가능성이 높다. 그는 가톨릭 신자였기 때문에 드망즈 주교의 신망이 두터웠다.

드망즈 주교가 가장 먼저 건축에 착수한 것은 그가 거주할 주교관이었다. 1912년 9월 18일 주교관 부지에 벽돌직공 8명이 자리를 잡았다. 그 근처에 벽돌제조에 쓸 흙이 있어 주교관과 신학교 부지 사이에 벽돌공장을 세웠다. 명동성당과 같이 현지에서 벽돌을 구워 건축하는 방식을 채택한 것이다.[74] 그해 10월 30일 벽돌 한 가마 분인 1,400개의 벽돌이 잘 구워졌다.[75]

1913년 2월 24일 화교 직공 제1진이 도착하여 곧바로 건축시공에 필요한 우물을 파는 일부터 시작했다.[76] 6월 10일경 주교관 건물은 화교 벽돌조적공에 의해 지하실 창문 높이까지 올라갔다.[77] 8월 19일 벽돌 공사는 뼈대 골조가 완성되어 널빤지로 덮고 2~3일 후 미장일을 시작했다.[78] 10월 5일 주교관 공사의 외부 공사가 끝나고 내부공사가 진행되었다. 화교 벽돌제조공은 올해 65만 개의 벽돌을 제조하고 11월 30일 대구를 떠나 중국으로 돌아갔다.[79] 12월 22일 드망즈 주교는 완공된 2층 벽돌조의 주교관으로 이사했다.[80]

다음은 성 유스티노 신학교의 시공이다. 이 시공은 주교관 공사와 거의 동시에 진행되었다. 1913년 10월 5일 신학교의 기초가 완성되어 1층의 창문 위까지 세워졌다.[81] 1914년 3월 16일 신학교 건물의 측면 미장이 진행되었으며, 그해 10월 1일 신학교 건물이 준공되었다.[82] 그해 12월 18일 신학교 성당의 제대와 제기단이 설치되었는데 앞에서 언급한 대로 시공자인 강의관이 석재를 기증했다.[83] 신학교 성당의 축성 의식은 1915년 5월 9일 개최되었다.

---

74) 드망즈 주교 저·한국교회사연구소 역주(1987), 앞의 책, 57~58쪽.
75) 드망즈 주교 저·한국교회사연구소 역주(1987), 앞의 책, 60쪽.
76) 드망즈 주교 저·한국교회사연구소 역주(1987), 앞의 책, 67쪽.
77) 드망즈 주교 저·한국교회사연구소 역주(1987), 앞의 책, 73쪽.
78) 드망즈 주교 저·한국교회사연구소 역주(1987), 앞의 책, 77쪽.
79) 드망즈 주교 저·한국교회사연구소 역주(1987), 앞의 책, 87~88쪽.
80) 드망즈 주교 저·한국교회사연구소 역주(1987), 앞의 책, 90쪽.
81) 드망즈 주교 저·한국교회사연구소 역주(1987), 앞의 책, 79쪽.
82) 드망즈 주교 저·한국교회사연구소 역주(1987), 앞의 책, 96·119쪽.

드망즈 주교는 신부를 보좌하면서 고아와 노인을 돌보고 의료사업을 담당할 수 있는 수녀가 필요하다는 것을 절감하고 1914년 6월 17일 샬트르 성 바오로 수녀회에 공식 요청했다.[84] 7월 29일 수녀회에서 수련소 이외의 건물 설립에 대해 긍정적인 회답을 받고 곧바로 공사가 시작되었으며 강의관이 시공을 맡았다.[85] 1915년 성 바오로 수녀회의 코미넷관이 완성되어 10월 12일 뱅상 수녀, 루이스 수녀 그리고 한국인 수녀 3명이 수녀원에 도착했다.[86] 코미넷관의 1층은 예배실과 유아원, 2층은 침실, 지하는 식당 및 창고였다.

드망즈 주교는 성모당 공사를 계산성당 증축공사와 동시에 진행했다. 계산성당 증축공사에 앞선 1917년 7월 31일 성모당의 토목공사를 시작했다.[87] 강의관은 이 성모당 공사의 시공자로 참가했다. 드망즈 주교의 1917년 10월 17일 일기에 "우리의 청부업자 중국인 강방지거가 오늘 아침에 지나는 길에 잠시 들렀다. 나는 그에게 건축 자재 준비를 목적으로 동굴 건축 계획을 대략 설명했다. 그는 안동(安東)현의 목재를 주문하려고 한다"라고 기록되어 있다.[88] 이 일기로 강의관이 성모당의 청부업자로 참가하고 있었으며 성모당의 목재는 중국 동북의 안동(현재의 단동(丹東))에 주문하려 한 것을 알 수 있다.

1918년 1월 27일, 1년 걸려 성모당의 설계도 3장이 완성되어 공사가 활발히 진행되었다.[89] 5월 27일에는 동굴의 아치 꼭대기에 돌이 올라앉았다. 특별열차로 운송되어 온 이 돌은 1,000킬로그램이나 나가 화교 직공과 조선인 직공이 도르래로 7미터 높이까지 올리는 데 많은 어려움이 있었지만 무사히 제자리에 올려놓았다. 드망즈 주교는 매우 기뻐하여 직공들에게 약주값으로 3원을 주었다.[90] 드망즈 주교는 5월 30일 직접 성모당의 정면 위에 '1911 EXVOTO

---

83) 드망즈 주교 저·한국교회사연구소 역주(1987), 앞의 책, 128쪽.
84) 드망즈 주교 저·한국교회사연구소 역주(1987), 앞의 책, 105쪽.
85) 드망즈 주교 저·한국교회사연구소 역주(1987), 앞의 책, 106쪽.
86) 드망즈 주교 저·한국교회사연구소 역주(1987), 앞의 책, 151쪽.
87) 드망즈 주교 저·한국교회사연구소 역주(1987), 앞의 책, 189쪽.
88) 드망즈 주교 저·한국교회사연구소 역주(1987), 앞의 책, 208쪽.
89) 드망즈 주교 저·한국교회사연구소 역주(1987), 앞의 책, 231·241쪽.

IMMACULATAE CONCEPTIONI 1918'(1911년 무염시태의 성모에게 한 서약에 의해 1918)이란 글자를 직접 새겨 넣었다.[91]

1917년 7월 31일, 동굴 정지작업으로 시작된 성모당 공사는 꼭 1년이 되는 때에 끝났다.[92] 10월 1일 일본 고베에서 성모당에 설치할 성모상이 도착했지만, 양식을 무시한 포장으로 80여 개의 조각이 났다. 다행히 얼굴과 손은 손상을 입지 않은 상태였는데 화교 직공이 다음 날 조각들을 다시 붙이고 성모상을 시멘트로 수선했다. 그들은 칠 작업을 잘해 어떤 틈 자국도 남지 않았다.[93] 10월 13일 성모당의 낙성식이 개최되었다.[94]

드망즈 주교는 신자 수의 증가로 1903년 건축한 계산성당에 전체 수용이 어려워지자 증축을 계획했다. 1918년 1월 23일, 경상북도지사에게 증축공사를 위한 신청서를 보냈고, 조선총독부의 하세가와 요시미치(長谷川好道) 총독으로부터 이 증축공사의 허가가 난 것은 1918년 3월 22일이었다.[95] 공사가 시작되어 5월 20일에는 제대석(祭臺石)을 허물고 바닥과 지붕도 헐었다. 이 성당 증축공사에 화교 직공이 동원되었으며 시공자로 강의관이 참가했다. 9월 2일에 대성당의 제대 설계도가 완성되었으며,[96] 10월 8일에는 제대용 석재가 상해에서 도착했다.[97] 10월 24일, 공사를 하고 있던 화교 직공 가운데 여러 명이 전국을 강타한 전염성 감기에 걸려 자리에 눕는 일도 있었지만,[98] 10월 25일에 대성당의 제대 설치가 무사히 끝났다.[99] 대성당은 12월 25일 견진성사와 성체강복을 행하고 증축공사는 완전히 끝났다. 이때 증축공사를 한 성당이 현재의 계산성

---

90) 드망즈 주교 저·한국교회사연구소 역주(1987), 앞의 책, 242~243쪽.
91) 드망즈 주교 저·한국교회사연구소 역주(1987), 앞의 책, 243쪽.
92) 드망즈 주교 저·한국교회사연구소 역주(1987), 앞의 책, 253쪽.
93) 드망즈 주교 저·한국교회사연구소 역주(1987), 앞의 책, 258쪽.
94) 드망즈 주교 저·한국교회사연구소 역주(1987), 앞의 책, 258~259쪽.
95) 드망즈 주교 저·한국교회사연구소 역주(1987), 앞의 책, 230·240쪽.
96) 드망즈 주교 저·한국교회사연구소 역주(1987), 앞의 책, 256쪽.
97) 드망즈 주교 저·한국교회사연구소 역주(1987), 앞의 책, 258쪽.
98) 드망즈 주교 저·한국교회사연구소 역주(1987), 앞의 책, 260쪽.
99) 드망즈 주교 저·한국교회사연구소 역주(1987), 앞의 책, 262쪽.

당이다.

　강의관과 모문금은 칠곡군 가실성당의 시공에도 참가했다. 1920년 6월 14일자 경성의 뮈텔 주교에 보낸 가실성당 신축공사의 기록은 다음과 같다.

　　중국 일꾼들을 오게 하였습니다. 기술자 10명과 보조자 4~5명을 불렀습니다. 중국인 일꾼들은 양심적이고 열심히 일하고 있습니다. 건축업자 강프란치스코에게 부탁하는 것보다 훨씬 더 싸게 짓게 되었습니다. 중국인 일꾼들은 하루에 2,750(냥)을 줍니다. 벽돌 품질이 제일 좋은 것은 아니지만 공사일을 잘하기 때문에 건축은 튼튼할 것입니다. 강프란치스코는 너무 높은 가격을 제시하였습니다. 이렇게 해서 성전 공사를 시작하였으나 자금이 부족하여 공사를 중단하지 않을 수 없었습니다.[100]

　1912년 5월 29일 가실성당 주임신부로 부임한 투르뇌(여동선) 신부는 기존의 한옥 4채로 이뤄진 본당을 벽돌조적의 성당으로 바꾸려는 계획을 세우고, 설계를 프와넬 신부에게 맡겼다. 1919년 1월 4~10만 장의 벽돌을 계약하고 1920년 초부터 공사를 시작했다. 위 보고서에 언급된 '건축업자 강프란치스코'는 물론 강의관이다. 그런데 이 성당건축에 강의관은 높은 가격을 제시하여 시공을 맡지 못했다는 것을 알 수 있다.

　그러나 자금부족으로 공사가 중단된 후, 투르뇌 신부가 1921년 모친의 병문안 차 프랑스로 귀국, 공사 자금을 모금하여 1922년 9월 16일 가실성당으로 돌아온 후 공사는 재개되었다. 가실성당의 신도인 강라파엘은 이때의 성당 공사에 대해 다음과 같이 증언했다.

　　여동선 신부는 먼저 벽돌을 구울 중국인 기술자 7~8명을 초청하고 가실 현지

---

100) 가실성당 100년사 편찬위원회 편(2011), 『가실(낙산)성당 100년사(1895-1995)』, 분도출판사, 171~172쪽.

에서 중국인 모 씨를 감독으로 하여 성당건축에 사용할 벽돌을 구웠으며 다른 중국인 강 씨가 총감독이 되어 공사가 재개되었다. 이렇게 성전에 사용될 벽돌은 현지에서 구워 만들고 목재와 시멘트는 부산에서 배를 이용하여 낙산 선착장으로 운반하였다. 이리하여 구운 벽돌이 다 준비되자, 중국인 건축기술자들이 벽돌을 쌓아 올려 성전과 사택 건물을 지었다. 성당의 건축 목재로는 바다와 낙동강의 수로를 이용하여 운반된 일본산 홍송(紅松)을 사용하였다. 1923년 12월경 성당건축공사가 거의 마무리되었는데 건축에 소요된 자금은 그 당시 금액으로 약 1만 7,000원이 들었다.[101]

여기서 '중국인 강 씨'는 바로 강의관이며, '중국인 모 씨'는 모문금이다. 강의관이 1922년 9월부터 재개된 공사의 총감독, 모문금이 감독으로 현지 공사를 지휘한 것을 알 수 있다. 물론 쌍홍호 건축청부회사와 계약하여 추진했을 것이다.

강의관과 모문금이 주도하는 쌍홍호는 이와 같은 건축물 이외에 대구지역의 다른 가톨릭 건축물도 시공했다. 1937년 모문금과 직접 계약한 것이 확인되는 성 바오로 수녀원의 수련소 건축의 시공은 2만 919.64원에 계약되었다.[102] 1930~1931년에 건축된 경산 하양성당, 1934년 건축된 김천 황금성당도 건축양식과 사용된 벽돌이 낙산성당과 매우 유사하여 쌍홍호에 의해 시공되었을 확률이 매우 높다.

해방 후인 1948년경 조선은행조사부가 쌍홍호에 대해 조사하여 다음과 같이 기록했다. "당지의 쌍홍호는 화교 모문금 씨가 경영하는 건축업 기업체로서 20여 년 전부터 건축청부업으로 당지 토목계에 일대세력을 뻗치고 있다. 그가 설계한 공사 건축물은 상당한 수에 달하는데 종전에는 일인 청부업자와 비견하고 있었다."[103] 즉, 쌍홍호가 시공한 건축물은 '상당한 수'에 달한다고 했는

---

101) 가실성당 100년사 편찬위원회 편(2011), 앞의 책, 179쪽.
102) 드망즈 주교 저·한국교회사연구소 역주(1987), 앞의 책, 773쪽.
103) 조선은행조사부(1949), 「재한화교의 경제적 세력」, 『경제연감 1949년』, 조선은행,

데, 가톨릭 관련 건축물뿐 아니라 서병국주택(1929년), 계성학교의 핸더슨관 (Henderson관, 1931)도 그의 작품이다.

쌍홍호는 해방 직후에도 "미군의 위탁청부(하부)와 그 밖의 건축 사업으로 여전한 성적을 나타내고 있다"라고 하여 여전히 활발한 건축청부업을 했다.[104]

5. 맺음말

우리는 앞서 화교 건축청부회사 및 직공의 종교건축시공을 특히 가톨릭 건축시공을 중심으로 검토했다. 이와 같은 검토를 통해 화교 건축청부회사 및 직공이 성당을 비롯한 가톨릭 건축시공에 상당히 많이 관여하고 있었으며 큰 공헌을 했다는 사실을 구체적으로 파악할 수 있었다.

『뮈텔 주교 일기』를 통해 가톨릭 신자인 왕베드로와 진베드로가 초기 서울의 가톨릭 건축의 시공에 깊숙이 관여하고 있었다는 것을 명확히 확인할 수 있었으며, 특히 진베드로는 명동성당뿐 아니라 샬트르 성 바오로 수녀원 그리고 대구의 계산성당 건축시공에도 감독으로 참가했다. 화교 벽돌조적공은 벽돌 굽기와 조적 기술을 보유하여 시공에서 중요한 역할을 담당한 것을 파악할 수 있었다. 그렇다고 해서 조선인 벽돌조적공이 가톨릭 관련 건축물 시공에 관여하지 않은 것은 아니었고 화교와 같이 공사하는 경우가 많았다.

대구대목구의 각종 가톨릭 건축물을 시공한 것은 대구지역의 건축청부회사인 쌍홍호로, 총지배인인 강의관과 지배인인 모문금이 1910년대부터 대구의 주요한 종교건축을 거의 시공했다. 강의관은 가톨릭 신자(세례명 강프란치스코)로 산동성 황현 출신이었다. 그와 같은 동향 출신인 모문금은 경성의 쌍홍호 건축청부회사에서 설계사로 활동한 경력도 있어 1920년대부터 1930년대 지역

II-74쪽.
104) 조선은행조사부(1949), 앞의 자료, II-74쪽.

의 대부분의 벽돌조적의 종교건축시공을 담당했다.

이와 같은 화교 건축청부회사는 1930년 10월 기준 46개소가 있었으며, 이 가운데 경성에 13개소, 인천에 5개소가 있어 가장 많았다. 벽돌조적공은 119명으로 조선인, 일본인보다 더 많았다. 화교 건축청부회사가 종교건축을 비롯한 공사에서 독점적인 지위를 유지한 데는 다음과 같은 경쟁력을 보유하고 있었기 때문이었다.

그 첫째는 화교 청부업주와 직공 간은 주종의 관계로 가족적인 경영이 이뤄지고 있다는 점. 둘째는 화교 청부업자와 직공의 작업 태도가 매우 성실하고 충실하다는 점. 셋째는 직공은 공사 감독자의 지시에 순종하고 공사를 빨리 마무리한다는 점. 넷째는 화교 직공의 임금이 조선인과 일본인에 비해 저렴하여 공사 수주 가격이 싸다는 점이다.

마지막으로, 이번 연구에 의해 화교 벽돌조적직공과 같은 화교 숙련 기술자가 종교건축물의 시공에 참가하여 크게 활동한 것을 밝혀냈는데, 이는 쿨리와 같은 단순 육체노동자 중심의 기존 화공 연구에 새로운 지평을 제시했다고 할 수 있다.

제Ⅴ부를 마치며 ···

여기서는 조선의 화공 문제가 동아시아근대사, 화교근대사, 조선근대사의 문맥에서 어떤 의미가 있는지 검토하고자 한다.

먼저, 동아시아 역내에서 산동인 노동자의 조선 이주가 어떠한 구조하에서 이뤄졌는지에 대해 살펴보자. 중국인 노동자의 조선 이주는 산동성의 경제적 곤궁이라는 푸시(push) 요인과 조선 내 경제개발에 따른 노동력 수요의 증가 및 조선인 노동력의 수요 불충족의 풀(pull) 요인이 상호작용하여 발생했다. 화공의 인구는 결코 적지 않았다. 예를 들면, 1930년 화공은 4만 8,541명에 달했는데 같은 해 산동인의 만주 이민(노동자, 농민, 상인 모두 포함) 인구는 약 65만 명이었다.[1] 조선 이주 화공 인구가 만주 이민 인구의 7.5%를 차지한 것이다. 화공만을 놓고 보면 산동인의 만주 이민 총인구의 10% 이상이 조선으로 이주한 것이 되며, 산동인의 노동자에게 조선은 주요한 이주처의 하나였다고 할 수 있다.

이와 같은 산동인 노동자의 조선 이주가 동아시아 역내의 노동자 이동에 적지 않은 영향을 미쳤다는 것은 제15장에서 살펴본 대로이다. 일본 정부가 설치

---

1) 路遇(1987), 『淸代和民國山東移民東北史略』, 上海社會科學院出版社, 50~51쪽.

한 내각 직속 자문기관인 사회정책심의회는 일본에 도항하는 조선인 노동자의 인원을 줄이려는 방책의 하나로 화공의 조선 입국을 제한하는 결의를 했지만, 이것은 조선총독부에 의해 1934년 9월부터 실시된 100원의 제시금제도로 실현되었다. 그러나 1930년대 중반부터 조선의 북부지역에 각종의 '경제개발'이 진행되어 노동력 수요가 왕성했기 때문에 중일전쟁 시기에도 화공의 조선 이주는 오히려 증가한 것으로 드러났다. 또한 화공 가운데 벽돌조적공, 미장이와 같은 숙련노동자가 명동성당을 비롯한 근대 종교건축시공에 큰 기여를 한 것이 제16장에서 밝혀짐으로써 기존의 비숙련노동자인 쿨리의 이주에 집중된 선행 연구에 문제를 제기했다.

다음은 화교근대사의 문맥에서 화공 문제가 의미하는 바에 대해 살펴보자. 동남아시아의 광공업에 종사하는 화공의 경우, 1930년대 영국령 말레이시아(英領馬來)는 화교 총인구의 23%, 프랑스령 인도차이나(佛領印度支那)는 28%, 태국은 20%, 네덜란드령 동인도(蘭領東印度)는 30%, 필리핀은 25%를 각각 차지했다.[2] 화공의 출신지는 광동성과 복건성이 대부분이었다. 조선의 화공은 동남아시아 화공에 비해 인원은 상대적으로 적고, 출신지가 산동성이라는 특성을 가진다.

광공업에 종사하는 산동인 화공은 만주, 극동러시아, 사할린(樺太)에도 많이 거주했다. 만주는 19세기 말부터 러시아, 일본에 의한 철도 및 도시건설, 중국인자본에 의한 근대적 공장의 설립, 일본에 의한 만주국의 '경제개발'에 의해 노동력 수요가 왕성해지면서 산동성 및 하북성의 중국인이 만주에 대량으로 이주했다. 1936년 만주에 이주한 중국인 가운데 노동자는 광공업 종사자가 13만 9,787명, 토목건축 종사자가 8만 2,500명, 운수교통 종사자가 2만 2,201명, 잡역부가 3만 8,069명, 총 28만 2,557명으로 이주자 총수의 78%를 차지했다.[3] 극동러시아에서는 제1차 세계대전까지 금광 광산 노동자의 대부분은 산동

---

2) 福田省三(1939), 『華僑經濟論』, 巖松堂書店, 88쪽. 화공의 주요한 작업현장은 주석 광산, 고무공장, 야자유착유공장, 정미소, 설탕공장 등이었다.

3) 高岡熊雄·上原轍三郎(1943), 『北支移民の研究』, 有斐閣, 23~24쪽.

성 출신의 화공이었다. 그 이외에도 화공은 철도공사, 도시부 건설공사의 목수 및 석공, 공장노동자, 부두의 인부로서 노동했다. 1906~1910년 극동러시아에 도항한 산동인을 비롯한 화공의 인구는 약 38만 명에 달했다.[4]

사할린의 경우, 화태청(樺太廳)이 1920년대 화공을 계절노동자로서 지역개 발사업에 고용하는 것을 허가함으로써, 산동성 및 하북성에서 모집된 화공이 이 지역에 이주하여 철도 부설, 제지공장의 건설현장에서 노동했다.[5]

이상과 같이 산동성은 근대 동아시아 역내 노동력을 공급하는 하나의 원천 이었던 것이다. 산동성과 함께 근대 동아시아 역내 하급노동자의 노동시장에 또 하나의 노동력 공급원은 조선이었다. 미즈노 나오키(水野直樹)는 1930년 시 점에서 조선인은 일본에 42만 명, 중국에 61만 명(이 가운데 60만 명은 만주), 러 시아에 19만 명이 각각 거주하는 것을 들어, "조선인의 국외 이주는 동아시아 에서 생성된 노동력 이동의 중요한 하나의 환절(環節)을 이루었다"라고 분석했 다.[6] 조선인 노동자와 화공은 동아시아 역내 노동시장에서 조선 노동시장에서 와 마찬가지로 경합관계에 있었다. 극동러시아 당국 및 관동청(關東廳)은 조선 인 노동자를 견제하기 위해 산동인을 노동자로서 고용하는 사례도 발견된다.[7]

한편, 일본 화공은 매우 적었다. 1930년 국세조사에 의하면, 일본화교 가운 데 직업을 가진 인구 2만 4,245명 가운데 화공은 공업 2,263명, 교통업 1,644 명, 농업 39명, 수산업 9명, 광업 8명으로 약 4,000명에 달했다.[8] 이 인원은 같 은 해 조선 화공 인구의 10분의 1에 지나지 않는다. 조선 화공이 많이 종사했던

4) 南滿洲鐵道株式會社東亞經濟調查局(1927a), 『華僑』, 南滿洲鐵道株式會社, 21~23쪽; イ ゴリ・R・サヴェリエフ(2005), 『移民と國家: 極東ロシアにおける中國人, 朝鮮人, 日本 人移民』, 御茶ノ水書房, 224~231쪽.
5) 사할린의 화공에 대해서는 阿部康久(2001)(「1920年代の樺太地域開發における中國人勞 動者雇用政策」, 『人文地理』 第53卷 第2號, 人文地理學會)을 참조 바람.
6) 水野直樹(1999), 「朝鮮人の國外移住と日本帝國」, 『移動と移民: 地域を結ぶダイナミズ ム』, 岩波書店, 256쪽.
7) イゴリ・R・サヴェリエフ(2005), 앞의 책, 227쪽; 阿部康久(2001), 앞의 논문, 19~20쪽.
8) 內閣統計局(1938), 『昭和五年國勢調查最終報告書』, 內閣統計局, 207쪽.

일본화교 토목건축노동자는 토공 241명밖에 없었다. 이발사 및 미용사는 2,767명, 재단공 및 재봉공은 703명으로 이른바 삼도업(三刀業) 관련 전문 기술자가 상대적으로 많았다. 그 이유는 화공은 1899년 공포의 칙령 제352호 및 내무대신훈령 제728호에 의해 종전의 거류지 및 잡거지 이외 지역 거주 및 업무 행위는 금지되었기 때문이다.

이에 비해 조선총독부는 1910년 칙령 제352호와 유사한 통감부령 제52호 및 수차례의 통첩을 공포, 화공의 거주 및 업무를 제한했다. 하지만 조선총독부는 일본 정부의 내무대신훈령 제728호의 "노동자는 잡역에 종사하는 자를 제외하고 모두 종전의 거류지 및 잡거지 이외에서 거주하거나 기타의 업무를 하는 것을 허가해서는 안 된다"[9]와 같은 강력한 훈령을 공포하지 않았을 뿐 아니라, 통감부령 제52호를 엄격히 시행하지 않았다. 이것이 조선 화공의 인구가 일본 화공의 인구를 1910년 이후 항상 상회한 원인이었다.

한편, 조선총독부의 대(對)화공 정책은 일본제국의 '세력권'에 포함되어 있던 대만총독부와 비교하면 어떨까? 대만총독부는 1895년 11월 청국인 대만상륙조례(淸國人臺灣上陸條例)를 제정하여, 치안상의 필요가 있으면 화공의 상륙을 금지했다.[10] 그러나 1899년 8월 청국 노동자 취체규칙(淸國勞動者取締規則)의 공포로 화공 입국의 길이 약간 열렸다. 여기에 대만의 노동수요가 증가하자, 대만총독부는 1904년 9월 '지나인 노동자 취체규칙(支那人勞動者取締規則)'을 제정하여, 대만 도항을 희망하는 화공은 미리 화공 취급인으로부터 도항증명서를 수령하고, 또한 경찰서에서 상륙허가증을 받아 상시 휴대해야 하며 귀국할 때는 반납해야 했다. 대만총독부는 일본 정부 및 조선총독부와 같은 입국제한조치를 취하지 않았으며, 화공을 일본과 조선에 비교하면 보다 적극적으로 받아들이려 했다. 그 결과, 조선 정도는 아니지만 화공의 대만 입국자 수는 일본을 훨씬 상회해, 1930년에는 1만 2,392명, 1936년에는 1만 9,108명에 달했

---

9) 安井三吉(2005), 『帝國日本と華僑』, 靑木書店, 149~150쪽.
10) 安井三吉(2005), 앞의 책, 74~75쪽.

다.[11] 화공의 수용에 관한 규제의 정도는 같은 일본제국의 '세력권' 가운데서도 일본 정부, 조선총독부, 대만총독부의 순으로 엄격했다.[12]

마지막으로 조선근대사의 문맥에서 조선 화공 문제가 의미하는 바가 무엇인지 보도록 하자. 조선근대사의 문맥에서 노동 문제의 초점은 노동운동, 전시기의 노무동원에 맞춰져 왔다.[13] 전자는 노동현장의 일본인 자본가 및 조선총독부의 착취, 억압에 대한 조선인 노동자의 저항에, 후자는 일본제국주의에 의한 조선인의 노동력 수탈에 각각 주안점을 두었다. 그러나 이번의 검토결과, 조선의 노동시장에는 화공이 다수 고용되어 있었고, 화공 가운데 벽돌조적공, 미장이와 같은 숙련노동자가 근대 조선의 종교건축시공에 깊숙이 관여하고 있었다는 점, 조선인 노동자와 경합관계에 있었다는 점, 쌍방 간의 마찰과 충돌이 자주 발생했다는 점이 분명히 밝혀진 만큼 앞으로 화공, 일본인 노동자를 포함하여 조선 노동시장의 구조를 구조적으로 파악할 필요가 있다.

---

11) 菊池一隆(2011), 『戰爭と華僑』, 汲古書院, 224~225쪽.

12) 이와 같은 검토는 이미 阿部康久(2001)에 의해 제기된 상태이다.

13) 이러한 기조의 연구성과는 朝鮮史研究會 編(2011)(『朝鮮史研究入門』, 名古屋大學出版會), 247~248쪽·284쪽을 참조 바람.

근대사 속의 조선화교

1. 머리말

　이 장에서는 서장에서 제기한 문제의 검토 결과 및 각 부의 '소결론'에 근거하여 종합적으로 정리하겠다. 중국인의 조선 이주 및 조선에서의 활발한 경제활동이 동아시아근대사, 조선근대사, 화교근대사의 맥락에서 어떻게 자리매김할 수 있는지 살펴봄으로써 조선화교의 경제활동이 가지는 의의를 분명히 하고자 한다.

2. 화교 인구증가 및 경제 성쇠의 원인

　조선화교의 인구가 1931년 화교배척사건, 중일전쟁 직후를 제외하고 일제강점기 계속 증가한 이유는 조선의 풀(Pull) 요인, 중국의 푸시(Push) 요인, 연쇄이주 요인의 세 가지로 나눠 정리할 수 있다.
　먼저, 중국인 이주의 수용국인 조선의 풀 요인에 대해 각 경제활동 부문으로 나눠 정리해보자. 화교 직물상이 조선에 다수 진출한 배경에는 조선 쌀의 대일

〈그림 종-1〉 근대 중국인의 조선 이주 개념도

중국(산동성·하북성·기타지역)	국	경	조선(각지)
푸시(push) 요인	$\Rightarrow \Rightarrow \Rightarrow \Rightarrow$ $\Rightarrow \Rightarrow \Rightarrow \Rightarrow$ $\Rightarrow \Rightarrow \Rightarrow \Rightarrow$	$\Rightarrow \Rightarrow \Rightarrow \Rightarrow$ $\Rightarrow \Rightarrow \Rightarrow \Rightarrow$ $\Rightarrow \Rightarrow \Rightarrow \Rightarrow$	풀(pull) 요인 연쇄 이주

수출 증가에 따른 조선인 농민의 소득증가로 인해 직물에 대한 수요가 증가한 데 있었다. 화교 양말 제조업자 및 주물업자도 1920년대 조선의 양말 및 솥 수요 증가로 인해 조선 이주가 늘어났으며, 특히 조선총독부가 솥 및 냄비에 대한 관세율을 인상한 것도 중국인 주물업자의 조선 이주를 촉진시켰다. 화농의 조선 이주는 일본인 등을 비롯한 외국인과 조선인의 채소 수요 증가, 조선의 만성적인 채소 부족이 배경에 있었다. 화공의 조선 이주는 조선총독부에 의한 각종의 '경제개발'에 따른 노동력 수요의 증가 및 화공의 값싼 임금과 높은 작업효율이 작용했다.

다음으로 송출국 중국의 푸시 요인을 보도록 하자. 조선화교의 8할 이상이 산동성 출신인 관계로 산동성의 정치경제적인 요인이 산동인의 조선 이주를 촉진시킨 측면이 있다. 제10장에서 검토한, 일조현(日照縣) 출신의 북한화교 가운데 1980년대 고향으로 귀국한 화교를 대상으로 실시한 조사에 의하면, 조선 이주의 요인은 '생계유지를 위해'가 전체의 63%를 차지하여 압도적으로 많았다. '이주처의 친척과 친구를 의지하여'가 전체의 26%로서 그다음으로 많았다. 이처럼 경제적 원인이 중국인 조선 이주의 주요한 푸시 요인인 것은 분명하지만, 화교의 직업에 따라 푸시 요인의 종류는 다양했다. 산동인이 조선의 직물 상업계에 진출한 배경에는 산동성에서 축적한 상업자본이 있었기 때문이었다. 중국인 농민의 조선 이주는 산동성의 뛰어난 채소재배기술과 우량종자의 영향이 컸다. 양말 제조업자와 주물업자의 조선 이주는 두 가지 산업이 당시 중국에서 '민족산업'으로 크게 발달했기 때문이었다. 이처럼 중국인의 조선 이주에는 생계유지를 위한 요인 이외에 다른 요인도 작용한 것을 알 수 있다.

다음은 연쇄이주 요인을 보도록 하자. 앞에서 언급한 대로 일조현 출신 중국인 조선 이주의 26%는 '이주처의 친척과 친구를 의지하여'라는 조사결과에 잘 드러나 있다. 화교 직물상점 및 중화요리점의 지배인(掌櫃的)은 자신의 출신지인 산동성에서 점원을 불러들이는 것이 관례였다. 화교 양복점 지배인은 대부분 절강성 영파(寧波) 출신으로 종업원도 영파에서 데리고 왔으며, 화교 이발소 지배인은 호북성 출신이 많아 종업원도 호북성에서 데리고 오는 경우가 많았다. 한국화교 여건방(呂建芳)의 증언에 의하면, 화농도 동향의 친족과 지인을 불러들여 채소재배를 했다고 한다. 화교 주물공장의 지배인은 자신의 출신지인 하북성 교하현(交河縣)에서 직공을 데리고 왔다. 이러한 연쇄이주는 각 방(幫)의 설립으로 이어졌다. 산동성, 하북성, 동북 출신은 북방(北幫, 혹은 산동방), 절강성, 강소성, 호북성, 안휘성 출신은 남방(南幫), 광동성 출신은 광방(廣東幫)을 각각 조직하고 각각 동향회관을 설립했다.

이러한 중국인의 조선 이주는 지금까지 살펴본 풀 요인과 푸시 요인, 그리고 연쇄이주 요인이 개별적으로 작용하여 이뤄진 것이 아니라, 세 가지 요인이 유기적으로 결합되어 이뤄진 것으로 볼 수 있다.

한편, 조선총독부의 화교정책은 중국인의 조선 이주에 영향을 미친 중요한 요인이었다. 조선총독부가 민영사업 및 관영사업에 화공의 고용 비율을 제한한 조치, 100원의 입국 제시금제도는 중국인의 조선 이주에 하나의 장벽으로 작용했다. 청일전쟁, 러일전쟁, 만주사변, 중일전쟁, 1927년과 1931년의 화교배척사건은 중국인의 조선 이주에 걸림돌 역할을 했을 뿐 아니라 화교의 대량 귀국을 초래, 화교 인구의 감소로 이어졌다.

조선화교의 경제활동이 일부 분야에서 조선인 및 일본인의 경제활동을 압박할 정도로 발전한 원인은 이상의 풀 요인, 푸시 요인, 연쇄이주 요인과 깊은 관계가 있으며, 여기에다 화교의 네트워킹 능력과 경영 능력도 작용했다. 화교 직물수입상은 지부(芝罘, 현재의 연태), 상해, 오사카 등지에 설치된 화교 통상망을 통해 직물을 독점 수입함과 동시에, 조선 각지에 펼쳐진 화교 도매상 및 소매상의 유통망을 통해 판매했다. 화교 중화요리점은 중화요리 기술을 조선인과 일본인에게 전수하지 않으면서 기술을 독점하여 독보적인 지위를 유지했다. 화교 주물공장은 중국의 안동(현재의 단동)의 본점에서 경영을 총지휘하여 인사권과 회계를 장악하고 조선의 각 지점의 공장을 경영했다. 신의주의 화교 양말 제조업자는 평양의 직물도매상의 판매망을 활용하여 조선 각지에 판매했으며, 화농은 재배한 채소를 화교 채소상 및 행상 네트워크를 통해 판매했다. 또한 조선화교의 경제활동에서 동업공회(同業公會)의 역할도 매우 컸다. 화교 직물상은 중화상회 및 선방공회(鮮帮公會), 화교 중화요리점은 중화요리조합, 화교 이발소는 이발조합, 화농은 농회(農會), 화공은 화공노공협회(華工勞工協會)를 각각 설립하여 상호 친목도모와 회원 간 협력을 강화했다.

화교경제가 1930년대에 들어 쇠퇴하기 시작하고 조선 해방 직전 빈사상태에 빠진 원인은 기본적으로 앞에서 살펴본 발전의 요인이 잘 작동하지 않았기 때문이다. 1931년 화교배척사건과 만주사변은 화교경제 전반에 걸쳐 막대한 영향을 미쳤다. 먼저 화교 직물상의 유통망이 상당히 파괴되었다. 직물소매상의 폐점으로 외상을 회수하지 못한 화교 도매상과 수입상의 경영은 악화되었으며, 여기에다 은행의 대출 자제와 자금회수 압박이 겹쳐 파산하는 도매상과 수입상이 많았다. 이 사건으로 인해 화교 직물상의 개수는 45%가 감소했다. 신의주의 화교 양말 제조업자는 평양의 화교 직물도매상이 1931년 화교배척사건으로 인해 잇따라 파산함에 따라 판매망을 상실, 공장을 폐쇄하지 않을 수 없었다. 화농과 화공은 화상 정도는 아니지만 이 사건의 영향으로 귀국한 자가 많았다.

조선총독부의 화교정책도 이전보다 훨씬 엄격해졌다. 화교 직물수입상이 독점적으로 수입하던 중국산 견직물은 1924년에 100%의 사치품관세가 부과되었으며, 중국산 마직물은 단계적으로 수입관세율이 인상되어 1937년에는 80%의 관세가 부과되었다. 이러한 조선총독부의 고율관세 부과로 화교 직물 수입상은 두 가지 직물을 수입할 수 없게 되면서 일본인 도매상의 상품을 전매(轉賣)하는 지위로 전락했다. 조선총독부가 1934년 9월부터 시행한 100원의 제시금제도는 중국인의 조선 이주를 제약하면서 화농과 화공의 인구 증가에 걸림돌로 작용했다.

화교경제의 쇠퇴에는 조선인과 일본인의 능동적인 대응도 빼놓을 수 없다. 화교 직물상의 경쟁력 원천은 중국산 견직물과 마직물의 독점적인 수입에 있었다. 1930년대에 들어 견직물과 마직물의 대체 직물이 일본 및 조선에서 생산되면서 이 생산품을 조선인과 일본인 직물상이 독점 판매했다. 화교 직물상은 대체 직물을 조선인과 일본인 업자에게 구매하여 소매로 판매할 수밖에 없었다. 화교 양복점과 이발소는 1910년대와 1920년대 경성과 인천을 중심으로 큰 세력을 형성했지만, 1930년대에 들어 조선인과 일본인 업자의 서비스향상과 기술적 노력으로 화교업자의 경쟁력은 하락했다. 평양 조선인 양말 제조업의 새로운 기계설비 설치와 임금인하 조치로 신의주 화교 양말 제조업보다 경쟁력 우위에 설 수 있었다. 1930년대에 들어 조선인 농민의 채소재배 증가, 채소조합 설립, 채소재배기술의 향상으로 화농의 채소재배가 위축되는 현상을 보여주었다. 그러나 화교가 기술적으로 독점하는 중화요리점과 주물업 분야는 1930년대에 들어서도 여전히 왕성한 경쟁력을 유지했다.

중일전쟁과 조선총독부의 전시통제강화는 화교경제를 한층 쇠퇴시켰다. 화교 직물상은 직물의 공급부족과 배급제의 실시, 공정가격의 실시 등으로 경영이 악화되어 폐점하고 본국으로 귀국하는 자가 많았다. 중화요리점, 양복점, 이발소의 영업도 통제경제의 강화로 폐점하는 곳이 많았다. 화교 주물업자는 주요한 원료인 선철 배급제 실시와 배급량 감소로 인해 공장을 가동하지 못하는 곳이 많았다. 반면 조선총독부가 채소 부족과 노동력 부족의 현실을 감안하여 화농과 화공의 이주를 허용한 결과, 이들의 인구는 증가하는 추세였다.

이처럼 조선의 화교경제가 정치적인 사건의 영향에 매우 취약한 것은 화교 설립의 금융기관이 부재한 것이 컸다. 동남아화교의 경우, 화교는 근대식 은행을 설립하여 화교에게 풍부한 자금을 제공, 안정적인 사업 운영을 가능하게 했다.[1] 반면, 조선화교는 인천에 중국 전통의 전장(錢庄)이 존재할 뿐 근대식 은행은 없었다. 그렇기 때문에 화교를 둘러싼 정치적 사건이 발생했을 때마다 일본인 및 조선인 경영의 은행이 대출을 삼가면, 사업 경영이 제대로 되지 않아 파산했던 것이다.

3. 동아시아근대사 속의 조선화교

조선과 중국 및 만주 간 사람의 이동에 관한 종래의 연구는 조선인의 만주 이주가 중심으로, 그 역방향인 중국에서 조선으로의 이주는 최근까지 검토되지 않았다. 하지만 본론에서 검토한 대로 중국인의 조선 이주는 조선인의 만주 이주 정도는 아니지만 결코 적은 수가 아니었다.

또한 쌍방의 사람의 이동에는 연관성을 찾아낼 수 있다. 조선총독부는 중국인의 조선 이주가 증가하는 사태에 직면하여 입국을 제한하는 제시금 제도를 실시했지만, 조선인의 만주 이주 및 만주 거주 조선인의 보호를 위해 만주국의 성립 이전에는 입국제한을 시행하지 못했다. 중국인의 조선 이주 증가는 조선인의 일본 이주를 촉진하는 측면이 있었기 때문에 일본 정부는 조선총독부에 중국인의 '조선 입국에 관한 단속을 힘써 시행할 것'을 요구했다. 이와 같은 사실은 중국인의 조선 이주가 동아시아 역내 사람의 연쇄 이동에서 하나의 환절(環節)을 이루고 있었다는 것을 방증한다.

둘째, 중국인의 조선 이주 및 조선에서의 경제활동은 동아시아 역내 상품의 이동을 촉진했다. 화교 직물수입상은 상해에서 영국산 면직물, 중국산 마직물 및 견직물을 독점적으로 수입했을 뿐 아니라 조선총독부의 수입 직물에 대한 고관세 부과와 조선 시장에서 일본산 직물의 경쟁력 향상에 대응, 오사카 등지서 일본산 면직물 및 견직물을 직접 수입했다. 더욱이 유풍덕과 같은 직물수입상은 중국 내 유통망을 활용하여 일본산 직물의 재수출도 했다. 화교 직물수입

---

1) Wong Kwok-Chu, The Chinese in the Philippine Economy 1898-1941, Ateneo De Manila University Press, 1999, pp.121~148.

상은 상해, 지부, 오사카 등지에 통상망을 깔아놓고 직물의 수입 및 재수출을 함으로써 동아시아 역내 직물을 운반하는 상인의 역할을 담당했다.

화농의 활발한 채소재배는 산동산 채소종자의 조선 대량수입을 초래했다. 부인지역(부천과 인천부)의 화농이 생산한 채소는 조선 각지뿐 아니라 일본에까지 수출되었고, 조선 화농의 채소재배가 동아시아 역내에서 채소종자와 채소의 이동을 촉진하는 측면이 있었다. 그와 반대로 조선화교의 양말 제조업과 주물업은 종래 중국에서 수입된 양말, 솥, 냄비의 수입을 대체하는 효과가 있었다.

셋째, 중국인의 조선 이주 및 조선에서의 경제활동은 동아시아 역내 화폐의 이동을 촉진했다. 화교 직물상의 자본주는 산동성 출신이 대부분으로 처음 조선에 투자할 때는 산동성에서 조선에 자본이 유입되었다. 화교 직물상의 경영활동이 본궤도에 오른 이후는 조선에서 획득한 수입의 일부가 본점에 송금되었다. 화교 양말 제조공장 및 주물공장은 본점이 안동에 설치되어 있는 관계로 조선의 각 지점에서 획득한 수입은 안동 본점으로 정기적으로 송금되었다. 화농이 채소재배로 획득한 수입과 화공의 수입은 일시 귀국 시 휴대하여 고향으로 가지고 가거나 인천의 전장을 통해 송금했다. 이와 같이 조선화교의 경제활동은 조선에서 중국으로 화폐를 유출하는 구조였다. 그래서 조선총독부는 중일전쟁 시기 조선화교의 송금이 국민당 중앙군과 공산당군에 유입되지 못하도록 각종의 송금제한을 강화하는 조치를 취했던 것이다.

넷째, 중국인의 조선 이주 및 조선화교의 경제활동은 조선으로 정보(기술)를 이동시키는 역할을 했다. 화농의 활발한 채소재배는 조선인 농민에게 채소재배기술을 전파하고, 산동산 채소종자의 사용을 촉진시켰다. 화교 중화요리점은 조선에 중화요리 기술을, 양복점은 재단 및 봉제 기술을, 화공은 벽돌조적의 기술을, 화교 주물공장은 솥 제조기술을 각각 전파했다.

이상에서 본 것처럼 중국인의 조선 이주 및 조선화교의 경제활동은 동아시아 역내의 사람, 상품, 화폐, 정보의 이동을 촉진하였다. 조선화교는 송출지인 산동성과 하북성을 기축으로 만주, 상해, 오사카 등을 포괄하는 동아시아를 공간으로 경제활동을 전개하면서 동아시아근대사를 구성하는 중요한 인자(因子)였던 것이다.

4. 조선근대사 속의 조선화교

중국인의 조선 이주 및 조선화교의 경제활동이 조선근대사에 미친 영향은 매우 크다. 화교 직물상은 조선 직물상업계에서 직물상점 총수의 약 2할, 매상 총액의 약 2~3할을 차지, 도시 및 농촌 지역에서 일본인 직물상 및 조선인 직물상을 압박하는 세력을 형성했다. 또한 화교 직물상은 경성 및 인천의 직물수입상을 정점으로 각 부(府)의 직물도매상을 거쳐 농촌 지역의 소매상, 행상에 이르기까지 조선 내 유통 계층구조의 전체에 확산되어 있었다.

화교 직물상과 조선인 직물상의 관계는 도시부에선 화교 직물상이 유통 계층구조에서 조선인 직물상보다 상위에 위치하고, 농촌 지역에선 화교 직물소매상과 조선인 직물소매상이 길항관계에 있었다. 기존의 조선근대사 연구에서는 일제강점기 조선인 상인이 조선총독부의 일본인 상인 옹호정책으로 인해 영세한 소매상으로 전락, 쇠퇴한 것에 초점을 맞춰왔다. 그러나 이번의 검토 결과, 조선인 상인은 일본인 상인뿐 아니라 화상의 강력한 압박을 받아 그것이 조선인 상인을 소매상으로 전락시킨 하나의 요인으로 작용했다는 것을 제시했다. 화교 직물상과 일본인 직물상의 관계는 일본산 직물의 판매 및 구입을 둘러싸고 기본적으로 상호 협력을 하는 관계에 있었다. 일본인 직물상은 일본산 직물의 판매확대를 위해 화교 직물상을 활용하는 측면이 있었다. 조선총독부는 조선의 2대 상업의 하나가 화교 직물상에 2~3할 점령당하고 있는 실태에 직면, 화교 직물수입상에 의해 독점적으로 수입된 중국산 견직물 및 마직물에 고관세를 부과하는 수단으로 화교 직물상의 세력을 약화시켰다.

화교 제조업자는 양말 제조업 및 주물업 분야에서 두각을 나타냈다. 신의주의 화교 양말 제조업자는 조선인의 '민족자본'을 상징하는 평양의 조선인 양말 제조업자에 일대 위협을 가하는 존재로 발전했다. 화교 주물업자는 솥의 제조에서 일본인 및 조선인 주물업자를 시장에서 몰아내고 솥 시장을 독점하는 세력을 형성하기에 이르렀다. 일본인 자본이 조선의 제조업을 독점하고 있던 일제강점기에 화교 자본이 두 제조업 분야에서 일본인 자본과 조선인 자본을 압박하고 있었다는 사실은 이번에 처음으로 밝혀졌다.

화농의 채소재배는 조선근대사의 맥락에서 세 가지의 시사점을 제공해준다. 첫째, 근대 조선의 농업문제에 관한 종래의 연구는 미곡 및 미작을 둘러싼 문제가 중심이었지만, 이번의 검토에서 채소 및 채소재배도 주요한 농업문제의 하나라는 것을 제시했다. 둘째, 화농은 일제강점기 도시부 수요 채소의 공급에서 높은 비중을 차지하여 조선의 채소 부족 문제의 해결에 기여하는 한편, 조선인 농민에게 상업적 채소재배를 하도록 자극함과 동시에 조선인 농민의 채소재배기술의 발전에 공헌한 측면이 있었다.

다음으로 화공 문제가 조선근대사의 맥락에서 시사하는 바가 무엇인지 보도록 하자. 일제강점기 노동문제의 초점은 조선인 노동자의 노동운동, 조선총독부의 전시기(戰時期) 조선인 노무 동원에 맞춰져 왔다. 전자는 노동현장에서 일본인 자본가 및 조선총독부의 착취, 억압에 대한 조선인 노동자의 저항에, 그리고 후자는 일본제국주의에 의한 조선인의 노동력 수탈의 검토에 초점이 맞춰져 있었다. 그러나 이번 검토 결과, 조선의 노동시장에서 화공이 다수 고용되어 있었고 조선인 노동자의 경쟁상대로 상호 간에 마찰 및 충돌이 자주 발생했다는 점이 분명히 밝혀진 이상, 향후 화공과 일본인 노동자를 포함한 조선의 노동시장구조를 해명할 필요가 있다. 또한 단순육체노동자가 아니라 숙련기술자인 화공 벽돌조적공 및 화교 건축청부회사가 근대 조선의 종교건축시공에 큰 기여를 했다는 것은 이번에 처음으로 밝혀졌다.

이상과 같이 직물상, 삼도업(三刀業), 양말 제조업 및 주물업, 채소재배 및 판매, 노동시장의 어느 쪽을 보더라도 조선인 및 조선인 자본은 'Chinese impact'(중국 충격)에 노출되어 있었다. 조선을 식민통치하고 있던 일본제국, 일본인 및 일본인자본도 똑같은 '중국 충격'에 직면해 있었다. 조선총독부 및 조선사회

가 '중국 충격'의 대응에 실패하여 발생한 대표적인 사례가 1931년 화교배척사
건이었다.

이와 같은 조선화교 문제를 조선근대사의 맥락에서 충분히 파악하려면 기
존의 일제강점기의 역사적 영역인 A · B · C에 화교 및 화교자본의 D를 추가해
야 한다(〈그림 서-1〉 참조). 조선근대사 연구에서 지금까지 주로 논의된 것은 △
ABC의 영역이며, 조선화교는 그러한 논의의 장 밖에 존재했다. 이번의 검토를
통해 △ABC 영역에서 담아낼 수 없는 사실(史實)이 다수 존재하는 것을 확인했
기 때문에 조선근대사(특히 일제강점기)의 역사 영역은 화교 · 화교자본을 포함
시킨 ◇ABCD의 영역을 설정하는 것이 타당하지 않을까 한다.

그렇게 해야만 조선총독부의 화교정책($\overline{AD}$), 조선인과 화교의 관계($\overline{BD}$), 일
본인과 화교의 관계($\overline{CD}$), 조선인과 화교의 관계에 대한 조선총독부의 관여 및
정책($\overline{ACD}$)의 설정 및 설명이 가능해지기 때문이다. 또한 화교는 지배자도 피
지배자도 아닌 외국인의 입장에서 조선인과 일본인의 관계($\overline{BC}$), 조선총독부의
조선인정책($\overline{AB}$), 일본인정책($\overline{AC}$)을 객관적으로 파악할 수 있는 소중한 인자(因
子)이다.

5. 화교근대사 속의 조선화교: 일본화교 및 동남아화교와의 비교

마지막으로 중국인의 조선 이주와 조선화교의 경제활동이 화교근대사의 맥
락에서 의미하는 것은 무엇인지 고찰하기 위해 일본화교 및 동남아화교와 비
교하려 한다.

첫째, 중국인이 양국의 경제활동을 목적으로 한 정주 시기는 양자 사이에 상
당한 차이가 있다. 일본화교는 도쿠가와 막부(德川幕府) 초기인 1600년대 초에
나가사키(長崎)에 이주하여 주로 중일무역에 종사하면서 당인야시키(唐人屋敷)
라고 하는 중국인 전용거주지에서 생활했다. 그들은 나가사키에 4개의 당사
(唐寺)를 설립하였으며, 각 사찰에는 동향단체인 복건방, 삼강방(三江幫, 강소성

〈표 종-1〉 조선화교와 일본화교의 비교

비교대상＼구분	조선화교	일본화교
① 중국인 정주 시기(경제활동을 중심으로)	1882년경	1600년대 초
② 최다 인구 및 그해의 총인구에서 차지하는 비중	8만 3,169명(1942년) 조선 총인구의 0.3%	3만 1,890명(1930년) 일본 총인구의 0.05%
③ 노동자 정주 및 노동제한	제한 없음(개항기) 허가제(일제강점기)	원칙적으로 정주금지
④ 입국제한(제시금제도)	1934년 9월부터 실시	1920년대 초부터 실시
⑤ 경제활동의 유형	화상·화농·화공혼합형	화상형
⑥ 화교경제의 핵심	직물상	무역상
⑦ 주요한 방(幇)	산동방	광동방·복건방·삼강방
⑧ 토지소유권의 유무	소유권 있음	임차권만 있음

출처: 필자 작성.

과 절강성 출신), 광동방을 설립했다.[2) 이에 비해 중국인의 경제활동을 목적으로 한 조선 이주 및 정주는 일본화교보다 200~300년이 늦은 1882년 조청상민수륙무역장정 체결 이후이다. 즉, 일본화교의 경제활동의 역사는 조선화교보다 훨씬 빨랐던 것이다. 동남아화교의 경우, 16세기에 이미 동남아시아 각지에 중국인 정주사회가 형성되었고, 17세기 초에는 포르투갈이 작성한 말레이시아 지도에 화교 집락촌이 들어가 있었다.[3) 화교사회의 형성 시기는 동남아화교와 일본화교가 거의 비슷하다고 할 수 있다.

둘째, 조선화교는 1910년 이후 일본화교의 인구를 늘 상회했다. 개항기 조선화교의 인구는 일본화교에 비해 적었지만, 1910년 처음으로 일본화교 인구를 역전한 후 그 차이는 더욱 벌어지는 경향을 보여주었다. 조선화교의 인구가 가장 많았을 때는 1942년으로서 조선 총인구의 0.3%인 8만 3,169명을 차지했다. 이에 비해 일본화교의 인구는 가장 많을 때인 1930년에 3만 1,890명으로

---

2) 華僑華人の事典編纂委員會 編(2017), 『華僑華人の事典』, 丸善出版, 192~193쪽.
3) 華僑華人の事典編纂委員會 編(2017), 앞의 자료, 294·300·330쪽.

일본 총인구의 0.05%에 지나지 않아, 일본화교 인구가 조선화교에 비해 훨씬 적었다. 동남아화교의 인구는 조선화교와 일본화교의 인구를 훨씬 능가했다. 남경국민정부 교무위원회가 1934년에 공표한 동남아화교 인구는 태국 250만 명, 영국령 말레이시아 170만 명, 네덜란드령 동인도 123만 명, 프랑스령 인도차이나 38만 명, 버마(현재의 미얀마) 19만 명, 필리핀 11만 명, 북보르네오 7만 5,000명이었다.[4] 북보르네오를 제외하면 모두 조선화교의 인구를 능가하는 수치였다.

셋째, 조선화교와 일본화교 사이에 이렇게 큰 차이가 발행한 주요한 원인은 일본 정부와 조선 정부 및 조선총독부의 화공 정책의 차이 때문이다. 일본 정부가 1899년 7월 공포한 칙령 제352호, 내무성령 제42호, 내무대신훈령 제728호는 화교의 종전 거류지 및 잡거지 이외 거주 및 노동을 금지한 조치였다. 이러한 조치에 의해 화공의 이주 및 정주는 엄격하게 제한되었다. 이에 비해 조선 정부는 화공의 이주에 대해 청일전쟁 직후의 짧은 시기를 제외하고는 제한한 적이 없었다. 통감부가 1910년 8월 공포한 통감부령 제52호에는 화공의 정주 및 노동을 허가제로 했지만, 일본처럼 내무대신훈령 제728호와 같이 정주를 금지하는 법률을 공포하지 않았고, 그 대신 관영사업 및 민영사업에서 화공의 사용을 제한하는 조치를 취했다. 그러나 이러한 조치조차도 엄격하게 시행되지 않았다. 동남아화교의 경우, 구미의 지배국이 플랜테이션농장과 광산의 필요한 노동력을 화공으로 충원하는 정책을 폈기 때문에 화공의 이주를 일본처럼 엄격하게 제한하지는 않았고 이러한 정책이 동남아화교 인구를 증가시킨 주요한 요인이었다.

넷째, 일본 정부와 조선총독부 모두 중국인의 입국에 대해 제시금 제도를 도입하여 입국제한을 한 공통점이 있지만, 시행 시기는 약간 차이가 난다. 일본 정부는 1920년대 초 입국 시 제시금으로 처음에 30원을 요구했지만, 1923년 6월부터 100원의 현금 혹은 100원 이상의 상품을 소지하는 것으로 강화됐다.[5]

---

4) 吳主惠(1944), 『華僑問題の本質』, 千倉書房, 54쪽. 이 통계는 출입국 신고서를 기준으로 한 것이기 때문에 실제 화교의 인구는 이보다 훨씬 많았을 것이다.
5) 山脇啓造(1994), 『近代日本と外國人勞動者: 1890年代後半と1920年代前半における中國

조선 정부는 제시금제도를 도입하지 않았지만, 조선총독부는 일본 정부보다 늦은 1934년 9월부터 이 제도를 시행했다. 양 지역의 제시금제도의 실시 시기에 차이가 발생한 것은 조선총독부가 만주 거주 조선인의 보호 및 조선인의 만주 이주를 위해 시행을 보류했기 때문이다. 이 제도가 만주국 수립 후인 1934년 시행된 것은 그러한 사정을 잘 입증해준다. 동남아화교의 경우, 일본과 조선에서 시행한 제시금 제도는 시행되지 않았으며 입국이 상대적으로 쉬웠다.

다섯째, 일본화교의 경제활동은 상인을 중핵으로 하는 '화상형', 대만화교는 '화공형'인 반면, 조선화교의 경제활동은 상인, 노동자, 농민을 모두 갖춘 '화상·화공·화농혼합형'이라는 특징이 있다. 특히 채소재배를 하는 화농은 동아시아에서 일본 및 대만에서는 거의 찾아볼 수 없고 조선과 극동러시아에만 존재했다. 동남아화교가 화상·화공·화농 혼합형인 것을 고려하면, 조선화교와 동남아화교의 경제활동은 유사한 측면이 있음을 알 수 있다.

한편, 일본화교의 경제활동은 근대 기간 내내 '화상형'이었지만, 조선화교의 경제활동은 시기에 따라 변화가 있었다. 즉, 개항기 및 일제강점 초기에는 '화상형'이 주를 이루었고, 1920년대부터 상인에 더하여 농민, 노동자 인구가 급증하면서 '화농형'과 '화공형'이 '화상형'과 병립하는 양상을 보였다. 일본화교는 일본 정부의 제한 조치로 인해 화교 경영의 제조공장이 거의 없었지만, 조선화교는 양말 제조업, 주물업에서 조선인 및 일본인 업자를 압박하는 세력을 형성하고 있었던 것은 조선화교의 특징이다. 물론 동남아화교의 제조업 규모에 비하면 비교할 수 없는 수준이다.

여섯째, 일본화교 경제의 핵심은 무역상인 데 비해 조선화교의 핵심은 직물상이라는 차이가 있다. 일본화교의 무역상은 본국의 화상 및 동남아시아 화상과 연계하여 일본산 잡화 및 직물을 수출하는 무역업을 주로 영위했지만, 조선화교의 직물상은 중국 및 일본에서 직물을 수입하여 조선 및 중국에 판매했다. 즉, 일본화교의 무역상은 수출무역 중심, 조선화교의 직물상은 수입무역 중심

人・朝鮮人勞動者問題』, 明石書店, 162쪽.

이었다. 조선화교의 직물상은 경성 및 인천의 직물수입상을 정점으로 각 부(府)의 직물도매상을 거쳐 농촌 지역의 소매상 및 행상에 이르기까지 조선의 직물시장의 유통계층구조의 전체에 확산, 거미집과 같이 연결되어 있었다. 이 점은 동남아화교와 매우 유사하다. 필리핀화교의 상업 유통망은 제1라인 수출입상, 제2라인 도매상, 제3라인 소매상, 제4라인 행상으로 구성되어 있었다.[6] 반면, 일본화교의 무역상은 일본산 상품의 수출이 중심이었기 때문에 조선화교 및 동남아화교와 같이 국내에 체계화된 상업시스템이 구축되지 못했다.

일곱째, 조선화교는 산동방이 전체의 8~9할을 차지하여 압도적인 비중을 차지한 반면, 일본화교는 복건방, 광동방, 삼강방이 정립된 삼방체제(三幇體制)였다.[7] 오사카 가와구치에 산동방이 형성되어 있었지만 일본화교 가운데서는 소수에 지나지 않았다. 대만화교는 복건방 중심, 동남아화교는 지역에 따라 차이는 있지만 복건방, 광동방, 객가인(客家人) 중심이었다. 일본·대만·동남아화교는 출신지가 모두 화남(華南)이라는 공통점이 있는 반면, 조선·극동러시아 화교는 산동방을 중심으로 한 화북(華北) 출신이 많았다. 화교 출신지가 화상의 경제활동과 통상망 및 유통망 형성에 영향을 미친다는 것은 각부(各部)에서 확인한 대로이다.

여덟째, 일본 정부는 근대 일본화교를 비롯한 외국인에게 토지소유권을 부여하지 않고 다만 임차권을 인정했지만, 조선총독부는 조선화교를 비롯한 외국인에게 조선민사령(朝鮮民事令)에 근거하여 토지소유권을 부여했다. 조선 정부는 화교를 비롯한 외국인의 내지(內地)에서의 토지소유권을 인정하지 않았지만, 통감부가 1906년 10월 칙령 제65호 토지가옥증명규칙(土地家屋證明規則)을 공포하여 내지에서의 외국인 토지소유권을 합법화했다. 조선총독부는 이

---

6) Wong Kwok-Chu, The Chinese in the Philippine Economy 1898-1941, Ateneo De Manila University Press, 1999, pp.121-148.

7) 1990년대 초 중국 각 성별 화교화인인구는 광동성이 2,000만 명, 복건성이 700만 명, 광서성이 200만 명, 해남성이 185만 명, 산동성이 41만 명으로 산동성은 5번째로 많은 지역이었다. 또한 산동성 출신 화교화인의 주요한 거주 지역은 홍콩, 마카오, 러시아, 한반도이다(方雄普·謝成佳 編(1993), 『華僑華人槪況』, 中國華僑出版社, 318쪽).

규칙을 일제강점기에도 유지했다. 동남아시아 각 지역의 화교 토지소유권 문제는 매우 다양했다. 프랑스령 인도차이나에서는 도시부의 화교에게 부동산 소유권을 인정했다.[8]

이상과 같이 조선화교는 일본제국의 '세력권'에 정주하고 있었는데도 일본화교와 적지 않은 차이점이 있었다. 그러나 쌍방 모두 1930년대에 들어 화교의 경제활동이 위축되는 공통점 또한 가지고 있다. 일본화교의 경제활동에 관한 선행연구는 화상 무역상의 통상망 및 일본과 중국 및 동남아시아를 연결하는 중개 역할의 해명에 초점이 맞춰져 1930년대 이후의 화교경제의 쇠퇴에 대해서는 별로 주목하지 않았다. 예를 들면, 〈표 1-3〉의『상공자산신용록』에 게재된 일본화교 회사수의 경우, 1941년은 1927년에 비해 62%의 대폭적인 감소를 보인 것에 주목할 필요가 있다.

조선화교 직물상의 쇠퇴에 대해서는 제I부에서 1931년 화교배척사건 및 만주사변, 조선총독부의 각종 규제, 중일전쟁 및 조선총독부의 전시통제강화가 원인이라는 것을 밝혔다. 일본화교 무역상의 쇠퇴도 그러한 관점에서 파악할 필요가 있다. 화교 직물상 쇠퇴의 다른 요인으로는 조선 방직산업의 발달이 화교 직물수입상의 수입활동을 약화시킨 반면, 조선인 및 일본인 직물상의 세력을 확대시킨 것을 지적할 수 있다. 이와 관련하여 일본인 소매상이 19세기 말부터 동남아시아의 농촌부에 진출하여 일본상품의 판매망을 확충한 점,[9] 제1차 세계대전 이후 일본의 상사, 은행, 해운 분야 대기업의 동남아시아 진출로 1932년과 1933년 현지 화교의 판매망에 반드시 의존하지 않는 일본인 판매망이 형성된 것[10]도 일본화교 무역상의 쇠퇴에 박차를 가한 하나의 요인이었다.

---

8) 전경수(1995),「베트남 화교: 역사적 접근(1)」,『동남아의 화교 6개국 비교연구』(서울대학교 중점연구소 지원과제 1995년 제1차 연도 과제보고서), 21쪽.
9) 倉澤愛子(1992),『日本占領下のジャワ農村の變容』, 草思社, 70쪽.
10) 杉山伸也・イアンブラウン 編著(1990),『戰間期東南アジアの經濟摩擦: 日本の南進とアジア・歐美』, 同文館, 97~99쪽.

6. 한반도화교의 경제와 사회의 통합을 위해

이 책은 조선화교에 대해 광범한 사료를 참고하면서 중국인의 조선 이주와 화교의 경제활동을 중심으로 검토하여, 화교의 사회상에 대해서는 검토를 할 여유가 없었다. 화교경제와 화교사회는 상호 유기적인 결합 속에서 작동하는 만큼 화교사회의 분석은 꼭 필요하다.

필자는 조선화교의 화교학교 교육문제에 대해 '항일'교과서 문제, 중일전쟁 시기 친일정부인 왕정위 남경국민정부하의 조선화교 학교의 교육내용이 바뀐 점을 검토한 바 있다.[11] 또한 조선화교 및 한국화교의 중화상회, 동향단체, 국민당조선지부에 대해서도 연구를 진행했다.[12] 한반도화교의 민간신앙 및 비밀결사가 인천의 의선당, 서울의 거선당을 중심으로 활동이 전개된 것을 검토했다.[13] 일제강점이 곧바로 조선화교 사회와 경제에 심대한 영향을 주지는 않았다는 점,[14] 1927년 화교배척사건이 화교사회에 미친 영향도 분석했다,[15] 1931년 화교배척사건이 발생한 근인(近因)과 원인(遠因)의 분석을 조선총독부의 미온적인 대응, 화교사회와 조선사회와의 관계를 중심으로 검토했다.[16] 또

---

11) 졸고(2007), 「중일전쟁과 조선화교: 조선의 화교소학교를 중심으로」, 『중국근현대사연구』 35, 한국중국근현대사학회; 졸고(2010a), 「南京國民政府期の朝鮮における華僑小學校の實態: 朝鮮總督府の『排日』教科書取り締まりを中心に」, 『現代中國研究』 第26號, 中國現代史研究會.

12) 졸고(2010b), 「近代朝鮮華僑の社會組織に關する研究」, 『京都創成大學紀要』 第10卷 第1號, 京都創成大學成美學會; 졸고(2010), 「韓國華僑社會組織研究」, 『近30年來東亞華人社團的新變化』, 廈門大學出版社; 공저(2015), 『근대 인천화교의 사회와 경제: 인천화교협회소장자료를 중심으로』, 학고방.

13) 졸고(2018.1), 「한국화교의 민간신앙 연구: 거선당과 의선당을 중심으로」, 『'차이니즈 스탠다드'의 과거와 현재』(2018 국립인천대학교 중국학술원 국제학술회의).

14) 졸고(2008), 「'日韓倂合'と朝鮮華僑: 地位の變容を中心に」, 『華僑華人研究』 第5號, 日本華僑華人學會.

15) 졸고(2016.6), 「1927년 조선화교배척사건의 경위와 실태: 인천화교배척사건을 중심으로」, 『동양사학연구』 135, 동양사학회.

16) 졸저(2012), 「1931年排華事件の近因と遠因」, 『朝鮮華僑と近代東アジア』, 京都大學學術出版會, 417~477쪽.

한 중일전쟁 시기 조선총독부의 각종 탄압이 있었음에도 조선화교는 활발한 항일활동을 전개했다는 것도 밝혔다.[17)

이와 같은 연구 성과에 추가적인 연구를 더하여, 한반도화교의 사회를 다룬 속편을 출판할 예정이다. 이 책에서 부각된 한반도화교의 역사상이 보다 역동적이고 체계적으로 정리될 것을 기대해본다.

17) 졸고(2017.6), 「중일전쟁 시기 조선화교의 항일활동」, 『동양사학연구』 139, 동양사학회.

일제강점기 조선화교 회사 신용조사 목록

- 아래에 게재하는 10개의 〈부표〉는 일본 오사카(大阪)의 신용평가기관인 상업흥신소(商業興信所)가 발행한 『상공자산신용록(商工資産信用錄)』 가운데 제16회(1915년 발행), 제19회(1918년), 제21회(1921년), 제23회(1922년), 제26회(1925년), 제30회(1929년), 제33회(1932년), 제37회(1936년), 제38회(1937년), 제42회(1941년)를 선택, 신용록 가운데 조선화교 회사만을 수록한 것이다.
- 『상공자산신용록』에는 각 회사의 자산 및 신용정도가 부호(符號)로 표시되어 있다. 자산 및 신용정도의 부호는 각 발행 연도에 따라 다른 경우가 있기 때문에 이하 각회 발행의 부호표(符號表)를 기재해둔다. 각 〈부표〉와 〈부호표〉를 대조하여 각 회사의 자산 및 신용정도를 확인할 수가 있다. 예를 들면, 〈부표 1〉의 1번인 이태잔(怡泰棧)은 추정자산의 부호는 'Q', 신용 정도의 부호는 'C'이다. 'Q'는 〈제16회 상공자산신용록의 부호표〉에서는 추정자산 금액이 7.5만 원 이상~10만 원 미만, 'C'는 '보통'의 신용 정도이다.

▌제16회 상공자산신용록의 부호표

부호	추정 자산 금액	부호	신용 정도
G	100만 원 이상	A	매우 높음
H	75만 원 이상~100만 원 미만	B	높음
J	50만 원 이상~75만 원 미만	C	보통
K	40만 원 이상~50만 원 미만	D	낮음
L	30만 원 이상~40만 원 미만	E	매우 낮음
M	25만 원 이상~30만 원 미만		
N	20만 원 이상~25만 원 미만		

O	15만 원 이상~20만 원 미만
P	10만 원 이상~15만 원 미만
Q	7.5만 원 이상~10만 원 미만
R	5만 원 이상~7.5만 원 미만
S	3.5만 원 이상~5만 원 미만
T	2만 원 이상~3.5만 원 미만
U	1만 원 이상~2만 원 미만
V	0.5만 원 이상~1만 원 미만
W	0.3만 원 이상~0.5만 원 미만
X	0.2만 원 이상~0.3만 원 미만
Y	0.1만 원 이상~0.2만 원 미만
Z	0.1만 원 미만
△	미상

출처: 商業興信所(2009), 『第16回 商工資産信用錄(大正4년)』(복각판, 『明治大正期 商工資産信用錄』 제8권(大正4年(下), クロスカルチャー出版을 근거로 필자가 작성.

▌제19·21·23·26·30회 상공자산신용록 부호표

부호	추정자산 금액	신용 정도		
		갑	을	병
G	100만 원 이상	Aa	A	B
H	75만 원 이상~100만 원 미만			
J	50만 원 이상~75만 원 미만			
K	40만 원 이상~50만 원 미만	A	B	C
L	30만 원 이상~40만 원 미만			
M	`25만 원 이상~30만 원 미만			
N	20만 원 이상~25만 원 미만			
O	15만 원 이상~20만 원 미만			
P	10만 원 이상~15만 원 미만	B	C	D
Q	7.5만 원 이상~10만 원 미만			
R	5만 원 이상~7.5만 원 미만			
S	3.5만 원 이상~5만 원 미만			
T	2만 원 이상~3.5만 원 미만	C	D	E
Y	1만 원 이상~2만 원 미만			
V	0.5만 원 이상~1만 원 미만			

W	0.3만 원 이상~0.5만 원 미만	D	E	F
X	0.2만 원 이상~0.3만 원 미만			
Y	0.1만 원 이상~0.2만 원 미만			
Z	0.1만 원 미만	E	F	-
△	미 상	-	-	-

출처: 商業興信所(1929), 『第30回 商工資産信用錄』, 商業興信所를 근거로 필자가 작성.

▌제33 · 37 · 38회 상공자산신용록의 부호표

부호	추정자산 금액	신용 정도		
		갑	을	병
Ga	1,000만 원 이상	Aa	A	B
Gb	500만 원 이상~1,000만 원 미만			
Gc	300만 원 이상~500만 원 미만			
Gd	200만 원 이상~300만 원 미만			
G	100만 원 이상~200만 원 미만			
H	75만 원 이상~100만 원 미만	A	B	C
J	50만 원 이상~75만 원 미만			
K	40만 원 이상~50만 원 미만			
L	30만 원 이상~40만 원 미만			
M	25만 원 이상~30만 원 미만			
N	20만 원 이상~25만 원 미만			
O	15만 원 이상~20만 원 미만	B	C	D
P	10만 원 이상~15만 원 미만			
Q	7.5만 원 이상~10만 원 미만			
R	5만 원 이상~7.5만 원 미만			
S	3.5만 원 이상~5만 원 미만	C	D	E
T	2만 원 이상~3.5만 원 미만			
Y	1만 원 이상~2만 원 미만			
V	0.5만 원 이상~1만 원 미만			
W	0.3만 원 이상~0.5만 원 미만	D	E	F
X	0.2만 원 이상~0.3만 원 미만			
Y	0.1만 원 이상~0.2만 원 미만			
Z	0.1만 원 미만	E	F	-
△	미 상	-	-	-

출처: 商業興信所(1937), 『第38回 商工資産信用錄』, 商業興信所를 근거로 필자가 작성.

제42회 상공자산신용록의 부호표

부호	연간 매상액 혹은 연간 수입부호	금액				
Ga	Ga	1,000만 원 이상				
Gb	Gb	500만 원 이상 ~ 1,000만 원 미만				
Gc	Gc	300만 원 이상 ~ 500만 원 미만				
Gd	Gd	200만 원 이상 ~ 300만 원 미만				
G	G	100만 원 이상 ~ 200만 원 미만				
H	H	75만 원 이상 ~ 100만 원 미만				
J	J	50만 원 이상 ~ 75만 원 미만				
K	K	40만 원 이상 ~ 50만 원 미만				
L	L	30만 원 이상 ~ 40만 원 미만				
M	M	25만 원 이상 ~ 30만 원 미만				
N	N	20만 원 이상 ~ 25만 원 미만				
O	O	15만 원 이상 ~ 20만 원 미만				
P	P	10만 원 이상 ~ 15만 원 미만				
Q	Q	7.5만 원 이상 ~ 10만 원 미만				
R	R	5만 원 이상 ~ 7.5만 원 미만				
S	S	3.5만 원 이상 ~ 5만 원 미만				
T	T	2만 원 이상 ~ 3.5만 원 미만				
U	U	1만 원 이상 ~ 2만 원 미만				
V	V	0.5만 원 이상 ~ 1만 원 미만				
W	W	0.3만 원 이상 ~ 0.5만 원 미만				
X	X	0.2만 원 이상 ~ 0.3만 원 미만				
Y	Y	0.1만 원 이상 ~ 0.2만 원 미만				
Z	Z	0.1만 원 미만				
F	-	부채 초과				
△	△	미상				
신용 정도의 순위		CA	CB	CC	CD	CE

출처: 商業興信所(1941),『第42回 商工資産信用錄』, 商業興信所를 근거로 필자가 작성.

〈부표 1〉 제16회 상공자산신용록(1915년 발행) 속의 화교회사 목록

번호	회사명	대표자	소재지	영업 종류	조사연월	추정 자산	신용 정도
1	怡泰棧	黃華瑛	인천	잡화 여관	1914.4	Q	C
2	怡泰昌	姜鳳彩	부산	직물	1914.8	Z	D
3	豊盛永	孫嗣永	경성	직물	1914.1	U	C
4	豊盛永	孫嗣昇	경성	직물	1914.8	T	C
5	東源東	宮鶴汀	경성	은	1914.1	Y	D
6	東興隆	孫條五	경성	직물 잡화	1915.8	V	C
7	東興成	曾文德	마산	직물	1915.3	Z	D
8	東記	姚厚基	경성	포목 잡화	1915.6	Y	C
9	東昌興	張子鈍	인천	직물	1914.9	T	C
10	東升永	許文若	경성	면포 잡화	1915.2	W	C
11	東順興	韓秀峰	대전	포목	1915.5	W	C
12	東盛德	曲渭賓	경성	가죽 한약재 잡화	1915.4	U	C
13	同和東	孫信卿	경성	중국직물	1914.12	S	C
14	同源興	-	인천	포목	1914.6	T	C
15	同興德	曲毓椿	경성	포목 잡화	1915.3	Z	D
16	同益茂	李凌富	경성	포목 잡화	1915.2	Y	C
17	同義茂	-	청주	포목	1915.6	X	C
18	同聚福	吉慶	경성	포목 잡화	1915.4	Y	C
19	同順泰	譚傑生	경성	잡화 직물	1915.6	G	B
20	同順興	-	청주	포목	1915.6	W	C
21	同盛東	-	대전	포목	1915.5	W	C
22	德和盛	-	평택	포목	1915.3	Y	D
23	德泰源	林香亭	원산	직물	1914.9	O	C
24	德興隆	楊竹三	원산	직물	1914.9	O	C
25	德興源	張魯齋	경성	직물	1915.3	U	C
26	德興號	鄭以賢	경성	잡화	1915.4	U	C
27	德興仁	-	청주	포목	1915.6	Y	D
28	德記號	趙名德	부산	직물 염료	1914.8	Z	D
29	德昌盛	高倍俊	부산	직물	1914.8	Z	D
30	德聚和	丁壽山	부산	비단 면포	1914.8	O	C
31	德聚永	-	평택	포목	1915.3	X	C
32	德順福	王連三	경성	직물	1915.3	S	C

33	德順福	于壽山	인천	포목 잡화	1914.8	T	C
34	德順永	張玉堂	대구	직물 잡화	1915.3	U	C
35	德成東	徐子聲	평양	직물 잡화	1914.11	W	C
36	長發隆	劉銀生	경성	토목건축청부	1915.7	U	C
37	利豊洋行	趙應來	진주	직물	1914.2	O	D
38	和聚公	-	인천	직물 잡화	1914.8	T	C
39	泰安洋行	楊培昌	평양	잡화	1914.1	T	C
40	泰盛東	常鎭川	인천	직물	1915.7	T	C
41	雙興號	慕文序	경성	토목건축청부	1915.7	W	C
42	謙和盛	徐乘謙	평양	직물 잡화	1915.9	U	C
43	源生東	王寶軒	인천	직물	1914.1	U	C
44	源生號	揚汝瑚	마산	직물	1915.3	V	C
45	元春茂	王受益	경성	직물	1915.3	T	C
46	福興來	-	청주	포목	1915.6	V	C
47	福祥東	曲樹堂	경성	면포 잡화	1915.2	Z	D
48	福聚東	-	대구	직물	1915.3	o	D
49	福盛東	王學淸	경성	포목 잡화	1915.3	Y	D
50	文泰興	-	군산	직물 잡화	1914.1	V	C
51	廣和順	曲紹庭	경성	직물	1915.3	T	C
52	公和長	-	인천	직물 잡화	1914.2	T	C
53	公來號	餘巨川	부산	직물 잡화	1914.6	O	C
54	恒落祥	呂鴻均	경성	직물 잡화	1915.2	Y	D
55	恒順和	孫建施	부산	면포 잡화 직물	1914.8	X	C
56	鴻昌永	-	원산	직물	1914.9	O	C
57	洪順泰	李鼎煥	경성	포목	1914.3	W	C
58	洪順福	樂德懋	경성	서양직물	1914.12	△	D
59	合順興	-	청주	포목	1915.6	V	C
60	永發東	王德㵧	부산	견면직물 잡화	1914.9	X	C
61	永來盛	-	인천	직물	1914.6	S	C
62	永順義	-	청주	포목	1915.6	Y	D
63	榮興號	司徒紹	경성	건축청부 잡화	1915.7	U	C
64	天興義	于乾正	경성	포목 잡화	1915.4	V	C
65	傳利號	張時英	경성	직물 잡화	1915.4	P	B
66	安合號	王立業	경성	식료 잡화	1915.4	V	C
67	安昌號	袁敬乏	경성	식료 잡화	1914.3	S	C

68	西公順	宋蔭南	인천	직물	1914.8	T	C
69	三和盛	-	평양	철물	1914.9	O	C
70	三合永	-	원산	면포	1915.5	U	C
71	義和利	-	군산	면포 잡화	1914.1	V	C
72	義和吉	趙敷周	전주	잡화	1914.4	U	C
73	義興號	-	대전	포목	1915.5	△	D
74	義合東	孔慶琳	경성	포목 잡화	1914.8	Z	D
75	義昌號	紀東明	경성	포목 잡화	1915.4	Z	D
76	義順號	-	대전	포목	1915.5	Z	D
77	義盛號	-	대구	건포 면포	1915.3	W	C
78	義盛號	王家紳	경성	포목 잡화	1915.2	V	C
79	義生盛	-	금천	식료품 잡화	1915.3	O	C
80	錦成東	-	인천	직물	1914.8	O	C
81	錦成東	鄧受姑	경성	직물 잡화	1915.4	S	C
82	錦生號	-	대전	포목	1915.5	Z	D
83	裕豊德	-	경성	포목 사탕 맥분	1915.3	R	C
84	裕泰春	林宏久	경성	포목 잡화	1915.3	W	C
85	裕昌公	張尉人	경성	식료 잡화	1914.4	Y	D
86	裕順德	-	경성	직물 잡화	1914.7	W	C
87	徐坤生	-	경성	토목건축청부	1915.7	Z	C
88	聚成號	孫方臣	경성	직물 잡화	1915.3	T	C
89	春盛永	梁鳳坡	평양	직물 잡화	1915.4	O	C
90	仁和東	孫守忠	경성	포목 잡화	1914.4	X	C
91	仁來盛	-	인천	직물	1914.8	R	C
92	瑞豊和	叢聖敵	경성	식료 잡화	1914.4	X	C
93	瑞泰號	孫金甫	부산	직물 잡화	1915.3	X	C
94	瑞盛泰	宋金銘	경성	직물	1915.3	T	C

출처: 商業興信所(2009), 『第16回 商工資産信用録(大正4年)』(복각판, 『明治大正期 商工資産信用録』 제8권(大正4年(下), クロスカルチャー出版을 근거로 필자가 작성.

〈부표 2〉 제19회 상공자산신용록(1918년 발행) 속의 화교회사 목록

번호	회사명	대표자	소재지	영업 종류	조사연월	추정 자산	신용 정도
1	怡泰棧	梁綺堂	인천	잡화 여관	1918.6	Q	B
2	怡泰昌	姜鳳彩	부산	면포 해산물	1918.7	U	C
3	豊盛永	欒景玉	경성	잡화 직물	1917.6	U	C
4	東和昌	姜鴻瑞	인천	식료품 잡화	1917.4	V	C
5	東和昌	姜子雲	인천	식료 잡화	1917.9	U	C
6	東泰興	林希蘭	공주	잡화 포목	1917.1	X	D
7	東泰興	李春樓	군산	면포 잡화	1917.1	U	C
8	東源東	宮鶴汀	경성	은매매	1918.5	X	D
9	東興德	李殿厚	대전	포목 잡화	1917.11	Z	E
10	東興盛	曾廣興	마산	면포	1917.8	V	C
11	東興成	曲渭賓	경성	동물가죽 한약재 잡화	1917.8	U	C
12	東記	姚厚基	경성	포목 잡화	1917.6	V	C
13	東升永	許文莫	경성	면포 잡화	1917.1	Y	D
14	東順興	韓曲卿	대전	잡화	1917.1	X	D
15	東盛和	孫文播	신의주	포목 잡화	1918.4	Z	E
16	東盛福	-	강경	포목 잡화	1917.1	X	D
17	東盛號	張時英	경성	토목건축청부	1917.9	P	B
18	東生福	王逃章	강경	면포 잡화	1917.1	Z	E
19	同和東	孫信卿	경성	중국직물	1917.12	S	C
20	同源興	孫菩卿	평양	직물 잡화 철물	1918.1	T	C
21	同興德	曲毓椿	경성	포목 잡화	1917.6	Z	E
22	同益茂	李凌富	경성	포목 잡화	1917.6	Y	D
23	同聚福	吉慶	경성	포목 잡화	1917.1	X	D
24	同順泰	譚傑生	경성	잡화 직물 한약재	1917.11	G	Aa
25	同生東	劉祥桐	사리원	직물 잡화	1918.7	Z	E
26	同生東	-	논산	면포 잡화	1917.7	W	D
27	同生福	-	성진	조선인용 잡화	1918.7	V	C
28	同盛長	張鳳軒	목포	면포 염료	1918.5	△	D
29	同盛公	王子謙	평양	직물 잡화	1917.8	U	C
30	同盛公	曲子安	진남포	주단 포목 잡화	1917.9	U	C
31	同盛永	沙敬毓	인천	포목 잡화	1917.7	U	C
32	同成永	-	평양	직물 잡화	1917.12	W	D

33	德泰源	林香亭	원산	직물	1917.12	U	C
34	德興隆	楊竹三	원산	직물	1918.6	△	C
35	德興源	張魯齋	경성	직물	1917.6	U	C
36	德記號	趙名德	부산	면포 염료	1918.7	△	D
37	德昌盛	高倍俊	부산	면사포	1917.7	Z	E
38	德聚和	丁壽山	부산	비단 면포	1918.7	△	C
39	德順福	于壽山	인천	포목 잡화	1917.6	T	C
40	德順永	張玉堂	대구	비단 마포	1917.11	V	C
41	德盛東	徐子聲	평양	직물 잡화	1918.7	△	C
42	德盛興	-	천안	잡화	1917.12	V	C
43	德盛興	徐秉鑑	수안	직물 잡화	1917.1	△	E
44	德盛永	朱金鎰	사리원	직물 잡화	1918.4	Y	D
45	德成和	黃建山	평양	직물 잡화	1917.12	V	C
46	德成仁	吳紹唐	김천	직물	1917.7	Y	D
47	德生恒	任惠庭	경성	한약재	1917.8	W	D
48	長發隆	劉銀生	경성	토목건축청부	1917.2	U	C
49	和記號	蕭延華	강경	포목 잡화	1918.6	U	C
50	和信興	楊從宗	대전	포목 잡화	1917.12	△	D
51	和生號	-	대구	직물	1918.7	△	D
52	和盛永	-	원산	포목 잡화	1918.7	△	D
53	和盛裕	-	전주	포목 잡화	1918.6	△	C
54	何澤民	-	경성	식료 잡화	1917.5	U	C
55	泰來興	刑日理	전주	면포 잡화	1917.7	Z	E
56	泰盛東	-	인천	직물	1917.6	T	C
57	叢文炳	-	경성	목수	1917.6	Z	E
58	雙興號	慕文序	경성	토목건축청부 철물	1918.5	V	C
59	雙盛福	槲仁興	강경	면포 잡화	1917.1	V	C
60	雙誠興	苑用武	강경	면포 잡화	1918.7	V	C
61	萊永興	-	부산	비단 면포	1918.7	X	D
62	萬盛德	趙宗來	경성	모피 조선 가죽	1918.6	W	D
63	萬盛公	張叔明	인천	직물	1917.6	U	C
64	萬盛公	張庠臣	대구	견포 면사	1918.7	△	D
65	慶興德	孟憲詩	평양	조선인용 잡화	1918.4	T	C
66	慶興德	孟憲謨	선천	조선인용 잡화	1918.7	V	C
67	慶興順	劉墨齋	강경	면포 잡화	1918.7	U	C

68	慶盛長	孔漸鴻	대구	면포 구두	1918.7	W	D
69	慶盛長	孔漸鴻	인천	포목 잡화	1917.2	V	C
70	經濟號	劉景震	경주	직물	1918.7	Y	D
71	乾泰和	鄭賢卿	안주	포목 잡화	1917.2	W	D
72	乾昌泰	梁瑞鄉	상주	직물 잡화	1917.12	△	D
73	源泰號	金同慶	인천	양복	1917.12	V	C
74	源增永	傳叙五	정읍	면포 잡화	1918.7	V	C
75	源來盛	初百平	강경	면포 잡화	1917.7	W	D
76	源生仁	王寶軒	인천	직물	1917.1	S	C
77	傳利號	張時英	경성	직물 잡화	1917.12	P	B
78	復隆盛	袁仁堂	강경	면포 잡화	1918.7	Z	E
79	復盛昌	陳世庸	경성	식료 잡화	1918.4	Y	D
80	福來興	-	논산	포목	1918.6	V	C
81	福祥東	曲樹堂	경성	포목 잡화	1917.6	Y	D
82	福聚東	李鏡亭	대구	비단 면포	1918.7	X	D
83	福聚東	李鏡亭	인천	직물	본점 대구	-	-
84	福順昌	-	청주	잡화	1917.1	Z	E
85	福盛興	孔憲釗	공주	포목 잡화 설탕	1917.1	V	C
86	福盛永	王學淸	경성	포목 잡화	1917.11	Y	D
87	文泰興	王福田	강경	면포 잡화	1917.12	V	C
88	廣和順	曲紹庭	경성	직물	1917.6	T	C
89	廣和順	-	인천	포목잡화	1917.8	Y	D
90	廣源恒	-	경성	한약재	1918.4	U	C
91	廣昇號	林喜亭	경성	포목건축청부	1917.6	U	C
92	恒發祥	呂鴻均	경성	면포잡화	1918.3	Y	D
93	恒昌永	-	성진	조선인용 잡화	1918.4	U	C
94	恒盛永	雛子均	평양	중국 잡화	1917.4	Z	E
95	鴻昌永	-	원산	직물	1918.7	T	C
96	鴻順東	周天忠	이리	면포 잡화	1918.6	X	D
97	興順號	-	김제	포목 잡화	1917.7	X	D
98	洪順福	欒德懋	경성	직물	1917.9	△	D
99	洪順興	林順興	공주	포목 잡화	1917.1	X	D
100	合記號	劉廣福	경성	면포 잡화	1918.3	Y	D
101	合盛長支店	王友三	대구	직물 침	1918.7	△	D
102	永豊泰	李永泰	원산	직물	1917.9	W	D

103	永和泰	孫永和	원산	포목 잡화	1918.7	W	D
104	永增和	王壽山	안성	포목	1918.3	V	C
105	永來盛	-	인천	직물	1917.1	S	C
106	永合利	許吉臣	경성	잡화 맥분 중국신발	1917.4	X	D
107	永聚和	-	성진	조선인용 잡화	1918.4	U	C
108	永盛東	-	대전	포목 잡화	1917.12	△	D
109	永盛東	姜燕堂	경성	잡화 서적 모피	1917.4	W	D
110	永盛泰	徐希孟	원산	직물	1917.12	X	D
111	永盛合	刑子融	경성	한약재	1918.6	V	C
112	永成和	曲丕濱	부산	구두 잡화	1917.9	△	D
113	永成仁	郗鏡海	목포	면사포 염료	1918.5	△	D
114	榮興號	司徒紹	경성	토목건축 잡화	1917.6	V	C
115	天平公司	-	부산	면포 마포	1918.7	△	D
116	天和德	趙秋	신의주	잡화	1917.6	Y	E
117	天和泰	-	원산	면포	1918.6	X	D
118	天興益	鄒欣令	경성	잡화 맥분	1918.3	W	D
119	天興義	千乾正	경성	포목 잡화	1917.6	V	C
120	天合棧	-	인천	객주	1918.6	V	C
121	天盛和	-	천안	잡화	1918.3	X	D
122	天盛興	黃廷弼	인천	포목 잡화	1917.3	W	D
123	天成泰	空文軒	영동	포목 잡화	1917.8	V	C
124	安合號	王立業	경성	식료 잡화	1918.5	T	C
125	安昌號	林書紳	정읍	면포 잡화	1917.9	W	D
126	西義順	譯韞亭	원산	직물	1918.6	T	C
127	三合永	解規以	전주	포목 잡화	1918.7	U	C
128	義和利	李星五	상주	직물 잡화	1917.12	△	C
129	義和永	趙敷周	전주	포목 잡화	1917.9	U	C
130	義和吉	-	김천	직물 잡화	1918.2	△	E
131	義泰成	于俊鄉	상주	직물 잡화	1917.12	△	C
132	義興號	-	진남포	위탁판매	1917.11	U	C
133	義增永	紀東明	경성	포목 잡화	1917.8	Y	D
134	義勝東	張寶亭	평양	위탁매매 잡화	1918.7	Y	D
135	義昌號	李代軒	김천	직물 잡화	1917.11	△	D
136	義昌棧	主家紳	경성	포목 잡화	1917.9	V	C
137	義聚永	孫中選	대구	면포 염료	1917.9	△	D

650

138	義盛號	-	인천	잡화	1918.4	T	C
139	義成公支店	史憲章	신의주	직물 잡화	1918.7	V	C
140	義生盛	陳書山	선천	직물 잡화	본점 신의주	-	-
141	協泰和	常崑玉	강릉	면포	1918.7	V	C
142	協泰和	-	경성	식료 잡화	1918.3	Z	E
143	玉慶東	郭光煒	부산	직물	1918.7	V	C
144	玉成東	劉金華	김천	면포 잡화	1917.11	△	D
145	吉盛永	劉丕詩	군산	포목 잡화	1918.7	W	D
146	金生慶	劉書翰	대전	포목	1917.12	Z	E
147	綿生東	劉善棟	경성	직물 잡화	1917.9	T	C
148	錦生號	-	경성	직물 잡화	1918.3	R	B
149	裕豊德	姜恒裕	김제	포목 잡화	1917.9	W	D
150	裕興東	周子章	경성	한약재	1917.11	Z	E
151	裕興源	杜冀階	경성	약재 잡화	1918.4	W	D
152	裕順德	王連陞	경성	중국잡화 술	1917.4	U	C
153	志興東	-	인천	중국인용 잡화	본점 경성	-	-
154	志興東	-	경성	토목건축 청부	1917.8	Z	E
155	徐坤生	王嗣崑	정읍	포목 잡화	1917.9	△	D
156	聚豊和支店	-	경주	면사포	1917.2	△	D
157	聚和祥	孫衡軒	인천	직물 잡화	1918.6	V	C
158	聚和祥	-	군산	직물 잡화	1918.8	U	C
159	聚成號	孫方臣	경성	직물	1917.7	T	C
160	春記棧	曲維銘	인천	객주	1917.5	T	C
161	春成興	劉聿軒	평양	직물 잡화	1918.7	△	C
162	春盛興	劉建元	인천	포목 잡화	1917.8	Z	E
163	春盛永	梁鳳坡	평양	직물 잡화	1918.7	△	C
164	新合盛	-	진남포	잡화 위탁판매	1917.9	W	D
165	仁和東	孫守忠	경성	포목 잡화	1917.8	V	C
166	仁和盛支店	-	대구	직물	1917.11	△	E
167	仁來盛	王心甫	인천	직물	1917.6	R	B
168	仁興福	李仙洲	강경	포목 잡화	1918.6	Z	E
169	仁合東	-	원산	면포 담배	1918.6	△	E
170	仁合東	-	인천	잡화	1918.2	V	C
171	仁記號	呂仁軒	김천	면포 잡화	1917.3	Z	E
172	仁盛興	牟福堂	공주	면포 잡화	1917.1	△	D

173	成發和	曲實海	부산	직물	1917.7	Z	E
174	成記號	龍殿甲	원산	직물	1918.7	W	D
175	政興厚	李樹賓	강경	면포 잡화	1917.9	△	D
176	瑞豊德記	王汎清	경성	잡화	1918.3	W	D
177	瑞泰號	孫金甫	부산	직물 잡화	1918.7	△	C
178	瑞昌德記	田昌魁	경성	식료 잡화	1917.1	Z	E
179	瑞盛泰	宋金銘	경성	직물	1917.5	T	C
180	瑞成東	遲文祥	원산	직물	1918.6	W	D
181	瑞成祥	遲文瑞	원산	직물	1918.6	V	C

출처: 商業興信所(2009), 『第19回 商工資産信用錄(大正7年)』(복각판, 『明治大正期 商工資産信用錄』 제10권(大正7年(下), クロスカルチャー出版을 근거로 필자가 작성.

〈부표 3〉 제21회 상공자산신용록(1921년 발행) 속의 화교회사 목록

번호	회사명	대표자	소재지	영업 종류	조사연월	추정 자산	신용 정도
1	怡泰棧	梁綺堂	인천	서양 식료품	1920.1	P	B
2	一家春	徐仲三	경성	중국 잡화	1920.5	X	D
3	豊盛永	欒景壬	경성	잡화 직물	1920.2	S	C
4	東和昌	姜子雲	인천	식료 잡화	1919.7	V	C
5	東涯居	姜鳴九	진남포	술 잡화	1919.3	X	C
6	東源東	宮鶴汀	경성	금은 매매	1920.7	T	C
7	東興成	曾廣興	마산	면포	1920.8	U	C
8	東興成	曲渭賓	경성	한약재 잡화	1919.5	U	C
9	東升永	許文英	경성	잡화	1919.5	Z	E
10	東生福	王述章	강경	포목 잡화	1919.8	X	D
11	東生福	-	성진	면포	1919.2	T	C
12	東成興	張履泰	경성	잡화 식료품	1920.5	U	C
13	東成號	-	경성	토목건축 청부	1919.11	N	A
14	同源興	孫善卿	평양	직물 잡화 철물	1919.6	S	C
15	同益茂	李凌福	경성	포목 잡화	1919.1	V	C
16	同聚福	任余亭	경성	포목 잡화	1920.7	U	C
17	同春盛	汝春薫	인천	포목 잡화	1919.9	V	C
18	同順泰	譚傑生	경성	직물 잡화 한약재	1920.5	G	A
19	同順號	-	하동	면포 잡화	1919.4	W	D

20	同盛德	夏永德	군산	면포 잡화	1920.6	△	-
21	同盛長	張鳳軒	목포	직물	1920.1	△	C
22	同成和	-	인천	포목 잡화	1920.7	U	C
23	同盛永	鍾寶林	평양	직물 잡화	1919.4	V	C
24	同成號	崔振梅	인천	잡화	1919.7	W	D
25	同生福	-	성진	조선인용 잡화	1919.6	V	C
26	德 泰	蔡興發	경성	양복	1920.1	X	D
27	德泰東	杜豊東	진남포	포목 잡화	1919.8	V	C
28	德泰源	林香亭	원산	직물	1919.3	U	C
29	德慶祥	王榮詰	원산	직물 잡화	1919.11	V	C
30	德興東	孫德雲	조치원	포목 잡화	1919.9	Z	E
31	德興隆	楊竹三	원산	직물	1919.3	T	C
32	德興仁	郝子九	청주	포목 잡화	1920.5	V	C
33	德康號	-	함흥	면포	1920.3	V	C
34	德聚和	林亦農	부산	직물	1920.3	△	D
35	德聚永	宮長仁	평택	포목 잡화	1920.3	W	D
36	德順福	于壽山	인천	포목 잡화	1919.6	T	C
37	德順福	王連三	경성	직물	1919.12	O	B
38	德順永	張玉堂	대구	면사포	1920.3	△	C
39	德順永	張玉亭	마산	면사 면포	1920.8	U	C
40	德盛東	鹿贊亭	목포	면포 마포 잡화	1920.8	△	D
41	德盛東	徐子聲	평양	포목 잡화	1919.5	U	C
42	德成和	黃建山	평양	포목 잡화	1920.5	T	C
43	德生恒	王惠庭	경성	한약재 모피	1920.2	T	C
44	利盛德	鄒紹芳	군산	포목 잡화	1920.7	Z	E
45	和泰號	王宗仁	인천	직물	1920.1	R	B
46	和康號	王輯五	강경	포목 잡화	1920.4	V	C
47	和記號	蕭王華	강경	포목 잡화	1919.8	T	C
48	和昌信	林藝章	군산	포목 잡화	1919.9	△	-
49	和聚公	-	인천	직물 잡화	1920.6	S	C
50	和信興	楊從宗	대전	포목 잡화	1919.9	△	-
51	和生號	趙崑生	대구	비단 면사포	1919.8	△	C
52	和盛永	譚曉亭	원산	면포	1919.9	X	D
53	何澤民	-	경성	식료품 수입 잡화	1920.8	U	C
54	泰盛東	常鎭川	인천	직물 잡화	1920.1	S	C

55	雙興號	慕文序	경성	토목건축청부 철물	1920.7	U	C
56	雙成發	李切有	인천	포목 잡화	1920.7	V	C
57	增盛和	呂茂張梅	인천	포목 잡화	1919.7	W	D
58	萬盛公	叔明	대구	비단 면포 잡화	1920.3	△	-
59	慶興德	孟憲詩	평양	조선인용 잡화	1920.6	S	C
60	慶興德	劉墨齋	강경	포목 잡화	1920.7	U	C
61	慶祥德	-	신의주	직물 잡화	1920.2	△	
62	慶盛長	孔漸鴻	대구	면포 신발	1919.3	V	C
63	乾泰和	-	평양	포목	1919.9	U	C
64	謙合盛	王鈺	평양	직물 잡화	1920.5	U	C
65	源泰	金周慶	인천	양복	1920.4	U	C
66	源泰	樓元任	강경	양복	1920.1	W	D
67	源記號	判鳳山	평양	직물 잡화	1920.8	U	C
68	源生號	揚汝瑚	마산	직물	1920.7	U	C
69	傳利號	張時英	경성	직물 잡화	1920.2	N	A
70	復盛昌	陳世庸	경성	식료 잡화	1919.2	Y	D
71	福興東	-	청주	포목 잡화	1920.5	Z	E
72	福聚東	李鏡亭	대구	면사포	1920.4	T	C
73	福聚東	李鏡亭	인천	직물	본점 대구	-	-
74	福聚公	-	청진	면포	1919.7	U	C
75	福成東	王棟臣	강경	포목 잡화	1919.6	△	-
76	福盛永	王尚敏	경성	포목 잡화	1920.3	U	C
77	文泰興	王福田	강경	포목 잡화	1919.9	△	C
78	廣和順	曲紹庭	경성	직물	1919.5	S	C
79	廣源恒	-	인천	포목 잡화	1919.7	U	C
80	恒發祥	李元仲	경성	면포 잡화	1919.9	V	C
81	恒豊號	孔慶蘭	경성	포목 잡화	1920.1	W	D
82	鴻泰東	-	함흥	직물	1920.3	U	C
83	鴻昌永	常瑞亭	원산	포목 잡화	1919.3	△	C
84	鴻順東	周元忠	이리	면포 잡화	1920.6	V	C
85	興盛和	宋川孔	인천	여관	1920.7	U	C
86	宏順永	呂宋道	조치원	포목 잡화	1919.11	W	D
87	合記號	劉廣福	경성	직물	1920.1	U	C
88	合順興	-	청주	포목 잡화	1920.5	U	C
89	合盛長	王友三	대구	비단 면포	1920.3	△	C

90	永豊泰	-	원산	면포	1919.3	W	D
91	永和東	王友三	부산	면포 해산물	1919.8	△	D
92	永和泰	孫永和	원산	면포 잡화	1919.3	W	D
93	永來盛	-	인천	직물	1920.1	R	B
94	永慶春	馬春宴	청주	포목 잡화	1920.2	V	C
95	永興和	孫永焜	원산	직물 잡화	1919.11	W	D
96	永合利	許吉臣	경성	직물 잡화 맥분	1919.4	Y	D
97	永義和	張漢臣	목포	비단 면포	1920.1	V	C
98	永昌源	鄭化南	목포	면포 잡화	1919.5	W	D
99	永聚和	-	성진	조선인용 잡화	1919.6	U	C
100	永盛東	姜燕堂	경성	잡화 서적 모피 종이	1919.4	V	C
101	永盛東	-	대전	포목 잡화	1919.9	△	-
102	永盛泰	徐希孟	원산	직물	1919.3	W	D
103	永成和	曲丕濱	부산	잡화 신발	1919.7	△	D
104	永成仁	郝鏡海	목포	면포 잡화	1920.5	△	C
105	榮 泰	陳茗芳	경성	양복	1920.1	Z	E
106	榮昌號	-	영산포	면포 마포 잡화	1919.9	X	D
107	天和德	龍振聲	원산	무역	1919.3	△	-
108	天和泰	王樹田	원산	면포	1919.12	W	D
109	天泰興	王鴻庭	광주	비단 면포 잡화	1919.1	T	C
110	天合棧	-	인천	객주	1920.7	V	C
111	天順泰	牟介福	조치원	포목 잡화	1919.11	S	C
112	天盛興	黃廷弼	인천	포목 잡화	1919.9	V	C
113	安利號	孫修五	경성	술 한약재	1919.1	W	D
114	安合號	王立業	경성	식료 잡화	1920.7	R	B
115	西義順	林書銘	정읍	면포 잡화	1919.12	T	C
116	三合永	譚傳庭	원산	직물	1919.3	U	C
117	三義成	-	하동	면포 잡화	1919.4	W	D
118	義和東	-	철원	포목 잡화	1919.1	X	D
119	義和利	解規以	전주	포목 잡화	1920.7	U	C
120	義興號	-	대전	포목	1919.9	X	D
121	義興盛	王心甫	인천	직물 잡곡 맥분	1919.11	S	C
122	義昌盛	孫丕勤	강경	면포 잡화	1919.9	△	-
123	義聚永	-	김천	비단 면포	1919.9	△	-
124	義生東	賈連芳	청주	포목 잡화	1920.5	X	D

125	義生德	林香亭	원산	면포 잡화	1919.3	△	-
126	義生號	曲綿社	김천	면포 잡화	1919.8	V	C
127	義生盛	周鶴山	인천	잡화	1919.1	△	-
128	義盛號	主家紳	경성	포목 잡화	1920.2	V	C
129	義成公	孫中選	대구	비단 면포 염료	1919.4	△	C
130	協源盛	孫春圃	대구	비단 마포 잡화	1919.1	V	C
131	協昌號	-	목포	면포 설탕 잡화	1919.7	X	D
132	協順興	張享榮	공주	면포 잡화	1919.5	Z	E
133	吉盛興	孫德仁	강경	면포 잡화	1920.1	△	-
134	吉盛永	郭光煒	밀양	비단 면포 마포	1920.4	V	C
135	綿生東	鹿德奎	군산	면포 잡화	1920.6	△	-
136	綿成東	趙謙益	경성	직물 잡화	1919.7	S	C
137	裕豊德	李書賈	경성	직물 잡화 설탕	1920.1	N	A
138	裕昌厚	-	의주	잡화	1920.6	V	C
139	裕順德	杜賨階	경성	한약재 잡화	1920.2	T	C
140	志興東	王連陞	경성	중국잡화 술	1919.1	T	C
141	志成東	-	마산	잡곡	1920.7	△	D
142	祥 興	張鴻海	경성	양복	1920.1	U	C
143	正興永	陳興倫	정읍	면포 잡화	1919.11	△	-
144	聚昌德	孫逢周	군산	면포 잡화	1920.6	Y	D
145	聚成號	孫方臣	경성	직물 잡화	1920.5	R	B
146	春記棧	曲維明	인천	여관	1919.11	T	C
147	春成興	劉敬修	평양	직물 잡화	1920.6	U	C
148	春盛永	梁鳳坡	평양	직물 잡화	1920.2	R	B
149	新合盛	揚君瑞	진남포	잡화 위탁판매	1919.3	V	C
150	新盛號	王致新	목포	비단 면포 잡화	1920.1	△	-
151	晉德永	汪汶健	나남	잡화	1920.4	U	C
152	仁和東	孫守慧	경성	포목 잡화	1920.3	T	C
153	仁和盛	孫恕甫	대구	면포 잡화	1920.3	△	-
154	仁泰恒	王樹嵐	군산	면포 잡화	1919.9	V	C
155	仁合東	-	인천	잡화	1920.1	U	C
156	仁聚東	張儀亭	군산	면포 잡화	1920.6	Z	E
157	是亦黨	鍾桐音	경성	한약재	1920.1	U	C
158	成康號	趙玉基	함흥	면포	1920.3	Y	D
159	成記東	-	함흥	면포	1920.3	T	C

160	成記號	龍殿甲	원산	직물 잡화	1919.3	V	C
161	成生和	-	함흥	면포	1920.3	U	C
162	瑞豊德	王汎清	경성	잡화	1919.4	X	D
163	瑞昌德	田占魁	경성	포목 잡화 과자	1919.1	△	-
164	瑞祥號	孫植軒	마산	면사포	1920.8	T	C
165	瑞生德	梅汝清	경성	잡화	1919.4	W	D
166	瑞成東	遲文祥	원산	직물	1920.7	V	C
167	瑞成祥	遲文瑞	원산	직물	1920.7	U	C
168	瑞盛泰	宋金銘	경성	직물	1920.2	R	B

출처: 商業興信所(2009), 『第21回 商工資産信用錄(大正7年)』(복각판, 『明治大正期 商工資産信用錄』 제12권(大正10年(下), クロスカルチャー出版을 근거로 필자가 작성.

〈부표 4〉 제23회 상공자산신용록(1922년 발행) 속의 화교회사 목록

번호	회사명	대표자	소재지	영업 종류	조사연월	추정 자산	신용 정도
1	怡泰棧	梁綺堂	인천	서양식료품	1922.6	O	B
2	怡泰昌	姜芝亭	부산	직물	1922.8	T	C
3	輔盛永	黃克忠	진남포	직물 석탄	1921.2	U	C
4	豊盛永	欒景玉	경성	잡화 직물	1921.1	△	-
5	東和號	王藎周	경성	잡화 면포	1922.6	△	C
6	東和昌	姜子雲	인천	식료 잡화 포목	1921.3	Y	C
7	東泰興	崔文泰	공주	잡화	1921.11	Y	C
8	東源東	宮鶴汀	경성	금은 매매	1921.7	U	C
9	東興德	張紋鏞	안성	면포 잡화	1921.8	T	C
10	東興盛	曾興來	마산	직물	1921.12	R	C
11	東興成	曲渭賓	경성	한약재 잡화 대추	1921.7	U	C
12	東升永	許文英	경성	잡화	1921.7	V	C
13	東順興	孫進傳	청주	면포 잡화	1921.11	△	-
14	東順興	韓曲卿	대전	면사포 잡화	1921.11	△	-
15	東順興	趙修美	부산	직물	1922.8	T	C
16	東茂盛	陳子欣	경주	직물 면사	1921.12	△	C
17	東盛福	李春梅	강경	면포 잡화	1922.7	Z	E
18	東生福	王逃章	강경	면포 잡화	1921.7	Y	D
19	東盛福	隋登雲	성진	면포	1922.7	T	C

20	東成興	張履泰	경성	잡화 식료품	1921.7	X	D
21	東成號	高汝明	경성	토목건축청부	1922.8	△	C
22	同泰興	鄕雲	청주	포목 잡화	1921.6	Z	E
23	同源興	王融賓	평양	주단 잡화 포목	1921.7	T	C
24	同合永	孫邊軒	청진	직물	1922.7	T	C
25	同益茂	李凌富	경성	포목 잡화	1922.7	V	C
26	同聚福	任餘亭	경성	포목 잡화	1922.2	U	C
27	同春福	孫文黨	인천	잡화	1921.10	W	D
28	同春盛	沙春黨	인천	포목 잡화	1922.3	U	C
29	同順泰	譚傑生	경성	잡화 직물 한약재	1922.7	G	Aa
30	同盛德	夏永德	군산	면포 잡화	1921.7	V	C
31	同盛長	張華亭	목포	직물	1922.7	T	C
32	同盛永	沙敬毓	인천	잡화	1922.6	U	C
33	同成德	欒成立	부산	면포	1921.10	T	C
34	同成德	殷祥亭	경성	식료 잡화	1922.7	W	D
35	同成合	王瑞亭	평양	주단 잡화	1922.1	W	D
36	同成號	崔振梅	인천	잡호	1921.7	W	D
37	同生福	-	성진	면포 잡화	1922.7	T	C
38	德泰	蔡興發	경성	양복	1921.7	Z	E
39	德泰東	杜豊五	진남포	직물 잡화	1921.10	U	C
40	德泰源	林香亭	원산	직물	1921.7	U	C
41	德源祥	林樹蕎	나남	직물	1921.7	V	C
42	德興隆	楊兆祥	원산	잡물	1921.3	U	C
43	德興永	孫德雲	조치원	포목 잡화	1921.6	Z	E
44	德興永	孫德潤	조치원	포목 잡화	1921.7	W	D
45	德興裕	程肅泰	평양	잡화	1922.3	W	D
46	德興仁	郝子九	청주	포목 잡화	1921.10	Z	E
47	德康號	孫建湖	함흥	면포	1921.7	U	C
48	德永祥	-	평양	직물	1921.8	T	C
49	德記號	逌名德	부산	직물	1922.8	W	D
50	德昌盛	高倍儉	부산	비단 면포	1922.8	U	C
51	德聚和	林亦農	부산	비단 면포	1922.3	R	B
52	德聚永	宮長仁	평택	포목 잡화	1921.8	W	D
53	德聚成	孫方臣	경성	직물	1922.5	R	B
54	德春盛	韓秉順	진남포	벽돌 목재	1921.4	V	C

55	德順泰	-	회령	잡화	1921.12	U	C
56	德順福	王連三	경성	직물	1922.5	N	A
57	德順永	張玉堂	대구	비단 면포 면사	1922.8	△	C
58	德順永	張玉亭	마산	비단 면사포	1921.12	U	C
59	德盛東	孫傑松	경성	식료 잡화	1922.6	W	D
60	德盛東	王鼎允	평양	주단 포목 잡화	1921.7	U	C
61	德盛興	郭占營	천안	잡화 식료 면포	1921.7	R	B
62	德盛永	趙德音	광주	직물 잡화	1921.9	U	C
63	德盛昌	王啓謀	인천	직물	1922.6	V	C
64	德成和	宋景山	평양	포목 잡화 주단	1921.7	U	C
65	德生恒	王惠庭	경성	한약재 모피	1921.2	T	C
66	兆 昌	鄭以初	경성	목재	1922.4	S	C
67	中和順	-	철원	잡화	1921.2	W	D
68	利華號	孔憲船	공주	포목 잡화	1921.11	V	C
69	利盛德	鄒世壽	군산	비단 면포 잡화	1921.9	V	C
70	王公溫	-	경성	건축 청부	1921.7	X	D
71	和泰號	王仲仁	인천	직물	1922.7	S	C
72	和興公	王元慶	경성	식료 잡화	1922.7	W	D
73	和記公司	王克嚴	평양	잡화	1921.6	W	D
74	和記號	蕭延華	강경	포목 잡화	1922.7	S	C
75	和昌信	林芸章	군산	면포 잡화	1921.7	W	D
76	和聚公	楊勳黨	인천	직물 잡화	1921.11	S	C
77	和順利	王敬亭	평양	주단 포목	1921.9	W	D
78	和信興	楊從宗	대전	포목 잡화	1921.7	V	C
79	和生號	-	대구	비단 면사포 잡화	1922.5	△	D
80	和盛永	譚曉亭	원산	면포	1921.7	W	D
81	和盛祐	-	전주	포목 잡화	1922.6	△	-
82	何澤民	-	경성	식료 수입 잡화	1922.9	U	C
83	泰東商號	王東泉	부산	직물	1922.8	T	C
84	泰和興	-	안성	면포 잡화	1921.8	U	C
85	泰興東	王連陞	경성	잡화	1921.10	T	C
86	泰升東	常鎭川	인천	직물	1922.6	T	C
87	泰盛東	常鎭川	인천	직물 잡화	1921.3	T	C
88	譚秋明	-	경성	중화요리	1922.7	S	C
89	雙成發	李切有	인천	포목 잡화	1921.7	V	C

90	雙盛福	柳仁興	강경	면포 잡화	1922.7	△	C
91	雙誠興	范用武	강경	포목 잡화	1922.7	△	C
92	增盛和	呂茂梅	인천	포목 잡화	1921.7	W	D
93	萊永興	徐希孟	부산	직물	1922.8	U	C
94	萊益興	-	부산	직물	1922.8	W	D
95	萬昌號	紀大鴻	경성	포목 잡화	1921.5	W	D
96	萬聚東	王承詡	인천	잡화	1921.3	X	D
97	萬盛和	-	부산	직물	1922.8	△	D
98	萬盛公	-	대구	직물 면사	1922.5	△	D
99	慶興德	孟憲詩	평양	잡화	1922.7	T	C
100	慶興順	劉墨齋	강경	면포 잡화	1921.7	U	C
101	慶盛長	張仁菴	대구	비단 면포	1922.1	△	D
102	乾泰和	鄭賢鄕	평양	포목 주단	1921.1	U	C
103	謙合盛	王鈺	평양	주단 포목	1922.1	T	C
104	源泰	樓元任	경성	양복	1922.7	W	D
105	源泰號	沙伯臣	마산	직물	1921.11	△	C
106	源泰號	金同慶	인천	양복	1921.7	U	C
107	源來盛	初百平	강경	면포 잡화	1922.7	△	D
108	源增永	傳叙王	정읍	면포 잡화	1921.7	△	C
109	源興東	呂祚濱	논산	면포 잡화	1922.7	△	D
110	源記號	孫廣霖	원산	포목	1921.6	Z	E
111	源生義	王逃明	조치원	포목 잡화	1921.7	W	D
112	源生南	判鳳山	평양	주단 포목	1921.1	U	C
113	元和棧	趙漢庭	인천	여관	1921.3	W	D
114	元享利	任積山	부산	직물	1922.8	△	C
115	傳利號	張泰彬	경성	직물	1922.7	Q	V
116	復豊成	孫丕喬	인천	잡화	1921.3	W	D
117	復聚棧	郭秋舫	인천	여관	1921.3	V	C
118	復盛東	-	강경	면포 잡화	1922.7	△	D
119	復盛棧	史祝三	인천	여관	1921.10	X	D
120	復盛義	孔雲平	논산	면포 잡화	1921.7	W	D
121	復盛昌	陳世庸	경성	식료 잡화	1922.7	U	C
122	福藥興	-	논산	포목	1921.7	△	C
123	福洪盛	楊運義	부산	직물	1922.8	V	C
124	福聚東	李鏡亭	대구	직물 면사	1922.5	U	C

125	福聚東	李鏡亭	인천	직물	본점 대구	-	-
126	福聚東	千進盛	경성	잡화	1922.7	W	D
127	福聚公	-	청진	포목	1922.7	T	C
128	福順興	王振岡	조치원	포목 잡화	1921.7	W	D
129	福成東	王棟臣	강경	면포 잡화	1921.7	△	D
130	福成興	孔憲釧	공주	포목 잡화	1921.6	U	C
131	福盛永	王尙敏	경성	포목 잡화	1922.2	U	C
132	文泰興	王福田	강경	면포 잡화	1921.7	U	C
133	文泰興	-	논산	포목 잡화	1921.4	S	C
134	廣和順	馬秀臣	경성	직물	1921.3	Q	B
135	廣和順	林廸永	군산	포목 잡화	1921.10	△	-
136	廣興隆	劉廣福	경성	포목 잡화	1922.6	U	C
137	廣榮泰	譚盛市	경성	한약재	1921.7	U	C
138	恒發祥	李允仲	경성	면포 잡화	1921.7	W	D
139	恒豊號	孔慶蘭	경성	포목 잡화	1921.7	V	C
140	恒昌永	-	성진	면포 잡화	1922.7	U	C
141	鴻泰東	趙湘州	함흥	면포	1922.6	U	C
142	鴻興福	張平原	경성	잡화	1922.4	X	D
143	鴻順東	周元忠	이리	면포 잡화	1922.7	X	D
144	公泰仁	曲占臨	이천	포목	1922.7	U	C
145	公泰盛	-	포항	비단 면포	1922.1	T	C
146	公安號	馮家棋	경성	빵 제조 식료 잡화	1922.7	V	C
147	公聚興	曲文甫	경성	서양식료 잡화	1921.7	W	D
148	公聚仁	胡口軒	경성	포목 잡화	1922.2	V	C
149	興順利	曲聖淸	김제	포목	1922.6	T	C
150	興盛和	宋川孔	인천	여관	1921.3	V	C
151	洪發福	蕭相淸	조치원	포목	1922.4	Z	E
152	洪順興	李程九	김천	비단 면포	1921.5	Z	E
153	合盛長	王友三	대구	면사 견사 마포	1922.5	C	C
154	永豊泰	王玉明	원산	면포	1921.7	C	C
155	永和泰	孫永和	원산	면포 잡화	1921.7	V	C
156	永和福	暹興鈺	경성	과자 제조 잡화	1922.7	W	D
157	永增和	王壽山	안성	면포 잡화	1921.8	V	C
158	永來盛	張子余	인천	직물	1922.6	Q	B
159	永慶春	馬春宴	청주	포목 잡화	1921.7	Z	E

160	永興和	孫永焜	원산	면포 잡화	1921.7	W	D
161	永合利	許吉臣	경성	잡화 중국신발	1921.7	Z	E
162	永記號	張夢齡	나남	포목	1922.7	U	C
163	永記號	韓興海	부산	비단 면포	1922.8	V	C
164	永義和	趙翰臣	목포	직물 잡화	1921.7	U	C
165	永聚和	-	성진	조선인용 잡화	1922.7	U	C
166	永聚和	楊緣喬	상주	비단 면포	1921.12	V	C
167	永順利	王樹勤	부산	비단 면포 양말 제조	1922.8	△	
168	永盛東	姜燕堂	경성	잡화 서적 종이	1921.7	V	C
169	永盛東	楊從先	대전	포목 잡화	1921.7	V	C
170	永盛東	韓鳳岐	원산	면포 잡화	1921.7	V	C
171	永盛合	刑子融	경성	한약재	1921.7	U	C
172	永生仁	王宗海	김천	비단 면포 잡화	1921.5	△	D
173	永成仁	鄒鏡海	목포	비단 면포 잡화	1922.6	T	C
174	永瑞祥	孫金甫	경성	직물	1922.1	S	C
175	榮泰	陣茗芳	경성	양복	1921.7	Z	E
176	瀛仙居記	陣芝山	경성	잡화 술	1921.10	X	D
177	天和德	龍振聲	원산	무역	1921.7	V	C
178	天和泰	王樹田	원산	면포	1921.7	W	D
179	天合棧	-	인천	여관	1921.7	V	C
180	天順泰	牟介福	조치원	포목 잡화	1921.7	T	C
181	天盛和	柳樂薰	천안	비단 잡화 중국과자	1921.7	Q	B
182	天盛興	黃廷弼	인천	포목 마포	1921.7	V	C
183	天成泰	宮文軒	인천	직물	1921.3	△	-
184	天成合	劉中基	공주	포목	1921.6	V	C
185	安利號	孫修五	경성	술 한약재	1921.7	V	C
186	安合號	王立業	경성	식료 잡화 중국과자	1922.3	S	C
187	西禎祥	曲文甫	경성	잡화	1922.7	W	D
188	西義順	林書銘	정읍	면포	1921.7	U	C
189	三合永	譚維中	인천	직물	1922.7	S	C
190	三合盛	馬耀庭	진남포	소금 위탁판매	1921.4	W	D
191	義豊號	劉昇基	경성	잡화술	1922.7	X	D
192	義豊祥	趙友彬	천안	직물 잡화 요리	1922.4	X	D
193	義和利	解規以	전주	면포 잡화	1921.7	U	C
194	義和吉	趙敷周	전주	면포 잡화	1921.7	U	C

195	義和盛	孫秀柱	인천	일용 잡화	1921.3	Z	E
196	義增永	-	상주	직물 잡화	1921.12	T	C
197	義興號	-	대전	포목	1921.7	W	D
198	義盛永	季香谷	상주	직물 잡화	1921.12	V	C
199	義昇德	宗鉾	상주	면포 잡화	1921.5	V	C
200	義昌號	紀東明	경성	포목 잡화	1921.5	V	C
201	義昌盛	孫丕勤	강경	포목 잡화	1922.7	△	C
202	義昌棧	張寶亭	평양	위탁판매	1921.6	X	D
203	義順興	-	강경	포목 잡화	1922.7	Z	E
204	義生東	賈連芳	청주	포목 잡화	1921.7	Z	E
205	義生德	千倍緣	원산	면포 잡화	1921.7	Y	D
206	義生號	曲綿祉	김천	면사포 잡화	1921.8	T	C
207	義生盛號	周鷄林	인천	서양 식료품	1922.8	U	C
208	義盛號	王家紳	경성	포목 잡화	1921.7	V	C
209	義成公	孫中選	대구	직물	1922.8	U	C
210	共和盛	劑淸濟	부산	직물	1922.8	Z	E
211	協興裕	元聚祥	군산	직물	1921.7	T	C
212	協興裕	張殷三	인천	직물	1921.3	R	B
213	協義號	揚金黨	여수	포목 잡화	1922.6	V	C
214	協順興	張享榮	공주	면포 잡화	1921.6	W	D
215	協盛東	孫守忠	경성	포목 비단 무역	1921.9	Q	B
216	玉成東	焉瑛椿	경성	식료 잡화 중국과자	1921.7	V	C
217	玉成東支	欒仲玉	개성	맥분 설탕 담배	1921.1	V	C
218	吉盛興	孫德仁	강경	면포 잡화	1922.7	Z	E
219	吉盛永	孫香圃	밀양	직물	1922.8	T	C
220	久盛東	-	상주	직물 면사	1921.11	X	D
221	綿生東	鄒丕詩	군산	면포 잡화	1921.8	T	C
222	錦成東	劉棣軒	경성	주단 잡화	1922.2	S	C
223	裕豊德	李書蕒	경성	직물 마포 잡화	1922.3	P	B
224	裕增德	陳松山	경성	잡화	1921.10	W	D
225	裕興東	姜垣裕	김제	면포 잡화	1921.3	△	-
226	裕昌永	林月東	회령	잡화	1921.12	V	C
227	裕順德	楊獻庭	경성	한약재 잡화	1921.7	U	C
228	裕順盛	杜夢芳	경성	일본 서양 잡화	1921.7	W	D
229	明成泰	盧記萬	원산	객주	1921.1	△	-

230	志興東	王連陞	인천	중국 잡화	1921.10	T	C
231	祥興	祥張鴻	경성	양복	1921.7	U	D
232	集昌號	司子明	경성	직물	1922.6	U	C
233	聚成號	孫方臣	경성	직물 잡화	1921.7	R	B
234	春記棧	曲敬齋	인천	여관	1922.6		C
235	春成興	劉敬修	평양	주단 포목	1921.6	U	C
236	春盛永	梁鳳坡	평양	주단 포목	1922.1	S	C
237	新合盛	揚君瑞	진남포	소금 위탁판매	1922.3	Z	E
238	新盛號	王致新	목포	직물 잡화	1922.7	T	C
239	晉德永	汪乾甫	나남	포목	1921.7	T	C
240	震興號	寧哲鄕	부산	직물	1922.8	Z	F
241	仁和東	孫守慧	경성	포목 잡화	1921.8	T	C
242	仁和盛	孫恕甫	대구	면포 잡화 마포	본점 仁和東	-	-
243	仁泰恒	王樹嵐	경성	포목 잡화	1921.8	V	C
244	-	-	-	-	-	-	-
245	仁合東	畢明齋	인천	잡화	1921.7	U	C
246	仁記號	呂仁軒	김천	면사포 잡화	1921.8	W	D
247	仁聚東	張儀亭	군산	면포 잡화	1922.7	X	D
248	人和福	王景仙	인천	직물	1922.6	T	C
249	是亦黨	鍾桐音	경성	한약재	1921.7	V	C
250	成泰號	沙伯臣	함흥	면포	1921.6	T	C
251	成興號	杜紹昌	조치원	포목 잡화	1921.7	X	D
252	成記東	龍輔宸	함흥	면포 잡화	1922.6	U	C
253	成生和	林明軒	함흥	면포	1921.7		C
254	盛康號	趙王基	함흥	면포	1921.7	X	D
255	瑞豊德	王汎淸	경성	잡화 중국과자	1922.7	V	C
256	瑞泰號	孫金甫	경성	비단 면포	1922.1	Q	B
257	瑞泰號	孫金甫	부산	비단 면포 잡화	본점 경성	-	-
258	瑞增號	唐修益	원산	면포 잡화	1922.6	Z	E
259	瑞生德	梅汝淸	경성	잡화	1922.2	W	D
260	瑞成東	遲文祥	원산	면포	1921.10	V	C
261	瑞成祥	遲文瑞	원산	직물	1921.7	U	C
262	瑞盛泰	宋金銘	경성	직물	1921.7	R	B

출처: 商業興信所(1922), 『第23回 商工資産信用錄』, 商業興信所, 外國人10~18쪽을 근거로 필자가 작성.

<부표 5> 제26회 상공자산신용록(1925년 발행) 속의 화교회사 목록

번호	회사명	대표자	소재지	영업 종류	조사연월	추정 자산	신용 정도
1	怡泰棧	梁綺堂	인천	서양 식료품	1924.12	P	B
2	怡泰昌	姜芝亭	부산	직물	1925.5	T	C
3	輔仁號	黃克忠	진남포	곡물 석탄	1924.1	△	C
4	寶德恒	孔慶貴	경성	철물 목재 잡화	1924.8	S	C
5	東望福	李眞和	강경	직물 잡화	1924.6	Z	E
6	東和昌	姜子雲	인천	직물 곡물 식료잡화	1925.3	T	C
7	東來盛	曾廣來	부산	직물 잡화	1924.7	T	C
8	東興德	-	안성	직물 잡화 양말 제조	1924.9	T	C
9	東興昌	曾廣來	진주	직물	1925.1	V	C
10	東興成	曲渭賓	경성	한약재 잡화	1924.8	U	C
11	東記	姚厚基	경성	직물 잡화	1925.6	U	C
12	東記號	王永恕	왜관	면사포 고무 신발	1925.2	W	D
13	東昌和	曲宜敏	정읍	직물 잡화	1925.2	W	D
14	東聚成	子哲卿	인천	직물 잡화	1924.5	Z	E
15	東順興	韓守任	강경	직물 잡화	1924.1	Y	D
16	東順興	孫進傳	청주	면포 잡화	1924.12	Z	E
17	東順興	趙修具	부산	직물	1924.8	T	C
18	東生泰	孫혈模	충주	직물 잡화	1925.1	△	-
19	東生福	隨登雲	성진	직물 잡화	1925.3	S	C
20	東成興	張福成	경성	잡화 식료품	1925.6	W	D
21	同增茂	王教王	원산	해산물 잡화	1925.5	X	D
22	同源興	王融賓	평양	직물	1925.1	T	C
23	同合興	沙昭鈴	벌교	직물 잡화 가공	1924.3	V	C
24	同益茂	李凌福	경성	직물 잡화	1924.1	V	C
25	同勝公	堯經義	충주	직물 설탕	1924.11	T	C
26	同聚福	任余亭	경성	직물 잡화	1924.1	T	C
27	同聚興	于鼎臣	영산포	직물 잡화	1925.4	W	D
28	同聚興	沙文毓	순천	직물 잡화	1925.5	U	C
29	同春福	孫文黨	인천	직물 잡화	1925.4	W	D
30	同春盛	沙春黨	인천	직물 잡화	1925.3	U	C
31	同順泰	譚傑生	경성	임대 잡화 직물	1924.2	△	-
32	同盛東	雜文用	목포	직물 잡화	1925.2	X	D

33	同盛德	夏永德	군산	직물 잡화	1925.3	V	C
34	同盛德	王正軒	경성	식료 잡화	1925.6	W	D
35	同盛長	張鳳幹	목포	직물 잡화	1924.7	U	C
36	同盛和	楊子謙	순천	직물 잡화	1925.4	U	C
37	同盛和	楊子謙	여수	직물 고무 신발	1924.1	U	C
38	同盛永	沙敬毓	인천	잡화	1925.4	△	D
39	同成興	鐘寶林	평양	직물 잡화	1924.6	Z	E
40	同成號	崔振梅	인천	잡화 잡곡	1924.5	W	D
41	同生東	劉耕桐	사리원	직물	1925.1	V	C
42	同生泰	許壽臣	인천	잡화 양말 제조	1924.12	X	D
43	同生福	孫鳳山	성진	직물 잡화	1925.2	U	C
44	德發祥	孫秀峰	경성	직물 잡화	1924.12	U	C
45	德泰源	弘慶章	원산	직물	1925.5	U	C
46	德泰昌	孔漸鴻	대구	비단 면포 잡화	1924.3	△	D
47	德源祥	林樹蕎	나남	직물	1925.5	X	D
48	德興永	孫緣川	원산	직물	1925.5	U	C
49	德興永	于鳳池	부산	직물 양말 제조	1924.12	W	D
50	德興永	孫德潤	조치원	직물 잡화	1924.12	W	D
51	德興裕	程肅泰	평양	잡화	1924.6	X	D
52	德合永	劉克尊	경성	잡화	1924.8	Y	D
53	德記號	趙名德	부산	직물	1925.5	W	D
54	德昌盛	高培儉	부산	직물	1924.7	U	C
55	德勝仁	田子良	정읍	직물 잡화	1924.9	Z	E
56	德棠和	林亦農	부산	직물	1924.12	S	C
57	德聚永	龍起棠	평택	직물 잡화	1924.9	W	D
58	德聚福	任善福	광주	직물	1925.2	V	C
59	德聚成	孫方臣	경성	직물	1925.3	R	B
60	德春盛	韓秉順	진남포	벽돌 목재	1924.6	V	C
61	德順泰	黃克領	회령	잡화	1924.6	W	D
62	德順福	王連三	경성	직물	1925.4	O	B
63	德順永	張玉堂	대구	직물	1925.4	U	C
64	德盛興	郭占榮	천안	직물 잡화	1925.3	S	C
65	德盛興	常瑛基	나주	직물 잡화	1925.4	W	D
66	德盛號	王聖軒	부산	직물	1925.5	W	D
67	德盛號	王鼎元	평양	직물	1925.2	U	C

666

68	德盛昌	王啓謀	인천	직물	1924.6	V	C
69	兆昌	鄭以初	경성	목재	1924.1	△	-
70	利盛德	鄒紹芳	군산	직물 잡화	1925.3	U	C
71	隆興德	呂翰章	영산포	직물 잡화	1925.4	X	D
72	王公溫	-	경성	건축 청부	1924.3	T	C
73	和泰號	孫金甫	인천	직물	1924.8	S	C
74	和興公	王元慶	경성	식품 잡화	1925.6	X	D
75	和記公司	王克嚴	평양	직물 잡화	1925.5	V	C
76	和記號	蕭祝三	강경	요리 직물 잡화	1925.3	T	C
77	和昌信	林芸章	군산	직물 잡화	1925.4	V	C
78	和聚興	張續敬	대전	직물 잡화	1925.4	△	-
79	和聚公	楊子馨	인천	직물	1924.9	T	C
80	和盛興	楊淸林	광주	직물	1925.2	U	C
81	和成號	趙崑生	대구	비단 면포 잡화	1924.3	Z	E
82	和成號	湯子剛	안동	면사 잡화	1924.1	V	C
83	和成祐	王乙青	전주	직물 잡화	1924.6	X	D
84	何澤民	-	경성	식료품	1924.6	U	C
85	泰東商會	王東泉	부산	직물	1925.2	X	D
86	泰和永	葉明山	안성	직물 잡화	1924.9	U	C
87	泰安洋行	楊培昌	평양	서양 잡화	1925.5	T	C
88	泰升東	常鎭川	인천	직물	1924.6	T	C
89	雙興號	慕文序	경성	건축 청부	1924.6	U	C
90	雙成發	李發林	인천	직물 잡화	1924.6	U	C
91	雙成福	柳仁興	강경	직물 잡화	1924.6	V	C
92	雙成公	韓文財	평양	주물	1925.3	X	D
93	雙誠興	范用武	강경	직물 잡화	1924.5	V	C
94	增盛和	呂茂樓	인천	직물 고무 신발	1924.5	X	D
95	通和恒	劉振崧	여수	직물 해산물	1925.5	Y	D
96	萊永興	徐希孟	부산	포목 잡화	1925.5	V	C
97	萬增利	千萬英	충주	직물 잡화	1924.12	V	C
98	萬昌號	紀大鶴	경성	직물 잡화	1924.1	W	D
99	萬聚東	王承誧	인천	잡화	1925.2	U	C
100	萬順德	周厚東	군산	직물 잡화	1924.11	Z	E
101	萬盛公	張庠臣	대구	직물 잡화	1924.7	△	C
102	慶興德	孟憲詩	평양	조선인용 잡화	1925.5	T	C

103	慶興順	劉墨齋	강경	직물 잡화	1925.3	U	C
104	慶順福	楊瑞臣	진남포	위탁판매	1925.5	V	C
105	慶盛長	張仁菴	대구	면사포	1925.1	W	D
106	謙和號	楊偉林	여수	직물 고무 신발	1925.3	W	D
107	謙合盛	王鈺	평양	직물	1925.1	T	C
108	謙義號	張駿基	전주	직물 잡화	1925.3	U	C
109	源東盛	初北平	강경	직물 잡화	1924.6	W	D
110	源泰	樓元任	경성	양복	1924.8	X	D
111	源泰號	砂伯臣	마산	직물	1925.1	S	C
112	源泰號	金同慶	인천	양복	1925.5	V	C
113	源增永	傅叙王	정읍	직물 잡화	1925.2	V	C
114	源來盛	初百平	강경	면포 잡화	1924.6	W	D
115	源興東	呂祚濱	논산	직물 잡화	1924.6	X	D
116	源盛口	初同順	평택	직물 잡화	1924.9	Y	D
117	源生登	傅惟輸	경성	직물 잡화	1924.1	T	C
118	源生盛	傅帷幹	경성	직물 잡화	1925.6	T	C
119	元和棧	梁供九	인천	여관	1925.3	T	C
120	元亨利	任善相	부산	직물 서양우산 신발	1925.4	V	C
121	扶春茂	劉春	안동	면사포 잡화	1924.1	Y	D
122	復豊成	孫丕喬	인천	잡화	1924.5	Y	D
123	復盛東	劉漢基	강경	직물 잡화	1925.5	Z	E
124	復成東	高敝等	마산	수입 쌀 맥분 면사포	1924.1	Z	F
125	復成東	史祝三	인천	여관	1925.3	U	C
126	福興成	楊運義	부산	직물	1924.12	V	C
127	福聚東	李鏡亭	대구	직물	1924.9	V	C
128	福聚公	欒鎭東	청진	직물	1925.5	V	C
129	福聚盛	宋亮明	고양	솥	1924.4	V	C
130	福順興	房喜泰	광주	직물 잡화	1924.5	Y	D
131	福盛長	遅中山	벌교	직물 잡화	1924.3	V	C
132	福盛永	王尙敏	경성	직물 잡화	1924.9	U	C
133	文泰興	解天慶	군산	직물 잡화	1925.3	T	C
134	廣和順	馬秀臣	경성	직물	1925.4	Q	B
135	廣和順	林秀臣	군산	직물 잡화	1925.4	V	C
136	廣和順	馬秀臣	경성	직물	1924.3	Q	B
137	廣興隆	劉廣福	경성	직물 잡화	1925.6	V	C

138	廣榮泰	譚盛市	경성	한약재	1925.6	U	C
139	恒豊號	孔慶蘭	경성	직물 잡화	1925.6	W	D
140	恒昌永	紀本堂	청진	직물 잡화	1924.12	U	C
141	鴻泰祥	-	함흥	직물	1925.1	U	C
142	公泰仁	孫俊文	경성	면포	1924.9	U	C
143	公安號	馮燁庭	경성	빵 제조 식료 잡화	1925.6	V	C
144	公聚泰	孔漸鴻	대구	직물	1924.9	U	D
145	公聚興	吳明軒	경성	일본·서양 잡화	1925.6	W	D
146	興順利	曲聖淸	김제	직물 잡화	1925.3	V	C
147	興盛和	劉富滋	인천	여관	1924.9	V	C
148	洪順興	林順興	공주	직물 잡화	1924.9	U	C
149	合盛長	王友三	대구	면사 견사 마포	1925.5	Z	E
150	永豊泰	王玉明	원산	직물	1924.5	V	C
151	永和泰	孫永和	원산	직물	1925.5	V	C
152	永和福	暹興鈺	경성	과자 제조 잡화	1924.1	W	D
153	永增和	王壽山	안성	직물 잡화	1924.9	U	C
154	永來盛	傅維貢	인천	직물	1925.2	Q	B
155	永興德	劉子平	평택	조선인용 잡화	1925.5	S	C
156	永興和	孫永焜	원산	직물	1925.5	X	D
157	永合利	許吉臣	경성	잡화 중국신발	1925.6	W	D
158	永記號	張夢齡	나남	직물	1925.5	X	D
159	永記號	韓興海	부산	직물 마포	1925.6	W	D
160	永義和	趙翰臣	목포	직물 잡화	1925.5	V	C
161	永昌源	鄭化南	목포	직물 잡화	1925.2	U	C
162	永聚和	于立英	성진	직물 잡화	1925.3	U	C
163	永順號	王樹勤	진주	직물	1925.1	T	C
164	永順福	于豊蘭	목포	직물	1925.5	X	D
165	永盛東	-	대전	직물 잡화	1925.4	△	-
166	永盛東	姜謂才	경성	잡화 서적	1925.6	U	C
167	永盛泰	翰鳳岐	원산	직물 잡화	1924.5	U	C
168	永盛合	刑子協	경성	한약재	1925.5	T	C
169	永生仁	王宗海	김천	견포 면포 잡화	1924.8	△	D
170	永成仁	郝鏡海	목포	직물 잡화	1924.5	△	-
171	永瑞祥	孫金甫	경성	직물	1924.11	S	C
172	榮興號	司徒鋁	경성	건축 청부	1925.3	T	C

173	益成東	王術述	목포	직물	1925.5	Z	E
174	天和德	龍振聲	원산	해삼 모피 약재	1925.5	U	C
175	天和泰	王樹田	원산	직물	1925.5	W	D
176	天泰興	王鴻庭	광주	직물	1925.2	V	C
177	天增利	曲子貴	김제	직물 잡화	1924.6	Z	E
178	天合棧	王凞庭	인천	여관	1925.5	V	C
179	天昌順	劉斯開	군산	직물 잡화	1925.2	V	C
180	天順泰	牟介福	조치원	직물 잡화	1925.4	U	C
181	天盛興	黃建弼	인천	직물 잡화	1925.5	U	C
182	天成泰	宮文軒	인천	직물 잡화	1924.6	△	C
183	安康號	鄭興鄉	안주	직물	1925.2	V	C
184	安合號	王立業	경성	식료 잡화	1925.2	S	C
185	三合永	譚雲亭	원산	직물	1925.5	T	C
186	三合永	譚維中	인천	직물	1924.9	T	C
187	三合盛	王兆薰	진남포	소금 위탁판매	1924.6	V	D
188	義德號	黃廷文	여수	면포 마포 고무 신발	1924.1	W	D
189	義和利	解鳳閭	전주	직물 잡화	1925.2	U	C
190	義和吉	李振用	전주	직물 잡화	1925.2	V	C
191	義和盛	孫秀柱	인천	일용 잡화	1925.5	Y	D
192	義記號	高義基	여수	직물	1924.1	V	C
193	義昌棧	張寶亭	평양	잡화	1925.5	U	C
194	義昌盛	孫丕連	강경	직물 잡화	1925.3	V	C
195	義昌棧	張寶亭	평양	위탁판매 잡화	1924.6	V	C
196	義聚盛	玉冰瑞	여수	직물	1924.1	W	D
197	義生泰	孔鳳沙	청진	직물	1925.5	U	C
198	義生號	四棉祉	김천	면사포 잡화	1925.3	V	C
199	義生盛	周鷄林	인천	서양 식료품	1925.5	U	C
200	義盛號	王家紳	경성	직물 잡화	1925.6	V	C
201	義成公	孫中選	대구	면사포	1925.4	△	D
202	協泰昌	王心甫	인천	직물	1924.8	R	B
203	協源盛	孫春圃	광주	직물 잡화	1925.4	W	D
204	協興裕	林敏蒼	군산	직물	1924.9	T	C
205	協興裕	林敏芬	인천	직물	1924.12	R	B
206	協義號	楊金黨	여수	직물	1924.1	X	D
207	協昌號	潘榮輝	목포	직물 잡화 설탕	1925.5	W	D

208	協成泰	吳子明	경성	중국신발	1925.5	X	D
209	玉慶東	-	강릉	직물 잡화	1925.6	U	C
210	玉成東	焉瑛禧	경성	식료 잡화	1924.3	U	C
211	吉盛興	-	강경	직물 잡화	1925.5	X	D
212	久盛東	孔瑤臣	상주	직물	1925.1	W	D
213	金谷園	周世顯	경성	중화요리	1924.11	T	C
214	金生慶	劉雲慶	김천	면사포 잡화	1925.3	U	C
215	錦生東	鄒培詩	군산	직물 잡화	1925.3	T	C
216	錦成東	劉棣軒	경성	직물 잡화	1925.3	R	B
217	裕豊德	李書萤	경성	직물 잡화	1925.4	△	B
218	裕豊仁	賈維均	공주	직물 잡화	1925.3	X	D
219	裕興東	姜垣裕	김제	직물 잡화	1924.6	V	C
220	裕昌永	黃克鎭	회령	직물 잡화	1924.6	W	D
221	裕順盛	杜馥庭	경성	잡화	1925.6	X	D
222	誌興東	孫長榮	인천	잡화 곡물 여관	1925.3	T	C
223	誌興東	王連陞	경성	중국잡화 소주	1924.9	T	C
224	聚源和	林騰九	인천	직물 잡화	1924.9	△	D
225	聚盛號	孫永偏	벌교	직물 잡화	1924.3	W	D
226	集昌號	司子明	경성	직물 잡화	1925.6	V	C
227	春記棧	曲敬齋	인천	여관	1924.6	T	C
228	春成興	劉敬修	평양	직물	1925.6	T	C
229	春盛永	梁鳳坡	평양	직물	1925.2	S	C
230	新合盛	揚君瑞	진남포	소금 잡화	1925.5	V	C
231	新盛號	王致新	목포	직물 잡화	1925.4	△	D
232	晋德永	汪乾甫	나남	직물	1925.5	V	C
233	震興號	寧哲鄕	부산	면사 직물	1924.7	Y	D
234	信德永	雛紋台	대전	직물 잡화	1924.8	△	E
235	仁泰恒	王樹嵐	군산	직물 잡화	1925.2	U	C
236	仁合東	楊仁盛	인천	직물	1925.5	U	C
237	仁聚東	張儀亭	군산	직물 잡화	1924.11	V	C
238	仁成號	張嵐蕆	목포	직물	1925.5	X	D
239	人和福	王景仙	인천	직물	1924.9	Y	D
240	成泰號	沙伯臣	함흥	직물	1924.1	U	C
241	成興號	杜昌紹	조치원	직물 잡화	1925.4	V	C
242	成記號	片培義	원산	직물	1925.5	T	C

243	全增旭	王汎清	정읍	직물	1924.9	V	C
244	瑞豊德	孫金甫	경성	잡화 과자	1925.6	V	C
245	瑞泰號	唐修益	경성	철물	1925.3	P	B
246	瑞生德	梅汝清	경성	잡화	1924.3	V	C
247	瑞成東	遲文祥	원산	직물	1925.5	W	D

출처: 商業興信所(2009), 『第26回 商工資産信用錄(大正14年)』』(복각판, 『明治大正期 商工資産信用錄』 제14권(大正14年(下), クロスカルチャー出版을 근거로 필자가 작성.

〈부표 6〉 제30회 상공자산신용록(1929년 발행) 속의 화교회사 목록

번호	회사명	대표자	소재지	영업 종류	조사연월	추정 자산	신용 정도
1	怡泰棧	梁綺堂	인천	식료 잡화	1928.9	P	B
2	怡泰昌	姜芝亭	부산	직물	1928.9	T	C
3	寶記號	初雲梓	함흥	면포	1928.11	Y	D
4	豊順棧	徐桂松	인천	직물 객잔	1929.5	V	C
5	東和昌	陳廷賢	군산	직물 잡화 잡곡	1928.4	U	C
6	東和昌	姜子雲	인천	직물 잡화	1929.5	V	C
7	東華興商店	張統德	경성	일식 서양식 가구제작	1929.5	Z	E
8	東海樓	王文海	경성	중화요리	1928.6	△	-
9	東萊盛	曾廣來	부산	직물	1929.5	T	C
10	東興成	曲渭賓	경성	잡화	1928.12	T	C
11	東記	姚厚基	경성	직물 잡화	1928.1	△	-
12	東聚成	子哲卿	인천	직물 잡화	1928.5	V	C
13	東順興	趙修昊	부산	직물	1929.6	U	C
14	東生福	隨登雲	성진	직물	1929.4	R	B
15	東成興	張福成	경성	잡화 식료품	1929.6	W	D
16	同發祥記	李培發	인천	식료품 잡곡	1929.5	Z	F
17	同源興	王融賓	평양	직물	1929.5	S	C
18	同益茂	李凌富	경성	잡화 직물	1929.5	U	C
19	同聚福	任余亭	경성	직물 잡화	1929.5	T	C
20	同春盛	沙春薰	인천	직물 잡화	1929.5	U	C
21	同順泰	譚傑生	경성	임대 잡화 직물	1929.6	△	A
22	同盛德	夏永德	군산	직물 잡화	1928.2	△	-
23	同盛公	韓文元	부산	주물	1929.6	V	C

24	同盛號	崔振梅	인천	잡화 곡물	1929.5	V	C
25	同盛永	沙敬毓	인천	잡화	1929.1	T	C
26	同生東	劉相桐	사리원	직물	1929.5	V	C
27	同成泰	許壽臣	인천	잡화 양말 제조	1928.5	T	C
28	同生泰	孫鳳山	성진	직물 잡화	1928.7	W	D
29	德發祥	李善逮	경성	직물 잡화	1929.5	U	C
30	德余恒	王克亭	재령	직물 잡화	1929.5	U	C
31	德泰源	孔廣璋	원산	직물	1928.1	T	C
32	德興永	孫豫川	원산	직물	1928.12	U	C
33	德昌隆	高學信	부산	직물	1928.9	W	D
34	德昌恒	張旭初	부산	직물	1929.2	Y	D
35	德昌號	王維黨	웅기	설탕 맥분 잡화	1929.4	W	D
36	德昌盛	高培儉	부산	직물 잡화	1928.9	W	D
37	德聚東	張香亭	진남포	소금 위탁판매	1929.5	U	C
38	德聚成	孫方臣	경성	직물	1929.5	R	B
39	德衆和	林亦農	부산	직물	1928.1	S	C
40	德順福	王連三	경성	직물	1929.5	△	-
41	德順永	張玉堂	대구	직물	1929.5	U	C
42	德盛和	華方述	군산	직물 잡화	1928.4	△	E
43	德盛興	王述彭	목포	비단 면포 잡화	1928.5	△	-
44	德盛號	王鼎元	평양	직물	1929.5	T	C
45	德盛昌	王啓謀	인천	직물	1928.5	V	C
46	德成興	薰修森	밀양	비단 면포 잡화	1929.6	V	C
47	德生東	鹿德奎	군산	직물 잡화	1928.4	△	C
48	中和義	王子亨	재령	직물 잡화	1929.5	W	D
49	鎮泰號	孔紹芳	함흥	면포	1928.11	Z	E
50	利盛德	鄒紹郁	군산	직물 잡화	1928.5	△	D
51	王公溫	-	경성	건축 청부	1928.8	△	-
52	和泰號	孫金甫	인천	직물	1929.5	R	B
53	和興公	王元慶	경성	식료 잡화	1928.6	X	D
54	和昌信	林芸章	군산	직물 잡화	1929.5	X	D
55	和聚公	楊子馨	인천	직물	1929.5	T	C
56	和順利	徐明齋	대구	직물	1929.5	V	C
57	和盛興	溫蘭亭	인천	조선인용 잡화	1928.5	W	D
58	何澤民	-	경성	식료품	1928.2	△	C

59	雅叙園	徐鴻州	경성	중화요리	1928.6	△	C
60	大觀園	王丕鈞	경성	중화요리	1929.6	U	C
61	泰安洋行	楊培昌	평양	서양 잡화	1929.5	T	C
62	雙和利	買廣發	평양	주물	1929.5	W	D
63	雙和祥	宋智明	경성	솥 제조	1928.1	△	-
64	雙華興	于德泉	경성	솥 제조	1928.9	△	-
65	雙興和記	慕文翰	경성	토목건축청부	1929.5	△	D
66	雙興永	張殿臣	군산	주물	1928.5	U	C
67	雙盛發	李發林	인천	직물 잡화	1928.5	U	C
68	增興泰	曹增彦	원산	면포	1929.4	Z	E
69	增盛和	呂義梅	인천	직물 잡화	1928.5	W	D
70	通聚合	金學洙	부산	직물	1928.5	R	B
71	萊永興	徐希孟	부산	직물	1929.6	V	C
72	萬豊號	紀有餘	경성	직물 잡화	1929.1	△	-
73	萬昌號	紀大鶴	경성	직물 잡화	1929.2	△	
74	萬聚東	王承詡	인천	잡화	1929.5	U	C
75	萬順德	周厚東	군산	직물 잡화	1929.5	Z	E
76	萬成公	紀大鶴	경성	양말 모자 제조	1928.1	△	
77	慶興德	孟憲詩	평양	양말 제조	1928.4	P	B
78	慶順德	楊瑞臣	진남포	소금 위탁판매	1929.5	U	C
79	慶盛長	張仁菴	대구	면사포	1928.4	△	D
80	謙泰興	牟晏海	원산	한약재 해삼	1928.5	Z	E
81	謙合盛	王 鈺	평양	직물	1929.5	R	B
82	謙茂號	張駿基	전주	직물 잡화	1928.4	V	C
83	源泰洋服店	樓元任	경성	양복	1928.6	V	C
84	源泰號	金同慶	인천	양복	1928.5	W	D
85	源增永	傅叙五	정읍	직물 잡화	1928.5	U	C
86	源興德	劉德增	평양	잡화	1929.5	T	D
87	源興長	-	장성	직물	1928.12	X	D
88	元和棧	梁供九	인천	잡화 여관	1929.5	T	C
89	元興東	王宗仁	원산	면포	1929.4	X	D
90	元亨利	任善相	부산	직물	1929.3	U	C
91	蚨聚永	用玉田	인천	면포 잡화	1929.5	W	D
92	阜盛號	王家綏	경성	잡화	1928.6	△	-
93	復盛昌	陳世庸	경성	식료 잡화	1929.6	W	D

94	復成棧	史祝三	인천	여관	1928.5	U	C
95	復成義	-	합천	비단 면사 잡화	1928.5	V	C
96	福豊成	孫丕喬	인천	잡화	1928.5	Y	D
97	福源東	馬仲厚	경성	한약재 무역	1928.1	△	-
98	福興盛	楊運義	부산	직물	1928.3	△	C
99	福章洋服店	王甫章	경성	양복	1929.6	U	C
100	福聚東	李鏡亭	대구	직물	1928.1	V	C
101	福聚東	李鏡亭	인천	직물	본점대구	-	-
102	福聚盛	宋亮明	고양	주물	1929.2	△	-
103	福成興	孔憲釧	공주	직물 잡화	1928.5	U	C
104	福盛永	王學明	제천	직물 잡화	1928.7	△	-
105	文聚德	曲文選	목포	직물	1928.5	△	-
106	廣和順	葛松濤	경성	직물	1929.5	P	B
107	廣和順	林廼長	군산	직물 잡화	1929.5		E
108	廣興隆	孫中朝	경성	직물 잡화	1929.6	U	C
109	廣榮泰	譚盛沛	경성	한약재	1929.6	△	D
110	恒豊號	孔慶蘭	경성	직물 잡화	1929.7	V	C
111	恒興東	孫相泉	평양	잡화	1929.6	X	D
112	恒記號	林昌固	나주	직물	1928.5	T	D
113	恒順號	王 鐸	안주	잡화	1928.5	T	D
114	恒成永	鄒子垍	평양	잡화	1929.5	W	D
115	鴻泰東	趙湘洲	함흥	면포	1928.1	U	C
116	鴻興泰	鄒鴻三	원산	면포	1929.5	Z	E
117	鴻昌榮	許子沂	성진	면포	1929.4	U	C
118	公和昌	劉乾信	평양	서양식 가구	1929.5	Y	D
119	公泰仁	孫俊文	경성	면포	1928.12	△	-
120	公合東	高紹讓	웅기	위탁판매	1928.1	U	C
121	公安號	鴻燁庭	경성	빵 제조 잡화	1929.6	V	C
122	公聚泰	孔漸鴻	대구	직물	1928.12	△	C
123	公聚興	吳明軒	경성	일본·서양 잡화	1928.5	△	-
124	興盛和	劉富叔	인천	여관	1928.5	V	C
125	合盛東	-	원산	면포	1929.4	W	D
126	永豊泰	王玉明	원산	직물	1929.6	W	D
127	永豊裕	張升三	경성	한약재	1928.1	△	-
128	永來盛	傅維貢	인천	직물	1929.5	R	B

129	永源長	于耀亭	함흥	면포	1928.11	V	C
130	永興德	劉子平	평양	조선인용 잡화	1929.5	R	B
131	永合利	許吉臣	경성	잡화 중국구두	1928.6	V	C
132	永勝泰	徐憲章	원산	곡물 해삼	1928.2	V	C
133	永聚福	年織文	함흥	면포	1928.11	X	D
134	永順福	千豊蘭	목포	직물	1928.1	W	D
135	永順號	韓鳳岐	원산	곡물	1928.1	Y	E
136	永順盛	華宗元	대구	직물	1928.5	△	D
137	永盛東	揚子芳	인천	양말 제조	1928.5	Y	D
138	永盛東	姜謂才	경성	모피 종이	1928.3	T	C
139	永盛福	張指日	목포	직물	1929.5	△	-
140	永盛號	千峻昌	함흥	면포	1928.11	Z	E
141	榮興號	司徒紹	경성	건축청부	1929.6	T	C
142	悅寶樓	王善卿	경성	중화요리	1929.6	V	C
143	益德永	于明軒	청진	면포	1928.11	W	D
144	天和德	龍振聲	원산	해삼 약품	1929.5	U	C
145	天和隆	龍貴興	원산	면포	1928.12	W	D
146	天和泰	王樹田	원산	직물	1928.5	W	D
147	天合棧	王凞庭	인천	여관	1928.5	U	C
148	天成泰	官文坪	인천	직물	1929.5	△	-
149	天盛興	黃建弼	인천	직물 잡화	1928.5	U	C
150	安康號	鄭賢卿	안주	직물	1929.5	U	C
151	安合號	王立業	경성	식료 잡화	1929.6	R	D
152	三合永	譚云亭	원산	직물	1928.1	T	C
153	三合盛	宮潤術	진남포	소금 위탁판매	1929.5	U	C
154	義和吉	李振用	전주	직물 잡화	1928.8	V	C
155	義和利	解鳳岡	전주	직물 잡화	1928.8	U	C
156	義記號	高義基	여수	면사 마포 고무 신발	1929.3	X	D
157	義昌棧	張寶亭	평양	잡화	1929.5	T	C
158	義聚永	李升軒	김천	직물 잡화	1928.2	△	D
159	義聚成	王輯五	부산	직물	1929.5	W	D
160	義順永	劉志貴	군산	직물 잡화	1929.4	△	-
161	義順義	劉志貴	군산	직물 잡화	1928.4	△	D
162	義盛公	王家紳	경성	면사 잡화	1929.6	V	C
163	義成仁	徐維仁	부산	직물 해산물	1929.4	V	C

164	義生盛	周鶴林	인천	중화요리	1928.5	U	C
165	協泰昌	王心甫	인천	직물	1929.2	R	B
166	協興裕	張愼五	군산	직물 잡화	1929.3	△	-
167	協興裕	林統芬	인천	직물	1929.5	R	B
168	協呈祥	千倍祥	경성	잡화	1929.6	△	C
169	協昌號	潘榮輝	목포	직물	1929.5	W	D
170	協成永	吳子明	경성	중국신발	1929.6	Z	F
171	玉成東	焉英禧	경성	식료 잡화	1928.6	U	C
172	玉成祥	賀金琳	원산	면포 잡화	1929.4	W	D
173	金谷園	周世頭	경성	중화요리	1929.6	T	C
174	錦生東	鄒培詩	군산	직물 잡화	1928.2	△	C
175	錦成東	劉棣軒	경성	직물 잡화	1929.6	R	B
176	裕豊德	趙謙益	경성	직물 잡화	1929.6	△	-
177	裕豊德	李書斐	부산	직물	본점 경성	-	-
178	誌興東	孫長榮	인천	잡화 곡물 여관	1929.5	R	B
179	徐大鴻	-	군산	원염	1928.4	W	D
180	祥泰號	趙福恩	경성	양복	1929.4	Z	E
181	祥興洋服店	張鴻海	경성	양복	1929.4	Z	E
182	集昌號	司子明	경성	잡화	1929.5	△	C
183	春記棧	曲敬齋	인천	여관	1928.5	T	C
184	春盛興	劉聿軒	평양	당면 제조	1929.5	T	C
185	春盛永	張景賢	평양	직물	1929.5	T	C
186	順泰號	錢信二	인천	양복	1928.5	X	D
187	順興義	趙殿英	군산	직물 잡화	1929.5	△	-
188	新和興	蕭銘新	이리	면포 잡화	1929.4	△	D
189	新合盛	梁順祥	진남포	소금 위탁판매	1929.5	U	C
190	新盛號	王致新	목포	직물	1929.4	△	-
191	晉德永	汪乾甫	청진	면포	1928.11	U	C
192	震興號	眘貴麒	부산	직물	1928.9	Z	E
193	仁和永	馬厚斌	군산	직물 잡화	1929.5	△	-
194	仁泰恒	王樹嵐	군산	직물 잡화	1928.4	△	C
195	仁合東	楊仁盛	인천	직물	1928.5	U	C
196	仁聚東	張儀亭	군산	직물 잡화	1929.5	△	-
197	成泰號	沙泊臣	함흥	면포	1928.1	U	C
198	成記東	龍輔宸	함흥	면포	1928.1	V	C

199	成記號	宇倍義	원산	직물	1928.12	△	-
200	西義順	鄒敬亭	정읍	직물 잡화	1929.5	△	D
201	西成興	林琴堂	대전	직물 잡하	1929.3	△	
202	瑞豊德	王汎清孫	경성	잡화 과자	1929.6	V	C
203	瑞泰號	金甫	경성	직물	1929.5	P	B
204	瑞泰號	孫金甫	부산	직물	본점 경성	-	
205	瑞生德	梅汝清	경성	잡화	1929.1	△	-
206	瑞生東	暹文祥	원산	직물	1929.6	W	D

출처: 商業興信所(1929), 『第30回 商工資産信用錄』, 商業興信所, 外國人11~19쪽을 근거로 필자가 작성.

〈부표 7〉 제33회 상공자산신용록(1932년 발행) 속의 화교회사 목록

번호	회사명	대표자	소재지	영업 종류	조사연월	추정 자산	신용 정도
1	怡泰棧	梁東涯	경성	식료 잡화	1931.6	P	B
2	怡泰昌	姜芝亭	부산	직물	1932.7	T	C
3	東和昌	姜子雲	인천	직물 잡화	1932.6	W	D
4	東華興	張統德	경성	일식·서양식 가구제작	1931.6	X	D
5	東海樓	王文海	경성	중화요리	1932.7	△	
6	東萊盛	曾廣來	부산	직물	1932.7	T	C
7	東興利	張言誠	목포	직물	1931.6	Y	C
8	東興成	曲渭賓	경성	잡화	1932.7	U	C
9	東祥記	姚興業	경성	직물 잡화	1932.7	V	C
10	東聚成	子哲卿	인천	직물 잡화	1932.6	V	C
11	東順興	趙修昊	부산	직물	1932.7	V	C
12	東成興	張福成	경성	잡화 식료품	1931.6	W	D
13	同益茂	李凌富	경성	잡화 직물	1931.2	T	C
14	同順泰	譚廷澤	경성	임대 잡화 직물	1932.7	△	-
15	同盛德	夏永德	군산	직물 잡화	1932.6	W	D
16	同盛泰	于香亭	성진	직물	1931.6	T	C
17	同盛公	韓文元	부산	주물	1932.7	W	D
18	同盛永	沙敬毓	인천	잡화	1932.6	U	C
19	同成號	崔書藻	인천	곡물 잡화	1932.6	W	D
20	德利號	田兆基	경성	건축청부	1932.7	V	C

21	德泰源	孔慶璋	원산	직물	1932.6	T	C
22	德興永	孫豫川	원산	직물	1932.6	T	C
23	德裕祥	楊圭芳	부산	직물	1932.7	Y	D
24	德昌隆	高學信	부산	직물	1932.7	W	D
25	德昌號	王維堂	웅기	당면 잡화	1931.6	U	C
26	德昌盛	高培儉	부산	직물	1932.7	W	E
27	德聚昌	朱昌三	인천	원염 잡곡	1932.6	V	C
28	德聚成	孫方臣	경성	직물	1931.3	T	C
29	德聚和	林亦農	부산	직물	1932.7	T	C
30	德順福	王連三	경성	직물	1931.5	△	-
31	德順永	張玉堂	대구	직물	1931.1	T	C
32	德盛和	夏永德	군산	직물 잡화	1932.6	Z	E
33	德盛昌	王啓謀	인천	직물	1932.6	V	C
34	德成利	隨登雲	성진	직물	1931.6	T	C
35	德生祥	郭占榮	인천	잡화	1932.6	W	D
36	和興公	王元慶	경성	식료 잡화	1932.7	X	D
37	和聚興	溫蘭亭	인천	잡화	1932.6	U	C
38	和聚興	張緒敬	대전	면사포 잡화	1931.7	△	-
39	和聚公	楊翼之	인천	직물	1932.6	U	C
40	和盛興	溫蘭亭	인천	잡화	1931.6	W	D
41	雅叙園	徐鴻州	경성	중화요리	1932.7	△	C
42	大觀園	王丕釣	경성	중화요리	1931.7	U	C
43	泰興鐵工廠	王敬五	경성	주물 공장	1932.1	W	D
44	泰昌祥	孫長榮	인천	잡화	1932.6	W	D
45	雙和祥	賈駿才	경성	솥제조	1931.3	V	C
46	雙成發	李發林	인천	직물 잡화 잡곡	1932.6	U	C
47	增成和	呂茂梅	인천	직물 잡화	1932.6	Z	E
48	萊永興	徐希孟	부산	직물	1932.7	X	D
49	萬聚東	王承詡	인천	잡화	1932.6	U	C
50	慶盛長	張仁菴	대구	직물	1932.7	W	D
51	源泰洋服店	樓元任	경성	양복	1932.7	U	C
52	源泰號	高林汝	인천	양복	1932.7	Z	E
53	元和棧	張晉三	인천	잡곡 여관	1932.6	U	C
54	元亨利	任善相	부산	직물	1932.7	V	C
55	阜盛號	王家綬	경성	잡화	1932.7	V	C

56	復合盛	王 鈺	평양	직물	1932.5	△	C
57	復聚東	孫衍渤	대구	직물	1932.7	X	D
58	復盛昌	陳世庸	경성	식료 잡화	1931.7	W	D
59	福音建築廠	王公溫	경성	건축 청부	1931.5	△	-
60	福源東	馬仲厚	경성	한약재 무역	1931.6	△	C
61	福興盛	楊運義	부산	직물	1932.7	V	C
62	福章洋服店	王甫章	경성	양복	1931.7	U	C
63	福聚東	李鏡亭	인천	직물	1932.6	V	C
64	福聚盛	宋亮明	고양	주물	1931.3	△	-
65	廣和順	葛松壽	경성	직물	1931.3	△	B
66	廣榮泰	譚盛沛	경성	한약재	1931.7	V	C
67	恒豊號	孔慶蘭	경성	직물 잡화	1931.7	W	D
68	恒記號	許子淸	성진	면포	1931.3	Y	D
69	恒昌榮	許子沂	성진	면포	1931.3	U	C
70	鴻泰祥	孫 蓮	함흥	면포	1931.3	U	C
71	鴻昌榮	許子沂	성진	면포	1931.3	U	C
72	公和東	隋承縞	함흥	면포	1931.6	X	D
73	公和昌	劉乾信	평양	서양식 가구 제작	1932.6	W	D
74	公安號	馮燁庭	경성	빵 제조 식료 잡화	1931.7	V	C
75	公聚泰	曲占臨	대구	직물	1931.2	T	C
76	公聚興	吳明軒	경성	일본·서양 잡화	1932.7	V	C
77	合興東	楊鴻余	원산	면포	1931.6	X	D
78	永豊裕	張升三	경성	약종	1932.7	U	C
79	永來盛	傅守亭	인천	직물	1932.6	S	C
80	永源長	于翔亭	함흥	면포	1931.6	U	C
81	永順盛	華宗元	대구	직물	1932.7	Z	E
82	永盛東	姜謂方	경성	동물가죽 지물	1932.7	T	C
83	永盛號	千峻昌	함흥	면포	1931.6	Z	E
84	榮興號	司徒紹	경성	건축 청부	1931.6	U	C
85	悅寶樓	王善卿	경성	중화요리	1931.7	V	C
86	益德永	于明軒	청진	면포	1931.6	V	C
87	益合永	孫信卿	청진	면포	1931.6	T	C
88	益生藥房	-	경성	한약재 잡화	1931.2	△	C
89	天和德	龍振聲	원산	해삼 한약재	1931.6	V	C
90	天和隆	龍貴興	원산	면포	1931.6	X	D

91	天合棧	張停鄉	인천	여관	1932.6	V	C
92	安合號	王芝福	경성	식료 잡화	1931.7	S	C
93	三合興	鄒愛齡	경성	잡화	1932.5	W	D
94	三合永	譚云亭	원산	면포	1931.6	T	C
95	義和吉	李振用	전주	지물 잡화	1932.5	V	C
96	義和利	解鳳岡	전주	지물 잡화	1932.5	V	C
97	義聚成	玉輯五	부산	직물	1932.7	V	C
98	義成仁	徐維仁	부산	직물 해산물	1932.7	W	D
99	義生泰	孫鳳洲	청진	면포	1932.6	T	C
100	義生盛	周鶴林	인천	직물	1932.6	V	C
101	協興裕	張愼五	군산	직물 잡화	1932.5	△	-
102	協興裕	張殷三	인천	직물	1932.6	△	C
103	協成永	吳子明	경성	중국신발	1932.7	X	D
104	玉成東	焉漢禧	경성	식료 잡화	1932.7	V	C
105	玉成祥	賀金琳	원산	면포 잡화	1931.6	V	C
106	金谷園	周世頭	경성	중화요리	1931.6	T	C
107	錦成東	趙謙益	경성	직물 잡화	1931.8	△	-
108	綿生東	鄒培詩	군산	면포	1932.1	T	C
109	裕豊德	李書賞	경성	직물 잡화	1931.6	△	-
110	裕豊德	李書賞	부산	직물	본점경성	-	
111	裕東號	學善魁	경성	약종 잡화	1932.5	△	C
112	裕盛興	孫盛良	목포	직물	1931.4	Z	E
113	誌興東	王少楠	인천	잡화 곡물 여관	1932.6	U	C
114	祥泰號	趙福恩	경성	양복	1931.6	Z	E
115	集昌號	司子明	경성	잡화	1931.7	△	C
116	春記棧	孫祝三	인천	여관	1932.6	V	C
117	順泰號	錢信二	인천	양복	1932.6	Z	E
118	順興義	趙殿英	군산	직물 잡화	1932.6	△	-
119	晉德永	汪乾甫	청진	면포	1932.6	U	C
120	新和興	蕭銘新	이리	면포 잡화	1932.5	△	D
121	新盛號	王致新	목포	직물	1932.6	U	C
122	仁合東	姜肇健	인천	직물	1932.6	V	C
123	成泰號	王愼五	함흥	면포	1931.6	U	C
124	成興東	李成典	목포	직물	1931.6	Z	E
125	成生和	林明軒	함흥	면포	1931.6	U	C

126	瑞豊德	王汎淸	경성	잡화 과자	1931.3	△	C
127	瑞泰號	孫金甫	부산	직물	1932.7	△	B
128	瑞成東	遲煥銘	원산	면포	1932.6	W	D
129	瑞成祥	千鴻蓮	원산	면포	1932.6	W	D
130	瑞生德	邱世業	경성	잡화	1931.9	△	D

출처: 商業興信所(1932), 『第33回 商工資産信用錄』, 商業興信所, 外國人1~5쪽을 근거로 필자가 작성.

〈부표 8〉 제37회 상공자산신용록(1936년 발행) 속의 화교회사 목록

번호	회사명	대표자	소재지	영업 종류	조사연월	추정자산	신용자산
1	怡泰棧	梁東涯	경성	서양식료품	1935.4	S	C
2	怡泰昌	姜芝亭	부산	비단 면포	1935.5	U	C
3	東和昌	孫景三	인천	잡화	1935.5	U	C
4	東華興	張統德	경성	일본·서양식 가구 제작	1935.6	X	D
5	東海樓	王文海	경성	중화요리	1936.6	V	D
6	東萊盛	曾廣來	부산	비단 면포	1935.5	T	C
7	東興成	呂顆廷	평양	잡화	1935.1	R	B
8	東興成	曲渭賓	경성	잡화	1936.1	U	C
9	東祥記	姚興業	경성	직물 잡화	1936.6	U	C
10	東聚成	于哲卿	인천	직물 잡화	1935.5	U	C
11	東順興	趙修昊	부산	비단 면포	1936.5	V	C
12	同泰豊	趙城宣	선천	식료품	1936.3	T	C
13	同樂館	徐民卿	신천	중화요리	1936.5	X	D
14	同益茂	李凌富	경성	직물	1935.5	U	C
15	同順泰	譚廷瑚	경성	잡화 직물	1936.6	P	B
16	同生泰	許壽臣	인천	부동산 잡화 직물	1936.5	△	-
17	同盛德	-	군산	잡화 직물	1936.3	Z	E
18	同盛公	韓文元	부산	주물	1936.5	W	D
19	同盛永	王揲堂	인천	일용 잡화	1936.2	T	C
20	同成號	崔書藻	인천	일용 잡화	1935.3	V	C
21	德發東	劉志千	평양	잡화	1935.11	V	C
22	德泰源	孔慶璋	원산	직물	1936.5	R	B
23	德記號	王有德	원산	제재 지물	1936.5	V	C
24	德昌隆	高學信	부산	비단 면포	1936.5	W	D

25	德昌號	王珪璋	웅기	당면 식료 잡화	1936.3	T	C
26	德聚昌	朱品三	인천	원염 잡곡	1935.5	V	C
27	德聚和	林亦農	부산	비단 면포	1936.4	△	-
28	德盛興	郭占榮	천안	직물 잡화	1935.12	S	C
29	德盛昌	王啓謀	인천	직물	1936.3	V	C
30	德成利	隨登雲	성진	면포	1936.5	S	C
31	德生祥	郭占榮	인천	일용 잡화 직물	1936.4	Q	B
32	張潤財	-	인천	양복	1935.5	X	D
33	中華號	孫永林	경성	페인트칠	1936.3	Z	E
34	利源號	王克敏	안주	도기 철물	1936.5	V	C
35	劉守符	-	경성	부동산 기와 제조	1936.6	T	C
36	和興公	王元慶	경성	식료 잡화	1935.9	V	C
37	和田號	孫希孟	정주	식료품	1935.9	X	D
38	和聚公	楊翼之	인천	직물	1936.4	S	C
39	和盛興	溫蘭亭	인천	직물 잡화	1936.5	W	D
40	雅叙園	徐鴻州	경성	중화요리	1936.6	U	C
41	大觀園	王丕鈞	경성	중화요리	1935.6	U	C
42	泰興鐵工廠	王敬五	경성	주물	1935.2	V	C
43	泰昌祥	孫長榮	인천	일용 잡화	1936.5	W	D
44	雙和永	楊榮田	부산	잡화	1935.5	X	D
45	雙和祥	賈駿才	경성	솥제조	1936.6	T	C
46	雙成發	李發林	인천	해산물 직물 잡화	1936.5	S	C
47	雙盛東	朱莊臣	평양	주물	1936.5	U	C
48	萬聚東	王承詡	인천	일용 잡화 여관	1935.5	T	C
49	源泰洋服店	樓元任	경성	양복	1936.6	U	C
50	源泰號	高林汝	인천	양복	1936.5	Z	E
51	源泰號	王愼五	함흥	직물	1936.5	U	C
52	元和棧	張晉三	인천	일용 잡화	1935.5	U	C
53	阜盛號	王家綏	경성	맥분 당면 잡화	1936.6	V	C
54	復成棧	史祝三	인천	여관 직물	1935.5	U	C
55	復盛昌	陳世庸	경성	식료 잡화	1935.6	V	C
56	福章建築廠	王公溫	경성	건축청부	1935.6	U	C
57	福源東	馬仲厚	경성	약종 무역	1935.6	U	C
58	福興盛	楊運義	부산	비단 면포	1936.5	V	C
59	福章洋服店	王甫章	경성	양복	1936.6	U	C

60	福聚鐵工廠	宋亮明	경성	주물	1936.1	U	C
61	福順盛	-	군산	포목	1935.5	Y	D
62	福生東	王世安	평양	잡화	1935.11	T	C
63	恒昌東	林日東	청진	면포	1936.3	U	C
64	恒昌榮	于明憲	전주	면포	1936.3	T	C
65	公安號	鴻燁庭	경성	빵 제조 식료 잡화	1935.6	V	C
66	公聚興	吳明軒	경성	직물 잡화	1936.6	V	C
67	洪昌德	王佐周	평양	잡화	1937.6	Z	E
68	永豊裕	張升三	경성	한약재	1935.9	T	C
69	永盛東	姜渭方	경성	모피 잡화 도매	1935.11	T	C
70	永順館	宋學礼	신천	중화요리	1936.5	X	D
71	永盛興	李仙舫	인천	직물잡화	1936.2	T	C
72	永盛裕	張銀壽	경성	직물	1935.9	T	C
73	榮興號	司徒紹	경성	건축청부	1935.6	U	C
74	悅寶樓	王善卿	경성	중화요리	1935.6	V	C
75	益德永	于明軒	청진	면포	1936.4	U	C
76	益合永	孫信卿	청진	면포	1936.3	R	B
77	益昌盛	孫深五	평양	직물	1936.5	R	B
78	天和德	趙星五	원산	해산물 한약 모피	1936.5	T	C
79	天合棧	張信卿	인천	여관 직물	1935.5	T	C
80	天盛和	柳鍾擧	천안	직물 잡화 당면	1935.12	U	C
81	安合號	-	경성	식료 잡화	1935.12	R	B
82	三合興	鄒愛齡	경성	잡화 포목	1935.1	U	C
83	義和永	-	전주	고무 신발	1935.9	X	D
84	義聚成	玉輯五	부산	비단 면포	1936.5	V	C
85	義成仁	徐維仁	부산	직물 해산물	1936.5	W	D
86	吉順盛	-	군산	직물 잡화	1935.5	W	D
87	協興裕	張殷三	인천	직물	1936.4	S	C
88	姜鏡文	-	경성	기와 제조	1936.6	T	C
89	玉成東	馬瑛春	경성	식료 잡화	1936.6	U	C
90	玉盛德	孫貴玉	평양	잡화	1935.11	V	C
91	金谷園	周世頭	경성	중화요리	1935.6	T	C
92	錦成東	曲人端	인천	직물	1935.5	T	C
93	錦生東	-	군산	직물	1935.9	T	C
94	裕豊德	周敬思	경성	직물	1936.6	N	A

95	裕豊德	周敬思	부산	비단 면포	본점 경성	-	-
96	裕豊德	周敬思	군산	직물	본점 경성	-	-
97	裕東號	孫傑臣	경성	한약재	1935.6	V	C
98	裕信德	李善富	경성	수출 무역	1935.2	W	D
99	裕成恒	曲盤石	경성	식료품 잡화	1935.1	V	C
100	誌興東	王少楠	인천	해산물 잡곡	1935.5	U	C
101	集昌號	司子明	경성	잡화	1936.6	V	C
102	春記棧	孫祝三	인천	여관	1936.5	V	C
103	順泰號	錢信二	인천	양복	1936.3	V	C
104	新盛號	王致新	목포	직물	1936.5	T	C
105	愼昌洋服店	應士成	인천	양복	1935.5	W	D
106	仁合東	姜聖鐸	인천	직물	1936.5	U	C
107	成泰號	王恩溥	함흥	면포	1936.5	S	C
108	甡茂永	-	군산	잡화	1936.3	Y	D
109	瑞豊德	王汎淸	경성	잡화 과자	1935.2	U	C
110	瑞泰號	孫金甫	부산	비단 면포	1935.5	R	B
111	瑞生德	邱世業	경성	잡화 중국과자	1936.6	V	C

출처: 商業興信所(1936), 『第37回 商工資産信用錄』, 商業興信所, 外國人1~6쪽을 근거로 필자가 작성.

〈부표 9〉 제38회 상공자산신용록(1937년 발행) 속의 화교회사 목록

번호	회사명	대표자	소재지	영업 종류	조사연월	추정 자산	신용 정도
1	安合號	-	경성	식료 잡화	1937.4	T	C
2	怡泰棧	唐遠森	경성	서양 식료품	1937.3	V	C
3	永順盛	張書保	대구	직물	1936.11	V	C
4	永順館	宋學礼	신천	중화요리	1937.6	X	D
5	永盛興	李仙舫	인천	직물 잡화	1936.2	T	C
6	永盛東	姜渭方	경성	동물가죽 잡화 도매	1937.6	T	C
7	永盛裕	張銀壽	경성	직물	1937.5	T	C
8	永豊裕	張升三	경성	한약재	1937.2	S	C
9	榮興號	司徒紹	경성	건축청부	1937.3	U	C
10	益合永	孫信卿	청진	면포	1937.6	R	B
11	益昌盛	孫深五	평양	직물	1937.6	R	B

12	益德永	于明軒	청진	면포	1937.6	T	C
13	悅寶樓	王善卿	경성	중화요리	1937.6	V	C
14	王榮益	-	군산	잡화	1937.5	X	D
15	雅敍園	徐鴻州	경성	중화요리	1936.6	U	C
16	義聚成	玉輯五	부산	비단면포	1936.5	V	C
17	義成仁	徐維仁	부산	직물 해산물	1936.5	W	B
18	義和永	-	전주	고무 신발	1937.6	X	B
19	吉順盛	-	군산	직물 잡화	1937.6	W	B
20	吉昌號	王寶鍊	원산	면포	1937.6	V	C
21	協興裕	張股三	인천	직물	1936.4	S	C
22	姜鏡文	-	경성	기와 제조	1936.6	T	C
23	玉成東	馬瑛春	경성	식료 잡화	1936.6	U	C
24	玉盛德	孫貴玉	평양	잡화	1937.6	V	C
25	金谷園	周世頭	경성	중화요리	1937.6	T	C
26	錦生義	陳子義	박천	직물 잡화	1936.7	W	D
27	錦生東	-	군산	직물	1937.6	T	C
28	錦成東	曲人端	인천	직물	1937.5	T	C
29	元和棧	張晋三	인천	일용 잡화	1937.5	U	C
30	源泰號	高林汝	인천	양복	1936.5	Z	E
31	源泰號	王愼五	함흥	직물	1937.6	T	C
32	源泰	樓元任	경성	양복	1936.6	U	C
33	吳經倫	-	경성	이발	1937.6	V	C
34	公安號	鴻燁庭	경성	빵제조 잡화	1937.6	V	C
35	公聚興	吳明軒	경성	직물 잡화	1936.6	V	C
36	洪昌德	王佐周	평양	잡화	1937.6	Z	E
37	恒昌榮	許子沂	성진	면포	1937.5	S	C
38	恒昌榮	于百洤	웅기	면포	1936.3	T	C
39	恒昌東	林日東	청진	면포	1937.6	U	C
40	三合興	鄒愛齡	경성	잡화 포목	1937.6	T	C
41	誌興東	王少楠	인천	해산물 잡곡	1937.5	U	C
42	集昌號	司子明	경성	잡화	1936.6	U	C
43	春記棧	孫祝三	인천	여관	1936.5	V	C
44	順泰號	錢信仁	인천	양복	1936.5	V	C
45	愼昌	應土成	인천	양복	1937.5	W	D
46	新盛號	王致新	목포	직물	1936.5	T	C

47	仁合東	姜麗鐸	인천	직물	1936.5	U	C
48	瑞生德	邱世業	경성	잡화 중국과자	1937.6	V	C
49	瑞豊德	王汎淸	경성	잡화 과자	1937.6	U	C
50	成生合	隋禹川	함흥	면포	1937.6	T	C
51	成泰號	王恩溥	함흥	면포	1937.6	S	C
52	牲茂永	-	군산	식료	1937.6	Y	D
53	雙成發	李發林	인천	해산물 직물 잡화	1936.5	S	C
54	雙盛東	朱莊臣	평양	주물	1937.6	U	C
55	雙和祥	賈駿才	경성	솥 제조	1936.6	T	C
56	泰興	王敬五	경성	주물	1937.6	V	C
57	泰昌祥	孫長榮	인천	일용 잡화	1936.5	W	D
58	大觀園	王不鈞	경성	중화요리	1937.6	U	C
59	中華號	孫永林	경성	페인트칠	1936.3	Z	E
60	張潤財	-	인천	양복	1937.5	X	D
61	天合棧	張信鄕	인천	여관 직물	1937.5	T	C
62	天盛和	柳鍾舉	천안	직물 잡화 당면	1937.3	U	C
63	天和德	趙星五	원산	해산물 한약재 모피	1937.6	U	C
64	東華德	張統德	경성	일식·서양식 가구 제작	1937.6	W	D
65	東海樓	王文海	경성	중화요리	1936.6	V	C
66	東源號	溫智之	경성	잡화	1936.12	W	D
67	東興成	曲渭之	경성	잡화	1937.6	T	C
68	東興茂	呂諤廷	평양	잡화	1937.6	R	B
69	東聚成	千哲卿	인천	직물 잡화	1937.5	U	C
70	東順興	趙修昊	부산	비단 면포	1936.5	V	C
71	東順泰	藏宣順	경성	식료 잡화	1937.6	W	D
72	東順德	-	경성	직물	1937.4	M	A
73	東祥記	姚興業	경성	직물 잡화	1936.6	U	C
74	東生泰	牟介福	충주	직물	1936.12	V	C
75	東來盛	曾廣來	부산	비단 면포	1937.1	T	C
76	東和昌	孫景三	인천	잡화	1937.5	U	C
77	同益茂	李凌富	경성	잡화 직물	1937.6	U	C
78	同聚福	傅鴻壽	강계	직물	1936.7	W	D
79	同順泰	譚廷瑚	경성	임대 잡화 직물	1936.6	P	B
80	同勝公	孫中翰	충주	직물	1936.12	W	D
81	同生泰	許壽臣	인천	잡화 직물	1936.5	U	C

82	同成號	崔書藻	인천	일용 잡화	1937.5	V	C
83	同盛永	王揆堂	인천	일용 잡화	1936.3	T	C
84	同盛公	韓文元	부산	솥 제조	1937.5	W	D
85	同盛興	趙哲臣	경성	식료 잡화	1937.5	Y	D
86	同泰豊	趙城宣	선천	식료품	1936.3	T	C
87	同來興	孫立增	신천	직물	1936.11	U	C
88	同樂館	徐民卿	신천	중화요리	1937.6	X	C
89	德聚昌	朱品三	인천	원염 잡곡	1936.5	V	C
90	德聚和	林亦農	부산	비단 면포	1936.4	△	-
91	德昌號	王珏璋	웅기	설탕 식료 잡화	1936.3	T	C
92	德昌隆	高學信	부산	비단 면포	1936.5	W	D
93	德成利	隋登雲	성진	면포 설탕	1937.5	T	C
94	德生祥	郭占榮	인천	일용 잡화 직물	1936.4	Q	B
95	德盛興	郭占榮	천안	직물 잡화	1937.3	T	C
96	德盛昌	王啓謀	인천	직물	1936.3	V	C
97	德泰源	孔慶璋	원산	직물	1937.6	Q	B
98	德發東	劉志千	평양	잡화	1937.6		C
99	卓盛號	王家綬	경성	맥분 당면 잡화	1937.5	W	D
100	復成棧	史祝三	인천	여관 직물	1937.5	U	C
101	復盛昌	陳世庸	경성	식료 잡화	1937.6	V	C
102	福音建築廠	王公溫	경성	건축 청부	1937.1	△	C
103	福源東	宮心恩	경성	한약재	1937.4	U	C
104	福興盛	楊運義	부산	비단 면포	1936.5	V	C
105	福聚鐵工廠	宋亮明	경성	주물	1936.1	U	C
106	福順盛	-	군산	포목	1937.6	Y	D
107	福章洋服店	王甫章	경성	양복	1937.4	U	C
108	福生東	王世安	평양	잡화	1937.6	T	C
109	萬聚億	邦日榮	연안	직물 잡화	1936.11	W	D
110	萬聚東	王承詔	인천	일용 잡화 여관	1937.5	T	C
111	裕信德	李善富	경성	수출 무역	1937.6	W	D
112	裕成恒	曲盤石	경성	식료품 잡화	1936.12	U	C
113	裕東號	孫傑臣	경성	한약재	1937.6	V	C
114	裕豊德	周敬思	경성	직물	1937.6	L	A
115	裕豊德	周敬思	부산	비단 면포	-	-	-
116	裕豊德	周敬思	군산	직물	-	-	-

117	楊廷珍	-	홍성	잡화	1937.3	V	C
118	利源號	王克敏	안주	도기 철물	1937.6	V	C
119	劉守符	-	경성	부동산 기와 제조	1936.6	T	C
120	劉常義	-	홍성	잡화	1937.3	U	C
121	和興公	王元慶	경성	식료 잡화 무역	1937.3	U	C
122	和聚公	楊翼之	인천	직물	1936.4	S	C
123	和盛興	溫蘭亭	인천	직물 잡화	1936.5	W	D
124	和田號	孫希孟	정주	식료품	1937.6	X	D

출처: 商業興信所(1937), 『第38回 商工資産信用錄』, 商業興信所, 外國人1~6쪽을 근거로 필자가 작성.

〈부표 10〉 제42회 상공자산신용록(1941년 발행) 속의 화교회사 목록

번호	회사명	대표자	소재지	영업 종류	조사연월	추정 자산	연간 수입	신용 정도
1	永盛興	李仙舫	인천	직물	1941.3	P	G	Cc
2	永盛泰	曲盛三	청진	직물	1941.7	S	P	Cc
3	永德興	蘇德軒	경성	직물	1941.2	Q	N	Cc
4	益合永	孫信鄉	청진	면포 직물	1941.7	K	G	Cc
5	益泰東	王靖海	인천	해산물	1940.12	S	J	Cc
6	益德永	于明軒	청진	직물	1941.7	O	H	Cc
7	義生泰	張希文	청진	직물	1941.7	S	N	Cc
8	協興裕	張股三	경성	직물	1939.1	P	J	Cc
9	錦生東	-	군산	직물	1940.2	P	G	Cc
10	公合東	高紹讓	웅기	당면	1941.7	T	N	Cc
11	恒昌榮	許子芹	성진	직물	1941.7	P	K	Cc
12	恒昌東	林日東	청진	직물	1941.7	S	L	Cc
13	三合興	宇文泉	경성	식료품 잡화	1941.2	S	Q	Cc
14	誌興東	王連陞	인천	해산 식료품	1941.1	S	J	Cc
15	新生德	李詞新	경성	직물	1940.12	P	G	Cc
16	仁合東	于爲儀	청진	직물	1941.7	R	N	Cc
17	仁盛東	于會江	청진	식료품	1941.7	S	O	Cc
18	瑞增德	李欽与	경성	직물	1941.3	S	H	Cc
19	雙成發	李發林	인천	해산물	1940.1	T	L	Cc
20	雙盛興	林豊年	인천	직물	1940.3	T	O	Cc

21	天合棧	張信鄉	인천	직물	1941.1	S	J	Cc
22	天順裕	王傳璐	인천	직물	1941.1	T	N	Cc
23	東興成	曲渭賓	경성	잡화	1940.4	S	Q	Cc
24	東和昌	孫景三	인천	해산물	1941.2	Q	M	Cc
25	同盛永	沙敬毓	인천	직물 잡화	1941.2	O	G	Cc
26	同生泰	李文珍	인천	잡화 직물	1941.7	S	L	Cc
27	同生德	李萬年	경성	직물	1941.4	N	Gd	Cc
28	德成利	隋登雲	성진	직물	1941.7	Q	K	Cc
29	德生東	-	군산	직물	1940.9	Q	G	Cc
30	德盛興	廓鴻童	인천	직물	1941.7	T	O	Cc
31	福源東	宮心性	경성	한약재	1940.9	S	O	Cc
32	福 章	王甫章	경성	양복	1939.11	R	Q	Cc
33	萬聚東	王承詡	인천	잡화	1940.1	S	N	Cc
34	裕盛德	王釣衡	경성	직물	1940.8	Q	G	Cc
35	裕豊德	周毓恩	부산	비단 면포	본점 경성	-	-	-
36	裕豊德	-	군산	직물	1940.9	Q	G	Cc
37	劉鴻彬	-	군산	직물	1941.5	V	M	Cc
38	劉醒鶴	-	군산	직물	1941.5	X	R	CD
39	裕豊德	周敬思	경성	직물	1941.4	J	Gb	CB
40	和興公	王元慶	경성	식료 잡화	1940.5	T	N	Cc
41	和聚昌	楊翼之	인천	직물	1941.3	P	K	Cc

출처: 商業興信所(1941), 『第42回 商工資産信用錄』, 商業興信所, 外國人10~19쪽을 근거로 필
자가 작성.

1. 1차 사료

1) 미간행 사료

(1) 한국어 및 한문 사료

작자 미상(1904), 『韓華記錄』, 서울대학교 규장각 소장(문서번호, 21768).
한일은행(1916~1919), 『貸出에 關하난 取締役會決議錄』, 한국금융사박물관소장.
한일은행(1928~1932), 『重役會決議錄』, 한국금융사박물관소장.

(2) 일본어 사료

齊藤實, 『齊藤實文書 書簡の部』, 日本國立國會圖書館소장.
商業興信所(1921~1941), 『商工資産信用錄』 第21回~第42回.
朝鮮總督府(1932), 『國聯支那調査委員關係書類』, 朝鮮總督府, 국가기록원소장.
朝鮮總督府官房外事課(1928), 『昭和三年 各國領事館往復』, 국가기록원소장.
朝鮮總督府官房外事課(1928), 『昭和三年 領事館往復』, 국가기록원소장.
朝鮮總督府官房外事課(1929), 『昭和四年 領事館往復』, 국가기록원소장.
朝鮮總督府官房外事課(1929~1932), 『昭和四・五・六・七年 各國領事館往復』, 국가기록원소장.
朝鮮總督府官房外事課(1931), 『昭和六年 在留外人關係綴』, 국가기록원소장.
朝鮮總督府官房外事課(1932), 『昭和七年 國際支那調査委員關係書類』, 국가기록원소장.

朝鮮總督府官房外事課(1932), 『昭和七年 各國領事館關係』, 국가기록원소장.
朝鮮總督府官房外事課(1933), 『昭和八年 各國領事館往復綴』, 국가기록원소장.
朝鮮總督府官房外事課(1934), 『昭和九年 領事館往復綴(各國)』, 국가기록원소장.
朝鮮總督府官房外事課(1935), 『昭和十年 各國領事館關係』, 국가기록원소장.
朝鮮總督府官房外事課(1937), 『昭和十二年 領事館往復』, 국가기록원소장.
朝鮮總督府官房外務部(1938), 『昭和十三年 領事館關係綴』, 국가기록원소장.
朝鮮總督府外事部外務課(1939), 『昭和十四年 各國領事館往復關係綴』, 국가기록원소장.
朝鮮總督府外務課(1940), 『昭和十五年 領事館往復綴』, 국가기록원소장.
朝鮮總督府外務課(1941), 『昭和十六年 領事館關係綴』, 국가기록원소장.
朝鮮總督府外務課(1942), 『昭和十七年 領事館關係』, 국가기록원소장.
朝鮮總督府外務課(1942), 『昭和十七年 領事館表關係』, 국가기록원소장.

(3) 국사편찬위원회 홈페이지 공개의 조선총독부 사료

朝鮮總督府警務局(1921.4.7), 「救國團檢擧」, 『朝鮮騷擾事件關係書類(3)』.
朝鮮總督府警務局長(1927.5.4), 「支那國民黨京城支部設置ニ關スル件」, 『思想問題ニ關スル調査
　　書類2』朝保秘 第924號.
朝鮮總督府警務局保安課(1937.9.14), 『治安狀況』 第26報.
朝鮮總督府警務局保安課(1937.9.17), 『治安狀況』 第27報.
朝鮮總督府警務局保安課(1937.9.21), 『治安狀況』 第28報.
朝鮮總督府警務局保安課(1937.9.24), 『治安狀況』 第29報.
朝鮮總督府警務局保安課(1937.9.28), 『治安狀況』 第30報.
朝鮮總督府警務局保安課(1937.10.2), 『治安狀況』 第31報.
朝鮮總督府警務局保安課(1937.10.8), 『治安狀況』 第32報.
朝鮮總督府警務局保安課(1937.10.15), 『治安狀況』 第33報.
朝鮮總督府警務局保安課(1937.10.22), 『治安狀況』 第34報.
朝鮮總督府警務局保安課(1937.10.29), 『治安狀況』 第35報.
朝鮮總督府警務局保安課(1937.11.5), 『治安狀況』 第36報.
朝鮮總督府警務局保安課(1937.11.12), 『治安狀況』 第37報.
朝鮮總督府警務局保安課(1937.11.19), 『治安狀況』 第38報.
朝鮮總督府警務局保安課(1937.11.26), 『治安狀況』 第39報.
朝鮮總督府警務局保安課(1937.12.3), 『治安狀況』 第40報.
朝鮮總督府警務局保安課(1937.12.17), 『治安狀況』 第42報.
朝鮮總督府警務局保安課(1937.12.24), 『治安狀況』 第43報.
朝鮮總督府警務局(1938.2.23), 『治安狀況』.
京畿道 警察部長이 京城地方 法院檢事正에 보낸 공문(1937.12.30), 「華僑團體ノ動靜ニ關スル件」,
　　『地檢秘』 제2284호.
京畿道 警察部長이 경무국장에게 보낸 공문(1938.1.6), 「在仁川華僑團體ノ動靜ニ關スル件」, 『地

檢秘』제11호.

京畿道 警察部長이 京城地方法院 檢事正에 보낸 공문(1938.2.6), 「京城中國總領事館ノ動靜其他
　　ニ關スル件」, 『地檢秘』제263호.

京畿道 警察部長이 警務局長에게 보낸 공문(1941.3.28), 「國民總力運動ニ伴フ民情ニ關スル件」,
　　『京高秘』제141호-3.

(4) 중국어 사료

① 대구화교협회 소장

大邱華商公會(1930), 『本會成立建築及捐款一覽表』, 대구화교협회소장.

大邱華僑學校發起人(1943.2.21), 『大邱華僑學校發起及成立』, 대구화교협회소장.

② 인천화교협회 소장

仁川中華商務總會(1913), 『朝鮮仁川中華商務總會民國二年選擧職員姓名年歲籍貫履歷列表』, 인
　　천화교협회소장.

仁川華商商會(1935.3), 『仁川華商商會華商商況報告』, 인천화교협회소장.

③ 인천시립박물관 소장

仁川華商商會(1942.4.12), 『華僑領取小麥粉詳細表』, 인천시립박물관소장.

仁川華商商會(1942.8-9), 『仁川華僑世代別名簿』, 인천시립박물관소장.

④ 일본 東洋文庫 소장(『中華民國國民政府(汪精衛政權)駐日大使館檔案』)

「僑務檔案(僑務敎育) 1943年」(등록번호 2-2744-36).

「僑務檔案(僑務敎育) 1944年」(등록번호 2-2744-37).

「大使館所管領事館工作報告 1943.4-12月分」(등록번호 2-2744-38).

「大使館所管領事館工作報告 1943.12-1944.4月分」(등록번호 2-2744-39).

「大使館所管領事館工作報告 1944.9-12月分」(등록번호 2-2744-41).

「第二次領事會議記錄 1943年」(등록번호 2-2744-51).

⑤ 대만 중앙연구원 근대사연구소 소장(『駐韓使館保存檔案』)

「漢城衆商分擧各幇董事幷議立會館」(등록번호, 01-41-028-04).

「華商人數淸冊: 漢城華商及西, 日人姓名淸冊卷」(등록번호, 01-41-040-19).

「華商人數淸冊: 華商人數淸冊」(등록번호, 02-35-005-14).

「華商人數淸冊: 各口華商淸冊」(등록번호, 02-35-041-03).

「各口商務情形: 各口商務情形(一)」(등록번호, 02-35-056-01).

「華商總會各件(一)(등록번호, 02-35-056-11).

「華商總會各件(二)(등록번호, 02-35-056-12).

「廣梁灣鹽場各案)(등록번호, 02-35-062-23).

「領事裁判權合併後有關巡警防疫勞動關係)(02-35-067-04).

「華商調查」(등록번호, 03-47-021-02).

「潮商夏布事)(등록번호, 03-47-108-05).

「各地華僑被害直接損失報告單(一)」(등록번호, 03-47-162-01).

「各地華僑被害直接損失報告單(二)」(등록번호, 03-47-162-02).

「各地華僑被害間接損失報告單(一)」(등록번호, 03-47-162-03).

「各地華僑被害間接損失報告單(二)」(등록번호, 03-47-162-04).

「各地華僑被害間接損失報告單(三)」(등록번호, 03-47-162-05).

「各地華僑被害間接損失報告單(四)」(등록번호, 03-47-162-06).

「中華料理飲食組合」(등록번호, 03-47-165-01).

「仁川鮮人暴動華人被害報告書」(등록번호, 03-47-168-01).

「取締華工暨限制華人野菜栽培者人數」(등록번호, 03-47-168-03).

「韓人仇華暴動案事件報告」(등록번호, 03-47-168-07).

「中華僑鮮勞工協會成立呈請備案」(등록번호, 03-47-179-01).

「中華農會會員冊」(등록번호, 03-47-191-02).

「交涉營業稅」(등록번호, 03-47-191-03).

「職品徵稅事宜」(등록번호, 03-47-191-06).

「仁川農會糾紛案」(등록번호, 03-47-192-03).

「仁川農會改造及賑捐」(등록번호, 03-47-205-01).

「韓民排華暴動案(三)」(등록번호, 03-47-205-13).

「仁川公設市場之菜類販賣權」(등록번호, 03-47-218-02).

「僑商債務糾紛案」(등록번호, 03-47-218-14).

「請查示中國優良菜種名稱及産地」(등록번호, 03-47-218-17).

「農業雜件」(등록번호, 03-47-218-19).

「損失調查(一)」(등록번호, 03-47-222-15).

「損失調查(二)」(등록번호, 03-47-222-15).

「平壤等地華僑情形(一)」(등록번호, 03-47-228-02).

⑥ 대만 國史館 소장(『外交部檔案』)

「韓國僑務案」(등록번호, 0670-4460).

「朝鮮暴動排華」(등록번호, 0671.32-4728).

⑦ 중국 외교부 당안관 소장(『中國外交部檔案』)

「關于在조선화교情形資料」(등록번호 106-01130-03).

⑧ 중국 제2역사당안관 소장(『汪僞僑務委員會檔案』)

「一九四二年度日本方面華僑槪況月報表」(등록번호, 2088-372).

「汪僞政府駐朝鮮總領事館半月報告」(등록번호, 2088-373).

「元山中華商会請求備案」(등록번호, 2088-377).

「平壤中華商会請求備案」(등록번호, 2088-383).

「駐釜山領事館轄境各中華商會備案及其章程等」(등록번호, 2088-385).

「關於朝鮮僑民回國觀光團問題的往來文書」(등록번호, 2088-406).

「大邱中華商會轉慕文錦創設僑校請求補助」(등록번호, 2088-569).

⑨ 중국 제2역사당안관 소장(『汪僞外交部檔案』)

「駐長崎, 新義州領事館四一年三月至十二月分工作報告」(등록번호, 2061-890).

「駐元山副領事館一九四二年一月至十二月分工作報告」(등록번호, 2061-1158).

「駐釜山領事館一九四二年四月至十二月分工作報告及呈送報告之往來文書」(등록번호, 2061-1160).

「駐新義州領事館一九四二年一月至四月分工作報告及呈送報告之往來文書)(등록번호, 2061-1162).

「朝鮮釜山領事館一九四二年下半年工作報告」(등록번호, 2061-1346).

⑩ 중국 제2역사당안관 소장(『汪僞行政院檔案』)

「日人對華商運銷日韓綢緞苛徵重稅」(등록번호, 2-2325).

2) 간행 사료

(1) 한국어 및 한문 문헌

고려대학교 아세아문제연구소 편(1974), 『구한국외교관계부속문서 제6권 외아문일기』, 고려대
　　　학교 출판사.
국사편찬위원회 편집(2003), 『한민족독립운동사자료집56: 중국인습격사건재판기록』, 국사편
　　　찬위원회
남조선과도정부 편찬(1948), 『조선통계연감 1943년판』, 남조선과도정부.
대한민국정부공보처(1987), 『관보 3』(복각판), 여강출판사.
대한민국정부공보처통계국(1953), 『단기4285년(서기1952년) 대한민국통계연감』, 대한민국공
　　　보처.
조선은행조사부(1948), 『조선경제연감 1948년판』, 조선은행.
조선은행조사부(1949), 『경제연감(1949년판)』, 조선은행.
조선중앙통신사(1998), 『해방후10년일지(1945~1955)』(복각판), 선인문화사.
평양향토사편찬위원회 편저(1957), 『평양지』, 평양: 국립출판사.
한국무역협회(1954), 『1954년판 무역연감』, 한국무역협회.
한국무역협회(1957), 『1956~1957년판 무역연감』, 한국무역협회.
한국법제사연구회 편(1971), 『미군정법령총람』, 한국법제사연구회.

한국자료개발원 편(1995), 『미국무성 한국관계 문서』, 아름출판사.

(2) 일본어 문헌

淺野犀涯 編(1913), 『朝鮮鑛業誌』, 京城日報社.

安東商業會議所(1924), 『安東工場一覽(大正十二年末現在)』, 安東商業會議所.

安東商工會議所(1929), 『安東商工案內』, 安東商工會議所.

安東商工會議所(1937), 『安東ニ於ケル會社及工場一覽表』, 安東商工會議所.

飯野正太郞(1938), 『昭和十三年版 新義州商工案內』, 新義州商工會議所.

飯野正太郞(1940), 『昭和十五年版 新義州商工案內』, 新義州商工會議所.

今井田淸德傳記編纂會(1943), 『今井田淸德』, 今井田淸德傳記編纂會.

宇垣一成(1970), 『宇垣一成2』, みすず書房.

大阪市産業部(1939), 『事變下の川口華商』, 大阪市.

小田內通敏(1925), 『朝鮮に於ける支那人の經濟的勢力』(東洋講座第七輯), 東洋硏究會.

恩田鐵彌(1909), 『韓國ニ於ル果樹蔬菜栽培調査』, 農事試驗場.

外務省通商局(1921), 『在芝罘日本領事館管內狀況』, 外務省通商局.

外務省通商局 編纂(1988), 『通商彙纂』 제13권(복각판), 不二出版.

神谷不二 編(1976), 『朝鮮問題戰後資料』 제1권, 日本國際問題硏究所.

華北事案內所 編(1939), 『山東省事情』(北支事情解說パンフレット(第三輯)), 華北事情案內所.

河井朝雄(1931), 『大邱物語』, 朝鮮民報社.

韓國學文獻硏究所 편(1983), 『日韓通商協會報告』(복각판), 아세아문화사.

韓國學文獻硏究所 편(1990), 『朝鮮總督府官報』(복각판), 아세아문화사.

木浦府(1930), 『木浦府史』, 木浦府.

企劃院 編纂(1939), 『華僑の硏究』, 松山房.

群山府廳 編纂(1935), 『群山府史』, 群山府.

京畿財務硏究會 編纂(1928), 『所得稅·營業稅·資本利子稅·朝鮮銀行券發行稅 事務提要』, 京畿財務硏究會.

京畿道(1929), 『農事統計 昭和二年度』, 京畿道.

京畿道(1940), 『農事統計 昭和十三年度』, 京畿道.

京畿道警察部(1928.5), 『治安槪況』, 京畿道警察部.

慶尙北道 編纂(1930), 『慶尙北道統計年報(1919~1928年)』, 慶尙北道.

京城商工會議所(1943), 『京城に於ける工場調査』, 京城商工會議所.

京城商業會議所(1929.3), 「朝鮮に於ける外國人の經濟力」, 『朝鮮經濟雜誌』(1929年3月號), 京城商業會議所.

京城府(1924), 『重要商品調査 綿布の部』, 京城府.

京城府(1934), 『京城府史』 第3卷, 京城府.

京城府(1937), 『物品販賣業調査』(昭和11年5月1日現在), 京城府.

京城府(1941a), 『物品販賣業調査』(昭和15年5月1日現在), 京城府.

京城府(1941b),『昭和十四年度 第一回京城府中央卸賣市場年報』, 京城府.

京城府産業調査會(1936),『鐵工業ニ關スル調査』, 京城府産業調査會.

京城府總務部經濟課(1943),『京城府ニ於ケル生活必需品配給統制ノ實情』, 京城府.

航業聯合協會芝罘支部(1939),『昭和十四年版 芝罘事情』, 航業聯合協會芝罘支部.

吳主惠(1944),『華僑問題の本質』, 千倉書房

興中公司大連事務所(1938),『芝罘狀況及大連中央卸賣市場概說(草稿)』, 興中公司大連事務所.

國學資料院 編(1996),『日帝下法令輯覽』(복각판), 國學資料院.

國史編纂委員會 編(1988),『駐韓日本公使館記錄』(복각판), 國史編纂委員會.

國史編纂委員會 編(2000),『統監府文書』(복각판), 상림출판사.

金敬泰 編(1987),『通商彙纂』(복각판), 麗江出版社.

小西勝治郎(1929),『朝鮮之金屬商工錄』, 工業界社.

小早川九郎 編(1944),『朝鮮農業發達史 發達篇』, 朝鮮農會.

小早川九郎 編(1960),『朝鮮農業發達史 資料篇』(再刊擔當近藤釰一), 友邦協會.

佐藤正二郎(1917),『安東縣及新義州』, 圖書普及會.

信夫淳平(1901),『韓半島』.

仁川日本人商業會議所(1908),『明治四拾年 仁川日本人商業會議所報告』, 仁川日本人商業會議所.

仁川開港二十五年紀念會(1908),『仁川開港二十五年史』, 仁川開港二十五年紀念會.

仁川府 編纂(1933),『仁川府史』, 仁川府.

商業興信所(2009),『明治大正期 商工資産信用錄』(복각판), クロスカルチャー出版.

吉田由巳 編(1928),『大邱』, 大邱商業會議所.

高岡熊雄・上原轍三郎(1943),『北support移民の研究』, 有斐閣.

度支部(1907),『淸國關東州直隷省山東省鹽業視察復命書』, 度支部.

度支部(1910),『韓國財政施設綱要』, 統監府.

大邱商業會議所(1928),『大邱』, 大邱商業會議所.

田代安定(1917),『日本苧麻興業意見』, 國光印刷.

中央公論社(1932.11),『リットン報告書(和文)』(『中央公論』11月號別冊附錄).

朝鮮硏究會 編(1915),『最近京城案內記』, 朝鮮硏究會.

朝鮮總督府(1910-1943),『朝鮮總督府統計年報』, 朝鮮總督府.

朝鮮總督府(1913a),『京城商工業調査』, 朝鮮總督府.

朝鮮總督府(1913b),『仁川港商工業調査』, 朝鮮總督府.

朝鮮總督府(1916),『朝鮮輸移出入品十五年對照表』, 朝鮮總督府.

朝鮮總督府(1923),『支那ニ於ケル麻布及絹布竝其ノ原料ニ關スル調査』, 朝鮮總督府.

朝鮮總督府(1924a),『朝鮮に於ける支那人』, 朝鮮總督府.

朝鮮總督府・小田内通敏調査(1924b),『朝鮮部落調査報告 第1冊』, 朝鮮總督府.

朝鮮總督府(1924c),『朝鮮の市場』, 朝鮮總督府.

朝鮮總督府(1926),『市街地の商圈』, 朝鮮總督府.

朝鮮總督府(1927),『朝鮮の物産』, 朝鮮總督府.

朝鮮總督府警務局(1927.12),『昭和二年 在留支那人排斥事件狀況』, 朝鮮總督府.

朝鮮總督府警務局(1931.7), 『昭和六年七月 鮮內ニ於ケル支那人排斥事件ノ概況』, 朝鮮總督府.

朝鮮總督府(1932a), 『調査資料第四十三輯生活狀態調査(其四) 平壤府』, 朝鮮總督府.

朝鮮總督府(1932b), 『昭和五年朝鮮國勢調査報告道編 第一卷 京畿道』, 朝鮮總督府.

朝鮮總督府(1932c), 『昭和五年朝鮮國勢調査報告道編 第二卷 忠淸北道』, 朝鮮總督府.

朝鮮總督府(1932d), 『昭和五年朝鮮國勢調査報告道編 第三卷 忠淸南道』, 朝鮮總督府.

朝鮮總督府(1933a), 『昭和五年朝鮮國勢調査報告道編 第四卷 全羅北道』, 朝鮮總督府.

朝鮮總督府(1933b), 『昭和五年朝鮮國勢調査報告道編 第五卷 全羅南道』, 朝鮮總督府.

朝鮮總督府(1933c), 『昭和五年朝鮮國勢調査報告道編 第六卷 慶尙北道』, 朝鮮總督府.

朝鮮總督府(1933d), 『昭和五年朝鮮國勢調査報告道編 第七卷 慶尙南道』, 朝鮮總督府.

朝鮮總督府(1933e), 『昭和五年朝鮮國勢調査報告道編 第八卷 黃海道』, 朝鮮總督府.

朝鮮總督府(1933f), 『朝鮮の産業』, 朝鮮總督府.

朝鮮總督府(1934a), 『昭和五年朝鮮國勢調査報告 全鮮編 第一卷 結果表』, 朝鮮總督府.

朝鮮總督府(1934b), 『昭和五年朝鮮國勢調査報告道編 第九卷 平安南道』, 朝鮮總督府.

朝鮮總督府(1934c), 『昭和五年朝鮮國勢調査報告道編 第十卷 平安北道』, 朝鮮總督府.

朝鮮總督府(1934d), 『昭和五年朝鮮國勢調査報告道編 第十一卷 江原道』, 朝鮮總督府.

朝鮮總督府(1934e), 『昭和五年朝鮮國勢調査報告道編 第十二卷 咸鏡南道』, 朝鮮總督府.

朝鮮總督府(1934f), 『昭和五年朝鮮國勢調査報告道編 第十三卷 咸鏡北道』, 朝鮮總督府.

朝鮮總督府(1935a), 『昭和五年朝鮮國勢調査報告 全鮮編 第二卷 記述報文』, 朝鮮總督府.

朝鮮總督府(1935b), 『施政二十五年史』, 朝鮮總督府.

朝鮮總督府(1937), 『昭和拾年 農業統計表』, 朝鮮總督府.

朝鮮總督府(1940), 『朝鮮法令輯覽』, 朝鮮總督府.

朝鮮總督府(1940), 『朝鮮貿易月表 昭和十四年十二月』, 朝鮮總督府.

朝鮮總督府(1942), 『昭和十六年八月十日現在 第一回朝鮮勞動技術統計調査結果報告』, 朝鮮總督府.

朝鮮總督府(1944a), 『人口調査結果報告其ノ一』, 朝鮮總督府.

朝鮮總督府(1944b), 『昭和十八年六月十日現在 朝鮮勞動技術統計調査結果報告』, 朝鮮總督府.

朝鮮總督府(1994), 『帝國議會說明資料』(복각판), 不二出版.

朝鮮總督府學務局社會課(1933), 『工場及鑛山に於ける勞動狀況調査』, 朝鮮總督府.

朝鮮總督府警務局(1927.12), 『昭和二年在留支那人排斥事件狀況』, 朝鮮總督府.

朝鮮總督府警務局(1931.7), 『鮮內に於ける支那人排斥事件ノ概況』, 朝鮮總督府.

朝鮮總督府警務局(1931), 『外事關係統計』, 朝鮮總督府.

朝鮮總督府警務局(1932), 『鮮支人衝突事件ノ原因狀況及善後措置』, 朝鮮總督府.

朝鮮總督府警務局(1978), 『最近に於ける朝鮮治安狀況-昭和八年-』(복각판), 巖南堂書店.

朝鮮總督府警務局保安課(1934), 『高等警察報』 第3號, 朝鮮總督府.

朝鮮總督府專賣局(1936), 『朝鮮專賣史』, 朝鮮總督府.

朝鮮總督府總督官房文書課(1925), 『朝鮮人の商業』, 朝鮮總督府.

朝鮮總督府內務局社會課(1923), 『會社及工場に於ける勞動者の調査』, 朝鮮總督府.

朝鮮總督府財務局(1937), 『昭和十年度 朝鮮稅務統計書』, 朝鮮總督府.

朝鮮總督府財務局(1938), 『昭和十一年度 朝鮮稅務統計書』, 朝鮮總督府.

朝鮮總督府財務局(1939), 『昭和十二年度 朝鮮稅務統計書』, 朝鮮總督府.

朝鮮總督府財務局(1941), 『昭和十四年度 朝鮮稅務統計書』, 朝鮮總督府.

朝鮮總督府・臺灣總督府・樺太廳及南洋廳調查(1927), 『人口問題ニ關スル方策ノ參考案』.

朝鮮貿易協會・工藤三次郎 編輯(1943), 『朝鮮貿易史』, 朝鮮貿易協會.

朝鮮綿絲布商聯合會(1929), 『朝鮮綿業史』, 朝鮮綿絲布商聯合會.

鎭南浦新報社 編(1910), 『鎭南浦案内記』, 鎭南浦新報社.

帝國興信所(1924), 『帝國信用錄』(第17版), 帝國興信所.

帝國製麻株式會社 編(1937), 『帝國製麻株式會社三十年史』, 帝國製麻株式會社.

東亞硏究所第三調查委員會(1941), 『華僑關係法規集(飜譯)』, 東亞硏究所.

東亞同文會(1908), 『支那經濟全書』, 東亞同文會編纂局.

統監府(1907), 『第一次 統監府統計年報』, 統監府.

統監府(1908a), 『第二次 統監府統計年報』, 統監府.

統監府(1908b), 『韓國條約類纂』, 統監府.

統監府農商工務部農林課(1907), 『韓國ニ於ケル農業ノ經營』, 統監府.

東京興信所(1932.11), 『商工信用錄』, 東京興信所

東京高等商業學校(1907), 『韓國ニ於ケル本邦貨物販路取調報告』, 統監府.

德家藤榮 編輯(1927), 『家庭工業調查』, 京城商業會議所.

德永勳美(1907), 『韓國總覽』, 博文館.

內閣統計局(1938), 『昭和五年國勢調查最終報告書』, 內閣統計局.

中西伊之助(1936), 『支那・滿洲・朝鮮』, 實踐社.

中村資良 編(1942), 『朝鮮銀行會社組合要錄』, 東亞經濟時報社.

仲摩照久 編(1930), 『日本地理風俗大係』第17卷, 新光社.

西浦半助(1930), 『新義州案内』, 國境文化協會.

西成田豊・森武磨 編(1988), 『社會政策審議會資料集』第2卷(복각판), 柏書房.

根岸佶(1907), 『清國商業綜覽 第四卷』, 丸善株式會社.

南滿洲鐵道株式會社天津事務所調查課(1937), 『山東河北兩省に於ける蔬菜事情』(北支經濟資料第
        36輯), 南滿洲鐵道株式會社天津事務所.

南滿洲鐵道株式會社東亞經濟調查局(1927a), 『華僑』, 南滿洲鐵道株式會社.

南滿洲鐵道株式會社興業部商工課(1927b), 『南滿洲主要都市と其背後地 第一輯第一卷安東に於け
        る商工業の現勢』, 南滿洲鐵道株式會社.

南滿洲鐵道株式會社興業部商工課(1927c), 『南滿洲主要都市と其背後地 第二輯第一卷奉天に於け
        る商工業の現勢』, 南滿洲鐵道株式會社.

H.F.マックネヤ 著・近藤修吾 譯(1945), 『華僑 その地位と保護に關する硏究』, 大雅堂.

芳賀雄(1941), 『東亞共榮圈と南洋華僑』, 刀江書院.

副業世界社 編纂(1927), 『朝鮮人會社・大商店辭典』, 副業世界社.

福田省三(1939), 『華僑經濟論』, 巖松堂書店.

平野義太郎 編(1940), 『方顯廷 支那の民族産業』(東亞硏究叢書第三卷), 岩波書店.

平安北道 編纂(1928),『昭和元年 平安北道統計年報』, 平安北道.

平安北道 編纂(1929),『昭和二年 平安北道統計年報』, 平安北道.

平安北道 編纂(1937),『昭和十年 平安北道統計年報』, 平安北道.

平壤商業會議所(1927),『平壤全誌』, 平壤商業會議所.

平壤商工會議所(1943),『平壤のメリヤス工業と平南の農村機業』, 平壤商業會議所.

編者未詳(1907),『韓國各地日本綿布概況一斑』.

朴慶植 編(1989),『朝鮮問題資料叢書第十一卷 日本植民地下の朝鮮思想狀況』, アジア問題研究所.

文定昌(1941),『朝鮮の市場』, 日本評論社.

滿洲國實業部臨時産業調査局(1937),『メリヤス製品幷にメリヤス工業に關する調査書』, 滿洲國實業部.

滿鐵東亞經濟調査局(1939),『南洋華僑と福建・廣東社會』, 滿鐵東亞經濟調査局.

滿鐵東亞經濟調査局(1941),『英領馬來・緬甸及濠洲に於ける華僑』, 滿鐵東亞經濟調査局.

山內喜代美(1942),『支那商業論』, 巖松堂書店.

山口豊正(1911),『朝鮮之研究』, 巖松堂書店.

山本西郎 編(1983),『西原龜三日記』, 京都女子大學.

露國大藏省 編纂・農商務省山林局 飜譯(1905),『韓國誌』, 農商務省山林局.

(3) 중국어 문헌

羅家倫 主編・中國國民黨中央委員會黨史史料編纂委員會 編輯(1978),『革命文獻』33輯, 中央文物供應社.

中國第二歷史檔案館 編(1990),『南京國民政府外交部公報』, 江蘇古籍出版社.

中央研究院近代史研究所 編(1972),『淸季中日韓關係史料』, 中央研究院近代史研究所.

趙中孚・張存武・胡春惠 主編(1987),『近代中韓關係史資料彙纂』(第1冊~第6冊), 國史館.

(4) 영어 문헌

South Korean Interim Government Activities(1948.1), *Summation of United States Army Military Government Activities in Korea*, No.28.

British Consul General in Keijo(1924-1939), *Volume12 Korea: Political and Economic Reports 1924-1939, Japan and Dependencies, Archive Editions*, an imprint of Archive International Group, 1944.

주한미군사령부(1988),『주한미군사 1』(복각판), 돌베개.

미국무성(1995),『미국무성 한국관계문서』(복각판), 아름출판사.

2. 2차 자료(정기간행물 및 인터뷰)

1) 신문

(1) 한국어

《기독신보》, 《대중일보》, 《대한매일신보》, 《독립신문》, 《동아일보》, 《무역신문》, 《매일신보》, 《상업일보》, 《시대일보》, 《영남일보》, 《조선일보》, 《조선중앙일보》, 《중앙일보》, 《중외일보》, 《한성일보》, 《황성신문》

(2) 일본어

《오사카아사히신문(大阪朝日新聞)》, 《오사카마이니치신문(大阪毎日新聞)》, 《오사카마이니치신문 조선판(大阪毎日新聞 朝鮮版)》, 《경성일보(京城日報)》, 《국민신보(國民新報)》, 《조선신문(朝鮮新聞)》, 《조선민보(朝鮮民報)》, 《동아정법신문(東亞政法新聞)》, 《도쿄아사히신문(東京朝日新聞)》, 《서선일보(西鮮日報)》, 《일본경제신문(日本經濟新聞)》, 《일본입헌정당신문(日本立憲政黨新聞)》, 《모지신문(門司新聞)》, 《부산일보(釜山日報)》, 《평양마이니치신문(平壤毎日新聞)》.

(3) 중국어

《홍콩화자일보(香港華字日報)》, 《상해시보(上海時報)》, 《천진대공보(天津大公報)》, 《중앙일보(中央日報)』.

(4) 영어

The Japan Chronicle.

2) 잡지

(1) 한국어

《경제평론》, 《개벽》, 《농민》, 《동광》, 《삼천리》, 《실생활》, 《주보》, 《한국중앙농회보》, 《한중문화》.

(2) 일본어

《외교공보(外交公報)》, 《개조(改造)》, 《한국중앙농회보(韓國中央農會報)》, 《한반도(韓半島)》, 《경제월보(經濟月報)》, 《건축세계(建築世界)》, 《고검 사상월보(高檢 思想月報)》, 《국제지식(國際知識)》, 《재무휘보(財務彙報)》, 《식산조사월보(殖銀調査月報)》, 《사상휘보(思想彙報)》, 《신의주상공회의소월보(新義州商工會議所月報)》, 《조선(朝鮮)》, 《조선급만주(朝鮮及滿洲)》, 《조선경제잡지(朝鮮經濟雜誌)》, 《조선공론(朝鮮公論)》, 《조선출판 경찰월보(朝鮮出版 警察月報)》, 《조선총독부조사월보(朝鮮總督府調査月報)》, 《조선농회보(朝鮮農會報)》, 《조선지실업(朝鮮之實業)》, 《만몽사정(滿蒙事情)》.

3) 한국화교, 북한화교, 일본화교, 중국인 인터뷰

지건번(遲建藩, 2003.1.28., 서울 명동에서).

가봉성(賈鳳聲, 2003.12.1., 서면인터뷰와 미국 전화).

난계선(欒繼善, 1999.8., 대구화교협회에서).

모영문(慕永文, 1999.8., 대구의 북경대반점에서).

구비소(邱丕昭, 1999.8 그리고 2004.5.20., 대구의 중화요리점에서).

왕수망(王修網, 2005.8, 대구의 성립행(成立行) 잡화상점에서).

왕지성(王志成, 2003.1.22., 부산 동창주조창(東昌鑄造敞)에서).

오기훈(吳起勳, 1999.8., 대구화교협회 및 2006.4.25. 대구의 자택에서).

형성문(邢誠文, 2003.1.26., 대구화교협회에서).

양정파(楊靜波, 2006.5.27., 청주 아관원(雅觀園) 중화요리점에서).

국백령(鞠柏嶺, 2017년 10회에 걸쳐 인터뷰, 서울 명동의 대한문화예술공사에서)

A 씨(북한화교, 2010.12.13.과 2011.1.23., 전화 인터뷰).

왕세종(王世鐘, 일본화교, 2016.7.26 산동성 연태에서).

단옥해(段玉海, 2017.7.13., 중국 하북성 박두시(泊頭市) 창주서부특금속제품유한공사(滄州瑞富特金屬製品有限公司) 사무실에서).

가금해(賈金海, 2017.7.13., 중국 하북성 박두시(泊頭市) 사문진촌(寺門村鎭) 가점촌(賈店村)의 자택에서).

왕요휘(王耀輝, 2017.7.13., 중국 하북성 박두시(泊頭市) 교하현(交河縣) 신화가(新華街) 소재 주물공장 하북윤발기계유한공사(河北潤發機械有限公司)의 사무실에서).

3. 연구서

(1) 한국어 문헌

가실성당 100년사 편찬위원회 편(2011), 『가실(낙산)성당 100년사(1895-1995)』, 분도출판사.

강경표·안일국(2012), 『인천차이나타운 淸館』, 국립민속박물관.

강진아(2011), 『동순태호: 동아시아 화교자본과 근대 조선』, 경북대학교 출판부.

강진아(2018), 『이주와 유통으로 본 근대 동아시아 경제사』, 아연출판부.

구선희 외(2007), 『한국화교의 생활과 정체성』, 국사편찬위원회.

공세리본당 100년사 편찬위원회 편(1998), 『공세리본당 100년사』, 천주교대전교구공세리교회.

권기영·이정희 편(2015), 『인천, 대륙의 문화를 탐하다』, 학고방.

권병탁(1986), 『약령시연구』, 한국연구원.

권태억(1989), 『한국근대면업사연구』, 일조각.

김태웅(2016), 『이주노동자, 그들은 우리에게 어떻게 다가왔나: 일제 강점기 중국인 노동자와 한국인』, 아카넷.

김기원(1990), 『미군정기의 경제구조』, 푸른산.

김민영·김양규(2005), 『철도, 지역의 근대성수용과 사회경제적 변용: 군산선과 장항선』, 선인.

김병률(2004), 『중국 산동성의 채소류생산, 유통, 수출 현황과 전망』, 푸른산.

김보록(로베르)신부 저·영남교회사연구소 역(1995), 『대구의 사도 김보록(로베르)신부 서한집 1·2』, 영남교회사연구소.

김인호(2000), 『식민지 조선경제의 종말』, 신서원.

김정신(1994), 『한국 가톨릭 성당 건축사』, 교회사연구소.

김정신(2007), 『건축가 알빈 신부』, 분도출판사.

김진식·한국복장기술경영협회 편(1990), 『한국양복100년사』, 미리내.

나애자(1998), 『한국근대해운업사연구』, 국학자료원.

노르베르트 베버 지음, 박일영·장정란 역(2012), 『고요한 아침의 나라』, 분도출판사.

대구대교구사편찬위원회 편(1986), 『大邱本堂百年史 1886-1986』, 계산본당창립100주년기념행 사위원회.

대구직할시·영남대학교 문화연구소(1999), 『대구지역 건축물 조사 보고서』, 대구직할시.

대구화교정착백주년기념사업회·대구화교협회 편(2006), 『대구화교정착백주년기념자료집』, 대구화교정착백주년기념사업회.

드망즈 주교 저·한국교회사연구소 역주(1987), 『드망즈 주교 일기 1911-1937』, 한국교회사연 구소.

뮈텔 저·한국교회사연구소 역(1986-2008), 『뮈텔 주교 일기1-8』, 한국교회사연구소.

박영석(1978), 『만보산사건 연구: 일제 대륙침략정책의 일환으로서』, 아세아문화사.

박은경(1986), 『한국화교의 종족성』, 한국연구원.

박정현 외 8인(2013), 『중국 근대 공문서에 나타난 韓中關係: '淸季駐韓使館檔案' 解題』, 한국학 술정보.

성 베네딕도회 왜관수도원(2009),『눈먼 이들에게 빛을 Lumen Caecis: 성 베네딕도회 오딜리아 연합회 한국진출 100주년 기념 화보집 1909-2009』, 분도출판사.
송건호(2002),『의열단과 민족해방노선』, 한길사.
손정목(1982),『한국 개항기 도시변화 과정 연구: 개항장·개시장·조계·거류지』, 일지사.
안병직 편(2001),『한국경제성장사』, 서울대학교 출판부.
양세욱(2009),『짜장면 뎐傳』, 프로네시스.
양필승·이정희(2004),『차이나타운 없는 나라』, 삼성경제연구소
영남교회사연구소 편역(1995),『대구의 사도: 김보록(로베르)신부 서한집 1-2』, 영남교회사연구소.
유중하(2012),『화교 문화를 읽는 눈, 짜장면』, 한겨레신문사.
윤해동(2003),『식민지의 회색지대』, 역사비평사.
이승렬(2007),『제국과 상인』, 역사비평사.
이옥련(2008),『인천화교사회의 형성과 전개』, 인천문화재단.
이영훈 외(1992),『근대 조선 수리조합 연구』, 일조각.
이은상 외(2017),『20세기 동아시아화교의 지속과 변화』, 심산.
이정희·송승석(2015),『근대 인천화교의 사회와 경제: 인천화교협회소장자료를 중심으로』, 학고방.
이종홍 역(2003),『안세화주교 공문집: 대구대교구 초대교구장(1911-1938)』, 영남교회사연구소.
이재하·홍순완(1992),『한국의 장시』, 민음사.
이헌창(1999),『한국경제통사』, 법문사.
임정의(1998),『명동성당 100년』, 코리언북스.
정명섭(2014),『100년의 테일러: 종로양복점』, 국립민속박물관.
정병욱(2004),『한국 근대 금융 연구: 조선식산은행과 식민지경제』, 역사비평사.
정진석(1998),『일제시대 민족지 압수 기사 모음 I』, LG상남언론재단.
조기준(1971),『한국 기업가사 연구』, 민중서관.
조기준(1975),『한국의 민족기업』, 한국일보사.
조세현(2013),『부산화교의 역사』, 산지니.
조재곤(2001),『한국 근대사회와 보부상』, 혜안.
진유광 저,이용재 역(2012),『중국인 디아스포라: 한국화교 이야기』, 한국학술정보(주).
차병권(1998),『일제하 조선의 조세정책』, 한국조세연구원.
파리외방전교회 저·김승욱 옮김(2015),『조선 천주교 그 기원과 발전』, 살림.
한국 샬트르 성 바오로 수도회 85년사 편찬위원회 편(1973),『바오로 뜰안의 哀歡 85年』, 가톨릭출판사.
한우근(1970),『한국 개항기의 상업연구』, 일조각.
허영란(2009),『일제시기 장시 연구』, 역사비평사.

(2) 일본어 문헌

朝岡康二(1993),『鍋·釜』, 法政大學出版部.

石川亮太(2017), 『近代アジア市場と朝鮮: 開港・華商・帝國』, 名古屋大學出版會.

アジア民衆法廷準備會 編(1992), 『寫眞圖説 日本の侵略』, 大月書店.

李正煕(2012), 『朝鮮華僑と近代東アジア』, 京都大學學術出版會.

李鐘元(1996), 『東アジア冷戦と韓美日關係』, 東京大學出版會.

荒武達朗(2008), 『近代滿洲の開發と移住』, 汲古書院.

イゴリ・R・サヴェリエフ(2005), 『移民と國家: 極東ロシアにおける中國人, 朝鮮人, 日本人移民』,
        御茶ノ水書房.

内田直作(1949), 『일본화교社會の研究』, 同文舘.

内田直作・鹽脇幸四郎 共編(1950), 『留日華僑經濟分析』, 河出書房.

王恩美(2008), 『東アジア現代史のなかの韓國華僑: 冷戦體制と祖國「祖國」意識』, 三元社.

岡本隆司(2004), 『屬國と自主のあいだ: 近代清韓關係と東アジアの命運』, 名古屋大學出版會.

華僑華人の事典編纂委員會 編(2017), 『華僑華人の事典』, 丸善出版.

籠谷直人(2000), 『アジア國際通商秩序と近代日本』, 名古屋大學出版會.

可兒弘明(1979), 『近代中國の苦力と「猪花」』, 岩波書店.

可兒弘明・斯波義信・遊仲勳 編(2002), 『華僑・華人事典』, 弘文堂.

可兒弘明・遊仲勳 編(1995), 『華僑華人: ボーダレス世紀へ』, 東方書店.

過放(1999), 『在日華僑のアイデンテイテイの變容』, 東信堂.

河合和男(1986), 『朝鮮における産米増殖計劃』, 未來社.

川島眞(2004), 『中國近代外交の形成』, 名古屋大學出版會.

菊池一隆(2009), 『中國抗日軍事史 1937-1945』, 有志舍.

菊池一隆(2011), 『戦爭と華僑』, 汲古書院.

倉澤愛子(1992), 『日本占領下のジャワ農村の變容』, 草思社.

金容燮 著・鶴園裕 譯(2002), 『韓國近現代農業史研究: 韓末・日帝下の地主制と農業問題』, 法政大
        學出版局.

金泳鎬(1988), 『東アジア工業化と世界資本主義: 第4世代工業化論』, 東洋經濟新報社.

高承濟(1972), 『植民地金融政策の史的分析』, 御茶ノ水書房.

神戸華僑華人研究會 編(2004), 『神戸と華僑: この150年の歩み』, 神戸新聞綜合出版センター.

神戸新聞社(1987), 『素顔の華僑』, 人文書院.

小島昌太郎(1942), 『支那最近大事年表』, 有斐閣.

澤村東平(1985), 『近代朝鮮の棉作綿業』, 未來社.

斯波義信(1995), 『華僑』, 岩波新書.

杉山薫(1994), 『アジア間貿易の形成と構造』, ミネルヴァ書房.

杉山伸也・イアンブラウン 編著(1990), 『戦間期東南アジアの經濟摩擦: 日本の南進とアジア・歐
        美』, 同文舘.

須川英德(1994), 『李朝商業政策研究』, 東京大學出版會.

鹽川一太郎(1895), 『朝鮮通商事情』, 八尾書店.

清水幾太郎(1937), 『流言蜚語』, 日本評論社.

高嶋雅明(1978), 『朝鮮における植民地金融史の研究』, 大原新生社.

張競(2013),『中華料理の文化史』, ちくま文庫.

趙景達(2008),『植民地期朝鮮の知識人と民衆』, 有志社.

朝鮮史研究會 編(2011),『朝鮮史研究入門』, 名古屋大學出版會.

陳來行(2017),『近代中國の總商會制度: 繫がる華人の世界』, 京都大學學術出版會.

陳優繼(2009),『ちゃんぽんと長崎華僑』, 長崎新聞社.

古田和子(2000),『上海ネットワークと近代東アジア』, 東京大學出版會.

朴ソプ(1995),『1930年代朝鮮における農業と農村社會』, 未來社.

朴永錫(1981),『萬寶山事件研究: 日本帝國主義の大陸侵略の一環として』, 第一書房.

松本武祝(1991),『植民地期朝鮮の水利組合事業』, 未來社.

秦郁彦(1981),『戰前期日本官僚制の制度・組織・人事』, 東京大學出版會.

濱下武志(2013),『華僑・華人と中華網: 移民・交易・送金ネットワークの構造と展開』, 岩波書店.

林洋武(2008),『戰中戰後, 少年の記憶: 北朝鮮の難民だった頃』, コロニー協會印刷所.

平川均(1992),『NIES: 世界システムと開發』, 同文舘.

穗積眞六郎(1974),『わが生涯を朝鮮に: 穗積眞六郎先生遺筆』, 友邦協會.

福崎久一 編(1996),『華人・華僑關係文獻目錄』, アジア經濟研究所.

堀和生(1995),『朝鮮工業化の史的分析』, 有斐閣.

堀田曉生・西口忠共 編(1995),『大阪川口居留地の研究』, 思文閣出版.

宮田節子 監修(2001),『朝鮮統治における「在滿朝鮮人問題」』(未公開資料 朝鮮總督府關係者 錄
　　　音記錄(2)),『東洋文化研究』第3號, 學習院大學東洋文化研究所.

林炳潤(1971),『植民地における商業的農業の展開』, 東京大學出版會.

廖赤陽(2000),『長崎華商と東アジア交易網の形成』, 汲古書店.

安井三吉(2005),『帝國日本と華僑』, 青木書店.

山内喜代美(1942),『支那商業論』, 巖松堂書店.

山口正之(1985),『朝鮮キリスト教の文化史的研究: 朝鮮西敎史』, 御茶の水書房.

山脇啓造(1994),『近代日本と外國人勞動者: 1890年代後半と1920年代前半における中國人・朝鮮
　　　人勞動者問題』, 明石書店.

兪辛焞(1986),『滿洲事變期の中日外交史研究』, 東方書店.

横浜商科大學 編(2012),『横浜中華街の世界』, 學校法人横浜商科大學.

横山義子(1994),『平壌眷想あるがまゝ: 愛は民族を超えて』, 近代文藝社.

(3) 중국어 문헌

泊頭市地方誌編纂委員會 編(2000),『泊頭市誌』, 中國對外翻譯出版公司.

崔承現(2003),『韓國華僑史研究』, 香港社會科學出版社.

方雄普・謝成佳 編(1993),『華僑華人概況』, 中國華僑出版社.

昊風斌(1988),『契約華工史』, 江西人民出版社.

華僑誌編纂委員會 編(1958),『韓國華僑誌』, 華僑誌編纂委員會.

鞠栢嶺(2017),『沒有國家的難民: 見證旅韓華僑的艱困歷程』, 韓華春秋出版社.

梁必承·李正熙(2006),『韓國, 沒有中國城的國家』, 華僑誌編纂委員會.

劉素芬 編(1990),『煙臺貿易研究』, 華僑誌編纂委員會.

盧冠群(1956),『韓國華僑經濟』, 華僑誌編纂委員會.

路遇(1987),『清代和民國山東移民東北史略』, 上海社會科學院出版社.

旅韓中華基督教聯合會(2002),『旅韓中華基督教創立九十周年紀念特刊』, 旅韓中華基督教聯合會

馬仲可(2005),『山東華僑研究』, 新星出版社.

秦裕光,『旅韓六十年見聞錄: 韓國華僑史話』, 中華民國韓國研究學會.

邵毓麟(1980),『使韓回憶錄: 近代中韓關係史話』, 傳記文學出版社.

孫向群(2013),『近代旅京山東人研究』, 齊魯書社.

王霖·高淑英 編(1991),『萬寶山事件』, 吉林人民出版社.

顔清湟(1990),『出國華工與清朝官員: 晚清時期中國對海外華人的保護(1851~1911年)』, 中國友誼
　　　　出版公司.

楊昭全·孫玉梅(1991),『朝鮮華僑史』, 中國華僑出版公司.

楊韻平(2007),『汪政權與朝鮮華僑(1940~1945): 東亞秩序之一研究』, 稻鄉.

張兆理 編著(1957),『韓國華僑教育』, 華僑教育叢書編輯委員會.

庄國土·陳華岳(2012),『菲律賓華人通史』, 廈門大學出版社.

庄維民(2000),『近代山東市場經濟的變遷』, 中華書局.

庄維民(2012),『中間商與中國近代交易制度的變遷: 近代行棧與行棧制度研究』, 中華書局.

(4) 영어 문헌

FitzGerald, C. P.(1966), *The Third China: The Chinese Communities in South-East Asia*, F. W. Cheshire Pty Ltd.

Kulp, Daniel Harrison(1925), *Volume I Phenix Village, Kwangtung, China, Country Life in South China: The Sociology of Familism*, Columbia University.

Pan, Lynn(eds)(1998), *The encyclopedia of the Chinese overseas*, Harvard University Press, Cambridge Massachusetts.

Purcell Victor(1965), *The Chinese in Southeast Asia*, Oxford University Press.

See, Teresita Ang(eds)(2007), *Tsinoy: The Story of the Chinese in Philippine Life*, Kaisa Para Sa Kaunlaran.

See, Teresita Ang(eds)(2013), *Chinese in the Philippines: Problems & Perspectives*, Kaisa Para Sa Kaunlaran & Kaisa Heritage Center.

Wickberg, Edgar(2000), *The Chinese in Philippine Life 1850-1898*, Ateneo De Manila University Press.

Wong Kwok-Chu(1999), *The Chinese in the Philippine Economy 1898-1941*, Ateneo De Manila University Press.

4. 연구논문

(1) 한국어 논문

강경락(2011), 「근대 중국과 화북경제권의 변화」, 『중국근현대사연구』 49, 한국중국근현대사
학회.

강길선·임영배(1988), 「한국 성당 건축의 공간 변천에 관한 연구-광주대교구를 중심으로」, 『대
한건축학회학술발표논문집』 8-2, 한국건축학회.

강진아(2004a), 「근대동아시아의 초국적 자본의 성장과 한계: 재한화교기업 동순태(1874?~
1937)의 사례」, 『경북사학』 27, 경북사학회.

강진아(2004b), 「중일무역마찰의 전개와 조중관계의 변화: 1920~1930년대를 중심으로」, 『근대
전환기 동아시아속의 한국』, 성균관대학교 출판부.

강진아(2007a), 「광동네트워크와 조선화상 동순태」, 『사학연구』 88, 한국사학회.

강진아(2007b), 「동아시아경제사 연구의 미답지: 서울대학교 중앙도서관 고문헌자료실 소장 朝
鮮華商 同順泰號關係文書」, 『동양사학연구』 100, 동양사학회.

강진아(2008a), 「근대 전환기 한국화교의 대중국무역의 운영방식: 『同順泰寶號記』의 분석을 중
심으로」, 『동양사학연구』 105, 동양사학회.

강진아(2008b), 「한말 彩票業과 화상 동순태호」, 『중국근현대사연구』 40, 한국중국근현대사학회.

강진아(2012), 「만주사변 전후 재한화교 문제의 양상: 朝鮮總督府 外事課와 在韓中國領事館간
왕복문서를 중심으로」, 『동양사학연구』 120, 동양사학회.

강진아(2013), 「조선총독부의 화교 노동자 입국 관리와 중국 언론」, 『중국근현대사연구』 59, 한
국중국근현대사학회.

강진아(2014a), 「20세기 廣東 화교자본의 환류와 대중국 투자」, 『동양사학연구』 127, 동양사학회.

강진아(2014b), 「청일전쟁 시기 華商 同順泰號의 영업 활동: 변경에서의 愛國과 致富」, 『중국근
현대사연구』 64, 한국중국근현대사학회.

강진아(2014c), 「在韓華商 同順泰號의 눈에 비친 淸日戰爭」, 『역사학보』 224, 역사학회.

강진아(2016), 「근대 아시아 해양과 과국적(跨國的) 상인 디아스포라의 형성: '양행'(洋行)에서
'구교'(歐僑)로」, 『역사학보』 232, 역사학회.

고승제(1972), 「화교 대한이민의 사회사적 분석」, 『백산학보』 13, 백산학회.

구범진(2006), 「『韓淸通商條約』 일부 조문의 해석을 둘러싼 한-청의 외교분쟁」, 『대구사학』 83,
대구사학회.

권석봉(1984), 「청일전쟁 이후의 한청관계 연구(1894~1898)」, 『청일전쟁을 전후한 한국과 열강』,
한국정신문화연구원.

권석봉(1987), 「韓·淸通商條約의 체결」, 『동방학지』(西餘閔泳珪선생고희기념논총), 연세대학
교 국학연구원.

권석봉(1994), 「한말 재조선 청상에 관한 연구: 1900년 초의 韓·淸民兵紛爭案을 중심으로」, 『국
사관논총』 60, 국사편찬위원회.

김란(2017.8.29), 「식민지시기 이발소와 단발로 본 일상의 변화」, 『2017년도 비교역사문화연구

소 트랜스내셔널 인문학 학문후속세대 학술회의 제2세션: 삶, 문화, 환경』, 한양대학교 비교문화역사연구소.

김만태(2009), 「'짜장면'의 토착화 요인과 문화적 의미」, 『한국민속학』 50, 한국민속학회.

김정기(1976), 「조선 정부의 청 차관 도입((1882∽1894)」, 『한국사론』 3, 서울대학교 인문대학 국사학과.

김정기(1989), 「1890년 서울상인의 철시 동맹파업과 시위투쟁」, 『한국사연구』 67, 한국사연 구회.

김진엽(1985), 「한국 고무공업의 전개과정에 관한 연구(1945~1960)』, 서울대학교 석사학위 논문.

김창수(2010), 「인천 大佛호텔·中華樓의 변천사 자료연구」, 『인천학연구』 13, 인천학연구원.

김태웅(2000), 「1910년대 '경성부' 유통체계의 변동과 韓商의 쇠퇴」, 『서울상업사』, 태학사.

김희신(2010), 「청말(1882~1894年) 한성 화상조직과 그 위상」, 『중국근현대사연구』 46, 한국중 국근현대사학회.

김희신(2011), 「근대 한중관계의 변화와 외교당안의 생성: '淸季駐韓使館保存檔'을 중심으로」, 『중국근현대사연구』 50, 한국중국근현대사학회.

김희신(2014), 「화교, 화교 네트워크와 주한사관」, 『중국사연구』 89, 중국사학회.

김희신(2017), 「在朝鮮 中華商會의 설립과정과 존재양태: 1912-1931년 경성지역을 중심으로」, 『중국근현대사연구』 73, 한국중국근현대사학회.

류승렬(1996), 「한말·일제초기 상업변동과 객주」, 서울대학교 박사학위논문.

류상윤(2008.2), 「1910~20년대 경성의 직물업」, 『서울학연구』 30, 서울학연구소.

민두기(1999), 「만보산사건(1931)과 한국언론의 대응: 상이한 민족주의적 시각」, 『동양사학연 구』 65, 동양사학회.

박상수(2010), 「전후 '漢奸' 재판과 한간의 대일협력론」, 『중국근현대사연구』 47, 한국중국근현 대사학회.

박섭(2001), 「농업성장」, 『한국경제성장사』, 서울대학교 출판부.

박영석(1970), 「만보산사건이 『조선』에 미친 영향」, 『아세아학보』 8, 아세아학술연구회.

박은경(1994), 「중국 음식의 역사적 의미」, 『한국문화인류학』 26, 한국문화인류학회.

박현(2000), 「한말·일제하 한국인 자본가의 은행 설립과 경영: 한일은행의 사례를 중심으로」, 연세대학교 석사학위논문.

배성수(2016.2), 「1940년대 초 인천지역 화교사회의 동향: 인천광역시립박물관 소장 1942년 화 교자료의 분석을 중심으로」, 『인천학연구』 24, 인천학연구소.

손승회(2009), 「1931년 식민지 조선의 배화폭동과 화교」, 『중국근현대사연구』 41, 한국중국근 현대사학회.

송승석(2011), 「인천차이나타운의 중화 요릿집과 화교관행-인천화교 손덕준(孫德俊)의 구술(口 述)을 사례로」, 『중국어문학논집』 71, 중국어문학연구회.

양미경(2015), 「일제강점기 전주의 도시공간과 상업 및 외식업의 존재양상」, 『사회와 역사』 108, 한국사회학회.

유승훈(2004), 「20세기 초 인천지역의 소금 생산: 소금 생산: 천일염을 중심으로」, 『인천학연구』

3, 인천학연구원.

이구용(1984), 「조선에서의 당소의의 활동과 그 역할: 청일전쟁 전후기를 중심으로」, 『동양학논총』(남사정재각박사고희기념논총), 동양학논총편찬위원회.

이병천(1984), 「거류지 무역기구와 개항장 객주」, 『경제사학』 8, 경제사학회.

이병천(1985), 「개항기 외국상인의 침입과 한국상인의 대응」, 서울대학교 박사학위논문.

이영학(1991), 「개항기 제염업에 대한 연구: 자본제적 경영을 중심으로」, 『한국문화』 12, 서울대학교 규장각 한국학연구원.

이영호(1996), 「통감부시기 조세증가 정책의 실현과정과 그 성격」, 『한국문화』 18, 서울대학교 규장각 한국학연구원.

이용재(2012), 「재벌과 국가권력에 의한 화교 희생의 한 사례 연구: 아서원(雅敍園) 소송사건」, 『중앙사론』 35, 중앙대학교 중앙사학연구소.

이원희(2001), 「원주·횡성지역의 천주교 전래와 정착연구」, 『강원문화사연구』 6, 강원향토문화연구회.

이은자(2008), 「'소송'안건을 통해 본 청일전쟁 이후(1895~1899) 한중관계 연구」, 『중국근현대사연구』 38, 한국중국근현대사학회.

이은자(2011), 「淸末 駐韓 中國 公館의 조직과 그 위상: 駐韓公使 許台身과 曾廣銓 재직 시기를 중심으로」, 『중국근현대사연구』 51, 한국중국근현대사학회.

이은자(2012), 「仁川 三里寨 中國租界 韓民 가옥 철거 안건 연구」, 『동양사학연구』 118, 동양사학회.

이은자(2015), 「中華民國 前期(1912~1927) 駐朝鮮 領事館 組織: 人的 構成의 측면을 중심으로」, 『중국근현대사연구』 66, 한국중국근현대사학회.

이은상(2016.6), 「20세기 전반(1912~1936) 식민지 조선의 신의주화교」, 『중국근현대사연구』 70, 중국근현대사학회.

이은상(2016.12), 「원산화교와 배화폭동(排華暴動)」, 『중국근현대사연구』 72, 중국근현대사학회.

이은상(2017), 「중일전쟁 시기 원산화교의 동향과 화교경제」, 『사총』 90, 고려대학교 사학회.

이정희(1999), 「창간특집: 대구의 화교(1-6회)」, 《영남일보》, 영남일보사.

이정희(2001), 「해방 이후 한국화교 자본축적과 그 의의(1945.8~1949)」, 한국경제학공동학술대회발표논문.

이정희(2005), 「20세기 전반기 대구지역 화교의 경제적 활동(1905~1955년)」, 『대구사학』 80, 대구사학회.

이정희(2007), 「중일전쟁과 조선화교: 조선의 화교소학교를 중심으로」, 『중국근현대사연구』 35, 한국중국근현대사학회.

이정희(2016.6), 「1927년 조선화교배척사건의 경위와 실태: 인천화교배척사건을 중심으로」, 『동양사학연구』 135, 동양사학회.

이정희(2017여름), 「화교의 중화요리점 연구: 1880년대~1920년대를 중심으로」, 『사회와 역사』 114, 한국사회사학회.

이정희(2017.5), 「강원도 화교사회의 형성과 변화: 1900년대~1940년대를 중심으로」, 『한림일본학』 30, 한림대학교 일본학연구소.

이정희(2017.6), 「중일전쟁 시기 조선화교의 항일활동」, 『동양사학연구』 139, 동양사학회.

이정희(2018.1), 「한국화교의 민간신앙 연구: 거선당과 의선당을 중심으로」, 『'차이니즈 스탠다드'의 과거와 현재』(2018 국립인천대학교 중국학술원 국제학술회의).

이헌창(2000), 「1882~1910년간 서울시장의 변동」, 『서울상업사』, 태학사.

임윤정·전혜숙(2012), 「내한 서양인 저서에 나타난 19세기말 조선남자의 상투와 단발령에 관한 시각」, 『한복문화』 15-2, 한복문화학회.

장세윤(2003), 「만보산사건 전후시기 인천시민과 화교의 동향」, 『인천학연구』 2-1, 인천학연구원.

장시원(1989), 「일제하 대지주의 존재형태에 관한 연구」, 서울대학교 박사학위논문.

전경수(1995), 「베트남 화교: 역사적 접근(1)」, 『동남아의 화교 6개국 비교연구』(서울대학교 중점연구소 지원과제 1995년 제1차 연도 과제보고서)

전우용(2001), 「한국 근대의 화교문제」, 『한국사학보』 15, 고려사학회.

전우용(2007), 「한말·일제초 서울의 도시 행상(1897~1919)」, 『서울학연구』 29, 서울학연구소.

주익종(1994), 「일제하 평양의 메리야스 공업에 관한 연구」, 서울대학교 박사학위논문.

차철욱(2002), 「이승만정권기 무역정책과 대일민간무역구조」, 부산대학교 박사학위논문.

최상오(2000), 「1950년대 외환제도와 환율정책에 관한 연구」, 성균관대학교 박사학위논문.

최선혜(2016.12), 「한국 천주교회의 미국 천주교 외방선교회(메리놀회)와의 교류와 그 의의: 1911-1923」, 『교회사연구』 49, 한국교회사연구소.

한동수(2009), 「인천 청국조계지 내 공화춘의 역사변천에 관한 연구」, 『중국학보』 60, 한국중국학회.

한상권(2007), 「1920년대 여성해방론: 단발론을 중심으로」, 『사학연구』 87, 한국사학회.

허영란(2000), 「일제시기 서울의 '생활권역상업'과 소비」, 『서울상업사』, 태학사.

홍성찬(2009.3), 「일제하 한일 무역 네트워크 형성의 한 양상」, 『동방학지』 145, 연세대국학연구원.

홍성찬(2006), 「한말 일제초 서울 鐘路商人의 일상활동: 布木商 金泰熙 家의 사례를 중심으로」, 『동방학지』 133, 연세대국학연구원.

홍순권(1985), 「개항기 객주의 유통지배에 관한 연구」, 『한국학보』 11-2, 일지사.

(2) 일본어 논문

秋月望(1985), 「朝中間の三貿易章程の締結經緯」, 『朝鮮學報』 第115輯, 朝鮮學會.

阿部康久(2001), 「1920年代の樺太地域開發における中國人勞動者雇用政策」, 『人文地理』 第53卷 第2號, 人文地理學會.

阿部康久(2003), 「近代日本の植民地における中國人勞動者政策の地域的多樣性とその背景」, 일본화교華人學會 第1回大會發表文.

金子政太郎(1908.9), 「韓國に於ける工事上の淸人(上)」, 『建築世界』 第2卷 第9號.

金子政太郎(1908.10), 「韓國に於ける工事上の淸人(下)」, 『建築世界』 第2卷 第10號.

石川亮太(2004), 「開港後朝鮮における華商の貿易活動」, 『中國近代化の動態構造』(京都大學人文科學研究所研究報告文).

石川亮太(2005),「朝鮮開港後における華商の對上海貿易」,『東洋史研究』第63卷 第4號, 東洋史研究會.

石川亮太(2007),「開港期漢城における朝鮮人・中國人間の商取引と紛爭:『駐韓使館檔案』を通じて」,『年報 朝鮮學』第10號, 九州大學朝鮮學研究會.

伊藤泉美(1999),「關東大地震における横浜華僑: その被害と避難の實態」,『孫文と華僑』, 汲古書院.

李正熙(2005),「美軍政期における在韓華僑の貿易活動」,『華僑華人研究』第2號, 日本華僑華人學會.

李正熙(2008),「'日韓併合'と朝鮮華僑: 地位の變容を中心に」,『華僑華人研究』第5號, 日本華僑華人學會.

李正熙(2009),「朝鮮開港期における中國人勞動者問題:『大韓帝國』末期廣梁灣鹽田築造工事の苦力を中心に」,『朝鮮史研究會論文集』第47集, 朝鮮史研究會.

李正熙(2010a),「南京國民政府期の朝鮮における華僑小學校の實態: 朝鮮總督府の『排日』教科書取り締まりを中心に」,『現代中國研究』第26號, 中國現代史研究會.

李正熙(2010b),「近代朝鮮華僑の社會組織に關する研究」,『京都創成大學紀要』第10卷 第1號, 京都創成大學成美學會.

伊藤泉美(1999),「關東大地震における横浜華僑: その被害と避難の實態」,『孫文と華僑』, 汲古書院.

岩壁義光(1984),「日清戰爭と居留清國人問題: 明治二七年『勅令第百三十七號』と横浜居留地」,『法政史學』, 法政大學史學會.

上田貴子(2006),「東北アジアにおける華人ネットワークの生成と衰退」,『現代中國研究』第18號, 中國現代史研究會.

小原晃(1995),「日清戰爭後の中朝關係: 總領事派遣を中心に」,『史潮』新37號, 歴史學會.

綛谷智雄(1997),「在韓華僑の形成過程: 植民地朝鮮におけるエスニックマイノリティー」,『日本植民地研究』第9號, 日本植民地研究會.

梶村秀樹(1967),「日帝時代(前半期)平壤メリヤス工業の展開過程: 植民地經濟體制下の朝鮮人ブルジョアジーの對應の一例」,『朝鮮史研究會論文集』第3集, 朝鮮史研究會.

梶村秀樹(1968a),「日帝時代(後半期)平壤メリヤス工業の展開過程: 植民地經濟體制下の朝鮮人ブルジョアジーの對應の一例」,『朝鮮史研究會論文集』第5集, 朝鮮史研究會.

梶村秀樹(1968b),「李朝末期朝鮮の纖維製品の生産及び流通狀況: 1876年開國直後の綿業のデータを中心に」,『東洋文化研究紀要』第46輯, 東洋文化研究所.

河明生(1994),「韓國華僑商業: 1882年より1897年迄のソウルと仁川を中心として」,『神奈川大學大學院經濟學研究科研究論集』, 神奈川大學大學院經濟學研究科.

河村一夫(1971),「在仁川釜山元山清國專管居留地に關する日清交涉」,『朝鮮學報』第59輯, 朝鮮學會.

金義煥 編(1970),「清國居留地設定委員會會見筆記」,『朝鮮學報』第54輯, 朝鮮學會.

菊池一隆(2005),「戰時期朝鮮における華僑學校敎育の實態と特質: 神戶中華同文學校との比較檢討」, 王柯 編,『阪神華僑の國際ネットワークに關する研究』(平成14年度~平成16年度科學

研究費補助金(基礎研究(A)(1)) 研究成果報告書.

菊池一隆(2007),「萬寶山・朝鮮事件の實態と構造: 日本植民地下, 朝鮮民衆による華僑虐殺暴動を巡って」,『人間文化』第22號, 愛知學院大學人間文化研究所.

許淑眞(1984),「川口華商について」,『日本近代とアジア: 文化の交流と摩擦』, 東京大學出版會.

許淑眞(1990a),「日本における勞動移民禁止法の成立: 勅令第352號をめぐって」,『東アジアの法と社會: 布目潮渢博士古稀記念論集』, 汲古書院.

許淑眞(1990b),「勞動移民禁止法の施行をめぐって: 大正13年の事例を中心に」,『社會學雜誌』, 神戸大學社會學研究會.

許淑眞(1999a),「勅令第352號と留日福淸幇」,『孫文と華僑』, 汲古書院.

許淑眞(1999b),「函館における福淸幇」,『華僑・華人史研究の現在』, 汲古書院.

陳志明(2014),「華人: 移住, 飮食, そしてアイデンティティ」,『華僑華人研究』第11號, 일본화교華人學會.

陳來幸(2007a),「阪神地區における技術者層華僑ネットワーク一考: 理髮業者の定着とビジネスの展開を中心に」. 山田敬三先生古稀記念論文集刊行會編,『南腔北調論集』.

陳來幸(2007b),「三江會館の設立と新たな活動」, 姜成生主編,『神戸三江會館簡史 1912-2007』, 財團法人三江公所.

酒井裕美(2005),「甲申政變以前における朝淸商民水陸貿易章程の運用實態: 關聯諸章程と洋花津入港問題を中心に」,『朝鮮史研究會論文集』第43集, 朝鮮史研究會.

斯波義信(1990),「華僑」,『移動と交流』, 岩波書店.

斯波義信(1999),「比較研究の視點: Wang Gungwu教授の評論を手がかりに」,『華僑・華人史研究の現在』, 汲古書院.

須川英德(1988),「開港期朝鮮における絹業について」,『朝鮮學報』第127輯, 朝鮮學會.

杉原薫(1994),「華僑の移民ネットワークと東南アジア經濟: 19世紀末の1930年代を中心に」,『長期社會變動』, 東京大學出版會.

宋伍强(2010a),「朝鮮戰爭後における조선화교の現地化について: 1958年前後における華僑聯合會と조선화교の國籍問題を中心に」,『華僑華人研究』第7號, 일본화교華人學會.

宋伍强(2010b),「朝鮮半島北部地域の華僑社會に關する社會經濟的分析」, 兵庫縣立大學經濟學研究科博士學位論文.

田中正敬(1996),「統監府の鹽業政策について」,『一橋論叢』第115卷 第2號, 日本評論社.

田中正敬(1997),「植民地期朝鮮の鹽需要と民間鹽業: 1930年代までを中心に」,『朝鮮史研究會論文集』第35集, 朝鮮史研究會.

陳來幸(2007),「阪神地區における技術者層華僑ネットワーク一考: 理髮業者の定着とビジネスの展開を中心に」. 山田敬三先生古稀記念論文集刊行會 編,『中國文化の傳統と現代: 南腔北調論集』, 東方書店.

鄭然泰(2005),「日帝の地域支配・開發と植民地的近代性: 浦口商業都市・江景地域の事例」,『近代交流史と相互認識 II』, 慶應義塾大學出版會.

鄭昶源(2004),「韓國ミッション建築の歴史的研究」, 東京大學大學院工學系研究科建築學專攻博士學位論文.

涂照彦(2003), 「華人經濟研究の課題と方法」, 『日本における華僑華人研究: 遊仲勳先生古稀記念論文集』, 風響社.

酉水孜郎(1936), 「朝鮮の農村に於ける土地利用」, 『地理學評論』第12號, 日本地理學會.

松田利彦(2002), 「近代朝鮮における山東出身華僑: 植民地期における朝鮮總督府の對華僑政策と朝鮮人の華僑への反應を中心に」, 『東アジアと「半島空間」: 山東半島と遼東半島』, 思文閣出版.

松田利彦(2017), 「一九二七年, 植民地朝鮮における華僑排斥事件」, 『東京大學韓國朝鮮文化研究』16, 東京大學大學院人文社會系研究科・文學部朝鮮文化研究室.

松本武彦(1992), 「華僑研究の現段階: 特に日本における近年の成果を中心に」, 『中國近代史研究入門: 現狀と課題』, 汲古書院.

中西伊之助(1931.8), 「滿洲に漂泊ふ朝鮮人」, 『改造』(1931年8月號).

水野直樹(1999), 「朝鮮人の國外移住と日本帝國」, 『移動と移民: 地域を結ぶダイナミズム』, 岩波書店.

綠川勝子(1969), 「萬寶山事件及び朝鮮內排華事件についての一考察」, 『朝鮮史研究會論文集』第6集, 朝鮮史研究會.

宮嶋博史(1974), 「朝鮮甲午改革以後の商業的農業: 三南地方を中心に」, 『史林』第57卷 第6號, 史學研究會.

李秀允(2000), 「日淸戰爭以前における朝鮮開港場をめぐる日中朝商人の確執」, 『日本植民地研究』第12號, 日本植民地研究會.

李秀允(2001), 「朝鮮開國後の流通構造の變遷: 開港場客主と外國商人をめぐって」, 『早稻田經濟學研究』53號, 早稻田大學大學院經濟學研究科經濟學研究會.

李相瓊 著・郭炯德 譯(2010), 「1931年の『排華事件』と韓國文學」, 『植民地文化研究』第9號, 植民地文化學會.

李憲昶(1990), 「舊韓末における忠淸北道の市場構造」, 『朝鮮近代の經濟構造』, 日本評論社.

橋谷弘(1983), 「兩大戰間期の日本帝國主義と朝鮮經濟」, 『朝鮮史研究會論文集』第20集, 朝鮮史研究會.

浜下武志(1994), 「朝貢と條約: 東アジア開港場をめぐる交涉の時代 1834~94」, 『周緣からの歷史』, 東京大學出版會.

浜下武志(1999), 「19世紀後半の朝鮮をめぐる華僑の金融ネットワーク」, 『近代アジアの流通ネットワーク』, 創文社.

福岡正章(2002), 「1930年代朝鮮における人絹織物業の展開構造」, 『日本史研究』480, 日本史研究會,

堀內稔(2000), 「赴戰江水電工事と中國人勞動者」, 『むくげ通信』183, むくげの會.

堀內稔(2002), 「植民地下朝鮮における中國人勞動者(その2): 新聞社說に見る中國人勞動者問題」, 『むくげ通信』192, むくげの會.

堀內稔(2003), 「植民地朝鮮における中國人勞動者(その3): 中國人勞動者と勞動爭議」, 『むくげ通信』199, むくげの會.

堀內稔(2005), 「植民地朝鮮における中國人勞動者(その4): 1934年における中國人勞動者の入國

制限問題」, 『むくげ通信』 209, むくげの會.

堀內稔(2006), 「植民地朝鮮における中國人勞動者(その5): 鑛山と中國人勞動者」, 『むくげ通信』 217, むくげの會.

堀內稔(2007), 「植民地朝鮮における中國人勞動者(その6): 石工などの技術系勞動と中國人」, 『むくげ通信』 225, むくげの會.

堀內稔(2008), 「植民地期朝鮮における中國人勞動者(その7): 新聞記事にみる萬寶山事件の影響」, 『むくげ通信』 231, むくげの會.

堀內稔(2011), 「植民地期朝鮮における中國人勞動者(その9): 北朝鮮開拓と中國人勞動者」, 『むくげ通信』 247, むくげの會.

安岡健一(2010), 「戰前期日本農村における朝鮮人農民と戰後の變容」, 『農業史研究』 第44號, 日本農業史學會.

山內雅生(2006), 「民國初期の山東省からの東北移民」, 『日本の青島占領と山東の社會經濟: 1914~22年』, 東洋文庫.

吉野誠(1990), 「領事館報告にみる朝鮮の內地市場: 1900年の忠淸南道」, 『朝鮮近代の經濟構造』, 日本評論社.

(3) 중국어 논문

崔承現·金惠連(2012), 「'明代遺民': 韓國華人歷史探微」, 『華僑華人歷史研究』(2012年第1期(總第97期), 中國華僑華人歷史研究所.

叢成義(2002), 「1931年韓國排華慘案與日本」, 『東北亞僑社網路與近代中國』, 中華民國海外華人研究學會.

譚永盛(2016.9.1), 「韓華商業經營中的奇葩-洋服店」, 『韓華通訊』 171期, 漢城華僑協會.

高偉濃(1988), 「中朝通商初年到朝鮮的粵商」, 『廣東史誌』 1988年第2期, 廣東省地方誌編纂委員會辦公室.

李正熙(2009), 「近代朝鮮華僑製造業研究: 以鑄造業爲中心」, 『華僑華人歷史研究』(2009年第1期(總第85期), 中國華僑華人歷史研究所.

李正熙(2010), 「韓國華僑社會組織研究」, 『近30年來東亞華人社團的新變化』, 廈門大學出版社.

慕德政(2003), 「旅朝華僑與朝鮮經濟」, 『韓華學報』 第2輯(華僑史料篇), 韓華學會.

孫科志(2002), 「甲午戰爭前朝鮮華商初探」, 『東北亞僑社網路與近代中國』, 中華民國海外華人研究學會.

(4) 영어 논문

Chao Zhongchen(1998), "Report of Field On the Returned Overseas Chinese of South Korea in Rizhao City, Shandong Province", Elizabeth Sinn ed., *The last half Century of Chinese Overseas*, Hongkong: Hongkong University Press, 1998.

KIM, Michael(2010), "The Hidden Impact of the 1931 Post-Wanpaoshan Riots: Credit Risk and the Chinese Commercial Network in Colonial Korea", Seoul: Sungkyun Journal of East Asian Studies, Vol. 10 No. 2.

Larsen, Kirk Wayne(2000), "From suzerainty to commerce: Sino-Korean economic and business relations during the Open Port Period(1876-1910)", The degreeof Doctor of Philosophy Ph.D dissertation, Harvard University Graduate School of Arts and Science.

Wang Gungwu(1998), "The Status of Overseas Chinese Studies", Wang Ling-Chi & Wang Gungwu(eds), *THE CHINESE DIASPORA Selected Essays,* Volume I, Singapore: Times Academy Press.

책을 마무리하며

화교를 처음 만난 것은 대학교 1학년인 1987년이었다. 덕유산 등산을 갔다가 돌아오는 길에 들른 근처 중화요리점에서였다. 짜장면을 먹다 벽에 걸린 장개석(蔣介石) 사진을 보고 가게 주인에게 물었다. "저분 장개석 맞지요?" 어떻게 아느냐고 주인이 필자를 칭찬했다. 당시에 필자는 장개석 사진이 왜 그곳에 걸려 있었는지 그 이유를 몰랐고, 그게 필자가 기억하는 화교와의 첫 만남이다.

화교를 다시 만난 건 그로부터 12년 후인 1999년이다. 당시 기자였던 필자는 일본 오사카의 코리아타운인 쓰루하시(鶴橋)에서, 평소 존경하는 재일사학자 강재언 교수를 인터뷰하고 있었다. 그는 소주를 몇 잔 마시더니 자신의 고뇌를 필자에게 털어놨다. 강 교수는 일본의 여러 도시에서 강연을 할 때, 일본인의 재일한국인에 대한 차별문제를 성토하는 이야기를 자주 했다고 한다. 강연 후 몇몇 청중으로부터 감사의 편지를 받곤 했는데, 어느 날은 "한국의 화교가 얼마나 한국사회에서 차별을 받고 있는지 선생님은 알고 계시는지요?"라는 항의성 편지를 접했다고 한다. 이후에도 몇 번이나 이러한 내용의 편지를 받은 강 교수는 강연에서 일본인의 재일한국인 차별문제를 더는 말할 수 없게 되었다는 것이다.

강 교수는 한국의 일본 주재 특파원들에게 한국화교가 처한 상황을 물어보았지만 돌아오는 것은 모두 잘 모르겠다는 답뿐이었다. 국내에 돌아가면 꼭 특집으로 한국화교 문제를 다루어달라고 부탁했지만 어느 누구도 들어주지 않았다. 강 교수의 말을 듣고 그날 필자는 처음으로 한국에도 화교가 살아가고 있고, 그들이 차별받으며 살고 있다는 사실을 알게 되었다. 강 교수는 취기가 돌자, "자네가 꼭 한국화교를 취재해서 특집으로 다루어주기를 바라네"라고 간곡히 부탁했다. 존경하는 강 교수의 말씀이기도 해서, 그냥 "네, 알겠습니다"라고 약속해버렸다.

일본에서 돌아와 한동안 강 교수와 한 약속을 잊고 있었다. 한국화교 문제에 어떻게 접근해야 할지 방법을 몰랐을 뿐 아니라, 당시 화교와 관련해서는 책도 논문도 거의 없었던 시대였기 때문이다. 그러던 어느 날 선배 기자가 대구 시내 종로에 가면 화교협회와 화교학교가 있다는 것을 알려주었다. 바로 화교협회 사무실로 달려가 인사를 한 후, 화교를 취재하고 싶다고 부탁했다. 화교협회의 총무는 필자에게 그냥 돌아가라고 말했다. 한국인에 대한 강한 불신과 언짢은 심정을 직감하는 순간이었다. 필자도 기자정신을 발휘하여 물러서지 않고 화교협회장을 만나게 해달라고 재차 간청했고 협회장 연락처를 얻을 수 있었다.

이지강(李志强) 대구화교협회장의 안내로 대구화교중학 고등부 3학년 교실에 들어가 학생들을 대상으로 인터뷰를 했다. 인터뷰 도중, "여러분은 한국인을 어떻게 생각하세요?"라고 질문을 던졌다. 그때 한 남학생이 일어나더니, 분노에 찬 목소리로 "한국인, 정말 싫어요!"라고 외쳤다. 그 학생의 외침에서 화교 청소년의 한국사회에 대한 울분을 느낄 수 있었다. 당시 필자는 대구의 '정신대할머니와 함께하는 시민모임'의 사무국장으로 봉사하면서 일본군 '위안부' 할머니의 비통한 증언을 많이 접하고 있던 터라 이 화교 청소년의 외침이 단순하게 들리지 않았다.

필자는 이때부터 기자로서 한국사회의 화교에 대한 차별문제와 처한 상황을 한국사회에 고발해야 한다는 사명감을 느꼈다. 한국화교 관련 자료가 턱없이 부족한 때라 대구는 물론이고 인천, 서울을 방문하여 화교를 인터뷰했다. 이러한 인터뷰를 바탕으로 〈대구의 화교〉 특집기사를 6회나 연재했다. 빈약한 내용의 특집이었지만, 이것이 한국 신문 사상 기자가 쓴 첫 한국화교 관련 특집이었다. 강 교수에게 특집기사를 모아 오사카의 자택으로 보냈더니 매우 기뻐했다.

그러던 차에 2000년 4월부터 일본의 대학에서 교편을 잡는 행운이 찾아왔다. 한국화교 특집기사를 쓴 이후 화교에 대한 궁금증은 더 깊어지고 있었다. 당시 한국은 '차이나타운 없는 나라'로 야유를 받을 정도로 화교의 경제력이 취약했다. 하지만 연구를 통해 근대에는 그렇지 않다는 것을 알게 되었고, 한국인 사회와 다른 화교사회의 특징을 알 수 있었다. 한국화교의 역사를 근대 시기부터 거슬러 올라가 통시적으로 분석할 필요성을 절감했다. 이러한 문제의식과 강 교수의 강한 권유로 나의 화교 연구는 한국이 아니라 일본에서 본격적으로 시작됐다.

화교 연구를 하면서 필자의 가족사에도 자연스럽게 관심을 가지게 되었다. 필자의 조부는 필자의 고향이기도 한 경북 성주군 대가면 옥련동에서 1930년대 만주 봉천(奉天, 펑톈)(현재의 심양(瀋陽), 선양)으로 이민을 갔다. 고향의 경제적 형편이 어려워 새로운 활로를 찾아 만주로 이주해 그곳에서 쌀농사를 지었다. 봉천에서 꽤 넓은 농토에 쌀농사를 지을 정도로 그 나름대로 성공을 했지만, 일본 패전 이후 모든 재산을 그곳에 놔둔 채 고향으로 향했다. 귀향 당시 조모는 만삭의 몸이었다. 1946년 귀향 도중 북한의 어느 지역에서 출산을 했는데, 바로 그 아이가 필자의 부친이다.

외조부와 외조모도 같은 성주군 출신으로 가난을 벗어나기 위해 일본 히로시마(廣島)로 이주하여 그곳에서 고물상을 하면서 살았다. 필자의 모친은 히로시마에서 1945년 3월 장녀로 태어났다. 외조부와 외조모는 어떤 위험을 예감한 것인지 장남과 갓 태어난 장녀를 데리고 히로시마를 떠났는데, 고향에 도착한 것은 1945년 7월 31일이었다. 히로시마에 원자폭탄이 투하된 것은 그로부터 1주일 후인 8월 6일이었다.

필자는 양가의 가족사를 알고 온몸에 전율을 느꼈다. 조부와 조모가 그대로 만주에 살았다면 부친은 조선족으로 살았을 것이다. 외조부와 외조모가 히로

시마에 계속 살았다면 모친은 피폭을 당했을지 모르고, 피폭을 피했다면 재일한국인으로 살았을 것이다. 만약 그렇게 됐다면 필자는 이 세상에 태어나지 못했을 것이다. 그런 한인 디아스포라(Diaspora)[1]의 후예가 화교를 연구하고 있다는 사실에, 필자는 어떤 운명을 느끼지 않을 수 없었다.

필자의 화교 연구는 누구나 품을 만한 의문을 해명하는 데 중점을 두면서 진행됐다. 중국인은 왜 한반도에 이주하여 화교가 된 것일까? 화교사회는 어떻게 조직되고 작동하고 있었던 것일까? 중국의 한반도 주재 외교기관은 화교를 어떻게 보호했을까? 화교의 정체성을 유지하는 데 화교학교는 어떤 역할을 했을까? 화교는 어떤 종교 생활과 문화생활을 영위했을까? 화교와 조선인 및 한국인은 어떤 관계에 있었으며 서로를 어떻게 인식하고 있었을까? 화교는 어떤 분야에서 경제 활동을 펼쳤으며 어느 정도의 경제력을 가지고 있었을까? 화교경제는 왜 쇠퇴했을까?

이 책은 이 가운데 조선화교의 경제활동에 관한 연구성과를 모아놓은 것이다. 필자는 2012년 5월 일본 교토대학 학술출판사에서 『조선화교와 근대동아시아(朝鮮華僑と近代東アジア)』(총 641쪽)를 출판한 바 있다. 이 책은 『조선화교와 근대동아시아』를 저본으로 하면서도 출판 후 지난 7년간의 연구성과가 새롭게 추가되었다. 새롭게 추가된 내용은 제II부 「삼도업」의 3개 장과 제V부의 제16장이다.

책을 집필하는 데 여러 우여곡절이 있었다. 원래는 일본에서 출판된 『조선화교와 근대동아시아』를 단순히 번역하여 출판할 생각이었다. 자신이 쓴 책을 한국어로 번역한다는 것이 학자적 '양심'에 맞지 않다는 생각과 641쪽에 달하는 일본어로 된 졸저를 번역하는 데 많은 시간이 걸린다는 이유로 오사카대학 박사과정에 재학 중인 김동희 선생님께 번역을 부탁했다. 그러나 김동희 선생님의 사정으로 번역이 잘 진척되지 않아 결국 필자가 하지 않을 수 없었다.

---

1) 본토를 떠나 타지에서 자신들의 규범과 관습을 유지하며 살아가는 민족 집단 또는 그 거주지를 말함.

번역 과정 중 많은 것은 아니지만 오자와 탈자를 발견하여 바로잡았고, 새롭게 발견된 사실은 추가했다. 번역 및 수정 작업을 하는 가운데 한국의 중화요리의 역사가 제대로 정리되어 있지 않은 것을 알고, 조선화교가 중화요리의 발전에 어떻게 기여했는지 분석하는 연구를 진행했다. 또한 중화요리점과 함께 화교의 주요한 직업인 양복점과 이발소 분야에도 조선화교가 두각을 나타낸 것을 추가로 연구했다. 우리는 화공 혹은 쿨리라고 하면 저임금과 가혹한 노동조건하의 단순육체노동자를 떠올린다. 하지만 조선화교의 건축청부회사와 숙련직공은 명동성당을 비롯한 근대 벽돌조적건축물의 시공에 적극 참가했다는 사실을 알고서, 왜 그들이 시공에 참가하게 되었는지 경위를 밝히기 위해 전국의 주요한 붉은 벽돌조적건축물을 찾아다니면서 연구를 진행했다.

이렇게 진행된 연구는 다음 학회지에 각각 게재되었으며, 이 책에 모두 수록되었다.

- 졸고(2017.12), 「조선화교 중화요리점의 실태: 1927-1945년의 시기를 중심으로」, 『경제사학』 41-3(통권65호), 경제사학회, 273~305쪽.
- 졸고(2017.6), 「조선화교의 중화요리점 연구: 1880년대~1920년대를 중심으로」, 『사회와 역사』 114, 한국사회사학회, 61~96쪽.
- 졸고(2017.12), 「이발소와 양복점으로 본 조선화교의 실태: 1890년대~1940년대를 중심으로」, 『사회와 역사』 116, 한국사회사학회, 19~52쪽.
- 졸고(2017.12), 「조선화교의 성당건축 시공 활동(1880년대~1930년대): 서울과 대구를 중심으로」, 『교회사연구』 51, 한국교회사연구소, 43~83쪽.

'화교'가 무슨 뜻인지도 제대로 몰랐던 필자가 화교 연구를 시작했으니 얼마나 많은 사연이 있었겠는가. 이런 가운데 가장 큰 힘이 되어준 것은 다름 아닌 한국화교분들이었다. 화교가 아닌 한국인인 필자에게 자신들의 이야기를 털어놓는 것이 불편했을 텐데도 어떤 때는 맛있는 중화요리를 사주면서 속에 담아둔 사연들을 들려주었다. 필자가 심도 있게 인터뷰한 한국화교는 50여 명에 달한다. 이 가운데 아쉽게도 이 세상에서 다시 만나 뵐 수 없는 분들도 몇 분 된다. 난계선(欒繼善) 씨, 구비소(邱조昭) 씨, 지건번(遲建藩) 씨, 서국훈(徐國勳) 씨는 아쉽게도 모두 타계했다. 네 분의 화교에게 많은 신세를 졌지만 제대로 인사도 드리지 못했다. 이 자리를 빌려 감사의 마음을 담아 고인들의 명복을 빈다. 필자의 화교 연구를 인도하고 이끌어준 강재언 교수가 작년에 타계했다. 늦게 부고 사실을 알아 장례식에 참석도 하지 못하고 마지막을 같이하지 못했다. 강 교수님이 필자에게 베풀어준 인자한 사랑이 없었다면 아마도 이 책은 세상에 나오지 못했을 것이다. 진정한 학자이자 선비였던 강재언 교수님의 영면을 빈다.

필자의 화교 연구를 물심양면으로 지원해준 많은 한국화교 원로에게 감사드리고 싶다. 특히 국백령(鞠柏嶺) 한성화교협회 고문과 소상원(蕭相瑗) 전 대구화교협회장의 증언과 협조가 없었다면 생동감 넘치는 화교 연구를 할 수 없었을 것이다.

역사학자에게 자료는 생명과 같은 것이기에 자료를 제공해준 국내외 학자에게 감사를 드리지 않을 수 없다. 일본의 미즈노 나오키(水野直樹) 교토대학 명예교수, 타이완의 양운평(楊韻平) 선생님과 왕은미 대만사범대학 교수, 중국의 송오강(宋伍强) 광동외어외무대학 교수에게 많은 신세를 졌다. 그리고 책에 귀중한 사진을 제공해준 여러 기관과 선생님들께도 깊은 감사의 말씀을 드린다.

필자는 일본화교화인학회와 고베화교화인연구회의 회원으로 오랫동안 활동하면서 많은 것을 배울 수 있었다. 특히 야스이 산기치(安井三吉) 고베대 명예교수, 진라이코(陳來幸) 효고현립대 교수·일본화교화인학회장은 필자의 연구에 늘 큰 관심을 보이며 유익한 비평을 해주었다.

후마 스스무(夫馬進) 교토대 교수는 한 번의 면식도 없는 필자에게, 2012년 일본에서 출판된 졸저『조선화교와 근대동아시아』만을 읽고 박사학위를 주셨다. 필자의 연구를 신뢰하고 늘 응원해주는 후마 선생님의 은혜를 잊을 수 없다.

필자의 화교 연구의 시야와 영역을 확대하는 데 유익한 코멘트를 해준 해외학자에게도 감사하지 않으면 안 된다. 장존무(張存武) 타이완 중앙연구원 근대사연구소 연구원(고인)과 임만홍(林滿紅) 타이완사범대 교수·전 국사관장, 도우(L.M.Douw) 암스테르담대 명예교수, 용등고(龍登高) 중국 청화대 교수·중국

화교역사학회부회장, 유준호(遊俊豪) 싱가포르 남양이공대 화예관 관장, 이시카와 료타(石川亮太) 일본 리쓰메이칸대 교수, 이배덕(李培德) 홍콩대 교수, 곽혜영(郭慧英) 미국 존스홉킨스대 교수와 안병일 미국 새기노주립대 교수 등.

국내에서 수준 높은 화교 연구를 하고 있는 학자들로부터 많은 격려와 도움을 받았다. 강진아 한양대 교수, 이은상 부산대 교수, 김희신 상명여대 교수는 중국사의 시점에서 조선화교를 연구, 화교사의 관점에서 한반도화교를 연구하는 필자에게 많은 도움이 되었다.

15년 일본 대학 생활을 마치고 2014년 8월 부임한 인천대 중국학술원의 가족에게 감사할 게 한두 가지가 아니다. 무엇보다 학문하기 좋은 분위기로 만들어준 가족 여러분에게 깊은 사의를 표하고 싶다. 그리고 필자의 변변치 못한 연구에 늘 칭찬을 아끼지 않는 스승 김영호 교수·전 산업자원부 장관을 비롯한 여러 은사와 대학원 선후배들께도 감사를 드린다.

LG경제연구원 류상윤 박사는 이 책의 제I부를 꼼꼼히 읽어주시고 귀중한 코멘트를 해주셨다. 도표 작성과 각종 작업을 도와준 인천대 중어중국학과의 황강수 군과 최동기 군, 번역작업을 도와준 김동희 선생님과 아내에게도 감사의 말씀을 전한다.

사실 이 책은 동아시아 출판사 한성봉 사장의 적극적인 권유가 없었다면 세상에 나오지 못했을 것이다. 출판 불황이 계속되는 가운데서도 필자의 연구에 애정을 가지고 이끌어주신 한 사장께 고개 숙여 감사를 드린다. 그리고 한 사장과 인연을 맺어준 인천 화도진도서관의 박현주 선생님의 은혜도 잊을 수 없다. 분량이 많은 이 책의 편집을 위해 열과 성을 다해준 김경아, 박민지 편집자에게 특별히 감사드린다.

집필 과정에서 눈병으로 고생을 많이 했다. 사상 최고의 폭염도 집필을 더디게 했다. 몇 번이나 중도에서 포기하려 했지만, 그때마다 큰 힘이 되어준 것은 부모님과 가족이었다. 이러한 부모님과 가족을 허락한 하나님께 감사드린다.

2018년 10월
인천 송도의 의문당(疑問堂)에서

찾아보기

인명 찾아보기

지명 찾아보기

상점/회사/공장/식당/은행/선박/철도 찾아보기

사항 찾아보기